中国历代图书总目

艺术卷 17

李致忠 主编
北京国图书店有限责任公司
北京广臻文化艺术有限公司 编纂

文物出版社

第十七分册目录

工艺美术

中国工艺美术

中国民间工艺美术

J0138544
台湾民间工艺 （一）张丰荣编著
台北 冠伦文化事业公司 1995年 111页 有照片
27cm（大16开）精装 ISBN：957-8629-49-4
定价：TWD350.00
（艺术之旅 7）

J0138545
我会剪 （1）李兢喆著
济南 明天出版社 1995年 17×19cm
ISBN：7-5332-2277-6 定价：CNY3.00

J0138546
我会剪 （2）李兢喆著
济南 明天出版社 1995年 17×19cm
ISBN：7-5332-2276-8 定价：CNY3.00

J0138547
我会剪 （3）李兢喆著
济南 明天出版社 1995年 17×19cm
ISBN：7-5332-2280-6 定价：CNY3.00

J0138548
我会剪 （4）李兢喆著
济南 明天出版社 1995年 17×19cm
ISBN：7-5332-2279-2 定价：CNY3.00

J0138549
西藏风马旗 （图集）韩书力编著
北京 人民美术出版社 1995年 152页
19cm（32开）ISBN：7-102-01467-8
定价：CNY19.00
（西藏艺术丛书）

J0138550
西藏面具 （图集）张鹰编著
北京 人民美术出版社 1995年 177页
19cm（32开）ISBN：7-102-01466-X
定价：CNY21.00
（西藏艺术丛书）

J0138551
艺术的功能 （民间工艺美术及传统文化研究）
韦兴儒著
贵阳 贵州人民出版社 1995年 157页
20cm（32开）ISBN：7-221-03998-4
定价：CNY4.90

作者韦兴儒，布依族。笔名巴伦，贵州镇宁人。民间文学与民间艺术研究者，贵州省民间文艺家协会副主席。

J0138552
云南剪纸新作 沐正戈编；云南剪纸协会编著
昆明 云南美术出版社 1995年 120页
21cm（32开）ISBN：7-80586-226-5
定价：CNY15.00

外文书名: The New Works of Yunnan Paper-Cutting.

J0138553
折纸游戏　刘德强编
北京 金盾出版社 1995年 60页 17×18cm
ISBN: 7-5082-0051-9 定价: CNY4.00

J0138554
纸的造型设计　(图集)张福昌[编]
杭州 浙江人民美术出版社 1995年 55页
26cm(16开) ISBN: 7-5340-0635-X
定价: CNY16.50
(设计家 丛书)
作者张福昌(1943—),教授。江苏无锡人,毕业于无锡轻工业学院。历任无锡轻工业学院工业设计系主任、教授,中国室内装饰协会常务理事。出版《视错觉在设计上的应用》《设计概论》《工业设计全书》等。

J0138555
中国剪纸　李铠主编
北京 中国藏学出版社 1995年 139页
26cm(16开) ISBN: 7-80057-163-7
定价: CNY48.00
外文书名: Chinese Paper-Cut.

J0138556
中国琅琊剪纸　(图集)丁振武主编
济南 山东美术出版社 1995年 28cm(大16开)
ISBN: 7-5330-0927-4 定价: CNY36.00

J0138557
中国民间美术　徐炼[著]
武汉 华中理工大学出版社 1995年 275页
有照片 20cm(32开) ISBN: 7-5609-1061-0
定价: CNY9.80

J0138558
中国民间装饰艺术　(图集)郑军,远宏编著
广州 岭南美术出版社 1995年 170页
26cm(16开) ISBN: 7-5362-1210-0
定价: CNY35.00
作者郑军(1965—),教授。生于山东诸城,毕业于无锡轻工业学院。山东艺术学院设计学院教授。著有《中国民间装饰艺术》《女性装饰画集》等。作者远宏(1964—),教授。山东诸城人,毕业于中央工艺美术学院陶艺系。历任山东艺术学院美术设计系教师,山东艺术学院设计学院教授、硕士研究生导师、副院长,中国美术家协会会员,中国美术家协会陶艺委员会委员。

J0138559
中国装饰剪纸艺术　郑军编著
上海 上海书店出版社 1995年 334页
26cm(16开) ISBN: 7-80569-996-8
定价: CNY25.00

J0138560
朱振庚刻纸艺术　朱振庚著
长沙 湖南美术出版社 1995年 73页 19×20cm
ISBN: 7-5356-0729-2 定价: CNY7.50
作者朱振庚(1939—2012),画家、教授。生于江苏徐州,祖籍天津。毕业于中央美术学院中国画系研究生班。历任中国美术家协会会员,湖北省美协中国画艺委会副主任,华中师范大学美术系教授,湖北美协中国画艺委员会副主任。出版有《朱振庚刻纸艺术》《朱振庚速写集》等。

J0138561
传统技艺匠师采访录　(第一辑)台湾文献委员会采集组编辑;庄世宗摄
南投县 台湾省文献委员会 1996年 再版 268页
有图 27cm(大16开) ISBN: 957-00-8282-8
(耆老口述历史丛书 10)

J0138562
杜玉臻剪纸艺术　杜玉臻作;傅作仁编
哈尔滨 黑龙江美术出版社 1996年 48页
19×21cm ISBN: 7-5318-0372-0 定价: CNY9.80
作者杜玉臻,达斡尔族,剪纸艺术家。历任黑龙江军区北安农场政工干部,中国剪纸学会、中国工艺美术家学会民间工艺美术专业委员会会员。作者傅作仁(1935—),满族,美术教师。中国美协会员、中国民协剪纸委员会委员、中国民间工艺美术委员会委员、黑龙江省美协剪纸专业委员会主任等。代表作品《大庆赞歌》《开渠引水》《春到农家》《农乐图》。

J0138563
儿童趣味面塑 董英君编塑；赵建军摄影
北京 金盾出版社 1996年 48页 17×19cm
ISBN：7-5082-0241-4 定价：CNY4.50

J0138564
儿童折纸 王绥之编著
上海 少年儿童出版社 1996年 48页 17×19cm
ISBN：7-5324-2431-6 定价：CNY5.10

J0138565
广东民间美术 王树村主编
广州 岭南美术出版社 1996年 211+34页
29cm（16开）精装 ISBN：7-5362-1421-9
定价：CNY240.00

外文书名：Guangdong Folk Art. 作者王树村（1923—2009），画家。天津人，毕业于华北大学美术科。曾在中国美术研究所、中国艺术研究院从事创作、编辑、研究工作，任中国民间美术协会副会长，中国民俗学会理事、顾问、研究员。主要著作《杨柳青年画资料集》《中国美术全集·石刻线画、民间年画》。

J0138566
江苏常州师范学校第二附属小学小学生剪纸集 周冰，邵兰芳编
南京 江苏教育出版社 1996年 124页 17×19cm
ISBN：7-5343-2653-2 定价：CNY18.00

J0138567
刘小娟剪纸百鸡图 刘小娟作；艾生编
西安 陕西人民美术出版社 1996年 120页
25×27cm ISBN：7-5368-0872-0
定价：CNY30.00
（延安剪纸 第壹卷）

作者刘小绢，女，剪纸艺人。陕西省延川人。

J0138568
觅魂记 吕胜中著
长沙 湖南美术出版社 1996年 302页 有照片及插图 20cm（32开）ISBN：7-5356-0795-0
定价：CNY26.80

中国现代民间工艺美术评论。作者吕胜中（1952— ），教师、画家。生于山东平度县（今山东省平度市），硕士毕业于中央美术学院。中央美术学院民间美术系教师。主要作品《生命——瞬间与永恒》《行》等。著作有《中国民间剪纸》《中国木刻版画》。

J0138569
民间工艺绘制 刘大军主编
北京 中国物资出版社 1996年 63页
18×26cm ISBN：7-5047-1154-3
定价：CNY18.00

J0138570
民间工艺开发 倪宝诚编著
郑州 海燕出版社 1996年 56页 有图
20cm（32开）ISBN：7-5350-1453-4
定价：CNY2.00
（农村娃科普系列丛书）

作者倪宝诚（1935— ），画家。山东临朐人。历任河南省群众艺术馆研究员、中国美术家协会会员、中国民间工艺学术委员会委员、河南人民出版社美术编辑室主任、河南省群众艺术馆研究员，河南省民间美术学会会长等职。作品有连环画《红心》《跳轿》《大地回春》《保家卫国》等。主编有《大河风——河南民间美术文集》《朱仙镇门神》《玩具》《民间美术与现代美术》等著作。

J0138571
民间美术欣赏 曹小鸥，张晶著
太原 山西教育出版社 1996年 173页 有彩图
19cm（小32开）ISBN：7-5440-0890-8
定价：CNY6.70
（美育丛书 美术系列）

作者曹小鸥（1965— ），女，研究员，编辑。生于上海，祖籍江苏常州。毕业于中央工艺美术学院。历任《光明日报》社编辑，《北京服装学院学报》编委，中国艺术研究院美术研究所副研究员。主要著作有《国外后现代设计》《新具象艺术》《民间艺术鉴赏》《天工开物图说》《英国的左图右史》。作者张晶（1973— ），女，江苏常州人，中央工艺美术学院工艺美术系任教。

J0138572
木偶皮影 关剑清著；北京儿童玩具协会编
昆明 云南少年儿童出版社 1996年 144页
20cm（32开）ISBN：7-5414-1194-9
定价：CNY6.00

(中国玩具丛书)

本书由云南少年儿童出版社和晨光出版社联合出版。

J0138573

千蝶剪纸集 (图集)王维海剪制

沈阳 辽宁美术出版社 1996年 158页 17×18cm

ISBN: 7-5314-1408-2 定价: CNY16.00

作者王维海(1953—),生于辽宁大连。中国民间文艺家协会、中国剪纸学会、大连美术家协会会员。出版有《千蝶剪纸集》。

J0138574

山东民间剪纸 郑军主编

哈尔滨 黑龙江美术出版社 1996年 154页 26cm(16开) ISBN: 7-5318-0355-0 定价: CNY14.80

作者郑军(1965—),教授。生于山东诸城,毕业于无锡轻工业学院。山东艺术学院设计学院教授。著有《中国民间装饰艺术》《女性装饰画集》等。

J0138575

实用纸雕创作 李汉文著

台北 三采文化出版公司 1996年 157页 有彩图 26cm(16开) ISBN: 957-9135-53-3 定价: TWD450.00

(纸艺创作丛书 1)

J0138576

小机灵纸雕手工制作 金明编绘

海口 南海出版公司 1996年 87页 26cm(16开)

ISBN: 7-80570-622-0 定价: CNY12.80

J0138577

幼儿立体制作 (3-6岁 1)

济南 明天出版社 1996年 19×26cm

ISBN: 7-5332-2368-3 定价: CNY8.00

(明天益智制作系列 1)

J0138578

幼儿立体制作 (3-6岁 2)

济南 明天出版社 1996年 19×26cm

ISBN: 7-5332-2369-1 定价: CNY8.00

(明天益智制作系列 2)

J0138579

幼儿立体制作 (3-6岁 3)

济南 明天出版社 1996年 19×26cm

定价: CNY8.00

(明天益智制作系列 1)

J0138580

幼儿立体制作 (3-6岁 4)

济南 明天出版社 1996年 19×26cm

ISBN: 7-5332-2371-3 定价: CNY8.00

(明天益智制作系列 4)

J0138581

中国风俗剪纸 傅作仁,王言昌编

哈尔滨 黑龙江美术出版社 1996年 300页 21×19cm ISBN: 7-5318-0371-2 定价: CNY31.00

作者傅作仁(1935—),满族,美术教师。中国美协会员、中国民协剪纸委员会委员、中国民间工艺美术委员会委员、黑龙江省美协剪纸专业委员会主任等。代表作品《大庆赞歌》《开渠引水》《春到农家》《农乐图》。

J0138582

中国剪纸艺术 柴京津,柴京海编著

北京 人民美术出版社 1996年 267页 18×17cm

ISBN: 7-102-01344-2 定价: CNY14.50

作者柴京津(1955—),画家。山西大同人,毕业于解放军艺术学院美术系。解放军后勤学院俱乐部主任,总后勤部政治部创作室专职画家,一级美术师。画作有《长啸图》《处暑图》《康宫佳丽》等。著作有《中国民间剪纸艺术》《剪纸技法》。

J0138583

中国历代民间美术精品100类赏析 周峰主编;范明三等著

济南 山东科学技术出版社 1996年 205页 28cm(大16开) ISBN: 7-5331-1576-7 定价: CNY138.00

(工艺的·美术的·文物的·中华艺术精品100丛书)

J0138584

中国民间剪纸艺术 (民间·民俗·国粹)张树贤编著

北京 今日中国出版社 1996年 224页

29cm（16开）ISBN：7-5072-0851-6
定价：CNY78.00
外文书名：The Art of Chinese Folk Paper Cut.

J0138585
中华民间艺术大观 张仃主编
武汉 湖北少年儿童出版社 1996年 15+542页
有彩照及插图 26cm（16开）精装
ISBN：7-5353-1602-6 定价：CNY42.00
作者张仃（1917—2010），国画家、美术教育家、美术理论家。号它山，辽宁黑山人。曾任黄宾虹研究会会长，中央工艺美术学院教授、院长等。中国人民政治协商会议会徽的设计者，中华人民共和国国徽设计提议者之一。代表作品有《张仃水墨写生》《张仃画室》。

J0138586
装饰剪纸图集 李萨著
沈阳 辽宁美术出版社 1996年 143页 17×19cm
ISBN：7-5314-1624-7 定价：CNY13.00

J0138587
1998：中国民间剪纸艺术精品 （剪纸挂历）
民族出版社编
北京 民族出版社 1997年 76×44cm
ISBN：7-105-02894-7 定价：CNY118.00

J0138588
鄂温克民间美术研究 鄂苏日台著
海拉尔 内蒙古文化出版社 1997年 186页
有图 20cm（32开）ISBN：7-80506-528-4
定价：CNY15.00

J0138589
仿真纸模型飞机 贾星编著
太原 希望出版社 1997年 254页 有图
19cm（小32开）ISBN：7-5379-2077-X
定价：CNY8.00

J0138590
跟我学剪纸 秦石蛟著
长沙 湖南少年儿童出版社 1997年 101页
17×19cm ISBN：7-5358-1271-6 定价：CNY6.00

J0138591
韩菊香剪纸百虎图 韩菊香作；艾生编
西安 陕西人民美术出版社 1997年 120页
25×27cm ISBN：7-5368-0945-X
定价：CNY36.00
（延安剪纸 第贰卷）

J0138592
好孩子折纸手工 （日）坂田英昭著；李森方译
北京 农村读物出版社 1997年 2版 88页
13×15cm ISBN：7-5048-0658-7 定价：CNY3.80

J0138593
剪纸技法 于润发主编
北京 知识出版社 1997年 87页 19cm（小32开）
ISBN：7-5015-1587-5 定价：CNY4.50
（中学生素质教育丛书）

J0138594
面具 陈逸民［著］
上海 上海人民美术出版社 1997年 76页 有照片
19cm（小32开）精装 ISBN：7-5322-1675-6
定价：CNY28.00
（艺林撷珍丛书）

J0138595
面塑 王玓著
天津 天津人民美术出版社 1997年 22页 有照片
26cm（16开）ISBN：7-5305-0615-3
定价：CNY6.00
（中国民间工艺美术技法丛书）

J0138596
漂亮的纸贴画 （人物）张痕绘制
北京 金盾出版社 1997年 46页 17×19cm
ISBN：7-5082-0347-X 定价：CNY4.80

J0138597
漂亮的纸贴画 （植物与风景）张痕绘制
北京 金盾出版社 1997年 46页 17×19cm
ISBN：7-5082-0349-6 定价：CNY4.80

J0138598
趣味拼纸 （图集）朱伟达等编著
上海 上海文化出版社 1997年 149页

26cm(16开)ISBN:7-80511-736-5
定价:CNY15.00

J0138599
三百六十行 (沈雷剪纸艺术)张树贤主编
北京 今日中国出版社 1997年 72页 25×26cm
ISBN:7-5072-0886-9 定价:CNY35.00

J0138600
世界著名老式汽车手工制作 卞宝强设计绘图
天津 新蕾出版社 1997年 1套 26×38cm
统一书号:75307.1055 定价:CNY6.40

J0138601
锡伯族民间美术概论 韩恒威著
沈阳 辽宁民族出版社 1997年 206页
20cm(32开)ISBN:7-80527-986-1
定价:CNY12.00

J0138602
幼儿撕纸 张玉明编绘
长春 吉林美术出版社 1997年 142页 12×13cm
ISBN:7-5386-0614-9 定价:CNY5.80

J0138603
原真之美 历史博物馆编辑委员会编辑;黄永川主编
台北 历史博物馆 1997年 224页
38cm(6开)精装 ISBN:957-02-1010-9

J0138604
原真之美 历史博物馆编辑委员会编辑
台北 历史博物馆 1997年 191页
39cm(8开)精装 ISBN:957-00-8423-5

J0138605
纸雕造型基础 (纸雕几何基础造型/人物五官四肢造型变化/创作练习/示范解析)三采文化编企部编著
台北 三采文化出版公司 1997年 143页 有彩图
26cm(16开)ISBN:957-9135-32-0
定价:TWD400.00
(纸卡设计丛书 5)

本书介绍的是属于半立体浮雕式的纸雕技法,结合11种基本造型技法,让读者能够轻松了解其中的奥妙。

J0138606
纸艺精选 林筠著
台北 人禾文化事业公司 1997年 111页
有图有照片 26cm(16开)ISBN:957-98827-2-X
定价:TWD320.00
(才艺 1)

J0138607
中国剪纸 中国民族摄影艺术出版社编
北京 中国民族摄影艺术出版社 1997年
87×38cm ISBN:7-80069-115-2
定价:CNY120.00

J0138608
中国面具艺术 赵作慈,陈阵主编
北京 北京美术摄影出版社 1997年 285页
29cm(16开)精装 ISBN:7-80501-201-6
定价:CNY196.00

J0138609
中国民俗吉祥剪纸 郭宪著
武汉 中国地质大学出版社 1997年 160页
26cm(16开)ISBN:7-5625-1157-8
定价:CNY24.00

J0138610
中国竹工艺 (汉英对照)张齐生,程渭山主编
北京 中国林业出版社 1997年 124页
29cm(16开)精装 ISBN:7-5038-1831-X
定价:CNY160.00

J0138611
彩色动物折纸 宣佳平编著
上海 上海科学普及出版社 1998年 136页
17×19cm 精装 ISBN:7-5427-1424-4
定价:CNY19.00

J0138612
蔡雅新剪纸藏书票 (图集)蔡雅新剪制
沈阳 辽宁美术出版社 1998年 100页
26cm(16开)ISBN:7-5314-1768-5
定价:CNY38.00

J0138613
餐巾编折 谭永健，叶朔苓编
广州 广州科技出版社 1998年 61页
19cm(小32开) ISBN: 7-5359-2136-1
定价: CNY8.80

J0138614
草编制作技法 唐家路著
北京 北京工艺美术出版社 1998年 118页
20cm(32开) ISBN: 7-80526-259-4
定价: CNY8.50
(中国传统手工技艺丛书)

J0138615
陈秋日剪纸集 陈秋日著
福州 福建美术出版社 1998年 82页
28cm(大16开) ISBN: 7-5393-0725-0
定价: CNY25.00

J0138616
单色剪纸制作 李红军著
北京 人民美术出版社 1998年 86页 26cm(16开)
ISBN: 7-102-01799-5 定价: CNY22.00
(工艺制作技法丛书)

J0138617
动物写真折纸 (1) 周明，阮青编绘
上海 少年儿童出版社 1998年 16张 13×13cm
ISBN: 7-5324-3744-2 定价: CNY4.20

作者周明(1935—)，高级画师。广东开平人，中国美术家协会会员、国家高级美术师、广西书画院院士、广西民族书画院高级画师。

J0138618
动物写真折纸 (2) 周明，阮青编绘
上海 少年儿童出版社 1998年 16张 13×13cm
ISBN: 7-5324-3745-0 定价: CNY4.20

J0138619
动物写真折纸 (3) 周明，阮青编绘
上海 少年儿童出版社 1998年 16张 13×13cm
ISBN: 7-5324-3746-9 定价: CNY4.20

J0138620
动物写真折纸 (4) 周明，阮青编绘
上海 少年儿童出版社 1998年 16张 13×13cm
ISBN: 7-5324-3747-7 定价: CNY4.20

J0138621
敦煌艺术剪纸 谢生保主编；陈宜汪等作
兰州 甘肃人民美术出版社 1998年 176页
28cm(大16开) ISBN: 7-80588-212-6
定价: CNY60.00

J0138622
儿童剪纸 袁一宾编著
延吉 延边人民出版社 1998年 92页 19×26cm
ISBN: 7-80599-778-0 定价: CNY18.60

J0138623
儿童立体纸工艺术创造 雷德琼编著
南宁 接力出版社 1998年 121页 有图
20cm(32开) ISBN: 7-80631-330-3
定价: CNY8.00

J0138624
儿童趣味剪纸 李晓春绘制
长春 吉林美术出版社 1998年 101页 19×26cm
ISBN: 7-5386-0703-X 定价: CNY15.80

J0138625
个性卡片制作 (制作卡片各种描绘技法/立体卡片制作/各种材质剪贴应用/个性卡片创作)
三采文化编企部编著
台北 三采文化出版公司 1998年 141页 有彩图
26cm(16开) ISBN: 957-9135-35-5
定价: TWD400.00
(纸卡设计丛书 6)

本书的特色在于手工绘制，对于表现技法的描绘较为详尽。内容主要分为：第一、描绘技法；第二、剪贴技法；第三、立体技法；第四、布及绸带的运用；第五、实物的运用五个大类。

J0138626
假面探秘 (记西南地区假面表演) 郭净著
杭州 浙江人民出版社 1998年 108页 有照片
20cm(32开) ISBN: 7-213-01658-X
定价: CNY12.00
(人类·社会·风情图录丛书)

J0138627
剪纸艺术欣赏　赵应潮编
北京 中国电影出版社 1998年 110页
35cm(8开) 线装 ISBN: 7-106-01414-1
定价: CNY42.00
本书包括《仕女人物》《红楼人物》《花篮》《抬头见喜》《花和鸟》《牡丹花》《双鱼戏》《牧牛图》《花鸟》等剪纸艺术。

J0138628
剪纸制作技法　尤红著
北京 北京工艺美术出版社 1998年 132页
有插图 20cm(32开) ISBN: 7-80526-260-8
定价: CNY8.50
(中国传统手工技艺丛书 第一期)

J0138629
刻纸艺术　(彝族 苗族风情专集) 宛志贤主编; 刘仲元著
贵阳 贵州民族出版社 1998年 89页 29cm(16开)
精装 ISBN: 7-5412-0807-8 定价: CNY80.00

J0138630
立体折纸精选　(图集) 孔繁森, 刘凤霞著
北京 中国林业出版社 1998年 182页 19×26cm
ISBN: 7-5038-2129-9 定价: CNY15.00

J0138631
民间工艺技法基础　孙秉山编著
北京 中国社会出版社 1998年 52+16页 有图
26cm(16开) ISBN: 7-80146-057-X
定价: CNY11.00
(美术与设计基础丛书)

J0138632
民间剪纸　徐艺乙著
济南 山东科学技术出版社 1998年 124页
19cm(小32开) ISBN: 7-5331-2209-7
定价: CNY16.00
(中国收藏小百科 第二辑 3)

J0138633
民间剪纸　仉凤皋著
天津 天津人民美术出版社 1998年 48页
26cm(16开) ISBN: 7-5305-0816-4
定价: CNY8.50
(中国民间工艺美术技法丛书)
作者仉凤皋(1937—　), 美术家、教授。山东宁津人, 毕业于中央工艺美术学院。天津美术学院教授, 中国美术家协会会员, 中国剪纸学会会长。出版有《动物图案资料》《日本冲绳版画》《谈剪纸创作》《中国剪纸论文选》《中国剪纸藏书票》等。

J0138634
民俗剪纸　李广禄著
沈阳 辽宁美术出版社 1998年 142页 17×18cm
ISBN: 7-5314-1912-2 定价: CNY12.00

J0138635
皮影　刘小娟, 姚其巩编著
天津 天津人民美术出版社 1998年 78页 有彩图
26cm(16开) ISBN: 7-5305-0817-2
定价: CNY23.50
(中国民间工艺美术技法丛书)

J0138636
齐鲁民间艺术通览　张玉柱主编
济南 山东友谊出版社 1998年 14+1278页
26cm(16开) 精装 ISBN: 7-80551-821-1
定价: CNY187.00

J0138637
趣味剪纸　赵幼兵编著
成都 四川科学技术出版社 1998年 97页
19×26cm ISBN: 7-5364-3850-8 定价: CNY7.00

J0138638
趣味折纸　杨光等编
成都 四川科学技术出版社 1998年 82页
19×26cm ISBN: 7-5364-3804-4
定价: CNY10.00

J0138639
陕北民间剪纸释要　宋如新编著
西安 陕西人民教育出版社 1998年 233页
25×26cm ISBN: 7-5419-7442-0
定价: CNY96.00

J0138640
上海民间工艺美术 （20世纪末上海民间工艺精品博览）
上海 上海文艺出版社 1998年 47页 28×28cm
精装 ISBN：7-5321-1754-5 定价：CNY198.00
本书内容包括：石壶艺术、石砚艺术、印钮艺术、剪纸艺术、面塑艺术、灯彩艺术、微型艺术、玉雕艺术、般模艺术、绒绣艺术、京剧脸谱艺术、编织艺术、根雕艺术等。

J0138641
实用纸花设计 戴瑞源著
广州 广东科技出版社 1998年 91页 26cm（16开）
ISBN：7-5359-2116-7 定价：CNY60.00
（花艺系列）

J0138642
苏梅纸艺术 苏勇主编
海拉尔 内蒙古艺术出版社 1998年 17×19cm
ISBN：7-80506-680-9 定价：CNY28.00

J0138643
腾冲皮影戏 王韵凤编绘
芒市 德宏民族出版社 1998年 141页
19cm（小32开）ISBN：7-80525-396-X
定价：CNY15.00
作者王韵凤，女，作家。福建泉州人。历任云南省保山地区文化艺术创作室美术师，省作协会员，中国通俗文艺研究会会员。编绘《云南少数民族图案百幅》。

J0138644
新版少儿立体手工 （战车篇）明目编
北京 中国轻工业出版社 1998年 29×21cm
ISBN：7-5019-2352-3 定价：CNY8.20

J0138645
殷秀云谈民间美术 殷秀云著
长春 吉林科学技术出版社 1998年 236页
20cm（32开）ISBN：7-5384-1910-1
定价：CNY15.00
（东方收藏名家谈收藏丛书）

J0138646
招魂 吕胜中［作］
南宁 广西美术出版社 1998年 236页 19×21cm
精装 ISBN：7-80625-477-3 定价：CNY30.00
（中国现代艺术品评丛书 实验艺术系列）
作者吕胜中（1952— ），教师、画家。生于山东平度县（今山东省平度市），硕士毕业于中央美术学院。中央美术学院民间美术系教师。主要作品《生命——瞬间与永恒》《行》等。著作有《中国民间剪纸》《中国木刻版画》。

J0138647
纸雕制作技巧 （图集）周聪著
广州 广东科技出版社 1998年 62页
19cm（小32开）ISBN：7-5359-2048-9
定价：CNY10.00
（家居小摆设装饰艺术系列书）

J0138648
纸工入门 王云编绘
上海 上海人民美术出版社 1998年 91页
19cm（小32开）ISBN：7-5322-1980-1
定价：CNY5.00
（少年艺术技能入门丛书）

J0138649
中国民间吉祥艺术博览 张彤，耿默著
沈阳 辽宁美术出版社 1998年 365页
29cm（16开）精装 ISBN：7-5314-1989-0
定价：CNY180.00

J0138650
中国民间剪纸工艺 （教程）赵幼兵著
成都 四川科学技术出版社 1998年 125页
有插图 26cm（16开）ISBN：7-5364-3727-7
定价：CNY8.50

J0138651
中国民间面具 顾朴光编著
长沙 湖南美术出版社 1998年 24+203页
25×26cm ISBN：7-5356-1039-0
定价：CNY97.00
（中国民间美术丛书）
作者顾朴光（1942— ），生于贵州贵阳市，籍贯江苏崇明县（今属上海市）。历任贵州民族学院教授，学报副主编。代表作品有《中国面具史》《中国民间面具》。

J0138652
中国戏曲剪纸 （汉英对照）林曦明主编；上海市民间文艺家协会编
上海 上海教育出版社 1998 年 188 页 23×20cm
精装 ISBN：7-5320-6080-2 定价：CNY55.00

作者林曦明（1925— ），画家。原名正熙，号乌牛。浙江永嘉人。历任上海戏剧学院美术系教师。上海中国画院一级画师，中国美术家协会会员，现代书画研究会会长。代表作品有《红梅时节》《水满鱼肥》《太湖之歌》《漓江雨后》《故乡》等。

J0138653
中国乡土艺术设计大系 （1）郑军编著
南宁 广西美术出版社 1998 年 156 页
26cm（16 开）ISBN：7-80625-531-1
定价：CNY19.60
（现代设计家资料书库）

作者郑军（1965— ），教授。生于山东诸城，毕业于无锡轻工业学院。山东艺术学院设计学院教授。著有《中国民间装饰艺术》《女性装饰画集》等。

J0138654
中国乡土艺术设计大系 （2）郑军编著
南宁 广西美术出版社 1998 年 156 页
26cm（16 开）ISBN：7-80625-532-X
定价：CNY19.60
（现代设计家资料书库）

J0138655
竹艺 郭长林著
天津 天津人民美术出版社 1998 年 46 页
26cm（16 开）ISBN：7-5305-0815-6
定价：CNY10.50
（中国民间工艺美术技法丛书）

J0138656
安塞民间剪纸精品 杨宏明等主编；安塞县文化文物馆编
西安 陕西人民美术出版社 1999 年 341 页
25×26cm ISBN：7-5368-1190-X
定价：CNY95.00
（安塞民间美术丛书）

J0138657
安顺地戏脸子 沈福馨，华年编
长沙 湖南美术出版社 1999 年 40 页 26cm（16 开）
ISBN：7-5356-1207-5 定价：CNY16.00
（中国民间美术丛书 绝活儿 第一辑）

J0138658
彩色折纸 （壹佰零肆款）
杭州 浙江摄影出版社 1999 年 85 页 26cm（16 开）
ISBN：7-80536-635-7 定价：CNY39.50

J0138659
儿童折叠剪纸 朱晨光著
长沙 湖南文艺出版社 1999 年 42 页 17×19cm
ISBN：7-5404-2095-2 定价：CNY4.30

J0138660
凤凰纸扎 汪为义，华年编；赵振兴等摄影
长沙 湖南美术出版社 1999 年 40 页 26cm（16 开）
ISBN：7-5356-1206-7 定价：CNY16.00
（中国民间美术丛书 绝活儿 第一辑）

J0138661
伏兆娥剪纸集 ［伏兆娥作］
银川 宁夏人民出版社 1999 年 72 页 有照片
26cm（16 开）ISBN：7-227-01979-9
定价：CNY38.00

本书汇集了伏兆娥的剪纸作品集 100 余篇，其中包括：《永久和平》《大飞人》《小飞人》《龙凤呈祥》等。作者伏兆娥（1960— ），剪纸艺术家。宁夏海原县人。历任宁夏民间文艺家协会理事、中国剪纸协会会员、宁夏美术家协会会员。作品有《伏兆娥剪纸集》等。

J0138662
福建漳浦剪纸集 中共漳浦县委宣传部编
福州 福建美术出版社 1999 年 160 页
29cm（16 开）ISBN：7-5393-0770-6
定价：CNY88.00，CNY108.00（精装）

J0138663
高凤莲西部剪纸作品集 黑建国编
天津 天津人民美术出版社 1999 年 99 页
17×19cm ISBN：7-5305-0981-0
定价：CNY14.00

J0138664
高平民间艺术 （中国·山西 民风·民俗）安新鲜编著
北京 今日中国出版社 1999年 132页
29cm（16开）ISBN：7-5072-0963-6
定价：CNY98.00

J0138665
合阳面花 史耀增，华年编；沈宇等摄影
长沙 湖南美术出版社 1999年 40页 26cm（16开）
ISBN：7-5356-1187-7 定价：CNY16.00
（中国民间美术丛书 绝活儿 第一辑）

J0138666
集体知识、信仰与工艺 王嵩山著
台北县 稻乡出版社 1999年 256页 有照片
21cm（32开）ISBN：957-9628-45-9
定价：TWD280.00
（民间知识丛书 006）

J0138667
剪影艺术 鹿耀世编
北京 中国和平出版社 1999年 142页 17×19cm
（现代实用美术丛书）

作者鹿耀世，书法家、美术编审。字剑平，中国社会科学出版社美术副编审。出版《字体艺术》《耀世书法系列》，主编《现代广告创意》《美术设计图库》《徐悲鸿诞辰一百一十周年书画作品集》等。

J0138668
剪纸绣花样 王连海编著
哈尔滨 黑龙江美术出版社 1999年 76页
29cm（16开）ISBN：7-5318-0608-8
定价：CNY35.00
（中华民俗艺术精粹丛书）

作者王连海（1952— ），研究员。北京人。中央工艺美术学院副研究员、图书馆常务副馆长。著有《中国民间玩具简史》《泥人》《外国民间玩具集》等。

J0138669
剪纸艺术 鲍家虎著
济南 山东教育出版社 1999年 178页
20cm（32开）ISBN：7-5328-2792-5
定价：CNY7.70
（中国俗文化丛书）

J0138670
静乐吕慧剪纸选 吕慧［剪制］
北京 人民日报出版社 1999年 70页 26cm（16开）
ISBN：7-80153-194-9 定价：CNY16.00

本书精选了静乐县文化馆吕慧同志的一部分剪纸作品，其中许多作品是她在整理传统老样子的同时，注意学习，不忘创新从传统中汲取营养，创作出来的。作者吕慧（1955— ），女，一级民间工艺美术师。山西静乐县西坡崖乡人，任职于静乐县文化馆。代表作品有《八仙》《姥爷送外甥》《蛇盘兔》等。

J0138671
兰阳百工竞秀 吴心宇等撰文
宜兰县 宜兰县立文化中心 1999年 再版 156页
有图 28cm（大16开）ISBN：957-02-0812-0
定价：TWD400.00

J0138672
立体动物 （纸工的设计与制作）赵永军等编
广州 岭南美术出版社 1999年 38页
28cm（大16开）ISBN：7-5362-1929-6
定价：CNY6.50

J0138673
民间美术 （湖北刺绣、布贴）方湘侠主编
武汉 湖北美术出版社 1999年 232页 19×22cm
精装 ISBN：7-5394-0829-4 定价：CNY98.00

作者方湘侠（1940— ），原籍福建莆田，出生于湖南长沙。毕业于湖北艺术学院（现湖北美术学院）美术系中国画专业。曾任湖北省群众艺术馆美术编辑、副馆长。湖北美术协会副主席、湖北省科普美术家协会理事长。主要作品有《运石图》《欢乐的日子》《欲飞》等。

J0138674
民间美术 （湖北木版年画、剪纸、皮影）方湘侠主编
武汉 湖北美术出版社 1999年 212页 19×22cm
精装 ISBN：7-5394-0830-8 定价：CNY88.00

年画形式的中国现代民间美术作品摄影。

J0138675
民间美术 （湖北木雕、竹雕）方湘侠主编
武汉 湖北美术出版社 1999年 252页 22×19cm
精装 ISBN：7-5394-0828-6 定价：CNY88.00

J0138676
民间美术 （湖北石雕、砖雕）方湘侠主编
武汉 湖北美术出版社 1999年 192页 22×19cm
精装 ISBN：7-5394-0831-6 定价：CNY88.00

J0138677
民间美术 （湖北陶器、糖塑、银饰）方湘侠主编
武汉 湖北美术出版社 1999年 152页 19×22cm
精装 ISBN：7-5394-0833-2 定价：CNY68.00

J0138678
傩戏面具 吴仕忠，胡廷夺编著
哈尔滨 黑龙江美术出版社 1999年 76页
29cm（16开）ISBN：7-5318-0612-6
定价：CNY35.00
（中华民俗艺术精粹丛书）

J0138679
趣味剪纸 朱伟达等编著
上海 上海文化出版社 1999年 111页
26cm（16开）ISBN：7-80646-086-1
定价：CNY13.00
（纸趣丛书）

J0138680
趣味刻纸 朱伟达，王海燕著
上海 上海文化出版社 1999年 2版 137页
26cm（16开）ISBN：7-80511-666-0
定价：CNY14.50

J0138681
山西民间礼馍艺术 张青编著
哈尔滨 黑龙江美术出版社 1999年 77页
29cm（16开）ISBN：7-5318-0728-9
定价：CNY35.00
（中华民俗艺术精粹丛书）
外文书名：Shanxi Folk Steamed Bread Gift Art.

J0138682
汤阴现代民间剪纸 王春杰主编
郑州 河南美术出版社 1999年 28cm（大16开）
ISBN：7-5401-0686-7 定价：CNY65.00
本书收《双喜团花》《开国大典》《毛主席视察岳飞故里》《九九喜事多》等85幅汤阴民间剪纸作品。

J0138683
天津民俗剪纸 黄殿祺，黄萍编著
北京 北京工艺美术出版社 1999年 119页
26cm（16开）ISBN：7-80526-277-2
定价：CNY23.00

J0138684
为你心折 （心形礼物折叠技巧）嘉萌，小木编
广州 广州出版社 1999年 95页 20cm（32开）
ISBN：7-80592-880-0 定价：CNY18.80
（情趣生活）

J0138685
我的纸雕世界 吴静芳著
台北 三采文化出版事业公司 1999年 157页
有照片 26cm（16开）ISBN：957-9135-96-7
定价：TWD450.00
（纸艺创作丛书 4）

J0138686
我们的凶脸朋友 （傩面具与傩画艺术）许先著
天津 天津古籍出版社 1999年 227页
19cm（小32开）ISBN：7-80504-683-2
定价：CNY16.00

J0138687
新编儿童趣味折纸大全 （初级卷）永川编著
沈阳 辽宁民族出版社 1999年 70页 19×26cm
ISBN：7-80644-278-2 定价：CNY9.50
（小神童智力开发系列）

J0138688
新编儿童趣味折纸大全 （中级卷）永川编著
沈阳 辽宁民族出版社 1999年 70页 19×26cm
ISBN：7-80644-279-0 定价：CNY9.50
（小神童智力开发系列）

J0138689
新编儿童趣味折纸大全 （高级卷）永川编著
沈阳 辽宁民族出版社 1999年 70页 19×26cm
ISBN：7-80644-280-4 定价：CNY9.50
（小神童智力开发系列）

J0138690
严烈刻纸精品集 （吴歌叙事故事）严烈著
苏州 古吴轩出版社 1999年 19×21cm
ISBN：7-80574-453-X 定价：CNY28.00

J0138691
雨林剪纸 姚雨林编著
郑州 河南美术出版社 1999年 90页 26cm（16开）
ISBN：7-5401-0834-7 定价：CNY20.00
本书收作者的剪纸作品，包括《民俗事象》《喜庆礼花》《生肖纪岁》《飞禽走兽》《人物故事》等。作者姚雨林（1950-），河南省巩义市人，巩义市民间艺术家协会主席。

J0138692
长沙棕叶编 卢莹，华年编；王再，王春林摄影
长沙 湖南美术出版社 1999年 40页 26cm（16开）
ISBN：7-5356-1205-9 定价：CNY16.00
（中国民间美术丛书 绝活儿 第一辑）

J0138693
折折画画 陈寿鹏编
上海 上海教育出版社 1999年 85页 26cm（16开）
ISBN：7-5320-5915-4 定价：CNY9.00
（小画家丛书）

J0138694
纸造型艺术与教学 巩平编著
北京 北京教育出版社 1999年 157页
26cm（16开）ISBN：7-5303-1786-5
定价：CNY25.00

J0138695
中国100种民间工艺美术 王平编著
南宁 广西人民出版社 1999年 427页
20cm（32开）ISBN：7-219-03925-5
定价：CNY20.00
（中国民俗民情100系列丛书）

J0138696
中国风筝 （中英文本）赵少华主编
北京 五洲传播出版社 1999年 85页 19×22cm
精装 ISBN：7-80113-631-4 定价：CNY120.00
（中国民间工艺）
本书以画册的形式，介绍中国的民间艺术品风筝，阐述其二千多年的历史、主要制作原料及讲究图案美、色彩美的动物、人物等造型。

J0138697
中国吉祥剪纸图集 潘鲁生，陈鲁夏编
北京 北京工艺美术出版社 1999年 14+291页
29cm（16开）ISBN：7-80526-360-4
定价：CNY68.00
本书分吉祥寓意、吉祥禽鸟、吉祥瑞兽、吉祥花木以及吉祥图符等六编，共收入陕西洛川、甘肃庆阳、河南灵宝、河北蔚县等地收集到的民间剪纸作品三百多幅。作者潘鲁生（1962— ），艺术学博士，教授，博士生导师。山东曹县人。毕业于南京艺术学院。任中国文联副主席、山东省文联主席、山东工艺美术学院院长、中国民间文艺家协会主席、中国艺术研究院中国设计艺术院院长、中国美术家协会工艺美术艺委会主任等。代表作品《零的突破》《匠心独运》等。主要著述有《论中国民间美术》《中国民间美术工艺学》等。作者陈鲁夏（1960— ），女，山东烟台人。山东工艺美术学院成人教育处工作，中国剪纸学会会员，合编有《中国吉祥剪纸图集》。

J0138698
中国剪纸 （中英文本）赵少华主编
北京 五洲传播出版社 1999年 103页 19×22cm
精装 ISBN：7-80113-632-2 定价：CNY120.00
（中国民间工艺）
本书以图文并茂的形式，介绍中国剪纸工艺，展示作为神话传说、戏剧人物、飞禽走兽、虫鱼花果等载体的艺术特点及其形象图案的内涵寓意等。

J0138699
中国面具 盖山林编著；盖志浩绘
北京 书目文献出版社 1999年 205页 有照片
26cm（16开）精装 ISBN：7-5013-1643-0
定价：CNY90.00

J0138700
中国面具皮影　（中英文本）赵少华主编
北京 五洲传播出版社 1999年 115页 19×22cm
精装 ISBN：7-80113-635-7 定价：CNY120.00
（中国民间工艺）
本书以画册形式，介绍中国种类多样的跳神面具、社火面具、悬挂面具、戏曲面具及功能，以及古老的表演艺术皮影戏的由来、主要人物角色等。

J0138701
中国民间工艺　（中英文本）赵少华主编
北京 五洲传播出版社 1999年 5册 19×22cm
精装
本套书全5册，包括《中国剪纸》《中国陶瓷》《中国风筝》《中国布艺》《中国面具皮影》。

J0138702
中国民间吉祥剪纸　孙建君，刘亚平编著
南昌 江西美术出版社 1999年 226页
26cm（16开）ISBN：7-80580-570-9
定价：CNY28.00

J0138703
中国民间十二生肖剪纸　范祚信剪纸
沈阳 辽宁美术出版社 1999年 323页 19×21cm
ISBN：7-5314-2225-5 定价：CNY28.00

J0138704
中国民间戏曲剪纸　孙建君主编
南昌 江西美术出版社 1999年 226页
26cm（16开）ISBN：7-80580-604-7
定价：CNY33.00
作者孙建君（1951—　），教授。山东广饶县人。历任中央工艺美术学院《装饰》编辑，中国工艺美术学会民间工艺美术委员会副秘书长。著有《当代中国的工艺美术》《中国现代美术全集·陶瓷卷》《中国民间美术》。

J0138705
中国少数民族面具　郑俊秀主编；民族文化宫编
北京 朝华出版社 1999年 215页 29cm（16开）
ISBN：7-5054-0583-7 定价：CNY260.00
（中国·民族文化宫藏品系列）
本书按面具的社会功能分为跳神面具、生命礼仪面具、镇宅面具、节日祭祀面具、戏剧面具五个部分，每个部分又按面具的不同文化类型，配以图片进行介绍。

J0138706
中国少数民族面具　（图集）郑俊秀主编
北京 朝华出版社 1999年 215页 29cm（16开）
精装 ISBN：7-5054-0585-3 定价：CNY300.00
（中国·民族文化宫藏品系列）
本书按照面具的社会功能不同分为跳神面具、生命礼仪面具、镇宅面具、节日祭祀面具、戏剧面具五个部分，按照其不同文化类型配合图片进行介绍。

J0138707
中国威海剪纸　王言昌，戚俊杰主编
青岛 青岛出版社 1999年 135页 29cm（16开）
ISBN：7-5436-2085-5 定价：CNY98.00

中国其他工艺美术
（塑料、皮革、玩具等）

J0138708
业余艺术　（抗建时期 上册）杜定友编著
桂林 时代图书服务社 民国三十二年［1943］
石印本 162页 有图 19cm（32开）
本套书收录作者自制的艺术品、生活用品及家庭装饰的照片160幅。

J0138709
业余艺术　（抗建时期 下册）杜定友编著
桂林 时代图书服务社 民国三十二年［1943］
石印本 59页 有图 19cm（32开）

J0138710
布制的玩具　林勋等编
上海 上海文化出版社 1956年
统一书号：7077.75 定价：CNY0.42

J0138711
树叶剪贴　何明斋编
上海 儿童读物出版社 1956年 影印本 重印本

17页 有图 19cm(32开) 定价: CNY0.09

J0138712
民间玩具 (画册) 李寸松编
上海 上海人民美术出版社 1959年 78幅
19cm(32开) 精装 统一书号: 8081.4357
定价: CNY13.50
本书介绍分散在全国各地多种多样的民间玩具。收在河北、福建、北京、西安、湖南等地的民间玩具作品78幅, 全部彩图版, 其中有些是生活中常见的禽兽, 有些是幻想中的神话人物。书前附序1篇, 介绍民间玩具的一些基本内容以及出版该画册的意义与价值。

J0138713
树脂嵌花法 吴家驹译
台北 徐氏基金会 1975年 再版 76页 有图
21cm(32开) 定价: 旧台币1.20
(科学图书大库)

J0138714
树脂嵌花法 吴家驹译
台北 徐氏基金会 1978年 3版 76页 有图
21cm(32开) 定价: 旧台币1.20
(科学图书大库)

J0138715
布玩具 苏桂英编绘
天津 天津人民美术出版社 1981年 74页
25cm(15开) 统一书号: 8073.50192
定价: CNY0.55
本书系统介绍了布玩具的制造方法。

J0138716
布玩具 叶玮芹, 徐晓驹著
天津 天津人民美术出版社 1997年 46页
26cm(16开) ISBN: 7-5305-0651-X
定价: CNY12.00
(中国民间工艺美术技法丛书)

J0138717
有趣的小制作
天津 天津人民美术出版社 1982年 19cm(32开)
统一书号: 8073.30804 定价: CNY0.15

J0138718
有机玻璃造型艺术 于宝民编绘
天津 天津科学技术出版社 1983年 90页
20cm(32开) 统一书号: 8212.10 定价: CNY2.50
本书选收了作者编绘的有机玻璃造型图案1000余个。全集分人物、灯具、动物、脸谱和美术字造型等五个部分。

J0138719
怎样烙画 李文奎著
呼和浩特 内蒙古科学技术出版社 1985年 98页
有图 19cm(32开) 统一书号: 15295.1
定价: CNY1.30
本书介绍了什么是烙画、专用工具的制作方法、烙画材料的种类和特性以及各种花鸟鱼虫、山水、人物、动物、建筑、书法集金石印章等的烙画技法。

J0138720
布贴画·麦秆画 卫华, 齐湄编制
北京 人民教育出版社 1986年 36页
19cm(小32开) 统一书号: 7012.01095
定价: CNY0.49
(中小学生美术丛书)

J0138721
布玩具的制作 王桂荣编绘
长春 北方妇女儿童出版社 1986年 47幅
26cm(16开) 袋装 统一书号: 13377.3
定价: CNY1.00

J0138722
河南民间玩具 河南省群众艺术馆编
郑州 河南美术出版社 1986年 205页 20×18cm
统一书号: 8386.226 定价: CNY8.80
(河南民间美术丛书)
河南地处黄河流域, 有着灿烂的古代文化, 其民间美术的发展也有着悠久的历史。画集收录200余件作品。作品具有浓厚的乡土气息, 造型生动各异、工艺精致。

J0138723
儿童玩具世界 卢稳子, 徐建伟编著
广州 新世纪出版社 1989年 219页 有图
19cm(32开) ISBN: 7-5405-0282-7

定价: CNY3.80

J0138724
家庭手工制做 (1)寒啸编绘
长春 长春出版社 1989年 49页 19cm(32开)
ISBN: 7-80573-101-2 定价: CNY2.95

J0138725
延川布堆花 周路编; 孙永杰摄
合肥 安徽美术出版社 1989年 48页
15×26cm(20开) ISBN: 7-5398-0069-0
定价: CNY4.00

布堆花，又名布帖花、摞花、拔花。是陕北地区重要的民间艺术品种之一。作者周路，中国合肥市群众艺术馆馆员，中国美术家协会、中国版画家协会会员。

J0138726
家庭自制布玩具 肖汉元编著
北京 轻工业出版社 1990年 128页
27cm(大16开) ISBN: 7-5019-0873-7
定价: CNY6.30

J0138727
一石一世界 李锦标编
台北 玩石家 1990年 132页 有彩图
30cm(12开) 精装 定价: TWD2000.00

J0138728
中国卵石艺术 黄惕恒著
北京 中国社会科学出版社 1990年 65页
有彩照 19cm(32开) ISBN: 7-5004-0795-5
定价: CNY2.50

本书内容包括: 卵石艺术探美与造艺，卵石艺术的表现手法、形式与分类、作品的制作等。

J0138729
中国烫画技法 艾秀琪编著
天津 天津人民美术出版社 1990年 110页
有照片有图 26cm(16开) ISBN: 7-5305-0166-6
定价: CNY19.00

本书介绍了烫画的工具，辅助工具及其操作运用，如线、块面的处理；温度与速度的控制；木纹的利用及其与烫画形象的结合；烘烤的方法以及纸、布、板诸种材料的特性等等。

J0138730
鸡血石选藏集 论石艺术编辑小组编
台北 三友图书公司 1991年 288页 有照片
30cm(10开) 精装 定价: TWD2200.00

J0138731
卡通制作 石杨等编
北京 中国广播电视出版社 1991年 16页
26cm(16开) ISBN: 7-5043-0544-8
定价: CNY1.80

J0138732
《小小动画家》——动手做 阿周等设计绘画
北京 中国电影出版社 1992年 4张 26cm(16开)
ISBN: 7-106-00531-2 定价: CNY1.20

J0138733
半像真纸模型飞机 俞宜震, 袁文才设计
上海 少年儿童出版社 1992年 12张 附说明一份 26cm(16开) 定价: CNY3.05

J0138734
布绒玩具的设计与制作 张友明, 陈桃女编著
上海 上海科学普及出版社 1992年 26cm(16开)
ISBN: 7-5427-0623-3 定价: CNY36.00

J0138735
儿童树叶拼贴画 牟刚编绘
长春 吉林美术出版社 1992年 37页 17×18cm
ISBN: 7-5386-0267-4 定价: CNY4.50

作者牟刚(1959—)，吉林省教育学院任教。

J0138736
儿童玩具巧制作 徐静文等编著
北京 金盾出版社 1992年 39页 26cm(16开)
ISBN: 7-80022-479-1 定价: CNY3.60

J0138737
纸粘土小饰物 林子萱编著
台北 武陵出版公司 1992年 2版 93页
有图 21cm(32开) 定价: TWD150.00
(美术陶艺丛书 29)

J0138738
中国民间玩具　(画册)李寸松，张连瑞主编
太原 希望出版社 1992年 258页 23×25cm
ISBN：7-5379-0955-5 定价：CNY75.00
本书介绍自北魏至当代的300余件玩具作品。选自包括台湾在内的20余个省市、自治区，其中不少是珍品或孤品，如新石器时代陶埙的孑遗——河南音响玩具“小梨喽”等。外文书名：China's Folk Toys.

J0138739
布绒玩具制作　陈葵姑编著
广州 广东科技出版社 1993年 61页
19cm(小32开) ISBN：7-5359-1094-7
定价：CNY4.00

J0138740
布贴艺术　李兴国编绘
天津 天津大学出版社 1993年 66页 有彩照
26cm(16开) ISBN：7-5618-0519-5
定价：CNY7.20
作者李兴国(1954—　)，满族，教授。生于河北丰宁县，毕业北京广播学院。中国传媒大学影视艺术学院院长，中国电视艺术协会第六届顾问。著有《摄影构图基础》等。

J0138741
趣味乒乓球玩偶制作　童箴著
上海 上海教育出版社 1993年 86页 有彩图
26cm(16开) ISBN：7-5320-3496-8
定价：CNY5.90
作者童箴(1950—　)，教师。上海中国福利会少年宫木偶艺术指导。出版有《趣味乒乓球玩偶制作》《可爱的木偶》等。代表作《中国少数民族人物》等。

J0138742
树叶拼贴画100例　吴秀芳编
延吉 东北朝鲜民族教育出版社 1993年
26cm(16开) ISBN：7-5437-1577-5
定价：CNY4.90

J0138743
说葫芦　王世襄著
香港 一出版有限公司 1993年 376页
25cm(小16开) 精装 ISBN：962-577-004-6
定价：HKD890.00
中国现代葫芦科民间工艺品。外文书名：The Charms of the Gourd. 作者王世襄(1914—2009)，收藏家、文物鉴赏家、学者。字畅安，生于北京，祖籍福建福州。曾任中国营造学社助理研究员，文物博物馆研究所、文物保护科学技术研究所副研究员，文化部文物局中国文物研究所研究员。代表作品有《竹刻鉴赏》《髹饰录解说》《明式家具珍赏》等。

J0138744
雅石铭品欣赏　张丰荣编著
台北 冠伦文化事业公司 1993年 112页 有照片
26cm(16开) ISBN：957-8629-10-9
定价：TWD300.00
(艺术之旅 9)

J0138745
纸粘土小饰物　(Ⅱ)美工图书社编
台北 邯郸出版社 1993年 111页 有图
26cm(16开) 定价：TWD240.00

J0138746
制作大王　(名牌赛车 一)曹珉设计绘画
天津 天津人民美术出版社 1993年 8张
26cm(16开) ISBN：7-5305-3556-X
定价：CNY2.00

J0138747
制作大王　(名牌赛车 二)曹珉设计绘画
天津 天津人民美术出版社 1993年 8张
26cm(16开) ISBN：7-5305-3557-9
定价：CNY2.00

J0138748
制作大王　(拉线玩具)马介麟设计绘画
天津 天津人民美术出版社 1993年 8张
26cm(16开) ISBN：7-5305-3554-4
定价：CNY2.00

J0138749
制作大王　(美国战机)王立忠，王赫楠设计绘画
天津 天津人民美术出版社 1993年 8张
26cm(16开) ISBN：7-5305-3552-8

定价：CNY2.00

J0138750
制作大王 （神奇的大炮和导弹）徐嘉，欣久恩设计绘画
天津 天津人民美术出版社 1993年 8张
26cm（16开）ISBN：7-5305-3551-0
定价：CNY2.00

J0138751
制作大王 （世界著名手枪）吴冰，张玉珍设计绘画
天津 天津人民美术出版社 1993年 8张
26cm（16开）ISBN：7-5305-3555-2
定价：CNY2.00

J0138752
制作大王 （中国战车）邢立宏设计绘画
天津 天津人民美术出版社 1993年 8张
26cm（16开）ISBN：7-5305-3553-6
定价：CNY2.00

J0138753
自制精品不求人 刘惠芳编著
深圳 海天出版社 1993年 198页 19cm（小32开）
ISBN：7-80542-823-9 定价：CNY5.80
（少年博览不求人系列丛书）

J0138754
寄给鞠萍姐姐的贺卡 （图册）鞠萍编著
济南 山东画报出版社 1994年 81页 17×19cm
ISBN：7-80603-004-2 定价：CNY7.60
（六一丛书）

J0138755
教你做长毛绒玩具 郑华编
北京 中国计量出版社 1994年 75页 19×26cm
ISBN：7-5026-0613-0 定价：CNY7.00

J0138756
美丽的叶画 （图集）李其震文；杨志清，吴慧绘图
北京 大众文艺出版社 1994年 96页 13×19cm
ISBN：7-80094-052-7 定价：CNY6.90

J0138757
台湾百石鉴赏 孙茂胜编著
台北 冠伦文化事业公司 1994年 110页 有照片
28cm（大16开）ISBN：957-8629-45-1
定价：TWD300.00
（艺术之旅 6）

J0138758
天使之谜：中国儿童玩具透视 栗保滨，徐建国著
成都 四川少年儿童出版社 1994年 157页
20cm（32开）精装 ISBN：7-5365-1336-4
定价：CNY6.30
（中国儿童生存、保护和发展书系）

J0138759
中国民间玩具造型图集 王连海编绘
北京 北京工艺美术出版社 1994年 134页
17×18cm ISBN：7-80526-132-6 定价：CNY6.50

作者王连海（1952— ），研究员。北京人。中央工艺美术学院副研究员、图书馆常务副馆长。著有《中国民间玩具简史》《泥人》《外国民间玩具集》等。

J0138760
漂亮的布贴画 杨克俭设计绘制
北京 金盾出版社 1995年 62页 26cm（16开）
ISBN：7-5082-0002-0 定价：CNY13.00

J0138761
趣味布贴图案精选 康艾苓等编绘
太原 山西科学技术出版社 1995年 86页
26cm（16开）ISBN：7-5377-1104-6
定价：CNY13.50
（五彩生活丛书）

J0138762
我的布老虎 （摄影 1996年年历）古欣摄
北京 中国旅游出版社 1995年 1张 53×38cm
定价：CNY1.30

J0138763
押花艺术 基愉著
广州 岭南美术出版社 1995年 75页 有彩图
19cm（小32开）ISBN：7-5362-1175-9

定价：CNY12.80

J0138764
中国珍石 范念鲁著
台北 淑馨出版社 1995年 264页 有照片
21cm（32开）精装 ISBN：957-531-436-0
定价：TWD580.00
（吾土吾民文物丛书 11）

J0138765
布制工艺品动物造型100例 王孝伶编著
北京 金盾出版社 1996年 36页 26cm（16开）
ISBN：7-5082-0177-9 定价：CNY9.90

J0138766
女性巧手艺 （家庭手工艺品巧制作）董岩编著
海口 南海出版公司 1996年 119页 有彩图
26cm（16开）ISBN：7-80570-520-8
定价：CNY18.80

J0138767
粘贴画精选与制作 夏冬柏，丁雪岩主编
哈尔滨 黑龙江美术出版社 1996年 80页
19×26cm ISBN：7-5318-0310-0 定价：CNY29.80

J0138768
中华各民族人物头饰艺术粘贴 （图集）于涛，戴晓莉设计；尹洪波绘图
北京 教育科学出版社 1996年 78页 17×19cm
ISBN：7-5041-1600-9 定价：CNY5.80
（巧手乐园）

J0138769
装饰剪贴画设计与制作 陈国光著；楼林摄影
上海 上海科学技术出版社 1996年 76页
26cm（16开）ISBN：7-5323-4235-2
定价：CNY25.00

J0138770
布贴画 秋琪著
福州 福建教育出版社 1997年 68页 17×19cm
ISBN：7-5334-2289-9 定价：CNY12.00

J0138771
木板烫画 艾秀琪著
天津 天津人民美术出版社 1997年 38页 有照片及插图 26cm（16开）ISBN：7-5305-0655-2
定价：CNY10.00
（中国民间工艺美术技法丛书）

作者艾秀琪（1947— ），国家高级美术师。笔名牧石，生于北京。中国美术家协会河北分会会员、中国国画家协会会员。河北省民间工艺美术大师中国烙画艺术非物质文化遗产传承人，牧石艺术馆馆长。代表作烙画《崇山峻岭架银线》等。

J0138772
沈益华烫画艺术作品集 沈益华作
北京 中央广播电视大学出版社 1997年 54页
19×24cm ISBN：7-304-01435-0
定价：CNY60.00

J0138773
纸布烫画 艾秀琪著
天津 天津人民美术出版社 1997年 30页 有照片及插图 26cm（16开）ISBN：7-5305-0654-4
定价：CNY8.00
（中国民间工艺美术技法丛书）

J0138774
董蕾丝彩画选集 董蕾绘
上海 上海文艺出版社 1998年 98页 29cm（16开）
精装 ISBN：7-5321-1817-7 定价：CNY78.00

J0138775
中国葫芦 王世襄著
上海 上海文化出版社 1998年 333页
20cm（32开）精装 ISBN：7-80511-928-7
定价：CNY85.00

作者王世襄（1914—2009），收藏家、文物鉴赏家、学者。字畅安，生于北京，祖籍福建福州。曾任中国营造学社助理研究员，文物博物馆研究所、文物保护科学技术研究所副研究员，文化部文物局中国文物研究所研究员。代表作品有《竹刻鉴赏》《髹饰录解说》《明式家具珍赏》等。

J0138776
中国葫芦器与鸣虫 孟昭连著
北京 东方出版社 1998年 139+174页 有彩照及

图版 29cm（16 开）精装 ISBN：7-5060-1092-5
定价：CNY198.00

J0138777
民间智力玩具 周末编著
北京 农村读物出版社 1999 年 199 页
20cm（32 开）ISBN：7-5048-3110-7
定价：CNY12.00
（生活百味丛书）

J0138778
奇妙的中国民间玩具 （俄）伊·弗·扎哈罗娃（И.В.Захарова）著；徐先良，赵晶旸译
天津 天津人民美术出版社 1999 年 151 页
有照片 26cm（16 开）ISBN：7-5305-0980-2
定价：CNY38.60

J0138779
千阳布枕 李红军，华年编；周健，李红军摄影
长沙 湖南美术出版社 1999 年 40 页 26cm（16 开）
ISBN：7-5356-1188-5 定价：CNY16.00
（中国民间美术丛书 绝活儿 第一辑）

J0138780
台湾粿印艺术 （台湾民间粿糕饼糖塔印模文化艺术之研究）简荣聪著
台北 汉光文化出版公司 1999 年 128 页 有彩照
26cm（16 开）ISBN：957-629-319-7
定价：TWD280.00

J0138781
叶贴画技法 马安宁著
沈阳 辽宁美术出版社 1999 年 86 页
26cm（16 开）ISBN：7-5314-2288-3
定价：CNY22.00
（21 世纪技法系列丛书）

J0138782
油灯·烛台 吕宝华，吕涌编著
哈尔滨 黑龙江美术出版社 1999 年 77 页
29cm（16 开）ISBN：7-5318-0606-1
定价：CNY35.00
（中华民俗艺术精粹丛书）

J0138783
中国布艺 （中英文本）赵少华主编
北京 五洲传播出版社 1999 年 85 页 19×22cm
精装 ISBN：7-80113-634-9 定价：CNY120.00
（中国民间工艺）

本书以画册形式，介绍中国民间工艺的艺术品布艺，介绍了用于服装、鞋帽、挂包、玩具等日常生活用品的布艺，及布艺的吉祥图案、符号艺术等。

各国工艺美术

J0138784
菲律宾花边刺绣术图说 陈言编译
上海 大东书局 1921 年 石印本［106］页 有图
19cm（32 开）环筒页装

J0138785
花纸图案 （日）不著编者名氏
1927 年 日本彩色绘本 3 册 42×52cm

J0138786
室内装饰美
上海 良友图书公司 1934 年［62］页 有肖像
18cm（32 开）定价：大洋三角
（万有画库 11）

本书收各国室内装饰照片 62 幅。书前有迟英的《漫谈室内装饰》一文。

J0138787
彩色住宅设计基础教本 （第五辑）拜尔（Bayer，M.）设计；皮尔克（Paelke，F.M.）撰文
台北 启源书局［1949—1999 年］
143 页 有图 19×21cm 精装 定价：TWD150.00

J0138788
世界装饰图集成 （1873—1887 年刊 1）张炳源著
台北 启源书局有限公司［1949—1999 年］
150 页 34cm（10 开）

J0138789
世界装饰图集成 （1873—1887年刊 2）张炳源著
台北 启源书局有限公司［1949—1999年］
150页 34cm（10开）

J0138790
世界装饰图集成 （1873—1887年刊 3）张炳源著
台北 启源书局有限公司［1949—1999年］
150页 34cm（10开）

J0138791
世界装饰图集成 （1873—1887年刊 4）张炳源著
台北 启源书局有限公司［1949—1999年］
150页 34cm（10开）

J0138792
室内设计彩色专辑 （第四辑）拜尔（Bayer, M.）设计；奥伯斯特（Oberist, D.M.），皮尔克（Paelke, F.W.）选文
台北 启源书局［1950—1985年］117页 有图
19×21cm 精装

J0138793
苏联图案集 姜宝泉编绘
上海 万叶书店 1951年 88页 21cm（32开）
定价：旧币8,000元

J0138794
苏联图案集 （普及本）姜宝泉编绘
上海 万叶书店 1951年 57页 19cm（32开）

J0138795
苏联图案是怎样的 许快雪，仇标辑
上海 华光书局 1952年 影印本 82页
18cm（32开）定价：旧币6,000元

J0138796
苏联图案选 刘开申辑
上海 北新书局 1952年 影印本 68页 15×18cm
定价：旧币4,500元

J0138797
苏联图案选 刘开申编
上海 北新书局 1953年 6版 67页
定价：旧币4,000元

J0138798
波兰民间剪纸 阙文编
上海 晨光出版社 1954年 影印本 14cm（64开）
定价：旧币1,800元

J0138799
苏联图案选 刘开申编
上海 四联出版社 1954年 增订本 重一版 42页
定价：旧币4,000元

J0138800
苏联装饰美术 蔡漠，邹邦彦辑绘
上海 大众书局 1954年 58页 26cm（16开）
定价：旧币7,500元

J0138801
匈牙利民间艺术展览会 （匈）巴拉萨·伊凡编
北京 匈牙利民间艺术展览会 1954年 32页
19cm（32开）

J0138802
匈牙利民间装饰艺术 匈牙利民俗学博物馆工作人员集体编辑
匈牙利美术基金委员会［发行］1954年 影印本
208页 有图 24cm（16开）精装

J0138803
保加利亚人民共和国民间创作展览 对外文化联络局编
北京 对外文化联络局 1955年 21cm（32开）

J0138804
波兰 捷克斯洛伐克 匈牙利民间工艺美术 邹邦彦，蔡漠编绘
上海 通力出版社 1955年 影印本 94页
19cm（32开）定价：旧币5,500元

J0138805
罗马尼亚人民共和国的实用艺术 对外文化联络局编

北京 对外文化联络局 1955年 8页 18cm（15开）
（文化交流资料丛刊 13）

J0138806
苏联实用美术论文集 （苏）萨尔蒂柯夫等著；马文启等译
北京 朝华美术出版社 1957年 115+32页 19cm（32开）统一书号：8028.1439
定价：CNY0.64

J0138807
保加利亚工艺美术品选集 袁迈编
北京 人民美术出版社 1958年 68页 26cm（16开）
统一书号：8027.1277 定价：CNY3.70

J0138808
波兰民间工艺与工业生产创造性结合方法
中华人民共和国对外文化联络委员会编
北京 北京美术印刷厂［印］1958年 61页 有图 26cm（16开）

J0138809
捷克斯洛伐克工艺美术品选集 雷圭元编
北京 人民美术出版社 1958年 46页 26cm（16开）
统一书号：8027.1284 定价：CNY3.60

作者雷圭元（1906—1988），教育家、书画家。字悦轩，上海松江人。毕业于国立北平艺专，留校任教。代表作品《工艺美术技法讲话》《新图案学》《新图案的理论和作法》等。

J0138810
罗马尼亚工艺美术品选集 人民美术出版社编辑
北京 人民美术出版社 1958年［81］页 有图 26cm（16开）统一书号：8027.1280
定价：CNY3.85

J0138811
匈牙利工艺美术品选集 雷圭元编辑
北京 人民美术出版社 1958年 影印本［8+58］页 有图版 26cm（16开）统一书号：8027.1209

作者雷圭元（1906—1988），教育家、书画家。字悦轩，上海松江人。毕业于国立北平艺专，留校任教。代表作品《工艺美术技法讲话》《新图案学》《新图案的理论和作法》等。

J0138812
伊拉克工艺美术 （画片）
北京 人民美术出版社 1959年 1套（7张）115cm（全开）统一书号：8027.2460
定价：CNY0.40

J0138813
古代波斯图案 陈之佛，吴山编绘
上海 上海人民美术出版社 1960年 106页 18cm（15开）统一书号：T8081.4605
定价：CNY1.80
（工艺美术丛书）

作者陈之佛（1896—1962），画家、工艺美术家。又名陈绍本、陈杰，号雪翁。毕业于浙江省工业专门学校染织科机织专业，曾留学日本入东京美术学校工艺图案科。曾任教于上海美术专科学校及中央大学艺术系，任南京大学、南京师范学院教授、江苏美协副主席、南京艺术学院副院长、中国美术家协会理事等职。代表作品有《瑞安名胜古诗选》《旅美纪行》《江村集》等。

J0138814
欧洲工艺图案选集 上海人民美术出版社编辑
上海 上海人民美术出版社 1960年 37幅 26cm（16开）统一书号：T8081.4917
定价：CNY4.40

收入508幅图。包括18、19世纪俄罗斯、捷克、斯洛伐克、罗马尼亚、德国、奥地利、意大利，以及挪威、丹麦、芬兰等29个国家的、主要由农民和渔民制作的工艺品，其中有各种衣服、地毯、台布、帽子等日用织物和盘、盆、杯、瓶等陶瓷器皿的式样及其装饰图案。

J0138815
苏联各民族实用艺术与民间工艺品选集
（画册）上海人民美术出版社编辑
上海 上海人民美术出版社 1961年 102页 26cm（16开）精装 统一书号：T8081.4932
定价：CNY18.00

J0138816
阿尔巴尼亚人民共和国民间艺术展览 对外文化联络委员会等编
北京 对外文化联络委员会 1962年 有图 15cm（40开）

J0138817
村庄的黄昏　(磨漆)(越南)梅文南作
上海 上海人民美术出版社 1963年 54cm(4开)
定价:CNY0.60

J0138818
古今中外各国装饰的风格　亚历山大·修比尔兹著;施杏锦译
台北 大众书局印行 1968年 645页 20cm(32开)
定价:TWD51.48

J0138819
玻璃蚀镂及雕刻工艺　杜国灯译
台北 徐氏基金会 1970年 55页 有照片
20cm(32开)定价:TWD30.00,HKD5.00
(科学图书大库)

J0138820
世界人物图案资料集成　高铭盘编辑
台北 正言出版社 1971年 288页 20cm(32开)
精装 定价:TWD85.00

J0138821
国外标志图案　北京市第一轻工业研究所,中央工艺美术学院装潢美术系编辑
北京 北京市第一轻工业研究所[1974—1979年]
48页 19cm(32开)

本书由北京市第一轻工业研究所和中央工艺美术学院装潢美术系联合出版。

J0138822
插花技术　(美)艾伦(Allen, E.G.)著;萧淑媛译
台北 徐氏基金会 1977年 再版 64页 有图
21cm(32开)定价:旧台币 0.80
(科学图书大库)

J0138823
世界古典装饰图案家具造形精华选粹　可人编辑
台北 艺术图书公司 1978年 影印本 128页
有图 21cm(32开)定价:TWD70.00

J0138824
世界包装设计精选　杨宗魁编
台北 设计家文化出版事业公司 1979年 204页
有照片 29cm(15开)精装 定价:TWD400.00

作者杨宗魁,总编的主要作品有《广告创作年鉴》《形象设计年鉴》《专业摄影年鉴》等。

J0138825
世界彩纹大全　朱宜生编译
台北 设计家文化出版事业公司 1979年 有图
30cm(15开)定价:TWD400.00

J0138826
1991年最新版日本企业识别设计　(1)美工图书社编
台北 邯郸出版社 1980年 175页 26cm(16开)

J0138827
1991年最新版日本企业识别设计　(2)美工图书社编
台北 邯郸出版社 1980年 176-340页
26cm(16开)

J0138828
国外商标图案选编　中国出口商品包装研究所编
北京 对外贸易出版社 1980年 119页
19cm(32开)统一书号:4222.02 定价:CNY0.53

J0138829
马来西亚传统工艺　香港博物馆编
香港 香港市政局 1980年 113页 有照片
24cm(26开)ISBN:962-7039-03-9
定价:HKD25.00

外文书名:Malaysian Traditional Crafts.

J0138830
葡萄牙当代陶瓷展　尹清仪,苏中强摄影
澳门[澳门市政厅][1980—1999年]有图
29cm(16开)

外文书名:A Ceramica Portuguesa Contemporanea.

J0138831
日本新工艺展览　(第十届亚洲艺术节)香港市政局,日本驻港总领事馆编
香港 香港市政局[1980—1989年]92页 有照片
25cm(16开)精装 定价:HKD57.00

外文书名：Contemporary Japanese Crafts.

J0138832
外国现代设计艺术 浙江人民美术出版社编
杭州 浙江人民美术出版社 1980年 110页
19cm(32开) 统一书号：8156.118
定价：CNY1.70

本书是国外现代设计艺术作品图集。选用外国现代商品设计、广告、包装、书籍装帧、标志、商标等方面的优秀作品600幅，其中胶印彩版40幅，黑白版为凹印。作品构思巧妙，造型新颖，实用美观。书中还对各流派的设计风格作了简要的介绍。

J0138833
西洋古典图案大全 何昆山等编译
台北 艺术图书公司 1980年 有图 21cm(32开)
定价：TWD60.00

J0138834
1981亚洲设计家联展 大一设计协会编辑
香港 香港正校及九龙分校［1981年］34页
26cm(16开)

J0138835
包装设计实例830 何大卫，田中正编
香港 万里书店 1981年 224页 有图 26cm(16开)
ISBN：962-14-0015-55-5
(工商美术丛书)

J0138836
彩色包装设计 彩色包装设计编委会编
台北 明光出版社 1981年 208页 30cm(10开)
精装 定价：TWD1000.00

J0138837
国际公共标志图案集 李恒编
香港 万里书店 1981年 176页 有图 21cm(32开)
定价：HKD11.00

外文书名：Public Symbols.

J0138838
国际公共标志图案集 李恒编
香港 万里书店 1983年 176页 21cm(32开)

J0138839
国外商标图案参考 桂根宝，邵瞿昌编绘
武汉 湖北人民出版社 1981年 172页
19cm(32开) 统一书号：9106.2228
定价：CNY1.25

J0138840
国外装璜设计资料 韩和栋，刘德安编绘
成都 四川人民出版社 1981年 19cm(32开)
统一书号：8118.967 定价：CNY0.30

J0138841
国外装璜设计资料 韩和栋，刘德安编绘
成都 四川人民出版社 1981年［30页］
19cm(小32开) 定价：CNY0.30

J0138842
火柴商标设计集锦 龙宝章编
济南 山东人民出版社 1981年 66页 19cm(32开)
统一书号：8099.2076 定价：CNY1.15

本书选收国内外火柴盒贴画数百种。主题有描绘秀丽的山川风光和文物古迹；有刻画造型优美的舞姿；有介绍名花异草、珍禽奇兽；有宣传卫生和科学知识。在艺术形式上，有国画、水彩画、水粉画、漫画、木刻、剪纸、木版年画、装饰画、金石以及摄影等。作者龙宝章(1935—)，教授。河北昌黎人，毕业于中央工艺美术学院染织系。历任山东工艺美术学院染织系主任、副教授，中国美术家协会会员。出版有《艺用鱼纹资料》《火柴商标设计集锦》《现代印染图案设计》《中国莲花图案》《中国鱼形装饰艺术》等。

J0138843
世界商标大典 张文宗著
台北 联亚出版社［1981年］660页 22cm(30开)
精装

J0138844
世界图案精华 江明宏编译
台南 信宏出版社 1981年 126页
［19cm］(32开) 定价：CNY1.30

J0138845
外国装潢 陈圣谋编绘
南昌 江西人民出版社 1981年 1册 25cm(16开)

统一书号: 8110.408 定价: CNY0.80

J0138846
外国装饰纹样集 曹敬恭编绘
济南 山东人民出版社 1981 年 158 页
19cm(32 开) 统一书号: 8099.2216
定价: CNY0.64

J0138847
外国装饰纹样集 曹敬恭编绘
济南 山东人民出版社 1985 年 新 1 版 158 页
19cm(32 开) 定价: CNY0.94
本书从外国建筑、雕刻、陶瓷、地毯、珐琅、银器等的装饰纹样设计资料中临摹、复制了 561 个纹样汇编而成。

J0138848
折纸艺术 (日)笠原国彦著; 杨达三编
长沙 湖南美术出版社 1981 年 123 页
19cm(32 开) 统一书号: 8233.148 定价: CNY0.45

J0138849
中外包装装潢选 姚志远编; 刘永勋摄
济南 山东人民出版社 1981 年 20cm(32 开)
统一书号: 8099.2101 定价: CNY3.50

J0138850
国外广告 400 例 尚美, 晓友收集整理
南宁 广西人民出版社 1982 年 101 页
19cm(32 开) 统一书号: 8113.688 定价: CNY1.80

J0138851
实用美术 (外国火柴贴纸专辑) 上海人民美术出版社编辑
上海 上海人民美术出版社 1982 年 26cm(16 开)
统一书号: 8081.13100 定价: CNY2.00
本辑从美术设计的角度, 精选了世界各国火柴贴纸 540 枚。这些贴纸不仅反映了各国设计艺术的特点, 也表现了丰富多样的艺术风格。

J0138852
实用美术 (外国火柴贴纸专辑 续编) 上海人民美术出版社编辑
上海 上海人民美术出版社 1985 年 26cm(16 开)
定价: CNY2.40

J0138853
世界商标集锦 (1)
台南 王家出版社 1982 年 246 页 有图
19×26cm 定价: TWD600.00

J0138854
世界商标集锦 (Ⅱ)
台南 王家出版社 1982 年 242 页 有图
19×26cm 定价: TWD600.00

J0138855
外国图案选 张道一编
南京 江苏人民出版社 1982 年 284 页
25cm(16 开) 统一书号: 8100.6.003
定价: CNY2.82
本书汇集了近 40 个国家和地区的装饰图案 800 多个。包括古代埃及、希腊、波斯和印度的图案, 欧洲近代和现代的图案, 日本的图案, 以及非洲、美洲和太平洋地区岛屿上部落民族的图案。作者张道一(1932—), 教授。生于山东齐东县, 就读于华东大学文艺系和山东大学艺术系学习。历任东南大学艺术学教授、博士生导师, 苏州大学艺术学院院长。出版有《张道一文集》。

J0138856
纸的立体构成与设计 (日)朝仓直巳著; 廖伟强译
台北 大陆书店 1982 年 315 页 有图 21cm(32 开)
精装 定价: TWD150.00

J0138857
1984: 日本插花艺术
杭州 西泠印社 1983 年 30cm(15 开)
定价: CNY2.20

J0138858
池坊生花研究 (日)横山梦草著; 林荣贵编译
高雄 爱华出版社 1983 年 再版 103 页
有图 26cm(16 开)

J0138859
当代世界书刊装帧艺术 (第一集 封面设计)
广州 花城出版社 1983 年 66 页 26cm(16 开)
定价: CNY2.80
本集所编选的是欧美和日本当代的书籍封

面艺术，包括图书、杂志和图书目录。

J0138860
广告设计学　樊志育著
台北 樊志育 1983年 398页 有图 21cm（32开）

J0138861
国外包装设计　史颖编
北京 朝花美术出版社 1983年 48页 19cm（32开）
统一书号：8028.1918 定价：CNY1.60

J0138862
外国图案资料　沈孝谟编绘
北京 人民美术出版社 1983年 93页 19cm（32开）
统一书号：8027.8316 定价：CNY0.94
本书选编外国各类图案资料共计700余图。

J0138863
外国现代商标设计　许家乐编
南京 江苏人民出版社 1983年 118页
22cm（16开）统一书号：8100.001 定价：CNY1.50
本书就商标设计的起源，外国商标设计的现状和发展趋势，商标标志设计的要点，均作了介绍，并辑录了较多外国商标及有关的标志图例。

J0138864
包装设计实例830　何大卫，田中正编
香港 万里书店 1984年 2版 224页 有图
26cm（16开）ISBN：962-14-0015-5
定价：HKD60.00
外文书名：Examples of Packaging Design.

J0138865
东方瓷艺与荷兰德尔夫陶瓷　香港艺术馆编
香港 香港市政局 1984年 218页 28cm（26开）
ISBN：962-215-055-1

J0138866
国外科学技术书籍封面设计选　上海科学技术出版社装帧设计组编
上海 上海科学技术出版社 1984年 64页
26cm（16开）定价：CNY4.50
本书共收录各类科技图书封面383幅，其中彩色197幅，黑白186幅。

J0138867
旅游和旅游广告　罗真如等选编
郑州 河南人民出版社 1984年 96页 有照片
36cm（6开）统一书号：8105.1280
定价：CNY3.80
本书系世界旅游商业广告图集专著。选编了欧洲、美洲、亚洲、澳洲共20多个国家的100余幅图片和旅游广告作品。作者罗真如（1938—　），女，教授。湖南邵阳人，毕业于中央工艺美术学院装饰绘画系。历任天津工艺美术设计院美术师，北京景山学校教师，中央工艺美术学院教授。出版有《平面广告设计》《欧洲广告艺术》《旅游广告》等。

J0138868
七宝烧装饰画　（日）斋藤桂子绘
北京 人民美术出版社 1984年 30幅 27cm（16开）
精装 统一书号：8027.9109 定价：CNY9.00

J0138869
世界杰出服装画家作品集　萧本龙编著
台北 太豪出版社 1984年 128页 有图
38cm（6开）定价：TWD620.00

J0138870
世界商标·标志　（1970—1984）（日）桑山弥三郎编
台北 天龙出版社 1984年 493页 有图
30cm（15开）精装 定价：TWD450.00
外文书名：Trademarks and Symbols of the World. 作者桑山弥三郎，日本著名字体、视觉传达要素研究专家。

J0138871
外国花边纹样集　倪连元，薛萍编绘
北京 朝花美术出版社 1984年 104页
19cm（32开）统一书号：8028.1932
定价：CNY0.76
本集汇编的花样纹样，大部分是外国古典建筑和器物上的传统装饰图案。

J0138872
外国商标　王其彰编
石家庄 河北美术出版社 1984年 232页

19cm(32开)统一书号: 8087.747 定价: CNY1.80

本书搜集了英、美、德、法、捷等国的商标2000个，其中，还有一些设计手法相似的刊物、展览会、学术团体的标志，以及一些刊物中的补白，供美术设计人员参考。

J0138873

外国商标图案 石云华绘
贵阳 贵州人民出版社 1984年 116页
16cm(25开)统一书号: 9115.962 定价: CNY1.00

本书收集了几十个国家的商标图案，分为人物、动物、植物、文字和其他五个部分。

J0138874

外国装饰图案集 王俭编绘
成都 四川人民出版社 1984年 1册 19cm(32开)
统一书号: 8118.1767 定价: CNY0.90

J0138875

西洋花大全 江明树编译
高雄 爱华出版社 1984年 207页 有图
26cm(16开)精装 定价: TWD700.00

J0138876

最新西洋花入门 (日)关江重三郎著; 古明源译
高雄 爱华出版社 1984年 129页 有图
26cm(16开)精装 定价: TWD500.00

J0138877

国外广告专辑 (1)湖北科学技术出版社编辑
武汉 湖北科学技术出版社 1985年 30页
26cm(16开)统一书号: 17304.97
定价: CNY3.50
(现代设计丛书)

本辑收集了十多个国家各种风格的广告作品255幅。

J0138878

花艺世界 (2)(日)横山正编
[台北]邯郸出版社 1985年 267页 有图
32cm(6开)精装

外文书名: Flower Designs.

J0138879

世界装饰画插图精品集 (2)逸群图书公司出版部主编
台北 逸群图书公司出版部 1985年 影印本
174页 有图 21cm(32开)定价: TWD110.00

J0138880

现代设计 (1 广告)浙江人民美术出版社画册编辑室编
杭州 浙江人民美术出版社 1985年 46页
26cm(16开)统一书号: 8156.507
定价: CNY2.20

本书是介绍世界现代设计的系列丛书。主要提供国外最新的装潢艺术、环境艺术、纺织品装饰艺术、工业美术等方面的优秀设计作品。

J0138881

现代设计 (2 橱窗 包装)
杭州 浙江人民美术出版社 1985年 46页
26cm(16开)统一书号: 8156.519
定价: CNY2.20

J0138882

现代设计 (3 商店装饰艺术)浙江人民美术出版社编
杭州 浙江人民美术出版社 1986年 48页
26cm(16开)统一书号: 8156.1051
定价: CNY2.20

J0138883

现代设计 (4 书籍艺术)浙江人民美术出版社编
杭州 浙江人民美术出版社 1986年 48页
26cm(16开)统一书号: 8156.1053
定价: CNY2.20

J0138884

现代设计 (5 工业设计)浙江人民美术出版社编
杭州 浙江人民美术出版社 1987年 44页
26cm(16开)统一书号: 8156.1319
定价: CNY2.45

J0138885

现代设计 (6 商业摄影)浙江人民美术出版社编
杭州 浙江人民美术出版社 1987年 44页
26cm(16开)统一书号: 8156.1320
定价: CNY2.45

J0138886
现代设计 （7 世界一流包装）浙江人民美术出版社画册编辑室编
杭州 浙江人民美术出版社 1987 年 44 页
26cm（16 开）统一书号：8156.1323
定价：CNY2.45

J0138887
现代设计 （8 世界一流商品）浙江人民美术出版社画册编辑室编
杭州 浙江人民美术出版社 1987 年 44 页
26cm（16 开）定价：CNY2.45

J0138888
现代设计 （9 室内装饰）浙江人民美术出版社画册编辑室编
杭州 浙江人民美术出版社 1988 年 44 页
26cm（16 开）ISBN：7-5340-0112-9
定价：CNY3.45

J0138889
现代设计 （10 壁挂艺术）浙江人民美术出版社画册编辑室编
杭州 浙江人民美术出版社 1988 年 44 页
26cm（16 开）ISBN：7-5340-0113-7
定价：CNY3.45

J0138890
现代设计 （11 广告）浙江人民美术出版社画册编辑室编
杭州 浙江人民美术出版社 1988 年 44 页
26cm（16 开）ISBN：7-5340-0114-5
定价：CNY3.45

J0138891
现代设计 （12 统一设计）浙江人民美术出版社画册编辑室编
杭州 浙江人民美术出版社 1988 年 44 页
26cm（16 开）ISBN：7-5340-0115-3
定价：CNY3.45

J0138892
现代设计 （13 欧洲橱窗）浙江人民美术出版社编
杭州 浙江人民美术出版社 1990 年 48 页
26cm（16 开）ISBN：7-5340-0185-4
定价：CNY8.00

J0138893
现代设计 （14 GRAPHIS 图形 瑞士《图形》84 ~ 89 年作品汇编）浙江人民美术出版社编
杭州 浙江人民美术出版社 1991 年 56 页
26cm（16 开）ISBN：7-5340-0249-4
定价：CNY5.40

J0138894
现代设计 （16 展示设计）浙江人民美术出版社编
杭州 浙江人民美术出版社 1992 年 56 页
26cm（16 开）ISBN：7-5340-0325-3
定价：CNY11.50
外文书名：Exhibit Design.

J0138895
现代设计 （17 杂志广告）浙江人民美术出版社画册编辑室编
杭州 浙江人民美术出版社 1992 年 48 页 有照片
26cm（16 开）ISBN：7-5340-0336-9
定价：CNY7.00

J0138896
现代设计 （18 连字设计）[浙江人民美术出版社画册编辑室编]
杭州 浙江人民美术出版社 1994 年 64 页
26cm（16 开）ISBN：7-5340-0422-5
定价：CNY15.00

J0138897
现代设计 （19 现代标志）
杭州 浙江人民美术出版社 1994 年 64 页
26cm（16 开）ISBN：7-5340-0423-3
定价：CNY15.00

J0138898
现代设计 （20 招贴广告）浙江人民美术出版社编
杭州 浙江人民美术出版社 1994 年 26cm（16 开）
ISBN：7-5340-0424-1 定价：CNY15.00

J0138899
现代设计 （21 店面设计）浙江人民美术出版社编
杭州 浙江人民美术出版社 1994 年 48 页
26cm（16 开）ISBN：7-5340-0550-7
定价：CNY19.50

J0138900
现代设计 （22 CI 设计）
杭州 浙江人民美术出版社 1995 年 48 页
26cm（16 开）ISBN：7-5340-0497-7
定价：CNY19.50

J0138901
现代设计 （23 广告创意）聿文等编
杭州 浙江人民美术出版社 1995 年 48 页
26cm（16 开）ISBN：7-5340-0498-5
定价：CNY19.50

J0138902
现代设计 （24 世界时装广告）
杭州 浙江人民美术出版社 1995 年 48 页
26cm（16 开）ISBN：7-5340-0600-7
定价：CNY19.50

J0138903
现代设计 （26 光的空间设计 摄影集）迪尚等编
杭州 浙江人民美术出版社 1995 年 48 页
26cm（16 开）ISBN：7-5340-0608-2
定价：CNY19.50

J0138904
中外地纹装饰 （图集）朱仰慈，卜允台编绘
上海 上海科学技术出版社 1985 年 204 页
26cm（16 开）统一书号：17119.74
定价：CNY3.45

本书选编的地纹有 200 余幅，包括木纹、石纹、织纹、网纹、几何纹及绘画图案等等。这些地纹是编者在上海科学技术出版社从事设计工作的成果。

J0138905
中外图案装饰风格 （图册）雷圭元，李骐编著
北京 人民美术出版社 1985 年 197 页
26cm（16 开）统一书号：8027.8659
定价：CNY4.95，CNY6.60（精装）

本书内容分中国图案和外国图案两部分，中国部分有美的法则、美丽造型、平视体装饰构图、立视体装饰构图、笔情墨趣等 11 章；外国部分有古埃及图案装饰风格，古希腊图案装饰风格，文艺复兴时期的图案装饰风格，近、现代欧洲图案装饰风格 4 章。每一部分均有简明的文字说明。并收有 331 幅图。作者雷圭元（1906—1988），教育家、书画家。字悦轩，上海松江人。毕业于国立北平艺专，留校任教。代表作品《工艺美术技法讲话》《新图案学》《新图案的理论和作法》等。

J0138906
国际知识题花 邓禄鑫收集整理
成都 四川美术出版社 1986 年 112 页
19cm（32 开）统一书号：8373.757 定价：CNY1.28

J0138907
国外动物图案集 徐静芬，吴霞编绘
天津 天津杨柳青画社 1986 年 114 页
18cm（15 开）统一书号：7174.040 定价：CNY0.90

J0138908
国外服饰资料集 张岩，塞草编绘
合肥 安徽美术出版社 1986 年 190 页
18cm（小 32 开）统一书号：8381.127
定价：CNY2.50

J0138909
国外广告艺术 丁允朋编著
南京 江苏美术出版社 1986 年 18cm（15 开）
统一书号：8353.6.010 定价：CNY3.60

J0138910
国外广告艺术 丁允朋编著
南京 江苏美术出版社 1986 年 19cm（32 开）
定价：CNY3.60

J0138911
国外火花集锦 何文著；何新宇藏
合肥 安徽美术出版社 1986 年 18cm（15 开）
统一书号：8381.289 定价：CNY1.80

J0138912
国外书籍封面设计集锦　紫燕选编
合肥 安徽美术出版社 1986 年［92 页］
19cm（小 32 开）统一书号：8381.171
定价：CNY11.00

J0138913
国外书籍封面设计选　钱震之编
上海 上海翻译出版公司 1986 年 26cm（16 开）
统一书号：8311.15 定价：CNY3.70
作者钱震之，美术编辑。江苏常州人。曾任上海印刷技术研究所所长、中国美术家协会会员、上海翻译出版公司高级美术顾问等。著有《实用装饰图案手册》《实用外文字体设计手册》《国外书籍封面设计选》等。

J0138914
世界标志艺术大观　曲渊主编
北京 科学普及出版社 1986 年 315 页
20cm（32 开）统一书号：8051.1073
定价：CNY2.80
本书选编世界数十个国家和地区现代标志设计家的成功之作，共计 3600 余例，按其设计形式分为 60 种类型，有人物型标志、人首型标志、手足型标志、动物型标志、鸟类型标志、海洋动物标志、昆虫标志、植物标志、公园标志、文具型标志、立体型标志、箭头型标志、符号型标志、数字型标志、机械型标志等。

J0138915
藤花的世界　（日）真木雅子著；张蓉蓓译
台北 业强出版社 1986 年 135 页 有图
21×19cm 精装 定价：TWD250.00
（生活丛书 5）

J0138916
外国视幻美术图案　曲渊编
北京 中国文联出版公司 1986 年 201 页
18cm（32 开）统一书号：8355.756 定价：CNY2.65

J0138917
外国室内装饰与家具图集　北京图书馆文献信息服务中心编
北京 书目文献出版社 1986 年 159 页
26cm（16 开）统一书号：8201.22 定价：CNY12.00

J0138918
外国装饰画选　卜维勤编
沈阳 辽宁美术出版社 1986 年 62 幅 25cm（16 开）
统一书号：8161.0933 定价：CNY7.30
本书分《古典装饰画》《现代装饰画》和《世界名家装饰画》3 个部分。《古代装饰画》主要收集古希腊的瓶画和波斯的织物画、纤维装饰等具有代表性的作品。《现代装饰画》占有大量篇幅，分为装饰壁挂、蜡染、镶嵌、剪纸着色、手绣装饰、纤维装饰、油画装饰、丝网装饰等。《世界名家装饰画》选收了俄国康定斯基的抽象装饰画；法国马蒂斯的剪纸装饰画，法国克利及西班牙毕加索、米罗等的抽象装饰画。

J0138919
外国装饰图案　燕经编
郑州 河南美术出版社 1986 年 126 页
26cm（16 开）统一书号：8386.461 定价：CNY3.40

J0138920
外国装饰艺术选　曲渊编绘
西安 陕西人民美术出版社 1986 年 254 页
19cm（32 开）统一书号：8199.11338
定价：CNY1.30

J0138921
现代商标符号选　（第 1 辑）河北美术出版社编
石家庄 河北美术出版社 1986 年 179 页
18cm（32 开）统一书号：8087.1662
定价：CNY2.80
本书精选世界各国 20 世纪 70 至 80 年代初的各种文字商标、标志、徽章等两千余枚。文字商标符号，是用英文字母排列顺序，以英文词首的字母为设计依据，根据商品、人名、公司、企业及社团名称的特点加以图案设计而成。

J0138922
现代商标符号选　（第 2 辑）河北美术出版社编
石家庄 河北美术出版社 1986 年 200 页
18cm（32 开）统一书号：8087.1663
定价：CNY3.00
本书收集 20 世纪 70 至 80 年代初世界各国，如亚洲、欧洲、美洲和大洋洲各国的公司、企业、商店及社团等的标志符号。其中有依据人物图形、头、眼、嘴、手及狮子、象、鹿、马、羊等动物图案，有以飞禽中的鸽子、飞鹰等为图案，还有以昆虫、花、树叶、船、汽车及各种器皿为图案，共计2000多枚。

J0138923
中外图案选 尚尔云，姜建华编绘
西安 陕西人民美术出版社 1986年 117页
20cm（32开）统一书号：8199.1164
定价：CNY1.10

J0138924
春夏花艺 （日）千羽里芳著；张蓉蓓译
台北 业强出版社 1987年 146页 有图
21×19cm 精装 定价：TWD320.00
（生活丛书 7）

J0138925
当代世界实用图案 （上册）王若芳，马洪力编
北京 对外贸易教育出版社 1987年 156页
26cm（16开）统一书号：8321.01 定价：CNY5.50

J0138926
当代世界实用图案 （下册）王若芳，马洪力编
北京 对外贸易教育出版社 1987年 156页
26cm（16开）统一书号：8321.02 定价：CNY5.50

J0138927
非洲和美洲工艺美术 张少侠著
西安 陕西人民美术出版社 1987年 154页
20cm（32开）ISBN：7-5368-0002-9
定价：CNY3.30

本书概述了古埃及、黑非洲、墨西哥、古代玛雅人、古代安第斯山区域以及印第安、智利、阿根廷等地区、民族的工艺美术发展、沿革的状况。作者张少侠，教授。江苏人，毕业于南京师范大学美术系和南京艺术学院美术系研究生班。任中国美术家协会会员。著有《欧洲美术史》《欧洲工艺美术史纲》《亚洲工艺美术史》《非洲和美洲工艺美术》《中国现代绘画史》等。

J0138928
国际现代家庭布置 于世绪编选
重庆 重庆出版社 1987年 78页 26cm（16开）
精装 ISBN：7-5366-0311-8 定价：CNY6.80

J0138929
国际织物印花图案流派 忻泰华编著
北京 轻工业出版社 1987年 97页 有图
26cm（16开）ISBN：7-5019-0032-9
定价：CNY7.50
（国际纺织品系列资料 15）

J0138930
国外插花艺术 林伟新摄
南京 江苏美术出版社 1987年 2张 76cm（2开）
定价：CNY0.60

J0138931
国外火花艺术 丘斌藏编
南昌 江西人民出版社 1987年 66页 26×23cm
统一书号：8110.1447 定价：CNY6.80

J0138932
国外商标、标志1000例 王蓉生，郁序新编
上海 上海书画出版社 1987年 77页 19cm（32开）
定价：CNY1.30
（实用美术资料丛书）

J0138933
国外商标标志集 张福昌编
南昌 江西人民出版社 1987年 290页
18cm（15开）统一书号：8110.1374
定价：CNY2.40

作者张福昌（1943— ），教授。江苏无锡人，毕业于无锡轻工业学院。历任无锡轻工业学院工业设计系主任、教授，中国室内装饰协会常务理事。出版《视错觉在设计上的应用》《设计概论》《工业设计全书》等。

J0138934
国外设计作品选 蔡胜强编
长沙 湖南美术出版社 1987年 155页
17cm（40开）ISBN：7-5356-0027-1
定价：CNY10.00

J0138935
国外实用美术资料 （1 花边）赵云，李建中编
上海 上海翻译出版公司 1987年 100页
19×26cm ISBN：7-80514-002-2 定价：CNY5.50

J0138936
国外实用美术资料 （2 边框）张一帆，全蔚编
上海 上海翻译出版公司 1987 年 100 页
19×26cm ISBN：7-80514-003-0 定价：CNY5.50

J0138937
国外实用美术资料 （3 图案）岱康，王棣编
上海 上海翻译出版公司 1987 年 100 页
19×26cm 统一书号：8311.44
ISBN：7-80514-004-9 定价：CNY5.50

J0138938
国外实用美术资料 （4 底纹）邓佰仁，吴均编
上海 上海翻译出版公司 1987 年 100 页
19×26cm ISBN：7-80514-005-7 定价：CNY5.50

J0138939
国外现代广告设计 赵佳宏编
沈阳 辽宁美术出版社 1987 年 69 页 18cm（15 开）
统一书号：8161.1037 定价：CNY3.70

J0138940
荷兰插花 林伟新摄影；陆明珍编文
上海 上海人民美术出版社 1987 年 12 张
[17cm]（44 开）定价：CNY1.40

J0138941
荷兰插花 （一 摄影 1988 年年历）林禾，安坤摄影
上海 上海书画出版社 1987 年 1 张 76cm（2 开）
定价：CNY0.60

J0138942
荷兰插花 （二 摄影 1988 年年历）林禾，安坤摄影
上海 上海书画出版社 1987 年 1 张 76cm（2 开）
定价：CNY0.60

J0138943
荷兰插花 （三 摄影 1988 年年历）林禾，安坤摄影
上海 上海书画出版社 1987 年 1 张 76cm（2 开）
定价：CNY0.60

J0138944
火花集 周晓洁收集
长沙 湖南美术出版社 1987 年 [24] 页
17cm（40 开）统一书号：8233.1125
ISBN：7-5356-0042-5 定价：CNY2.30

作者周晓洁（1963— ），火花收藏家。本名周小杰，湖南株洲市人。中国建设银行湖南省株洲市城东支行干部。著有《火花集》《中国火花图录》《世界体育火花精品图录》。

J0138945
平面海报设计专集 （世界海报设计大展）新形象出版公司编辑部编著
永和 新形象出版公司编辑部 1987 年
有彩图 35cm（15 开）精装 定价：TWD650.00

J0138946
秋冬花艺 （日）千羽里芳著；张蓉蓓译
台北 业强出版社 1987 年 133 页 有图
21×19cm 精装 定价：TWD280.00
（生活丛书 8）

J0138947
日本 POP 广告大全 （1）邯郸出版社编
台北 邯郸出版社 1987 年 20cm（32 开）

J0138948
日本 POP 广告大全 （2）邯郸出版社编
台北 邯郸出版社 1987 年 20cm（32 开）

J0138949
日本 POP 广告大全 （3）邯郸出版社编
台北 邯郸出版社 1987 年 20cm（32 开）

J0138950
日本 POP 广告大全 （4）邯郸出版社编
台北 邯郸出版社 1987 年 20cm（32 开）

J0138951
日本 POP 广告大全 （5）邯郸出版社编
台北 邯郸出版社 1987 年 20cm（32 开）

J0138952
日本 POP 广告大全 （6）邯郸出版社编
台北 邯郸出版社 1987 年 20cm（32 开）

J0138953
日本 POP 广告大全　（7）邯郸出版社编
台北　邯郸出版社　1987 年　20cm（32 开）

J0138954
日本 POP 广告大全　（8）邯郸出版社编
台北　邯郸出版社　1987 年　20cm（32 开）

J0138955
日本剪纸艺术　仉凤皋编著
北京　人民美术出版社　1987 年　113 页
18cm（32 开）统一书号：8027.9625
定价：CNY7.00
本书选编反映日本风土民情的剪纸作品 180 余幅。前言和《作品选介》对日本各类剪纸的艺术特色作了介绍。

J0138956
日本剪纸艺术　（2　精致图案的剪纸技巧与完成法）钟淑贞编译
台北　武陵出版社　1987 年　141 页　有图
21cm（32 开）定价：TWD100.00

J0138957
日本陶瓷家原太乐陶艺作品展　（宋瓷·天目鉴赏　中英文本）（日本）太乐陶瓷研究所编辑
北京　北京工艺美术博物馆　1987 年　27cm（16 开）
外文书名：Tairaku Hara Ceramics Exhibition.

J0138958
世界标志图案集　邱承德，潘吾华编
南京　江苏科学技术出版社　1987 年　359 页
17×19cm　定价：CNY4.00
作者潘吾华（1938—　），女，满族，教授。吉林人，毕业于中央工艺美术学院。中央工艺美院任教。作品有《春》《韵律》《孕育》《春夏秋冬》等。

J0138959
世界贺年片选　（1）
贵阳　贵州美术出版社　1987 年　19 张　19cm（32 开）
统一书号：8396.0078（1）定价：CNY3.20

J0138960
世界贺年片选　（2）
贵阳　贵州美术出版社　1987 年　20 张　19cm（32 开）
统一书号：8396.0078（2）定价：CNY3.20

J0138961
世界贺年片选　（3）
贵阳　贵州美术出版社　1987 年　20 张　19cm（32 开）
统一书号：8396.0079（3）定价：CNY3.20

J0138962
世界贺年片选　（4）
贵阳　贵州美术出版社　1987 年　20 张　19cm（32 开）
统一书号：8396.0078（4）定价：CNY3.20

J0138963
世界杰出服装画家作品选
天津　天津人民美术出版社　1987 年　109 页
26cm（16 开）定价：CNY17.00

J0138964
世界名家包装设计　（世界名家包装设计与得奖作品介绍）新形象出版事业有限公司编辑部编著
台北　新形象出版事业有限公司　1987 年
38cm（6 开）精装　定价：TWD600.00

J0138965
世界名家包装设计专集　新形象出版公司编辑部编著
永和　新形象出版公司　1987 年　有彩图
35cm（6 开）精装　定价：TWD600.00
外文书名：The Best of International Packaging and Award-winning Designs.

J0138966
世界商标造形设计　文光出版社编
台北　文光出版社　1987 年　218 页

J0138967
外国视幻美术 500 图　曲渊编
西安　陕西人民美术出版社　1987 年　190 页
18cm（32 开）ISBN：7-5368-0024-X
定价：CNY2.25

J0138968
外国室内装饰选　吴大宪，高明供稿
济南 山东美术出版社 1987年 20页 19cm（32开）
ISBN：7-5330-0071-4 定价：CNY1.80

J0138969
希腊瓶画　李森，刘方编绘
北京 工人出版社 1987年 274页 20cm（32开）
定价：CNY5.00
（外国美术资料丛书）
选择国外博物馆所藏（包括近期出土的）古希腊各历史时期不同风格的瓶画和彩绘陶瓶300余件，按原书刊图版重新摹绘成黑白线图，分神话传说、英雄故事、日常生活3部分，附有名词注释。

J0138970
希腊瓶画　陈允鹤编著
北京 人民美术出版社 1987年 82页
18cm（32开）定价：CNY2.90
外文书名：Greek Ceramic Painting. 作者陈允鹤（1933—　），上海宝山人。笔名云鹤。结业于文化学院。曾任中国美术出版研究委员会会长、《中国艺术》季刊主编、中国美术家协会插图装帧艺术委员会委员。编著出版有《永恒之美：谈希腊艺术》《米开朗基罗雕刻》《伦勃朗》等。

J0138971
现代美术设计指南　（国际美术设计作品六百例）《广告文艺》编辑部编辑
济南 山东文艺出版社 1987年 94页 21cm（32开）
定价：CNY7.40
（《广告文艺》总第四辑）

J0138972
象征图形　（日）桑山弥三郎著；张福昌译
杭州 浙江人民美术出版社 1987年 170页
26cm（16开）ISBN：7-5340-0069-6
定价：CNY5.00
本书介绍了象征图形的种类和作用，主要的象征图形及人脸、手、脚、鱼、虫、花、建筑物、乐器等方面的象征图形。作者桑山弥三郎，日本著名字体、视觉传达要素研究专家。

J0138973
中外火花　陈志均，赵恕中收编
成都 四川美术出版社 1987年 74页 20cm（32开）
ISBN：7-5410-0025-6 定价：CNY5.90

J0138974
中外陶瓷纹样　吕品田，徐雯编绘
北京 轻工业出版社 1987年 248页 18×17cm
ISBN：7-5019-0020-5 定价：CNY2.85
作者吕品田（1959—　），江西丰城人，毕业于景德镇陶瓷学院美术系和中国艺术研究院研究生部美术系。中国艺术研究院美术研究所助理研究员。著作有《中国民间美术观念》《中国民间美术全集·玩具卷》《社火卷》《中国传统工艺》等。

J0138975
中外装饰画集　何山编著
长沙 湖南美术出版社 1987年 98页 17cm（40开）
ISBN：7-5356-0088-3 定价：CNY4.50

J0138976
中外装饰图案资料　瞿顺发编绘
上海 上海书画出版社 1987年 94页 19cm（32开）
ISBN：7-80512-042-0 定价：CNY1.40
（大世界画库·实用美术编）

J0138977
中外装饰图案资料　（二）张复兴编绘
上海 上海书画出版社 1989年 94页 19cm（32开）
ISBN：7-80512-359-4 定价：CNY2.40
（大世界画库·实用美术编）

J0138978
1989：国外室内装饰　（摄影挂历）
南京 江苏美术出版社 1988年 76cm（2开）
定价：CNY13.00

J0138979
1989：日本和服　（摄影挂历）
太原 山西科学教育出版社 1988年 76cm（2开）
定价：CNY13.50

J0138980
国际现代设计　（1）唐茂，剑歌编

重庆 重庆出版社 1988 年 204 页 19×17cm
ISBN: 7-5366-0371-1 定价: CNY9.60

J0138981
国外插花 (汉英对照)
昆明 云南人民出版社 [1988 年] 10 张
15cm(64 开) 定价: CNY1.70

J0138982
国外广告小辑 (一)
上海 上海人民美术出版社 1988 年 12 页
17cm(40 开) ISBN: 7-5322-0186-4
定价: CNY1.50

J0138983
国外广告小辑 (二)
上海 上海人民美术出版社 1988 年 12 页
17cm(40 开) ISBN: 7-5322-0187-2
定价: CNY1.50

J0138984
国外广告小辑 (三)
上海 上海人民美术出版社 1988 年 12 页
17cm(40 开) ISBN: 7-5322-0188-0
定价: CNY1.50

J0138985
国外广告小辑 (四)
上海 上海人民美术出版社 1988 年 12 页
17cm(40 开) ISBN: 7-5322-0189-9
定价: CNY1.50

J0138986
国外书籍封面设计选 (续编) 钱震之编
上海 上海翻译出版公司 1988 年 67 页
ISBN: 7-80514-079-0 定价: CNY4.35

作者钱震之,美术编辑。江苏常州人。曾任上海印刷技术研究所所长、中国美术家协会会员、上海翻译出版公司高级美术顾问等。著有《实用装饰图案手册》《实用外文字体设计手册》《国外书籍封面设计选》等。

J0138987
国外装饰图案大全 (1) 邹纪华,张一弓编
上海 上海书画出版社 1988 年 238 页
19cm(32 开) ISBN: 7-80512-139-7
定价: CNY2.90
(实用美术资料丛书)

J0138988
美术画典 (日本花饰图案) 步万方,卢定兴编绘
天津 天津人民美术出版社 1988 年 179 页
19cm(32 开) ISBN: 7-5305-0122-4
定价: CNY2.10
(美术画典)

J0138989
美洲民间艺术 朱培初编著
西安 陕西人民美术出版社 1988 年 231 页
有附图 19cm(32 开) 定价: CNY3.50

J0138990
欧美日广告设计作品集 1000 例 赵建编
南宁 广西人民出版社 1988 年 188 页
26cm(16 开) ISBN: 7-219-01009-5
(欧·美·日现代设计丛书)

J0138991
日本室内设计精华 (1-2) 王宏新等译
哈尔滨 黑龙江科学技术出版社 1988 年
2 册(293;256 页) 26cm(16 开) 精装
定价: CNY115.00
(世界建筑与室内设计丛书)

J0138992
设计家手册 (美) 瓦尔特·麦勒斯编著; 迟罕,肖微译
北京 中国青年出版社 1988 年 221 页
20cm(32 开) ISBN: 7-5006-0229-4
定价: CNY4.10

工艺美术设计手册。

J0138993
世界广告精选 杨宇编
济南 山东美术出版社 1988 年 46 页 19cm(32 开)
ISBN: 7-5330-0116-8 定价: CNY5.00

J0138994
世界商店设计精华 (1) 袁保安编辑; 智益春,陈惠明译

哈尔滨 黑龙江科学技术出版社 1988年
192页 26cm(16开) ISBN: 7-5388-0463-3
定价: CNY45.00

J0138995
世界图案装饰造型选粹
南京 江苏美术出版社 1988年 116页
19cm(32开) ISBN: 7-5344-0051-1
定价: CNY1.98

J0138996
世界图形设计丛书
杭州 浙江人民美术出版社 1988年 26cm(16开)

J0138997
世界影画艺术 曲渊主编
北京 中国文联出版公司 1988年 235页
18×19cm ISBN: 7-5059-0445-0 定价: CNY5.75

包括18世纪以来流行西方的肖像人物画剪影、田园风光画剪影、世界童话名作插图剪影、宗教故事、民俗画剪影以及植物、景物的图案装饰画剪影等。也包括部分古代东方国家的传统剪影、皮影、影画、木偶画等。

J0138998
世界装饰画 卜维勤编
广州 岭南美术出版社 1988年 149页 有照片
20cm(32开) ISBN: 7-5362-0161-3
定价: CNY19.00

本书收入约500幅图，包括古代部分和现代部分，所辑作品种类繁多，有陶瓷器画、装饰雕刻、各类绘画、纤维装饰和装饰图案。作者卜维勤(1933—1995)，版画家。辽宁铁岭人，毕业于哈尔滨外语学院，后入中央美术学院版画系、美术系学习。曾任中央工艺美术学院教授、中国版画家协会会员、中国翻译家协会会员等。代表作品《民新村》《侗乡春雨》。出版有《卜维勤画选》《美的原点：卜维勤艺术论文集》《装饰绘画基本法则》。

J0138999
图案世界 （人物篇）巴淑等编
北京 中国文联出版公司 1988年 196页
17×19cm(30开) ISBN: 7-5059-0403-5
定价: CNY5.30

J0139000
图解工艺用陶磁器 （从传统到科学）(日)素木洋一著
香港 香港书城公司 1988年 618页 21cm(32开)
精装 定价: HKD170.00
(美术陶艺丛书 48)

J0139001
外国商标与标志 王建国编绘
哈尔滨 哈尔滨地图出版社 1988年 70页
19cm(32开) ISBN: 7-80529-041-5
定价: CNY2.20

J0139002
外国实用饰纹精选 许哲生编
广州 岭南美术出版社 1988年 116页
26cm(16开) ISBN: 7-5362-0214-8
定价: CNY3.50

J0139003
外国样本宣传卡装帧设计艺术 何燕明编
北京 工人出版社 1988年 [30cm](15开)
ISBN: 7-5008-0108-4 定价: CNY13.00

J0139004
外国优秀广告选 孙华进编写
济南 山东美术出版社 1988年 28页 26cm(16开)
ISBN: 7-5330-0153-2 定价: CNY4.80

J0139005
外国装饰人物·图案选 荣湫乐等编
上海 上海翻译出版公司 1988年 200页
17×19cm ISBN: 7-80514-204-1 定价: CNY3.60

J0139006
万国图案 路石，沙页编
杭州 浙江人民美术出版社 1988年 412页
26cm(16开) ISBN: 7-5340-0071-8
定价: CNY9.90
(世界图形设计丛书)

本书收入各种图案10000幅，并按类编排。

J0139007
新潮标志 越岳，页乐编
杭州 浙江人民美术出版社 1988年 200页

26cm（16开）ISBN：7-5340-0068-8
定价：CNY5.30
（世界图形设计丛书）

本书收入各种标志2000幅。其中大部分是世界各大公司、组织、商店的优秀标志。

J0139008
印第安装饰图案　唐绪详编
成都 四川美术出版社 1988年 116页
19cm（32开）ISBN：7-5410-0177-5
定价：CNY2.80

J0139009
纸雕的制作　（创意折纸立体造型）（日）茶谷正洋著
香港 香港书城公司 1988年 119页 有图
21cm（32开）定价：HKD34.00
（美术陶瓷丛书 47）

作者茶谷正洋（1934—　），日本一级建筑士，工学博士，生于日本广岛，毕业于东京工业大学。日本静冈文化艺术大学教授，东京工业大学名誉教授。开创了折纸建筑。著作有《折纸建筑·世界名建筑》。

J0139010
中外人物装饰画资料　保彬，胡雨心编绘
上海 上海人民美术出版社 1988年 106页
18cm（15开）ISBN：7-5322-0095-7
定价：CNY1.50

作者保彬（1936—　），蒙古族，国画家。江苏南通人。毕业于南京艺术学院美术系并留校任教。南京艺术学院院长，中国美术家协会会员，江苏美术家协会理事等。主要作品有《鹤寿图》《华夏魂》《嫦娥奔月》等。专著有《纵横挥洒》《保彬画集》《黄山奇松》。

J0139011
中外装帧艺术论集　郭振华等编
长春 时代文艺出版社 1988年 701页
21cm（32开）ISBN：7-5387-0087-0
定价：CNY5.80，CNY7.30（精装）

本书选录钱君匋、王朝闻、马克等60多人的80多篇论文，从多种不同角度对书籍装帧艺术作品的立意、构图、色彩、形象、语言、风格、形式等方面进行了研究。主要对书籍的总体设计、封面设计、插图创作等方面作了探索。

J0139012
1990：国际流行室内装饰　（摄影挂历）
上海 百家出版社［1989年］76cm（2开）
定价：CNY13.00

J0139013
1990：国外室内装饰　（摄影挂历）
兰州 甘肃人民出版社 1989年 76cm（2开）
定价：CNY16.00

J0139014
插花　蔡俊清，林伟新著
桂林 漓江出版社 1989年 160页 有彩图
19cm（32开）ISBN：7-5407-0332-6
定价：CNY2.85
（中国民间艺术丛书）

本书是中国插花艺术史话，论述插花的风格与技法，介绍常见的国内外插花形式、处理技巧、保鲜良方等，附图片134幅。

J0139015
窗的内外装饰　（世界室内设计）（日）持田明彦原著；周正主编；彭正清，吴士元译
哈尔滨 哈尔滨出版社 1989年 216页 有彩图
26cm（16开）精装 ISBN：7-80557-023-X
定价：CNY54.00

J0139016
国外分类广告艺术　丁允朋，王垂芳编
上海 上海人民美术出版社 1989年 154页
19×17cm ISBN：7-5322-0363-8
定价：CNY16.50

J0139017
国外室内设计渲染画选　陆彬，王巍编
西安 陕西人民美术出版社 1989年 168页
26cm（16开）定价：CNY22.00

J0139018
国外室内装饰　禾子等编绘
天津 天津人民美术出版社 1989年 183页
19cm（32开）ISBN：7-5305-0193-3
定价：CNY4.00

J0139019
国外装饰图案大全 （2）邹纪华，张一弓编
上海 上海书画出版社 1989年 238页
19cm（32开）ISBN：7-80512-140-0
定价：CNY4.35
（实用美术资料丛书）

J0139020
海外广告作品欣赏 尚德著
北京 朝花美术出版社 1989年 179页
26cm（16开）ISBN：7-5056-0019-2
定价：CNY56.00

J0139021
和室设计
台北 雷鼓出版社 1989年 104页 有照片
26cm（16开）定价：TWD220.00
（美化系列 5）

J0139022
加拿大最新室内设计精华 史春珊主编
哈尔滨 黑龙江科学技术出版社 1989年 173页
26cm（16开）精装 ISBN：7-5388-0832-9
定价：CNY54.00

J0139023
欧美居室 余迅，陶德华编
上海 上海科学技术出版社 1989年 72页 有彩图
26cm（16开）ISBN：7-5323-1704-8
定价：CNY20.40
（海外来风）
室内布置图集。

J0139024
日本插花 （摄影 1990年农历庚午年年历）
广州 科学普及出版社广州分社 1989年 1张
54cm（4开）定价：CNY0.55

J0139025
实用美工大全 （上）刘红鬃编
北京 学苑出版社 1989年 142页 19cm（32开）
ISBN：7-80060-696-1 定价：CNY6.00

J0139026
世界服饰艺术大观 曲渊主编
北京 中国文联出版公司 1989年 500页
19cm（32开）ISBN：7-5059-0608-9
定价：CNY8.95

J0139027
世界体育徽标图案 薛苏北，王万喜编绘
武汉 武汉出版社 1989年 164页 19cm（32开）
ISBN：7-5430-0223-X 定价：CNY4.50

J0139028
世界现代流行时装画 包日全等编
桂林 漓江出版社 1989年 154页 19cm（32开）
ISBN：7-5407-0353-9 定价：CNY5.80

J0139029
世界珍禽异兽图案 严瑜仲，全燕云绘
太原 山西人民出版社 1989年 144页
17cm（32开）ISBN：7-203-01326-X
定价：CNY3.00
本书以概括、夸张的装饰性变形手法，对珍禽异兽分门别类进行写生，描绘出比实际对象更简洁、典型并拟人化的各种形象。

J0139030
司麦克绣花图案100例 李婷婷编著
上海 上海科学技术出版社 1989年 142页 有彩图
26cm（16开）ISBN：7-5323-1748-X
定价：CNY5.75
“司麦克”是起源于英国的一种手工刺绣，本书详细介绍了“司麦克”绣花的各种针法，并精选了100幅“司麦克”绣花图案的彩色照片。

J0139031
外国装饰画 王俭编
北京 工人出版社 1989年 178页 19cm（32开）
ISBN：7-5008-0473-3 定价：CNY9.90
（外国美术资料丛书）
外文书名：Foreign Decorative Art.

J0139032
微型干插花艺术 （英）福斯特（Foster, M.）著；李尚志译
北京 中国林业出版社 1989年 44页 19cm（32开）
ISBN：7-5038-0562-5 定价：CNY2.00
外文书名：Miniature Preserved Flower Ar-

rangements.

J0139033
西方装饰插图选 宝通等编
天津 天津人民美术出版社 1989年 164页
26cm(16开) ISBN: 7-5305-0215-8
定价: CNY9.00

J0139034
西洋花艺 江菊梅主编
台北 护幼社文化事业公司 1989年 165页
29cm(15开)精装 定价: TWD460.00
(现代生活系列丛书)
外文书名: Royal Flower Arrangement.

J0139035
夏日之梦 (英)帕特里克·李奇菲尔德摄影
北京 中国文联出版公司 1989年 10张
15cm(40开)定价: CNY2.50

J0139036
现代国外小家庭装潢 朱仲德, 强文编著
上海 上海译文出版社 1989年 120页
[21×19cm] ISBN: 7-5327-0709-1
定价: CNY7.30

J0139037
现代商标徽志 李文轩编
北京 朝花美术出版社 1989年 282页
19cm(32开) ISBN: 7-5056-0090-7
定价: CNY4.80
本书选辑中外商标、徽志约2700余枚, 分5大类: 一、机构、团体、协会、会议; 二、工业、交通运输、建筑、农林; 三、日用商品; 四、贸易、金融、综合; 五、文化、艺术、影视、体育。部分作品附有说明。

J0139038
中外橱窗设计选 劳礼瑾等编著
南京 江苏科学技术出版社 1989年 70页
21cm(32开) ISBN: 7-5345-0711-1
定价: CNY9.95

J0139039
中外民间装饰大观 (图册)范峤青编
郑州 河南美术出版社 1989年 106页 17×18cm
ISBN: 7-5401-0101-6 定价: CNY3.50

J0139040
中外商标选萃 裴常青等编
北京 中国华侨出版公司 1989年 122页
21×19cm ISBN: 7-80074-129-X 定价: CNY6.30

J0139041
最新国际广告及包装设计精选200例 赵维屏, 王耀编
北京 中国连环画出版社 1989年 137页
26cm(16开) ISBN: 7-5061-0174-2
定价: CNY28.00

J0139042
最新商标与图案设计 黄墩严主编
台北 瑞升文化图书事业有限公司 1989年
158页 21cm(32开) ISBN: 957-526-123-2
定价: TWD140.00(精装)
(美工设计 2)

J0139043
1991: 日本插花 (挂历)甘肃少年儿童出版社编
兰州 甘肃人民美术出版社 1990年 76cm(2开)
定价: CNY17.50

J0139044
毕加索陶器艺术 (西)毕加索(Picasso, P.)作; 卜维勤编
成都 四川美术出版社 1990年 有肖像
21cm(32开) ISBN: 7-5410-0382-4
定价: CNY6.50
作者巴勃罗·毕加索(Pablo Picasso, 1881—1973), 西班牙画家、雕塑家。出生于西班牙马拉加, 毕业于皇家圣费南多美术学院, 法国共产党党员。西方现代派绘画的主要代表。代表作品有《斗牛士》《格尔尼卡》《和平鸽》等。作者卜维勤(1933—1995), 版画家。辽宁铁岭人, 毕业于哈尔滨外语学院, 后入中央美术学院版画系、美术系学习。曾任中央工艺美术学院教授、中国版画家协会会员、中国翻译家协会会员等。代表作品《民新村》《侗乡春雨》。出版有《卜维勤画选》《美的原点: 卜维勤艺术论文集》《装饰绘画

基本法则》。

J0139045
高格调插花法　（日）池坊专永著；赵小曼译
台北 新雨出版社 1990年 168页 22cm（32开）
ISBN：957-9598-09-6 定价：TWD130.00
（现代新书 18）

J0139046
国内外塑料商标大全　罗河胜编
广州 广东科技出版社 1990年 236页
19cm（32开）ISBN：7-5359-0528-5
定价：CNY6.50
（新型塑料材料丛书）

J0139047
国外标志图案　洪广文编
重庆 重庆出版社 1990年 106页 18×17cm
ISBN：7-5366-0015-1 定价：CNY5.00

J0139048
国外家庭装修与色彩　（美）巴巴拉·浦拉姆著；李青编译
西安 陕西人民美术出版社 1990年 30cm（10开）
ISBN：7-5368-0179-3 定价：CNY22.00

J0139049
国外商品展示橱窗　陈宗舜，刘秀苓编著
北京 中国对外经济贸易出版社 1990年 40页
26cm（16开）ISBN：7-80004-176-X
定价：CNY3.80

本书借助国外现代商业橱窗展示的优秀实例，探讨现代商品展示观念与技巧。读者可从79幅令人叹为观止的橱窗设计中，得到美的启迪和享受。

J0139050
花艺百彩　（专业艺术的世界）藤泽保，松山笃二著；涂美芳译
台北 淑馨出版社 1990年 202页 有彩图
30cm（10开）ISBN：957-531-074-8
定价：TWD480.00

J0139051
蜡染　（印）希丽玛特（Hiremath，V.）著；毛增印译
北京 纺织工业出版社 1990年 55页 有彩图
19cm（32开）ISBN：7-5064-0577-6
定价：CNY1.80

本书介绍了蜡染的基本原理、工艺步骤。重点叙述了蜡染的必备用品、布料选择、设备图案、涂蜡、染色、模板制作及其注意事项等，特别是对一些蜡染新技法也作了介绍。外文书名：Creative Batik.

J0139052
美洲图案集　崔唯编绘
长沙 湖南美术出版社 1990年 93页 17cm（15开）
ISBN：7-5356-0382-3 定价：CNY3.70
（五大洲图案集）

作者崔唯（1963—　），教授。毕业于中央工艺美术学院。历任北京服装学院图案教师、中国工业设计学会会员。著作有《色彩构成》《当代欧洲色彩设计》《现代色彩设计技法》《色彩环境设计》等

J0139053
魅惑的广告艺术　（台湾）陈德宜编译
台南 大坤书局 1990年 170页 有图 21cm（32开）
ISBN：957-538-132-7 定价：CNY50.40
（美术 63）

J0139054
日本插花艺术　张丽英摄
北京 人民美术出版社 1990年 2张 76cm（2开）
定价：CNY1.05

年画形式的日本插花艺术摄影作品。

J0139055
日式住宅
台北 雷鼓出版社 1990年 111页 有照片
26cm（16开）定价：TWD250.00（美化系列 4）

J0139056
实用标志符号百科　戚建平主编
郑州 河南教育出版社 1990年 291页
19cm（32开）ISBN：7-5347-0849-4
定价：CNY3.95

J0139057
世界产品设计商标设计包装设计广告设计

精华 张景然主编
上海 上海交通大学出版社 1990年
2册(560页) 27cm(大16开)
ISBN: 7-313-00691-8 定价: CNY160.00
本书分4大部分：一、产品设计，汇集20世纪80年代世界上最优秀设计师的500余幅被历次国际比赛所公认的成功作品，包括轻工、家具、电脑与电子产品、办公用品、医疗器械、工业设备、运输、体育及娱乐设备；二、商标设计，汇集当代佳作500余幅；三、包装设计，收集有代表性的日本包装设计500余例；四、广告设计，汇集当代美国广告摄影佳作500余幅。图案为彩印，并有少量文字说明。

J0139058
世界动物图案3300例 徐炳兴主编；余新等编绘
上海 上海画报出版社 1990年 373页
17cm(32开) ISBN: 7-80530-007-0
定价: CNY4.90
(知识画库)

J0139059
世界精美装饰图集 (日)桑山弥三郎编；施小丽译
北京 中国连环画出版社 1990年 160页
26cm(16开) ISBN: 7-5061-0309-5
定价: CNY6.15
本书收集了世界各国的商标、广告、插图，以及社会各行各业的各种标志、装饰等图案，共有图1567幅。作者桑山弥三郎，日本著名字体、视觉传达要素研究专家。

J0139060
世界流行服饰款式大全 徐高春等编译
杭州 浙江大学出版社 1990年 242页
26cm(16开) ISBN: 7-308-00549-6
定价: CNY9.50

J0139061
世界人物图案2700例 徐炳兴主编；余新等编绘
上海 上海画报出版社 1990年 307页
17cm(32开) ISBN: 7-80530-008-9
定价: CNY4.40
(知识画库)
全书分婴幼儿、少年、青年、中老年、头像及其他等六部分，共有图案近2700幅。

J0139062
外国广告招贴画精选 曾红选编
南京 江苏美术出版社 1990年 1册
19×17cm(24开) ISBN: 7-5344-0166-6
定价: CNY11.80

J0139063
五大洲图案集
长沙 湖南美术出版社 1990年 1册 17cm(32开)

J0139064
五大洲图案集 徐中敏主编
长沙 湖南美术出版社 1999年 5册 17×19cm
作者徐中敏(1940—)，教授。笔名宇石，生于重庆，毕业于四川美院工艺美术系。历任湖南美术出版社副编审，中国书籍装帧研究会会员等。

J0139065
西方现代家具与室内设计 高军，俞寿宾编译
天津 天津科学技术出版社 1990年 198页
27cm(大16开) ISBN: 7-5308-0745-5
定价: CNY16.80
(当代建筑、城市设计技术美学丛书)

J0139066
现代商标徽记图例1500 小冈，兰清编绘
北京 北京体育学院出版社 1990年 144页
26cm(16开) ISBN: 7-81003-341-7
定价: CNY6.50
(实用美术装璜资料大全丛书)

J0139067
艺用装饰资料 (外国部分)邹君文主编；朱照洗等编绘；张桂凤，邓荣先译
沈阳 辽宁美术出版社 1990年 325页
26×13cm(24开) ISBN: 7-5314-0864-3
定价: CNY7.00
作者邹君文(1944—)，辽宁科学技术出版社美术摄影编辑室主任。

J0139068
纸雕　(花鸟卷)(日)茶谷正洋,(日)中沢圭子著;曾雪玫译
台北　武陵出版公司　1990年　72页　26cm(16开)
ISBN: 957-35-0073-6　定价: TWD140.00
作者茶谷正洋(1934—　),日本一级建筑士,工学博士,生于日本广岛,毕业于东京工业大学。日本静冈文化艺术大学教授,东京工业大学名誉教授。开创了折纸建筑。著作有《折纸建筑·世界名建筑》。

J0139069
最新室内装饰分类指南　舒健等译
成都　四川人民出版社　1990年　86页
27cm(大16开)定价: CNY14.30

J0139070
包装设计　(季节性的礼物)吉田美幸著;王汎馨译
台北　巧集出版社　1991年　115页　有图
21cm(32开)定价: TWD90.00
(感性生活系列　2)

J0139071
刺绣和贴花　日本雄鸡社编;费广洪编译
北京　中国文联出版公司　1991年　47页　有彩图
26cm(16开)ISBN: 7-5059-1401-4
定价: CNY5.40
本书收入了日本动物、花卉、人物、生活用具等儿童服装图案饰花。

J0139072
国外当代平面设计名家名作　揭湘元,邹敏讷译编
长沙　湖南美术出版社　1991年　116页　有彩图
26cm(16开)精装　ISBN: 7-5356-0425-0
定价: CNY32.00
本书分两部分。第一部分,重点介绍近50年蜚声国际设计界的18名设计家及作品207幅;第二部分介绍优秀平面设计作品,其中包括广告、招贴画、书籍装帧295幅彩图。外文书名: Leading Graphic Designers and Designs in the World Today.

J0139073
国外当代平面设计名家名作　(2)何人可,邹敏纳译编
长沙　湖南美术出版社　1997年　157页
26cm(16开)ISBN: 7-5356-0977-5
定价: CNY45.00
外文书名: Leading Graphic Designers & Designs in the World Today.

J0139074
国外现代室内设计集锦　文飞,众诚著
北京　轻工业出版社　1991年　118页　有彩照
26cm(16开)ISBN: 7-5019-1004-9
定价: CNY19.20

J0139075
季之光的火花世界　季之光编
南京　江苏文艺出版社　1991年　232页　17×19cm
精装　ISBN: 7-5399-0296-5　定价: CNY19.80
本书作者从自己珍藏的一千幅名人题词中精选出160幅手迹,配以1300余枚火花珍品编纂而成。

J0139076
美国当代展览设计　杨宝林编
成都　四川美术出版社　1991年　92页　19×21cm
ISBN: 7-5410-0568-1　定价: CNY16.50
本书阐述了展览设计的基本原理、展览的功能与艺术之间的关系,并介绍了专家们的设计、制作等方面的经验和技巧等。外文书名: American Current Exhibit Design.

J0139077
日本插花入门　(美)埃伦·G·艾伦著;史济才,胡芳译
北京　新世界出版社　1991年　63页　有照片
19cm(小32开)ISBN: 7-80005-138-2
定价: CNY2.50
本书附有黑白照片23幅,黑白图解66幅,充分展示了日本盛花和立花两大插话流派的各种造型。外文书名: Japanese Flower Arrangement in a Nutshell a Primer.

J0139078
日本橱窗艺术　冯学敏摄影

上海 上海画报出版社 1991 年 74 页 18×21cm
ISBN: 7-80530-035-6 定价: CNY17.80

J0139079
日本创新性折纸 (日)川井丰秋著; 王銮波编译
成都 四川少年儿童出版社 1991 年 130 页
有彩图 19cm(小 32 开) ISBN: 7-5365-0595-1
定价: CNY3.52

J0139080
实用图案集成 雅文编
兰州 甘肃少年儿童出版社 1991 年 268 页
26cm(16 开) ISBN: 7-5422-0392-4
定价: CNY8.95
本书从实用的目的出发,选编了古今中外具有代表性的花边图案 272 组。这些图案可广泛用于各行业。

J0139081
世界百科标志符号图典 顾作华主编
上海 上海交通大学出版社 1991 年 663 页
26cm(16 开) ISBN: 7-313-00870-8
定价: CNY120.00
本书采集了全世界有代表性、通用性的标志符号。内容有国旗和国徽、国际组织、军事、文化教育、艺术、体育、交通、新闻出版、社会服务、银行和货币、贸易、企业和产品、展览会、宗教、学会和研究机构、医药、体态语言及通信、自然科学、荣誉、艺术字母、其他标志符号等。

J0139082
世界橱窗设计精华 张景然主编
石家庄 河北科学技术出版社 1991 年 252 页
有彩图 26cm(16 开) 精装
ISBN: 7-5375-0686-8 定价: CNY78.00
(世界商业室内外设计丛书)
本书内容包括: 日本橱窗设计大观、世界名城橱窗设计、橱窗陈列设计 ABC。

J0139083
世界花边图案 2200 例 余新等编绘
上海 上海画报出版社 1991 年 508 页 17×18cm
ISBN: 7-80530-063-1 定价: CNY7.80
(知识画库)

J0139084
世界名家商业橱窗艺术设计 朱积华主编
哈尔滨 黑龙江科学技术出版社 1991 年
2 册(188; 190 页) 26cm(16 开) 精装
ISBN: 7-5388-1594-5 定价: CNY118.00 (全套)
本书编选主要来自美国的各大著名的超级市场的著名橱窗艺术设计大师的设计作品,同时也收选部分其他国家的设计作品,共有近千幅图片。

J0139085
世界新潮童装图饰 吴卫刚,刘雨眠编; 刘少恒等绘图
郑州 海燕出版社 1991 年 120 页 有彩图
26cm(16 开) ISBN: 7-5350-0698-1
定价: CNY3.70

J0139086
世界原始装饰艺术 (画册) 邬烈炎编绘
北京 中国华侨出版公司 1991 年 17×19cm
ISBN: 7-80074-411-6 定价: CNY26.00
本画册收有图片 401 幅,主要介绍了非洲、大洋洲、南美等地区印第安人、爱斯基摩人、巴库巴部落、塞努佛族等人的原始装饰艺术,较全面地代表了世界原始装饰艺术的主要风格。作者邬烈炎(1956—),教师。生于江苏南通市。南京艺术学院工艺美术系讲师。代表作品《色彩》。

J0139087
世界展示设计全书 张景然主编
广州 广东科技出版社 1991 年
3 册(288; 272; 272 页) 有彩图 26cm(16 开)
精装 ISBN: 7-5359-0861-6 定价: CNY198.00
本书广泛收入了美国、英国、法国、意大利、日本等国家的最新展示设计实例,内容包括工业设计、环境设计、衣妆设计,并选登了国内部分专家的有关论著等。本书与香港书画出版社合作出版。

J0139088
世界著名包装设计作品选 (日)八尾武郎著; 王野,王军编译
长春 吉林科学技术出版社 1991 年 190 页
有彩照 28×21cm 精装 ISBN: 7-5384-5070-X

定价：CNY45.00

本书精选了美国、法国、日本三国 400 余幅有代表性的包装作品设计。

J0139089

世界最新店面装饰设计 1000 例　谭学明等编译

哈尔滨 黑龙江科学技术出版社 1991 年 188 页 26cm（16 开）精装 ISBN：7-5388-1605-4

定价：CNY64.00

本书收录了美国、巴西、阿根廷、英国、法国和中国台湾等 22 个国家和地区的名家大师近几年店面设计和标志设计的上乘之作。

J0139090

室内设计观念　（美）斯托克著；沈建东译

北京 人民美术出版社 1991 年 118 页 有照片 19cm（小 32 开）ISBN：7-102-00931-3

定价：CNY7.90

本书从理论上总结了室内布置的各种经验和方法，分类进行论述分析，内容充实，结合实际。外文书名：Interior Design Ideas.

J0139091

外国工艺美术百图　保彬，王小勤编著

北京 人民美术出版社 1991 年 200 页 19cm（小 32 开）ISBN：7-102-00899-6

定价：CNY7.90

本书包容了外国工艺美术之精华，介绍了外国工艺美术的生产、设计、材料和风格流派。作者保彬（1936—　），蒙古族，国画家。江苏南通人。毕业于南京艺术学院美术系并留校任教。南京艺术学院院长，中国美术家协会会员，江苏美术家协会理事等。主要作品有《鹤寿图》《华夏魂》《嫦娥奔月》等。专著有《纵横挥洒》《保彬画集》《黄山奇松》。

J0139092

现代国外家庭室内装饰设计　刘尚勇，王彦编

北京 北京出版社 1991 年 72 页 有彩照 17cm（40 开）ISBN：7-200-01249-1

定价：CNY6.10

J0139093

英文拼音字母实用标志商标 1500 例　陈建军编著

南宁 广西美术出版社 1991 年 152 页 17×19cm ISBN：7-80582-200-X 定价：CNY5.20

作者陈建军（1960—　），山西太原人，任广西艺术学院美术系讲师，中国美术家协会广西分会会员。作品有《中国体育投向 21 世纪》《植树造林》《中华武术走向世界》等。

J0139094

纸粘土娃娃　（日）大久保奈稚子著；美工图书社编

台北 邯郸出版社 1991 年 109 页 有彩图 26cm（16 开）定价：TWD220.00

J0139095

纸粘土娃娃　（日）大久保奈稚子著；美工图书社编

台北 邯郸出版社 1992 年 109 页 26cm（16 开）

定价：TWD220.00

J0139096

中外装饰人物图集　崔唯编绘

北京 朝花美术出版社 1991 年 165 页 18×18cm ISBN：7-5056-0135-0 定价：CNY3.95

本书收入 157 幅图。中外装饰性人物图形资料汇集，大多是从工艺品、建筑装饰、雕刻、剪纸、版画等收集而来。全书分 4 个部分：一、古代部分，包括中国、埃及、希腊、波斯等国的古代人物图样。二、民间部分，有中国及亚非欧美各国的民间艺术中的人物形象。三、现代部分，收集世界各国的现代装饰人物。四、名家名作，选收中国和外国一部分美术家作品中的人物图形。作者崔唯（1963—　），教授。毕业于中央工艺美术学院。历任北京服装学院图案教师、中国工业设计学会会员。著作有《色彩构成》《当代欧洲色彩设计》《现代色彩设计技法》《色彩环境设计》等

J0139097

中央工艺美术学院院藏珍品图录　（第一辑 外国工艺品）中央工艺美术学院编

北京 北京工艺美术出版社 1991 年 73 页 有彩图 29cm（16 开）ISBN：7-80526-059-1

定价：CNY35.00

（中国工艺美术学院院藏珍品丛书）

本书收入世界29个国家和地区的各类民间工艺、传统工艺品145件。

J0139098
中央工艺美术学院院藏珍品图录 （第一辑 外国工艺品）中央工艺美术学院编
北京 北京工艺美术出版社 1991年 73页 有彩图 29cm（16开）精装 ISBN：7-80526-065-6
定价：CNY45.00
（中国工艺美术学院院藏珍品丛书）
本书收入世界29个国家和地区的各类民间工艺、传统工艺品145件。

J0139099
中央工艺美术学院院藏珍品图录 （第二辑 明式家具）中央工艺美术学院编
香港 捷艺佳出版公司 1994年 29cm（16开）软精装 ISBN：962-7340-07-3 定价：HKD68.00
（中国工艺美术学院院藏珍品丛书）

J0139100
中央工艺美术学院院藏珍品图录 （第三辑 中国陶瓷）中央工艺美术学院编
北京 北京工艺美术出版社 1996年 29cm（16开）精装 ISBN：7-80526-173-3 定价：CNY85.00

J0139101
中央工艺美术学院院藏珍品图录 （第三辑 中国陶瓷）中央工艺美术学院编
北京 北京工艺美术出版社 1996年 29cm（16开）ISBN：7-80526-168-7 定价：CNY75.00

J0139102
90年代世界店面装饰设计1200 （图集）徐继光等主编
哈尔滨 黑龙江科学技术出版社 1992年 192页 26cm（16开）精装 ISBN：7-5388-2088-4
定价：CNY68.00

J0139103
北美原始艺术资料图集 李森，刘方编绘；金文馨译
北京 中国工人出版社 1992年 200页 17×18cm ISBN：7-5008-0889-5 定价：CNY13.00
（外国美术资料丛书）
本书以黑白线图为主，收集了350余件作品，包括彩陶、泥塑、木雕、石刻、版画和其他装饰品的摹本。外文书名：An Album of Primitive Art in North America.

J0139104
波斯图案 周廷栏编绘
郑州 河南美术出版社 1992年 118页 18×20cm ISBN：7-5401-0230-4 定价：CNY7.20
本书选收有代表性的波斯图案数百个，分花头、边饰、散花、开光、灯瓶、人物、动物、几何图形等8个部分，并附有介绍文章一篇。作者周廷栏（1946— ），中国工艺美术学会会员，河南省工艺美术学会地毯专业研究会副会长兼秘书长，安阳地毯总厂工艺美术师。

J0139105
创意纸盒 布施知子著；大将书局编辑部编译
台北 大将书局 1992年 167页 有彩图 26cm（16开）定价：TWD250.00
（生活频道 17）

J0139106
儿童折纸 （日）K.库拉夫特二房著；刘志茵译文
石家庄 河北美术出版社 1992年 143页 19cm（小32开）ISBN：7-5310-0436-4
定价：CNY3.30

J0139107
国外装饰图案 戴定九编绘
南昌 江西美术出版社 1992年 187页 17×18cm ISBN：7-80580-103-7 定价：CNY6.50

J0139108
火花艺术 （设计师的收藏）张铭和编
杭州 浙江人民美术出版社 1992年 175页 13×26cm ISBN：7-5340-0324-5
定价：CNY36.00
本书从工艺美术师贺国华收藏的5000余枚火花中精选出1700余枚编辑成册。全书按火花的题材分为6类：生活知识类、文化艺术类、动物植物类、风景名胜类、科学技术类和广告类。书后附有一篇关于火花设计的知识短文。

J0139109
剪裁画入门篇 竹君编译
台南 信宏出版社 1992年 138页 有图
21cm(32开) ISBN: 957-538-306-0
定价: TWD110.00
(美劳 40)

J0139110
浪漫的纸粘土娃娃(日)大久保奈稚子著
台北 邯郸出版社 1992年 99页 有彩图
26cm(16开) 定价: TWD280.00

J0139111
美国企业识别设计 (2 三番市篇)(日)稻垣行一郎编
台北 邯郸出版社 1992年 157页 有彩图
26cm(16开) 定价: TWD400.00
外文书名: Visual Identity in San Francisco.

J0139112
美国企业识别设计 (3 洛杉矶篇)(日)稻垣行一郎编
台北 邯郸出版社 1992年 159页 有彩图
26cm(16开) 定价: TWD400.00
外文书名: Visual Identity in Los Angeles.

J0139113
美国企业识别设计 (4 纽约篇)(日)稻垣行一郎编
台北 邯郸出版社 1992年 140页 有彩图
26cm(16开) 定价: TWD400.00
外文书名: Visual Identity in New York.

J0139114
秘鲁彩陶资料图集 李淼,刘方编绘
北京 中国工人出版社 1992年 226页 17×18cm
ISBN: 7-5008-0887-9 定价: CNY13.00
(外国美术资料丛书)
本书收入220幅图。包括南美印第安人文化艺术结晶——秘鲁古代彩陶,按表现形式分3类:一、塑形陶器,包括人物、动物、植物等,造型圆浑生动,绘彩单纯;二、绘画陶器,以单色彩绘为主,多数是神话、宗教和战争题材为主的;三、塑形绘画陶器,是以上分类的综合体。秘鲁陶绘有独特的造型语言,利用简洁的抽象法,将现实形象作理性的归纳,使陶绘富于装饰效果。外文书名: An Album of Painted Pottery in Peru.

J0139115
欧·美·日装饰设计作品集1000例 (摄影集) 赵健编
南宁 广西美术出版社 1992年 26cm(16开)
ISBN: 7-80582-406-1 定价: CNY28.00
(欧·美·日现代设计丛书)
本书汇编国外室内装饰、环境装饰、橱窗设计、商品陈设等设计作品1000例。对把握设计中物与物之间的相互关系,以及这些"关系"的总成与人相融合后所导致的一系列装饰美术的效应等进行了引导性的品评。

J0139116
欧·美·日广告设计作品集1000例 赵健编
南宁 广西美术出版社 1992年 188页
26cm(16开) ISBN: 7-80582-401-0
定价: CNY28.00
(欧·美·日现代设计丛书)

J0139117
奇思妙想 (国外美术设计作品精选)邹文编
北京 北京工艺美术出版社 1992年 59页
26cm(16开) ISBN: 7-80526-074-5
定价: CNY18.00
本书中精选了150幅作品,分别按情趣类、幽默类、寓意类、分解类、置物类进行编排。外文书名: Marvellous Art Design.

J0139118
人见顺子的面包花 (日)人见顺子著
台北 邯郸出版社 1992年 80页 有彩图
26cm(16开) 定价: TWD280.00

J0139119
日本现代陶艺 美工图书社编
台北 美工图书社 1992年 157页 有照片
26cm(16开) 定价: TWD450.00

J0139120
实用美术图案 钟南编著
北京 知识出版社 1992年 180页 17×18cm

ISBN: 7-5015-0866-6 定价: CNY6.20

J0139121
世界标志大典 （一）许颖主编
北京 北京出版社 1992年 716页 28cm(大16开)
精装 ISBN: 7-200-01712-4 定价: CNY44.40
本书是中华人民共和国成立以来标志最为完整的大型艺术工具书。分字母、字母组合二类，汇集世界各国标志一万多个。

J0139122
世界标志大典 （二）许颖主编
北京 北京出版社 1992年 668页 有图
28cm(大16开)精装 ISBN: 7-200-01714-0
定价: CNY41.80
本书分汉字、数字与符号、几何形、宇宙、植物5类，汇集世界各国标志一万多个。

J0139123
世界标志大典 （三）许颖主编
北京 北京出版社 1992年 853页 有图
28cm(大16开)精装 ISBN: 7-200-01716-7
定价: CNY51.20
本书分动物、人物、生活用品、交通建筑、系列、体育6类。汇集世界各国标志一万多个。

J0139124
世界广告设计艺术 华风编
长春 吉林美术出版社 1992年 50页 19×21cm
ISBN: 7-5386-0261-5 定价: CNY15.00
本书资料选自1990年北京国际广告设计展览。共选取91幅作品。按照艺术、科学和技术统一体的原则，将近年来国外用声、光、电等现代化手段所形成的广告设计作品汇编而成。其中商业性产品广告只有30多幅，绝大部分是从艺术角度着眼的广告设计。

J0139125
世界家庭住室装饰设计100例 冀堤，刘志勇主编；王建国等编译
哈尔滨 黑龙江科学技术出版社 1992年 136页
有彩照 26cm(16开)精装 ISBN: 7-5388-1578-3
定价: CNY42.00
本书精选了英国、意大利、荷兰、德国等10个国家的100个装饰实例，包括卧室、书房、会客厅、门厅、餐厅、厨房、儿童房间等。

J0139126
世界精品商店设计资料集 （摄影集）刘哈南，张晓齐主编
哈尔滨 黑龙江科学技术出版社 1992年 5册
26cm(16开)精装 ISBN: 7-5388-1824-3
定价: CNY318.00
本书分为：男士时装店、女士时装店、鞋店、珠宝·钟表店、化妆品店5册，取材于澳、英、法、希、意、荷等国著名的精品商店的最新设计实例。

J0139127
世界美术图案大百科 宁海主编
延吉 延边人民出版社 1992年
3册(1129；1137；1097页)19cm(小32开)
精装 ISBN: 7-80508-925-6 定价: CNY145.00
本书上册：报头、题图、尾花；中册：装饰、造型、徽标；下册：人物、体育、动物。

J0139128
世界面具 黄维中等编绘；张静译
天津 天津杨柳青画社 1992年 199页
19cm(小32开) ISBN: 7-80503-146-0
定价: CNY6.80
本书共收集了世界五大洲各民族的面具数百种，分各洲专栏编排。

J0139129
世界商场·世界橱窗 嘉宝，文清编
上海 上海科学技术文献出版社 1992年 256页
26cm(16开)精装 ISBN: 7-5439-0321-0
定价: CNY98.00
(国外商场·橱窗设计集锦)
本书从大量的世界各国优秀橱窗设计、商场环境展示的资料中精选出近700幅佳作编集而成。

J0139130
世界室内装饰设计全集 （6-8）吴明等主编
哈尔滨 黑龙江科学技术出版社 1992年
3册(192；192；192页)26cm(16开)
精装 ISBN: 7-5388-1912-6 定价: CNY180.00
本书第6册：宾馆，第7册：商业·办公，第

8 册：展示·其他。

J0139131
世界室内装饰设计全集　(9–12)吴志豪等主编
哈尔滨 黑龙江科学技术出版社 1992 年 4 册
26cm(16 开) 精装 ISBN：7-5388-2090-6
定价：CNY248.00
　　本书第 9 册：娱乐、美容，第 10–12 册：餐厅、酒吧、咖啡厅。

J0139132
世界图案精选　李法明编著
天津 天津杨柳青画社 1992 年 128 页 17×18cm
ISBN：7-80503-149-5 定价：CNY5.00
　　本书包括植物、动物和综合类图案。

J0139133
世界图形·插画大图典　张景然，周鑫主编
沈阳 辽宁科学技术出版社 1992 年
3 册(416；416；416)页 26cm(16 开) 精装
ISBN：7-5381-1529-3 定价：CNY198.00
　　本书是中国美术设计及其他设计领域里的第一部大型工具书。广泛收集了世界各国最新、最实用、最有代表性的图形与插画。

J0139134
世界烟标集萃　张家伟编著
合肥 安徽美术出版社 1992 年 202 页 有照片
26cm(16 开) ISBN：7-5398-0029-1
定价：CNY35.00
　　作者张家伟(1941—　)，烟盒收藏家。上海人，苏州民俗博物馆任职。

J0139135
世界植物图案 3700 例
上海 上海画报出版社 1992 年 509 页 17×19cm
ISBN：7-80530-068-2 定价：CNY9.60
(知识画库)
　　本书共收植物图案 3700 幅，这些图案是从中外大量植物图案中精选出来，并经过精细加工的，内容丰富、风格多样、造型美观。

J0139136
苏联民间美术
南京 江苏美术出版社 1992 年 222 页
30cm(10 开) 精装 ISBN：7-5344-0290-5
定价：CNY182.00

J0139137
玩具与科学　(日)酒井高男著；王孝培，何大均编译
重庆 重庆大学出版社 1992 年 162 页
19cm(小 32 开) ISBN：7-5624-279-7
定价：CNY1.50

J0139138
西方服饰大全　(美)威尔科克斯著；邹二华，刘元译
桂林 漓江出版社 1992 年 357 页 有图
26cm(16 开) 定价：CNY12.35
　　本书图文并茂地介绍了上自古埃及巴比伦和古希腊罗马，下迄 20 世纪 50 年代末的西方各时代的时装、服饰。外文书名：The Mode in Costume.

J0139139
现代商标标志设计　刘超英，陈子光编著
上海 上海书画出版社 1992 年 308 页 17×18cm
ISBN：7-80512-631-3 定价：CNY9.40
(实用美术资料丛书)
　　本书就商标、标志设计的起源、现状与发展，设计的原理与要点，方法与应用均作了阐述，同时收辑了国内外商标、标志图案 3000 例。

J0139140
现代商店美术设计　(店面、橱窗、货架、招牌、霓虹灯、POP 广告 摄影集)王小勤，戈洪编著
上海 上海人民美术出版社 1992 年 重印本
26cm(16 开) ISBN：7-5322-0537-1
定价：CNY11.00
　　本书以图为主，介绍了店面、橱窗、货架、招牌、霓虹灯、POP 广告的美术设计。

J0139141
现代图形　夫龙著
郑州 河南美术出版社 1992 年 364 页 20×18cm
ISBN：7-5401-0251-9 定价：CNY13.50
　　作者夫龙(1963—　)，编辑、记者。历任中国青年出版社美术编辑、记者，美国图形艺术协会注册会员，国际图形艺术联盟会员。

J0139142
新编家具与室内布置资料集　金鑫，孙振杰主编
长春 吉林科学技术出版社 1992年 4册
26cm（16开）精装 ISBN：7-5384-1348-0
定价：CNY336.00
本书由吉林科学技术出版社和香港书画出版社联合出版。

J0139143
雅美家居　（中外新潮家庭室内装饰精选本）陆建民，陆霁编
上海 上海科学技术文献出版社 1992年 70页
有彩照 26cm（16开）ISBN：7-80513-978-4
定价：CNY10.00

J0139144
艺术陈设　陈震平编著
杭州 浙江美术学院出版社 1992年 78页
有附彩图 17×19cm ISBN：7-81019-108-X
定价：CNY13.50
外文书名：Artistic Furnishings.

J0139145
纸粘土人形　（初级编 浪漫娃娃）（日）大久保奈稚子著
台北 邯郸出版社 1992年 107页 有图
26cm（16开）定价：TWD220.00

J0139146
装潢设计大百科　张景然，苏海涛主编
沈阳 辽宁科学技术出版社 1992年
3册（240；240；240页）26cm（16开）精装
ISBN：7-5381-1662-1 定价：CNY248.00
本书以二维的平面设计到三维的立体设计，系统地归纳出插画、字体设计、商标标志设计、广告设计、包装设计、展览设计等19大类、70多个栏目。

J0139147
装饰派艺术　［邓肯］（Duncan, A.）著；翁德明译
台北 远流出版事业公司 1992年 293页
21cm（32开）ISBN：957-32-1545-4
定价：TWD360.00
（艺术馆 10）

J0139148
最新企业形象视觉识别设计丛书　钟宁等主编
哈尔滨 黑龙江科学技术出版社 1992年
12册 26cm（16开）ISBN：7-5388-1663-1
定价：CNY818.00

J0139149
插花艺术问答　王莲英等编著
北京 金盾出版社 1993年 135页 有彩照
19cm（小32开）ISBN：7-80022-627-1
定价：CNY7.30
本书介绍了中外插花的历史、发展、插作、造型、养护和欣赏等方面的知识。

J0139150
橱窗广告设计自学指导　莫宰清，安然编著
上海 上海书店 1993年 146页 有彩图
26cm（16开）ISBN：7-80569-742-6
定价：CNY19.50
本书阐述橱窗广告设计、陈列、技艺等基础知识和施工技能，配置插图和现代中外鉴赏作品约465幅。

J0139151
国际流行软装饰　（豪华的卧室、客厅、厨房、浴室）魏兰编
北京 华龄出版社 1993年 96页 26cm（16开）
ISBN：7-80082-398-9 定价：CNY24.80

J0139152
韩国纸粘土　（1）美工图书社编
台北 邯郸出版社 1993年 92页 有彩图
26cm（16开）定价：TWD280.00

J0139153
韩国纸粘土作品集　美工图书社编
台北 邯郸出版社 1993年 96页 有彩图
26cm（16开）定价：TWD280.00

J0139154
花的包装　（日）长谷良子著
台北 台湾日贩公司 1993年 63页 有彩照有图
25cm（小16开）ISBN：957-8800-24-X
定价：TWD250.00
外文书名：Flower Wrapping Ideas.

J0139155
聚宝盆书库 薄贯休等编
北京 国际文化出版公司 1993年 138页
26cm(16开) ISBN: 7-80105-000-2
定价: CNY35.00
(大型创意设计系列丛书 1)
本画册收入喷绘艺术、摄影艺术、火花设计、藏书票设计、招贴设计等10余种设计作品。

J0139156
日本包装设计总览 美工图书社编
台北 邯郸出版社 1993年 2册 有彩图
21cm(32开) 精装 定价: TWD1200.00

J0139157
日本广告设计 美工图书社编
台北 邯郸出版社 1993年 157页 有彩图
26cm(16开) 定价: TWD450.00

J0139158
日本纸粘土作品集 (2)(日)宫井和子著
台北 邯郸出版社 1993年 83页 有照片
25×26cm 定价: TWD350.00

J0139159
日本纸粘土作品集 美工图书社编
台北 邯郸出版社 1993年 92页 有彩图
26cm(16开) 定价: TWD280.00

J0139160
设计家手册 王晓勇编著
西安 陕西旅游出版社 1993年 315页 21×19cm
ISBN: 7-5418-0785-2 定价: CNY48.00
外文书名: Designers Handbook. 作者王晓勇(1955—), 陕西人民出版社美术编辑, 中国美术家协会会员。

J0139161
时新广告报头封面设计图集 李金文编
北京 中央民族学院出版社 1993年 292页
26cm(16开) ISBN: 7-81001-294-0
定价: CNY16.80
作者李金文, 中央民族出版社出版部主任。

J0139162
世界成功促销广告十五例 石建航编译
杭州 浙江人民出版社 1993年 64页 26cm(16开)
ISBN: 7-5340-0400-4 定价: CNY14.50

J0139163
世界橱窗艺术 胡文彦编著
北京 中国旅游出版社 [1993年] 148页
29cm(16开) ISBN: 7-5032-0776-0
定价: CNY88.00
本书汇集了国外橱窗设计师的优秀作品200余幅, 分为服装、鞋、帽、袜、儿童用品、食品、节日橱窗等12部分。

J0139164
世界工艺美术设计名作集成 (1-2) 张远林编著
合肥 安徽科学技术出版社 [1993年]
2册(640页) 有彩照 26cm(16开) 精装
ISBN: 7-5337-0986-1 定价: CNY320.00 (合计)
本书内容包括: 招贴广告、展览布饰、包装技艺、店面橱窗、环境美化、工艺精品等10部分。外文书名: Selected Arts and Crafts Design Works of the World. 作者张远林, 安徽合肥市人, 广东《深圳青年》杂志社美术编辑、摄影记者。

J0139165
世界商标标志设计4500例 永清, 崇义编
上海 上海科学技术文献出版社 1993年 451页
17×18cm ISBN: 7-5439-0411-X
定价: CNY14.80

J0139166
世界商标标志设计4500例 (第1集) 永清, 崇义编
上海 上海科学技术文献出版社 1998年 修订本
500页 17×18cm ISBN: 7-5439-0411-X
定价: CNY24.80
(商标标志设计丛书)

J0139167
世界商标标志设计4500例 (第2集) 永清, 崇义编
上海 上海科学技术文献出版社 1997年 500页

17×18cm ISBN: 7-5439-1087-X
定价: CNY24.80

J0139168
世界商标标志设计4500例 (第3集) 永清, 崇义编
上海 上海科学技术文献出版社 1998年 472页
17×18cm ISBN: 7-5439-1240-6
定价: CNY25.00
(商标标志设计丛书)

J0139169
世界商标设计精华 (1) 周伟雄等编
广州 广东科技出版社 1993年 330页
26cm(16开) 精装 ISBN: 7-5359-1074-2
定价: CNY98.00
本书收编了美国、加拿大、英国、日本、中国优秀的商标作品3千余件。外文书名: Trademark Design Essence of the World.

J0139170
世界商标设计精华 (2) 周伟雄等编
广州 广东科技出版社 1993年 [330]页
26cm(16开) 精装 ISBN: 7-5390-0593-9
定价: CNY98.00

J0139171
世界商标设计精华 (1) 周伟雄等编著
南昌 江西科学技术出版社 1993年 [330]页
26cm(16开) 精装 ISBN: ISBN: 7-5359-1074-2
定价: CNY98.00
外文书名: Trademark Design Essence of the World.

J0139172
世界商标设计精华 (2) 周伟雄等编著
南昌 江西科学技术出版社 1993年 330页
26cm(16开) 精装 ISBN: 7-5390-0593-9
定价: CNY98.00
外文书名: Trademark Design Essence of the World.

J0139173
世界一流标志设计 陈建军编著
南宁 广西美术出版社 1993年 144页 17×18cm
ISBN: 7-80582-572-6 定价: CNY9.80
外文书名: First-class Trademark Designs in the World. 作者陈建军(1960—), 山西太原人, 任广西艺术学院美术系讲师, 中国美术家协会广西分会会员。作品有《中国体育投向21世纪》《植树造林》《中华武术走向世界》等。

J0139174
世界优秀名片信纸信封设计 王一鸣主编
长沙 湖南科学技术出版社 1993年 191页
26cm(16开) ISBN: 7-5357-1276-2
定价: CNY58.80
本书汇集了中国香港、中国台湾和国外优秀名片、信纸、信封1000余例, 综合了工商各类。作者王一鸣(1945—2009), 花鸟画家。辽宁盖州人。历任辽宁盖州市文联主席、高级工程师, 中国美术家协会会员。

J0139175
现代材料艺术 张温帙编著
广州 岭南美术出版社 1993年 137页
26cm(16开) ISBN: 7-5362-0970-3
定价: CNY108.00
本书作者收集大量的欧美日诸国和我国的现代材料艺术的实例, 并在理论上阐述了自己的见解。外文书名: Modern Art of Materials. 作者张温帙(1959—), 女, 陶瓷艺术家。生于广东化州, 博士毕业于韩国国立首尔科技大学。中国美术家协会会员, 广东省青年美术家协会常务理事, 广州美术学院副教授。出版有《陶艺教室》《现代材料艺术》《当代陶瓷艺术设计》等。

J0139176
现代商业美术设计实用手册 罗一德编著
哈尔滨 黑龙江科学技术出版社 1993年
2册(400页) 有彩图 26cm(16开) 精装
ISBN: 7-5388-2078-7 定价: CNY198.00
本书内容包括: 现代商业美术设计基础理论、设计与文字、商业美术设计与印刷等5章。

J0139177
现代优秀广告作品选 袁广茂, 春桐编
长春 吉林科学技术出版社 1993年 84页
有彩照 26cm(16开) ISBN: 7-5384-1237-9
定价: CNY28.00

本书介绍了国内外部分优秀广告作品。

J0139178
中外刊头新编　合一编
北京 中国物资出版社 1993年 107页 13×19cm
ISBN: 7-5047-0544-6 定价: CNY4.50
本书编入刊头600余幅,包括政治、经济、科技等几大类。

J0139179
中外刊头新编　合一编
北京 中国物资出版社 1995年重印 107页
19×13cm ISBN: 7-5047-0544-6 定价: CNY5.50
本书编入刊头600余幅,包括政治、经济、科技等几大类。

J0139180
21世纪新潮商标企业形象设计　大雨等主编
长春 时代文艺 1994年 190页 17×19cm
ISBN: 7-5387-0817-0 定价: CNY9.80

J0139181
巴黎商品展示设计　王志平著
长沙 湖南美术出版社 1994年 104页 17×19cm
精装 ISBN: 7-5356-0655-5 定价: CNY38.00

J0139182
彩色商标与企业识别　(5)(日)长谷川纯雄,(日)小林茂二著
台北 邯郸出版社 1994年 370页 有彩图
22cm(32开)精装 ISBN: 957-8883-18-8
定价: TWD450.00

J0139183
彩色鱼拓制作法　(日)松永正津著;桑涛译
北京 人民体育出版社 1994年 104页
20cm(32开) ISBN: 7-5009-1031-2
定价: CNY28.00
(钓鱼入门丛书)
本书以实例介绍了用直接法制作彩色鱼拓的方法。

J0139184
创意、制作、展示　(世界百家超级公司最新广告剖析)(美)波普著;葛彦等译
大连 大连出版社 1994年 211页 有照片
26cm(16开) ISBN: 7-80555-969-4
定价: CNY18.80
本书汇集了艾特纳公司、福特公司、百事可乐公司等世界100家最大公司的最新宣传广告,且附有原图。著者原名为:弗雷德·波普。

J0139185
当代展示设计　冯旭东,刘文编著
北京 中国摄影出版社 1994年 98页 26cm(16开)
ISBN: 7-80007-115-4 定价: CNY88.00
外文书名: Modern Exhibition Design.

J0139186
国外风情装饰小品集　陈新生编绘
合肥 安徽美术出版社 1994年 26cm(16开)
ISBN: 7-5398-0278-2 定价: CNY9.60
(美术资料丛书)

J0139187
华丽家居　(中外新潮室内装饰精选本)陆建民,陆霁编
上海 上海科学技术文献出版社 1994年 118页
26cm(16开) ISBN: 7-5439-0382-2
定价: CNY19.80

J0139188
美国现代橱窗设计　(摄影集)高琴主编;邓尔威摄
北京 中国摄影出版社 1994年 90页 29cm(16开)
ISBN: 7-80007-139-1 定价: CNY55.00
外文书名: Modern Show Window Design in America.

J0139189
商标与企业形象设计　周旭等编著
长沙 湖南美术出版社 1994年 120页
26cm(16开) ISBN: 7-5356-0697-0
定价: CNY38.00
作者周旭(1950—),教授。字渭寅,号越人,浙江开化人,毕业于苏州大学艺术学院。历任浙江工业大学艺术学院院长、教授、博士生导师,中国书法家协会会员。著有《中国民间美术概要》《浙江民间美术概要》《视觉传达设计》等。

J0139190
商业名片创意设计 林东海，张丽琦编著
台北 新形象出版事业公司 1994年 159页
有彩图 26cm（16开）ISBN：957-8548-53-2
定价：TWD450.00
（PART 1）

J0139191
世界包装设计精选 宏峰，刘域主编
哈尔滨 哈尔滨出版社［1994年］168页
26cm（16开）精装 ISBN：7-80557-619-X
定价：CNY88.00
（现代设计丛书）
本书介绍并分析了世界优秀包装设计300余幅作品。

J0139192
世界标志商标设计大系 （1）雄文主编
南宁 广西美术出版社 1994年 135页
26cm（16开）ISBN：7-80582-755-9
定价：CNY14.80
（现代设计家资料书库）

J0139193
世界标志商标设计大系 （2）雄文等编
南宁 广西美术出版社 1994年 135页
26cm（16开）ISBN：7-80582-756-7
定价：CNY14.80

J0139194
世界店面装饰设计
天津 天津人民美术出版社 1994年 151页
有彩图 26cm（16开）ISBN：7-5305-0558-X
定价：CNY38.00

J0139195
世界广告商标标志大全 东山等主编
长春 长春出版社 1994年 6册 17×19cm
ISBN：7-80604-190-7 定价：CNY68.80

J0139196
世界啤标600图 吴立等供稿；满天星编选
上海 上海人民美术出版社 1994年 19×22cm
ISBN：7-5322-1363-3 定价：CNY19.00

J0139197
世界商标设计精华 （具象形·抽象形集）湖南科学技术出版社编
长沙 湖南科学技术出版社 1994年 184页
有彩图 26cm（16开）ISBN：7-5357-1321-1
定价：CNY29.80
（世界装饰设计精华丛书）
本书辑录了世界各国优秀商标设计与应用实例近3000例。

J0139198
世界商标设计精华 （字母·符号·数字·文字集）湖南科学技术出版社编
长沙 湖南科学技术出版社 1994年 176页
有彩图 26cm（16开）ISBN：7-5357-1320-3
定价：CNY29.80
（世界装饰设计精华丛书）
本书辑录了世界各国优秀商标设计与应用实例近3000例。

J0139199
世界一流广告设计实例全集 张少伟等编
北京 中国建材工业出版社 1994年 3册
26cm（16开）精装 ISBN：7-80090-161-0
定价：CNY258.00

J0139200
世界著名标志精选 王一鸣主编
长沙 湖南科学技术出版社 1994年 288页
有彩图 26cm（16开）ISBN：7-5357-1383-1
定价：CNY49.80
（世界装饰设计精华丛书）
本书编集了世界优秀商标近3000例，每例注有企业、社团、产品名称、标志设计基础等。作者王一鸣（1945—2009），花鸟画家。辽宁盖州人。历任辽宁盖州市文联主席、高级工程师，中国美术家协会会员。

J0139201
台北国际陶瓷博览会 （国外展品专辑）台北市立美术馆编
台北 文化建设委员会 1994年 233页 有图
28cm（大16开）ISBN：957-8989-44-X
定价：TWD800.00
外文书名：Taipei International Exhibition of

Ceramics, Selected Overseas Exhibits.

J0139202
现代平面广告设计 （CIS 企业战略）门德来，伍胜编著
西安 西安交通大学出版社 1994 年 100 页
有彩图 26cm（16 开）ISBN：7-5605-0644-5
定价：CNY43.00
本书结合国内外优秀广告作品，图文并茂地介绍了现代平面广告设计的基本原理、实用技术及 CIS 理论与设计操作方法等。

J0139203
现代商业广告图形集 谷夫编绘
上海 上海书店出版社 1994 年 376 页 18×17cm
ISBN：7-80569-968-2 定价：CNY20.00

J0139204
现代设计家创意图典 夫龙工作室编著
北京 中国青年出版社 1994 年 611 页
24cm（26 开）ISBN：7-5006-1538-8
定价：CNY48.00
（视觉传达设计丛书）
本书论述了视觉传达设计的概念、范围及演化，并通过大量图例研讨各个不同的新思维方法和新展现的方法。

J0139205
艺术插花精品集：日本华道 （日）竹内林书著
上海 上海文化出版社 1994 年 122 页
26cm（16 开）精装 ISBN：7-80511-720-9
定价：CNY45.00

J0139206
中外包装与外观设计大观 中国包装技术协会编
北京 中国物价出版社 1994 年 293 页
26cm（16 开）精装 ISBN：7-80070-328-2
定价：CNY198.00

J0139207
超级折纸 （日）茶谷正洋著；顾林，殷雨译
北京 群言出版社 1995 年 95 页 26cm（16 开）
ISBN：7-80080-160-8 定价：CNY16.50

J0139208
超级折纸 （遗迹篇）（日）茶谷正洋[著]；顾林，殷雨译
北京 群言出版社 1995 年 93 页 26cm（16 开）
ISBN：7-80080-161-6 定价：CNY16.50

J0139209
橱窗展示 （色彩、设计、技法）儿玉资本著
台北 龙辰出版事业公司 1995 年 150 页
26cm（16 开）ISBN：957-99513-0-6
定价：TWD500.00
（龙溪设计丛书）

J0139210
创意版面设计指南 （美）格雷厄姆·戴维斯（Graham Davis）著；余少麟等译
香港 万里书店 1995 年 144 页 有照片
29cm（16 开）精装 ISBN：962-14-0887-3
外文书名：Quick Solutions to Great Layouts.

J0139211
当代流行实用美术集成 华林主编
长春 吉林美术出版社 1995 年 782 页
26cm（16 开）精装 ISBN：7-5386-0489-8
定价：CNY248.00

J0139212
购物袋设计实例 Sara Day, Eillis McDonald 设计；祁思译
台北 商务印书馆 1995 年 160 页 有彩图
31cm（10 开）ISBN：957-05-1001-3
定价：TWD800.00
（世界级设计精品图鉴 3）
外文书名：Shopping Bag Design.

J0139213
广告创意设计大图典 徐立群编著
长春 吉林科学技术出版社 1995 年 3 册
26cm（16 开）精装 ISBN：7-5384-1360-X
定价：CNY248.00

J0139214
国外动物图形设计 3000 例 肖夏等编
长春 吉林美术出版社 1995 年 190 页

26cm(16开) ISBN: 7-5386-0463-4
定价: CNY18.00
(万国图案系列)

J0139215
国外古典器物图形3000例 萧夏等编著
长春 吉林美术出版社 1995年 199页
26cm(16开) ISBN: 7-5386-0466-9
定价: CNY19.00
(万国图案系列)

J0139216
国外徽饰图形设计3000例 萧夏等编著
长春 吉林美术出版社 1995年 128页
26cm(16开) ISBN: 7-5386-0464-2
定价: CNY13.00
(万国图案系列)

J0139217
国外人物图形设计3000例 肖夏等编
长春 吉林美术出版社 1995年 243页
26cm(16开) ISBN: 7-5386-0461-8
定价: CNY22.00
(万国图案系列)

J0139218
国外植物图形设计3000例 肖夏等编
长春 吉林美术出版社 1995年 205页
26cm(16开) ISBN: 7-5386-0462-6
定价: CNY20.00
(万国图案系列)

J0139219
国外装饰图形设计3000例 肖夏等编
长春 吉林美术出版社 1995年 188页
26cm(16开) ISBN: 7-5386-0465-0
定价: CNY18.00
(万国图案系列)

J0139220
国外广告装饰图案精选 (花边图案)方平选编
北京 华语教学出版社 1995年 94页 26cm(16开)
ISBN: 7-80052-601-1 定价: CNY15.80

J0139221
国外广告装饰图案精选 (剪影艺术)方平选编
北京 华语教学出版社 1995年 94页 26cm(16开)
ISBN: 7-80052-602-X 定价: CNY15.80

J0139222
国外广告装饰图案精选 (外国美术字)方平选编
北京 华语教学出版社 1995年 94页 26cm(16开)
ISBN: 7-80052-600-3 定价: CNY15.80

J0139223
国外广告装饰图案精选 (印刷品艺术)方平选编
北京 华语教学出版社 1995年 94页 26cm(16开)
ISBN: 7-80052-599-6 定价: CNY15.80

J0139224
国外最新实用设计图典 郭炜主编
广州 广东旅游出版社 1995年 283页
28cm(16开) ISBN: 7-80521-582-0
定价: CNY110.00

J0139225
杰出包装设计实例 [霍兰](DK Holland)主编; 蔡慕芳等译
台北 商务印书馆 1995年 186页 有彩图
31cm(10开) ISBN: 957-05-1000-5
定价: TWD900.00
(世界级设计精品图鉴 2)
外文书名: Great Package Design.

J0139226
菊地信义封面设计 (日)菊地信义著
台北 日臻出版社 1995年 133页 有照片
24×25cm ISBN: 957-8883-58-7
定价: TWD480.00

J0139227
美国当代绘画性陶艺展图录 高玉珍总编辑; 谢世英译
台北 历史博物馆 1995年 80页 有照片
29cm(16开) ISBN: 957-00-5975-3
定价: TWD500.00

J0139228
名店设计实例 Cardinal Communication Graphics 设计；祁思译
台北 商务印书馆 1995年 153页 有照片 31cm（10开）ISBN：957-05-0999-6 定价：TWD800.00
（世界级设计精品图鉴 1）
外文书名：Great Store Design.

J0139229
欧美现代商业展示 刘立宾摄影
石家庄 河北美术出版社 1995年 29cm（16开）ISBN：7-5310-0698-7 定价：CNY68.00
作者刘立宾（1944— ），现任中国商务广告协会副会长兼秘书长、《国际广告》杂志社社长兼总编辑，兼任中国传媒大学博士生导师、多所大学客座教授。《中国广告作品年鉴》主编、《中国营销创意作品年鉴》主编等。

J0139230
人物变形图谱 （从原始艺术到现代艺术）胡雨心编绘
上海 上海文艺出版社 1995年 199页 26cm（16开）ISBN：7-5321-1267-5 定价：CNY27.00

J0139231
设计大世界 （图集 第1辑）梁梅等编
长沙 湖南美术出版社 1995年 64页 28cm（15开）ISBN：7-5356-0747-0 定价：CNY29.00
外文书名：World of Designs.

J0139232
设计大世界 （图集 第2辑）周济祥，朱善定编
长沙 湖南美术出版社 1996年 64页 28cm（15开）ISBN：7-5356-0816-7 定价：CNY29.00
外文书名：World of Designs.

J0139233
设计大世界 （图集 第3辑）伟民等编
长沙 湖南美术出版社 1996年 64页 28cm（15开）ISBN：7-5356-0874-4 定价：CNY30.00
外文书名：World of Designs.

J0139234
设计大世界 （图集 第4辑）伟民等编
长沙 湖南美术出版社 1996年 64页 28cm（15开）ISBN：7-5356-0875-2 定价：CNY30.00
外文书名：World of Designs.

J0139235
设计大世界 （图集 第5辑）刘向东等编
长沙 湖南美术出版社 1997年 64页 28cm（15开）ISBN：7-5356-0972-4 定价：CNY30.00
外文书名：World of Designs.

J0139236
设计大世界 （图集 第6辑）伟民等编
长沙 湖南美术出版社 1997年 64页 28cm（15开）ISBN：7-5356-0975-9 定价：CNY30.00
外文书名：World of Designs.

J0139237
设计大世界 （图集 第7辑）朱江练等编
长沙 湖南美术出版社 1998年 28cm（15开）ISBN：7-5356-1040-4 定价：CNY30.00
外文书名：World of Designs.

J0139238
实用花边图案 韩绪编
杭州 浙江人民美术出版社 1995年 260页 18×19cm ISBN：7-5340-0640-6 定价：CNY7.50
作者韩绪（1971— ），教授、平面设计师。内蒙古人，毕业于中国美术学院，获博士学位。中国美术学院任教。

J0139239
世界平面广告创意精粹 梁中国主编
长沙 湖南美术出版社 1995年 157页 28cm（大16开）ISBN：7-5356-0707-1 定价：CNY148.00
作者梁中国（1965— ），中国工业设计协会会员，中国航空服务有限公司广告部任职。

J0139240
世界平面广告创意精粹 （2）张友明主编
长沙 湖南美术出版社 1998年 159页 29cm（16开）ISBN：7-5356-1049-8 定价：CNY128.00

（实用艺术系列专辑）

J0139241
世界商品包装设计3000例 （图集）剑鹰，湘音编著
昆明 云南科技出版社 1995年 316页
26cm（16开）精装 ISBN：7-5416-0698-7
定价：CNY180.00

J0139242
世界优秀磁带·CD装帧设计选 宋文岚，孟朝阳编
合肥 安徽美术出版社 1995年 86页 26cm（16开）
ISBN：7-5398-0429-7 定价：CNY30.00
（美术资料丛书）

J0139243
陶瓷图鉴 （日）春名氏编绘
上海 上海书店出版社 1995年 影印本 348页
26cm（16开）ISBN：7-80622-009-7
定价：CNY28.00

J0139244
外国装饰纹样 王敏等编
上海 上海远东出版社 1995年 198页 19×21cm
精装 ISBN：7-80613-072-1 定价：CNY37.00

J0139245
现代标识符号创意图典 夫龙，王安江主编
郑州 河南美术出版社 1995年 447页
24cm（18开）ISBN：7-5401-0442-2
定价：CNY38.50，CNY56.50（精装）
（现代设计家丛书）

J0139246
现代标志设计 （图集）车其编著
石家庄 河北美术出版社 1995年 288页
26cm（16开）ISBN：7-5310-0733-9
定价：CNY35.00
（现代设计艺术丛书）

J0139247
现代超视图形创意图典 夫龙，王安江主编
郑州 河南美术出版社 1995年 445页
24cm（18开）ISBN：7-5401-0443-0
定价：CNY38.50，CNY56.50（精装）
（现代设计家丛书）

J0139248
现代企业形象创意图典 （1）王安江主编
北京 中国青年出版社 1995年 317页
24cm（18开）ISBN：7-5006-2148-5
定价：CNY49.90
（现代视觉传达丛书）

J0139249
现代企业形象创意图典 （2）楚江主编
北京 中国青年出版社 1995年 317页
24cm（18开）ISBN：7-5006-2149-3
定价：CNY49.90
（现代视觉传达丛书）

J0139250
现代企业形象创意图典 （3）刘亮主编
北京 中国青年出版社 1995年 317页
24cm（18开）ISBN：7-5006-2150-7
定价：CNY49.90
（现代视觉传达丛书）

J0139251
现代企业形象创意图典 （4）夫龙工作室主编
北京 中国青年出版社 1995年 317页
24cm（18开）ISBN：7-5006-2151-5
定价：CNY49.90
（现代视觉传达丛书）

J0139252
现代商标标志创意图典 夫龙，王安江主编
郑州 河南美术出版社 1995年 443页
24cm（18开）ISBN：7-5401-0440-6
定价：CNY38.50，CNY56.50（精装）
（现代设计家丛书）

J0139253
纸粘土花设计 川口纪子著
台北 邯郸出版社 1995年 143页 有图
26cm（16开）ISBN：957-8883-38-2
定价：TWD300.00

J0139254
中外居室情趣 1000 例　傅元宏主编
杭州 浙江科学技术出版社 1995 年 306 页
26cm(16 开) 精装 ISBN: 7-5341-0849-7
定价: CNY95.00
　　作者傅元宏(1955—　), 浙江宁波人, 浙江省室内装饰公司工程师, 中国工业设计协会会员, 中国家具协会会员。

J0139255
中外烟标鉴赏大全　常州市烟草专卖局编; 胡子林主编
北京 知识出版社 1995 年 358 页 29cm(16 开) 精装 ISBN: 7-5015-1310-4 定价: CNY360.00
　　本书所收录的 1300 余幅反映不同时代风格和不同地域风情的中外烟标珍品, 全部是我国目前收藏烟标历史最长、珍品最多的著名中外烟标收藏艺术家戈小兴先生提供。

J0139256
中外装饰纹样设计大系　(1) 田旭桐, 侯芳编著
南宁 广西美术出版社 1995 年 153 页
26cm(16 开) ISBN: 7-80582-952-7
定价: CNY14.70
(现代设计家资料书库)
　　作者田旭桐(1962—　), 教师。北京人, 毕业于中央工艺美术学院。清华美院教授、硕士生导师。作品有《天街连晓雾》《隔溪烟雨》《一池清水泛鱼苗》等。作者侯芳(1962—　), 北京人, 恭王府管理处任职。

J0139257
中外装饰纹样设计大系　(2) 田旭桐, 侯芳编著
南宁 广西美术出版社 1995 年 153 页
26cm(16 开) ISBN: 7-80582-953-5
定价: CNY14.70
(现代设计家资料书库)

J0139258
装饰艺术手册　(德) 弗兰兹·萨雷斯·玛雅著; 孙建君, 刘赦译
上海 上海人民美术出版社 1995 年 497 页
20cm(32 开) ISBN: 7-5322-1420-6
定价: CNY23.80
(设计丛书)
　　外文书名: Handbook of Ornament.

J0139259
"新艺术"设计　钱凤根编著
石家庄 河北美术出版社 1996 年 228 页
29cm(16 开) 精装 ISBN: 7-5310-0849-1
定价: CNY280.00
(世界名派名家设计大系 2)
　　外文书名: Art Nouveau. 作者钱凤根(1961—　), 汕头大学文学院任教。

J0139260
CIS 的报刊广告　(图集) 陶济, 朱伟撰文; 崔寒君编选
杭州 浙江人民美术出版社 1996 年 64 页
26cm(16 开) ISBN: 7-5340-0679-1
定价: CNY24.00
(企业形象设计丛书)

J0139261
CIS 的标志设计　陶济, 朱伟撰文; 余思齐编选
杭州 浙江人民美术出版社 1996 年 64 页
26cm(16 开) ISBN: 7-5340-0579-5
定价: CNY24.00
(企业形象设计丛书)

J0139262
CIS 的户外广告　赵峰撰文; 龚一平, 毛元灿编选
杭州 浙江人民美术出版社 1996 年 64 页
26cm(16 开) ISBN: 7-5340-0680-5
定价: CNY24.00
(企业形象设计丛书)

J0139263
VI 设计　(图集) 高德荣, 严耀华著
上海 上海人民美术出版社 1996 年 126 页
26cm(16 开) 精装 ISBN: 7-5322-1585-7
定价: CNY70.00
(设计工作室丛书)
　　外文书名: Design Visual Identity.

J0139264
包装设计　杨仁敏编著
重庆 西南师范大学出版社 1996 年 142 页

26cm(16开) ISBN: 7-5621-1552-4
定价: CNY65.00
(21世纪设计家丛书 装潢系列)

作者杨仁敏(1949—),教授。中央工艺美院文学硕士,四川美术学院讲师,重庆市包装技术协会设计委员会主任。著述有《外国历代名建筑》《礼品包装新空间》《钢笔风景画技法》等。

J0139265
包装装璜入门 (图集)陈建军著
南宁 广西美术出版社 1996年 48页 26cm(16开)
ISBN: 7-80625-090-5 定价: CNY10.00
(设计基础入门丛书)

作者陈建军(1960—),山西太原人,任广西艺术学院美术系讲师,中国美术家协会广西分会会员。作品有《中国体育投向21世纪》《植树造林》《中华武术走向世界》等。

J0139266
彩色立体折纸 [德][Z.艾蒂克-舍勒](Zulal Ayture-Scheele)编;陆新译
杭州 浙江科学技术出版社 1996年 88页
26cm(16开) ISBN: 7-5341-0953-1
定价: CNY35.00

J0139267
古代希腊 罗马 埃及人物图案3000例 舒阳编
长春 吉林美术出版社 1996年 164页
26cm(16开) ISBN: 7-5386-0583-5
定价: CNY17.50
(万国图案系列)

J0139268
广告创意设计技法 (图集)思诗主编
沈阳 辽宁科学技术出版社 1996年 239页
27cm(大16开) 精装 ISBN: 7-5381-2287-7
定价: CNY150.00

J0139269
广告全案策划 (图集)陶济[编]
杭州 浙江人民美术出版社 1996年 48页
26cm(16开) ISBN: 7-5340-0535-3
定价: CNY19.50
(设计家)

J0139270
国外边框图案设计3000例 舒阳等编
长春 吉林美术出版社 1996年 225页
26cm(16开) ISBN: 7-5386-0582-7
定价: CNY23.50
(万国图案系列)

J0139271
国外标识图案设计3000例 肖迪等编
长春 吉林美术出版社 1996年 229页
26cm(16开) ISBN: 7-5386-0579-7
定价: CNY23.50
(万国图案系列)

J0139272
国外古典陶瓷图形3000例 舒阳等编
长春 吉林美术出版社 1996年 155页
26cm(16开) ISBN: 7-5386-0586-X
定价: CNY16.50
(万国图案系列)

J0139273
国外纹章图案设计3000例 舒阳等编
长春 吉林美术出版社 1996年 225页
26cm(16开) ISBN: 7-5386-0584-3
定价: CNY23.50
(万国图案系列)

J0139274
国外织物图案设计3000例 舒阳等编
长春 吉林美术出版社 1996年 249页
26cm(16开) ISBN: 7-5386-0581-9
定价: CNY25.50
(万国图案系列)

J0139275
国外唱片封套 张世申编
太原 山西人民出版社[1996年]59页
25×26cm ISBN: 7-203-03484-4
定价: CNY78.00
(设计丛书)

J0139276
家居布艺装 [迈拉·戴维森]Myra Davidson 编著;唐卫平译

台北 珠海出版公司 1996年 159页
有照片 29cm(16开)精装
ISBN: 957-657-181-2 定价: TWD680.00
外文书名: Cushions Curtains and More.

J0139277
金属工艺 周尚仪著
长春 吉林美术出版社 1996年 56页 26cm(16开)
ISBN: 7-5386-0578-9 定价: CNY21.00
(现代艺术设计丛书)

J0139278
老香烟牌子 冯懿有主编
上海 上海画报出版社 1996年 159页
28cm(大16开) ISBN: 7-80530-242-1
定价: CNY110.00

J0139279
立体的世界 (日本设计大师五十岚威畅)陈放编著
哈尔滨 黑龙江美术出版社 1996年 62页
29cm(16开) ISBN: 7-5318-0345-3
定价: CNY49.80
(当代世界大师设计意念丛书)

J0139280
趣味工艺制作 (为了孩子的美好明天)(日)浜本昌宏编著; 蒋铁骊译
石家庄 河北教育出版社 1996年 140页
有图 26cm(16开) ISBN: 7-5434-2715-X
定价: CNY12.50

J0139281
商业店面广告 (图集)顾世鸿[编]
杭州 浙江人民美术出版社 1996年 48页
26cm(16开) ISBN: 7-5340-0673-2
定价: CNY19.50
(设计家)
作者顾世鸿(1938—),高级经济师。浙江宁波人。历任上海科美广告装潢公司总经理,上海市科普创作协会副秘书长,上海市美术家协会会员,上海市广告协会理事。漫画作品有《"虫"的自由》《神农不识当代瓜》《游旅新去处》《全副武装上市场》《牛皮癣》等。

J0139282
商业空间 (酒吧、旅馆及餐馆)施正辉,孙武曾译
台北 立雍出版事业公司 1996年 159页
有照片 30cm(10开) ISBN: 957-99579-6-7
定价: TWD650.00
(棠雍图书商业空间系列)
外文书名: Commercial Space.

J0139283
商业空间 (商店、巨型百货公司及精品店)施正辉,孙武曾译
台北 立雍出版事业公司 1996年 159页
有照片 30cm(10开) ISBN: 957-99579-2-4
定价: TWD650.00
(棠雍图书商业空间系列)
外文书名: Commercial Space.

J0139284
设计魔术师 (英国图形设计大师艾伦·弗莱彻)陈放编著
哈尔滨 黑龙江美术出版社 1996年 64页
29cm(16开) ISBN: 7-5318-0346-1
定价: CNY49.80
(当代世界大师设计意念丛书)

J0139285
世界名店设计选粹 (餐厅 1)[马丁·M·佩格勒]Martin M.Pegler主编
香港 三联书店(香港)公司 1996年 207页
31cm(10开)精装 ISBN: 962-04-1365-2

J0139286
世界名店设计选粹 (餐厅 2)[马丁·M·佩格勒]Martin M.Pegler主编
香港 三联书店(香港)公司 1996年 207页
有照片 31cm(10开)精装
ISBN: 962-04-1366-0

J0139287
世界名牌产品商标包装设计大图典 柳冠中主编
长春 吉林科学技术出版社 1996年 488页
29cm(16开)精装 ISBN: 7-5384-1593-9
定价: CNY238.00

J0139288
世界现代广告设计经典
南京 江苏美术出版社 1996年 29cm(16开)
ISBN: 7-5344-0608-0 定价: CNY78.00

J0139289
世界现代商店橱窗设计经典
南京 江苏美术出版社 1996年 29cm(16开)
ISBN: 7-5344-0609-9 定价: CNY78.00

J0139290
世界现代商店室内设计经典 华明玥编文
南京 江苏美术出版社 1996年 有彩照
29cm(16开) ISBN: 7-5344-0611-0
定价: CNY78.00

J0139291
世界著名展示空间道具设计大图典 柳冠中主编
长春 吉林科学技术出版社 1996年 714页
29cm(16开) 精装 ISBN: 7-5384-1595-5
定价: CNY245.00

J0139292
丝带结饰技艺 [克里斯蒂娜·金德姆] ChristineKingdom编著; 张叙敏译
台北 珠海出版公司 1996年 128页
有照片及图 28cm(大16开) 精装
ISBN: 957-657-182-0 定价: TWD580.00
外文书名: Ribbons and Bows.

J0139293
无言的想象 (德国广告招贴设计大师冈特·兰勃) 陈放编著
哈尔滨 黑龙江美术出版社 1996年 64页
29cm(16开) ISBN: 7-5318-0347-X
定价: CNY49.80
(当代世界大师设计意念丛书)

J0139294
西欧古典装饰资料集 王宗等汇编
上海 上海书画出版社 1996年 540页
26cm(16开) ISBN: 7-80512-935-5
定价: CNY60.00

J0139295
现代西欧名派名家设计 钱凤根编著
石家庄 河北美术出版社 1996年 209页
29cm(16开) 精装 ISBN: 7-5310-0848-3
定价: CNY268.00
(世界名派名家设计大系 1)
外文书名: Modern European Famous Designers and Designs. 作者钱凤根(1961—), 汕头大学文学院任教。

J0139296
新编国外商标2000例 马晓宁等编
北京 中国文联出版公司 1996年 190页
13×19cm ISBN: 7-5059-2361-7
定价: CNY11.80

J0139297
样本图册设计 王宏明[编]
杭州 浙江人民美术出版社 1996年 48页
26cm(16开) ISBN: 7-5340-0540-X
定价: CNY19.50
(设计家)

J0139298
艺术铸造 谭德睿, 陈美怡主编
上海 上海交通大学出版社 1996年 650页
有彩图及照片 20cm(32开)
ISBN: 7-313-01673-5 定价: CNY60.00
外文书名: Art Foundry. 作者谭德睿(1936—), 研究员。毕业于上海交通大学。历任中国科技考古学会常任理事、中国传统工艺研究会副理事长、复旦大学文博学院兼职教授, 上海博物馆研究员。主编有《艺术铸造》《灿烂的中国古代失腊铸造》等。

J0139299
意念的创造 (美国广告图形设计大师兰尼·索曼斯) 陈放编著
哈尔滨 黑龙江美术出版社 1996年 62页
28cm(大16开) ISBN: 7-5318-0381-X
定价: CNY49.80
(当代世界大师设计意念丛书)
外文书名: The World Master Lanny Sommese.

J0139300
有序的选择　（英国图形艺术设计大师大卫·赫尔曼 图集）陈放编著
哈尔滨 黑龙江美术出版社 1996年 63页
29cm（16开）ISBN：7-5318-0382-8
定价：CNY49.80
（当代世界大师设计意念丛书）
外文书名：The World Master David Hillman.

J0139301
展览设计艺术　李太东编著
沈阳 辽宁美术出版社 1996年 237页
26cm（16开）ISBN：7-5314-1452-X
定价：CNY129.50
（装饰设计艺术系列）

J0139302
中外烟标套标集萃　王安珠主编
南京 江苏科学技术出版社 1996年 240页
29cm（16开）精装 ISBN：7-5345-2251-X
定价：CNY200.00

J0139303
澳大利亚街头广告
上海 上海人民美术出版社 [1997年] 47页
29cm（16开）ISBN：7-5322-1741-8
定价：CNY28.00

J0139304
产品样本的封面设计集　张同编
合肥 安徽美术出版社 1997年 116页 19×21cm
精装 ISBN：7-5398-0527-7 定价：CNY40.00
（世界实用美术精品屋）

J0139305
窗帘与遮阳帘的选择与使用　卡洛儿·怀塔克（Carole Whittaker）著；刘清彦译
台北 林郁文化事业公司 1997年 76页
有照片 26cm（16开）ISBN：957-9593-27-2
定价：TWD240.00
（美化家庭DIY 5）
外文书名：Choosing & Using Curtains and Blinds.

J0139306
当代纤维艺术探索　黄丽绢著
台北 艺术家出版社 1997年 239页 有照片
21cm（32开）ISBN：957-9530-88-2
定价：TWD360.00
外文书名：Contemporary Fiber Art.

J0139307
动物折纸　（日）桃谷好英，（日）桃谷英树编；阎萍译
天津 天津人民美术出版社 1997年 63页
24cm（26开）ISBN：7-5305-0660-9
定价：CNY14.00
（巧手乐园）

J0139308
国外黑白装饰图案集　崔健维等编绘
上海 上海书店出版社 1997年 174页 17×19cm
ISBN：7-80622-208-1 定价：CNY16.00

J0139309
活动折纸　（日）布施知子编；宋永红，杜小军译
天津 天津人民美术出版社 1997年 62页
24cm（26开）ISBN：7-5305-0661-7
定价：CNY14.00
（巧手乐园）

J0139310
家居设计配色事典　日本国家住宅产业株式会社编著；孙永生，杨在敏译
香港 万里书店 1997年 143页 有彩图
31cm（10开）精装 ISBN：962-14-1146-7
定价：HKD86.00

J0139311
昆虫折纸　（日）桃谷好英编；晁春莲译
天津 天津人民美术出版社 1997年 63页
24cm（26开）ISBN：7-5305-0658-7
定价：CNY14.00
（巧手乐园）

J0139312
面形艺术博览　田喜庆著
沈阳 辽宁美术出版社 1997年 288页
29cm（16开）精装 ISBN：7-5314-1657-3

定价：CNY190.00

外文书名：Appreciations of Facial Decorative Art. 作者田喜庆（1954— ），教授。生于辽宁庄河，毕业于鲁迅美术学院装潢系。历任鲁迅美术学院装潢系教授，北京艺鸣盛世文化传媒有限公司特邀设计顾问。著有《装饰绘画作品集》《设计基础图案、动物变化》《面形艺术博览》《风景装饰技法与应用》等。

J0139313
女性形象广告 （图集）李巍［编］
杭州 浙江人民美术出版社 1997 年 48 页
26cm（16 开）ISBN：7-5340-0692-9
定价：CNY19.50
（设计家）

作者李巍（1938— ），教授。江苏连云港人。历任四川美术学院装潢环艺系教授，中国广告协会学术委员会委员。出版有《现代广告设计》《广告策略妙招》《幽默广告艺术》等。

J0139314
日本的电话磁卡和商业名片集 励世良，周光钧编
合肥 安徽美术出版社 1997 年 116 页 19×22cm
精装 ISBN：7-5398-0523-4 定价：CNY40.00
（世界实用美术精品屋）

J0139315
设计交流 （新一辑）王序主编
北京 中国青年出版社 1997 年 38cm（8 开）
ISBN：7-5006-2688-6 定价：CNY188.00

本书附图集 1 册。外文书名：The New Edition of Design Exchange. 作者王序（1955— ），教授、设计师。生于广东潮安，广州美术学院设计系毕业。湖南大学设计艺术学院教授，广东美术馆设计总监，香港设计师协会执行委员。创建王序设计公司任创意总监。国际平面设计联盟、美国平面艺术协会会员。主编出版有《设计交流》《薪火》《平面设计师之设计历程》等。

J0139316
设计交流 （新二辑）王序主编
北京 中国青年出版社 1998 年 127 页
37cm（8 开）ISBN：7-5006-3119-7
定价：CNY188.00

外文书名：The New Edition of Design Exchange.

J0139317
设计交流 （新三辑）王序主编
北京 中国青年出版社 1999 年 127 页
38cm（8 开）ISBN：7-5006-3438-2
定价：CNY188.00

本书附年展图册。外文书名：The New Edition of Design Exchange.

J0139318
时新中外广告装饰报头字体设计 方平等编绘
北京 中央民族大学出版社 1997 年 266 页
26cm（16 开）ISBN：7-81056-069-7
定价：CNY30.00

J0139319
世界火柴盒贴设计集 郭建国等编
合肥 安徽美术出版社 1997 年 116 页 19×22cm
精装 ISBN：7-5398-0522-6 定价：CNY40.00
（世界实用美术精品屋）

J0139320
世界火花设计精选 李伟钦编
广州 岭南美术出版社 1997 年 126 页
26cm（16 开）ISBN：7-5362-1612-2
定价：CNY48.00

J0139321
世界啤酒商标集萃 张家伟编
合肥 安徽美术出版社 1997 年 189 页 19×26cm
精装 ISBN：7-5398-0528-5 定价：CNY58.00
（世界实用美术精品屋）

J0139322
世界商品包装装潢集 刘维亚等编
合肥 安徽美术出版社 1997 年 116 页 19×22cm
精装 ISBN：7-5398-0529-3 定价：CNY40.00
（世界实用美术精品屋）

J0139323
世界现代标志图形设计 翼振武，孙弘毅编著
沈阳 辽宁画报出版社 1997 年 89 页 26cm（16 开）
ISBN：7-80601-154-4 定价：CNY16.80

J0139324
世界现代广告招示设计经典　阮长江编著
南京 江苏美术出版社 1997 年 158 页
29cm(16 开) ISBN: 7-5344-0721-4
定价: CNY78.00

J0139325
首届华人平面设计大赛获奖作品选　(汉英对照) 何跃华主编
哈尔滨 黑龙江科学技术出版社 1997 年 370 页
38cm(6 开) 精装 ISBN: 7-5388-3186-X
定价: CNY680.00
　　外文书名: The Prize Selections of the First International Chinese Graphic Design Competition.

J0139326
托马斯·拜乐作品集　(1967—1995) (德) 托马斯·拜乐(Thomas Bayrle) [作]; 李建华译
北京 中国青年出版社 1997 年 192 页
29cm(16 开) ISBN: 7-5006-2483-2
定价: CNY88.00
　　外文书名: Thomas Bayrle Works.

J0139327
外国剪纸集　仉凤皋编著
长沙 湖南美术出版社 1997 年 238 页 25×26cm
ISBN: 7-5356-0971-6 定价: CNY39.00
(国外民俗美术丛书)
　　作者仉凤皋(1937—　), 美术家、教授。山东宁津人, 毕业于中央工艺美术学院。天津美术学院教授, 中国美术家协会会员, 中国剪纸学会会长。出版有《动物图案资料》《日本冲绳版画》《谈剪纸创作》《中国剪纸论文选》《中国剪纸藏书票》等。

J0139328
烟标设计概述　边有伦, 王安珠主编
北京 光明日报出版社 1997 年 358 页 有彩图
21cm(32 开) ISBN: 7-80091-990-0
定价: CNY45.00
　　本书试图对烟标设计的共性、一般性原则、基本要素等作些归纳与概括, 同时对一些中外著名烟标从设计和审美角度进行粗略分析, 对烟标的收藏与鉴赏也作了相应的介绍。

J0139329
用瓦楞纸制作的舰船　(日) 内藤英治著; 秋雅译
天津 天津人民美术出版社 1997 年 52 页
24cm(26 开) ISBN: 7-5305-0666-8
定价: CNY10.80
(巧手乐园)
　　本书由天津人民美术出版社和诚文堂新光社联合出版。

J0139330
用瓦楞纸制作的恐龙　(日) 内藤英治著; 宋永红译
天津 天津人民美术出版社 1997 年 52 页
24cm(26 开) ISBN: 7-5305-0667-6
定价: CNY10.80
(巧手乐园)
　　本书由天津人民美术出版社和诚文堂新光社联合出版。

J0139331
用瓦楞纸制作的昆虫　(日) 内藤英治著; 秋雅译
天津 天津人民美术出版社 1997 年 52 页
24cm(26 开) ISBN: 7-5305-0663-3
定价: CNY10.80
(巧手乐园)
　　本书由天津人民美术出版社和诚文堂新光社联合出版。

J0139332
用瓦楞纸制作的鸟　(日) 内藤英治著; 宋永红, 杜小军译
天津 天津人民美术出版社 1997 年 52 页
24cm(26 开) ISBN: 7-5305-0665-X
定价: CNY10.80
(巧手乐园)
　　本书由天津人民美术出版社和诚文堂新光社联合出版。

J0139333
用瓦楞纸制作的远古动物　(日) 内藤英治著; 黄平江译
天津 天津人民美术出版社 1997 年 52 页
24cm(26 开) ISBN: 7-5305-0662-5
定价: CNY10.80
(巧手乐园)

本书由天津人民美术出版社和诚文堂新光社联合出版。

J0139334
油漆与壁纸的选择与使用 珍·蒂伯莉(Jane Tidbury)著；刘清彦译
台北 林郁文化事业公司 1997年 75页
26cm(16开) ISBN: 957-9593-25-6
定价: TWD240.00
(美化家庭 DIY 3)
外文书名: Choosing & Using Paints and Wallpapers.

J0139335
鱼类折纸 (日)桃谷好英编；阎萍译
天津 天津人民美术出版社 1997年 58页
24cm(26开) ISBN: 7-5305-0659-5
定价: CNY13.20
(巧手乐园)

J0139336
中外酒标大观 (1997)宋小星编
北京 中国轻工业出版社 1997年 300页
29cm(16开)精装 ISBN: 7-5019-2182-2
定价: CNY780.00

J0139337
装饰纹样图典 石丹编绘
西安 陕西人民美术出版社 1997年 548页
26cm(16开) ISBN: 7-5368-0938-7
定价: CNY48.00

J0139338
字体·标志·广告装饰 远秋桦等绘编
哈尔滨 黑龙江美术出版社 1997年 376页
19×21cm ISBN: 7-5318-0399-2 定价: CNY36.00
(美术设计丛书)

J0139339
佐藤晃一 (图集)(日)佐藤晃一设计
北京 中国青年出版社 1997年 141页 20×21cm
ISBN: 7-5006-2747-5 定价: CNY80.00
(平面设计师之设计历程)

J0139340
百国优秀挂历设计 陈劲松等编著
上海 上海人民美术出版社 1998年 127页
29cm(16开) ISBN: 7-5322-1931-3
定价: CNY78.00
(现代设计展望丛书)

J0139341
保罗·易宝 (图集)(比)保罗·易宝(Paul Ibou)[作]；邓嘉德，钱竹主编
成都 四川美术出版社 1998年 55页 29cm(16开)
ISBN: 7-5410-1511-3 定价: CNY42.00
(当代世界设计精品集)
作者邓嘉德(1951—)，美术编辑、画家。祖籍山东潍坊，出生于四川成都。毕业于西南师范大学美术学院。中国美术家协会会员，四川省美术家协会副主席，四川美术出版社社长。作品有《童年的梦》《蓝色的梦》《长坂坡》等。

J0139342
博凯伶平面设计师之设计历程 王序主编
北京 中国青年出版社 1998年 127页
28cm(大16开) ISBN: 7-5006-3225-8
定价: CNY90.00
作者王序(1955—)，教授、设计师。生于广东潮安，广州美术学院设计系毕业。湖南大学设计艺术学院教授，广东美术馆设计总监，香港设计师协会执行委员。创建王序设计公司任创意总监。国际平面设计联盟、美国平面艺术协会会员。主编出版有《设计交流》《薪火》《平面设计师之设计历程》等。

J0139343
创意图案画集 花村征臣著；江金石编译
台南县 信宏出版社 1998年 127页 21cm(32开)
ISBN: 957-538-050-9 定价: TWD220.00
(彩美 24)
外文书名: Fancy Cut Collection.

J0139344
当代意大利名家设计 钱凤根编著
石家庄 河北美术出版社 1998年 251页
29cm(16开)精装 ISBN: 7-5310-1053-4
定价: CNY290.00
(世界名派名家设计大系 4)

作者钱凤根(1961—　)，汕头大学文学院任教。

J0139345
德国街头广告　朱国勤撰文；丁国兴摄
上海 上海人民美术出版社 1998年 116页
19×21cm ISBN：7-5322-1930-5
定价：CNY37.00

J0139346
第44届戛纳国际广告节获奖作品集　三只眼工作室编著
哈尔滨 黑龙江美术出版社 1998年 222页
30cm(10开) ISBN：7-5318-0491-3
定价：CNY228.00
(三只眼书库 广告书系)

J0139347
第埃尔·萨菲斯　(图集)(法)第埃尔·萨菲斯(Thierry Sarfis)[作]；邓嘉德，钱竹主编
成都 四川美术出版社 1998年 47页 29cm(16开)
ISBN：7-5410-1511-3 定价：CNY38.00
(当代世界设计精品集)

J0139348
工业设计与展示设计　马赛编著
北京 中国纺织出版社 1998年 208页
26cm(16开) ISBN：7-5064-1367-1
定价：CNY60.00
(艺术设计丛书)

J0139349
国外最新童装图案设计　吴虹编著
南京 江苏美术出版社 1998年 64页 26cm(16开)
ISBN：7-5344-0881-4 定价：CNY15.60

J0139350
华人平面设计百杰作品集　何跃华编著
哈尔滨 黑龙江科学技术出版社 1998年 473页
30cm(10开) 精装 ISBN：7-5388-3410-9
定价：CNY380.00

J0139351
今日美国陶泥家　周光真著
北京 人民美术出版社 1998年 229页
20cm(32开) ISBN：7-102-01932-7
定价：CNY58.00

J0139352
美国街头广告　朱国勤撰文；倪秀玲摄
上海 上海人民美术出版社 1998年 116页
19×22cm ISBN：7-5322-1826-0
定价：CNY37.00

J0139353
美国萨凡那设计艺术学院作品集　邓嘉德，钱竹主编
成都 四川美术出版社 1998年 55页 29cm(16开)
ISBN：7-5410-1514-8 定价：CNY42.00
(当代世界设计精品集)

作者邓嘉德(1951—　)，美术编辑、画家。祖籍山东潍坊，出生于四川成都。毕业于西南师范大学美术学院。中国美术家协会会员，四川省美术家协会副主席，四川美术出版社社长。作品有《童年的梦》《蓝色的梦》《长坂坡》等。

J0139354
尼古拉斯·特罗斯勒　(图集)(瑞士)尼古拉斯·特罗斯勒(Niklaus Troxler)[作]；邓嘉德，肖勇主编
成都 四川美术出版社 1998年 55页 29cm(16开)
ISBN：7-5410-1513-X 定价：CNY42.00
(当代世界设计精品集)

J0139355
欧洲广告艺术　罗真如著
济南 山东美术出版社 1998年 61页 26cm(16开)
ISBN：7-5330-1149-X 定价：CNY28.00
(中国设计家看世界)

作者罗真如(1938—　)，女，教授。湖南邵阳人，毕业于中央工艺美术学院装饰绘画系。历任天津工艺美术设计院美术师，北京景山学校教师，中央工艺美术学院教授。出版有《平面广告设计》《欧洲广告艺术》《旅游广告》等。

J0139356
日本街头广告　(日)铃木让二供稿；方振兴撰文
上海 上海人民美术出版社 1998年 126页
19×20cm ISBN：7-5322-1828-7
定价：CNY39.00

J0139357
商标·标志设计 路荣启编著
北京 中国轻工业出版社 1998年 138页
17×19cm ISBN: 7-5019-2285-3
定价: CNY12.00
(实用美术小丛书)

J0139358
商标标识应用系统设计 钟宁等主编
哈尔滨 黑龙江科学技术出版社 1998年
2版 192页 26cm(16开) ISBN: 7-5388-3295-5
定价: CNY58.00

J0139359
商店橱窗设计 英才, 余言主编
哈尔滨 黑龙江科学技术出版社 1998年
2版 176页 26cm(16开) ISBN: 7-5388-3284-X
定价: CNY56.00

J0139360
商品包装设计 钟宁等主编
哈尔滨 黑龙江科学技术出版社 1998年 2版
2册(334页) 26cm(16开) ISBN: 7-5388-3289-0
定价: CNY110.00

J0139361
世界奥林匹克纪念币精粹 何志勇, 程民选编著
成都 西南财经大学出版社 1998年 374页
20cm(32开) ISBN: 7-81055-375-5
定价: CNY33.80
(世界钱币大观)

J0139362
世界广告招贴艺术图集 陈樑撰文; 周峰等编选
上海 上海书店出版社 1998年 118页 19×22cm
ISBN: 7-80622-361-4 定价: CNY40.00
(当代设计丛书)

J0139363
世界化妆品造型图集 赵佐良撰文; 刘维亚等选编
上海 上海书店出版社 1998年 119页 19×22cm
ISBN: 7-80622-358-4 定价: CNY40.00
(当代设计丛书)

J0139364
世界名酒的包装装潢集 宋子龙主编
合肥 安徽美术出版社 1998年 116页 19×22cm
ISBN: 7-5398-0672-9 定价: CNY28.00
(世界实用美术精品屋 第二套)

J0139365
世界名酒瓶型酒标图集 林升耀等选编
上海 上海书店出版社 1998年 118页 19×22cm
ISBN: 7-80622-362-2 定价: CNY40.00
(当代设计丛书)

J0139366
世界商标设计探秘 李继渊, 张子正编
杭州 浙江人民美术出版社 1998年 186页
26×24cm ISBN: 7-5340-0780-1
定价: CNY42.00

J0139367
世界商店招牌设计图集 励世良等选编
上海 上海书店出版社 1998年 118页 19×22cm
ISBN: 7-80622-360-6 定价: CNY40.00
(当代设计丛书)

J0139368
世界商企招牌设计集 牛秀英等编
合肥 安徽美术出版社 1998年 116页 19×22cm
ISBN: 7-5398-0670-2 定价: CNY28.00
(世界实用美术精品屋 第二套)

J0139369
世界商用购物袋设计集 励世良等编
合肥 安徽美术出版社 1998年 128页 19×22cm
ISBN: 7-5398-0675-3 定价: CNY29.50
(世界实用美术精品屋 第二套)

J0139370
世界现代吊牌卡片设计经典 纪泽西, 吴宏编
南京 江苏美术出版社 1998年 157页
29cm(16开) ISBN: 7-5344-0865-2
定价: CNY78.00
吊牌和卡片设计属于商品整体包装的一部分, 本书收录了众多世界各国成功宣传商品品牌

及特点的精美吊牌和卡片的设计图片。

J0139371
世界著名广告作品分析　祁聿民，许之敏著
北京 经济科学出版社 1998 年 291 页 有彩照
20cm（32 开）ISBN：7-5058-1395-1
定价：CNY18.00

J0139372
世界装饰画艺术图集　林升耀等选编
上海 上海书店出版社 1998 年 118 页 19×22cm
ISBN：7-80622-359-2 定价：CNY40.00
（当代设计丛书）

J0139373
世界装饰图案全集　（1）回顾编著
沈阳 辽宁美术出版社 1998 年 184 页
26cm（16 开）ISBN：7-5314-1826-6
定价：CNY37.00

J0139374
世界装饰图案全集　回顾编著
沈阳 辽宁美术出版社 1999 年 482 页
29cm（16 开）ISBN：7-5314-2405-3
定价：CNY78.00

本书主要收集了以中国、日本、东南亚、印度、伊朗和阿拉伯为代表的东方艺术的装饰图案，还有非洲、美洲、大洋洲原始民族创造的原始艺术以及西方的工艺美术作品。作者回顾（1953—　），教授。辽宁人。鲁迅美术学院副教授。编著有《世界装饰图案全集》《中国丝绸纹样史》《花卉图案设计》等。

J0139375
室内设计表现图技法　何镇强等编著
北京 中国纺织出版社 1998 年 210 页
26cm（16 开）ISBN：7-5064-1362-0
定价：CNY45.00
（艺术设计丛书）

J0139376
书刊广告设计及作品集　张同撰文；林振德等编
合肥 安徽美术出版社 1998 年 116 页 19×22cm
ISBN：7-5398-0676-1 定价：CNY28.00
（世界实用美术精品屋 第二套）

J0139377
台湾广告金像奖 20 年全集　（暨 1997 亚太广告 金像奖获奖作品）台湾广告金像奖组委会编辑
北京 中国青年出版社 1998 年 211 页 光盘 1 片
29cm（16 开）ISBN：7-5006-3316-5
定价：CNY180.00
（商业设计丛书）

J0139378
外国工艺美术图典　张夫也编著
长沙 湖南美术出版社 1998 年 614 页
15cm（64 开）精装 ISBN：7-5356-1201-6
定价：CNY78.00

J0139379
外国装饰集锦　李娟，江泽编绘
天津 天津人民美术出版社 1998 年 360 页
26cm（16 开）ISBN：7-5305-0818-0
定价：CNY30.00

J0139380
位置·时间和点　（德国著名广告设计大师乌韦·勒斯）赵燕编著
上海 上海人民美术出版社 1998 年 127 页
29cm（16 开）精装 ISBN：7-5322-1932-1
定价：CNY78.00
（现代设计展望丛书）

J0139381
西洋插花设计　朱宣烨著
广州 广东科技出版社 1998 年 99 页 26cm（16 开）
ISBN：7-5359-2091-8 定价：CNY60.00

J0139382
现代标志设计　王国伦主编；中央工艺美术学院装潢艺术设计系［编］
沈阳 辽宁美术出版社 1998 年 16+89 页
26cm（16 开）ISBN：7-5314-1817-7
定价：CNY31.00

J0139383
现代标志设计指南　陈云权主编；上海工业设计促进会编

上海 上海画报出版社 1998年 128页
有图及照片 29cm(16开) ISBN: 7-80530-305-3
定价: CNY48.00

J0139384
现代国外橱窗设计 李永清等编著
长沙 湖南美术出版社 1998年 112页
29cm(16开) ISBN: 7-5356-1031-5
定价: CNY72.00

J0139385
现代欧美名家图形设计 钱凤根编著
石家庄 河北美术出版社 1998年 228页
29cm(16开) 精装 ISBN: 7-5310-1052-6
定价: CNY280.00
(世界名派名家设计大系 3)
作者钱凤根(1961—),汕头大学文学院任教。

J0139386
现代平面设计巨匠田中一光的设计世界
[日]田中一光著;朱锷主编
北京 中国青年出版社 1998年 158页 21×30cm
ISBN: 7-5006-3223-1 定价: CNY160.00

J0139387
现代题图题画创意图典 王安江主编
郑州 河南美术出版社 1998年 437页
24cm(26开) ISBN: 7-5401-0661-1
定价: CNY38.50
(现代设计家丛书)

J0139388
现代西洋生活花艺 陈韵琴著
台北 瑞升文化图书事业公司 1998年 64页
有照片 22cm(30开) 精装
ISBN: 957-526-347-2 定价: TWD150.00
(情艺馆)

J0139389
象形标志设计 朱彦编
杭州 浙江人民美术出版社 1998年 144页
17×19cm ISBN: 7-5340-0883-2
定价: CNY10.00

J0139390
中外扑克牌设计精选集 刘彧编
合肥 安徽美术出版社 1998年 116页 19×22cm
ISBN: 7-5398-0678-8 定价: CNY28.00
(世界实用美术精品屋)

J0139391
'99服饰与文化国际海报交流展作品集 赵燕,潘沁编著
杭州 浙江美术学院出版社 1999年 159页
28cm(大16开) ISBN: 7-81019-795-9
定价: CNY218.00
外文书名: International Fashion & Culture Poster Exhibition'99.

J0139392
艾米与维臣设计公司 王序主编
北京 中国青年出版社 1999年 256页 11×12cm
ISBN: 7-5006-3678-4 定价: CNY16.00

J0139393
艾米与维臣设计公司 (CI、VI、指示、平面设计实例)王序主编
北京 中国青年出版社 1999年 188页
15cm(64开) ISBN: 7-5006-3678-4
定价: CNY48.00
本书介绍澳大利亚艾米与维臣设计公司与建筑师合作设计的许多出众的指示项目。

J0139394
霸王龙 (日)铃木吉广设计; Comu·艺术家工作室绘、文;张建林译
南宁 广西教育出版社 1999年 32页
25cm(小16开) ISBN: 7-5435-2801-0
定价: CNY19.00
(恐龙系列手工制作 2)
本书是日本KUMON出版株式会社授权出版的日本折纸技法书。

J0139395
办公家具 [西][F.A.塞韦尔]Francisco Asensio Cerver著;傅惠生译
济南 山东美术出版社 1999年 157页
30cm(10开) ISBN: 7-5330-1288-7
定价: CNY95.00

（国外空间设计名师佳作）

J0139396
包装设计 ［美国］罗克波特出版公司编
北京 中国轻工业出版社 1999年 79页
31cm（10开）ISBN：7-5019-2678-6
定价：CNY48.00
（设计库）

J0139397
包装设计150年 华表编著
长沙 湖南美术出版社 1999年 138页 有彩图
19cm（小32开）ISBN：7-5356-1244-X
定价：CNY30.00
本书是商品包装设计史上自1850年至20世纪末150年间的设计作品图集。书前有150年包装设计史概述。

J0139398
标牌与标签设计 ［美国］罗克波特出版公司编
北京 中国轻工业出版社 1999年 79页
31cm（10开）ISBN：7-5019-2681-6
定价：CNY48.00
（设计库）

J0139399
博宁与莫里斯设计顾问公司 （指示、展览、平面设计实例）王序主编
北京 中国青年出版社 1999年 192页
15cm（64开）ISBN：7-5006-3676-8
定价：CNY48.00
本书介绍美国博宁与莫里斯设计顾问公司的平面设计作品。

J0139400
布艺精品 （英）希瑟·卢克（Heather Luke）著；张志福译
南宁 广西科学技术出版社 1999年 79页
有彩图 28cm（大16开）ISBN：7-80619-728-1
定价：CNY29.00
（现代家居布艺装饰丛书）

J0139401
插图·题花·尾花 李燕生编
哈尔滨 黑龙江美术出版社 1999年 190页
21×19cm ISBN：7-5318-0660-6 定价：CNY20.00
作者李燕生（1945— ），艺术家、编辑。北京人，毕业于中央美术学院附中。历任《参考消息》报社美术编辑，首都新闻美术记者协会理事，书画篆刻艺术研究所首席专家、名誉所长。出版《汉籍名言百选》《外国黑白画小品集》《国外幽默画》《百鸟百态》《禽鸟速写技法》等。

J0139402
产品与工艺品设计 朱会平主编
哈尔滨 黑龙江科学技术出版社 1999年 167页
29cm（16开）ISBN：7-5388-3567-9
定价：CNY135.00
（北欧现代设计丛书 丹麦卷）
外文书名：Industrial and Crafts Design.

J0139403
传奇形象 （新理念的标志设计）邹正彤编著
广州 广州出版社 1999年 141页 29cm（16开）
ISBN：7-80592-912-2 定价：CNY128.00

J0139404
德国法兰克福城户外海报 朱锷主编
南宁 广西美术出版社 1999年 63页 14cm（64开）
ISBN：7-80625-719-5 定价：CNY10.00
（视觉语言丛书 特集）
外文书名：Out Poster of German.

J0139405
德国广告设计 卢少夫著
杭州 浙江人民美术出版社 1999年 59页
26cm（16开）ISBN：7-5340-0958-8
定价：CNY20.00
作者卢少夫（1955— ），教授。浙江人，毕业于中国美术学院。中国美术学院教授，中国美术家协会会员。

J0139406
第10届欧洲广告大赛优秀作品集 三只眼工作室编著
哈尔滨 黑龙江人民出版社 1999年 264页
光盘1片 30cm（10开）ISBN：7-207-04195-0
定价：CNY298.00
（三只眼书库 广告书系）

J0139407
第45届戛纳国际广告节获奖作品集 戛纳国际广告节组委会编
海口 海南出版社 1999年 284页 光盘1片
29cm(16开)精装 ISBN: 7-80645-324-5
定价: CNY338.00
(三只眼书库 广告书系)

J0139408
东京银座GGG画廊 朱锷主编
南宁 广西美术出版社 1999年 63页 14cm(64开)
ISBN: 7-80625-719-5 定价: CNY10.00
(视觉语言丛书 特集)
本书是日本现代工艺美术设计图集。

J0139409
动物的脸谱 (日)养老孟司主编; 赵月译
沈阳 辽宁画报出版社 1999年 31页 29cm(16开)
ISBN: 7-80601-302-4 定价: CNY17.80
(21世纪幼儿百科)

J0139410
法国广告设计 卢少夫著
杭州 浙江人民美术出版社 1999年 63页
26cm(16开) ISBN: 7-5340-1005-5
定价: CNY20.00
作者卢少夫(1955—),教授。浙江人,毕业于中国美术学院。中国美术学院教授,中国美术家协会会员。

J0139411
非洲图案集 徐卉波编绘
长沙 湖南美术出版社 1999年 93页 17×19cm
ISBN: 7-5356-1360-8 定价: CNY8.00
(五大洲图案集)

J0139412
冈特·兰堡 (汉、德、英对照)(德)兰堡绘; 林家阳编
石家庄 河北美术出版社 1999年 28cm(大16开)
ISBN: 7-5310-1328-2 定价: CNY188.00
(国际广告设计大师丛书)
作者林家阳(1955—),教授。生于浙江温岭市,毕业于江南大学和柏林艺术大学。历任无锡轻工大学设计学院院长,同济大学传播与艺术学院院长。著有《图形创意》。

J0139413
个性针织DIY Gillian Souter著; 新形象出版公司编辑部编译
台北 新形象出版事业公司 1999年 160页
有彩图 26cm(16开) ISBN: 957-9679-64-9
定价: TWD450.00
外文书名: Needlecraft Gifts & Projects.

J0139414
工艺美术设计名作选 (1)张远林编著
合肥 安徽科学技术出版社 1999年 319页
29cm(16开)精装 ISBN: 7-5337-1708-2
定价: CNY80.00
作者张远林,安徽合肥市人,广东《深圳青年》杂志社美术编辑、摄影记者。

J0139415
工艺美术设计名作选 (2)张远林编著
合肥 安徽科学技术出版社 1999年 640页
29cm(16开)精装 ISBN: 7-5337-1709-0
定价: CNY80.00

J0139416
谷口广树 (新概念派平面设计家)(日)谷口广树著; 朱大叶主编
南宁 广西美术出版社 1999年 63页 14cm(64开)
ISBN: 7-80625-719-5 定价: CNY10.00
(视觉语言丛书)

J0139417
谷口广树的设计世界 (日)谷口广树著
武汉 湖北美术出版社 1999年 134页
29cm(16开) ISBN: 7-5394-0823-5
定价: CNY86.00
(新世代平面设计家 视觉语言丛书)

J0139418
罐形容器包装与设计 于向东,王同兴编著
哈尔滨 黑龙江美术出版社 1999年 84页
29cm(16开) ISBN: 7-5318-0614-2
定价: CNY45.00

J0139419
广告的艺术　(乔治·路易斯论大众传播)(美)乔治·路易斯(G.Lois),(美)比尔·皮特兹(B.Pitts)著;高志宏,徐智明译
海口　海南出版社　1999年　316页　有照片
30×30cm　精装　ISBN:7-80645-535-3
定价:CNY480.00
外文书名:The Art of Advertising.作者乔治·路易斯(George Lois, 1931—　),广告大师。美国广告首席创意指导。代表作品《广告大创意》《广告的艺术》。

J0139420
龟仓雄策　(日本现代平面设计的巨人)(日)龟仓雄策著;朱大叶主编
南宁　广西美术出版社　1999年　2册(63;63页)
14cm(64开)ISBN:7-80625-719-5
定价:CNY20.00
(视觉语言丛书)

J0139421
国际传真图形艺术　肖勇主编
北京　中国纺织出版社　1999年　119页
29cm(16开)ISBN:7-5064-1586-0
定价:CNY39.00

J0139422
国礼　(中外首脑礼品邦交纪事)金孟编著
沈阳　辽宁画报出版社　1999年　176页　有照片
20cm(32开)ISBN:7-80601-283-4
定价:CNY28.00
(沧海桑田丛书)

J0139423
国礼荟萃　(国际友谊博物馆藏品精华)毛佩琦主编;国际友谊博物馆编
北京　中央文献出版社　1999年　3册(18+26+660页)
38cm(6开)精装　ISBN:7-5073-0597-X
定价:CNY2280.00

J0139424
国外VCD视盘封套设计集　潮涌,岚岚编
合肥　安徽美术出版社　1999年　116页　19×22cm
(世界实用美术精品屋)

J0139425
国外优秀专业广告评析　(香水手表篇)范黎编著
成都　四川美术出版社　1999年　30页　26cm(16开)
ISBN:7-5410-1700-0　定价:CNY20.00

J0139426
荒木优子的平面设计　(海报、包装、书籍、插图设计实例)王序主编
北京　中国青年出版社　1999年　160页
15cm(64开)ISBN:7-5006-3679-2
定价:CNY38.00
本书介绍了日本荒木优子的平面设计(海报、包装、书籍、插图)实例。

J0139427
剑龙　(日)谷山俊夫,(日)铃木吉广设计;Comu·艺术家工作室绘、文;张建林译
南宁　广西教育出版社　1999年　32页
25cm(小16开)ISBN:7-5435-2802-9
定价:CNY19.00
(恐龙系列手工制作 3)
本书是日本KUMON出版株式会社授权出版的日本折纸技法书。

J0139428
恐龙系列手工制作
南宁　广西教育出版社　1999年[8]册
26cm(16开)
本丛书收录《霸王龙》《剑龙》《雷龙》《蛇颈龙》《异齿龙》《异龙》《翼龙》等。

J0139429
款式与风格　张彬渊主编;陈于书,吴江峰编著
南京　江苏科学技术出版社　1999年　169页
29cm(16开)精装　ISBN:7-5345-2892-5
定价:CNY78.00
(现代家具和装饰)
本书介绍了法国、西班牙、英国、意大利、美国、中国、日本、韩国等国的古典家具风格,以及板式家具、弯曲胶合家具、金属家具、玻璃家具、布艺家具、皮沙发、自然风格木家具、竹家具和藤家具等现代家具。

J0139430
雷龙 (日)志贺克行设计;(日)田久保良绘;Comu·艺术家工作室文;黄萍译
南宁 广西教育出版社 1999年 32页
25cm(小16开) ISBN: 7-5435-2803-7
定价: CNY19.00
(恐龙系列手工制作 4)
本书是日本KUMON出版株式会社授权出版的折纸技法书。

J0139431
美国广告艺术大观 (第一集) 赵宜生主编;白云工作室制作
上海 上海科学技术文献出版社 1999年 134页
光盘2片 19×21cm 精装 ISBN: 7-5439-1385-2
定价: CNY100.00
(世界广告艺术图库大系 1)
本书包括: 化妆品·服饰、文化·娱乐、食品·饮料、药品、电脑·电器、综合等六部分。

J0139432
纽约图案 李宗尧编
天津 天津杨柳青画社 1999年 87页 29cm(16开)
ISBN: 7-80503-442-7 定价: CNY58.00

J0139433
平面广告150年 泛克,捷人译编
长沙 湖南美术出版社 1999年 218页
19cm(小32开) ISBN: 7-5356-1218-0
定价: CNY45.00

J0139434
平面设计十人 泛克,捷人编译
武汉 湖北美术出版社 [1999年] 205页
19cm(小32开) ISBN: 7-5394-0841-3
定价: CNY42.00

J0139435
巧做窗帘 (英)希瑟·卢克(Heather Luke)著;邓涛,曾向红译
南宁 广西科学技术出版社 1999年 79页
有彩图 28cm(大16开) ISBN: 7-80619-726-5
定价: CNY29.00
(现代家居布艺装饰丛书)

J0139436
巧做垫子 (英)希瑟·卢克(Heather Luke)著;梁琳,子牛译
南宁 广西科学技术出版社 1999年 79页
有彩图 28cm(大16开) ISBN: 7-80619-718-4
定价: CNY28.00
(现代家居布艺装饰丛书)

J0139437
巧做椅套 (英)希瑟·卢克(Heather Luke)著;李红满译
南宁 广西科学技术出版社 1999年 79页
有彩图 28cm(大16开) ISBN: 7-80619-725-7
定价: CNY28.00
(现代家居布艺装饰丛书)

J0139438
巧做遮帘 (英)希瑟·卢克(Heather Luke)著;高铁铮译
南宁 广西科学技术出版社 1999年 79页
有彩图 28cm(大16开) ISBN: 7-80619-727-3
定价: CNY29.00
(现代家居布艺装饰丛书)

J0139439
趣味折纸游戏 (日)麻生玲子著
杭州 浙江科学技术出版社 1999年 98页
26cm(16开) ISBN: 7-5341-1356-3
定价: CNY25.00
(折纸艺术系列)

J0139440
人·包装·自然 (民俗包装篇)田飞,李果著
成都 四川美术出版社 1999年 58页 21cm(32开)
ISBN: 7-5410-1704-3 定价: CNY20.00
(名案典析丛书 中外优秀设计个案分析 第一期)
本书选录了国内极富经验的设计家及其作品,其中不乏具有代表性、特殊性甚至是戏剧性的个案。作者田飞(1972—),生于重庆,创办游沙设计艺术公司任设计总监。作者李果(1975—),女,教师。生于四川成都。任教于四川教育学院美术系。

J0139441
日本彩色商标与企业识别 (6)日本G社编

北京 中国青年出版社 1999 年 386 页
20cm(32 开) ISBN: 7-5006-1933-2
定价: CNY116.00
(商业设计丛书)

J0139442
日本设计中心有限公司　王序主编
北京 中国青年出版社 1999 年 192 页
15cm(42 开) ISBN: 7-5006-3677-6
定价: CNY68.00
(国际著名设计公司)

本书介绍国际著名设计公司—日本设计中心有限公司的商品包装设计。作者王序(1955—),教授、设计师。生于广东潮安,广州美术学院设计系毕业。湖南大学设计艺术学院教授,广东美术馆设计总监,香港设计师协会执行委员。创建王序设计公司任创意总监。国际平面设计联盟、美国平面艺术协会会员。主编出版有《设计交流》《薪火》《平面设计师之设计历程》等。

J0139443
日本设计中心有限公司(CI、VI、指示、包装设计实例)　王序主编
北京 中国青年出版社 1999 年 64 页 15cm(42 开)
ISBN: 7-5006-3677-6 定价: CNY68.00

本书介绍日本设计中心有限公司的 CI 项目设计。

J0139444
三木健　(新感性派平面设计家)(日)三木健著; 朱大叶主编
南宁 广西美术出版社 1999 年 63 页 14cm(64 开)
ISBN: 7-80625-719-5 定价: CNY10.00
(视觉语言丛书)

J0139445
三木健的设计世界　(日)三木健著
武汉 湖北美术出版社 1999 年 157 页
29cm(16 开) ISBN: 7-5394-0819-7
定价: CNY98.00
(新世代平面设计家 视觉语言丛书)

J0139446
商标图案　王凤仪编著
上海 上海人民美术出版社 1999 年 重印本
257 页 17×19cm ISBN: 7-5322-0947-4
定价: CNY14.00

作者王凤仪(1918—1991),设计教育家。江苏金坛人。毕业于杭州国立艺专应用美术系。历任浙江美术学院任工艺美术系教研组长,中国工业设计协会全国高校工业设计学会常务理事。

J0139447
蛇颈龙　(日)志贺克行设计; Comu·艺术家工作室绘、文; 韩慧译
南宁 广西教育出版社 1999 年 32 页
25cm(小 16 开) ISBN: 7-5435-2806-1
定价: CNY19.00
(恐龙系列手工制作 7)

本书是日本 KUMON 出版株式会社授权出版的日本折纸技法书。

J0139448
设计·工艺制作　马高骧主编
南宁 广西美术出版社 1999 年 136 页
29cm(16 开) ISBN: 7-80625-703-9
定价: CNY66.00

J0139449
设计家的明信片　朱锷主编
南宁 广西美术出版社 1999 年 63 页 14cm(64 开)
ISBN: 7-80625-719-5 定价: CNY10.00
(视觉语言丛书 特集)

外文书名: Designers' Poster Cards.

J0139450
设计展览会海报　朱锷主编
南宁 广西美术出版社 1999 年 63 页 14cm(64 开)
ISBN: 7-80625-719-5 定价: CNY10.00
(视觉语言丛书 特集)

外文书名: Design Exhibition Poster.

J0139451
实用创意折纸　台湾日贩股份有限公司翻译
杭州 浙江科学技术出版社 1999 年 89 页
26cm(16 开) ISBN: 7-5341-1356-3
定价: CNY25.00
(折纸艺术系列)

J0139452
实用折纸 (法)迪迪尔·布尔森著；沈昉译
上海 上海画报出版社 1999年 79页 29cm(16开)
ISBN：7-80530-461-0 定价：CNY23.00

J0139453
世界顶级设计作品选 (世界著名设计公司卷)
蔡军，徐邦跃编著
哈尔滨 黑龙江科学技术出版社 1999年 224页
30cm(10开) ISBN：7-5388-3560-1
定价：CNY198.00

本书主要介绍国际著名的19家公司及其设计理念和风格特点，重点以工业设计和平面设计为主。作者蔡军(1955—)，教授。毕业于中央工艺美术学院工业设计系。历任中央工艺美术学院副教授，清华大学美术学院工业设计系教授。著有《芬兰当代设计》《设计创造价值 -- 飞利浦设计》《世界著名设计公司》等。作者徐邦跃(1956—)，教授。生于江苏南京。毕业于中央工艺美术学院装潢系。北京理工大学设计与艺术学院视觉传达系教授、硕士生导师。中国包装协会设计委员会全国委员，《中国设计年鉴》编委。著有《世界顶级设计作品选——世界著名设计公司卷》《芬兰现代设计》《标识系统设计》等。

J0139454
世界服饰艺术鉴赏 (民族服饰卷)应立国编著
北京 中国建筑工业出版社 1999年 224页
有照片及图 29cm(12开) 精装
ISBN：7-112-03874-X 定价：CNY168.00
(艺术之美典藏系列丛书)

外文书名：A Kaleidoscope of the Art of Cloth Ornamentation of the World, Volume of National Costume.

J0139455
世界手提购物袋设计精选 王维主编
长沙 湖南美术出版社 1999年 138页
29cm(16开) ISBN：7-5356-1287-3
定价：CNY88.00
(实用艺术系列专辑)

J0139456
世界体育火花精品图录 周晓洁收藏
长沙 湖南人民出版社 1999年 112页
26cm(16开) ISBN：7-5438-2186-9
定价：CNY25.00

作者周晓洁(1963—)，火花收藏家。本名周小杰，湖南株洲市人。中国建设银行湖南省株洲市城东支行干部。著有《火花集》《中国火花图录》《世界体育火花精品图录》。

J0139457
世界现代陶艺 (外国卷)白明编著
乌鲁木齐 新疆美术摄影出版社 1999年 282页
14cm(64开) ISBN：7-80547-789-2
定价：CNY44.80
(艺术与收藏图典)

J0139458
世界现代陶艺概览 白明编著
南昌 江西美术出版社 1999年 263页
29cm(12开) ISBN：7-80580-575-X
定价：CNY158.00，CNY178.00(精装)

J0139459
视觉语言丛书
南宁 广西美术出版社 1999年 14cm(64开)
ISBN：7-80625-719-5

J0139460
铁艺世界 韩雨蒙，韩晓蒙编
哈尔滨 黑龙江科学技术出版社 1999年 314页
29cm(16开) ISBN：7-5388-3594-6
定价：CNY188.00

J0139461
图片设计 (美)彼得·邦尼西(P.Bonnici)，(美)琳达·普劳德(L.Proud)著；薛林，杨丽杰译
沈阳 辽宁美术出版社 1999年 160页
26cm(16开) ISBN：7-5314-2148-8
定价：CNY90.00
(设计家手册)

J0139462
外国民间玩具集 王连海编
长沙 湖南美术出版社 1999年 67页 25×26cm
ISBN：7-5356-1274-1 定价：CNY58.00
(外国民俗艺术丛书)

本书收入了38个国家的作品，以日本与俄

罗斯最多，包括：陶瓷玩具、泥玩具、竹木玩具、布玩具及其他等。作者王连海(1952—)，研究员。北京人。中央工艺美术学院副研究员、图书馆常务副馆长。著有《中国民间玩具简史》《泥人》《外国民间玩具集》等。

J0139463
外国陶瓷艺术图典 李正安编著
长沙 湖南美术出版社 1999年 620页
14cm(64开) 精装 ISBN: 7-5356-1246-6
定价: CNY78.00

J0139464
我们的朋友遍天下 (五十年中国外交珍贵礼品选 中英文本) 杨华主编; 中国国际友谊促进会, 国际友谊博物馆编
北京 中央文献出版社 1999年 327页 有彩图
29cm(16开) 精装 ISBN: 7-5073-0608-9
定价: CNY280.00

本书选录了中华人民共和国成立50年来外国政要赠送中国的300件珍贵礼品，按照与我国建交的顺序编纂成册，以洲为单元，分为五部分，在介绍礼品的同时，还附有各国概要的中英文介绍。

J0139465
卧室布艺 (英)希瑟·卢克(Heather Luke)著; 李红满译
南宁 广西科学技术出版社 1999年 79页
有彩图 28cm(大16开) ISBN: 7-80619-724-9
定价: CNY28.00
(现代家居布艺装饰丛书)

J0139466
无言倾诉 (西方服饰欣赏) 华梅等著
天津 新蕾出版社 1999年 196页 有图
20cm(32开) ISBN: 7-5307-1951-3
定价: CNY9.80
(西方艺术鉴赏丛书)

作者华梅(1951—)，女，天津美术学院任教。

J0139467
西班牙广告设计 卢少夫著
杭州 浙江人民美术出版社 1999年 63页
26cm(16开) ISBN: 7-5340-1017-9
定价: CNY20.00

J0139468
西方插花 (图册) 如兰译编
长沙 湖南美术出版社 1999年 120页 15×15cm
精装 ISBN: 7-5356-1324-1 定价: CNY24.00
(时尚丛书)

J0139469
西方传统装饰图形 漓白, 湘青选编
长沙 湖南美术出版社 1999年 244页
29cm(16开) ISBN: 7-5356-1298-9
定价: CNY28.50

J0139470
下岗茂 (社会行动派平面设计家) (日)下岗茂著; 朱大叶主编
南宁 广西美术出版社 1999年 63页 14cm(64开)
ISBN: 7-80625-719-5 定价: CNY10.00
(新世代平面设计家 视觉语言丛书)

J0139471
下岗茂的设计世界 (日)下岗茂著
武汉 湖北美术出版社 1999年 135页
29cm(16开) ISBN: 7-5394-0822-7
定价: CNY86.00
(新世代平面设计家 视觉语言丛书)

J0139472
现代家居布艺装饰丛书 (英)希瑟·卢克(Heather Luke)著; 梁琳等译
南宁 广西科学技术出版社 1999年 6册
有彩图 28cm(大16开)

J0139473
现代欧洲橱窗展示 (意)乔治·奇尼亚哥(Giorgio Cignacco), 全金编著
济南 山东美术出版社 1999年 106页
29cm(16开) ISBN: 7-5330-1360-3
定价: CNY98.00

橱窗是宣传商品、传达信息、吸引消费者的重要窗口，同时具有广告的职能，本书主要是意大利、英国和德国的橱窗设计艺术。作者乔治·奇尼亚哥(Giorgio Cignacco, 1949—)，出生于意

大利波尔特罗内，20 世纪 60 年代开始从事橱窗设计工作，负责米兰橱窗设计学院研究部的教学，合著有《现代欧洲橱窗展示》等。作者全金（1972— ），女。上海人。毕业于中国美术学院工艺系服装专业，任教于上海美术学校，后到意大利深造。

J0139474
现代陶瓷器皿造型与陶艺　刘宏伟著
沈阳 辽宁美术出版社 1999 年 92 页 有照片及图 26cm（16 开）ISBN：7-5314-2133-X
定价：CNY30.00

J0139475
现代展览设计　（设计师与展览会）张明编著
杭州 中国美术学院出版社 1999 年 236 页 28cm（大 16 开）ISBN：7-81019-715-0
定价：CNY70.00
（现代设计经典）

J0139476
新岛实　（新构成主义派平面设计家）（日）新岛实著；朱大叶主编
南宁 广西美术出版社 1999 年 63 页 14cm（64 开）
ISBN：7-80625-719-5 定价：CNY10.00
（视觉语言丛书）

J0139477
新岛实的设计世界　（日）新岛实著
武汉 湖北美术出版社 1999 年 150 页 29cm（16 开）ISBN：7-5394-0818-9
定价：CNY98.00
（新世代平面设计家 视觉语言丛书）

J0139478
新现代视觉设计　（内藤久幹作品集 图集）（日）内藤久幹著；马卫星译
南宁 广西美术出版社 1999 年 201 页 29cm（20 开）ISBN：7-80625-626-1
定价：CNY178.00，CNY208.00（精装）

J0141939
宣传设计资料大全　余斌主编
北京 金城出版社 1999 年 2 册（1821 页）26cm（16 开）精装 ISBN：7-80084-247-9
定价：CNY590.00

J0139479
艺术的使者　（美国招贴广告设计大师菲里·瑞斯拜克）陈放编著
深圳 海天出版社 1999 年 63 页 29cm（16 开）
ISBN：7-80615-970-3 定价：CNY48.00
（世界著名设计大师名作丛书）

J0139480
艺术家的明信片　朱锷主编
南宁 广西美术出版社 1999 年 63 页 14cm（64 开）
ISBN：7-80625-719-5 定价：CNY10.00
（视觉语言丛书 特集）

外文书名：Artists' Poster Cards.

J0139481
艺术展览会海报　朱锷主编
南宁 广西美术出版社 1999 年 63 页 14cm（64 开）
ISBN：7-80625-719-5 定价：CNY10.00
（视觉语言丛书 特集）

外文书名：Art Exhibition Poster.

J0139482
异齿龙　（日）志贺克行设计；Comu·艺术家工作室绘、文；韩慧译
南宁 广西教育出版社 1999 年 32 页 25cm（小 16 开）ISBN：7-5435-2805-3
定价：CNY19.00
（恐龙系列手工制作 6）

本书是日本 KUMON 出版株式会社授权出版的日本折纸技法书。

J0139483
异龙　（日）铃木吉广设计；Comu·艺术家工作室文；杨尚东译
南宁 广西教育出版社 1999 年 32 页 25cm（小 16 开）ISBN：7-5435-2807-X
定价：CNY19.00
（恐龙系列手工制作 8）

本书是日本 KUMON 出版株式会社授权出版的日本折纸技法书。

J0139484
益智折纸大全　（日）仲田安津子编；王铁桥，

张文静译
郑州 河南科学技术出版社 1999年 340页
19cm(小32开) ISBN: 7-5349-2366-2
定价: CNY29.00

J0139485
意大利广告设计 卢少夫著
杭州 浙江人民美术出版社 1999年 55页
26cm(16开) ISBN: 7-5340-0954-5
定价: CNY20.00

J0139486
翼龙 (日)志贺克行设计; Comu·艺术家工作室绘、文; 黄萍译
南宁 广西教育出版社 1999年 32页
25cm(小16开) ISBN: 7-5435-2804-5
定价: CNY19.00
(恐龙系列手工制作 5)
本书是日本KUMON出版株式会社授权出版的日本折纸技法书。

J0139487
泽田泰广 (新情感派平面设计家)(日)泽田泰广著; 朱大叶主编
南宁 广西美术出版社 1999年 63页 14cm(64开)
ISBN: 7-80625-719-5 定价: CNY10.00
(视觉语言丛书)

J0139488
泽田泰广的设计世界 (日)泽田泰广著
武汉 湖北美术出版社 1999年 149页
29cm(16开) ISBN: 7-5394-0845-6
定价: CNY98.00
(新世代平面设计家 视觉语言丛书)

J0139489
展览会请柬 朱锷主编
南宁 广西美术出版社 1999年 63页 14cm(64开)
ISBN: 7-80625-719-5 定价: CNY10.00
(视觉语言丛书 特集)

J0139490
展示设计作品赏析 史习平主编
北京 高等教育出版社 1999年 134页 25×26cm
ISBN: 7-04-007176-2 定价: CNY29.80

J0139491
展台设计实务 (英)康韦·劳埃德·摩根(Conway Lloyd Morgan)编; 王俊, 韩燕芳译
长春 吉林科学技术出版社 1999年 156页
26cm(16开) ISBN: 7-5384-2017-7
定价: CNY120.00
本书是由瑞士Roto Vision SA出版公司授权出版的世界现代展览会设计作品集。

J0139492
招贴·广告 朱锷主编
武汉 湖北美术出版社 1999年 123页
29cm(16开) ISBN: 7-5394-0855-3
定价: CNY68.00
(世界平面设计精华)

J0139493
招贴精萃 权伍松主编;(韩)白金男等编著
哈尔滨 黑龙江美术出版社 1999年 113页
19×21cm ISBN: 7-5318-0559-6 定价: CNY52.00

J0139494
招贴艺术设计 [美]罗克波特出版公司编
北京 中国轻工业出版社 1999年 79页
31cm(10开) ISBN: 7-5019-2677-8
定价: CNY48.00
(设计库)

J0139495
折纸 (日)笠原邦彦主编; 胡博杰译
沈阳 辽宁画报出版社 1999年 31页 29cm(16开)
ISBN: 7-80601-305-9 定价: CNY17.80
(21世纪幼儿百科)

J0139496
折纸动物园 (日)奥田光雄原著
杭州 浙江科学技术出版社 1999年 82页
26cm(16开) ISBN: 7-5341-1356-3
定价: CNY25.00
(折纸艺术系列)

J0139497
折纸艺术系列
杭州 浙江科学技术出版社 1999年 3册
26cm(16开) ISBN: 7-5341-1356-3

定价：CNY75.00

本系列收录《趣味折纸游戏》《实用创意折纸》《折纸动物园》。

J0139498

至尊国礼 毛佩琦，杨华主编

北京 中央文献出版社 1999年 3册(675页)

37cm(8开)精装 ISBN：7-5073-0607-0

定价：CNY2880.00

J0139499

中外兵器装饰图案 汪新主编；宋大鹤等绘画

北京 中国工人出版社 1999年 284页 18×19cm

ISBN：7-5008-2222-7 定价：CNY22.00

(新颖图库)

J0139500

中外床饰·窗帘精选 韩维平编

延吉 延边人民出版社 1999年 94页 21×28cm

ISBN：7-80648-307-1 定价：CNY59.80

本书精选了各式各样中外床单、床罩、床围、被罩以及枕罩等一系列床上用品和与之相搭配的多款窗帘，并简要介绍了其质地，尺寸及洗涤方法。

J0139501

中外飞机装饰图案 汪新主编；王清玉等绘画

北京 中国工人出版社 1999年 308页 18×19cm

ISBN：7-5008-2227-8 定价：CNY24.00

(新颖图库)

J0139502

中外建筑风光装饰图案 汪新主编；刘国萍等绘；王国臣等文

北京 中国工人出版社 1999年 204页 18×19cm

ISBN：7-5008-2223-5 定价：CNY17.00

(新颖图库)

J0139503

中外舰船装饰图案 汪新主编；于淑茶等绘

北京 中国工人出版社 1999年 266页 18×19cm

ISBN：7-5008-2224-3 定价：CNY21.00

(新颖图库)

J0139504

中外摩托车装饰图案 汪新主编

北京 中国工人出版社 1999年 140页 18×19cm

ISBN：7-5008-2225-1 定价：CNY12.00

(新颖图库)

J0139505

中外汽车装饰图案1000例 汪心会等编绘

北京 中国工人出版社 1999年 238页 18×19cm

ISBN：7-5008-2102-6 定价：CNY20.00

(新颖图库)

J0139506

中外坦克装饰图案 汪新主编；张志林等绘

北京 中国工人出版社 1999年 218页 18×19cm

ISBN：7-5008-2226-X 定价：CNY18.00

(新颖图库)

J0139507

中外图案装饰纹样集萃 倪连元，阎荣编绘

北京 人民美术出版社 1999年 104页

26cm(16开)ISBN：7-102-01504-6

定价：CNY19.00

J0139508

装饰结的创作 (第八届东亚三国结艺联展)

历史博物馆编辑委员会编辑；苏启明主编；张怀介，王蓼容译

台北 历史博物馆 1999年 124页

30cm(10开)精装 ISBN：957-02-4900-5

J0139509

最佳日本包装设计 (中日英文本 第1卷)

(日)河村博编集

北京 世界图书出版公司北京公司 1999年

390页 30cm(10开)精装 ISBN：7-5062-4378-4

定价：CNY260.00

本书向读者展示了895个日本包装设计师协会会员1997年度的包装设计作品，其代表的产品是当前消费需求的缩影。

J0139510

最佳日本包装设计 (中日英文本 第2卷)

(日)河村博编集

北京 世界图书出版公司 1999年 411页

30cm(10开) ISBN: 7-5062-4379-2
定价: CNY260.00

本书向读者展示了日本包装设计师协会会员1998年度的包装设计作品，其代表的产品是当前消费需求的缩影。

J0139511
佐藤晃一 (色彩的魔术师)(日)佐藤晃一著；朱大叶主编
南宁 广西美术出版社 1999年 63页 14cm(64开)
ISBN: 7-80625-719-5 定价: CNY10.00
(视觉语言丛书)

J0139512
佐藤晃一的设计世界 (日)佐藤晃一著
武汉 湖北美术出版社 1999年 161页
29cm(16开) ISBN: 7-5394-0820-0
定价: CNY98.00
(新世代平面设计家 视觉语言丛书)

建筑艺术

J0139513
将就园记 (一卷)(清)黄周星撰
清康熙三十六年[1697]刻本 线装
(昭代丛书)

九行二十字白口四周单边。收于《昭代丛书》甲集第三帙射中。

J0139514
将就园记 (一卷)(清)黄周星撰
清乾隆 刻本 线装
(昭代丛书)

收于《昭代丛书》甲集第三帙射中。

J0139515
将就园记 (一卷)(清)黄周星撰
清乾隆至宣统 刻本 重印 线装
(昭代丛书)

九行二十字白口四周单边。收于《昭代丛书》甲集第三帙射中。

J0139516
将就园记 (一卷)(清)黄周星撰
吴江沈氏世楷堂 清末 刻本 重印 线装
(昭代丛书)

九行二十字白口左右双边单鱼尾。收于《昭代丛书》甲集第三帙中。

J0139517
将就园记 (一卷)(清)黄周星撰
吴江沈氏世楷堂 清光绪 刻本 重印 线装
(昭代丛书)

九行二十字小字双行同白口左右双边单鱼尾。收于《昭代丛书》甲集第三帙射中。

J0139518
将就园记 (一卷)(清)黄周星撰
吴江沈廷镛 民国八年[1919]重修本 线装
(昭代丛书)

清道光吴江沈氏世楷堂刻民国八年吴江沈廷镛重修本。收于《昭代丛书》甲集第三帙射中。

J0139519
古典建筑形式 (苏)伊·布·米哈洛弗斯基著；陈志华，高亦兰译
[北京]建筑工程出版社 1955年 定价: CNY1.66

作者陈志华(1914—)，教授。生于江苏苏州。四川攀枝花大学教授。著有《陈志华艺术论集》等。

J0139520
都市环境之艺术创造 地景企业股份有限公司编辑部编著
台北 地景企业股份有限公司 1990年 239页
有图 21cm(32开) ISBN: 957-9580-08-1
定价: TWD280.00

J0139521
1992：宫廷艺术 (挂历)(苏)契洪宁等摄
南京 江苏美术出版社 1991年 76cm(2开)
定价: CNY19.80

音 乐

音乐理论

J0139522
音乐学 湖北师范生编辑
［武汉］湖北学务处 清光绪三十一年［1905］
162 页 22cm（20 开）定价：大洋六角
（师范教科丛编 14）

J0139523
唱歌教材研究 张秀山编
北平 国立北平师范大学 民国 有表 线装
本书由《音乐教学法》《音乐史》柯政和编、《唱歌教材研究》张秀山编合订。

J0139524
单音乐典 阮亨编
浙江第十中学 民国 油印本 有表格 线装

J0139525
乐典教科书 （一卷，附录一卷）
民国 石印本 线装

J0139526
普通乐学 柯政和编
北京女子高等师范学校 民国 有图 线装

J0139527
音乐教学法 柯政和编
北平 国立北平师范大学 民国 线装
本书由《音乐教学法》《音乐史》柯政和编、《唱歌教材研究》张秀山编合订。作者柯政和（1890—1973），音乐教育家。台湾嘉义人，原籍福建安溪。原名丁丑，字安士。留学日本东京音乐学校师范科、东京音乐学校研究科、上智大学文科。曾任北京师范大学教授。著有《音乐通论》《何利马里音阶练习书》《简易钢琴曲集》《音乐史》《拜耳钢琴教科书》等。

J0139528
西洋音乐与诗歌 王光祈著
上海 中华书局 1924 年［139］页 有肖像
20cm（32 开）定价：银五角
（音乐丛刊）
全书分上、中、下编，内容有西洋音乐与诗歌的因缘、西洋诗歌音乐十二名家、西洋诗歌乐谱的解析，以及歌曲 14 首。附钢琴伴奏谱。

J0139529
西洋音乐与诗歌 王光祈著
上海 中华书局 1925 年 2 版 88+51 页 有照片
21cm（32 开）定价：银五角
（音乐丛刊）

J0139530
西洋音乐与诗歌 王光祈著
上海 中华书局 1926 年 3 版 88+51 页
20cm（32 开）定价：银五角
（音乐丛刊）

J0139531
西洋音乐与诗歌 王光祈著
上海 中华书局 1929 年 5 版 88+51 页

20cm(32开)
(音乐丛刊)

J0139532
音乐教授法 陈仲子编
上海 商务印书馆 1926年 120页 18cm(32开)
定价:大洋三角
(师范小丛书)
本书分呼吸练习、发声练习、音阶练习、音程练习、拍子练习、听音练习等10章。

J0139533
国乐改进社成立刊 国乐改进社编
北京 国乐改进社 1927年 28页 26cm(16开)
本书内收该社的会务文件,包括发刊词、本社章程、介绍爱美乐社、征求社员启事、文书部社务报告等13篇。

J0139534
西洋音乐浅说 黄金槐著
上海 中华学艺社 1928年 85页 有图
20cm(32开)定价:大洋五角
(学艺汇刊)
本书包括概论、管弦乐、乐曲之种类及形式、近代名家略传及其事迹、歌剧等5章。

J0139535
西洋音乐浅说 黄金槐著
上海 中华学艺社 1933年 国难后1版 85页
有图 19cm(32开)定价:大洋五角
(学艺汇刊 17)

J0139536
生活与音乐 (日)田边尚雄著;丰子恺译
上海 大江书铺 1929年 143页 20cm(32开)
定价:大洋五角
本书包括生活与音乐、音乐的组织、音乐的演奏、乐曲的制作4章。

J0139537
音乐ABC 张若谷著
上海 ABC丛书社 1929年 125页 有图
18cm(32开)定价:五角
(ABC丛书)
本书包括音乐概论、乐谱常识、歌唱方法、乐器奏演技术、乐曲形式、乐曲组织、世俗音乐、宗教音乐、音乐史纲、音乐家传记、音乐会鉴赏法等8章。

J0139538
音乐ABC 张若谷著
上海 ABC丛书社 1929年 再版 125页 有图
19cm(32开)定价:五角
(ABC丛书)

J0139539
音乐之性质与演奏 张秀山编译
北平 中华乐社 1929年 179页 18cm(32开)
定价:大洋六角
本书据美国亨德森(W.J.Hendreson)What is good music一书编译而成,内分18章,介绍音乐基本常识、性质以及几种乐器的演奏法。

J0139540
乐话 黎青主著
上海 商务印书馆 1930年 99页 19cm(32开)
定价:大洋五角
(国立音乐专科学校丛书)
本书为日记体,分12章,漫谈音乐理论。

J0139541
乐话 黎青主著
上海 商务印书馆 1934年 国难后1版 99页
19cm(32开)定价:大洋五角
(国立音乐专科学校丛书)

J0139542
音乐的动与静 叶怀德编;国立戏剧专科学校编
国立戏剧专科学校 [1930—1939年] 油印本
1册 25cm(16开)
(戏剧辅导小丛书 7)
本书内容分为:动的音乐、音乐的动、静的音乐、音乐的静。

J0139543
师范学校新教科书乐典 徐宝仁编纂;胡君复校订
上海 商务印书馆 1931年 17版 89页
20cm(32开)

J0139544
音乐常识问答百条　傅彦长著
上海 三民公司 1931年 99页 有图 17cm（32开）
定价：银0.30
本书包括乐理、音乐史、乐曲形式等方面的内容。

J0139545
音乐的基础知识　朱稣典编
上海 中华书局 1931年 215页 有图 15cm（40开）
定价：银七角
本书用问答形式介绍音乐的基础知识。全书164个问题分成：总说、乐谱、音阶、音程、和弦、声乐、器乐、乐式、史传等10个部分。

J0139546
音乐故事　（上册）潘玉书著
上海 儿童书局 1931年 139页 有图 19cm（32开）
定价：大洋二角五分
（新儿童音乐丛书）
本书收录音乐故事30篇。

J0139547
书谱目录　中华乐社编
北平 中华乐社 1932年 44页 19cm（32开）

J0139548
西洋音乐楔子　丰子恺著
上海 开明书店 1932年 185页 19cm（32开）
定价：大洋六角
（开明青年丛书）
本书内分10讲，用故事形式讲解节奏、音阶、乐谱、声乐器乐、唱歌、风琴洋琴、小提琴、乐曲、管弦乐、歌剧等各种音乐知识。

J0139549
新中华小学教师应用音乐　朱稣典编
上海 中华书局 1932年 284页 21cm（32开）
定价：银一元三角

J0139550
音乐辞典　梁得所编
上海 良友图书印刷公司 1932年 420页
15cm（40开）定价：大洋一元
本书收6000余种条目，按音序排列，每条目后均标明所属国别。书末附1.“世界音乐家名表”，列举古今著名音乐家600余人的生年、略历；2.“简记法及乐谱符号”。

J0139551
西洋音乐　赵师震编
上海 中华书局 1933年 114页 19cm（32开）
（常识丛书）
本书包括乐谱之组织、音乐之要素、乐器提要、乐曲之式样、歌剧概述、西洋音乐家小传等6章。

J0139552
师范标准唱歌教科书　柯政和编
北平 中华乐社 1934年 3册（180页）
22cm（16开）定价：九角（全三册）
本书是师范学校音乐教材，共收170首练习曲和167首中外歌曲。

J0139553
音乐概论　朱稣典编
上海 中华书局 1934年［15］+144+［20］页
有图 19cm（32开）定价：银六角
（中华百科丛书）
本书内分8章，叙述音的生产、种类、性质，以及音程、音阶、和声、乐曲、声乐和器乐等。

J0139554
开明音乐教程　（第2册）刘质平编
上海 美成印刷公司 1935年 172页 19cm（32开）
定价：大洋七角
本书为民国时期初级中学、简易师范适用的音乐课教材。

J0139555
音乐辞典　刘诚甫著
上海 商务印书馆 1935年 1册 有图
19cm（32开）定价：国币二元
本书内收古今中外有关乐理、乐器、乐书、乐辞、乐师、歌谣、词典、声调、音律等名词，共4900余条目，按首字笔画排列。书后附“历代声调一览表”“乐器分类表”等30余种。

J0139556
音乐辞典　刘诚甫编纂

上海 商务印书馆 1936年 再版［588］页 有图 19cm(32开) 精装 定价：国币二元

本书内收古今中外有关乐理、乐器、乐书、乐辞、乐师、歌谣、词典、声调、音律等名词，共4900余条目，按首字笔画排列。书后附"历代声调一览表""乐器分类表"等30余种参考资料。

J0139557

音学　王光祈著

上海 启智书局 1935年 再版 198页 有图 22cm(20开) 定价：大洋一元六角

本书从物理学、生理学、心理学等方面研究声音的形成及传播。作者王光祈(1892—1936)，音乐学家、社会活动家。字润玙，笔名若愚，四川温江人。毕业于柏林大学，获波恩大学博士。代表作《东方民族之音乐》《欧洲音乐进化论》《论中国古典歌剧》等。

J0139558

乐学大纲　郑志著

上海 世界书局 1936年 266+58页 有图 21cm(32开) 精装 定价：国币一元六角

全书分章叙述基本乐理，声乐、器乐、管弦乐、歌剧等的起源和种类，西洋音乐简史，著名小提琴家、钢琴家、歌唱家等，共29章。书末附《音乐小辞典》。

J0139559

音乐　吴梦非编

南京 正中书局 1936年 4册([537]页) 有图 27cm(16开) 定价：国币一元一角七分(全4册)

本书为师范学校音乐教材，包括普通乐理、声乐、风琴奏法三部分，每册末附中、西音乐名词对照表。书末附：风琴简易修理法。

J0139560

音乐经验　(英)笛肯生(A.E.F.Dickinson)著；马葆炼译

广州 广州音乐学院 1936年 151页 19cm(32开)

(广州音乐学院丛书 14)

本书包括音乐的面面观、音乐灵感、听者的工作、批评家与教师的工作、演奏者的工作、作曲家的工作、音乐的价值等7章。

J0139561

音乐教育论　(日)青柳善吾著；吴承均编译

南京 正中书局 1937年 114页 19cm(32开) 定价：国币三角

(教育小丛书)

本书分目的论、教材论、方法论、结论——新时代的音乐教育4编。书末附"苏联小学音乐教育注重合唱"。

J0139562

音乐教育论　(日)青柳善吾著；吴承均编译

上海 正中书局 1947年 沪1版 114页 18cm(32开) 定价：国币二元七角

J0139563

音乐教育通论　贾新风编

上海 商务印书馆 1937年 166页 有图像［19cm］(32开) 定价：国币三角五分

(百科小丛书)

本书包括序说、音乐教育的领域、音乐的本质、音乐的性质与演奏、西洋音乐发达概况、中国音乐教育之过去现在与将来、音乐教育的实施等6章。

J0139564

音乐概论　(英)忒涅(W.J.Turner)著；顾岱毓译

长沙 商务印书馆 1938年 17+160页 有图像 19cm(32开) 定价：国币六角五分

(百科小丛书)

本书分12章，概论：音乐的起源、发展，曲调的形式，音乐的欣赏、演奏等。书前有音乐家像及黄自对本书的介绍。

J0139565

江西省推行音乐教育委员会实施概况　江西省推行音乐教育委员会编

吉安 江西省推行音乐教育委员会 1939年 32页 18cm(15开)

本书为民国时期江西省音乐教育工作报告，内分实施概况、实施概况表解、各项工作统计等章节。书末附实施方案、工作纲要。

J0139566

音乐教材　蒋鼎巍编

成都 四川省政府教育厅 1940年 石印本 78页

[19×26cm](16 开)
(国民教育辅导丛刊)

本书为国民教育师资训练班用的教材，内容有：怎样认识五线谱、怎样练习唱歌、怎样弹奏风琴，并收歌曲 40 首，附中心国民学校音乐教学过程等。

J0139567
音乐宣传技术 黄友棣著
曲江 新建设出版社 1940 年 78 页 21cm(32 开)
定价：国币一元

本书包括指挥者的修养、音乐知识与训练方法、演出方法论、民歌之研究、创作及设计、音乐教育的演奏会 5 辑，收 100 余篇含音乐知识和经验的短文。后附《军人进行曲》《广大的群众在等候》等 6 首简谱歌曲。

J0139568
怎样指导学校音乐活动 黄友棣编著
广东 广东省教育厅第一科 1941 年 75 页
19cm(32 开)
(广东省教育厅辅导丛书 中等教育辑 7)

本书为学校音乐教育辅导用书，分音乐训练教育、音乐活动指导、音乐教师的修养三部分。

J0139569
儿童音乐 (第 4 期)林白宁，刘天浪，洛辛等编
桂林 新音乐研究社 1942 年 32 页 17cm(40 开)
定价：一元八角

本书为儿童音乐读物，汇集歌曲 19 首，文章 3 篇及习作 4 篇。

J0139570
新音乐手册 李凌等著
桂林 立体出版社 1942 年 136 页 19cm(32 开)
定价：国币五元五角
(音乐丛书 第二类)

本书包括《音乐起源和本质》(赵沨)，《五线谱学习提纲》(李凌)，《简谱读法和写法》(甄伯蔚)，《音乐用语和记号》(薛良)，《唱歌的练习方法》(赵沨)，《歌咏指挥法讲话》(李抱忱)，《怎样布置音乐会》(联抗)，《论歌咏团的组织》(薛良)等八部分。

J0139571
新音乐手册 李凌等著
桂林 立体出版社 1942 年 再版 136 页
19cm(32 开)定价：国币 7.50
(音乐丛书 第二类)

作者李凌(1913—2003)，音乐家。原名李树连，曾用名李绿永，广东台山县人。曾任中国音乐学院院长，兼《中国音乐》主编。著有《音乐浅谈》《音乐美学漫笔》《音乐流花新集》等。

J0139572
新音乐手册 李抱忱等
桂林 立体出版社 民国三十一年[1942]136 页
27cm(16 开)定价：国币 5.50
(音乐丛书 第二类)

J0139573
新音乐手册 李凌等著
桂林 立体出版社 民国三十二年[1943]136 页
19cm(32 开)
(音乐丛书 第二类)

J0139574
音乐丛话 薛丰编著
薛丰[刊]1942 年 14 页 19cm(32 开)定价：二角

本书为音乐文集，内收《国歌与建国歌》《漫谈歌咏》《歌咏运动的新动向》等 4 篇文章。后附歌曲 5 首，五线谱。

J0139575
新音乐教程 李凌，赵沨编著
桂林 新光书店 1943 年 252 页 18cm(32 开)
定价：国币 10.00

本书包括音乐史、乐谱、唱歌、指挥、作曲、同调和声浅说等 6 章。作者赵沨(1916—2001)，音乐教育家。曾用名吴福田、赵天民等，出生于河南开封，原籍河南项城。历任国家教育部艺术教育委员会主任，中国音乐家协会顾问、《人民音乐》主编，原中央音乐学院党委书记、院长、名誉院长，国务院学位委员会艺术学科评议组召集人，译配苏联歌曲有《喀秋莎》《人不犯我，我不犯人》《夜莺曲》《假如明天战争》等。

J0139576
新音乐教程 李凌，赵沨编著

上海 读书出版社 民国三十五年[1946]
3版 252页 18cm(32开)

J0139577
新音乐教程　李凌,赵沨编著
上海 读书出版社 1947年 4版 252页 18cm(32开)
定价:国币7.00

J0139578
音乐常识讲话　赵定保著;薛良校阅
桂林 立体出版社 1943年 117页[19cm](32开)
本书用故事形式,介绍一些音乐基本知识。包括歌咏、音乐的定义、乐谱、音符、音程、指挥、发音唱歌、视唱练耳、民歌、交响乐等,共23节。

J0139579
音乐辞典　(袖珍)林路编著
桂林 立体出版社 1943年 125页 18cm(32开)
定价:十一元
本书包括音乐辞典(以外文辞语的字头编排)、简略记号、世界音乐名家略传、中国已故音乐家略传等四部分。

J0139580
乐风　(第16号)乐风社编
重庆 大东书局 1944年 石印本 36页 26cm(16开)
定价:二十五元
本书内收《Sonatina》(钢琴谱),《中美携手歌》《青年歌》《菩提树》等6首中外乐曲,五线谱、简谱对照,附钢琴伴奏谱。另有《论指挥法》《素歌》《海外乐闻》《管弦乐组织之演变(下)》《作曲初阶》《乐坛动态》等9篇文章。

J0139581
怎样自学音乐　李凌著
重庆 建国书店 1945年 154页[19cm](32开)
(建国中学生读物丛刊)
本书用书信形式介绍学习音乐的方法及音乐基础知识。

J0139582
儿童音乐　(4)宋文焕,苏世克主编
广州 儿童音乐社 1947年 52页 有图 18cm(15开)

J0139583
儿童音乐　(5)宋文焕,苏世克主编
广州 儿童音乐社[1947年]48页 有图
18cm(15开)
外文书名:Children's Music.

J0139584
新音乐入门　吴一立著
香港 智源书局 1947年 173页 有图 19cm(32开)
定价:四元半
本书分音乐概论、音乐欣赏、主要乐器学习入门3编,共11章。书末附中外名音乐家简传。

J0139585
音艺歌丛　(第一辑 青春发芽)音乐艺术社编
上海 音乐艺术社 1947年 28页 18cm(32开)
定价:五千元
本书内容包括《两种创作态度》《音乐的"线"》《声和发声法》《法拉(当代作曲家介绍)》《关于夷族音乐》等文章。并有歌曲11首,五线谱、简谱对照。

J0139586
儿童音乐　Alice G.Thorn著;董任坚,马虚若译
上海 中华书局 1948年 再版 166页 有图
18cm(15开)定价:三元五角
(儿童教育丛书)
本书分歌唱、节奏的活动、乐器的使用、音乐会与音乐旅行等5章。外文书名:Music for Young Children.

J0139587
生活与音乐　(日)田边尚雄著;丰子恺译
上海 开明书店 民国三十七年[1948]3版
143页 19cm(32开)定价:金元四角八分
(开明青年丛书)

J0139588
新音乐自修读本　李凌著
上海 致用书店 民国三十七年[1948]再版
152页 18cm(32开)定价:国币四元八角

J0139589
音乐的基本学习　王允功著
上海 商务印书馆 1948年 再版 129页 有图

18cm（32开）定价：国币二元五角
（国民教育文库）

本书包括：怎样读谱、怎样唱歌、怎样弹钢琴、怎样拉小提琴、怎样指挥等5章。

J0139590
音乐的基本学习 王允功著
上海 商务印书馆 1949年 129页 有插图
19cm（32开）定价：四元
（小学教师学习丛书）

J0139591
音乐的基本学习 王允功著
上海 商务印书馆 1950年 4版 129页
19cm（32开）统一书号：70221 定价：CNY4.00
（小学教师学习丛书）

J0139592
音乐概论 朱稣典编
上海 中华书局 1948年 5版 152页 有像
18cm（32开）定价：国币七角

本书包括绪说、乐谱、节拍、音程、音阶、移调和转调等，共10章，每章后有问题和练习。书末附“音乐名词对照表”。

J0139593
这已经是春天 音乐学生社编
香港 音乐学生社 1948年 20页 19cm（32开）

本书内收《漫谈香港学校音乐教育》（苣且）、《萧邦》（林苗）、《谈金喉歌王》（陆素）、《指挥的动作》（郭杰）、《怎样处理歌曲》（新生）等7篇文章。并收《美丽的祖国》《田园曲》《这已经是春天》等5首歌曲。

J0139594
困乐纪闻 （克拉西克乐艺速写短文集）朱理惺撰
上海 潮锋出版社 1949年 80页 有像
18cm（15开）定价：四元

本书收《音乐与国界》《关于音乐上的译音问题》《音乐家的先天性》《关于译音问题敬覆张宁先生(附两封信)》《美鸿志感》《从“幻想曲”写起》《一九四七年音乐节感言》《法国音乐概述》《雪那柏与奇斯金》《康却多的专家》《残晖》《这一夜的故事》《困乐漫笔》《音乐和人生》等21篇文章。末附《大作曲家译名暨存殁年代简表》。

J0139595
西洋音乐知识 丰子恺著
上海 开明书店 1949年 142页［19cm］（32开）
定价：旧币5,500元
（开明青年丛书）

本书为《西洋音乐楔子》改名版。内分10讲，用故事形式讲解节奏、音阶、乐谱、声乐器乐、唱歌、风琴洋琴、小提琴、乐曲、管弦乐、歌剧等各种音乐知识。

J0139596
西洋音乐知识 丰子恺撰
北京 开明书店 1951年 再版 142页
18cm（32开）定价：CNY5500.00
（开明青年丛书）

J0139597
新音乐论集 （第一集）李凌编
上海 作家书屋［发行者］［1949年］92页
19cm（32开）
（新音乐丛书）

本书辑报刊上发表的音乐理论文章19篇，其中有李缘永的《略论新音乐》《我们应该怎样来理解新音乐与新音乐运动》、李凌的《苦闷着的音乐家们》《弦外之音》、何容的《演奏家与会计师》、林克的《音乐的分类》等。

J0139598
新音乐论集 （第一集）李凌著
上海 作家书屋 1950年 再版 92页 19cm（32开）
定价：4.00
（新音乐丛书 第1种）

本书辑报刊上发表的音乐理论文章19篇，其中有李缘永的《略论新音乐》《我们应该怎样来理解新音乐与新音乐运动》、李凌的《苦闷着的音乐家们》《弦外之音》、何容的《演奏家与会计师》、林克的《音乐的分类》等。

J0139599
音乐艺术丛书 （第一辑）音乐艺术社编
上海 人民音乐艺术社 1949年 31页 有照片
25cm（16开）

J0139600
大众音乐教程 周沛然编撰
上海 万叶书店 1950 年 3 册 19cm(32 开)
定价:四元(每册)
本书为大众音乐教材,通过阅读和练习后,能迅速掌握音乐基本知识。

J0139601
大众音乐教程 (第一册)周沛然编撰
上海 万叶书店 1953 年 8 版 77 页 19cm(32 开)
定价:旧币 4,000 元

J0139602
大众音乐教程 (第二册)周沛然编撰
上海 万叶书店 1953 年 8 版 71 页 19cm(32 开)
定价:旧币 4,000 元

J0139603
大众音乐教程 (第三册)周沛然编撰
上海 万叶书店 1953 年 8 版 76 页 19cm(32 开)
定价:旧币 4,000 元

J0139604
音乐基本常识讲座 艺训班编
艺训班[1950—1959 年]1 册 有图

J0139605
音乐知识十八讲 丰子恺撰
上海 万叶书店 1950 年 237 页 21cm(32 开)
定价:旧币 18,000 元

J0139606
音乐知识十八讲 丰子恺撰
上海 万叶书店 1950 年 再版 237 页 21cm(32 开)定价:旧币 18,000 元

J0139607
音乐知识十八讲 丰子恺撰
上海 万叶书店 1951 年 4 版 237 页 21cm(32 开)定价:旧币 18,000 元

J0139608
加强思想学习,深入生活,是提高音乐业务的关键 安波著
沈阳 东北文联工作委员会 1951 年 16 页 19cm(32 开)
作者安波(1915—1965),中国现代著名作曲家、民族音乐学家。生于山东牟平县宁海镇(今山东省烟台市牟平区)。曾任鲁迅艺术学院院长、东北人民中国音乐学院首任院长。作歌曲 300 余首及秧歌剧、歌剧等多部。代表作:《八路军开荒歌》《七月里在边区》《因为有了共产党》。

J0139609
音乐训练班 绍亦等编;鲁呐整理
华北军区政治部 1951 年 56 页 18cm(32 开)

J0139610
在音乐战线上 杨琦撰
南京 江南出版社 1951 年 163 页 18cm(15 开)
定价:旧币 7,000 元

J0139611
怎样进行音乐教学 中华全国音乐工作者协会成都分会编辑
成都 川西音乐社[1951 年]91 页 19cm(32 开)
(音乐教育丛书 1)

J0139612
律动教育与律动教材 新音乐书店编辑部编译
北京 新音乐书店 1952 年 影印本 68 页 26cm(16 开)定价:旧币 15,000 元

J0139613
袖珍音乐小字典 胡江非编
上海 音乐出版社 1952 年 142 页 有图 13cm(60 开)定价:旧币 5,000 元

J0139614
袖珍音乐小字典 胡江非编
上海 音乐出版社 1952 年 3 版 142 页 有图 13cm(60 开)定价:旧币 5,000 元

J0139615
简明音乐辞典 新音乐书店编辑部编
北京 新音乐书店 1953 年 影印本 309 页 有图及曲谱 17cm(40 开)定价:旧币 30,000 元

J0139616
音乐知识手册 吴梦非编

上海 上海文化出版社 1953年 230页 18cm(32开) 定价: 旧币9,000元

J0139617
音乐中的社会主义现实主义的问题 奈斯提叶夫等著; 中央音乐学院华东分院研究室编译组编译
上海 新文艺出版社 1953年 42页 17cm(32开) 定价: CNY1400.00
(文艺理论学习小译丛 第2辑 9)

J0139618
中学音乐教材 (第二辑)老朋, 伍向编
[长沙]湖南通俗读物出版社 1953年
定价: CNY0.14

J0139619
最新幼儿园小学音乐教材 朱执绥编撰
杭州 中国儿童书店 1953年 84页 18cm(15开) 定价: 旧币3,500元

J0139620
苏联音乐论著选译 萧斯塔科维奇等著; 穆静等译
上海 新音乐出版社 1954年 273页 21cm(32开) 定价: 旧币14,000元
(音乐理论学习丛刊)

J0139621
为反动派服务的音乐 (苏)史涅尔逊(Г.Шнерсон)著; 张洪模译
上海 新音乐出版社 1954年 90页 19cm(32开) 定价: 旧币4,500元

作者张洪模(1926—), 音乐翻译家, 音乐教育家, 教授, 河北沙河人, 毕业于外国语学院俄语系。历任中央音乐学院音乐研究所副所长,《外国音禾参考资料》《世界音乐》主编。历任中国音乐家协会苏联音乐研究会常务理事、中国音协美国音乐研究会理事、中国翻译工作者文学艺术委员会委员。主要译著有《曲式学》《交响配器法》《音乐分析》《格里格和声研究》《音乐的写法》《20世纪作曲技术》等。

J0139622
音乐译文 (第一辑)中国音乐家协会编辑部编辑
上海 新音乐出版社 1954年 176页 21cm(32开) 定价: 旧币7,000元

J0139623
音乐与现代社会 (德)迈尔(H.E.Meyer)著; 廖辅叔译
上海 新音乐出版社 1954年 87页 21cm(32开) 定价: 旧币5,500元

本书为研究音乐社会性的专著。外文书名: Musik und Moderne Gesellschaft.

J0139624
北京市初中音乐试用教材 (第一册)北京中小学教学参考资料编辑委员会编
[北京]音乐出版社 1955年 19cm(32开)
定价: CNY0.13

J0139625
北京市初中音乐试用教材 (第二册)北京中小学教学参考资料编辑委员会编
[北京]音乐出版社 1955年 19cm(32开)
定价: CNY0.13

J0139626
北京市初中音乐试用教材 (第三册)北京中小学教学参考资料编辑委员会编
[北京]音乐出版社 1955年 19cm(32开)
定价: CNY0.13

J0139627
唱歌和音乐 (苏)沙赤卡雅(В.Н.Шацкая)等编; 丰子恺, 杨民望译
北京 人民教育出版社 1955年 272页 有肖像 26cm(16开) 定价: CNY1.28

J0139628
辽宁省师范学校音乐课本 (暂用 第一册)辽宁省教育厅教研室编
沈阳 辽宁人民出版社 1955年 97页 21cm(32开) 定价: CNY0.39

J0139629
辽宁省师范学校音乐课本 (暂用 第二册)辽宁省教育厅教研室编
沈阳 辽宁人民出版社 1955年 105页

21cm（32开）定价：CNY0.44

J0139630
辽宁省师范学校音乐课本（暂用 第三册）辽宁省教育厅教研室编
沈阳 辽宁人民出版社 1955年 75页 21cm（32开）
定价：CNY0.33

J0139631
论现实在音乐中的反映（苏）万斯洛夫（B.B. Ванслов）著；廖辅叔译
北京 音乐出版社 1955年 53页 19cm（32开）
定价：CNY0.28

J0139632
苏联幼儿师范学校唱歌、音乐、节奏动作教学大纲 俄罗斯苏维埃联邦社会主义共和国教育部批准；中华人民共和国教育部翻译室译
北京 人民教育出版社 1955年 67页 19cm（32开）
定价：CNY0.19

J0139633
音乐常用名词译名表（草案）中央音乐教分处编译室编
北京 中央音乐教分处编译室 1955年 油印本 39页 20cm（32开）

J0139634
音乐的体裁与形式（苏）波波娃（Т.Попова）著；张洪模译；中央音乐学院编译室编辑
北京 音乐出版社 1955年 255页 21cm（32开）
定价：CNY1.50
（中央音乐学院编译室译丛）

本书是将有关古典音乐的体裁与形式的广泛的问题、加以通俗的阐述和介绍这一领域中最重要的概念和名词的一个尝试。全书共3部分："绪论"，收录《音乐的体裁与形式》《论古典音乐与现代派的音乐》；上编"音乐形式的要素"，收录《音乐的音调、曲调的性质》《单声音乐和多声音乐、复调音乐和主调音乐》《论音乐语言的划分乐段》等；下编"古典音乐的主要体裁"，收录《声乐的体裁》《舞蹈音乐、古代舞蹈组曲》《器乐的体裁》等。

J0139635
音乐译文（第一辑）中国音乐家协会编辑部辑
北京 音乐出版社 1954年 176页 21cm（32开）
统一书号：8026.67 定价：0.70

J0139636
音乐译文（第二辑）中国音乐家协会编辑部辑
北京 音乐出版社 1955年 136页 21cm（32开）
定价：旧币7,000元

J0139637
音乐译文（第三辑）中国音乐家协会编辑部辑
北京 音乐出版社 1955年 102页 21cm（32开）
定价：CNY0.55

J0139638
音乐译文（第四辑）中国音乐家协会编辑部辑
北京 音乐出版社 1955年 138页 21cm（32开）
定价：CNY0.70

J0139639
音乐译文（第五辑）中国音乐家协会编辑部辑
北京 音乐出版社 1955年 164页 21cm（32开）
定价：CNY0.83

J0139640
音乐译文（第六辑）中国音乐家协会编辑部辑
北京 音乐出版社 1956年 111页 21cm（32开）
定价：CNY0.58

J0139641
音乐译文（第七辑）中国音乐家协会编辑部辑
北京 音乐出版社 1956年 117页 21cm（32开）
统一书号：8026.433 定价：CNY0.72

J0139642
音乐译文（第八辑）中国音乐家协会编辑部辑
北京 音乐出版社 1956年 154页 21cm（32开）
统一书号：8026.505 定价：CNY0.92

J0139643
音乐译文（1）音乐译文编辑部编辑
北京 音乐出版社 1957年 150页 21cm（32开）
统一书号：8026.617 定价：CNY0.90

J0139644
音乐译文 （2）音乐译文编辑部编辑
北京 音乐出版社 1957年 165页 21cm（32开）
统一书号：8026.668 定价：CNY1.00

J0139645
音乐译文 （3）音乐译文编辑部编辑
北京 音乐出版社 1957年 168页 21cm（32开）
统一书号：8026.723 定价：CNY1.00

J0139646
音乐译文 （4）音乐译文编辑部编辑
北京 音乐出版社 1957年 166页 21cm（32开）
统一书号：8026.771 定价：CNY1.10

J0139647
师范学校音乐教学大纲 （草案）中华人民共和国教育部编订
北京 人民教育出版社 1956年 38页 19cm（32开）
统一书号：7012.1043 定价：CNY0.11
本大纲由教学内容、总说明、教学大纲3部分组成，还提供了分年级必唱、选唱的曲目和供参考的欣赏曲目。

J0139648
音乐名词统一译名初稿 （供讨论用）中国音乐家协会等编
北京 北京音乐出版社 1956年 91页
19×26cm（16开）

J0139649
幼儿园音乐教育 （苏）威特路吉娜编；孟韫佳，潘欢怀译
北京 音乐出版社 1956年 79页 20cm（32开）
统一书号：8026.441 定价：CNY0.35

J0139650
吉林省师范学校音乐课本 （一年下册 暂用）吉林省教育厅编辑
长春 吉林人民出版社 1957年 影印本 63页
21cm（32开）统一书号：8091.13 定价：CNY0.28

J0139651
吉林省师范学校音乐课本 （二年下册 暂用）吉林省教育厅编辑
长春 吉林人民出版社 1957年 影印本 57页
21cm（32开）统一书号：8091.12 定价：CNY0.26

J0139652
吉林省师范学校音乐课本 （第一册）吉林省教师进修学院编
长春 吉林人民出版社 1958年 100页
19cm（32开）统一书号：8091.42 定价：CNY0.30

J0139653
吉林省师范学校音乐课本 （第二册 选修）吉林省教师进修学院编
长春 吉林人民出版社 1958年 126页
19cm（32开）统一书号：8091.45 定价：CNY0.38

J0139654
吉林省师范学校音乐课本 （第三册 选修）吉林省教师进修学院编
长春 吉林人民出版社 1958年 133页
19cm（32开）统一书号：8091.45 定价：CNY0.38

J0139655
简明音乐辞典 （苏）多尔然斯基（А.Н.Должанский）编；上海音乐学院编译室译
上海 上海音乐出版社 1957年 446页 有插图
15cm（40开）精装 统一书号：8127.094
定价：CNY3.00

J0139656
简明音乐辞典 （苏）多尔然斯基，А.Н.；上海音乐学院编译室译
上海 上海文艺出版社 1959年 新1版 446页
有图 15cm（40开）精装 统一书号：8078.1162
定价：CNY1.70

J0139657
苏联作曲家第二次全国代表大会报告、发言集 音乐出版社编辑部编辑；吴启元等译
北京 音乐出版社 1957年 220页 20cm（32开）
统一书号：8026.673 定价：CNY1.30

J0139658
音乐教学 （第六集）中央音乐学院编辑
北京 音乐出版社 1957年 64页 26cm（16开）
统一书号：8026.658 定价：CNY0.60

J0139659
音乐生活 （合订本 1957年1月－6月）音乐生活月刊编委会编辑
沈阳 辽宁人民出版社 1957年 179页
21cm（32开）定价：CNY0.55

J0139660
音乐生活 （第二卷 合订本 1957年7月－12月）音乐生活月刊编委会编辑
沈阳 辽宁人民出版社 1958年 195页
21cm（32开）定价：CNY0.65

J0139661
音乐生活 （第三卷 1958年1月－6月 合订本）音乐生活月刊编委会编辑
沈阳 辽宁人民出版社 1958年 198页
21cm（32开）定价：CNY0.65

J0139662
音乐是一种艺术 （苏）阿普列相（Г.Апресян）著；杨洸译
北京 音乐出版社 1957年 53页 19cm（32开）
统一书号：8026.591 定价：CNY0.26

J0139663
国外音乐生活 （文集）（苏）史涅尔松（Г.Шнеерсон）等著；丰一吟，丰元草译
北京 音乐出版社 1958年 114页 19cm（32开）
统一书号：8026.845 定价：CNY0.55

作者丰一吟（1929— ），画家、翻译学家。浙江崇德县（今桐乡市石门镇）人。其父是著名画家丰子恺。毕业于中苏友协俄文学校。上海市文史研究馆馆员，丰子恺研究会顾问，上海翻译家协会会员。主要著作有《潇洒风神——我的父亲丰子恺》《丰子恺漫画全集》《爸爸的画》等。

J0139664
生活里少得了音乐么 马可著
北京 中国青年出版社 1958年 106页
19cm（32开）统一书号：10009.352
定价：CNY0.30

J0139665
师范学校音乐教学参考书 （第一分册 歌曲集）张肖虎主编
北京 人民教育出版社 1958年 127页
26cm（16开）统一书号：7012.1701
定价：CNY0.55

本书根据教学大纲的规定选取曲目，按创作歌曲、民歌及古曲、外国歌曲、儿童歌曲4部分排列。每部都包括有伴奏和无伴奏两类。为继承和发扬中国优秀民族音乐传统，加大了第一、二、四部分的曲目量，供各地选用。同时，还配有适应大多数教师弹奏水平的简化伴奏谱。也有个别曲目的伴奏谱，为不损害原作的艺术效果，没有作精简。

J0139666
音乐 （第一册）山东省教育厅编
济南 山东人民出版社 1958年 84页 19cm（32开）
统一书号：K7099.218 定价：CNY0.20

J0139667
音乐 （第二册）山东省教育厅编
济南 山东人民出版社 1958年 69页 19cm（32开）
统一书号：K7099.219 定价：CNY0.17

J0139668
音乐 （第三册）山东省教育厅编
济南 山东人民出版社 1958年 61页 19cm（32开）
统一书号：K7099.200 定价：CNY0.12

J0139669
音乐表情术语字典 张宁和，罗吉兰编
北京 音乐出版社 1958年 110页 14cm（64开）
统一书号：8026.840 定价：CNY0.36

J0139670
音乐常识讲话 （上册）钱仁康编著
上海 上海音乐出版社 1958年 244页
20cm（32开）定价：CNY1.60
（中央人民广播电台音乐广播丛刊）

作者钱仁康（1914—2013），音乐学家，音乐理论家。生于江苏无锡，毕业于国立音乐专科学校理论作曲组。历任北平师范学院、苏州国立社教学院、江苏师范学院（苏州大学前身）、苏南文教学院、华东师范大学音乐系教授，上海音乐学院音乐学系系主任、博导。著有《外国音乐欣赏》等，并译有《莫扎特书信选》等。

J0139671
音乐常识讲话 （上册）钱仁康编著
上海 上海音乐出版社 1958 年 244 页
20cm（32 开）统一书号：8127.139 定价：CNY1.60
（中央人民广播电台音乐广播丛刊）

J0139672
音乐论文集 （第一集）音乐出版社编辑部编
北京 音乐出版社 1958 年 134 页 19cm（32 开）
统一书号：8026.909 定价：CNY0.60

J0139673
音乐是什么 谷音编著
北京 音乐出版社 1958 年 52 页 19cm（32 开）
（音乐知识 第一辑）

J0139674
音乐是什么 谷音编著
北京 音乐出版社 1959 年 52 页 19cm（32 开）
定价：CNY0.15
（农村通俗文库 音乐知识 第一辑）

J0139675
音乐怎样表达思想 （美）芬克斯坦（Sydney Finkelstein）著；覃锦显，劳汝聪译
北京 音乐出版社 1958 年 158 页 20cm（32 开）
统一书号：8026.808 定价：CNY0.95

J0139676
音乐知识 音乐出版社编
北京 音乐出版社 1958 年 定价：CNY1.80
（农村通俗文库 1）

J0139677
十二种旧音乐期刊内容索引 孔德墉编
北京 中国音乐研究所 1959 年 油印本 295 页
26cm（16 开）定价：CNY1.60
（参考资料 114 号）

J0139678
音乐基本理论 ［苏］斯波索宾著；汪启璋译
北京 音乐出版社 1959 年 修订版
定价：CNY1.30

J0139679
音乐暂用教材 浙江省师范教材编写组编
杭州 浙江教育出版社 1959 年 77 页 19cm（32 开）
统一书号：K7155.122 定价：CNY0.14

J0139680
论标题音乐 （论文集）"音乐译文" 编辑部编
北京 音乐出版社 1960 年 247 页 20cm（32 开）
统一书号：8026.1288 定价：CNY1.40

J0139681
为工农兵服务的音乐艺术 中国音乐家协会编辑
北京 音乐出版社 1961 年 154 页 20cm（32 开）
统一书号：8026.1469 定价：CNY0.85

J0139682
音乐理论基础 李重光编
北京 人民音乐出版社 1962 年 252 页
20cm（32 开）统一书号：K8026.1688
定价：CNY1.20

J0139683
音乐理论基础 李重光编
北京 人民音乐出版社 1989 年 重印本 252 页
19cm（32 开）ISBN：7-103-00346-7
定价：CNY2.65

J0139684
音乐论丛 音乐论丛编辑部编
北京 音乐出版社 1962 年 3 册 20cm（32 开）
统一书号：8026.1689 定价：CNY0.80

J0139685
音乐论丛 （第一辑 生活·思想·技巧）音乐论丛编辑部编
北京 音乐出版社 1962 年 131 页 20cm（32 开）
统一书号：8026.1690 定价：CNY0.80

本书辑录中国音乐界 20 世纪 60 年代初期一些重要理论成果，涉及音乐美学、中国音乐史学、民族民间音乐理论、乐律学以及音乐创作与音乐表演的评论、中外音乐家评述等。所收论文大都具有较高的学术理论价值。

J0139686
音乐论丛 （第二辑 关于中国音乐史学的几个问题）音乐论丛编辑部编
北京 音乐出版社 1963 年 178 页 20cm（32 开）
统一书号：8026.1724 定价：CNY0.80

J0139687
音乐论丛 （第三辑）音乐论丛编辑部编
北京 音乐出版社 1963 年 174 页 20cm（32 开）
统一书号：8026.1839 定价：CNY0.80

J0139688
音乐论丛 （第四辑）音乐论丛编辑部编
北京 音乐出版社 1963 年 163 页 20cm（32 开）
统一书号：8026.1897 定价：CNY0.80

J0139689
音乐论丛 （第四辑）音乐论丛编辑部编
北京 音乐出版社 1963 年 180 页 20cm（32 开）
统一书号：8026.1929 定价：CNY0.80

J0139690
音乐论丛 （第五辑）音乐论丛编辑部编
北京 音乐出版社 1964 年 185 页 20cm（32 开）
统一书号：8026.1977 定价：CNY0.80

J0139691
音乐论丛 （第六辑）音乐论丛编辑部编
北京 音乐出版社 1964 年 177 页 20cm（32 开）
统一书号：8026.2140 定价：CNY0.80

J0139692
音乐译丛 （1）音乐译丛编辑部编
北京 音乐出版社 1962 年 160 页 20cm（32 开）
统一书号：8026.1689 定价：CNY0.80

J0139693
音乐译丛 （2）音乐译丛编辑部编
北京 音乐出版社 1962 年 174 页 20cm（32 开）
统一书号：8026.1715 定价：CNY0.80

J0139694
音乐译丛 （3）音乐译丛编辑部编
北京 音乐出版社 1963 年 168 页 20cm（32 开）
统一书号：8026.1791 定价：CNY0.80

J0139695
音乐译丛 （4）音乐译丛编辑部编
北京 音乐出版社 1963 年 163 页 20cm（32 开）
统一书号：8026.1897 定价：CNY0.80

J0139696
音乐译丛 （5）音乐译丛编辑部编
北京 音乐出版社 1963 年 177 页 20cm（32 开）
统一书号：8026.2020 定价：CNY0.80

J0139697
音乐译丛 （一）
北京 人民音乐出版社 1979 年 220 页 20cm（32 开）统一书号：8026.3534
定价：CNY0.88

J0139698
音乐译丛 （二）
北京 人民音乐出版社 1979 年 220 页 20cm（32 开）统一书号：8026.3638
定价：CNY0.88

J0139699
音乐译丛 （三）
北京 人民音乐出版社 1980 年 193 页 20cm（32 开）统一书号：8026.3752
定价：CNY0.75

J0139700
音乐译丛 （四）
北京 人民音乐出版社 1981 年 230 页 20cm（32 开）统一书号：8026.3765
定价：CNY0.93

J0139701
音乐杂谈 李凌著
北京 北京出版社 1962 年 206 页 21cm（32 开）
统一书号：10071.616 定价：CNY0.75

J0139702
音乐杂谈 李凌著
北京 北京出版社 1979 年 增订本 281 页 20cm（32 开）统一书号：10071.259
定价：CNY0.78

J0139703
音乐杂谈　（第二集）李凌著
北京　北京出版社　1980 年　250 页　20cm（32 开）
统一书号：10071.295　定价：CNY0.76

J0139704
音乐杂谈　（第三集）李凌著
北京　北京出版社　1983 年　329 页　20cm（32 开）
统一书号：10071.462　定价：CNY1.00
本书包括了作者近 40 年以来所写的一些重要文章，阐述了作者对近几十年来我国音乐创作、音乐表演、革命音乐的看法和认识，本集是音乐方面的短文和杂文，其中大部分是“读书偶记”。

J0139705
音乐杂谈　（第四集）李凌编
北京　北京出版社　1988 年　282 页　20cm（32 开）
ISBN：7-200-00441-3　定价：CNY2.40

J0139706
《音乐译丛》资料　（1）《音乐译丛》编辑部编
1963 年　58 页　19cm（32 开）

J0139707
《音乐译丛》资料　（2）《音乐译丛》编辑部编
1963 年　98 页　19cm（32 开）

J0139708
国际音乐资料　（副刊 1）《音乐译丛》编辑部［编］
1963 年　164 页　19cm（32 开）

J0139709
国际音乐资料　（6）《音乐译丛》编辑部编
1963 年　124 页　20cm（32 开）

J0139710
国际音乐资料　（7）《音乐译丛》编辑部编
1963 年　78 页　20cm（32 开）

J0139711
国际音乐资料　（8）《音乐译丛》编辑部编
1963 年　64 页　19cm（32 开）

J0139712
国际音乐资料　（9）《音乐译丛》编辑部编
1963 年　69 页　19cm（32 开）

J0139713
群众音乐运动资料　中国音乐家协会山西分会筹委会，山西群众艺术馆编
太原　中国音乐家协会山西分会筹委会　1963 年　31 页　19cm（32 开）
本书由中国音乐家协会山西分会筹委会和山西群众艺术馆联合出版。

J0139714
上海市师范学校音乐教材　（第一册　试用本）
上海市师范学校校际音乐教研组编
上海　上海教育出版社　1964 年　95 页　26cm（16 开）
统一书号：K7150.1549　定价：CNY0.46

J0139715
上海市师范学校音乐教材　（第二册　试用本）
上海市师范学校校际音乐教研组编
上海　上海教育出版社　1964 年　181 页　26cm（16 开）统一书号：K7150.1582
定价：CNY0.80

J0139716
上海市师范学校音乐教材　（第三册　试用本）
上海市师范学校校际音乐教研组编
上海　上海教育出版社　1964 年　89 页　26cm（16 开）
统一书号：K7150.1585　定价：CNY0.42

J0139717
外国音乐资料　（副刊 3）《音乐译丛》编辑部编
1964 年　211 页　19cm（32 开）

J0139718
外国音乐资料　（10）《音乐译丛》编辑部编
1964 年　74 页　19cm（32 开）

J0139719
外国音乐资料　（11）《音乐译丛》编辑部编
1964 年　120 页　19cm（32 开）

J0139720
音乐　（1964 年 1–3 月）中国人民大学附属剪

报资料图片社编辑
北京 中国人民大学附属剪报资料图片社
1964年 1册 26cm(16开)

J0139721
音乐 (1964年4–6月)中国人民大学附属剪报资料图片社编辑
北京 中国人民大学附属剪报资料图片社
1964年 1册 26cm(16开)

J0139722
音乐 (1964年7–12月)中国人民大学附属剪报资料图片社编辑
北京 中国人民大学附属剪报资料图片社
1964年 1册 26cm(16开)

J0139723
音乐 (1965年10–12月)中国人民大学附属剪报资料图片社编辑
北京 中国人民大学附属剪报资料图片社
1965年 1册 26cm(16开)

J0139724
音乐 (1965年1–3月)中国人民大学附属剪报资料图片社编辑
北京 中国人民大学附属剪报资料图片社
1965年 1册 26cm(16开)

J0139725
音乐 (1965年4–6月)中国人民大学附属剪报资料图片社编辑
北京 中国人民大学附属剪报资料图片社
1965年 1册 26cm(16开)

J0139726
音乐 (1965年7–9月)中国人民大学附属剪报资料图片社编辑
北京 中国人民大学附属剪报资料图片社
1965年 1册 26cm(16开)

J0139727
唱歌·教歌·写歌 (第一辑)上海文化出版社编
上海 上海文化出版社 1965年 106页
18cm(15开)统一书号:8077.265
定价:CNY0.22

J0139728
唱歌·教歌·写歌 (第二辑)上海文化出版社编
上海 上海文艺出版社 1965年 132页
19cm(32开)统一书号:8077.295 定价:CNY0.26

J0139729
音乐辞典 王沛纶编著
台北 文星书局 1965年 再版 影印本 616页
有图表有肖像有曲谱 22cm(20开)精装
定价:TWD95.00

外文书名:Dictionary of Music. 作者王沛纶(1909—1972),江苏吴县(今江苏省苏州市吴中区)人,毕业于七海音乐专科学校。曾担任过音乐教师,台湾地区交响乐团特约指挥。著有《歌剧辞典》《乐人字典》《音乐字典》等。

J0139730
论音乐为工农兵服务 音乐出版社编辑部编
北京 音乐出版社 1966年 392页 19cm(32开)
统一书号:8026.N7 定价:CNY2.00

J0139731
音乐科教学研究与实习 高梓主编
台北 正中书局 1966年 142页 20cm(32开)
定价:旧台币0.80
(师范专科学校教科书)

J0139732
音乐论文选集 李焕之著
北京 音乐出版社 1966年 190页 19cm(32开)
统一书号:8026.N9 定价:CNY1.00

J0139733
外国音乐参考资料 (第一辑)光明日报编辑部音乐组[编]
上海 光明日报编辑部 1972年 46页 26cm(16开)

J0139734
音乐基础知识 内蒙古师范学院艺术系编
呼和浩特 内蒙古自治区人民出版社 1972年
66页 19cm(32开)定价:CNY0.19

J0139735
音乐 (唱歌)湖南省中等师范学校教材编写组编
长沙 湖南人民出版社 1973年 55页 26cm(16开)

统一书号: K7109.968 定价: CNY0.31

J0139736
音乐 （风琴）湖南省中等学校教材编写组编
长沙 湖南人民出版社 1973年 58页 26cm(16开)
统一书号: K7109.976 定价: CNY0.31

J0139737
音乐 湖南省教材教学研究室编
长沙 湖南人民出版社 1978年 182页
26cm(16开)统一书号: K7109.1140
定价: CNY0.75

J0139738
音乐 （第一册）湖南省教材教学研究室组织编写
长沙 湖南人民出版社 1979年 205页
26cm(16开)统一书号: K7109.1208
定价: CNY0.84

J0139739
音乐 （第一册）湖南省教育科学研究所编
长沙 湖南人民出版社 1981年 275页
26cm(16开)统一书号: K7109.1140
定价: CNY1.34

J0139740
从来就没有无社会内容的音乐
西安 陕西人民出版社 1974年 64页 19cm(32开)
统一书号: 10094.90 定价: CNY0.13

J0139741
生活与音乐 （日）田边尚雄著; 台湾开明书店译
台北 开明书店 1974年 3版 143页
19cm(32开)定价: TWD0.50
(开明青年丛书)

作者田边尚雄(1883—1984), 日本音乐学家。生于东京。东京帝国大学物理学科毕业后, 以研究生在校专攻声学, 兼学音响心理学和生理学。创建东洋音乐学会, 任会长。主要著作有《从最新科学所见的音乐原理》《东方音乐史》《日本音乐史》《音乐音响学》《日本的音乐》和《日本的乐器》等。

J0139742
音乐 （第一册）云南省教育局师范教材编写组编
昆明 云南人民出版社 1974年 130页
26cm(16开)统一书号: K7116.504
定价: CNY0.50

J0139743
音乐 （第二册）云南省教育局师范教材编写组编
昆明 云南人民出版社 1974年 181页
26cm(16开)统一书号: K7116.505
定价: CNY0.78

J0139744
音乐基础 秦西炫编著
成都 四川人民出版社 1974年 172页
19cm(32开)统一书号: 8118.35 定价: CNY0.36

J0139745
音乐学习材料 （续一）陕西省工农兵艺术馆编
西安 陕西省工农兵艺术馆 1974年 30页
21cm(32开)

J0139746
音乐战线上的两条战线斗争 （关于标题音乐、无标题音乐问题的讨论）
合肥 安徽人民出版社 1974年 60页 19cm(32开)
统一书号: 8102.687 定价: CNY0.14

J0139747
论音乐的阶级性 （评论集）初澜等著
北京 人民音乐出版社 1975年 140页
19cm(32开)统一书号: 8026.3063
定价: CNY0.30

J0139748
音乐的科学原理 谢宁译
台北 徐氏基金会 1975年 再版 148页
21cm(32开)定价: 旧台币 1.60
(科学图书大库)

J0139749
中西音乐的研究与乐教探讨 杜麟著
台北 天同出版社 1976年 261页 21cm(32开)
定价: TWD95.00

J0139750
音乐 （第一册）湖北省中小学教学教材研究室

校订
武汉 湖北人民出版社 1978 年 100 页
26cm（16 开）统一书号：K7106.1367
定价：CNY0.40

J0139751
音乐 （第二册）湖北省中小学教学教材研究室校订
武汉 湖北人民出版社 1978 年 133 页
26cm（16 开）统一书号：K7106.1433
定价：CNY0.52

J0139752
音乐论丛 （第一辑）
北京 人民音乐出版社 1978 年 290 页
20cm（32 开）统一书号：8026.3405
定价：CNY1.15

J0139753
音乐论丛 （第二辑）人民音乐出版社编辑部编
北京 人民音乐出版社 1979 年 257 页
20cm（32 开）统一书号：8026.3580
定价：CNY1.05

J0139754
音乐论丛 （第三辑）人民音乐出版社编辑部编
北京 人民音乐出版社 1980 年 250 页
20cm（32 开）统一书号：8026.3596
定价：CNY1.35

J0139755
音乐论丛 （第四辑）人民音乐出版社编辑部编
北京 人民音乐出版社 1981 年 309 页
20cm（32 开）统一书号：8026.3701
定价：CNY1.65

J0139756
音乐论丛 （第五辑 唱歌与声音训练）人民音乐出版社编辑部编；张彬编著
北京 人民音乐出版社 1982 年 184 页
20cm（32 开）统一书号：8026.3915
定价：CNY0.71

本书收集了五篇声乐方面的论文，分别论述了声音的基本训练方法、演唱技巧和风格、声乐教学以及不同学派的声乐理论等各方面，都提出了各自的看法和意见。

J0139757
音乐论丛 （第六辑 燕乐二十八调之谜）田青等著
北京 人民音乐出版社 1987 年 268 页
20cm（32 开）统一书号：8026.4040
定价：CNY2.45

作者田青（1948— ），音乐学家、非物质文化遗产保护专家。出生于河北唐山，天津音乐学院毕业。曾任中国艺术研究院音乐研究所所长，宗教艺术研究中心主任、研究员、博士生导师，兼任中国昆剧古琴研究会会长。著有《中国宗教音乐》《净土天音》《捡起金叶》《佛教音乐的华化》等。

J0139758
音乐论丛 （第七辑 论巴托克的音乐创作）许勇三主编
北京 人民音乐出版社 1986 年 243 页
20cm（32 开）统一书号：8026.4519
定价：CNY2.35

作者许勇三，教授。江苏海门人。就读于燕京大学音乐系和美国密歇根大学音乐学院。历任中央音乐学院副教授，天津音乐学院作曲系主任、教授，中国音协天津分会副主席。著有《民间音乐在巴托克创作中的应用》《巴托克为民歌配置多声手法问题初探》，译有《大型曲式学》等。

J0139759
音乐论丛 （第八辑 论作曲技法）人民音乐出版社编辑部编
北京 人民音乐出版社 1989 年 308 页
20cm（32 开）ISBN：7-103-00284-3
定价：CNY3.10

J0139760
音乐知识 人民音乐出版社编辑部编
北京 人民音乐出版社 1978 年 185 页
26cm（16 开）统一书号：8026.3347
定价：CNY0.85

J0139761
音乐知识 人民音乐出版社编辑部编
北京 人民音乐出版社 1984 年 2 版 修订本

185 页 26cm（16 开）统一书号：8026.3347
定价：CNY1.15

J0139762
新版基础乐理 张锦鸿著
台湾 大陆书店印行 1979 年 121 页
19cm（小 32 开）定价：CNY3.00

J0139763
音乐爱好者 （丛刊 一）上海文艺出版社编辑
上海 上海文艺出版社 1979 年 96 页 19cm（32 开）
统一书号：8078.3188 定价：CNY0.36

J0139764
音乐基本知识 上海市中等师范学校教材编写组编
上海 上海文艺出版社 1979 年 276 页
26cm（16 开）统一书号：3078.3157
定价：CNY1.35

J0139765
音乐基础理论知识 童忠良著
武汉 湖北人民出版社 1979 年 186 页
19cm（32 开）统一书号：8106.1935
定价：CNY0.36
作者童忠良（1935—2007），教授。毕业于德国莱比锡音乐学院。曾任武汉音乐学院院长、党委书记。著有《近现代和声的功能网》《和声学教程》《基本乐理教程》等。

J0139766
音乐译名辞典 罗咏心编订
香港 万里书店 1979 年 110 页 15cm（40 开）
外文书名：The Terms of Music.

J0139767
大陆音乐辞典 康讴主编
台北 大陆书店 1980 年 1532 页 19cm（小 32 开）
定价：CNY14.80

J0139768
大陆音乐辞典 康讴主编
台北 大陆书店（发行）1981 年 2 版 1532 页
有插图 23cm（10 开）精装 定价：TWD400.00

J0139769
第三届沈阳音乐周理论、学术报告选编（论乐篇）第三届沈阳音乐周办公室组织编写
沈阳 1980 年 280 页 20cm（32 开）

J0139770
芗剧音乐 黄石钧，陈志亮编著
漳州 龙溪地区行政公署［1980 年］260 页
19cm（32 开）

J0139771
学习音乐百科全书 （1 各类乐器与演奏）杨淑娴等编辑
台北 百科文化事业公司 1980 年 2 版 179 页
有彩图 26cm（16 开）精装
定价：TWD4000.00（全套）

J0139772
学习音乐百科全书 （2 音乐创作与欣赏）杨淑娴等编辑
台北 百科文化事业公司 1981 年 169 页
有彩图 26cm（16 开）精装
定价：TWD4000.00（全套）

J0139773
学习音乐百科全书 （3 音乐家的故事）杨淑娴等编辑
台北 百科文化事业公司 1981 年 2 版 171 页
有彩图 26cm（16 开）精装
定价：TWD4000.00（全套）

J0139774
学习音乐百科全书 （4 实用音乐辞典）杨淑娴等编辑
台北 百科文化事业公司 1981 年 179 页
有照片 26cm（16 开）精装
定价：TWD4000.00（全套）

J0139775
音乐爱好者 （丛刊 1980.1 总第 2 辑）上海文艺出版社编辑
上海 上海文艺出版社 1980 年 96 页 +［1］页图版 有图 20cm（32 开）统一书号：8078.3208
定价：CNY0.36

J0139776
音乐爱好者 （丛刊 1980.2 总第3辑）上海文艺出版社编辑
上海 上海文艺出版社 1980年 96页+[1]页图版 有图 20cm(32开) 统一书号：10078.3227
定价：CNY0.36

J0139777
音乐百科手册 许常惠著
台北 全音乐谱出版社 1980年 7版 200页
有图 19cm(32开) 定价：旧台币2.20
作者许常惠(1929—2001)，作曲家、音乐学家。台湾彰化县人。毕业于台湾地区师范大学音乐系。曾任台湾地区作曲家协会理事长、台湾地区民族音乐学会理事长、台湾地区师范大学音乐系主任兼研究所所长、亚洲作曲家联盟主席等职务。代表作品有《兵车行》《国火颂》《桃花开》《白沙湾》等。

J0139778
二十世纪音乐概论 （上）(美)汉森(P.S.Hansen)著；孟宪福译
北京 人民音乐出版社 1981年 21cm(32开)
统一书号：8026.3872 定价：CNY0.96
本书介绍了19世纪的音乐背景，以及20世纪前20年西方乐坛上出现的各种流派，如象征派与印象派、表现主义、噪音音乐和早期爵士乐，重点论述了德彪西、艾夫斯、六人团和斯特拉文斯基等的创作及其艺术风格特点。

J0139779
二十世纪音乐概论 （下）(美)汉森(P.S.Hansen)著；孟宪福译
北京 人民音乐出版社 1981年 21cm(32开)
统一书号：8026.4444 定价：CNY1.95
本书主要介绍20世纪20年代之后出现的最重要的音乐现象——十二音音乐、爵士乐与流行音乐，重点论述了勋伯格、巴托克、兴德米特、肖斯塔科维奇、勃里顿和科普兰等作曲家，以及20世纪60年代以后的序列音乐、电子音乐及其代表性作曲家(如凯奇等)的创作风格。

J0139780
贺绿汀音乐论文选集 贺绿汀著
上海 上海文艺出版社 1981年 249页
21cm(32开) 统一书号：8078.3249
定价：CNY0.84
本书系中国音乐艺术评论文集。收入作者从20世纪30年代起陆续撰写的音乐论文23篇，按年月顺序编排。全书涉及中国现代音乐发展过程中的一系列问题。如对抗战时期的音乐、民族音乐的探讨、音乐如何继承发展、洋为中用、古为今用等问题以及音乐创作、评论等等，均有较详细的阐述，有作者自己较鲜明的观点。

J0139781
贺绿汀音乐论文选集 （二）贺绿汀著
上海 上海音乐出版社 1989年 380页
21cm(32开) ISBN：7-80553-189-7
定价：CNY5.35
本书收入作者从20世纪30年代到80年代撰写的论文及发言稿共72篇。内容归为音乐创作、音乐批评与纪念、音乐教育、音乐散论、序文、书简、附录等8类。

J0139782
音乐 （试用本 第一册）中等师范学校音乐教材编写组编
上海 上海文艺出版社 1981年 25cm(15开)
统一书号：8078.3285 定价：CNY0.69

J0139783
音乐 （试用本 第二册）中等师范学校音乐教材编写组编
上海 上海文艺出版社 1981年 1册
25cm(小16开) 统一书号：8078.3343
定价：CNY0.67

J0139784
音乐 （试用本 第三册）中等师范学校音乐教材编写组编
上海 上海文艺出版社 1981年 25cm(15开)
统一书号：8078.3417 定价：CNY1.20

J0139785
音乐 （试用本 第四册）中等师范学校音乐教材编写组编
上海 上海文艺出版社 1981年 25cm(小16开)
统一书号：12119.450 定价：CNY1.85

J0139786
音乐 （试用本 第四册）中等师范学校音乐教材编写组编
上海 上海文艺出版社 1984年 308页
26cm（16开）统一书号：8078.3500
定价：CNY1.85

J0139787
音乐分析 （美）J. 怀特著；张洪模译
上海 上海文艺出版社 1981年 198页
21cm（32开）统一书号：8078.3248
定价：CNY0.64
本书用现代的科学方法论述音乐的基本理论知识。内容包括：第1章“分析的目的和性质”；第2章“分析方法”；第3章“音乐的基础单位”；第4章“规范的结构”；第5章“旋律和节奏”；第6章“和声与节奏”；第7章“对位法”；第8章“音响的因素”；第9章“综合与结论”。

J0139788
音乐形象思维问题参考资料 吴毓清编
北京 中国艺术研究院音乐研究所 1981年
104页 19cm（32开）定价：CNY0.80

J0139789
音乐学丛刊 （第一辑）中国艺术研究院音乐研究所《音乐学丛刊》编辑部编
北京 文化艺术出版社 1981年 234页
20cm（32开）统一书号：8228.14 定价：CNY0.75

J0139790
音乐学丛刊 （第二辑）中国艺术研究院音乐研究所《音乐学丛刊》编辑部编
北京 文化艺术出版社 1982年 205页
20cm（32开）统一书号：8228.033 定价：CNY0.65
本书共收文章9篇，包括多方面的研究论题。有关于琴曲“广陵散”音乐结构的分析研究，有关于民族、民间音乐中宫调问题的探讨。

J0139791
音乐学丛刊 （第三辑）中国艺术研究院音乐研究所《音乐学丛刊》编辑部编
北京 文化艺术出版社 1984年 254页
20cm（32开）统一书号：8228.060 定价：CNY0.90

J0139792
音乐学丛刊 （第四辑）中国艺术研究院音乐研究所《音乐学丛刊》编辑部编
北京 文化艺术出版社 1984年 233页
20cm（32开）定价：CNY1.50

J0139793
音乐与音响 （第八卷 下册 第九十一期至第九十六期）音乐与音响杂志社编
台北 音乐与音响杂志社 1981年 1册（合订本）
有图 26cm（16开）精装

J0139794
音乐与音响 （第九卷 上册 第九十七期至第一〇二期）音乐与音响杂志社编
台北 音乐与音响杂志社 1981年 1册（合订本）
有图 26cm（16开）精装

J0139795
音乐语言 （英）柯克（D.Cooke）著；茅于润译
北京 人民音乐出版社 1981年 328页
21cm（32开）统一书号：8026.3825
定价：CNY1.70
本书内容是关于音乐艺术理论的基本知识。外文书名：The Language of Music.

J0139796
音乐知识词典 高天康编
兰州 甘肃人民出版社 1981年 840页
14cm（64开）统一书号：8096.817 定价：CNY1.92
本书以中国民间民族音乐为主，并有曲式、乐理、和声、复调、乐器、电声设备、音乐家、全国剧种等知识的词典。

J0139797
音乐知识词典 高天康编
兰州 甘肃人民出版社 1988年 重印本 844页
13cm（60开）ISBN：7-226-00406-2
定价：CNY4.20
本书以中国民族民间音乐为主，选收有音乐常识、中国民歌、戏曲、曲艺、舞蹈、民族曲式、一般曲式、乐理、和声、复调、乐 器、电声设备、音乐家，以及全国剧种一览表、曲种分类表、各种乐谱表、音乐术语省略字表等多种附录。

J0139798
乐学原论 孙清吉著
台北 全音乐谱出版社 1982年 256页
21cm(32开) 精装 定价: TWD180.00

J0139799
音乐 (第一册) 湖南省教育科学研究所编
长沙 湖南教育出版社 1982年 275页
26cm(16开) 统一书号: K7109.1140
定价: CNY1.34

J0139800
音乐 (第二册) 湖南省教育科学研究所编
长沙 湖南教育出版社 1982年 2版 198页
26cm(16开) 统一书号: K7284.24
定价: CNY0.96

J0139801
音乐伴我游 赵琴著
台北 东大图书公司 1982年 257页 21cm(32开)
ISBN: 957-19-0815-0 定价: TWD111.00
(沧海丛刊)

J0139802
音乐家心理学 (英)柏西·布克(P.C.Buck)著;金士铭译
北京 人民音乐出版社 1982年 140页
21cm(32开) 统一书号: 8026.3932
定价: CNY0.81
外文书名: Psychology for Musicians.

J0139803
音乐家心理学 (英)布克(Buck, P.C.)著; 刘莲华译
台北 五洲出版社 1988年 178页 21cm(32开)
定价: TWD140.00
外文书名: Psychology for Musicians.

J0139804
音乐名词辞典 施新民, 黄女娟主编
台北 五洲出版社 1982年 210页 19cm(32开)
精装 定价: TWD250.00

J0139805
音乐小世界 (少年版) 上海文艺出版社编
上海 上海文艺出版社 1982年 1册 有插图
25cm (小16开) 统一书号: 8078.3391
定价: CNY0.70

J0139806
音乐小世界 (少年版 2) 上海文艺出版社编
上海 上海文艺出版社 1984年 有插图
25cm(小16开) 统一书号: 8078.3511
定价: CNY0.81

J0139807
音乐小世界 (少年版 3) 上海文艺出版社编
上海 上海文艺出版社 1986年 166页
25cm (小16开) 统一书号: 8078.3568
定价: CNY1.40

J0139808
音乐小世界 (少年版 4) 上海音乐出版社编
上海 上海音乐出版社 1988年 108页
25cm (小16开) ISBN: 7-80553-056-4
定价: CNY1.70

J0139809
中等师范学校音乐教学大纲 (试行草案) 教育部制订
上海 上海文艺出版社 1982年 25页 19cm(32开)
统一书号: 8078.3360 定价: CNY0.08

J0139810
轻音乐论文选 中国音乐家协会江苏分会编
1983年 57页 19cm(小32开)

J0139811
西方哲学家、文学家、音乐家论音乐 (从古希腊罗马时期至19世纪) 何乾三选编; 张泽民等译
北京 人民音乐出版社 1983年 191页
19cm(32开) 统一书号: 8026.4180
定价: CNY0.90
本书选录了西方百余位哲学家、文学家、音乐家有关音乐的本质、音乐的社会功能、音乐创作等问题的论述。

J0139812
音乐欣赏心理分析 张前著

北京 人民音乐出版社 1983年 98页 19cm(32开)
统一书号：8026.4136 定价：CNY0.38

本书从音乐心理学的角度介绍了音乐欣赏中各种心理因素的运用和它们的特点，并通过实例分析了在欣赏音乐的过程中，音响感知、感情体验、想象联想、理解因素等心理因素是怎样发挥作用的。

J0139813
音乐影剧论集 庄本立，邓昌国主编
台北 文化大学出版部 1983年 再版 835页
有图 22cm(32开)精装
定价：TWD5200.00（全20册）
（中华学术与现代文化丛书 6）

本书共收论文50篇，音乐方面包括作曲理论、音乐美学、诗乐探讨、乐器科学、艺术歌曲、民族音乐等；影剧方面包括中国戏剧史、元杂剧、国剧、民间戏曲、西洋戏剧、中外电影等。

J0139814
1979—1982英文音乐期刊论文索引 王英华，陈来编
上海 上海音乐学院图书馆 1984年 170页
25cm(15开)定价：CNY2.00

J0139815
吹拉弹唱 邢野著
呼和浩特 内蒙古人民出版社 1984年 148页
21cm(32开)统一书号：8089.139
定价：CNY0.55

本书内容包括：音乐理论基本知识，介绍简谱、五线谱及音乐小知识；怎样学习吹口琴、吹笛子、拉小提琴、拉二胡和弹吉他；学唱歌的基本知识。

J0139816
儿童音乐 （合订本 1983年 第1-6期 总第50-55期）人民音乐出版社，儿童音乐编辑部编
北京 人民音乐出版社 1984年 288页
19cm(32开)统一书号：8026.4354
定价：CNY1.20

J0139817
梅纽因谈话录 （英）丹尼尔斯(R.Daniels)记；张世祥译
北京 人民音乐出版社 1984年 178页 有肖像
19cm(32开)统一书号：8026.4280
定价：CNY0.78

本书以问答方式漫谈了小提琴表演、音乐教育、作品分析、指挥艺术、音乐评论等多方面问题，部分篇章涉及他个人艺术生涯和梅纽因音乐学校的情况。外文书名：Conversations with Menuhin.

J0139818
人民音乐出版社建社30周年图书目录 （1954—1984）人民音乐出版社编辑
北京 人民音乐出版社 1984年 253页
19cm(32开)

J0139819
外国音乐表演用语词典 《外国音乐表演用语词典》编写组编
北京 人民音乐出版社 1984年 293页
17cm(32开)统一书号：8026.4139
定价：CNY1.80

本词典选收在音乐表演、教学、创作、欣赏过程中常遇到的外文术语9000余条。

J0139820
外国音乐表演用语词典 邬析零等编译；《外国音乐表演用语词典》编写组编
北京 人民音乐出版社 1994年 2版 309页
19cm(小32开)ISBN：7-103-01119-2
定价：CNY8.05

本词典收标记速度、力度、表情等演奏演唱指示的外语词汇，兼收相关的其他音乐名词术语和常用语词。

J0139821
王光祈音乐论文选 王光祈研究学术讨论会筹备处[编]
1984年 355页 有照片 18cm(32开)

J0139822
音乐基础知识 （五线谱简谱对照）祁文源编
兰州 甘肃人民出版社 1984年 134页
20cm(32开)统一书号：8096.1063
定价：CNY0.40

J0139823
音乐漫话　李凌著
北京 中国文联出版公司 1984 年 360 页
21cm(32 开) 统一书号: 8355.55 定价: CNY2.00

J0139824
音乐之旅　(音乐小百科) 艾勒(Ardley, N.)等著; 徐淑真译
台北 好时年出版社 1984 年 4 版 281 页
有彩照图 20cm(32 开)
(现代人新知系列 3)

J0139825
音乐之旅　(音乐小百科) 艾勒(Ardley, N.)等著; 徐淑真译
台北 桂冠图书公司 1989 年 281 页 有彩图
21cm(32 开) ISBN: 957-551-031-3
定价: TWD250.00
(桂冠生活知识百科 6)
外文书名: The Book of Music.

J0139826
音乐知识手册　薛良编
北京 中国文艺联合出版公司 1984 年 624 页
19cm(32 开) 统一书号: 8313.142
定价: CNY3.35
作者薛良，主要作品有《音乐知识手册》《歌唱的方法》《歌唱的艺术》等。

J0139827
音乐知识手册　薛良编
北京 中国文联出版公司 1986 年 624 页
19cm(32 开) 统一书号: 8355.478 定价: CNY3.70

J0139828
音乐知识手册　(一集) 薛良编
北京 中国文联出版公司 1986 年 624 页
19cm(32 开) ISBN: 7-5059-0277-6
定价: CNY21.80

J0139829
音乐知识手册　(二集) 薛良编
北京 中国文联出版公司 1988 年 677 页
19cm(32 开) ISBN: 7-5059-0437-X
定价: CNY33.60

J0139830
音乐知识手册　(续集) 薛良编
北京 中国文联出版公司 1988 年 646 页
19cm(32 开) ISBN: 7-5059-0437-X
定价: CNY5.00

J0139831
音乐知识手册　(三集) 薛良编
北京 中国文联出版公司 1990 年 587 页
19cm(32 开) ISBN: 7-5059-1259-3
定价: CNY7.30

J0139832
音乐知识手册　(四集) 薛良编
北京 中国文联出版公司 1991 年 709 页
19cm(小 32 开) ISBN: 7-5059-1533-9
定价: CNY9.30
本编包括音乐史、民族音乐、歌唱方法、作曲技法、演奏指南、欣赏指导等 15 个部分。

J0139833
音乐知识手册　(五集) 薛良编
北京 中国文联出版公司 1997 年 623 页
19cm(小 32 开) ISBN: 7-5059-2567-9
定价: CNY22.60

J0139834
音乐专业教学大纲　(试用本)
北京 北京师范大学出版社 1984 年 148 页
19cm(32 开) 统一书号: 8243.2 定价: CNY0.52

J0139835
与傅聪谈音乐　艾雨编辑
北京 三联书店 1984 年 132 页 有照片
19cm(32 开) 统一书号: 7002.51 定价: CNY0.72
本书收录《与傅聪谈音乐》《傅聪的成长》《怎样演奏莫扎特的钢琴协奏曲》《赤子之心》等文章。

J0139836
与傅聪谈音乐　傅雷著
北京 三联书店 1991 年 重印本 132 页 有照片
19cm(32 开) ISBN: 7-108-00456-9
定价: CNY2.60
作者傅雷(1908—1966)，文学翻译家、外国

文学研究家。江苏南汇(今属上海市)人。字怒安，号怒庵，笔名小青等。就读于法国巴黎大学，曾任上海美专教授，中国作协上海分会理事及书记处书记等职，法国巴尔扎克研究协会会员。生平翻译外国名著多部，有《约翰·克利斯朵夫》《高老头》《托尔斯泰传》《贝多芬传》《艺术哲学》等，代表著作《傅雷家书》。

J0139837
与傅聪谈音乐 艾雨编
北京 三联书店 1997年 2版(修订本) 133页
有照片 19cm(小32开) ISBN: 7-108-00456-9
定价: CNY7.20

J0139838
中等学校音乐教学法 王克，杜光主编
北京 人民音乐出版社 1984年 135页
21cm(32开) 定价: CNY0.77

J0139839
中国音乐书谱志 (先秦——九四九年音乐书谱全目)中国艺术研究院音乐研究所资料室编
北京 人民音乐出版社 1984年 200页
26cm(16开) 定价: CNY4.50

本书内容分前期(先秦至1911年)、后期(1912—1949)两大部分，分类著录国内37个图书馆所藏5000余种图书。前期部分分为8类，后期部分分为9大类，书末附有书名索引及待访和散佚的古代音乐书目。

J0139840
黄河之声 《黄河之声》编辑部编
太原《黄河之声》编辑部 1985年 26cm(16开)
定价: CNY2.40

J0139841
简明音乐辞典 志敏，国华编
哈尔滨 黑龙江人民出版社 1985年 46+523页
19cm(32开) 精装 统一书号: 8093.998
定价: CNY4.65

本书是综合性音乐辞典，共收词目2947条。以古今中外常见的音乐词汇和用语为主，包括一般名词术语、乐器、各种形式的音乐作品、音乐论著、音乐设施、表演团体、音乐家等内容。

J0139842
简明韵辞典 志敏，国华编
哈尔滨 黑龙江人民出版社 1985年 523页
有插图 19cm(32开) 精装 定价: CNY4.65

J0139843
江苏音乐通讯 (第九期) 中国音乐家协会江苏分会编
1985年 69页 19cm(小32开)

J0139844
随身音乐辞典 张渝役编译
台北 天同出版社 1985年 469页 15cm(40开)
塑装 ISBN: 957-9465-35-5 定价: TWD290.00

J0139845
燕赵新声 《燕赵新声》编辑部编
石家庄《燕赵新声》编辑部 1985年 1册
26cm(16开) 定价: CNY1.44

J0139846
音乐社会学 (苏)索哈尔(Coxop, A.)著; 杨洸译
北京 中国文联出版公司 1985年 156页
19cm(32开) 统一书号: 8355.90 定价: CNY0.97

J0139847
音乐社会学 (苏)索哈尔(Coxop, A.)著; 杨洸译
北京 中国文联出版公司 1987年 重印本 158页
19cm(32开) 统一书号: 8355.90
ISBN: 7-5059-0301-2 定价: CNY1.15

J0139848
音乐世界 《音乐世界》编辑部编
成都《音乐世界》编辑部 1985年 1册
17cm(40开) 定价: CNY0.90

J0139849
音乐天地 《音乐天地》编辑部编
西安 陕西人民出版社 1985年 1册 26cm(16开)
定价: CNY0.60

J0139850
音乐研究文选 中国艺术研究院音乐研究所编

北京 文化艺术出版社 1985年 2册(950页)
20cm(32开) 统一书号: 8228.079
定价: CNY6.00 (全2册)

本书是从近350种涉及音乐学多种学科的大量文章、译著中选出的一部分汇集而成。

J0139851
音乐译名汇编 沈阳音乐学院编译
北京 人民音乐出版社 1985年 437页
19cm(32开) 统一书号: 8026.4404
定价: CNY3.60

本书收音乐名词、术语共12000多个。正文意、英、德、法语种部分与俄、日语种部分分立。"附录"另收著名音乐家人名1300多个,曲名1300多个。

J0139852
音乐知识讲座 李田绿编著
西安 陕西人民出版社 1985年 321页
19cm(32开) 统一书号: 7094.431 定价: CNY1.30
(农村文化生活丛书)

本书是一本综合性音乐基础知识的辅导读物。作者根据自己长期辅导的经验和积累的实际问题,对识谱、歌曲创作、唱歌、教唱、指挥、民歌采集以及合唱、民族小乐队的组织建设与培训等知识,作了具体的介绍。

J0139853
中国音乐辞典 张乐水,戴安琳编辑
台北县 常春树书坊 1985年 525页 21cm(32开)
精装 定价: TWD500.00
(书香经典)

J0139854
中国音乐学 (季刊 1985年第1期·创刊号·总第1期) 中国艺术研究院音乐研究所《中国音乐学》编辑部编
北京 文化艺术出版社 1985年 26cm(16开)

J0139855
中国音乐学 (季刊 1986年第1期·总第2期)
中国艺术研究院音乐研究所《中国音乐学》编辑部编
北京 文化艺术出版社 1986年 26cm(16开)

J0139856
中国音乐学 (季刊 1986年第2期·总第3期)
中国艺术研究院音乐研究所《中国音乐学》编辑部编
北京 文化艺术出版社 1986年 26cm(16开)

J0139857
中国音乐学 (季刊 1986年第3期·总第4期)
中国艺术研究院音乐研究所《中国音乐学》编辑部编
北京 文化艺术出版社 1986年 26cm(16开)

J0139858
中国音乐学 (季刊 1986年第4期·总第5期)
中国艺术研究院音乐研究所《中国音乐学》编辑部编
北京 文化艺术出版社 1986年 26cm(16开)

J0139859
中国音乐学 (季刊 1987年第1期·总第6期)
中国艺术研究院音乐研究所《中国音乐学》编辑部编
北京 文化艺术出版社 1987年 26cm(16开)

J0139860
中国音乐学 (季刊 1987年第2期·总第7期)
中国艺术研究院音乐研究所《中国音乐学》编辑部编
北京 文化艺术出版社 1987年 26cm(16开)

J0139861
中国音乐学 (季刊 1987年第3期·总第8期)
中国艺术研究院音乐研究所《中国音乐学》编辑部编
北京 文化艺术出版社 1987年 26cm(16开)

J0139862
中国音乐学 (季刊 1987年第4期·总第9期)
中国艺术研究院音乐研究所《中国音乐学》编辑部编
北京 文化艺术出版社 1987年 26cm(16开)

J0139863
中国音乐学 (季刊 1988年第1期·总第10期)
中国艺术研究院音乐研究所《中国音乐学》编辑

部编
北京 文化艺术出版社 1988年 26cm(16开)

J0139864
中国音乐学 (季刊 1988年第2期·总第11期)
中国艺术研究院音乐研究所《中国音乐学》编辑部编
北京 文化艺术出版社 1988年 26cm(16开)

J0139865
中国音乐学 (季刊 1988年第3期·总第12期)
中国艺术研究院音乐研究所《中国音乐学》编辑部编
北京 文化艺术出版社 1988年 26cm(16开)

J0139866
中国音乐学 (季刊 1988年第4期·总第13期)
中国艺术研究院音乐研究所《中国音乐学》编辑部编
北京 文化艺术出版社 1988年 144页
26cm(16开) ISBN: 7-5039-0314-7
定价: CNY1.40

J0139867
中国音乐学 (季刊 1989年第1期·总第14期)
中国艺术研究院音乐研究所《中国音乐学》编辑部编
北京 文化艺术出版社 1989年 144页
26cm(16开) ISBN: 7-5039-0362-7
定价: CNY1.80
本期为中国艺术研究院研究生部音乐学系1988年硕士研究生论文专刊。

J0139868
中国音乐学 (季刊 1989年第2期·总第15期)
中国艺术研究院音乐研究所《中国音乐学》编辑部编
北京 文化艺术出版社 1989年 142页
26cm(16开) ISBN: 7-5039-0486-0
定价: CNY1.80

J0139869
中国音乐学 (季刊 1989年第3期·总第16期)
中国艺术研究院音乐研究所《中国音乐学》编辑部编
北京 文化艺术出版社 1989年 124页
26cm(16开) ISBN: 7-5039-0366-7
定价: CNY1.80

J0139870
中国音乐学 (季刊 1989年第4期·总第17期)
中国艺术研究院音乐研究所《中国音乐学》编辑部编
北京 文化艺术出版社 1989年 124页
26cm(16开) ISBN: 7-5039-0366-7
定价: CNY1.80

J0139871
中国音乐学 (季刊 1990年第1期·总第18期)
中国艺术研究院音乐研究所《中国音乐学》编辑部编
北京 文化艺术出版社 1990年 144页
26cm(16开) ISBN: 7-5039-0646-4
定价: CNY2.50

J0139872
中国音乐学 (季刊 1990年第2期·总第19期)
中国艺术研究院音乐研究所《中国音乐学》编辑部编
北京 文化艺术出版社 1990年 144页
26cm(16开) ISBN: 7-5039-0672-6
定价: CNY2.50

J0139873
中国音乐学 (季刊 1990年第3期·总第20期)
中国艺术研究院音乐研究所《中国音乐学》编辑部编
北京 文化艺术出版社 1990年 144页
26cm(16开) ISBN: 7-5039-0704-5
定价: CNY2.50

J0139874
中国音乐学 (季刊 1990年第4期·总第21期)
中国艺术研究院音乐研究所《中国音乐学》编辑部编
北京 文化艺术出版社 1990年 144页
26cm(16开) ISBN: 7-5039-0745-2
定价: CNY2.50

J0139875
中国音乐学　(季刊 1991年第1期·总第22期)
中国艺术研究院音乐研究所《中国音乐学》编辑部编
北京 文化艺术出版社 1991年 144页
26cm(16开) ISBN: 7-5039-0814-9
定价: CNY2.50

J0139876
中国音乐学　(季刊 1991年第2期·总第23期)
中国艺术研究院音乐研究所《中国音乐学》编辑部编
北京 文化艺术出版社 1991年 144页
26cm(16开) ISBN: 7-5039-0876-9
定价: CNY2.50

J0139877
中国音乐学　(季刊 1991年第3期·总第24期)
中国艺术研究院音乐研究所《中国音乐学》编辑部编
北京 文化艺术出版社 1991年 144页
26cm(16开) ISBN: 7-5039-0876-9
定价: CNY2.50

J0139878
中国音乐学　(季刊 1991年第4期·总第25期)
中国艺术研究院音乐研究所《中国音乐学》编辑部编
北京 文化艺术出版社 1991年 144页
26cm(16开) ISBN: 7-5039-1009-7
定价: CNY2.50
　　外文书名: Musicology in China.

J0139879
中国音乐学　(季刊 1992年第1期·总第26期)
中国艺术研究院音乐研究所《中国音乐学》编辑部编
北京 文化艺术出版社 1992年 144页 有照片
26cm(16开) ISBN: 7-5039-1105-0
定价: CNY3.75
　　外文书名: Musicology in China.

J0139880
中国音乐学　(季刊 1992年第2期·总第27期)
中国艺术研究院音乐研究所《中国音乐学》编辑部编
北京 文化艺术出版社 1992年 144页 有照片
26cm(16开) ISBN: 7-5039-1105-0
定价: CNY3.75
　　外文书名: Musicology in China.

J0139881
中国音乐学　(季刊 1992年第3期·总第28期)
中国艺术研究院音乐研究所《中国音乐学》编辑部编
北京 文化艺术出版社 1992年 144页 有照片
26cm(16开) ISBN: 7-5039-1105-0
定价: CNY3.75
　　外文书名: Musicology in China.

J0139882
中国音乐学　(季刊 1992年第4期·总第29期)
中国艺术研究院音乐研究所《中国音乐学》编辑部编
北京 文化艺术出版社 1992年 144页 有照片
26cm(16开) ISBN: 7-5039-1105-0
定价: CNY3.75
　　外文书名: Musicology in China.

J0139883
中国音乐学　(季刊 1993年第1期·总第30期)
中国艺术研究院音乐研究所《中国音乐学》编辑部编
北京 文化艺术出版社 1993年 有照片
26cm(16开)
　　外文书名: Musicology in China.

J0139884
中国音乐学　(季刊 1993年第2期·总第31期)
中国艺术研究院音乐研究所《中国音乐学》编辑部编
北京 文化艺术出版社 1993年 有照片
26cm(16开)
　　外文书名: Musicology in China.

J0139885
中国音乐学　(季刊 1993年第3期·总第32期)
中国艺术研究院音乐研究所《中国音乐学》编辑部编
北京 文化艺术出版社 1993年 有照片

26cm(16 开)

外文书名: Musicology in China.

J0139886

中国音乐学 (季刊 1994 年第 1 期·总第 34 期)
中国艺术研究院音乐研究所《中国音乐学》编辑部编
北京 文化艺术出版社 1994 年 有照片
26cm(16 开)

外文书名: Musicology in China.

J0139887

中国音乐学 (季刊 1994 年第 2 期·总第 35 期)
中国艺术研究院音乐研究所《中国音乐学》编辑部编
北京 文化艺术出版社 1994 年 有照片
26cm(16 开)

外文书名: Musicology in China.

J0139888

中国音乐学 (季刊 1994 年第 3 期·总第 36 期)
中国艺术研究院音乐研究所《中国音乐学》编辑部编
北京 文化艺术出版社 1994 年 有照片
26cm(16 开)

外文书名: Musicology in China.

J0139889

中国音乐学 (季刊 1994 年第 4 期·总第 37 期)
中国艺术研究院音乐研究所《中国音乐学》编辑部编
北京 文化艺术出版社 1994 年 有照片
26cm(16 开)

外文书名: Musicology in China.

J0139890

中国音乐学 (季刊 1995 年第 1 期·总第 38 期)
中国艺术研究院音乐研究所《中国音乐学》编辑部编
北京 文化艺术出版社 1995 年 有照片
26cm(16 开)

外文书名: Musicology in China.

J0139891

中国音乐学 (季刊 1995 年第 2 期·总第 39 期)
中国艺术研究院音乐研究所《中国音乐学》编辑部编
北京 文化艺术出版社 1995 年 有照片
26cm(16 开)

外文书名: Musicology in China.

J0139892

中国音乐学 (季刊 1995 年第 3 期·总第 40 期)
中国艺术研究院音乐研究所《中国音乐学》编辑部编
北京 文化艺术出版社 1995 年 有照片
26cm(16 开)

外文书名: Musicology in China.

J0139893

中国音乐学 (季刊 1995 年第 4 期·总第 41 期)
中国艺术研究院音乐研究所《中国音乐学》编辑部编
北京 文化艺术出版社 1995 年 有照片
26cm(16 开)

外文书名: Musicology in China.

J0139894

中国音乐学 (季刊 1996 年第 1 期·总第 42 期)
中国艺术研究院音乐研究所《中国音乐学》编辑部编
北京 文化艺术出版社 1996 年 有照片
26cm(16 开)

外文书名: Musicology in China.

J0139895

中国音乐学 (季刊 1996 年第 2 期·总第 43 期)
中国艺术研究院音乐研究所《中国音乐学》编辑部编
北京 文化艺术出版社 1996 年 有照片
26cm(16 开)

外文书名: Musicology in China.

J0139896

中国音乐学 (季刊 1996 年第 3 期·总第 44 期)
中国艺术研究院音乐研究所《中国音乐学》编辑部编
北京 文化艺术出版社 1996 年 有照片
26cm(16 开) 统一书号: 1003.0042
定价: CNY1.10

外文书名：Musicology in China.

J0139897
中国音乐学（季刊 1996年第4期·总第45期）
中国艺术研究院音乐研究所《中国音乐学》编辑部编
北京 文化艺术出版社 1996年 有照片
26cm(16开)
外文书名：Musicology in China.

J0139898
中国音乐学（季刊 1997年第1期·总第46期）
中国艺术研究院音乐研究所《中国音乐学》编辑部编
北京 文化艺术出版社 1997年 有照片
26cm(16开)
外文书名：Musicology in China.

J0139899
中国音乐学（季刊 1997年第2期·总第47期）
中国艺术研究院音乐研究所《中国音乐学》编辑部编
北京 文化艺术出版社 1997年 有照片
26cm(16开)
外文书名：Musicology in China.

J0139900
中国音乐学（季刊 1997年第3期·总第48期）
中国艺术研究院音乐研究所《中国音乐学》编辑部编
北京 文化艺术出版社 1997年 有照片
26cm(16开)
外文书名：Musicology in China.

J0139901
中国音乐学（季刊 1997年第4期·总第49期）
中国艺术研究院音乐研究所《中国音乐学》编辑部编
北京 文化艺术出版社 1997年 有照片
26cm(16开)
外文书名：Musicology in China.

J0139902
中国音乐学（季刊 1998年第1期·总第50期）
中国艺术研究院音乐研究所《中国音乐学》编辑部编
北京 文化艺术出版社 1998年 有照片
26cm(16开)
外文书名：Musicology in China.

J0139903
中国音乐学（季刊 1998年第2期·总第51期）
中国艺术研究院音乐研究所《中国音乐学》编辑部编
北京 文化艺术出版社 1998年 有照片
26cm(16开)
外文书名：Musicology in China.

J0139904
中国音乐学（季刊 1998年第3期·总第52期）
中国艺术研究院音乐研究所《中国音乐学》编辑部编
北京 文化艺术出版社 1998年 有照片
26cm(16开)
外文书名：Musicology in China.

J0139905
中国音乐学（季刊 1998年第4期·总第53期）
中国艺术研究院音乐研究所《中国音乐学》编辑部编
北京 文化艺术出版社 1998年 有照片
26cm(16开)
外文书名：Musicology in China.

J0139906
中国音乐学（季刊 1999年第1期·总第54期）
中国艺术研究院音乐研究所《中国音乐学》编辑部编
北京 文化艺术出版社 1999年 有照片
26cm(16开)
外文书名：Musicology in China.

J0139907
中国音乐学（季刊 1999年第2期·总第55期）
中国艺术研究院音乐研究所《中国音乐学》编辑部编
北京 文化艺术出版社 1999年 有照片
26cm(16开)
外文书名：Musicology in China.

J0139908
中国音乐学 （季刊 1999 年第 3 期·总第 56 期）中国艺术研究院音乐研究所《中国音乐学》编辑部编
北京 文化艺术出版社 1999 年 有照片 26cm（16 开）
外文书名：Musicology in China.

J0139909
中国音乐学 （季刊 1999 年第 4 期·总第 57 期）中国艺术研究院音乐研究所《中国音乐学》编辑部编
北京 文化艺术出版社 1999 年 有照片 26cm（16 开）
外文书名：Musicology in China.

J0139910
自西徂东 （中国音乐文集 第二集）韩国鐄著
台北 时报文化出版事业公司 1985 年 209 页 有照片 21cm（32 开）定价：TWD160.00
（时报书系 567）

J0139911
八闽乐坛 （1986 年）中国音协分会理论委员会
[福州] 中国音协分会理论委员会 1986 年 [19cm]

J0139912
谈乐录 张已任著
台北 圆神出版社 1986 年 197 页 19cm（32 开）定价：TWD100.00
（圆神丛书 10）

J0139913
音乐 （一 乐理、视唱、唱歌、欣赏）华东七省市，四川省幼儿园教师进修教材协编委员会编
上海 上海教育出版社 1986 年 132 页 26cm（16 开）统一书号：7150.3700
定价：CNY1.45

J0139914
音乐 （二 钢琴 风琴）华东七省市，四川省幼儿园教师进修教材协编委员会编
上海 上海教育出版社 1986 年 82 页 26cm（16 开）统一书号：7150.3701 定价：CNY0.98

J0139915
音乐 （三 钢琴 风琴）华东七省市，四川省幼儿园教师进修教材协编委员会编
上海 上海教育出版社 1987 年 85 页 26cm（16 开）统一书号：7150.3853 定价：CNY1.10

J0139916
音乐 （四 手风琴，幼儿歌曲简易伴奏法）华东七省市，四川省幼儿园教师进修教材协编委员会编
上海 上海教育出版社 1987 年 110 页 26cm（16 开）统一书号：7150.3858
定价：CNY1.25

J0139917
音乐博览会 薛金炎著
上海 上海文艺出版社 1986 年 412 页 20cm（32 开）统一书号：8078.3542
定价：CNY2.20
全书分早晨、暴风雨、田园、春天、大海、月亮、英雄、音乐肖像画、儿童、节日、爱情、命运、音乐色彩和彩色音乐等 24 个专题，对所涉及的近百部中外名曲进行了深入浅出的赏析和诠释；还兼谈了音乐艺术表现中的美学知识（如音乐的“曲喻”、“联想”、“朦胧美”、“音乐流派”、“艺术通感”、“移情”等）。配有数十幅中外美术作品的照片、插图。

J0139918
音乐博览会 薛金炎著
长春 吉林教育出版社 1997 年 31+481 页 20cm（32 开）ISBN：7-5383-3182-4
定价：CNY23.80

J0139919
音乐教师进修指南 黄凌编著
济南 山东教育出版社 1986 年 505 页 20cm（32 开）定价：CNY3.25

J0139920
音乐理论基础 （日）仲芳树著；曹允迪译
北京 中国文联出版公司 1986 年 92 页 19cm（32 开）统一书号：8355.172
定价：CNY0.70

J0139921
音乐日日谈 孙维权等编
上海 上海文艺出版社 1986年 368页
19cm(32开) 统一书号: 8078.3604
定价: CNY1.85
本书内容涉及音乐的各个领域, 包括: 著名音乐作品和作曲家的轶话, 作曲家的性格和艺术观, 乐器的由来及声学原理, 各国音乐习俗和民间音乐形式, 音乐历史, 音乐旅游胜地, 音乐与姐妹艺术, 音乐教学, 音响和音响技术, 现代作曲技术, 音乐训诂、音乐考古, 音乐仿生, 音乐生态, 音乐社会学, 音乐生理, 音乐治疗, 音乐心理等。

J0139922
音乐世界趣谈 石峰编
北京 人民音乐出版社 1986年 225页
19cm(32开) 统一书号: 8026.4501
定价: CNY1.85

J0139923
音乐知识ABC 刘佳声, 张富岩编著
沈阳 辽宁教育出版社 1986年 315页
19cm(32开) 统一书号: 8371.6 定价: CNY1.30

J0139924
乐海漫游 余亦文著
广州 花城出版社 1987年 193页 19cm(32开)
ISBN: 7-5360-0023-5 定价: CNY1.45

J0139925
乐海情趣示 黎煜明编著
南宁 广西人民出版社 1987年 229页 有照片
19cm(32开) ISBN: 7-219-00170-3
定价: CNY1.20

J0139926
神奇的音乐 靳卯君, 薄兰谷编著
上海 上海音乐出版社 1987年 92页 19cm(32开)
ISBN: 7-80553-049-1 定价: CNY0.74
(音乐小世界丛书)

J0139927
音乐爱好者辞典 薛良著
牡丹江 黑龙江朝鲜民族出版社 1987年 228页
19cm(32开) 统一书号: 8296.68
ISBN: 7-5389-0014-4 定价: CNY1.85

J0139928
音乐基础知识 (一) 王颖编
北京 人民教育出版社 1988年 158页
26cm(16开) ISBN: 7-107-09005-4
定价: CNY1.55
作者王颖(1928—), 中国音乐家协会会员, 中国音乐家协会河南分会常务理事。

J0139929
音乐基础知识 (二) 王颖编
北京 人民教育出版社 1987年 83页 26cm(16开)
ISBN: 7-107-09004-6 定价: CNY0.80

J0139930
音乐启蒙 谭惠玲著
武汉 湖北少年儿童出版社 1987年 84页
17cm(32开) ISBN: 7-5353-0277-7
定价: CNY0.68
(音乐启蒙丛书)

J0139931
音乐散论 于林青著
北京 中国文联出版公司 1987年 214页
19cm(32开) 统一书号: 8355.859 定价: CNY1.30
作者于林青, 国家一级作曲家、音乐理论家。出生于河南遂平, 毕业于中央音乐学院作曲系。代表作品有《常香玉的演唱艺术》《音乐散论》《曲艺音乐概论》等。

J0139932
音乐与你 (美)爱尔曼编; 戴晴译
天津 天津人民出版社 1987年 99页 有彩图
26cm(16开) 统一书号: 8072.32 定价: CNY1.55

J0139933
音乐与智力 沈建军著
武汉 华中工学院出版社 1987年 263页
20cm(32开) ISBN: 7-5609-0064-X
定价: CNY2.10

J0139934
音乐与智力 沈建军著
武汉 华中理工大学出版社 1997年 2版 273页

20cm（32开）ISBN：7-5609-1453-5
定价：CNY8.80
外文书名：Music and Intelligence.

J0139935
音乐知识与欣赏　肖常伟编著
重庆 西南师范大学出版社 1987年 297页
19cm（32开）ISBN：7-5621-0071-3
定价：CNY1.86

J0139936
音乐综合知识　龙厚仁编著
成都 科技大学出版社 1987年 222页
19cm（32开）统一书号：8475.1
ISBN：7-5616-0013-5 定价：CNY1.42

J0139937
幼儿师范学校音乐教学大纲　（试行草案）国家教育委员会制订
北京 人民教育出版社 1987年 40页 19cm（32开）
定价：CNY0.18
全书分8个部分。大纲明确提出：幼儿师范学校的音乐教学是向学生进行美育的重要手段之一，它对学生的身心健康、智力开发、培育高尚情操和正确审美观的形成，都具有特殊的重要意义。

J0139938
创造性音乐教学新探　姚思源，李婉茵主编
重庆 重庆出版社 1988年 256页 19cm（32开）
ISBN：7-5366-0327-4 定价：CNY2.10

J0139939
大学音乐　黄正刚编著
济南 山东大学出版社 1988年 388页
19cm（32开）ISBN：7-5607-0071-3
定价：CNY3.60

J0139940
乐坛趣事　胡竹虚编
桂林 漓江出版社 1988年 148页 19cm（32开）
ISBN：7-5407-0316-4

J0139941
吕骥文选　（上集）吕骥著
北京 人民音乐出版社 1988年 408页 有照片
20cm（32开）ISBN：7-103-00097-2
定价：CNY3.80
作者吕骥（1909—2002），音乐家、作曲家。出生于湖南湘潭，就读于上海音乐专科学校。历任中央音乐学院副院长、中国音协主席。创作的《抗日军政大学校歌》等歌曲广为传唱。出版有《吕骥文选》。

J0139942
吕骥文选　（下集）吕骥著
北京 人民音乐出版社 1988年 279页 有照片
20cm（32开）ISBN：7-103-00098-0
定价：CNY2.80

J0139943
妙趣横生的音乐世界　马东风，褚灏编著
北京 世界知识出版社 1988年 13+296页
20cm（32开）ISBN：7-5012-0094-7
定价：CNY2.45
作者马东风（1958—　），音乐教育家。山东微山人。山东省曲阜师范大学音乐系教授、硕士生导师，中国音乐家协会师范基本乐科教育分会副会长兼秘书长。

J0139944
实用音乐知识　姜杰编著
北京 北京日报出版社 1988年 101页
19cm（32开）ISBN：7-80502-158-9
定价：CNY1.50

J0139945
世界音乐教育集粹　李凌，赵沨主编
北京 中国文联出版公司 1988年 353页
19cm（32开）ISBN：7-5059-0349-7
定价：CNY2.90
（音乐艺术博览丛书 2）

J0139946
谈音论乐　林声翕著
台北 东大图书公司 1988年 190页 有照片
21cm（32开）定价：旧台币2.67
（沧海丛刊 音乐）

J0139947
外国音乐辞典 汪启璋[等]编译
上海 上海音乐出版社 1988 年 956 页
21cm(32 开) 精装 ISBN: 7-80553-030-0
定价: CNY18.80

本书共收词目 7000 条，音乐家像及各类乐器图 200 幅，曲谱实例 500 条，调式等图表若干幅。包括古今各个时期的重要音乐家，各种音乐流派和风格，各类乐器，主要歌剧及清唱剧等作品，和旋律、节奏、和声、复调、配器、体裁、曲式、作曲、演唱、演奏、音乐史、音乐学等方面的知识。

J0139948
外国音乐辞典 汪启璋等编译
上海 上海音乐出版社 1995 年 重印本 956 页
有肖像 20cm(32 开) 精装
ISBN: 7-80553-030-0 定价: CNY35.00

作者汪启璋，上海音乐学院研究所任职。

J0139949
小音乐家 关淑筠，王必主编著
广州 科学普及出版社广州分社 1988 年 138 页
19cm(小 32 开) 定价: CNY1.50
(中学生课外活动丛书)

J0139950
音乐 郁文武编
北京 北京师范大学出版社 1988 年 307 页
19cm(小 32 开) 定价: CNY1.90

J0139951
音乐·人生·世界 童忠良，王斌清编著
武汉 武汉出版社 1988 年 223 页 19cm(32 开)
ISBN: 7-5430-0039-3 定价: CNY1.70

J0139952
音乐的奥秘 秦西炫著
北京 中国文联出版公司 1988 年 185 页
19cm(32 开) ISBN: 7-5059-0458-2
定价: CNY1.55

J0139953
音乐的妙用 孙飞著
北京 农村读物出版社 1988 年 58 页 19cm(32 开)
ISBN: 7-5048-0281-6 定价: CNY0.60

J0139954
音乐教学原理与方法 湖南省教育科学研究所编
长沙 湖南教育出版社 1988 年 402 页
21cm(32 开) 定价: CNY3.35

J0139955
音乐心理学基础 普凯元编著
合肥 安徽文艺出版社 1988 年 225 页
19cm(32 开) ISBN: 7-5396-0069-1
定价: CNY2.40

本书包括音乐的特性、要素；声音和听觉；神经和大脑；嗓音和歌唱；空间和时间；记忆和注意；意象和想象；出神和联觉；情感和审美等 20 章。

J0139956
音乐艺术博览 (一) 李凌，赵沨主编
北京 中国文联出版公司 1988 年 348 页
19cm(32 开) ISBN: 7-5059-0654-2
定价: CNY2.85

J0139957
音乐与音乐家 (音乐论文选集) 赵渢著
北京 中国文联出版公司 1988 年 346 页
19cm(32 开) ISBN: 7-5059-0459-0
定价: CNY2.50

J0139958
音乐在艺术中的地位 (译文集) (苏) 索霍尔等著; 郝一星等译
北京 人民音乐出版社 1988 年 226 页
20cm(32 开) ISBN: 7-103-00141-3
定价: CNY2.30

J0139959
迎接美育的春天 中国音协教育委员会，中国音乐函授学院编
太原 山西人民出版社 1988 年 784 页
20cm(32 开) ISBN: 7-203-00186-1
定价: CNY6.50
(中国函授音乐学院音乐丛书)

J0139960
大学生音乐修养 杜光等主编

长沙 中南工业大学出版社 1989 年 216 页
26cm（16 开）ISBN：7-81020-212-X
定价：CNY3.70

J0139961
歌迷 （No.1 奉献）上海音乐出版社编辑
上海 上海音乐出版社 1989 年 48 页
19cm（小 32 开）ISBN：7-80553-197-8
定价：CNY0.75

J0139962
歌迷 （No.2 应有尽有）上海音乐出版社编辑
上海 上海音乐出版社 1989 年 48 页
19cm（小 32 开）ISBN：7-80553-203-6
定价：CNY0.75

J0139963
歌迷 （No.3 永远的朋友）上海音乐出版社编辑
上海 上海音乐出版社 1990 年 96 页
19cm（小 32 开）ISBN：7-80553-255-9
定价：CNY1.20

J0139964
歌迷 （No.4）上海音乐出版社编辑
上海 上海音乐出版社 1990 年 94 页
19cm（小 32 开）定价：CNY1.20

J0139965
歌迷 （No.5 跨越彩虹）上海音乐出版社编辑
上海 上海音乐出版社 1990 年 64 页
19cm（小 32 开）ISBN：7-80553-295-8
定价：CNY1.00

J0139966
歌迷 （No.6 春天的野百合）上海音乐出版社编辑
上海 上海音乐出版社 1991 年 64 页
19cm（小 32 开）ISBN：7-80553-308-3
定价：CNY1.00

J0139967
歌迷 （No.7 缠绵的毛毛雨）《歌迷》编辑部编
上海 上海音乐出版社 1991 年 64 页
19cm（小 32 开）ISBN：7-80553-273-7
定价：CNY1.00

J0139968
歌迷 （No.8 梦中的启明星）《歌迷》编辑组编辑
上海 上海音乐出版社 1991 年 64 页 19cm（32 开）
ISBN：7-80553-300-X 定价：CNY1.00

J0139969
歌迷 （No.9 恋人的黑裙子）《歌迷》编辑组编辑
上海 上海音乐出版社 1991 年 64 页 19cm（32 开）
ISBN：7-80553-338-5 定价：CNY1.00

J0139970
歌迷 （No.10 相思的红枫叶）《歌迷》编辑组编辑
上海 上海音乐出版社 1991 年 64 页
19cm（小 32 开）ISBN：7-80553-355-5
定价：CNY1.00

J0139971
歌迷 （No.11 痴情的小雪花）《歌迷》编辑部编
上海 上海音乐出版社 1991 年 64 页
19cm（小 32 开）ISBN：7-80553-362-8
定价：CNY1.00

J0139972
歌迷 （No.12 春风的问候）《歌迷》编辑部编
上海 上海音乐出版社 1992 年 64 页
19cm（小 32 开）ISBN：7-80553-370-9
定价：CNY1.00

J0139973
歌迷 （No.13）《歌迷》编辑部编
上海 上海音乐出版社 1992 年 64 页
19cm（小 32 开）ISBN：7-80553-396-2
定价：CNY1.00

J0139974
歌迷 （No.14）《歌迷》编辑部编
上海 上海音乐出版社 1992 年 64 页
19cm（小 32 开）ISBN：7-80553-402-0
定价：CNY1.00

J0139975
歌迷 （No.16）《歌迷》编辑部编
上海 上海音乐出版社 1992 年 64 页
19cm（小 32 开）ISBN：7-80553-416-0
定价：CNY1.00

J0139976
歌迷 （No.17）《歌迷》编辑部编
上海 上海音乐出版社 1992年 64页
19cm（小32开）ISBN：7-80553-426-8
定价：CNY1.00

J0139977
歌迷 （No.18）《歌迷》丛书编辑组编
上海 上海音乐出版社 1993年 64页
19cm（小32开）ISBN：7-80553-433-0
定价：CNY1.00

J0139978
歌迷 （No.19）《歌迷》丛书编辑组编
上海 上海音乐出版社 1993年 64页
19cm（小32开）ISBN：7-80553-454-3
定价：CNY1.00
（歌迷丛书）

J0139979
歌迷 （No.20）《歌迷》丛书编辑组编
上海 上海音乐出版社 1993年 64页
19cm（小32开）ISBN：7-80553-463-2
定价：CNY1.00

J0139980
歌迷 （No.21）《歌迷》丛书编辑组编
上海 上海音乐出版社 1993年 64页
19cm（小32开）ISBN：7-80553-472-1
定价：CNY1.00

J0139981
歌迷 （No.23）《歌迷》丛书编辑组编
上海 上海音乐出版社 1993年 64页
19cm（小32开）ISBN：7-80553-492-1
定价：CNY1.00

J0139982
世界音乐殿堂 张伯瑜，章红编著
北京 人民邮电出版社 1989年 177页
19cm（32开）ISBN：7-115-03874-0
定价：CNY1.65
（青年人看世界丛书 9）

本书内容涉及了音乐在社会中的作用，音乐欣赏常识，世界著名音乐家，欧洲音乐的历史、流派、种类等等。通过通俗易懂的语言介绍世界音乐简况，其中触及民间音乐、欧洲古典音乐、现代音乐、流行音乐、音乐的构成要素及著名音乐团体等。是一本通过音乐看世界的入门书。共分6部分，标题为：音乐作用趣谈、音乐欣赏入门、群星荟萃的欧洲音乐历程、音乐的魔术师、音乐生命的使者、音乐的种类。

J0139983
世界音乐家名言录 刘智强，韩梅编
北京 中国华侨出版公司 1989年 479页
19cm（32开）ISBN：7-80074-042-0
定价：CNY5.00

J0139984
音乐基础56讲 （英）霍尔斯特（Holst，I.）著；薛良，韩燕平译
北京 中国文联出版公司 1989年 233页
19cm（32开）ISBN：7-5059-0779-4
定价：CNY2.55

外文书名：An Abc of Music.

J0139985
音乐通论 黎青主著
上海 上海书店 1989年 影印本 127页
19cm（32开）精装 ISBN：7-80569-179-7
（民国丛书 第一编 69）

本书由《音乐通论》黎青主著、《中国音乐史》王光祈著、《东西乐制之研究》《音乐入门》丰子恺著合订。

J0139986
音乐与科学 沈建军著
上海 上海音乐出版社 1989年 116页
19cm（32开）定价：CNY1.55

J0139987
音乐与数学 （联邦德国）格策（Gotze，H.H.），（联邦德国）维勒（Wilie，R.）编；金经言，韩宝强译
北京 科学出版社 1989年 118页 19cm（32开）
ISBN：7-03-001554-1 定价：CNY5.20

外文书名：Musik Und Mathematik.

J0139988
音乐知识与欣赏 匡惠著

天津 天津人民出版社 1989 年 338 页
19cm(32 开) ISBN: 7-201-00186-8
定价: CNY3.45

本书结合中外名曲介绍音乐基础知识。分 7 单元: 中国歌曲、中国器乐曲、中国歌(舞)剧、戏曲说唱音乐、外国歌曲、外国器乐曲、外国歌(舞)剧。

J0139989
大学音乐简明教程 蒋振环编著
天津 南开大学出版社 1990 年 257 页
19cm(32 开) ISBN: 7-310-00327-6
定价: CNY1.55

作者蒋振环,南开大学音乐教师。作品有《音乐简明教程》。

J0139990
大音乐家全书 (英)斯科尔斯著; 高宁英译
合肥 安徽文艺出版社 1990 年 285 页 有照片
19cm(32 开) ISBN: 7-5396-0307-0
定价: CNY4.60

本书是为提高儿童的音乐兴趣而写的。书中把音乐的旋律、和声及结构等基本内容与生动的创作实例、音乐家个人经历和艺术素养有机地结合起来。著者原名: 珀西·艾尔弗雷德·斯科尔斯。

J0139991
大众学习音乐指南 刘玉书著
哈尔滨 黑龙江人民出版社 1990 年 308 页
19cm(32 开) ISBN: 7-207-01608-5
定价: CNY4.30

J0139992
简明音乐知识手册 梁德铭著
北京 中国青年出版社 1990 年 414 页
19cm(32 开) ISBN: 7-5006-0765-2
定价: CNY5.45
(青年文化娱乐丛书)

本书介绍了有关音乐美学、基本乐理、和声复调、歌曲分析、歌唱发声、合唱指挥、中西乐器、西洋音乐欣赏、西洋音乐史、民族民间音乐欣赏、中国音乐史等方面的音乐知识。

J0139993
简明音乐知识手册 梁德铭著
北京 中国少年儿童出版社 1996 年 414 页
19cm(32 开) ISBN: 7-5007-3008-X
定价: 非卖品
(希望书库 4-51 总 270)

本书由中国少年儿童出版社和中国青年出版社联合出版。

J0139994
教孩子学音乐 (音乐知识 100 题)蔡福华等著
上海 百家出版社 1990 年 52 页 19cm(32 开)
ISBN: 7-80576-043-8 定价: CNY1.00

J0139995
乐理·和声·手风琴知识词典 张明元编
乌鲁木齐 新疆大学出版社 1990 年 362 页
19cm(32 开) ISBN: 7-5631-0105-5
定价: CNY4.50

作者张明元,新疆石河子市音乐教学研究会理事长。

J0139996
普通音乐教育学概论 曹理编著
北京 北京师范学院出版社 1990 年 344 页
19cm(小 32 开) 定价: CNY4.90

J0139997
体态律动学教程 谢珊著
沈阳 辽宁少年儿童出版社 1990 年 264 页
26cm(16 开) ISBN: 7-5315-0721-8
定价: CNY5.50

本书收入了以节拍、节奏和音乐结构等为主的百余种律动设计方案。在每首谱题前均有文字说明,并附有一些图示,亦可兼作简谱视唱教材。

J0139998
现代音乐概论及欣赏 朱秋华,高蓉编著
北京 北京大学出版社 1990 年 409 页
20cm(32 开) ISBN: 7-301-01271-3
定价: CNY5.50

本书以传统音乐发展为线索,介绍印象派、新古典主义、表现主义、十二音体系以及爵士乐、电子音乐等。

J0139999
萧友梅音乐文集 陈聆群等编
上海 上海音乐出版社 1990年 571页 有肖像及照片 20cm(32开) 精装 ISBN: 7-80553-254-0
定价: CNY16.10

作者陈聆群(1933—2018),教授,音乐史学家。毕业于上海音乐学院理论作曲系。上海音乐学院教授,博士研究生导师。编著有《萧友梅音乐文集》《回首百年——20世纪华人音乐经典论文集》等。

J0140000
音乐 王和芳主编
南京 江苏教育出版社 1990年 264页
26cm(16开) ISBN: 7-5343-1106-3
定价: CNY3.50

J0140001
音乐典故小辞典 (苏)米赫叶娃著; 赵燕等译
延吉 延边大学出版社 1990年 266页
19cm(32开) ISBN: 7-5634-0017-6
定价: CNY4.50

J0140002
音乐火花 德渊等编著
北京 中国文史出版社 1990年 153页
19cm(32开) ISBN: 7-5034-0080-3
定价: CNY3.00
(智慧之星丛书)

J0140003
音乐教育的理论与实践 马东风著
北京 中国广播电视出版社 1990年 232页
有肖像 20cm(32开) ISBN: 7-5043-0716-5
定价: CNY3.50

作者马东风(1958—),音乐教育家。山东微山人。山东省曲阜师范大学音乐系教授、硕士生导师,中国音乐家协会师范基本乐科教育分会副会长兼秘书长。

J0140004
音乐能力心理学 (苏)捷普洛夫(Теплов, Б.М.)著; 孙晔译
北京 人民教育出版社 1990年 220页
20cm(32开) ISBN: 7-107-10562-0
定价: CNY2.90

本书对音乐天资、乐感、节奏感、基本音乐能力等作了论述。

J0140005
音乐趣事 张艳梅, 马东风编
北京 人民音乐出版社 1990年 69页 19cm(32开)
ISBN: 7-103-00650-4 定价: CNY1.30

J0140006
音乐散论 张善著
呼和浩特 内蒙古人民出版社 1990年 245页
有彩照 19cm(32开) ISBN: 7-204-00323-1
定价: CNY3.25

J0140007
音乐社会学 人民音乐出版社编辑部编
北京 人民音乐出版社 1990年 196页
20cm(32开) ISBN: 7-103-00563-X
定价: CNY3.15
(音乐词典词条汇辑丛书)

J0140008
音乐世界 樊梅丽, 叶雷编著
西安 西安交通大学出版社 1990年 223页
19cm(32开) ISBN: 7-5605-0343-8
定价: CNY2.95

J0140009
音乐万花筒 姜德蓉等著; 姚振益, 陈淑敏绘
台北 锦绣文化企业图文出版社 1990年 2册
有插图 24cm(16开) 精装
ISBN: 957-514-013-3
(儿童21丛书)

J0140010
音乐与人生 (日)山松质文著; 李志平编译
兰州 甘肃少年儿童出版社 1990年 96页
有插图 19cm(32开) ISBN: 7-5422-0350-9
定价: CNY1.50
(人与世界丛书)

本书论述了音乐对人的影响、音乐的作用、背景音乐与公害、音乐教育生活的关系等方面的内容。

J0140011
音乐札记 李凌著
太原 山西教育出版社 1990年 12+628页
20cm(32开) ISBN: 7-80578-214-8
定价: CNY8.00

本书是作者多年来从事音乐理论研究及评论工作时的读书摘记和评论文章的汇集。作者李凌(1913—2003),音乐家。原名李树连,曾用名李绿永,广东台山县人。曾任中国音乐学院院长,兼《中国音乐》主编。著有《音乐浅谈》《音乐美学漫笔》《音乐流花新集》等。

J0140012
音乐之路 周永达编译
上海 上海教育出版社 1990年 188页
20cm(32开) ISBN: 7-5320-1672-2
定价: CNY1.55
(中学生文库)

J0140013
音乐智力园 《多来咪》编辑部选编
上海 上海音乐出版社 1990年 232页
19cm(32开) ISBN: 7-80553-225-7
定价: CNY3.30

本书内容可分为7个专类:音乐知识填充、请你答一答、音乐猜谜、趣味音乐题、音乐游戏、纸工具与教具制作、音乐智力竞赛等。

J0140014
大学音乐教程 周复三等编著
青岛 青岛海洋大学出版社 1991年 572页
20cm(32开) ISBN: 7-81026-131-2
定价: CNY6.50

本教材分为基本乐理、音乐知识、名曲欣赏3部分。外文书名: College Music Course.

J0140015
当代音乐教育 (美)马克著; 管建华, 乔晓冬译
北京 文化艺术出版社 1991年 300页
20cm(32开) ISBN: 7-5039-0701-0
定价: CNY4.50

本书详述了美国音乐教育的历史演变,对音乐教育与社会、经济、艺术和公共政策的关系及世界上一些著名的音乐教学法进行了详细介绍,并对流行音乐和现代技术对音乐教育的影响以及音乐教育所关心的问题进行了讨论。

J0140016
第七届华北音乐舞蹈节理论研讨会文集
山西省文化厅艺术处编
[太原][山西省文化厅艺术处] 1991年 354页
19cm(32开)

J0140017
环境音乐美学 (日)服部正等著; 司有仑等译
北京 中国人民大学出版社 1991年 140页
20cm(32开) ISBN: 7-300-01116-0
定价: CNY2.35

本书介绍了日、英、美诸国实施环境音乐的状况,论证了环境音乐对改善劳动环境,提高劳动生产率的功能和作用。

J0140018
佳音常随 (音乐给人生的浪漫色彩)(美)凯斯著; 李强译
北京 中国城市出版社 1991年 165页
19cm(小32开) ISBN: 7-5074-0453-6
定价: CNY2.30
(人生哲理丛书 第三辑)

J0140019
牛津简明音乐词典 肯尼迪(Kennedy, Michael)主编; 王九丁等译
北京 人民音乐出版社 1991年 1097+106页
20cm(32开) 精装 ISBN: 7-103-00855-8
定价: CNY50.50

本书收录了9887个词条,包括了名词、术语、曲式、体裁、人物、作品等所有部类,其中音乐家收了5800多人,介绍了1000多首音乐曲及600多部歌剧。外文书名: The Concise Oxford Dictionary of Music.

J0140020
世界音乐教育集萃 李妲娜主编
桂林 漓江出版社 1991年 392页 19cm(32开)
ISBN: 7-5407-0643-0 定价: CNY4.80

本书收集了联邦德国、苏联、冰岛、美国、日本等国以及中国台湾的音乐教育文稿20余篇。

J0140021

通俗音乐漫话　汪毓和等编著

北京 知识出版社 1991 年 113 页 19cm（16 开）

ISBN：7-5015-0406-7 定价：CNY2.00

本书介绍了爵士音乐、摇滚乐、迪斯科、音乐剧、世界流行的地方性音乐（如美国民歌、黑人民歌、乡村音乐、布鲁斯、美国通俗歌曲、中国通俗歌曲）、通俗的小型器乐合奏和器乐独奏曲等，并附有代表性的音乐作品。

J0140022

袖珍音乐辞典　冯伯阳主编

长春 吉林大学出版社 1991 年 411 页

13cm（64 开）ISBN：7-5601-0830-X

定价：CNY4.80

本书所收条目包括中外音乐家、音乐作品、音乐理论、乐器、乐种、音乐流派、音乐团体等有关名词术语共 4440 条。

J0140023

音乐　（试用本 第一册）中等师范学校音乐教材编写组编

上海 上海音乐出版社 1991 年 138 页

26cm（16 开）ISBN：7-80553-063-7

定价：CNY2.50

J0140024

音乐　（试用本 第一册）中等师范学校音乐教材编写组编

上海 上海音乐出版社 1991 年 2 版 138 页

26cm（16 开）ISBN：7-80553-063-7

定价：CNY2.50

J0140025

音乐　（试用本 第一册）中等师范音乐教材编写组编

上海 上海音乐出版社 1993 年 165 页

26cm（16 开）ISBN：7-80553-460-8

定价：CNY4.40

J0140026

音乐　（试用本 第二册）中等师范音乐教材编写组编

上海 上海音乐出版社 1993 年 187 页

26cm（16 开）ISBN：7-80553-467-5

定价：CNY5.00

J0140027

音乐　（试用本 第一册）中等师范音乐教材编委会编

上海 上海音乐出版社 1994 年 2 版 165 页

26cm（16 开）ISBN：7-80553-460-8

定价：CNY4.60

J0140028

音乐家·文艺家·美学家论音乐与其他艺术之比较　潘必新等编

北京 人民音乐出版社 1991 年 181 页

19cm（小 32 开）ISBN：7-103-00741-1

定价：CNY2.70

本书辑录了古今中外一些著名音乐家、文艺家、美学家对音乐及其他艺术的艺术特征进行比较的论述。

J0140029

音乐教学心理学　卢合芝，李敏娜编译

长沙 湖南教育出版社 1991 年 293 页

19cm（小 32 开）ISBN：7-5355-1220-8

定价：CNY3.30

本书是根据美国著名音乐教育家詹姆士·墨塞尔与梅贝尔·格琳合著的《音乐教学心理学》和日本供电武嘉津著的《音乐教育学》而编译的。

J0140030

音乐教育与教学法　郁文武，谢嘉幸编著

北京 高等教育出版社 1991 年 105 页

26cm（16 开）ISBN：7-04-003523-5

定价：CNY2.45

J0140031

音乐考试指南　黄洋波编著

长沙 中南工业大学出版社 1991 年 204 页

19cm（小 32 开）ISBN：7-81020-350-9

定价：CNY2.70

本书全面介绍了我国音乐学科不同层次的教育体系和办学规格，系统阐述了各类音乐学校的培养目标与专业要求、报考条件及考试科目等。

J0140032

音乐灵药　山本直纯著；吴四明译
台北 大吕出版社 1991年 再版 176页
21cm（32开）ISBN：957-9358-02-8
定价：TWD180.00
（大吕音乐丛刊 17）

J0140033

音乐知识入门　黄树莲，单方谊编著
桂林 广西师范大学出版社 1991年 91页
26cm（16开）ISBN：7-5633-1162-9
定价：CNY3.10

J0140034

战士心中的旋律　（上册）吴莺编著
北京 人民音乐出版社 1991年 242页
26cm（16开）ISBN：7-103-00774-8
定价：CNY5.85
（军校音乐教学丛书）

J0140035

大学综合性音乐教材　曾炎宣主编
北京 人民音乐出版社 1992年 218页 有附《简谱试唱教程》1册 26cm（16开）
ISBN：7-103-00867-1 定价：CNY7.70

本书包括简谱和五线谱同步进行的乐理、和声、歌曲写作、唱歌指挥、声乐、器乐和交响音乐欣赏知识等，并有名曲赏析及多首五线谱、简谱视唱曲。

J0140036

江文也研讨会论文集　张己任总编辑
台北 台北县立文化中心 1992年 222页
有照片 21cm（32开）ISBN：957-00-1187-4
定价：TWD150.00

J0140037

论音乐教育　姚思源著
北京 北京师范学院出版社 1992年 197页
20cm（32开）ISBN：7-81014-589-4
定价：CNY8.00

J0140038

实用音乐大全　刘晓钟，陈明大主编
长春 长春出版社 1992年 544页 19cm（小32开）
ISBN：7-80573-701-0 定价：CNY8.90

本书内容包括：音乐基础知识、乐理知识、和声基础知识及应用、视唱练耳、声乐教学的基本方法等，共13章。

J0140039

世界流行通俗音乐之窗　王中国编
哈尔滨 黑龙江人民出版社 1992年 200页
19cm（小32开）ISBN：7-207-01212-8
定价：CNY3.05

本书介绍了各种通俗音乐的知识，并选登了各类名曲佳作。作者王中国（1954—　），青年作曲家。吉林省（社联）音乐舞蹈社会学研究会常务副秘书长，音乐编审部总编。

J0140040

王光祈文集　（音乐卷）王光祈著；四川音乐学院编
成都 巴蜀书社 1992年 636页 有照片
20cm（32开）精装 ISBN：7-80523-090-0
定价：CNY12.50

本书收入王光祈从1923年至1935年在音乐理论、音乐史方面的重要著述。作者王光祈（1892—1936），音乐学家、社会活动家。字润玙，笔名若愚，四川温江人。毕业于柏林大学，获波恩大学博士。代表作《东方民族之音乐》《欧洲音乐进化论》《论中国古典歌剧》等。

J0140041

音乐基础理论入门　希荫编著
西安 陕西人民出版社 1992年 84页 19cm（32开）
ISBN：7-224-02334-5 定价：CNY3.65

J0140042

音乐教学法　范俭民著
台北 五南图书出版公司 1992年 重印本 339页
21cm（32开）ISBN：957-11-0148-6
定价：旧台币5.00

J0140043

音乐入门20小时速成　刘璞编著
北京 中国人民大学出版社 1992年 257页
19cm（小32开）ISBN：7-300-01054-7
定价：CNY3.40

本书把音乐理论和音乐欣赏等内容穿插起

来，分为20个单元，介绍了基本音乐理论。

J0140044
音乐生活 李绪文等主编
北京 军事谊文出版社 1992年 415页
20cm(32开) ISBN: 7-80027-261-3
定价: CNY6.80
本书内容包括：连队歌咏、军中乐队、音乐欣赏、歌曲创作等5章。

J0140045
音乐生活顾问 咏北编著
长沙 中南工业大学出版社 1992年 301页
19cm(小32开) ISBN: 7-81020-458-0
定价: CNY4.50
本书内容包括音乐艺术的功能、家庭音乐教育、音乐欣赏、器乐演奏和音乐器材以及常用音乐小知识5部分。作者咏北，湖南师范大学音乐系任教。

J0140046
音乐与健康 山支编著
北京 人民音乐出版社 1992年 42页
18cm(小32开) ISBN: 7-103-00858-2
定价: CNY1.25
(音乐文化小丛书)

J0140047
音乐与人生 黎明，季伟编
太原 北岳文艺出版社 1992年 172页
19cm(小32开) ISBN: 7-5378-0534-2
定价: CNY3.20
本书内容包括：音乐与健康、音乐与智力、音乐的奇妙作用、神奇的音乐疗法等。

J0140048
音乐之友 (音乐知识讲座)李成基[著]
北京 蓝天出版社 1992年 327页 20cm(32开)
ISBN: 7-80081-317-7 定价: CNY5.60
(连队图书室丛书)
本书阐述了音乐的起源和功能，五线谱的识谱方法，唱歌、教歌、指挥的常识，作词、谱曲的基本要领，部分器乐的性能、特点和组织各型乐队的知识。作者李成基，作曲家。历任中国音乐家协会会员，中国音乐家协会四川分会理事，四川省文联委员。作品有《强军梦》等。

J0140049
怎么样给孩子们讲音乐？ (苏)卡巴列夫斯基著；张秉衡译
北京 人民教育出版社 1992年 3版(修订本)
231页 20cm(32开) ISBN: 7-107-10884-0
定价: CNY3.35
(苏联音乐教师丛书 1)
本书包括小学课堂上的谈话，怎样讲音乐，作曲家是如何产生的，贝多芬，音乐—绘画—生活、音乐的力量等内容。作者德米特里·鲍里索维奇·卡巴列夫斯基(1907—1984)，苏联著名作曲家、音乐教育家。代表作品《塔拉斯一家》《纪念列宁的追思曲》《科拉斯·布勒尼翁》等。

J0140050
中学教师进修高等师范专科音乐教育专业教学大纲 国家教育委员会教育司编
长春 东北师范大学出版社 1992年 133页
20cm(32开) ISBN: 7-5602-0707-3
定价: CNY2.50

J0140051
传统与现代：音乐论集 冯光钰著
北京 中国华侨出版社 1993年 310页
20cm(32开) ISBN: 7-80074-703-4
定价: CNY6.50
作者冯光钰(1935—2011)，教授。重庆市人。毕业于四川音乐学院，留校任教。历任中国音协书记处书记，中国民族器乐学会会长。代表作品有《中国曲牌考》《中国同宗民歌》。

J0140052
大学音乐教程 彭亚娜等编著
长沙 中南工业大学出版社 1993年 334页
19cm(小32开) ISBN: 7-81020-580-3
定价: CNY6.00
作者彭亚娜，中南工业大学任教。

J0140053
普通学校音乐教育学 曹理主编
上海 上海教育出版社 1993年 425页
20cm(32开) ISBN: 7-5320-2868-2
定价: CNY9.75

J0140054
世界音乐文丛 （1）人民音乐出版社编辑部编
北京 人民音乐出版社 1993年 193页
20cm（32开）ISBN：7-103-01101-X
定价：CNY4.25
本书收录《中国民歌研究百年》、《音乐的魅力》、《音乐作品及其演奏》等10篇文章。

J0140055
世界音乐文丛 （2）人民音乐出版社编辑部编
北京 人民音乐出版社 1994年 258页
20cm（32开）ISBN：7-103-01204-0
定价：CNY7.40
本书收录《西方学者对东方音乐的新观望》《民族音乐学在法国》《柴科夫斯基其人其事》等15篇文章。

J0140056
王光祈音乐论著选集 （上册）王光祈著；冯文慈，俞玉滋选注
北京 人民音乐出版社 1993年 238页
20cm（32开）ISBN：7-103-00984-8
定价：CNY6.70
本套书3册，内容包括：作者对于发展祖国音乐文化的主张和传统音乐的研究，中国音乐史，中国、东方和西方的乐律学及其比较研究等。作者王光祈（1892—1936），音乐学家、社会活动家。字润玙，笔名若愚，四川温江人。毕业于柏林大学，获波恩大学博士。代表作《东方民族之音乐》《欧洲音乐进化论》《论中国古典歌剧》等。

J0140057
王光祈音乐论著选集 （中册）王光祈著；冯文慈，俞玉滋选注
北京 人民音乐出版社 1993年 240页
20cm（32开）ISBN：7-103-01008-0
定价：CNY6.70

J0140058
王光祈音乐论著选集 （下册）王光祈著；冯文慈，俞玉滋选注
北京 人民音乐出版社 1993年 192页
20cm（32开）ISBN：7-103-00985-6
定价：CNY5.65

J0140059
协律奏雅 （音乐知识撷英）宋庆光著
北京 北京燕山出版社 1993年 156页
19cm（小32开）ISBN：7-5402-0736-1
定价：CNY3.30
（跨世纪中学生文库）

J0140060
音乐 湖南省中师教育研究会编
长沙 湖南教育出版社 1993年 2版 178页
26cm（16开）ISBN：7-5355-0970-3
定价：CNY4.85

J0140061
音乐的实用知识 薛良等编
北京 中国文联出版公司 1993年 396页
19cm（小32开）ISBN：7-5059-1789-7
定价：CNY6.80
本书包括：西洋名曲要览、歌曲写作方法、戏曲唱腔述要、音乐研究方法、音乐治学方法、论名音乐家等15部分。

J0140062
音乐趣话 刘玲编著
北京 国际文化出版公司 1993年 166页
19cm（小32开）ISBN：7-80049-428-4
定价：CNY3.20
（中小学音乐知识文库）

J0140063
音乐文化人类学 萧梅，韩钟恩著
南宁 广西科学技术出版社 1993年 237页
20cm（32开）ISBN：7-80565-929-X
定价：CNY6.00
本书重点论述“音乐文化人类学”的取域与定位、元理论逻辑前提、基本问题与学科论域，并从“民族音乐学”与“音乐美学”两大学科出发叙述了本学科赖以建构的基础与条件。作者韩钟恩（1955— ），教授。中央音乐学院博士毕业。上海音乐学院教授、博士生导师、音乐学系系主任，中国音乐家协会会员，中国音乐美学学会理事兼秘书长，中国音乐心理学学会会员。著作有《音乐文化人类学》《临响乐品》《音乐美学与审美》等。作者萧梅（1956— ），女，教授。历任上海音乐学院音乐学系教授，博士生导师，民

族音乐学教研组组长，中国音乐家协会会员，中国传统音乐学学会副会长兼秘书长，中国音乐美学学会会员，中国音乐学院音乐研究所助理研究员。

J0140064
音乐学新论 崔光宙著
台北 五南图书出版公司 1993年 581页
有照片 21cm(32开)精装
ISBN: 957-11-0596-1 定价: 旧台币 10.00

J0140065
音乐与数学 童忠良等编著
北京 人民音乐出版社 1993年 164页
19cm(小32开) ISBN: 7-103-01126-5
定价: CNY3.45
(音乐文化小丛书)
本书包括: 河洛数理与中国古代十二律、音乐中的旧约全书与百科全书式的巨人、公式化与计算机音乐等8部分。作者童忠良(1935—2007), 教授。毕业于德国莱比锡音乐学院。曾任武汉音乐学院院长、党委书记。著有《近现代和声的功能网》《和声学教程》《基本乐理教程》等。

J0140066
音乐与自然 韩宝强, 资民筠著
北京 国际文化出版公司 1993年 122页
19cm(小32开) ISBN: 7-80049-428-4
定价: CNY3.20
(中小学音乐知识文库)

J0140067
音乐知识与名曲赏析 伍湘涛主编
北京 航空工业出版社 1993年 481页
20cm(32开) ISBN: 7-80046-498-9
定价: CNY8.50

J0140068
中等师范学校教科书(试用本)音乐 (第一册)人民教育出版社音乐室编著
北京 人民教育出版社 1993年 208页 有彩图
26cm(16开) ISBN: 7-107-08131-4
定价: CNY4.50

J0140069
爱乐 (丛刊 音乐与音响 第2辑)董秀玉总编辑
北京 三联书店[1994年]160页 有插图
20cm(32开) ISBN: 7-108-00701-0
定价: CNY12.00
本书包括: 爱乐偶谭、中国音乐、乐史空间、品片录等13个栏目。

J0140070
爱乐 (丛刊 音乐与音响 第3辑)朱伟主编
北京 三联书店[1995年]160页 有照片
20cm(32开) ISBN: 7-108-00752-5
定价: CNY12.00
外文书名: Philharmonic.

J0140071
爱乐 (丛刊 音乐与音响 第4辑)朱伟主编
北京 三联书店[1995年]160页 有照片
20cm(32开) ISBN: 7-108-00768-1
定价: CNY12.00
外文书名: Philharmonic.

J0140072
爱乐 (丛刊 音乐与音响 第5辑)朱伟主编
北京 三联书店[1995年]160页 有照片
20cm(32开) ISBN: 7-108-00786-X
定价: CNY14.80
外文书名: Philharmonic.

J0140073
爱乐 (丛刊 音乐与音响 第6辑)朱伟主编
北京 三联书店[1995年]160页 有照片
20cm(32开) ISBN: 7-108-00811-4
定价: CNY14.80
外文书名: Philharmonic.

J0140074
缤纷人生 卢捷编
北京 华龄出版社 1994年 64页 有照片
30cm(10开) ISBN: 7-80082-563-9
定价: CNY11.80

J0140075
陈国修音乐秘笈 (2 大作曲家的生涯)陈国修著

台北 世界文物出版社 1994年 213页 有照片
21cm(32开) ISBN: 957-8996-24-1
定价: TWD220.00

J0140076
陈国修音乐秘笈 (3 艺海缤纷录) 陈国修著
台北 世界文物出版社 1994年 224页
21cm(32开) ISBN: 957-8996-28-4
定价: TWD220.00

J0140077
陈国修音乐秘笈 (4 爱乐手册) 陈国修著
台北 世界文物出版社 1994年 261页
21cm(32开) ISBN: 957-8996-39-X
定价: TWD250.00

J0140078
大学生音乐知识与赏析 清华大学音乐室编
北京 清华大学出版社 1994年 189页 有彩图
26cm(16开) ISBN: 7-302-01443-4
定价: CNY9.80

本书向大学生介绍了识谱、乐理、中外音乐史、声乐、歌剧等知识。

J0140079
儿童趣味音乐知识 (配图本) 杨惠芬著; 吴佳笠, 韩丽红配图
长春 长春出版社 1994年 120页 26cm(16开)
ISBN: 7-80604-187-7 定价: CNY7.00

J0140080
发烧友 (1) 刘汉盛主编;《发烧友》编委会编著
成都 四川科学技术出版社 1994年 93页
有照片 26cm(16开) ISBN: 7-5364-2710-7
定价: CNY8.80

J0140081
发烧友 (2) 刘汉盛主编;《发烧友》编委会编著
成都 四川科学技术出版社 1994年 112页
有照片 26cm(16开) ISBN: 7-5364-2793-X
定价: CNY8.80

J0140082
发烧友 (3) 刘汉盛主编;《发烧友》编委会编
成都 四川科学技术出版社 1994年 111页
有彩照 26cm(16开) ISBN: 7-5364-2820-0
定价: CNY8.80

本书内容包括: 专家谈、音响精品橱窗、CD华章等15个栏目。

J0140083
发烧友 (4)《发烧友》编委会编著
成都 四川科学技术出版社 1994年 109页
有彩图 26cm(16开) ISBN: 7-5364-2866-9
定价: CNY8.80

J0140084
发烧友 (5)《发烧友》编委会编著
成都 四川科学技术出版社 1994年 110页
有彩图 26cm(16开) ISBN: 7-5364-2931-2
定价: CNY8.80

J0140085
发烧友 (6)《发烧友》编委会编著
成都 四川科学技术出版社 1994年 108页
有彩图 26cm(16开) ISBN: 7-5364-2931-2
定价: CNY8.80

J0140086
发烧友 (7)《发烧友》编委会编著
成都 四川科学技术出版社 1995年 119页
有彩图 26cm(16开) ISBN: 7-5364-2866-9
定价: CNY8.80

J0140087
回首百年 (20世纪华人音乐经典论文集) 汪毓和, 陈聆群主编; 中华民族文化促进会编
重庆 重庆出版社 1994年 565页 有照片
20cm(32开) ISBN: 7-5366-3085-9
定价: CNY18.00

外文书名: Comments on 20th Century's Chinese Music Classics. 作者汪毓和(1929—2013), 音乐评论家、音乐教育家。四川成都人。毕业于中央音乐学院作曲系, 中央音乐学院教授、音乐研究所所长,《人民音乐》副主编, 中国音乐史学会副会长。著作有《中国近现代音乐史》《聂耳评传》《中国现代音乐史纲 1949—1986》。作者陈聆群(1933—2018), 教授, 音乐史学家。毕业于上海音乐学院理论作曲系。上海音乐学院教授, 博士研究生导师。编著有《萧友梅音乐文集》

《回首百年——20世纪华人音乐经典论文集》等。

J0140088
柯达伊音乐教育思想与实践 （音乐基础教育的原则与方法）杨立梅编著
北京 中国人民大学出版社 1994年 254页
有照片 20cm(32开) ISBN: 7-300-01997-8
定价: CNY8.90
本书介绍了柯达伊音乐教育的观念、手段和普通教育低、中、高年级的音乐教育等。作者杨立梅，女，北京师范大学艺术教育系副主任，中国音乐家协会会员等职。

J0140089
乐海撷英 （首都师范大学音乐系建系三十周年学术论文集）曹理等著
北京 首都师范大学出版社 1994年 231页
20cm(32开) ISBN: 7-81039-502-5
定价: CNY5.20
本书收录文章31篇，内容包括：音乐教学研究、作家作品研究、音乐学研究等5部分。

J0140090
沈知白音乐论文集 沈知白著；姜椿芳，赵佳梓主编
上海 上海音乐出版社 1994年 503页 有照片
20cm(32开) 精装 ISBN: 7-80553-382-2
定价: CNY25.30
本书收我国著名音乐学家、音乐教育家沈知白先生自20世纪30年代以来所写的论文、译著和他的简单生平，以及他的部分学生和亲友追忆他生前还没来得及写出来的音乐理论主张和学术思想。

J0140091
西洋音乐百科全书 （第一册 古典音乐起源）（英）麦克·雷朋(Michael Raeburn)，（英）亚伦·肯道尔(Alan Kendall)主编；韩国鑁等译
台北 麦克公司 1994年 有照片
29cm(16开) 精装 ISBN: 957-8925-21-2
定价: TWD2830.00
外文书名: Classical Music and Its Origins.

J0140092
西洋音乐百科全书 （第二册 古典音乐起源）（英）麦克·雷朋(Michael Raeburn)，（英）亚伦·肯道尔(Alan Kendall)主编；韩国鑁等译
台北 麦克公司 1994年 有照片
29cm(16开) 精装 ISBN: 957-8925-22-0
定价: TWD2830.00
外文书名: Classical Music and Its Origins.

J0140093
西洋音乐百科全书 （第三册 浪漫时期音乐）（英）麦克·雷朋(Michael Raeburn)，（英）亚伦·肯道尔(Alan Kendall)主编；张渝役，陈树熙译
台北 麦克公司 1994—1995年 有照片
29cm(16开) 精装 ISBN: 957-8925-43-3
定价: TWD2830.00
外文书名: The Romantic Era.

J0140094
西洋音乐百科全书 （第四册 浪漫时期音乐）（英）麦克·雷朋(Michael Raeburn)，（英）亚伦·肯道尔(Alan Kendall)主编；张渝役，陈树熙译
台北 麦克公司 1994—1995年 有照片
29cm(16开) 精装 ISBN: 957-8925-44-1
定价: TWD2830.00
外文书名: The Romantic Era.

J0140095
西洋音乐百科全书 （第五册 19世纪新传）（英）麦克·雷朋(Michael Raeburn)；（英）亚伦·肯道尔(Alan Kendall)主编；陈树熙，邱瑗译
台北 麦克公司 1995—1996年 有照片
29cm(16开) 精装 ISBN: 957-9306-31-1
定价: TWD2830.00
外文书名: The Nineteenth-Century Legacy.

J0140096
西洋音乐百科全书 （第六册 19世纪新传）（英）麦克·雷朋(Michael Raeburn)；（英）亚伦·肯道尔(Alan Kendall)主编；陈树熙，邱瑗译
台北 麦克公司 1995—1996年 有照片
29cm(16开) 精装 ISBN: 957-9306-86-9
定价: TWD2830.00
外文书名: The Nineteenth-Century Legacy.

J0140097
西洋音乐百科全书 （第七册 20世纪音乐）

(英)麦克·雷朋(Michael Raeburn);(英)亚伦·肯道尔(Alan Kendall)主编;陈玫琪等译
台北 麦克公司 1994—1996年 有照片
29cm(16开)精装 ISBN:957-815-008-3
定价:TWD2830.00
外文书名:Music in the Twentieth Century.

J0140098
西洋音乐百科全书 (第八册 20世纪音乐)
(英)麦克·雷朋(Michael Raeburn);(英)亚伦·肯道尔(Alan Kendall)主编;陈玫琪等译
台北 麦克公司 1994—1996年 有照片
29cm(16开)精装 ISBN:957-815-040-7
定价:TWD2830.00
外文书名:Music in the Twentieth Century.

J0140099
西洋音乐百科全书 (第九册 牛津音乐辞典)
(英)麦克·雷朋(Michael Raeburn);(英)亚伦·肯道尔(Alan Kendall)主编;叶绿娜等译
台北 麦克公司 1996—1997年 有照片
29cm(16开)精装 ISBN:957-815-080-6
定价:TWD2830.00
外文书名:The Oxford Dictionary of Music.

J0140100
西洋音乐百科全书 (第十册 牛津音乐辞典)
(英)麦克·雷朋(Michael Raeburn);(英)亚伦·肯道尔(Alan Kendall)主编;叶绿娜等译
台北 麦克公司 1996—1997年 有照片
29cm(16开)精装 ISBN:957-815-081-4
定价:TWD2830.00
外文书名:The Oxford Dictionary of Music.

J0140101
音乐:生命的沉醉 曾田力著
北京 北京大学出版社 1994年 215页
19cm(小32开)ISBN:7-301-02194-1
定价:CNY6.00
(北京大学艺术教育与美学研究丛书 8)
本书内容包括:音乐与现代人、人化的和声空间、音乐新感性的审美生成等7章。作者曾田力(1946—),教授。祖籍江西。毕业于中央音乐学院乐学系。历任北京广播学院(现为中国传媒大学)文艺编导系副教授、音乐教研室主任,中国音乐家协会会员。专著有《音乐、生命的沉醉》《音乐小辞海》《旋律钢琴曲》。

J0140102
音乐表演用语词典 《音乐表演用语词典》编写组著
台北 世界文物出版社 1994年 440页 16cm
精装 ISBN:957-8996-35-7 定价:TWD380.00
外文书名:Musician's Handbook of Foreign Terms.

J0140103
音乐概论 洪万隆著
台北 明文书局 1994年 338页 21cm(32开)
ISBN:957-703-051-3 定价:TWD220.00

J0140104
音乐基础 张锡康主编
成都 四川教育出版社 1994年 176页
26cm(16开)ISBN:7-5408-2628-2
定价:CNY7.40

J0140105
音乐教育与音乐创作 鲁颂著
长沙 湖南少年儿童出版社 1994年 247页
19cm(小32开)ISBN:7-5358-0922-7
定价:CNY3.80
本书收有作者关于歌曲创作、音乐教育、民间音乐、音乐表演等方面的文章50篇。作者鲁颂(1934—2012),作曲家。湖南南县人,出版有《鲁颂歌曲选》《音乐教育与音乐创作》《鲁颂校园歌曲选》等。

J0140106
音乐名词 台湾编译馆编
台北 桂冠图书公司 1994年 200页 26cm(16开)
精装 ISBN:957-551-827-6 定价:TWD285.00

J0140107
音乐趣话 黄勇等编著
北京 光明日报出版社 1994年 174页
19cm(小32开)ISBN:7-80091-568-9
定价:CNY4.40
(百科知识趣话丛书)

J0140108
音乐学文集　中国艺术研究院音乐研究所编
济南 山东友谊书社 1994年 1447页
20cm(32开) ISBN: 7-80551-580-8
定价: CNY29.30

J0140109
音乐知识400问　李静泉,陈艳主编
郑州 河南人民出版社 1994年 23+177页
20cm(32开) ISBN: 7-215-03392-9
定价: CNY5.30

J0140110
音乐知识问答　周宝玲著
郑州 中原农民出版社 1994年 10+243页
19cm(小32开) ISBN: 7-80538-598-X
定价: CNY5.50
作者周宝玲,女,《流行歌曲》编辑部编辑。

J0140111
音乐知识与欣赏　边师颐,李爱德编著
兰州 甘肃人民出版社 1994年 208页
20cm(32开) ISBN: 7-226-01356-8
定价: CNY6.00

J0140112
音乐子午线　陈永明著
香港 商务印书馆(香港)公司 1994年 219页
有图 19cm(小32开) ISBN: 962-07-4260-5
定价: HKD48.00

J0140113
音响之路　冯炜国主编
广州 广东高等教育出版社 1994年 121页
有照片 29cm(16开) ISBN: 7-5361-1351-X
定价: CNY12.00
本书内容包括:龙虎会、发烧论坛、乐坛动态等11章。外文书名: Journey to Sound.

J0140114
赵元任音乐论文集　[美]赵元任著
北京 中国文联出版公司 1994年 161页 有照片
20cm(32开) ISBN: 7-5059-2114-2
定价: CNY6.50
(中华民族音乐文化丛书)
本书收录《中国音韵里的规范问题》《用中文唱歌》《说时》等近20篇文章。

J0140115
大学音乐　吴军行主编
南昌 江西高校出版社 1995年 151页
26cm(16开) ISBN: 7-81033-527-8
定价: CNY9.60

J0140116
动人的旋律　马里编著;金岩绘
济南 明天出版社 1995年 153页 20cm(32开)
ISBN: 7-5332-2142-7
定价: CNY385.00(全120册)
(全国小学生课外丛书)

J0140117
高等师范院校音乐教学论稿　朱显碧,宋运超著
贵阳 贵州人民出版社 1995年 322页 有照片
20cm(32开) ISBN: 7-221-03925-9
定价: CNY15.00
作者朱显碧(1954—),教授。四川重庆人。历任贵州师范大学艺术系钢琴教研室主任、副教授,国际SEM高等师范院校钢琴学会、中国传统音乐学会会员。作者宋运超,湘西花垣人,贵州艺术高等专科学校副教授。

J0140118
河南省高等中等学校招生音乐专业考试大纲　河南省招生办公室编
郑州 河南人民出版社 1995年 63页 26cm(16开)
ISBN: 7-215-03524-7 定价: CNY9.00

J0140119
曼纽因访谈录　杜波(Dubal, D.)著;文敏译
台北 世界文物出版社 1995年 236页 有照片
21cm(32开) ISBN: 957-8996-47-0
定价: TWD220.00
外文书名: Conversations with Menuhin.

J0140120
攀登音乐艺术高峰的途径　许勇三著
北京 人民音乐出版社 1995年 405页
20cm(32开) ISBN: 7-103-01258-X

定价: CNY18.50

作者许勇三，教授。江苏海门人。就读于燕京大学音乐系和美国密歇根大学音乐学院。历任中央音乐学院副教授，天津音乐学院作曲系主任、教授，中国音协天津分会副主席。著有《民间音乐在巴托克创作中的应用》《巴托克为民歌配置多声手法问题初探》，译有《大型曲式学》等。

J0140121
音乐 谢莉莉主编；部分省市职业高中幼儿教育专业课程结构总体改革实验教材编写委员会编
北京 高等教育出版社 1995 年 486 页
26cm(16 开)

J0140122
音乐构成论 方智诺编著
哈尔滨 东北林业大学出版社 1995 年 728 页
20cm(32 开) ISBN: 7-81008-615-4
定价: CNY26.80

作者方智诺，教师。哈尔滨师范大学艺术学院任教。

J0140123
音乐散论 孙慎著
广州 广东高等教育出版社 1995 年 194 页
20cm(32 开) ISBN: 7-5361-1675-6
定价: CNY12.00

J0140124
音乐舞蹈技能技巧 陈蓉辉编
长春 东北师范大学出版社 1995 年 176 页
26cm(16 开) ISBN: 7-5602-1619-6
定价: CNY12.00
(吉林省幼儿教师幼教专科自学考试系列丛书)

J0140125
音乐演义 蔡长河撰文
北京 华语教学出版社 1995 年 273 页
20cm(32 开) ISBN: 7-80052-486-8
定价: CNY11.00
(中小学课堂学习新广角)

J0140126
音乐与文学 罗小平编著
北京 人民音乐出版社 1995 年 103 页
19cm(小 32 开) ISBN: 7-103-01295-4
定价: CNY4.20
(音乐文化小丛书)

J0140127
音乐与智力 何晓兵著
成都 电子科技大学出版社 1995 年 207 页
19cm(小 32 开) ISBN: 7-81043-164-1
定价: CNY5.98

作者何晓兵(1955—)，教授。四川成都人，中国音乐学院博士研究生。中国传媒大学戏剧影视学院教授、博士生导师。出版有《音乐电视导论》《从中心到相对: 电视音乐传播价值论》等。

J0140128
音乐院校报考指南 陈建华编
上海 上海音乐出版社 1995 年 135 页
18cm(32 开) 定价: CNY5.80

本书内容包括: 报名程序、考核项目、专业测试、录取原则、特殊招生、考场经验、研究生报考和音乐(艺术)院校简介等。作者陈建华，南京艺术学院任教。

J0140129
音乐自学速成 杨惠芬，杨明编著
长春 时代文艺出版社 1995 年 216 页
19cm(小 32 开) ISBN: 7-5387-0837-5
定价: CNY6.80

J0140130
英汉哈萨克语音乐对照小词汇 拉合买提都拉编
奎屯 伊犁人民出版社 1995 年 34 页
19cm(小 32 开) ISBN: 7-5425-0200-X
定价: CNY1.90

J0140131
噪音 (音乐的政治经济学) 阿达利著；宋素凤，翁桂堂译
台北 时报文化出版企业公司 1995 年 238 页
21cm(32 开) ISBN: 957-13-1547-8
定价: TWD300.00
(近代思想图书馆系列 30)

本书是作者的思想学术著作，作者强调了音乐与社会的密切而错综复杂的互动关系，而整部音乐史即是噪音如何被含纳、转化、调谐、传播的历史。全书以此为结构分为五章：一、倾听：论述音乐离不开对象、听众的聆听；二、牺牲：为宗教而演奏；三、再现；四、重复：音乐为商业目的、录制唱片而作；五、作曲：未来的自由地为创作而作，从而不断制造出社会新秩序。作者贾克·阿达利（Jacques Attali，1943— ），法国著名的政治和经济学学者、政论家。出生于阿尔及利亚。当代法国文坛与政治界的怪才，著作颇丰。

J0140132
最新音乐心理学荟萃 罗小平，黄虹编译
北京 中国文联出版公司 1995年 278页
19cm（小32开）ISBN：7-5059-1394-8
定价：CNY9.80

J0140133
八闽乐坛 （1996年第2期 总第30期）庄春江主编；福建音乐家协会理论委员会编
［福州］［福建音乐家协会理论委员会］1996年
37页 19cm（小32开）

J0140134
大学生音乐修养 王代言主编
成都 四川人民出版社 1996年 283页
20cm（32开）ISBN：7-220-03459-8
定价：CNY12.00
外文书名：Students' Accomplishments on Music.

J0140135
大学音乐 张友刚，尹红编著；四川省学校艺术教育委员会［编］
重庆 西南师范大学出版社 1996年 172页
26cm（16开）ISBN：7-5621-1578-8
定价：CNY11.50

J0140136
大中专院校综合性音乐教材 丁庆林主编
哈尔滨 黑龙江教育出版社 1996年 152页
26cm（16开）ISBN：7-5316-3018-4
定价：CNY13.80

J0140137
高师音乐教育学 王耀华等编著
福州 福建人民出版社 1996年 184页
20cm（32开）ISBN：7-211-02828-9
定价：CNY9.50
作者王耀华（1942— ），教授。福建长汀人，毕业于福建师范大学。历任福建师大教授、副校长，国际传统音乐学会执委会委员、亚太地区民族音乐学会会长、中国音乐家协会理事、福建省音协主席等。出版有《琉球中国音乐比较研究》《三弦艺术论》《福建传统音乐》《客家艺能文化》《福建南音初探》等。

J0140138
家庭音响·家庭影院·发烧友150问 康浩编著
北京 中国建材工业出版社 1996年 275页
20cm（32开）ISBN：7-80090-357-5
定价：CNY14.80

J0140139
阶梯音乐教程 许作正编撰
北京 中国青年出版社 1996年 169页
26cm（16开）ISBN：7-5006-1858-1
定价：CNY18.00

J0140140
乐海扬帆六十年 胡均著
1996年 21+264页 有照片有图 19cm（小32开）

J0140141
乐苑谈往 （廖辅叔文集）廖崇向编
北京 华乐出版社 1996年 408页 有照片
21cm（32开）ISBN：7-80129-000-3
定价：CNY25.00
本书收录了音乐理论家、教育家，中央音乐学院教授廖辅叔先生的有关音乐的文稿。

J0140142
漫游音乐大观园 董天庆著
贵阳 贵州人民出版社 1996年 119页 有插图
19cm（小32开）ISBN：7-221-03759-0
定价：CNY6.50
（大千世界丛书）

J0140143
千山乐话 （丁鸣音乐文选）丁鸣编
沈阳 辽宁教育出版社 1996年 555页 有彩照
20cm（32开）ISBN：7-5382-4461-1
定价：CNY26.00

J0140144
瞿维文选 瞿维著
广州 广东高等教育出版社 1996年 141页
有彩照 26cm（16开）ISBN：7-5361-1908-9
定价：CNY10.00
　　作者瞿维（1917—2002），中国现代作曲家。生于江苏常州，毕业于上海新华艺专师范系。曾任中国音乐家协会常务理事，副主席、音协上海分会副主席，上海交通大学音乐研究室主任，中国高等学校音乐教育学学会会长等职。代表作钢琴曲《花鼓》《蒙古夜曲》，歌剧《白女》等。

J0140145
全国高等师范院校音乐入学测试指南 张锡康主编
成都 四川文艺出版社 1996年 230页
26cm（16开）ISBN：7-5411-1590-8
定价：CNY19.00

J0140146
世界各国音乐院校名录 薛艺兵等编著
北京 人民音乐出版社 1996年 10+394页
22cm（30开）ISBN：7-103-01371-3
定价：CNY36.70

J0140147
天使音乐教法 （演奏篇 电子琴分册 一）朱经白编著
天津 天津科学技术出版社 1996年 52页
有插图 26cm（16开）ISBN：7-5308-0788-9
定价：CNY8.00

J0140148
音乐 Do Re Mi 曹理，陈琪编著
北京 中国大百科全书出版社 1996年
2册（326页）20cm（32开）ISBN：7-5000-5696-6
定价：CNY11.50
（小学图书馆百科文库）

J0140149
音乐简明教程 蒋振环编著
天津 南开大学出版社 1996年 重印本 257页
有插图 19cm（32开）ISBN：7-310-00791-3
定价：CNY7.40
　　本书原名：大学音乐简明教程，作者为南开大学音乐教师。作者蒋振环，南开大学音乐教师。作品有《音乐简明教程》。

J0140150
音乐教育学 邹爱民等译
北京 人民音乐出版社 1996年 345页
20cm（32开）ISBN：7-103-01415-9
定价：CNY16.00
（音乐词典条目汇辑）

J0140151
音乐舞蹈 （上册）张丽君等编著
呼和浩特 内蒙古大学出版社 1996年 110页
26cm（16开）ISBN：7-81015-588-1
定价：CNY8.00

J0140152
音乐小辞海 （少年儿童卷）曾田力主编
北京 华夏出版社 1996年 13+451页 有肖像
20cm（32开）ISBN：7-5080-0943-6
定价：CNY29.00
　　作者曾田力（1946— ），教授。祖籍江西。毕业于中央音乐学院乐学系。历任北京广播学院（现为中国传媒大学）文艺编导系副教授、音乐教研室主任，中国音乐家协会会员。专著有《音乐：生命的沉醉》《音乐小辞海》《旋律钢琴曲》。

J0140153
音乐知识与欣赏 多涛，李英玉编著
大连 辽宁师范大学出版社 1996年 360页
19cm（32开）ISBN：7-81042-182-4
定价：CNY13.00

J0140154
中国当代音乐家书系 冯光钰，傅晶主编
北京 国际文化出版公司 1996年 8册
有照片 19cm（小32开）ISBN：7-80105-159-9
定价：CNY80.00

J0140155
中外名人与音乐　周广平编著
广州　中山大学出版社　1996 年　145 页　有插图
19cm（小 32 开）ISBN：7-306-01186-3
定价：CNY5.80
（广东省中小学课外丛书　第二批　15）

J0140156
步入音乐的圣殿　（大学生的音乐修养）朱咏北等编著
长沙　湖南师范大学出版社　1997 年　346 页
20cm（32 开）ISBN：7-81031-517-X
定价：CNY12.00，CNY20.00（精装）
（大学人文素质教育丛书）

J0140157
传统与现代间——许常惠音乐论著研究
徐丽纱著
彰化县　彰化县立文化中心　1997 年　12+311 页
有图有照片　21cm（32 开）ISBN：957-02-0228-9
定价：[TWD245.00]

J0140158
大学音乐　高兴等主编
武汉　华中理工大学出版社　1997 年　10+494 页
20cm（32 开）ISBN：7-5609-1366-0
定价：CNY15.00

J0140159
大学音乐教程　马达，陈雅先编著
福州　福建教育出版社　1997 年　406 页
20cm（32 开）ISBN：7-5334-2508-1
定价：CNY23.00

J0140160
含泪的歌声　杨东铭著
福州　福建教育出版社　1997 年　209 页　有照片
20cm（32 开）ISBN：7-5334-2482-4
定价：CNY15.00

J0140161
贺绿汀全集　（第三卷　译文·专著）[贺绿汀著]；《贺绿汀全集》编委会编
上海　上海音乐出版社　1999 年　514 页
26cm（16 开）精装　ISBN：7-80553-605-8
定价：CNY55.00

本卷收录作者的译文《和声学理论与实用》《古代音乐》《苏联电影中的音乐》及《乐器种类概况》，专著《小朋友音乐》和《和声学初步》。作者贺绿汀（1903—1999），音乐家、教育家。湖南邵东仙槎桥人，毕业于上海国立音乐专科学校。历任武昌艺术专科学校教员、明星影片公司音乐科科长、陕甘宁晋绥联防军政治部宣传队音乐教员、延安中央管弦乐团团长、华北文工团团长。代表作品《牧童短笛》《摇篮曲》《游击队歌》等，著有《贺绿汀音乐论文选集》。

J0140162
贺绿汀全集　（第四卷　文论一）[贺绿汀著]；《贺绿汀全集》编委会编
上海　上海音乐出版社　1999 年　364 页
26cm（16 开）精装　ISBN：7-80553-620-1
定价：CNY43.00

本卷收录作者 1934 年至 1966 年所写的各类文章《音阶研究》《音乐艺术的时代性》《关于中国音乐的几点看法》等 97 篇。

J0140163
贺绿汀全集　（第五卷　文论二）[贺绿汀著]；《贺绿汀全集》编委会编
上海　上海音乐出版社　1997 年　368 页
26cm（16 开）精装　ISBN：7-80553-690-2
定价：CNY42.50

J0140164
贺绿汀全集　（第六卷　文论三）[贺绿汀著]；《贺绿汀全集》编委会编
上海　上海音乐出版社　1997 年　262 页
26cm（16 开）精装　ISBN：7-80553-708-9
定价：CNY33.50

J0140165
乐海观潮录　（当代乐论）包敏真著
福州　海峡文艺出版社　1997 年　149 页
20cm（32 开）ISBN：7-80640-032-X
定价：CNY10.00

J0140166
流行音乐　（法）亨利·斯科夫·托尔格（Henry Skoff Torgue）著；管震湖译

北京 商务印书馆 1997年 130页 19cm(小32开)
ISBN: 7-100-02250-9 定价: CNY7.50
(我知道什么？百科知识丛书 第三批 18)
外文书名: La Pop-Music.

J0140167
漫游小小音乐王国 王杰夫著
太原 北岳文艺出版社 1997年 2册 19×21cm
ISBN: 7-5378-1643-3 定价: CNY14.80

J0140168
钱仁康音乐文选 (上)钱仁康著; 钱亦平编
上海 上海音乐出版社 1997年 423页
20cm(32开)精装 ISBN: 7-80553-570-1
定价: CNY24.30
钱仁康教授是我国著名的音乐理论家。本套书是其在音乐领域中研究成果的选集。内容包括: 第1编"人物春秋", 收录《启蒙音乐教育家沈心工先生》《李叔同出家缘由》等; 第2编"作品解析", 收录《李叔同——弘一法师的乐歌创作》《〈新诗歌集〉——"五四"以来第一部融会中西音乐艺术的歌集》等; 第3编"词、曲考证", 收录《〈月子弯弯〉源流考——兼谈"吴歌"》《〈魏氏乐谱〉考析》等; 第4编"乐论·乐话", 收录《音乐的内容和形式》《论项真格旋律》等。

J0140169
钱仁康音乐文选 (下)钱仁康著; 钱亦平编
上海 上海音乐出版社 1997年 468页
20cm(32开)精装 ISBN: 7-80553-571-X
定价: CNY25.50

J0140170
袖珍音乐词语手册 薛良, 袁丹编著
北京 中国文联出版公司 1997年 174页
19cm(32开) ISBN: 7-5059-2584-9
定价: CNY9.80

J0140171
音乐分析基础教程 彭志敏著
北京 人民音乐出版社 1997年 336页
20cm(32开) ISBN: 7-103-01537-6
定价: CNY16.60
(音乐自学丛书 作曲卷)

J0140172
音乐基础教程 于捷主编
南昌 江西高校出版社 1997年 248页
26cm(16开) ISBN: 7-81033-748-3
定价: CNY20.00

J0140173
音乐基础理论 (基础知识、视唱、欣赏) 汤琦, 张重辉编著
杭州 浙江大学出版社 1997年 重印本 187页
26cm(16开) ISBN: 7-308-01612-9
定价: CNY15.00

J0140174
音乐基础知识 孙孝酣主编
北京 中国财政经济出版社 1997年 291页
19cm(32开) ISBN: 7-5005-3170-2
定价: CNY11.00

J0140175
音乐社会学概论 (当代社会音乐生产体系运行研究) 曾遂今著
北京 文化艺术出版社 1997年 432页
20cm(32开) ISBN: 7-5039-1540-4
定价: CNY20.00
(20世纪艺术文库 研究编)

J0140176
音乐文化趣谈 余开基著
长沙 湖南人民出版社 1997年 311页
20cm(32开) ISBN: 7-5438-1585-0
定价: CNY11.40

J0140177
音乐学概论 俞人豪著
北京 人民音乐出版社 1997年 365页
20cm(32开) ISBN: 7-103-01421-3
定价: CNY17.60
(音乐自学丛书 音乐学卷)

J0140178
音乐学基础知识问答 俞人豪等著
北京 人民音乐出版社 1997年 13+340页
20cm(32开) ISBN: 7-103-01509-0
定价: CNY18.10

J0140179
音乐与超常规思维　沈建军著
武汉 华中理工大学出版社 1997 年 225 页
20cm（32 开）ISBN：7-5609-1615-5
定价：CNY8.80

J0140180
中等师范学校（试用本）音乐第一册教学参考书　人民教育出版社音乐室编
北京 人民教育出版社 1997 年 374 页
26cm（16 开）ISBN：7-107-12226-6
定价：CNY18.50

J0140181
周国瑾作品选　周国瑾著
广州 广东人民出版社 1997 年 284 页 有照片
20cm（32 开）ISBN：7-218-02422-X
定价：CNY15.00
作者周国瑾（1921—2005），文艺工作者。广州人。毕业于延安鲁迅艺术文学院。中国作家协会会员，延安中央党校文艺工作研究室研究员，延安中央管弦乐团团员，中国作家协会广东分会副主席，广州音乐专科学校校长，广东省音乐家协会主席。中国音乐家协会第三届常务理事。著有《保卫牛家堡子》。

J0140182
周国瑾作品选　周国瑾著
广州 广东人民出版社 1998 年 2 版 339 页
有照片 20cm（32 开）ISBN：7-218-02422-X
定价：CNY18.00

J0140183
专业音乐教育学导论　张帆著
北京 中国社会科学出版社 1997 年 252 页
20cm（32 开）ISBN：7-5004-2124-9
定价：CNY15.00

J0140184
步入音乐殿堂的阶梯　何平，尹铁良编著
北京 教育科学出版社 1998 年 182 页
20cm（32 开）ISBN：7-5041-1792-7
定价：CNY7.00
（美育丛书）

J0140185
从流行歌曲看台湾社会　曾慧佳著
台北 桂冠图书公司 1998 年 352 页 21cm（32 开）
ISBN：957-730-099-5 定价：TWD400.00
（桂冠丛刊 69）

J0140186
大学生音乐基础　耿玉琴等主编
北京 大众文艺出版社 1998 年 10+479 页
20cm（32 开）ISBN：7-80094-626-6
定价：CNY22.00

J0140187
大学生音乐修养 ABC　李广达主编
郑州 河南文艺出版社 1998 年 14+480 页
21cm（32 开）
本书共六章内容：中国音乐欣赏、外国音乐简史与音乐欣赏、合唱与指挥、声乐学习基本知识、歌曲创作知识、乐理知识、视唱、音乐常识。

J0140188
大学生音乐自修教程　王昌逵主编
北京 教育科学出版社 1998 年 467 页
20cm（32 开）ISBN：7-5041-1578-9
定价：CNY18.00

J0140189
大学音乐　魏家宪主编；湖北省高等学校音乐教学指导委员会编
武汉 湖北科学技术出版社 1998 年 161 页
29cm（16 开）ISBN：7-5352-2196-3
定价：CNY15.00

J0140190
大学音乐　朱慧琴等主编
南京 南京师范大学出版社 1998 年 151 页
26cm（16 开）ISBN：7-81047-241-0
定价：CNY16.00

J0140191
当代台湾音乐文化反思　罗基敏著
台北 扬智文化事业公司 1998 年 155 页
21cm（32 开）ISBN：957-8446-02-0
定价：TWD150.00

（扬智音乐厅丛书 2）

J0140192
流行音乐手册　陶辛主编
上海 上海音乐出版社 1998 年 843 页
20cm（32 开）ISBN：7-80553-694-5
定价：CNY30.00

J0140193
师范性　民族性　实用性（高师音乐系教改之路）费承铿主编
徐州 中国矿业大学出版社 1998 年 211 页
20cm（32 开）ISBN：7-81040-863-1
定价：CNY15.00

J0140194
体音美欣赏　崔燕等编著
长春 时代文艺出版社 1998 年 153 页 有照片
19cm（小 32 开）ISBN：7-5387-1271-2
定价：CNY68.80（全套）
（奔向 21 世纪的青少年）

J0140195
学音乐自己来（英）金·帕尔玛（King Palmer）著；王润婷译
台北 大吕出版社 1998 年 299 页 有照片
21cm（32 开）ISBN：957-9358-40-0
定价：TWD350.00
（大吕音乐丛刊 39）
外文书名：Teach Yoursely Muic.

J0140196
音乐（第一册）人民教育出版社音乐室编
北京 人民教育出版社 1998 年 292 页 有插图
26cm（16 开）ISBN：7-107-13019-6
定价：CNY16.90

J0140197
音乐（第二册）人民教育出版社音乐室编著
北京 人民教育出版社 1999 年 363 页
26cm（16 开）ISBN：7-107-13261-X
定价：CNY24.60

J0140198
音乐（第三册）人民教育出版社音乐室编著
北京 人民教育出版社 1995 年 12+389 页
26cm（16 开）ISBN：7-107-11438-7
定价：CNY18.50

J0140199
音乐百科词典　缪天瑞主编
北京 人民音乐出版社 1998 年 923 页
24cm（26 开）精装 ISBN：7-103-01536-8
定价：CNY150.00
作者缪天瑞（1908—2009），音乐教育家、音乐学家。浙江瑞安人，毕业于上海艺术师范大学。历任中央音乐学院副院长，天津音乐学院院长，福建音乐专科学校教授、教务主任，中央音乐学院副院长，天津市文化局副局长，天津音乐学院教授、院长，中国艺术研究院音乐研究所研究员，著有《律学》，主编《中国音乐词典》等。

J0140200
音乐常识　梁玉师，罗宇编著
北京 解放军出版社 1998 年 148 页
19cm（小 32 开）ISBN：7-5065-2633-6
定价：CNY4.70
（战士文库 军营生活卷）

J0140201
音乐的语言　邓昌国著
台北 大吕出版社 1998 年 301 页 有图
21cm（32 开）ISBN：957-9358-32-X
定价：TWD300.00
（大吕音乐丛刊 4）

J0140202
音乐基本素养考级教程　中国音乐家协会考级委员会编
北京 新华出版社 1998 年 2 册（183；195 页）
有图 31cm（10 开）ISBN：7-5011-3984-9
定价：CNY68.00

J0140203
音乐基础知识（业余）测试题集　赵方幸，朱有臻编著；中央音乐学院考级委员会编
北京 人民音乐出版社 1998 年 239 页
26cm（16 开）ISBN：7-103-01732-8
定价：CNY30.00
（中央音乐学院校外音乐水平考级丛书 国内版）

本书由人民音乐出版社和华乐出版社联合出版。

J0140204
音乐基础知识(业余)测试题集 (中央音乐学院海·内·外)赵方幸,朱有臻编著;中央音乐学院考级委员会编
北京 人民音乐出版社 1999年 239页
31cm(10开) ISBN:7-103-02055-8
定价:CNY45.80
(中央音乐学院校外音乐水平考级丛书)

J0140205
音乐教育概论 Charles R.Hoffer著;李茂兴译
台北 扬智文化事业公司 1998年 223页
21cm(32开) ISBN:957-8446-38-1
定价:TWD250.00
(扬智音乐厅 3)
外文书名:Introduction to Music Education.

J0140206
音乐教育心理学 章姚姚著
北京 中国妇女出版社 1998年 278页
19cm(小32开) ISBN:7-80131-298-8
定价:CNY16.00

J0140207
音乐教育研究与改革 (河南省音乐教育论文选)河南省教育学会音乐教育专业委员会编
郑州 河南文艺出版社 1998年 240页
20cm(32开) ISBN:7-80623-091-2
定价:CNY13.00

J0140208
音乐启示录 陈美琦编著
长春 吉林文史出版社 1998年 219页
20cm(32开) ISBN:7-80626-327-6
定价:CNY6.00
(中学校园文化丛书)

J0140209
音乐学,请把目光投向人 郭乃安著
济南 山东文艺出版社 1998年 561页
20cm(32开) ISBN:7-5329-1575-1
定价:CNY21.10
(中国音乐学研究文库)

J0140210
音乐与戏曲 周志芬,赵一萍编著
北京 科学普及出版社 1998年 490页 有照片
20cm(32开) ISBN:7-110-04405-X
定价:CNY29.00
(夕阳红丛书)
本书内容包括音乐与戏曲基础知识、演唱技巧、欣赏资料,能够充实老年人的文化生活,陶冶心灵等。

J0140211
音乐知识手册 梁德铭著
北京 中国青年出版社 1998年 2版 10+414页
19cm(小32开) ISBN:7-5006-0765-2
定价:CNY13.60
(文化娱乐丛书)

J0140212
怎样教孩子学音乐 李重光著
长沙 湖南文艺出版社 1998年 288页
20cm(32开) ISBN:7-5404-1849-4
定价:CNY12.50

J0140213
出自积淤的水中 (以贝劳音乐文化为实例的音乐学新论)(日)山口修著;纪太平,朱家骏译
北京 中国社会科学出版社 1999年 21+286页
20cm(32开) ISBN:7-5004-2553-8
定价:CNY25.00

J0140214
达尔克罗兹音乐教育理论与实践 蔡觉民,杨立梅编著
上海 上海教育出版社 1999年 228页
20cm(32开) ISBN:7-5320-6089-6
定价:CNY9.40
(学校艺术教育研究丛书)

J0140215
大学生音乐基础教程 杨子华主编
沈阳 春风文艺出版社 1999年 214页
26cm(16开) ISBN:7-5313-1962-4
定价:CNY30.00

J0140216
德国音乐教育概况　谢嘉幸等编著
上海 上海教育出版社 1999 年 327 页
20cm（32 开）ISBN：7-5320-6180-9
定价：CNY12.50
（学校艺术教育研究丛书）

J0140217
东北三省音乐文集　耿大权等主编
北京 人民音乐出版社 1999 年 428 页
20cm（32 开）ISBN：7-103-01900-2
定价：CNY28.00

J0140218
洪飞文集　夏洪飞著
太原 山西人民出版社 1999 年 409 页 有照片
20cm（32 开）ISBN：7-203-03826-2
定价：CNY26.00

J0140219
简明音乐教学词典　廖家骅主编；桂燕等撰稿
南京 江苏文艺出版社 1999 年 18+252 页 有图
20cm（32 开）精装 ISBN：7-5399-1374-6
定价：CNY18.00

J0140220
乐思集　（廖家骅音乐文集）廖家骅著
北京 中国文联出版公司 1999 年 366 页
有肖像 20cm（32 开）ISBN：7-5059-3392-2
定价：CNY25.00
（中国当代音乐家丛书）

作者廖家骅（1936—　），满族，教授。祖籍安徽金寨，毕业于广州师范学校。历任安徽师范大学艺术学院音乐系硕士生导师，福建师范大学客座教授，中国音乐教育学会副理事长、中国音乐家协会会员。著有《音乐审美教育》《乐思集：廖家骅音乐文集》。

J0140221
聆听心灵乐音　马修（W.A.Mathieu）著；李芸玫译
台北 生命潜能文化事业有限公司 1999 年
264 页 20cm（32 开）ISBN：957-8292-17-1
定价：TWD220.00
（心灵成长系列 66）

J0140222
普通高校音乐教程　（上册）夏丽萍主编
广州 广东高等教育出版社 1999 年 321 页
26cm（16 开）ISBN：7-5361-2298-5
定价：CNY22.00

J0140223
青年必知音乐知识手册　侯书森编著
北京 中国国际广播出版社 1999 年 22+515 页
有照片 20cm（32 开）ISBN：7-5078-1788-1
定价：CNY25.00

本书包括中外经典歌曲、传世名曲欣赏；必知乐器知识；中外著名音乐家介绍；音乐欣赏知识；音乐创作知识等内容。

J0140224
全国青少年音乐培训等级考试教程　（第一辑）中央音乐学院，全国青少年宫协会编
延吉 延边人民出版社 1999 年 7 册
28cm（大 16 开）ISBN：7-80648-174-5
定价：CNY169.00

J0140225
日本音乐教育概况　缪裴言等编著
上海 上海教育出版社 1999 年 258 页
20cm（32 开）ISBN：7-5320-5267-2
定价：CNY11.00
（学校艺术教育研究丛书）

J0140226
天人乐舞　李曙明，贾纪文主编
兰州 敦煌文艺出版社 1999 年 694 页
20cm（32 开）ISBN：7-80587-488-3
定价：CNY36.50

J0140227
文话／文化音乐　（音乐与文学之文化场域）罗基敏著
台北县 高谈文化事业公司 1999 年 261 页
21cm（32 开）ISBN：957-98066-4-0
定价：TWD320.00

J0140228
我想知道长笛为什么有小孔　（以及其他关于音乐的问题）（英）简尼·沃德著；姜德鹏译

杭州 浙江少年儿童出版社 1999年 32页
27cm(大16开) ISBN: 7-5342-1993-0
定价: CNY12.00
(我想知道为什么丛书)

J0140229
新订标准音乐辞典 (A-L)(日)音乐之友社编; 林胜仪译
台北 美乐出版社 1999年 修订版 1072页
有肖像画像 27cm(大16开)

J0140230
新订标准音乐辞典 (M-Z 索引)(日)音乐之友社著
台北 美乐出版社 1999年 1073—2200页
有画像 27cm(大16开)

J0140231
音乐·美术教育专业考试参考书 教育部考试中心组编
北京 中央广播电视大学出版社 1999年 351页
26cm(16开) ISBN: 7-304-01837-2
定价: CNY24.00
[专升本(师范类)入学考试参考丛书]

J0140232
音乐·舞蹈 刘海鹏编写
海口 南海出版公司 1999年 211页 19cm(32开)
(校园文化活动指导 6)
本书为校园文化活动指导丛书之一，主要内容包括：音乐概述、歌唱、乐器演奏、指挥、舞蹈介绍、校园舞蹈活动的开展等。

J0140233
音乐概论 米勒(Hugh M.Miller)等著; 桂冠学术编辑室
台北 桂冠图书公司 1999年 502页 23cm(20开)
ISBN: 957-730-194-0 定价: TWD650.00
外文书名: Introduction to Music.

J0140234
音乐基础教程 (视唱篇)王禾编著
北京 中国广播电视出版社 1999年 112页
26cm(16开) ISBN: 7-5043-3409-X
定价: CNY22.00

J0140235
音乐基础与欣赏 马西平主编
西安 西安交通大学出版社 1999年 195页
26cm(16开) ISBN: 7-5605-1181-3
定价: CNY15.00
(大学生素质教育丛书)
本书从音乐最基本的乐理、欣赏知识入手，分别对音的高低、音的长短、音的强弱、音程、和弦及小夜曲、进行曲、舞曲、组曲等曲式体裁逐一介绍，并加以音乐作品赏析。

J0140236
音乐基础知识与基本技能 陈家友，陆小玲编著
桂林 广西师范大学出版社 1999年 285页
26cm(16开) ISBN: 7-5633-2922-6
定价: CNY20.00
("加强学生教师职业技术技能训练的研究"丛书)

J0140237
音乐教程 张利君，邢果主编
西安 西安出版社 1999年 206页 26cm(16开)
ISBN: 7-80594-545-4 定价: CNY15.50
本书内容包括：绪论、基本乐理、视唱、歌唱基础知识、歌曲即兴伴奏、合唱知识与合唱指挥法、中外名曲赏析。

J0140238
音乐教育协同理论与素质培养 吴跃跃著
长沙 湖南教育出版社 1999年 168页
20cm(32开) ISBN: 7-5355-2854-6
定价: CNY8.90
(教育理论与实践丛书)

J0140239
音乐生活 W.A.马修(W.A.Mathieu)著; 蔡逸萍译
台北 新路出版公司 1999年 270页 20cm(32开)
ISBN: 957-733-418-0 定价: TWD220.00
(新视界丛书 030)
外文书名: The Musical Life.

J0140240
音乐小博士 曹莱编著
北京 知识出版社 1999年 160页 有图

19cm(小32开) ISBN: 7-5015-1892-0
定价: CNY60.00 (全套)
(文史小博士丛书)

J0140241
音乐学文集 杨秀昭主编
南宁 接力出版社 1999年 940页 20cm(32开)
ISBN: 7-80631-443-1 定价: CNY47.00

J0140242
音乐艺术散论 郭兆胜著
北京 华乐出版社 1999年 487页 20cm(32开)
ISBN: 7-80129-036-4 定价: CNY23.00

J0140243
音乐与健身 焦春梅, 相建华编著
北京 金盾出版社 1999年 113页 19cm(小32开)
ISBN: 7-5082-0922-2 定价: CNY4.50

J0140244
音乐与文化的人本主义思考 蔡仲德著
广州 广东人民出版社 1999年 362页
20cm(32开) ISBN: 7-218-03093-9
定价: CNY22.80
(现代与传统丛书 第二批)
作者蔡仲德(1937—), 浙江绍兴人, 中央音乐学院音乐学系教授。

J0140245
音乐与戏剧 刘海栖主编; 李健葆, 赵培恭编著
济南 明天出版社 1999年 253页 有照片及图
20cm(32开) ISBN: 7-5332-2928-2
定价: CNY12.00
(少年课外兴趣百科全书)

J0140246
音乐知识趣谈 田沛泽编著
上海 上海书店出版社 1999年 187页 有肖像及图
18cm(小32开) ISBN: 7-80622-408-4
定价: CNY8.50
(闲暇丛书)

J0140247
中国当代学校音乐教育文献 (1949—1995)
姚思源主编
上海 上海教育出版社 1999年 477页
20cm(32开) ISBN: 7-5320-5243-5
定价: CNY18.50
(学校艺术教育研究丛书)
本书包括两方面部分: 一、中华人民共和国成立以来有关学校音乐教育的国家法令、法规、政策等指令性文件; 国家领导人或政府部门负责人的讲话、言论, 以及报纸的报道。二、中华人民共和国成立以来教育部颁布的幼儿园音乐教学大纲、小学音乐教学大纲、初中音乐教学大纲、高中音乐教学大纲、幼儿师范学校音乐教学大纲等。

J0140248
中国当代学校音乐教育研究文集 (1949—1995) 姚思源主编
沈阳 辽海出版社 1999年 503页 有彩照
20cm(32开)
(学校艺术教育研究丛书)

J0140249
中国音乐学院社会艺术水平考级全国通用教材 (次中音号) 中国音乐学院考级委员会主编
北京 中国青年出版社 1999年 177页
30cm(10开)
本书从初级学习入手, 根据学生演奏的不同程度, 分别选择对应的练习曲和乐曲。

J0140250
中国音乐学院社会艺术水平考级全国通用教材 (古筝) 林玲主编; 中国音乐学院考级委员会编
北京 中国青年出版社 1999年 237页
30cm(10开)
本书分九级, 每级有6首练习曲, 8首乐曲; 九级共有54首练习曲, 72首乐曲。本书在编写过程中依据由简至繁、由浅入深、由低到高的教学方式循序渐进, 从而引导学生步入古筝的世界。

J0140251
中国音乐学院校外音乐考级全国通用教材
(次中音号教材) 许新建等编著
北京 中国青年出版社 1999年 177页
30cm(10开) ISBN: 7-5006-3426-9

定价：CNY32.00

J0140252
中国音乐学院校外音乐考级全国通用教材
（低音提琴）侯俊侠编
北京 中国青年出版社 1999年 2册（143+186页）
低音提琴分谱1册 30cm（10开）
ISBN：7-5006-3425-0 定价：CNY80.00

J0140253
中国音乐学院校外音乐考级全国通用教材
（钢琴）葛德月等编
北京 中国青年出版社 1999年
2册（134+188页）30cm（10开）
ISBN：7-5006-3536-2 定价：CNY50.00

本书系中国音乐学院校外钢琴考级的专用教材，全书共分九级，每级由基本练习、规定曲目、自选曲目组成。本书不仅对考级考生有针对性指导，亦对广大钢琴爱好者的学习有所帮助。

J0140254
中国音乐学院校外音乐考级全国通用教材
（古筝）林玲主编
北京 中国青年出版社 1999年 237页
30cm（10开）ISBN：7-5006-3537-0
定价：CNY38.00

J0140255
中国音乐学院校外音乐考级全国通用教材
（手风琴1-4级）张自强主编
北京 中国青年出版社 1999年 91页 30cm（10开）
ISBN：7-5006-3519-2 定价：CNY16.00

J0140256
中国音乐学院校外音乐考级全国通用教材
（手风琴5-7级）张自强主编
北京 中国青年出版社 1999年 140页
30cm（10开）ISBN：7-5006-3519-2
定价：CNY25.00

J0140257
中国音乐学院校外音乐考级全国通用教材
（手风琴8-9级）张自强主编
北京 中国青年出版社 1999年 129页
30cm（10开）ISBN：7-5006-3519-2
定价：CNY23.00

J0140258
中国音乐学院校外音乐考级全国通用教材
（小军鼓）甄达津编
北京 中国青年出版社 1999年 2册（379页）
30cm（10开）ISBN：7-5006-3526-5
定价：CNY62.00

J0140259
中国音乐学院校外音乐考级全国通用教材
（圆号）丛煜滋等编
北京 中国青年出版社 1999年 277页
30cm（10开）ISBN：7-5006-3681-4
定价：CNY42.00

J0140260
中国音乐学院校外音乐考级全国通用教材
（长号）杨玉国主编
北京 中国青年出版社 1999年
2册（178+136页）28cm（大16开）
ISBN：7-5006-3424-2 定价：CNY50.00

J0140261
周大风音乐教育文集 晓其主编
成都 四川教育出版社 1999年 483页
21cm（32开）精装 ISBN：7-5408-3335-1
定价：CNY27.00

J0140262
走进音乐殿堂 孟超美，徐之彤，徐新圃编著
天津 南开大学出版社 1999年 13+419页
20cm（32开）ISBN：7-310-01170-8
定价：CNY20.00

本书内容包括：敲开音乐的大门——基础乐理知识、具备音乐的耳朵——视唱与听音的训练、民族音乐之根——谈谈我国的民歌、绝妙的人声组合——合唱知识与技巧的培训等。

J0140263
走进音乐世界 刘敏编著
哈尔滨 哈尔滨出版社 1999年 176页
26cm（16开）ISBN：7-80639-204-1
定价：CNY18.00

音乐美学、音乐理论的基本问题

J0140264
音乐通论　柯政和著
北平 中华乐社 1930年［521］页 24cm（16开）
精装 定价：大洋三元
本书分绪论、音乐理论、音的知识、乐谱的发达、音符及休止符、音名、拍子、音阶、音程、和声、音型法、对位法、乐式、人声与声乐、歌剧、圣剧、乐器、管弦乐、大器乐曲、小器乐曲、舞蹈音乐、标题音乐、札兹音乐、音乐的派别等33章。书末附“音乐辞典”“唱片目录”。

J0140265
音乐通论　黎青主著
上海 商务印书馆 1930年 95页 18cm（32开）
（万有文库 第一集 0738）
本书分7章，概论什么是音乐，音乐的艺术、元素、分类、艺人、功能、教育等。书末附“人名附注”。

J0140266
音乐通论　黎青主著
上海 商务印书馆 民国十九年［1930］102页 18cm（28开）
（小百科丛书）

J0140267
音乐通论　黎青主编
长沙 商务印书馆 民国二十八年［1939］95页 18cm（28开）
（百科小丛书）

J0140268
音乐通论　黎青主著
上海 商务印书馆 1947年 3版 95页 20cm（32开）定价：国币2.00
（新中学文库）

J0140269
音乐美学问题　（苏）克列姆辽夫（Ю.Кремлев）著；吴钧燮译
吴钧燮 1952年 油印本 79页 26cm（16开）

J0140270
音乐通论　（日）真筱俊雄原撰；张虔编译；东北鲁迅文艺学院编辑
上海 万叶书店 1952年 176页 21cm（32开）
定价：旧币12,000元
（鲁艺音乐编译丛书 2）

J0140271
音乐美学问题　（苏）克列姆辽夫（Ю.Кремлев）著；吴钧燮译
北京 艺术出版社 1954年 87页 18cm（32开）
定价：旧币2,900元

J0140272
音乐美学问题概论　（苏）克列姆辽夫（Ю.Кремлев）著；吴启元等译
北京 音乐出版社 1958年 234页 20cm（32开）
统一书号：8026.1057 定价：CNY1.40
本书是音乐美学理论方面重要的代表性著作，自20世纪60年代起，对中国音乐美学理论的发展产生过重要影响。

J0140273
音乐美学问题概论　（苏）克列姆辽夫，Ю.著；吴启元，虞承中译
北京 音乐出版社 1959年 234页 21cm（32开）
统一书号：8026.1057 定价：CNY1.35

J0140274
音乐美学问题概论　（苏）克列姆列夫（Ю.Кремлев）著；吴启元，虞承中译
北京 人民音乐出版社 1983年 2版 227页 21cm（32开）统一书号：8026.1057
定价：CNY1.30

J0140275
论音乐的民族特点　（苏）聂斯齐耶夫，И.著；吴佩华译
上海 上海文艺出版社 1959年 65页 19cm（32开）
统一书号：10078.1234 定价：CNY0.42

J0140276
苏联音乐美学问题　（苏）克列姆辽夫（Ю.

Кремлев)著；中央音乐学院编辑室译
上海 上海文艺出版社 1961年 117页
20cm(32开)统一书号：10078.1805
定价：CNY0.68

J0140277
音乐美学问题 （苏）克列姆辽夫(Ю.Кремлев)著；吴钧燮译
北京 音乐出版社 1961年 87页 19cm(32开)
统一书号：8026.481 定价：CNY0.40

J0140278
音乐美学问题 （波）丽莎(Lissa, Z.)著；廖尚果等译
北京 音乐出版社 1962年 268页 21cm(32开)
统一书号：8026.1652 定价：CNY1.50

本书为音乐美学研究专著。以斯大林所著《马克思主义与语言学问题》中对经济基础、上层建筑、语言等概念的诠释为依据，以探索音乐与现实的关系这一目的出发，研讨音乐的持续存在和可变性、音乐的阶级性因素与非阶级性因素、音乐传达认识的性质、音乐的价值标准、语言音调与音乐旋律、音乐的风格、音乐中的传统等一系列问题，并对音乐美学上的一些概念提出了独到的见解。

J0140279
嵇康·声无哀乐论 吉联抗译注
北京 音乐出版社 1964年 92页 19cm(32开)
统一书号：8026.2096 定价：CNY0.42
(古代音乐论著译注小丛书)

本书以介绍嵇康的有关音乐论著为主，包括《声无哀乐论》全篇的译注和《琴赋》全篇及探绎。作为对比，书中还辑译了与嵇康同时代的阮籍所撰《乐论》一文。书前辑印译注者所撰《音乐家嵇康及其音乐思想》一文作为代序；书末附录为阮籍《乐论》一文的译注，可与嵇康的论著相比照。作者吉联抗(1916—1989)，江苏无锡人。历任上海大中华唱片厂厂长、北京广播器材厂副厂长、中央广播乐团副团长、《人民音乐》杂志副主编、中国音乐家协会民族音乐委员会副主任等职。中国音乐家协会理论委员会副主任，中国音乐史学学会会长。创作抗战歌曲200多首，理论著述以近现代音乐人物研究及古代音乐史料的整理、译注为主。

J0140280
论音乐的革命化、民族化、群众化 （第一册）音乐出版社编辑部编
北京 音乐出版社 1964年 182页 21cm(32开)
统一书号：8026.2093 定价：CNY0.70

J0140281
论音乐的革命化、民族化、群众化 （第二册）音乐出版社编辑部编
北京 音乐出版社 1964年 263页 21cm(32开)
统一书号：8026.2217 定价：CNY1.00

J0140282
论音乐的美 （音乐美学的修改新议）（奥）汉斯立克(E.Hanslick)著；杨业治译
北京 人民音乐出版社 1978年 114页
20cm(32开)统一书号：8026.3397
定价：CNY0.76

J0140283
论音乐的美 （音乐美学的修改刍议）（奥）汉斯立克(E.Hanslick)著；杨业治译
北京 人民音乐出版社 1980年 2版 130页
20cm(32开)统一书号：8026.3397
定价：CNY0.82

本书共7章：一、情感美学；二、"情感的表现"不是音乐的内容；三、音乐的美；四、音乐的主观印象的分析；五、审美地接受音乐与病理地接受音乐之对比；六、音乐与自然界的关系；七、音乐中"内容"和"形式"的概念。著者提出的音乐形式概念对音乐的情感效果和社会含义的看法，在西方音乐界和哲学界有相当大的影响。书前的《译者引言》，对著者的音乐形式概念等问题做了分析、论述，有助于进一步理解、研究原著的理论观点。书后附《汉斯立克小传》。外文书名：Vom musikalisch—schonen ein beitrag zur revision der asthetik der tonkunst.

J0140284
论音乐的美 （音乐美学的修改刍议）（奥）爱德华·汉斯立克(Eduard Hanslick)著；杨业治译
北京 人民音乐出版社 1980年 2版 增订版
130页 21cm(32开)ISBN：7-103-00002-6
定价：CNY8.80

本书内容包括：情感美学、"情感的表现"

不是音乐的内容、音乐的美、音乐的主观印象的分析、音乐与自然界的关系等内容。外文书名：Vom Musikalisch: Schonen ein Beitrag zur Revision der Asthetik der Tonkunst.

J0140285
论音乐的美 （音乐美学的修改刍议）（奥）爱德华·汉斯立克著；杨业治译
北京 人民音乐出版社 1982年 2版 增订版
130页 20cm（32开）统一书号：8026.3397
定价：CNY0.82
外文书名：Vom Musikalisch-Schonen Ein Beitrag Zur Revision Der Asthetik Der to nkunst.

J0140286
音乐学习参考资料 （第一辑）中国音乐家协会黑龙江分会编
哈尔滨 中国音乐家协会黑龙江分会 1979年
64页 20cm（32开）定价：CNY0.20

J0140287
音乐美学 （美）西萧（Seashore, C.）著；郭长扬译
台北 全音乐谱出版社 1981年 269页
21cm（32开）精装 定价：TWD200.00
（全音乐名著译丛）
本书又名《音乐美的寻觅》。外文书名：In Search of Beanty in Music.

J0140288
音乐美学 （外国音乐辞书中的九个条目）何乾三等译
北京 中国文联出版公司 1984年 137页
19cm（32开）统一书号：8355.167 定价：CNY0.77
本书将从日、美、英、西德和苏联音乐辞书中选译的音乐美学条目编汇成册，通过这些条目，读者可了解国外美学家对音乐美学的对象、方法、历史和现状研究的概况。

J0140289
音乐美学若干问题 （德）迈尔（E.H.Meyer）著；姚锦新，蓝玉崧译
北京 人民音乐出版社 1984年 111页
21cm（32开）统一书号：8026.4186
定价：CNY0.66
本译文是E.H.迈耶尔《时代变迁中的音乐》一书的前半部。原书共7章，这个译本是前4章，主要谈一些音乐美学方面的问题。外文书名：Musik im Zeitgeschehen.

J0140290
先秦音乐美学思想论稿 蒋孔阳著
北京 人民文学出版社 1986年 242页
20cm（32开）统一书号：10019.4009
定价：CNY1.60
本书收论文11篇，对儒家、道家、墨家、法家以及阴阳家等的音乐思想，分别作探索和论述。美学思想一般都体现在各个艺术门类之中，在先秦，音乐特别发达，所以先秦美学思想主要体现于音乐之中。探讨先秦的音乐美学思想，是研究中国古代美学思想的一个重要环节。本书实际上是从音乐入手，研究中国古代美学思想的论著。

J0140291
音乐美学漫笔 李凌著
南宁 广西人民出版社 1986年 460页
19cm（32开）统一书号：8113.1177
定价：CNY2.20
本书内容包括：音乐短笔、随谈记语、理论浅谈、读书偶记4部分，以杂谈形式，就音乐表现、创作等有关美学的一些问题阐述作者的观点。附“中华人民共和国成立前出版的重要音乐理论书目”。

J0140292
音乐美学史学论稿 于润洋著
北京 人民音乐出版社 1986年 256页
20cm（32开）统一书号：8026.4492
定价：CNY2.15
本书是有关音乐美学、音乐史学方面的论文选集。其中包括对器乐创作的艺术规律的研究、对电影音乐美学问题的探讨、对西方现代音乐美学问题的评介，以及对贝多芬、舒伯特、舒曼、肖邦等音乐家的创作思想和艺术特点的研究。

J0140293
音乐美学问题讨论集 人民音乐出版社编辑部编
北京 人民音乐出版社 1987年 425页
20cm（24开）统一书号：CN8026.4558

定价：CNY3.85

本书收录国内著名音乐理论家和中青年音乐理论工作者撰写的专论19篇。主要内容涉及音乐的形象性、音乐的内容与形式、音乐创作心理、音乐的特殊性和歌剧美学等方面的问题。此外，还有一些文章对国外某些音乐美学流派的主要观点进行了系统的介绍，对中国古代音乐美学思想也给予了客观的评价。所收论文从不同的角度对音乐美学问题进行了有益的探讨，并围绕某些比较敏感的问题展开了学术性的讨论，基本上反映了中华人民共和国成立后中国音乐美学界的王要观点和研允成果。

J0140294

音乐美学原理　（苏）康斯坦丁诺夫等编著；杨洸译

北京　中国文联出版公司　1987年　352页

19cm（32开）统一书号：8355.760　定价：CNY2.10

J0140295

家庭与音乐　吴志浩，吴杰编著

银川　宁夏人民出版社　1988年　129页

19cm（32开）定价：CNY1.10

（现代生活丛书）

本书从现代家庭生活需要出发，讲述了传播音乐与现代人生活各个方面的关系，音乐对人们生活产生的影响，还简介了吉他、口琴、电子琴、钢琴等乐器的基本知识和演奏技法。

J0140296

音乐美学导论　叶纯之，蒋一民著

北京　北京大学出版社　1988年　264页　有照片

20cm（32开）ISBN：7-301-00312-9

定价：CNY3.05

（文艺美学丛书）

J0140297

无字的诗——音乐　乔书田，曹凤琴编著

长春　吉林教育出版社　1989年　306页

19cm（32开）ISBN：7-5383-0691-9

定价：CNY3.90

（走向21世纪中学生丛书）

J0140298

音乐狂欢节　庄裕安著

台北　大吕出版社　1990年　166页　21cm（32开）

ISBN：957-9358-00-1　定价：TWD140.00

（大吕音乐丛刊　15）

本书内容为民族化音乐。

J0140299

音乐审美与西方音乐　徐民奇，周小静编著

北京　高等教育出版社　1990年　336页　有彩照

20cm（32开）ISBN：7-04-002998-7

定价：CNY3.05

（艺术教育丛书）

本书讲述了音乐的基本美学理论和音乐的构成等基本知识，并对从古希腊到当代的西方音乐，分不同时期作了介绍。

J0140300

中国音乐美学史资料注译　蔡仲德注译

北京　人民音乐出版社　1990年　2册（711页）

20cm（32开）ISBN：7-103-00657-1

定价：CNY13.80

本书选录了从先秦以至明清有关历史文献中具有美学意义的思想资料，加以简要介绍说明，并做了详尽的注释和今译。作者蔡仲德（1937—　），浙江绍兴人，中央音乐学院音乐学系教授。

J0140301

音乐的情感与意义　（美）迈尔（Meyer，L.B.）著；何乾三译

北京　北京大学出版社　1991年　315页

20cm（32开）ISBN：7-301-01431-7

定价：CNY5.65

（文艺美学丛书）

本书从心理学角度和欣赏者的审美经验的角度来探讨音乐的情感和意义问题；本书是西方音乐美学代表性著作。外文书名：Emotion and Meaning in Music. 作者迈尔（Meyer，L.B.），通译迈耶，美国著名音乐美学家、理论家和文化史家，音乐与人文学科教授。

J0140302

音乐美学　蒋一民著

北京　人民出版社　1991年　186页　有图

19cm（32开）ISBN：7-01-000823-X

定价：CNY2.50

（美学袖珍丛书）

本书论述西方音乐美学的发展历程及其主要理论。除前言外，另有6章。第一章旋律与和声；第二章器乐＝音乐＝总体艺术；第三章标题音乐与绝对音乐的对立与统一；第四章歌剧美学的三次大论战；第五章音乐的异国主义；第六章他律与自律的彻底破裂。收入“美学袖珍丛书”。

J0140303
音乐美学　（日）野村良雄著；金文达，张前译
北京 人民音乐出版社 1991年 168页
20cm（32开）ISBN：7-103-00687-3
定价：CNY3.25

本书概述了西方音乐美学思想的历史与现状，以及各主要流派代表人物的音乐美学观。

J0140304
音乐美学　蒋一民著
北京 东方出版社 1997年 重印本 186页 有图
19cm（32开）ISBN：7-5060-0866-1
定价：CNY10.00
（东方袖珍美学丛书 6）

J0140305
音乐美学基础　张前，王次炤著
北京 人民音乐出版社 1992年 350页
20cm（32开）ISBN：7-103-00860-4
定价：CNY7.15
（音乐自学丛书 音乐学卷）

J0140306
音乐美学新稿　（波）丽萨（Lissa，Zofia）著；于润洋译
北京 人民音乐出版社 1992年 193页
20cm（32开）ISBN：7-103-01005-6
定价：CNY3.80

本书从哲学、心理学、社会学等不同角度探讨了音乐美学中一系列重要问题，包括《论音乐作品的本质》《音乐与革命》等。作者卓菲娅·丽萨（Zofia Lissa，1908—1980），波兰著名音乐学家。

J0140307
花结与潮声　（音与画的纠葛）李起敏著
北京 国际文化出版公司 1993年 110页
19cm（小32开）ISBN：7-80049-428-4
定价：CNY3.20
（中小学音乐知识文库）

J0140308
乐海拾贝　（音乐美的欣赏）卡丽，雪原著
太原 希望出版社 1993年 157页 有照片
19cm（小32开）定价：CNY4.10
（发现美的眼睛丛书）

本书收录《人生就应该这样壮丽辉煌》《音诗》《音乐欣赏泛谈》等31篇文章。

J0140309
音乐美学与中国音乐史研究　杨和平著
东营 石油大学出版社 1993年 246页
20cm（32开）ISBN：7-5636-0369-7
定价：CNY6.50

本书收作者1985年以来所写有关音乐美学及中国音乐史的论文34篇。前17篇为音乐美学研究，后17篇为中国音乐史研究。作者杨和平，山东胜利油田教育学院艺术系任教。

J0140310
音乐审美教育　廖家骅著
北京 人民音乐出版社 1993年 225页
20cm（32开）ISBN：7-103-01102-8
定价：CNY5.20

本书内容包括：音乐和音乐审美、音乐审美教育的心理功能、音乐教师的审美修养等7章。作者廖家骅（1936—　），满族，教授。祖籍安徽金寨，毕业于广州师范学校。历任安徽师范大学艺术学院音乐系硕士生导师、福建师范大学客座教授、中国音乐教育学会副理事长、中国音乐家协会会员。著有《音乐审美教育》《乐思集：廖家骅音乐文集》。

J0140311
音乐美学　王次炤等编著
北京 高等教育出版社 1994年 218页
20cm（32开）ISBN：7-04-004772-1
定价：CNY3.85

J0140312
音乐让你快活度日　（クテツック音乐によるちくちく脑力开発法）（日）渡边茂夫著；郑清清译

台北 生命潜能文化事业公司 1994年 159页
21cm(32开) ISBN: 957-8689-26-8
定价: TWD150.00
(生活心理)

J0140313
音乐审美与欣赏 徐平编著
济南 山东大学出版社 1994年 327页
20cm(32开) ISBN: 7-5607-1385-8
定价: CNY8.80

J0140314
音乐美的哲学思考 杨琦著
成都 四川民族出版社 1995年 234页 有肖像
19cm(小32开) ISBN: 7-5409-1624-9
定价: CNY9.60

作者杨琦(1921—),本名杨其庄,云南丽江人,音乐理论家、美学家、诗人、教授。

J0140315
在音乐的世界里 张荫伯著
重庆 重庆出版社 1995年 145页 18cm(小32开)
ISBN: 7-5366-2980-X 定价: CNY3.20

作者张荫伯(1933—),女,教师。原名张继棣,四川阆中市人。西南师范大学副教授,中国音乐家协会会员,音协重庆分会理论研究委员。

J0140316
走出慕比乌斯情节 (世纪末音乐美学断想) 宋瑾著
厦门 厦门大学出版社 1995年 270页
20cm(32开) ISBN: 7-5615-1119-1
定价: CNY12.80

外文书名: Out of Mobius Plot. 作者宋瑾,教授。福建宁德人,历任中央音乐学院音乐学研究所副所长,音乐学系教授,博士生导师;兼任全国音乐美学学会副会长、秘书长,北京美学会理事等。代表作品有《音乐的明确性》《走出慕比乌斯情节——世纪末音乐美学断想》《国外后现代音乐》。

J0140317
二十世纪中国音乐美学文献卷 (1900—1949) 王宁一,杨和平主编
北京 现代出版社 1996年 1064页 20cm(32开)
ISBN: 7-80028-317-8 定价: CNY60.00
(二十世纪中国音乐美学志述丛书)

J0140318
音乐美 赵宋光著
武汉 湖北教育出版社 1996年 166页
19cm(小32开) ISBN: 7-5351-1833-X
定价: CNY4.80
(中学生美学文库)

J0140319
音乐美的构成 (日)渡边护著; 张前译
北京 人民音乐出版社 1996年 278页
20cm(32开) ISBN: 7-103-01397-7
定价: CNY18.00

J0140320
音乐美学引论 (Ⅰ 音乐本体-属性论) 修金堂著
哈尔滨 黑龙江教育出版社 1996年 267页
20cm(32开) ISBN: 7-5316-2980-8
定价: CNY15.80

作者修金堂,哈尔滨师范大学艺术学院音乐系任教。

J0140321
音乐审美教育理论与方法 王昌逵,叶子著
北京 气象出版社 1996年 261页 20cm(32开)
ISBN: 7-5029-2072-2 定价: CNY13.80

J0140322
音乐审美漫话 蔡经华著
太原 山西教育出版社 1996年 159页
19cm(32开) ISBN: 7-5440-0594-1
定价: CNY5.30
(美育丛书 音乐舞蹈系列)

作者蔡经华(1955—),女,音乐教师。北京人。就读于北京教育学院音乐系和北京教育学院音乐教育系。北京教育学院东城分院音乐教研室主任。著有《音乐审美漫话》。

J0140323
音乐与生活趣谈 廖蔚乔编著
珠海 珠海出版社 1996年 190页 19cm(小32开)

ISBN：7-80607-197-0 定价：CNY7.20
（广东省中小学课外丛书 第二批 16）

J0140324
嵇康音乐美学思想探究 张蕙慧著
台北 文津出版社 1997年 276页 21cm（32开）
ISBN：957-668-427-7 定价：TWD230.00
（文史哲大系 115）

J0140325
未完成音乐美学 茅原著
上海 上海人民出版社 1998年 290页
20cm（32开）ISBN：7-208-02771-4
定价：CNY16.60
（艺术学研究丛书）

J0140326
音乐审美与名曲鉴赏 李彦编著
哈尔滨 哈尔滨出版社 1998年 401页
20cm（32开）ISBN：7-80639-216-5
定价：CNY19.50
本书内容包括：欣赏导论；欣赏音乐应具备的基础知识；中外作品赏析。

J0140327
音乐美学通论 修海林，罗小平著
上海 上海音乐出版社 1999年 12+607页
20cm（32开）精装 ISBN：7-80553-757-7
定价：CNY38.00

音乐工作者、音乐创作方法和经验、音乐表演学

J0140328
音乐创作与学习问题汇编 东北歌声社编
沈阳 东北歌声社 1951年 85页 19cm（32开）

J0140329
音乐创作评论集 中华全国音乐工作者协会上海分会辑
上海 教育书店 1952年 147页 21cm（32开）
定价：旧币8,500元
（上海音乐丛书 2）

J0140330
强力集团 （苏）卡雷谢娃著；叶松年译
［北京］音乐出版社 1957年 定价：CNY0.24

J0140331
北京工人音乐创作参考资料 （3）北京市劳动人民文化宫编
北京 北京市劳动人民文化宫 1958年 35页
19cm（32开）

J0140332
北京工人音乐创作参考资料 （4）北京市劳动人民文化宫编
北京 北京市劳动人民文化宫 1959年 88页
26cm（16开）

J0140333
论音乐表演艺术 （论文集）（苏）Л.京兹布尔格，（苏）索洛甫磋夫 A.编；中央音乐学院编译室译
北京 音乐出版社 1959年 270页 20cm（32开）
统一书号：8026.1219 定价：CNY1.50

J0140334
论音乐形象 （论文集）音乐译文编辑部编
北京 音乐出版社 1959年 207页 20cm（32开）
统一书号：8026.1172 定价：CNY1.15

J0140335
音乐建设文集 （上）中国音乐家协会编
北京 音乐出版社 1959年 502页 有曲谱及图
20cm（32开）统一书号：8026.1266
定价：CNY8.00（三册）
本册以音乐评论为主，兼收有关继承和发展民族音乐问题的理论文章。

J0140336
音乐建设文集 （中）中国音乐家协会编
北京 音乐出版社 1959年 503-996页 有曲谱及图 20cm（32开）统一书号：8026.1251
定价：CNY8.00（三册）
本册内容包括戏曲音乐以及中国古代音乐史、民族民间音乐的研究和探讨。

J0140337
音乐建设文集　（下）中国音乐家协会编
北京　音乐出版社　1959 年　997-1656 页　有曲谱及图　20cm（32 开）统一书号：8026.1251
定价：CNY8.00（三册）
本册是音乐创作、表演实践的经验总结和理论探讨。

J0140338
音乐建设文集　中国音乐家协会编
北京　音乐出版社　1959 年　3 册（1656 页）有曲谱及图　20cm（32 开）统一书号：8026.1266
定价：CNY12.00
本套书是综合性音乐理论文集。选收中华人民共和国成立至 1959 年发表的文章计 134 篇。上册以音乐评论为主，兼收有关继承和发展民族音乐问题的理论文章；中册包括戏曲音乐以及中国古代音乐史、民族民间音乐的研究和探讨；下册主要是音乐创作、表演实践的经验总结和理论探讨。文集在一定程度上反映了这一历史阶段音乐理论建设及学术思想的发展概貌。

J0140339
怎样给民歌配新词　白帆编
［西安］长安出版社　1959 年　定价：CNY0.04

J0140340
音乐创作散记　（一）黄友棣著
台北　三民书局　1974 年　18cm（32 开）
定价：旧台币 1.25
（三民文库　186）
作者黄友棣（1912—2010），中国著名音乐家、作曲家、音乐教育家。生于广东高要县（今广东省肇庆市高要区）。毕业于国立中山大学教育学系，后获英国皇家音乐学院小提琴教师与意大利满德艺术院作曲文凭。一生创作的乐曲超过二千多首。主要有《孔子纪念歌》《伟大的中华》等声乐作品及艺术歌曲，还作有管弦乐《春灯舞》、钢琴曲《台湾民歌组曲》《小提琴独奏六首》等器乐作品。

J0140341
音乐创作散记　（二）黄友棣著
台北　三民书局　1974 年　18cm（15 开）
定价：TWD30.00
（三民文库　186）

J0140342
我为革命写歌　史掌元等著
北京　人民音乐出版社　1976 年　85 页　19cm（32 开）统一书号：8026.3166　定价：CNY0.20

J0140343
音乐创作散论　李焕之著
北京　人民音乐出版社　1979 年　2 版　175 页　20cm（32 开）统一书号：8026.3627
定价：CNY0.56

J0140344
我学习音乐的经过　冼星海著
北京　人民音乐出版社　1980 年　122 页　有照片　19cm（32 开）统一书号：8026.3689
定价：CNY0.41
作者冼星海（1905—1945），音乐家、作曲家、钢琴家。曾用名黄训、孔宇。出生于澳门，祖籍广州府番禺。代表作品《黄河大合唱》《在太行山上》《到敌人后方去》等。

J0140345
音乐创作指导　杨兆祯著
台北　全音乐谱出版社　1980 年　163 页　19cm（小 32 开）

J0140346
乐韵飘香　黄友棣著
台北　东大图书公司　1982 年　208 页　21cm（32 开）
定价：旧台币 1.78
（沧海丛刊）

J0140347
柴科夫斯基论音乐创作　（俄）柴科夫斯基著；逸文译
北京　人民音乐出版社　1984 年　201 页　19cm（32 开）统一书号：8026.4218
定价：CNY0.92
作者柴科夫斯基（Чайковский, ПётрИльич, 1840—1893），通译为柴可夫斯基。俄罗斯作曲家、音乐剧作家。代表作有芭蕾舞剧《天鹅湖》《睡美人》《胡桃夹子》，歌剧《叶甫根尼·奥涅金》，交响曲《罗密欧与朱丽叶》等。

J0140348
论音乐写法　(苏)尤·邱林著;张洪模译
北京 人民音乐出版社 1984 年 194 页
21cm(32 开)统一书号:8026.4219
定价:CNY1.10

本书是作为音乐理论系和作曲系学生学习专门的和声学的参考书。

J0140349
音乐的结构与风格　黎翁斯坦(Leonstein)著;潘皇龙译
台北 全音乐谱出版社 1985 年 159 页
21cm(32 开)精装 定价:TWD250.00
(世界音乐名著译丛)

J0140350
丁善德的音乐创作　(回忆与分析)上海文艺出版社编
上海 上海文艺出版社 1986 年 175 页 有照片
20cm(32 开)统一书号:8078.3574
定价:CNY1.40

作者丁善德(1911—1995),江苏昆山人。1928 年入上海国立音乐专科学校钢琴系,兼学作曲。历任天津女子师范学校,上海国立音专教师,上海音乐学院教授、作曲系主任、副院长,中国音协副主席。创作钢琴曲《中国民歌主题变奏曲》《序曲三首》,交响乐《长征》等。撰有《单对位法》《复对位法》《赋格写作纲要》等。

J0140351
国际乐坛大师访问记　梁宝耳著
香港 麒麟书业公司 1989 年 267 页 17cm(40 开)
ISBN:962-232-083-X 定价:HKD22.00
(演艺系列)

J0140352
音乐流花　(中国音乐家 150 人的艺术创造)李凌著
太原 山西人民出版社 1989 年 814 页
20cm(32 开)ISBN:7-203-00318-2
定价:CNY12.20,CNY15.50(精装)
(音乐丛书)

J0140353
乐林荜露　(音乐创作散记 选辑)黄友棣著
台北 东大图书公司 1990 年 229 页 21cm(32 开)
定价:TWD156.00
(沧海丛刊 音乐)

J0140354
太极作曲系统　(赵晓生音乐论集)赵晓生著
广州 科学普及出版社广州分社 1990 年 394 页
20cm(32 开)ISBN:7-110-01352-9
定价:CNY6.50

本书分“合力论”“音集论”“太极论”三编,“合力论”是音集论与太极论的理论观念基础。“音集论”是具有最广泛适用性的音高组织理论框架,对“音集”动动的构、体、数、质、位、态、核、相、易等核心概念作了详细分析。“太极论”是音集论的一个大特例。通过这一特例得以证明:从中国古代哲学系统出发,可以创造出许多具有中华文化内涵的音乐组织方式来。

J0140355
中国近现代音乐家评传　(上册 近代部分)汪毓和著
北京 文化艺术出版社 1992 年 261 页 有肖像
20cm(32 开)ISBN:7-5039-0496-8
定价:CNY3.80

本书是一部比较系统地研究和评介音乐家生平及作品的中国近现代音乐史专著。其中收入“五四运动”前后至 1949 年这一历史时期我国较有代表性的音乐家 19 位。

J0140356
中国近现代音乐家评传　(下册 现代部分)汪毓和著
北京 文化艺术出版社 1998 年 311 页 有照片及肖像 20cm(32 开)ISBN:7-5039-1737-7
定价:CNY16.80

作者汪毓和(1929—2013),音乐评论家、音乐教育家。四川成都人。毕业于中央音乐学院作曲系,中央音乐学院教授、音乐研究所所长,《人民音乐》副主编,中国音乐史学会副会长。著作有《中国近现代音乐史》《聂耳评传》《中国现代音乐史纲 1949—1986》。

J0140357
音乐的分析与创作　杨儒怀著
北京 人民音乐出版社 1995 年

2册(784；503页) 20cm(32开)
精装 ISBN: 7-103-01250-4 定价: CNY66.20
(作曲技术理论丛书)

作者杨儒怀(1925—2012)，教授。毕业于燕京大学音乐系，中央音乐学院作曲系任教。

J0140358
音乐表演美学 杨易禾著
南京 江苏文艺出版社 1997年 204页
20cm(32开) ISBN: 7-5399-1147-6
定价: CNY10.00

J0140359
音乐创作实用技法手册 王保安编
北京 中国青年出版社 1998年 356页
26cm(16开) ISBN: 7-5006-1886-7
定价: CNY40.00

J0140360
儿童歌曲创作 教育部体育卫生与艺术教育司组编
上海 上海教育出版社 1999年 147页
26cm(16开) ISBN: 7-5320-6527-8
定价: CNY13.50

J0140361
欲望之翼 (如何成为畅销词曲创作人)明廷秀著
台北 角色文化事业公司 1999年 153页
有照片 光盘1张 21cm(32开)
ISBN: 957-0347-10-4 定价: TWD250.00
(轻松学习)

本书主要介绍中国香港、中国台湾流行歌曲的创作发展情况，以及对创作人的介绍。外文书名: Wings of Desire: How to be a Popular Composer.

音乐评论、欣赏

J0140362
音乐欣赏
北平 国立北平师范大学 民国 线装

J0140363
孩子们的音乐 (日)田边尚雄著；丰子恺译
上海 开明书店 1928年 再版 128页 有图像
18cm(15开) 定价: 五角

本书为欧洲名音乐家的故事及名曲解说，分十部分。书前有译者代序《告母性》。

J0140364
孩子们的音乐 (日)田边尚雄著；丰子恺译
上海 开明书店 1932年 再版 12+130页 有肖像照片 18cm(15开) 定价: 大洋五角

J0140365
孩子们的音乐 (日)田边尚雄著；丰子恺译
上海 开明书店 1947年 重排本 118页 有图
17cm(35开) 定价: 国币一元三角
(开明少年丛书)

J0140366
孩子们的音乐 (日)田边尚雄著；丰子恺译
上海 开明书店 民国三十七年[1948]重排再版
118页 有图 17cm(35开) 定价: 国币一元三角
(开明少年丛书)

J0140367
孩子们的音乐 (日)田边尚雄著；台湾开明书店译
台北 开明书店 1975年 3版 118页
19cm(32开) 定价: TWD0.50
(开明少年丛书)

J0140368
孩子们的音乐 (日)田边尚雄著；丰子恺译
上海 开明书店 1949年 3版 重排本 118页
18cm(15开) 定价: 大洋五角
(开明少年丛书)

J0140369
音乐的听法 (日)门马直卫著；丰子恺译
上海 大江书铺 1930年 382页 有图 18cm(32开)
定价: 大洋一元二角

本书分15讲，介绍音乐的听法、音乐用语常识、音乐的基础、乐器、歌曲、交响乐、独唱等。

J0140370
世界大音乐家与名曲 丰子恺著
上海 亚东图书馆 1931年 14+288页 有肖像 19cm(32开)定价:八角五分
本书内分12讲,介绍舒曼、肖邦、李斯特、柏辽兹、瓦格纳、莫扎特、贝多芬、舒伯特、门德尔松、柴可夫斯基12位名音乐家及其名曲。书前有作者序言。

J0140371
弦之楼集 任白鸥,刘性诚著
哈尔滨 任白鸥[自刊]1933年[123]页 有图 19cm(32开)
本书为世界音乐研究文集,内分上、中、下卷,收白鸥的《埃及的音乐》《木鱼非乐器》《东北的音乐》《哈尔滨的天才与苏联的天才》,性诚的《关于唱歌略说几句话》《写给国爱女弟》《乐圣裴多芬》等,共24篇文章。

J0140372
外族音乐流传中国史 孔德著
上海 商务印书馆 1934年 84页 19cm(32开)定价:大洋两角五分
(史地小丛书)
本书内分6章,叙述北方诸国、西域诸国、西南诸国、东方诸国的音乐及其流入中国的历史。

J0140373
西洋名曲解说 王光祈著
上海 中华书局 1936年 143页 有像 19cm(32开)定价:银六角
(音乐丛刊)
本书介绍自17世纪的韩德尔、巴赫至19世纪的享登采堤止,共26人所做的名曲。书前有“名曲范围及进化短史”“音乐常识”。

J0140374
音乐赏鉴论 刘守鹤著
北平 世界编译馆北平分馆 1936年 58页 19cm(32开)定价:国币三角
(戏曲音乐丛书)

J0140375
名曲解说 赵沨编著
昆明 北门出版社 1945年 94页 19cm(32开)
本书收《斯塔巴,玛特尔》《月光曲》《英雄交响乐》《仲夏夜之梦》《新世界交响乐》《第七交响乐》等37首名曲的解说。书前有编者的《西洋音乐ABC》《人们怎样理解音乐》《怎样听懂音乐》3篇文章,李公朴的代序《为什么纪念郑先生》。书末附纪念郑一斋的歌曲一首。

J0140376
音乐的时代性 吕思著
北平 新民印书馆 1945年 87页 18cm(32开)定价:三十元
(百页丛刊)
本书内收《战斗的音乐》《雕刻家罗丹》《关于死面》《电影史话》《祖国爱和音乐魂》《雕刻的美》《电影与音乐》《学问的起源》《四个画家》《木刻杂谈》等10篇文章。

J0140377
音乐的欣赏 潘澹明编
上海 中华书局 1948年 104页 18cm(32开)定价:国币二元六角
(中华文库 初中第1集)
本书分:民谣曲、舞曲及进行曲、艺术歌谣曲、钢琴曲、梵华林曲及采罗曲、室内乐、管弦乐、歌剧等8节,介绍如何欣赏这几类乐曲。

J0140378
论苏联群众歌曲 聂斯契耶夫著;安寿颐译
[上海]万叶书店 1951年 定价:CNY0.18

J0140379
西洋音乐欣赏 苏夏编撰;新音乐社编辑
上海 文光书店 1951年 144页 21cm(32开)定价:旧币12,500元

J0140380
苏联音乐青年 (苏)高罗金斯基(В.Городинский)撰;丰子恺译
上海 万叶书店 1953年 66页 19cm(32开)定价:旧币3,500元
(万叶音乐理论丛书)

J0140381
鲍利斯·戈杜诺夫 (苏)查波罗热茨(Н.Запо-

рожец)著; 谌亚选译
北京 音乐出版社 1955年 57页 18cm(15开)
定价: CNY0.30

J0140382
论柴科夫斯基 (苏)亚鲁斯托夫斯基著; 金文达, 毛宇宽译
[北京]音乐出版社 1955年 定价: CNY0.22

J0140383
论穆索尔斯基 (苏)伊·马尔梯诺夫著; 谌亚选译
[北京]音乐出版社 1955年 定价: CNY0.18

J0140384
苏联音乐欣赏会 云南中苏友好协会, 云南省人民政府文化局, 云南人民广播电台主办
主办者刊 1955年 25页 18cm(32开)

J0140385
西欧音乐名作 (第一册)(苏)加拉茨卡娅著; 张洪模等译; 中央音乐学院编译室编辑
北京 音乐出版社 1955年 460页 有乐谱 21cm(32开)统一书号: 8026.156
定价: CNY2.67
(中央音乐学院编译室音乐历史理论译丛)

作者张洪模(1926—), 音乐翻译家, 音乐教育家, 教授, 河北沙河人, 毕业于外国语学院俄语系。历任中央音乐学院音乐研究所副所长, 《外国音禾参考资料》《世界音乐》主编。历任中国音乐家协会苏联音乐研究会常务理事, 中国音协美国音乐研究会理事, 中国翻译工作者文学艺术委员会委员。主要译著有《曲式学》《交响配器法》《音乐分析》《格里格和声研究》《音乐的写法》《20世纪作曲技术》等。

J0140386
柴可夫斯基的罗密欧与朱丽叶 (苏)阿·索洛甫磋夫作; 曹洪译
北京 音乐出版社 1956年 1张 定价: CNY0.12
(音乐欣赏丛书)

J0140387
穆索尔斯基的图画展览会 (苏)波里亚科娃(Л.Лолякова)著; 张泽民译
北京 音乐出版社 1956年 29页 15cm(40开)
统一书号: 8026.321 定价: CNY0.11
(音乐欣赏丛书)

《图画展览会》是穆索尔斯基为其建筑师、画家朋友的画展而做的, 他选择了画展上给他印象最深的10幅图, 将绘画作品转为旋律, 写了10首钢琴独奏小品, 后来由拉威尔和斯托科夫斯基改编为管弦乐组曲, 首演后大获好评。本曲分为《侏儒》《古堡》《秋尔耶里宫廷的院落》《牛车》《未孵化的雏鸟的舞蹈》《两个犹太人, 一个穷一个富》《利莫日的市场》《墓穴》《巫婆》《基辅大门》10段,《漫步》穿插于全曲。

J0140388
普罗拉菲夫的"保卫和平"与"冬日的篝火" (苏)普罗霍罗娃(И.Лрохорова)著; 谌亚译
北京 音乐出版社 1956年
(音乐欣赏丛书)

J0140389
柴科夫斯基主要作品选释 钱仁康编著
北京 音乐出版社 1957年 338页 21cm(32开)
统一书号: 8026.599 定价: CNY2.00

柴科夫斯基, 现通译为柴可夫斯基(Чайковский, ПётрИльич, 1840—1893), 俄罗斯作曲家、音乐剧作家, 代表作有芭蕾舞剧《天鹅湖》《睡美人》《胡桃夹子》, 歌剧《叶甫根尼·奥涅金》, 交响曲《罗密欧与朱丽叶》等。本书选释了柴可夫斯基在歌剧、舞剧、室内乐、协奏曲和交响乐方面的一些主要作品。

J0140390
论柴科夫斯基的歌曲 (苏)阿里什凡格(А.Альшванг)著; 沈天真译
上海 上海音乐出版社 1957年 58页 20cm(32开)
统一书号: 8127.078 定价: CNY0.40

J0140391
论柴科夫斯基的歌曲 (苏)阿尔什凡格(А.Альшванг)著; 沈天真译
上海 上海文艺出版社 1962年 新1版 58页 20cm(32开)统一书号: 8078.2040
定价: CNY0.36

J0140392
论音乐与音乐家 （格林卡书信、札记、谈话录）（苏）奥尔洛瓦编；刘小石译
北京 音乐出版社 1957年 50页 19cm（32开）
统一书号：8026.677 定价：CNY0.24

J0140393
音乐欣赏教程 （第一册）（苏）弗拉基米罗夫（B.H.Владимиров），（苏）奥克塞尔（C.Б.Оксер）著；刘文波译
北京 音乐出版社 1957年 165页 有插图 21cm（32开）统一书号：8026.453
定价：CNY1.00

J0140394
音乐欣赏教程 （第二册）（苏）弗拉基米罗夫（B.H.Владимиров），（苏）奥克塞尔（C.B.Оксер）著；杨乃望译
北京 音乐出版社 1957年 174页 有插图 21cm（32开）统一书号：8026.595
定价：CNY1.00

J0140395
音乐欣赏教程 （第三册）（苏）弗拉基米罗夫（B.H.Владимиров），（苏）奥克塞尔（C.B.Оксер）著；丰一吟译
北京 音乐出版社 1957年 181页 有插图 21cm（32开）统一书号：8026.596
定价：CNY1.10

J0140396
历代思想家作家音乐家论音乐 中国音乐家协会编
北京 中国音乐家协会 1958年 74页 20cm（32开）

J0140397
论巴托克 （匈）安德拉斯·米哈伊著；俞天民译
北京 音乐出版社 1958年 51页 19cm（小32开）
定价：CNY0.26
贝拉·维克托·亚诺什·巴托克（Béla Viktor János Bartók，1881—1945），匈牙利钢琴家，民间音乐学家。

J0140398
论李姆斯基——柯萨科夫 （俄）符·瓦·斯塔索夫著；曾大伟译
北京 音乐出版社 1958年 83页 18cm（小32开）
定价：CNY0.44
尼古拉·安德烈耶维奇·里姆斯基－柯萨科夫（Nikolay Andreyevich Rimsky-Korsakov，1844—1908），俄国作曲家，音乐教育家。本书论述他的创作及活动，并引用里氏本人的书信和评论，阐释里氏所有已发表的作品。

J0140399
外国音乐名作 （第二册）（苏）加拉茨卡雅（B.C.Галацкая）著；张洪模译
北京 音乐出版社 1958年 253页 20cm（32开）
统一书号：8026.910 定价：CNY1.50
（中央音乐学院编译室音乐历史理论译丛）

J0140400
外国音乐名作 （第三册）（苏）列维克（Б.В.Левик）著；张洪岛译
北京 音乐出版社 1958年 423页 20cm（32开）
统一书号：8026.819 定价：CNY2.50
（中央音乐学院编译室音乐历史理论译丛）
本书介绍柏辽兹、李斯特、瓦格纳、勃拉姆斯、威尔第等人及其名作。

J0140401
外国音乐名作 （第四册）（苏）列维克（Б.В.Левик）著；张泽民，张洪模译
北京 音乐出版社 1963年 298页 21cm（32开）
统一书号：8026.1723 定价：CNY1.75
（中央音乐学院编译室音乐历史理论译丛）
本书介绍格鲁克、海顿、莫扎特及其名作。

J0140402
西洋名作曲家研究 （论文集）《音乐译文》编辑部编辑
北京 音乐出版社 1958年 174页 19cm（小32开）
统一书号：8026.898 定价：CNY1.00

J0140403
萧斯塔科维奇的森林之歌 （苏）贝尔南特（Г.Бернандт）著；王毓麟译
北京 音乐出版社 1958年 20页 15cm（40开）
统一书号：8026.918 定价：CNY0.08
（音乐欣赏丛书）

J0140404
贝多芬传 [苏]凯尔什涅尔著；杨民望，杨民怀译
上海 上海文艺出版社 1959年 定价：CNY0.44

J0140405
唱片音乐欣赏 （第一辑）中国唱片厂，上海文艺出版社编
上海 上海文艺出版社 1959年 150页
19cm（32开）统一书号：8078.1057
定价：CNY0.52

J0140406
唱片音乐欣赏 （第二辑）中国唱片厂，上海文艺出版社编
上海 上海文艺出版社 1960年 100页
19cm（32开）统一书号：8078.1284
定价：CNY0.36

J0140407
唱片音乐欣赏 （第三辑）中国唱片厂，上海文艺出版社编
上海 上海文艺出版社 1960年 104页
19cm（32开）统一书号：8078.1336
定价：CNY0.36

J0140408
唱片音乐欣赏 （第四辑 苏联交响音乐介绍）中国唱片厂，上海文艺出版社编
上海 上海文艺出版社 1960年 112页
19cm（32开）统一书号：8078.1407
定价：CNY0.40

J0140409
肖斯塔科维奇 [苏]达尼列维奇著；毛宇宽译
北京 音乐出版社 1959年 定价：CNY1.30
（外国音乐家传记丛书）

德米特里·德米特里耶维奇·肖斯塔科维奇（Дмитрий·Дмитриевич·Шостакович，1906—1975），苏联作曲家。

J0140410
音乐作品分析 （苏）阿拉波夫，B.A.著；中央音乐学院编辑室译
北京 音乐出版社 1959年 259页 21cm（32开）
统一书号：8026.1126 定价：CNY1.45
（中央音乐学院专家讲稿译丛）

全书分上下两篇，上篇曲式部分，下篇体裁部分，共21讲。书中以苏联及欧洲各国的民歌和不同时期著名作曲家的各类作品为材料，从最简单的形式及音乐语言结构的各种因素入手，逐渐讲述到各种复杂的大型曲式。本书并非纯技术意义上的“曲式教程”，而是通过对音乐作品形式与内容相互关系的分析，来说明曲式的发展过程。曾作为中国各音乐院校曲式与作品分析课的主要教材。

J0140411
怎样欣赏音乐 伍雍谊编著
北京 音乐出版社 1959年 100页 17cm（40开）
统一书号：8026.954 定价：CNY0.32
（业余自修音乐小丛书）

J0140412
怎样欣赏音乐 伍雍谊编著
北京 音乐出版社 1962年 2版 修订本 102页
有曲谱 15cm（40开）统一书号：8026.954
定价：CNY0.21
（业余自修音乐小丛书）

J0140413
艾涅斯库 （罗）安德列·图多尔著；汪启璋，吴佩华译
北京 音乐出版社 1960年 99页 有图
21cm（32开）统一书号：8026.1287
定价：CNY0.64
（外国音乐传记丛书）

乔治·艾涅斯库（1881—1955），罗马尼亚小提琴家、作曲家、指挥家、教育家及音乐活动家。出生于摩尔达维亚的里威尼的一个农民家中。4岁随民间艺人基奥洛学琴。1888年开始，先后在维也纳音乐院及巴黎音乐院学习。师从赫尔梅斯伯格、热达尔泽等人。作为作曲家，他创作了一部歌剧、三部交响曲、七部管弦乐曲、三部提琴奏鸣曲等作品，成为罗马尼亚交响音乐的奠基者。音乐创作继承和发扬了形成于19世纪下半叶的罗马尼亚民族乐派的传统，将罗马尼亚民间音乐与晚期浪漫主义音乐有机地结合在一起，而成为现代罗马尼亚音乐的重要代表。

J0140414
舒曼论音乐与音乐家　（论文选）（德）罗柏特·舒曼（Robert Schumann）著；（德）古·杨森（F.Gustav Jansen）编；陈登颐译
北京 人民音乐出版社 1960年 242页
20cm（32开）统一书号：8026.3411
定价：CNY1.30
作者陈登颐（1928—　），翻译家。江苏镇江人。少时就读上海民治新闻学校。曾任上海音乐出版社编辑。主要翻译作品有《达马莎》《世界小说一百篇》《舒曼论音乐与音乐家》等

J0140415
舒曼论音乐与音乐家　（论文选）（德）舒曼（Schumann，R.）著；（德）杨森（Jansen，F.G.）编；陈登颐译
北京 音乐出版社 1960年 289页 有肖像 20cm（32开）统一书号：8026.1371 定价：CNY1.75
本书由舒曼自编，后又经19世纪德国著名舒曼研究家古·杨森扩编。中译本据1956年版俄译本译出。书末附俄译本，由苏联德·瑞托米尔斯基所写的长篇论文《罗伯特·舒曼的音乐批评遗产》。

J0140416
肖邦的创作　（苏）索洛甫磋夫，A.著；中央音乐学院编译室译
北京 音乐出版社 1960年 253页 有图及曲谱
20cm（32开）统一书号：8026.1315
定价：CNY1.60
本书译自原著《肖邦的生活与创作》后半部。用简洁生动的笔触揭示肖邦创作中深刻的爱国主义与民族主义思想，以及丰富多彩的感情内容。对其作品的民族源流、个人风格、手法特点等，作了深入浅出而又具有说服力的论述。共9章：第一章论述肖邦创作的基本特征；第二至七章探研肖邦各类体裁的作品（波洛捏兹舞曲、玛祖卡舞曲、奏鸣曲、协奏曲、叙事曲、夜曲、圆舞曲、练习曲等）；末2章是结论和肖邦作品目录。本书是配合纪念肖邦诞生150周年而翻译出版的。

J0140417
肖邦的创作　（苏）索洛甫磋夫（Соловцов，A.）著；中央音乐学院编译室译
北京 人民音乐出版社 1981年 重印本 242页
有照片 20cm（32开）统一书号：8026.1315
定价：CNY1.50

J0140418
肖邦　［波兰］伊瓦茨凯维支著；廖辅叔等译
北京 音乐出版社 1961年 220页 20cm（32开）
定价：CNY3.30
（外国音乐家传记丛书）

J0140419
音乐家传记　（德、奥、瑞士、英及美洲各国部分）岁寒编译
上海 上海文艺出版社 1961年 205页
20cm（32开）统一书号：8078.1835
定价：CNY1.10

J0140420
音乐家传记　（意、法、西、比、荷部分）岁寒编译
上海 上海文艺出版社 1962年 197页
20cm（32开）统一书号：8078.1972
定价：CNY1.10

J0140421
音乐家传记　（东欧、北欧各国部分）岁寒编译
上海 上海文艺出版社 1963年 171页
20cm（32开）统一书号：8078.2145
定价：CNY0.96

J0140422
李斯特论柏辽兹与舒曼　张洪岛，张洪模，张宁译
北京 音乐出版社 1962年 147页 有图
21cm（32开）统一书号：8026.1496
定价：CNY1.20
本书收入的是李斯特的两篇论文，一篇为《柏辽兹和他的〈哈罗尔德〉交响曲》，一篇为《罗伯特·舒曼》。

J0140423
李斯特论柏辽兹与舒曼　（匈）李斯特（F.Liszt）著；张洪岛等译
北京 人民音乐出版社 1979年 重印本 174页
20cm（32开）统一书号：8026.1496
定价：CNY0.96

本书辑有匈牙利著名作曲家李斯特在德国魏玛宫廷期间所写的《柏辽兹和他的〈哈罗尔德〉交响曲》及《罗伯特·舒曼》两篇重要论文，对代表欧洲音乐进步倾向的杰出音乐家柏辽兹和舒曼的音乐作品进行了详细、深入的分析，并对音乐的标题性、音乐的革新、音乐批评、音乐作品内容与形式的关系等问题，发表了自己独到的见解。有助于读者加深了解李斯特的艺术思想和19世纪欧洲音乐思潮的发展情况。

J0140424
列奥什·亚那切克　（捷）雅罗斯拉夫·希达著；林相周译
上海　上海文艺出版社　1962年　21cm（32开）
定价：CNY0.26
亚那切克（LeosJanacek，1854—1928），通译：莱奥什·亚纳切克，捷克作曲家。毕业于布拉格管风琴学校。代表作品有《耶奴发》《卡佳·卡巴诺娃》《布鲁切克先生月球漫游记》《布鲁切克先生15世纪历险记》《死屋》《阿马鲁斯》。

J0140425
论柏辽兹与舒曼　（匈）李斯特著；张洪岛等译
北京　音乐出版社　1962年　174页　有图
20cm（32开）统一书号：8026.1496
定价：CNY1.20
作者弗朗茨·李斯特（Franz Liszt，1811—1886），匈牙利著名作曲家、钢琴家、指挥家。出生于匈牙利雷汀。代表作品交响曲《浮士德》《但丁》，钢琴曲《十九首匈牙利狂想曲》等。作者张洪岛（1931—　），教授，沙河人，毕业于朝阳大学法律系。历任河北女子师范学院副教授，重庆音乐院，北平师范大学教授，中央音乐学院音乐学系主任、教授。译有《小提琴演奏法》《实用和声学》《西洋音乐史》《欧洲音乐史》等。

J0140426
外国名作曲家研究　（第2集）音乐出版社编辑部编
［北京］音乐出版社　1962年　21cm（32开）
定价：CNY1.35
（论文集）

J0140427
西贝柳斯　（芬）尼尔斯－艾力克·林波姆著；陈洪译
北京　人民音乐出版社　1962年　146页
21cm（32开）统一书号：8026.1482
定价：CNY0.93
（外国音乐家传记丛书）

J0140428
音乐作品分析　（苏）斯克列勃科夫，C.C.著；顾连理等译
上海　上海文艺出版社　1962年　404页
21cm（32开）统一书号：8078.1932
定价：CNY2.15

J0140429
克罗士先生　（一个反对“音乐行家”的人）（法）克洛德·德彪西（Claude Debussy）著；张裕禾译
北京　人民音乐出版社　1963年　120页
19cm（32开）统一书号：8026.1705
定价：CNY0.58
本书收入著名法国近代作曲家德彪西音乐评论短文25篇。通过假想人物克罗士之口，针对当时法国音乐界的状况，进行尖锐讥讽和抨击，同时表露了自己的美学见解。

J0140430
威尔第纪念图片　（1813—1963）音乐出版社编辑部编
北京　音乐出版社　1963年　20张（套）
13cm（50开）统一书号：8026.1885
定价：CNY1.00
威尔第（Giusepe Verdi，1813—1901），意大利作曲家。出生于意大利北部布塞托，毕业于米兰音乐学院。代表作品《茶花女》《弄臣》《阿依达》《奥塞罗》等。

J0140431
《国际歌》作者鲍狄埃和狄盖特　马启莱编写
北京　商务印书馆　1964年　34页　有图
19cm（小32开）统一书号：11017.227
定价：CNY0.11
（外国历史小丛书）

J0140432
《国际歌》作者鲍狄埃和狄盖特　马启莱编写
北京　商务出版社　1979年　3版　49页

19cm(64开) 统一书号: 11017.280
定价: CNY0.13
(外国历史小丛书)

J0140433
音乐漫谈 李凌著
北京 音乐出版社 1964年 248页 20cm(32开)
统一书号: 8026.1923 定价: CNY1.20
本书为中国音乐欣赏文集。收有论述音乐问题的杂文44篇。

J0140434
音乐漫谈 李凌著
北京 人民音乐出版社 1983年 2版 增订版
272页 21cm(32开) 统一书号: 8026.1923
定价: CNY1.20
本书包括了作者近40年以来所写的一些重要文章，阐述了作者对近几十年来我国音乐创作、音乐表演、革命音乐、实践活动的看法和认识。

J0140435
音乐欣赏 (美)伯恩斯坦(Leonard Bernstein)著; 林声翕译
香港 今日世界社 1964年 276页 有照片
18cm(32开) 定价: HKD2.50
外文书名: The Joy of Music.

J0140436
音乐欣赏 (美)伯恩斯坦(Bernstein, L.)著; 林声翕译
香港 今日世界出版社 1972年 276页
19cm(32开) 定价: HKD2.50

J0140437
李斯特论肖邦 (匈)李斯特著; 张泽民等译
北京 人民音乐出版社 1965年 205页
20cm(32开) 统一书号: 8026.3407
定价: CNY1.10
李斯特为纪念其挚友波兰著名作曲家、钢琴家肖邦而作。着重叙述形成肖邦艺术思想和音乐风格的历史条件、社会环境、人文背景、民族精神、个人的性格特征等，在此基础上对肖邦的音乐创作和艺术实践进行了深入中肯的评论。本书为研究肖邦提供了一些珍贵的背景材料。原书为法文，有多种文字译本。

J0140438
李斯特论肖邦 (匈)李斯特著; 张泽民等译
北京 人民音乐出版社 1978年 重印本 205页
20cm(32开) 统一书号: 8026.3407
定价: CNY1.10
作者弗朗茨·李斯特(Franz Liszt, 1811—1886)，匈牙利著名作曲家、钢琴家、指挥家。出生于匈牙利雷汀。代表作品交响曲《浮士德》《但丁》，钢琴曲《十九首匈牙利狂想曲》等。

J0140439
李斯特论肖邦 (匈)费仑茨·李斯特著; 张泽民等译
北京 人民音乐出版社 1978年 205页
19cm(32开) 定价: CNY1.10

J0140440
深入批判资产阶级的人性论 (从标题与无标题音乐问题的讨论谈起)
西宁 青海人民出版社 1974年 19cm(小32开)
定价: CNY0.12

J0140441
无标题音乐没有阶级性吗 (文艺评论选)
长沙 湖南人民出版社 1974年 63页 19cm(32开)
统一书号: 10109.973 定价: CNY0.14

J0140442
无标题音乐没有阶级性吗 辽宁人民出版社编辑
沈阳 辽宁人民出版社 1974年 75页 19cm(32开)
统一书号: 3090.243 定价: CNY0.15

J0140443
无标题音乐没有阶级性吗? (音乐评论选)
郑州 河南人民出版社 1974年 26页 19cm(32开)
统一书号: 8105.481 定价: CNY0.08

J0140444
音乐评论选 (深入批判资产阶级的人性论)
初澜等著
上海 上海人民出版社 1974年 80页 19cm(32开)
统一书号: 8171.1040 定价: CNY0.19

J0140445
应当重视这场讨论 （关于标题音乐、无标题音乐问题的讨论）河北省群众艺术馆编辑
石家庄 河北人民出版社 1974 年 48 页
18cm（15 开）统一书号：10086.321
定价：CNY0.12

J0140446
十大音乐家与名曲 陈永丰编
台北 五洲出版社 1975 年 287 页 21cm（32 开）
外文书名：Ten Great Compoers and Famous Oomposjtions.

J0140447
音乐的话 （世界名曲故事）王明敏编译
台北 常春树书坊 1977 年 385 页 有照片
19cm（32 开）定价：TWD80.00

J0140448
《国际歌》和巴黎公社革命音乐 梁茂执笔
北京 人民音乐出版社 1978 年 120 页 有照片
19cm（32 开）统一书号：8026.3537
定价：CNY0.40

J0140449
贝多芬传 （法）罗曼·罗兰著；傅雷译
北京 人民音乐出版社 1978 年 91 页 19cm（32 开）
统一书号：8026.3548 定价：CNY0.39
本书著者罗曼·罗兰是著名的法国文学家、音乐史家、教授。他一生渴求正义，立志"为那些前进的人写作"。他对贝多芬进行过深入的研究。本书是 20 世纪初较为流行的一本文艺传记。内容包括："贝多芬传""贝多芬遗嘱""贝多芬书信集""贝多芬思想录"。书后附录《贝多芬的作品及其精神》《致罗曼·罗兰》《傅雷年谱》。作者傅雷（1908—1966），文学翻译家、外国文学研究家。江苏南汇（今属上海市）人。字怒安，号怒庵，笔名小青等。就读于法国巴黎大学，曾任上海美专教授，中国作协上海分会理事及书记处书记等职，法国巴尔扎克研究协会会员。生平翻译外国名著多部，有《约翰·克利斯朵夫》《高老头》《托尔斯泰传》《贝多芬传》《艺术哲学》等，代表著作《傅雷家书》。

J0140450
论音乐与音乐家 （论文选）（德）舒曼（R.Schnman）著；（德）杨森（F.G.Jansen）编；陈登颐译
北京 人民音乐出版社 1978 年 重印本 242 页
20cm（32 开）统一书号：8026.3411
定价：CNY1.30
外文书名：Gesammelte Schriften Uber Musik Und Musiker Von.

J0140451
威尔第书信选 人民音乐出版社编辑部编；李季芳，陈登颐，高士彦译
北京 人民音乐出版社 1978 年 149 页
21cm（32 开）统一书号：8026.3506
定价：CNY0.64
作者陈登颐（1928— ），翻译家。江苏镇江人。少时就读上海民治新闻学校。曾任上海音乐出版社编辑。主要翻译作品有《达马莎》《世界小说一百篇》《舒曼论音乐与音乐家》等

J0140452
现代音乐欣赏 （日）野口久光著；张山水编译
台南 正业书局 1978 年 228 页 有图
19cm（32 开）定价：TWD40.00

J0140453
音乐与我 赵琴著
台北 东大图书公司 1978 年 再版 359 页
21cm（32 开）ISBN：957-19-0799-5
定价：TWD244.00
（沧海丛刊 音乐）

J0140454
德沃扎克传 （捷）奥塔卡·希渥莱克著；朱少坤译
北京 人民音乐出版社 1980 年 2 版 136 页
有图 21cm（32 开）统一书号：8026.135
定价：CNY0.81
德沃扎克（Antonín Leopold Dvorák，1841—1904），现通译为德沃夏克，捷克作曲家，捷克民族乐派的主要代表人物。主要作品有《斯拉夫舞曲》、《第九交响曲》（又名《自新世界交响曲》）、《b 小调大提琴协奏曲》等，交响诗《水妖》《金纺车》，歌剧《魔鬼与卡嘉》《水仙女》等。

J0140455
德沃扎克传　(捷)奥塔卡·希渥莱克著;朱少坤译
北京 人民音乐出版社 1980年 2版 136页
有图 21cm(32开) ISBN: 7-103-00037-9
定价: CNY1.60

J0140456
古典名曲欣赏　邵义强编著
台北 天同出版社[1980—1999年]236页
20cm(32开)

作者邵义强，教授。台湾成功大学音乐系教授。历任音乐美术教师，台南神学院音乐系讲师，台南市亚洲唱片公司、台北市声美唱片公司、高雄市松竹唱片公司等顾问与解说作者。出版有《乐林啄木鸟》《璀璨的音乐世界》等。

J0140457
论音乐的特殊性　(波)丽莎著;于润洋译
上海 上海文艺出版社 1980年 182页
19cm(32开)统一书号: 8078.3226
定价: CNY0.48

J0140458
名曲与巨匠　(日)福原信夫等著;林道生编译
台北 志文出版社 1980年 306页 有照片
19cm(32开)定价: TWD120.00
(新潮文库 246)

J0140459
音乐旅情　赵琴作
台北 锦绣出版社[1980—1989年]2册 有照片
26cm(16开)精装

J0140460
音乐欣赏　邬里希著;康讴主,汪育理译
台北 全音乐谱出版社 1980年 3版 465页
24cm(26开)精装
(世界音乐名著译丛)

J0140461
最新名曲解说全集　(1 交响曲 1)李哲洋主编
台北 大陆书店 1982年 380页 有肖像
22cm(30开)定价: TWD350.00

J0140462
最新名曲解说全集　(2 交响曲 2)李哲洋主编
台北 大陆书店 1982年 408页 有肖像
22cm(30开)定价: TWD350.00

J0140463
最新名曲解说全集　(3 交响曲 3)李哲洋主编
台北 大陆书店 1982年 398页 有肖像
22cm(30开)定价: TWD350.00

J0140464
最新名曲解说全集　(4 管弦乐曲 1)李哲洋主编
台北 大陆书店 1980年 437页 有肖像
22cm(30开)定价: TWD350.00

J0140465
最新名曲解说全集　(5 管弦乐曲 2)李哲洋主编
台北 大陆书店 1980年 474页 有肖像
22cm(30开)定价: TWD350.00

J0140466
最新名曲解说全集　(6 管弦乐曲 3)李哲洋主编
台北 大陆书店 1980年 467页 有肖像
22cm(30开)定价: TWD350.00

J0140467
最新名曲解说全集　(7 管弦乐曲 4)李哲洋主编
台北 大陆书店 1980年 432页 有肖像
22cm(30开)定价: TWD350.00

J0140468
最新名曲解说全集　(8 协奏曲 1)李哲洋主编
台北 大陆书店 1982年 396页 有肖像
22cm(30开)定价: TWD350.00

J0140469
最新名曲解说全集　(9 协奏曲 2)李哲洋主编
台北 大陆书店 1982年 399页 有肖像
22cm(30开)定价: TWD350.00

J0140470
最新名曲解说全集　（10 协奏曲 3）李哲洋主编
台北 大陆书店 1982 年 399 页 有肖像
22cm（30 开）定价：TWD350.00

J0140471
最新名曲解说全集　（11 室内乐曲 1）李哲洋主编
台北 大陆书店 1988 年 458 页 有肖像
22cm（30 开）定价：TWD350.00

J0140472
最新名曲解说全集　（12 室内乐曲 2）李哲洋主编
台北 大陆书店 1988 年 416 页 有肖像
22cm（30 开）定价：TWD350.00

J0140473
最新名曲解说全集　（13 室内乐曲 3）李哲洋主编
台北 大陆书店 1988 年 416 页 有肖像
22cm（30 开）定价：TWD350.00

J0140474
最新名曲解说全集　（14 独奏曲 1）李哲洋主编
台北 大陆书店 1983 年 402 页 有肖像
22cm（30 开）定价：TWD350.00

J0140475
最新名曲解说全集　（15 独奏曲 2）李哲洋主编
台北 大陆书店 1983 年 425 页 有肖像
22cm（30 开）定价：TWD350.00

J0140476
最新名曲解说全集　（16 独奏曲 3）李哲洋主编
台北 大陆书店 1983 年 431 页 有肖像
22cm（30 开）定价：TWD3350.00

J0140477
最新名曲解说全集　（17 独奏曲 4）李哲洋主编
台北 大陆书店 1983 年 425 页 有肖像
22cm（30 开）定价：TWD350.00

J0140478
柴科夫斯基论音乐与音乐家　（俄）柴科夫斯基（Чайковекий, Л.И.）著；高士彦译
北京 人民音乐出版社 1981 年 140 页 有照片
19cm（32 开）统一书号：8026.3893
定价：CNY0.55

作者柴科夫斯基（Чайковский, ПётрИльич, 1840—1893），现通译为柴可夫斯基。俄罗斯作曲家、音乐剧作家。代表作有芭蕾舞剧《天鹅湖》《睡美人》《胡桃夹子》，歌剧《叶甫根尼·奥涅金》，交响曲《罗密欧与朱丽叶》等。

J0140479
现代作曲家及其名曲　上海音乐学院图书馆编
上海［上海音乐学院图书馆］［1981 年］
539 页 19cm（小 32 开）

J0140480
音乐宝藏　叶惠康著
香港 种籽出版社 1981 年 190 页 有肖像
21cm（32 开）ISBN：962-230-552-0

J0140481
音乐欣赏手册　上海音乐出版社编
上海 上海音乐出版社 1981 年 700 页
21cm（32 开）统一书号：8127.3031
ISBN：7-80553-033-5 定价：CNY5.25

J0140482
音乐欣赏手册　上海文艺出版社编
上海 上海文艺出版社 1982 年 重印本 700 页
21cm（32 开）统一书号：8078.3307
定价：CNY2.30

J0140483
音乐欣赏手册　（续集）上海音乐出版社编
上海 上海音乐出版社 1989 年 968 页
20cm（32 开）ISBN：7-80553-034-3
定价：CNY12.70

J0140484
音乐欣赏手册　上海音乐出版社编
上海 上海音乐出版社 1990 年 700 页
21cm（32 开）精装 定价：CNY15.80

J0140485
音乐影剧论集　中华学术院编辑

台北 文化大学出版部 1981年 835页
21cm(32开) 定价: TWD350.00
(中华学术与现代文化丛书 6)

J0140486
隐藏在花丛中的大炮 (波兰爱国音乐家肖邦作品简介)廖乃雄著
北京 人民音乐出版社 1981年 41页 19cm(32开)
统一书号: 8026.3847 定价: CNY0.18
(外国音乐欣赏小丛书)

J0140487
圆舞曲之王 (约翰·施特劳斯和他的主要作品)罗传开著
北京 人民音乐出版社 1981年 70页 19cm(32开)
统一书号: 8026.3853 定价: CNY0.30
(外国音乐欣赏小丛书)

作者罗传开(1932—), 教授、研究员。生于广东省高明县(今广东省佛山市高明区), 毕业于上海音乐学院理论作曲系。历任上海音乐学院教授、华东师范大学兼职教授。著有《外国通俗名曲欣赏词典》《世界著名圆舞曲欣赏》《圆舞曲之王: 约翰·施特劳斯和他的主要作品》, 主要译作《西洋乐器图说》《战后日本文学史·年表》。

J0140488
"无限的痛苦在折磨着我" (奥地利音乐家舒柏特的生平和作品简介)韩建邠编著
北京 人民音乐出版社 1982年 74页
19cm(小32开) ISBN: 7-103-01360-8
定价: CNY3.70
(外国音乐欣赏小丛书)

本书介绍了19世纪初叶奥地利著名作曲家舒柏特充满痛苦的一生, 并介绍了他创作的《野玫瑰》《魔王》《美丽的磨坊姑娘》等歌曲和《未完成交响乐》等优秀的器乐作品。

J0140489
"无限的痛苦在折磨着我" (奥地利音乐家舒柏特的生平和作品简介)韩建邠编著
北京 人民音乐出版社 1982年 74页
19cm(小32开) 统一书号: 8026.4038
定价: CNY0.33
(外国音乐欣赏小丛书)

J0140490
不朽的音乐大师贝多芬 张弓著
北京 商务印书馆 1982年 43页 有图
19cm(32开) 统一书号: 11017.562
定价: CNY0.16
(外国历史小丛书)

J0140491
俄罗斯民族的心声 (柴科夫斯基作品十五首浅释)毛宇宽著
北京 人民音乐出版社 1982年 81页 19cm(32开)
统一书号: 8026.3902 定价: CNY0.33
(外国音乐欣赏小丛书)

J0140492
非洲音乐 (加纳)J.H.克瓦本纳·恩凯蒂亚(J.H.K.Nketia)著; 汤亚汀译
北京 人民音乐出版社 1982年 240页
21cm(32开) 统一书号: 8026.3922
定价: CNY1.30

本书是我国第一部介绍非洲音乐的书籍。系统地介绍了非洲音乐的产生、发展和现状, 介绍了非洲音乐结构的旋律、多声、节奏、音阶和调试。外文书名: The Music of Africa.

J0140493
莫扎特之魂 赵鑫珊, 周玉明著
上海 上海音乐出版社 1996年 529页 有画像及照片 20cm(32开) ISBN: 7-80553-653-8
定价: CNY27.00

本书是一部全面、完整、多视角地论述莫扎特其人其乐的巨著。共5部分: "序幕", 收录《死亡意味着什么?》等; "第一篇: 先做人, 后做伟大的作曲家"; "第二篇: 莫扎特音乐的绝对和谐和绝对美"; "第三篇: 从大文化背景去鸟瞰莫扎特音乐"; "尾声", 收录《莫扎特遗孀及其子女的归宿和结局——没有不散的盛席华筵》等。书后附录《上帝专门派他来赐给人类数不清的如珠似玉的旋律——莫扎特创作一览表》。

J0140494
莫扎特之魂 赵鑫珊, 周玉明著
上海 上海音乐出版社 1996年 529页 有画像及照片 20cm(32开) 精装 ISBN: 7-80553-652-X
定价: CNY33.00

作者赵鑫珊(1938—　)，教授、哲学家、文学家。江西南昌人，毕业于北京大学德国文学语言系。历任上海社会科学院欧亚研究所德国研究中心主任、教授，上海欧洲学会理事。代表作品有《科学艺术哲学断想》《地球在哭泣》《哲学与当代世界》《希特勒与当代艺术》《我是北大留级生》等。

J0140495
舒伯特的歌曲　(外国音乐名作分析)(苏)加拉茨卡娅著；王汶译
北京　人民音乐出版社　1982年　73页　19cm(32开)
统一书号：8026.3958　定价：CNY0.19

J0140496
他永远凝视着祖国的峡湾　(挪威作曲家格里格的生平、思想和创作)廖乃雄著
北京　人民音乐出版社　1982年　42页
19cm(小32开)统一书号：8020.4024
定价：CNY0.34
(外国音乐欣赏小丛书)

本书简要地介绍了挪威民族音乐家格里格的生平以及他所创作的充满爱国热情、富有挪威特色和洋溢着北国的诗情画意的音乐作品。书中还附有一些优美动听的歌曲。

J0140497
一个朴实的捷克音乐家　(德沃扎克及其主要作品简介)钱亦平作
北京　人民音乐出版社　1982年　56页
19cm(小32开)定价：CNY0.26
(外国音乐欣赏小丛书)

德沃扎克(Antonín Leopold Dvorák，1841—1904)，现通译为德沃夏克，捷克作曲家，捷克民族乐派的主要代表人物。主要作品有《斯拉夫舞曲》、《第九交响曲》(又名《自新世界交响曲》)、《b小调大提琴协奏曲》等，交响诗《水妖》《金纺车》，歌剧《魔鬼与卡嘉》《水仙女》等。本书共分两部分：一、介绍德沃夏克的生平及创作道路；二、德沃夏克的主要作品简介。

J0140498
音乐欣赏讲话　(上)钱仁康编著
上海　上海文艺出版社　1982—1984年　292页
19cm(32开)统一书号：8078.3322
定价：CNY0.79

本书为音乐欣赏专著。全书分47讲，第一讲首先介绍音乐的各种表现手段；其他各讲按音乐作品的题材、体裁、形式风格的不同分类，以大量的谱例，分别介绍了中外声乐、中外器乐、歌剧音乐、舞剧音乐和现代音乐中的代表作品，以及这些作品产生的历史背景、作者思想、音乐结构和风格特点等。该书已由上海有声读物公司制成音带发行。

J0140499
音乐欣赏讲话　(下)钱仁康编著
上海　上海文艺出版社　1982—1984年［368页］
19cm(小32开)统一书号：8078.3453
定价：CNY1.15

作者钱仁康(1914—2013)，音乐学家，音乐理论家。生于江苏无锡，毕业于国立音乐专科学校理论作曲组。历任北平师范学院、苏州国立社教学院、江苏师范学院(苏州大学前身)、苏南文教学院、华东师范大学音乐系教授，上海音乐学院音乐学系系主任、博导。著有《外国音乐欣赏》等，并译有《莫扎特书信选》等。

J0140500
音乐欣赏讲话　(上册)钱仁康编著
上海　上海音乐出版社　1988年　重印本　292页
19cm(32开)ISBN：7-80553-086-6
定价：CNY1.70

本书叙述了音乐的表现手段、中国民歌、外国民歌、人声的类别和组合、音乐作品的各种形式体裁如颂歌和抒情歌曲、叙事歌曲和表演唱、诙谐歌曲和讽刺歌曲、幻想曲和即兴曲、随想曲和狂想曲等。为音乐爱好者提供欣赏音乐所必须具备的一些音乐基本知识。

J0140501
音乐欣赏讲话　(下册)钱仁康编著
上海　上海音乐出版社　1988年　重印本　368页
19cm(32开)ISBN：7-80553-087-4
定价：CNY2.10

本册包括：弦乐器、木管乐器、乐队和乐队曲、室内乐、组曲、标题音乐、交响乐、康塔塔、歌剧、芭蕾音乐、轻音乐等音乐欣赏。

J0140502
怎样看待海外流行音乐 四川省广播事业局等编
成都 四川省广播事业局 1982年 64页
19cm(32开)

J0140503
扼住命运咽喉的人 (介绍德国音乐家贝多芬)蔡良玉著
北京 人民音乐出版社 1983年 74页 19cm(32开)
统一书号：8026.4116 定价：CNY0.31
(外国音乐欣赏小丛书)

J0140504
杰出的管弦乐色彩大师 (法国作曲家拉威尔)沈旋著
北京 人民音乐出版社 1983年 52页 19cm(32开)
统一书号：8026.4088 定价：CNY0.23
(外国音乐欣赏小丛书)

J0140505
乐话 李凌著
广州 花城出版社 1983年 282页 21cm(32开)
统一书号：8261.3 定价：CNY0.91

本书是音乐论集，内容包括了音乐运动、创作、演奏、轶事、传记等多方面的议论。

J0140506
诗的音乐，音乐的诗 (介绍德国音乐家舒曼及其主要作品)方之文著
北京 人民音乐出版社 1983年 69页 有肖像
19cm(32开)统一书号：8026.4103
定价：CNY0.31
(外国音乐欣赏小丛书)

J0140507
现代音乐的焦点 潘皇龙著
台北 全音乐谱出版社 1983年 164页
19cm(32开)

J0140508
作家与音乐 (译文集)人民音乐出版社编辑部编
北京 人民音乐出版社 1983年 180页
19cm(小32开)定价：CNY0.80

J0140509
大地之歌 (介绍指挥家、作曲家马勒)周化编著
北京 人民音乐出版社 1984年 72页 19cm(32开)
统一书号：8026.4284 定价：CNY0.38
(外国音乐欣赏小丛书)

J0140510
乐路鳞爪 (音乐随笔、杂感、论文集)曾刚著
西安 陕西人民出版社 1984年 187页
19cm(32开)统一书号：8094.694 定价：CNY0.68

J0140511
聂耳的创造 李业道著
北京 人民音乐出版社 1984年 221页
25cm(小16开)统一书号：8026.4213
定价：CNY1.25

本书包括作者1955年以前所写的论文30余篇，其中有关聂耳音乐创作的专题研究，中华人民共和国成立以来文艺方针政策的讨论文章，有关音乐创作和表演艺术方面的论文以及若干篇杂感。

J0140512
琴台碎语 黄友棣著
台北 东大图书公司 1984年 再版 348页
21cm(32开)ISBN：957-19-0803-7
定价：TWD133.00
(沧海丛刊 音乐)

作者黄友棣(1912—2010)，中国著名音乐家、作曲家、音乐教育家。生于广东高要县(今广东省肇庆市高要区)。毕业于国立中山大学教育学系，后获英国皇家音乐学院小提琴教师与意大利满德艺术院作曲文凭。一生创作的乐曲超过二千多首。主要有《孔子纪念歌》《伟大的中华》等声乐作品及艺术歌曲，还作有管弦乐《春灯舞》、钢琴曲《台湾民歌组曲》《小提琴独奏六首》等器乐作品。

J0140513
舒伯特的魔王之研究 陈明律著
台北 全音乐谱出版社 1984年 56页
21cm(32开)定价：TWD60.00

J0140514
音乐随笔 赵琴著
台北 东大图书公司 1984年 再版 303页

21cm(32开)ISBN: 957-19-0805-3
定价: TWD115.00
(沧海丛刊)

J0140515
音乐艺术随谈 李凌著
上海 上海文艺出版社 1984年 475页
21cm(32开)统一书号: 8078.3479
定价: CNY1.80
本书共收辑了有关音乐方面的论文92篇,大部分是作者在1976年后撰写的。

J0140516
在音乐世界中 (苏)阿·瓦·卢那察尔斯基著;井勤荪译
上海 上海文艺出版社 1984年 161页
21cm(32开)统一书号: 8078.3480
定价: CNY1.05
本书内容包括: 在音乐世界中; 音乐的社会学问题; 其他有关音乐的论文和讲话。

J0140517
怎样欣赏音乐 (美)科普兰(A.Copland)著;丁少良译
北京 人民音乐出版社 1984年 195页
19cm(32开)统一书号: 8026.4283
定价: CNY0.78
这本书通过分析音乐的各种要素和结构,深入浅出地叙述了有关音乐欣赏的一切必要知识,某些篇章内容超出了单纯音乐欣赏的范围,而具有学术性探讨价值。外文书名: What to Listen for in Music.

J0140518
古典、创新、抒情、谐谑 (普罗科菲耶夫作品选介)罗传开著
北京 人民音乐出版社 1985年 98页 有肖像
19cm(32开)统一书号: 8026.4415
定价: CNY0.70
(外国音乐欣赏小丛书)
本书系罗传开著普罗科菲耶夫音乐名作欣赏。他的主要作品有: 交响童话、歌剧及其交响组曲、舞剧及其交响组曲等。

J0140519
名曲鉴赏入门 野宫勋著;张淑懿译
台北 志文出版社 1985年 403页 有照片
19cm(32开)定价: TWD160.00
(新潮文集 313)

J0140520
名人与音乐 姚耕,方达编
上海 上海教育出版社 1985年 162页
20cm(32开)定价: CNY0.59
(中学生文库)
本书共收编中外古今39位名人与音乐的故事,记述了中外文豪、诗人、画家、名伶、科学巨匠、学界泰斗、革命领袖与音乐结下的不解之缘,以及从音乐中得到裨益的动人事例。

J0140521
欧洲古典名曲欣赏 马慧玲编著
北京 北京出版社 1985年 250页 19cm(32开)
统一书号: 8071.524 定价: CNY1.25
(当代大学生丛书)
本书生动地介绍了欧洲四种古典乐派的形成过程,介绍了各个流派的代表性人物27位,其中包括贝多芬、莫扎特、舒伯特、肖邦、柴科夫斯基等音乐大师以及他们的代表性作品77部。

J0140522
轻音乐欣赏 陈国权著
武汉 湖北人民出版社 1985年 260页
19cm(32开)统一书号: 8106.2415
定价: CNY1.15
本书运用书信体形式,介绍了我国众多的轻音乐歌星、台湾校园歌曲、爵士音乐、美国乡村歌曲、“甲壳虫”、迪斯科,以及外国古典通俗音乐等等。书中还穿插了许多轻音乐名曲的赏析,附了曲谱。

J0140523
他不是小溪,是大海 (介绍德国音乐家巴赫)翟学文,王凤岐编著
北京 人民音乐出版社 1985年 70页 20cm(32开)
定价: CNY0.57
(外国音乐欣赏小丛书)
本书介绍18世纪欧洲音乐的巨擘、古典音乐大师巴赫的生平和创作特征,简略的分析了巴

赫部分影响较大的音乐作品。

J0140524
外国名曲欣赏　（轻音乐）周永达编译
上海　上海翻译出版公司　1985 年　56 页
19cm（32 开）统一书号：8311.5　定价：CNY0.45

J0140525
我最爱读的音乐故事　（美国）耶胡迪·梅纽因编；顾连理，吴然吟译
上海　上海文艺出版社　1985 年　132 页
21cm（32 开）定价：CNY0.92

本书共收有 30 则有关音乐生活的故事，出自不同作家的手笔，体裁多样，有诗、散文、历史故事；风格不一，有的清新淡雅，有的浓艳绚丽，构成一幅幅不同时代、地区和社会背景下民间音乐生活的风景画。

J0140526
西洋百首名曲详解　人民音乐出版社编辑部编
北京　人民音乐出版社　1985 年　718 页
20cm（32 开）统一书号：8026.4391
定价：CNY5.45

本书包括百余首乐曲的曲目，用生动、通俗的文字，对这些作品的内容、形式、风格、音乐形象、艺术特点以及作品产生的时代背景、作曲家的生平和创作情况等，进行了较详细的介绍。

J0140527
现代国际乐坛　李耀伦编译
上海　上海学林出版社　1985 年　116 页
20cm（32 开）定价：CNY0.56
（夜读丛书）

本书介绍了托斯卡尼尼、卡拉杨、奥曼迪、史托科斯基、普列文、小泽征尔、卡萨斯等现代国际乐坛的大师们的轶事。

J0140528
现代作曲家及其名曲　朱建，吴圣武编译
香港　香港宏业书局　1985 年　243 页　有照片
21cm（32 开）定价：HKD30.00

J0140529
音乐·人物与观念　张已任著
台北　时报文化出版事业公司　1985 年　390 页
有照片　21cm（32 开）定价：TWD270.00
（时报书系　581）

J0140530
中国歌坛　（第一辑）苗德生主编
北京　文化艺术出版社　1985 年　484 页
20cm（32 开）统一书号：8228.111　定价：CNY2.60

J0140531
中外名歌名曲欣赏　柴本尧，周瑞康编
上海　上海教育出版社　1985 年　256 页
19cm（32 开）统一书号：7150.3362
定价：CNY1.15
（中学生文库）

J0140532
中外名曲欣赏　孙继南主编
济南　山东教育出版社　1985 年　775 页
20cm（32 开）统一书号：8275.1　定价：CNY5.40

J0140533
中外名曲欣赏　孙继南等编著
济南　山东教育出版社　1985 年　775 页
20cm（32 开）定价：CNY5.40

J0140534
中外名曲欣赏　孙继南等编著
济南　山东教育出版社　1987 年　775 页
20cm（32 开）统一书号：8275.8
ISBN：7-5328-0072-5　定价：CNY5.60

本书由 4 部分组成。第一部分：中国名曲欣赏，包括古曲如《流水》、古代歌曲《阳关三叠》和民间乐曲、传统乐曲以及近当代作曲家的作品共 40 首，现代声乐作品 16 首。第二部分：外国名曲欣赏，包括欧洲古今经典音乐作品共 66 首，涉及了欧洲音乐发展史各个时期最具代表性的声乐、器乐作品，如巴赫、莫扎特、贝多芬等人的代表作。第三部分：中外名曲曲谱（简谱），共 21 首。中国如《酒狂》，外国如《蓝色多瑙河圆舞曲》等。书末附录了音乐常识及名词浅释，介绍了音乐流派、体裁、组织等。

J0140535
德奥古典作曲大师中的最后一人　（介绍德国作曲家勃拉姆斯）李近朱著

北京 人民音乐出版社 1986年 97页 20cm(32开)
定价: CNY0.67
(外国音乐欣赏小丛书)

作者李近朱，毕业于中国音乐学院音乐理论系。历任中央电视台高级编辑，中国音乐家协会会员。出版音乐著作《交响音乐欣赏丛书》《乐对贝多芬》《德奥古典音乐大师中的“最后一人”》等。

J0140536
家庭音乐咨询　上海文化出版社编
上海 上海文化出版社 1986年 120页
19cm(32开) 统一书号: 8077.3004
定价: CNY0.50
(五角丛书)

J0140537
乐圃长春　黄友棣著
台北 东大图书公司 1986年 298页 21cm(32开)
ISBN: 957-19-0813-4 定价: TWD189.00
(沧海丛刊 音乐)

J0140538
名曲的命运　胡晓耕著
上海 上海文化出版社 1986年 123页
19cm(32开) 统一书号: 8077.3006
定价: CNY0.50
(五角丛书)

J0140539
欧洲古典名曲欣赏　罗传开，田晶著
北京 中国国际广播出版社 1986年 153页
19cm(32开) 统一书号: 8445.011
定价: CNY0.90

J0140540
音乐的魅力　(美)贝克(Baker, R.)著; 宋鸿鸣，路莹译
北京 人民音乐出版社 1986年 142页 有照片
19cm(32开) 统一书号: 8026.4485
定价: CNY1.55

外文书名: The Magic of Music.

J0140541
中外名曲赏析　王盛昌，李保彤主编
太原 山西人民出版社 1986年 1042页
20cm(32开) 统一书号: 8088.2049
定价: CNY6.70

J0140542
中外名曲赏析　王盛昌，李保彤主编
太原 山西教育出版社 1995年 2版 13+1044页
20cm(32开) 精装 ISBN: 7-80578-536-8
定价: CNY33.00
(世界好歌名曲丛书 1)

作者王盛昌(1926—　)，编辑。河北定州人。历任《黄河之声》编辑部主编、编审，中国音乐家协会会员，山西省文工团音乐创作组组长、乐队指挥，分会副主席兼秘书长。主要作品有《爱社歌》《俺队的队长人人夸》《小英雄与俘虏兵》等。主编《中外名曲赏析》。作者李保彤(1940—　)，山西电视台文艺部主任，中国音乐家协会会员，中国电视艺术家协会会员，山西电视艺术家协会副主席，山西音乐家协会常务理事。

J0140543
中外童话音乐欣赏　金裕众，戴逸如编著
上海 上海文艺出版社 1986年 222页
19cm(32开) 统一书号: 8078.3581
定价: CNY1.20
(音乐爱好者丛书)

J0140544
儿童的舒伯特　田村宏编
台北 全音乐谱出版社 1987年 75页 31cm(12开)

J0140545
钢琴之王——李斯特　关伯基著
北京 人民音乐出版社 1987年 48页 有肖像
19cm(32开) 定价: CNY0.45
(外国音乐欣赏小丛书)

作者关伯基(1925—　)，原名葆权，中国音协会员，广东高校音乐教研会顾问。

J0140546
聂耳评传　汪毓和著
北京 人民音乐出版社 1987年 117页
19cm(32开) 统一书号: 8026.4522
定价: CNY0.83
(中国近现代音乐家研究丛书)

J0140547
瓦格纳 (德)汉斯·麦耶尔(H.Mayer)著;赵勇,孟兆刚译
北京 三联书店 1987年 286页 19cm(32开)
统一书号:8002.14 定价:CNY1.55
(文化:中国与世界系列丛书 新知文库 18)

J0140548
外国通俗名曲欣赏词典 罗传开编著
上海 上海辞书出版社 1987年 1132页 有彩图
19cm(32开)精装 定价:CNY7.40

本书收录了演出频率较高的外国著名通俗器乐曲502首,包括组曲、序曲、交响诗、改编曲等,大部分是严肃音乐,少数是轻音乐。释文分"概述"和"解说"两部分,介绍乐曲的创作背景、有关轶事、歌剧情节,摘引并分析乐曲主题,解释乐曲内容、手法和意境。文内配有乐意图50余幅,烘托乐曲的意蕴,增添了美育情趣。词目一般附通行外文,并注明语种。词目按第一字画数和起笔笔形顺序编排。书前有彩色图片32幅,书后附录《音乐家小传》《外文人名索引》等。

J0140549
西方音乐欣赏 (美)马克利斯(Machlis, J.)著;刘可希译
北京 人民音乐出版社 1987年 667页
20cm(32开)统一书号:8026.4588
定价:CNY6.95

本书原名为《音乐欣赏》,因内容主要涉及西方音乐,故译本用现名。介绍了浪漫主义的音乐,回顾了18世纪古典主义,中世纪文艺复兴和巴洛克音乐,并谈到20世纪的现代音乐。对各个时期的介绍,首先是一般性概述,然后是流派和代表人物,并以分析代表作品为主。同时还剖析了各时期的社会背景以及音乐与其他艺术的关系。本书的内容编排方式从较浅显的程度引向较高深的水平,从较通俗的音乐到纯音乐循序渐进,非常自然新颖,独具匠心。外文书名:The Enjoyment of Music.

J0140550
西方音乐欣赏 (美)约瑟夫·马克利斯(Joseph Machlis)著;刘可希译
北京 人民音乐出版社 1998年 2版 667页
20cm(32开)ISBN:7-103-01616-X
定价:CNY34.20

本书主要包括:19世纪的浪漫主义;18世纪的古典主义;中世纪、文艺复兴时期和巴洛克时期的音乐;20世纪新音乐五部分。

J0140551
欣赏音乐的知识和方法 周大风著
北京 中国文联出版公司 1987年 188页
19cm(32开)统一书号:8355.854 定价:CNY1.20

作者周大风(1923—2015),音乐理论家、作曲家。浙江宁波人。历任浙江省文工团、浙江省歌剧团、浙江省越剧团作曲,浙江省艺术研究所研究员等。作品有《采茶舞曲》等,著有《越剧唱法研究》《小学音乐欣赏》等。

J0140552
新乐经 梁宝耳著
香港 麒麟书业公司 1987年 240页 有插图
17cm(40开)ISBN:962-232-064-3
定价:HKD20.00
(演艺系列)

J0140553
音乐欣赏 (美)伯恩斯坦(Bemstein, L.)著;林声翕译
台北 自华书店 1987年 314页 17cm(32开)
定价:TWD49.50
(495系列 56)

J0140554
中国名曲欣赏 张鸿懿,张静蔚主编
北京 北京出版社 1987年 336页 有图
19cm(32开)统一书号:8071.557
ISBN:7-200-00189-9 定价:CNY1.95
(当代大学生丛书)

作者张静蔚(1938—),教授。硕士毕业于中国艺术研究院音乐研究所。中国音乐学院教授、博士生导师。

J0140555
中国艺术研究院首届研究生硕士学位论文集 (音乐卷)中国艺术研究院研究生部编
北京 文化艺术出版社 1987年 620页
21cm(32开)定价:CNY4.70

J0140556
中外名曲欣赏指南 宋申编著
长沙 国防科技大学出版社 1987 年 367 页
26cm（16 开）统一书号：8415.036
ISBN：7-81024-020-X 定价：CNY4.90

J0140557
乐谱中的光环 曾遂今著
成都 四川教育出版社 1988 年 305 页
19cm（32 开）定价：CNY1.80
（艺术与欣赏丛书）

J0140558
名曲赏析 马达编著
福州 福建教育出版社 1988 年 239 页
19cm（小 32 开）ISBN：7-5334-0342-8
定价：CNY2.00

J0140559
胜国元声 （中国的音乐）李国俊，杨振良著
台北 幼狮文化事业公司 1988 年 164 页
21cm（32 开）定价：旧台币 2.23
（通识文库 1）

J0140560
十九世纪欧洲音乐赏析 刘梅生编著
南京 南京大学出版社 1988 年 305 页
19cm（32 开）ISBN：7-305-00015-9
定价：CNY2.95

J0140561
西洋名曲赏析 黎煜明编著
广州 花城出版社 1988 年 426 页 有肖像
20cm（32 开）ISBN：7-5360-0036-7
定价：CNY3.70

本书选取了柴科夫斯基、肖邦、贝多芬、门德尔松、李斯特、莫扎特、舒柏特、巴赫·罗西尼、德沃夏克、柏辽兹、里姆斯基——柯萨科夫、穆索尔斯基、鲍罗丁、格里格、斯特拉文斯基等16 位有影响的伟大乐圣在各个历史时期的代表性名作，作一些通俗化、形象化的解释，并对这些世界著名的古典作曲家的家庭教养、性格特点、爱情婚姻、人生道路以及所产生的伟大作品的历史时代、思想内涵、艺术构思直至掌故轶闻等方面，作一些欣赏性的剖析。

J0140562
西洋名曲赏析 黎煜明编著
广州 花城出版社 1988 年 426 页 有肖像
20cm（24 开）精装 ISBN：7-5360-0037-5
定价：CNY5.20

J0140563
新年之声 张宁编著
北京 高等教育出版社 1988 年 68 页 18cm（32 开）
ISBN：7-04-002187-0 定价：CNY1.40
（音乐佳作欣赏丛书 第二分册）

J0140564
音乐欣赏 （全一册）人民教育出版社幼儿教育室编
北京 人民教育出版社 1988 年 重印本 153 页
有图版 26cm（16 开）ISBN：7-107-09039-9
定价：CNY1.40

本书包括音乐的基本概念、民歌、人声的分类与组合、常见的几种歌曲体裁、器乐曲欣赏等9 章。

J0140565
音乐欣赏 （美）希柯克（Hickok，R.）著；茅于润译
北京 人民音乐出版社 1989 年 515 页
20cm（32 开）ISBN：7-103-00455-2
定价：CNY7.30

J0140566
音乐欣赏教程 刘蓝著
昆明 云南人民出版社 1988 年 228 页
19cm（32 开）ISBN：7-222-00245-6
定价：CNY1.90

J0140567
音乐欣赏理论基础 伍湘涛编著
北京 航空工业出版社 1988 年 321 页
20cm（32 开）ISBN：7-80046-013-4
定价：CNY2.10

本书从音乐构成要素的分析入手，继以表现形式和中国古代、近代、现代音乐史的轮廓介绍；解释曲式、体裁之后，按照西洋音乐历史发展顺序，分析不同时期、不同流派作品的不同特色。共 18 章，每章都结合名家名曲赏析。书末

附有简谱、五线谱知识和视唱练习。

J0140568
怎样欣赏外国古典音乐 黄炳琦，曹虹著
天津 天津人民出版社 1988 年 163 页
19cm（32 开）ISBN：7-201-00016-0
定价：CNY1.70
（八小时以外小丛书）
本书作者通过自己的经历和感受，深入浅出地介绍理解音乐的途径和方法。并结合具体作品，加以分析。

J0140569
二十世纪音乐精萃 玛丽·赫·温奈斯特朗（Wennerstrom，M.H.）著；蔡松琦译
北京 人民音乐出版社 1989 年 248 页
31cm（10 开）ISBN：7-103-00272-X
定价：CNY16.25
（二十世纪音乐理论译丛）
外文书名：Anthology of Twentieth-Century Musie.

J0140570
乐苑春回 黄友棣著
台北 东大图书公司 1989年 302页 21cm（32开）
ISBN：957-19-0025-7 定价：旧台币 4.00
（沧海丛刊 音乐）

J0140571
小夜曲集锦 张宁编著
北京 高等教育出版社 1989 年 86 页 19cm（32 开）
ISBN：7-04-002186-2 定价：CNY1.55
（音乐佳作欣赏丛书 第 1 分册）

J0140572
音乐家与音乐欣赏 黄牡著
香港 中文大学出版社 1989 年 194 页
19cm（32 开）ISBN：962-201-455-0
定价：HKD30.00
（博文丛书）

J0140573
音乐欣赏 （美）伯恩斯坦（Bernstein，L.）著；林声翕译
北京 三联书店 1989 年 289 页 19cm（32 开）
ISBN：7-108-00235-3 定价：CNY4.10
（美国文化丛书）
本书将音乐的意义分为 4 种：一、叙述式；二、描绘式；三、感情的渲染及反应：描写胜利、痛苦、思念和恐惧等，表现 19 世纪的浪漫主义精神；四、纯粹的音乐。作者倡导“解释”音乐便是解释音乐本身的方法，反对欣赏者强加给音乐的意义。外文书名：The Joy of Music.

J0140574
音乐欣赏漫步 （人生·梦幻·追求·不朽）乔梅著
福州 海峡文艺出版社 1989 年 180 页
19cm（32 开）ISBN：7-80534-198-2
定价：CNY2.25

J0140575
音乐欣赏普及大全 张虔，景作人编写
北京 宝文堂书店 1989 年 780 页 20cm（32 开）
ISBN：7-80030-056-0 定价：CNY8.40
本书介绍欧美各国著名的作曲家及代表作 200 多部，以及当代世界著名的指挥家、演奏家和交响乐团的古曲音乐小品 100 多首。

J0140576
音乐欣赏普及大全 张虔，景作人编写
北京 中国戏剧出版社 1994 年 新 1 版 重印本
780 页 20cm（32 开）ISBN：7-104-00375-4
定价：CNY16.00

J0140577
中外音乐作品欣赏 张九意编著
呼和浩特 内蒙古教育出版社 1989 年 439 页
20cm（32 开）ISBN：7-5311-0039-8
定价：CNY4.10

J0140578
标题音乐大师 （法国作曲家柏辽兹的生平及其作品介绍）沈旋等著
北京 人民音乐出版社 1990年 65页 19cm（32开）
ISBN：7-103-00572-9 定价：CNY1.05
（外国音乐欣赏小丛书）

J0140579
唱讲“五歌” 热血编
杭州 浙江文艺出版社 1990年 14页 13cm（64开）

定价：CNY0.30

J0140580
大中学生音乐欣赏　修金堂编著
哈尔滨 黑龙江人民出版社 1990年 185页
26cm（16开）ISBN：7-207-01536-4
定价：CNY4.50

J0140581
绿色天国的乡音　金春木著
北京 文化艺术出版社 1990年 309页
19cm（32开）ISBN：7-5039-0619-0
定价：CNY3.50

本书收入作家近年散见各地报刊的部分音乐论文、短评、专题和随笔等作品。作者金春木（1942—　），原名金春林，江西莲花县人。中国音乐家协会会员，中国心理学会会员，香港当代华人诗学会会员，广东佛山市群众艺术馆文学戏剧部主任兼期刊主编。出版《绿色天国的乡音》《多情鸟》《歌与梦》等。

J0140582
青少年音乐欣赏　简其华编著
北京 教育科学出版社 1990年 466页
19cm（32开）ISBN：7-5041-0313-6
定价：CNY6.00

J0140583
外国音乐作品欣赏　朱之谦著
长春 时代文艺出版社 1990年 483页
20cm（32开）ISBN：7-5387-0312-8
定价：CNY9.00

J0140584
现代音乐鉴赏　王凤岐著
合肥 安徽文艺出版社 1990年 142页
19cm（32开）ISBN：7-5396-0239-2
定价：CNY2.00

J0140585
音乐新潮　姚以让，王雪辛著
成都 四川教育出版社 1990年 324页
20cm（32开）ISBN：7-5408-0792-X
定价：CNY3.90
（面向现代化丛书 第三辑）

J0140586
中外通俗歌曲鉴赏辞典　杨晓鲁，张振涛主编
北京 世界知识出版社 1990年 1039页
有彩照页 20cm（32开）精装
ISBN：7-5012-0298-2 定价：CNY14.90

本书共收词条589条。正文部分以中外通俗歌曲曲目为线索编排；附录部分有中、外歌星小传，中国通俗歌曲作者小传等。

J0140587
乐风泱泱　黄友棣著
台北 东大图书公司 1991年 326页 21cm（32开）
ISBN：957-19-1320-0 定价：旧台币4.44
（沧海丛刊 音乐）

作者黄友棣（1912—2010），中国著名音乐家、作曲家、音乐教育家。生于广东高要县（今广东省肇庆市高要区）。毕业于国立中山大学教育学系，后获英国皇家音乐学院小提琴教师与意大利满德艺术院作曲文凭。一生创作的乐曲超过二千多首。主要有《孔子纪念歌》《伟大的中华》等声乐作品及艺术歌曲，还作有管弦乐《春灯舞》、钢琴曲《台湾民歌组曲》《小提琴独奏六首》等器乐作品。

J0140588
领你进入音乐的殿堂　刘德义著
台北 幼狮文化事业公司 1991年 278页
21cm（32开）ISBN：957-530-261-3
定价：旧台币4.33
（高级中学人文学科丛书）

J0140589
名曲的创生　崔光宙著
台北 大吕出版社 1991年 348页 有照片
21cm（32开）ISBN：957-9358-13-3
定价：TWD500.00
（大吕音乐丛刊 24）

J0140590
世界乐坛上的大师与名曲　黄望南撰
北京 北京师范学院出版社 1991年 202页
19cm（小32开）ISBN：7-81014-346-8
定价：CNY2.80

本书对世界乐坛上的25位音乐伟人的名曲及生平进行了生动有趣的介绍。

J0140591
外国音乐名家名曲　高颖编著
南宁 接力出版社 1991年 122页 19cm(小32开)
ISBN: 7-80581-278-0 定价: CNY2.00

J0140592
外国音乐欣赏　钱仁康编著
北京 高等教育出版社 1991年 156页
26cm(16开) ISBN: 7-04-003333-X
定价: CNY2.90
本书根据外国音乐史发展的脉络，介绍了乐史、乐理、乐器及音乐风格、流派。

J0140593
遥念　李凌著
桂林 漓江出版社 1991年 604页 有照片
19cm(32开) ISBN: 7-5407-0755-0
定价: CNY7.50
本书是作者的有关音乐创作经验体会、音乐评论、音乐史料、杂记的文集。

J0140594
音乐的力量　步根海，徐虹著
上海 上海文艺出版社 1991年 133页
19cm(小32开) ISBN: 7-5321-0730-2
定价: CNY2.40
(青少年文化艺术丛书)

J0140595
音乐的力量　步根海，徐虹著
北京 中国少年儿童出版社 1996年 133页
19cm(小32开) ISBN: 7-5007-3005-5
定价: 非卖品
(希望书库 1-19 总019)
本书由中国少年儿童出版社和中国青年出版社联合出版。

J0140596
音乐的享受　黄牧著
香港 明窗出版社 1991年 269页 17cm(40开)
ISBN: 962-357-365-0 定价: HKD30.00
(明报周刊丛书 25)

J0140597
音乐鉴赏学　韩春牧，徐孟东著；吕正之主编
天津 百花文艺出版社 1991年 303页
27cm(14开) ISBN: 7-5306-0557-7
定价: CNY5.00

J0140598
音乐欣赏知识讲座　朱敬修编著
开封 河南大学出版社 1991年 439页
20cm(32开) ISBN: 7-81018-443-1
定价: CNY4.20
本书介绍了音乐欣赏的基本知识，音乐表现手段的应用，曲式的表现意义，声乐作品的基本分类与体裁，器乐作品的基本分类及常见体裁，常见外国音乐流派的风格。作者朱敬修(1942—)，教授。河南南阳人。河南大学音乐系教授，理论作曲教研室主任。著有《歌曲写作基础》《音乐作品分析》《南阳大调曲子研究》《西方音乐史》《基本乐理》等。

J0140599
中国当代歌曲鉴赏　崔凤远，崔俊涛著
济南 山东大学出版社 1991年 354页
19cm(小32开) ISBN: 7-5607-0561-8
定价: CNY5.50
本书收集抒情、影视、通俗、少儿四类歌曲，并于每类歌曲前分别作了简明扼要的概述。

J0140600
中国音乐艺术赏析　孔繁洲编写
太原 山西人民出版社 1991年 136页 有彩照
20cm(32开) ISBN: 7-203-01801-6
定价: CNY3.15
本书从音乐史料中选取有代表性的史实，对音乐家及其作品以及有关的事件作了专题讲释。

J0140601
中外名曲欣赏　李渥，兰中辉编著
乌鲁木齐 新疆大学出版社 1991年 383页
20cm(32开) ISBN: 7-5631-0202-7
定价: CNY4.50
本书是为大学生编写的音乐欣赏教材，书中介绍了世界最优秀的各种体裁的典范作品，有关音乐艺术的社会功能，中外音乐史概貌，音乐鉴赏等多方面的知识。外文书名: Appreciation of Famous Chinese and Foreign Melodies.

J0140602
中外通俗名曲赏析　杨和平编著
北京 中国广播电视出版社 1991年 498页
27cm（大16开）ISBN：7-5043-0892-7
定价：CNY5.75

J0140603
中外音乐名作赏析　朱之谦编
长春 东北师范大学出版社 1991年 364页
19cm（小32开）ISBN：7-5602-0516-X
定价：CNY2.25

本书对13种音乐体裁和56首中外优秀音乐作品加以深入地分析与解说，读者可从中提高思想境界、陶冶情操并增强对音乐的艺术鉴赏能力。

J0140604
中西名曲欣赏　关伯基著
福州 福建教育出版社 1991年 196页
19cm（小32开）ISBN：7-5334-0795-4
定价：CNY2.10
（当代中学生丛书）

本书介绍一些古今中西不同时期音乐家的声乐、器乐作品，以及中学生熟悉的部分通俗音乐、流行歌曲。作者关伯基（1925—　），原名葆权，中国音协会员，广东高校音乐教研会顾问。

J0140605
中西名曲欣赏　关伯基著
福州 福建教育出版社 1992年 196页
19cm（小32开）ISBN：7-5334-0795-4
定价：CNY2.15
（当代中学生丛书）

J0140606
中西名曲欣赏　关伯基[编]
福州 福建教育出版社 1997年 233页
19cm（小32开）ISBN：7-5334-2242-2
定价：CNY8.65
（当代中学生丛书 精品集 艺术篇）

J0140607
中学生音乐欣赏基础　北京市海淀区教师进修学校编
太原 山西教育出版社 1991年 356页
19cm（小32开）ISBN：7-80578-441-8
定价：CNY3.50

J0140608
作曲家的困惑　金湘著
北京 中国文联出版公司 1991年 124页
有彩照 19cm（小32开）ISBN：7-5059-1476-6
定价：CNY2.15

本书是中国现代音乐欣赏集。作者金湘（1935—2015），作曲家、指挥家、音乐评论家。生于浙江诸暨。曾任北京歌舞团交响乐队指挥兼作曲，中国音乐学院作曲系副教授兼作曲系教研室主任。代表作品歌剧《原野》，歌剧《楚霸王》，音乐剧《Beautiful Warrior》等。

J0140609
"我的目的是使人们高尚起来"（音乐家亨德尔生平与作品简介）翟学凤编著
北京 人民音乐出版社 1992年 37页 有肖像
19cm（小32开）ISBN：7-103-00832-9
定价：CNY0.89
（外国音乐欣赏小丛书）

本书介绍了德国音乐家亨德尔曲折多难的一生以及他的创作之路，内收其清唱剧《弥赛亚》，露天音乐《水上音乐》《焰火音乐》，钢琴曲《快乐的铁匠》等作品。

J0140610
伴我半世纪的那把琴　邓昌国著
台北 三民书局 1992年 204页 有照片
21cm（32开）ISBN：957-14-1846-3
定价：旧台币3.56
（三民丛刊 40）

J0140611
从罗大佑到崔健（当代流行音乐的轨迹）翁嘉铭著
台北 时报文化出版企业公司 1992年 265页
21cm（32开）ISBN：957-13-0461-1
定价：TWD200.00
（人间丛书 180）

J0140612
乐境花开　黄友棣著
台北 东大图书公司 1992年 310页 21cm（32开）

ISBN: 957-19-1440-1 定价: 旧台币 4.22
(沧海丛刊 音乐)

J0140613
论吕骥的艺术道路 中国音乐家协会编
沈阳 沈阳出版社 1992年 382页 有照片
20cm(32开) ISBN: 7-80556-846-4
定价: CNY4.50

本书汇集了文化界、音乐界知名人士撰写的文章，记述了吕骥几十年来为建设、发展音乐事业取得的成就。

J0140614
宋·姜夔词乐之研析 林明辉著
高雄 复文图书出版社 1992年 193页
27cm(大16开) 精装 ISBN: 957-555-084-6
定价: TWD200.00
(中国音乐文化新探 1)

J0140615
外国音乐作品欣赏与教学 孙汉卿编
北京 北京师范大学出版社 1992年 80页
26cm(16开) ISBN: 7-303-01603-1
定价: CNY4.70

J0140616
伟大音乐之旅 (1) 信达雅工作室文字整理并编辑
台北 台湾联合文化事业有限公司 1992年
132页 有图 29cm(12开) 精装
ISBN: 957-8943-01-6
定价: TWD21000.00 (全12册)

J0140617
伟大音乐之旅 (2) 信达雅工作室文字整理并编辑
台北 台湾联合文化事业有限公司 1992年
144页 有图 29cm(12开) 精装
ISBN: 957-8943-02-4
定价: TWD21000.00 (全12册)

J0140618
伟大音乐之旅 (3) 信达雅工作室文字整理并编辑
台北 台湾联合文化事业有限公司 1992年
152页 有图 29cm(12开) 精装
ISBN: 957-8943-03-2
定价: TWD21000.00 (全12册)

J0140619
伟大音乐之旅 (4) 信达雅工作室文字整理并编辑
台北 台湾联合文化事业有限公司 1992年
150页 有图 29cm(12开) 精装
ISBN: 957-8943-04-0
定价: TWD21000.00 (全12册)

J0140620
伟大音乐之旅 (5) 信达雅工作室编辑
台北 台湾联合文化事业有限公司 1992年
143页 有图 29cm(12开) 精装
ISBN: 957-8943-05-9
定价: TWD21000.00 (全12册)

J0140621
伟大音乐之旅 (6) 信达雅工作室编辑
台北 台湾联合文化事业有限公司 1992年
153页 有图 29cm(12开) 精装
ISBN: 957-8943-06-7
定价: TWD21000.00 (全12册)

J0140622
伟大音乐之旅 (7) 信达雅工作室文字整理并编辑
台北 台湾联合文化事业有限公司 1992年
146页 有图 29cm(12开) 精装
ISBN: 957-8943-07-5
定价: TWD21000.00 (全12册)

J0140623
伟大音乐之旅 (8) 信达雅工作室文字整理并编辑
台北 台湾联合文化事业有限公司 1992年
162页 有图 29cm(12开) 精装
ISBN: 957-8943-08-3
定价: TWD21000.00 (全12册)

J0140624
伟大音乐之旅 (9) 信达雅工作室文字整理并编辑

台北 台湾联合文化事业有限公司 1993 年
140 页 有图 29cm(12 开)精装
ISBN: 957-8943-09-1
定价: TWD21000.00 (全 12 册)

J0140625
伟大音乐之旅 (10) 信达雅工作室文字整理并编辑
台北 台湾联合文化事业有限公司 1993 年
136 页 有图 29cm(12 开)精装
ISBN: 957-8943-10-5
定价: TWD21000.00 (全 12 册)

J0140626
伟大音乐之旅 (11) 信达雅工作室文字整理并编辑
台北 台湾联合文化事业有限公司 1993 年
158 页 有图 29cm(12 开)精装
ISBN: 957-8943-11-3
定价: TWD21000.00 (全 12 册)

J0140627
伟大音乐之旅 (12) 信达雅工作室文字整理并编辑
台北 台湾联合文化事业有限公司 1993 年
181 页 有图 29cm(12 开)精装
ISBN: 957-8943-12-1
定价: TWD21000.00 (全 12 册)

J0140628
音乐天地 叶明媚著
香港 商务印书馆(香港)公司 1992 年 197 页
17cm(40 开) ISBN: 962-07-4160-9
定价: HKD32.00

J0140629
音乐欣赏 贺锡德主编
北京 教育科学出版社 1992 年 218 页
19cm(小 32 开) ISBN: 7-5041-0860-X
定价: CNY3.00
本书编选了中外音乐精品 60 余首，并介绍了作者生平、创作背景，对作品进行了评析等。

J0140630
音乐欣赏入门 聂元龙等编著
太原 北岳文艺出版社 1992 年 243 页
20cm(32 开) ISBN: 7-5378-0719-1
定价: CNY4.90

J0140631
音乐欣赏入门 杨惠芬, 杨明编著
长春 吉林大学出版社 1992 年 163 页
19cm(32 开) ISBN: 7-5601-1259-5
定价: CNY2.90
(入门丛书)

J0140632
中国音乐创作的新方向 林明辉著
高雄 复文图书出版社 1992 年 244 页
27cm(大 16 开)精装 ISBN: 957-555-105-2
定价: TWD250.00
(中国音乐文化新探 2)

J0140633
从交响曲到摇滚乐 (欣赏音乐的基本知识) 吕昕著
北京 国际文化出版公司 1993 年 85 页
19cm(小 32 开) ISBN: 7-80049-428-4
定价: CNY3.20
(中小学音乐知识文库)

J0140634
丁善德及其音乐作品 (上海音乐学院现代音乐学会第四届年会论文集) 戴鹏海编
上海 上海音乐出版社 1993 年 175 页 有彩照
20cm(32 开)精装 ISBN: 7-80553-404-7
定价: CNY10.20
本书从不同角度论述了丁善德作品的音乐性格和审美特征，总结了他的创作经验、艺术成就等。丁善德(1911—1995)，江苏昆山人。1928 年入上海国立音乐专科学校钢琴系，兼学作曲。历任天津女子师范学校，上海国立音专教师，上海音乐学院教授、作曲系主任、副院长，中国音协副主席。创作钢琴曲《中国民歌主题变奏曲》《序曲三首》，交响乐《长征》等。撰有《单对位法》《复对位法》《赋格写作纲要》等。

J0140635
给人类以欢乐与慰藉 (奥地利作曲家海顿的生平及主要作品简介) 陈美琦编著

北京 人民音乐出版社 1993 年 70 页 有肖像
19cm(小 32 开) ISBN: 7-103-01067-6
定价: CNY1.60
(外国音乐欣赏小丛书)

海顿(Franz Joseph Haydn, 1732—1809), 奥地利作曲家, 维也纳古典乐派代表人物之一。代表作品有《惊愕交响曲》《告别交响曲》《小夜曲》《吉普赛回旋曲》。本书介绍了海顿的生平事迹, 并对其主要作品进行了介绍。

J0140636
古典 CD 解读 (郭志浩谈唱片) 郭志浩著
台北 世界文物出版社 1993 年 216 页
21cm(32 开) ISBN: 957-8996-17-9
定价: TWD210.00

外文书名: Analysis to Classic CDs.

J0140637
含着眼泪的歌唱 (奥地利作曲家莫扎特的生平及其作品介绍) 王次炤编著
北京 人民音乐出版社 1993 年 128 页 有肖像
19cm(小 32 开) ISBN: 7-103-01012-9
定价: CNY2.60
(外国音乐欣赏小丛书)

J0140638
将你的灵魂接在我的线路上 (大众文化中的流行音乐) 郝舫著
北京 中国人民大学出版社 1993 年 234 页
19cm(小 32 开) ISBN: 7-300-01596-4
定价: CNY4.50
(大众文化丛书)

本书记述并介绍了流行歌曲及其历史发展、文化背景等。

J0140639
流行歌曲: 当代青年的家园 黎陆昕编著
北京 华夏出版社 1993 年 166 页 19cm(32 开)
ISBN: 7-5080-0089-7 定价: CNY3.90
(当代青年流行文化丛书)

本书从我国流行歌曲的兴起、现状及港台流行歌曲的对比角度, 展示这座"青年家园"的悲伤与欢乐, 热烈与温馨。

J0140640
美国音乐文论集 蔡良玉, 王晡编
北京 人民音乐出版社 1993 年 230 页
20cm(32 开) ISBN: 7-103-01072-2
定价: CNY5.00

本书收入论文 18 篇, 着重介绍美国专业音乐情况, 专业作曲家的创作和他们对音乐的看法等。

J0140641
名曲背后的故事 张百青著
北京 朝华出版社 1993 年 218 页 18cm(32 开)
ISBN: 7-5054-0351-6 定价: CNY4.80

J0140642
鸟与音乐 石峰著
北京 人民音乐出版社 1993 年 95 页 有插图
19cm(小 32 开) ISBN: 7-103-01100-1
定价: CNY2.50
(音乐情趣小丛书)

本书收录 18 篇短文, 用乐谱记录了天鹅、长屋鸭、苍鹰等数十种鸟的鸣叫声, 并把鸟的鸣叫与音乐的起源、创作、作品等方面的问题联系了起来。

J0140643
轻音乐欣赏 洪丕柱著
上海 上海人民出版社 1993 年 161 页
19cm(32 开) ISBN: 7-208-01663-1
定价: CNY4.75

本书包括: 欣赏的思辨、轻歌剧欣赏、乡村音乐欣赏、当代西方流行音乐等 12 部分。

J0140644
申克音乐分析理论概要 于苏贤编著
北京 人民音乐出版社 1993 年 257 页
20cm(32 开) ISBN: 7-103-01114-1
定价: CNY5.85

申克是一位波兰出生的奥地利音乐理论家, 是 20 世纪音乐分析领域中新学派、新技法的创始人。本书概述他的音乐分析理论。

J0140645
世界名曲欣赏辞典 罗传开编著
台北 星光出版社 1993 年 883 页 有照片

21cm(32开)精装 ISBN: 957-677-035-1
定价: TWD660.00

作者罗传开(1932—),教授、研究员。生于广东省高明县(今广东省佛山市高明区),毕业于上海音乐学院理论作曲系。历任上海音乐学院教授、华东师范大学兼职教授。著有《外国通俗名曲欣赏词典》《世界著名圆舞曲欣赏》《圆舞曲之王:约翰·施特劳斯和他的主要作品》,主要译作《西洋乐器图说》《战后日本文学史·年表》。

J0140646
我的音乐道路 许勇三著
台北 文化大学出版部 1993年 119页
26cm(16开) ISBN: 957-9538-89-1
定价: TWD250.00

J0140647
音乐河 王曙芳著
台北 万象图书公司 1993年 202页 有照片
21cm(32开) ISBN: 957-669-384-5
定价: TWD200.00
(音乐疯系列 6)

外文书名: Streams of Music.

J0140648
音乐圣经 (英美日最佳唱片榜)林逸聪主编
北京 华夏出版社 1993年 42+439页
19cm(小32开) ISBN: 7-5080-0154-0
定价: CNY19.90

本书从西方古典音乐宝库中选取了1000个曲目,并介绍了有关演奏、乐队、指挥、版本、录音等方面的情况。

J0140649
音乐欣赏基础教程 匡惠主编
上海 上海音乐出版社 1993年 249页
26cm(16开) ISBN: 7-80553-420-9
定价: CNY9.80

本书包括:欣赏导论、歌曲、戏曲音乐、说唱音乐、交响音乐、歌剧等8章。

J0140650
中外经典音乐欣赏 周世斌编著
北京 学苑出版社 1993年 400页 19cm(小32开)
ISBN: 7-5077-0670-2 定价: CNY13.00

本书介绍了音乐体裁和类别的划分体系和每一个体裁和类别的概念,表现特征、风格,并列举了古今中外较为典型的曲目。

J0140651
乐浦珠还 黄友棣著
台北 东大图书公司 1994年 333页 21cm(32开)
ISBN: 957-19-1697-8 定价: TWD233.00
(沧海丛刊 音乐)

J0140652
李叔同歌曲寻绎 陈星著
台北 世界文物出版社 1994年 150页 有照片
21cm(32开) ISBN: 957-8996-37-3
定价: TWD150.00

外文书名: Lee Shu-Tung (1880—1992).作者陈星(1983—),作家,教授。毕业于杭州师范学院中文系。历任杭州师范学院学报编辑部主任、编审,杭州市师范学院弘一大师·丰子恺研究中心主任、教授,研究生导师。著有《功德圆满——护生画集创作史话》《天心月圆——弘一大师》《丰子恺新传》《重访散文的家园》《李叔同歌曲寻绎》。

J0140653
十大名曲版本比较 (新齐物论)陈国修,崔光宙著
台北 世界文物出版社 1994年 263页
21cm(32开) ISBN: 957-8996-46-2
定价: TWD280.00
(世界文物 M2023)

J0140654
通俗歌曲精品赏析 傅宗洪编著
成都 四川文艺出版社 1994年 209页
19cm(小32开) ISBN: 7-5411-1053-1
定价: CNY5.80

本书赏析艾敬、刘德华、苏芮等40余个人或团体演唱的70余首歌曲。

J0140655
外国名曲彩图故事 《音乐小世界》编写组编选
上海 上海音乐出版社 1994年 53页 21×19cm
ISBN: 7-80553-431-4 定价: CNY7.10

J0140656
音乐名作赏析　张文元著
武汉 湖北科学技术 1994年 309页
19cm(小32开) ISBN: 7-5352-1434-7
定价: CNY7.50
(大学生音乐修养)
作者张文元，汉江石油学院任教。

J0140657
音乐人生　黄友棣著
台北 东大图书公司 1994年 4版 317页
21cm(32开) ISBN: 957-19-0797-9
定价: TWD222.00
(沧海丛刊 音乐)
作者黄友棣(1912—2010)，中国著名音乐家、作曲家、音乐教育家。生于广东高要县(今广东省肇庆市高要区)。毕业于国立中山大学教育学系，后获英国皇家音乐学院小提琴教师与意大利满德艺术院作曲文凭。一生创作的乐曲超过二千多首。主要有《孔子纪念歌》《伟大的中华》等声乐作品及艺术歌曲，还作有管弦乐《春灯舞》、钢琴曲《台湾民歌组曲》《小提琴独奏六首》等器乐作品。

J0140658
音乐与欣赏　王志成等编著
东营 石油大学出版社 1994年 285页
20cm(32开) ISBN: 7-5636-0561-4
定价: CNY9.80

J0140659
音乐在世纪末的中国　(后现代主义与当代音乐)王一著
北京 中国社会出版社 1994年 276页
19cm(小32开) ISBN: 7-80088-544-5
定价: CNY6.50
(后现代主义文化丛书 1)

J0140660
印象主义音乐的创始人　(法国作曲家德彪西的生平及作品介绍)沈旋编著
北京 人民音乐出版社 1994年 82页 有照片
19cm(小32开) ISBN: 7-103-01166-4
定价: CNY2.00
(外国音乐欣赏小丛书)

J0140661
犹如滚石　(美欧主流摇滚菁华录)弓枚[编]
西安 西安交通大学出版社 1994年 357页
有肖像及照片 20cm(32开)
ISBN: 7-5605-0667-4 定价: CNY12.00

J0140662
中外音乐名作欣赏　冯步岭等编著
开封 河南大学出版社 1994年 379页
20cm(32开) ISBN: 7-81041-089-X
定价: CNY6.90
本书包括声乐作品和器乐作品两大部分，内容涉及中外50多位著名作曲家的代表性作品80多个。作者冯步岭，河南大学音乐二系任教。

J0140663
贝多芬　(协奏曲与序曲)(英)[菲斯克]Boger Fiske著; 龙志芳译
台北 世界文物出版社 1995年 118页
19cm(32开) ISBN: 957-8996-67-5
定价: TWD180.00
(BBC音乐导读 3)
外文书名: Beethoven Concertos and Overtures.

J0140664
唱片经典　李杭育编撰
北京 三联书店 1995年 21+427页 有照片
20cm(32开) ISBN: 7-108-00759-2
定价: CNY33.00

J0140665
唱片经典　李杭育编撰
北京 三联书店 1997年 2版(增补本) 27+501页
有照片 20cm(32开) ISBN: 7-108-00759-2
定价: CNY33.00

J0140666
非主流古典CD　(一颗很热的冷音符)颜涵锐著
台北 世界文物出版社 1995年 264页 有照片
22cm(30开) ISBN: 957-8996-50-0
定价: TWD250.00
外文书名: Sidetrack Classical CDs.

J0140667
寂静之外 （ECM的声音）李茶著
台北 万象图书公司 1995年 301页 有照片
21cm（32开）ISBN：957-669-733-6
定价：TWD280.00
（音乐疯系列 13）

J0140668
杰苏亚多 Denis Arnld著；天梅译
台北 世界文物出版社 1995年 91页
19cm（小32开）ISBN：957-8996-80-2
定价：TWD150.00
（BBC音乐导读 16）
外文书名：Gesualdo.

J0140669
就这样欣赏音乐 张放著
成都 西南交通大学出版社 1995年 316页
20cm（32开）ISBN：7-81022-843-9
定价：CNY11.30
作者张放，四川音乐学院副教授。

J0140670
乐海无涯 黄友棣著
台北 东大图书公司 1995年 321页 21cm（32开）
精装 ISBN：957-19-1917-9 定价：旧台币6.00
（沧海丛刊）

J0140671
名曲的飨宴 崔光宙著
台北 世界文物出版社 1995年 289页 有照片
21cm（32开）ISBN：957-8996-52-7
定价：TWD350.00
外文书名：The Symposium of Musical Masterpieces.

J0140672
名曲与大师 崔光宙著
台北 大吕出版社 1995年 218页 有彩照
21cm（32开）ISBN：957-9358-23-0
定价：TWD400.00
（大吕音乐丛刊 34）

J0140673
莫札特音乐会咏叹调之研究 杨冬春著
台北 固地文化事业公司 1995年 130页
26cm（16开）ISBN：957-99760-3-1
定价：TWD250.00

J0140674
热门音乐发烧书 （大头来的CD通鉴）郑开来著
台北 平氏出版公司 1995年 198页 有图 附光盘
21cm（32开）ISBN：957-803-014-2
定价：TWD299.00
（皇冠丛书 2430）

J0140675
如是我闻 辛丰年著
沈阳 辽宁教育出版社 1995年 192页
20cm（32开）ISBN：7-5382-3692-9
定价：CNY8.00
（书趣文丛 第一辑 5）

J0140676
史特劳斯 （音诗）［肯尼迪］Michael Kennedy著；黄家宁译
台北 世界文物出版社 1995年 136页
19cm（小32开）ISBN：957-8996-71-3
定价：TWD180.00
（BBC音乐导读 34）
外文书名：Strauss Tone Poems.

J0140677
世界名曲与CD指南 杨雁堤，艾悦著
南宁 广西民族出版社 1995年 200页
26cm（16开）ISBN：7-5363-3045-6
定价：CNY36.00

J0140678
台湾流行音乐百张最佳专辑 （1975.9-1993.1）吴清圣总编
台北 唐山出版社 1995年 再版 167页 有插图
21cm（32开）ISBN：957-8900-12-0
定价：TWD189.00

J0140679
弦外之弦 （金庆云说唱）金庆云著
台北 万象图书公司 1995年 295页 21cm（32开）
ISBN：957-669-611-9 定价：TWD200.00
（艺书房 4）

J0140680
音乐朝圣进阶　（音乐欣赏导引）林华著
上海　上海远东出版社 1995 年 320 页 有彩图及插图 20cm（32 开）ISBN：7-80613-086-1
定价：CNY20.00

作者林华（1942—　），作曲家、音乐理论家。毕业于上海音乐学院作曲系。历任上海歌剧院创作员，上海音乐学院教授。著有《复调音乐教程》《音乐审美心理学教程》。

J0140681
音乐欣赏　陈树熙著
台北　三民书局 1995 年 349 页 有图 24cm（26 开）ISBN：957-14-2356-4
定价：旧台币 6.80

J0140682
音乐欣赏　宫芳辰编著
台北　三民书局股份有限公司 1997 年 130 页 有图 23cm

J0140683
音乐欣赏教程　王伟任，王顺通编著
北京　人民音乐出版社 1995 年 14+644 页 20cm（32 开）ISBN：7-103-01253-9
定价：CNY28.80
（中小学音乐教师丛书）

J0140684
音乐欣赏指导　钱亦平编写
上海　上海教育出版社 1995 年 125 页 19cm（小 32 开）ISBN：7-5320-4244-8
定价：CNY3.15
（中学教师继续教育丛书）

J0140685
中外名曲 100 首欣赏　杨惠芬等编著
长春　长春出版社 1995年 264 页 19cm（小32开）ISBN：7-80604-212-1 定价：CNY5.80

J0140686
中外音乐作品欣赏　李桂英主编
北京　中国国际广播出版社 1995 年 169 页 26cm（16 开）ISBN：7-5078-1277-4
定价：CNY12.00

J0140687
澳门音乐之旅　陈远著
天津　百花文艺出版社 1996 年 110 页 有彩照 19cm（小 32 开）ISBN：7-5306-2372-9
定价：CNY4.50

作者陈远，音乐评论人。笔名陈书府等，中山市教育委员会教研室艺术教研员，中山市音乐家协会副主席，中山市乐力合唱团指挥。

J0140688
村上春树的音乐图鉴　（日）小西庆太著；陈迪中，黄文贞译
台北　知书房出版社 1996年 310页 21cm（32开）ISBN：957-8622-31-7 定价：TWD330.00
（乐读音乐 1）

J0140689
德奥古典音乐大师经典指南　萧韶编著
南京　江苏人民出版社 1996 年 10+407 页 20cm（32 开）ISBN：7-214-01641-9
定价：CNY18.00

J0140690
法雅　Ronald Crichton 著；晓秋等译
台北　世界文物出版社 1996 年 186 页 19cm（小 32 开）ISBN：957-8996-87-X
定价：TWD220.00
（BBC 音乐导读 15）

外文书名：Falla.

J0140691
古典音乐小百科　（作曲家及名曲总览）
Kenneth，Valerie Mcleish 著；高士彦译
台北　世界文物出版社 1996 年 375 页 21cm（32 开）ISBN：957-9551-70-7
定价：TWD380.00

外文书名：The Listeners' Guide to Classical Music.

J0140692
国乐随笔　吴赣伯著
香港　香港文化教育出版社 1996 年 163 页 有照片 21cm（32 开）ISBN：962-8182-01-3
定价：HKD68.00

J0140693
回到歌唱　李皖著
天津 天津教育出版社 1996年 241页 有彩照
20cm(32开) ISBN: 7-5309-2590-3
定价: CNY11.80
(书边草丛书)
本书收录《一代人的肖像》《比北方更北》《千篇一律的人类》《怀抱一种少年的心情》《我们这一代》《自画像一种》等文章。

J0140694
库普兰　(英)[D.滕利]David Tunley著; 温宏译
台北 世界文物出版社 1996年 185页
19cm(小32开) ISBN: 957-8996-85-3
定价: TWD220.00
(BBC音乐导读 11)
外文书名: Couperin.

J0140695
库普兰　(英)[D.滕利]David Tunley著; 温宏译
石家庄 花山文艺出版社 1999年 185页
19cm(小32开) ISBN: 7-80611-648-6
定价: CNY10.80
(BBC音乐导读 11)

J0140696
乐海浪花　(杜庆云音乐评论集)杜庆云著
北京 国际文化出版公司 1996年 295页
有彩照 19cm(小32开) ISBN: 7-80105-159-9
定价: CNY80.00(全套)
(中国当代音乐家书系)

J0140697
李斯特音乐文选　(匈)弗朗茨·李斯特(F.Liszt)著; 俞人豪译
北京 人民音乐出版社 1996年 160页
19cm(小32开) ISBN: 7-103-01321-7
定价: CNY8.50
作者弗朗茨·李斯特(Franz Liszt, 1811—1886), 匈牙利著名作曲家、钢琴家、指挥家。出生于匈牙利雷汀。代表作品有交响曲《浮士德》《但丁》, 钢琴曲《十九首匈牙利狂想曲》等。

J0140698
流行歌曲赏析　尹卫东等著
苏州 苏州大学出版社 1996年 492页
19cm(小32开) ISBN: 7-81037-226-2
定价: CNY18.00

J0140699
论音乐与音乐家　(汪毓和音乐评论集)汪毓和著
广州 广东高等教育出版社 1996年 222页
20cm(32开) ISBN: 7-5361-2005-2
定价: CNY16.00
(著名音乐家丛书)

J0140700
蒙特威尔第宗教音乐　(英)Denis Arnold著; 杨韫译
台北 世界文物出版社 1996年 123页
19cm(小32开) ISBN: 957-8996-89-6
定价: TWD180.00
(BBC音乐导读 20)
本书含蒙特威尔第宗教音乐作品索引, 外文书名: Monteverdi Church Music.

J0140701
迷迷之音　(蜕变中的台湾流行歌曲)翁嘉铭著
台北 万象图书公司 1996年 261页 21cm(32开)
ISBN: 957-669-817-0 定价: TWD250.00
(音乐疯 15)

J0140702
名曲逍遥游　崔光宙著
台北 世界文物出版社 1996年 241页 有照片
21cm(32开) ISBN: 957-9551-35-9
定价: TWD350.00
外文书名: The Carefree Journey in Music.

J0140703
名曲逸话　(日)宫本英世著; 允迪·祖和译
台北 世界文物出版社 1996年 200页 有插图
21cm(32开) ISBN: 957-9551-03-0
定价: TWD220.00

J0140704
莫扎特: 音乐的神性与超验的踪迹　卡尔·巴特(K. Barth), 汉斯·昆(Hans Kung)著; 朱雁冰, 李承言译

上海 上海三联书店 1996年 103页 20cm（32开）
ISBN：7-5426-0953-X 定价：CNY5.95
（基督教学术研究文库）

作者卡尔·巴特（Karl Barth，1886—1968），哲学家，神学家，牧师。生于瑞士巴塞尔州。代表作《教会教义学》《罗马书释义》《非也，答卜仁纳》等。

J0140705
普赛尔 Arthur Hutchings著；刘若端译
台北 世界文物出版社 1996年 160页
19cm（小32开）ISBN：957-8996-91-8
定价：TWD200.00
（BBC音乐导读 27）

外文书名：Purcell.

J0140706
全国学生音乐欣赏曲库指南 （中册 初中部分）国家教育委员会艺术教育委员会编
上海 上海外语教育出版社 1996年 14+483页
20cm（32开）精装 ISBN：7-81046-096-X
定价：CNY24.00

J0140707
外国音乐漫话 周雪，程巍编
北京 中国大百科全书出版社 1996年 161页
20cm（32开）ISBN：7-5000-5735-0
定价：CNY5.90
（小学图书馆百科文库）

J0140708
韦瓦第 Michael Taldot著；常罡译
台北 世界文物出版社 1996年 209页
19cm（小32开）ISBN：957-8996-79-9
定价：TWD250.00
（BBC音乐导读 38）

外文书名：Vivaldi.

J0140709
西洋音乐名作故事 （日）志鸟荣八郎著；包容译
北京 人民音乐出版社 1996年 511页 有肖像及照片 19cm（小32开）ISBN：7-103-01382-9
定价：CNY23.30

作者志鸟荣八郎（1926—2001），日本古典音乐评论家。出生在日本东京。曾任中国中央乐团社会音乐学院名誉院长，日本国际音乐评论家协会、日本音乐家协会、日本旅游笔会会员。著作有《西洋音乐名作故事》《音乐春夏秋冬》《大作曲家身边的女人们》《大作曲家及其名曲CD唱片》等。

J0140710
新版唱片圣经 李光炜主编；刘汉盛，赖伟峰，刘名振等合著
成都 四川科学技术出版社 1996年 348页
26cm（16开）定价：CNY35.00

J0140711
音乐大师与世界名作 刘璞编著
北京 中国人民大学出版社 1996年 10+601页
有照片 20cm（32开）ISBN：7-300-02117-4
定价：CNY45.00

J0140712
音乐文字 ［卡恩］Cello Kan著
台北 万象图书公司 1996年 236页 有照片
21cm（32开）ISBN：957-669-882-0
定价：TWD220.00
（音乐疯 17）

J0140713
音乐欣赏廿四课 黄伟平编著
宁波 宁波出版社 1996年 65页 26cm（16开）
ISBN：7-80602-102-7 定价：CNY6.50

J0140714
中外名曲50首欣赏 张鸿玮主编
海口 南海出版公司 1996年 270页
19cm（小32开）ISBN：7-5442-0125-2
定价：CNY11.00
（青少年伴侣丛书）

J0140715
中外音乐名作欣赏 张志军编
长沙 湖南大学出版社 1996年 338页
20cm（32开）ISBN：7-81053-035-6
定价：CNY15.00
（大学生文化素质教育丛书）

J0140716
作曲家排行榜 （上 古典音乐入门）（美）Phil

G.Goulding 著；雯边等译
台北 世界文物出版社 1996 年 239 页
23cm（20 开）ISBN：957-8996-96-9
定价：TWD280.00

J0140717
作曲家排行榜 （中 古典音乐入门）（美）Phil G.Goulding 著；雯边等译
台北 世界文物出版社 1996 年 265 页
23cm（20 开）ISBN：957-8996-97-7
定价：TWD280.00

J0140718
CD 碟片选购指南 （古典音乐部分）郭祖荣等编著
福州 福建科学技术出版社 1997 年 277 页
20cm（32 开）ISBN：7-5335-1107-7
定价：CNY12.20

J0140719
CD 碟片选购指南 （通俗歌曲部分）林溪漫编著
福州 福建科学技术出版社 1998 年 273 页
20cm（32 开）ISBN：7-5335-1334-7
定价：CNY12.00

J0140720
巴赫 钱仁平编著
北京 东方出版社 1997 年 150 页 有肖像
20cm（32 开）ISBN：7-5060-0746-0
定价：CNY9.00
（古典之门音乐丛书 第一批）

约翰·塞巴斯蒂安·巴赫（Johann Sebastian Bach，1685—1750），巴洛克时期的德国作曲家，杰出的管风琴、小提琴、大键琴演奏家。被尊称为“西方近代音乐之父”，也是西方文化史上最重要的人物之一。

J0140721
白辽士 （管弦乐）［休·麦克唐纳］Hugh Macdonald 著；孟庚译
台北 世界出版社 1997年 107页 19cm（小32开）
ISBN：957-9551-10-3 定价：TWD150.00
（BBC 音乐导读 7）

外文书名：Berlioz Orchestral Music.

J0140722
勃拉姆斯 吴继红编著
北京 东方出版社 1997 年 185 页 有肖像
20cm（32 开）ISBN：7-5060-0747-9
定价：CNY11.00
（古典之门音乐丛书 第一批）

约翰内斯·勃拉姆斯（Johannes Brahms，1833—1897），生于汉堡。德国作曲家，莱比锡乐派成员之一。代表作品有《D 大调小提琴协奏曲》《匈牙利舞曲第五号在交响曲》《德意志安魂曲》等。

J0140723
彩虹 （呼伦贝尔音乐丛书）赵红柔编著
海拉尔 内蒙古文化出版社 1997 年
2 册（357；279 页）20cm（32 开）
ISBN：7-80506-529-2 定价：CNY50.00

作者赵红柔（1943— ），女，满族，高级讲师。吉林永吉人，呼盟民族艺术学校副校长。

J0140724
大学音乐欣赏教程 陈建国等主编
北京 中国书籍出版社 1997 年 227 页
26cm（16 开）ISBN：7-5068-0696-7
定价：CNY15.80

J0140725
德彪西 朱秋华编著
北京 东方出版社 1997 年 265 页 有肖像
20cm（32 开）ISBN：7-5060-0706-1
定价：CNY15.00
（古典之门音乐丛书 第一批）

J0140726
邓雨贤音乐与我 谢艾洁［著］
台北 台北县立文化中心 1997 年 160 页
有照片 21cm（32 开）ISBN：957-02-0062-6
定价：TWD120.00
（北台湾文学 台北县作家作品集）

J0140727
动听的音乐 国珍，向东编著
广州 广州出版社 1997年 113页 19cm（小32开）
ISBN：7-80592-708-1 定价：CNY92.00（全辑）
（百科世界丛书 第四辑 67）

J0140728
飞跃高加索的琴韵　（在俄国键盘沙场上操兵的乐评）樊慰慈著
台北　耀文事业公司　1997年　231页　21cm（32开）
ISBN：957-99183-2-5　定价：TWD300.00
（时代菁英系列　1）
外文书名：Aspects of the Russian Pianism.

J0140729
歌剧·声乐艺术随笔　张越男，吴道岭著
北京　解放军文艺出版社　1997年　156页
19cm（小32开）ISBN：7-5033-0835-4
定价：CNY10.00

J0140730
格林卡和俄罗斯强力集团　陈鸿知编著
北京　东方出版社　1997年　217页　20cm（32开）
ISBN：7-5060-0769-X　定价：CNY12.50
（古典之门音乐丛书　第一批）

J0140731
葛利格　Brian Schlotel著；高群译
台北　世界文物出版社　1997年　160页
19cm（小32开）ISBN：957-9551-09-X
定价：TWD200.00
（BBC音乐导读　17）
外文书名：Grieg.

J0140732
古典之门音乐丛书　邓安庆主编
北京　东方出版社　1997—1999年　21册
19cm（小32开）
本丛书分二批，收录《贝多芬》《巴赫》《勃拉姆斯》《德彪西》《格林卡和俄罗斯强力集团》《李斯特》《罗西尼》《莫扎特》等著作。

J0140733
古典最流行　（243张史上最流行的古典音乐选购秘笈）滚石杂志编著
台北　滚石文化公司　1997年　279页　有照片
光盘1张　26cm（16开）ISBN：957-9613-57-5
定价：TWD399.00
（滚石音阅书）

J0140734
乐乐集　（Ⅰ）孔在齐著
台北　远景出版事业公司　1997年　283页
有插图　21cm（32开）ISBN：957-39-0535-3
定价：TWD240.00
（远景艺术丛书　S6）

J0140735
李斯特　张巍编著
北京　东方出版社　1997年　196页　有画像
20cm（32开）ISBN：7-5060-0689-8
定价：CNY11.50
（古典之门音乐丛书　第一批）
弗朗茨·李斯特（Franz Liszt），1811年10月22日出生于雷汀，著名的匈牙利作曲家、钢琴家、指挥家，伟大的浪漫主义大师，是浪漫主义前期最杰出的代表人物之一。他六岁起学钢琴，先后是多位钢琴名家的弟子。十六岁定居巴黎。李斯特将钢琴的技巧发展到了无与伦比的程度，极大地丰富了钢琴的表现力，在钢琴上创造了管弦乐的效果，他还首创了背谱演奏法，他也因在钢琴上的巨大贡献而获得了“钢琴之王”的美称。

J0140736
流行乐坛最前线　李岳奇著
台北　远流出版事业公司　1997年　285页
21cm（32开）ISBN：957-32-3093-3
定价：TWD200.00
（风行馆　李岳奇作品　1）

J0140737
罗西尼　邹建平，施国宪编著
北京　东方出版社　1997年　137页　有画像
20cm（32开）ISBN：7-5060-0768-1
定价：CNY9.00
（古典之门音乐丛书）
罗西尼（Rossini，Gioachino Antonio，1792—1868），意大利歌剧音乐家。

J0140738
蒙特威尔第牧歌　（英）[阿诺德]Denis Arnolo著；王次炤，常罡译
台北　世界文物出版社　1997年　104页
19cm（32开）ISBN：957-9551-12-X
定价：TWD150.00

（BBC 音乐导读 21）

外文书名：Monteverdi Madrigali.

J0140739

蒙特威尔第牧歌 （英）[D. 阿诺德]Denis Arnold 著；王次炤等译

石家庄 花山文艺出版社 1999 年 104 页

19cm（32 开）ISBN：7-80611-659-1

定价：CNY7.00

（BBC 音乐导读 21）

牧歌是 16 世纪欧洲最有影响的世俗音乐形式，起源于意大利。意大利作曲家克劳迪奥·蒙特威尔第是意大利牧歌的奠基人，他将牧歌从多声部模仿转变为独唱、重唱加伴奏的形式。本书内容包括：1、《牧歌》；2、“在克莱蒙纳的魅力”，收录《宗教性牧歌》（1583）、《小坎佐纳》（1584）、《五声部牧歌集》第一卷（1587）、《五声部牧歌集》第二卷（1590）；3、“曼图亚的风格主义”，收录《牧歌集》第三～六卷（1592—1614）；4、“威尼斯的协奏曲”，收录《音乐玩笑》第一～二卷（1607—1632）、《牧歌集》第七～九卷（1619—1651）；5、“牧歌曲名对照”。外文书名：Monteverdi Madrigali.

J0140740

莫扎特 韩鸿鹰编著

北京 东方出版社 1997 年 275 页 有肖像

20cm（32 开）ISBN：7-5060-0705-3

定价：CNY15.00

（古典之门音乐丛书 第一批）

J0140741

莫札特小夜曲、嬉游曲与舞曲 （德）Erik Smith 著；德馨译

台北 世界文物出版社 1997 年 123 页

19cm（小 32 开）ISBN：957-9551-13-8

定价：TWD180.00

（BBC 音乐导读 23）

外文书名：Mozart Serenades, Divertimenti & Dances.

J0140742

默者如歌 （普罗科菲耶夫：文选·回忆录·评传）（俄）普罗科菲耶夫（Прокофьев, S.）等著；徐月初，孙幼兰译

北京 文化艺术出版社 1997 年 337 页 有照片

20cm（32 开）ISBN：7-5039-1559-5

定价：CNY16.00

（思想者书系）

作者谢尔盖·普罗科菲耶夫（Prokofiev, Serge, 1891—1953），苏联作曲家、钢琴家。

J0140743

凝固音乐 （经典激光唱片点评）韩晓波编著

天津 天津人民出版社 1997 年 45+296 页

20cm（32 开）ISBN：7-201-02681-X

定价：CNY10.00

（世界经典音乐宝库）

J0140744

齐玛诺夫斯基 Christopher Palmer 著；马继森，马静卿译

台北 世界文物出版社 1997 年 181 页

19cm（小 32 开）ISBN：957-9551-26-X

定价：TWD220.00

（BBC 音乐导读 35）

外文书名：Szymanowski.

J0140745

恰克与飞鸟亚洲巡回演唱纪实 洪睿珍译

台北 台湾东贩公司 1997 年 有照片

21cm（32 开）ISBN：957-643-460-2

定价：TWD480.00

外文书名：Change & Aska Document.

J0140746

情系祖国大地的人 （俄国作曲家、钢琴家、指挥家拉赫玛尼诺夫生平及作品介绍）尹子编著

北京 人民音乐出版社 1997 年 87 页 有照片

19cm（小 32 开）ISBN：7-103-01525-2

定价：CNY4.40

（外国音乐欣赏小丛书）

拉赫玛尼诺夫（Сегейвасильевечрахманиов, 1873—1943），俄罗斯作曲家、指挥家及钢琴演奏家。出生于俄罗斯谢苗诺沃，毕业于莫斯科音乐学院。主要作品有《第二、三钢琴协奏曲》《帕格尼尼主题狂想曲》《二十四首前奏曲》，歌剧《阿莱科》《利米尼的法兰契斯卡》等。

J0140747

舒伯特 200 年 刘明仁等著

台北 双木林出版社 1997年 280页 有图
26cm(16开) ISBN: 957-99117-2-X
定价: TWD350.00

J0140748
舒曼 歌曲 [英][A.德斯蒙德]Astra Desmond著; 苦僧译
台北 世界文物出版社 1997年 117页
19cm(小32开) ISBN: 957-9551-27-8
定价: TWD180.00
(BBC音乐导读 33)
外文书名: Schimann Songs.

J0140749
舒曼 歌曲 [英][A.德斯蒙德]Astra Desmond著; 苦僧译
石家庄 花山文艺出版社 1999年 117页
19cm(小32开) ISBN: 7-80611-671-0
定价: CNY7.80
(BBC音乐导读 33)

J0140750
听者有心 李皖著
北京 三联书店 1997年 270页 18cm(小32开)
ISBN: 7-108-01000-3 定价: CNY12.60
(读书文丛)

J0140751
瓦格纳 陈默编著
北京 东方出版社 1997年 201页 20cm(32开)
ISBN: 7-5060-0712-6 定价: CNY12.00
(古典之门音乐丛书 第一批)
威尔海姆·理查德·瓦格纳(Wilhelm Richard Wagner, 1813—1883),德国作曲家,著名的古典音乐大师。他是德国歌剧史上一位举足轻重的巨匠。前面承接莫扎特的歌剧传统,后面开启了后浪漫主义歌剧作曲潮流,理查·施特劳斯紧随其后。同时,因为他在政治、宗教方面思想的复杂性,成为欧洲音乐史上最具争议的人物。

J0140752
我爱摇滚 吴钧尧著
台北 健行文化出版事业公司 1997年 194页
有照片 21cm(32开) ISBN: 957-9680-32-9
定价: TWD190.00
(生活丛书 111)
外文书名: I Love Rock.

J0140753
西贝柳斯 胡向阳,邓红梅编著
北京 东方出版社 1997年 185页 有肖像
19cm(小32开) ISBN: 7-5060-0745-2
定价: CNY11.00
(古典之门音乐丛书 第一批)
西贝柳斯(Jean Sibelius, 1865—1957),芬兰音乐家、作曲家。出生于芬兰,毕业于赫尔辛基音乐学院。主要作品有交响诗《芬兰颂》《萨加》《忧郁圆舞曲》等。

J0140754
现代音乐欣赏辞典 罗忠镕主编
北京 高等教育出版社 1997年 22+713页
20cm(32开) 精装 ISBN: 7-04-005575-9
定价: CNY59.00
作者罗忠镕(1924—),作曲家、理论家、教授。生于四川省三台县,就读于成都四川省立艺术专科学校和国立上海音乐专科学校。代表作品《罗忠镕后期现代风格的音乐创作研究》《山那边哟好地方》《庆祝十三陵水库落成典礼序曲》等。

J0140755
心灵的完美表现 (中外名曲赏析)季秀萍主编
哈尔滨 哈尔滨工业大学出版社 1997年 280页
20cm(32开) ISBN: 7-5603-1250-0
定价: CNY12.00
(大学生文化素质教育丛书)

J0140756
旋律中的天堂 (中外音乐精品欣赏)夏宏,曹畏编著
上海 少年儿童出版社 1997年 373页 有彩图
19cm(小32开) ISBN: 7-5324-3023-5
定价: CNY15.00
(艺术长廊丛书)

J0140757
旋律中的天堂 (中外音乐精品长廊)夏宏,曹畏编著
上海 少年儿童出版社 1998年 197页
19cm(小32开) ISBN: 7-5324-3459-1

定价：CNY6.60
（海螺·绿叶文库 长河浪涛）

J0140758
音乐的殿堂　馨予，启新著
北京 中国青年出版社 1997 年 370 页 有肖像
20cm（32 开）ISBN：7-5006-2544-8
定价：CNY18.00

J0140759
音乐认知与欣赏　曾正仲著
台北 幼狮文化事业公司 1997 年 365 页
24cm（26 开）ISBN：957-530-950-2
定价：TWD280.00
（生活阅读）

J0140760
音乐欣赏指南　石兰，静薇编著
北京 军事科学出版社 1997 年 283 页
20cm（32 开）ISBN：7-80137-052-X
定价：CNY12.00
（周末文化生活丛书）

J0140761
音乐艺术欣赏教程　彭亚娜等编著
长沙 中南工业大学出版社 1997 年 336 页
19cm（小 32 开）ISBN：7-81020-993-0
定价：CNY12.00
作者彭亚娜，中南工业大学任教。

J0140762
音响技术与音乐欣赏　（上 音响技术）张维国编著
北京 人民邮电出版社 1997 年 306 页
26cm（16 开）ISBN：7-115-06473-3
定价：CNY24.00

J0140763
音响技术与音乐欣赏　（下 音乐欣赏）张维国编著
北京 人民邮电出版社 1997 年 13+333 页
26cm（16 开）ISBN：7-115-06831-3
定价：CNY27.00

J0140764
音响技术与音乐欣赏　张维国编著
北京 人民邮电出版社 1998 年 重印本 20+639 页
有图 26cm（16 开）ISBN：7-115-07159-4
定价：CNY49.00

J0140765
永远的珍藏　（世界著名厂牌与经典唱片）曹利群著
北京 文化艺术出版社 1997 年 251 页
20cm（32 开）ISBN：7-5039-1644-3
定价：CNY13.80
（爱乐人丛书）

J0140766
中国当代音乐评论　冯光钰，崔琳编
北京 中国文联出版公司 1997 年 231 页
19cm（小 32 开）ISBN：7-5059-2517-2
定价：CNY11.60
作者冯光钰（1935—2011），教授。重庆市人。毕业于四川音乐学院，留校任教。历任中国音协书记处书记，中国民族器乐学会会长。代表作品有《中国曲牌考》《中国同宗民歌》。

J0140767
走进圣殿　（严肃音乐欣赏指南）陈乐昌著
天津 天津人民出版社 1997 年 216 页
20cm（32 开）ISBN：7-201-02680-1
定价：CNY10.00
（世界经典音乐宝库）

J0140768
爱乐手册　东方编著
北京 世界图书出版公司北京公司 1998 年
428 页 20cm（32 开）ISBN：7-5062-3730-X
定价：CNY22.00
（20 世纪音乐欣赏丛书）

J0140769
巴赫　（他不是小溪，是大海）翟学文，王凤岐著
北京 人民音乐出版社 1998 年 92 页 有照片
18cm（小 32 开）ISBN：7-103-01773-5
定价：CNY6.50
（外国音乐欣赏丛书）

J0140770
柏辽兹 赵小平编著
北京 东方出版社 1998年 116页 有肖像
20cm(32开) ISBN: 7-5060-1133-6
定价: CNY8.00
(古典之门音乐丛书 第二批)

J0140771
柏辽兹 (标题音乐大师)沈旋等著
北京 人民音乐出版社 1998年 92页 有肖像
18cm(小32开) ISBN: 7-103-01778-6
定价: CNY6.50
(外国音乐欣赏丛书)

J0140772
贝多芬 (扼住命运咽喉的人)蔡良玉著
北京 人民音乐出版社 1998年 107页
18cm(30开) ISBN: 7-103-01772-7
定价: CNY7.00
(外国音乐欣赏丛书)

J0140773
贝多芬及其独创性研究 (日)龙本裕造著;赵斌译
北京 世界知识出版社 1998年 87页 19cm(32开)
ISBN: 7-5012-0979-0 定价: CNY5.00

本书是作者对贝多芬音乐系列研究的一部分。作者采用细致入微的研究手法,对贝多芬音乐中一些易被忽略的方面做了剖析,提出了一些贝多芬独创性所在的理论观点。作者几十年对贝多芬潜心研究,本书作为一个东方人对一位西方音乐家的专题性研究,其中的某些观点和看法可能会带给读者一些新的启示。全书分3部分,包括:贝多芬是一位什么样的音乐家、当时针对"命运"交响曲的批评——不被理解之处正是贝多芬独创性之所在、有关贝多芬音乐的批评及贝多芬音乐的独创性——贝多芬音乐独创性的源泉。

J0140774
柴科夫斯基 (俄罗斯音乐抒情大师)世元著
北京 人民音乐出版社 1998年 119页 有肖像
18cm(小32开) ISBN: 7-103-01796-4
定价: CNY7.20
(外国音乐欣赏丛书)

J0140775
唱片里的世界 陈立著
北京 人民邮电出版社 1998年 394页
20cm(32开) ISBN: 7-115-06901-8
定价: CNY28.00
(视听指北丛书)

J0140776
创造一个梦 ('97流行音乐年度荐赏)中华音乐人交流协会制作;杨嘉编辑
台北 元尊文化企业公司 1998年 294页
21cm(32开) ISBN: 957-8286-24-4
定价: TWD250.00
(风行馆 City Radio S1166)

J0140777
大学音乐鉴赏教程 李爱华主编
北京 航空工业出版社 1998年 20+314页
20cm(32开) ISBN: 7-80134-255-0
定价: CNY16.00

J0140778
德彪西 (印象主义音乐的创始人)沈旋著
北京 人民音乐出版社 1998年 115页
18cm(小32开) ISBN: 7-103-01780-8
定价: CNY7.20
(外国音乐欣赏丛书)

J0140779
德沃扎克 (民族乐派的杰出代表)钱亦平著
北京 人民音乐出版社 1998年 80页 有肖像
18cm(小32开) ISBN: 7-103-01791-3
定价: CNY5.90
(外国音乐欣赏丛书)

德沃扎克(Antonín Leopold Dvorák, 1841—1904),通译为德沃夏克,捷克作曲家,捷克民族乐派的主要代表人物。主要作品有《斯拉夫舞曲》、《第九交响曲》(又名《自新世界交响曲》)、《b小调大提琴协奏曲》等,交响诗《水妖》《金纺车》,歌剧《魔鬼与卡嘉》《水仙女》等。

J0140780
动人心弦 (20世纪世界经典流行歌曲鉴赏)王今,克柔编著
北京 京华出版社 1998年 415页 20cm(32开)

ISBN: 7-80600-243-X 定价: CNY22.00

J0140781
房龙音乐 (美)房龙著; 本书编译组编译
西安 太白文艺出版社 1998年 357页
20cm(32开) 定价: CNY18.00
本书收录《最难写的是音乐》《歌剧》《话说伦巴第提琴之乡》《一种新流行的娱乐形式》《画册让位于乐谱》《地位卑微的音乐教师大军》《莫扎特的音乐像喷泉》《贝多芬: 人世间的圣人》《细说巴赫》《十九世纪的音乐》《帕格尼尼和李斯特》《柏辽兹》《约翰·施特劳斯》《肖邦》《理查德·瓦格纳》《约翰内斯·勃拉姆斯》等。

J0140782
格里格 (挪威的民族音乐家)廖乃雄著
北京 人民音乐出版社 1998年 60页 有照片
18cm(小32开) ISBN: 7-103-01779-4
定价: CNY5.40
(外国音乐欣赏丛书)

J0140783
格林卡 (民族歌剧的先驱)万昭著
北京 人民音乐出版社 1998年 79页 有肖像
18cm(小32开) ISBN: 7-103-01785-9
定价: CNY5.90
(外国音乐欣赏丛书)
格林卡(1804—1857), 俄国作曲家, 俄罗斯民族乐派创始人。他的四幕歌剧《伊凡·苏萨宁》是俄罗斯民族音乐中里程碑式的典范。本书内容包括: 格林卡的生平和创作道路、主要作品简介(歌剧、交响音乐、浪漫曲)、格林卡的历史贡献。

J0140784
古典CD鉴赏 泰德·利比(Ted Libbey)著; 陈素宜译
台北 联经出版事业公司 1998年 498页
24cm(26开) ISBN: 957-08-1838-7
定价: TWD600.00
外文书名: The NPR Guide to Builing a Classical CD Collection.

J0140785
古典名盘收藏术 (一 日本乐评人的版本比较精彩解析 另类观点)(日)江森一夫,(日)杉山尚次著; 于政中等译
台北 世界文物出版社 1998年 383页 有照片
21cm(32开) ISBN: 957-561-027-X
定价: TWD350.00

J0140786
古典名盘收藏术 (二 日本乐评人的版本比较精彩解析 另类观点)(日)江森一夫,(日)杉山尚次,(日)持田留奈著; 张前译
台北 世界文物出版社 1998年 305页 有照片
21cm(32开) ISBN: 957-561-028-8
定价: TWD320.00

J0140787
古典音乐欣赏入门 [亚历山大·沃]Alexander Waugh著; 王欣怡译
台北 知书房出版社 1998年 141页 有照片
CD盘 24cm(26开) 精装 ISBN: 957-8622-71-6
定价: TWD600.00
(带你听音乐 1)

J0140788
古典作曲家排行榜 (美)菲尔·G.古尔丁(Phil G.Goulding)著; 雯边等译
海口 海南出版社 1998年 619页 有图
20cm(32开) ISBN: 7-80645-138-2
定价: CNY39.80

J0140789
海顿 义晓编著
北京 东方出版社 1998年 269页 有图
21cm(32开) ISBN: 7-5060-0797-5
定价: CNY15.00
(古典之门音乐丛书)
海顿(Franz Joseph Haydn, 1732—1809), 奥地利作曲家, 维也纳古典乐派代表人物之一。代表作品有《惊愕交响曲》《告别交响曲》《小夜曲》《吉普赛回旋曲》。本书介绍了海顿的生平趣事、成才经历, 赏析海顿有代表性的音乐作品, 并介绍部分CD珍版。外文书名: Joseph Haydn.

J0140790
海顿——交响曲之父 陈美琦著
北京 人民音乐出版社 1998年 98页 有肖像
18cm(小32开) ISBN: 7-103-01789-1

定价: CNY6.70
(外国音乐欣赏丛书)

J0140791
亨德尔　田可文编著
北京 东方出版社 1998年 174页 有肖像
20cm(32开) ISBN: 7-5060-1189-1
定价: CNY15.00
(古典之门音乐丛书 第二批)

亨德尔(1685—1759),出生于德国哈勒城的一个小市民家庭,少年时期曾跟随当地风琴师、作曲家学习音乐,后来担任了哈勒礼拜堂的风琴师,并开始创作。一生共创作了《阿尔西那》《奥兰多》等40多部歌剧,《弥赛亚》等20多部清唱剧,以及《水上音乐》《皇家烟火音乐》等管弦乐曲。亨德尔的曲风雄伟,所创作的清唱剧更被视为戏剧性的英雄史诗。作为一位多产的音乐家,被人们称为与巴赫齐名的巴洛克时期最伟大的作曲家。本书分3部分: 亨德尔传略、亨德尔音乐作品赏析、亨德尔重要作品CD唱盘简介。

J0140792
亨德尔　(清唱剧的先驱)翟学凤著
北京 人民音乐出版社 1998年 51页 有照片
18cm(小32开) ISBN: 7-103-01793-X
定价: CNY5.20
(外国音乐欣赏丛书)

J0140793
科普兰和他的音乐世界　何平著
广州 广东高等教育出版社 1998年 315页
20cm(32开) ISBN: 7-5361-2136-9
定价: CNY26.50

J0140794
拉赫玛尼诺夫　(不朽的旋律)尹子著
北京 人民音乐出版社 1998年 124页 有照片
18cm(小32开) ISBN: 7-103-01787-5
定价: CNY7.50
(外国音乐欣赏丛书)

J0140795
乐海浪华　(彦克音乐论文选)彦克著; 王影编
南昌 百花洲文艺出版社 1998年 313页
20cm(32开) ISBN: 7-80579-989-X
定价: CNY16.00

J0140796
乐海絮语　(音乐艺术鉴赏录)林华著
上海 复旦大学出版社 1998年 457页 有插图
20cm(32开) ISBN: 7-309-02040-5
定价: CNY20.00
(缪斯书系)

作者林华(1942—　),作曲家、音乐理论家。毕业于上海音乐学院作曲系。历任上海歌剧院创作员,上海音乐学院教授。著有《复调音乐教程》《音乐审美心理学教程》。

J0140797
乐教流芳　黄友棣著
台北 东大图书公司 1998年 346页 21cm(32开)
ISBN: 957-19-2202-1 定价: 旧台币5.00
(沧海丛刊)

J0140798
乐人相重　黄辅棠著
台北 大吕出版社 1998年 300页 有照片
21cm(32开) ISBN: 957-9358-44-3
定价: TWD350.00
(大吕音乐丛刊 45)

J0140799
乐艺纵横谈　黄中骏著
武汉 长江文艺出版社 1998年 362页
20cm(32开) ISBN: 7-5354-1779-5
定价: CNY16.50

J0140800
李斯特　(钢琴之王)关伯基著
北京 人民音乐出版社 1998年 65页 有照片
18cm(小32开) ISBN: 7-103-01786-7
定价: CNY5.40
(外国音乐欣赏丛书)

作者关伯基(1925—　),原名葆权,中国音协会员,广东高校音乐教研会顾问。

J0140801
流行音乐的悲与欢　吴春郁编著
北京 大众文艺出版社 1998年 123页
19cm(小32开) ISBN: 7-80094-477-8

定价: CNY5.00
(五元丛书 第一辑)

J0140802
马勒 周雪石编著
北京 东方出版社 1998年 218页 有图
21cm(32开) ISBN: 7-5060-0767-3
定价: CNY12.50
(古典之门音乐丛书)
本书介绍了奥地利作曲家马勒的生平趣事、成才经历，赏析马勒有代表性的音乐作品，并介绍部分CD珍版。外文书名: Gustav Mahler.

J0140803
马勒 (19世纪最后的浪漫主义代表)周化著
北京 人民音乐出版社 1998年 100页 有肖像
18cm(小32开) ISBN: 7-103-01788-3
定价: CNY6.70
(外国音乐欣赏丛书)

J0140804
门德尔松 (多才多艺的浪漫大师)罗小平著
北京 人民音乐出版社 1998年 102页
18cm(小32开) ISBN: 7-103-01792-1
定价: CNY6.70
(外国音乐欣赏丛书)

J0140805
名曲的诞生 崔光宙著
北京 中国国际广播出版社 1998年 332页
有彩照 20cm(32开) ISBN: 7-5078-1661-3
定价: CNY23.80

J0140806
莫扎特 (古典音乐大师)王次炤著
北京 人民音乐出版社 1998年 182页
18cm(小32开) ISBN: 7-103-01777-8
定价: CNY9.30
(外国音乐欣赏丛书)
沃尔夫冈·阿玛多伊斯·莫扎特(Wolfgang Amadeus Mozart, 1756—1791)，欧洲古典主义音乐作曲家。出生于神圣罗马帝国时期的萨尔兹堡。代表作品有《奏鸣曲》《协奏曲》，大型宗教音乐作品《安魂曲》，歌剧《唐璜》《费加罗的婚礼》《魔笛》等。

J0140807
普罗科菲耶夫 (自成体系的革新者)罗传开著
北京 人民音乐出版社 1998年 133页 有肖像
18cm(小32开) ISBN: 7-103-01776-X
定价: CNY7.70
(外国音乐欣赏丛书)
本书分两部分:“生平与创作特征”和“主要作品选介”。选介的作品包括:《彼得与狼》(交响童话)、《对三个橙子的爱情》(歌剧及其交响组曲)、《罗密欧与朱丽叶》(舞剧及其两部交响组曲)、《基谢中尉》(交响组曲)、《冬日的篝火》(交响组曲)、《摇篮曲》(女低音独唱)、《五支旋律》(小提琴独奏曲)、《古典交响曲》《第五交响曲》《第二小提琴协奏曲》《第三钢琴协奏曲》。

J0140808
普契尼 张巍，谢丽丽编著
北京 东方出版社 1998年 239页 有照片
21cm(32开) ISBN: 7-5060-0783-5
定价: CNY13.50
吉亚卡摩·普契尼(Giacomo Puccini, 1858—1924)，意大利歌剧作曲家。共有作品12部，成名作是1893年发表的《曼侬·列斯科》，代表作品有《艺术家的生涯》《托斯卡》《蝴蝶夫人》《西方女郎》等。

J0140809
请跟我来 (通俗音乐欣赏)陈国权著
武汉 华中理工大学出版社 1998年 621页
20cm(32开) ISBN: 7-5609-1614-7
定价: CNY22.00

J0140810
舒柏特 (歌曲之王)韩建邠著
北京 人民音乐出版社 1998年 96页 有肖像
18cm(小32开) ISBN: 7-103-01784-0
定价: CNY6.50
(外国音乐欣赏丛书)
本书介绍奥地利音乐家舒柏特的生平及其作品简介。内容包括:“生平与创作思想”，收录《清苦的童年》《“自由艺术家”》《歌曲之王》;“主要作品简介”，收录歌曲《野玫瑰》《鳟鱼》《魔王》《地神》《幻影》《美丽的磨坊姑娘》《冬之旅》，交响曲《b小调第八交响曲》(未完成交响曲)，其他器乐作品《音乐瞬间》与《即兴曲》。附录《摇篮曲》

《死神与少女》《小夜曲》《听，听，云雀》。

J0140811
舒伯特天鹅之歌 （演唱、伴奏之诠释）陈明律著
台北 全音乐谱出版社 1998年 177页
22cm（30开）精装 定价：TWD300.00

J0140812
舒曼 黄琳华编著
北京 东方出版社 1998年 249页 有肖像
20cm（32开）ISBN：7-5060-0796-7
定价：CNY14.00
（古典之门音乐丛书 第二批）

J0140813
舒曼 （诗的音乐，音乐的诗）方之文著
北京 人民音乐出版社 1998年 81页 有肖像
18cm（小32开）ISBN：7-103-01790-5
定价：CNY5.90
（外国音乐欣赏丛书）

J0140814
斯特拉文斯基 （不倦的探索者）周耀群著
北京 人民音乐出版社 1998年 112页 有照片
18cm（小32开）ISBN：7-103-01770-0
定价：CNY7.00
（外国音乐欣赏丛书）

J0140815
瓦格纳 （歌剧艺术的改革者）王次炤著
北京 人民音乐出版社 1998年 135页
18cm（小32开）ISBN：7-103-01771-9
定价：CNY7.70
（外国音乐欣赏丛书）

J0140816
沃尔夫　歌曲 （英）Mosco Carner著；晓兰译
台北 世界文物出版社 1998年 144页
19cm（小32开）ISBN：957-9551-24-3
定价：TWD200.00
（BBC音乐导读 39）
　　外文书名：Hugo Wolf Songs.

J0140817
沃尔夫　歌曲 （英）Mosco Carner著；晓兰译
石家庄 花山文艺出版社 1999年 144页
19cm（小32开）ISBN：7-80611-677-X
定价：CNY9.00
（BBC音乐导读 39）
　　雨果·沃尔夫（Hugo Wolf，1860—1903），奥地利作曲家，音乐评论家。又译吴尔湖。出生于现斯洛文尼亚境内的温迪施格拉茨（现名斯洛文尼亚格拉代茨）。就读于维也纳音乐学院。

J0140818
西方音乐赏析 肖云莉编著
桂林 广西师范大学出版社 1998年 332页
20cm（32开）ISBN：7-5633-2478-X
定价：CNY11.80

J0140819
肖邦 （钢琴诗人）廖乃雄著
北京 人民音乐出版社 1998年 64页 有肖像
18cm（小32开）ISBN：7-103-01782-4
定价：CNY5.40
（外国音乐欣赏丛书）

J0140820
音乐鉴赏 王耀华，伍湘涛主编
北京 高等教育出版社 1998年 213页
20cm（32开）ISBN：7-04-006376-X
定价：CNY13.80

J0140821
音乐美与欣赏 宇慧主编
沈阳 沈阳出版社 1998年 123页 19cm（小32开）
ISBN：7-5441-0987-9 定价：CNY98.00（全套）
（审美素质培养丛书 3）

J0140822
音乐世界漫步 陈国权编著
武汉 华中理工大学出版社 1998年 310页
20cm（32开）ISBN：7-5609-1605-8
定价：CNY11.50

J0140823
音乐欣赏 许常惠著；李静美等编辑
台北 大中国图书公司 1998年 256页
26cm（16开）ISBN：957-521-218-5
定价：TWD300.00

J0140824
音乐欣赏 （上册）教育部体育卫生与艺术教育司组编
上海 上海教育出版社 1998年 282页
26cm（16开）ISBN：7-5320-5906-5
定价：CNY17.00
本教材是在深入讨论中等艺术师范教学大纲、紧密结合中等艺术师范教学特点的基础上编写而成。主要内容包括有：怎样欣赏音乐、中国音乐简史概述等。

J0140825
音乐欣赏 （下册）教育部体育卫生与艺术教育司组编
上海 上海教育出版社 1999年 179页
26cm（16开）ISBN：7-5320-6283-X
定价：CNY11.50
本教材是在深入讨论中等艺术师范教学大纲、紧密结合中等艺术师范教学特点的基础上编写而成。主要内容有外国音乐概述，包括巴洛克时期的音乐欣赏、维也纳古典乐派时期的音乐欣赏、民族乐派时期的音乐欣赏等。

J0140826
音乐欣赏入门 宁佐良等编著
北京 中国社会出版社 1998年 255页
26cm（16开）ISBN：7-80088-984-X
定价：CNY28.00
（音乐基础系列丛书）

J0140827
音乐与欣赏 曲洪启编著
济南 山东文艺出版社 1998年 248页
20cm（32开）ISBN：7-5329-1609-X
定价：CNY11.60

J0140828
约翰·施特劳斯 （圆舞曲之王）罗传开著
北京 人民音乐出版社 1998年 94页 有肖像
18cm（小32开）ISBN：7-103-01774-3
定价：CNY6.50
（外国音乐欣赏丛书）

J0140829
致音乐 （音乐唱片鉴赏随笔）孙皓著
成都 四川人民出版社 1998年 404页
19cm（小32开）ISBN：7-220-04036-9
定价：CNY20.00

J0140830
中国古典名曲鉴赏大观 蒲亨强，蒲亨建，彭李玲编著
台北 文津出版社 1998年 863页 27cm（大16开）
精装 ISBN：957-668-515-X 定价：TWD1200.00

J0140831
中外名曲赏析 李茵，罗金燕编著
广州 华南理工大学出版社 1998年 273页
20cm（32开）ISBN：7-5623-1242-7
定价：CNY13.80

J0140832
中外名曲赏析 茅原著
南京 江苏文艺出版社 1998年 355页
20cm（32开）ISBN：7-5399-1218-9
定价：CNY15.00
本书收录了欧洲古典乐派、欧洲浪漫乐派、印象乐派、现代音乐、中国传统音乐等内容。

J0140833
中外名曲欣赏 邹燕凌编著
成都 四川大学出版社 1998年 424页
20cm（32开）ISBN：7-5614-1172-3
定价：CNY19.00

J0140834
中外音乐与名曲赏析 王和芳，陈自明著
南京 江苏美术出版社 1998年 519页
20cm（32开）ISBN：7-5344-0778-8
定价：CNY17.00

J0140835
中西经典名曲欣赏 张鸿懿等主编
北京 北京出版社 1998年 10+535页
20cm（32开）ISBN：7-200-03360-X
定价：CNY30.00

J0140836
1998—1999年度CD唱片选购指南 《高保真音响》编辑部编

北京 人民邮电出版社 1999年 10+256页
有图 18cm(小32开) ISBN: 7-115-07826-2
定价: CNY12.00

J0140837
CD流浪记 吕正惠著
台北 九歌出版社 1999年 211页 19cm(小32开)
ISBN: 957-560-595-0 定价: TWD180.00
(九歌文库 536)

J0140838
CD天书 (推荐壹千款极品CD) 刘志刚主编
北京 文化艺术出版社 1999年 有图
26cm(16开) ISBN: 7-5039-1895-0
定价: CNY68.00
外文书名: The Absolute CD Reference, 1000.

J0140839
爱乐-CD经典 梁一群, 贺秋帆编著
杭州 浙江人民出版社 1999年 14+428页
有彩图 20cm(32开) ISBN: 7-213-01609-1
定价: CNY40.00

J0140840
巴洛克乐曲赏析 (蒙台威尔第 韦瓦第 巴哈 韩德尔) 邵义强著
台北 锦绣出版事业公司 1999年 311页 有画像
22cm(30开) 精装 ISBN: 957-720-386-8
(古典音乐400年)

J0140841
柴可夫斯基 戚浦编著
北京 东方出版社 1999年 316页 有肖像
20cm(32开) ISBN: 7-5060-1227-8
定价: CNY17.00
(古典之门音乐丛书 第二批)

J0140842
唱片里的瓦格纳 周士红著
北京 人民邮电出版社 1999年 396页
21cm(32开) ISBN: 7-115-07376-7
定价: CNY26.00
(视听指北丛书)
本书介绍了瓦格纳的歌剧和戏剧音乐在各个时期的录音、录像版本百多种，其中全剧约50余部，单款唱片近百张。其目的是要让中国的广大音乐爱好者们能够从中了解到瓦格纳的伟大艺术以及他的歌剧(和音乐戏剧)，并由此找到最适合于自己聆听赏的瓦格纳音乐。

J0140843
发烧天碟 朱纬著
杭州 浙江人民出版社 1999年 10+420页
有彩图 光盘1片 20cm(32开)
ISBN: 7-213-01876-0 定价: CNY45.00

J0140844
法利亚 (英)[R.克赖顿]Ronald Crichton著; 晓秋等译
石家庄 花山文艺出版社 1999年 186页
19cm(小32开) ISBN: 7-80611-653-2
定价: CNY10.80
(BBC音乐导读 15)

J0140845
格里格 (英)[B.施洛特尔]Brian Schlotel著; 高群译
石家庄 花山文艺出版社 1999年 160页
19cm(小32开) ISBN: 7-80611-655-9
定价: CNY9.70
(BBC音乐导读 17)

J0140846
古典音乐第一课 (日)大町阳一郎著; 陈晓琪译
台北 扬智文化事业公司 1999年 220页
有照片 21cm(32开) ISBN: 957-818-044-6
定价: TWD200.00
(扬智音乐厅 11)

J0140847
古典音乐通200问 (日)宫本英世著; 陈晓琪译
台北 扬智文化事业公司 1999年 264页
21cm(32开) ISBN: 957-818-010-1
定价: TWD280.00
(扬智音乐厅 9)

J0140848
古典音乐欣赏50讲 沈旋, 夏楠主编
上海 上海音乐出版社 1999年 341页
20cm(32开) ISBN: 7-80553-744-5

定价: CNY14.00

J0140849
古典音乐欣赏入门　结城亨著; 张淑懿译
台北 志文出版社 1999年 277页 有照片
19cm(32开)
(新潮文库 208)
本书系世界近代古典音乐欣赏, 含音乐家简介。

J0140850
黄河大合唱纵横谈　黄叶绿编
北京 新华出版社 1999年 232页 有照片
20cm(32开) ISBN: 7-5011-4407-9
定价: CNY18.00
(东方文化丛书)

J0140851
激动　为什么激动　(古典音乐赞美诗)鲁成文著
广州 广东人民出版社 1999年 301页
有插图 20cm(32开) ISBN: 7-218-03122-6
定价: CNY16.00

J0140852
杰苏阿尔多　(英)[D.阿诺德]Denis Arnold著; 天梅译
石家庄 花山文艺出版社 1999年 91页
19cm(小32开) ISBN: 7-80611-654-0
定价: CNY6.50
(BBC音乐导读 16)

J0140853
科普兰　(他写出了美国的音乐)何平著
北京 人民音乐出版社 1999年 163页 有照片
18cm(小32开) ISBN: 7-103-01987-8
定价: CNY9.90
(外国音乐欣赏丛书)
本书讲述了美国20世纪著名的作曲家、钢琴家、指挥家、音乐评论家和音乐教育家阿伦·科普兰的生平事迹, 并对其主要作品进行了介绍。

J0140854
拉赫玛尼诺夫歌曲研究　林育著
北京 首都师范大学出版社 1999年 125页
26cm(16开) ISBN: 7-81039-887-3
定价: CNY15.00

J0140855
罗曼·罗兰音乐散文集　(法)罗曼·罗兰著; 冷杉, 代红译
北京 中国文联出版公司 1999年 422页
20cm(32开) ISBN: 7-5059-3137-7
定价: CNY19.80
本书收录《音乐在通史中的地位》《吕利》《18世纪"古典"风格的起源》《18世纪意大利音乐之旅》《18世纪德国音乐之旅》《泰勒曼: 一位被遗忘的大师》《格鲁克与〈阿尔瑟斯特〉》《亨德尔》《莫扎特: 根据他信札的一幅画像》《贝多芬而立之年的一幅肖像》《柏辽兹》《瓦格纳》《加米尔·圣-桑》《凡尚·丹第》《理查·施特劳斯》《马勒与理查·施特劳斯》《克洛德·德彪西: 〈佩利亚斯与梅丽桑德〉》。

J0140856
美仑美奂的音乐世界　张一文编著
南宁 接力出版社 1999年 89页 18cm(小32开)
ISBN: 7-80631-513-6 定价: CNY6.00
(中小学艺术教育丛书)

J0140857
莫扎特小夜曲、嬉游曲与舞曲　(德)Erik Smith著; 德馨译
石家庄 花山文艺出版社 1999年 123页
19cm(小32开) ISBN: 7-80611-661-3
定价: CNY8.00
(BBC音乐导读 23)

J0140858
欧洲著名音乐家及其作品欣赏　黄常虹, 吴磊编著
苏州 苏州大学出版社 1999年 304页
20cm(32开) ISBN: 7-81037-533-4
定价: CNY16.00

J0140859
彭广林的音乐说法　彭广林著
台北 红色文化事业公司 1999年 219页
光盘1片 21cm(32开) ISBN: 957-708-890-2

定价: TWD240.00
(Finding 3)

J0140860
珀塞尔 [英][A. 哈钦斯]Arthur Hutchings 著; 刘若端译
石家庄 花山文艺出版社 1999 年 160 页
19cm(小 32 开) ISBN: 7-80611-665-6
定价: CNY9.70
(BBC 音乐导读 27)

本书内容包括: 珀塞尔和他的同时代人、教堂和宗教音乐、室内乐和器乐、颂歌和应景音乐、剧院和戏剧音乐、舞曲和歌曲、珀塞尔的品格和个性等。

J0140861
普契尼 (不朽的意大利歌剧作曲家) 世元著
北京 人民音乐出版社 1999 年 73 页
18cm(小 32 开) ISBN: 7-103-01932-0
定价: CNY5.20
(外国音乐欣赏丛书)

本书介绍了意大利歌剧作曲家贾科莫·普契尼的艺术生涯以及他的歌剧作品《蝴蝶夫人》《托斯卡》《图兰朵特》等。

J0140862
企鹅激光唱片指南 伊万·马奇等编著
北京 商务印书馆国际有限公司 1999 年
13+1931 页 20cm(32 开) 精装
ISBN: 7-80103-136-9 定价: CNY248.00

J0140863
如诗如画 (中外名曲欣赏 100 首) 陈远编著
广州 新世纪出版社 1999 年 216 页 有图
19cm(小 32 开) ISBN: 7-5405-1963-0
定价: CNY8.90

作者陈远, 音乐评论人。笔名陈书府等, 中山市教育委员会教研室艺术教研员, 中山市音乐家协会副主席, 中山市乐力合唱团指挥。

J0140864
世界音乐圣典 李雪季主编
北京 九洲图书出版社 1999 年 6 册 有肖像及彩图 29cm(16 开) 精装 ISBN: 7-80114-420-1
定价: CNY3950.00

J0140865
汤志伟的爵士音乐丛林 汤志伟著
台北 商业周刊出版公司 1999 年 159 页
有插图 20cm(32 开) ISBN: 957-667-425-5
定价: TWD220.00

J0140866
天籁之声 (西方音乐欣赏) 周小静著
天津 新蕾出版社 1999 年 227 页 有图
20cm(32 开) ISBN: 7-5307-1950-5
定价: CNY10.00
(西方艺术鉴赏丛书)

J0140867
通向音乐之路 (英) 西德尼·哈里森(Sidney Harrison)著; 蔡梦译
北京 人民音乐出版社 1999 年 139 页
19cm(小 32 开) ISBN: 7-103-01808-1
定价: CNY7.10

本书是一本有关音乐欣赏方面的通俗论著。阐述了旋律、节奏、和声等音乐的构成要素; 歌曲、室内乐、交响乐等各种音乐体裁等。

J0140868
外国作曲家及其音乐名作 (上) 何平, 邱晓枫著
北京 华乐出版社 1999 年 399 页 20cm(32 开)
ISBN: 7-80129-022-4 定价: CNY21.60

本书主要包括: 绪论——兼谈音乐欣赏; 巴洛克时期的音乐; 巴赫——近代音乐之父; 亨德尔——清唱剧大师; 古典主义时期的音乐等。

J0140869
威尔第 (歌剧艺术大师) 世元著
北京 人民音乐出版社 1999 年 121 页 有照片
18cm(小 32 开) ISBN: 7-103-01815-4
定价: CNY7.20
(外国音乐欣赏丛书)

J0140870
维瓦尔迪 (英)Michael Talbot 著; 常罡译
石家庄 花山文艺出版社 1999 年 209 页
19cm(小 32 开) ISBN: 7-80611-676-1
定价: CNY11.80
(BBC 音乐导读 38)

维瓦尔迪，现通译为维瓦尔第（Antonio Lucio Vivaldi，1678—1741），是一位意大利神父，也是巴洛克时期的著名作曲家，同时还是一名小提琴演奏家。其代表作品有小提琴协奏曲《海上风暴》《悦意》《四季》等。本书是对维瓦尔第创作的音乐作品的赏析著作。外文书名：Vivaldi.

J0140871
希曼诺夫斯基　［英］［C. 帕尔默］Christopher Palmer 著；马继森等译
石家庄 花山文艺出版社 1999 年 181 页
19cm（小 32 开）ISBN：7-80611-673-7
定价：CNY10.00
（BBC 音乐导读 35）

J0140872
香港作曲家　（三十至九十年代）梁茂春著
香港 三联书店(香港)公司 1999 年 284 页
有照片 21cm（32 开）ISBN：962-04-1712-7
定价：HKD50.00

J0140873
肖邦　葛俭编著
北京 东方出版社 1999 年 125 页 有肖像
20cm（32 开）ISBN：7-5060-0980-3
定价：CNY8.50
（古典之门音乐丛书 第二批）

J0140874
辛丰年音乐笔记　辛丰年著
上海 上海音乐出版社 1999 年 13+414 页
20cm（32 开）ISBN：7-80553-768-2
定价：CNY25.00

J0140875
音乐大师和唱片　（一）李清著
长春 吉林教育出版社 1999 年 402 页 有照片
20cm（32 开）ISBN：7-5383-3886-1
定价：CNY28.00
（新爱乐丛书 第一辑 1）

本册较为全面地介绍卡尔·伯姆、赫伯特·冯·卡拉杨、让·马蒂农、卡尔·李希特等世界著名的指挥家、歌唱家、演奏家的艺术生涯、演出风格和杰出成就，并对其最具代表性的唱片加以评论。

J0140876
音乐鉴赏　平黎明主编
北京 航空工业出版社 1999 年 398 页
20cm（32 开）ISBN：7-80134-445-6
定价：CNY19.00

J0140877
音乐流花新集　李凌著
北京 中国文联出版公司 1999 年 484 页
有照片 20cm（32 开）ISBN：7-5059-3474-0
定价：CNY29.80
（中国文联晚霞文库）

本书收入音乐评论、音乐家述评及回忆文章《我与马思聪》《鉴今思昔》《乐坛上的中流砥柱》《艰难的成功者》等百篇。作者李凌（1913—2003），音乐家。原名李树连，曾用名李绿永，广东台山县人。曾任中国音乐学院院长，兼《中国音乐》主编。著有《音乐浅谈》《音乐美学漫笔》《音乐流花新集》等。

J0140878
音乐气质　庄裕安著
上海 东方出版中心 1999 年 417 页 20cm（32 开）
ISBN：7-80627-435-9 定价：CNY21.00
（爱乐书屋）

J0140879
音乐圣经　（增订本 上卷）林逸聪编
北京 华夏出版社 1999 年 21+878 页
24cm（26 开）精装 ISBN：7-5080-1503-7
定价：CNY99.00

J0140880
音乐心情　庄裕安著
上海 东方出版中心 1999 年 415 页 20cm（32 开）
ISBN：7-80627-434-0 定价：CNY21.00
（爱乐书屋）

J0140881
音乐欣赏　聂元龙等著
台北 洪叶文化事业公司 1999 年 308 页
21cm（32 开）ISBN：957-8424-40-X
定价：TWD300.00
（当代美学 19）

J0140882
音乐欣赏　钱仁康，张有刚，尹红［等］著
台北 五南图书出版公司 1999 年 341 页
26cm（16 开）ISBN：957-11-1781-1
定价：旧台币 8.00

J0140883
音乐欣赏教程　周雪石，胡向阳编著
武汉 武汉测绘科技大学出版社 1999 年 267 页
20cm（32 开）ISBN：7-81030-626-X
定价：CNY13.50
（音乐素质教育丛书）

J0140884
音乐作品欣赏实用教程（上编 中国作品）
许民编著
长春 吉林大学出版社 1999 年 345 页
20cm（32 开）ISBN：7-5601-2323-6
定价：CNY38.80（上下编）
本册内容包括：第 1 章，中国民族民间音乐；第 2 章，中国近现代音乐。附“音乐家介绍”等。

J0140885
音乐作品欣赏实用教程（下编 外国作品）
许民编著
长春 吉林大学出版社 1999 年 393 页
20cm（32 开）ISBN：7-5601-2323-6
定价：CNY38.80（上下编）
本册内容包括：第 1 章，声乐；第 2 章，器乐；第 3 章，歌剧、舞剧与舞剧组曲。附“音乐家介绍”等。

J0140886
与大师面对面（世界音乐名家访谈现场乐评）
赵世民摄影、撰文
北京 东方出版社 1999 年 12+367 页 有照片
20cm（32 开）ISBN：7-5060-1268-5
定价：CNY35.00

J0140887
中国当代音乐家丛书　冯光钰主编
北京 中国文联出版社 1999 年 20cm（32 开）
ISBN：7-5059-3392-2 定价：CNY148.00
本丛书包括：《民族音乐新论》《黄河音乐万里寻根》《难忘的音乐之旅——夏宝林歌文集》《乐海涛声》等。

J0140888
中外音乐名作选析（1 中国）王少华编著
重庆 重庆出版社 1999 年 95 页 20cm（32 开）
ISBN：7-5366-4238-5 定价：CNY6.00
（新世纪百科知识金典）

J0140889
中外音乐名作选析（2 外国）王少华编著
重庆 重庆出版社 1999 年 221 页 20cm（32 开）
ISBN：7-5366-4239-3 定价：CNY10.30
（新世纪百科知识金典）

J0140890
中外音乐名作选析（3）王少华编著
重庆 重庆出版社 1999 年 203 页 20cm（32 开）
ISBN：7-5366-4240-7 定价：CNY9.50
（新世纪百科知识金曲）

J0140891
走进音乐（音乐鉴赏训练与评估）谢嘉幸著
成都 四川人民出版社 1999 年 239 页
24cm（26 开）ISBN：7-220-04258-2
定价：CNY25.80

民族音乐研究

J0140892
秧歌舞曲讲话　杨铭编
上海 新歌社［民国］［15］页 有图 17cm（32 开）
本书介绍什么是歌舞、秧歌舞的基本动作及怎样才能跳好等。附秧歌舞曲 4 首。

J0140893
东方民族之音乐　王光祈著
上海 中华书局 1929 年 96 页 20cm（32 开）
定价：银六角
（音乐丛刊）
本书内容分概论、中国乐系、波斯亚剌伯乐系 3 编，论述亚洲各民族音乐。书前有作者自序，书末附各国音名。

J0140894
东方民族之音乐 王光祈著
北京 音乐出版社 1958年 96页［19cm］(32开)
统一书号：8026.480 定价：CNY0.55

J0140895
国乐演奏会特刊 霄霓国乐学会编
上海 霄霓国乐学会［1937年］［50］页
19cm(32开) 环筒页装

本书内容包括："节目及曲调略解"(霄霓国乐学会辑订)、"中国音乐简说"(姚莘农)、"中国乐器简说"(姚莘农)、"乐器说略"(霄霓国乐学会辑订)3部分。书前有姚莘农的"前奏曲"。于1937年5月召开演奏会。

J0140896
民间音乐论文集 (第一辑) 中国民间音乐研究会编
佳木斯 东北书店 1947年 136页 18cm(15开)
(民间文艺丛书 2)

本套书收录《民歌与中国新兴音乐》(冼星海)、《中国民间音乐研究提纲》《民歌中的节拍形式》(吕骥)、《陕北土地革命时期的农民歌咏》(马可)、《秦腔音乐概述》(安波)、《"郿鄠道情集"前言》(李焕之)等14篇文章。书末附(柯仲平)《论中国民歌》，(安波、马可)《八年来的中国民间音乐研究会》等文章。

J0140897
民间音乐论文集 (第二辑) 中国民间音乐研究会编
佳木斯 东北书店 1947年 136页 18cm(小32开)
定价：旧币450元
(民间文艺丛书 2)

J0140898
民间音乐论文集 (第二集) 中国民间音乐研究会编
佳木斯 东北书店 1948年 再版 136页
18cm(15开) 定价：450元
(民间文艺丛书 2)

J0140899
民族音乐论 (英)佛格汉·威廉士(Ralph Vaughan Williams)著；沈敦行译
上海 海燕书店 1948年 129页 18cm(小32开)
定价：四元四角
(海燕音乐丛书 1)

通译为：拉尔夫·沃恩·威廉士(1872—1958)。本书内容包括：音乐必须有国家性吗、音乐的起源、民歌、民歌的演化、民族主义的音乐史、传统等8章。附作者小传。

J0140900
民族音乐论 (英)佛格汉·威廉士(Ralph Vaughan Williams)著；沈敦行译
上海 海燕书店 1949年 81页
(海燕音乐丛书)

本书内容包括：音乐必须有民族性吗、音乐的起源、民歌、民歌的演化、民歌的演化(续)、民族主义的音乐史、传统等。书后附作者小传。

J0140901
民族音乐论 (英)佛格汉·威廉士(Ralph Voughan Williams)著；沈敦行译
上海 海燕书店 1949年 新1版 129页 有像
18cm(小32开) 定价：四元四角
(海燕音乐丛书)

J0140902
民族音乐论 (英)佛格汉·威廉士(Ralph Vaughan Williams)著；沈敦行译
上海 海燕书店 1950年 3版 129页 有照片
18cm(小32开) 定价：CNY4.40

J0140903
怎样写小调 见山著
华中新华书店九分店 1948年 39页
［13cm］(64开)

本书内容包括：唱小调有什么用、模子、写什么等10个小节，论述写小调的门径及创作中的缺点。

J0140904
渤海民间音乐选集 渤海人民文工团，渤海军政文工团收集；苗晶整理
上海 华东人民出版社 1951年 181页
18cm(小32开) 定价：旧币15,000元

作者苗晶(1925—)，音乐研究所研究员。原名宋学褰，生于江苏盐城，祖籍天津。毕业于

天津南开大学外国语言学系。曾任中国传统音乐学会常务理事，国际音乐学会会员等。著有《论汉族民歌近似色彩区的划分》《山东民间歌曲论述》《黄河音乐万里寻根》等。

J0140905
民间音乐研究　孟文涛译著
上海　万叶书店　1951年　66页　定价：CNY0.50

本书分两部分，上篇《论民间音乐》（爱尔兰）H.C.Colles原著，重点论述西欧的民间音乐，如英、德等国；下篇《中国民间音乐调式构成分析》，从《中国调式和声教程》内摘录而来，并加以补充写成。内容包括“调式种类及其构成”和“起音与结音”。

J0140906
民间音乐研究　孟文涛译著
上海　万叶书店　1953年　66页　21cm（32开）
定价：旧币5,000元

J0140907
民族音乐论　（英）佛格汉·威廉士（Ralph Vaughan Williams）著；沈敦行译
上海　新文艺出版社　1951年　新1版　129页
有照片　18cm（小32开）定价：CNY0.55

J0140908
［**中央音乐学院民族音乐研究所**］**采访记录**
中央音乐学院民族音乐研究所编
北京　中央音乐学院　1953年　油印本　线装

J0140909
河北民间音乐　（第一辑　二人台）丁义祥演唱；张景佑等记录；河北省人民政府文化事业管理局音乐工作组编
石家庄［河北省人民政府文化事业管理局音乐工作组］1953年　油印本　78页　26cm（16开）

J0140910
音乐业务参考资料十二种　中央音乐学院民族音乐研究所辑
北京　中央音乐学院民族音乐研究所　1953年
油印本　有图　线装

J0140911
民族音乐问题研究资料　（一）中国音乐家协会上海分会编辑
上海　中国音乐家协会上海分会　1956年　168页
19cm（32开）

J0140912
民族音乐问题研究资料　（二　关于古典及民间音乐问题的讨论　第一辑）中国音乐家协会上海分会编
上海　中国音乐家协会上海分会　1957年
19cm（32开）

J0140913
民族音乐问题研究资料　（三　关于戏曲音乐改革问题的讨论　第一辑）中国音乐家协会上海分会编
上海　中国音乐家协会上海分会　1956年　112页
19cm（32开）

J0140914
民族音乐研究论文集　（第一集）中央音乐学院民族音乐研究所编辑
北京　音乐出版社　1956年　120页　有插图
26cm（16开）精装　统一书号：8026.502
定价：CNY2.88
（中央音乐学院民族音乐研究所丛刊）

本书是20世纪50年代中期由原中央音乐学院民族音乐研究所（今中国艺术研究院音乐研究所）汇集当时有关民族民间音乐的一些重要研究成果，以该所“丛刊”名义先后出版。论文涉及民间音乐采集方法、古代各类乐曲考证、戏曲音乐分析、民族五声调式与工尺谱翻译研究、宗教音乐考察、少数民族地区音乐调查、民族乐器历史沿革、古代音乐文献考释、民间歌曲改编、中外民间音乐文化交流等方面。

J0140915
民族音乐研究论文集　（第一集）中央音乐学院民族音乐研究所编辑
北京　音乐出版社　1956年　120页　有插图
26cm（16开）统一书号：8026.501
定价：CNY1.30
（中央音乐学院民族音乐研究所丛刊）

J0140916
民族音乐研究论文集 （第二集）中央音乐学院民族音乐研究所编辑
北京 音乐出版社 1957年 88页 有插图
26cm（16开）统一书号：8026.707
定价：CNY0.95，CNY2.30（精装）
（中央音乐学院民族音乐研究所丛刊）

J0140917
民族音乐研究论文集 （第三集）中央音乐学院民族音乐研究所编辑
北京 音乐出版社 1958年 74页 有插图
26cm（16开）统一书号：8026.758
定价：CNY0.95，CNY2.20（精装）
（中央音乐学院民族音乐研究所丛刊）

J0140918
民歌搜集者须知 （苏）巴琴斯卡雅（Н.Бачинская）著；张洪模，吴同中译
北京 音乐出版社 1957年 32页 19cm（32开）
统一书号：8026.655 定价：CNY0.18
（中央音乐学院民族音乐研究所丛刊）

J0140919
民族音乐论 （英）佛格汉·威廉士（Ralph Vaughan Williams）著；沈敦行译
上海 上海音乐出版社 1957年 81页 21cm（32开）
统一书号：127.040 定价：CNY0.55

J0140920
中国民间音乐讲话 马可著
北京 朝花美术出版社 1957年 148页
19cm（32开）统一书号：8007.6 定价：CNY0.44

作者马可（1918—1976），作曲家、音乐教育家。江苏徐州人，就读于河南大学化学系。创作歌曲有《南泥湾》《咱们工人有力量》《吕梁山大合唱》，秧歌剧《夫妻识字》，歌剧《周子山》《白毛女》《小二黑结婚》等，著有《中国民间音乐讲话》《时代歌声漫议》《冼星海传》等。

J0140921
中国民间音乐讲话 马可著
［北京］工人出版社 1957年 148页
19cm（小32开）定价：CNY0.44

本书概括地介绍中国各民族民间歌曲、歌舞音乐、说唱音乐、戏曲音乐和民族器乐5大类传统音乐形式及其发展脉络。采取“先从实际生活场面中介绍一二段民间音乐活动的情况，然后进行浅显的分析，最后通过典型曲例而概述一般同类音乐形式”的编写方法。

J0140922
中国民间音乐讲话 马可著
北京 音乐出版社 1959年 148页 19cm（32开）
统一书号：8026.1153 定价：CNY0.41

J0140923
中国民间音乐讲话 马可著
北京 人民音乐出版社［1981年］重排版
135页 19cm（小32开）统一书号：8026.1153
定价：CNY0.45
（音乐知识丛书）

J0140924
中国民间音乐讲话 马可著
北京 人民音乐出版社 1985年 135页
19cm（32开）统一书号：8026.1153
定价：CNY0.74
（音乐知识丛书）

J0140925
安徽省第一届音乐周民间音乐选集 安徽省群众艺术馆编
合肥 安徽省群众艺术馆 1958年 油印本
26cm（16开）

J0140926
常用曲调选 上海文化出版社编
上海 上海文化出版社 1958年 27页 15cm（64开）
统一书号：78077.148 定价：CNY0.04

J0140927
广西省民间音乐选集 （广西省第二届民间文艺会演音乐资料）广西省群众艺术馆编
南宁 广西壮族自治区人民出版社 1958年
136页 19cm（32开）统一书号：8113.26
定价：CNY0.38

J0140928
民间音乐与戏曲 胡延仲，常维孝编著

北京 音乐出版社 1958 年 74 页 19cm（32 开）
（音乐知识 第一辑）

民间音乐最基本的形式是民歌，随着人类历史的发展，音乐的表现形式也在不断地发展着，民间器乐、说唱音乐、戏曲音乐等都是在民歌的基础上发展起来的。本书介绍了以上这些体裁的不同特点和表现形式。

J0140929
民间音乐与戏曲　胡延仲，常维孝编著
北京 音乐出版社 1959 年 74 页 19cm（32 开）
定价：CNY0.20
（农村通俗文库 音乐知识 第一辑）

J0140930
山西省昔阳“人民公社”联社群众音乐生活
民族音乐研究所，昔阳“人民公社”联社文化馆编
北京 音乐出版社 1958 年 49 页 18cm（32 开）
（民族音乐研究所丛刊）

J0140931
仪式音乐　（孔庙丁祭音乐）民族音乐研究所编
［长沙］民族音乐研究所 1958 年 影印本
78 页 有图 26cm（16 开）定价：CNY0.50

J0140932
音乐界对收集民歌的反映　中国音协理论创作委员会编
北京 中国音协理论创作委员会 1958 年 油印本
87 页 26cm（16 开）环筒页装

J0140933
巴托克论文书信选　（匈）贝拉·巴托克（Bela Bartok）著；音乐出版社编辑部编选；陈洪等译
北京 音乐出版社 1961 年 105 页 有图
20cm（32 开）统一书号：8026.1513
定价：CNY0.70

本书据布达佩斯阿尔维那出版社 1957 年版《贝拉·巴托克》选译。

J0140934
巴托克论文书信选　（匈）贝拉·巴托克（Bela Bartok）著；人民音乐出版社编辑部，湖北艺术学院作曲系编
北京 人民音乐出版社 1985 年 2 版 增订本
251 页 20cm（32 开）统一书号：8026.1513
定价：CNY1.90

J0140935
巴托克论文书信选　（匈）贝拉·巴托克（Bela Bartok）著；人民音乐出版社编辑部，湖北艺术学院作曲系编辑
台北 世界文物出版社 1993 年 272 页
21cm（32 开）ISBN：957-8996-18-7
定价：TWD250.00

J0140936
讨论选录与专题报告　中央音乐学院中国音乐研究所民族音乐研究班编辑
北京 中央音乐学院中国音乐研究所民族音乐研究班 1961 年 481 页 25cm（16 开）
（《民族音乐》参考资料 之十一 ）

J0140937
萧邦与波兰民间音乐　（苏）帕斯哈洛夫（Пасхалов）著；史大正译
上海 上海文艺出版社 1961 年 104 页
21cm（32 开）统一书号：8078.1620
定价：CNY0.82

本书据 1951 年波兰译本转译。

J0140938
强力集团作曲家论民间音乐　（苏）E.M. 戈尔捷耶娃编；孙静云译
北京 音乐出版社 1962 年 134 页 有肖像
19cm（32 开）统一书号：8026.1700
定价：CNY0.63

本书根据 1957 年俄文版译出。

J0140939
中国现代音乐家论民族音乐　中央音乐学院中国音乐研究所民族音乐研究班编辑
北京 中央音乐学院中国音乐研究所民族音乐研究班 1962 年 425 页 20cm（32 开）
定价：CNY2.10
（《民族音乐》参考资料 2）

J0140940
论匈牙利民间音乐　（匈）柯达伊（Z.Kodaly）著；廖乃雄，兴万生译

北京 音乐出版社 1964年 183页 19cm(32开)
统一书号: 8026.1768 定价: CNY1.20

本书探索匈乐利民间音乐的本源及其特点，研究匈牙利民间音乐与有关各民族音乐之间的关系，并对匈牙利的专业音乐创作与民间音乐之间的相互影响作了详细、科学的分析。

J0140941
论匈牙利民间音乐 (匈)柯达伊(Z.Kodaly)著; 廖乃雄, 兴万生译
北京 音乐出版社 1985年 重印本
183页+[6]页图版 有图 19cm(32开)
统一书号: 8026.1768 定价: CNY1.80

J0140942
民族音乐概论 文化部文学艺术研究院音乐研究所编
北京 人民音乐出版社 1964年 289页
21cm(32开)

本书内容包括: 民歌和古代歌曲、歌舞与舞蹈音乐、说唱音乐、戏曲音乐、民族器乐5章。

J0140943
民族音乐概论 中央音乐学院中国音乐研究所编
北京 音乐出版社 1964年 295页 20cm(32开)
统一书号: K8026.2053 定价: CNY1.65

J0140944
民族音乐概论 文化部文学艺术研究院音乐研究所编
北京 人民音乐出版社 1980年 重印本
289页 20cm(32开) 统一书号: 8026.2053
定价: CNY1.70

J0140945
民族音乐工作参考资料 (第四辑)《中国民间歌曲集成》编辑工作组[编辑]
北京 [《中国民间歌曲集成》编辑工作组]
1964年 65页 19cm(32开)

J0140946
创造和发展社会主义的民族的新音乐 (参考资料 二)中国音乐家协会四川分会编
成都 中国音乐家协会四川分会 1965年 68页
19cm(32开)

J0140947
大得胜 (山西民间乐曲)何化均, 刘汉林整理
北京 音乐出版社 1965年 21页 26cm(16开)
统一书号: 8026.2312 定价: CNY0.22

J0140948
黑龙江省民族民间音乐座谈会资料汇编
黑龙江省群众艺术馆, 黑龙江省戏剧音乐工作室[编]
1978年 142页 26cm(16开)

J0140949
民间歌曲概论 宋大能编著
北京 人民音乐出版社 1979年 255页
19cm(32开) 统一书号: 8026.3582
定价: CNY0.58
(音乐知识丛书)

本书为音乐知识丛书中的民间歌曲研究研究。较全面地介绍中国民间歌曲的起源和发展简况、民间歌曲的基本特征、民间歌曲与人民生活的关系，以及批判地继承民间歌曲遗产问题。书中对劳动号子、山歌、小调等民间歌曲的音乐特点，通过大量的完整的民歌实例作了较深入、详细的研究和归纳。

J0140950
民间歌曲概论 宋大能编著
北京 人民音乐出版社 1986年 2版 修订本
251页 19cm(32开) 统一书号: 8026.3582
定价: CNY1.45
(音乐知识丛书)

J0140951
扬州地区民间音乐资料 (第一集)扬州地区文化局创作组选编
[扬州] 1979年 95页 有乐谱 25cm(小16开)

J0140952
扬州地区民间音乐资料 (第二集)扬州地区文化局创作组选编
[扬州] 1979年 118页 有乐谱 25cm(小16开)

J0140953
扬州地区民间音乐资料 (第三集)扬州地区文化局创作组选编

[扬州] 1979年 25cm(16开)

J0140954
巴托克研究论文集　中国音乐家协会天津分会编
[天津][中国音乐家协会天津分会] 1981年 198页 21cm(32开)
(音乐理论文丛 第一辑)

J0140955
福建民间音乐研究　(一)中国音协福建分会民族音乐委员会,福建省群众艺术馆编
福州 中国音协福建分会民族音乐委员会 1981年 227页 19cm(32开)
本书由中国音协福建分会民族音乐委员会和福建省群众艺术馆联合出版。

J0140956
福建民间音乐研究　(二)中国音协福建分会民族音乐委员会,福建省群众艺术馆编
福州 中国音协福建分会民族音乐委员会 1982年 171页 19cm(32开)
本书由中国音协福建分会民族音乐委员会和福建省群众艺术馆联合出版。

J0140957
福建民间音乐研究　(三)福建省群众艺术馆,中国音协福建分会民族音乐委员会[编辑]
福州 福建省群众艺术馆 1984年 192页 19cm(32开)
本书由中国音协福建分会民族音乐委员会和福建省群众艺术馆联合出版。

J0140958
福建民间音乐研究　(四)福建省群众艺术馆,中国音协福建分会民族音乐委员会[编]
[福州][福建省群众艺术馆] 1986年 216页 19cm(32开)
本书由中国音协福建分会民族音乐委员会和福建省群众艺术馆联合出版。

J0140959
昭通地区民族民间音乐资料选辑　(汉族部分)昭通地区地委宣传部[等编]
1981年 油印本 251页 26cm(16开)

J0140960
昭通地区民族民间音乐资料选辑　(花苗·彝族)昭通地区地委宣传部[等编]
1981年 油印本 159页 26cm(16开)

J0140961
多声部民歌研究文选　中国音乐家协会广西分会,广西壮族自治区群众艺术馆[编]
[南宁][中国音乐家协会广西分会][1982年] 517页 18cm(小32开)

J0140962
格里格的和声研究　(关于他对印象派音乐所作贡献的探讨)(挪)达格·舍尔德鲁普-艾贝(Drieg Schjelderup-Ebbe)著;张洪模译
北京 人民音乐出版社 1982年 154页 19cm(32开)统一书号:8026.3933
定价:CNY0.71
本书对挪威民族音乐中最富成就的作曲家爱德华·格里格的和声语汇的重要特点作了全面的论述和分析,并着重指出他大胆创新、倾向印象主义的地方。作者张洪模(1926—　),音乐翻译家,音乐教育家,教授,河北沙河人,毕业于外国语学院俄语系。历任中央音乐学院音乐研究所副所长,《外国音禾参考资料》《世界音乐》主编。历任中国音乐家协会苏联音乐研究会常务理事,中国音协美国音乐研究会理事,中国翻译工作者文学艺术委员会委员。主要译著有《曲式学》《交响配器法》《音乐分析》《格里格和声研究》《音乐的写法》《20世纪作曲技术》等。

J0140963
汉族民歌概论　江明惇编
上海 上海文艺出版社 1982年 438页 21cm(32开)统一书号:8078.3385
定价:CNY2.00
本书作者在20多年教学经验基础上写成的汉族民歌专著。对汉族民歌的产生、发展以及体裁、旋律和表现手法等,进行了研究和探索。

J0140964
民族音乐论文集　中国音乐家协会天津分会编
[天津][中国音乐家协会天津分会] 1982年 178页 26cm(16开)
(音乐理论文丛 第二辑)

J0140965
民族音乐学论文集　南京艺术学院音乐理论教研室编
南京 南京艺术学院音乐理论教研室 1982年
2册(959页) 26cm(16开) 定价: CNY6.50
外文书名: The Selections of Ethnomusicology.

J0140966
寻找中国音乐的泉源　许常惠著
台北 大林出版社 1982年 再版 196页
19cm(32开)
(大林文库 68)
作者许常惠(1929—2001),作曲家、音乐学家。台湾彰化县人。毕业于台湾师范大学音乐系。曾任台湾作曲家协会理事长、台湾民族音乐学会理事长、台湾师范大学音乐系主任兼研究所所长、亚洲作曲家联盟主席等职务。代表作品有《兵车行》《国火颂》《桃花开》《白沙湾》等。

J0140967
中国传统名曲欣赏　朱舟编著
成都 四川人民出版社 1982年 109页
21cm(32开) 统一书号: 8118.1061
定价: CNY0.36
本书收入了我国千百年来广为流传的《广陵散》《胡笳十八拍》《梅花三弄》《阳关三叠》等名曲22首。

J0140968
阿炳美学思想试探　茅原著
南京 南京艺术学院 1983年 46页
27cm(大16开)

J0140969
民族音乐问题的探索　李元庆著
北京 人民音乐出版社 1983年 120页
21cm(32开) 统一书号: 8026.4083
定价: CNY0.68
本书包括对我国民族音乐家的研究,对民族乐器改革、戏曲音乐改革、表演艺术民族化等问题的意见、看法,以及一些关于民族音乐问题的杂谈、短论。

J0140970
中国音乐往哪里去　许常惠著
台北 百科文化事业股份有限公司 1983年
219页 19cm(32开)
(许常惠音乐论丛 4)

J0140971
关于少数民族民间歌曲的语音审辨　杨宪明[著]
[云南民族艺术研究所] 1984年 [油印本]
26页 26cm(16开)
本书作者选择部分少数民族民间歌曲为对象实例,从音节、声调、轻重音和特殊音素四个角度,分析了曲调与语言复合后在语言审辨中所产生的一些特殊变异现象。力图将语言学的研究技术,运用于民族音乐的发掘、整理和研究工作之中。

J0140972
广西少数民族音乐的中立音与中调式　杨秀昭著
[广西艺术学院] 1984年 [油印本] 62页
26cm(16开)

J0140973
论鄂西土家族哭嫁歌　方妙英著
[湖北艺术学院] 1984年 [油印本] 41页
26cm(16开)
作者方妙英(1930—　),教师。女,上海人,毕业于沈阳音乐学院。历任厦门大学教授,中国音乐家协会会员,中国高等学校音教会理事,福建省音教研究会副理事长等职。出版有《民族音乐概论》《大学生音乐修养》《门类艺术探索》等。

J0140974
略论新疆蒙古族民歌的音乐特色　赵塔里木[著]
[新疆师范大学音乐系] 1984年 [油印本] 20页
25cm(小16开)

J0140975
民族民间音乐散论　李焕之著
济南 山东文艺出版社 1984年 172页
21cm(32开) 统一书号: 8331.8 定价: CNY1.10
本书选收作者论述民族民间音乐文章15篇。

选编作者自1949年10月以来发表的有关民族民间音乐的论文。论述了民间音乐的挖掘、继承和发展问题；民族风格与特点问题；歌曲创作的民族化问题；民间乐队的建设和民族乐器的改革问题；民族乐器作品的创作问题；民族演唱艺术的发展问题；对民间艺人的重视和提高问题等等。

J0140976
民族音乐志的理论与设计 沈洽著
北京 中国音乐学院 1984年 油印本 20页
27cm(16开)

J0140977
音乐与民族 上海音乐学院音乐研究所，安徽省文学艺术研究所编
上海 上海音乐学院研究所 1984年 303页
19cm(32开) 定价：CNY1.70
(民族音乐学·比较音乐学·译丛)

J0140978
云南民族民间传统歌舞音乐的原始风貌 黄镇方[著]
[云南省民族艺术研究所] 1984年 [油印本]
22页 27cm(16开)

J0140979
多采多姿的民俗音乐 许常惠著
台北 文化建设委员会 1985年 3版 57页
有彩照有地图 21cm(32开) 定价：TWD50.00
(文化资产丛书 6)

J0140980
贵州侗族音乐 (南部方言区)贵州省文管会办公室，贵州省文化出版厅文物处编；郑寒风执笔
贵阳 贵州人民出版社 1985年 261页
19cm(32开) 统一书号：7115.876 定价：CNY1.35

本书系贵州省文管会办公室、贵州省文化出版厅文物处编，郑寒风执笔贵州侗族民族音乐研究，侗族歌曲文集。

J0140981
论维吾尔古典音乐《十二木卡姆》 阿不都秀库尔·穆罕默德伊明著；杨金祥译
乌鲁木齐 新疆人民出版社 1985年 157页
19cm(32开) 统一书号：8098.207
定价：CNY0.76

“十二木卡姆”是维吾尔族古典音乐，即大型音乐套曲的称谓。它是维吾尔人民的音乐财富，素有“东方音乐明珠”之誉称。本书共4章。第1章关于“十二木卡姆”的基本概念；第2章“十二木卡姆”历史的扼要阐述；第3章“十二木卡姆”的音乐特点；第4章“十二木卡姆”的歌词问题。

J0140982
民族音乐学译文集 董维松，沈洽编
北京 中国文联出版公司 1985年 288页
19cm(32开) 统一书号：8355.59 定价：CNY1.65

本书收入英国埃利斯著《论各种民族的音阶》，德国萨克斯著《比较音乐一异国文化的音乐》，荷兰孔斯特著《民族音乐学》，美国梅里亚姆著《民族音乐学的研究》，美国胡德著《民族音乐学导论》，日本岸边成雄著《比较音乐学的业绩与方法》等9篇文章。

J0140983
中国民族曲式 (民歌、器乐部分)李西安，军驰编著
北京 人民音乐出版社 1985年 2版 134页
20cm(32开) 统一书号：8026.2089
定价：CNY1.05

J0140984
鄂尔多斯民间音乐简述 赵星著
呼和浩特 内蒙古人民出版社 1986年 123页
19cm(32开) 统一书号：8089.211
定价：CNY0.75

J0140985
福建民间音乐简论 刘春曙，王耀华编著
上海 上海文艺出版社 1986年 611页
19cm(32开) 统一书号：8078.3517
定价：CNY3.80
(民族音乐丛书)

J0140986
民间音乐采访手册 中国艺术研究院音乐研究所《民间音乐采访手册》编辑组编
北京 文化艺术出版社 1986年 98页 19cm(32开)
统一书号：8228.128 定价：CNY0.80

J0140987
民族音乐结构研究论文集　中央音乐学院《民族音乐结构研究论文集》编辑组编
北京 中央音乐学院学报社 1986年 533页
19cm(32开) 定价: CNY3.00

J0140988
杨荫浏音乐论文选集　杨荫浏著
上海 上海文艺出版社 1986年 409页
20cm(32开)精装 统一书号: 8078.3516
定价: CNY6.35
　　作者杨荫浏(1899—1984),音乐教育家。字亮卿,号二壮,又号清如。出生于江苏无锡,曾就读于上海圣约翰大学文学系、光华大学经济系(今华东师范大学)。曾在重庆、南京任国立音乐学院教授兼国乐组主任、国立礼乐馆编纂和乐曲组主任、金陵女子大学音乐系教授。代表作品有《中国音乐史纲》《中国古代音乐史稿》。

J0140989
中国传统名曲欣赏　(2)肖兴华编
成都 四川文艺出版社 1986年 153页
20cm(32开)统一书号: 8374.3 定价: CNY1.00

J0140990
中国民族音乐集成文件资料汇编　中国民族音乐集成编辑办公室编
1986年 410页 18cm(小32开)

J0140991
中国少数民族音乐　(一)杜亚雄编著
北京 中国文联出版公司 1986年 308页
19cm(32开)统一书号: 10355.663
定价: CNY1.90

J0140992
贵州水族仡佬族民间音乐　贵州省群众艺术馆编
贵阳 贵州民族出版社 1987年 123页 有照片
19cm(32开) ISBN: 7-5412-0014-0
定价: CNY0.90

J0140993
论汉族民歌近似色彩区的划分　苗晶,乔建中编著
北京 文化艺术出版社 1987年 202页
19cm(32开) ISBN: 7-5039-0032-6
定价: CNY1.65
　　作者苗晶(1925—　),音乐研究所研究员。原名宋学謇,生于江苏盐城,祖籍天津。毕业于天津南开大学外国语言学系。曾任中国传统音乐学会常务理事,国际音乐学会会员等。著有《论汉族民歌近似色彩区的划分》《山东民间歌曲论述》《黄河音乐万里寻根》等。

J0140994
民族音乐论述稿　(一)许常惠著
台北 乐韵出版社 1987年 218页 有照片
21cm(32开)定价: TWD250.00
(许常惠音乐论丛 8)
　　外文书名: Ethnomusicological Essays. 作者许常惠(1929—2001),作曲家、音乐学家。台湾彰化县人。毕业于台湾师范大学音乐系。曾任台湾作曲家协会理事长、台湾民族音乐学会理事长、台湾师范大学音乐系主任兼研究所所长、亚洲作曲家联盟主席等职务。代表作品有《兵车行》《国火颂》《桃花开》《白沙湾》等。

J0140995
民族音乐论述稿　(二)许常惠著
台北 乐韵出版社 1992年 175页 21cm(32开)
定价: TWD200.00
(许常惠音乐论丛 9)
　　外文书名: Ethnomusicological Essays.

J0140996
民族音乐论述稿　(三)许常惠著
台北 乐韵出版社 1992年 175页 21cm(32开)
定价: TWD200.00
(许常惠音乐论丛 10)
　　外文书名: Ethnomusicological Essays.

J0140997
民族音乐论述稿　(四)许常惠著
台北 乐韵出版社 1999年 350页 21cm(32开)
ISBN: 957-9222-91-6 定价: TWD400.00
(许常惠音乐论丛 11)
　　外文书名: Ethnomusicological Essays.

J0140998
青海民歌探宝　刘凯编
［西宁］［青海省文学艺术研究所］1987 年
174 页 18cm（32 开）
（文艺研究资料丛书）

J0140999
福建省首届畲族歌会文集　福建省艺术研究所，福建省群众艺术馆编
［福州］［福建省艺术研究所］1988 年 284 页
19cm（32 开）

J0141000
民族音乐论集　王耀华著
福州 福建教育出版社 1988 年 294 页
20cm（32 开）ISBN：7-5334-0395-9
定价：CNY3.80
　　本书收辑作者有关民族音乐论文 13 篇。内容包括：福建民歌的色彩区及其调式、音调特点；闽东畲族“双音”的复调特点；畲汉民歌相互影响交流四例；福建戏曲各曲牌体系内部的贯穿联系；歌仔戏《七字调》的形成与发展；闽剧唱腔风格的形成；庶民戏音乐与［四平腔］；莆仙戏是宋元时代南戏支流的例证；宋代福建的戏曲和戏曲音乐；宋代闽人的音乐思想和音乐著述；写意中的写实；福建南曲与汉民族音乐结构层次；中国古代相对稳定持续发展的音乐结构。

J0141001
民族音乐论文集　人民音乐出版社编辑部编
北京 人民音乐出版社 1988 年 270 页
20cm（32 开）ISBN：7-103-00131-6
定价：CNY2.75

J0141002
民族音乐学　人民音乐出版社编辑部编
北京 人民音乐出版社 1988 年 111 页
20cm（32 开）定价：CNY1.20
（音乐词典词条汇辑丛书）
　　本书汇辑美国《新格罗夫音乐与音乐家词典》及苏、法、德、日等国音乐词典中有关民族音乐学的专论条目。集中反映了国外关于民族音乐学研究的发展状况，较详尽地阐述了民族音乐学的含义，包括它的词源沿革、研究对象、研究目的和方法等，并提供了有关文献书目。对于中国民族音乐学的研究，特别对其发展中的一些问题的探讨，具有重要的参考价值。

J0141003
民族音乐学论文选　上海音乐出版社编
上海 上海音乐出版社 1988 年 494 页
20cm（32 开）ISBN：7-80553-054-8
定价：CNY6.10

J0141004
贵州民族音乐文选　贵州民族音乐研究会编
北京 中国民族摄影艺术出版社 1989 年 338 页
19cm（32 开）ISBN：7-80069-007-5
定价：CNY3.80

J0141005
贵州少数民族音乐　张中笑，罗廷华主编；贵州省民族事务委员会文教处编
贵阳 贵州民族出版社 1989 年 376 页
20cm（32 开）ISBN：7-5412-0069-7
定价：CNY3.00

J0141006
民族音乐研究　刘靖之主编
香港 商务印书馆 1989 年 314 页 有照片
21cm（32 开）ISBN：962-07-4095-5
定价：HKD52.00

J0141007
民族音乐研究　（第二辑　中国音乐与亚洲音乐研讨会论文集）刘靖之主编
香港 香港大学亚洲研究中心 1990 年 427 页
21cm（32 开）
　　本书由香港大学亚洲研究中心和香港民族音乐学会联合出版。

J0141008
民族音乐研究　（第三辑）刘靖之主编
香港 香港大学亚洲研究中心 1992 年 368 页
有照片 21cm（32 开）

J0141009
民族音乐研究　（第四辑　粤剧研讨会论文集）
刘靖之，冼玉仪主编
香港 香港大学亚洲研究中心 1995 年 619 页

有照片 21cm（32 开）ISBN：962-04-1222-2
定价：HKD128.00

本书由香港大学亚洲研究中心和三联书店（香港）公司联合出版。

J0141010
民族音乐研究 （第五辑 中国音乐美学研讨会论文集）刘靖之主编
香港 香港大学亚洲研究中心 1995 年 692 页
21cm（32 开）

J0141011
云南民族音乐论集 云南省民族艺术研究所编
昆明 云南人民出版社 1989 年 268 页
20cm（32 开）平装 ISBN：7-222-00451-3
定价：CNY3.90，CNY5.50（精装）
（云南地方艺术研究丛书）

本书介绍云南各民族的民间歌曲、器乐、乐器、歌舞、曲艺音乐、地方戏曲音乐，少数民族戏剧音乐以及古代歌舞和古代乐器。内容涉及民间音乐的调式问题，民间的曲式结构、节奏，及各民族间音乐文化的交融等；对地方戏曲、民族戏剧的声腔源、艺术特点、发展方向，作了新的理论探索。

J0141012
中国民族音乐大观 秦咏诚等编写
沈阳 沈阳出版社 1989 年 1000 页 20cm（32 开）
精装 ISBN：7-80556-325-X 定价：CNY20.00

全书共 8 部分，24 个专题。一、中国民族音乐历史简述，从先秦时期到明清时期的古代传统音乐。二、中国汉族民歌，分中国汉族民歌概说和各地汉族民歌简介。三、中国曲艺音乐，介绍中国曲艺音乐的概说及中国曲艺音乐曲种。四、中国戏曲音乐。五、中国民族器乐，包括民族乐器简介、民族器乐名曲、民族器乐家 3 个专题。六、中国少数民族民间音乐，简述了中国 55 个民族的民间音乐的起源、流传、风格等。七、中国宗教音乐。八、中国台湾地区民族音乐，分台湾地区民族音乐简史、台湾民歌等 5 个专题。

J0141013
中国民族音乐大系 （古代音乐卷）东方音乐学会编
上海 上海音乐出版社 1989 年 218 页 有彩图
20cm（32 开）精装 ISBN：7-80553-209-5
定价：CNY11.20

J0141014
中国民族音乐大系 （古代音乐卷）东方音乐学会编
上海 上海音乐出版社 1989 年 218 页 有彩图
20cm（32 开）ISBN：7-80553-220-6
定价：CNY5.35

J0141015
中国民族音乐大系 （民族器乐卷）东方音乐学会编
上海 上海音乐出版社 1989 年 242 页 有剧照
20cm（32 开）精装 ISBN：7-80553-206-0
定价：CNY11.40

J0141016
中国民族音乐大系 （民族器乐卷）东方音乐学会编
上海 上海音乐出版社 1989 年 242 页 有剧照
20cm（32 开）ISBN：7-80553-218-4
定价：CNY5.65

J0141017
中国民族音乐大系 （曲艺音乐卷）东方音乐学会编
上海 上海音乐出版社 1989 年 300 页 有剧照
20cm（32 开）ISBN：7-80553-219-3
定价：CNY6.35

J0141018
中国民族音乐大系 （曲艺音乐卷）东方音乐学会编；连波执笔
21cm（32 开）精装 ISBN：7-80553-207-9
定价：CNY12.20

本卷介绍苏州弹词、广西文场、四川清音、福建津时调、山东琴书、河南坠子、榆林小曲音乐特点和欣赏要点等。

J0141019
中国民族音乐大系 （戏曲音乐卷）东方音乐学会编
上海 上海音乐出版社 1989 年 320 页 有剧照
20cm（32 开）精装 ISBN：7-80553-202-8

定价: CNY12.20

J0141020
中国民族音乐大系 （戏曲音乐卷）东方音乐学会编
上海 上海音乐出版社 1989 年 320 页 有剧照
20cm(32 开) ISBN: 7-80553-221-4
定价: CNY6.35

J0141021
中国民族音乐大系 （歌舞音乐卷）东方音乐学会编
上海 上海音乐出版社 1991 年 346 页 有照片
20cm(32 开) 精装 ISBN: 7-80553-300-8
定价: CNY13.30

J0141022
中国民族音乐大系 （歌舞音乐卷）东方音乐学会编
上海 上海音乐出版社 1991 年 346 页
21cm(32 开) ISBN: 7-80553-299-0
定价: CNY8.20

J0141023
中国音乐文化与民谣 颜文雄著
台北 众文图书公司 1989年 197页 21cm(32开)
定价: TWD150.00

J0141024
传统是一条河流 （音乐论集）黄翔鹏著
北京 人民音乐出版社 1990 年 225 页
20cm(32 开) ISBN: 7-103-00556-7
定价: CNY3.85

本书是中国民间音乐研究文集。全书围绕中国音乐文化发展的历史与传统这条主线，就诸多方面发表了自己的见解。包括 3 个部分：第一部分(19 篇)是以不同方法和从不同角度对中国民族音乐文化的历史与现状所做的各种专题研究，包括对中国音乐史研究中的阙空或薄弱环节所做的弥补与充实。第二部分(4 篇)辑录著者对当代几位音乐家的评介和纪念文章。第三部分(5 篇)辑录有关中国近现代音乐文学(主要指歌词)发展历史的专题研究文章。

J0141025
香港 1988 中国音乐国际讨论会论文集 香港中文大学中国音乐资料馆，香港民族音乐研究会编；乔建中，曹本冶主编
济南 山东教育出版社 1990 年 389 页
21cm(32 开) 定价: CNY8.70

本书共收中国以及美国、加拿大等国作者的论文 23 篇。

J0141026
布依族民间音乐研究文集 一丁著
贵阳 贵州民族出版社 1991 年 165 页
19cm(小 32 开) ISBN: 7-5412-0167-7
定价: CNY2.95

作者一丁，中国音乐家协会会员、中国少数民族音乐学会会员、黔西南州文联秘书长兼音协主席。

J0141027
法鼓艺术初探 郭忠萍编著
天津 百花文艺出版社 1991 年 266 页
19cm(32 开) ISBN: 7-5306-0630-1
定价: CNY5.40

本书着重论述了天津法鼓艺术的起源、法器与法鼓的记谱方法和规律。

J0141028
台湾福佬系民歌的渊源及发展 简上仁著
台北 自立晚报社文化出版部 1991 年 204 页
21cm(32 开) ISBN: 957-596-131-5
定价: TWD250.00
(台湾本土系列三 9)

J0141029
西海乐论 张谷密著
西宁 青海人民出版社 1991 年 306 页
20cm(32 开) ISBN: 7-225-00441-7
定价: CNY4.80

本书对我国青海地区的民间音乐做了理论创作上的阐述与研究。收入作者在青海工作期间所撰写的有关民族民间音乐研究和关于音乐创作与表演的评论 18 篇。论述青海地区民族民间音乐风格特色的形成及发展规律，肯定青海地区民族民间音乐创作与表演的优点。

J0141030
中国传统名曲欣赏　陆敏编著
合肥 安徽文艺出版社 1991年 145页
19cm(小32开) ISBN: 7-5396-0576-6
定价: CNY2.70

J0141031
中国民族音乐欣赏　江明惇编著
北京 高等教育出版社 1991年 226页
26cm(16开) ISBN: 7-04-003475-1
定价: CNY4.50
(音乐史与音乐欣赏)

J0141032
中国民族音乐欣赏　江明惇编著
北京 高等教育出版社 1994年 2版 修订本
277页 26cm(16开) ISBN: 7-04-004871-X
定价: CNY7.65

J0141033
中国少数民族音乐学会第三届年会民族音乐论集　(一) 杨放主编; 中国少数民族音乐学会编
昆明 云南民族出版社 1991年 385页 有照片
20cm(32开) ISBN: 7-5367-0409-5
定价: CNY7.50

J0141034
中国西部音乐论　(生成与前景) 罗艺峰著
西宁 青海人民出版社 1991年 393页 有彩照
20cm(32开) 精装 ISBN: 7-225-00443-3
定价: CNY9.30
(中国西部文艺研究丛书)

本书以文化脉络研究为基本方法，从宗教、战争、和亲、政治文化、自然地理、产食经济、人种民俗等多方面阐述中国西部音乐生成的背景、动力和原因，并剖析其演变轨迹。作者罗艺峰(1948—)，教授。中国音乐家协会会员，西安音乐学院史论教研室主任，音乐研究所副所长。代表作有《音乐美学论集》《中国西部音乐论》。

J0141035
白族音乐志　伍国栋主编; 中国艺术研究院音乐研究所等编
北京 文化艺术出版社 1992年 395页 有照片
20cm(32开) 精装 ISBN: 7-5039-0743-6
定价: CNY23.00

本书是我国第一部全国记述一个民族传统音乐文化的音乐专志。以纪实为主，反映了白族民间音乐的渊源流变、历史沿革及现状。

J0141036
客家山歌探胜　温萍著
深圳 海天出版社 1992年 180页 有照片
20cm(32开) ISBN: 7-80542-540-X
定价: HKD18.00

本书包括: 客家山歌概述、客家山歌的流变、山歌剧及其音乐发展初探3部分。作者温萍(1931—)，作曲家，星海音乐学院作曲系副教授。

J0141037
论维吾尔十二木卡姆　新疆维吾尔自治区十二木卡姆研究学会编
乌鲁木齐 新疆人民出版社 1992年 293页
有照片 20cm(32开) ISBN: 7-228-02380-3
定价: CNY5.20

本书收入对维吾尔族文化、艺术遗产十二木卡姆的研究论文25篇。

J0141038
民族音乐基础教程　冯步岭编著
郑州 河南人民出版社 1992年 678页
20cm(32开) ISBN: 7-215-02008-8
定价: CNY6.35

本书内容包括: 民歌、说唱音乐、民族器乐、戏曲音乐。作者冯步岭，河南大学音乐二系任教。

J0141039
中国民歌概论　李映明著
武汉 华中师范大学出版社 1992年 268页
19cm(小32开) ISBN: 7-5622-0807-7
定价: CNY2.20

本书论述了民歌的起源和发展、民歌的特点、种类及特征、内容及功能。

J0141040
中国民歌与乡土社会　杨民康著
长春 吉林教育出版社 1992年 328页 有彩图
20cm(32开) 精装 ISBN: 7-5383-1682-5

定价：CNY10.20
（中华艺术文库）
本书论述了民歌文化与乡土社会之间的关系及民歌文化的社会实践活动等。

J0141041
中国民族音乐论稿 冯光钰著
沈阳 沈阳出版社 1992年 479页 20cm（32开）
ISBN：7-80556-804-9
定价：CNY10.00，CNY15.00（精装）
本书内容包括：音乐理论与思考、研究与方法、听乐漫笔、知识与探讨4部分，收录作者近些年来撰写的音乐文稿。

J0141042
外国民族音乐 俞人豪著
北京 国际文化出版公司 1993年 163页
19cm（小32开）ISBN：7-80049-428-4
定价：CNY3.20
（中小学音乐知识文库）

J0141043
中国各少数民族民间音乐概述 杜亚雄编著
北京 人民音乐出版社 1993年 753页
20cm（32开）ISBN：7-103-01113-3
定价：CNY20.25
（少数民族音乐丛书）
本书分3部分：阿尔泰语系诸民族民间音乐，印欧、南岛、南亚语系诸民族民间音乐，汉藏语系诸民族民间音乐。

J0141044
中国民间音乐 周青青编著
北京 国际文化出版公司 1993年 2册（252页）
19cm（小32开）ISBN：7-80049-428-4
定价：CNY6.40
（中小学音乐知识文库）

J0141045
中国少数民族音乐趣闻录 何金声编著
北京 人民音乐出版社 1993年 127页
18cm（小32开）ISBN：7-103-01039-0
定价：CNY2.90
（音乐情趣小丛书）

J0141046
当代西藏乐论 边多著
拉萨 西藏人民出版社 1994年 439页 有彩照
20cm（32开）ISBN：7-223-00549-1
定价：CNY10.00
本书收有16篇论文，其中有《初探西藏戏曲剧种音乐》《西藏民间音乐品种简介》《论囊玛音乐的起源及特点》等。版权页题名为《当代圣地乐论》。作者边多（1932— ），西藏日喀则人，西藏艺术研究所任职，中国藏戏学会副会长、中国少数民族音乐家协会理事等。

J0141047
洞箫哪里去了 （民族音乐论文集）程云著
广州 广东高等教育出版社 1994年 251页
有照片 20cm（32开）ISBN：7-5361-1526-1
定价：CNY6.00，CNY9.00（精装）

J0141048
论维吾尔木卡姆 赛福鼎·艾则孜著
北京 外语教学与研究出版社 1994年 108页
有照片 18cm（小32开）精装
ISBN：7-5600-0923-9 定价：CNY6.80

J0141049
民族民间音乐工作指南 薛良编
北京 中国文联出版公司 1994年 428页
19cm（小32开）ISBN：7-5059-1507-X
定价：CNY7.95
本书收录《中国传统音乐的传播演变》《民族音乐学概论》《我国的诗与乐》等20余篇文章。

J0141050
民族音乐概论 中国艺术研究院音乐研究所编著
台北 世界文物出版社 1994年 319页
21cm（32开）ISBN：957-8996-22-5
定价：TWD320.00

J0141051
民族音乐文论选萃 樊祖荫主编
北京 中国文联出版公司 1994年 508页
19cm（小32开）ISBN：7-5059-2092-8
定价：CNY12.50
作者樊祖荫（1940— ），教授。出生于浙江余姚县（今浙江省余姚市），毕业于中国音乐学院。先后任中国音乐学院音乐研究所副所长、教务处处长、副院长、院长等职。出版《儿童歌曲写作概论》《中国多声部民歌概论》《和声写作教程》等。

J0141052
粤东奇葩 （梅州市民族民间音乐研究）温萍编著
广州 广东高等教育出版社 1994年 147页
有照片 20cm（32开）ISBN：7-5361-1511-3
定价：CNY9.80
（岭南音乐研究丛书）

J0141053
中国多声部民歌概论 樊祖荫著
北京 人民音乐出版社 1994年 628页
20cm（32开）ISBN：7-103-01198-2
定价：CNY21.00

本书是研究我国多声部民歌具有开创性的著作。分3部分：上编“绪论”，包括多声部民歌的定义与基本特征、产生与发展、流传与消亡、题材内容与体裁形式、与其他民间音乐的联系等；中编“二十三个民族的多声部民歌”；下编“多声部民歌的音乐形式”，包括多声部民歌音乐形式的诸要素、演唱形式与演唱方法、声部构成、节拍和节奏形式、调式与调性、织体形式、和声特点、曲式结构。

J0141054
唱遍神州大地的凤阳歌 杨春编
北京 中国文联出版公司 1995年 196页
20cm（32开）ISBN：7-5059-0197-4
定价：CNY8.00

J0141055
南方少数民族音乐文化 彭兆荣［等］著
南宁 广西人民出版社 1995年 243页
21cm（32开）ISBN：7-219-02926-8
定价：CNY6.80
（广西各族民间文艺研究丛书）

本书分为中国传统音乐的重构、南方少数民族音乐的结构、特殊的文化符号、变迁着的民族音乐、迁徙之歌、南方少数民族音乐的社会功能、民族音乐的叙事传统等。

J0141056
音乐雅俗谈 冯光钰著
北京 大众文艺出版社 1995年 375页
20cm（32开）ISBN：7-80094-167-1
定价：CNY18.00

外文书名：On Popular Music and Classic Music.

J0141057
中国民间音乐 伍国栋著
杭州 浙江教育出版社 1995年 2版 10+263页
有照片 21cm（32开）ISBN：7-5338-1839-3
定价：CNY10.35
（中国民间文化丛书）

作者伍国栋（1942— ），教师。出生于四川成都，毕业于中国艺术研究院。历任南京艺术学院音乐学院院长，中国艺术研究院研究员、研究生部常务副主任，中国音乐家协会会员。代表作品有《民族音乐学概论》。

J0141058
中国民族基本乐理 杜亚雄编著
北京 中国文联出版公司 1995年 237页
19cm（小32开）ISBN：7-5059-1395-6
定价：CNY8.50
（中国民族音乐文化丛书）

J0141059
中国音乐审美的文化视野 管建华著
北京 中国文联出版公司 1995年 297页
19cm（小32开）ISBN：7-5059-1396-4
定价：CNY10.90

作者管建华（1953—2018），教授。生于四川，籍贯湖北武汉。硕士毕业于中国音乐学院音乐学系民族音乐学专业。曾任中国音乐学院教授，南京艺术学院教授、音乐学研究所所长，中国音乐家协会会员。代表作品有《音乐人类学导引》《世纪之交中国音乐教育与世界音乐教育》。

J0141060
中华音乐风采录 王镇华等主编
北京 中国文联出版公司 1995年 401页
19cm（32开）ISBN：7-5059-1952-0
定价：CNY11.30

本书收有文章40余篇，其中有《民族音乐

工作的经验与看法》《草原音乐文化的哲理启示》《吴越民歌色彩》等。作者王镇华，台湾文化学者，教授。

J0141061
苗岭乐论 李惟白著
贵阳 贵州民族出版社 1996年 165页
20cm(32开) ISBN: 7-5412-0698-9
定价: CNY22.00
外文书名: On Miao Ling Music.

J0141062
民族音乐与舞蹈 方露娜，刘理[编]
北京 中国少年儿童出版社 1996年 116页
19cm(32开) ISBN: 7-5007-2983-9
定价: CNY79.80 (全套), CNY84.00 (全套盒装)
(祖国知识文库丛书)

J0141063
台湾传统音乐 吕锤宽著
台北 东华书局儿童部 1996年 164页
有照片 30cm(10开) ISBN: 957-636-831-6
定价: TWD500.00
(学习乡土艺术百科)

J0141064
外国民歌艺术欣赏 朱振山著
太原 山西教育出版社 1996年 172页
19cm(小32开) ISBN: 7-5440-0889-4
定价: CNY5.80
(美育丛书 音乐舞蹈系列)
作者朱振山(1955—)，首都师范大学音乐系声乐副教授，中国音协声乐教育协会理事，北京市音乐家协会会员。

J0141065
中国民间歌舞音乐 杨民康著
北京 人民音乐出版社 1996年 538页
20cm(32开) ISBN: 7-103-01336-5
定价: CNY23.30
(音乐自学丛书 音乐学卷)

J0141066
中国民族音乐学研究 陈四海著
北京 国际文化出版公司 1996年 276页
有彩照 19cm(小32开) ISBN: 7-80105-159-9
定价: CNY80.00 (全套)
(中国当代音乐家书系)

J0141067
民族民间音乐工作指南 薛良编
北京 中国文联出版公司 1997年 重印本
428页 19cm(32开) ISBN: 7-5059-1507-X
定价: CNY15.50
本书收录《中国传统音乐的传播演变》《民族音乐学概论》《我国的诗与乐》等20余篇文章。

J0141068
民族音乐学概论 伍国栋著
北京 人民音乐出版社 1997年 272页
20cm(32开) ISBN: 7-103-01423-X
定价: CNY14.00
本书内容包括: 第1章"民族音乐学历史发展及其定义"; 第2章"民族音乐学与相关学科"; 第3章"民族音乐学的方法论观念"; 第4章"实地调查的理论及方法"; 第5章"描述与解释"; 第6章"民族音乐学著述类型"; 第7章"民族音乐学的学术论文及其写作"。

J0141069
丝绸之路的音乐文化 杜亚雄，周吉著
北京 民族出版社 1997年 214页 20cm(32开)
ISBN: 7-105-02742-8 定价: CNY9.00

J0141070
维吾尔木卡姆研究 刘魁立，郎樱主编
北京 中央民族大学出版社 1997年 240页
19cm(小32开) ISBN: 7-81001-747-0
定价: CNY14.00
本书收录《论维吾尔木卡姆》《进一步深化对十二木卡姆的研究》《关于维吾尔木卡姆的源和流》《从有关史料看新疆木卡姆》等有关木卡姆的研究文章。

J0141071
乡韵悠悠 (中国优秀民歌赏析) 郭兆胜编著
天津 天津人民出版社 1997年 259页
20cm(32开) ISBN: 7-201-02616-X
定价: CNY10.00
(世界经典音乐宝库)

J0141072
亚洲各国民歌　（日）关鼎著；赵佳梓译
上海 上海音乐出版社 1997年 382页
20cm（32开）ISBN：7-80553-408-X
定价：CNY16.80

J0141073
亚洲音乐：以中国、印度为主题　（第三十四届亚洲及北非研究国际学术会议音乐研讨会论文集）刘靖之主编
香港 香港大学亚洲研究中心 1997年 330页
21cm（32开）ISBN：962-8269-02-X
定价：HKD150.00
（民族音乐研究 6）

J0141074
异国情调　（外国优秀民歌赏析）高光地编著
天津 天津人民出版社 1997年 225页
20cm（32开）ISBN：7-201-02669-0
定价：CNY14.00
（世界经典音乐宝库）

J0141075
彰化妈祖信仰圈内的曲馆　林美容著
南投县 台湾文献委员会 1997年 14+364页
有图有照片 21cm（32开）ISBN：957-00-9012-X
定价：TWD260.00

J0141076
中国民歌艺术欣赏　周青青著
太原 山西教育出版社 1997年 重印本 167页
有彩照 19cm（32开）ISBN：7-5440-0794-4
定价：CNY5.50
（美育丛书 音乐舞蹈系列 1）

J0141077
传统音乐概论　林谷芳著
台北 汉光文化事业公司 1998年 128页
有照片 21cm（32开）ISBN：957-629-305-7
定价：TWD220.00
（传统艺术概说 3）

J0141078
谛观有情　（中国音乐传世经典）林谷芳编著
北京 昆仑出版社 1998年 287页 有照片
附光盘10张 26cm（16开）精装
ISBN：7-80040-311-4 定价：CNY890.00（全2册）

J0141079
典型在夙昔　林谷芳编著
北京 昆仑出版社 1998年 175页 有照片
26cm（16开）精装 ISBN：7-80040-311-4
定价：CNY890.00（全2册）

J0141080
民乐漫话——龙乡龙乐未了情　朴东生著
北京 中国文联出版公司 1998年 159页
20cm（32开）ISBN：7-5059-2980-1
定价：CNY12.80

J0141081
世界民族音乐概论　王耀华编著
上海 上海音乐出版社 1998年 16+300页 有图
20cm（32开）ISBN：7-80553-670-8
定价：CNY14.00

J0141082
土地与歌　（传统音乐文化及其地理历史背景研究）乔建中著
济南 山东文艺出版社 1998年 467页
20cm（32开）ISBN：7-5329-1538-7
定价：CNY19.80
（中国音乐学研究文库）

J0141083
雪域热巴　（汉藏对照）欧米加参著
北京 民族出版社 1998年 364页 20cm（32开）
ISBN：7-105-03107-8 定价：CNY17.00

本书是作者对自己早年作为热巴流浪艺人生活的回忆和总结，其中记述了许多民间传说和音乐曲谱。

J0141084
语言音乐学纲要　章鸣编著
北京 文化艺术出版社 1998年 112页
26cm（16开）ISBN：7-5039-1746-6
定价：CNY16.80

J0141085
中国民歌概述　刘金荣编著

昆明 云南民族出版社 1998年 153页
26cm(16开) ISBN: 7-5367-1590-0
定价: CNY24.00

J0141086
中国同宗民歌 冯光钰著
北京 中国文联出版公司 1998年 278页
20cm(32开) ISBN: 7-5059-2927-5
定价: CNY18.80
(民族音乐传播研究)

作者冯光钰(1935—2011),教授。重庆市人。毕业于四川音乐学院,留校任教。历任中国音协书记处书记,中国民族器乐学会会长。代表作品有《中国曲牌考》《中国同宗民歌》。

J0141087
中国音乐的神韵 刘承华著
福州 福建人民出版社 1998年 358页
20cm(32开) ISBN: 7-211-03084-4
定价: CNY36.50

J0141088
黄河音乐万里寻根 苗晶著
北京 中国文联出版社 1999年 344页 有照片
20cm(32开) ISBN: 7-5059-3392-2
定价: CNY148.00(全套)
(中国当代音乐家丛书)

本书分三部分。第一部分为黄河万里采风录;第二部分为黄河流域民间音乐研究;第三部分为民族音乐学方法论。作者苗晶(1925—),音乐研究所研究员。原名宋学謇,生于江苏盐城,祖籍天津。毕业于天津南开大学外国语言学系。曾任中国传统音乐学会常务理事,国际音乐学会会员等。著有《论汉族民歌近似色彩区的划分》《山东民间歌曲论述》《黄河音乐万里寻根》等。

J0141089
乐海涛声 杨春著
北京 中国文联出版社 1999年 243页 有照片
20cm(32开) ISBN: 7-5059-3392-2
定价: CNY148.00(全套)
(中国当代音乐家丛书)

作者杨春(1936—),生于安徽宿州,现任安徽省音乐家协会理事、作曲家协会常务理事等。著有《乐海涛声》等。

J0141090
乐种学 袁静芳著
北京 华乐出版社 1999年 310页 26cm(16开)
ISBN: 7-80129-028-3 定价: CNY41.30

J0141091
蒙古族民歌与交响乐研究 永儒布著
沈阳 辽宁民族出版社 1999年 353页
26cm(16开) ISBN: 7-80644-303-7
定价: CNY48.00
(蒙古学文库)

J0141092
民族音乐新论 刘正维著
北京 中国文联出版社 1999年 240页 有肖像
20cm(32开) ISBN: 7-5059-3392-2
定价: CNY148.00 [全套]
(中国当代音乐家丛书)

本书主要包括:音乐理论的困惑;民族音乐特征的南北两大属区记;高腔与道教音乐的渊源辨析;现代京剧作曲技法鸟瞰等。作者刘正维(1931—),湖南湘阴人。时任中国戏曲音乐学会常务理事,中国戏曲音乐理论研究会副会长,中国传统音乐学会常务理事等。著有《戏曲新题》等。

J0141093
宣科与纳西古乐 周文林主编
昆明 云南美术出版社 1999年 32+314页
有照片 20cm(32开) 精装
ISBN: 7-80586-648-1 定价: CNY29.80

本书收录《音乐鬼才宣科》《丽江之旅与鬼才宣科》《听纳西古乐》《古韵犹存的纳西音乐》《历史的回音》等研究宣科及纳西古乐的文章39篇。

J0141094
中国传统音乐概论 王耀华,杜亚雄编著
福州 福建教育出版社 1999年 376页
20cm(32开) ISBN: 7-5334-2807-2
定价: CNY25.00
(中国传统音乐学丛书)

J0141095
中国民族音乐概述 肖常纬编著

重庆 西南师范大学出版社 1999 年 343 页
26cm（16 开）ISBN：7-5621-2161-3
定价：CNY28.00
（21 世纪音乐系列丛书 高师音乐教材）

宗教音乐研究

J0141096
宗教音乐　民族音乐研究所编
北京 民族音乐研究所 1958 年 油印本 168 页
26cm（16 开）定价：CNY0.90

J0141097
伊斯兰音乐　（日）岸边成雄著；郎樱译
上海 上海文艺出版社 1983 年 106 页
21cm（32 开）统一书号：8078.3433
定价：CNY0.47

本书论述了伊斯兰音乐的形成、发展过程，介绍了伊斯兰音乐理论以及流行于伊斯兰地域的几种主要乐器，探索了阿拉伯音乐与希腊音乐、波斯音乐及印度音乐的渊源关系及伊斯兰音乐对欧洲及东方各国音乐的影响。

J0141098
教会音乐事工　易启年著
香港 福音证主协会 1985年 249页 21cm（32开）

J0141099
一九九一年香港第二届道教科仪音乐研讨会论文集　香港圆玄学院等编
北京 人民音乐出版社 1991 年 212 页
20cm（32 开）精装 ISBN：7-103-00870-1
定价：CNY10.50

本书所收论文包括：道教科仪音乐的历史及演变，道教科仪研究方法探讨，道教仪式音乐和其他宗教仪式音乐的联系及地方道教科仪音乐的风格、曲目及结构特点和功能。

J0141100
佛教音乐漫谈　闻妙编写
合肥 黄山书社 1993 年 95 页 有照片
19cm（小 32 开）ISBN：7-80535-718-8
定价：CNY2.70
（佛教文化小丛书）

本书以漫谈方式，介绍了佛教音乐的简史及其有关常识，如佛教的说唱—俗讲、宣卷；拜愿—传统梵呗的创新；佛教戒律与音乐等。

J0141101
武当山道教音乐研究　曹本冶，蒲亨强著
台北 商务印书馆 1993 年 422 页 有照片
21cm（32 开）ISBN：957-05-0821-3
定价：TWD360.00

J0141102
道教音乐　周振锡等著
北京 北京燕山出版社 1994 年 224 页
20cm（32 开）ISBN：7-5402-0483-4
定价：CNY6.20
（道教文化丛书）

本书共分 10 章。第 1 章“道教音乐的历史梗概”；第 2 章“道教经典、道家著作中的音乐理论”；第 3 章“道教宗派与道教音乐流派”；第 4 章“道教音乐形态概述”；第 5 章“道教音乐中的法器与曲牌”；第 6 章“道教科仪与科仪音乐”；第 7 章“道教音乐与我国古代宫廷音乐”；第 8 章“道教音乐与我国近现代民间音乐”；第 9 章“我国近现代主要宫观的道教音乐”；第 10 章“我国近现代对道教音乐的整理研究”。书后附录“道教音乐韵腔、曲牌选曲”“本书主要征引、参考书目及文论举要”。

J0141103
中州佛教音乐研究　（论文选集）尼树仁著
广州 广东高等教育 1994年 177页 20cm（32开）
ISBN：7-5361-1454-0 定价：CNY12.80

作者尼树仁（1934—　），音乐学家。河南上蔡人，毕业于开封艺术学校，后在中央音乐学院作曲系及中国音乐学院音乐学系深造。曾任开封群众艺术馆副研究馆员，河南大学兼职教授及硕士研究生导师。出版学术专著《二夹弦唱腔音乐初探》《中州佛教音乐研究》等。

J0141104
安魂曲综论　（从葛理格圣歌到布列顿）张己任著
台北 大吕出版社 1995 年 246 页 21cm（32 开）
ISBN：957-9358-38-9 定价：TWD300.00

（大吕音乐丛刊 41）

J0141105
龙虎山天师道音乐研究 曹本冶，刘红编著
台北 新文丰出版公司 1996年 444页 有照片
22cm（30开）ISBN：957-17-1648-0
定价：TWD700.00
（中国传统仪式音乐研究计划系列丛书 2）

20世纪70年代末，国内落实了宗教信仰自由的政策，龙虎山天师道逐步恢复宗教活动，学术界也因此得以展开对天师道科仪音乐的研究。武汉音乐学院在1993年出版了龙虎山道教音乐的乐谱。本书继此基础进一步对龙虎山天师道科仪音乐作了补充性的实地调查及记谱，并系统地分析研究了所收集的现存龙虎山天师道科仪音乐。本书的分析研究采用多层次多角度的方法，全面探讨龙虎山天师道科仪音乐的源流，本体风格形态的结构，在仪式中的运用和功能，及其有关的各种社会文化因素。

J0141106
龙虎山天师道音乐研究 曹本冶，刘红编著
台北 新文丰出版公司 1996年 444页 有照片
22cm（30开）精装 ISBN：957-17-1647-2
定价：TWD750.00
（中国传统仪式音乐研究计划系列丛书 2）

J0141107
中国道教音乐史略 曹本冶主编
台北 新文丰出版公司 1996年 274页
21cm（32开）精装 ISBN：957-17-1578-6
定价：旧台币 9.00
（中国传统仪式音乐研究计划系列丛书 3）

J0141108
安魂曲研究 （纵观一个西方乐种的面貌与发展）曾瀚霈著
台北 文史哲出版社 1997年 14+458页 有图
21cm（32开）ISBN：957-549-115-7
定价：TWD450.00

J0141109
禅林赞集 蔡俊抄编著
台北 新文丰出版公司 1997年 台1版 332页
有照片 21cm（32开）精装
ISBN：957-17-1755-X 定价：旧台币 11.00
（中国传统仪式音乐研究计划系列丛书 4）

J0141110
贵州土家族宗教文化 （傩坛仪式音乐研究）
邓光华著
台北 新文丰出版公司 1997年 台1版 429页
有照片 21cm（32开）精装
ISBN：957-17-1734-7 定价：旧台币 14.00
（中国传统仪式音乐研究计划系列丛书 6）

作者邓光华（1939— ），贵州思南人，贵州师范大学学术委员会委员、艺术系副主任，中国音乐家协会会员，中国傩戏学研究会理事等。

J0141111
海上白云观施食科仪音乐研究 曹本冶，朱建明著
台北 新文丰出版公司 1997年 台1版 578页
21cm（32开）精装 ISBN：957-17-1736-3
定价：旧台币 16.00
（中国传统仪式音乐研究计划系列丛书 5）

J0141112
湖南全真正韵谱 黄志安主编；南岳道教协会编
1997年 178页 19cm（小32开）

本书概述道教音乐中乐谱的内容和艺术特点。

J0141113
中国宗教音乐 田青主编
北京 宗教文化出版社 1997年 32+322页
有彩照 20cm（32开）ISBN：7-80123-082-5
定价：CNY24.80

J0141114
当代圣乐与崇拜 （美）赫士德（Donald P.Hustad）著；谢林芳兰译
台北 校园书房出版社 1998年 576页
21cm（32开）精装 ISBN：957-587-572-9
（当代丛书）

本书根据圣经原则、教会历史源流、音乐发展史等不同的角度，讨论圣乐事工与教会崇拜和复兴之关系。作者以多年教会圣乐事奉的经历，提供个人宝贵的服事经验。

J0141115
河北钜鹿道教法事音乐 袁静芳著
台北 新文丰出版公司 1998年 台1版 460页
21cm(32开) ISBN: 957-17-1762-2
定价: 旧台币 14.00
(中国传统仪式音乐研究计划系列丛书 7)

J0141116
崂山韵及胶东全真道器乐曲研究 詹仁中著
台北 新文丰出版公司 1998年 台1版 215页
有图 21cm(32开) 精装 ISBN: 957-17-1782-7
定价: 旧台币 7.00
(中国传统仪式音乐研究计划系列丛书 8)

J0141117
蒙特威尔第宗教音乐 (英)[D. 阿诺德]Denis Arnold 著; 杨韫译
石家庄 花山文艺出版社 1999年 123页
19cm(32开) ISBN: 7-80611-658-3
定价: CNY8.00
(BBC 音乐导读 20)

外文书名: Monteverdi Church Music.

J0141118
陕西省佳县白云观道教音乐 袁静芳等著
台北 新文丰出版公司 1999年 393页
22cm(30开) 精装 ISBN: 957-17-1847-5
定价: TWD600.00
(中国传统仪式音乐研究计划系列丛书 13)

J0141119
无锡道教科仪音乐研究 钱铁民, 马珍媛编著
台北 新文丰出版公司 1999年 2册(1216页)
有照片 22cm(30开) 精装
ISBN: 957-17-1829-7 定价: TWD1800.00
(中国传统仪式音乐研究计划系列丛书 12)

J0141120
中国新疆维吾尔族伊斯兰教礼仪音乐 周吉著
台北 新文丰出版公司 1999年 648页 有照片
22cm(30开) 精装 ISBN: 957-17-1827-0
定价: TWD300.00
(中国传统仪式音乐研究计划系列丛书 10)

音乐史

世界音乐史

J0141121
中西音乐源流　谈古琴　古琴指法 (三篇)
霍宗孔编
元音琴斋 1937年 有图 线装

J0141122
东西乐制之研究 王光祈著
上海 中华书局 1926年 232页 有图
20cm(32开) 定价: 银八角
(音乐丛刊)

本书分: 乐制概论、中国、欧亚非三洲接壤诸国、希腊、欧洲中古时代、欧洲近代6编。东方以中国为主, 旁及印度、阿拉伯、波斯; 西方以欧洲近代为主, 远溯希腊及中古的教堂乐制。

J0141123
东西乐制之研究 王光祈著
上海 中华书局 1928年 3版 232页 有图
20cm(32开) 定价: 银八角
(音乐丛书)

J0141124
东西乐制之研究 王光祈著
北京 音乐出版社 1958年 232页 19cm(32开)
统一书号: 8026.479 定价: CNY1.20

本书采用比较的方法, 研究东西方乐制(Tonsys-tem)的异同, 并从史学的角度观察东西乐制的进化, 以期利用西洋科学的方法, 整理与弘扬中国传统乐律学, 发展中国民族音乐文化。全书以一半篇幅阐述中国乐律学史和相关的历史成果, 另一半分述近东、中东、南亚诸国及地区(如埃及、巴比伦、希伯来、波斯、阿拉伯与印度)的乐制与乐谱, 以及希腊与欧洲中古至近代乐制与乐谱的演进。这是中国现代整理传统乐律学史、对比介绍世界几个主要乐系的乐制及记谱法演进历史的一部重要专著。书前有著者1924年自序, 1925年补记。

J0141125
东西乐制之研究　王光祈著
香港 中华书局香港分局 1989年 影印本 232页
19cm(32开) 精装 ISBN:962-231-632-8
定价:HKD32.00
(中华文史精刊)
本书根据中华书局1936年版影印。由中华书局香港分局和上海书店联合出版。

J0141126
西洋音乐史纲　俞寄凡著
上海 商务印书馆 1927年 114页 18cm(32开)
定价:大洋二角
(百科小丛书 138)
本书共14章,简述古代的音乐,中世之宗教音乐,排哈与亨台尔、中世之俗乐、近世式单音乐,德、法式的浪漫乐派,德、法、意、俄的现代乐派,波希米亚乐派,斯干的那维亚乐派,英国及美国的乐派等。

J0141127
西洋音乐小史　俞寄凡著
上海 商务印书馆 1927年 100页 有图
19cm(32开)
(百科小丛书)
作者俞寄凡(1891—1968),现代画家、美术教育家。江苏吴县(今江苏省苏州市吴中区)人。别名俞义范。南京两江优级师范学堂毕业,后赴日本东京高等师范学校图画手工部学习。任上海美术专科学术教授兼师范部主任、高等师范科西洋画主任,上海艺术学会会长,新华艺术专科学校教授、校长,南京中央大学教授等职。著作有《艺术概论》《近代西洋绘画》《人体美之研究》等,译作《美学纲要》。

J0141128
西洋音乐小史　俞寄凡著
上海 商务印书馆 1930年 100页 有图
18cm(32开)
(万有文库 第一集 0736)

J0141129
西洋音乐小史　俞寄凡著
上海 商务印书馆 民国十九年[1930] 100页
有图 18cm(32开)
(万有文库 第一集 0736)

J0141130
西洋音乐小史　俞寄凡著
上海 商务印书馆 1934年 国难后1版 100页
有图 19cm(32开) 定价:大洋二角
(百科小丛书)

J0141131
音乐史　(法)迦波特(A.Gabeaud)著;成绍宗译
上海 开明书店 1935年 186页 有图像
19cm(32开) 定价:大洋六角
本书内容为自原始时代至20世纪初的西方音乐史,论述音乐的起源、歌剧的诞生、器乐的创造、各时代的名音乐家等。书末附乐器史,介绍丝弦、吹奏、敲击、键盘等乐器。

J0141132
中西音乐发达概况　宋寿昌编著
南京 正中书局 1936年 100页 有图
18cm(小32开) 定价:国币三角五分
(文艺丛书)
本书分3部分,讲述中、西音乐发展及乐谱记载法的变迁。

J0141133
中西音乐发达概况　宋寿昌编著
上海 正中书局 1947年 沪1版 100页 有图
18cm(32开) 定价:国币二元二角
(文艺丛书)

J0141134
西洋音乐史纲要　(上卷)王光祈编
上海 中华书局 1937年 150页 有图
19cm(32开) 定价:国币四角五分
(中华百科丛书)
本书以西洋音乐"作品结构"进化为主,旁及乐器、乐制、字谱、线谱各种沿革,包括单音音乐流行时代、复音音乐流行时代、主音伴音分立时代、主音伴音混合时代四个时代,分6章论述。附:中、西名词索引。

J0141135
西洋音乐史纲要　(下卷)王光祈编
上海 中华书局 1937年 146页 有图

19cm(32开)定价:国币四角五分
(中华百科丛书)

J0141136
西洋音乐史纲要 (上卷)王光祈编
上海 中华书局 民国三十年[1941]3版 150页 有图 19cm(32开)定价:国币九角
(中华百科丛书)

J0141137
西洋音乐史纲要 (下卷)王光祈编
上海 中华书局 民国三十年[1941]3版 146页 有图 20cm(32开)定价:国币八角
(中华百科丛书)

J0141138
音乐小史 P.A.Scholes著;陈洪译
上海 国立音乐专科学校 1941年 45页 24cm(24开)
(国立音乐专科学校丛书 30)

本书为外国音乐史教材,著者通译:斯科尔斯。外文书名:A Miniature History of Music.

J0141139
音乐小史 舒莱(Percy A.Scholes)著;陈洪译
上海 上海音乐出版社 1951年 再版 45页 19cm(32开)定价:旧币5,000元

J0141140
音乐小史 舒莱(Percy A.Scholes)著;陈洪译
上海 上海音乐出版社 1952年 3版 45页 19cm(32开)定价:旧币4,000元

J0141141
西洋音乐史教程 J.C.Fillmore著;韦璧译
桂林 立体出版社 1942年 160页 18cm(32开)定价:国币十一元
(新音乐丛书)

本书包括:东方和古代音乐、最初十个世纪的基督教音乐、11世纪到15世纪、音乐史上的荷兰时期等18章,每章均附有问题若干条。书末附《世界通史和音乐史上重要事体的比较编年表》《重要音乐家及音乐事件年代表》。

J0141142
音乐的故事 (德)保罗·倍凯尔(P.Bekker)著;张洪岛译
重庆 独立出版社 1944年 196页 18cm(32开)定价:四十五元

本书为音乐史话,包括古代音乐、复音音乐与和声音乐、后期浪漫主义、近代乐潮等20章。

J0141143
西洋音乐史 (瑞士)聂夫(Karl Nef)撰;张洪岛译
上海 万叶书店 1952年 288页 21cm(32开)定价:旧币12,000元
(中央音乐学院研究部资料丛刊)

本书分"单音音乐"和"复音音乐"两卷,共8章(古代至中古,16、17、18、19世纪及现代音乐)。史实的叙述尽量与时代背景相联系,并顾及音乐及一般文化的渊源关系。作者设法引导读者直接与音乐本身接触,启发读者去接触那些常常被人忽视的、发射着永恒之美的光彩的音乐瑰宝。书中谱例丰富,可供音乐院校学生作为入门教材,也适宜广大文艺工作者阅读。

J0141144
西洋音乐史 (瑞士)聂夫(Karl Nef)著;张洪岛译
北京 音乐出版社 1958年 288页 19cm(32开)统一书号:8026.21 定价:CNY1.70

J0141145
西洋音乐史 (瑞士)聂夫(Nef, K.)著;张洪岛译
香港 香港文通书店 1961年 288页 21cm(32开)定价:HKD3.50

作者张洪岛(1931—),教授,沙河人,毕业于朝阳大学法律系。历任河北女子师范学院副教授,重庆音乐院,北平师范大学教授,中央音乐学院音乐学系主任、教授。译有《小提琴演奏法》《实用和声学》《西洋音乐史》《欧洲音乐史》等。

J0141146
西洋音乐史 (瑞士)聂夫(Karl Nef)著;张洪岛译
北京 人民音乐出版社 1980年 重印本 288页 20cm(32开)统一书号:8026.21 定价:CNY1.70

J0141147
音乐发展史论纲 （德）梅雅尔（Ernst H.Meyer）著；廖辅叔译
上海 新音乐出版社 1953年 41页 21cm（32开）
定价：旧币3,000元

J0141148
音乐发展史论纲 （德）梅雅尔（Ernst H.Meyer）著；廖辅叔译
北京 音乐出版社 1956年 41页 21cm（32开）
统一书号：8026.30 定价：CNY0.32

J0141149
西洋音乐通史 （第一册）（苏）康津斯基（А.И.Кондинский）著；中央音乐学院编译室译
北京 音乐出版社 1958年 211页 20cm（32开）
统一书号：8026.1036 定价：CNY1.20
（中央音乐学院专家讲稿译丛）

本书共4章，第一章论述古代从地中海区域、古印度到希腊、罗马的音乐文化，兼及音乐风格、古代音乐调式与音乐戏剧的萌芽；第二章介绍中古时期罗马乐派、格里哥利圣咏及民间、世俗、宗教音乐；第三章论述文艺复兴时期法、意、尼德兰音乐文化及当时的器乐与音乐理论；第四章介绍17世纪至18世纪上半叶意、英、法、德等国音乐文化发展情况。

J0141150
西洋音乐通史 （第二册）（苏）康津斯基；中央音乐学院编译室译
北京 音乐出版社 1959年 239页 21cm（32开）
统一书号：8026.1112 定价：CNY1.35
（中央音乐学院专家讲稿译丛）

本书共3章：第一章论述西欧古典音乐形成时期意、法的喜歌剧及其作家，格鲁克的歌剧改革以及交响乐与奏鸣曲的形成；后2章论述维也纳古典乐派和浪漫主义音乐的形成与发展。本书曾作为中国许多音乐院校西方音乐史论课的主要教材之一。

J0141151
各国音乐文化 中央音乐学院编译室，上海音乐学院编译室译
北京 音乐出版社 1959年 262页 有图 21cm（32开）统一书号：8026.1248
定价：CNY1.55

J0141152
关于现代西方资产阶级音乐的参考资料
中国音乐家协会对外联络部编著
北京 中国音乐家协会对外联络部 1960年 93页 20cm（32开）

J0141153
音乐文化交流资料 （13 日本对我国音乐的反映 1962.2-1964.6）[中国音乐家协会对外联络委员会编辑]
[北京]中国音乐家协会对外联络委员会 1964年 55页 19cm（32开）

J0141154
图片音乐史 （日）属启成著；简明仁译
台北 全音乐谱出版社 1976年 606页 21cm（32开）

作者属启成（1902—1994），日本音乐理论家。毕业于东京高等音乐学院。曾任东京高等音乐学院教授。著作有《作曲技法》《贝多芬的作品》《名曲事典》等。

J0141155
图片音乐史 （日）属启成著；简明仁译
台北 全音乐谱出版社 1984年 606页 21cm（32开）精装 定价：TWD250.00

J0141156
西洋音乐简史 李阳编著
香港 益群出版社 1980年 111页 19cm（小32开）
（青年自学丛书）

J0141157
西洋音乐史 （日）堀内敬三著；邵义强译
台北 全音乐谱出版社 1981年 206页 19cm（小32开）

J0141158
西洋音乐史与风格 刘志明著
台北 大陆书店 1981年 2版 影印本 402页 有图 21cm（32开）

J0141159
十九世纪西方音乐文化史　(美)保罗·亨利·朗格(P.H.Lang)著;张洪岛译
北京 人民音乐出版社 1982年 397页
21cm(32开)统一书号:8026.3998
定价:CNY2.10
本书作者从音乐发展史的角度,对19世纪西方音乐的发展以及在各个阶段有重要影响的作曲家音乐艺术风格的演变,作了较为详尽的论述和分析。外文书名:Music in Western Civilization.

J0141160
历代名作曲家介绍　陈石嗣芬著
台北 文化大学出版部 1983年 222页
21cm(32开)定价:TWD400.00

J0141161
音乐史话　(日)属启成著;陈文甲译
北京 人民音乐出版社 1983年 192页 有图及照片 19cm(32开)统一书号:8026.4049
定价:CNY1.15
本书对于音乐的起源和发展,各个流派的形成以及各个历史时期有代表性的音乐家及其名作和创作倾向都做了简要的介绍。

J0141162
外国名曲逸话　钱仁康编著
上海 上海文艺出版社 1984年 297页
18cm(32开)统一书号:8078.3478
定价:CNY1.10
(音乐爱好者丛书)
本书共收100篇短文,都是有关外国名曲在创作、演出、出版和流传过程中的传说、轶事、掌故和趣闻。作者钱仁康(1914—2013),音乐学家,音乐理论家。生于江苏无锡,毕业于国立音乐专科学校理论作曲组。历任北平师范学院、苏州国立社教学院、江苏师范学院(苏州大学前身)、苏南文教学院、华东师范大学音乐系教授,上海音乐学院音乐学系系主任、博导。著有《外国音乐欣赏》等,并译有《莫扎特书信选》等。

J0141163
西洋音乐故事　(西洋音乐史)(联邦德国)赫菲尔著;李哲洋译
台北 志文出版社 1984年 4版 426页 有肖像
19cm(32开)定价:TWD150.00
(新潮文库 140)

J0141164
西洋音乐史　(瑞士)聂夫著;陈钟吾译
台北 五洲出版社 1986年 287页 22cm(16开)
精装 定价:TWD240.00

J0141165
西洋音乐史问答　(日)礒山雅著;唐大堤译
上海 上海文艺出版社 1986年 87页 19cm(32开)
统一书号:8078.3577 定价:CNY0.46

J0141166
作曲家论音乐　(美)摩根斯坦(Morgenstern, S.)著;茅于润译
北京 人民音乐出版社 1986年 297页
20cm(32开)统一书号:8026.4476
定价:CNY2.75
本书选编17世纪至20世纪30余位西方各流派代表作曲家(从巴赫、莫扎特、贝多芬到兴德米特、格什文、科普兰)论音乐与音乐家的论文、讲话、回忆录、日记、书信等。对研究众多作曲家的思想和创作,了解其时代的艺术思潮和各方面的音乐活动有重要参考价值。外文书名:Composers on Music.

J0141167
乐海沧桑　(外国乐苑漫步)钱黛编著
上海 上海教育出版社 1987年 242页
19cm(32开)统一书号:7150.3993
ISBN:7-5320-0003-6 定价:CNY1.75
(中学生文库)

J0141168
西方名音乐家传奇　(美)巴伯尔,(美)弗里曼著;孟宪鹏译
长沙 湖南文艺出版社 1987年 355页
19cm(32开)统一书号:8456.32 定价:CNY1.95
ISBN:7-5404-0107-9

J0141169
西方音乐史略　李应华著
北京 人民音乐出版社 1988年 121页

19cm(32开) ISBN: 7-103-00135-9
定价: CNY1.50

J0141170
音乐的故事 黄牧著
香港 明窗出版社 1988年 241页 有照片
16cm(40开) ISBN: 962-357-041-4
定价: HKD22.00

J0141171
上古时代的音乐 (古埃及、美索不达米亚和古印度的音乐文化)(联邦德国)希克曼等著; 王昭仁, 金经言译
北京 文化艺术出版社 1989年 191页
19cm(32开) ISBN: 7-5039-0311-2
定价: CNY2.45
(音乐学术名著译丛)

J0141172
外国国歌史话 钱仁康编著
北京 商务印书馆 1989年 99页 19cm(32开)
定价: CNY0.84
(外国历史小说丛书)

J0141173
外国音乐简史 (上)万木编著
长春 时代文艺出版社 1989年 214页
20cm(32开) ISBN: 7-5387-0106-0
定价: CNY2.70
本书共10讲: 一、古代音乐; 二、中世纪的音乐; 三、文艺复兴时期的音乐; 四、巴洛克时期——17世纪的音乐; 五、巴洛克时期——18世纪上叶的音乐; 六、古典时期——18世纪下叶的音乐; 七、贝多芬; 八、浪漫时期——初期浪漫乐派的音乐; 九、德国浪漫派的音乐; 十、巴黎乐坛之浪漫乐派的音乐。

J0141174
外国音乐简史 (下)万木编著
长春 时代文艺出版社 1989年 215-446页
20cm(32开) ISBN: 7-5387-0238-5
定价: CNY4.25

J0141175
西方音乐史教程 陈东编著
北京 中国国际广播出版社 1989年 484页
20cm(32开) ISBN: 7-80035-200-5
定价: CNY6.80

J0141176
西方音乐史略 叶松荣著
北京 文化艺术出版社 1990年 274页
20cm(32开) ISBN: 7-5039-0588-3
定价: CNY3.80
本书是一部比较通俗的西方音乐史专著。介绍了古希腊、古罗马一直到20世纪上半叶西方音乐的发展, 并对其间几乎所有重要音乐家的生平、作品以及他们在西方音乐史上的地位作了分析和介绍。

J0141177
流行音乐启示录 文瀚著
香港 中华书局(香港)公司 1991年 226页
有照片 17cm(40开) ISBN: 962-231-767-7
定价: HKD38.00
(城市文库)

J0141178
流行音乐启示录 文瀚著
台北 万象图书公司 1994年 200页 21cm(32开)
ISBN: 957-669-602-X 定价: TWD200.00
(音乐疯系列 11)
外文书名: The Apocalypse of Pop Music.

J0141179
西方现代音乐概述 钟子林编著
北京 人民音乐出版社 1991年 208页
20cm(32开) ISBN: 7-103-00702-0
定价: CNY4.00
本书系统地介绍了西方现代专业音乐发展的各个时期、各个流派、主要作曲家及重要的作品。书中所收集的资料, 多是国外最新的资料。

J0141180
音乐宇宙 ——一部历史(中国附卷之一 中国乐器)赵沨主编
北京 现代出版社 1991年 169页 26cm(32开)
精装 ISBN: 7-80028-118-3 定价: CNY70.00
本书内容包括: 古遗存中所见乐器、现存乐器等。

J0141181
世界歌坛"巨星" （"外国音乐一小时"歌坛撷英）许晓峰主编；张有待执笔；《音像世界》杂志社，《社会心理研究》编辑部编辑
北京 北京广播学院出版社 1992年 32+61页
有照片 19cm（小32开）ISBN：7-81004-408-7
定价：CNY4.80
本书收集了从猫王、披头士乐队等欧美流行音乐先驱到乐坛新秀"枪与玫瑰"乐队共60余个著名歌星和乐队的生平、艺术历程、上榜曲目等。

J0141182
音乐之最 陈建华编著
上海 上海音乐出版社 1992年 360页
19cm（小32开）ISBN：7-80553-345-8
定价：CNY5.50
（音乐爱好者丛书）
本书包括200多条世界音乐艺术最早和最高成就。作者陈建华，南京艺术学院任教。

J0141183
永恒的旋律 （音乐与社会）（奥）布劳考普夫著；孟祥林，刘丽华译
上海 上海音乐出版社 1992年 353页
20cm（32开）ISBN：7-80553-342-3
定价：CNY7.10
本书结合观众学、建筑声学、心理心学和声音生态学的成果研究从石器时代的音乐起源开始至18世纪音乐理论家至卡尔·马克思、马克斯·韦伯和台奥多尔·维·阿多诺。作者库尔特·布劳考普夫（Kurt Blaukopf，1914—1999），维也纳音乐及表现艺术学院音乐社会学教授和维也纳大学名誉教授。

J0141184
西方音乐家的故事 张友珊著
台北 林郁文化事业公司 1993年 318页
21cm（32开）ISBN：957-9093-38-5
定价：TWD170.00
（21世纪图书馆 10）

J0141185
西方音乐简史 周耀群著
北京 国际文化出版公司 1993年 107页
19cm（小32开）ISBN：7-80049-428-4
定价：CNY3.20
（中小学音乐知识文库）

J0141186
情感圣殿 （音乐）荫文著
北京 中国美术学院出版社 1994年 260页
有附图 19cm（小32开）ISBN：7-81019-353-8
定价：CNY13.00
（艺术迷宫指南丛书）
本书收有《中国古代乐器》《友谊》《爱之死》等80余篇文章。本书由中国美术学院出版社和蓝鲸艺术图书发展公司联合出版。

J0141187
中西音乐交流史稿 陶亚兵著
北京 中国大百科全书出版社 1994年 334页
有图 20cm（32开）ISBN：7-5000-5374-6
定价：CNY12.00
外文书名：The History of Musical Exchange Between China and Western World.

J0141188
外国音乐史 朱敬修，唐瑰卿编著
开封 河南大学出版社 1995年 327页
20cm（32开）ISBN：7-81041-132-2
定价：CNY11.00
作者朱敬修（1942— ），教授。河南南阳人。河南大学音乐系教授，理论作曲教研室主任。著有《歌曲写作基础》《音乐作品分析》《南阳大调曲子研究》《西方音乐史》《基本乐理》等。作者唐瑰卿（1941— ），女，教授。河南漯河人。历任河南大学音乐系副教授、声乐教研室主任，中国音乐家协会会员。著作有《外国艺术歌曲选》《外国音乐史》。

J0141189
邮票上的世界音乐名曲 李近朱编著
上海 上海音乐出版社 1995年 10+286页 有图
19cm（小32开）ISBN：7-80553-501-9
定价：CNY12.40

J0141190
古典音乐意外史 （日）石井宏著；竹口唯译
台北 世界文物出版社 1996年 249页

21cm(32开) ISBN: 957-9551-34-0
定价: TWD250.00

J0141191
净化灵魂的旋律　郭平著
南京 江苏教育出版社 1996年 147页 有照片
20cm(32开) ISBN: 7-5343-2779-2
定价: CNY6.50
(小蜻蜓美育丛书 音乐卷)
作者郭平(1962—　), 中国古典文学专业硕士, 南京师范大学中文系任教。

J0141192
缪斯的琴弦　(世界音乐史话) 曹利群著
北京 时事出版社 1996年 257页 19cm(小32开)
ISBN: 7-80009-324-7 定价: CNY12.00
(金钥匙丛书)

J0141193
外国名曲轶事　岳凤翔编著
北京 世界知识出版社 1996年 116页
20cm(32开) ISBN: 7-5012-0812-3
定价: CNY6.20
(外国风物丛书 6)

J0141194
西方音乐史略　方智诺主编
北京 现代出版社 1996年 303页 20cm(32开)
ISBN: 7-80028-315-1 定价: CNY15.00
作者方智诺, 教师。哈尔滨师范大学艺术学院任教。

J0141195
贝多芬　张方编著
北京 东方出版社 1997年 300页 有肖像
20cm(32开) ISBN: 7-5060-0711-8
定价: CNY16.50
(古典之门音乐丛书 第一批)
路德维·凡·贝多芬(Ludwig van Beethoven, 1770—1827), 德国音乐家、作曲家、钢琴家、指挥家。出生于德国波恩, 祖籍荷兰, 8岁开始登台演出。维也纳古典乐派代表人物之一, 被尊称为"乐圣"。主要代表作品有:《英雄交响曲》《命运交响曲》《第九交响曲》等。

J0141196
圣殿的巡礼　(中外音乐博览) 方立平著
上海 百家出版社 1997年 361页 有图及照片
20cm(32开) ISBN: 7-80576-675-4
定价: CNY22.00
(典雅艺术普及丛书 音乐分册)

J0141197
外国音乐史题解　卢方顺编著
济南 山东文艺出版社 1997年 190页
20cm(32开) ISBN: 7-5329-1454-2
定价: CNY8.80

J0141198
音乐的故事　(德)保罗·贝克(Parl Bekker)著; 马立, 张雪燕译
南京 江苏人民出版社 1997年 206页
20cm(32开) ISBN: 7-214-01951-5
定价: CNY12.00
(野骆驼译丛 第一辑)
外文书名: The Story of Music.

J0141199
音乐史　安妮·古提瓦(Annie Couture), 马克·罗科福(Marc Ropuefort)著; 韦德福译
台北 三民书局 1997年 98页 有图 21cm(32开)
精装 ISBN: 957-14-2638-5 定价: TWD250.00
(人类文明小百科 15)
外文书名: Histoire De La Musique.

J0141200
音乐史论问题研究　于润洋著
福州 福建教育出版社 1997年 333页
20cm(32开) ISBN: 7-5334-2078-0
定价: CNY15.00

J0141201
音乐源流学论纲　王誉声编著
上海 上海音乐出版社 1997年 281页
20cm(32开) ISBN: 7-80553-640-6
定价: CNY12.30

J0141202
古典音乐入门　(美)斯塔塞·康伯斯文·林奇(Stacy Combs Lynch)文; [美]迈克尔·林奇

(Michael D.Lynch)图；栾青译
北京 东方出版社 1998年 126页 20cm(32开)
ISBN: 7-5060-1024-0 定价: CNY11.00
(西方文化漫画集成 国外漫画中译本入门系列 34种)

J0141203
摇滚先锋 (美)哈里·萨莫若著；邓兴军译
北京 中国青年出版社 1998年 336页 有照片
26cm(16开) ISBN: 7-5006-2510-3
定价: CNY24.00

J0141204
音乐艺术的历程 蔡长河撰文
北京 中国建材工业出版社 1998年 282页
19cm(小32开) ISBN: 7-80090-722-8
定价: CNY125.00(全套)
(世纪新人知识读本)

J0141205
中外音乐交流史 冯文慈主编
长沙 湖南教育出版社 1998年 389页
20cm(32开)精装 ISBN: 7-5355-2564-4
定价: CNY21.20
(百科史苑 中外文化交流史丛书)

J0141206
简明牛津音乐史 (英)杰拉尔德·亚伯拉罕(Gerald Abraham)著；顾犇译；钱仁康，杨燕迪校订
上海 上海音乐出版社 1999年 12+1140页 有图
23cm 精装 ISBN: 7-80553-825-5
定价: CNY98.00

本书包括41章，分西亚音乐和地中海音乐的起源、西欧中心、意大利中心、德国中心、传统的解体5部分讲述了外国的音乐史。作者杰拉尔德·亚伯拉罕(Gerald Abraham，1904—1989)，英国人。著有《尼采》《托尔斯泰》等。

J0141207
交响曲艺术史 军驰编著
西安 世界图书出版公司 1999年 304页
21cm(32开) ISBN: 7-5062-1816-X
定价: CNY16.00

本书内容包括：概论、古典时期的交响曲、浪漫时期的交响曲、20世纪的交响曲等内容，全面地介绍了交响曲的历史发展及演变进程。

J0141208
狂欢季节 (流行音乐世纪飓风)于今著
广州 广东人民出版社 1999年 334页 有照片
20cm(32开) ISBN: 7-218-03095-5
定价: CNY22.80
(都市前沿书系)

J0141209
乐滴 辛丰年著
海口 海南出版社 1999年 152页 有插图
19cm(小32开) ISBN: 7-80645-398-9
定价: CNY42.00(全辑)
(火凤凰青少年文库 69 第二批 生活万花筒)

J0141210
邮票中的音乐世界 李近朱编著
北京 人民音乐出版社 1999年 509页 有照片
有图 29cm(16开)精装 ISBN: 7-103-02054-X
定价: CNY399.00

本书分为3部分，包括《邮票中的音乐大师》《邮票中的音乐名篇》《邮票中的音乐之旅》。作者李近朱，毕业于中国音乐学院音乐理论系。历任中央电视台高级编辑，中国音乐家协会会员。出版音乐著作《交响音乐欣赏丛书》《乐对贝多芬》《德奥古典音乐大师中的"最后一人"》等。

中国音乐史

J0141211
古乐筌蹄 (九卷)(明)李文察撰
明 抄本 红栏

有李盛铎跋。

J0141212
乐府杂录 (一卷)(唐)段安节撰
吴琯 明 刻本 线装
(古今逸史)

十行二十字小字双行同白口左右双边单鱼尾。收于《古今逸史》逸志分志中。本书是唐代著名的音乐著作，对研究戏曲、舞蹈、词牌等的

源流有重要的参考价值。首列乐部9条，次列歌舞俳优3条、乐器14条、乐曲13条。此书在音乐史方面的价值有：1、关于唐代乐制的记载。对唐代乐部叙述颇为具体。对俗乐等的记载也颇珍贵，后来的《唐书》、《文献通考》、《乐府诗集》（郭茂倩）多取其说。2、关于词调起源的记载，对探究词体演进不无助益。3、此书兼及歌、舞与俳优，留下了唐代历朝著名歌者和乐器演奏手的事迹，及舞蹈、技、百戏的有关史料。

J0141213
乐府杂录 （一卷）（唐）段安节撰
明 刻本 线装
（百川学海）
九行二十字小字双行同白口左右双边单鱼尾。作者段安节，生卒年不详。唐代音乐家。齐州临淄（今山东淄博）人。自幼即好音律，能自度曲。唐昭宗时任国子司业。著有《乐府杂录》一卷，包括歌舞、百戏、杂技、俳优、乐器以及音乐理论等多方面内容。

J0141214
乐府杂录 （一卷）（唐）段安节撰
明 刻本
（续百川学海）

J0141215
乐府杂录 （一卷）（唐）段安节撰
云间陆楫俨山书院 明嘉靖二十三年[1544]
刻本 线装
（古今说海）
本书与青藜馆合作出版。八行十六字白口左右双边双鱼尾。收于《古今说海》说纂部杂纂家中。

J0141216
乐府杂录 （一卷）（唐）段安节撰
云间陆氏俨山书院 明末 刻本 重印 线装
（古今说海）
八行十六字白口左右双边双鱼尾。收于《古今说海》说纂部杂纂家已集中。

J0141217
乐府杂录 （唐）段安节撰
明末 刻本 线装
（正续太平广记）
收于《正续太平广记》之《唐人百家小说》中。

J0141218
乐府杂录 （一卷）（唐）段安节撰
浙江 李际期 清 刻本 重印 线装
（说郛）
九行二十字白口左右双边单鱼尾。

J0141219
乐府杂录 （一卷）（唐）段安节撰
李际期宛委山堂 清初 刻本 重修 线装
（说郛）
明末刻清初李际期宛委山堂重修汇印本。收于《说郛》卷第一百中。

J0141220
乐府杂录 （一卷）（唐）段安节撰
李际期宛委山堂 清初 刻本 续刻
（说郛）
明末刻清初李际期宛委山堂续刻汇印本。

J0141221
乐府杂录 （唐）段安节撰
清 刻本 线装
（唐代丛书）
九行二十一字白口四周双边单鱼尾。收于《唐代丛书》卷十一中。

J0141222
乐府杂录 （一卷）（唐）段安节撰
清顺治 刻本 线装
（说郛）
收于《说郛》卷第一百中。

J0141223
乐府杂录 （一卷）（唐）段安节撰
清 刻本 重修 线装
（说郛）
九行二十字白口左右双边单鱼尾。收于《说郛》卷第一百中。

J0141224
乐府杂录 （一卷）（唐）段安节撰
内府 清乾隆 写本

（四库全书）

J0141225
乐府杂录　（一卷）（唐）段安节撰
清乾隆五十八年［1793］刻本 线装
（唐人说荟）
九行二十一字小字双行同白口左右双边单鱼尾。

J0141226
乐府杂录　（唐）段安节撰
清嘉庆 刻本 线装
（唐代丛书）
九行二十一字白口左右双边单鱼尾。收于《唐代丛书》四集中。

J0141227
乐府杂录　（一卷）（唐）段安节撰
海虞张海鹏 清嘉庆十四年［1808］刻本 线装
（墨海金壶）
收于《墨海金壶》子部中。

J0141228
乐府杂录　（一卷）（唐）段安节撰
海虞张海鹏 清嘉庆十三至十六年［1808—1811］刻本
（墨海金壶）
收于《墨海金壶》一百十四种七百十三卷中。

J0141229
乐府杂录　（一卷）（唐）段安节撰
金山钱氏 清道光 刻本 线装
（守山阁丛书）
十一行二十三字小字双行同黑口左右双边。收于《守山阁丛书》子部中。

J0141230
乐府杂录　（一卷）（唐）段安节撰
苕溪邵氏酉山堂 清道光元年［1821］刻本 线装
（古今说海）
八行十六字白口左右双边双鱼尾。收于《说纂》己集中。

J0141231
乐府杂录　（一卷）（唐）段安节撰
金山钱氏 清道光二十四年［1844］刻本 毛装
（守山阁丛书）
收于《守山阁丛书》子部中。

J0141232
乐府杂录　（一卷）（唐）段安节撰
清同治三年［1864］刻本 线装
（唐人说荟）
九行二十一字白口左右双边单鱼尾。收于《唐人说荟》卷十一中。

J0141233
乐府杂录　（唐）段安节撰
右文堂 清同治八年［1869］刻本 线装
（唐人说荟）
九行二十一字小字双行同白口左右双边单鱼尾。收于《唐人说荟》四集中。

J0141234
乐府杂录　（唐）段安节撰
陈其钰 清光绪 刻本 线装
（唐人说荟）
收于《唐人说荟》四集中。

J0141235
乐府杂录　（一卷）（唐）段安节撰
上海 集成图书公司 清宣统元年［1909］铅印本
（古今说海）

J0141236
乐府杂录　（一卷）（唐）段安节撰
上海 锦章图书局 民国 石印本 线装
（唐代丛书）
收于《唐代丛书》第七集第七十三帙中。

J0141237
乐府杂录　（一卷）（唐）段安节撰
扫叶山房 清宣统三年［1911］石印本 线装
（唐人说荟）
十五行三十二字白口四周双边单鱼尾。收于《唐人说荟》第九集中。

J0141238
乐府杂录　（一卷）（唐）段安节撰
上海 天宝书局 清宣统三年［1911］石印本 线装

（唐代丛书）

二十行四十二字黑口四周单边单鱼尾。收于《唐代丛书》第七集第七十三帙中。

J0141239
乐府杂录　（一卷）（唐）段安节撰
扫叶山房 民国二年［1913］石印本 线装
（唐人说荟）

收于《唐人说荟》第九集中。

J0141240
乐府杂录　（一卷）（唐）段安节撰
上海 进步书局 民国四年［1915］石印本
（古今说海）

J0141241
乐府杂录　（唐）段安节撰
上海 商务印书馆 民国四年［1915］平装
（旧小说）

收于《旧小说》乙集唐中。

J0141242
乐府杂录　（唐）段安节撰
上海 上海博古斋 民国十一年［1922］影印本 线装
（守山阁丛书）

收于《守山阁丛书》子部中。

J0141243
乐府杂录　（唐）段安节撰
沔阳卢氏慎始基斋 民国十二年［1923］影印本 线装
（湖北先正遗书）

本书据墨海金壶本影印。收于《湖北先正遗书》子部中。

J0141244
乐府杂录　（唐）段安节撰
上海 商务印书馆 民国十六年［1927］线装
（说郛）

收于《说郛》卷三谈垒中。

J0141245
乐府杂录　（唐）段安节撰
上海 扫叶山房 民国十九年［1930］石印本 线装
（唐人说荟）

黄纸本。收于《唐人说荟》第九集中。

J0141246
乐府杂录　（唐）段安节撰
上海 商务印书馆 民国十九年［1930］线装
（说郛）

收于《说郛》卷三谈垒中。

J0141247
乐府杂录　（一卷）（唐）段安节撰
六艺书局 民国二十一年［1932］
（曲苑）

收于《曲苑》金集中。

J0141248
乐府杂录　（唐）段安节撰
上海 商务印书馆 1936年 影印本 47+30+86页 18cm（小32开）
（丛书集成初编 1659）

本书是中国唐代音乐史料，由《乐府杂录》（唐）段安节撰、《羯鼓录》（唐）南卓著、《乐书要录》合订。

J0141249
乐府杂录　（一卷）（唐）段安节撰
文学古籍刊行社 1956年 影印本 线装
（类说）

据明天启间刻本影印。收于《类说》第卷之十六中。

J0141250
乐府杂录　（唐）段安节撰
台北 商务印书馆 1983年 影印本
（景印文渊阁四库全书 子部 一四五 第839册）

本书由《乐府杂录》（唐）段安节撰、《棋经》（宋）晏天章撰、《棋诀》（宋）刘仲甫撰合订。

J0141251
乐府杂录　（唐）段安节撰
北京 中华书局 1985年 新1版 影印本
47+30+86页 18cm（小32开）
统一书号：17018.151
（丛书集成初编）

本书为中国唐代音乐史料，由《乐府杂录》

(唐)段安节撰、《羯鼓录》(唐)南卓著、《乐书要录》合订。

J0141252
琵琶录　(一卷)(唐)段安节撰
钮氏世学楼 明 抄本
(说郛)

本书又名《乐府杂录》，是唐代著名的音乐著作，对研究戏曲、舞蹈、词牌等的源流也有很重要的参考价值。首列乐部9条，次列歌舞俳优3条、乐器14条、乐曲13条。此书在音乐史方面的价值有：1、关于唐代乐制的记载。对唐代乐部叙述颇为具体。对俗乐等的记载也颇珍贵，后来的《唐书》、《文献通考》、《乐府诗集》(郭茂倩)多取其说。2、关于词调起源的记载，对探究词体演进不无助益。3、此书兼及歌、舞与俳优，留下了唐代历朝著名歌者和乐器演奏手的事迹，及舞蹈、技、百戏的有关史料。

J0141253
琵琶录　(一卷)(唐)段安节撰
明 抄本
(说郛)

J0141254
琵琶录　(一卷)(唐)段安节撰
李际期宛委山堂 清初 刻本 重修 线装
(说郛)

明末刻清初李际期宛委山堂重修汇印本。收于《说郛》卷第一百二中。

J0141255
琵琶录　(一卷)(唐)段安节撰
清 刻本 重修 线装
(说郛)

九行二十字白口左右双边单鱼尾。收于《说郛》卷第一百二中。

J0141256
琵琶录　(一卷)(唐)段安节撰
南海伍氏 清咸丰 刻本
(粤雅堂丛书)

J0141257
琵琶录　(一卷)(唐)段安节撰
归安陆氏 清光绪 刻本
(十万卷楼丛书)

J0141258
琵琶录　(一卷)(唐)段安节撰
清宣统至民国初
(香艳丛书)

J0141259
乾淳教坊乐部　(一卷)(宋)周密撰
明 刻本
(唐宋丛书)

作者周密(1232—1298)，南宋词人、文学家。字公谨，号草窗，又号泗水潜夫、弁阳老人、华不注山人等。主要作品《武林旧事》《齐东野语》《癸辛杂识》《志雅堂杂钞》等。

J0141260
乾淳教坊乐部　(一卷)(宋)周密撰
明末 刻本
(八公游戏丛谈)

J0141261
乾淳教坊乐部　(一卷)(宋)泗水潜夫撰
李际期宛委山堂 清初 刻本 重修 线装
(说郛)

明末刻清初李际期宛委山堂重修汇印本。收于《说郛》卷第五十三中。

J0141262
乾淳教坊乐部　(一卷)(宋)周密撰
李际期宛委山堂 清初 刻本 续刻
(说郛)

明末刻清初李际期宛委山堂续刻汇印本。

J0141263
乾淳教坊乐部　(一卷)(宋)泗水潜夫撰
清顺治 刻本 线装
(说郛)

收于《说郛》卷第五十三中。

J0141264
乾淳教坊乐部　(一卷)(宋)泗水潜夫撰
清 刻本 重修 线装
(说郛)

九行二十字白口左右双边单鱼尾。收于《说郛》卷第五十三中。

J0141265
逸语 (八卷)(明)贺隆撰
明 抄本

J0141266
逸语 (八卷)(明)贺隆撰
清 抄本

J0141267
中原音韵 (二卷)(元)周德清撰
明 刻本
分二册。十二行二十字黑口四周双边。本书是我国最早的一部北曲曲韵和北曲音乐论著。内容包括:1、曲韵韵谱,是北曲创作和演唱者审音定韵的标准;2、"正语作词起例",主要论述曲韵韵谱的编制和审音原则,以及宫调曲牌和作曲方法等;3、"作词十法",主要表述了周氏的曲学理论主张。"十法"为:知韵、造语、用事、用字、入声作平声、阴阳、务头、对偶、末句和定格。本书无论是音韵学方面,还是曲学理论方面,都对后世产生了极其深远的影响。

J0141268
雅乐燕乐 (一卷)(明)张敔撰
徐充 明正德十一年[1516]刻本
本书附《律吕新书解》。

J0141269
雅乐燕乐 (一卷)(明)张敔撰
清 抄本
本书附《律吕新书解》。

J0141270
乐经元义 (八卷)(明)刘濂撰
明嘉靖 刻本 有图 线装
分四册。十行二十一字白口四周单边。

J0141271
乐经元义 (八卷)(明)刘濂撰
明嘉靖 刻本
分六册。十行二十一字白口四周单边。

J0141272
乐语 (一卷)(宋)苏轼撰
江西布政司 明嘉靖十三年[1534]刻本
(东坡全集)
收于《东坡全集》一百十一卷中。作者苏轼(1037—1101),北宋文学家、书画家。字子瞻、和仲,号铁冠道人、东坡居士,世称苏东坡。在诗、词、散文、书、画等方面取得很高成就,擅长文人画,尤擅墨竹、怪石、枯木等。作品有《东坡七集》《东坡易传》《东坡乐府》《潇湘竹石图卷》《古木怪石图卷》等。

J0141273
乐语 (一卷)(宋)苏轼撰
江西布政司 明嘉靖十三年[1534]刻本
(苏文忠公集)
收于《苏文忠公集》一百十一卷中。

J0141274
雅乐发微 (八卷)(明)张敔撰
明嘉靖十七年[1538]刻本 有图 线装
分四册。十二行二十字白口左右双边单鱼尾。

J0141275
雅乐发微 (八卷)(明)张敔撰
清 抄本

J0141276
圣宋皇祐新乐图记 (三卷)(宋)阮逸,(宋)胡瑗撰
赵琦美 明万历三十九年[1610]抄本

J0141277
圣宋皇祐新乐图记 (三卷)(宋)阮逸,(宋)胡瑗撰
赵琦美 明万历三十九年[1611]抄本
有赵琦美跋。八行十五字注二十字无格。

J0141278
圣宋皇祐新乐图记 (三卷)(宋)阮逸,(宋)胡瑗撰
清 抄本 劳格

J0141279
圣宋皇祐新乐图记 （三卷）（宋）阮逸，（宋）胡瑗撰
清 抄本
有清吴骞跋。九行十七字无格。

J0141280
宋皇祐新乐图记 （三卷）（宋）阮逸，（宋）胡瑗撰
内府 清乾隆 写本
（四库全书）

J0141281
乐经集注 （二卷）（明）张凤翔撰
明末 刻本

J0141282
乐经集注 （二卷）（明）张凤翔撰
清初 刻本

J0141283
乐经集注 （二卷）（明）张凤翔撰
张应魁 清嘉庆元年［1795］刻本

J0141284
李謩吹笛记 （一卷）（唐）杨巨源撰
明末 刻本
（合刻三志）

J0141285
李謩吹笛记 （一卷）（唐）杨巨源撰
挹秀轩 清乾隆五十八年［1793］刻本 巾箱
（唐人说荟）

J0141286
李謩吹笛记 （一卷）（唐）杨巨源撰
清道光二十三年［1843］刻本
（唐人说荟）
清道光二十三年序刻本。

J0141287
李謩吹笛记 （一卷）（唐）杨巨源撰
上海 天宝书局 清宣统三年［1911］石印本
（唐人说荟）

J0141288
歌学谱 （不分卷）（明）林希恩撰
李际期宛委山堂 清初 刻本 续刻
（说郛）
明末刻清初李际期宛委山堂续刻汇印本。

J0141289
歌学谱 （一卷）（明）林希恩撰
李际期宛委山堂 清初 刻本 重修 线装
（说郛续）
明末刻清初李际期宛委山堂重修汇印本。收于《说郛续》卷第三十二中。

J0141290
歌学谱 （一卷）（明）林希恩撰
两浙督学周南李际期宛委山堂 清 刻本 重印 线装
（说郛续）
九行二十字小字双行同白口左右双边单鱼尾。收于《说郛续》卷第三十二中。

J0141291
歌学谱 （一卷）（明）林希恩撰
清顺治 刻本 线装
（说郛续）
收于《说郛续》卷第二十九中。

J0141292
歌学谱 （一卷）（明）林希恩撰
清 刻本 重修 线装
（说郛）
九行二十字白口左右双边单鱼尾。收于《说郛》卷第七十三中。

J0141293
歌学谱 （一卷）（明）林希恩撰
清 刻本 重修 线装
（说郛续）
九行二十字白口左右双边单鱼尾。收于《说郛续》卷第三十二中。

J0141294
管弦记 ［唐］凌秀撰
李际期宛委山堂 清初 刻本 续刻
（说郛）

明末刻清初李际期宛委山堂续刻汇印本。

J0141295
管弦记　(一卷)(唐)凌秀撰
李际期宛委山堂 清初 刻本 重修 线装
(说郛)
明末刻清初李际期宛委山堂重修汇印本。收于《说郛》卷第一百中。

J0141296
管弦记　(一卷)(唐)凌秀撰
清 刻本 重修 线装
(说郛)
九行二十字白口左右双边单鱼尾。收于《说郛》卷第一百中。

J0141297
乐动声仪　(一卷)(清)黄奭辑
清 刻本
(汉学堂知足斋丛书)

J0141298
乐府解题　(一卷)(唐)吴兢撰
李际期宛委山堂 清初 刻本 重修 线装
(说郛)
明末刻清初李际期宛委山堂重修汇印本。收于《说郛》卷第一百中。作者吴兢(670-749),唐代史学家。汴州浚仪(今河南开封)人。著有《乐府古体要解》《唐春秋》《太宗勋史》等。

J0141299
乐府解题　(一卷)(唐)吴兢撰
清顺治 刻本 线装
(说郛)
收于《说郛》卷第一百中。

J0141300
乐府解题　(一卷)(唐)吴兢撰
清 刻本 重修 线装
(说郛)
九行二十字白口左右双边单鱼尾。收于《说郛》卷第一百中。

J0141301
乐府解题　(一卷)(唐)吴兢撰
文学古籍刊行社 1956年 影印本 线装
(类说)
据明天启间刻本影印。收于《类说》第卷之五十一中。

J0141302
乐稽耀嘉　(一卷)
李际期宛委山堂 清初 刻本 重修 线装
(说郛)
明末刻清初李际期宛委山堂重修汇印本。收于《说郛》卷第五中。

J0141303
乐稽耀嘉　(一卷)□□辑
李际期宛委山堂 清初 刻本 续刻
(说郛)
明末刻清初李际期宛委山堂续刻汇印本。

J0141304
乐稽耀嘉　(一卷)
清顺治 刻本 线装
(说郛)
收于《说郛》卷第五中。

J0141305
乐经　(三卷)(清)文应熊辑
清 抄本 兰丝栏 线装
分二册。

J0141306
乐经　(三卷)(清)文应熊辑注
清 抄本

J0141307
乐经　(一卷)(汉)阳成子长撰;(清)王谟辑
清 抄本

J0141308
乐经　(一卷)(汉)阳成子长撰;(清)王谟辑
金溪王氏 清嘉庆三年[1798]刻本
(汉魏遗书钞)

J0141309
乐经　(一卷)(汉)阳成子长撰
济南 皇华馆书局 清同治十年[1871]刻本

补刻 线装
（玉函山房辑佚书）

收于《玉函山房辑佚书》经编乐类中。

J0141310
乐经 （一卷）（汉）阳成子长撰
济南 皇华馆书局 清同治十年［1871］刻本重印 线装
（玉函山房辑佚书）

九行二十字小字双行同白口四周双边单鱼尾。收于《玉函山房辑佚书》经编乐类中。

J0141311
乐经 （一卷）（汉）阳成子长撰；（清）马国翰辑
济南 皇华馆书局 清同治十年［1871］刻本
（玉函山房辑佚书）

作者马国翰（1794—1857），清代文献学家、藏书家。山东济南人。字词溪，号竹吾。进士。志于古书辑佚，所购之书达5.7万余卷。编著《玉函山房辑佚书》，全书分经、史、诸子3编，700多卷。传世作品还有《竹如意》《玉函山房文集》《玉函山房诗集》等。

J0141312
乐经 （一卷）（汉）阳成子长撰；（清）马国翰辑
长沙 嫏嬛馆 清光绪九年［1883］刻本
（玉函山房辑佚书）

J0141313
乐经 （一卷）（汉）阳成子长撰；（清）马国翰辑
楚南湘远堂 清光绪十年［1884］刻本
（玉函山房辑佚书）

J0141314
乐经 （一卷）（汉）阳成子长撰；（清）马国翰辑
章邱李氏 清光绪十年［1884］重印本
（玉函山房辑佚书）

据马氏刻本重印。

J0141315
乐经 （一卷）（汉）阳成子长撰；（清）马国翰辑
章邱李氏 清光绪十年［1884］重印本
（玉函山房辑佚书）

据马氏刻本重印。

J0141316
乐器配音法 （不分卷）（清）载武撰
清 抄本

J0141317
乐器图 （不分卷）（清）载武绘
清 抄本

J0141318
乐器图式 （不分卷）
春峄 清 抄本

J0141319
乐通 （三卷）（清）□□撰
清 抄本

有清莫友芝跋。

J0141320
乐纬 （一卷）（清）殷元正原辑；（清）陆明睿增订
观我生斋 清 抄本
（纬书）

J0141321
乐纬 （一卷）（清）王仁俊辑
清 稿本
（玉函山房辑佚书续编）

J0141322
乐纬 （明）孙谷辑
海虞张海鹏 清嘉庆十三至十六年［1808—1811］刻本 线装
（墨海金壶）

分二册。收于《墨海金壶》经部《古微书》中。汉代流传下来的《乐纬》有《动声仪》《稽耀嘉》《叶图征》3种。《乐纬》的乐论在强调与政治关系的同时，又特别注意到乐理、乐律，即音乐自身的特点。《乐纬》中的乐论比较零散，涉及音乐的产生、性质和作用以及乐理、乐律等等。《乐纬》的乐论既是对传统儒家乐论的继承和发展，同时又体现了纬学的特点。《乐纬》是一部重要的乐论研究著作。

J0141323
乐纬 （一卷）（清）黄奭撰
清道光 刻本 王鉴修补

（黄氏逸书考）

J0141324
乐纬 （一卷）（清）黄奭撰
清道光 刻本 朱长圻补刻
（黄氏逸书考）

J0141325
乐纬 （一卷）（清）黄奭撰
清光绪［重印］本
（汉学堂丛书）
据清道光年刻本重印。

J0141326
乐纬 （一卷）
扬州 江苏广陵古籍刻印社 1984年 刻本 重印 线装
（黄氏逸书考）
本书据民国二十三至二十六年江都朱氏补刻清道光间甘泉黄氏刻版重印。收于《黄氏逸书考》通纬中。

J0141327
乐纬动声仪 （一卷）（清）殷元正原辑；（清）陆明睿增订
观我生斋 清 抄本
（纬书）
本书为《乐纬》的一种。讲的是律吕五声四气风物相感之道。四气风物感人，发为音乐，乐音感人至深，使人动容周旋，咏歌鼓舞，雍容盛德与威仪，则由此彰著。提倡的还是物感说和音乐的歌功颂德与教化功能。

J0141328
乐纬动声仪 （一卷）（三国魏）宋均注；（清）马国翰辑
清 刻本
（玉函山房辑佚书）
作者宋均（？—76），东汉南阳安众（今河南邓州东北）人，字叔庠。少以父任为郎，后历任东海相、尚书令、司隶校尉、河内太守等职。为郑玄之后纬书注家中的重要人物，著作丰富。

J0141329
乐纬动声仪 （一卷）（三国魏）宋均注；（清）王仁俊辑
清顺治三年［1646］稿本
（玉函山房辑佚书续编）

J0141330
乐纬动声仪 （一卷）（三国魏）宋均注；（清）马国翰辑
长沙 嫏嬛馆 清光绪九年［1883］刻本
（玉函山房辑佚书）

J0141331
乐纬动声仪 （一卷）（三国魏）宋均注；（清）马国翰辑
楚南湘远堂 清光绪十年［1884］刻本
（玉函山房辑佚书）

J0141332
乐纬动声仪 （一卷）（三国魏）宋均注；（清）马国翰辑
章邱李氏 清光绪十年［1884］刻本 印
（玉函山房辑佚书）
据马氏刻本重印。

J0141333
乐纬动声仪 （一卷）（三国魏）宋均注；（清）马国翰辑
文选楼 清光绪十五年［1889］刻本
（玲珑山馆丛书）

J0141334
乐纬稽耀嘉 （一卷）（清）殷元正原辑；（清）陆明睿增订
观我生斋 清 抄本
（纬书）
本书为《乐纬》的一种。明三统三正三教，五行更正，文质代变之道，稽同天行。关于书名之义，清赵在翰《七纬·乐纬叙目》云："《稽耀嘉》言器良制备，功成事举，光耀永嘉也。"明孙瑴《古微书》云："不必专述乐事，但于天地万物各取其光大岳淑者，以为礼义立标。"谓天地万物，光明美大，功成事举，光耀永嘉，故名《稽耀嘉》。

J0141335
乐纬叶图征 （一卷）（清）殷元正原辑；（清）陆明睿增订

观我生斋 清 抄本
(纬书)
本书为《乐纬》的一种。原本有图，叶通协，乐贵协和，配以灵图，以为征验，故名《叶图征》。论音乐与政教想通，天地人物感应和谐之道、所本之理论，仍然是《礼记·乐记》中“治世之音安以乐，其政和；乱世之音怨以怒，其政乖；亡国之音哀以思，其民困”的主张。

J0141336
乐纬叶图征 (一卷)(三国魏)宋均注;(清)王仁俊辑
[清]稿本
(玉函山房辑佚书续编)

J0141337
李氏圣译楼笔述
[清]抄本 蓝丝栏 线装

J0141338
李氏学乐录 (二卷)(清)李塨撰
世德堂 清 刻本 线装
(龙威秘书)
九行二十字小字双行同黑口左右四周双边不一。收于《龙威秘书》八集《西河经义存醇》中。

J0141339
李氏学乐录 (二卷)(清)李塨撰
书留草堂 清康熙 刻本
(西河合集)

J0141340
李氏学乐录 (二卷)(清)李塨撰
内府 清乾隆 写本
(四库全书)

J0141341
李氏学乐录 (二卷)(清)李塨撰
清乾隆 印本
(西河合集)
据清康熙刻本印。

J0141342
李氏学乐录 (二卷)(清)李塨撰
石门马氏大酉山房 清乾隆五十九年[1794]刻本
(龙威秘书)

J0141343
李氏学乐录 (二卷)(清)李塨撰
清嘉庆 印本
(西河合集)
据清康熙刻本印。

J0141344
李氏学乐录 (清)李塨著
长沙 商务印书馆 1939年 52+92页 18cm(32开)
(丛书集成初编 1662)
本书是中国古代音乐学专著。由《李氏学乐录》(清)李塨、《律吕新论》(清)江永撰合订，其中《李氏学乐录》，据龙威秘书本排印；《律吕新论》，据守山阁丛书本影印。

J0141345
李氏学乐录 (清)李塨著
北京 中华书局 1985年 新1版 52+92页 18cm(15开) 统一书号：17018.151
(丛书集成初编)

J0141346
钦定诗经乐谱全书 (不分卷)(清)永瑢等纂
福建 清 木活字印本 重刻
(武英殿聚珍版书)
本书系一部对《诗经》进行全面谱乐的历史音乐巨著。乾隆五十三年(1788)，清高宗弘历命臣僚在纂修《四库全书》时，对《诗经》进行了全面的谱乐，编纂成《钦定诗经乐谱全书》。该书对《诗经》的全部305首诗歌及6篇“补笙诗”进行了全面的拟创作。乐谱分设琴谱、瑟谱、箫谱、笛谱、钟谱5类、10种乐器之多，其记谱法涉及工尺字谱、律吕字谱；琴、瑟指法字谱等4种记谱形式，谱配乐器可谓全面。是清代官方对古乐进行整理的一项重要著作。

J0141347
钦定诗经乐谱全书 (不分卷)(清)永瑢等纂
广东 清 木活字印本 重刻
(武英殿聚珍版书)

J0141348
钦定诗经乐谱全书 (不分卷)(清)永瑢等纂

内府 清乾隆 写本
(四库全书)

J0141349
钦定诗经乐谱全书 (不分卷)(清)永瑢等纂
武英殿 清乾隆 木活字印本
(武英殿聚珍版书)

J0141350
钦定诗经乐谱全书 (三十卷)清高宗敕撰
武英殿 清乾隆 木活字印本
(武英殿聚珍版丛书)

本书由《钦定诗经乐谱全书三十卷》《钦定乐律正俗一卷》清高宗敕撰合订。收于《武英殿聚珍版丛书》一百四十一种二千六百五卷中。

J0141351
钦定诗经乐谱全书 (三十卷 目录一卷)(清)邹奕孝总纂
武英殿 清乾隆 木活字本 朱墨套印 有表格 线装

分二十一册。九行二十一字小字不一白口四周双边单鱼尾。

J0141352
钦定诗经乐谱全书 (不分卷)(清)永瑢等纂
内府 清乾隆五十三年[1788]刻本

J0141353
钦定诗经乐谱全书 (三十卷)(清)邹奕孝总纂
福建 清光绪二十一年[1895]刻本 有表 线装
(武英殿聚珍版书)

分二十五册。九行二十一字白口四周双边单鱼尾。收于《武英殿聚珍版书》经部中。

J0141354
钦定诗经乐谱全书 (三十卷 目录一卷)(清)邹奕孝总纂
清光绪二十一年[1895]刻本 增刻 有表格 线装
(武英殿聚珍版书)

分二十四册。九行二十一字小字不一白口四周双边单鱼尾。收于《武英殿聚珍版书》中。

J0141355
天基圣节排当乐次 (宋)周密撰
李际期宛委山堂 清初 刻本 续刻
(说郛)

明末刻清初李际期宛委山堂续刻汇印本。作者周密(1232—1298),南宋词人、文学家。字公谨,号草窗,又号泗水潜夫、弁阳老人、华不注山人等。主要作品《武林旧事》《齐东野语》《癸辛杂识》《志雅堂杂钞》等。

J0141356
天基圣节排当乐次 (一卷)(宋)周密撰
李际期宛委山堂 清初 刻本 重修 线装
(说郛)

明末刻清初李际期宛委山堂重修汇印本。收于《说郛》卷第五十三中。

J0141357
天基圣节排当乐次 (一卷)(宋)周密撰
清 刻本 重修 线装
(说郛)

九行二十字白口左右双边单鱼尾。收于《说郛》卷第五十三中。

J0141358
天基圣节排当乐次 (一卷)(宋)周密撰
清顺治 刻本 线装
(说郛)

收于《说郛》卷第五十三中。

J0141359
弦子记 (一卷)(唐)柳宗元撰
许焞家 清 抄本
(说部新书)

J0141360
嚣嚣子乐原 (不分卷)(清)嚣嚣子撰
清 刻本

J0141361
新刻乐府杂录 (唐)段安节撰
清 刻本 线装

十行二十字白口左右双边双鱼尾。作者段安节,生卒年不详。唐代音乐家。齐州临淄(今山东淄博)人。自幼即好音律,能自度曲。唐昭宗时任国子司业。著有《乐府杂录》一卷,包括歌舞、百戏、杂技、俳优、乐器以及音乐理论等多方面内容。

J0141362
燕乐考原　(六卷)(清)凌廷堪撰
清 抄本

J0141363
燕乐考原　(六卷)(清)凌廷堪撰
清嘉庆 刻本 线装
分六册。十行二十一字小字双行同白口左右双边单鱼尾。

J0141364
燕乐考原　(六卷)(清)凌廷堪撰
清嘉庆 刻本
(校礼堂全集)

J0141365
燕乐考原　(六卷)(清)凌廷堪撰
宣城张其锦 清嘉庆十六年[1811]刻本 线装
分二册。十行二十一字白口左右双边单鱼尾。

J0141366
燕乐考原　(六卷)(清)凌廷堪撰
张其锦 清嘉庆十六年[1811]刻本
清陈澧批校并跋。分六册。有清陈澧批校并跋。十行二十一字小字双行同白口左右双边。

J0141367
燕乐考原　(六卷)(清)凌廷堪撰
清道光 刻本
(指海)

J0141368
燕乐考原　(六卷)(清)凌廷堪撰
南海伍崇曜 清道光二十九至光绪十一年[1849—1885]刻本 线装
(粤雅堂丛书)
分三册。九行二十一字小字双行同黑口左右双边。

J0141369
燕乐考原　(六卷)(清)凌廷堪撰
南海伍氏 清咸丰 刻本
(粤雅堂丛书)

J0141370
燕乐考原　(六卷)(清)凌廷堪撰
清咸丰元年[1851]刻本 线装
(粤雅堂丛书)
分三册。九行二十一字小字双行同黑口左右双边。

J0141371
燕乐考原　(六卷)(清)凌廷堪撰
民国 影印本
(安徽丛书)

J0141372
燕乐考原　(六卷)(清)凌廷堪撰
民国 刻本 影印
(指海)

J0141373
燕乐考原　(清)凌廷堪著
上海 商务印书馆 1936年 2册(212页) 18cm(32开)
(丛书集成初编 1665—1666)
本书是对隋唐时代燕乐调式的考证，共六卷，分总论、后论、表等。引《隋书·音乐志》《新唐书·乐志》等加以考证。据粤雅堂丛书本排印。

J0141374
燕乐考原　(清)凌廷堪著
上海 商务印书馆 1937年 212页 19cm(32开)
定价：国币二角
(国学基本丛书)

J0141375
燕乐考原　(清)凌廷堪著
台北 台湾印书馆 1971年 台1版 212页 26cm(16开) 定价：TWD12.00
(人人文库 1745-6)

J0141376
燕乐考原　(一)(清)凌廷堪著
北京 中华书局 1985年 新1版 120页 18cm(32开) 统一书号：17018.151
(丛书集成初编)

J0141377
燕乐考原　(二)(清)凌廷堪著
北京 中华书局 1985年 新1版 121-212页
18cm(32开)统一书号:17018.151
(丛书集成初编)

J0141378
中和韶乐　(不分卷)桂良辑
清 刻本

J0141379
乐动声仪　(一卷)(明)孙谷辑
清嘉庆 刻本
(古微书)

J0141380
乐动声仪　(一卷 附补遗)(清)赵在翰辑
清嘉庆 刻本
(七纬)

J0141381
乐动声仪　(一卷)(明)孙谷辑
海虞张海鹏 清嘉庆十三至十六年[1808—1811]刻本 线装
(墨海金壶)
　　收于《墨海金壶》经部《古微书》之《乐纬》中。

J0141382
乐动声仪　(一卷)(明)孙谷辑
金山钱氏 清道光二十四年[1844]刻本
(守山阁丛书)
　　清道光二十四年金山钱氏重编增刻墨海金壶本。

J0141383
乐动声仪　(一卷)(明)孙谷辑
清光绪 石印本
(古微书)

J0141384
乐动声仪　(一卷)(明)孙谷辑
清光绪 刻本
(古微书)

J0141385
乐动声仪　(一卷)(明)孙谷辑
上海 鸿文书局 清光绪十五年[1889]影印本
(守山阁丛书)
　　清光绪十五年上海鸿文书局影印清金山钱氏重编增刻墨海金壶本。

J0141386
乐动声仪　(一卷)(明)孙谷辑
上海 博古斋 民国十年[1921]影印本
(墨海金壶)

J0141387
乐动声仪　(一卷)(明)孙谷辑
上海 博古斋 民国十一年[1922]影印本
(守山阁丛书)
　　民国十一年上海博古斋影印清金山钱氏重编增刻墨海金壶本。

J0141388
乐稽耀嘉　(一卷)(明)孙谷辑
清嘉庆 刻本
(古微书)

J0141389
乐稽耀嘉　(一卷 补遗一卷)(清)赵在翰辑
清嘉庆 刻本
(七纬)

J0141390
乐稽耀嘉　(一卷)(明)孙谷辑
海虞张海鹏 清嘉庆十三至十六年[1808—1811]刻本 线装
(墨海金壶)
　　收于《墨海金壶》经部《古微书》之《乐纬》中。

J0141391
乐稽耀嘉　(一卷)(明)孙谷辑
清光绪 石印本
(古微书)

J0141392
乐稽耀嘉　(一卷)(明)孙谷辑
清光绪 刻本
(古微书)

J0141393
乐稽耀嘉 （一卷）（明）孙谷辑
上海 鸿文书局 清光绪十五年［1889］影印本
（守山阁丛书）
清光绪十五年上海鸿文书局影印清金山钱氏重编增刻墨海金壶本。

J0141394
乐稽耀嘉 （一卷）（明）孙谷辑
上海 博古斋 民国十年［1921］影印本
（墨海金壶）
据清嘉庆十三至十六年海虞张氏刻本影印。

J0141395
乐稽耀嘉 （一卷）（明）孙谷辑
上海 博古斋 民国十一年［1922］影印本
（守山阁丛书）
民国十一年上海博古斋影印清金山钱氏重编增刻墨海金壶本。

J0141396
乐纬附录 （一卷 附补遗一卷）（清）赵在翰辑
清嘉庆 刻本
（七纬）

J0141397
乐叶图征 （一卷）（明）孙谷辑
清嘉庆 刻本
（古微书）

J0141398
乐叶图征 （一卷 附补遗一卷）（清）赵在翰辑
清嘉庆 刻本
（七纬）

J0141399
乐叶图征 （一卷）（明）孙谷辑
海虞张海鹏 清嘉庆十三至十六年［1808—1811］刻本 线装
（墨海金壶）
收于《墨海金壶》经部《古微书》之《乐纬》中。

J0141400
乐叶图征 （一卷）（明）孙谷辑
金山钱氏 清道光二十四年［1844］刻本
（守山阁丛书）
清道光二十四年金山钱氏重编增刻墨海金壶本。

J0141401
乐叶图征 （一卷）（明）孙谷辑
清光绪 刻本
（古微书）

J0141402
乐叶图征 （一卷）（明）孙谷辑
清光绪 石印本
（古微书）

J0141403
乐叶图征 （一卷）（明）孙谷辑
上海 鸿文书局 清光绪十五年［1889］影印本
（守山阁丛书）
清光绪十五年上海鸿文书局影印清金山钱氏重编增刻墨海金壶本。

J0141404
乐叶图征 （一卷）（明）孙谷辑
上海 博古斋 民国十年［1921］影印本
（墨海金壶）

J0141405
乐叶图征 （一卷）（明）孙谷辑
上海 博古斋 民国十一年［1922］影印本
（守山阁丛书）
民国十一年上海博古斋影印清金山钱氏重编增刻墨海金壶本。

J0141406
志乐辑略 （三卷）（清）倪元坦撰
清嘉庆至道光 刻本
（读易楼合刻）

J0141407
古今乐录 （一卷）（陈释）智匠撰；（清）王谟辑
金溪王氏 清嘉庆三年［1798］刻本
（汉魏遗书钞）
本书是一部记述自汉迄南朝陈宫廷乐事的著作。收辑汉太乐食举曲、汉鼓吹铙歌、魏鼓吹曲、宋鼓吹铙歌、梁鼓角横吹曲、相和歌、清商乐、梁雅歌、琴曲、散乐、舞曲等篇章。

J0141408
古今乐录　（一卷）（陈释）智匠撰
济南 皇华馆书局 清同治十年［1871］刻本
补刻 线装
（玉函山房辑佚书）
九行二十字小字双行同白口四周双边单鱼尾。收于《玉函山房辑佚书》经编乐类中。

J0141409
古今乐录　（一卷）（陈释）智匠撰
济南 皇华馆书局 清同治十年［1871］刻本
重印 线装
（玉函山房辑佚书）
九行二十字小字双行同白口四周双边单鱼尾。收于《玉函山房辑佚书》经编乐类中。

J0141410
古今乐录　（一卷）（陈释）智匠撰；（清）王谟辑
济南 皇华馆书局 清同治十年［1871］刻本 补刻
（玉函山房辑佚书）

J0141411
古今乐录　（一卷）（陈释）智匠撰；（清）王谟辑
长沙 嫏嬛馆 清光绪九年［1883］刻本
（玉函山房辑佚书）

J0141412
古今乐录　（一卷）（陈释）智匠撰；（清）王谟辑
楚南湘远堂 清光绪十年［1884］刻本
（玉函山房辑佚书）

J0141413
古今乐录　（一卷）（陈释）智匠撰；（清）王谟辑
章邱 李氏 清光绪十年［1884］刻本 重印
（玉函山房辑佚书）
据马氏刻本重印。

J0141414
古今乐录　（一卷）（陈释）智匠撰；（清）王谟辑
思贤书局 清光绪十八年［1892］刻本
（玉函山房辑佚书）

J0141415
皇祐新乐图记　（三卷）（宋）阮逸，（宋）胡瑗撰
张氏照旷阁 清嘉庆十年［1805］刻本
（学津讨原）
收于《学津讨原》二十集一百七十三种一千五十一卷第三集中。

J0141416
皇祐新乐图记　（宋）阮逸，（宋）胡瑗编
长沙 商务印书馆 1937 年 24+68+10 页
18cm（32 开）
（丛书集成初编 1671）
本书由《皇祐新乐图记》（宋）阮逸、（宋）胡瑗编，《琴操》（清）谭仪纂，《汉铙歌十八曲集解》合订。《皇祐新乐图记》是一部音乐著作。上卷，即具载律吕、黍尺、四量、权衡之法，均以横黍起度，故乐声失之于高；中下二卷，考定钟磬、晋鼓及三牲鼎、鸾刀制度，所考甚为精核。此书是现存最早、最为完备的乐类著作之一，对研究我国古代音乐理论有很高的参考价值。

J0141417
乐县考　（二卷）（清）江藩撰
清嘉庆十八年［1813］刻本

J0141418
乐县考　（二卷）（清）江藩撰
清道光 刻本 增刻
（艺海珠尘）

J0141419
乐县考　（二卷）
清道光九年［1829］刻本
（江氏丛书）
收于《江氏丛书》七种二十五卷中。

J0141420
乐县考　（二卷）（清）江藩撰
南海伍氏 清咸丰 刻本
（粤雅堂丛书）

J0141421
乐县考　（二卷）（清）江藩撰
江巨渠 清光绪十二年［1886］刻本 补刻
（江氏丛书）

J0141422
乐县考 （清）江藩学
长沙 商务印书馆 1939 年 34+22 页
18cm（小 32 开）
（丛书集成初编 1667）
本书由《乐县考》（清）江藩学、《律吕元音》（清）毕华珍述合订。中国古代音乐学专著。

J0141423
乐县考 （清）江藩学
北京 中华书局 1985 年 新 1 版 34+22 页
18cm（小 32 开）统一书号：17018.151
（丛书集成初编）

J0141424
赓和录 （二卷）（清）何梦瑶撰
清道光 刻本
（岭南遗书）
本书是清代重要的音乐理论书，讨论音阶与调式。由 3 部分组成：一是对蔡元定《律吕新书》进行训释，二是对康熙御制《律吕正义》进行述要，三是摘录曹廷栋《琴学》纂要。其中对《律吕新书》的训释，是在越华书院教授门人的讲义。作者将宫、商、角、徵、羽五音，与工、凡、六、乙、上等工尺谱之声调相配，使古乐与今乐相对应、理论与管弦相一致，使“下学上达”得以贯通。这是难能可贵的，也是本书的重大价值所在。

J0141425
乐动声仪 （一卷）（三国魏）宋均注；（清）黄奭辑
清道光 刻本
（黄氏逸书考）
王鉴修补、朱长圻补刻。

J0141426
乐稽耀嘉 （一卷）（清）黄奭辑
清道光 刻本
（黄氏逸书考）
王鉴修补、朱长圻补刻。

J0141427
乐说 （二卷）（清）庄存与撰
清道光 刻本
（味经斋遗书）

J0141428
乐说 （二卷）（清）庄存与撰
清光绪 刻本
（味经斋遗书）

J0141429
乐协图徵 （一卷）（三国魏）宋均注；（清）黄奭辑
清道光 刻本
（黄氏逸书考）
王鉴修补，朱长圻补刻。

J0141430
乐协图徵 （一卷）（三国魏）宋均注；（清）黄奭辑
清光绪 刻本 印
（汉学堂丛书）
清道光间甘泉黄氏刻光绪间印本。

J0141431
乐府传声 （二卷）（清）徐大椿撰
清道光九年［1829］刻本 线装
（正觉楼丛书）
九行十八字白口左右双边单鱼尾。本书是一部戏曲声乐论著。内分“源流”“出声口诀”“五音”“喉有中旁上下”“四声各有阴阳”等 35 节。其中除“源流”、“元曲家门”散论曲学问题外，其余均为戏曲演唱的具体法则和理论阐述。对于唱曲艺术的总结和研究，自元代《唱论》始，明代魏良辅、沈宠绥，清代李渔等对此都有著述，徐大椿既继承了前人，又有所发展，使本书成为一部既有实践价值又具理论价值的声乐论著。其提出的许多实践技巧问题，如“字音”的识别，“口法”的掌握和“四声唱法”等都有强烈的实用意义，至今依然有参考价值。

J0141432
乐府传声 （一卷）（清）徐大椿撰
崇文书局 清光绪 刻本 线装
（正觉楼丛书）
九行十八字黑口左右双边单鱼尾。

J0141433
乐府传声 （一卷）（清）徐大椿撰
江左书林 清光绪十四年［1888］刻本 线装
（徐灵胎先生杂著五种）
十行二十二字小字双行同白口左右双边单

鱼尾。

J0141434
乐府传声　（一卷）（清）徐大椿撰
珍艺书局 清光绪二十二年［1896］铅印本 线装
（徐氏医书八种）

十九行四十二字小字双行五十六字白口四周双边双鱼尾。收于《徐氏医书八种》之《徐氏杂著四种》中。

J0141435
乐稽耀嘉　（一卷）（明）刘学宠辑
朝邑刘际清等 清道光十五年［1835］刻本
（青照堂丛书）

J0141436
汉宫秋月
清末至民国初 抄本 朱丝栏 线装

J0141437
乐记异文考　（一卷）（清）俞樾撰
德清俞氏 清末 刻本 增修 线装
（春在堂全书）

十行二十一字白口左右双边单鱼尾。收于《春在堂全书》曲园杂纂中。

J0141438
乐记异文考　（一卷）（清）俞樾撰；曲园杂纂
清同治至光绪 刻本
（春在堂全书）

J0141439
乐记异文考　（一卷）（清）俞樾撰
德清俞氏 清光绪七年［1881］刻本 增刻 线装
（春在堂全书）

十行二十一字白口左右双边单鱼尾。收于《春在堂全书》之《曲园杂纂》中。作者俞樾（1821—1906），经学家。浙江德清人。字荫甫，号曲园，别号曲园居士、俞楼游客等。道光三十年进士，授翰林院编修，提督河南学政。致力于经学研究，也注重小说、戏曲。工书法，精篆、隶。著有《春在堂全书》《群经评议》《诸子评议》《茶香室经说》《俞楼杂志》等。

J0141440
乐记异文考　（一卷）（清）俞樾撰
德清俞氏 清光绪九年［1883］刻本 增修 线装
（春在堂全书）

十行二十一字白口左右双边单鱼尾。收于《春在堂全书》之《曲园杂纂》中。

J0141441
乐记异文考　（一卷）（清）俞樾撰
德清俞氏 清光绪十五年［1889］刻本 线装
（春在堂全书）

十行二十一字白口左右双边单鱼尾。收于《春在堂全书》之《曲园杂纂》中。

J0141442
乐记异文考　（一卷）（清）俞樾撰
清光绪二十三年［1897］石印本 线装
（春在堂全书）

分上下两栏每栏二十行二十一字白口左右双边单鱼尾。收于《春在堂全书》之《曲园杂纂》中。

J0141443
乐记异文考　（一卷）（清）俞樾撰
德清俞氏 清光绪二十五年［1899］刻本 增修 线装
（春在堂全书）

十行二十一字白口左右双边单鱼尾。收于《春在堂全书》之《曲园杂纂》中。

J0141444
圣宋皇祐新乐图记　（三卷）（宋）阮逸，（宋）胡瑗撰
清末至民国初 抄本 有图 线装

J0141445
乐部　（一卷）
济南 皇华馆书局 清同治十年［1871］刻本 补刻 线装
（玉函山房辑佚书）

九行二十字小字双行同白口四周双边单鱼尾。收于《玉函山房辑佚书》经编乐类中。

J0141446
乐部　（一卷）
济南 皇华馆书局 清同治十年［1871］刻本

重印 线装
(玉函山房辑佚书)
九行二十字小字双行同白口四周双边单鱼尾。收于《玉函山房辑佚书》经编乐类中。

J0141447
乐部 (一卷)(清)马国翰辑
济南 皇华馆书局 清同治十年[1871]刻本
(玉函山房辑佚书)

J0141448
乐部 (一卷)(清)马国翰辑
长沙 嫏嬛馆 清光绪九年[1883]刻本
(玉函山房辑佚书)

J0141449
乐部 (一卷)(清)马国翰辑
楚南湘远堂 清光绪十年[1884]刻本
(玉函山房辑佚书)

J0141450
乐部 (一卷)(清)马国翰辑
章邱李氏 清光绪十年[1884]刻本 印
(玉函山房辑佚书)
据马氏刻本重印。

J0141451
乐社大义 (一卷)(南朝)梁武帝撰;(清)马国翰辑
济南 皇华馆书局 清同治十年[1871]刻本
(玉函山房辑佚书)

J0141452
乐社大义 (一卷)(南朝)梁武帝撰;(清)马国翰辑
长沙 嫏嬛馆 清光绪九年[1883]刻本
(玉函山房辑佚书)

J0141453
乐社大义 (一卷)(南朝)梁武帝撰;(清)马国翰辑
楚南湘远堂 清光绪十年[1884]刻本
(玉函山房辑佚书)

J0141454
乐纬动声仪 (一卷)(魏)宋均注
济南 皇华馆书局 清同治十年[1871]刻本
补刻 线装
(玉函山房辑佚书)
九行二十字小字双行同白口四周双边单鱼尾。收于《玉函山房辑佚书》经编纬书类中。作者宋均(? -76),东汉南阳安众(今河南邓州东北)人,字叔庠。少以父任为郎,后历任东海相、尚书令、司隶校尉、河内太守等职。为郑玄之后纬书注家中的重要人物,著作丰富。

J0141455
乐纬动声仪 (一卷)(魏)宋均注
济南 皇华馆书局 清同治十年[1871]刻本
重印 线装
(玉函山房辑佚书)
九行二十字小字双行同白口四周双边单鱼尾。收于《玉函山房辑佚书》经编纬书类中。

J0141456
乐纬稽耀嘉 (一卷)(魏)宋均注
济南 皇华馆书局 清同治十年[1871]刻本
补刻 线装
(玉函山房辑佚书)
九行二十字小字双行同白口四周双边单鱼尾。收于《玉函山房辑佚书》经编纬书类中。

J0141457
乐纬稽耀嘉 (一卷)(魏)宋均注
济南 皇华馆书局 清同治十年[1871]刻本
重印 线装
(玉函山房辑佚书)
九行二十字小字双行同白口四周双边单鱼尾。收于《玉函山房辑佚书》经编纬书类中。

J0141458
乐纬稽耀嘉 (一卷)(三国魏)宋均注;(清)马国翰辑
济南 皇华馆书局 清同治十年[1871]刻本
(玉函山房辑佚书)

J0141459
乐纬稽耀嘉 (一卷)(三国魏)宋均注;(清)马国翰辑

长沙 嫏嬛馆 清光绪九年[1883]刻本
(玉函山房辑佚书)

J0141460
乐纬稽耀嘉 (一卷)(三国魏)宋均注;(清)马国翰辑
楚南湘远堂 清光绪十年[1884]刻本
(玉函山房辑佚书)

J0141461
乐纬稽耀嘉 (一卷)(三国魏)宋均注;(清)马国翰辑
章邱李氏 清光绪十年[1884]刻本
(玉函山房辑佚书)
据马氏刻本重印。

J0141462
乐纬稽耀嘉 (一卷)(三国魏)宋均注;(清)马国翰辑
文选楼 清光绪十五年[1889]刻本
(玲珑山馆丛书)

J0141463
乐纬叶图征 (一卷)(魏)宋均注
济南 皇华馆书局 清同治十年[1871]刻本补刻 线装
(玉函山房辑佚书)
九行二十字小字双行同白口四周双边单鱼尾。收于《玉函山房辑佚书》经编纬书类中。

J0141464
乐纬叶图征 (一卷)(魏)宋均注
济南 皇华馆书局 清同治十年[1871]刻本重印 线装
(玉函山房辑佚书)
九行二十字小字双行同白口四周双边单鱼尾。收于《玉函山房辑佚书》经编纬书类中。

J0141465
乐纬叶图征 (一卷)(三国魏)宋均注;(清)马国翰辑
济南 皇华馆书局 清同治十年[1871]刻本
(玉函山房辑佚书)

J0141466
乐纬叶图征 (一卷)(三国魏)宋均注;(清)马国翰辑
长沙 嫏嬛馆 清光绪九年[1883]刻本
(玉函山房辑佚书)

J0141467
乐纬叶图征 (一卷)(三国魏)宋均注;(清)马国翰辑
楚南湘远堂 清光绪十年[1884]刻本
(玉函山房辑佚书)

J0141468
乐纬叶图征 (一卷)(三国魏)宋均注;(清)马国翰辑
章邱李氏 清光绪十年[1884]刻本 重印
(玉函山房辑佚书)
据马氏刻本重印。

J0141469
乐纬叶图征 (一卷)(三国魏)宋均注;(清)马国翰辑
文选楼 清光绪十五年[1889]刻本
(玲珑山馆丛书)

J0141470
乐器编 (五卷)(清)张江撰
大文书局 清光绪
(三订四书辨疑)

J0141471
乐器编 (五卷)(清)张江辑
清光绪至民国初 抄本 毛装
本书由《乐器编五卷》(清)张江辑、《武备编四卷》(清)张江辑合订。

J0141472
泛引乐纬 (一卷)(清)乔松年辑
强恕堂 清光绪三年[1877]刻本
(乔勤恪公全集)

J0141473
泛引乐纬 (一卷)(清)乔松年辑
民国
(山右丛书初编)

J0141474
乐动声仪　(一卷)(清)乔松年辑
强恕堂 清光绪三年[1877]刻本
(乔勤恪公全集)

J0141475
乐动声仪　(一卷)(清)乔松年辑
民国
(山右丛书初编)

J0141476
乐稽耀嘉　(清)乔松年辑
强恕堂 清光绪三年[1877]刻本
(乔勤恪公全集)

J0141477
乐稽耀嘉　(清)乔松年辑
民国
(山右丛书)

J0141478
乐叶图征　(一卷)(清)乔松年辑
强恕堂 清光绪三年[1877]刻本
(乔勤恪公全集)

J0141479
乐叶图征　(一卷)(清)乔松年辑
民国
(山右丛书初编)

J0141480
音乐考　(一卷)(明)杨慎撰;(清)郑宝琛纂辑
清光绪八年[1882]刻本 线装
(总纂升庵合集)

J0141481
馆律分韵初编　(五卷)(清)延清辑
延氏锦官堂 清光绪十八年[1892]石印本 线装
　　分五册。九行二十二字黑口四周单边。

J0141482
钦定诗经乐谱　(三十卷 目录一卷)(清)邹奕孝总纂
广雅书局 清光绪二十五年[1899]刻本 线装
(武英殿聚珍版书)
　　分二十一册。收于《武英殿聚珍版书》经部中。

J0141483
乐典　(六编 附录一编)李燮羲编译;高连科校改
京师 学部图书局 清宣统元年[1909]石印本 线装
　　十行二十四字白口四周双边单鱼尾。

J0141484
冯氏乐书　(四种)冯水撰
京师 桐乡冯水 民国 刻本 有图 线装
(桐乡冯氏冰庵丛书)
　　分四册。

J0141485
国乐略述　王焕彩撰
民国 油印本 有图 线装
　　本书由《国乐略述》《工尺谱》《音乐开篇》合订。

J0141486
河间献王乐记　(清)任兆麟章句
民国 抄本 线装
(匡剑堂先生遗稿)
　　收于《匡剑堂先生遗稿》之《汉儒理学》六种中。

J0141487
学曲例言　(附遏云阁曲谱印行)天虚我生著
[民国]10叶 有图 20cm(32开)

J0141488
音乐史　柯政和编
北平 国立北平师范大学 民国 有表 线装

J0141489
音乐史　柯政和编
北平 国立北平师范大学 民国 有表 线装
　　本书由《音乐教学法》《音乐史》柯政和编、《唱歌教材研究》张秀山编合订。

J0141490
中乐寻源　(二卷)童斐撰
民国 石印本 线装

J0141491
中乐寻源　（二卷）童斐撰
上海 商务印书馆 民国二十二年［1933］石印本
有图及表 线装

J0141492
中西音乐大会　中西音乐大会编
上海 联华银行、新闻报、申报（主办）［民国］
16页 有像［19cm］（32开）
本书为节目单，附曲目简介。

J0141493
歌曲百法　（元）赵孟頫原著
上海 锦文堂 民国十年［1921］［影印本］
21cm（32开）定价：六角（全2册）
分二册。本书为元代赵孟頫原著，锦文堂主人又辑入陶九成、丹柯先生、涵虚子、赵孟頫等人撰写的几篇戏曲论著，论及四声五音、板眼唱法等问题。另收《南词仙吕宫正曲》《北词仙吕调套曲》，并有近60首工尺谱。

J0141494
晨风庐琴会记录　（二卷）周庆云编
民国十一年［1922］刻本 蓝印 线装

J0141495
中国音乐史　（上卷）叶伯和著
叶伯和［自刊］1922年 86页 19cm（32开）
定价：大洋三角
本书内容包括：发明时代（黄帝以前）、进化时代（黄帝以后）、变迁时代（秦汉以后）、融合时代（宋元至现代），论述自上古至唐各时期声乐、乐器的起源，以及音阶的制定、国乐的制定、乐器的发展等。

J0141496
中国音乐史　叶伯和著
台北 贯雅文化事业公司 1993年 155页
21cm（32开）ISBN：957-9388-78-4
定价：TWD140.00

J0141497
中乐寻源　（二卷）童斐编纂
上海 商务印书馆 1926年 130页 19cm（32开）
定价：大洋八角
本书上卷分8章，讨论音乐起源、音乐与教育、律吕、乐器、宫调、音韵、谱式、声歌诸问题；下卷介绍歌谱（包括散曲）。书后附：1. 中声五降说；2. 腔调古简今繁说；3. 合唱独唱之异；4. 高音平音之感异；5. 淫声解。

J0141498
标注音乐古赋　刘诚甫编
上海 群众图书公司 1928年 54页 19cm（32开）
（音乐丛书）
本书考证和注释古人作品中有关音乐和乐器的词句。

J0141499
国立音乐专科学校一览　国立音乐专科学校编
［上海］国立音乐专科学校 1929年 42页
有照片 22cm（32开）
本书内收该校师生照片、概况、组织大纲、各科课程一览等。

J0141500
中国音乐史　（五篇 附编二卷）郑觐文撰
上海 大同乐会 民国十八年［1929］
有图表及像 线装
分四册。

J0141501
中国音乐小史　许之衡著
上海 商务印书馆 1930年 191页 18cm（小32开）
（万有文库 第一集 0737）
本书分20章，略述自上古至清各时期的音乐发展史。

J0141502
中国音乐小史　许之衡著
上海 商务印书馆 1933年 国难后1版 191页
19cm（32开）定价：大洋四角
（百科小丛书）

J0141503
中国音乐小史　许之衡著
上海 商务印书馆 1935年 国难后2版 191页
19cm（32开）定价：大洋四角
（百科小丛书）

J0141504
国立音乐专科学校五周纪念刊 国立音乐专科学校编
上海 国立音乐专科学校 1933 年［124］页
有肖像照片 26cm（16 开）
本书为国立音乐专科学校民国史料，有校史、法规、名录等。

J0141505
中国音乐史话 缪天瑞著
上海 良友图书印刷公司 1933 年 56 页
13cm（60 开）定价：一角
（一角丛书 68）
本书分 8 章，略述自秦汉至清各时期音乐发展及现代音乐的趋向等。

J0141506
中国音乐史 （上册）王光祈编
上海 中华书局 民国二十三年［1934］186 页
有图 18cm（32 开）定价：银一元二角（全 2 册）
（中华百科丛书）
本书分 10 章，论述律、调、乐谱、乐器、舞乐、歌剧、器乐的进化历史及乐队的组织等。

J0141507
中国音乐史 （下册）王光祈编
上海 中华书局 民国二十三年［1934］115 页
有图 18cm（32 开）定价：银一元二角（全 2 册）
（中华百科丛书）

J0141508
中国音乐史 王光祈编
上海 中华书局 1934 年 2 册（186；115）页
有图 18cm（32 开）定价：银一元二角
（中华百科丛书）

J0141509
中国音乐史 王光祈编
上海 中华书局 1941 年 3 版
2 册（186；115+［25］页）有图 19cm（32 开）
定价：国币一元八角
（中华百科丛书）

J0141510
中国音乐史 王光祈编
北京 音乐出版社 1957 年 2 册（186；115 页）
有图 18cm（32 开）统一书号：8026.478
定价：CNY1.60（全 2 册）

J0141511
中国音乐史 王光祈编
香港 中华书局香港分局 1989 年 影印本
19cm（32 开）精装 ISBN：962-231-631-X
（中华文史精刊）
本书由中华书局香港分局和上海书店联合出版。

J0141512
江西省推行音乐教育委员会庆祝元旦第十九次音乐会
1935 年 11 页 21cm（32 开）
本书为音乐会节目单，有曲目解说。

J0141513
儿童音乐会 （二十五年度）江西省推行音乐教育委员会编
［吉安］江西省推行音乐教育委员会 1936 年
20 页 有图 23cm（25 开）
本书为音乐会目录，包括儿童音乐会的节目单，对音乐会中《夜曲》《大军进行曲》《密纽挨特舞典》《土耳其进行曲》《伏尔加船夫曲》等乐曲的说明，对舒伯特、贝多芬、莫扎特、海顿等名作曲家的介绍。

J0141514
赓和录 （二卷）（清）何梦瑶撰
上海 商务印书馆 1936 年 影印本 2 册（316 页）
18cm（小 32 开）
（丛书集成初编 1663）
本书为中国古代音乐学专著。据《岭南遗书》本影印。

J0141515
赓和录 （一）（清）何梦瑶撰
北京 中华书局 1985 年 新 1 版 影印本 136 页
18cm（小 32 开）统一书号：17018.151
（丛书集成初编）

J0141516
赓和录 （二）（清）何梦瑶撰

北京 中华书局 1985年 新1版 影印本
137-316页 18cm(小32开)
统一书号:17018.151
(丛书集成初编)

J0141517
国立音乐专科学校校舍落成纪念特刊 国立音乐专科学校图书出版委员会编
上海 国立音乐专科学校庶务科 1936年 102页
有照片 26cm(16开)定价:国币三角
本书为民国时期上海音乐学院建筑资料,有校史、建筑经过、法规、名录等。

J0141518
乐经律吕通解 (五卷)(清)汪烜辑
上海 商务印书馆 1936年 3册(338页)
18cm(32开)
(丛书集成初编 1668—1670)
本书为中国古代音乐学专著,共五卷,据粤雅堂丛书本排印。本书作者汪绂(1692—1759),清代学者。初名烜,字灿人。婺源(今属江西)人。著有《易经诠义》《尚书诠义》《四书诠义》《春秋集传》《礼记章句》等。

J0141519
乐经律吕通解 (一)(清)汪烜学
北京 中华书局 1985年 新1版 117页
18cm(15开)统一书号:17018.151
(丛书集成初编)
本书为乐论、律学著作的合集,五卷。清同治元年(1862)据手写本刊行。卷一为《乐记》《乐经或问》;卷二、卷三为南宋蔡元定的《律吕新书》(上、下);卷三、卷四《续律吕新书》(上、下),有商务印书馆《丛书集成》初编据《粤雅堂丛书》本的排印本。

J0141520
乐经律吕通解 (二)(清)汪烜学
北京 中华书局 1985年 新1版 119-248页
18cm(32开)统一书号:17018.151
(丛书集成初编)

J0141521
乐经律吕通解 (三)(清)汪烜学
北京 中华书局 1985年 新1版 249~338页
18cm(15开)统一书号:17018.151
(丛书集成初编)

J0141522
韶舞九成乐补 (元)余载撰
上海 商务印书馆 1936年 影印本 66+174页
18cm(32开)
(丛书集成初编 1660)
本书为中国元代音乐学专著,由《韶舞九成乐》(元)余载撰、《律吕成书》(元)刘瑾撰合订。

J0141523
韶舞九成乐补 (元)余载撰
北京 中华书局 1985年 新1版 影印本
66+174页 18cm(32开)统一书号:17018.151
(丛书集成初编)
本书为中国元代音乐学专著,由《韶舞九成乐》(元)余载撰、《律吕成书》(元)刘瑾撰合订。

J0141524
香研居词麈 (清)方成培述
上海 商务印书馆 1936年 67页 18cm(32开)
(丛书集成初编 1672)
本书为中国古代音乐史,共五卷。据《读画斋丛书》本排印。

J0141525
非常时期我国音乐应有之趋向 华文宪著
庐山 暑期训练团 1937年 32页 20cm(32开)
本书为音乐理论专著。书前有陈诚的序及作者自序。

J0141526
民众歌咏ABC 刘良模编
昆明 云南省立民众教育馆民众歌咏团 1937年
24页 18cm(15开)定价:国币三分
本书内容为歌咏工作基本知识,包括怎样教民众唱歌、怎样获得音乐和时代的常识和怎样组织民众歌咏会3部分。

J0141527
诗经乐谱 (三十一卷)(清)弘历撰
长沙 商务印书馆 1937年 影印本
5册(3142+26页)18cm(32开)
(丛书集成初编 1675—1679)

本书原名《钦定诗经乐谱全书》。1788年乾隆敕撰。为历代诗乐中规模最大、收谱最多的刊本。共三十一卷，其中《诗经乐谱》三十卷，附《乐律正俗》一卷。据聚珍版丛书本影印。

J0141528
诗经乐谱 （一）清高宗撰
北京 中华书局 1985年 新1版 影印本 482页
18cm（32开）统一书号：17018.151
（丛书集成初编）
本套书为中国古代音乐乐谱研究。附《乐律正俗》。

J0141529
诗经乐谱 （二）清高宗撰
北京 中华书局 1985年 新1版 影印本
483-1192页 18cm（32开）统一书号：17018.151
（丛书集成初编）

J0141530
诗经乐谱 （三）清高宗撰
北京 中华书局 1985年 新1版 影印本 1193—1860页 18cm（32开）统一书号：17018.151
（丛书集成初编）

J0141531
诗经乐谱 （四）清高宗撰
北京 中华书局 1985年 新1版 影印本
1861—2540页 18cm（32开）
统一书号：17018.151
（丛书集成初编）

J0141532
诗经乐谱 （五）清高宗撰
北京 中华书局 1985年 新1版 影印本
2541—3142+26页 18cm（32开）
统一书号：17018.151
（丛书集成初编）

J0141533
战时后方歌咏 周钢鸣著
汉口 黎明书局 1937年 88页 19cm（32开）
定价：二角
（战时民众丛书）
本书为民国时期战时歌咏工作文集，分4个部分：歌咏运动的重要性、怎样扩大救亡歌咏组织、战时的歌咏工作、怎样唱怎样教怎样用材料。卷首有前言，书后附两篇附录及后记。

J0141534
中国音乐史 （日）田边尚雄著；陈清泉译
上海 商务印书馆 1937年 再版 241页 有图
18cm（小32开）精装 定价：国币二元
（中国文化史丛书 第二辑）
本书内分绪论、中亚音乐之扩散、西亚细亚音乐之东流、回教及蒙古勃兴之影响、国民音乐之确立、欧洲音乐之输入与中国音乐之世界化等6章。

J0141535
中国音乐史 （日）田边尚雄著；陈清泉译
上海 商务印书馆 1937年 241页 有图
19cm（32开）精装 定价：国币一元五角
（中国文化史丛书 第二辑）

J0141536
中国音乐史 （日）田边尚雄著；陈清泉译
上海 上海书店 1984年 影印本 241页
19cm（32开）
（中国文化史丛书 第二辑 15）

J0141537
中国音乐史 （日）田边尚雄著；陈清泉译
台北 台湾商务印书馆 1988年 7版 影印本
241页 有图 19cm（32开）定价：TWD1.40
（中国文化史丛书）
作者田边尚雄（1883—1984），日本音乐学家。生于东京。东京帝国大学物理学科毕业后，以研究生在校专攻声学，兼学音响心理学和生理学。创建东洋音乐学会，任会长。主要著作有《从最新科学所见的音乐原理》《东方音乐史》《日本音乐史》《音乐音响学》《日本的音乐》和《日本的乐器》等。

J0141538
中国音乐史 （日）田边尚雄著；陈清泉译
北京 商务印书馆 1998年 重印本 241页 有插图
19cm（32开）ISBN：7-100-01469-7
定价：CNY11.40
（中国文化史丛书）

J0141539
中国音乐史　（日）田边尚雄著
北京 商务印书馆 1998年 影印本 241页
19cm（小32开）ISBN：7-100-01469-7
定价：CNY11.40
（中国文化史丛书）

J0141540
福建省立音乐专科学校创立周年纪念刊
福建省立音乐专科学校编
永安 福建省立音乐专科学校 1941年 48页
26cm（16开）
本书为民国时期音乐高等专业学校的资料。内含：概况、师生一览表等。

J0141541
成都音乐馆创立纪念演奏大会　成都音乐馆编
［成都］成都音乐馆［1942年］21页
18cm（小32开）
本书为节目单，附曲目解说。书前有谈修的"幕前"。

J0141542
白石道人歌曲研究　杨荫浏撰
民国三十六年［1947］油印本 有表格 线装
作者杨荫浏（1899—1984），音乐教育家。字亮卿，号二壮，又号清如。出生于江苏无锡，曾就读于上海圣约翰大学文学系、光华大学经济系（今华东师范大学）。曾在重庆、南京任国立音乐学院教授兼国乐组主任，国立礼乐馆编纂和乐曲组主任，金陵女子大学音乐系教授。代表作品有《中国音乐史纲》《中国古代音乐史稿》。

J0141543
白石道人歌曲研究　杨荫浏著
北京 中央音乐学院民族音乐研究所 1955年 油印本 161页
（中央音乐学院民族音乐研究所油印资料 42）

J0141544
中国的古乐　刘伯远著
上海 世界书局 1947年 23页 18cm（15开）
定价：国币六角
（世界集刊）
本书共7章，包括：乐律与文化、中国文化的定性分析、国乐的价值、乐律兴废的历史观察、兴复国乐的基础、雅俗乐的分界、国歌问题。

J0141545
唐宋大曲之来源及其组织　阴法鲁著
北平 北京大学出版部 1948年 43页 26cm（16开）
（国立北京大学五十周年纪念论文集 10）
本书内容包括：大曲产生之背景、大曲之渊源及其曲名、大曲之结构。作者阴法鲁（1915—2002），古典文献专家、音乐史、舞蹈史专家。出生于山东肥城市。北京大学中文系教授。代表作品《古文观止译注》《中国古代文化史》等。

J0141546
新音乐运动论文集　吕骥辑
哈尔滨 新中国书局 1949年 337页 19cm（32开）
本书主要研究民国时期中国音乐创作文化思潮。内容包括：论新音乐与新音乐运动、论民族形式与民间音乐研究、论创作与歌咏工作、论作家与作品4辑。收吕骥、沙梅、李绿永、麦新、冼星海、贺绿汀、光未然、薛良、安波、焕之、舒模、彦克、向隅等人的论文52篇。作者吕骥（1909—2002），音乐家、作曲家。出生于湖南湘潭，就读于上海音乐专科学校。历任中央音乐学院副院长、中国音协主席。创作的《抗日军政大学校歌》等歌曲广为传唱。出版有《吕骥文选》。

J0141547
十月革命的第一声炮响　（庆祝伟大十月社会主义革命三十三周年音乐晚会 节目单）中央音乐学院演出
北京 中苏友好协会总会 1950年 有图
26cm（16开）

J0141548
在新音乐运动的行进中　夏白撰
上海 教育书店 1950年 251页 20cm（32开）
定价：13.00
（时代音乐丛书 1）
作者夏白（1919—　），作曲家。四川渠县人。毕业于四川省立戏剧音乐学校。后从事音乐编辑工作。中华人民共和国成立后任音协上海分会秘书长。曾为中国音协理事、上海文联委员。作有歌曲《迎着战斗的春天》，撰有评论集《在新音乐运动的行进中》。

J0141549
在新音乐运动的行进中　夏白著
上海 教育书店 1950年 再版 251页
21cm(32开)定价:十三元
(时代音乐丛书 1)

J0141550
在新音乐运动的行进中　夏白著
上海 教育书店 1951年 3版 251页 20cm(32开)
定价:旧币16,000元
(时代音乐丛书 1)

J0141551
1950年的音乐运动　中华全国音乐工作者协会辑;文教参考资料丛刊编辑委员会编辑
北京 中国全国音乐工作者协会 1951年 362页
18cm(小32开)定价:旧币12,300元
(文教参考资料丛刊)

J0141552
把上海音乐运动提高一步　中华全国音乐工作者协会上海分会辑
上海 教育书店 1951年 247页 21cm(32开)
定价:旧币15,000元
(上海音乐丛书 1)

J0141553
为提高音乐创作水平及广泛开展群众歌咏运动而斗争　李劫夫著
东北文联音乐工作委员会 1951年 16页
19cm(32开)

作者李劫夫(1913—1976),作曲家、音乐教育家。吉林农安人。笔名劫夫、劳歌。曾任延安人民剧社教员,西北战地服务团团员,东北野战军第九纵队文工团团长,东北音乐专科学校校长,沈阳音乐学院教授、院长等。中国音协第一、二届理事和辽宁分会主席。有《战地歌声》《歌唱二小放牛郎》《毛主席诗词歌曲集》《劫夫歌曲选》《劫夫歌曲百首》等。

J0141554
中国音乐史纲　杨荫浏撰
上海 万叶书店 1952年 342页 21cm(32开)
定价:旧币20,000元

J0141555
古代音乐史料说明　(六卷)民族音乐研究所古代音乐研究室辑
北京 民族音乐研究所 1953年 油印本 有图 线装

J0141556
古代音乐史料说明　中央音乐学院民族音乐研究所古代音乐研究室编
北京 中央音乐学院 1953年 油印本 线装

J0141557
中国音乐史参考图片　(第一辑)中央音乐学院民族音乐研究所编辑
上海 新音乐出版社 1954年 影印本
26cm(16开)定价:旧币20,000元

J0141558
中国音乐史参考图片　(第二辑)中央音乐学院民族音乐研究所编辑
上海 新音乐出版社 1954年 影印本 20幅
26cm(16开)定价:旧币20,000元

J0141559
中国音乐史参考图片　(第三辑)中央音乐学院民族音乐研究所编辑
上海 新音乐出版社 1954年 影印本 20幅
26cm(16开)定价:旧币20,000元

J0141560
中国音乐史参考图片　(第四辑)中国音乐学院民族音乐研究所编辑
北京 音乐出版社 1957年 影印本 26cm(16开)
统一书号:8026.392 定价:CNY2.10

J0141561
中国音乐史参考图片　(第五辑)中国音乐学院民族音乐研究所编辑
北京 音乐出版社 1957年 影印本 26cm(16开)
统一书号:8026.393 定价:CNY2.00

J0141562
中国音乐史参考图片　(第六辑 铜器及石刻上乐舞图像)民族音乐研究所编

北京 音乐出版社 1958年 影印本 20页
26cm(16开) 统一书号:8026.994
定价:CNY2.00

J0141563
中国音乐史参考图片 (第七辑 五代王建墓乐舞浮雕)民族音乐研究所编
北京 音乐出版社 1958年 影印本 24幅
26cm(16开) 统一书号:8026.995
定价:CNY2.30

J0141564
中国音乐史参考图片 (第八辑 琵琶专辑)中国音乐研究所编
北京 音乐出版社 1959年 影印本 38幅(套)
26cm(16开) 统一书号:8026.1191
定价:CNY3.50

J0141565
中国音乐史参考图片 (第九辑 北朝的伎乐天和伎乐人)中国音乐研究所编
北京 音乐出版社 1964年 34张(套)
26cm(16开) 定价:CNY3.25

J0141566
中国音乐史参考图片 (第十辑 古琴专辑)中国艺术研究院音乐研究所编
北京 人民音乐出版社 1987年 27页 26cm(16开)
ISBN:7-103-00159-6 定价:CNY2.75

J0141567
关于发扬"五四"以来音乐中社会主义现实主义传统研究资料 (三)中国音乐家协会创作委员会编
北京 中国音乐家协会创作委员会 1955年
油印本 77页 26cm(16开)

J0141568
关于发扬"五四"以来音乐中社会主义现实主义传统研究资料 (四)中国音乐家协会创作委员会编
北京 中国音乐家协会创作委员会 1955年
油印本 169页 26cm(16开)

J0141569
关于发扬"五四"以来音乐中社会主义现实主义传统研究资料 (八)中国音乐家协会创作委员会编
北京 中国音乐家协会创作委员会 1955年
油印本 18页 26cm(16开)

J0141570
关于发扬"五四"以来音乐中社会主义现实主义传统研究资料 (十)中国音乐家协会创作委员会编
北京 中国音乐家协会创作委员会 1955年
油印本 48页 26cm(16开)

J0141571
中国音乐史纲 杨荫浏著
北京 音乐出版社 1955年 342页 21cm(32开)
统一书号:031 定价:旧币19800元

本书依中国音乐发展的情况,分全部历史为3期,叙述有关调式、乐曲、乐律等各方面的史实。根据科学方法,论律学变迁,音韵原理,词曲规律,音响关系与音乐技术等问题,并暴露了复古派、雅乐派和国粹派的空虚与谬妄,从历来民间音乐的实际基础上,给中国音乐以初步的估价。

J0141572
中国音乐史料陈列室说明 中央音乐学院民族音乐研究所编
北京 中央音乐学院民族音乐研究所 1956年
54页 19cm(32开) 定价:CNY0.46

J0141573
教坊记 (唐)崔令钦著
上海 古典文学出版社 1957年 66页 19cm(32开)
统一书号:10080.77 定价:CNY0.22
(中国文学参考资料小丛书 第一辑 8)

本书由(唐)孙棨著《北里志》、(元)夏伯和《青楼集》合订。作者崔令钦,生卒年不详,唐博陵(今定州)人。开元年间为左金吾仓曹参军,官终国子司业。

J0141574
教坊记 (唐)崔令钦著
北京 中华书局 1959年 69页 19cm(32开)

统一书号：10018.207 定价：CNY0.22
（中国文学参考资料丛书）

J0141575
教坊记　（唐）崔令钦撰；罗济平校点
沈阳 辽宁教育出版社 1998年 19cm（32开）
ISBN：7-5382-5110-3 定价：CNY7.20
（新世纪万有文库 传统文化书系）
本书由（唐）南卓撰、罗济平校点《羯鼓录》，（唐）段安节撰、罗济平校点《乐府杂录》，（宋）王灼撰、罗济平校点《碧鸡漫志》，（清）方成培撰、杨柳校点《香研居词麈》合订。

J0141576
明乐八调研究　（日）林谦三著；张虔译
上海 上海音乐出版社 1957年 35页 21cm（32开）
统一书号：8127.060 定价：CNY0.26
（东方音乐研究译丛）
本书作者根据明代乐谱、器乐，并参照有关文献以探讨明乐八调及其乐曲，并触及一些关于唐宋以来俗乐调的演变问题。作者所根据的材料大部分是日本所保存的。内容包括：明乐之工尺谱乐器与宫调、仲吕均三调、无射均二调、夹钟均二调、夷则均一调等。书后“附谱”：《关山月》《清平调》《思归乐》《秋风辞》《白头吟》《估客乐》《玉台观》《观雎》。

J0141577
我国原始时期音乐试探　李纯一著
北京 音乐出版社 1957年 25页 有插图
19cm（32开）统一书号：8026.647
定价：CNY0.17
（中央音乐学院民族音乐研究所丛刊）

J0141578
中国古代音乐史稿　（第一分册）李纯一著
北京 音乐出版社 1958年 47页 有图版
21cm（32开）统一书号：8026.748
定价：CNY0.44
（中央音乐学院民族音乐研究所丛刊）
本书介绍了远古时期、夏代及殷代的音乐文物。共2章，包括：乐器实物及测音数据、各种图饰中的乐舞资料以及相关文献与今人研究成果等。简述远古、夏代与商代的社会和音乐概况。由于商代史料渐多，得以分述宫廷乐舞、贵族音乐享乐、音乐教育及乐器与音阶等项内容。书中附有测音资料和大量的文物图片。

J0141579
中国古代音乐史稿　（第一分册）李纯一著
北京 音乐出版社 1964年 2版 增订本 50页
有图 20cm（32开）统一书号：8026.748
定价：CNY0.67
（中国音乐研究所丛刊）

J0141580
中国古代音乐史稿　李纯一著
北京 人民音乐出版社 1984年 2版 增订版
50+17页 有照片 21cm（32开）
统一书号：8026.748 定价：CNY0.98

J0141581
白石道人歌曲通考　丘琼荪著
北京 音乐出版社 1959年 158页 有图
26cm（16开）统一书号：8026.867
定价：CNY2.00
（中国音乐研究所丛刊）
作者丘琼荪（1897—1964），民族音乐学家、古乐专家。字疆斋，上海嘉定人。毕业于江苏省立第一师范学校。曾任中国音乐学院中国音乐研究所研究员，上海市文史馆馆员。著有《白石道人歌曲通考》《汉大曲管窥》等。

J0141582
中国古代音乐史提纲　（初稿）中国音乐家协会，中国音乐研究所中国古代音乐史提纲编写小组编
北京 人民出版社 1959年 油印本 46页
26cm（16开）

J0141583
中国古代音乐图片　中国音乐研究所编
北京 音乐出版社 1959年 影印本 18张（套）
11×17cm 统一书号：8026.1190 定价：CNY1.00

J0141584
中国近、现代音乐史参考资料　（第一编 1840—1919）中国音乐家协会，中国音乐研究所编辑
北京 中国音乐家协会 1959年 油印本 219页

26cm(16开)
(参考资料103号)
本书由中国音乐家协会和中国音乐研究所联合编印。

J0141585
中国近、现代音乐史参考资料 (第二编 1919—1927 论文选辑) 中国音乐家协会, 中国音乐研究所编辑
北京 中国音乐家协会 1959年 油印本 261页 26cm(16开)
本书由中国音乐家协会和中国音乐研究所联合编印。

J0141586
中国近、现代音乐史参考资料 (第二编 1919—1927 第一辑) 中国音乐家协会, 中国音乐研究所编辑
北京 中国音乐家协会 1959年 油印本 595页 26cm(16开)
(参考资料106号)
本书由中国音乐家协会和中国音乐研究所联合编印。

J0141587
中国近、现代音乐史参考资料 (第二编 1919—1927 第二辑) 中国音乐家协会, 中国音乐研究所编辑
北京 中国音乐家协会 1959年 油印本 26cm(16开)
(参考资料111号)
本书由中国音乐家协会和中国音乐研究所联合编印。

J0141588
中国近、现代音乐史参考资料 (第三编 1927—1937 第一辑 聂耳专辑) 中国音乐家协会, 中国音乐研究所编辑
北京 中国音乐家协会 1959年 油印本 12+594页 26cm(16开)
(参考资料99号)
本书由中国音乐家协会和中国音乐研究所联合编印。

J0141589
中国近、现代音乐史参考资料 (第三编 1927—1937 第二辑) 中国音乐家协会, 中国音乐研究所编辑
北京 中国音乐家协会 1959年 油印本 478页 26cm(16开)
(参考资料115号)
本书由中国音乐家协会和中国音乐研究所联合编印。

J0141590
中国近、现代音乐史参考资料
(第三编 1927—1937 第三辑 论文选辑) 中国音乐家协会, 中国音乐研究所编辑
北京 中国音乐家协会 1959年 油印本 478页 26cm(16开)
(参考资料115号)
本书由中国音乐家协会和中国音乐研究所联合编印。

J0141591
中国近、现代音乐史参考资料
(第三编 1927—1937 第四辑 音乐作品选辑) 中国音乐家协会, 中国音乐研究所编辑
北京 中国音乐家协会 1959年 油印本 336页 26cm(16开)
(参考资料108号)
本书由中国音乐家协会和中国音乐研究所联合编印。

J0141592
中国近、现代音乐史参考资料 (第三辑 戏曲、说唱、音乐论文选辑) 中国音乐家协会, 中国音乐研究所编辑
北京 中国音乐家协会 1959年 油印本 452页 26cm(16开)
(参考资料110号)
本书由中国音乐家协会和中国音乐研究所联合编印。

J0141593
中国近、现代音乐史参考资料 (第四编 1937—1945 第一辑 论文选集) 中国音乐家协会, 中国音乐研究所编辑
北京 中国音乐家协会 1959年 油印本 2册

26cm(16开)
(参考资料96号)
本书由中国音乐家协会和中国音乐研究所联合编印。

J0141594
中国近、现代音乐史参考资料 (第四编 1937—1945 第二辑 论文、音乐作品选辑)中国音乐家协会,中国音乐研究所编辑
北京 中国音乐家协会 1959年 油印本 301页 26cm(16开)
(参考资料113号)
本书由中国音乐家协会和中国音乐研究所联合编印。

J0141595
中国近、现代音乐史参考资料 (第四编 1937—1945 第三辑 革命音乐家)中国音乐家协会,中国音乐研究所编辑
北京 中国音乐家协会 1959年 油印本 214页 26cm(16开)
(参考资料121号)
本书由中国音乐家协会和中国音乐研究所联合编印。

J0141596
中国近、现代音乐史参考资料 (参考性音乐作品辑录)中国音乐家协会,中国音乐研究所编
北京 中国音乐家协会 1959年 油印本 126页 有曲谱 26cm(16开)
(参考资料118号)

J0141597
中国近、现代音乐史纲要 (1840—1959 第一编)中国音乐家协会中国音乐研究所音乐史编辑组编
北京 中国音乐家协会中国音乐研究所音乐史编辑组 1959年 油印本 158页 26cm(16开)

J0141598
中国近、现代音乐史纲要 (1840—1959 第二编)中国音乐家协会中国音乐研究所音乐史编辑组编
北京 中国音乐家协会中国音乐研究所音乐史编辑组 1959年 油印本 135页 26cm(16开)

J0141599
中国近、现代音乐史纲要 (1840—1959 第三编)中国音乐家协会中国音乐研究所音乐史编辑组编
北京 中国音乐家协会中国音乐研究所音乐史编辑组 1959年 油印本

J0141600
中国近、现代音乐史纲要 (1840—1959 第四编)中国音乐家协会中国音乐研究所音乐史编辑组编
北京 中国音乐家协会中国音乐研究所音乐史编辑组 1959年 油印本 221页 26cm(16开)

J0141601
中国近、现代音乐史纲要 (1840—1959 第四编未定稿)中国音乐家协会中国音乐研究所音乐史编辑组编
北京 中国音乐家协会中国音乐研究所音乐史编辑组 1959年 油印本 221页 26cm(16开)环筒页装

J0141602
中国近、现代音乐史纲要 (1840—1959 第五编)中国音乐家协会中国音乐研究所音乐史编辑组编
北京 中国音乐家协会中国音乐研究所音乐史编辑组 1959年 油印本 45cm(5开)

J0141603
中国近、现代音乐史纲要 (1840—1959 第五编未定稿)中国音乐家协会中国音乐研究所音乐史编辑组编
北京 中国音乐家协会中国音乐研究所音乐史编辑组 1959年 油印本 49页 26cm(16开)环筒页装

J0141604
中国近代音乐史参考资料 (第一辑)中国音乐家协会,中国音乐研究所编辑
北京 中国音乐家协会 1959年 油印本 190页 26cm(16开)
本书由中国音乐家协会和中国音乐研究所联合编印。

J0141605
中国近代音乐史参考资料 （第三编 1927—1937 第二辑）中国音乐家协会，中国音乐研究所编辑
北京 中国音乐家协会 1959 年 油印本 45 页
本书由中国音乐家协会和中国音乐研究所联合编印。

J0141606
中国近代音乐史参考资料 （第四编 1937—1945 第一辑 论文选辑）中国音乐家协会，中国音乐研究所编辑
北京 中国音乐家协会 1959 年 油印本 2 册
本书由中国音乐家协会和中国音乐研究所联合编印。

J0141607
中国音乐故事 王慧良编著
香港 中华书局 1959 年 36 页 有图 18cm（32 开）
定价：HKD0.40
（中华通俗文库）

J0141608
春秋战国时代儒、墨、道三家在音乐思想上的斗争 （捷）X. 伍康妮（Drorska，Xenle）著
北京 音乐出版社 1960 年 104 页 19cm（32 开）
统一书号：8026.1390 定价：CNY0.49
本书由中国音乐家协会和中国音乐研究所联合编印。

J0141609
湖南音乐普查报告 中国音乐研究所编
北京 音乐出版社 1960 年 618 页 20cm（32 开）
统一书号：8026.1275 定价：CNY3.70

J0141610
中国古代音乐书目 （初稿）中央音乐学院中国音乐研究会编
北京 音乐出版社 1961 年 131 页 19cm（32 开）
统一书号：8026.1471 定价：CNY0.91

J0141611
教坊记笺订 （唐）崔令钦著；任半塘笺订
上海 中华书局 1962 年 288 页 有表
20cm（32 开）统一书号：10018.5050
定价：CNY1.40
本书为记载盛唐教坊与音乐情况的史料专著，今仅传残本，叙教坊制度与人事凡 12 则（内附曲名 13）；列曲名表，载曲名 325 个；另录曲调本事 5 则。笺订本就原传本补充 3 处，增列曲名 2 个，补曲调本事 2 处。又据大量唐代史料，从理论与考据两方面，对原著进行翔实的笺释，范围所及，超出原著。书后附录 6 种，其中《曲目流变表》对研究戏曲音乐源流具有重要价值。

J0141612
教坊记笺订 （唐）崔令钦撰
台北 宏业书局 1973 年 288 页 21cm（32 开）
精装 定价：TWD60.00

J0141613
墨子·非乐 吉联抗译注
北京 音乐出版社 1962 年 41 页 19cm（32 开）
统一书号：8026.1673 定价：CNY0.24
（古代音乐论著译注小丛书）
本书为中国先秦时代音乐理论。本书所辑，包括《三辩第七》《非乐·上第三十二》2 个全篇，还从其他各篇辑录了有关“非乐”的文字及后人传述的有关墨家“非乐”的佚文、佚事。正文之前有译注者自序，简要介绍墨子其人其书及其“非乐”理论。书末附载译注者所撰《墨家“非乐”的初步批判》。

J0141614
墨子·非乐 吉联抗译注
北京 人民音乐出版社 1987 年［修订本］重印本
41 页 21cm（32 开）统一书号：8026.1673
定价：CNY0.49
（古代音乐论著译注小丛书）
本书阐述了墨子的“非乐”理论，即反对音乐、反对音乐活动，反对一切享受作乐。墨家认为音乐不能当饭吃，当衣穿，没有物质的意义。

J0141615
内部资料介绍 （中国近现代音乐史专题目录 2）中央音乐学院中国音乐研究所［编］
北京 中央音乐学院中国音乐研究所 1962 年
油印本 19 页 13×18cm

J0141616
中国古代乐论选辑 吴钊等编选
北京 中央音乐学院中国音乐研究所 1962年
475页 20cm(32开) 定价: CNY2.00
(《民族音乐》参考资料 之一。)

作者吴钊(1935—),古琴兼音乐史家。生于江苏苏州市。中国艺术研究院音乐研究所任职。代表作品《追寻逝去的音乐足迹——图说中国音乐史》《中国音乐史略》等。

J0141617
中国古代音乐史料辑要 (第一辑)中央音乐学院中国音乐研究所编
北京 中华书局 1962年 影印本 1250页 有插图
26cm(16开) 精装 统一书号: 8018.2
定价: CNY22.00

J0141618
孔子 孟子 荀子乐论 吉联抗译注
北京 音乐出版社 1963年 62页 18cm(15开)
统一书号: 8026.1720 定价: CNY0.31
(古代音乐论著译注小丛书)

本书系《论语》《孟子》《荀子》3种先秦典籍中有关论乐文字的纂辑译注本,为《古代音乐论著译注小丛书》中的第3种。本书所辑,除《荀子》书中《乐论》篇为完整篇章外,其他则为散见于《论语》《孟子》及《荀子》各篇章中有关音乐的文字。其中《荀子·乐论篇》被认为是中国最早的一篇完整的音乐美学专著,具有很高的历史价值。译注本所据《论语》为何晏集解本,《孟子》为朱熹集注本,《荀子》为王先谦集解本。各书均单独立目,先列原文,继以今译,后以注释。附录系摘近人关于荀子其人、其书、其思想大要等有关论述文字。

J0141619
孔子 孟子 荀子乐论 吉联抗译注
北京 人民音乐出版社 1980年 重印本 61页
20cm(32开) 统一书号: 8026.1720
定价: CNY0.38
(古代音乐论著译注小丛书)

作者吉联抗(1916—1989),江苏无锡人。历任上海大中华唱片厂厂长、北京广播器材厂副厂长、中央广播乐团副团长、《人民音乐》杂志副主编、中国音乐家协会民族音乐委员会副主任等职。中国音乐家协会理论委员会副主任,中国音乐史学学会会长。创作抗战歌曲200多首,理论著述以近现代音乐人物研究及古代音乐史料的整理、译注为主。

J0141620
吕氏春秋音乐文字译注 吉联抗译注
上海 上海文艺出版社 1963年 50页 19cm(32开)
统一书号: 8078.2163 定价: CNY0.30

J0141621
音乐文化交流资料 (12 国外对我国音乐的反映 1961—1963.4汇编)中国音乐家协会对外联络委员会编著
北京 中国音乐家协会对外联络委员会 1963年
112页 20cm(32开)

J0141622
中国现代音乐史纲 汪毓和主编
北京 中央音乐学院 1963年 146页 20cm(32开)
定价: CNY0.70

本书介绍了中国现代音乐中声乐、器乐、歌剧、舞剧音乐及影视音乐的发展;音乐评论与音乐理论研究的成果。作者汪毓和(1929—2013),音乐评论家、音乐教育家。四川成都人。毕业于中央音乐学院作曲系,中央音乐学院教授、音乐研究所所长,《人民音乐》副主编,中国音乐史学会副会长。著作有《中国近现代音乐史》《聂耳评传》《中国现代音乐史纲1949—1986》。

J0141623
历代乐志律志校释 (第一册)丘琼荪校释
北京 中华书局 1964年 268页 21cm(32开)
统一书号: 11018.497 定价: CNY1.40

作者丘琼荪(1897—1964),民族音乐学家、古乐专家。字疆斋,上海嘉定人。毕业于江苏省立第一师范学校。曾任中国音乐学院中国音乐研究所研究员,上海市文史馆馆员。著有《白石道人歌曲通考》《汉大曲管窥》等。

J0141624
历代乐志律志校释 (第一分册)丘琼荪校释
北京 人民音乐出版社 1999年 27+268页
20cm(32开) 精装 ISBN: 7-103-01692-5
定价: CNY41.10

（中国古代音乐文献丛刊）

本册为史汉之部，其中包括史记乐书、律书，汉书乐志（原为礼乐志）、律志（原为律历志），后汉书律志三大部分。

J0141625
历代乐志律志校释 （第二分册）丘琼荪校释
北京 人民音乐出版社 1999 年 366 页
20cm（32 开）精装 ISBN：7-103-01693-3
定价：CNY43.80
（中国古代音乐文献丛刊）

本册为晋、宋、（南）齐、（北）魏之部，其中包括晋、宋、魏三书之乐志、律志，及南齐书乐志。

J0141626
中国古代音乐简史 廖辅叔编著
北京 音乐出版社 1964 年 141 页 20cm（32 开）
统一书号：K8026.2051 定价：CNY0.81

J0141627
中国古代音乐简史 廖辅叔编著
北京 人民音乐出版社 1982 年 重印本 141 页
20cm（32 开）统一书号：8026.2051
定价：CNY0.81

本书共 5 编 7 章：第一编，原始社会的音乐；第二编，奴隶社会的音乐（公元前 21 世纪～公元前 475 年）；第三编，封建社会前期的音乐（公元前 475 年～公元 589 年）；第四编，封建社会中期的音乐（公元 581 年～公元 1368 年）；第五编，封建社会后期的音乐（公元 1368 年～公元 1840 年）。作者对每个历史时期的音乐形式、乐器、音乐思想理论、作家、作品、音乐教育、音乐机构等方面作了简要的介绍，并力图对一些音乐历史现象做出科学的解释和分析。

J0141628
中国古代音乐简史 廖辅叔编著
北京 人民音乐出版社 1985 年 重印本 141 页
21cm（32 开）统一书号：8026.2051
定价：CNY1.20

本书介绍了原始社会、奴隶制社会、封建社会各个时期的音乐历史。

J0141629
中国古代音乐史
北京［中央音乐学院］1964 年 27cm（16 开）

J0141630
中国古代音乐史稿 （上册）杨荫浏著
北京 音乐出版社 1964 年 13+319 页 有图表
21cm（32 开）统一书号：K8026.2090
定价：CNY2.50

J0141631
中国古代音乐史稿 （中册）杨荫浏著
北京 音乐出版社 1966 年 321-526 页 有图表
21cm（32 开）统一书号：K8026.N6
定价：CNY1.20

本书为中国古代音乐史。书后附录：曲例索引、图片索引、参考书目索引及名词索引。

J0141632
中国古代音乐史稿 杨荫浏著
北京 人民音乐出版社 1981 年 2 册（1070 页）
有图 21cm（32 开）统一书号：8026.3434
定价：CNY8.75，CNY10.10（精装）

全书分上、下 2 册。上册起自远古时代止于宋代，下册包含元、明、清 3 个朝代。通过对大量的历史文献、出土器物、图片资料、砖雕壁画，以及乐谱的研究，理出了中国音乐发展的线索，包括：历代乐器的种类以及发展沿革；乐律理论和实际应用；乐种的发展和衍变；音乐教育机构的情况及变革；音乐家及重要音乐作品的介绍等。除广泛涉猎历史资料外，还十分注重民间音乐的实地考察，如对西安鼓乐的研究，对民间器乐作品的研究等。书末附《曲例索引》《图片索引》《参考书目索引》《名词索引》。

J0141633
商鞅 荀况 韩非音乐论述评注 中国人民解放军一五五三部队特务连理论组，中央“五七”艺术大学音乐学院理论组编
北京 人民音乐出版社 1975 年 86 页 20cm（32 开）
统一书号：8026.3132 定价：CNY0.28

J0141634
中国音乐史论稿 张世彬著
香港 友联出版社 1975 年 2 册（495 页）有图

21cm（32 开）

外文书名：Historical Studies of Chinese Music.

J0141635

吕氏春秋中的音乐史料　吉联抗辑译

上海 上海文艺出版社 1978 年 2 版 57 页

19cm（32 开）统一书号：8078.2163

定价：CNY0.32

J0141636

吕氏春秋中的音乐史料　吉联抗辑译

上海 上海文艺出版社 1983 年 57 页

19cm（小 32 开）

J0141637

清史乐志之研究　陈万鼐著

台北 台北故宫博物院 1978 年 370 页 有图

21cm（32 开）

（故宫丛刊甲种 9）

J0141638

中华乐学通论（第一编 乐史）黄体培著

台北 国乐会 1978 年 240 页 25cm（15 开）

定价：TWD200.00

J0141639

中华乐学通论（第二编 乐律）黄体培著

台北 国乐会 1978 年 240 页 25cm（21 开）

定价：TWD200.00

J0141640

中华乐学通论（第三编 乐器）黄体培著

台北 国乐会 1978 年 25cm（21 开）

定价：TWD200.00

J0141641

中华乐学通论（第四编 乐谱）黄体培著

台北 国乐会 1978 年 25cm（21 开）

定价：TWD200.00

J0141642

《梦溪笔谈》音乐部分注释　中央民族学院艺术系文艺理论组注释

北京 人民音乐出版社 1979 年 83 页 20cm（32 开）

统一书号：8026.3488 定价：CNY0.41

中国北宋古代音乐研究。辑录《梦溪笔谈》中有关音乐的论述，每个条目都有较为详细的注释。共 5 部分：一、乐器与演奏，以及有关这方面的传闻；二、音乐评论；三、古乐、古曲考证；四、有关音乐问题的随感；五、调、乐律、乐论的考释。

J0141643

新旧唐书音乐志　云南大学历史系民族历史研究室辑

［昆明］云南大学历史系民族历史研究室

1979 年 油印本 线装

（云南史料丛刊）

本书附《新旧唐书骠国传》。收于《云南史料丛刊》第十二辑中。

J0141644

《非乐》浅释　刘兰［著］

昆明 云南艺术学院音乐系 1980 年 油印本

28 页 24cm（26 开）

J0141645

白居易与音乐（中国音乐史专题研究）刘兰著

［云南艺术学院音乐系］1980 年 油印本 70 页

25cm（小 16 开）

J0141646

白居易与音乐　刘兰著

上海 上海文艺出版社 1982 年 116 页

25cm（15 开）统一书号：8078.3383

定价：CNY0.48

（音乐爱好者丛书）

J0141647

白居易与音乐　刘兰著

上海 上海文艺出版社 1983 年 116 页

25cm（小 16 开）定价：CNY0.48

本书通过白居易的大量诗词，介绍和分析了他在描写、评论音乐方面的辉煌成就。

J0141648

春秋战国音乐史料　吉联抗辑译

上海 上海文艺出版社 1980 年 104 页

19cm（32 开）统一书号：8078.3187

定价：CNY0.49

本书收集了《春秋左传》《国语》《战国策》以及《史记》中记载的音乐史料。附《春秋战国音乐史料索引》。

J0141649
两汉论乐文字辑译 吉联抗译注
北京 人民音乐出版社 1980年 142页
21cm(32开)统一书号:8026.3661
定价:CNY0.63
(古代音乐论著译注小丛书)

本书所辑两汉文献共12种另附4种，共计78篇。其中12种文献有:《晏子春秋》、陆贾《新语》、韩婴《韩诗外传》、《春秋繁露》(附《对策》)、刘安等《淮南鸿烈》、桓宽《盐铁论》、刘向《新序》、《说苑》(附《别录》、《琴录》)、扬雄《法言》(附《琴清英》)、桓谭《新论》、班固《白虎通·礼乐》、王充《论衡》。所辑各书均单独立目，下加解题，说明撰著者及版本等情况。辑文依原书先后顺序编排，有子目的冠以子目，分段加入今译与注文。

J0141650
嘉峪关魏晋墓砖壁画乐器考 牛龙菲著
兰州 甘肃人民出版社 1981年 97页 有照片
21cm(32开)统一书号:8096.779
定价:CNY0.80

J0141651
秦汉音乐史料 吉联抗著
上海 上海文艺出版社 1981年 191页
19cm(32开)统一书号:8078.3247
定价:CNY0.85

本书内容包括:《史记》中的秦、汉音乐史料;《汉书》中的音乐史料;《后汉书》中的音乐史料;《西京杂记》中的音乐史料。史料共178条，其中属于事迹的75条，属于人物的29条，属于作品的59条，属于律吕的4条，属于艺文、著录、音乐思想的11条。书后附《秦汉音乐史料分类系年索引》。作者吉联抗(1916—1989)，江苏无锡人。历任上海大中华唱片厂厂长、北京广播器材厂副厂长、中央广播乐团副团长、《人民音乐》杂志副主编、中国音乐家协会民族音乐委员会副主任等职。中国音乐家协会理论委员会副主任，中国音乐史学学会会长。创作抗战歌曲200多首，理论著述以近现代音乐人物研究及古代音乐史料的整理、译注为主。

J0141652
中国古代乐论选辑 文化部文学艺术研究院音乐研究所编
北京 人民音乐出版社 1981年 476页
21cm(32开)统一书号:8026.3639
定价:CNY3.55

历代文献中具有一定美学意义的论乐文字资料总汇。所选录的文献，上自先秦下至清末，包括经传、诸子、文集、总集及各种类书、丛书等，总计130余种300余篇。全书按文献出现的时代先后为序编排，仅辑录原文，不加注译。分先秦、两汉、魏晋南北朝、隋唐、宋元、明清6大部分，基本上汇集了上下两千余年间不同历史时期最具代表性的乐论资料。

J0141653
皇朝政典类纂 (乐)席裕福，沈师徐辑
台北 文海出版社有限公司 1982年 影印本
6537—6844页 21cm(32开)精装
定价:TWD4300.00(全10册)
(近代中国史料丛刊续编 901)

J0141654
宋书乐志校注 (南朝梁)沈约著;苏晋仁，萧炼子校注
济南 齐鲁书社 1982年 473页 21cm(32开)
统一书号:10206.24 定价:CNY1.80

J0141655
魏晋南北朝音乐史料 吉联抗辑译
上海 上海文艺出版社 1982年 230页
19cm(32开)统一书号:8078.3321
定价:CNY1.00

J0141656
中国新音乐史话 许常惠著
台北 百科文化事业股份有限公司 1982年
169页 21cm(32开)
(许常惠音乐论丛 3)

J0141657
中国音乐史纲要 沈知白著
上海 上海文艺出版社 1982年 108页 有照片

19cm（32 开）统一书号：8078.3395
定价：CNY0.60

J0141658
中国音乐与文学史话集 黄炳寅著
台北 1982 年 227 页 19cm（32 开）
定价：TWD110.00
（书的世界 55）

J0141659
1949—1979 中国音乐大事记 （初稿）中国艺术研究院音乐研究所资料室编
［北京］［中国艺术研究院音乐研究所］1983 年 165 页 26cm（16 开）定价：CNY1.20

J0141660
中国古代音乐史 福建师范大学艺术系翻印
［福州］［福建师范大学艺术系］1983 年 105 页 25cm（15 开）

J0141661
中国历代音乐家 李脉著
台北 星光出版社 1983 年 489 页 21cm（32 开）
定价：TWD150.00
（双子星丛书 269）

本书是中国历代音乐家生平选集。封面题：惊天地、泣鬼神、音乐家悲欢离合故事。国乐家庄本立先生特别推荐并序。

J0141662
中国音乐史略 吴钊，刘东升编
北京 人民音乐出版社 1983 年 408 页
21cm（32 开）统一书号：8026.4084
定价：CNY2.20

本书共分 6 章：远古先秦音乐、秦汉魏晋南北朝音乐、隋唐音乐、宋元音乐、明清音乐、近代音乐。

J0141663
敦煌石窟音乐 庄壮著
兰州 甘肃人民出版社 1984 年 112 页 有照片
21cm（32 开）统一书号：8096.1049
定价：CNY0.73

本书共分为中原、西域音乐艺术的交流和壁画伎乐图像；壁画中所见的乐器、乐队、乐舞图像；敦煌卷子中的音乐记载；历代洞窟伎乐盛况 4 个部分。

J0141664
福建音乐史料 （第一集）中国音协福建分会等编
福州 中国音协福建分会 1984 年 77 页
19cm（32 开）

J0141665
乐动声仪 （一卷）
扬州 江苏广陵古籍刻印社 1984 年 刻本 重印 线装
（黄氏逸书考）

本书据民国二十三至二十六年江都朱氏补刻清道光间甘泉黄氏刻版重印。收于《黄氏逸书考》通纬中。

J0141666
乐稽耀嘉 （一卷）
扬州 江苏广陵古籍刻印社 1984 年 刻本 重印 线装
（黄氏逸书考）

本书据民国二十三至二十六年江都朱氏补刻清道光间甘泉黄氏刻版重印。收于《黄氏逸书考》之《通纬》中。

J0141667
乐协图征 （一卷）
扬州 江苏广陵古籍刻印社 1984 年 刻本 重印 线装
（黄氏逸书考）

本书据民国二十三至二十六年江都朱氏补刻清道光间甘泉黄氏刻版重印。收于《黄氏逸书考》通纬中。

J0141668
释智匠古今乐录 （一卷）（陈释）智匠撰
扬州 江苏广陵古籍刻印社 1984 年 刻本 重印 线装
（黄氏逸书考）

本书又名《古今乐录》，是一部记述自汉迄南朝陈宫廷乐事的著作。全书已佚，佚文散见于《乐府诗集》《太平御览》《初学记》等书。引用此书最多为北宋后期郭茂倩所编《乐府诗集》，征引次数达 201 次之多。从其所引佚文来看，作者释智匠精通音律，熟知当时乐府乐事并颇有研究，同时能够得见前朝乐书，并将其记载与梁、陈时音乐进行比较，撰成此书。收辑汉太乐食举曲、汉鼓吹铙歌、魏鼓吹曲、宋鼓吹铙歌、梁鼓角横吹曲、相和歌、清商乐、梁雅歌、琴曲、散乐、舞曲等篇章。是研究魏、晋、六朝音乐发展的详尽资料，具有重要的史料价值。收于《黄氏逸书考》之《子史钩沉》中。

J0141669
通讯　（8 学会 1983 年干事扩大会专号之一 1）
聂耳，冼星海学会
聂耳、冼星海学会 1984 年 58 页 有图
19cm（32 开）

J0141670
中国古代音乐史话　田青编著
上海 上海文艺出版社 1984 年 230 页
18cm（小 32 开）统一书号：8078.3481
定价：CNY0.89
（音乐爱好者丛书）

作者田青（1948—　），音乐学家、非物质文化遗产保护专家。出生于河北唐山，天津音乐学院毕业。曾任中国艺术研究院音乐研究所所长，宗教艺术研究中心主任、研究员、博士生导师，兼任中国昆剧古琴研究会会长。著有《中国宗教音乐》《净土天音》《捡起金叶》《佛教音乐的华化》等。

J0141671
中国近现代音乐史　汪毓和著
北京 人民出版社 1984 年 269 页 19cm（32 开）
统一书号：8026.4192 定价：CNY1.55

本词典所收条目包括中国音乐的乐律学，创作表演术语，历代的乐种、制度、职官、机构、书刊、人物、作品，以及歌曲、歌舞音乐、曲艺音乐、戏曲音乐、器乐、乐器等的有关名词术语，共 3560 条。

J0141672
中国近现代音乐史　（1840—1949）汪毓和编著
北京 人民音乐出版社 1994 年 2 版 修订版
331 页 20cm（32 开）ISBN：7-103-01209-1
定价：CNY9.80

J0141673
清代宫廷音乐　万依，黄海涛撰文并译谱
香港 中华书局香港分局 1985 年 27cm（16 开）
精装 ISBN：962-231-709-X 定价：HKD150.00

J0141674
唐代音乐与古谱译读　叶栋著
西安 陕西省社会科学院 1985 年 128 页
有照片 20cm（32 开）定价：CNY1.00
（人文丛刊 10）

J0141675
香研居词麈　（清）方成培述
北京 中华书局 1985 年 新 1 版 67 页
18cm（32 开）统一书号：17018.151
（丛书集成初编）

J0141676
音乐向历史求证　史惟亮著
台北 中华书局 1985 年 4 版 84 页
有图 21cm（32 开）定价：TWD2.50

J0141677
中国古代音乐史稿　杨荫浏著
台北 丹青图书公司 1985 年 台 1 版 4 册
21cm（32 开）定价：TWD500.00
（丹青艺术丛书）

作者杨荫浏（1899—1984），音乐教育家。字亮卿，号二壮，又号清如。出生于江苏无锡，曾就读于上海圣约翰大学文学系、光华大学经济系（今华东师范大学）。曾在重庆、南京任国立音乐学院教授兼国乐组主任，国立礼乐馆编纂和乐曲组主任、金陵女子大学音乐系教授。代表作品有《中国音乐史纲》《中国古代音乐史稿》。

J0141678
中国古代音乐史稿　（第一册）杨荫浏著
台北 丹青图书公司 1987 年 3 版 28+197 页
21cm（32 开）定价：TWD500.00（全 4 册）
（丹青艺术丛书 9）

J0141679
中国古代音乐史稿　（第二册）杨荫浏著
台北 丹青图书公司 1987 年 3 版 265 页
21cm（32 开）定价：TWD500.00（全 4 册）

(丹青艺术丛书 9)

J0141680
中国古代音乐史稿 (第三册)杨荫浏著
台北 丹青图书公司 1987年 3版 283页
21cm(32开)定价: TWD500.00 (全4册)
(丹青艺术丛书 9)

J0141681
中国古代音乐史稿 (第四册)杨荫浏著
台北 丹青图书公司 1987年 3版 292页
21cm(32开)定价: TWD500.00 (全4册)
(丹青艺术丛书 9)

J0141682
古代新疆的音乐舞蹈与古代社会 谷苞著
乌鲁木齐 新疆人民出版社 1986年 161页
有照片 19cm(32开)统一书号: 11098.39
定价: CNY1.10
本书共收7篇文章,除直接论述音乐舞蹈本身的一些问题外,还论述了它们的产生和发展的历史背景,及其对社会生活各方面的影响;它们在各地区、各民族间的传播情况,以及各地区、各民族间音乐文化的相互影响和共同发展。

J0141683
黑龙江省艺术史志集成资料汇编 (第九期 民族音乐专辑 3)黑龙江省艺术研究所编
[中国民族音乐集成黑龙江卷编辑办公室]
1986年 343页 有照片 20cm(32开)

J0141684
黑龙江省艺术史志集成资料汇编 (第十一期 民族音乐专辑 4)黑龙江省艺术研究所编
[中国民族音乐集成黑龙江卷编辑办公室]
1986年 311页 21cm(32开)

J0141685
黑龙江省艺术史志集成资料汇编 (第十二期 民族音乐专辑 5)黑龙江省艺术研究所编
[中国戏曲音乐集成黑龙江卷编辑办公室]
1988年 231页 21cm(32开)

J0141686
辽金元音乐史料 吉联抗辑译
上海 上海文艺出版社 1986年 124页
19cm(32开)统一书号: 8078.3533
定价: CNY0.87

J0141687
宋明音乐史料 吉联抗辑译
上海 上海文艺出版社 1986年 329页
19cm(32开)统一书号: 8078.3579
定价: CNY2.30

J0141688
隋唐五代音乐史料 吉联抗辑译
上海 上海文艺出版社 1986年 254页
19cm(32开)统一书号: 8078.3520
定价: CNY1.80

J0141689
现代中国音乐史纲 赵广晖编著
台北 乐韵出版社 1986年 再版 524页 有图
21cm(32开)精装 定价: TWD380.00

J0141690
燕乐三书 哈尔滨师范大学中文系古籍整理研究室编
哈尔滨 黑龙江人民出版社 1986年 608页
20cm(32开)统一书号: 10093.677
定价: CNY5.20
(黑龙江古籍研究丛书)
本书内容是隋唐、唐宋时代的"燕乐"之乐律的研究和探讨。对燕乐的历史源流和主要乐器琵琶均有考证论述。

J0141691
中国新音乐史论集 刘靖之编
香港 大学亚洲研究中心 1986年 163页
26cm(16开)定价: HKD80.00

J0141692
中国新音乐史论集 (1946—1976)刘靖之编
香港 香港大学亚洲研究中心 1990年 497页
25cm(小16开)定价: HKD160.00

J0141693
中国新音乐史论集 (回顾与反思)刘靖之编
香港 香港大学亚洲研究中心 1992年 440页

25cm(小 16 开) 定价: HKD150.00

J0141694
白石道人歌曲 (宋)姜夔著
成都 四川人民出版社 1987 年 170 页
统一书号: 1028.74 定价: CNY11.50
本书据私家珍藏的鲍廷博批校张奕枢刻本影印。张奕枢刻本是早有定评的善本。全书包括铙歌鼓吹曲 14 首、琴歌《古怨》1 首、《越九歌》10 首以及令、慢等词调歌曲 50 余首，书中保留了文字谱、减字谱和俗字谱 3 种记谱法，在我国音乐史或文学史上都有很重要的地位，具有很高的史料价值和学术价值。作者姜夔(1154—1221)，南宋文学家、音乐家。字尧章，号白石道人，饶州鄱阳(今江西省鄱阳县)人。代表作品有《白石道人诗集》《白石道人歌曲》《续书谱》《绛帖平》等。

J0141695
唐诗与音乐轶闻 乐维华著
上海 上海文艺出版社 1987 年 215 页 有插图
19cm(32 开) 统一书号: 8078.3626
定价: CNY1.55
(音乐爱好者丛书)

J0141696
唐诗与音乐轶闻 乐维华著
台北 云龙出版社 1991 年 台 1 版 234 页
21cm(32 开) ISBN: 957-9086-23-0
定价: TWD170.00

J0141697
古代丝绸之路的音乐 (日)岸边成雄著; 王耀华译
北京 人民音乐出版社 1988 年 158 页 有图有照片 20cm(32 开) ISBN: 7-103-00164-2
定价: CNY2.25
本书着重介绍了古代丝绸之路的音乐与东亚之国——中国、日本、朝鲜的渊源关系。序章“西域音乐巡视”，列举了丝绸之路古代音乐象征性的 10 个主要地点，并阐述“丝绸之路”“西域”和“胡”的含义。书中有表现古代丝绸之路的乐器、演奏场面的图版及照片 124 幅。

J0141698
汉唐大曲研究 王维真著
台北 学艺出版社 1988 年 302 页 有图
21cm(32 开) 精装 定价: TWD400.00

J0141699
辉煌的古代音乐 于培杰著
济南 山东教育出版社 1988 年 135 页
19cm(32 开) ISBN: 7-5328-0256-6
定价: CNY1.08
(中国文化史知识丛书)

J0141700
姜白石与音乐 吴润霖著
上海 上海音乐出版社 1988 年 122 页 有插图
19cm(32 开) ISBN: 7-80553-105-6
定价: CNY2.20
(音乐爱好者丛书)

J0141701
丝绸之路的音乐文化 周菁葆著
乌鲁木齐 新疆人民出版社 1988 年 453 页 有图
21cm(32 开) ISBN: 7-228-00185-0
定价: CNY5.10
本书作者把民族、民俗、历史、语言、文学、宗教、地理、考古、音乐、舞蹈、美术等多种学科进行综合比较，运用物理声学和数学的基本原理研究得出：中国的维吾尔族是最早产生木卡姆的民族。维吾尔木卡姆是古代龟兹乐的继承和发展，它不是来源于波斯、阿拉伯和印度，相反对这些国家和地区的音乐有过深刻影响，同时维吾尔木卡姆也受到外来因素的影响。

J0141702
丝绸之路的音乐文化 周菁葆著
乌鲁木齐 新疆人民出版社 1988 年 重印本
453 页 有图 21cm(32 开) 精装
ISBN: 7-228-00185-0 定价: CNY6.90

J0141703
音乐故事·传说·史话 李凌著
南宁 广西人民出版社 1988 年 177 页
21cm(32 开) 定价: CNY1.75

J0141704
中国音乐美学史论 蔡仲德著
北京 人民音乐出版社 1988 年 448 页
20cm(32 开) ISBN: 7-103-00160-X
定价: CNY4.50

本书辑录著者自 1979 年后 10 年间所发表的重要论文 16 篇。包括 4 部分: 一、概述中国古代音乐美学思想的发展过程 (1 篇); 二、论萌芽时期的中国音乐美学思想及对后世影响深远的儒道两家音乐美学思想(4 篇); 三、论中国音乐美学史上 3 部主要文献——《乐记》《声无哀乐论》《溪山琴况》(7 篇); 四、论影响中国当代音乐美学思想及音乐实践的几个重大问题(4 篇)。作者蔡仲德(1937—), 浙江绍兴人, 中央音乐学院音乐学系教授。

J0141705
中国音乐史图鉴 中国艺术研究院音乐研究所编
北京 人民音乐出版社 1988 年 186 页
36cm(9 开) 精装 ISBN: 7-103-00276-2
定价: CNY105.00

本书是有关中国音乐史学研究的大型文物图像资料专集。以图片为主, 辅以简要的文字说明。辑入上自远古下迄清末各种珍贵的音乐文物图片共 497 帧。本书对于研究中国音乐史具有重要的史料价值, 对于中国文化史、民族史、工艺史、民俗史等方面的研究也具重要的参考作用。阴法鲁为本书作序。

J0141706
古乐的沉浮 (中国古代音乐文化的历史考察) 修海林著
济南 山东文艺出版社 1989 年 334 页
20cm(32 开) ISBN: 7-5329-0223-4
定价: CNY4.30
(文化哲学丛书)

本书通过对古代音乐艺术历史演化轨迹的追踪; 对古代音乐审美观的阐释; 以及对古代音乐文化的流播及其地域文化特征的探讨, 全面地描述了古代音乐文化的兴衰沉浮, 深刻地揭示了古代音乐文化发展的多项动因。

J0141707
古乐集锦 (上编 远古—隋唐) 修海林著
北京 人民音乐出版社 1989 年 167 页
19cm(32 开) ISBN: 7-103-00296-5
定价: CNY2.05

本书介绍了远古至隋唐古代音乐史方面的各种知识。分为乐声篇、乐器篇、乐舞篇、乐类篇、乐论篇、乐律篇、乐话篇 7 个专题。

J0141708
古乐集锦 (下编 宋—清) 修海林著
北京 人民音乐出版社 1991 年 198 页
19cm(小 32 开) ISBN: 7-103-00670-9
定价: CNY2.80

J0141709
国学备纂 (20 礼制 三 乐律)(清)吴颍炎辑
台北 文史哲出版社 1989 年 影印本
26cm(16 开) 精装 定价: TWD28000.00(全 30 册)

J0141710
燕乐探微 丘琼荪著; 隗芾辑补
上海 上海古籍出版社 1989 年 376 页
20cm(32 开) ISBN: 7-5325-0632-0
定价: CNY6.10

本书考据隋唐燕乐曲名、乐调、乐律、乐器等问题。全书共 165 节, 作者原稿 60 至 101 节亡佚, 仅存目录, 由隗芾据作者散见之论文及授课笔记, 依存目补完正文。作者丘琼荪(1897—1964), 民族音乐学家、古乐专家。字䪺斋, 上海嘉定人。毕业于江苏省立第一师范学校。曾任中国音乐学院中国音乐研究所研究员, 上海市文史馆馆员。著有《白石道人歌曲通考》《汉大曲管窥》等。作者隗芾(1938—2016), 满族, 研究员。笔名顾乡, 辽宁新宾人。毕业于吉林大学中文系。历任汕头大学潮汕文化研究中心副教授、汕头文学会副会长, 中国戏曲学会理事等。出版有《中国喜剧史》《戏曲史简编》《元明清戏曲选》等。

J0141711
音乐艺术 王文耀编著
上海 三联书店上海分店 1989 年 128 页
20cm(32 开) ISBN: 7-5426-0109-1
定价: CNY4.00
(中华文明图库)

J0141712
中国古代音乐史简编　夏野著
上海 上海音乐出版社 1989年 218页
20cm(32开) ISBN: 7-80553-126-9
定价: CNY2.55

J0141713
中国古代音乐史简述　刘再生著
北京 人民音乐出版社 1989年 470页
20cm(32开) ISBN: 7-103-00477-3
定价: CNY7.40
　　本书内容是先秦至清代，按历史年代的发展顺序，集中90个有代表性的专题，比较全面地概括出中国古代音乐发展的面貌。每个专题均冠以标题，对于每个专题的内容，在据有丰富史料的基础上，力求阐述透彻、明了。作者注重吸收他人在音乐史方面的研究成果，并力图体现最新研究成果。对于音乐史中有争议的问题，作者往往也以史实为根据，直抒己见。

J0141714
中国古代音乐史简述　刘再生著
北京 中国少年儿童出版社 1996年 468页
19cm(32开) ISBN: 7-5007-3009-8
定价: 非卖品
(希望书库 5-39 总343)
　　本书由中国少年儿童出版社和中国青年出版社联合出版。

J0141715
中国音乐史　祁文源编著
兰州 甘肃人民出版社 1989年 206页
19cm(32开) ISBN: 7-226-00442-6
定价: CNY2.20
　　本书阐述自远古至今，七八千年间中国音乐发展的历史及主要成就。分为远古与夏商；西周与春秋战国；秦汉与魏晋南北朝；隋唐与五代；宋金与元；明清；中华民国7个时期。每个时期又以时代概况、乐器、作品、记谱法、乐律、乐论、音乐教育、音乐交流、著名音乐家等为主要内容。书中附有插图和谱例。

J0141716
古今中乐90题　黎键著
香港 乾惠出版事业公司 1990年 275页
有照片 17cm(40开) ISBN: 962-373-005-5
定价: HKD28.00
(百科巡礼)

J0141717
古乐书佚文辑注　吉联抗辑注
北京 人民音乐出版社 1990年 98页 20cm(32开)
ISBN: 7-103-00666-0 定价: CNY2.00
(中国古代音乐文献丛刊)
　　本书所辑是我国古代已经散佚的一些乐书，包括《古今乐录》《乐府解题》，以及《琴论》《琴书》等共15种佚文，是研究中国音乐史的重要资料。

J0141718
文艺志资料　(音乐专辑)张玉坤，张凤良主编；山东省文化厅史志办公室，中国音乐家协会山东分会[编]
[济南][山东省文化厅史志办公室] 1990年
472页 有照片 19cm(32开)
　　本书以大量档案、报刊、口碑、回忆录、实物等资料，系统记述了1840至1985年间山东地区近现代音乐事业的发展轨迹。全书共分4章，分别为山东音乐事业的发展、山东传统音乐、山东音乐界大事记和山东音乐界人物小传。本书与中国音乐家协会山东分会合作出版。

J0141719
戏曲音乐史概述　庄永平著
上海 上海音乐出版社 1990年 480页
21cm(32开) ISBN: 7-80553-173-0
定价: CNY7.00
　　本书分戏曲音乐的孕育时期、戏曲音乐的形成时期、戏曲音乐的成熟时期、戏曲音乐的鼎盛时期、戏曲音乐的繁荣时期、戏曲音乐的新发展6个章节。

J0141720
中国古代音乐文献丛刊
北京 人民音乐出版社 1990年 19cm(32开)

J0141721
中国音乐史　(乐谱篇)薛宗明著
台北 商务印书馆 1990年 修订本 565页
22cm(30开) 精装 ISBN: 957-05-0181-2

定价：TWD12.00

J0141722
中国音乐史 （乐器篇）薛宗明著
台北 商务印书馆 1990年 2册
22cm（30开）精装 ISBN：957-05-0180-4
定价：TWD22.00

J0141723
敦煌壁画乐史资料总录与研究 牛龙菲著
兰州 敦煌文艺出版社 1991年 595页
26cm（16开）精装 ISBN：7-80587-034-9
定价：CNY39.70

本书辑录敦煌莫高窟壁画乐史资料并加以分类研究，其重点是在古代乐器，乐舞考证。外文书名：Materials of Chinese Music History in Dunhuang Frescoes.

J0141724
敦煌壁画乐史资料总录与研究 牛龙菲著
兰州 敦煌文艺出版社 1996年 2版 12+595页
有表格 26cm（16开）精装
ISBN：7-80587-358-5 定价：CNY98.00

J0141725
音乐十年 余玉照总编辑
台北 文化建设委员会 1991年 67页 有彩照
26cm（16开）ISBN：957-8515-15-4

J0141726
中国的礼乐风景 胡兰成著
台北 远流出版事业公司 1991年 241页
21cm（32开）ISBN：957-32-1098-3
定价：TWD130.00
（三三丛刊 X1036）

本书是作者的学术著作。阐述了中国文化发展的宗教、礼制、音乐方面的发展脉络。内容包括："宗教篇"，收录《宗教论》《补天遗石》；"礼制篇"，收录《统一的生活样式与个性》《个人的志气与那时代民族的志气》《时风与见证》《天下文明的基地是家庭》《凡礼皆因于祭》《数尽劫新》《再建中国文明的统一生活样式》；"音乐篇"，收录《声的究极》《物形、物象、物意》《一个兴字》《正乐器》《知与修行》《西洋音乐》《又一个感字》《音乐要开花在礼制的枝条上》等。

J0141727
中国古代乐教思想论集 张蕙慧著
台北 文津出版社 1991年 260页 21cm（32开）
ISBN：957-9400-59-8 定价：TWD220.00
（文史哲大系 32）

J0141728
中国古代音乐 伍国栋著
北京 商务印书馆 1991年 144页 有彩照及插图
19cm（32开）ISBN：7-100-01249-X
定价：CNY2.40
（中国文化史知识丛书）

J0141729
中国古代音乐 伍国栋[编著]
北京 商务印书馆 1997年 191页 有图
19cm（32开）ISBN：7-100-02157-X
定价：CNY13.00
（中国文化史知识丛书）

J0141730
中国古代音乐 伍国栋著
台北 商务印书馆 1997年 170页 有图有照片
19cm（32开）ISBN：957-05-0799-3
定价：TWD140.00
（中国文化史知识丛书 23）

J0141731
中国现代音乐史纲 （1949—1986）汪毓和主编
北京 华文出版社 1991年 277页 20cm（32开）
ISBN：7-5075-0079-9 定价：CNY4.70

本书介绍了中国现代音乐中声乐，器乐，歌剧、舞剧音乐及影视音乐的发展；音乐评论与音乐理论研究的成果。

J0141732
中国音乐简史 夏野编著
北京 高等教育出版社 1991年 136页
26cm（16开）ISBN：7-04-003536-7
定价：CNY2.60

本书阐述了从远古夏商起，到中华人民共和国成立以前的音乐发展史。

J0141733
中国音乐简史 夏野编著
北京 高等教育出版社 1992年 重印本 136页 26cm(16开) ISBN: 7-04-003536-7
定价: CNY3.20

本书阐述了从远古夏商起，到中华人民共和国成立以前的音乐发展史。作者夏野(1924—1995)，音乐家。四川广安人，毕业于重庆北碚国立复旦大学法律系。历任上海音乐学院音乐学系副主任，中国律学学会顾问，中国音乐史学会副会长，东方音乐学会副会长，《中国民族音乐大系》主编等职。著作有《戏曲音乐研究》《中国古代音乐史简编》等。

J0141734
中国音乐通史简编 孙继南，周柱铨主编；王玉成等编著
济南 山东教育出版社 1991年 615页 有图及照片 20cm(32开) 精装 ISBN: 7-5328-1075-5
定价: CNY9.25

本书概述了我国自原始社会直至中华人民共和国成立40年来的音乐发展历史。书中附有130多幅图片，85个谱例等。

J0141735
中国音乐通史简编 孙继南，周柱铨主编；王玉成等编著
济南 山东教育出版社 1993年 615页 20cm(32开) ISBN: 7-5328-1672-9
定价: CNY8.80

本书概述我国自原始社会直至中华人民共和国成立40年来的音乐发展历史。附有130幅照片、85个谱例等。外文书名: A Concise Course of General Music History of China.

J0141736
中国音乐通史简编 孙继南，周柱铨主编；王玉成等编著
济南 山东教育出版社 1995年 重印本 615页 20cm(32开) ISBN: 7-5328-1672-9
定价: CNY12.80

J0141737
20世纪中国音乐 居其宏著
青岛 青岛出版社 1992年 258页 19cm(32开)
ISBN: 7-5436-0859-6 定价: CNY4.60
(中华20世纪丛书)

本书叙述了近百年中国专业音乐艺术事业所走过的光辉历程，并分门别类地论述了音乐创作、音乐学术研究、音乐表演艺术。

J0141738
20世纪中国音乐 居其宏著
青岛 青岛出版社 1993年 258页 19cm(小32开)
ISBN: 7-5436-0859-6 定价: CNY4.60
(中华20世纪丛书)

J0141739
丝路乐舞故事 赵世骞著
乌鲁木齐 新疆人民出版社 1992年 2版 214页 有彩照 19cm(小32开) ISBN: 7-228-01940-7
定价: CNY4.35
(丝路文化丛书)

本书介绍了一批丝路艺术家，丝路乐舞、乐器和乐曲等。作者赵世骞(1948—)，生于江苏苏州，原籍天津市。新疆日报主任编辑。著有《丝路乐舞故事》等。

J0141740
黎锦晖评传 孙继南著
北京 人民音乐出版社 1993年 129页 有画像及照片 20cm(32开) ISBN: 7-103-01053-6
定价: CNY3.45
(中国近现代音乐家研究丛书)

黎锦晖(1891—1966)，著名儿童歌舞音乐作者，本书介绍了他的生平、创作历程，研究了他的作品。

J0141741
唐代音乐文化之研究 杨旻玮著
台北 文史哲出版社 1993年 412页 21cm(32开)
ISBN: 957-547-806-1 定价: TWD360.00
(文史哲学术丛刊 7)

J0141742
先秦礼乐 刘清河，李锐著
北京 北京师范大学出版社 1993年 195页 20cm(32开) ISBN: 7-303-02633-9
定价: CNY5.10
(中华雅风美俗丛书 1)

J0141743
音乐史学美学论稿 郑锦扬著
福州 海峡文艺出版社 1993年
2册(368;289页)19cm(小32开)
ISBN:7-80534-553-8 定价:CNY[11.80]

J0141744
中国当代音乐 (1949—1989)梁茂春著
北京 北京广播学院出版社 1993年 246页
20cm(32开)ISBN:7-81004-524-5
定价:CNY5.80
本书叙述了中国音乐事业的发展情况,包括中国当代歌曲创作概论、当代通俗音乐的浮沉与走向、当代合唱创作发展述评等9章内容。外文书名:Chinese Music of Today.

J0141745
中国古代音乐史纲要 王誉声编著
西安 陕西人民教育出版社 1993年 160页
26cm(16开)ISBN:7-5419-4973-6
定价:CNY9.20
本书内容分为:远古期的音乐(远古—西周初年)、歌曲及其演唱的发展、乐器的发展、戏曲的发展、音乐技法理论等11章。作者王誉声,西安音乐学院任教。

J0141746
中国乐伎 川上子著
上海 上海音乐出版社 1993年 206页
19cm(小32开)ISBN:7-80553-437-3
定价:CNY6.00
本书从文化史的角度,界定了乐伎与娼妓之间较模糊的区别,提出并揭示了乐伎"以色娱(欲)人""以艺事人"的基本行为方式和特征。

J0141747
中国乐妓史 修君,鉴今著
北京 中国文联出版公司 1993年 383页
19cm(小32开)ISBN:7-5059-1790-0
定价:CNY7.25
本书对夏商周、春秋战国乃至明清等各个朝代的乐伎历史进行了考察和介绍,涉及社会经济、婚俗、家庭、政治、审美等诸多方面。

J0141748
中国戏曲音乐集成 中国民族民间器乐曲集成 (安徽卷 滁县地区分卷)张先奎主编;滁县地区行署文化局编
滁州[安徽][滁县地区行署文化局]1993年
327页 有地图 26cm(16开)精装

J0141749
中国音乐简史 戴嘉枋著
北京 国际文化出版公司 1993年 135页
19cm(32开)ISBN:7-80049-428-4
定价:CNY3.20
(中小学音乐知识文库)

J0141750
中国音乐史略 吴钊,刘东升编著
北京 人民音乐出版社 1993年 2版 增订本
428页 有图 20cm(32开)ISBN:7-103-01173-7
定价:CNY14.30
作者吴钊(1935—),古琴兼音乐史家。生于江苏苏州市。中国艺术研究院音乐研究所任职。代表作品《追寻逝去的音乐足迹–图说中国音乐史》《中国音乐史略》等。作者刘东升,中国艺术研究院音乐研究所任职。

J0141751
吴地音乐戏曲 沈道初编著
南京 南京大学出版社 1994年 181页
18cm(小32开)ISBN:7-305-02754-5
定价:CNY4.40
(吴地文化知识丛书)

J0141752
先秦音乐史 李纯一著
北京 人民音乐出版社 1994年 224页 有图版
20cm(32开)精装 ISBN:7-103-01206-7
定价:CNY21.70
本书内容包括:第1章"远古和夏代的音乐";第2章"商代音乐";第3章"西周音乐";第4章"春秋音乐";第5章"战国音乐"。

J0141753
中国古代音乐史 金文达著
北京 人民音乐出版社 1994年 597页 有折图
20cm(32开)ISBN:7-103-01109-5

定价: CNY21.30
(音乐自学丛书 音乐学卷)

J0141754
中国器乐乐器 伍国栋[撰写]
北京 京华出版社 1994年 109页 有插图
18cm(小32开) ISBN: 7-80600-045-3
定价: CNY40.00
(中华全景百卷书·瑰宝系列)
作者伍国栋(1942—),教师。出生于四川成都,毕业于中国艺术研究院。历任南京艺术学院音乐学院院长,中国艺术研究院研究员、研究生部常务副主任,中国音乐家协会会员。代表作品有《民族音乐学概论》。

J0141755
中国音乐与传统礼仪文化 杨晓鲁著
长春 吉林教育出版社 1994年 306页 有彩图
21cm(32开) 精装 ISBN: 7-5383-2586-7
定价: CNY16.00
(中华艺术文库)

J0141756
广陵绝响 (历代音乐佳话) 陈星著
台北 幼狮文化事业公司 1995年 253页
21cm(32开) ISBN: 957-530-717-8
定价: TWD180.00
(文化中国文苑别趣)
作者陈星(1983—),作家,教授。毕业于杭州师范学院中文系。历任杭州师范学院学报编辑部主任、编审,杭州市师范学院弘一大师·丰子恺研究中心主任、教授,研究生导师。著有《功德圆满——护生画集创作史话》《天心月圆——弘一大师》《丰子恺新传》《重访散文的家园》《李叔同歌曲寻绎》。

J0141757
广陵绝响 (历代音乐佳话) 陈星著
上海 上海三联书店 1997年 190页 有插图
19cm(小32开) ISBN: 7-5426-0968-8
定价: CNY8.20
(三联文库 青草地丛书 第二辑)

J0141758
乐文化 欧阳海燕编著
北京 中国经济出版社 1995年 163页
19cm(小32开) ISBN: 7-5017-3247-7
定价: CNY6.80
(雅俗文化书系 雅俗类)

J0141759
齐鲁音乐文化源流 林济庄著
济南 齐鲁书社 1995年 181页 有图表
20cm(32开) ISBN: 7-5333-0480-2
定价: CNY9.80

J0141760
声情并茂的中国音乐 赵后起著
沈阳 辽宁古籍出版社 1995年 174页
19cm(小32开) ISBN: 7-80507-280-9
定价: CNY43.00 (艺术卷)
(中华民族优秀传统文化丛书 艺术卷)

J0141761
台湾新音乐史 (西式新音乐在日据时代的产生与发展) 陈碧娟著
台北 乐韵出版社 1995年 319页 23cm(20开)
精装 ISBN: 957-9222-14-2 定价: TWD350.00

J0141762
中国古代音乐 张承宗,孙立编著
北京 北京科学技术出版社 1995年 119页
有图及画像 19cm(32开) ISBN: 7-5304-1667-7
定价: CNY3.90
(中国历史知识全书 灿烂文化)

J0141763
中国音乐美学史 蔡仲德著
北京 人民音乐出版社 1995年 834页
21cm(32开) 精装 ISBN: 7-103-01229-6
定价: CNY39.50
作者蔡仲德(1937—),浙江绍兴人,中央音乐学院音乐学系教授。

J0141764
中国音乐史 萧兴华著
台北 文津出版社 1995年 360页 21cm(32开)
ISBN: 957-668-198-7 定价: TWD400.00
(中国文化史丛书 16)

J0141765
中国优秀传统文化三字经 （音乐舞蹈篇）王军著
北京 学习出版社 1995年 172页 19cm（小32开）
ISBN：7-80116-009-6 定价：CNY7.10

J0141766
屏东县音乐发展概说 张绚（Chang Hsun）著
屏东县 屏东县立文化中心 1996年 152页
有图 30cm（10开）ISBN：957-00-7870-7
定价：TWD200.00
（屏东县文化资产丛书 76）

J0141767
神州乐话 孟维平编著
北京 中国大百科全书出版社 1996年
2册（306页）20cm（32开）ISBN：7-5000-5771-7
定价：CNY10.90
（小学图书馆百科文库）

J0141768
音乐史论新选 汪毓和著
北京 中国文联出版公司 1996年 262页
20cm（32开）ISBN：7-5059-2544-X
定价：CNY14.30

J0141769
中国古代宗教与礼乐文化 谢谦著
成都 四川人民出版社 1996年 281页
20cm（32开）ISBN：7-220-03295-1
定价：CNY10.00
作者谢谦（1956— ），研究员。四川宣汉人，毕业于北京师范大学。历任四川大学中文系副教授、硕士生导师、文学博士，中国俗文化研究所研究员。代表作品《中国古代宗教与礼乐文化》《中国文学》《国学词典》。

J0141770
中国音乐史话 刘再生，刘镇钰著
北京 中国少年儿童出版社 1996年 144页
有插图及肖像 19cm（小32开）
ISBN：7-5007-3009-8 定价：非卖品
（希望书库 5-42 总346）
本书由中国少年儿童出版社和中国青年出版社联合出版。

J0141771
中国音乐小史 许之衡著
台北 商务印书馆 1996年 台2版 198页
有插图 21cm（32开）ISBN：957-05-1273-3
定价：TWD200.00
（新人人文库 103）

J0141772
《乐记》《声无哀乐论》注译与研究 蔡仲德著
杭州 中国美术学院出版社 1997年 398页
20cm（32开）ISBN：7-81019-549-2
定价：CNY29.50
古代中国音乐理论音乐美学音乐史研究。作者蔡仲德（1937— ），浙江绍兴人，中央音乐学院音乐学系教授。

J0141773
潮州音乐漫谈 林毛根著
汕头 汕头大学出版社 1997年 92页 有照片
19cm（小32开）ISBN：7-81036-244-5
定价：CNY65.00（全辑）
（潮汕历史文化小丛书 第一辑）

J0141774
当代中国音乐 李焕之主编
北京 当代中国出版社 1997年 852页 有照片
20cm（32开）精装 ISBN：7-80092-583-8
定价：CNY128.00
（当代中国丛书）
作者李焕之（1919—2000），作曲家、指挥家、音乐理论家。出生于香港，原籍福建晋江市，毕业于延安鲁迅艺术学院。历任中央音乐学院音乐团团长，中央歌舞团艺术指导，中央民族乐团团长。代表作品有《民主建国进行曲》《新中国青年进行曲》《春节组曲》等。

J0141775
黄自的生活与创作 钱仁康著
北京 人民音乐出版社 1997年 104页 有照片
20cm（32开）ISBN：7-103-01569-4
定价：CNY7.50
（中国近现代音乐家研究丛书）
黄自（1904—1938），作曲家、音乐教育家。字今吾，江苏川沙（今属上海市）人。毕业于美国欧柏林学院耶鲁大学音乐学校。主要作品有

《怀旧》《长恨歌》《抗敌歌》《南乡子》《玫瑰三愿》等。

J0141776
十年 （1986—1996 中国流行音乐纪事）北京汉唐文化发展有限公司编著
北京 中国电影出版社 1997 年 416 页
20cm（32 开）ISBN：7-106-01188-6
定价：CNY18.60

J0141777
丝绸之路乐舞大观 赵世骞著
乌鲁木齐 新疆美术摄影出版社 1997 年 245 页
有照片 21cm（32 开）ISBN：7-80547-537-7
定价：CNY14.80
本书主要论述新疆古代和现代 10 余个少数民族的音乐舞蹈艺术的概貌，包括它的渊源、乐舞结构、兴衰变迁等情况。作者赵世骞（1948— ），生于江苏苏州，原籍天津市。新疆日报主任编辑。著有《丝路乐舞故事》等。

J0141778
先秦礼乐文化 杨华著
武汉 湖北教育出版社 1997 年 325 页
20cm（32 开）ISBN：7-5351-1990-5
定价：CNY5.00
（传统文化专题研究丛书）

J0141779
彰化县音乐发展史 （田野日志 一）许常惠［等］采访
彰化县 彰化县立文化中心 1997 年 154 页
有照片 30cm（10 开）ISBN：957-00-8220-8
作者许常惠（1929—2001），作曲家、音乐学家。台湾彰化县人。毕业于台湾地区师范大学音乐系。曾任台湾地区作曲家协会理事长、台湾地区民族音乐学会理事长、台湾地区师范大学音乐系主任兼研究所所长、亚洲作曲家联盟主席等职务。代表作品有《兵车行》《国火颂》《桃花开》《白沙湾》等。

J0141780
彰化县音乐发展史 （田野日志 二）李文政［等］采访
彰化县 彰化县立文化中心 1997 年 119 页
有照片 30cm（10 开）ISBN：957-00-8221-6

J0141781
彰化县音乐发展史 （田野日志 三）林清财［等］采访
彰化县 彰化县立文化中心 1997 年 192 页
有照片 30cm（10 开）ISBN：957-00-8222-4

J0141782
彰化县音乐发展史 （论述稿）许常惠总编纂
彰化县 彰化县立文化中心 1997 年 14+311 页
有图 30cm（10 开）ISBN：957-00-8219-4

J0141783
中国古代音乐教育 修海林著
上海 上海教育出版社 1997 年 295 页
20cm（32 开）ISBN：7-5320-5265-6
定价：CNY11.30
（学校艺术教育研究丛书）

J0141784
中国古代音乐史 （分期研究及有关新材料、新问题）黄翔鹏讲述
［台北］汉唐乐府 1997 年 182 页 有照片
21cm（32 开）ISBN：957-99556-1-1
定价：TWD300.00

J0141785
中国古代音乐舞蹈史话 张以慰著
郑州 大象出版社 1997 年 198 页 19cm（32 开）
ISBN：7-5347-2036-2 定价：CNY7.25
（中国历史文化知识丛书）

J0141786
中国近现代音乐史纲 徐士家编著
海口 南海出版公司 1997 年 564 页 20cm（32 开）
ISBN：7-5442-0765-X 定价：CNY35.00

J0141787
百年台湾音乐图像巡礼 陈郁秀编著
台北 时报文化出版企业公司 1998 年 236 页
有照片 20×21cm ISBN：957-13-2768-9
定价：TWD250.00
（生活台湾 57）

J0141788
东北现代音乐史 凌瑞兰著
沈阳 春风文艺出版社 1998年 438页
20cm(32开) ISBN: 7-5313-1871-7
定价: CNY21.00

J0141789
华乐西传法兰西 (法)陈艳霞(Ysia Tchen)著; 耿昇译
北京 商务印书馆 1998年 255页 19cm(小32开)
ISBN: 7-100-01848-X 定价: CNY12.10

本书论述中国音乐传入法国的过程及在那里所产生的影响。内容包括:第1章"最早的论述(18世纪中叶之前)";第2章"钱德明神父对李光地《古乐经传》一书的译本(1754)";第3章"钱德明神父的《中国古今音乐篇》(1776—1779)";第4章"钱德明神父搜集的有关中国音乐的各种著作和文献";第5章"18世纪下半叶的其他著作"。书后附录《布阿斯教授对钱德明神父〈中国古今音乐篇〉的评述(1926)》《以萨瓦尔计算的律之音程》。本书的问世填补了有关研究中国文明西传的一项重要空白。

J0141790
乐舞殿堂 邱笑春编写
北京 中国少年儿童出版社 1998年 134页
有插图 19cm(小32开) ISBN: 7-5007-4004-2
定价: CNY49.10(全10册)
(爱国主义教育文库 灿烂文化卷 下)

J0141791
乐舞志 董锡玖等撰
上海 上海人民出版社 1998年 442页
21cm(32开) 精装 ISBN: 7-208-02329-8
定价: CNY6000.00(全套)
(中华文化通志 第8典 艺文 076)

J0141792
蒙古族音乐史 乌兰杰著
呼和浩特 内蒙古人民出版社 1998年 427页
20cm(32开) ISBN: 7-204-04055-4
定价: CNY25.00

J0141793
神奇的音乐 (中国音乐故事·传说·趣闻)唐朴林编著
北京 中国青年出版社 1998年 473页
20cm(32开) ISBN: 7-5006-2505-7
定价: CNY24.00

J0141794
西夏辽金音乐史稿 孙星群著
北京 中国青年出版社 1998年 299页 有肖像及图 20cm(32开) ISBN: 7-5006-2712-2
定价: CNY18.00

J0141795
中国古代乐教思想 (先秦两汉篇)李美燕著
台北 丽文文化事业公司 1998年 229页
21cm(32开) ISBN: 957-748-145-0
定价: TWD180.00
(两岸丛书 A13)

J0141796
中国古代音乐史学概论 郑祖襄著
北京 人民音乐出版社 1998年 179页
20cm(32开) ISBN: 7-103-01698-4
定价: CNY10.40

J0141797
中国近代音乐史料汇编 (1840—1919)张静蔚编选校点
北京 人民音乐出版社 1998年 314页
19cm(小32开) ISBN: 7-103-01696-8
定价: CNY13.90

J0141798
中国乐曲考古学理论与实践 王德埙著
贵阳 贵州人民出版社 1998年 12+545页
20cm(32开) 精装 ISBN: 7-221-04768-5
定价: CNY28.00

J0141799
中国少数民族音乐史 (上册)袁炳昌,冯光钰主编
北京 中央民族大学出版社 1998年 17+886页
有彩照 20cm(32开) ISBN: 7-81056-051-4
定价: CNY48.00, USD30.00

J0141800
中国音乐史 秦序编著
北京 文化艺术出版社 1998年 162页
20cm(32开) ISBN: 7-5039-1622-2
定价: CNY11.80
(中国艺术简史丛书)

J0141801
20世纪中国音乐思考 冯光钰著
北京 中国文联出版社 1999年 326页 有照片
20cm(32开) ISBN: 7-5059-3392-2
定价: CNY148.00(全套)
(中国当代音乐家丛书)

本书主要包括: 20世纪中国歌曲创作之回顾; 回眸20世纪中国现代民乐创作; 刘天华与琵琶音乐; 努力创立中国声乐学派、难忘王酩等50多篇文章。

J0141802
歌曲旋律100年 杨瑞庆著
太原 北岳文艺出版社 1999年 394页 有照片
20cm(32开) ISBN: 7-5378-1894-0
定价: CNY23.00

作者杨瑞庆(1948—), 研究馆员。江苏昆山人, 昆山市文化馆副研究馆员, 中国社会音乐研究会理事等。

J0141803
哈尔滨音乐志 哈尔滨市文学艺术界联合会[编]
哈尔滨 [哈尔滨市文学艺术界联合会] 1999年
295页 有彩照 20cm(32开) 精装

J0141804
哈尔滨音乐志 (终审稿) 哈尔滨市文学艺术界联合会[编]
哈尔滨 [哈尔滨市文学艺术界联合会] 1999年
油印本 393页 有表格 20cm(32开)

J0141805
哈尔滨音乐志 于裴中主编
[哈尔滨] [哈尔滨市文学艺术联合会] 1999年
295页 有照片 21cm(32开) 精装
定价: CNY58.00

本书记述了1987年之前的哈尔滨市音乐近百年来在创作方面的主要史实。

J0141806
简明中国音乐史 郭乃惇著
台北 乐韵出版社 1999年 125页 有插图
21cm(32开) ISBN: 957-9222-88-6
定价: TWD200.00

J0141807
乐舞情韵 (音乐舞蹈艺术文粹) 钱钢, 吴惠娟编著
上海 东方出版中心 1999年 235页
19cm(小32开) ISBN: 7-80627-386-7
定价: CNY9.00
(中国历代艺术文粹丛书)

J0141808
韶乐 资盟主编
济南 山东友谊出版社 1999年 213页
20cm(32开) ISBN: 7-80642-175-0
定价: CNY19.80

J0141809
台湾音乐阅览 陈郁秀编
台北 玉山社 1999年 167页 有照片 24cm(26开)
ISBN: 957-9361-60-6 定价: TWD320.00
(影像·台湾 13)

J0141810
香港音乐发展概论 朱瑞冰主编
香港 三联书店(香港)有限公司 1999年 454页
23cm(20开) ISBN: 962-04-1741-0
定价: HKD78.00

J0141811
中国古代音乐概述 胡天虹编著
沈阳 辽海出版社 1999年 275页 有照片
26cm(32开) ISBN: 7-80649-031-0
定价: CNY42.00

J0141812
中国近现代学校音乐教育 (1840—1949) 伍雍谊主编
上海 上海教育出版社 1999年 408页
20cm(32开) ISBN: 7-5320-5804-2
定价: CNY15.00
(学校艺术教育研究丛书)

J0141813
中国音乐 伍国栋著
上海 上海外语教育出版社 1999年 436页 有彩图 20cm(32开) 精装 ISBN: 7-81046-641-0 定价: CNY30.00
(中华文明书库 第一辑)

作者伍国栋(1942—),教师。出生于四川成都,毕业于中国艺术研究院。历任南京艺术学院音乐学院院长,中国艺术研究院研究员、研究生部常务副主任,中国音乐家协会会员。代表作品有《民族音乐学概论》。

J0141814
中国音乐 乔建中主编;冯洁轩等撰稿
北京 文化艺术出版社 1999年 176页 有照片及图 21cm(32开) ISBN: 7-5039-1830-6
定价: CNY28.00
(中国文化艺术丛书)

J0141815
中国音乐的历史与审美 修海林,李吉提著
北京 中国人民大学出版社 1999年 348页 23cm(20开) ISBN: 7-300-03033-5
定价: CNY28.00

J0141816
中国音乐史 陈秉义编著
沈阳 春风文艺出版社 1999年 435页 26cm(16开) ISBN: 7-5313-2108-4
定价: CNY34.00

J0141817
中国音乐史 (武测版)臧一冰编著
武汉 武汉测绘科技大学出版社 1999年 255页 有图 21cm(32开) ISBN: 7-81030-629-4
定价: CNY13.00
(音乐素质教育丛书)

本书7章,内容包括音乐的起源及远古的音乐遗产、中国古代各朝代的音乐、中华民国时期的音乐等。

J0141818
中华文化十万个为什么 (第一辑 音乐卷)
凌瑞兰主编
沈阳 辽海出版社 1999年 17+343页 有彩图及插图 20cm(32开) ISBN: 7-80638-982-2
定价: CNY17.50

J0141819
中日音乐交流史 张前著
北京 人民音乐出版社 1999年 10+388页 有插图 20cm(32开) ISBN: 7-103-01951-7
定价: CNY24.20

J0141820
追寻逝去的音乐踪迹 (图说中国音乐史)吴钊著
北京 东方出版社 1999年 438页 30cm(10开) 精装 ISBN: 7-5060-1257-X 定价: CNY418.00

本书分为3个部分:神奇的音乐世界——远古三代秦汉的音乐、艺术的觉醒——三国魏晋六朝隋唐的音乐、从宫廷到市井——晚唐五代宋元明清的音乐。

各国音乐史

J0141821
骠国乐颂 □□辑
钮氏世学楼 明 抄本
(说郛)

J0141822
骠国乐颂 □□辑
明 抄本
(说郛)

J0141823
骠国乐颂 □□辑
李际期宛委山堂 清初 刻本 续刻
(说郛)

明末刻清初李际期宛委山堂续刻汇印本。

J0141824
骠国乐颂 (一卷)(唐)佚名撰
李际期宛委山堂 清初 刻本 重修 线装
(说郛)

明末刻清初李际期宛委山堂重修汇印本。收于《说郛》卷第一百中。

J0141825
骠国乐颂 (一卷)(唐)佚名撰
清 刻本 重修 线装
(说郛)
九行二十字白口左右双边单鱼尾。收于《说郛》卷第一百中。

J0141826
骠国乐颂 (一卷)(唐)佚名撰
清顺治 刻本 线装
(说郛)
收于《说郛》卷第一百中。

J0141827
骠国乐颂 (唐)佚名撰
北平 国立北平图书馆 民国 抄本 毛装
(说郛)
收于《说郛》卷六十七中。

J0141828
骠国乐颂 (唐)佚名撰
上海 商务印书馆 民国十六年[1927]线装
(说郛)
收于《说郛》卷六十七中。

J0141829
骠国乐颂 (唐)佚名撰
上海 商务印书馆 民国十九年[1930]线装
(说郛)
收于《说郛》卷六十七中。

J0141830
欧洲音乐进化论 王光祈著
上海 中华书局 1924年 10+55页 有图像
20cm(32开) 定价:银三角
(音乐丛刊)
本书前8章论述欧洲音乐的进化,包括研究音乐的进化的类别、历史哲学与音乐进化、单音音乐流行时代、复音音乐盛行时代等,第9章论述西欧音乐进化观与我国国乐创造问题。

J0141831
欧洲音乐进化论 王光祈著
上海 中华书局 1931年 4版 10+55页 有照片
20cm(32开) 定价:银三角
(音乐丛刊)

J0141832
苏联的音乐 (美)佛里门(J.Freeman)著;周起应译
上海 良友图书印刷公司 1932年 57页
13cm(60开)
(一角丛书 42)
本书介绍苏联音乐的背景、音乐的大众、苏俄作曲家、青年作曲家、苏俄歌剧、音乐大众化、无线电放送等内容。

J0141833
日本音乐发达之概观及其本质 (日)田边尚雄著;洪炎秋译
北平 北京近代科学图书馆[1939年]13页
23cm(27开)
(北京近代科学图书馆馆刊 24)
本书系《北京近代科学图书馆丛刊》第6号抽印本。

J0141834
苏联音乐 李绿永,赵沨编
重庆 读书出版社 1941年 142页 19cm(32开)
定价:国币二元四角
(新音乐丛刊 3)
本书前半部分收《关于苏联音乐》(哥西摩夫著,赵沨译)、《苏联新音乐艺术》(萨巴曲耶夫著,韵洁译)、《苏联音乐与民歌》(安娥)等有关文章14篇;后半部分收《民族革命战争进行曲》《战争的歌唱》《青年战歌》等49首歌曲。

J0141835
俄罗斯音乐史纲 (苏)西尼亚维尔(A.Синявер)著;梁香译
上海 时代书报出版社 1948年 再版 52页 有像
18cm(小32开)

J0141836
俄罗斯音乐史纲 (苏)西尼亚维尔(A.Синявер)著;梁香译
上海 时代出版社 1949年 3版 52页 有照片
18cm(小32开)

J0141837
苏联音乐教育　(苏)雅高林(Б.Яголин)著；李士钊译
上海 时代出版社 1949年 110页 18cm(32开)
　　本书分9节，介绍苏联儿童音乐学校、中等音乐学校、国立音乐院、普通学校中的音乐教育，成人的音乐教育以及音乐家的就业等。书末附《联共(布)党中央关于摩拉德里的歌剧伟大的友爱的决议》(葆荃译),《日丹诺夫在联共(布)中央召开的苏联音乐家会议席上的开会辞》(梁香译),《日丹诺夫在联共(布)中央召开的苏联音乐家会议席上的演说》(梁香译)。另附有作者介绍。

J0141838
苏联音乐问题　新音乐社辑
上海 文光书店 1949年 158页 19cm(32开)
定价：六元

J0141839
苏联音乐问题　日丹诺夫著；葆全等译
上海 文光书店 1950年 2版 158页
19cm(32开)定价：六元
(音乐知识丛书)

J0141840
捷克斯洛伐克的音乐　(捷)赫尔弗特(V.Helfert)等撰；洪士銈译；中央音乐学院研究部编辑
上海 万叶书店 1951年 78页 有肖像有照片
20cm(32开)定价：旧币9,000元
(中央音乐学院研究部资料丛刊)

J0141841
罗马尼亚音乐　李凌，李锡龄译撰
上海 新音乐出版社 1953年 102页 有插图
21cm(32开)定价：旧币7,000元

J0141842
苏联音乐发展的道路　(苏)沙维尔强(А.И.Шавердян)等编；张洪模译
上海 万叶书店 1953年 154页 19cm(32开)
定价：旧币7,500元

J0141843
苏联音乐论文集　中华全国音乐工作者协会辑
上海 新音乐出版社 1953年 79页 21cm(32开)
定价：旧币5,000元

J0141844
苏联音乐生活　(苏)雅哥林(Б.Яголин)著；李士钊译
上海 万叶书店 1953年 47页 19cm(32开)
定价：旧币2,800元

J0141845
保加利亚的音乐　(保)克雷斯台夫等著；姚念赓译
上海 新音乐出版社 1954年 74页 有插图
21cm(32开)定价：旧币5,000元

J0141846
阿尔巴尼亚的音乐　对外文化联络局编
对外文化联络局 1955年 4页 19cm(32开)
(文化交流资料丛刊 19)

J0141847
保加利亚的音乐舞蹈　对外文化联络局编
[北京]对外文化联络局 1955年 18页
19cm(32开)
(文化交流资料丛刊 29)

J0141848
俄罗斯音乐家论西欧音乐　(苏)阿别兹高兹(И.Абезгауз)著；张洪模译
北京 音乐出版社 1955年 67页 19cm(32开)
定价：旧币3,600元

J0141849
捷克音乐　刘庆民译；中华人民共和国国务院对外文化联络局编辑
北京 中华人民共和国国务院对外文化联络局
1955年 16页 18cm(小32开)
(文化交流资料丛刊 2)

J0141850
罗马尼亚人民共和国音乐生活　对外文化联络局编
[北京]对外文化联络局 1955年 18页 19cm(32开)

（文化交流资料丛刊 18）

J0141851
卓越的俄罗斯合唱团及其领导者 （苏）洛克申（Д.Локшин）著；鲁男译
北京 音乐出版社 1955年 162页 有图有肖像
21cm（32开）定价：CNY1.06

J0141852
波兰音乐十年 （波）李萨（Zofia Lissa）著；朱立人，吴钟灵译
北京 音乐出版社 1956年 40页 19cm（32开）
定价：CNY0.23

J0141853
乐学轨范 （九卷）（朝）韩应寅等撰
1956年 影印本 再版 有图 线装
分三册。

J0141854
苏联艺术教育学院合唱队 （苏）盖姆比茨卡娅（Е.Я.Гембицкая），（苏）罗巴切娃（Е.А.Лобачева）著；陈登颐译
北京 音乐出版社 1956年 147页 21cm（32开）
统一书号：8026.559 定价：CNY0.92

J0141855
俄罗斯音乐史 （19世纪上半期）（苏）凯尔第什（Ю.Келдыш）著；张洪模译
北京 音乐出版社 1957年 236页 21cm（32开）
统一书号：8026.708 定价：CNY1.40
（中央音乐学院编译室译丛）

J0141856
苏联的清唱剧和大合唱 （苏）霍赫洛甫金纳（А.Хохловкина）著；吴启元译
北京 音乐出版社 1957年 124页 21cm（32开）
统一书号：8026.695 定价：CNY0.75

J0141857
维也纳古典乐派 （苏）斯坦因普莱斯（Б.С.Штейнпресс）等著；岁寒译
上海 上海音乐出版社 1957年 30页 20cm（32开）
统一书号：8127.062 定价：CNY0.24

J0141858
希腊音乐史 （第一部 中古时期 希腊—罗马）（法）艾麦吕耶著；杨一之译
北京 中央音乐学院民族音乐研究所 1957年
油印本 63页 26cm（16开）定价：CNY0.80

J0141859
德国音乐 （它的古典遗产和近代创作）（德）H.哥德施密特著
北京 人民音乐出版社 1959年 265页
20cm（32开）定价：CNY1.45

本书内容包括：第1章“德国古典音乐的第一阶段（1450—1550文艺复兴时代）”；第2章“德国古典音乐的第二阶段（1550—1700）”；第3章“德国古典音乐的第三阶段（1700—1760）”；第4章“德国古典音乐的第四阶段（1760—1802）”；第5章“德国古典音乐的第五阶段（1802—1848）”；第6章“德国古典音乐的第六阶段（1848—1897）”；第7章“1897—1945年阶段”。

J0141860
德国音乐 （它的古典遗产和近代创作）（德）H.哥德施密特著；中央音乐学院音乐学系整理
北京 音乐出版社 1959年 286页 20cm（32开）
统一书号：8026.1143 定价：CNY1.55
（中央音乐学院专家讲稿译丛）

本书是根据外国专家讲稿整理而成的分国音乐史专著。共7章。以年代分期，自15世纪中叶至20世纪中叶，介绍其间各个阶段德国音乐文化的特点、重要作曲家及当代德国音乐文化状况、作曲家的生平和作品。涉及的各流派名家有：亨德尔、巴赫、格鲁克、海顿、莫扎特、贝多芬、舒柏特、威柏、门德尔松、舒曼、瓦格纳、勃拉姆斯、马勒、施特劳斯、勋伯格、兴德米特、艾斯勒等。部分作品附有谱例。

J0141861
日本的音乐 （日）山根银二著；丰子恺译
北京 音乐出版社 1961年 60页 19cm（32开）
统一书号：8026.4348 定价：CNY0.36

本书是作者所著《音乐的历史》中的一章。其中结合日本历代（自日本有史以来，直至中世纪末止）的社会政治情况来叙述日本音乐的沿革、日本的音乐理论及日本音乐的各种体裁、形式及其特点。其中对日本音乐与中国音乐的交

流、过去中国音乐对日本音乐的影响等也有详细的论述。据岩波新书 1957 年版译出。

J0141862
朝鲜音乐 (朝)文河渊,文钟祥著;柳修彰等译
北京 音乐出版社 1962 年 140 页 20cm(32 开)
统一书号:8026.1568 定价:CNY0.79
本书根据朝鲜作曲家同盟的供稿译出。较全面地阐述自朝鲜古代的三国时期(公元前 57 年—公元 668 年)至朝鲜解放(1945 年 8 月 15 日)后的音乐发展概况,主要介绍朝鲜民间音乐的各种体裁、调式及旋律特点等。

J0141863
音乐文化交流资料 (11 日本音乐情况资料汇编)中国音乐家协会对外联络委员会编著
北京 中国音乐家协会对外联络委员会 1962 年 77 页 20cm(32 开)

J0141864
《苏联音乐简况》附件 (初稿)《光明日报》编辑部编
北京 光明日报编辑部 1970 年 91 页 26cm(16 开)

J0141865
苏联音乐简况 (1917 年 -1969 年 初稿)《光明日报》编辑部编
北京 光明日报编辑部 1970 年 27 页 26cm(16 开)

J0141866
新世界的音乐 (美)蔡斯(Chase, G.)著;简尔清译
香港 香港今日世界出版社 1975 年 再版 251 页 19cm(32 开)定价:TWD25.00
外文书名:America's Music.

J0141867
欧洲音乐简史 (上)文学艺术研究所《欧洲音乐简史》编写小组[编]
[中央音乐学院音乐系][1978 年] 26cm(16 开)

J0141868
苏俄音乐与音乐生活 (1917—1970 上册)(美)施瓦茨(B.Schwarz)著;钟子林等译
北京 人民音乐出版社 1979 年 360 页 20cm(32 开)统一书号:8026.3577
定价:CNY2.15

J0141869
苏俄音乐与音乐生活 (1917—1970 下册)(美)施瓦茨(B.Schwarz)著;钟子林等译
北京 人民音乐出版社 1981 年 363-673 页 20cm(32 开)统一书号:8026.3723
定价:CNY2.30

J0141870
阿拉伯音乐史 (埃及)哈菲兹著;王瑞琴译
北京 人民音乐出版社 1980 年 159 页
21cm(32 开)统一书号:8026.3702
定价:CNY0.95
本书分别论述了蒙昧时期、先知时期、哈里发时期、伍麦叶王朝、安德鲁西亚时代的阿拉伯音乐概况。

J0141871
日本音乐史 (日)伊庭孝著;郎樱译
北京 人民音乐出版社 1982 年 190 页
21cm(32 开)统一书号:8026.4047
定价:CNY1.05

J0141872
拉丁美洲的音乐 (美)尼·斯洛尼姆斯基(N.Slonimsky)著;吴佩华,顾连理译
北京 人民音乐出版社 1983 年 408 页
21cm(32 开)统一书号:8026.4129
定价:CNY2.45
本书概述了拉丁美洲音乐的历史渊源;印第安、西班牙、葡萄牙的影响;阐明各国如何因交往不同而接受影响有所侧重。书中详细介绍了各国的音乐文化及主要作曲家的生平。外文书名:Music of Latin America.

J0141873
美国黑人音乐史 (美)艾琳·索森(E.Southen)著;袁华清译
北京 人民音乐出版社 1983 年 568 页
21cm(32 开)统一书号:8026.4031
定价:CNY3.20
本书叙述了从殖民地时期(1776)到现在美国黑人音乐的发展过程,着重阐明了促进黑人音

乐发展的各种社会、政治和经济因素；还介绍了各个时期美国黑人音乐家、歌手和演奏家以及他们的创作和表演艺术等。

J0141874
欧洲音乐史 张洪岛主编
北京 人民音乐出版社 1983 年 713 页
21cm（32 开）统一书号：8026.4105
定价：CNY4.40

本书是中央音乐学院的教材，介绍了欧洲从古代奴隶社会时期到资本主义社会时期的音乐发展概况。

J0141875
西洋音乐风格的演变 （上册）张己任著
台北 商务印书馆股份有限公司 1983 年
315 页 21cm（32 开）定价：TWD10.59
（大学丛书）

J0141876
十九世纪东方音乐文化 （德）京特（Gunther）编；金经言译
北京 中国文联出版公司 1985 年 196 页
19cm（32 开）统一书号：8355.174 定价：CNY1.15

本书是《十九世纪音乐史研究丛书》第 31 册。其中包括关于近东、印度次大陆、东亚的 6 篇论文。这几篇论文不仅提供了 19 世纪部分东方音乐文化的比较充分的资料，并且还有一定的分析比较和研究，对我们了解这些国家（地区）该时期的音乐概貌及其关系有很大帮助。外文书名：Musik kulturen Asiens，Afrikasund Ozeanizensim19. Jahrhundert.

J0141877
十九世纪东方音乐文化 （德）京特（Gunther，R.）著；金经言译
台北 丹青图书公司 1987年 205页 21cm（32开）
定价：TWD160.00
（丹青艺术丛书 55）

J0141878
美国大众音乐 章珍芳著
北京 中国文联出版公司 1986 年 197 页
19cm（32 开）统一书号：8355.476 定价：CNY1.15

J0141879
欧洲声乐发展史 尚家骧著
香港 上海书局有限公司 1986 年 376 页
21cm（32 开）ISBN：962-239-055-2
定价：HKD29.70

J0141880
日本音乐简史 （日）星旭著；李星光译
北京 人民音乐出版社 1986 年 178 页
20cm（32 开）统一书号：8026.4412
定价：CNY1.75

全书分 10 章，对日本民族各个历史时期的各种音乐形式、音乐体裁的产生和发展，分别作简明、系统的介绍。

J0141881
乐迷闲话 （欧洲古典乐坛侧影）辛丰年编著
北京 三联书店 1987 年 244 页 19cm（32 开）
统一书号：8002.10 定价：CNY1.30

J0141882
乐迷闲话 （欧洲古典乐坛侧影）辛丰年［著］
北京 三联书店 1995 年 重印本 244 页
19cm（32 开）ISBN：7-108-00639-1
定价：CNY7.90

J0141883
贝多芬之魂 赵鑫珊著
上海 三联书店上海分店 1988 年 679 页
有照片 20cm（32 开）ISBN：7-5426-0074-5
定价：CNY9.50

本书作者根据贝多芬的信札、日记、创作笔记和谈话等第一手珍贵文字材料来揭示贝多芬一生精神进展轨迹，是对德国文化哲学的另一种表述。

J0141884
贝多芬之魂 （德国古典“文化群落”中的贝多芬音乐）赵鑫珊著
上海 上海音乐出版社 1997 年 增补修订新一版
667 页 有照片 20cm（32 开）
ISBN：7-80553-682-1 定价：CNY36.50

作者赵鑫珊（1938— ），教授、哲学家、文学家。江西南昌人，毕业于北京大学德国文学语言系。历任上海社会科学院欧亚研究所德国研

究中心主任、教授，上海欧洲学会理事。代表作品有《科学艺术哲学断想》《地球在哭泣》《哲学与当代世界》《希特勒与当代艺术》《我是北大留级生》等。

J0141885
欧洲音乐史话　钱仁康编著
上海 上海音乐出版社 1989年 273页
19cm(32开) ISBN: 7-80553-177-3
定价: CNY3.70
(音乐爱好者丛书)

全书共13章，系统地介绍欧洲音乐的起源、发展，以及各个历史时期出现的重要音乐家、作品和历史事件，如古希腊和古罗马音乐，中世纪文艺复兴时期的教会音乐与世俗音乐，歌剧的兴起和意大利、法国的浪漫歌剧；从巴洛克音乐、维也纳古典派、浪漫派、民族乐派、印象派到20世纪的现代派及先锋派音乐。附近百幅珍贵的图片。收入《音乐爱好者丛书》。

J0141886
西方音乐史　(法)朗多尔米(P.Landormy)著；朱少坤等译
北京 人民音乐出版社 1989年 432页
20cm(32开) ISBN: 7-103-00165-0
定价: CNY6.40

本书概略介绍古代至20世纪40年代期间欧洲音乐的发展历史。有以下特点：一、开宗明义。各章侧重于对音乐历史的过程、事件、人物及风格流派的讲述，而较少涉及与音乐相关的政治、社会、宗教、哲学、文学及民俗等背景知识；二、观点明确。除对一些音乐史上存疑的问题(如音乐起源等)不妄作结论外，对其他音乐事件及人物均有确定的知见；三、要言不烦。各章篇幅短小，内容简明，着重介绍一些突出的事实，扼要地勾画一些主要人物，指出一些重要的过程，其语言表述亦较为通俗简明。本书据法国巴黎1947年版译出。

J0141887
创造音乐的是人民　(介绍俄国作曲家格林卡)万昭著
北京 人民音乐出版社 1990年 51页 有照片
19cm(32开) ISBN: 7-103-00601-6
定价: CNY0.85
(外国音乐欣赏小丛书)

本书简要地介绍了俄罗斯音乐之父格林卡的一生及他为创立俄罗斯乐派而作的不懈努力，并介绍了他的“伊万·苏萨宁”等歌剧、“卡玛林斯卡亚”等器乐作品。

J0141888
浪漫主义音诗的巨匠　(德国音乐家理查·斯特劳斯的生平和作品简介)刘经树编著
北京 人民音乐出版社 1990年 67页 有肖像
19cm(32开) ISBN: 7-103-00558-3
定价: CNY1.05
(外国音乐欣赏小丛书)

J0141889
贝多芬论　(译文集)陈洪等译；唯民编
北京 人民音乐出版社 1991年 622页 有肖像
20cm(32开) ISBN: 7-103-00672-5
定价: CNY12.45

本书共收欧美音乐史书及杂志上论述贝多芬及其时代、思想、创作的专文30余篇，还有同时代人的回忆，以及贝多芬的札记、书简等。附录部分选收我国专业人士有关论文6篇。

J0141890
二十世纪音乐艺术的不倦探索者　(介绍作曲家斯特拉文斯基)周耀群编著
北京 人民音乐出版社 1991年 75页
19cm(小32开) ISBN: 7-103-00737-3
定价: CNY1.15
(外国音乐欣赏小丛书)

斯特拉文斯基是20世纪上半叶西方最有影响的作曲家之一。本书简要地介绍了他的生平、主要艺术活动、创作特点，以及他写的20部芭蕾舞音乐和交响乐作品。

J0141891
简明西方音乐史　刘经树著
北京 人民音乐出版社 1991年 139页
18cm(小32开) ISBN: 7-103-00836-1
定价: CNY2.60

J0141892
欧洲音乐简史　(音乐史与音乐欣赏)钱仁康编著

北京 高等教育出版社 1991 年 189 页
26cm(16 开) ISBN: 7-04-003332-1
定价: CNY7.05

J0141893
柴科夫斯基论文书信札记选 (俄)柴科夫斯基(Чайковский)著; 高士彦译
北京 人民音乐出版社 1992 年 267 页
19cm(小 32 开) ISBN: 7-103-01036-6
定价: CNY5.80

本书为纪念柴科夫斯基逝世100周年(1993.11.6)而翻译。据Музгиз 莫斯科 1953—1981 年版译出。书名原文: Чайковский литературные произведения и переписка. 作者柴科夫斯基(Чайковский, ПётрИльич, 1840—1893), 现通译为柴可夫斯基。俄罗斯作曲家、音乐剧作家。代表作有芭蕾舞剧《天鹅湖》《睡美人》《胡桃夹子》, 歌剧《叶甫根尼·奥涅金》, 交响曲《罗密欧与朱丽叶》等。

J0141894
柴科夫斯基论音乐 (俄)柴科夫斯基(Tchaikovsky, P.I.)著; 高士彦译
台北 世界文物出版社 1993 年 213 页
21cm(32 开) ISBN: 957-8996-12-8
定价: TWD210.00

J0141895
美国专业音乐发展简史 蔡良玉著
北京 人民音乐出版社 1992 年 312 页
20cm(32 开) ISBN: 7-103-00809-4
定价: CNY6.70

本书介绍了美国专业音乐的发展概况, 对重要作品、作家均有详细介绍。

J0141896
西欧作曲家肖像 亚子编著
北京 人民音乐出版社 1993 年 145 页
19cm(小 32 开) ISBN: 7-103-01065-X
定价: CNY3.25
(音乐情趣小丛书)

本书向少年儿童介绍了巴赫、海顿、莫扎特等16位欧洲著名作曲家的少年时代的故事、一生成就及他们的著名作品。

J0141897
西洋音乐研究 许常惠著
台北 商务印书馆 1993 年 101 页
18cm(小 32 开) ISBN: 957-05-0656-3
定价: TWD1.40
(各科研究小丛书)

J0141898
强力集团 (介绍穆索尔斯基等五位俄国作曲家)万昭著
北京 人民音乐出版社 1994 年 88 页
19cm(小 32 开) ISBN: 7-103-01165-6
定价: CNY2.10
(外国音乐欣赏小丛书)

本书介绍19世纪60年代俄罗斯作曲家集体“强力集团”的5位成员: 巴拉基列夫、穆索尔斯基、鲍罗丁、李姆斯基·科萨列夫和居伊。

J0141899
西方音乐史 黄腾鹏编著
兰州 敦煌文艺出版社 1994 年 318 页
20cm(32 开) ISBN: 7-80587-224-4
定价: CNY7.80

作者黄腾鹏, 西北师范大学任教。

J0141900
东方音乐文化 俞人豪, 陈自明著
北京 人民音乐出版社 1995 年 300 页
20cm(32 开) ISBN: 7-103-01201-6
定价: CNY11.40
(音乐自学丛书 音乐学卷)

J0141901
欧洲音乐节庆之旅 (美)罗贝塔·高兹曼(Roberta Gottesman)著; 卢德璐译
台北 精英出版社 1996 年 574 页 21cm(32 开)
ISBN: 957-9556-23-7 定价: TWD450.00

外文书名: The Music Lover's Guide to Europe.

J0141902
西方音乐漫话 刘延立等编译
北京 人民音乐出版社 1996 年 508 页
19cm(小 32 开) ISBN: 7-103-01237-7
定价: CNY19.30

J0141903
西方音乐史　(美)唐纳德·杰·格劳特(Donald Jay Grout),(美)克劳德·帕利斯卡(Claude V.Palisca)著;汪启璋等译
北京 人民音乐出版社 1996年 791页 有照片
24cm(26开) 精装 ISBN: 7-103-01310-1
定价: CNY99.00
外文书名: A History of Western Music.

J0141904
西方音乐史话　陈小兵著
北京 中国少年儿童出版社 1996年 196页
有插图 19cm(小32开) ISBN: 7-5007-3010-1
定价: 非卖品
(希望美育文库)
本书由中国少年儿童出版社和中国青年出版社联合出版。

J0141905
疯狂的披头士　(列农和“甲壳虫”乐队秘闻珍藏版)范敏民,薛忻编译
哈尔滨 黑龙江人民出版社 1997年 456页
20cm(32开) ISBN: 7-207-03586-1
定价: CNY19.80

J0141906
葡萄牙音乐史　(葡)鲁伊·维依拉·聂里,(葡)保罗·费雷拉·德·卡斯特罗著;陈用仪译
北京 中国文联出版公司 1997年 263页
20cm(32开) ISBN: 7-5059-2597-0
定价: CNY13.50
(葡萄牙文化丛书)

J0141907
西洋流行音乐辞典　余光编著
台北 同联文化事业公司 1997年 198页
有照片 21cm(32开) ISBN: 957-97255-0-0
定价: TWD280.00
(余光音乐杂志丛书)

J0141908
理查·施特劳斯　(浪漫音诗巨匠)刘经树著
北京 人民音乐出版社 1998年 97页 有肖像
18cm(小32开) ISBN: 7-103-01783-2
定价: CNY6.50
(外国音乐欣赏丛书)

J0141909
美国音乐教育概况　刘沛编著
上海 上海教育出版社 1998年 340页
20cm(32开) ISBN: 7-5320-5266-4
定价: CNY13.00
(学校艺术教育研究丛书)

J0141910
圣殿外的歌声　(西方流行音乐大潮)田青编著
北京 中国人民大学出版社 1998年 149页
有照片 24cm(26开) ISBN: 7-300-02647-8
定价: CNY16.50
(青橄榄文化系列)
作者田青(1948—　),音乐学家、非物质文化遗产保护专家。出生于河北唐山,天津音乐学院毕业。曾任中国艺术研究院音乐研究所所长,宗教艺术研究中心主任、研究员、博士生导师,兼任中国昆剧古琴研究会会长。著有《中国宗教音乐》《净土天音》《捡起金叶》《佛教音乐的华化》等。

J0141911
苏联音乐史　(1917—1953 上卷)黄晓和著
福州 海峡文艺出版社 1998年 553页 有彩照
20cm(32开) ISBN: 7-80640-164-4
定价: CNY23.00

J0141912
西方音乐史　黄腾鹏编著
兰州 敦煌文艺出版社 1998年 重印本 311页
20cm(32开) ISBN: 7-80587-224-4
定价: CNY15.00

J0141913
西方音乐史　(插图本)约瑟夫·韦克斯贝格著;王嘉陵译
成都 四川大学出版社 1998年 151页 有插图
26cm(16开) 精装 ISBN: 7-5614-1776-4
定价: CNY48.00

J0141914
西方音乐史　约瑟夫·韦克斯贝克著;王喜陵译
重庆 西南师范大学出版社 1999年 88页

26cm（16开）ISBN：7-5621-2016-1
定价：CNY9.00
（音乐教育丛书）

本书由西南师范大学出版社和四川大学出版社联合出版。

J0141915
黑皮肤的感觉　（美国黑人音乐文化）陈铭道著
北京　世界知识出版社　1999年　335页
20cm（32开）ISBN：7-5012-1252-X
定价：CNY17.00
（世界民族音乐文化丛书）

本书系统讲述了布鲁斯和爵士乐怎样从黑奴中产生和发展起来，最终形成冲击美国乃至世界的现代音乐潮流，生动描绘了黑人音乐对美国当今社会的广泛影响。作者陈铭道（1948—　），教授。四川成都人，硕士毕业于中国艺术研究院。中国音乐学院音乐学教授。著有《黑皮肤的感觉——美国黑人音乐文化》《音乐学：历史、文献和写作》《与上帝摔跤——犹太人及其音乐》。

J0141916
浪漫派的先驱　（舒伯特　韦伯　白辽士　孟德尔颂）许钟荣主编
台北　锦绣出版事业公司　1999年　247页
有插图　22cm（30开）精装
ISBN：957-720-385-X
（古典音乐400年　3）

J0141917
苏联音乐教育　（卡巴列夫斯基音乐教育体系·儿童音乐学校）魏煌，侯锦虹编著
上海　上海教育出版社　1999年　221页
20cm（32开）ISBN：7-5320-6030-6
定价：CNY9.80
（学校艺术教育研究丛书）

J0141918
西方音乐的观念　（西方音乐历史发展中的二元冲突研究）姚亚平著
北京　中国人民大学出版社　1999年　249页
20cm（32开）ISBN：7-300-03026-2
定价：CNY12.00

J0141919
西方音乐的历史与审美　修海林，李吉提著
北京　中国人民大学出版社　1999年　346页
23cm（20开）ISBN：7-300-02909-4
定价：CNY30.00
（高等学校美育教材系列）

J0141920
西方音乐史　田可文，陈永编著
武汉　武汉测绘科技大学出版社　1999年　292页
20cm（32开）ISBN：7-81030-727-4
定价：CNY15.00
（音乐素质教育丛书）

J0141921
西方音乐史简编　沈旋等［著］
上海　上海音乐出版社　1999年　476页
20cm（32开）ISBN：7-80553-766-6
定价：CNY19.00

J0141922
西方音乐文化　蔡良玉著
北京　人民音乐出版社　1999年　478页
20cm（32开）ISBN：7-103-01861-8
定价：CNY24.40
（音乐自学丛书　音乐学卷）

本书主要包括：古代音乐；中世纪音乐；文艺复兴早期的音乐；文艺复兴后期的音乐；巴罗克时期的音乐；巴罗克向古典主义风格的过渡；古典主义时期的音乐等。

J0141923
西洋音乐　［法］阿妮·古迪尔，［法］马克·罗克福著；韦德福译
杭州　浙江教育出版社　1999年　96页　20cm（32开）
ISBN：7-5338-3208-6　定价：CNY10.00
（知道得更多些）

J0141924
西洋音乐史入门　（美）Carter Harman著；黄家宁，许怀楠译
台北　世界文物出版社　1999年　312页
21cm（32开）ISBN：957-561-068-7
定价：TWD280.00

外文书名：A Popular History of Music.

音乐流派及其研究

J0141925
爵士乐的故事 (美)史特恩斯(Stearns, M.)著;简而清译
香港 今日世界社 1971年 再版 322页
19cm(32开) 定价: TWD15.00

J0141926
流行歌曲沧桑记 水晶著
台北 大地出版社 1985年 283页 19cm(32开)
定价: TWD140.00
(万卷文库 146)

J0141927
西方流行音乐 田瑛,朱国诚编著
合肥 安徽文艺出版社 1985年 113页 有照片
19cm(32开) 统一书号: 8378.7 定价: CNY0.95
本书从流行音乐演变的历史角度介绍了自19世纪以来到20世纪70年代流行音乐发展变化的情况,其中对20世纪的流行音乐,如拉格泰姆、爵士、摇滚乐和摇摆乐等,都做了专题阐述。

J0141928
从巴洛克到古典乐派 Schonberg, H.C. 著;陈琳琳译
台北 自华书店 1986年 188页 有肖像
17cm(40开) 定价: TWD49.50
(495系列 20)

J0141929
西方音乐及其流派 刘可希著
成都 四川人民出版社 1986年 260页
19cm(32开) 统一书号: 17118.143
定价: CNY1.50

J0141930
爵士乐 (美)瓦里美(Vulliamy, G.)著;王秋海译
北京 生活·读书·新知三联书店 1987年 119页
19cm(32开) 统一书号: 10002.104
定价: CNY0.80
外文书名: Jazz and Blues.

J0141931
爵士乐 (美)瓦里美(Graham Vulliamy)著;王秋海译
北京 生活·读书·新知三联书店 1992年 重印本
119页 19cm(32开) ISBN: 7-108-00774-6
定价: CNY3.50
外文书名: Jazz & Blues.

J0141932
西洋音乐的风格与流派 人民音乐出版社编辑部编
北京 人民音乐出版社 1990年 239页
20cm(32开) ISBN: 7-103-00588-5
定价: CNY4.85
(音乐词典词条汇辑丛书)
这是一本综合一些国家的权威性音乐工具书中有关西洋音乐的风格与流派方面的条目译著。

J0141933
二十世纪音乐 (德)施图肯什密特(Stuckenschmidt, H.H.)著;汤亚汀译
北京 人民音乐出版社 1992年 223页
20cm(32开) ISBN: 7-103-00935-X
定价: CNY5.40
本书介绍了20世纪音乐各流派的形成和发展,及其代表性作曲家的创作面貌。后附1854—1966年西方音乐与文艺界大事对照年表和多幅图片。外文书名: Twentieth Century Music. 据麦格劳·希尔图书公司,纽约,1970年版英译本译出。

J0141934
世界摇滚乐大观 黄燎原,韩一夫主编
石家庄 河北人民出版社 1992年 591页
有照片 20cm(32开) ISBN: 7-202-01133-6
定价: CNY10.85
本书是目前国内关于摇滚乐的第一部专著。介绍了国内外摇滚乐的发展历史、著名乐队的歌星、摇滚乐常识、劲歌金曲和鲜为人知的背景材料,并配有多幅摇滚巨星的插图照片。

J0141935
伤花怒放 (摇滚的被缚与抗争)郝舫著
北京 东方出版社 1993年 282页 20cm(32开)
ISBN: 7-5060-0424-0 定价: CNY9.00

（东方书林之旅 西江月书系）

J0141936
摇滚乐的艺术　（美）查理·布朗（Charles T.Brown）著；林芳如译
台北 万象图书公司 1993年 438页 有照片
21cm（32开）ISBN：957-669-445-0
定价：TWD430.00
（音乐疯系列 7）
外文书名：The Art of Rock and Roll.

J0141937
摇滚乐社会学　赛门·佛瑞兹（Simon Firth）著；彭倩文译
台北 万象图书公司 1993年 398页 21cm（32开）
ISBN：957-669-444-2 定价：TWD370.00
（音乐疯系列 8）
外文书名：The Sociology of Rock.

J0141938
摇滚党纪　方无行著
台北 万象图书公司 1994年 248页 21cm（32开）
ISBN：957-669-450-7 定价：TWD220.00
（音乐疯系列 9）

J0141939
摇滚乐浪潮与中国新生代　杨雄，陆新和著
太原 山西人民出版社 1994年 199页
19cm（小32开）ISBN：7-203-03071-7
定价：CNY4.80
（青年文化丛书）
本书内容包括：摇滚乐史话、崔健旋风、摇滚乐与青年文化等7部分。作者杨雄，上海社科院任职。作者陆新和，上海《青年学校》编辑。

J0141940
浮生爵想　（爵士印象 2）傅庆堂著
台北 世界文物出版社 1995年 181页 有照片
21cm（32开）ISBN：957-8996-75-6
定价：TWD200.00
外文书名：The Look of Jazz：Jazz Impression 2.

J0141941
爵士音乐史　（美）弗兰克·蒂罗（Frank Tirro）著；麦玲译
北京 人民音乐出版社 1995年 119页
20cm（32开）ISBN：7-103-01273-3
定价：CNY8.60
外文书名：Jazz-A History.

J0141942
我爱爵士乐　（美）劳伦·克拉克（Loren Clarke）著；张元译
北京 中国国际广播出版社 1996年 237页
有照片 20cm（32开）ISBN：7-5078-1068-2
定价：CNY16.80
外文书名：I Love Jazz.

J0141943
疯狂摇滚　吴汝华主编；红曼，洪亮编著
北京 时事出版社 1997年 310页 19cm（小32开）
ISBN：7-80009-348-4 定价：CNY14.50
外文书名：Rock & Roll.

J0141944
摇滚乐　马清著
台北 扬智文化事业公司 1997年 144页
21cm（32开）ISBN：957-8446-23-3
定价：TWD150.00
（扬智音乐厅 4）
外文书名：Rock'N' Roll.

J0141945
20世纪的灵感　（爵士乐）程工著
北京 世界图书出版公司北京公司 1998年
12+503页 有照片 20cm（32开）
ISBN：7-5062-3405-X 定价：CNY29.00
（20世纪音乐欣赏丛书）

J0141946
爵士乐　（法）吕西安·马尔松（Lucien Malson），（法）克里斯谦·贝莱斯特（Christian Bellest）著；管震湖译
北京 商务印书馆 1998年 202页 18cm（小32开）
ISBN：7-100-02161-8 定价：CNY7.50
（我知道什么？百科知识丛书 第四批 14）
本书内容包括：第1章“爵士音乐的起源和特征”；第2章“灵歌”；第3章“拉格泰姆”；第4章“布鲁斯”；第5章“新奥尔良”；第6

章“主流派”；第 7 章“吡啵乐”；第 8 章“冷爵士乐”；第 9 章“硬吡啵乐”；第 10 章“自由爵士乐”；第 11 章“摇滚乐”；第 12 章“爵士乐俨若帝王”。

J0141947
爵士音乐史 (上)(美)Frank Tirro 著；顾连理译
台北 世界文物出版社 1998 年 397 页 有照片
24cm(26 开)精装 ISBN: 957-561-024-5
定价: TWD480.00
外文书名: Jazz: A History.

J0141948
爵士音乐史 (下)(美)Frank Tirro 著；顾连理译
台北 世界文物出版社 1998 年 397 页 有照片
24cm(26 开)精装 ISBN: 957-561-025-3
定价: TWD480.00
外文书名: Jazz: A History.

J0141949
民谣流域 (流行音乐的流派和演变之一) 李皖，史文华著
北京 中国社会科学出版社 1998 年 235 页
有照片 20cm(32 开) ISBN: 7-5004-2229-6
定价: CNY13.00

J0141950
摇滚乐的历史与风格 钟子林编著
北京 人民音乐出版社 1998 年 226 页
20cm(32 开) ISBN: 7-103-01555-4
定价: CNY13.00

J0141951
巴洛克的巨匠 (蒙台威尔第 韦瓦第 巴哈 韩德尔) 许钟荣主编
台北县 锦绣出版事业公司 1999 年 199 页
有肖像插图 22cm(30 开) 精装
ISBN: 957-720-388-4
(古典音乐 400 年 1)

J0141952
浪漫派的巨星 (布拉姆斯 圣桑 柴可夫斯基 马勒 理查·史特劳斯) 许钟荣主编
台北 锦绣出版事业公司 1999 年 343 页 有插图
22cm(30 开) 精装 ISBN: 957-720-401-5
(古典音乐 400 年 5)

J0141953
浪漫派的旗手 (萧邦 舒曼 李斯特 小约翰·史特劳斯) 许钟荣主编
台北 锦绣出版事业公司 1999 年 199 页 有插图
22cm(30 开) 精装 ISBN: 957-720-397-3
(古典音乐 400 年 4)

J0141954
浪漫派乐曲赏析 (3 布拉姆斯 圣桑 柴可夫斯基 马勒 理查·史特劳斯) 邵义强著
台北 锦绣出版事业公司 1999 年 459 页 有画像
22cm(30 开) 精装 ISBN: 957-720-400-7
(古典音乐 400 年)

J0141955
浪漫派乐曲赏析 (舒伯特 韦伯 白辽士 孟德尔颂) 邵义强著
台北 锦绣出版事业公司 1999 年 375 页
22cm(30 开) 精装 ISBN: 957-720-387-6
(古典音乐 400 年)

J0141956
浪漫派乐曲赏析 (萧邦 舒曼 李斯特 小约翰·史特劳斯) 邵义强著
台北 锦绣出版事业公司 1999 年 415 页 有画像
22cm(30 开) 精装 ISBN: 957-720-399-X
(古典音乐 400 年)

J0141957
维也纳古典的乐圣 (海顿 莫札特 贝多芬) 许钟荣主编
台北 锦绣出版事业公司 1999 年 207 页 有插图
22cm(30 开) 精装 ISBN: 957-720-369-8
(古典音乐 400 年)

J0141958
维也纳古典乐曲赏析 (海顿 莫札特 贝多芬) 邵义强著
台北 锦绣出版事业公司 1999 年 451 页 有画像
22cm(30 开) 精装 ISBN: 957-720-376-0
(古典音乐 400 年)

音乐技术理论与方法

J0141959
音乐入门 丰子恺著
重庆 开明书店 1929年 8版 160页
18cm(32开) 定价: 大洋六角

全书分3部分: 上编"音乐之门", 内分3章, 即音的历时、音的质量、音的意情。中编"乐谱的读法", 内分6章, 即谱表、音符、拍子、音阶、音种、记号及标语。下编"唱歌演奏法入门", 内分4章, 即唱歌入门、钢琴演奏入门、小提琴演奏入门、口琴演奏入门。

J0141960
音乐入门 丰子恺著
上海 开明书店 1931年 订正9版 160页
19cm(32开) 定价: 大洋五角

J0141961
音乐入门 丰子恺著
上海 开明书店 1941年 19版 127页 有图
17cm(40开) 定价: 国币一元三角五分

J0141962
音乐入门 丰子恺著
重庆 开明书店 1945年 内1版 160页 有图
19cm(32开) 定价: 国币一元七角

J0141963
音乐入门 丰子恺著
上海 开明书店 1946年 21版 重订本 127页
18cm(32开)

J0141964
音乐入门 丰子恺撰
上海 上海音乐出版社 1953年 新1版 修订本
127页 有图 20cm(32开) 定价: 旧币7,600元

J0141965
音乐入门 丰子恺著
上海 新音乐出版社 1954年 重排1版修订本
104页 21cm(32开) 定价: 旧币6,500元

J0141966
音乐入门 丰子恺著
上海 上海音乐出版社 1957年 新1版 103页
有插图有曲谱 21cm(32开) 统一书号: 8127.082
定价: CNY0.50

J0141967
音乐初阶 丰子恺著
桂林 文光书店 1943年 76页 19cm(32开)
(基本知识丛书 5)

本书包括: 音的高低、长短、强弱记录法, 以及唱歌、弹琴、提琴和管弦乐的等内容。

J0141968
音乐初阶 丰子恺著
桂林 文光书店 1945年 渝4版 76页
19cm(32开)
(基本知识丛书 5)

J0141969
音乐初阶 丰子恺著
桂林 文光书店 1948年 沪版 76页 19cm(32开)
(基本知识丛书 5)

J0141970
音乐初阶 丰子恺著
上海 文光书店 1950年 3版 73页 18cm(32开)
统一书号: 0237-28 定价: CNY0.35

J0141971
识谱、指挥和教歌 萧秦, 路由编著
[山西] 晋绥军区政治部 1949年 88页
20cm(32开)

本书收录《简谱识谱法》《指挥法》《怎样教歌》3篇文章。

J0141972
音乐技术学习丛刊 (第一辑) 中华全国音乐工作者协会编辑
上海 万叶书店 1951年 60页 有插图
21cm(32开)

J0141973
音乐的基本知识 (苏) 瓦西那-格罗斯曼(В.Васина-Гроссман) 撰; 丰子恺, 丰一吟译

上海 万叶书店 1953年 100页 有图
21cm(32开)定价:旧币6,800元

作者丰一吟(1929—),画家、翻译学家。浙江崇德县(今桐乡市石门镇)人。其父是著名画家丰子恺。毕业于中苏友协俄文学校。上海市文史研究馆馆员,丰子恺研究会顾问,上海翻译家协会会员。主要著作有《潇洒风神——我的父亲丰子恺》《丰子恺漫画全集》《爸爸的画》等。

J0141974
音乐的基本知识 (苏)瓦辛那-格罗斯曼(В.Васина-Гроссман)著;丰子恺,丰一吟译
北京 音乐出版社 1954年 2版 127页 有图
21cm(32开)定价:旧币6,800元

J0141975
唱念课讲授提纲 江苏戏曲学校编
江苏 [江苏戏曲学校印] 1958年 油印本
26cm(16开)

J0141976
唱念教学大纲 (演员第一期进修班)
[南京] 江苏戏曲学校 1959年 油印本 12页
有图 26cm(16开)

J0141977
唱念知识讲话 (初稿)江苏戏曲学校编
江苏 [江苏戏曲学校印] 1959年 油印本 87页
26cm(16开)

J0141978
音乐入门 台湾开明书店编辑
台北 开明书店 1974年 5版 127页
18cm(32开)定价:TWD0.50

J0141979
歌唱发声与保护的探讨 王志良著
四川省川剧学校 1980年 油印本 26cm(16开)

J0141980
歌唱语言概论 杜秦还著
四川音乐学院声乐系 1980年 油印本 172页
26cm(16开)

J0141981
新编简谱入门 杜若编著
香港 香港艺美图书公司 1980年 96页
19cm(小32开)
(音乐入门丛书)

J0141982
旋律写作知识和技巧 (第一部 分歌曲 民歌及民间乐曲风格的旋律写作)
[南京] 江苏省戏剧学校 1980年 油印本 有乐谱 28cm(大16开)

J0141983
音乐基础理论 方蚬耀编著
台北 全音乐谱出版社 1981年 7版 122页
20cm(32开)

J0141984
音乐基础训练 保罗·享德米特著;李友石译
台北 全音乐谱出版社 1981年 9版 242页
20cm(32开)

J0141985
地方戏曲音乐学术讨论会资料 (五 豫剧传统音乐调式初探选编)疾伏牛编著
郑州 河南省地方戏曲音乐学术讨论会筹备组
1982年 油印本 338页 有乐谱 26cm(16开)

J0141986
二夹弦音乐初探 (摘要)尼树人著
1982年 53页 有乐谱 26cm(16开)

J0141987
贵州花灯中的钱竿调 (贵州花灯音乐研究札记 二)潘名挥著
中国音乐家协会贵州省分会 1982年 油印本
36页 有乐谱 26cm(16开)

J0141988
江西采茶戏唱腔的句式结构及其扩展演变手法 黄国强著
江西省戏曲研究所 1982年 油印本 26页
27cm(大16开)

J0141989
吕剧音乐艺术规律的研究 安禄兴著
济南［山东艺术学院］1982年 油印本 66页
26cm（16开）

J0141990
苏北花鼓简介 蒋云声，刘翠，吕忠海，杨忠庆编著
四平调音乐座谈会 1983年 油印本 106页
有乐谱 27cm（大16开）

J0141991
戏曲现代戏音乐中的几个问题 董派著
上海［上海沪剧院］1983年 37页 有图
26cm（16开）

J0141992
戏曲音乐论集 武汉市文化局工作室编著
武汉 武汉市文化局工作室 1983年 337页
19cm（小32开）

J0141993
戏曲创腔研究 周如松著
合肥 安徽省艺术学校 1984年 464页
27cm（大16开）

J0141994
戏曲音乐创作教程 姚安著
［南京］江苏省戏剧学校 1984年 油印本 256页
有乐谱 28cm（大16开）

J0141995
序列音乐技法讲座 陈铭志讲授；茅原记录整理
［中国音乐家协会江苏分会］1984年 油印本
115页 27cm（大16开）

作者陈铭志（1925—2009），河南西平人。毕业于上海音乐学院，并留校任教，历任讲师、副教授、教授、作曲指挥系主任，中国音协第四届理事。主要作品有《赋格曲写作》《复调音乐写作基础教程》等。

J0141996
硕士学位论文集 （戏曲卷）中国艺术研究院研究生部编
北京 文化艺术出版社 1985年 650页
20cm（32开）定价：CNY3.25

J0141997
变声期嗓音的保护与训练 林明著
福州 福建艺术学校福州戏班 1986年 油印本
14页 26cm（16开）

J0141998
现代音感训练法 姚世泽著
台湾 天同出版社 1986年 192页 26cm（16开）
定价：CNY3.80

J0141999
艺术嗓音的训练和保健 焦克编选
北京 北京出版社 1986年 344页 20cm（32开）
定价：CNY1.70

J0142000
河南戏曲音乐札记 马紫晨著
开封 河南卷编委 1987年 384页 有乐谱
21cm（32开）定价：CNY1.50

J0142001
山东地方戏曲音乐 安禄兴主编
济南［济南陆军学校］1987年 230页 有乐谱
27cm（大16开）定价：CNY4.70

J0142002
现代音响科学 （日）牧田康雄编著；梁东源编译
台南 复汉出版社 1987年 840页 21cm（32开）
定价：TWD220.00

外文书名：Sound Theory and Practice.

J0142003
音乐声学基础 朱起东著
上海 上海音乐出版社 1988年 62页 19cm（32开）
ISBN：7-80553-029-7 定价：CNY0.43

作者朱起东（1913—1991），音乐教育家、小号演奏家。浙江鄞县（今浙江省宁波市鄞州区）人。小号独奏曲有《山丹丹开花红艳艳》《阿拉木汗》《秋收》《送我一枝玫瑰花》，著有《小号表演艺术》《音乐声学基础》等。

J0142004
乐理　北方四省区职业教育教材编审组编
沈阳 辽宁科学技术出版社 1989 年 88 页
19cm（32 开）定价：CNY0.93
（职业高中幼师专业教材）

J0142005
乐器的音响学　（日）安藤由典著；郑德渊译
台北 幼狮文化事业公司 1989 年 192 页
21cm（32 开）定价：旧台币 2.45
（学术丛书）

J0142006
音乐的基本知识　（音乐知识文论选萃）白燕编
北京 中国文联出版公司 1989 年 356 页
19cm（32 开）ISBN：7-5059-0655-0
定价：CNY3.10

J0142007
音乐入门　人民音乐出版社编辑部编
北京 人民音乐出版社 1991 年 412 页
26cm（16 开）ISBN：7-103-00662-8
定价：CNY10.70
本书包括音乐基础知识和音乐表演、音乐欣赏、音乐史等方面的常识。

J0142008
音乐物理学导论　唐林等著
合肥 中国科学技术大学出版社 1991 年 246 页
有彩照 20cm（32 开）ISBN：7-312-00311-7
定价：CNY4.50
本书介绍了物理和音乐基础，对各类乐器及声乐作了物理学分析。作者唐林，中国科学技术大学任教。

J0142009
音响美学　张凤铸著
北京 北京广播学院出版社 1992 年 264 页
20cm（32 开）ISBN：7-81004-406-0
定价：CNY4.20
本书从声音特性、音响信息、形式美、节奏美、艺术录音等方面，对音响美学进行了理论概括和阐述。作者张凤铸（1936—　），教授。出生广东五华县，毕业于中山大学。历任北京广播学院文艺编辑系主任，中华全国美学学会会员。著有《文艺广播初探》《影视基础理论和技巧》《音响美学》等。

J0142010
音响美学　张凤铸著
北京 中国广播电视出版社 1997 年 296 页
20cm（32 开）ISBN：7-5043-3016-7
定价：CNY15.00
（广播电视文艺系列丛书）

J0142011
歌曲创作探索　（自学作曲 77 法）杨瑞庆著
上海 上海音乐出版社 1994 年 189 页
26cm（16 开）ISBN：7-80553-526-4
定价：CNY9.60

J0142012
歌曲即兴伴奏编配法　黎英海著
北京 人民音乐出版社 1994 年 86 页 26cm（16 开）
ISBN：7-103-01205-9 定价：CNY7.50

J0142013
民族调试与和声　黄源洛著
济南 山东文艺出版社 1994 年 259 页
26cm（16 开）ISBN：7-5329-1126-8
定价：CNY12.90

J0142014
音乐入门　梁镜如等编
桂林 广西师范大学出版社 1994 年 222 页
19cm（32 开）ISBN：7-5633-1490-3
定价：CNY4.70

J0142015
音乐中的物理　龚镇雄，董馨编著
长沙 湖南教育出版社 1994 年 159 页
20cm（32 开）ISBN：7-5355-1954-7
定价：CNY6.15
（科学家谈物理 第二辑）
本书主要介绍音乐与物理的关系，音乐与物理结合的学科发展的特点和前景。外文书名：Physics in Music. 作者龚镇雄（1934—　），教授。上海人，毕业于北京大学物理系。历任北京大学物理系教授，中央音乐学院客座教授，中国音乐家协会会员。《物理实验》杂志副主编。

著有《音乐中的物理》《音乐声学——音响、乐器、计算机音乐、MIDI、音乐厅声学的原理及应用》等。

J0142016
音乐声学 （音响·乐器·计算机音乐·MIDI·音乐声学原理及应用）龚镇雄编著
北京 电子工业出版社 1995年 278页
26cm（16开）ISBN：7-5053-2700-3
定价：CNY26.00

J0142017
物理学与音乐 龚镇雄，李海霞著
南宁 广西教育出版社 1999年 97页 有照片
20cm（32开）ISBN：7-5435-2938-6
定价：CNY7.00
（走向科学的明天丛书）

本书揭示了日常生活中常见的音乐现象的物理内涵。对音律、乐器、音响、唱歌、音乐的演出场所、计算机音乐的物理机制进行了阐述。作者龚镇雄（1934— ），教授。上海人，毕业于北京大学物理系。历任北京大学物理系教授，中央音乐学院客座教授、中国音乐家协会会员。《物理实验》杂志副主编。著有《音乐中的物理》《音乐声学——音响、乐器、计算机音乐、MIDI、音乐厅声学的原理及应用》等。作者李海霞，华东师范大学物理系毕业，《中国图书商报》编辑。

乐律学

J0142018
[乐书]正误 （一卷）（宋）楼钥撰
福州路儒学 元至正七年[1347]刻本 明修
有插图

本书由《乐书二百卷》（宋）陈旸撰、《[乐书]正误一卷》（宋）楼钥撰合订。分二十册。十三行二十一字白口左右双边。

J0142019
[乐书]正误 （一卷）（宋）楼钥撰
福州路儒学 元至正七年[1347]刻本 明修本
20册 有插图

本书由《乐书二百卷目录二十卷》（宋）陈旸撰、《[乐书]正误一卷》（宋）楼钥撰合订。

J0142020
乐书 （二百卷）（宋）陈旸撰
福州路儒学 元至正七年[1347]刻本

J0142021
乐书 （二百卷）（宋）陈旸撰
福州路儒学 元至正七年[1347]刻本 明修本
有插图

分八册。十三行二十一字白口左右双边。

J0142022
乐书 （二百卷 目录二十卷）（宋）陈旸撰
福州路儒学 元至正七年[1347]刻本 明修本
有插图

本书有清柯逢时跋（光绪二十六年，1900）。分四十册。十三行二十一字白口左右双边。作者陈旸，宋代音乐理论家。福建福州人。

J0142023
乐书 （二百卷 目录二十卷）（宋）陈旸撰
福州路儒学 元至正七年[1347]刻本 明修本
有插图

分三十册。十三行二十一字白口左右双边。

J0142024
乐书 （二百卷 目录二十卷）（宋）陈旸撰
福州路儒学 元至正七年[1347]刻本 明修本
有插图

本书有梁启超跋并题书名。分十七册。有梁启超跋。十三行二十一字白口左右双边。

J0142025
乐书 （二百卷 目录二十卷）（宋）陈旸撰
福州路儒学 元至正七年[1347]刻本 明修本

本书卷96-108配清抄本，有缺叶。分三十册。十三行二十一字白口左右双边。

J0142026
乐书 （二百卷 目录二十卷）（宋）陈旸撰
福州路儒学 元至正七年[1347]刻本 明修本
有插图

本书由《乐书二百卷目录二十卷》（宋）陈旸撰、《[乐书]正误一卷》（宋）楼钥撰合订。分二十册。十三行二十一字白口左右双边。

J0142027
乐书 （二百卷）（宋）陈旸撰
福州路儒学 元至正七年 刻本 明修

J0142028
乐书 （二百卷）（宋）陈旸撰
三山陈氏居敬堂 清 抄本

J0142029
乐书 （二百卷）（宋）陈旸撰
孙氏平津馆 清 抄本

J0142030
乐书 （二百卷）（宋）陈旸撰
清 抄本

J0142031
乐书 （二百卷 目录一卷）（宋）陈旸撰
清 刻本 线装
分二十三册。十三行二十三字白口左右双边双鱼尾。

J0142032
乐书 （二百卷）（宋）陈旸撰
内府 清乾隆 写本
（四库全书）

J0142033
乐书 （二百卷）（宋）陈旸撰
方氏菊坡精舍 清光绪二年［1876］刻本

J0142034
乐书 （二百卷）（宋）陈旸撰
广州菊坡精舍 清光绪二年［1876］刻本 有图 线装
分二十册。十行二十一字白口左右双边单鱼尾。

J0142035
乐书 （二百卷 目录一卷）（宋）陈旸撰
广州 定远方浚师 清光绪三年［1877］刻本 有图有表格 线装
分二十册。十行二十一字小字双行同白口左右双边单鱼尾。

J0142036
乐书 （二百卷 目录一卷）（宋）陈旸撰
广州 定远方浚师 清光绪三年［1877］刻本 有图有表格 线装
分十六册。十行二十一字小字双行同白口左右双边单鱼尾。

J0142037
乐书 （二百卷 目录一卷）（宋）陈旸撰
广州 定远方浚师 清光绪三年［1877］刻本 有图有表格 线装
分十八册。十行二十一字小字双行同白口左右双边单鱼尾。

J0142038
大乐律吕考注 （四卷）（明）李文利撰
明 刻本
十行二十一字白口四周双边。

J0142039
大乐律吕考注 （四卷）（明）李文利撰
范辂 明嘉靖三年［1524］刻本

J0142040
大乐律吕考注 （四卷）（明）李文利撰
［杭州］浙江布政司 明嘉靖十四年［1535］刻本

J0142041
大乐律吕考注 （四卷）（明）李文利撰
朴学斋 清初 抄本

J0142042
大乐律吕考注 （四卷）（明）李文利撰
清 抄本

J0142043
皇明青宫乐调 （三卷）（明）李文察撰
明 抄本 蓝格
（李氏乐书四种）

J0142044
皇明青宫乐调 （三卷）（明）李文察撰
明嘉靖 刻本

(李氏乐书六种)

J0142045
皇明青宫乐调 (三卷)(明)李文察撰
怡素堂 清 抄本

J0142046
乐典三十六卷 (二卷)(明)黄佐撰
明 刻本

J0142047
乐典三十六卷 (二卷)(明)黄佐撰
明嘉靖二十三年[1544]刻本

J0142048
乐典三十六卷 (二卷)(明)黄佐撰
孙学古 明嘉靖二十六年[1547]刻本

J0142049
乐典三十六卷 (二卷)(明)黄佐撰
卢宁 明嘉靖三十六年[1557]刻本

J0142050
乐典三十六卷 (二卷)(明)黄佐撰
黄逵卿 清康熙二十一年[1682]刻本

J0142051
乐记补说 (二卷)(明)李文察撰
明 抄本 蓝格
(李氏乐书四种)

J0142052
乐记补说 (二卷)(明)李文察撰
明 刻本

九行二十字黑口四周双边。

J0142053
乐记补说 (二卷)(明)李文察撰
明嘉靖 刻本
(李氏乐书六种)

J0142054
乐律纂要 (一卷)(明)季本撰
明 抄本

J0142055
乐律纂要 (一卷)(明)季本撰
宋辑 明嘉靖十八年[1539]刻本

J0142056
乐律纂要 (一卷)(明)季本撰
清 抄本

J0142057
乐律纂要 (一卷)(明)季本撰;(明)王廷校
清 抄本

J0142058
李氏乐书六种 (二十卷)(明)李文察撰
明 抄本 蓝格

本书内容包括:《四圣图解二卷》《乐记补说一卷》《律吕新书补注一卷》《兴乐要论三卷》《古乐筌蹄九卷》《皇明青宫乐调三卷》。

J0142059
李氏乐书六种 (二十卷)(明)李文察撰
明嘉靖 刻本

J0142060
李氏乐书四种 (八卷)(明)李文察撰
明 抄本

本书包括:《乐记补说一卷》《律吕新害补注一卷》《兴乐要论三卷》《皇明青宫乐调三卷》。

J0142061
律吕古义 (三卷 图一卷)(明)吕怀撰
明 刻本

J0142062
律吕古义 (三卷 图一卷)(明)吕怀撰
明嘉靖 刻本

J0142063
律吕古义 (三卷)(明)吕怀撰
俞廷翀 明嘉靖二十九年[1550]刻本 有图

分二册。九行十八字白口左右双边。

J0142064
律吕或问 (明)程宗舜撰
明 抄本

J0142065
律吕解注　（二卷）（明）邓文宪撰
明 刻本

J0142066
律吕解注　（二卷）（明）邓文宪撰
詹瞰丘瑗等 明嘉靖二年［1523］刻本
　　分六册。九行十六字黑口四周双边。

J0142067
律吕解注　（二卷）（明）邓文宪撰
曹逵 明嘉靖十八年［1539］刻本

J0142068
律吕考正　（一卷）（明）潘应诏撰
明 刻本

J0142069
律吕新书补注　（一卷）（明）李文察撰
明 抄本 蓝格
（李氏乐书四种）

J0142070
律吕直解　（一卷）（明）韩邦奇撰
明 刻本
　　作者韩邦奇(1479--1556)，明代官员。字汝节，号苑洛，陕西朝邑(今陕西大荔县朝邑镇)人。正德三年进士，官吏部员外郎。文理兼备，精通音律，著述甚富。所撰《志乐》，尤为世所称。

J0142071
律吕直解　（一卷）（明）韩邦奇撰
明正德 刻本

J0142072
律吕直解　（明）韩邦奇撰
明正德十六年［1521］刻本 有图 线装
　　十行二十二字白口左右双边。

J0142073
律吕直解　（一卷）（明）韩邦奇撰
樊得仁 明嘉靖十九年［1540］刻本
（性理三解）
　　十行二十二字白口左右双边。收于《性理三解》七卷中。

J0142074
律吕直解　（一卷）（明）韩邦奇撰
樊得仁 清乾隆 刻本
（性理三解）

J0142075
律筌　（明）王述古撰
明 刻本 蓝印
（三筌解）

J0142076
兴乐要论　（三卷）（明）李文察撰
明 抄本 蓝格
（李氏乐书四种）

J0142077
兴乐要论　（三卷）（明）李文察撰
明嘉靖 刻本
（李氏乐书六种）

J0142078
律吕新书解　（二卷）（明）张敔撰
徐充 明正德十一年［1516］刻本
　　本书附《燕乐雅乐一卷》。

J0142079
律吕新书解　（二卷 附雅乐燕乐一卷）（明）张敔撰
清 抄本

J0142080
古乐筌蹄　（九卷）（明）李文察撰
明嘉靖 刻本
（李氏乐书六种）

J0142081
律吕别书　（一卷）（明）季本撰
李有则 明嘉靖 刻本

J0142082
律吕别书　（一卷）（明）季本撰
沈氏鸣野山房 清 抄本

J0142083
律吕新书　（补注一卷）（明）李文察撰

明嘉靖 刻本
(李氏乐书六种)

J0142084
大乐律吕元声 (六卷)(明)李文利撰
范辂 明嘉靖三年[1524]刻本
本书附《大乐律吕考注四卷》

J0142085
大乐律吕元声 (六卷)(明)李文利撰
[杭州]浙江布政司 明嘉靖十四年[1535]刻本
本书附《大乐律吕考注四卷》。

J0142086
大乐律吕元声 (六卷)(明)李文利撰;李元校补
[杭州]浙江布政司 明嘉靖十四年[1535]刻本
十行二十一字白口四周双边。

J0142087
大乐律吕元声 (六卷)(明)李文利撰
朴学斋 清初 抄本
本书附《大乐律吕考注四卷》。

J0142088
大乐律吕元声 (六卷 附大乐律吕考注四卷)(明)李文利撰
清 抄本

J0142089
乐律管见 (二卷)(明)黄积庆撰
溧水庠舍 明嘉靖三十年[1551]刻本
本书附《协律二南诗一卷》。

J0142090
古乐经传全书 (二卷)(明)湛若水,(明)吕怀撰
祝廷滂 明嘉靖三十四年[1555]刻本

J0142091
古乐经传全书 (二卷)(明)湛若水,(明)吕怀撰
祝廷滂 明嘉靖三十四年[1555]刻本
分二册。九行二十字白口四周单边。

J0142092
律吕精义内编 (十卷)(明)朱载堉撰
明万历 刻本
(乐律全书)
作者朱载堉(1536—1611),明代乐律学家。代表作品有《乐律全书》《律吕正论》《律吕质疑辨惑》《嘉量算经》《律吕精义》《律历融通》等。

J0142093
乐律全书十二种 (三十九卷)(明)朱载堉撰
郑藩 明万历 刻本

J0142094
乐律全书十二种 (四十二卷)(明)朱载堉撰
内府 清乾隆 写本
(四库全书)

J0142095
乐律全书十五种 (四十八卷)(明)朱载堉撰
郑藩 明万历 刻本
分十九册。十二行二十四或二十五字小字双行同黑口四周双边。

J0142096
乐律全书十五种 (四十九卷)(明)朱载堉撰
郑藩 明万历 刻本 增修

J0142097
乐学新说 (一卷)(明)朱载堉撰
郑藩 明万历 刻本
(乐律全书)
收于《乐律全书》十五种四十八卷中。

J0142098
乐学新说 (一卷)(明)朱载堉撰
明万历 刻本 增修
(乐律全书)
本书附乐经古文一卷。收于《乐律全书》中。

J0142099
律吕精义内篇 (十卷)(明)朱载堉撰
郑藩 明万历 刻本
(乐律全书)
收于《乐律全书》十五种四十八卷中。

J0142100
律吕精义内篇 (十卷)(明)朱载堉撰
明万历 刻本 增修

（乐律全书）

J0142101
律吕精义外篇　（十卷）（明）朱载堉撰
明万历 刻本
（乐律全书）

J0142102
律吕精义外篇　（十卷）（明）朱载堉撰
郑藩 明万历 刻本
（乐律全书）
收于《乐律全书》十五种四十八卷中。

J0142103
律吕精义外篇　（十卷）（明）朱载堉撰
明万历 刻本 增修
（乐律全书）

J0142104
律吕正论　（四卷）（明）朱载堉撰
明万历 刻本
本书附《律吕质疑辨惑一卷》。

J0142105
律吕质疑辨惑　（一卷）（明）朱载堉撰
明万历 刻本

J0142106
律学新说　（四卷）（明）朱载堉撰
郑藩 明万历 刻本
（乐律全书）
收于《乐律全书》十五种四十八卷中。

J0142107
律学新说　（四卷）（明）朱载堉撰
明万历 刻本
（乐律全书）

J0142108
律学新说　（四卷）（明）朱载堉撰
明万历 刻本 增修
（乐律全书）

J0142109
律学新说　（明）朱载堉撰；冯文慈点注
北京 人民音乐出版社 1986年 300页
20cm（32开）统一书号：8026.4545
定价：CNY3.65
本书为《中国古代音乐文献丛刊》之一。共4卷。书前有著者万历十二年（1584）自序，为标点注释本。前言评述了朱氏生平思想及其在律学、算学等方面的主要贡献与不足。释文采用段注，主要侧重于乐律学、算学等相关用语。书末附有简明的算术注释。

J0142110
乡饮诗乐谱　（六卷）（明）朱载堉撰
郑藩 明万历 刻本
（乐律全书）
收于《乐律全书》十五种四十八卷中。

J0142111
乡饮诗乐谱　（六卷）（明）朱载堉撰
明万历 刻本
（乐律全书）

J0142112
乡饮诗乐谱　（六卷）（明）朱载堉撰
明万历 刻本 增修
（乐律全书）

J0142113
旋宫合乐谱　（一卷）（明）朱载堉撰
郑藩 明万历 刻本
（乐律全书）
收于《乐律全书》十五种四十八卷中。

J0142114
旋宫合乐谱　（明）朱载堉撰
明万历 刻本 有图 线装
分二册。十二行字数不一黑口四周双边双鱼尾。

J0142115
旋宫合乐谱　（一卷）（明）朱载堉撰
明万历 刻本
（乐律全书）

J0142116
旋宫合乐谱　（一卷）（明）朱载堉撰

明万历 刻本 增修
(乐律全书)

J0142117
乐经以俟录 (十六卷)(明)瞿九思撰
史学迁 明万历三十五年[1606]刻本

J0142118
乐经以俟录 (明)瞿九思撰
史学迁 明万历三十五年[1607]刻本
(瞿聘君全集)
收于《瞿聘君全集》十一种中。

J0142119
律吕正声 (六十卷)(明)王邦直撰
黄作孚 明万历三十六年[1607]刻本

J0142120
五声二变旋宫起调图谱 (一卷)(明)李人龙撰
明末 抄本
本书由《元律二卷》《五声二变旋宫起调图谱一卷》合抄。

J0142121
元律 (二卷)(明)李人龙撰
明末 抄本
本书由《元律二卷》《五声二变旋宫起调图谱一卷》合抄。

J0142122
含少论略 (一卷)(明)葛见尧撰
快堂 明天启六年[1626]刻本
(快书五十种)
收于《快书五十种》五十卷中。

J0142123
大乐嘉成 (一卷)(明)袁应兆撰
王佐 明崇祯六年[1633]刻本

J0142124
八音图考 (二卷)(清)郜琏撰
清 抄本

J0142125
辨音连声归母捷法 (一卷)(清)顾体仁撰
清初 抄本
本书由《骷髅格一卷》《辨音连声归母捷法一卷》(清)顾体仁撰合订。十行二十五字无格。

J0142126
吹豳录 (五十卷)(清)吴颖芳撰
清 抄本

J0142127
吹豳录 (五十卷)(清)吴颖芳撰
清 抄本

J0142128
吹豳录 (五十卷)(清)吴颖芳撰
清 抄本
分十二册。十行二十四字无格。

J0142129
吹豳录 (五十卷)(清)吴颖芳撰
清 抄本
分八册。十二行二十五字无格。

J0142130
吹豳录 (五十卷)(清)吴颖芳撰
汪氏振绮堂 清嘉庆 抄本

J0142131
大成乐谱 (一卷)(清)汪绂撰
清 稿本
本书由《乐经或问三卷》《大成乐谱一卷》(清)汪绂撰合订。作者汪绂(1692—1759),清代学者。初名烜,字灿人。婺源(今属江西)人。著有《易经诠义》《尚书诠义》《四书诠义》《春秋集传》《礼记章句》等。

J0142132
古今乐府声律源流考 (一卷)(清)吴骞辑
清 稿本
作者吴骞(1733—1813),清代藏书家、文学家。浙江海宁人。字槎客、葵里,号愚谷,别号兔床、漫叟等。所辑《拜经楼丛书》校勘精审,著称于世。著有《拜经楼诗集》《拜经楼诗集续编》《愚谷文存》等。

J0142133
古今声律定宫 （十二卷）（清）葛铭撰
清 抄本

J0142134
古乐经传 （五卷）（清）李光地撰
清教忠堂 清 刻本
本书由《古乐经传五卷》《乐记一卷》（清）李光地撰合订。

J0142135
古乐经传 （五卷）（清）李光地撰
清 刻本
本书由《古乐经传五卷》《乐记一卷》（清）李光地撰合订。

J0142136
古乐经传 （五卷）（清）李光地撰
安溪李清植 清雍正 刻本 线装
分二册。九行二十字白口左右双边单鱼尾。

J0142137
古乐经传 （五卷）（清）李光地撰
王兰生缪沅 清雍正五年［1727］刻本
本书由《古乐经传五卷》《乐记一卷》（清）李光地撰合订。

J0142138
古乐经传 （五卷）（清）李光地撰
内府 清乾隆 写本
（四库全书）
本书由《古乐经传五卷》《乐记一卷》（清）李光地撰合订。

J0142139
古乐经传 （五卷）（清）李光地撰
清嘉庆六年［1801］补刻本
（李文贞公全集）
据清乾隆元年李清植刻本补刻。本书由《古乐经传五卷》《乐记一卷》（清）李光地撰合订。

J0142140
古乐经传 （五卷乐记一卷）（清）李光地撰
李维迪 清道光九年［1829］刻本
（榕村全书）
本书由《古乐经传五卷》《乐记一卷》（清）李光地撰合订。

J0142141
古乐经传 （五卷）（清）李光地撰
安溪李氏 清道光二十七年［1847］刻本
本书由《古乐经传五卷》《乐记一卷》（清）李光地撰合订。

J0142142
古乐书 （不分卷）（清）应撝谦撰
清 抄本

J0142143
古乐书 （二卷）（清）应撝谦撰
清 稿本

J0142144
古乐书 （二卷）（清）应撝谦撰
内府 清乾隆 写本
（四库全书）

J0142145
古乐书 （二卷）（清）应撝谦撰
内府 清乾隆 写本 传抄
（四库全书）

J0142146
古乐书 （二卷）（清）应撝谦撰
杭州朱氏 民国十五年［1926］
（宝彝室集刊）

J0142147
古乐义 （十二卷）（明）邵储撰
清 抄本

J0142148
古乐义 （十二卷）（明）邵储撰
清 抄本
分十册。九行二十二字红格白口四周双边。

J0142149
古律辑考 （五卷）（清）纪大奎撰
清 稿本

J0142150
古律经传附考　(五卷)(清)纪大奎撰
清 刻本 线装
分二册。九行二十字黑口四周双边单鱼尾。

J0142151
古律经传附考　(五卷)(清)纪大奎撰
清 稿本

J0142152
古律经传附考　(五卷)(清)纪大奎撰
清嘉庆 刻本
(纪慎斋先生全集)

J0142153
古律经传附考　(五卷)(清)纪大奎撰
清嘉庆二十年[1815]刻本

J0142154
古律经传附考　(五卷)(清)纪大奎撰
清同治九年[1870]刻本
(纪慎斋先生全集)

J0142155
皇明乐律书　(六卷)□□辑
清 抄本

J0142156
竟山乐录　(四卷)(清)毛奇龄撰
世德堂 清 刻本 线装
(龙威秘书)
本书又名《古乐复兴录》分二册。九行二十字小字双行同黑口左右四周双边不一。收于《龙威秘书》八集《西河经义存醇》中。

J0142157
竟山乐录　(四卷)(清)毛奇龄撰
书留草堂 清康熙 刻本
(西河合集)
作者毛奇龄(1623—1716),清初经学家、文学家。原名甡,又名初晴,字大可,又字于一、齐于,号秋晴,又号初晴、晚晴等,绍兴府萧山县(今浙江杭州市萧山区)人。著有《西河合集》。

J0142158
竟山乐录　(四卷)(清)毛奇龄撰
内府 清乾隆 写本
(四库全书)

J0142159
竟山乐录　(四卷)(清)毛奇龄撰
清乾隆 印本
(西河合集)
据清康熙刻本印。

J0142160
竟山乐录　(四卷)(清)毛奇龄撰
石门马氏大酉山房 清乾隆五十九年[1794]刻本
(龙威秘书)

J0142161
竟山乐录　(四卷)(清)毛奇龄撰
清嘉庆 印本
(西河合集)
据清康熙刻本印。

J0142162
竟山乐录　(四卷)(清)毛奇龄撰
清同治 刻本
(艺苑捃华)

J0142163
竟山乐录　(四卷)(清)毛奇龄撰
民国 线装

J0142164
竟山乐录　(四卷)(清)毛奇龄撰
民国
(颜李丛书)

J0142165
竟山乐录　(四卷)(清)毛奇龄撰
民国 线装
本书由《学乐录四卷》(清)李塨撰、《竟山乐录四卷》(清)毛奇龄撰合订。

J0142166
骷髅格　(一卷)(清)顾体仁撰

清初 抄本

本书由《骷髅格一卷》《辨音连声归母捷法一卷》(清)顾体仁撰合订。十行二十五字无格。

J0142167

乐记 (一卷)(清)李光地撰

教忠堂 清 刻本

本书由《古乐经传五卷》《乐记一卷》(清)李光地撰合订。

J0142168

乐记 (一卷)(清)李光地撰

王兰生缪沅 清雍正五年[1727]刻本

(李文贞公全集)

本书由《古乐经传五卷》《乐记一卷》(清)李光地撰合订。

J0142169

乐记 (一卷)(清)李光地撰

内府 清乾隆 写本

(四库全书)

本书由《古乐经传五卷》《乐记一卷》(清)李光地撰合订。

J0142170

乐记 (一卷)(清)李光地撰

清 刻本

本书由《古乐经传五卷》《乐记一卷》(清)李光地撰合订。

J0142171

乐记 (一卷)(清)李光地撰

清乾隆至嘉庆 刻本

(李文贞公全集)

本书由《古乐经传五卷》《乐记一卷》(清)李光地撰合订。

J0142172

乐记 (一卷)(清)李光地撰

清嘉庆六年[1801]补刻本

(李文贞公全集)

据清乾隆元年李清植刻本补刻。本书由《古乐经传五卷》《乐记一卷》(清)李光地撰合订。

J0142173

乐记 (一卷)(清)李光地撰

李维迪 清道光九年[1829]刻本

(榕村全书)

本书由《古乐经传五卷》《乐记一卷》(清)李光地撰合订。

J0142174

乐记 (一卷)(清)李光地撰

安溪李氏 清道光二十七年[1847]刻本

本书由《古乐经传五卷》《乐记一卷》(清)李光地撰合订。

J0142175

乐经律吕通解 (五卷)(清)汪绂撰

清 稿本

作者汪绂(1692—1759),清代学者。初名烜,字灿人。婺源(今属江西)人。著有《易经诠义》《尚书诠义》《四书诠义》《春秋集传》《礼记章句》等。

J0142176

乐经律吕通解 (五卷)(清)汪绂撰

南海伍氏 清咸丰 刻本

(粤雅堂丛书)

J0142177

乐经律吕通解 (五卷)(清)汪绂撰

婺源紫阳书院 清光绪九年[1883]刻本

J0142178

乐经律吕通解 (五卷)(清)汪绂撰

长安赵舒翘等 清光绪二十三年[1897]刻本汇印

(汪双池先生丛书)

据清道光至光绪间刻本汇印。

J0142179

乐律表微 (八卷)(清)胡彦昇撰

清 抄本

J0142180

乐律表微 (八卷)(清)胡彦昇撰

内府 清乾隆 写本

(四库全书)

J0142181
乐律表微　（八卷）（清）胡彦昇撰
耆学斋 清乾隆二十八年［1763］刻本

J0142182
乐律参解　（四卷）（明）杨云鹤撰；（明）陈梦璧评校
清初 刻本

J0142183
乐律或问　（一卷）（清）李元撰
清 刻本
（清刻寤索三种）

J0142184
乐律明真　（一卷）（清）载武撰
载庄 清 抄本

J0142185
乐律明真解义　（一卷）（清）载武撰
清 抄本

J0142186
乐律明真立表　（一卷）（清）载武撰
清 抄本

J0142187
乐律明真明算　（一卷）（清）载武撰
清 抄本

J0142188
乐律拟答　（清）载武撰
清 抄本

J0142189
乐律图考　（一卷）（清）彭凤高撰
清 稿本

J0142190
乐律证原　（五卷 末一卷）（清）朱继经撰
清 抄本

J0142191
乐书要录　（卷五至七）（唐）武曌撰
［清］影印本
（宛委别藏）

J0142192
乐书要录　（卷五至七）（唐）武曌撰
［清嘉庆］抄本
（宛委别藏）

J0142193
乐书要录　（卷五至七）（唐）武曌撰
崇文书局 清光绪 刻本
（正觉楼丛刻）

J0142194
乐书要录　（唐）武则天撰
上海黄氏 清光绪八年［1882］木活字印本 有图 线装
（佚存丛书）

十行二十字黑口四周单边单鱼尾。收于《佚存丛书》第一帙中。

J0142195
乐书要录　（卷五至七）（唐）武曌撰
上海黄氏 清光绪八年［1882］活字印本
（佚存丛书）

J0142196
乐书要录　（卷五至七）（唐）武曌撰
上海 商务印书馆 民国十三年［1924］影印本
（佚存丛书）

J0142197
乐书正误　（一卷）（宋）楼钥撰
清 抄本 朱墨 线装

J0142198
乐书正误　（一卷 附元刻明修本乐书）（宋）楼钥撰
清 抄本

J0142199
乐书正误　（一卷）（宋）楼钥撰
吴兴张钧衡 民国十五年［1926］刻本 蓝印、朱印 线装
（择是居丛书）

J0142200
乐书正误 （一卷）（宋）楼钥撰
吴兴张氏 民国二至三年［1913—1914］刻本 线装

J0142201
乐书正误 （一卷）（宋）楼钥撰
吴兴张钧衡 民国十五年［1926］刻本 影刻 有表格 线装
（择是居丛书）

J0142202
乐书正误 （一卷）（宋）楼钥撰
吴兴张钧衡 民国十五年［1926］刻本 线装
（择是居丛书）

J0142203
乐书正误 （一卷）（宋）楼钥撰
吴兴张钧衡 民国十五年［1926］
（择是居丛书初集）

J0142204
乐述 （三卷）（清）毛乾乾撰
清 抄本 红格

J0142205
乐述 （三卷）（清）毛乾乾撰
清 抄本

J0142206
乐述 （三卷）（清）毛乾乾撰
清 抄本

有清丁丙跋。

J0142207
乐述 （三卷）（清）毛乾乾撰
清 抄本 红格

分六册。十行二十字红格白口四周双边。

J0142208
乐述可知 （七卷）（清）陈本撰
清 抄本 无格

作者陈本，清朝人，字汝立，号筠亭，浙江仁和（今杭州）人。好儒学及乐学，著有《乐述可知》。

J0142209
乐述可知 （七卷）（清）陈本撰
清 抄本

分七册。十行二十四字无格。

J0142210
律吕阐微 （十卷 首一卷）（清）江永撰
清 抄本

有清陈澧批。

J0142211
律吕阐微 （十卷 首一卷）（清）江永撰
清 抄本 传抄
（传抄四库全书）

J0142212
律吕阐微 （十卷 首一卷）（清）江永撰
清 抄本

分二册。十一行二十四字，黑格白口左右双边。

J0142213
律吕阐微 （十卷 首一卷）（清）江永撰
内府 清乾隆 写本
（四库全书）

J0142214
律吕阐微 （十卷 首一卷）（清）江永撰
清乾隆 抄本 传抄
（传抄四库全书）

有清丁丙跋。

J0142215
律吕阐微 （十卷 首一卷）（清）江永撰
庐江刘氏远碧楼 民国 抄本 蓝抄

J0142216
律吕节要 （五卷总图一卷）（清）□□撰
清内府 清 抄本

J0142217
律吕考 （一卷）（清）杨在泉撰
清 稿本

J0142218
律吕考 (一卷)(清)辛绍业撰
清嘉庆 刻本 敬堂遗书本
本书由《律吕考一卷》《九歌解一卷》(清)辛绍业撰合订。十行二十二字白口四周双边。

J0142219
律吕考 (一卷)(清)辛绍业撰
经笥斋 清嘉庆二十一年[1816]刻本
(敬堂遗书)

J0142220
律吕母音 (二卷)(清)永恩撰
清 稿本
有清丁丙跋。

J0142221
律吕母音 (二卷)(清)永恩撰
清 抄本

J0142222
律吕新论 (二卷)(清)江永撰
刘传莹 清 抄本 传抄
据《守山阁丛书》本传抄。

J0142223
律吕新论 (二卷)(清)江永撰
内府 清乾隆 写本
(四库全书)

J0142224
律吕新论 (二卷)(清)江永撰
金山钱氏 清道光二十四年[1844]刻本
(守山阁丛书)
清道光二十四年金山钱氏重编增刻墨海金壶本。

J0142225
律吕新书 (二卷)(宋)蔡元定撰
清内府 清 抄本

J0142226
律吕新书 (二卷)(宋)蔡元定撰
内府 清乾隆 写本
(四库全书)

J0142227
律吕新书 (二卷)(宋)蔡元定撰;(清)罗登选笺义
清乾隆 刻本
本书由《律吕新书二卷》《八音考略一卷》(宋)蔡元定撰;(清)罗登选笺义合订。九行二十字小字双行同黑口四周单边。

J0142228
律吕新书分注图纂 (十三卷首一卷)(明)许珍编辑
清 抄本

J0142229
律吕新义 (四卷 附录一卷)(清)江永撰
清 稿本

J0142230
律吕新义 (四卷 附录一卷)(清)江永撰
清 抄本

J0142231
律吕新义 (四卷 附录一卷)(清)江永撰
崇文书局 清光绪 刻本
(正觉楼丛刻)

J0142232
律吕纂要 (二卷)(清)□□撰
清 抄本

J0142233
律吕纂要 (二卷)(清)□□撰
清 稿本

J0142234
律吕纂要 (二卷)(清)□□撰
清内府 清康熙 抄本

J0142235
律书详注 (一卷)(汉)司马迁撰;(明)王正中注
清初 刻本

J0142236
律音汇考 (八卷)(清)邱之稑撰
清 抄本

J0142237
律音汇考　(八卷)(清)邱之稑撰
邱氏家 清道光十八年[1838]刻本 浏阳礼乐局[印]

J0142238
律音汇考　(八卷)(清)邱之稑撰
邱氏家 清道光十八年[1838]刻本

J0142239
律音汇考　(八卷)(清)邱之稑撰
邱氏家 清光绪 刻本 补版印

J0142240
律音汇考　(八卷)(清)邱之稑撰
江南通州文庙 清光绪二十三年[1897]重刻本

J0142241
律音汇考　(八卷)(清)邱之稑撰
浏阳礼乐局 清宣统三年[1911]刻本

J0142242
钦定乐律正俗　(一卷)(清)永瑢等纂
内府 清 朱墨抄本

J0142243
钦定乐律正俗　(一卷)(清)永瑢等纂
清 抄本

J0142244
钦定乐律正俗　(一卷)(清)永瑢等纂
广东 清 木活字印本 重刻
(武英殿聚珍版书)

J0142245
钦定乐律正俗　(一卷)(清)永瑢等纂
福建 清 木活字印本 重刻
(武英殿聚珍版书)

J0142246
钦定乐律正俗　(一卷)(清)永瑢等纂
内府 清乾隆 写本
(四库全书)

J0142247
钦定乐律正俗　(一卷)(清)永瑢等纂
武英殿 清乾隆 木活字印本
(武英殿聚珍版书)

J0142248
钦定乐律正俗　(一卷)(清)清高宗敕撰
武英殿 清乾隆 木活字印本
(武英殿聚珍版丛书 一百四十一种)
本书由《钦定诗经乐谱全书三十卷》《钦定乐律正俗一卷》(清)清高宗敕撰合订。

J0142249
上谕奏议　(二卷)(清)允禄等撰
清 抄本
本书由《上谕奏议二卷》《御制律吕正义后编一百二十卷》(清)允禄等撰合订。存卷六十四，清陈澧批校考证并附箫笛。

J0142250
声律小记　(一卷)(清)程瑶田撰
点石斋 清 石印本
(皇清经解)
作者程瑶田(1725—1814)，安徽歙县人。字易田，一字易畴，号让堂，茸荷。清乾隆三十五年(1770)中举，授太仓州学政。晚年写成《琴音记》。撰述统名《通艺录》。

J0142251
声律小记　(一卷)(清)程瑶田撰
鸿宝齐 清 石印本
(皇清经解)

J0142252
声律小记　(一卷)(清)程瑶田撰
清嘉庆 刻本
(通艺录)

J0142253
声律小记　(一卷)(清)程瑶田撰
清道光 刻本
(皇清经解)

J0142254
声律小记　(一卷)(清)程瑶田撰

清咸丰 刻本 补刻
（皇清经解）

J0142255
声律小记 （一卷）（清）程瑶田撰
民国 影印本
（安徽丛书）

J0142256
圣庙乐释律 （四卷）（清）钱塘撰
四益斋 清 刻本

J0142257
述乐 （一卷）（清）陈澧撰
清 稿本

J0142258
饴庵遗著 （一卷）（清）徐养原撰
汉阳叶氏 清 抄本

J0142259
易律神解 （不分卷）（清）沈光邦撰
沈琛 清 抄本

J0142260
御制律吕正义 （上编二卷 下编二卷 续编一卷）（清）允禄等撰
清 抄本

J0142261
御制律吕正义 （上编二卷 下编二卷 续编一卷）（清）允祉等撰；故宫博物院编
内府 清雍正 印本 铜活字

J0142262
御制律吕正义 （五卷 上编二卷 下编二卷 续编一卷）（清）允禄等撰
清雍正 刻本
（御制律历渊源）

J0142263
御制律吕正义 （上编二卷 下编二卷 续编一卷）（清）允禄等撰
内府 清乾隆 写本
（四库全书荟要）

J0142264
御制律吕正义 （上编二卷 下编二卷 续编一卷）（清）允禄等撰
内府 清乾隆 写本
（四库全书）

J0142265
御制律吕正义后编 （一百二十卷）（清）允禄等撰
清 抄本

本书由《上谕奏议二卷》《御制律吕正义后编一百二十卷》（清）允禄等撰合订。存卷六十四，清陈澧批校考证并附箫笛。

J0142266
御制律吕正义后编 （一百二十八卷 附上谕奏议二卷）（清）允禄等撰；（清）德保等续纂
内府 清乾隆 写本
（四库全书）

J0142267
御制律吕正义后编 （一百二十卷 附上谕奏议二卷）（清）允禄等撰
内府 清乾隆 写本
（四库全书荟要）

J0142268
御制律吕正义后编 （八卷）（清）德保等纂修
武英殿 清乾隆 刻本 套印

分十二册。十行二十一字白口四周双边。

J0142269
御制律吕正义后编 （一百二十八卷）（清）允禄，（清）张照等纂修；（清）德保等续修
武英殿 清乾隆 刻本 套印 有图

分五十二册。十行二十一字白口四周双边。作者张照（1691—1745），清藏书家、书法家、戏曲家。字得天，号泾南，亦号天瓶居士，江南娄县人。

J0142270
御制律吕正义后编 （一百二十卷 附上谕奏议二卷）（清）允禄等撰
武英殿 清乾隆十一年［1746］刻本 朱墨套印

J0142271
御制律吕正义后编 (一百二十八卷 上谕奏议二卷)(清)允禄等撰;(清)德保等续纂
武英殿刻 清乾隆五十一年[1786]刻本 增刻朱墨套印

J0142272
御制律吕正义后编 (一百二十卷)(清)允禄等纂
台北 世界书局 1988年 影印本 4册 26cm(16开)精装 定价:TWD18000.00(全500册)
(景印摛藻堂四库全书荟要 271-274)

J0142273
苑洛志乐 (二十卷)(明)韩邦奇撰
清 抄本
作者韩邦奇(1479—1556),明代官员。字汝节,号苑洛,陕西朝邑(今陕西大荔县朝邑镇)人。正德三年进士,官吏部员外郎。文理兼备,精通音律,著述甚富。所撰《志乐》,尤为世所称。

J0142274
苑洛志乐 (十三卷)(明)韩邦奇撰;(明)杨继盛订
淮南吴元莱 清康熙二十二年[1683]重刻本

J0142275
苑洛志乐 (二十卷)(明)韩邦奇撰
内府 清乾隆 写本
(四库全书)

J0142276
苑洛志乐 (二十卷)(明)韩邦奇撰
濂川薛宗泗 清乾隆十一年[1746]刻本

J0142277
苑洛志乐 (二十卷)(明)韩邦奇撰
关中雷氏裕德堂 清嘉庆十一年[1806]刻本 重修

J0142278
苑洛志乐 (二十卷)(明)韩邦奇撰
清道光六年[1826]刻本 重修
本书据清嘉庆十一年关中裕德堂刻本重修。

J0142279
苑洛志乐 (二十卷)(明)韩邦奇撰
王宏等 明嘉靖二十七年[1848]刻本

J0142280
钟律通考 (六卷)(明)倪复撰
清 抄本

J0142281
钟律通考 (六卷)(明)倪复撰
内府 清乾隆 写本
(四库全书)

J0142282
钟律通考 (六卷)(明)倪复撰
杭州 丁氏八千卷楼 清同治至光绪 刻本
(丁氏八千卷楼丛刻)

J0142283
钟律通考 (六卷)(明)倪复撰
庐江刘氏远碧楼 民国 抄本 蓝格

J0142284
仲姑律学 (四卷)(清)□□撰
清 抄本

J0142285
乐书内编 (二十卷)(清)张宣猷,(清)郑先庆纂
清顺治九年[1652]刻本

J0142286
乐书内编 (二十卷)(清)张宣猷,(清)郑先庆纂
清康熙十九年[1679]刻本

J0142287
乐书内编 (二十卷)(清)张宣猷,(清)郑先庆纂;(清)于成龙等鉴定;(清)吴本立等参订
清 刻本 重修 有图 线装
分十册。八行二十字小字双行同白口四周双边单鱼尾。

J0142288
皇言定声 (八卷)(清)毛奇龄撰
书留草堂 清康熙 刻本
(西河合集)

作者毛奇龄(1623—1716),清初经学家、文学家。原名甡,又名初晴,字大可,又字于一、齐于,号秋晴,又号初晴、晚晴等,绍兴府萧山县(今浙江杭州市萧山区)人。著有《西河合集》。

J0142289
乐经内编 (二十卷 乐谱一卷)(清)郑先庆,(清)张宣猷纂;(清)于成龙鉴定;(清)吴本立等校
清康熙 刻本 有图 线装
分四册。八行二十字小字双行同白口四周双边单鱼尾。

J0142290
律吕 (一卷)□□辑
清康熙 刻本
(啸余谱)

J0142291
律吕心法全书 (三卷)(清)李子金撰
清康熙 刻本
(隐山鄙事)
收于《隐山鄙事》九卷中。

J0142292
律吕心法全书 (三卷)(清)李子金撰
清康熙三年[1663]刻本
(隐山鄙事)

J0142293
圣谕乐本解说 (二卷)(清)毛奇龄撰
书留草堂 清康熙 刻本
(西河合集)
作者毛奇龄(1623—1716),清初经学家、文学家。原名甡,又名初晴,字大可,又字于一、齐于,号秋晴,又号初晴、晚晴等,绍兴府萧山县(今浙江杭州市萧山区)人。著有《西河合集》。

J0142294
圣谕乐本解说 (二卷)(清)毛奇龄撰
内府 清乾隆 写本
(四库全书)

J0142295
圣谕乐本解说 (二卷)(清)毛奇龄撰
清乾隆 印本
(西河合集)
据清康熙刻本印。

J0142296
圣谕乐本解说 (二卷)(清)毛奇龄撰
清嘉庆 印本
(西河合集)
据清康熙刻本印。

J0142297
圣谕乐本解说 (一卷)(清)毛奇龄撰
吴江沈氏世楷堂 清道光 刻本
(昭代丛书)

J0142298
御制律吕正义 (上编二卷 下编二卷 续编一卷)(清)清圣祖玄烨撰
内府 清康熙 刻本
分十册。九行二十字白口四周双边。

J0142299
御制律吕正义 (五卷)(清)清圣祖御定
台北 世界书局 1986年 影印本 26cm(16开)
(景印摛藻堂四库全书荟要 第二百六十六册 子部 21)

J0142300
大成乐律全书 (一卷)(清)孔贞瑄撰
孔尚先 清康熙五十二年[1713]刻本

J0142301
大成乐律全书 (不分卷)(清)孔贞瑄辑
清康熙五十二年[1713]刻本

J0142302
新编南词定律 (十三卷 卷首一卷)(清)吕士雄等撰
清康熙五十九年[1720]刻本 套印
分八册。有吴梅批注。八行十八字白口四周双边。

J0142303
乐律考 (一卷)(清)范尔梅撰
清雍正 刻本

（读书小记）

J0142304
律悟　（一卷）（清）吴熙撰
清雍正 刻本

J0142305
八音考略　（一卷）（宋）蔡元定撰；（清）罗登选笺义
清乾隆 刻本
本书由《律吕新书二卷》《八音考略一卷》（宋）蔡元定撰；（清）罗登选笺义合订。

J0142306
皇言定声录　（八卷）（清）毛奇龄撰
内府 清乾隆 写本
（四库全书）

J0142307
皇言定声录　（八卷）（清）毛奇龄撰
清乾隆 印本
（西河合集）
据清康熙刻本印。

J0142308
皇言定声录　（八卷）（清）毛奇龄撰
清嘉庆 印本
（西河合集）
据清康熙刻本印。

J0142309
黄钟通韵　（二卷 附琴图补遗一卷）（清）都四德撰
文会堂 清乾隆 刻本

J0142310
黄钟通韵　（二卷）（清）都四德撰
清乾隆 刻本
分二册。九行二十字白口四周双边。

J0142311
黄钟通韵　（二卷 附琴图补遗一卷）（清）都四德撰
三余堂 清乾隆十八年［1753］刻本

J0142312
乐律古义　（二卷）（清）童能灵撰
清乾隆 刻本

J0142313
乐律古义　（二卷）（清）童能灵撰
连城童氏 清光绪二十三年［1897］木活字印本
（冠豸山堂全集）

J0142314
律吕成书　（二卷）（元）刘瑾撰
内府 清乾隆 写本
（四库全书）

J0142315
律吕成书　（二卷）（元）刘瑾撰
海虞张海鹏 清嘉庆十三至十六年［1808—1811］刻本
（墨海金壶）
收于《墨海金壶》一百十四种七百十三卷中。

J0142316
律吕成书　（二卷）（元）刘瑾撰
博古斋 民国十年［1921］刻本 影印
本书据嘉庆刻本影印。

J0142317
律吕卦义大成　（三卷）（清）沈光邦撰
清乾隆 抄本

J0142318
律吕精义　（不分卷）（清）蔡拙哉撰
清乾隆 抄本

J0142319
律吕图说　（二卷）（清）王建常编；（清）王宏撰订
朝坂集义堂 清乾隆三十九年［1774］刻本

J0142320
律吕原音　（四卷）（清）兰亭主人撰
清乾隆四十七年［1782］刻本
作者爱新觉罗·永恩（1727—1805），字惠周，号兰亭主人，清朝宗室大臣，努尔哈赤次子礼烈亲王代善五世孙，和硕康修亲王崇安子。性喜诗工画，用笔简洁。著有《益斋集》《姚鼐撰家传》

《读画辑略》《漪园四种》《诚正堂稿》。

J0142321
乐记 （一卷）（汉）刘向校定；（清）任兆麟章句
震泽任氏忠敏家塾 清乾隆五十三年[1787]
刻本 线装
（述记）

九行十七字小字双行同白口左右双边单鱼尾。

J0142322
乐记 （一卷）（汉）刘向校定；（清）任兆麟选辑
震泽任氏忠敏家塾 清乾隆五十三年[1787]
刻本
（述记）

J0142323
乐记 （汉）刘向校定；（清）任兆麟选辑
清嘉庆十五年[1810]刻本 线装
（艺林述记）

收于《艺林述记》正集中。

J0142324
乐记 （一卷）（汉）刘向校定；（清）任兆麟选辑
遂古堂 清嘉庆十五年[1810]刻本
（述记）

J0142325
九歌解 （一卷）（清）辛绍业撰
清嘉庆 刻本
（敬堂遗书）

本书由《律吕考一卷》《九歌解一卷》（清）辛绍业撰合订。十行二十二字白口四周双边。

J0142326
乐律心得 （二卷）（清）安清翘撰
清嘉庆 刻本
（数学五书）

J0142327
志乐辑略 （三卷）（清）倪元坦辑
清嘉庆 刻本 线装

八行二十二字小字双行同白口左右双边单鱼尾。

J0142328
乐论 （一卷）（晋）阮籍撰；（清）王谟辑
金溪王氏 清嘉庆三年[1798]刻本
（汉魏遗书钞）

J0142329
乐元语 （一卷）（汉）刘德撰；（清）王谟辑
金溪王氏 清嘉庆三年[1798]刻本
（汉魏遗书钞）

J0142330
乐元语 （一卷）（汉）刘德撰
济南 皇华馆书局 清同治十年[1871]刻本
补刻 线装
（玉函山房辑佚书）

九行二十字小字双行同白口四周双边单鱼尾。收于《玉函山房辑佚书》经编乐类中。

J0142331
乐元语 （一卷）（汉）刘德撰
济南 皇华馆书局 清同治十年[1871]刻本
重印 线装
（玉函山房辑佚书）

九行二十字小字双行同白口四周双边单鱼尾。收于《玉函山房辑佚书》经编乐类中。

J0142332
乐元语 （一卷）（汉）刘德撰；（清）马国翰辑
济南 皇华馆书局 清同治十年[1871]刻本 印
（玉函山房辑佚书）

J0142333
乐元语 （一卷）（汉）刘德撰；（清）马国翰辑
长沙 娜嬛馆 清光绪九年[1883]刻本
（玉函山房辑佚书）

J0142334
乐元语 （一卷）（汉）刘德撰；（清）马国翰辑
楚南湘远堂 清光绪十年[1884]刻本
（玉函山房辑佚书）

J0142335
乐元语 （一卷）（汉）刘德撰；（清）马国翰辑
章邱李氏 清光绪十年[1884]刻本 印
（玉函山房辑佚书）

据马氏刻本重印。

J0142336
钟律书 （一卷）（汉）刘歆撰；（清）王谟辑
金溪王氏 清嘉庆三年[1798]刻本
（汉魏遗书钞）

J0142337
律吕新书初解 （二卷）（宋）蔡元定著；（清）张琛撰
日锄斋 清嘉庆十七年[1812]刻本

J0142338
六律正五音考 （四卷）（清）陈诗撰
蕲州陈氏 清嘉庆二十一年[1816]刻本

J0142339
刘歆钟律书 （一卷）（汉）刘歆撰；（清）黄奭辑
甘泉黄氏 清道光 刻本
（汉学堂丛书）

J0142340
刘歆钟律书 （一卷）（汉）刘歆撰；（清）黄奭辑
甘泉黄氏 清道光 刻本 修补
（黄氏逸书考）

J0142341
刘歆钟律书 （一卷）（汉）刘歆撰；（清）黄奭辑
朱长圻 清道光 刻本 补刻
（黄氏逸书考）

J0142342
刘歆钟律书 （一卷）（汉）刘歆撰；（清）黄奭辑
清光绪 印本
（汉学堂丛书）

J0142343
钟律陈数 （一卷）（清）顾陈垿撰
清道光 刻本
（赐砚堂丛书新编）

J0142344
钟律陈数 （一卷）（清）顾陈垿撰
镇洋顾炳文 清道光二十三年[1843]刻本
（顾宾易先生文集）

J0142345
律话 （三卷）（清）戴长庚撰
吾爱书屋 清道光十三年[1833]印本 刻本

J0142346
律话 （三卷）（清）戴长庚撰
吾爱书屋 清道光十三年[1833]刻本
分四册。十行二十字白口左右双边。

J0142347
律话 （三卷）（清）戴长庚撰
清道光十三年[1833]刻本 有图 线装
分十二册。十行二十字小字双行同白口左右双边单鱼尾。

J0142348
律吕剩言 （三卷）（清）蒋文勋撰
梅华庵 清道光十四年[1834]刻本

J0142349
音律指迷 （二卷）（清）周知撰；（清）谢兰生编
种香山馆 清道光十七年[1837]刻本

J0142350
今有录 （一卷）（清）汪莱撰
夏燮鄱阳县署 清咸丰 刻本
（衡斋算学遗书合刻）

J0142351
今有录 （一卷）（清）汪莱撰
汪廷栋闻梅旧塾 清光绪十八年[1892]刻本
（衡斋算学遗书合刻）

J0142352
乐经或问 （三卷）（清）汪绂撰
清末 刻本 有图 线装
分三册。十行二十二字白口四周双边单鱼尾。

J0142353
乐经或问 （三卷）（清）汪绂撰
清光绪 汇印

J0142354
乐经或问 （三卷）（清）汪绂撰

长安赵舒翘等 清光绪二十三年[1897]刻本汇印
(汪双池先生丛书)

据清道光至光绪间刻本汇印。本书由《乐经或问三卷》《大成乐谱一卷》(清)汪绂撰合订。

J0142355
乐律逢源 (一卷)(清)汪莱撰
夏燮鄱阳县署 清咸丰 刻本
(衡斋算学遗书合刻)

J0142356
乐律逢源 (一卷)(清)汪莱撰
汪廷栋闻梅旧塾 清光绪十八年[1892]刻本
(衡斋算学遗书合刻)

J0142357
乐律考 (二卷)(清)徐灏撰
番禺徐氏梧州 清咸丰至光绪 刻本
(学寿堂丛书)

J0142358
乐律考 (二卷)(清)徐灏撰
番禺徐氏 民国 刻本 影印

J0142359
仲姑乐论 (一卷)鲍孝裕辑
清末至民国初 稿本

J0142360
律吕元音 (一卷)(清)毕华珍撰
清咸丰四年[1854]刻本
(小万卷楼丛书)

J0142361
律吕元音 (一卷)(清)毕华珍撰
钱培名 清光绪 刻本
(小万卷楼丛书)

J0142362
律吕通今图说 (一卷 附律易一卷)(清)缪阗撰
清咸丰十一年[1861]刻本

J0142363
律吕通今图说 (一卷 附律易一卷)(清)缪阗撰
芜湖缪氏 清同治五年[1866]刻本
(庚癸原音)

本书由《律易一卷》《律吕通今图说一卷》(清)缪阗撰合订。

J0142364
律易 (一卷)(清)缪阗撰
清咸丰十一年[1861]刻本

J0142365
律易 (一卷)(清)缪阗撰
清咸丰十一年[1861]刻本

本书由《律易一卷》《律吕通今图说一卷》(清)缪阗撰合订。

J0142366
律易 (一卷)(清)缪阗撰
芜湖缪氏 清同治五年[1866]刻本
(庚癸原音)

J0142367
律易 (一卷)(清)缪阗撰
芜湖缪氏 清同治五年[1866]刻本
(庚癸原音)

本书由《律易一卷》《律吕通今图说一卷》(清)缪阗撰合订。

J0142368
声律通考 (十卷)(清)陈澧撰
番禺陈氏东塾业 清同治 刻本

J0142369
音调定程 (一卷)(清)缪阗撰
清同治 刻本

J0142370
庚癸原音四种 (五卷 附一种)(清)缪阗撰
芜湖缪氏 清同治五年[1866]刻本

本书包括:《律吕通今图说一卷》《律易一卷:附同治甲子未上书一卷》《音调定程一卷》《弦徽宣秘一卷》。

J0142371
律吕名义算数辨 (一卷)(清)缪阗撰
芜湖缪氏 清同治五年[1866]刻本

(庚癸原音)

J0142372
同治甲子未上书 (一卷)(清)缪阗撰
芜湖缪氏 清同治五年[1866]刻本
(庚癸原音)

J0142373
弦徽宣秘 (一卷)(清)缪阗撰
芜湖缪氏 清同治五年[1866]刻本
(庚癸原音)

J0142374
原音琐辨 (一卷)(清)缪阗撰
芜湖缪氏 清同治五年[1866]刻本
(庚癸原音)

J0142375
乐记 (一卷)(汉)刘向校定
济南 皇华馆书局 清同治十年[1871]刻本
重印 线装
(玉函山房辑佚书)
九行二十字小字双行同白口四周双边单鱼尾。收于《玉函山房辑佚书》经编乐类中。

J0142376
乐记 (一卷)(汉)刘向校定
济南 皇华馆书局 清同治十年[1871]刻本
补刻 线装
(玉函山房辑佚书)
九行二十字小字双行同白口四周双边单鱼尾。收于《玉函山房辑佚书》经编乐类中。

J0142377
乐记 (一卷)(汉)刘向校定;(清)马国翰辑
济南 皇华馆书局 清同治十年[1871]刻本
(玉函山房辑佚书)

J0142378
乐记 (汉)刘向校定
清光绪至民国初 活字本 线装
十行二十五字白口四周双边单鱼尾。

J0142379
乐记 (一卷)(汉)刘向校定;(清)马国翰辑
长沙 娜嬛馆 清光绪九年[1883]刻本 印本
(玉函山房辑佚书)

J0142380
乐记 (一卷)(汉)刘向校定;(清)马国翰辑
楚南湘远堂 清光绪十年[1884]刻本
(玉函山房辑佚书)

J0142381
乐记 (一卷)(汉)刘向校定;(清)马国翰辑
章邱李氏 清光绪十年[1884]刻本 印本
(玉函山房辑佚书)
据马氏刻本重印。

J0142382
乐律义 (一卷)(北周)沈重撰;(清)马国翰辑
济南 皇华馆书局 清同治十年[1871]刻本
(玉函山房辑佚书)

J0142383
乐律义 (一卷)(北周)沈重撰;(清)马国翰辑
长沙 娜嬛馆 清光绪九年[1883]刻本
(玉函山房辑佚书)

J0142384
乐律义 (一卷)(北周)沈重撰;(清)马国翰辑
楚南湘远堂 清光绪十年[1884]刻本
(玉函山房辑佚书)

J0142385
乐律义 (一卷)(北周)沈重撰;(清)马国翰辑
章邱李氏 清光绪十年[1884]刻本 重印
(玉函山房辑佚书)
据马氏刻本重印。

J0142386
乐律义 (一卷)(北周)沈重撰;(清)马国翰辑
章邱李氏 清光绪十年[1884]刻本
(玉函山房辑佚书)
据马氏刻本重印。

J0142387
乐谱集解 (一卷)(隋)萧吉撰
济南 皇华馆书局 清同治十年[1871]刻本
重印 线装

（玉函山房辑佚书）

九行二十字小字双行同白口四周双边单鱼尾。收于《玉函山房辑佚书》经编乐类中。

J0142388

乐谱集解　（一卷）（隋）萧吉撰；（清）马国翰辑

济南 皇华馆书局 清同治十年［1871］刻本

（玉函山房辑佚书）

J0142389

乐谱集解　（一卷）（隋）萧吉撰；（清）马国翰辑

长沙 嫏嬛馆 清光绪九年［1883］刻本

（玉函山房辑佚书）

J0142390

乐谱集解　（一卷）（隋）萧吉撰；（清）马国翰辑

楚南湘远堂 清光绪十年［1884］刻本

（玉函山房辑佚书）

J0142391

乐谱集解　（一卷）（隋）萧吉撰；（清）马国翰辑

章邱李氏 清光绪十年［1884］刻本 重印

（玉函山房辑佚书）

据马氏刻本重印。作者马国翰（1794—1857），清代文献学家、藏书家。山东济南人。字词溪，号竹吾。进士。志于古书辑佚，所购之书达5.7万余卷。编著《玉函山房辑佚书》，全书分经、史、诸子3编，700多卷。传世作品还有《竹如意》《玉函山房文集》《玉函山房诗集》等。

J0142392

乐书　（一卷）（北魏）信都芳撰

济南 皇华馆书局 清同治十年［1871］刻本

补刻 线装

（玉函山房辑佚书）

九行二十字小字双行同白口四周双边单鱼尾。收于《玉函山房辑佚书》经编乐类中。

J0142393

乐书　（一卷）（北魏）信都芳撰

济南 皇华馆书局 清同治十年［1871］刻本

重印 线装

（玉函山房辑佚书）

九行二十字小字双行同白口四周双边单鱼尾。收于《玉函山房辑佚书》经编乐类中。

J0142394

乐书　（一卷）（北魏）信都芳撰；（清）马国翰辑

济南 皇华馆书局 清同治十年［1871］刻本

（玉函山房辑佚书）

J0142395

乐书　（一卷）（清）马国翰辑

济南 皇华馆书局 清同治十年［1871］刻本

（玉函山房辑佚书）

作者马国翰（1794—1857），清代文献学家、藏书家。山东济南人。字词溪，号竹吾。进士。志于古书辑佚，所购之书达5.7万余卷。编著《玉函山房辑佚书》，全书分经、史、诸子3编，700多卷。传世作品还有《竹如意》《玉函山房文集》《玉函山房诗集》等。

J0142396

乐书　（一卷）（清）马国翰辑

长沙 嫏嬛馆 清光绪九年［1883］刻本

（玉函山房辑佚书）

J0142397

乐书　（一卷）（北魏）信都芳撰；（清）马国翰辑

长沙 嫏嬛馆 清光绪九年［1883］刻本

（玉函山房辑佚书）

J0142398

乐书　（一卷）（清）马国翰辑

楚南湘远堂 清光绪十年［1884］刻本

（玉函山房辑佚书）

J0142399

乐书　（一卷）（北魏）信都芳撰；（清）马国翰辑

楚南湘远堂 清光绪十年［1884］刻本

（玉函山房辑佚书）

J0142400

乐书　（一卷）（清）马国翰辑

章邱李氏 清光绪十年［1884］刻本 重印

（玉函山房辑佚书）

据马氏刻本重印。

J0142401

乐书　（一卷）（北魏）信都芳撰；（清）马国翰辑

章邱李氏 清光绪十年［1884］刻本 重印

（玉函山房辑佚书）

据马氏刻本重印。

J0142402
钟律纬 （一卷）（南朝）梁武帝撰；（清）马国翰辑
济南 皇华馆书局 清同治十年［1871］刻本
（玉函山房辑佚书）

J0142403
钟律纬 （一卷）（南朝）梁武帝撰；（清）马国翰辑
长沙 嫏嬛馆 清光绪九年［1883］刻本
（玉函山房辑佚书）

J0142404
钟律纬 （一卷）（南朝）梁武帝撰；（清）马国翰辑
楚南湘远堂 清光绪十年［1884］刻本
（玉函山房辑佚书）

J0142405
钟律纬 （一卷）（南朝）梁武帝撰；（清）马国翰辑
章邱李氏 清光绪十年［1884］刻本 重印
（玉函山房辑佚书）

据马氏刻本重印。

J0142406
管色考 （一卷）（清）徐养原撰
崇文书局 清光绪 刻本
（正觉楼丛刻）

J0142407
管色考 （一卷）（清）徐养原撰
德化李氏木犀轩 清光绪 刻本
（木犀轩丛书）

J0142408
律吕臆说 （一卷）（清）徐养原撰
崇文书局 清光绪 刻本
（正觉楼丛刻）

J0142409
律吕臆说 （一卷）（清）徐养原撰
德化李氏木犀轩 清光绪 刻本
（木犀轩丛书）

J0142410
律吕臆说 （一卷）（清）徐养原撰
清光绪 刻本 线装
（正觉楼丛书）

八行十八字小字双行同白口左右双边单鱼尾。

J0142411
律吕元音正录 （一卷）（清）毕华珍撰
钱培名 清光绪四年［1878］刻本
（小万卷楼丛书）

十行二十字小字双行同白口左右双边。收于《小万卷楼丛书十七种七十二卷》中。

J0142412
律书律数条义疏 （一卷）（清）丘逢年撰
南清河王氏 清光绪十二至二十一年［1886—1895］铅印本
（小方壶斋丛书）

J0142413
音分古义 （二卷，附一卷）（清）戴煦撰
新阳赵氏 清光绪十二年［1886］刻本

J0142414
古律吕考 （一卷）（清）吕调阳撰
叶长高 清光绪十四年［1888］刻本
（观象庐丛书）

J0142415
律吕古谊 （六卷）（清）钱塘撰
江阴南菁书院 清光绪十四年［1888］刻本
（南菁书院丛书）

J0142416
律吕新书浅释 （二卷）（宋）蔡元定撰；（清）文藻翔释
固安文氏 清光绪二十三年［1897］刻本

J0142417
乐器演算法 （一卷）（清）载武撰
清光绪二十四年［1898］抄本

J0142418
变徵定位考 （二卷）冯水撰

民国 抄本 有图 线装

J0142419
变徵定位考 （二卷）冯水撰
桐乡冯氏京师 民国十三年[1924]刻本

J0142420
乐诗考略 （一卷）王国维撰
仓圣明智大学 民国初 有表格 线装
（学术丛编）

作者王国维（1877—1927），史学家、语言文字学家、文学家。浙江海宁人。初名国桢，字静安，又字伯隅，号礼堂，晚号观堂、永观。曾赴日本留学，后为清华研究院教授。重要著作有《宋元戏曲史》《人间词话》《观堂集林》《海宁王静安先生遗书》《殷卜辞中所见先公先王考》《宋代金文着录表》等，对文艺界、史学界有很大影响。

J0142421
乐诗考略 （一卷）王国维撰
上海 仓圣明智大学 民国五年[1916]
（广仓学窘丛书甲类）

J0142422
声律学 许之衡编
北京大学出版组 民国 线装

J0142423
声律学 （一卷）许之衡撰
民国

J0142424
声律学 许之衡编著
台北 学海出版社 1999年 影印本 72页
21cm（32开）ISBN：957-614-139-7
定价：TWD200.00
（学海文史丛书 11）

J0142425
天民台律历小记 （一卷）姚明辉撰
民国
（天民台丛书）

J0142426
学乐录 （四卷）（清）李塨撰
民国 线装

本书由《学乐录四卷》（清）李塨撰、《竟山乐录四卷》（清）毛奇龄撰合订。

J0142427
学乐录 （四卷）（清）李塨撰
民国

J0142428
声律启蒙 （三卷）（清）车万育撰；（清）夏大观删补；（清）王之干笺释
上海 广益书局 民国四年[1915]石印本 线装

J0142429
乐律举偶 （一卷）宋育仁撰
[崇州]存古书局 民国六年[1917]刻本

J0142430
乐律举要 （一卷）（明）韩邦奇撰
六安晁氏 清道光十一年[1831]木活字印本
（学海类编）

J0142431
乐律举要 （一卷）（明）韩邦奇撰
六安晁氏 清道光十一年[1831]木活字印本
（学海类编）

收于《学海类编》四百三十二种八百三卷集余二事功中。

J0142432
乐律举要 （一卷）（明）韩邦奇撰
上海 涵芬楼 民国九年[1920]影印本
（学海类编）

据清道光十一年六安晁氏木活字印本影印。

J0142433
乐律举要 （一卷）（明）韩邦奇撰
上海 涵芬楼 民国九年[1920]影印本
（学海类编）

据清道光十一年六安晁氏木活字印本影印。收于《学海类编》四百三十三种八百六卷中。

J0142434
乐经凡例 （一卷）廖平撰
[崇州]存古书局 民国十年[1921]汇印

（新订六译馆丛书）

J0142435
乐律金鉴　（四卷）（清）严文父撰
民国十八年［1929］朱墨套印
（十二琴楼丛书）

J0142436
从五音六律说到三百六十律　刘复著
1930年 53页 26cm（16开）
本书收入作者1927年4月5日在北京大学研究所国学门演讲，介绍中国旧乐律。全书分4部分。

J0142437
乐律全书　（一）（明）朱载堉著
上海 商务印书馆 1931年 92页 18cm（小32开）
（万有文库 第一集 0735）
本书共36册，包括《律学新说》《乐学新说》《算学新论》《律吕精义》《旋宫合乐谱》《乡饮诗乐谱》《六代小舞谱》《灵星小舞谱》《圣寿万年历》《律历融通》等15种，每种均有序。

J0142438
乐律全书　（二）（明）朱载堉著
上海 商务印书馆 1931年 104页 18cm（小32开）
（万有文库 第一集 0735）
作者朱载堉（1536—1611），明代乐律学家。代表作品有《乐律全书》《律吕正论》《律吕质疑辨惑》《嘉量算经》《律吕精义》《律历融通》等。

J0142439
乐律全书　（三）（明）朱载堉著
上海 商务印书馆 1931年 74页 18cm（小32开）
（万有文库 第一集 0735）

J0142440
乐律全书　（四）（明）朱载堉著
上海 商务印书馆 1931年 86页 18cm（小32开）
（万有文库 第一集 0735）

J0142441
乐律全书　（五）（明）朱载堉著
上海 商务印书馆 1931年 112页 18cm（小32开）
（万有文库 第一集 0735）

J0142442
乐律全书　（六）（明）朱载堉著
上海 商务印书馆 1931年 100页 18cm（小32开）
（万有文库 第一集 0735）

J0142443
乐律全书　（七）（明）朱载堉著
上海 商务印书馆 1931年 12+48页 18cm（小32开）
（万有文库 第一集 0735）

J0142444
乐律全书　（八）（明）朱载堉著
上海 商务印书馆 1931年 52+46页 18cm（小32开）
（万有文库 第一集 0735）

J0142445
乐律全书　（九）（明）朱载堉著
上海 商务印书馆 1931年 56页 18cm（小32开）
（万有文库 第一集 0735）

J0142446
乐律全书　（十）（明）朱载堉著
上海 商务印书馆 1931年 200页 18cm（小32开）
（万有文库 第一集 0735）

J0142447
乐律全书　（十一）（明）朱载堉著
上海 商务印书馆 1931年 206页 18cm（小32开）
（万有文库 第一集 0735）

J0142448
乐律全书　（十二）（明）朱载堉著
上海 商务印书馆 1931年 74页 18cm（小32开）
（万有文库 第一集 0735）

J0142449
乐律全书　（十三）（明）朱载堉著
上海 商务印书馆 1931年 108+50页 18cm（小32开）
（万有文库 第一集 0735）

J0142450
乐律全书　（十四）（明）朱载堉著
上海 商务印书馆 1931年 42+38页 18cm（小32开）
（万有文库 第一集 0735）

J0142451
乐律全书 （十五）（明）朱载堉著
上海 商务印书馆 1931年 34+36页 18cm（小32开）
（万有文库 第一集 0735）

J0142452
乐律全书 （十六）（明）朱载堉著
上海 商务印书馆 1931年 56+36页 18cm（小32开）
（万有文库 第一集 0735）

J0142453
乐律全书 （十七）（明）朱载堉著
上海 商务印书馆 1931年 82页 18cm（小32开）
（万有文库 第一集 0735）

J0142454
乐律全书 （十八）（明）朱载堉著
上海 商务印书馆 1931年 70页 有图
18cm（小32开）
（万有文库 第一集 0735）

J0142455
乐律全书 （十九）（明）朱载堉著
上海 商务印书馆 1931年 126页 18cm（小32开）
（万有文库 第一集 0735）

J0142456
乐律全书 （二十）（明）朱载堉著
上海 商务印书馆 1931年 176页 18cm（小32开）
（万有文库 第一集 0735）

J0142457
乐律全书 （二十一）（明）朱载堉著
上海 商务印书馆 1931年 88页 有图
18cm（小32开）
（万有文库 第一集 0735）

J0142458
乐律全书 （二十二）（明）朱载堉著
上海 商务印书馆 1931年 72页 18cm（小32开）
（万有文库 第一集 0735）

J0142459
乐律全书 （二十三）（明）朱载堉著
上海 商务印书馆 1931年 62+62页 18cm（小32开）
（万有文库 第一集 0735）

J0142460
乐律全书 （二十四）（明）朱载堉著
上海 商务印书馆 1931年 208页 18cm（小32开）
（万有文库 第一集 0735）

J0142461
乐律全书 （二十五）（明）朱载堉著
上海 商务印书馆 1931年 208页 有图
18cm（小32开）
（万有文库 第一集 0735）

J0142462
乐律全书 （二十六）（明）朱载堉著
上海 商务印书馆 1931年 66页 18cm（小32开）
（万有文库 第一集 0735）

J0142463
乐律全书 （二十七）（明）朱载堉著
上海 商务印书馆 1931年 72页 18cm（小32开）
（万有文库 第一集 0735）

J0142464
乐律全书 （二十八）（明）朱载堉著
上海 商务印书馆 1931年 130页 有图
18cm（小32开）
（万有文库 第一集 0735）

J0142465
乐律全书 （二十九）（明）朱载堉著
上海 商务印书馆 1931年 128页 有图
18cm（小32开）
（万有文库 第一集 0735）

J0142466
乐律全书 （三十）（明）朱载堉著
上海 商务印书馆 1931年 138页 有图
18cm（小32开）
（万有文库 第一集 0735）

J0142467
乐律全书 （三十一）（明）朱载堉著
上海 商务印书馆 1931年 28+56+42页
18cm（小32开）

（万有文库 第一集 0735）

J0142468
乐律全书 （三十二）（明）朱载堉著
上海 商务印书馆 1931年 30+40页 18cm（小32开）
（万有文库 第一集 0735）

J0142469
乐律全书 （三十三）（明）朱载堉著
上海 商务印书馆 1931年 34+38页 18cm（小32开）
（万有文库 第一集 0735）

J0142470
乐律全书 （三十四）（明）朱载堉著
上海 商务印书馆 1931年 56+42页 18cm（小32开）
（万有文库 第一集 0735）

J0142471
乐律全书 （三十五）（明）朱载堉著
上海 商务印书馆 1931年 70页 18cm（小32开）
（万有文库 第一集 0735）

J0142472
乐律全书 （三十六）（明）朱载堉著
上海 商务印书馆 1931年 74+22页 18cm（小32开）
（万有文库 第一集 0735）

J0142473
乐律全书 （明）朱载堉著
上海 商务印书馆 1934年 再版 36册 有图 18cm（15开）
（万有文库 第一集 0735）

J0142474
天坛所藏编钟编磬音律之鉴定 刘复著
北平 国立北京大学 1932年 26cm（16开）
本书为《国立北京大学国学季刊》第3卷第2号抽印本。

J0142475
中国诗词曲之轻重律 （从音乐论点上观察）王光祈编著
上海 中华书局 1933年 41页 21cm（32开）
定价：银二角
（音乐丛刊 1）
本书从韵律、节拍方面研究中国的诗、词和曲。原用德文写成，汉译时又作了补充。

J0142476
律吕正义 （一）（清）康熙，（清）乾隆敕撰
上海 商务印书馆 民国二十五年［1936］影印本 142页 有图 18cm（小32开）
（万有文库 第二集 399）
本书共4编。前3编为康熙敕撰，论乐律、管弦律制、乐器制造要点以及记述葡萄牙人徐日升与意大利人德礼格所传五线谱、音阶唱名等；后一编为乾隆敕撰，论述各种典礼音乐。全书共120卷。作者康熙（1654—1722），全名爱新觉罗·玄烨，清朝第四位皇帝（1661年–1722年在位），年号康熙。作品有《御制道德经讲义序》《四书讲疏义序》《庭训格言》等。作者乾隆（1711—1799），清高宗弘历，清朝第六位皇帝，清军入关之后的第四位皇帝，年号“乾隆”，寓意“天道昌隆”。

J0142477
律吕正义 （二）（清）康熙，（清）乾隆敕撰
上海 商务印书馆 民国二十五年［1936］影印本 143–292页 有图 18cm（小32开）
（万有文库 第二集 399）

J0142478
律吕正义 （三）（清）康熙，（清）乾隆敕撰
上海 商务印书馆 民国二十五年［1936］影印本 152页 有图 18cm（小32开）
（万有文库 第二集 399）

J0142479
律吕正义 （四）（清）康熙，（清）乾隆敕撰
上海 商务印书馆 民国二十五年［1936］影印本 153–290页 有图 18cm（小32开）
（万有文库 第二集 399）

J0142480
律吕正义 （五）（清）康熙，（清）乾隆敕撰
上海 商务印书馆 民国二十五年［1936］影印本 143页 有图 18cm（小32开）
（万有文库 第二集 399）

J0142481
律吕正义 （六）（清）康熙，（清）乾隆敕撰
上海 商务印书馆 民国二十五年［1936］影印本
204 页 有图 18cm（小 32 开）
（万有文库 第二集 399）

J0142482
律吕正义 （七）（清）康熙，（清）乾隆敕撰
上海 商务印书馆 民国二十五年［1936］影印本
34+82 页 有图 18cm（小 32 开）
（万有文库 第二集 399）

J0142483
律吕正义 （八）（清）康熙，（清）乾隆敕撰
上海 商务印书馆 民国二十五年［1936］影印本
85-221 页 有图 18cm（小 32 开）
（万有文库 第二集 399）

J0142484
律吕正义 （九）（清）康熙，（清）乾隆敕撰
上海 商务印书馆 民国二十五年［1936］影印本
223-358 页 有图 18cm（小 32 开）
（万有文库 第二集 399）

J0142485
律吕正义 （十）（清）康熙，（清）乾隆敕撰
上海 商务印书馆 民国二十五年［1936］影印本
259-473 页 有图 18cm（小 32 开）
（万有文库 第二集 399）

J0142486
律吕正义 （十一）（清）康熙，（清）乾隆敕撰
上海 商务印书馆 民国二十五年［1936］影印本
475-585 页 有图 18cm（小 32 开）
（万有文库 第二集 399）

J0142487
律吕正义 （十二）（清）康熙，（清）乾隆敕撰
上海 商务印书馆 民国二十五年［1936］影印本
587-760 页 有图 18cm（小 32 开）
（万有文库 第二集 399）

J0142488
律吕正义 （十三）（清）康熙，（清）乾隆敕撰
上海 商务印书馆 民国二十五年［1936］影印本
761-962 页 有图 18cm（小 32 开）
（万有文库 第二集 399）

J0142489
律吕正义 （十四）（清）康熙，（清）乾隆敕撰
上海 商务印书馆 民国二十五年［1936］影印本
963-1064 页 有图 18cm（小 32 开）
（万有文库 第二集 399）

J0142490
律吕正义 （十五）（清）康熙，（清）乾隆敕撰
上海 商务印书馆 民国二十五年［1936］影印本
1065-1143 页 有图 18cm（小 32 开）
（万有文库 第二集 399）

J0142491
律吕正义 （十六）（清）康熙，（清）乾隆敕撰
上海 商务印书馆 民国二十五年［1936］影印本
1145-1252 页 有图 18cm（小 32 开）
（万有文库 第二集 399）

J0142492
律吕正义 （十七）（清）康熙，（清）乾隆敕撰
上海 商务印书馆 民国二十五年［1936］影印本
1253-1451 页 有图 18cm（小 32 开）
（万有文库 第二集 399）

J0142493
律吕正义 （十八）（清）康熙，（清）乾隆敕撰
上海 商务印书馆 民国二十五年［1936］影印本
1453-1533 页 有图 18cm（小 32 开）
（万有文库 第二集 399）

J0142494
律吕正义 （十九）（清）康熙，（清）乾隆敕撰
上海 商务印书馆 民国二十五年［1936］影印本
1535-1643 页 有图 18cm（小 32 开）
（万有文库 第二集 399）

J0142495
律吕正义 （二十）（清）康熙，（清）乾隆敕撰
上海 商务印书馆 民国二十五年［1936］影印本
1645-1753 页 有图 18cm（小 32 开）
（万有文库 第二集 399）

J0142496
律吕正义 （二十一）（清）康熙,（清）乾隆敕撰
上海 商务印书馆 民国二十五年［1936］影印本
1755–1864 页 有图 18cm（小 32 开）
（万有文库 第二集 399）

J0142497
律吕正义 （二十二）（清）康熙,（清）乾隆敕撰
上海 商务印书馆 民国二十五年［1936］影印本
1865–1972 页 有图 18cm（小 32 开）
（万有文库 第二集 399）

J0142498
律吕正义 （二十三）（清）康熙,（清）乾隆敕撰
上海 商务印书馆 民国二十五年［1936］影印本
1973–2123 页 有图 18cm（小 32 开）
（万有文库 第二集 399）

J0142499
律吕正义 （二十四）（清）康熙,（清）乾隆敕撰
上海 商务印书馆 民国二十五年［1936］影印本
2125–2177 页 有图 18cm（小 32 开）
（万有文库 第二集 399）

J0142500
律吕正义 （二十五）（清）康熙,（清）乾隆敕撰
上海 商务印书馆 民国二十五年［1936］影印本
2179–2362 页 有图 18cm（小 32 开）
（万有文库 第二集 399）

J0142501
律吕正义 （二十六）（清）康熙,（清）乾隆敕撰
上海 商务印书馆 民国二十五年［1936］影印本
2363–2512 页 有图 18cm（小 32 开）
（万有文库 第二集 399）

J0142502
律吕正义 （二十七）（清）康熙,（清）乾隆敕撰
上海 商务印书馆 民国二十五年［1936］影印本
2513–2585 页 有图 18cm（小 32 开）
（万有文库 第二集 399）

J0142503
律吕正义 （二十八）（清）康熙,（清）乾隆敕撰
上海 商务印书馆 民国二十五年［1936］影印本
2587–2755 页 有图 18cm（小 32 开）
（万有文库 第二集 399）

J0142504
律吕正义 （二十九）（清）康熙,（清）乾隆敕撰
上海 商务印书馆 民国二十五年［1936］影印本
2757–2857 页 有图 18cm（小 32 开）
（万有文库 第二集 399）

J0142505
律吕正义 （三十）（清）康熙,（清）乾隆敕撰
上海 商务印书馆 民国二十五年［1936］影印本
2859–2994 页 有图 18cm（小 32 开）
（万有文库 第二集 399）

J0142506
律吕正义 （三十一）（清）康熙,（清）乾隆敕撰
上海 商务印书馆 民国二十五年［1936］影印本
2995–3188 页 有图 18cm（小 32 开）
（万有文库 第二集 399）

J0142507
律吕正义 （三十二）（清）康熙,（清）乾隆敕撰
上海 商务印书馆 民国二十五年［1936］影印本
3189–3256 页 有图 18cm（小 32 开）
（万有文库 第二集 399）

J0142508
律吕正义 （三十三）（清）康熙,（清）乾隆敕撰
上海 商务印书馆 民国二十五年［1936］影印本
3257–3444 页 有图 18cm（小 32 开）
（万有文库 第二集 399）

J0142509
律吕正义 （三十四）（清）康熙,（清）乾隆敕撰
上海 商务印书馆 民国二十五年［1936］影印本
3445–3494 页 有图 18cm（小 32 开）
（万有文库 第二集 399）

J0142510
律吕正义 （三十五）（清）康熙,（清）乾隆敕撰
上海 商务印书馆 民国二十五年［1936］影印本
3495–3681 页 有图 18cm（小 32 开）
（万有文库 第二集 399）

J0142511
律吕正义 （三十六）（清）康熙,（清）乾隆敕撰
上海 商务印书馆 民国二十五年［1936］影印本
3683-3744 页 有图 18cm（小 32 开）
（万有文库 第二集 399）

J0142512
律吕正义 （三十七）（清）康熙,（清）乾隆敕撰
上海 商务印书馆 民国二十五年［1936］影印本
3745-3948 页 有图 18cm（小 32 开）
（万有文库 第二集 399）

J0142513
律吕正义 （三十八）（清）康熙,（清）乾隆敕撰
上海 商务印书馆 民国二十五年［1936］影印本
3951-4145 页 有图 18cm（小 32 开）
（万有文库 第二集 399）

J0142514
律吕正义 （三十九）（清）康熙,（清）乾隆敕撰
上海 商务印书馆 民国二十五年［1936］影印本
4147-4300 页 有图 18cm（小 32 开）
（万有文库 第二集 399）

J0142515
律吕正义 （四十）（清）康熙,（清）乾隆敕撰
上海 商务印书馆 民国二十五年［1936］影印本
4301-4489 页 有图 18cm（小 32 开）
（万有文库 第二集 399）

J0142516
律吕正义 （四十一）（清）康熙,（清）乾隆敕撰
上海 商务印书馆 民国二十五年［1936］影印本
4491-4693 页 有图 18cm（小 32 开）
（万有文库 第二集 399）

J0142517
律吕正义 （四十二）（清）康熙,（清）乾隆敕撰
上海 商务印书馆 民国二十五年［1936］影印本
4697-4803 页 有图 18cm（小 32 开）
（万有文库 第二集 399）

J0142518
律吕正义 （四十三）（清）康熙,（清）乾隆敕撰
上海 商务印书馆 民国二十五年［1936］影印本
4805-4980 页 有图 18cm（小 32 开）
（万有文库 第二集 399）

J0142519
律吕正义 （四十四）（清）康熙,（清）乾隆敕撰
上海 商务印书馆 民国二十五年［1936］影印本
4981-5143 页 有图 18cm（小 32 开）
（万有文库 第二集 399）

J0142520
律吕正义 （四十五）（清）康熙,（清）乾隆敕撰
上海 商务印书馆 民国二十五年［1936］影印本
5145-5342 页 有图 18cm（小 32 开）
（万有文库 第二集 399）

J0142521
律吕正义 （四十六）（清）康熙,（清）乾隆敕撰
上海 商务印书馆 民国二十五年［1936］影印本
5343-5516 页 有图 18cm（小 32 开）
（万有文库 第二集 399）

J0142522
律吕正义 （四十七）（清）康熙,（清）乾隆敕撰
上海 商务印书馆 民国二十五年［1936］影印本
5517-5667 页 有图 18cm（小 32 开）
（万有文库 第二集 399）

J0142523
律吕正义 （四十八）（清）康熙,（清）乾隆敕撰
上海 商务印书馆 民国二十五年［1936］影印本
5669-5797 页 有图 18cm（小 32 开）
（万有文库 第二集 399）

J0142524
律吕正义 （四十九）（清）康熙,（清）乾隆敕撰
上海 商务印书馆 民国二十五年［1936］影印本
5799-5990 页 有图 18cm（小 32 开）
（万有文库 第二集 399）

J0142525
律吕正义 （五十）（清）康熙,（清）乾隆敕撰
上海 商务印书馆 民国二十五年［1936］影印本
5991-6177 页 有图 18cm（小 32 开）
（万有文库 第二集 399）

J0142526
律吕正义 （五十一）（清）康熙，（清）乾隆敕撰
上海 商务印书馆 民国二十五年［1936］影印本
6179-6323页 有图 18cm（小32开）
（万有文库 第二集 399）

J0142527
律吕正义 （五十二）（清）康熙，（清）乾隆敕撰
上海 商务印书馆 民国二十五年［1936］影印本
6325-6479页 有图 18cm（小32开）
（万有文库 第二集 399）

J0142528
律吕正义 （五十三）（清）康熙，（清）乾隆敕撰
上海 商务印书馆 民国二十五年［1936］影印本
6481-6699页 有图 18cm（小32开）
（万有文库 第二集 399）

J0142529
律吕正义 （五十四）（清）康熙，（清）乾隆敕撰
上海 商务印书馆 民国二十五年［1936］影印本
6701-6837页 有图 18cm（小32开）
（万有文库 第二集 399）

J0142530
律吕正义 （五十五）（清）康熙，（清）乾隆敕撰
上海 商务印书馆 民国二十五年［1936］影印本
6839-6964页 有图 18cm（小32开）
（万有文库 第二集 399）

J0142531
律吕正义 （五十六）（清）康熙，（清）乾隆敕撰
上海 商务印书馆 民国二十五年［1936］影印本
6965-7136页 有图 18cm（小32开）
（万有文库 第二集 399）

J0142532
律吕正义 （五十七）（清）康熙，（清）乾隆敕撰
上海 商务印书馆 民国二十五年［1936］影印本
7137-7294页 有图 18cm（小32开）
（万有文库 第二集 399）

J0142533
律吕正义 （五十八）（清）康熙，（清）乾隆敕撰
上海 商务印书馆 民国二十五年［1936］影印本
7295-7571页 有图 18cm（小32开）
（万有文库 第二集 399）

J0142534
律吕正义 （五十九）（清）康熙，（清）乾隆敕撰
上海 商务印书馆 民国二十五年［1936］影印本
7573-7719页 有图 18cm（小32开）
（万有文库 第二集 399）

J0142535
律吕正义 （六十）（清）康熙，（清）乾隆敕撰
上海 商务印书馆 民国二十五年［1936］影印本
7731-7922页 有图 18cm（小32开）
（万有文库 第二集 399）

J0142536
律吕正义 （六十一）（清）康熙，（清）乾隆敕撰
上海 商务印书馆 民国二十五年［1936］影印本
7923-8035页 有图 18cm（小32开）
（万有文库 第二集 399）

J0142537
律吕正义 （六十二）（清）康熙，（清）乾隆敕撰
上海 商务印书馆 民国二十五年［1936］影印本
8037-8203页 有图 18cm（小32开）
（万有文库 第二集 399）

J0142538
律吕正义 （六十三）（清）康熙，（清）乾隆敕撰
上海 商务印书馆 民国二十五年［1936］影印本
8205-8368页 有图 18cm（小32开）
（万有文库 第二集 399）

J0142539
律吕正义 （六十四）（清）康熙，（清）乾隆敕撰
上海 商务印书馆 民国二十五年［1936］影印本
8369-8577页 有图 18cm（小32开）
（万有文库 第二集 399）

J0142540
律吕正义 （六十五）（清）康熙，（清）乾隆敕撰
上海 商务印书馆 民国二十五年［1936］影印本
8579-8625页 有图 18cm（小32开）
（万有文库 第二集 399）

J0142541
律吕正义 (清)康熙,(清)乾隆敕撰
上海 商务印书馆 民国二十五年[1936]影印本
65册 有图 18cm(小32开)
(万有文库 第二集 399)

J0142542
皇祐新乐图记 (宋)阮逸,(宋)胡瑗撰
长沙 商务印书馆 1937年 68+24+10页
18cm(小32开)
(丛书集成初编 1671)
本书为中国古代音乐理论专著,是现存最早、最为完备的乐类著作之一,对研究我国古代音乐理论有很高的参考价值。本书由《皇祐新乐图记》(宋)阮逸,(宋)胡瑗撰、《琴操》(汉)蔡邕著、《汉铙歌十八曲集解》(清)谭仪纂合订。《皇祐新乐图记三卷》据学津讨原本影印;《琴操二卷》,据《平津馆丛书》本排印;《汉铙歌十八曲集解一卷》据《灵鹣阁丛书》本排印。

J0142543
皇祐新乐图记 (宋)阮逸,(宋)胡瑗撰
北京 中华书局 1985年 新1版 影印本
68+24+10页 有图 18cm(小32开)
统一书号:17018.151
(丛书集成初编)

J0142544
周末的音名和乐调 张清常[著]
[重庆]国立北京大学 1942年 油印本 57叶
26cm(16开)环筒页装
本书为中国周代乐律学研究专著,系国立北京大学研究院文科研究所油印论文之十八。

J0142545
律吕透视 沈士骏著
重庆 商务印书馆 1944年 112页 19cm(32开)
定价:国币一元八角
本书内分上、下篇。上篇为音律的研究;下篇为历代乐制、尺度、标准音的探讨。

J0142546
先汉乐律初探 阴法鲁[著]
大理 阴法鲁自刊 1944年 油印本 17叶
27cm(16开)
外文书名:A First Study of the Theory of Music of the Pre-Han Period.

J0142547
律学 缪天瑞撰
上海 万叶书店 1950年 80页 20cm(32开)
定价:8.00
(音乐理论丛书)
作者缪天瑞(1908—2009),音乐教育家、音乐学家。浙江瑞安人,毕业于上海艺术师范大学。历任中央音乐学院副院长,天津音乐学院院长,福建音乐专科学校教授、教务主任,中央音乐学院副院长,天津市文化局副局长,天津音乐学院教授、院长,中国艺术研究院音乐研究所研究员,著有《律学》,主编《中国音乐词典》等。

J0142548
律学 缪天瑞著
北京 音乐出版社 1965年 2版 修订本 122页
有图表 20cm(32开)统一书号:8026.47
定价:CNY0.73

J0142549
律学 缪天瑞著
[北京]音乐出版社 1965年 19cm(小32开)
定价:CNY0.73
本书主要介绍了音律计算法,五度相生律,纯律,十二平均律和世界几个有影响的地方律学简史等。

J0142550
律学 缪天瑞著
北京 人民音乐出版社 1983年 2版 283页
21cm(32开)统一书号:8026.47 定价:CNY1.55

J0142551
律学 缪天瑞著
北京 人民音乐出版社 1996年 3版 修订本
326页 20cm(32开)ISBN:7-103-01317-9
定价:CNY21.00

J0142552
中国古代乐律对于希腊之影响 朱谦之著
北京 音乐出版社 1957年 53页 19cm(32开)
统一书号:8062.676 定价:CNY0.26

（中央音乐学院民族音乐研究丛刊）

J0142553
乐记 吉联抗译注；阴法鲁校订
北京 音乐出版社 1958年 55页 19cm（32开）
统一书号：8026.809 定价：CNY0.29
（古代音乐论著译注小丛书）

本书是儒家论乐经典，也是中国最早的一部完整而系统的音乐美学专著，成书于2000多年前，对整个封建时代思想文化的影响至深，在中国乃至世界音乐思想史上均占有极为重要的地位。书前有译注者序文，介绍《乐记》的作者、成书年代及主要内容等。为《古代音乐论著译注小丛书》的第1种。

J0142554
乐记译注 吉联抗译注
北京 音乐出版社 1958年 56页 19cm（32开）
统一书号：8026.809 定价：CNY0.30

J0142555
律学会通 吴南薰著
北京 科学出版社 1964年 538页 有图表
27cm（16开）精装 统一书号：13031.1935
定价：CNY5.40

J0142556
《乐记》批注 中国人民解放军51031部队特务连理论组，中央"五七"艺术大学音乐学院理论组编
北京 人民音乐出版社 1976年 87页 19cm（32开）
统一书号：8026.3208 定价：CNY0.33

J0142557
乐书要录
台北 商务印书馆 1981年 影印本 86页
有图 21cm（32开）精装

本书是唐代乐律学专著，共10卷，现仅存第5、6、7卷。

J0142558
《乐记》论辩 人民音乐出版社编辑部编
北京 人民音乐出版社 1983年 405页
21cm（32开）统一书号：8026.4137
定价：CNY3.00

本书是中国古典音乐论集，集中反映了当前我国学术界关于《乐记》研究中的各种不同意见和学术观点。

J0142559
经过音研究 张统星著
台北 乐韵出版社 1985年 174页 21cm（32开）

J0142560
《乐记》理论探新 吕骥著
北京 新华出版社 1993年 143页 20cm（32开）
ISBN：7-5011-1945-7 定价：CNY4.00

本书包括有关《乐记》哲学思想基础和音乐美学理论价值的论述，《乐记》整理本的几点说明及作者考等。作者吕骥（1909—2002），音乐家、作曲家。出生于湖南湘潭，就读于上海音乐专科学校。历任中央音乐学院副院长、中国音协主席。创作的《抗日军政大学校歌》等歌曲广为传唱。出版有《吕骥文选》。

J0142561
五音六律变宫说 魏子云著
台北 贯雅文化事业公司 1993年 124页
21cm（32开）ISBN：957-9388-86-5
定价：TWD120.00

J0142562
四库全书存目丛书 （经182 乐类）四库全书存目丛书编纂委员会编
济南 齐鲁书社 1997年 影印本 775页
26cm（16开）精装 ISBN：7-5333-0580-9
定价：CNY66000.00（经部）

本书包括：《雅乐发微》（明）张敔撰；《大乐律吕元声》《大乐律吕考注》（明）李文利撰，（明）李元校补；《古乐经传全书》（明）湛若水，（明）吕怀撰；《乐律纂要》（明）季本撰；《乐律举要》（明）韩邦奇辑；《学海类编》《乐经元义》（明）刘濂撰；《乐典》（明）黄佐撰；《律吕新书分注图纂》（明）许珍撰。

J0142563
四库全书存目丛书 （经183 乐类）四库全书存目丛书编纂委员会编
济南 齐鲁书社 1997年 影印本 810页
26cm（16开）精装 ISBN：7-5333-0580-9
定价：CNY66000.00（经部）

J0142564
四库全书存目丛书　（经 184　乐类）四库全书存目丛书编纂委员会编
济南　齐鲁书社　1997 年　影印本　845 页
26cm（16 开）精装　ISBN：7-5333-0580-9
定价：CNY66000.00（经部）
本书包括：《乐经以俟录》（明）瞿九思撰；《律吕解注》（明）邓文宪撰；《乐经集注》（明）张凤翔撰；《大乐嘉成》（明）袁应兆撰；《古乐义》（明）邵储撰；《大成乐律全书》（清）孔贞瑄撰；《律吕图说》（清）王建常撰；《钟律陈数》（清）顾陈垿撰；《赐砚堂丛书新编》《乐书内编》（清）张宣猷，（清）郑先庆撰。

J0142565
四库全书存目丛书　（经 185　乐类）四库全书存目丛书编纂委员会编
济南　齐鲁书社　1997　影印本　845 页
26cm（16 开）精装　ISBN：7-5333-0580-9
定价：CNY66000.00（经部）
本书包括：《乐书内编》（清）张宣猷，（清）郑先庆撰；《律吕新书注》（清）周模撰；《赓和录》（清）何梦瑶撰；《岭南遗书》《易律通解》（清）沈光邦撰；《乐律古义》（清）童能灵撰；《大乐元音》（清）潘士权撰；《律吕新书：附八音考略》（宋）蔡元定撰，（清）罗登选笺义；《黄钟通韵；琴图补遗》（清）都四德撰；《罍罍子乐原》罍罍子撰；《律吕纂要》不著撰者。

J0142566
音乐美学之始祖　（《乐记》与《诗学》）孙星群著
北京　人民出版社　1997 年　344 页　20cm（32 开）
ISBN：7-01-002435-9　定价：CNY19.20
本书是对先秦国学古籍十三经中的《乐记》与古希腊哲学家亚里士多德所著的《诗学》的美学思想研究。

J0142567
中国人的音乐和音乐学　黄翔鹏著
济南　山东文艺出版社　1997 年　276 页
21cm（32 开）ISBN：7-5329-1394-5
定价：CNY11.60
（中国音乐学研究文库）
本书收录了《对"中国乐律学史"学科建设问题的一个初步构想》《"中国传统音乐的采风与心得"专栏前言》《两宋胡夷里巷遗音初探》《试从北辙觅南辕》《音乐学在新学潮流中的颠簸》等文章。

J0142568
乐记　（西汉）刘德，（西汉）毛生著
北京　蓝天出版社　1998 年　145 页　有图
19cm（32 开）ISBN：7-80081-834-9
定价：CNY999.00（全套）
（传世名著百部　61　综艺名著）
本书由《茶经》（唐）陆羽著，《景德镇陶录》（清）蓝浦著、（清）郑廷桂补编合订。

J0142569
律吕精义　（明）朱载堉撰；冯文慈点注
北京　人民音乐出版社　1998 年　15+11+1290 页
有插图　20cm（32 开）ISBN：7-103-01572-4
定价：CNY80.00
（中国古代音乐文献丛刊）

J0142570
中国乐理常识　杜亚雄著
太原　北岳文艺出版社　1999 年　181 页
20cm（32 开）ISBN：7-5378-1963-7
定价：CNY9.00

基本乐科

J0142571
短拍　（一卷）
升平署　清　抄本

J0142572
学宫乐谱　（二卷）（清）许宗鹤述编
清　抄本　朱墨　有图　线装
分四册。十行二十四字白口左右双边单鱼尾。

J0142573
御制补笙诗乐谱　（清）清高宗撰
清　刻本　朱墨套印　有图　线装

J0142574
古今乐律工尺图 （一卷）（清）陈懋龄撰
清道光八年［1828］刻本

J0142575
稿本曲谱 佚名编
清光绪至民国初 抄本 线装
分六册。

J0142576
西国乐法启蒙
上海 美华印书馆 清光绪五年［1879］刻本 线装
分上下两部分，各十二行十四字白口四周双边单鱼尾。

J0142577
小诗谱 （英国）李提摩太（Richard，T.）撰
清光绪九年［1883］刻本 有图 线装
十行二十五字小字双行同白口四周双边单鱼尾。

J0142578
乐典教科书 汪翔等编
武汉 湖北学务处 1905 年 79 页 22cm（30 开）
定价：大洋七角
本书包括绪论、音符、乐谱、变化记号及本位记号、发相记号、装饰记号、雅乐调音阶、壹越调律旋等 16 章。

J0142579
乐典讲义 河北省立第一师范学校编
河北省立第一师范学校［1910—1949 年］
石印本 93 页 20cm（32 开）线装
本书为乐理，共 10 章。书末附中国之五声音阶、中国雅乐之音阶、关于乐典奏法之术语。

J0142580
歌谱 （第壹集）上海安定别墅广播电台编
上海 上海安定别墅广播电台［民国］［50］页 26cm（16 开）
本书内收《催眠曲》《燕双飞》《桃花江》《节俭歌》《小宝宝》《特别快车》《卖花词》等 24 首。另有评弹开篇 2 篇。

J0142581
工尺谱
民国 油印本 线装

J0142582
简谱常识
运城 运城师范学校［民国］66 页［13×19cm］

J0142583
乐理讲义 马德馨讲
国立东北中山中学［民国］30 页 19cm（32 开）

J0142584
梦坡室收藏琴谱提要 周庆云编纂
乌程周庆云 民国 刻本 线装

J0142585
新出全本批准各样牌子工尺字音乐谱
民国 刻本 有图 平装

J0142586
易声歌集 （五线谱·中小学用）吴涵真编选
上海 时代出版社［民国］60 页 19cm（32 开）
本书收入《同胞快醒》《中国东三省》《救亡进行曲》和《义勇军进行曲》等 41 首曲谱。

J0142587
乐典 徐宝仁编
上海 商务印书馆 1916 年 5 版 89 页 21cm（32 开）
定价：大洋四角五分
本书内分总论、本论、教授论 3 编。

J0142588
乐典 徐宝仁编纂
上海 商务印书馆 1920 年 9 版 89 页 21cm（32 开）
定价：大洋四角五分
本书为师范学校教科书，内分总论、本论、教授论 3 编。

J0142589
乐典 徐宝仁编
上海 商务印书馆 1960 年 89 页 21cm（32 开）
定价：大洋 0.45

J0142590
泉南指谱重编 林鸿编
上海 鹭江南乐会 民国十年[1921]石印本
朱墨套印 有图 线装
分六册。十行二十四字白口左右双边单鱼尾。

J0142591
乐理教本第二集 刘质平编
上海 泰东图书局 1923年 32页 19cm(32开)
定价:大洋一角六分

J0142592
师范讲习科乐理教本 (一)刘质平编
上海 泰东图书局 1923年 20页 19cm(32开)
定价:大洋一角五分

J0142593
中等音乐理论教科书 (第一集)刘质平编
上海 泰东图书局 1926年 33页 19cm(32开)
本书内分谱表、音乐、音符、拍子、符号、记号等部分,共16讲。

J0142594
中外歌唱入门 (第一册)(美)安德生(E.J.Anderson),赵梅伯编
上海 商务印书馆 1929年 137页 23cm(大32开)
精装
本书内容为乐理,分37课,每课后均附练习题。

J0142595
中外歌唱入门 (第一册)(美)安德生(Elam Jonathan Anderson),赵梅伯编
上海 商务印书馆 1932年 国难后1版 11+137页
23cm(10开)精装 定价:大洋一元八角
本书内容为乐理,分37课,每课后均附练习题。外文书名:Introductory Course in Western Music.

J0142596
简易看谱法 缪天瑞著;傅彦长校阅
上海 三民公司 1930年 22页 19cm(32开)
定价:大洋一角

J0142597
梅兰芳歌曲谱 刘天华记谱;齐如山,徐兰园,马宝明参订
北京 刘天华自刊 民国十九年[1930]铅印暨石印本 朱墨套印 有照片 线装
作者刘天华(1895—1932),作曲家、演奏家、音乐教育家。原名刘寿椿,江苏江阴市人。曾任教于北京大学音乐研究会。代表作有《光明行》《良宵》《空山鸟语》《歌舞引》《飞花点翠》等。作者齐如山(1875—1962),戏曲理论家、作家。河北高阳人。名宗康(一说:宗廉),字如山。早年留学欧洲,曾任京师大学堂、北平女子文理学院教授,并致力于戏曲研究。曾与梅兰芳共同从事戏曲艺术的改进工作。编写剧本著名者有时装戏《一缕麻》,古装戏《黛玉葬花》《嫦娥奔月》等。出版有《齐如山全集》。

J0142598
梅兰芳歌曲谱 刘天华记谱;徐兰园,齐如山,马宝明参订
北平 民国十九年[1930]石印本 朱墨套印
有像 线装
十行二十四字白口左右双边单鱼尾。

J0142599
梅兰芳歌曲谱 刘天华编
民国十九年[1930]石印本 朱墨套印 有照片
线装

J0142600
梅兰芳歌曲谱 刘天华编
民国十九年[1930]石印本 朱墨套印 有照片
线装

J0142601
音乐初步 丰子恺编
上海 北新书局 1930年(20+220)页 有图
19cm(32开)定价:六角半
本书共分20章。书前有序,书末附练习问题。

J0142602
音乐初步 丰子恺编
上海 北新书局 1933年 3版 20+220页
19cm(32开)定价:六角半

J0142603
五线谱的看法　陈宗晖著
上海 汉文正楷印书局 1933 年 50 页
18cm(32 开)
(汉文小丛书)

J0142604
五线谱的学习　朱稣典编
上海 中华书局 1933 年 [38] 页 有木刻
13×19cm

J0142605
五线谱的学习　朱稣典编
上海 中华书局 1935 年 40 页 有木刻
19cm(32 开)
(初中学生文库)

J0142606
五线谱的学习　朱稣典编
上海 中华书局 1941 年 6 版 20 叶 有图
19cm(32 开) 定价: 国币三角
(初中学生文库)

J0142607
五线谱的学习　朱稣典编
上海 中华书局 1941 年 6 版 40 页 有木刻
19cm(32 开)
(初中学生文库)

J0142608
五线谱的学习　朱稣典编
上海 中华书局 1947 年 40 页 有木刻
18cm(32 开) 定价: 国币一元一角
(中华文库 第 1 集)

J0142609
乐理通论　王赓章著
上海 上海幼稚师范学校丛书社 1935 年 212 页
21cm(32 开)
本书为师范学校基本乐理教材,共 19 章。书末附练习问题。

J0142610
乐学纲要　应尚能著
上海 商务印书馆 1935 年 85 页 23cm(大 32 开)
精装 定价: 国币一元
(国立音乐专科学校丛书)
本书内容为基本乐理,分写谱法、乐谱符号解、记号、装饰音、音阶、音程等 13 章。

J0142611
乐学纲要　应尚能著
上海 商务印书馆 1936 年 再版 85 页
23cm(大 32 开) 精装 定价: 国币一元
(国立音乐专科学校丛书)

J0142612
读谱法　张羽仪,王允功编
上海 上海音乐公司 1936 年 78 页 27cm(16 开)
本书内容为五线谱的读法,包括乐谱、音符及休止符、节拍、音阶、音调的修饰、简写记号与杂记号、音乐的术语。

J0142613
乐理　(乐谱与旋律) 宋寿昌,麋鹿萍编
上海 上海音乐教育研究社 1936 年 再版 80 页
27cm(16 开)
本书为民国时期基本乐理专著,包括音的高低、音的长短、音的强弱、各种记号、音阶等章节。

J0142614
乐理与作曲　(美) 奥列姆(Preston Ware Orem) 著; 金仕唐译
上海 中华书局 1936 年 190 页 21cm(32 开)
定价: 国币六角
本书包括旋律的模仿,动机的变形,旋律、音的关系,旋律与和声的配制,伴奏的形式,论转调,歌曲作法等 25 章。外文书名: Theory and Composition of music.

J0142615
隋唐燕乐调研究　(日) 林谦三著; 中法文化出版委员会编
上海 商务印书馆 1936 年 208 页 有图
21cm(32 开) 精装 定价: 国币二元
本书主要研究中国隋唐时代的燕乐调式,包括隋代前后的调的意义之变迁、隋代之龟兹乐调、龟兹乐调的影响之片影、唐代之燕乐、燕乐二十八调、燕乐调之律、唐乐调之后继者、燕乐

调与琵琶之关系、结论等9章；“附论”收《唐燕乐调之调式》《唐代律尺质疑》《述唐会要天宝乐曲》《日本十二律》《日本乐调之实例》等10篇文章。

J0142616
隋唐燕乐调研究 （日）林谦三著；郭沫若译
上海 商务印书馆 1955年 重印本 208页 21cm（32开）定价：CNY1.05

作者郭沫若（1892—1978年），文学家、历史学家。原名开贞，字鼎堂，号尚武，乳名文豹，笔名沫若、麦克昂、郭鼎堂，四川乐山人，毕业于日本九州帝国大学。历任中国科学院首任院长、中国科学技术大学首任校长、苏联科学院外籍院士。代表作《郭沫若全集》《甲骨文字研究》《中国史稿》等。作者林谦三（1899—1976），日本音乐学家、雕塑家。出生于日本大阪，毕业于动静美术学校雕刻系。曾任奈良学艺大学教授，东洋音乐学会副会长。论著有《隋唐燕乐调研究》《敦煌琵琶谱的解读研究》《明乐八调研究》《东亚乐器考》《正仓院乐器研究》《雅乐（古乐谱的解读）》等。

J0142617
五线谱读法 萧剑青编
上海 经纬书局 1936年 55页 17cm（32开）定价：二角四分

J0142618
工尺本 杜砚儒抄
民国二十六年［1937］抄本 朱丝栏 线装

J0142619
读谱法 裘梦痕编
上海 春风音乐教育社 1938年 40页 20cm（32开）

本书分20课，讲解五线谱的读法。

J0142620
读谱法 裘梦痕编
上海 春风音乐教育社 1941年 4版 40页 20cm（32开）

J0142621
乐理基础 张肖虎著
天津 世界图书局 1939年 179页 20cm（32开）定价：一元二角

J0142622
乐学基础 张肖虎著
天津 张肖虎自刊 1939年 179页 19cm（32开）

J0142623
简谱体系 夏白编著
重庆 时代音乐社 1944年 增订本 70页 19cm（32开）
（时代音乐教材丛刊 1）

本书分15章，讲述简谱读法。书前有代序《简谱在中国音乐教育上的价值》。作者夏白（1919— ），作曲家。四川渠县人。毕业于四川省立戏剧音乐学校。后从事音乐编辑工作。中华人民共和国成立后任音协上海分会秘书长。曾为中国音协理事、上海文联委员。作有歌曲《迎着战斗的春天》，撰有评论集《在新音乐运动的行进中》。

J0142624
简谱体系 夏白编著
重庆 时代音乐社 1948年 沪增订版 70页 19cm（32开）
（时代音乐教材丛刊 1）

J0142625
简谱体系 夏白著
上海 教育书店 1950年 修订版 77页 19cm（32开）定价：旧币四元
（新音乐教材丛书 1）

J0142626
简谱体系 夏白著
上海 教育书店 1951年 4版 修订版 77页 19cm（32开）定价：旧币3,600元
（新音乐教材丛书 1）

J0142627
简谱体系 夏白著
上海 教育书店 1952年 4版 77页 有图 19cm（32开）定价：旧币3,800元
（新音乐教材丛书 1）

J0142628
简谱体系　夏白著
上海 新音乐出版社 1954年 71页 19cm(32开)
定价:旧币3,200元

J0142629
幼儿音乐教材　香山慈幼院落幼稚师范学校编辑;妇女指导委员会乡村服务组校订
重庆 新运总会妇女指导委员会 民国三十三年[1944]32页 18cm(30开)
　　本书由新运总会妇女指导委员会和香山慈幼院落幼稚师范学校联合出版。

J0142630
简易乐理读本　夏白著
重庆 音乐艺术社 1945年 44页[13×19cm]
　　本书分11章,介绍简谱读法。书前有代序《简谱在中国音乐教育上的价值》。

J0142631
乐理教本　杨世海,徐仁美编
上海 南新出版社 1946年 33页[13×19cm]

J0142632
乐理与歌曲　张承桢编著
恩施 县立初级中学[1946年]石印本[79]页 有图 26cm(16开)环筒页装
　　本书分乐理、歌曲两部分。乐理部分共12章,歌曲部分收中外歌曲26首,用五线谱,部分附钢琴伴奏谱。附录:1.中外歌曲28首;2.习用意文音乐术语一百字。

J0142633
怎样识谱学歌　泰州新华书店编辑部编
泰州 泰州新华书店编辑部 1946年 46页 12cm(60开)

J0142634
简要乐理　蔡何方编
[螺城]蔡何方自刊 1947年 油印本 60叶 19cm(32开)环筒页装

J0142635
音乐课本　(乐理唱歌欣赏合编)音乐教学研究会编
音乐教学研究会 1947年 石印本 28页[19×26cm]
　　本书为歌曲集,附读谱法、乐器、歌曲、音乐欣赏等简略说明。

J0142636
音乐十课　丰子恺著
上海 万叶书店 民国三十六年[1947]42页 18cm(32开)

J0142637
音乐十课　丰子恺著
上海 万叶书店 1950年 2版 42页 21cm(32开)
定价:CNY2.50

J0142638
音乐十课　丰子恺著
上海 新音乐出版社 1953年 新2版 51页 19cm(32开)定价:旧币2,700元

J0142639
音乐十课　丰子恺著
上海 新音乐出版社 1954年 新1版 修订重排本 51页 21cm(32开)定价:旧币2,700元

J0142640
初中音乐读谱法　朱稣典编;徐小涛校
上海 中华书局 1948年 104页 有图 19cm(小32开)

J0142641
简谱教程　潘奇编
佳木斯 东北书店 1948年 66页 18cm(小32开)
定价:190.00
　　本书内分10讲,附练习曲。书后附录:1.音符与休止符;2.音程简表。

J0142642
简谱乐理歌曲合编　马铁飞编著
上海 万象书店 1948年 44页[13×19cm]
(万象音乐丛书)
　　本书包括乐理之辑、歌曲之辑两部分,前者介绍基本乐理知识;后者收歌曲20首。

J0142643
简谱识谱法 黄庆和，孟贵彬合编
[沁源]太岳新华书店 1948年 23页 20cm(32开)

J0142644
乐理基础读本 夏白编著
上海 永年书局 1948年 103页 [13×19cm]
(新音乐基础教育丛书 1)
作者夏白(1919—)，作曲家。四川渠县人。毕业于四川省立戏剧音乐学校。后从事音乐编辑工作。中华人民共和国成立后任音协上海分会秘书长。曾为中国音协理事、上海文联委员。作有歌曲《迎着战斗的春天》，撰有评论集《在新音乐运动的行进中》。

J0142645
乐理基础读本 夏白撰
北京 生活·读书·新知三联书店 1950年 103页 18cm(小32开) 定价：CNY5.80

J0142646
乐理基础读本 夏白著
北京 生活·读书·新知三联书店 1951年 4版 103页 18cm(15开) 定价：旧币5,800元

J0142647
乐理与和声 赵沨，李凌著
哈尔滨 读书出版社 1948年 再版 87页 20cm(32开)
本书内有"乐谱""同调和声浅说"2篇，共30节。

J0142648
乐理与和声 赵沨，李凌编著
哈尔滨 光华书店 1948年 再版 87页 18cm(小32开)

J0142649
识谱初步 (三年级音乐科)朱秉义编著
上海 商务印书馆 民国三十七年[1948] 28页 18cm(32开)
(新小学文库 1)

J0142650
识谱法 (简谱)黄庆和，孟贵彬编
太岳 新华书店 1948年 23页 19cm(32开)
本书内分：音的高低、音的长短和记法、休止符、音的强弱、定调的方法、音乐术语和杂记号等6节。

J0142651
音乐初步 刘亚著
哈尔滨 光华书店 1948年 再版 64页 17cm(40开)
(少年文库)
本书内分7章，介绍音阶、音程、音符和休止符、调、拍子与节奏、各种记号、发声法等。

J0142652
音乐初步 刘亚著
大连 光华书店 1948年 64页 17cm(40开)
(少年文库)

J0142653
音乐初步 刘亚撰
北京 三联书店 1950年 64页 17cm(40开)
定价：CNY2.60

J0142654
音乐的构成 (美)该丘斯(P.Goetschius)著；缪天瑞编译
上海 万叶书店 1948年 145页 有图 20cm(32开) 定价：CNY1.05
本书为音乐学专著，介绍了音阶、音程、和弦、变化音、曲调、节奏、和声外音、转调、对位、曲式等方面的基本乐理知识。作者该丘斯(Percy Goetschius，1853—1943)，美国音乐理论家、教授。曾在德国斯图加特音乐学院学习钢琴与理论作曲。任教于纽约叙拉古大学、纽约音乐艺术学院、波斯顿新英格兰音乐院。著作有《曲调作法》《作曲素材》《和声学》等。作者缪天瑞(1908—2009)，音乐教育家、音乐学家。浙江瑞安人，毕业于上海艺术师范大学。历任中央音乐学院副院长，天津音乐学院院长，福建音乐专科学校教授、教务主任，中央音乐学院副院长，天津市文化局副局长，天津音乐学院教授、院长，中国艺术研究院音乐研究所研究员，著有《律学》，主编《中国音乐词典》等。

J0142655
音乐的构成 (美)该丘斯(P.Goetschius)著；缪

天瑞编译
上海 万叶书店 1949年 再版 145页 有图 20cm(32开)

J0142656
音乐的构成 (美)该丘斯(P.Goetschius)著;缪天瑞编译
[保定]河北人民出版社 1951年 定价:CNY1.05

J0142657
音乐的构成 (美)该丘斯著;缪天瑞编译
上海 新音乐出版社 1953年 修订版 176页 20cm(32开)定价:CNY1.05
(该氏音乐理论丛书 1)

J0142658
音乐的构成 (美)该丘斯(P.Goetschius)著;缪天瑞编译
北京 音乐出版社 1964年 3版 修订本 198页 21cm(32开)统一书号:8026.163
定价:CNY0.99
(该氏音乐理论丛书 1)

J0142659
音乐的构成 (美)该丘斯(P.Goetschius)著;缪天瑞编译
北京 人民音乐出版社 1978年 3版 重印本 198页 20cm(32开)统一书号:8026.3420
定价:CNY1.10
(该丘斯音乐理论丛书 一)

外文书名:The Structure of Music.

J0142660
简谱音乐讲话 俞平编著
[沈阳]东北书店辽东总分店 1949年 88页 17cm(40开)定价:5,000元

本书共21讲,从简谱的音阶、音符,一直讲到各种记号和音程。

J0142661
简谱音乐讲话 俞平编著
冀南新华书店 1949年 88页 17cm(40开)

J0142662
简谱音乐讲话 俞平编著
[威县]冀南新华书店 1949年 88页 17cm(40开)

J0142663
简谱音乐讲话 俞平著
[保定]河北人民出版社 1951年 定价:CNY0.38

J0142664
简谱音乐讲话 俞平著
保定 河北人民出版社 1952年 5版 90页 有图表及歌谱 19cm(32开)
定价:旧币3,800元

J0142665
简谱音乐讲话 俞平著
保定 河北人民出版社 1953年 7版 92页 有图 19cm(32开)定价:旧币3,000元

J0142666
简谱音乐讲话 俞平著
保定 河北人民出版社 1955年 7版 修订本 97页 有图 19cm(32开)定价:旧币3,000元

J0142667
简谱音乐讲话 俞平编著
保定 河北人民出版社 1957年 8版 增订本 151页 19cm(32开)统一书号:8086.4
定价:CNY0.42

J0142668
简谱音乐讲话 俞平编著
石家庄 花山文艺出版社 1982年 修订版 203页 19cm(32开)统一书号:8286.5 定价:CNY0.50

本书把视唱练习,从传统的小音程——音阶练习开始,改为从纯四度、纯五度开始的视唱练习,再逐步缩小和扩大音程练习。从音阶讲起,先后讲述了音符、休止符、拍子、弱起、切分音、反复号、连音线、装饰音、记号和术语、音程等。

J0142669
简谱音乐讲话 俞平编著
石家庄 花山文艺出版社 1983年 新1版 修订本 203页 19cm(小32开)定价:CNY0.50

J0142670
简谱音乐讲话 俞平编著

石家庄 花山文艺出版社 1985 年 2 版
增订本 260 页 19cm(32 开) 统一书号: 8286.5
定价: CNY0.90

J0142671
简谱音乐讲话 俞平编著
石家庄 花山文艺出版社 1987 年 260 页
19cm(小 32 开) 定价: CNY1.35

J0142672
乐理初步 (英)柏吞绍(T.H.Bertenshaw)撰; 缪天瑞编译
上海 万叶书店 1949 年 3 版 105 页
19cm(32 开)
(音乐理论丛书)

J0142673
乐理初步 (英)柏顿绍(T.H.Bertenshaw)撰; 缪天瑞编译
上海 万叶书店 1950 年 4 版 105 页
21cm(32 开) 定价: 5.00

J0142674
乐理初步 (英)柏顿绍(T.H.Bertenshaw)撰; 缪天瑞编译
上海 万叶书店 1952 年 16 版 125 页
21cm(32 开) 定价: 旧币 8,000 元
(万叶音乐理论丛书)

J0142675
乐理初步 (英)柏顿绍(T.H.Bertenshaw)撰; 缪天瑞编译
[上海] 万叶出版社 1953 年 定价: CNY0.64

J0142676
乐理初步 (英)柏顿绍著; 缪天瑞编译
上海 新音乐出版社 1953 年 3 版 125 页
19cm(32 开) 定价: CNY0.78

J0142677
乐理初步 (英)柏顿绍(T.H.Bertenshaw)撰; 缪天瑞编译
北京 音乐出版社 1963 年 2 版 修订版 125 页
19cm(32 开) 统一书号: 8026.147
定价: CNY0.65

J0142678
识谱法 段忠甫作; 冀中教育社编辑
保定 新华书店保定分店 1949 年 21 页
18cm(32 开)

J0142679
简谱乐理 洛辛编
华东军区第三野战军政治部 1950 年 68 页
19cm(32 开)

J0142680
简谱识谱法教材 王中编
王中[自刊][1950—1959 年] 油印本
27cm(16 开)

J0142681
简谱视唱 宋阳编
西安 新华书店西北总分店 1950 年 79 页
18cm(小 32 开) 定价: 2.60
本书内容为通过练习曲, 对各种节奏、节拍、音程以及常见的各种调式一一进行训练。

J0142682
简谱视唱教程 李群编著
天津 知识书店 1950 年 64 页 20cm(32 开)
定价: 4.50
本书内容为通过练习曲, 对各种音名、音符、节奏、节拍、音程以及常见的各种调式一一进行训练。作者李群(1925—2003), 女, 作曲家。河北磁县人, 毕业于鲁迅艺术学院音乐系。历任中央歌舞团、中央民族乐团创作员, 人民音乐出版社副总编,《儿童音乐》主编, 中国音乐家协会理事, 中国儿童音乐学会会长。创作歌曲有《七月里, 七月一》《别看我们年纪小》《有一个人》等, 出版有《李群儿童歌曲选》。

J0142683
乐理入门 甄伯蔚著
北京 文光书店 1950 年 3 版 141 页
18cm(小 32 开) 统一书号: 7187-28
定价: CNY6.00
(音乐知识丛书)

J0142684
乐理与和声 李棱, 赵沨撰

北京 生活·读书·新知三联书店 1950年 87页
18cm(15开) 定价:5.80

J0142685
识谱法 马剑华编
上海 劳动出版社 1950年 48页 17cm(32开)
定价:CNY2.50
(歌咏指挥教材 第一编)

J0142686
识谱法 马剑华编著
上海 劳动出版社 1950年 61页 19cm(32开)
统一书号:0054 定价:CNY3.00
(工人文艺辅导丛书)

J0142687
视唱教程 (法)雷蒙恩等著;王允功译
上海 上海音乐出版社 1950年 2册
定价:CNY0.50(每册)

J0142688
视唱教程 (第一册)(法)雷蒙恩(Henry Lemoine),(法)卡庐利(Gustavo Carulli)著
北京 音乐出版社 1955年 76页 21cm(32开)
定价:CNY0.42

J0142689
视唱教程 (第二册)(法)雷蒙恩(Henry Lemoine),(法)卡庐利(Gustavo Carulli)著
北京 音乐出版社 1955年 76页 21cm(32开)
定价:CNY0.40

J0142690
视唱教程 (第三册)(法)雷蒙恩(Henry Lemoine),(法)卡庐利(Gustavo Carulli)著
北京 音乐出版社 1956年 77页 21cm(32开)
统一书号:8026.532 定价:CNY0.53

J0142691
视唱教程 (第四册)(法)雷蒙恩(Henry Lemoine),(法)卡庐利(Gustavo Carulli)著
北京 音乐出版社 1957年 77页 21cm(32开)
统一书号:8026.544 定价:CNY0.48

J0142692
五声性调式分析 张肖虎著;云南省群众艺术馆编
昆明 云南省群众艺术馆[1950—1999年]71页
26cm(16开)

J0142693
五声音阶及其和声 王震亚撰;新音乐社编辑
上海 文光书店 1950年 3版 27页 18cm(32开)
定价:二元
(音乐知识丛书)

J0142694
怎样识简谱 中国人民解放军第二野战军政治部编
中国人民解放军第二野战军政治部[1950—1959年]50页 9×13cm
书前有编者的《写在前面的几句话》,书末附《怎样教连队唱歌》。

J0142695
基本乐理 (苏)伊纽欣(А.Илюхин)撰;陈登颐编译
上海 万叶书店 1951年 150页 有图
19cm(32开) 定价:旧币9,500元

J0142696
基本乐理 (苏)伊柳兴著;陈登颐译
[上海]万叶书店 1951年 定价:CNY0.64

J0142697
基本乐理 (苏)伊留欣(А.Илюхин)著;陈登颐译
北京 音乐出版社 1955年 160页 有图
20cm(32开) 定价:CNY0.62

J0142698
简谱音乐教程 曾飞泉编撰
沈阳 东北人民出版社 1951年 58页
18cm(小32开) 定价:旧币2,800元

J0142699
简谱音乐教程 曾飞泉编撰
沈阳 东北文艺出版社 1953年 3版 58页
有图 18cm(小32开) 定价:旧币2,100元

J0142700
简谱音乐教程 曾飞泉编著
沈阳 辽宁人民出版社 1954年 2版 重印本
50页 有图 18cm(小32开)
定价:旧币1,700元

J0142701
乐理简明教程 孙从音撰;新音乐社编辑
上海 文光书店 1951年 88页 有图 21cm(32开)
定价:旧币7,500元
(音乐知识丛书)

J0142702
乐理简明教程 孙从音著
上海 新音乐出版社 1951年 定价:CNY0.63

作者孙从音(1921—),音乐学家、音乐教育家。浙江宁波人,天津音乐学院教授、硕士生导师,中国音乐家协会师范基本乐科教育分会名誉会长。

J0142703
乐理简明教程 孙从音撰;新音乐社编辑
上海 文光书店 1953年 88页 有图
(音乐知识丛书)

J0142704
乐理小常识 王玉西编
[保定]河北人民出版社 1951年 定价:CNY0.22

本书对简谱音的高低、唱名及各种记号和视唱方法,进行详细说明,结合乐理,书写由浅入深的视唱练习曲,尽量使歌曲同每一节讲的内容结合起来,使读者既学习了乐理知识,又学会了新的歌曲,如《毛主席来到咱农庄》《唱支山歌给党听》《李双双小唱》《学习雷锋好榜样》《我们走在大路上》等。

J0142705
乐理小常识 王玉西编著
保定 河北人民出版社 1952年 2版 27页
有图 18cm(小32开) 定价:旧币1,400元
(河北文艺丛书 65)

J0142706
乐理小常识 (修订本)王玉西编著
保定 河北人民出版社 1954年 7版 74页
18cm(小32开)
(河北文艺丛书 65)

J0142707
乐理小常识 王玉西编著
保定 河北人民出版社 1955年 74页
(河北文艺丛书 65)

J0142708
乐理小常识 王玉西编著
石家庄 河北人民出版社 1965年 9版(修订本)
60页 19cm(32开) 统一书号:8086.1
定价:CNY0.16

J0142709
识谱法 (简谱)紫晨编
西北军区第一野战军政治部 1951年 73页
19cm(32开)

J0142710
五声音阶及其和声 王震亚著
[上海]文光书店 1951年 定价:CNY0.18

J0142711
练耳和视唱 (美)韦治(G.A.Wedge)著;杨民望译
上海 万叶书店 1952年 194页 20cm(32开)
定价:旧币15,000元

作者杨民望(1922—1986),编辑、翻译。又名杨尔瞻,福建厦门人。中国音乐家协会会员,就职于上海交响乐团资料室。翻译作品有《贝多芬九大交响乐解说》《贝多芬》《音乐欣赏教程》等。

J0142712
怎样读简谱 屠咸若著
上海 教育书店 1952年 85页 18cm(小32开)
定价:旧币4,500元
(新音乐创作丛刊 2)

J0142713
怎样读简谱 屠咸若著
上海 教育书店 1952年 3版 85页
18cm(小32开) 定价:旧币4,500元
(新音乐创作丛刊 2)

J0142714
怎样读简谱 屠咸若编著
北京 音乐出版社 1955年 2版 72页
19cm(32开) 统一书号: 8026.151
定价: CNY0.22
本书是识谱入门读物。介绍学识简谱及视谱唱词等基本知识和方法。

J0142715
怎样读简谱 屠咸若编著
北京 音乐出版社 1963年 60页 有图表
19cm(32开) 统一书号: 8026.1871
定价: CNY0.19
(农村音乐小丛书)

J0142716
怎样读简谱 屠咸若编著
北京 音乐出版社 1966年 2版 修订本 60页
有图表 19cm(32开) 统一书号: 8026.1871
定价: CNY0.17
(农村音乐小丛书)

J0142717
怎样读简谱 屠咸若编著
北京 人民音乐出版社 1983年 3版 60页
19cm(32开) 统一书号: 8026.1871
定价: CNY0.23

J0142718
怎样读简谱 屠咸若编著
北京 中国少年儿童出版社 1996年 60页
19cm(小32开) ISBN: 7-5007-3008-X
定价: 非卖品
(希望书库 4-53 总272)
本书由中国少年儿童出版社和中国青年出版社联合出版。

J0142719
简谱乐理 马剑华编著
上海 新音乐出版社 1953年 169页
18cm(小32开) 定价: 旧币6,400元

J0142720
简谱乐理 马剑华编著
北京 音乐出版社 1955年 2版 修订本 132页
21cm(32开) 定价: 七角

J0142721
简易识谱法 马剑华编著
上海 北新书局 1953年 58页 19cm(32开)
定价: 旧币2,500元

J0142722
简易识谱法 马剑华编著
上海 四联出版社 1954年 定价: CNY0.25

J0142723
简易识谱法 马剑华编著
上海 四联出版社 1955年 2版 修订本 49页
19cm(32开) 定价: CNY0.22

J0142724
简易识谱法 马剑华编著
上海 上海文化出版社 1956年 新1版 修订本
48页 19cm(32开) 统一书号: T8077.66
定价: CNY0.16

J0142725
视唱练习 马思聪撰
上海 新音乐出版社 1953年 74页 26cm(16开)
定价: 旧币8,500
作者马思聪(1912—1987),作曲家、小提琴演奏家。广东海丰人。曾任中央音乐学院首任院长,并兼任中国音乐家协会副主席,《音乐创作》主编等职。代表作有小提琴曲《内蒙组曲》《西藏音诗》《第一回旋曲》,交响音乐《山林之歌》《第二交响曲》,大合唱《祖国》《春天》,歌剧《热碧亚》等。

J0142726
调式及其和声法 利查孙撰; 杨兴石译; 中央音乐学院华东分院研究室编译组编辑
上海 万叶书店 1953年 103页 21cm(32开)
定价: 旧币8,000元

J0142727
调式及其和声法 (英)马德莱·理查生(Madeley Richardson)著; 杨与石译
北京 音乐出版社 1953年 102页 21cm(32开)
统一书号: 8026.33 定价: CNY0.61

外文书名: The Mediaeval Modes Their Melody and Harmony.

J0142728
儿童视唱初步 (由听唱到视唱的"折衷法")
胡江非著
上海 光华书局 1954年 216页 有图
21cm(32开) 定价: 旧币 11,000元

J0142729
简谱视唱法 张斌编著
上海 春明出版社 1954年 130页 19cm(32开)
定价: 旧币 4,900元

J0142730
常用小调曲谱 江苏人民出版社编辑
南京 江苏人民出版社 1955年 30页 19cm(32开)
定价: CNY0.10

J0142731
初级视唱 (第一卷 单声部)(苏)卡尔梅科夫(Калмыков, Б.),(苏)弗里特金(Г.Хридки)著
北京 音乐出版社 1955年 95页 26cm(16开)
定价: CNY1.05

J0142732
简谱认识法 谢孟刚编著
郑州 河南人民出版社 1955年 78页
19cm(32开) 定价: CNY0.28

J0142733
简谱识谱法 张毅著
北京 艺术出版社 1955年 70页 18cm(小32开)
定价: CNY0.26
(通俗文艺小丛书)

J0142734
五线谱读谱法 黄学编著
重庆 重庆人民出版社 1955年 2册 20cm(32开)
定价: CNY0.12

J0142735
五线谱读谱法 黄学编著
重庆 重庆人民出版社 1956年 46页 20cm(32开)
定价: CNY0.20

J0142736
五线谱读谱法 黄学编著
重庆 重庆人民出版社 1957年 48页 21cm(32开)
统一书号: 8114.16 定价: CNY0.22

J0142737
音乐基本理论 (苏)斯波索宾(И.В.Способин)著; 汪启璋译
北京 音乐出版社 1955年 231页 20cm(32开)
定价: CNY1.19

本书是初级乐理书。详述各种重要音乐要素,包括:音及音高、节拍、节奏速度、音程、和弦、调式、大小调、转调、移调和乐句法等。对音程、和弦及各种调式讲述尤详。

J0142738
音乐基本理论 (苏)斯波索宾(И.В.Способин)著
北京 音乐出版社 1957年 231页 19cm(32开)
统一书号: 8026.2 定价: CNY1.37

J0142739
音乐基本理论 (苏)斯波索宾(И.В.Способин)著; 汪启璋译
北京 音乐出版社 1958年 2版 227页 有图
20cm(32开) 统一书号: 8026.201
定价: CNY1.10

J0142740
音乐基本理论 (苏)И.В.斯波索宾著; 汪启璋译
北京 人民音乐出版社 1982年 2版 重印本
227页 有图 20cm(32开) 统一书号: 8026.201
定价: CNY1.50

作者汪启璋,上海音乐学院研究所任职。

J0142741
音乐基本理论习题 (苏)赫沃斯钦科(В.Фвостенко)编; 汪启璋译
北京 音乐出版社 1955年 影印本 265页 有图
21cm(32开) 定价: 旧币 13,200元

J0142742
音乐基本理论习题 (苏)赫沃斯坚科(В.Хвостенко)著; 汪启璋译

北京 人民音乐出版社 1983年 2版 293页
21cm(32开) 统一书号: 8026.181
定价: CNY1.80

J0142743
怎样识简谱 吴岫明编著
南京 江苏人民出版社 1955年 38页 19cm(32开)
定价: CNY0.13

J0142744
怎样识简谱 吴岫明编著
扬州 扬州人民出版社 1959年 修订本 34页
19cm(32开) 统一书号: 8100(扬).21
定价: CNY0.11

J0142745
简谱的读法 兆丰编
北京 音乐出版社 1956年 46页 19cm(32开)
统一书号: T8026.539 定价: CNY0.16

J0142746
简谱读法 周宾贤编著
上海 上海文化出版社 1956年 64页 15cm(40开)
统一书号: T8077.67 定价: CNY0.14

J0142747
简谱基本知识 石根编著
西安 陕西人民出版社 1956年 52页 19cm(32开)
统一书号: 8094.4 定价: CNY0.16

J0142748
简谱乐理与识谱法 河山编著
沈阳 辽宁人民出版社 1956年 104页 有图
19cm(32开) 统一书号: 8090.11 定价: CNY0.31

J0142749
怎样看着简谱唱歌 马丝白编著
武汉 湖北人民出版社 1956年 30页 14cm(64开)
统一书号: T8106.171 定价: CNY0.07

J0142750
怎样识歌谱 文进编著
太原 山西人民出版社 1956年 108页
19cm(32开) 定价: CNY0.32

J0142751
怎样识歌谱 文进编著
太原 山西人民出版社 1962年 2版 98页
19cm(32开) 统一书号: 7088.14 定价: CNY0.28

J0142752
怎样识简谱 熊千举编著
成都 四川人民出版社 1956年 32页 19cm(32开)
统一书号: 8118.32 定价: CNY0.12
(农村俱乐部丛书 音乐类)

J0142753
单声部视唱练习 马革顺编著
北京 音乐出版社 1957年 影印本 136页
21cm(32开) 统一书号: 8026.618
定价: CNY0.90

J0142754
基本乐理与视唱练耳教学法论文集 (苏)奥斯特洛夫斯基(А.Л.Островский)著; 孙静云译
北京 音乐出版社 1957年 330页 21cm(32开)
统一书号: 8026.722 定价: CNY2.00
(东北音乐专科学校编译丛书 8)

J0142755
基础乐理 (苏)瓦赫罗密叶夫(В.Вахромеев)著; 汪启璋译
上海 上海音乐出版社 1957年 206页
21cm(32开) 统一书号: 8127.083 定价: CNY1.00

J0142756
基础乐理 (苏)瓦赫罗密叶夫(В.Вахромеев)著; 汪启璋译
上海 上海文艺出版社 1959年 新1版 68页
21cm(32开) 统一书号: 8078.0605
定价: CNY1.00

J0142757
简谱乐理和视唱 冯谆编
太原 山西人民出版社 1957年 112页
19cm(32开) 统一书号: 7088.15 定价: CNY0.30

J0142758
视唱 (第一部分 二部视唱)(苏)斯波索宾(И.Способин)编; 熊克炎译注

上海 上海音乐出版社 1957 年 影印本 72 页 26cm（16 开）统一书号：8127.090 定价：CNY1.40

J0142759
视唱 （第二部分 三部视唱）（苏）斯波索宾编；熊克炎译注
上海 上海音乐出版社 1958 年 60 页 26cm（16 开）统一书号：8127.251 定价：CNY0.60

J0142760
视唱教程 （第一分册）（苏）奥斯特罗夫斯基等编；丰陈宝译注
上海 上海音乐出版社 1957 年 176 页 26cm（16 开）统一书号：8127.091 定价：CNY3.40

作者丰陈宝（1920—2010），女，浙江崇德县人。丰子恺先生长女。毕业于重庆中央大学外文系。上海译文出版社编审、丰子恺研究会顾问。主要翻译出版的专著有辟斯顿《和声学》、雅谷《管弦乐法》和列夫·托尔斯泰《艺术论》等。

J0142761
视唱教程 （第二分册）（苏）奥斯特罗夫斯基等编；丰陈宝译
上海 上海音乐出版社 1958 年 影印本 120 页 27cm（16 开）统一书号：8127.138 定价：CNY1.20

J0142762
速成识谱法 徐中业编
北京 音乐出版社 1957 年 105 页 18cm（32 开）统一书号：8026.648 定价：CNY0.32

J0142763
大家都来学简谱 钟雯编著
北京 音乐出版社［1958 年］26 页 19cm（32 开）（农村通俗文库 音乐知识 第 1 辑）

J0142764
记谱法 （苏）纽恩堡著；陈登顾译
北京 音乐出版社 1958 年 233 页 20cm（32 开）统一书号：8026.749 定价：CNY1.40

本书详尽讲述了用五线谱记录乐曲的正确方法与各种规格，可作为作曲者和音乐编校人员记谱的规范。

J0142765
简谱常识挂图 音乐出版社编辑部编
北京 音乐出版社 1958 年 14 幅［15cm］（46 开）定价：CNY0.10

J0142766
简谱常识挂图 音乐出版社编辑部编
北京 音乐出版社 1958 年 14 幅 54cm（4 开）定价：CNY2.50

J0142767
简谱常识图片 音乐出版社编辑部编
北京 音乐出版社 1958 年 7 张 定价：CNY0.10

J0142768
简谱法 （苏）纽恩堡（M.Нюрнбоерг）著；陈登顾译
北京 音乐出版社 1958 年 233 页

J0142769
简谱讲解 李一贤编著
沈阳 辽宁人民出版社 1958 年 33 页 19cm（32 开）统一书号：T8090.48 定价：CNY0.12

本书共 9 讲。作者通过一首歌曲所涉及的问题，阐明了简谱乐理中有关识谱的问题。

J0142770
简谱讲解 李一贤编著
沈阳 春风文艺出版社 1959 年 新 1 版 32 页 20cm（32 开）统一书号：T8158.8 定价：CNY0.12

J0142771
视唱 （第二卷 二声部及三声部）（苏）B. 卡尔梅科夫，Γ. 弗里特金编
北京 音乐出版社 1958 年 定价：CNY1.20

J0142772
五线谱教学挂图 王允功编；刘锦章绘
上海 上海教育出版社 1958 年 10 幅 定价：CNY2.90

J0142773
怎样读乐谱 孙从音，汪毓如编
北京 中国少年儿童出版社 1958 年 51 页 19cm（32 开）统一书号：R8056.30

定价: CNY0.19

J0142774
怎样记录民歌 杨匡民著
上海 上海文艺出版社 1958年 61页 15cm(40开)
统一书号: 8078.226 定价: CNY0.14

J0142775
多声部视唱教材 上海音乐学院视唱练耳教研组编
上海 上海文艺出版社 1959年 50页
28cm(大16开) 统一书号: 8078.0959
定价: CNY0.64

J0142776
工尺谱常识 林石城编著
北京 音乐出版社 1959年 63页 有表
19cm(32开) 统一书号: 8026.1218
定价: CNY0.26
作者林石城(1922—2005),琵琶演奏家、教授。江苏南汇(今属上海)人。中央音乐学院资深教授,中国音乐家协会表演艺术委员会委员,民族音乐委员会委员,琵琶研究会会长。编著有《琵琶演奏法》《琵琶曲谱》《工尺谱常识》等。

J0142777
汉族调式及其和声 黎英海著
上海 上海文艺出版社 1959年 268页
20cm(32开) 统一书号: 8078.0852
定价: CNY1.50

J0142778
基本乐理 (苏)伊柳兴著; 陈登颐译
北京 音乐出版社 1959年 2版 160页 有图
21cm(32开) 统一书号: 8026.164
定价: CNY0.62

J0142779
简谱讲座 叶林编著
上海 上海文艺出版社 1959年 57页
19cm(32开) 统一书号: 8078.0957
定价: CNY0.14

J0142780
简谱讲座 叶林编著
上海 上海文艺出版社 1963年 2版 修订本
72页 有表 19cm(32开) 统一书号: 8078.0957
定价: CNY0.17

J0142781
简易识谱教材 (初稿) 林淳著
兰州 甘肃省群众艺术馆 1959年 19页
26cm(16开)

J0142782
实用简谱读法 立琳编写; 中国音乐家协会江苏分会编
南京 江苏文艺出版社 1959年 20页 19cm(32开)
统一书号: 8141.507 定价: CNY0.08

J0142783
速成简易识谱法 河南省群众艺术馆编
郑州 河南人民出版社 1959年 56页 19cm(32开)
统一书号: T8105.151 定价: CNY0.20

J0142784
速成识谱教材 鲁呐整理
保定 河北人民出版社 1959年 69页 19cm(32开)
统一书号: 8086.27 定价: CNY0.20

J0142785
怎样读五线谱 屠咸若编著
上海 上海文艺出版社 1959年 59页 有曲谱
19cm(32开) 统一书号: 8078.0787
定价: CNY0.15

J0142786
怎样读五线谱 屠咸若编著
上海 上海文艺出版社 1979年 2版 58页
19cm(32开) 统一书号: 8078.0787
定价: CNY0.17

J0142787
怎样识简谱 陕西省群众艺术馆编著
西安 东风文艺出版社 1959年 26页 有图表
19cm(32开) 统一书号: 8147.2 定价: CNY0.11
(农村音乐活动小丛书 2)

J0142788
怎样识简谱 春阳编

长春 吉林人民出版社 1959年 29页 有图表 15cm(40开)统一书号:8091.47 定价:CNY0.10

J0142789
怎样识简谱 陕西省群众艺术馆编著
西安 长安书店 1963年 26页 19cm(32开) 统一书号:8095.1 定价:CNY0.11

J0142790
怎样识简谱 陕西省群众艺术馆编著
西安 长安书店 1964年 2版 修订本 26页 19cm(32开)统一书号:8095.1 定价:CNY0.11

J0142791
大家来学简谱 胡曼,王柏香编
武汉 湖北人民出版社 1960年 48页 有图表 19cm(32开)统一书号:T8106.515 定价:CNY0.16

J0142792
简易识谱法 马忠国编
西宁 青海人民出版社 1960年 40页 18cm(小32开)统一书号:8097.58 定价:CNY0.17

J0142793
视唱教程 (第一册)上海音乐学院视唱练耳教研组编
上海 上海文艺出版社 1960年 124页 26cm(16开)统一书号:8078.1655 定价:CNY1.50

J0142794
视唱教程 (第一册)上海音乐学院视唱练耳教研组编
上海 上海文艺出版社 1962年 2版 修订本 151页 26cm(16开)统一书号:8078.1655 定价:CNY1.55

J0142795
视唱教程 (第二册)上海音乐学院视唱练耳教研组编
上海 上海文艺出版社 1962年 108页 26cm(16开)统一书号:8078.2081 定价:CNY1.10

J0142796
通俗识谱讲座 王世一编著
呼和浩特 内蒙古人民出版社 1960年 54页 19cm(32开)统一书号:8089.25 定价:CNY0.17

J0142797
基本乐理 (戏曲音乐专业试用 上篇)江苏戏曲学校编
南京[江苏戏曲学校印]1961年 油印本 36页 26cm(16开)

J0142798
简谱乐理 (扬剧乐理试用教材)江苏戏曲学院编著
南京 江苏戏曲学院 1961年 油印本 33页 有乐谱 26cm(16开)

J0142799
简谱识谱法 中国戏曲学校研究所编
北京 音乐出版社 1961年 85页 有图 19cm(32开)统一书号:8026.1493 定价:CNY0.26

J0142800
简谱识谱法 中国戏曲研究院编
北京 音乐出版社 1965年 2版 修订本 80页 有图 19cm(32开)统一书号:8026.1493 定价:CNY0.24

J0142801
不唱山歌心不爽 中国音乐家协会武汉分会编
武汉 湖北人民出版社 1962年 简谱本 54页 19cm(32开)统一书号:T8106.545 定价:CNY0.20

J0142802
二声部视唱 上海音乐学院视唱练耳教研组编
上海 上海文艺出版社 1962年 72页 26cm(16开) 统一书号:8078.2047 定价:CNY0.74

J0142803
工尺谱浅说 杨荫浏著
北京 音乐出版社 1962年 55页 有表 19cm(32开)统一书号:8026.1577 定价:CNY0.25

本书介绍了工尺谱的音高、节奏、调名等基本常识。工尺谱有多种，本书介绍的是民间普遍流行的一种。

J0142804
怎样学简谱　胡曼，王柏香编
武汉 湖北人民出版社 1962年 44页 19cm(32开)
统一书号：T10106.487 定价：CNY0.15

J0142805
怎样学简谱　胡曼，王柏香编
武汉 湖北人民出版社 1972年 60页 19cm(32开)
统一书号：7106.858 定价：CNY0.12

J0142806
论五度相生调式体系　赵宋光著
上海 上海文化出版社 1964年 207页
21cm(32开)统一书号：8077.199 定价：CNY1.15

J0142807
乐理尺　吉时哲设计
上海 上海文化出版社 1965年 1套
统一书号：8077.276 定价：CNY0.10

J0142808
怎样识简谱　谢孟刚著
郑州 河南人民出版社 1965年 2版 修订本
67页 19cm(32开)统一书号：T8105.476
定价：CNY0.22

J0142809
怎样识简谱　中央人民广播电台等编
上海 上海文化出版社 1966年 43页 15cm(40开)
统一书号：8077.302 定价：CNY0.09

J0142810
怎样识简谱　云南人民出版社编辑
昆明 云南人民出版社 1966年 67页 有图表
19cm(32开)统一书号：T7116.275
定价：CNY0.16

J0142811
速成基本乐理自修手册　张己任译
台北 徐氏基金会 1967年 176页 21cm(32开)
定价：TWD30.00

J0142812
简谱乐理知识　山东省艺术学校《简谱乐理知识》编写组编
济南 山东人民出版社 1972年 58页 19cm(32开)
统一书号：8099.80 定价：CNY0.16
(音乐知识丛书)

J0142813
怎样识简谱　纪延文编著
北京 人民文学出版社 1972年 70页 19cm(32开)
统一书号：1019.1900 定价：CNY0.19
(工农兵音乐知识丛书)

J0142814
怎样识简谱　《怎样识简谱》编写组编
上海 上海人民出版社 1972年 63页 19cm(32开)
统一书号：8.2.175 定价：CNY0.13

J0142815
怎样识简谱　《怎样识简谱》编写组编写
上海 上海人民出版社 1977年 2版 62页
19cm(32开)统一书号：8171.336
定价：CNY0.13
(新农村文库)

J0142816
怎样识五线谱　《怎样识五线谱》编写组编
上海 上海人民出版社 1972年 68页 19cm(32开)
统一书号：7.2.164 定价：CNY0.15

J0142817
简谱常识　易人编写
南京 江苏人民出版社 1973年 58页 19cm(32开)
统一书号：10100.049 定价：CNY0.13

J0142818
简谱常识　易人编写
南京 江苏人民出版社 1977年 2版 88页
19cm(32开)统一书号：8100.016
定价：CNY0.20

J0142819
简谱常识　易人编著
南京 江苏人民出版社 1983年 3版 104页
19cm(32开)统一书号：8100.051

定价: CNY0.31

J0142820
简谱基础知识　湖南省中小学教材编写组编
长沙 湖南人民出版社 1973 年 76 页
18cm(小 32 开) 统一书号: 8109.896
定价: CNY0.18

J0142821
简谱基础知识　湖南省中小学教材编写组编
长沙 湖南人民出版社 1974 年 95 页 19cm(32 开)
定价: CNY0.23

J0142822
简谱知识　河北省歌舞剧院编
石家庄 河北人民出版社 1973 年 77 页
19cm(32 开) 统一书号: 8086.331
定价: CNY0.18

J0142823
五线谱乐理知识　苏仲芳编
济南 山东人民出版社 1973 年 85 页 19cm(32 开)
统一书号: 8099.143 定价: CNY0.21
(音乐知识丛书)

J0142824
简谱基本乐理　河南省群众文艺工作室编; 一兵执笔
郑州 河南人民出版社 1974 年 66 页
18cm(小 32 开) 统一书号: 8105.472
定价: CNY0.16

J0142825
青春献给伟大的党　(革命歌曲) 秦安词; 屠冶九曲
北京 人民文学出版社 1974年 4页 26cm(16开)
统一书号: 10019.2177 定价: CNY0.07

J0142826
怎样识五线谱　刘景春编著
北京 人民音乐出版社 1974 年 125 页
19cm(32 开) 统一书号: 8026.3031
定价: CNY0.30
(工农兵音乐知识小丛书)

本书是识谱入门读物。用边讲述识谱边练习视唱的方式, 讲解学习识五线谱的基本知识和方法。

J0142827
怎样识五线谱　刘景春编著
北京 中国少年儿童出版社 1996 年 125 页
19cm(小 32 开) ISBN: 7-5007-3008-X
定价: 非卖品
(希望书库 4-52 总 271)

本书由中国少年儿童出版社和中国青年出版社联合出版。

J0142828
多声部视唱教材　广东人民艺术学院音乐系基础课教研组编
广州 广东人民艺术学院音乐系 1975 年 油印本
104 页 26cm(16 开)

J0142829
乐理与视唱教材　(五线谱单声部) 广东人民艺术学院音乐系基础课教研组编
广州 广东人民艺术学院音乐系 1976 年 油印本
2 册 26cm(16 开)

J0142830
乐理与视唱教材　(简谱) 广东人民艺术学院音乐系基础课教研组编
广州 广东人民艺术学院音乐系基础课教研组
1976 年 油印本 107 页 26cm(16 开)

J0142831
简谱乐理知识　李重光编著
北京 人民音乐出版社 1978 年 154 页
19cm(32 开) 统一书号: 8026.3487
定价: CNY0.37
(音乐知识丛书)

全书共 10 章。内容有简谱记谱法、音程、和弦、调式、转调、旋律等。

J0142832
简谱乐理知识　李重光编著
北京 人民音乐出版社 1981 年 2 版 修订本
154 页 19cm(32 开) 统一书号: 8026.3487
定价: CNY0.49
(音乐知识丛书)

J0142833
简谱乐理知识 李重光编著
北京 人民音乐出版社 1981年 2版 修订版
154页 19cm(32开)
(音乐知识丛书)
本书包括音乐中所使用的音,简谱,节奏、节拍、速度,音程,和弦,调式,调及调的五度循环,转调,调式变音及半音阶,旋律10章。

J0142834
基本乐理 缪天瑞编著
北京 人民音乐出版社 1979年 226页
20cm(32开)统一书号:8026.3365
定价:CNY0.70

J0142835
基本乐理 缪天瑞编著
北京 人民音乐出版社 1985年 2版 修订本
236页 20cm(32开)统一书号:8026.3365
定价:CNY1.70

J0142836
五线谱知识 郑立藻编著
广州 广东人民出版社 1979年 102页
19cm(32开)统一书号:8111.1951
定价:CNY0.29

J0142837
现代乐理 方士奇编著
台北 金手指出版社[1980—1989年]154页
有图片 21cm(32开)定价:TWD70.00
(金手指音乐丛书)

J0142838
乐理 (日)黑泽隆朝著;邵义强译
台北 全音乐谱出版社 1981年 新订本 205页
20cm(32开)

J0142839
乐理入门 王静晋编著
香港 艺美图书公司 1981年 217页
19cm(小32开)
(音乐入门丛书)

J0142840
蒙古族民歌调式初探 吕宏久著
呼和浩特 内蒙古人民出版社 1981年 210页
21cm(32开)统一书号:8089.105
定价:CNY0.63

J0142841
调式研究与旋律写作 铁军著
沈阳 春风文艺出版社 1981年 196页
21cm(32开)统一书号:10158.801
定价:CNY0.64

J0142842
五线谱识谱基础 王光耀编著
西安 陕西人民出版社 1981年 121页
19cm(32开)统一书号:8094.666 定价:CNY0.33

J0142843
简谱读法十二讲 李重光编著
北京 广播出版社 1982年 155页 19cm(32开)
统一书号:8236.061 定价:CNY0.38
本书共12讲,由浅入深、循序渐进地讲解了简谱的知识和读谱的方法,以及怎样敲准拍子、怎样练节奏、怎样练音程、怎样练音阶等。

J0142844
简谱视唱 赵方幸编著
北京 人民音乐出版社 1982年 180页
21cm(32开)统一书号:8026.3931
定价:CNY0.68
本书共分7章,通过35首节奏练习和239首练习曲,对各种节奏、音程以及常见的各种调式一一进行训练,并附以练习方法及最基础的乐理知识。

J0142845
视唱教程 (第一册 第一分册 1A)(法)雷蒙恩(Henry Lemoine),(法)卡卢利(Gustavo Carulli)编著
北京 人民音乐出版社 1982年 75页 20cm(32开)
统一书号:8026.3987 定价:CNY0.48
本套教程收编近代作家的单声部、二声部、三声部及四声部的作品。五线谱。

J0142846
视唱教程 （第一册 第二分册 1B）（法）雷蒙恩（Henry Lemoine），（法）卡卢利（Gustavo Carulli）编著
北京 人民音乐出版社 1982年 75页 20cm（32开）
统一书号：8026.3988 定价：CNY0.44

J0142847
视唱教程 （第二册 第一分册 2A）（法）雷蒙恩（Henry Lemoine），（法）卡卢利（Gustavo Carulli）编著
北京 人民音乐出版社 1982年 77页 20cm（32开）
统一书号：8026.3989 定价：CNY0.44

J0142848
视唱教程 （第二册 第二分册 2B）（法）雷蒙恩（Henry Lemoine），（法）卡卢利（Gustavo Carulli）编著
北京 人民音乐出版社 1982年 77页 20cm（32开）
统一书号：8026.3990 定价：CNY0.44

J0142849
视唱教程 （第一册 第三分册）（法）雷蒙恩（Henry Lemoine），（法）卡卢利（Gustavo Carulli）编著；肖曼译
北京 人民音乐出版社 1984年 75页 20cm（32开）
统一书号：8026.4270 定价：CNY0.55

J0142850
视唱教程 （第一册 第四分册）（法）雷蒙恩（Henry Lemoine），（法）卡卢利（Gustavo Carulli）编著；肖曼译
北京 人民音乐出版社 1984年 61页 20cm（32开）
统一书号：8026.4271 定价：CNY0.46

J0142851
视唱教程 （第一册 第五分册）（法）雷蒙恩（Henry Lemoine），（法）卡卢利（Gustavo Carulli）编著；肖曼译
北京 人民音乐出版社 1984年 61页 20cm（32开）
定价：CNY0.46

J0142852
视唱教程 （第二册 第三分册）（法）雷蒙恩（Henry Lemoine），（法）卡卢利（Gustavo Carulli）编著；肖曼译
北京 人民音乐出版社 1984年 61页 20cm（32开）
统一书号：8026.4269 定价：CNY0.46

J0142853
视唱教程 （第三册 第一分册）（法）雷蒙恩（Henry Lemoine），（法）卡卢利（Gustavo Carulli）编著；肖曼译
北京 人民音乐出版社 1984年 77页 20cm（32开）
统一书号：8026.4257 定价：CNY0.55

J0142854
视唱教程 （第三册 第二分册）（法）雷蒙恩（Henry Lemoine），（法）卡卢利（Gustavo Carulli）编著；肖曼译
北京 人民音乐出版社 1984年 64页 20cm（32开）
统一书号：8026.4258 定价：CNY0.48

J0142855
视唱教程 （第三册 第三分册）（法）雷蒙恩（Henry Lemoine），（法）卡卢利（Gustavo Carulli）编著；肖曼译
北京 人民音乐出版社 1984年 61页 20cm（32开）
统一书号：8026.4259 定价：CNY0.46

J0142856
视唱教程 （第三册 第四分册）（法）雷蒙恩（Henry Lemoine），（法）卡卢利（Gustavo Carulli）编著；肖曼译
北京 人民音乐出版社 1984年 61页 20cm（32开）
统一书号：8026.4260 定价：CNY0.46

J0142857
视唱教程 （第三册 第五分册）（法）雷蒙恩（Henry Lemoine），（法）卡卢利（Gustavo Carulli）编著；肖曼译
北京 人民音乐出版社 1984年 61页 20cm（32开）
统一书号：8026.4261 定价：CNY0.46

J0142858
视唱教程 （第三册 第六分册）（法）雷蒙恩（Henry Lemoine），（法）卡卢利（Gustavo Carulli）编著；肖曼译
北京 人民音乐出版社 1984年 61页 20cm（32开）
定价：CNY0.46

J0142859
视唱教程 （第三册 第七分册）(法)雷蒙恩(Henry Lemoine),(法)卡卢利(Gustavo Carulli)编著;肖曼译
北京 人民音乐出版社 1984年 61页 20cm(32开)
统一书号:8026.4263 定价:CNY0.46

J0142860
视唱教程 （第三册 第八分册）(法)雷蒙恩(Henry Lemoine),(法)卡卢利(Gustavo Carulli)编著;肖曼译
北京 人民音乐出版社 1984年 61页 20cm(32开)
统一书号:8026.4264 定价:CNY0.46

J0142861
视唱教程 （第四册 第一分册）(法)雷蒙恩(Henry Lemoine),(法)卡卢利(Gustavo Carulli)编著;肖曼译
北京 人民音乐出版社 1985年 61页 20cm(32开)
统一书号:8026.4265 定价:CNY0.62

J0142862
视唱教程 （第四册 第二分册）(法)雷蒙恩(Henry Lemoine),(法)卡卢利(Gustavo Carulli)编著;肖曼译
北京 人民音乐出版社 1985年 60页 20cm(32开)
统一书号:8026.4266 定价:CNY0.62

J0142863
视唱教程 （第四册 第三分册）(法)雷蒙恩(Henry Lemoine),(法)卡卢利(Gustavo Carulli)编著;肖曼译
北京 人民音乐出版社 1984年 61页 19cm(32开)
统一书号:8026.4267 定价:CNY0.62

J0142864
视唱教程 （第四册 第四分册）(法)雷蒙恩(Henry Lemoine),(法)卡卢利(Gustavo Carulli)编著;肖曼译
北京 人民音乐出版社 1985年 61页 19cm(32开)
统一书号:8026.4268 定价:CNY0.62

J0142865
视唱教程 （第四册 第五分册）(法)雷蒙恩(Henry Lemoine),(法)卡卢利(Gustavo Carulli)编著;肖曼译
北京 人民音乐出版社 1985年 61页 19cm(32开)
统一书号:8026.4303 定价:CNY0.62

J0142866
视唱教程 （第四册 第六分册）(法)雷蒙恩(Henry Lemoine),(法)卡卢利(Gustavo Carulli)编著;肖曼译
北京 人民音乐出版社 1985年 61页 19cm(32开)
统一书号:8026.4304 定价:CNY0.62

J0142867
视唱教程 （第五册 第一分册）(法)雷蒙恩(Henry Lemoine),(法)卡卢利(Gustavo Carulli)编著;肖曼译
北京 人民音乐出版社 1985年 61页 19cm(32开)
统一书号:8026.4305 定价:CNY0.62

J0142868
视唱教程 （第五册 第二分册）(法)雷蒙恩(Henry Lemoine),(法)卡卢利(Gustavo Carulli)编著;肖曼译
北京 人民音乐出版社 1985年 61页 20cm(32开)
定价:CNY0.62

J0142869
视唱教程 （第五册 第三分册）(法)雷蒙恩(Henry Lemoine),(法)卡卢利(Gustavo Carulli)编著;肖曼译
北京 人民音乐出版社 1985年 61页 19cm(32开)
统一书号:8026.4307 定价:CNY0.62

J0142870
视唱教程 （第六册 第一分册）(法)雷蒙恩(Henry Lemoine),(法)卡卢利(Gustavo Carulli)编著;肖曼译
北京 人民音乐出版社 1985年 77页 19cm(32开)
统一书号:8026.4308 定价:CNY0.76

J0142871
视唱教程 （第六册 第二分册）(法)雷蒙恩(Henry Lemoine),(法)卡卢利(Gustavo Carulli)编著;肖曼译
北京 人民音乐出版社 1985年 64页 19cm(32开)
统一书号:8026.4309 定价:CNY0.65

J0142872
视唱教程 (第七册 第一分册)(法)雷蒙恩(Henry Lemoine),(法)卡卢利(Gustavo Carulli)编著;肖曼译
北京 人民音乐出版社 1985年 61页 19cm(32开)
统一书号:8026.4310 定价:CNY0.62

J0142873
视唱教程 (第七册 第二分册)(法)雷蒙恩(Henry Lemoine),(法)卡卢利(Gustavo Carulli)编著;肖曼译
北京 人民音乐出版社 1985年 60页 19cm(32开)
统一书号:8026.4311 定价:CNY0.62

J0142874
视唱教程 (第八册 第一分册)(法)雷蒙恩(Henry Lemoine),(法)卡卢利(Gustavo Carulli)编著;肖曼译
北京 人民音乐出版社 1985年 61页 20cm(32开)
统一书号:8026.4293 定价:CNY0.62

J0142875
视唱教程 (第八册 第二分册)(法)雷蒙恩(Henry Lemoine),(法)卡卢利(Gustavo Carulli)编著;肖曼译
北京 人民音乐出版社 1985年 60页 19cm(32开)
统一书号:8026.4294 定价:CNY0.62

J0142876
视唱教程 (第九册 第一分册)(法)雷蒙恩(Henry Lemoine),(法)卡卢利(Gustavo Carulli)编著;肖曼译
北京 人民音乐出版社 1985年 61页 19cm(32开)
统一书号:8026.4295 定价:CNY0.62

J0142877
视唱教程 (第九册 第二分册)(法)雷蒙恩(Henry Lemoine),(法)卡卢利(Gustavo Carulli)编著;肖曼译
北京 人民音乐出版社 1985年 61页 19cm(32开)
统一书号:8026.4296 定价:CNY0.62

J0142878
视唱教程 (第十册)(法)雷蒙恩(Henry Lemoine),(法)卡卢利(Gustavo Carulli)编著;肖曼译词;邓映易配歌
北京 人民音乐出版社 1986年 45页 19cm(32开)
统一书号:8026.4432 定价:CNY0.53

J0142879
怎样记录民歌 章纯编著
成都 四川人民出版社 1982年 92页 18cm(小32开)统一书号:8118.1114
定价:CNY0.22

J0142880
苹果乐理 百庆科技图书出版社编辑部编译
台北 百庆科技图书出版社 1983年 620页 21cm(32开)定价:TWD90.00
外文书名:Apple Music Theory.

J0142881
浅谈音乐节奏 盘石著
合肥 安徽人民出版社 1983年 108页 19cm(32开)统一书号:8102.1342
定价:CNY0.37
本书不仅全面地阐述了节奏的意义,而且把节奏同生活、语言、节拍、调式、和声等关系加以对比,从而说明了节奏在音乐作品中的各种表现形式和作用。

J0142882
现代音感训练法研究 (节奏·视唱·听音)姚世泽著
台北 天同出版社 1983年 181页 26cm(16开)

J0142883
简谱乐理和视唱 罗巩编著
沈阳 春风文艺出版社 1984年 181页 19cm(32开)统一书号:8158.110 定价:CNY0.57
本书共分16章,巧妙地将简谱乐理知识与视唱练习密切结合。

J0142884
乐理基本知识 颂之编著
香港 香港宏业书局 1984年 75页 19cm(32开)

J0142885
调式音动律 (兼论少数民族调式称谓)孙从音[著]

[天津][天津音乐学院] 1984年 [油印本] 57页 26cm(16开)

J0142886
五线谱乐理基础　李泯,杜光撰写
长沙 湖南教育出版社 1984年 248页
20cm(32开) 统一书号: 7284.435 定价: CNY0.78

J0142887
小音符的奥秘　李遇秋著
上海 上海文艺出版社 1984年 78页 19cm(32开)
统一书号: 8078.3497 定价: CNY0.30
(音乐小世界丛书)

J0142888
简谱乐理基础　湖南省教育科学研究所主编; 旻歌撰写
长沙 湖南教育出版社 1985年 248页
19cm(32开) 统一书号: K7284.532
定价: CNY0.90

J0142889
简谱视唱教程　杨学正著
长春 吉林教育出版社 1985年 330页
26cm(16开) 统一书号: 7375.176 定价: CNY2.70

本书共分4部分: 1、基础部分,包括单纯音符; 2、发展部分,包括附点音符、切分音、休止符、连音符等; 3、综合部分,包括装饰音、变化音、转调、复杂节奏练习曲; 4、二部声练习曲部分,包括二部声练习曲例。

J0142890
练耳　(通过音乐作品训练听觉)(美)威特利奇(G.E.Wittlich),(美)汉弗莱斯(L.Humphries)著; 孙从音译
北京 人民音乐出版社 1985年 386页
26cm(16开) 统一书号: 8026.4359
定价: CNY9.70

本书核心是从15世纪至20世纪的音乐作品中选出14首完整的作品或乐章,通过系统地学习这些完整的音乐作品,对听觉训练的方法深入的探讨。外文书名: Ear Training.

J0142891
视唱练耳教程　谢珊编著
沈阳 辽宁教育出版社 1985年 207页
26cm(16开) 统一书号: 8371.4 定价: CNY3.50

本书比较系统地包括了视唱、听写、听觉分析等音乐基础训练的3个环节。

J0142892
大学生乐理入门　周建枢编
西安 西安交通大学出版社 1986年 229页
19cm(32开) 统一书号: 8340.085
定价: CNY1.20

J0142893
敦煌琵琶曲谱　(五线谱)叶栋解译
上海 上海文艺出版社 1986年 47页 26cm(16开)
统一书号: 8078.3582 定价: CNY1.80

J0142894
节奏立体化训练教程　(上册)范建明著
武汉 湖北科学技术出版社 1986年 229页
19cm(32开) 统一书号: 17304.4 定价: CNY2.45

J0142895
节奏——旋律练习　(德)奥尔夫,(德)凯特曼编; 廖乃雄译注
上海 同济大学出版社 1986年 87页 13×26cm
统一书号: 8335.005 定价: CNY1.32
(音乐教育丛书)

J0142896
乐理初阶　黄田,倪铭编著
广州 花城出版社 1986年 228页 19cm(32开)
统一书号: 8261.145 定价: CNY1.35

J0142897
自学五线谱辅导讲座　李重光著
上海 上海文艺出版社 1986年 113页
19cm(32开) 统一书号: 80078.3630
定价: CNY0.51

J0142898
自学五线谱辅导讲座　李重光著
上海 上海音乐出版社 1999年 新1版 113页
19cm(小32开)

本书包括: 五线谱、音符与拍子、多调号的读谱练习、调与调号、五声调式、各种谱表的读

谱、调式变音、和声小调、旋律小调等15讲。

J0142899
练耳初级教程 孙虹编著
北京 人民音乐出版社 1987年 144页 磁带2盒
19cm(32开) 统一书号: 8026.4599
定价: CNY12.50

J0142900
实用乐理知识简表 吉时哲编
济南 山东文艺出版社 1987年 41页 19cm(32开)
ISBN: 7-5329-0002-9 定价: CNY0.35

J0142901
五声性调式及和声手法 张肖虎著
北京 人民音乐出版社 1987年 238页
20cm(32开) 统一书号: 8026.4612
定价: CNY2.45

本书包括上篇"五声性调试分析";下篇"和声中的表现因素及民族风格处理手法"。

J0142902
音乐复习提高 (视唱练耳) 新疆中小学教师培训部编
乌鲁木齐 新疆教育出版社 1987年 100页
26cm(16开) 统一书号: K7129.386
定价: CNY0.98

J0142903
幼儿师范学校课本 (乐理视唱练耳 全一册)
人民教育出版社幼儿教育室编
北京 人民教育出版社 1987年 206页
26cm(16开) ISBN: 7-107-09037-2
定价: CNY1.45

本书分乐理、视唱、练耳3大部分。乐理部分包括音及音高,记谱法,节奏及节拍,各种记号,音程等8章。视唱部分包括无调号的识谱及基本节拍、节奏、音准的训练,调性及节奏、节拍的综合训练,并附基本练习。练耳部分包括听觉训练的内容与方法,听写的内容与方法。

J0142904
基础乐理问题解答 谭惠玲著
武汉 湖北教育出版社 1988年 重印本 265页
20cm(32开) ISBN: 7-5351-0154-2
定价: CNY2.60

J0142905
简谱识谱与视唱 康正南编著
合肥 安徽文艺出版社 1988年 143页
19cm(32开) ISBN: 7-5396-0091-8
定价: CNY1.40

J0142906
乐理 刘景春主编
上海 上海教育出版社 1988年 175页
26cm(16开) ISBN: 7-5320-0701-4
定价: CNY2.60

J0142907
乐理板 吉时哲著
合肥 安徽文艺出版社 1988年 4页 26cm(16开)
ISBN: 7-5396-0136-1 定价: CNY0.50

J0142908
乐理大全 (兼谈音乐知识) 童忠良,胡丽玲编著
武汉 长江文艺出版社 1988年 590页
19cm(32开) ISBN: 7-5354-0165-1
定价: CNY5.60

本书从最基本的音乐知识(包括读谱)讲到较高深的乐理。对曾侯乙墓出土的编钟铭文有专章破译和分析。作者童忠良(1935—2007),教授。毕业于德国莱比锡音乐学院。曾任武汉音乐学院院长、党委书记。著有《近现代和声的功能网》《和声学教程》《基本乐理教程》等。作者胡丽玲(1939—)女,中国当代音乐工作者。

J0142909
乐理基础与名曲赏析 曾炎宣主编
武汉 华中师范大学出版社 1988年 152页
26cm(16开) ISBN: 7-5622-0280-X
定价: CNY2.95

本书共10章,前8章从音的高低、音的长短、音的强弱、常用记号等方面介绍了音乐的基础知识。后2章结合前述章节内容介绍了歌曲写作和交响乐的欣赏。各章皆配有视唱练习与名曲赏析。附录简谱视唱教程。

J0142910
乐理自学提要与习题 曹理编著

北京 人民音乐出版社 1988年 330页
20cm(32开) ISBN: 7-103-00300-9
定价: CNY3.30

J0142911
视唱练耳 陈洪主编
上海 上海教育出版社 1988年 136页
26cm(16开) ISBN: 7-5320-0636-0
定价: CNY2.10

J0142912
听觉测验 英国皇家音乐学院联合委员会编著; 许敬行译
北京 人民音乐出版社 1988年 155页
22cm(16开) ISBN: 7-103-00367-X
定价: CNY4.85
本书含有历年来英国皇家音乐学院部分试题外，还选用了大量古典名家及近代作曲家的作品片段，作为训练条目。外文书名: Aural Tests.

J0142913
音乐基础技能训练 薛明镜编著
重庆 西南师范大学出版社 1988年 138页
19cm(32开) ISBN: 7-5621-0094-2
定价: CNY1.05

J0142914
音乐开窍 (练耳、节奏、视唱、乐理) 范建明，郭萌黎编著
武汉 湖北少年儿童出版社 1988年 169页
26cm(16开) ISBN: 7-5353-0412-5
定价: CNY3.80

J0142915
音乐开窍 范建明，郭萌黎编著
武汉 湖北少年儿童出版社 1999年 2版 169页
26cm(16开) ISBN: 7-5353-0412-5
定价: CNY12.00

J0142916
单声部视唱教程 (上) 上海音乐学院视唱练耳教研组编
上海 上海音乐出版社 1989年 210页
26cm(16开) ISBN: 7-80553-036-X
定价: CNY7.35
本教程共2册。根据调性和节奏两条线的循序渐进和在某一阶段突出重点、集中解决某一问题这两项原则编排。

J0142917
单声部视唱教程 (下) 上海音乐学院视唱练耳教研组编
上海 上海音乐出版社 1989年 182页
26cm(16开) ISBN: 7-80553-180-3
定价: CNY6.10

J0142918
儿童五线谱入门 (视唱、练耳、学五线谱) 吕湘等编著
沈阳 辽宁少年儿童出版社 1989年 80页
有插图 26cm(16开) ISBN: 7-5315-0553-3
定价: CNY3.20

J0142919
简谱、五线谱入门 沈默著
昆明 云南少年儿童出版社 1989年 125页
26cm(16开) ISBN: 7-5414-0307-5
定价: CNY3.90

J0142920
乐理自学指南 (美)布林霍尔(S.J.Brimbau)著; 樊建勤译
北京 人民音乐出版社 1989年 93页 26cm(16开)
ISBN: 7-103-00027-1 定价: CNY2.80
外文书名: Theory Notebook Complete.

J0142921
视唱练耳 (一年级) 北方四省职业教育教材编审组编
沈阳 辽宁科学技术出版社 1989年 97页
26cm(16开) ISBN: 7-5381-0729-0
定价: CNY2.30

J0142922
视唱练耳 (二年级) 北方四省区职业教育教材编审组编
沈阳 辽宁科学技术出版社 1989年 103页
26cm(16开) ISBN: 7-5381-0719-3
定价: CNY2.20

J0142923
五级乐理试题分析　余昭科编著
香港 新城文化服务公司 1989年 83页
21cm(32开) ISBN: 962-284-008-6
定价: HKD28.00

J0142924
新编幼儿音乐游戏　孙华文词; 李嘉评曲; 于美玉编
北京 海燕出版社 1989年 127页 19cm(小32开)
ISBN: 7-5350-0128-9 定价: CNY1.30
作者李嘉评(1939—　), 国家一级作曲。历任青岛市北区政协副主席, 青岛市文联副主席, 青岛市音协副主席, 省文联委员, 中国儿童音乐学会理事等。作品有《海娃的歌》《野菊花》《山里的小姐姐》《我爱祖国大自然》《大海的故事》等。

J0142925
音乐基础　黄铮著
太原 希望出版社 1989年 176页 18cm(小32开)
ISBN: 7-5379-0534-7 定价: CNY2.40
本书包括音的基本概念、记谱法、节奏、节拍、音程、和弦等9个章节。书末附各章习题参考答案。

J0142926
初级视唱教程　王淦贤编
上海 上海音乐出版社 1990年 179页
26cm(16开) ISBN: 7-80553-217-6
定价: CNY6.40
本书包括中国古典乐曲、民族和歌曲、戏曲片段及著名作曲家的作品片断, 并结合中国民族音乐调式的特点, 选用了一些适合少年儿童视唱的教材。

J0142927
敦煌琵琶谱　饶宗颐编
台北 新文丰出版公司 1990年 172页
21cm(32开) 精装 ISBN: 957-17-0078-9
定价: TWD5.80 (基价)
(香港敦煌吐鲁番研究中心丛刊 1)
作者饶宗颐(1917—2018), 著名史学家、语文学家、画家。生于广东潮安, 祖籍广东潮州。字固庵、伯濂、伯子, 号选堂。曾任香港中文大学中文系荣休讲座教授, 香港大学、北京大学、南京大学等校名誉教授。代表作品《敦煌书法丛刊》《殷代贞卜人物通考》《词集考》等。

J0142928
基本乐理简明教程　李重光著
北京 人民音乐出版社 1990年 198页
20cm(32开) ISBN: 7-103-00643-1
定价: CNY3.70
本书包括乐音体系; 五线谱; 节奏、节拍; 音程; 和弦; 调及调关系; 调式; 调式中的音程及和弦; 转调; 调式变音及半音音阶; 移调; 装饰音; 关于旋律的基本知识。共13章。

J0142929
基本乐理教程　张志文编著
沈阳 辽宁教育出版社 1990年 294页
20cm(32开) ISBN: 7-5382-1046-6
定价: CNY3.75

J0142930
基本乐理教程　晏成佺, 童忠良等著
北京 人民音乐出版社 1990年 247页
20cm(32开) ISBN: 7-103-00660-1
定价: CNY4.70
(音乐自学丛书 作曲卷)
本书较系统地讲解了有关基本乐理、近现代乐理、中国古代乐律及律学知识。

J0142931
基本乐理问答　李重光编著
北京 人民教育出版社 1990年 135页
20cm(32开) ISBN: 7-107-10542-6
定价: CNY2.40
本书对乐音体系、五线谱的记录、简谱与线谱的异同、音乐中的强弱规律、音乐的速度与力度, 以及怎样识别音程等问题做了较详尽的回答。

J0142932
视唱练耳　(二) 许敬行编著
北京 高等教育出版社 1990年 184页
26cm(16开) ISBN: 7-04-003191-4
定价: CNY2.60
本书分一个升降号内的自然大小调、一个升

降号内的和声小调与旋律小调、两个升号的大小调、两个降号的大小调、五声调试 5 个单元。

J0142933
视唱练耳 （三）孙虹编
北京 高等教育出版社 1990 年 145 页
26cm（16 开）ISBN：7-04-003261-9
定价：CNY2.75
本书是中国现代音乐视唱练耳教材。通过 132 首听觉分析练习，82 首节奏练习，55 首音阶、音练练习和 166 首视唱练习，对部分音程、和弦、节奏、节拍以及常见的各种调试进行了基本的训练，并附练习方法与课外作业。

J0142934
视唱练耳 （四）许敬行，孙虹编著
北京 高等教育出版社 1990 年 162 页
26cm（16 开）ISBN：7-04-003116-7
定价：CNY2.35

J0142935
视唱练耳 （二）许敬行编著
北京 高等教育出版社 1991 年 重印本 184 页
26cm（16 开）ISBN：7-04-003191-4
定价：CNY3.35

J0142936
视唱练耳 （四）许敬行，孙虹编著
北京 高等教育出版社 1991 年 重印本 162 页
26cm（16 开）ISBN：7-04-003116-7
定价：CNY3.00

J0142937
视唱练耳 （一）许敬行，孙虹编著
北京 高等教育出版社 1992 年 219 页
26cm（16 开）ISBN：7-04-003781-5
定价：CNY4.85

J0142938
视唱练耳 （一）许敬行，孙虹编著
北京 高等教育出版社 1992 年 219 页
26cm（16 开）ISBN：7-04-003116-7
定价：CNY4.70
本书是中国现代音乐视唱练耳教材。分 4 个环节：听觉分析、听唱听学、节奏训练、视唱视谱。

J0142939
视唱练耳 （二）许敬行编著
北京 高等教育出版社 1992 年 重印本 184 页
26cm（16 开）ISBN：7-04-003191-4
定价：CNY4.20

J0142940
视唱练耳 （二）许敬行编著
北京 高等教育出版社 1992 年 重印本 184 页
26cm（16 开）ISBN：7-04-003191-4
定价：CNY4.20

J0142941
视唱练耳 （四）许敬行，孙虹编著
北京 高等教育出版社 1992 年 重印本 162 页
26cm（16 开）ISBN：7-04-003116-7
定价：CNY3.75

J0142942
视唱与练耳 杨耀华等编著
长沙 中南工业大学出版社 1990 年 172 页
26cm（16 开）ISBN：7-81020-314-2
定价：CNY4.50

J0142943
五线谱入门 （写读训练 1）王令康等编著
上海 上海教育出版社 1990 年 61 页 26cm（16 开）
ISBN：7-5320-1456-8 定价：CNY1.65

J0142944
五线谱入门 （写读训练 2）王令康等编著
上海 上海教育出版社 1990 年 86 页 26cm（16 开）
ISBN：7-5320-1593-9 定价：CNY2.20

J0142945
敦煌琵琶谱论文集 饶宗颐编
台北 新文丰出版公司 1991 年 480 页
21cm（32 开）精装 ISBN：957-17-0079-7
定价：TWD14.30（基价）
（香港敦煌吐鲁番研究中心丛刊 2）
作者饶宗颐（1917—2018），著名史学家、语文学家、画家。生于广东潮安，祖籍广东潮州。字固庵、伯濂、伯子，号选堂。曾任香港中文大

学中文系荣休讲座教授，香港大学、北京大学、南京大学等校名誉教授。代表作品《敦煌书法丛刊》《殷代贞卜人物通考》《词集考》等。

J0142946
儿童视唱练耳教程 （第一册）赵方幸编著
北京 人民音乐出版社 1991 年 88 页 26cm（16 开）
ISBN：7-103-00798-5 定价：CNY4.50

本书共 6 章，包括乐理知识、节奏练习、视唱练习曲、听辨训练、书写练习等。

J0142947
儿童视唱练耳教程 （第二册）赵方幸编著
北京 人民音乐出版社 1995 年 90 页 26cm（16 开）
ISBN：7-103-01240-7 定价：CNY7.40

J0142948
儿童视唱练耳教程 （第三册）赵方幸编著
北京 人民音乐出版社 1995 年 80 页 26cm（16 开）
ISBN：7-103-01254-7 定价：CNY6.90

J0142949
儿童视唱练耳教程 （第四册）赵方幸编著
北京 人民音乐出版社 1995 年 167 页 有折图
26cm（16 开）ISBN：7-103-01300-4
定价：CNY17.60

J0142950
儿童视唱练耳教程 （第五册）赵方幸编著
北京 人民音乐出版社 1996 年 109 页 有折图
26cm（16 开）ISBN：7-103-01394-2
定价：CNY13.00

J0142951
儿童学习五线谱 50 课 郭爱华编
北京 中国少年儿童出版社 1991 年 106 页
19cm（小 32 开）ISBN：7-5007-1074-7
定价：CNY1.35

J0142952
乐理 ABC （英）东斯坦（Dunstan，Ralph）著；张兆丰，朱晓苗译
北京 人民教育出版社 1991 年 198 页
20cm（32 开）ISBN：7-107-10751-8
定价：CNY3.00

本书介绍了五线谱乐理的基础知识，如对乐谱的书写、音符时值的计算以及各种装饰音的奏（唱）法等。外文书名：The ABC of Musical Theory. 作者东斯坦（Ralph Dunstan，1857—1933），英国音乐博士。出生于康沃尔郡，通译邓斯坦，历任英国各音乐学院和大学音乐系教授。出版有《康沃尔歌集》。

J0142953
乐理基础教程 孙从音主编
上海 上海音乐出版社 1991 年 184 页
26cm（16 开）ISBN：7-80553-289-3
定价：CNY5.50

本书为普通高等学校音乐理论基础教材。包括记（写）谱方法、基本知识（音长、音高、牌子、节奏、速度、音程、大小调、民族调式、和弦、调性变换、装饰音、音乐要素的表现功能）两个部分。作者孙从音（1921— ），音乐学家、音乐教育家。浙江宁波人，天津音乐学院教授、硕士生导师，中国音乐家协会师范基本乐科教育分会名誉会长。

J0142954
实用乐理手册 吉时哲编著
成都 四川人民出版社 1991 年 167 页
19cm（小 32 开）ISBN：7-220-01332-9
定价：CNY2.95

J0142955
音乐基础与名曲赏析 厚今主编
东营 石油大学出版社 1991 年 226 页
26cm（16 开）ISBN：7-5636-0092-2
定价：CNY6.00

本书包括基本乐理知识、简谱视唱与五线谱视唱练习、中外名曲赏析。

J0142956
基本乐理 （上册）李重光编著
北京 高等教育出版社 1992 年 139 页
26cm（16 开）ISBN：7-04-003779-3
定价：CNY3.20

本书介绍了为什么要学基本乐理、音及音名、音律、记谱法、记谱中的常用记号、乐谱的正确写法、节奏节拍等。

J0142957
基本乐理　（下册）李重光编著
北京 高等教育出版社 1992年 119页
26cm（16开）ISBN：7-04-003780-7
定价：CNY2.85
本书介绍了调试、转调、移调和旋律的基本知识，乐曲的基本形式等。

J0142958
基础乐理　袁丽蓉编著
天津 南开大学出版社 1992年 153页
26cm（16开）ISBN：7-310-00519-8
定价：CNY5.00
本教材包括：识谱记谱、音乐基础理论两部分。

J0142959
简谱·五线谱速成读法　张振国编著
长春 北方妇女儿童出版社 1992年 133页
26cm（16开）ISBN：7-5385-0822-8
定价：CNY4.80

J0142960
简谱视唱　余清莲著
太原 北岳文艺出版社 1992年 180页
19cm（小32开）ISBN：7-5378-0968-2
定价：CNY3.80

J0142961
简谱五线谱学习指导　姚德利编著
北京 北京师范大学出版社 1992年 重印本
111页 26cm（16开）ISBN：7-303-01589-2
定价：CNY4.50

J0142962
键盘和声及听觉训练　（美）沙姆威（Shumway, Stanley）著；杜晓十译
北京 人民音乐出版社 1992年 248页
26cm（16开）ISBN：7-103-00644-X
定价：CNY11.05
本书从讲授传统三和弦开始，直至近现代半音体系与20世纪和声。全部练习均在键盘上进行。外文书名：Harmony and Ear Training at the Keyboard.

J0142963
识谱与乐理　张平，安宝慧编著
太原 山西高校联合出版社 1992年 315页
26cm（16开）ISBN：7-81032-255-9
定价：CNY7.50

J0142964
视唱初级练习　张在衡编著
西安 陕西人民出版社 1992年 110页
26cm（16开）ISBN：7-224-01785-X
定价：CNY4.35

J0142965
调性　无调性　泛调性　（对20世纪音乐中某些趋向的研究）（奥）雷蒂（Reti, Rudolph）著；郑英烈译
北京 人民音乐出版社 1992年 172页
19cm（小32开）ISBN：7-103-01077-3
定价：CNY4.35
外文书名：Tonality, Atonality, Pantonality: A Study of Trends in Twentieth Century Music.

J0142966
五线谱·简谱对照速成　黄洋波编著
长沙 湖南文艺出版社 1992年 181页
19cm（小32开）ISBN：7-5404-0924-X
定价：CNY2.80

J0142967
五线谱音乐讲话　李江编著
石家庄 花山文艺出版社 1992年 260页
19cm（小32开）ISBN：7-80505-623-4
定价：CNY3.30

J0142968
新音乐语汇　（现代音乐记谱法指南）里萨蒂（Risatti, Howard）选编；苏澜深等译
北京 人民音乐出版社 1992年 277页
19cm（32开）ISBN：7-103-01070-6
定价：CNY5.60
本书汇集多种乐器的通用记谱材料，涉及弦乐、键盘、打击乐、管乐、声乐等各个方面。外文书名：New Music Vocabulary.

J0142969
新音乐语汇 （现代音乐记谱法指南）霍华德·里萨蒂（Risatti，Howard）选编；苏澜深等译
北京 人民音乐出版社 1992年 277页
19cm（32开）ISBN：7-103-01070-6
定价：CNY5.60
外文书名：New Music Vocabulary.

J0142970
音乐基本乐理 周茹萍编译
台南 信宏出版社 1992年 95页 21cm（32开）
ISBN：957-538-304-4 定价：TWD100.00
（音乐 9）

J0142971
音乐基本乐理 周茹萍编译
台南 信宏出版社 1996年 96页 21cm（32开）
ISBN：957-538-304-4 定价：TWD130.00

J0142972
怎样识谱唱歌 廖怀椿编著
北京 中国国际广播出版社 1992年 223页
19cm（小32开）ISBN：7-5078-0346-5
定价：CNY3.40

J0142973
中国音乐节拍法 王风桐，张林著
北京 中国文联出版公司 1992年 389页
有照片 19cm（小32开）ISBN：7-5059-1672-6
定价：CNY6.30
本书分析了我国节拍的规律和特点，论述了中西方节拍体系的联系和区别及世界各国节拍观念的差异等。作者王风桐（1940— ），中国音协会员。作者张林（1936— ），中国曲艺家协会会员，黑龙江省曲艺理论研究会会长，艺术学会理事，剧协、音协、地方戏学会会员。

J0142974
基本乐理教程 郭锳编著
南京 江苏教育出版社 1993年 151页
26cm（16开）ISBN：7-5343-1836-X
定价：CNY3.85

J0142975
基本乐理教程 郭锳编著
南京 南京师范大学出版社 1999年 156页
26cm（16开）ISBN：7-81047-383-2
定价：CNY20.00

J0142976
基础乐理十讲 刘崇忠著
济南 山东文艺出版社 1993年 154页
26cm（16开）ISBN：7-5329-0902-6
定价：CNY7.70
本书分：音的一般知识、音的强弱、定调与打拍子等10讲。作者刘崇忠，某师范学校从事音乐教育工作。

J0142977
简谱乐理与习题 李士兴等编著
天津 百花文艺出版社 1993年 202页
19cm（32开）ISBN：7-5306-1432-0
定价：CNY3.20
作者李士兴，音乐高级讲师。毕业于德州师专音乐专业和上海音乐学院。历任中国音乐著作权协会会员，山东音乐家协会会员。歌曲代表作《牵手分手都是爱》《梦海情迷》《孤独的泪》《种菜谣》《彼岸花开》等。

J0142978
简谱视唱教材 李士兴等编著
天津 百花文艺出版社 1993年 186页
19cm（32开）ISBN：7-5306-1401-0
定价：CNY2.90

J0142979
简谱与乐理速成 吉时哲编著
长春 吉林大学出版社 1993年 160页
19cm（小32开）ISBN：7-5601-1461-X
定价：CNY3.30
（速成丛书）

J0142980
乐理知识 曹来，周行著
北京 国际文化出版公司 1993年 81页
19cm（小32开）ISBN：7-80049-428-4
定价：CNY3.20
（中小学音乐知识文库）

J0142981
首调唱名法的理论与实践 张肖虎主编
北京 人民教育出版社 1993年 209页
20cm(32开) ISBN: 7-107-10961-8
定价: CNY5.40
本书包括唱名法简介、首调唱名法与教学、首调唱名法实验介绍,附首调唱名法练习谱例。

J0142982
五线谱 ABC 马行乾,何向群编著
北京 学苑出版社 1993年 127页 26cm(16开)
ISBN: 7-80060-198-6 定价: CNY8.50

J0142983
带伴奏视唱曲 100 首 周温玉,蒋维民[编]
上海 上海音乐出版社 1994年 112页
26cm(16开) ISBN: 7-80553-528-0
定价: CNY9.60
本书从《单声部视唱教程》中精选100首视唱曲,配上伴奏,以最浅的视唱曲开始,逐渐加深程度,一直到带有少量变化音的乐曲,基本上概括了初、中级各主要学习阶段。

J0142984
带伴奏视唱曲 100 首 周温玉,蒋维民[编]
上海 上海音乐出版社 1999年 重印本 112页
26cm(16开) ISBN: 7-80553-528-0
定价: CNY11.50

J0142985
基本乐理 贾方爵编
重庆 西南师范大学出版社 1994年 重印本
228页 26cm(16开) ISBN: 7-5621-0233-3
定价: CNY9.30
作者贾方爵,西南师范大学音乐系任教。

J0142986
基本乐理 贾方爵编著
重庆 西南师范大学出版社 1997年 2版 修订版
262页 26cm(16开) ISBN: 7-5621-0233-3
定价: CNY26.00
(音乐教育丛书 理论类)

J0142987
基础乐理 40 通 黄柏庄著; 黄蕴愉绘
拉萨 西藏人民出版社 1994年 184页 有彩图
17×19cm ISBN: 7-223-00630-7
定价: CNY11.80
(未来音乐家)

J0142988
基础乐理与视唱练耳 刘晓静著
济南 山东大学出版社 1994年 190页
26cm(16开) ISBN: 7-5607-1384-X
定价: CNY9.80

J0142989
简谱视唱与乐理基础 赫振勇主编
郑州 河南人民出版社 1994年 200页
20cm(32开) ISBN: 7-215-03348-1
定价: CNY4.50

J0142990
少儿乐理教程 王令康编著
上海 百家出版社 1994年 2册(121;166页)
有乐谱 26cm(16开) ISBN: 7-80576-436-0
定价: CNY25.80
作者王令康,上海音乐学院任教。

J0142991
视唱练耳 李爱德编
兰州 甘肃人民出版社 1994年 413页
26cm(16开) ISBN: 7-226-01313-4
定价: CNY20.00
作者李爱德,兰州高等师范专科学校任教。

J0142992
五线谱速成 肖阳编著
长春 吉林大学出版社 1994年 68页
19cm(小32开) ISBN: 7-5601-1615-9
定价: CNY2.00
(速成丛书)

J0142993
怎样识简谱 段晋中等编著
太原 山西经济出版社 1994年 198页
26cm(16开) ISBN: 7-80577-422-6
定价: CNY8.90

J0142994
怎样识简谱 段晋中等编著
太原 山西经济出版社 1994年 198页
26cm(16开) ISBN: 7-80577-422-6
定价: CNY8.90

J0142995
怎样识简谱 段晋中等编著
北京 中国社会出版社 1998年 10+194页
26cm(16开) ISBN: 7-80088-939-4
定价: CNY14.00
(音乐基础系列丛书)

J0142996
怎样识乐谱 吕欣荣编写
太原 希望出版社 1994年 98页 19cm(小32开)
ISBN: 7-5379-1353-6 定价: CNY2.00
(农村少年文库 教育篇)

J0142997
儿童音乐基础教程 (第三册 听音、节奏、视唱)孙虹编著
北京 教育科学出版社 1995年 178页
26cm(16开) ISBN: 7-5041-1468-5
定价: CNY16.00

J0142998
简谱视唱大教本 (新歌新曲自学速成)丘俊杰编著
南宁 广西民族出版社 1995年 90页 26cm(16开)
ISBN: 7-5363-3052-9 定价: CNY7.00

J0142999
乐理与视唱 张万玉编著
石家庄 河北教育出版社 1995年 327页
19cm(小32开) ISBN: 7-5434-2295-6
定价: CNY5.00
讲述乐理基本知识,并配合有70多首节奏谱和300多首简谱、五线谱视唱练习曲。

J0143000
论六线谱 (音乐记谱法的新体系)吴道恭著
北京 人民音乐出版社 1995年 37页 30cm(10开)
ISBN: 7-103-01215-6 定价: CNY5.20

J0143001
论六线谱 (音乐记谱法的进化体系)吴道恭著
北京 人民音乐出版社 1999年[2版]修订本
34页 30cm(10开) ISBN: 7-103-01764-6
定价: CNY8.10
外文书名: Treatise on the Hexagram, An Evolutinve System of the Musical Notation.

J0143002
少儿自学五线谱速成指导 李春艳编著
长春 长春出版社 1995年 152页 26cm(16开)
ISBN: 7-80604-211-3 定价: CNY7.80

J0143003
视唱教程 任志琴编著
兰州 敦煌文艺出版社 1995年 98页 有乐谱
26cm(16开) ISBN: 7-80587-310-0
定价: CNY11.80
作者任志琴,西北民族学院任教。

J0143004
视唱练耳电视讲座 (跟我学123)安亮山编著
太原 山西科学教育出版社 1995年 244页
26cm(16开) ISBN: 7-5377-1182-8
定价: CNY30.00

J0143005
视唱练耳简明教程 (上册)孙虹编著
北京 高等教育出版社 1995年 183页
26cm(16开) ISBN: 7-04-005307-1
定价: CNY7.10
(卫星电视教育音乐教材)

J0143006
视唱练耳简明教程 (下册)范建明编著
北京 高等教育出版社 1995年 342页
26cm(16开) ISBN: 7-04-005308-X
定价: CNY15.40
(卫星电视教育音乐教材)

J0143007
视唱练耳与乐理教学指导 蒋维民编写
上海 上海教育出版社 1995年 60页 26cm(16开)
ISBN: 7-5320-4269-3 定价: CNY5.20
(中学教师继续教育丛书)

J0143008
五线谱入门 陈御麟，顾小英编著
北京 金盾出版社 1995年 130页 有彩照
26cm（16开）ISBN：7-80022-801-0
定价：CNY7.90

J0143009
音调论 （俄）鲍里斯·阿萨菲耶夫（Б.Асафьев）著；张洪模译
北京 人民音乐出版社 1995年 174页
20cm（32开）ISBN：7-103-01265-2
定价：CNY9.00

作者鲍里斯·阿萨菲耶夫（1884—1949），苏联音乐学的奠基人，作曲家。毕业于圣彼得堡大学。音乐作品有歌剧、舞剧、交响乐等多种体裁。代表作品有歌剧《灰姑娘》《雪女王》，舞剧《巴黎的火焰》《巴赫切萨拉伊的泪泉》等。

J0143010
大学基础乐理与视唱 李笑梅编著
济南 山东大学出版社 1996年 175页
26cm（16开）ISBN：7-5607-1669-5
定价：CNY14.80

J0143011
儿童学读谱 张景生编著
北京 科学技术文献出版社 1996年 121页
19cm（32开）ISBN：7-5023-2669-3
定价：CNY7.00

J0143012
高考音乐强化训练 （视唱练耳卷）陈玉香编著
长沙 湖南文艺出版社 1996年 196页
26cm（16开）ISBN：7-5404-1603-3
定价：CNY16.30

J0143013
基本乐科教程 （乐理卷）孙从音，马东风主编
上海 上海音乐出版社 1996年 17+247页 26cm（16开）ISBN：7-80553-619-8 定价：CNY12.20

作者孙从音（1921— ），音乐学家、音乐教育家。浙江宁波人，天津音乐学院教授、硕士生导师，中国音乐家协会师范基本乐科教育分会名誉会长。作者马东风（1958— ），音乐教育家。山东微山人。山东省曲阜师范大学音乐系教授、硕士生导师，中国音乐家协会师范基本乐科教育分会副会长兼秘书长。

J0143014
基本乐科教程 （练耳卷）孙从音，范建明主编
上海 上海音乐出版社 1997年 514页
26cm（16开）ISBN：7-80553-671-6
定价：CNY29.60

J0143015
基本乐科教程 （视唱卷）孙从音，俞平主编
上海 上海音乐出版社 1997年 228页
26cm（16开）ISBN：7-80553-559-0
定价：CNY13.50

J0143016
基本乐理实用教程 张湧编著
南昌 江西高校出版社 1996年 219页
26cm（16开）ISBN：7-81033-621-5
定价：CNY15.80

J0143017
基本乐理与名曲赏析 李以明主编
北京 中国林业出版社 1996年 511页
20cm（32开）ISBN：7-5038-1652-X
定价：CNY19.50

作者李以明，教授。毕业于河北师范大学音乐系。历任华北水利水电大学教授，中国音乐家协会会员，全国高等学校音乐教育学会副理事长，河南省普通高校艺术教育教学指导委员会委员。

J0143018
简谱知识 教莉编写
太原 山西教育出版社 1996年 137页
20cm（32开）ISBN：7-5440-0872-X
定价：CNY6.00
（少儿音乐特长培养与训练系列）

J0143019
简易乐谱入门 周茹萍编译
台南 信宏出版社 1996年 126页 21cm（32开）ISBN：957-538-448-2 定价：TWD130.00
（音乐 18）

J0143020
实用简谱读法　雷维模编著
重庆 西南师范大学出版社 1996年 重印本
150页 19cm(32开) ISBN: 7-5621-1455-2
定价: CNY5.00

作者雷维模，教授、作曲家、音乐学者。历任中国音乐家协会会员，中国音乐著作权协会会员，中国社会音乐研究会理事，四川省社会音乐研究会副会长兼秘书长。

J0143021
视唱　熊克炎[著]
杭州 中国美术学院出版社 1996年 257页
26cm(16开) ISBN: 7-81019-528-X
定价: CNY40.00

J0143022
视唱基础教程　冯往前编著
长沙 湖南文艺出版社 1996年 204页
26cm(16开) ISBN: 7-5404-1468-5
定价: CNY14.00

作者冯往前，作曲家、教授。任教于湖南师范大学音乐系，代表作品《视唱基础教程》《简谱视唱与听力训练》。

J0143023
视唱基础练习曲105首　赵方幸著
北京 人民音乐出版社 1996年 87页 20cm(32开)
ISBN: 7-103-01486-8 定价: CNY5.90

J0143024
视唱教程　赵纯编著
厦门 厦门大学出版社 1996年 151页
26cm(16开) ISBN: 7-5615-1134-5
定价: CNY14.00

J0143025
守调唱名视唱教程　游泳源主编
武汉 武汉工业大学出版社 1996年 134页
26cm(16开) ISBN: 7-5629-1116-9
定价: CNY10.00

J0143026
五线谱入门　李重光著
北京 华乐出版社 1996年 120页 21cm(32开)
ISBN: 7-80129-004-6 定价: CNY8.00

本书结构严谨，深入浅出地介绍了五线谱首调唱名法的学习步骤、方法及训练要点，不仅有助于广大音乐爱好者学习五线谱及相关的音乐知识，而且对从事视唱练耳教学工作的读者有一定的指导意义。

J0143027
五线谱知识　华敏，马克编写
太原 山西教育出版社 1996年 137页
20cm(32开) ISBN: 7-5440-0873-8
定价: CNY5.80
(少儿音乐特长培养与训练系列)

J0143028
单声部视唱　薛明镜编著
重庆 西南师范大学出版社 1997年
2册(133；138页) 26cm(16开)
ISBN: 7-5621-1716-0 定价: CNY28.00 (全套)
(音乐教育丛书)

J0143029
基本乐理教学法　李重光著
北京 人民音乐出版社 1997年 86页 20cm(32开)
ISBN: 7-103-01420-5 定价: CNY6.20

J0143030
基础乐理　杜光编著
长沙 湖南文艺出版社 1997年 231页
20cm(32开) ISBN: 7-5404-1736-6
定价: CNY9.80

J0143031
简谱入门　黄虎威著
北京 华乐出版社 1997年 139页 20cm(32开)

本书讲述了简谱的音符、节拍、节奏、速度、音程、定调、转调及如何培养读谱唱歌的能力等问题，并在附录中介绍了简谱与五线谱的关系等。作者黄虎威(1932—2019)，作曲家、教授。四川内江人。毕业于西南音乐专科学校作曲系，后入中央音乐学院师从苏联作曲专家鲍里斯·阿拉波夫教授进修。历任四川音乐学院教授、作曲系主任，中国音乐家协会创作委员会委员，中国音乐著作权协会理事，四川省音乐家协会理论创作委员会副主任。

J0143032
乐理　听音　练耳入门　蒋维民，周温玉编著
上海 上海音乐出版社 1997年 77页 26cm（16开）
本书介绍了音名与唱名，五线谱，变音记号，节奏，节拍，音程，大调式与小调式，和弦，移调，常用音乐记号与音乐术语等基本知识。

J0143033
趣味识谱　（五线谱、简谱一起学）李丹芬，张振芝编著
上海 上海音乐出版社 1997年 93页
26cm（16开）
本书借用孩子日常生活中熟悉的形象和易于理解的情景来讲述五线谱知识，让孩子们在听故事、念儿歌、做游戏、猜谜语、学唱歌等实践活动的环境和情景中，逐步掌握识谱知识。

J0143034
实用乐理教程　傅子华著
北京 华乐出版社 1997年 437页 22cm（30开）
本教程共20章，内容纳入记谱法、音程、和弦、大小调式、民族调式、调式调性诸关系、调式分析、移调8个方面。

J0143035
五线谱首调视唱　王瑞年编著
北京 华乐出版社 1997年 356页 26cm（16开）
ISBN：7-80129-005-4 定价：CNY26.00

J0143036
舞蹈音乐视唱教程　裘柳钦选编
北京 中国文联出版公司 1997年 120页
26cm（16开）ISBN：7-5059-2547-4
定价：CNY14.60
作者裘柳钦，北京舞蹈学院任教。

J0143037
怎样识简谱　杜光，家菊编著
长沙 湖南文艺出版社 1997年 156页
20cm（32开）ISBN：7-5404-1722-6
定价：CNY7.10

J0143038
怎样识五线谱　杜光编著
长沙 湖南文艺出版社 1997年 266页
20cm（32开）ISBN：7-5404-1742-0
定价：CNY10.60

J0143039
初、中级练耳教程　孙虹编著
北京 人民音乐出版社 1998年 2版 修订本
226页 20cm（32开）ISBN：7-103-01445-0
定价：CNY12.50

J0143040
单声部视唱　（下册）王光耀，黄明智主编；西安音乐学院视唱练耳教研室编
西安 陕西人民出版社 1998年 299页
26cm（16开）ISBN：7-224-04940-9
定价：CNY29.50

J0143041
简谱五线谱速成读法　张振国，徐敦广编著
长春 时代文艺出版社 1998年 152页
26cm（16开）ISBN：7-5387-1199-6
定价：CNY14.80

J0143042
教你学五线谱　郭爱华编著
北京 中国少年儿童出版社 1998年 106页
有插图 19cm（小32开）ISBN：7-5007-4043-3
定价：CNY2.65
（特价版素质教育书库 成长向导篇）

J0143043
乐理　视唱　练耳　（第一册）人民教育出版社音乐室编著
北京 人民教育出版社 1998年 135页
26cm（16开）ISBN：7-107-12770-5
定价：CNY8.60

J0143044
乐理·视唱练耳　（一）教育部体育卫生艺术教育司组编
上海 上海教育出版社 1998年 171页
26cm（16开）ISBN：7-5320-5419-5
定价：CNY15.00

J0143045
乐理·视唱练耳　（二）教育部体育卫生与艺术

教育司组编
上海 上海教育出版社 1999 年 159 页
26cm(16 开)

本书根据中等艺术师范学校的专业特点和小学音乐教学实践，吸收国内外最新的成功的教学思想、观念和方法，突出音乐基础知识，基本技能的系统性、科学性、师范性、实用性，注重师范生的音乐素质和从事小学教学能力的培养。

J0143046
乐理与视唱　黄洋波等主编
长沙 湖南大学出版社 1998 年 292 页
20cm(32 开) ISBN: 7-81053-157-3
定价: CNY15.00
(大学生文化素质教育丛书)

J0143047
视唱练耳　李俊梅，华进编著
北京 北京工业大学出版社 1998 年 401 页
20cm(32 开) ISBN: 7-5639-0673-8
定价: CNY28.00

J0143048
视唱练耳基础教程　刘小明编著
广州 花城出版社 1998 年 230 页 29cm(16 开)
ISBN: 7-5360-2796-6 定价: CNY25.00
(走进音乐世界系列)

J0143049
视唱练耳入门　蒋维民著
北京 中国社会出版社 1998 年 76 页 26cm(16 开)
ISBN: 7-80088-941-6 定价: CNY9.90
(音乐基础系列丛书)

J0143050
视唱艺术　陶晓晖主编
沈阳 春风文艺出版社 1998 年 224 页
26cm(16 开) ISBN: 7-5313-1947-0
定价: CNY28.00

J0143051
音乐基础理论题型解析 100 例　姚德利，周红斌编著
太原 北岳文艺出版社 1998 年 160 页
20cm(32 开) ISBN: 7-5378-1818-5
定价: CNY8.50

J0143052
晨声 69 声字结合练声曲　石惟正著
天津 百花文艺出版社 1999 年 116 页 有照片
26cm(16 开) ISBN: 7-5306-2835-6
定价: CNY30.00

作者石惟正(1940—　)，歌唱家，教授。天津人。毕业于天津音乐学院。历任天津音乐学院院长、声乐教授，男中音歌唱家。曾演唱过《星星索》《梭罗河》《哎哟妈妈》等。

J0143053
二声部视唱教程　上海音乐学院视唱练耳教研组编
上海 上海音乐出版社 1999 年 重印本 106 页
26cm(16 开) ISBN: 7-80553-285-0
定价: CNY7.00

本书收编的乐谱均系两声部视唱教材，它是三声部、四声部训练的基础，内容包括中外民歌、乐曲及练习曲等。

J0143054
基础音乐理论纲要及习题　彭淑芝，季瑛编著
长沙 湖南文艺出版社 1999 年 151 页
26cm(16 开) ISBN: 7-5404-2092-8
定价: CNY12.80

J0143055
简谱大家唱　包文君编著
北京 农村读物出版社 1999 年 83 页 26cm(16 开)
ISBN: 7-5048-2935-8 定价: CNY10.80

J0143056
乐理教程　张巍，吴雪凌编著
武汉 武汉测绘科技大学出版社 1999 年 221 页
20cm(32 开) ISBN: 7-81030-624-3
定价: CNY12.00
(音乐素质教育丛书)

J0143057
乐理入门　李重光著
北京 中国社会出版社 1999 年 163 页
26cm(16 开) ISBN: 7-80146-079-0
定价: CNY12.00

（音乐基础系列丛书）

J0143058
乐理与名曲欣赏　胡郁青主编
重庆 西南师范大学出版社 1999年 140页
26cm（16开）ISBN：7-5621-2238-5
定价：CNY12.00
（音乐教育丛书）

J0143059
实用简谱与五线谱入门　邵春良编著
北京 蓝天出版社 1999年 154页 26cm（16开）
ISBN：7-80081-896-9 定价：CNY15.00
（跨世纪乐器入门丛书）

J0143060
实用乐理　杨晓，刘小明编著
广州 花城出版社 1999年 174页 29cm（16开）
ISBN：7-5360-2903-9 定价：CNY25.00
（走进音乐世界系列）

J0143061
视唱　朱建萍，李晓薇编著
南京 南京师范大学出版社 1999年 151页
26cm（16开）ISBN：7-81047-387-5
定价：CNY20.00

J0143062
视唱教程　陈洪编
北京 人民音乐出版社 1999年 重印 200页
20cm（32开）ISBN：7-103-00082-4
定价：CNY8.50
　　本教材以大小调体系的音乐为主，包含62课，212条。其中若干条是外国材料，有的直接取自于音乐作品。

J0143063
视唱练耳基础训练及应试指导　薛明镜编著
重庆 西南师范大学出版社 1999年 171页
26cm（16开）ISBN：7-5621-2045-5
定价：CNY18.00
（音乐教育丛书）

J0143064
视唱练耳教学法　尹正文编著
重庆 西南师范大学出版社 1999年 131页
26cm（16开）ISBN：7-5621-2168-0
定价：CNY12.00
（21世纪音乐系列丛书 音乐教育丛书）

J0143065
五线谱本　湖南文艺出版社编
长沙 湖南文艺出版社 1999年 30cm（10开）
ISBN：7-5404-2021-9 定价：CNY6.00

J0143066
五线谱本　湖南文艺出版社编
长沙 湖南文艺出版社 1999年 26cm（16开）
ISBN：7-5404-2023-5 定价：CNY3.80

J0143067
五线谱与简谱　邱星编著
成都 四川科学技术出版社 1999年 233页
21×19cm ISBN：7-5364-4139-8
定价：CNY15.00
（少年儿童课余爱好丛书）

J0143068
旋律听写教材　上海音乐学院附中视唱练耳教研组[编]
上海 上海音乐出版社 1999年 280页
26cm（16开）ISBN：7-80553-760-7
定价：CNY24.00

J0143069
音乐高考之友（视唱练耳与乐理全方位训练）
杜达金，刘学兰编著
武汉 中国地质大学出版社 1999年 256页
26cm（16开）ISBN：7-5625-1372-4
定价：CNY22.50

J0143070
音乐基本理论与视唱教程　李松编著
广州 广东高等教育出版社 1999年 100页
26cm（16开）ISBN：7-5361-2327-2
定价：CNY19.80

J0143071
音乐听觉训练　安亮山，刘诚编著
北京 中国人民大学出版社 1999年 246页

26cm(16开) ISBN: 7-300-03081-5
定价: CNY23.00
(音乐技能训练丛书)

J0143072
怎样识五线谱 张路樵, 蒋维民编著
北京 中国社会出版社 1999年 56页 26cm(16开)
(音乐基础系列丛书)
本书内容包括: 五线谱的起源与发展、五线谱上音的长短的记写方法、五线谱上的高低的记写方法、认谱练习60首等。

J0143073
中国乐语研究 董榕森著
台北 乐韵出版社 1999年 2版 290页
21cm(32开) ISBN: 957-9222-93-2
定价: TWD400.00
(艺术丛书)

作曲理论、作词法(音乐法)

J0143074
军乐稿 (四卷)(清)李映庚撰
清宣统元年[1909] 石印本 线装
分二册。行字不等白口。

J0143075
和声学 高寿田译述
上海 商务印书馆 1914年 10+94页 21cm(32开)
定价: 大洋五角
本书内分绪论、本论, 共22章。书末附乐语索引。

J0143076
和声学 高寿田译述
上海 商务印书馆 1917年 4版 10+94页
21cm(32开) 定价: 大洋五角

J0143077
和声学 高寿田译述
上海 商务印书馆 1922年 5版 10+94页
20cm(32开) 定价: 大洋五角

J0143078
和声学 萧友梅编
1927年 石印本 192页 26cm(16开) 精装
定价: 大洋3.00
本书内分3编, 共21章, 每章附有练习题。

J0143079
和声与制曲 戴逸青编
上海 中华书局 1928年 190页 有图 14×21cm
定价: 银八角
本书共30章, 60节, 218个范例及18个练习题。

J0143080
和声与制曲 戴逸青编
上海 中华书局 1940年 4版 190页 有图
13×19cm 定价: 国币八角

J0143081
西洋制谱学提要 王光祈著
上海 中华书局 1929年 208页 20cm(32开)
定价: 银一元二角
(音乐丛刊)
本书论述主调学、谐和学、篇法学。书前有著者自序, 书末附《复加谱之说明》。书内有引例98则, 五线谱。

J0143082
西洋制谱学提要 王光祈著
上海 中华书局 1940年 再版 208页
19cm(32开) 定价: 国币一元五分
(音乐丛刊)
本书为作曲理论专著, 论述主调学、谐和学、篇法学。书前有著者自序, 书末附《复加谱之说明》。书内有引例98则, 五线谱。

J0143083
和声学大纲 吴梦非编译
上海 开明书店 1930年 226页 19cm(32开)
定价: 大洋九角
本书以德国夏大松、李喜脱二氏的学说作基础, 采用日本福井直秋的说明编译而成, 包括绪论、本论, 绪论论述和声学的意义; 本论论述三和音、七和音、十三和音、变化和音等。

J0143084
和声学大纲　吴梦非编译
上海 开明书店 1933 年 3 版 226 页
19cm（32 开）定价：大洋九角

J0143085
作曲入门　缪天瑞译
上海 三民公司 1930 年 106 页 18cm（小 32 开）
定价：银五角
本书分关于乐曲及和声、作曲法、结论 3 部分。书末附《乐式略说》。

J0143086
作曲法初步　朱稣典，徐小涛编
上海 开明书店 1931 年 71 页 19cm（32 开）
定价：大洋五角
本书包括绪论、旋律的认识、主题、旋律与和声的关系、旋律的构成等 10 章。

J0143087
唱歌作曲法　张秀山，张洪岛著
北平 中华乐社 1932 年 122 页 19cm（32 开）
定价：八角
本书共 6 章，介绍唱歌的种类、作曲法、旋律、乐句、节奏、和弦、伴奏形式等。

J0143088
对谱音乐　王光祈著
上海 中华书局 1933 年 93 页 21cm（32 开）
定价：银四角
（音乐丛刊）
本书分 4 编，包括普通对谱音乐、特别对谱音乐、模仿对谱音乐等。

J0143089
对谱音乐　王光祈著
上海 中华书局 1947 年 再版 93 页 21cm（32 开）
定价：国币一元五角
（音乐丛刊）

J0143090
对位法概论　缪天瑞编著
上海 开明书店 1933 年 62 页 19cm（32 开）
本书分 10 章，论述和声学中的对位法，五线谱等。

J0143091
歌曲作法　（英）牛顿（E.R.Newton）著；缪天瑞译
上海 商务印书馆 1934 年 135 页 19cm（32 开）
定价：大洋三角
本书分 8 章，包括歌词、旋律、旋律上的声配置法，和弦伴奏、分解和弦伴奏、混合伴奏和对位伴奏，导入句、间奏句、结尾句，歌曲及其作家等。外文书名：How to Compose A Song.

J0143092
作曲法　（日）黑泽隆朝著；缪天瑞译
上海 大东书局 1935 年 101 页 有图
20cm（32 开）定价：大洋六角
本书共 8 章，包括旋律法、旋律与和声、乐段的考察、乐曲的习作等。

J0143093
和声学理论与实用　（英）普劳特（Ebenezer Prout）著；贺绿汀译
上海 商务印书馆 1936 年 25+444 页 有图
22cm（20 开）精装 定价：国币三元
本书据 1901 年改订本译出，内分 21 章，讲述和声学的基本理论以及和声的规则及运用。书末附：1. 教会的调式；2. 泛音列。外文书名：Harmony：Its Theory and Practice. 作者贺绿汀（1903—1999），音乐家、教育家。湖南邵东仙槎桥人，毕业于上海国立音乐专科学校。历任武昌艺术专科学校教员、明星影片公司音乐科科长、陕甘宁晋绥联防军政治部宣传队音乐教员、延安中央管弦乐团团长、华北文工团团长。代表作品《牧童短笛》《摇篮曲》《游击队歌》等，著有《贺绿汀音乐论文选集》。

J0143094
实用和声学　（俄）李姆斯基－可萨考夫（H.A.Римскцй-Корсаков）著；张洪岛译
上海 商务印书馆 1936 年 165 页 23cm（10 开）
定价：国币一元
本书据英译本转译，包括总论、同调和弦的和声法、转调、旋律底华彩、四分音与突然转调法等 5 章。作者张洪岛（1931—　），教授，沙河人，毕业于朝阳大学法律系。历任河北女子师范学院副教授，重庆音乐院，北平师范大学教授，中央音乐学院音乐学系主任、教授。译有《小提琴演奏法》《实用和声学》《西洋音乐史》《欧洲音乐史》等。

J0143095
实用和声学　N.Rimski Korsakov 著；张洪岛译
上海 商务印书馆 1951 年 6 版 165 页
19cm（32 开）统一书号：78722
定价：旧币 130000

本书包括总论、同调和弦的和声法、转调、旋律底华彩、四分音与突然转调法等 5 章。

J0143096
伴奏的作法　宋寿昌编
昆明 中华书局 1941 年 66 页 19cm（32 开）
定价：国币五角

本书共 12 章，包括：用基本三和音的伴奏、转调、伴奏的开始和终止、伴奏的构成、伴奏的形式、伴奏与旋律的配合等。

J0143097
礼乐　国立礼乐馆编
民国三十四年［1945］线装

J0143098
曲式学　（美）该丘斯（Percy Goetschius）著；缪天瑞编译
上海 万叶书店［1946 年］166 页 20cm（32 开）
定价：CNY1.80

本书内分 4 编，共 22 章，论述乐句形式、乐段形式、歌曲形式、联合歌曲形式以及各形式的构造与变化等，书中引证百余例，并附参考乐曲约 500 首。外文书名：The Homophonic Form of Musical Composition. 作者该丘斯（Percy Goetschius，1853—1943），美国音乐理论家、教授。曾在德国斯图加特音乐学院学习钢琴与理论作曲。任教于纽约叙拉古大学、纽约音乐艺术学院、波斯顿新英格兰音乐院。著作有《曲调作法》《作曲素材》《和声学》等。作者缪天瑞（1908—2009），音乐教育家、音乐学家。浙江瑞安人，毕业于上海艺术师范大学。历任中央音乐学院副院长，天津音乐学院院长，福建音乐专科学校教授、教务主任，中央音乐学院副院长，天津市文化局副局长，天津音乐学院教授、院长，中国艺术研究院音乐研究所研究员，著有《律学》，主编《中国音乐词典》等。

J0143099
曲式学　（美）该丘斯（Percy Goetschius）著；缪天瑞编译
北京 人民音乐出版社 1985 年 修订版 276 页
20cm（32 开）统一书号：8026.54 定价：CNY2.55
（该丘斯音乐理论丛书 4）

本书可视为 18、19 整整两个世纪的欧洲古典音乐作品中主音体音乐的曲式总结，既有分析，又有归纳。“曲式学”是研究曲式的理论。所谓“曲式”就是音乐作品为了表达思想感情而用的一种逻辑结构。外文书名：The Homophonic Form of Musical Composition. 根据 G Schirmer 1927 年版译出。

J0143100
曲式与乐曲　陈洪著
上海 上海音乐公司 1947 年 再版 订正本
183 页 17cm（32 开）

本书包括乐句与乐章、小步舞曲及其演进、变奏曲、奏鸣曲式与奏鸣曲、交响乐、标题音乐和交响诗等 14 章。系统讲解曲式，并以名曲为例，介绍该曲的情感、意义、作曲和时代背景等。

J0143101
重庆交响乐　（第一部 浑浊的城）
［射阳］韬奋书店［1947 年］78 页 20cm（32 开）
（戏剧丛书）

收于《戏剧丛书》之二中。

J0143102
赋格初步　（美）奥列姆（Preston.Ware.Orem）著；赵沨编译
香港 前进书局 1948 年 58 页 21cm（32 开）
定价：三元
（奥列姆乐理连丛）

本书内分 10 课，正文前有出版者的文章《关于这套〈乐理连丛〉》；后附名词对照、译者后记。外文书名：Manual of Fugue.

J0143103
和声学初步　（美）奥列姆（Preston.Ware.Orem）著；赵沨编译
香港 前进书局 1948 年 154 页 21cm（32 开）
定价：HKD7.00
（奥列姆乐理连丛）

本书共30课，书前有出版者的《关于这套〈乐理连丛〉》。

J0143104
和声学初步　（美）俄累姆（Preston.Ware.Orem）著；赵沨译
北京　音乐出版社　1955年　145页　有乐谱
20cm（32开）定价：CNY0.92

J0143105
和声学　（美）该丘斯（P.Goetschius）撰；缪天瑞编译
上海　万叶书店　1949年　236页　20cm（32开）
定价：20.00
（音乐理论丛书）

作者该丘斯（Percy Goetschius，1853—1943），美国音乐理论家、教授。曾在德国斯图加特音乐学院学习钢琴与理论作曲。任教于纽约叙拉古大学、纽约音乐艺术学院、波斯顿新英格兰音乐院。著作有《曲调作法》《作曲素材》《和声学》等。作者缪天瑞（1908—2009），音乐教育家、音乐学家。浙江瑞安人，毕业于上海艺术师范大学。历任中央音乐学院副院长，天津音乐学院院长，福建音乐专科学校教授、教务主任，中央音乐学院副院长，天津市文化局副局长，天津音乐学院教授、院长，中国艺术研究院音乐研究所研究员，著有《律学》，主编《中国音乐词典》等。

J0143106
和声学　（美）该丘斯（P.Goetschius）著；缪天瑞译
上海　新音乐出版社　1955年　2版　236页
21cm（32开）

本书是传统和声学教程。以“五度相生法”为理论基础，以此来构成大音阶，并用以确定各和弦及各调的相互关系，又用以划分不协和和弦的等级。此外，作者对和弦本音与和弦外音作了简明的分类，即和弦到5个音为止，其余皆归入和弦外音；并且把所有和弦外音都归入“广义的邻音”之内。书末有附录《习题选答》和《和声学应用》，是译者从原作者的另一著作《作曲素材》中选摘出来的，可供学习者从和声练习到进入实际作曲应用时参考。

J0143107
和声学　（美）该丘斯（P.Goetschius）著；缪天瑞译
北京　音乐出版社　1955年　2版　236页
21cm（32开）统一书号：8026.52　定价：CNY1.45
（该氏音乐理论丛书　3）

J0143108
和声学　（美）该丘斯（P.Goetschius）著；缪天瑞编译
北京　音乐出版社　1962年　2版　修订本　259页
20cm（32开）统一书号：8026.52　定价：CNY1.45
（该氏音乐理论丛书　3）

外文书名：The Theory and Practice of Tone-Relations.

J0143109
曲调作法　（美）该丘斯（P.Goetschius）撰；缪天瑞编译
上海　万叶书店　1949年　129页　20cm（32开）
定价：1.50
（音乐理论丛书）

本书从巴赫、海顿、莫札特、贝多芬、华格纳等15位作曲家的作品中列举曲调，讲解作法，分为“本质音”“非本质音”2篇，共34章。外文书名：Exercises in Melody-Writing.

J0143110
曲调作法　（美）该丘斯（P.Goetschius）撰；缪天瑞编译
上海　万叶书店　1952年　7版　130页
20cm（32开）定价：旧币10.500元
（音乐理论丛书）

J0143111
曲调作法　（美）P.该丘斯（Goetschius，P.）著；缪天瑞编译
北京　音乐出版社　1963年　2版　修订本　138页
有图　20cm（32开）统一书号：8026.134
定价：CNY0.79
（该氏音乐理论丛书　2）

外文书名：Exercises in Melody Writing.

J0143112
应用和声学　（美）乔治·韦治（G.A.Wedge）著；汪培元译

上海 万叶书店 1949年 165页 20cm(32开)
(音乐理论丛书)

本书介绍和声的基础知识、和声的原则及曲式的应用。

J0143113
应用和声学 (下册)(美)乔治·韦治(G.A.Wedge)著;汪培元译
上海 新音乐出版社 1954年 新一版
定价:CNY0.90

J0143114
作曲教程 李焕之著
中南军区兼第四野战军政治部文化部[1949年]
352页 19cm(32开)
(文艺工作学习文选 第5辑)

本书内分10章,包括歌曲形式、曲调的构成、节奏的生活基础、节拍形式等。作者李焕之(1919—2000),作曲家、指挥家、音乐理论家。出生于香港,原籍福建晋江市,毕业于延安鲁迅艺术学院。历任中央音乐学院音乐团团长,中央歌舞团艺术指导,中央民族乐团团长。代表作品有《民主建国进行曲》《新中国青年进行曲》《春节组曲》等。

J0143115
传统和声学 (德)亨德米特(P.Hindemith)撰;罗忠镕译
上海 文光书店 1950年 141页 21cm(32开)
定价:十一元
(音乐丛刊)

本书内容为如何在作曲中利用和弦和声技术。

J0143116
传统和声学 (德)亨德米特(P.Hindemith)撰;罗忠镕译
上海 文光书店 1951年 2版 141页 21cm(32开)
定价:旧币12,500
(音乐丛刊)

J0143117
传统和声学 (简明教程 上卷)(德)保罗·兴德米特(P.Hindemith)著;罗忠熔译
北京 人民音乐出版社 1980年 21cm(32开)
统一书号:8026.3753(1)定价:CNY1.10

外文书名:A Concentrated Course in Traditional Harmony. 作者保罗·欣德米特(Hindemith.paul, 1895—1963),德国作曲家。20世纪重要的德国作曲教师,曾任教于柏林国立音乐学院、耶鲁大学、哈佛大学。创办安卡拉音乐学校。代表作品有歌剧《画家马蒂斯》《葬礼音乐》。著有《作曲家的世界》。

J0143118
传统和声学 (简明教程 下卷)(德)保罗·兴德米特(P.Hindemith)著;罗忠熔译
北京 人民音乐出版社 1983年 21cm(32开)
统一书号:8026.4125 定价:CNY0.53

外文书名:A concentrated Course in Traditional Harmony.

J0143119
对位法 (美)该丘斯(P.Goetschius)著;缪天瑞编译
上海 万叶书店 1950年 171页 20cm(32开)
定价:CNY1.10
(音乐理论丛书)

本书主要对和声学、曲式学与应用对位法做了介绍。

J0143120
对位法 (美)该丘斯(Goetschius, P.)著;缪天瑞译
台北 淡江书局 1957年 171页 21cm(32开)
定价:TWD18.00
(淡江乐理丛书)

J0143121
复对位法 苏夏编撰;新音乐社编辑
上海 文光书店 1950年 55页 21cm(32开)
定价:CNY5.50
(音乐知识丛书)

J0143122
乐器法 (英)普劳特著;李元庆译
上海 万叶书店 1950年 138页 19cm(32开)

J0143123
乐器法 (英)普劳特(E.Prout)撰;李元庆译

上海 万叶书店 1952 年 138 页 20cm（32 开）
定价：旧币 11,000 元
（音乐理论丛书）

J0143124
曲式学大纲　杨嘉仁，程卓如编著
上海 上海音乐出版社 1950 年 影印本 80 页
26cm（16 开）定价：12.00

本书以浅近的语言，阐述了西洋古典音乐曲式学理论。

J0143125
曲调和对位　S.Macpherson 著；赵沨译
上海 作家书屋 1950 年 2 版 66 页 18cm（32 开）
定价：CNY4.50
（新音乐丛书 3）

J0143126
曲调和对位　S.Macpherson 著；赵沨译
上海 作家书屋 1952 年 3 版 66 页 18cm（32 开）
定价：CNY0.45
（新音乐丛书 3）

J0143127
实用对位法　苏夏编撰；新音乐社编辑
上海 文光书店 1950 年 2 版 212 页 21cm（32 开）
定价：CNY14.00
（音乐知识丛书）

J0143128
作曲讲义　艺训班编
艺训班［1950—1959 年］油印本 3 页 25cm（15 开）

J0143129
对位化和声学　陈洪著
上海 上海音乐出版社 1951 年 256 页
19cm（32 开）定价：CNY1.80

J0143130
对位化和声学　陈洪著
北京 音乐出版社 1957 年 2 版 修订本 244 页
20cm（32 开）统一书号：8026.34 定价：CNY1.40

J0143131
歌曲作法　盛礼洪编著
上海 万叶书店 1951 年 100 页 19cm（32 开）
定价：旧币 9,000 元
（中央音乐学院通俗音乐丛书）

J0143132
歌曲作法简明教程　瞿希贤著
上海 作家书屋 1951 年 79 页 19cm（32 开）
定价：旧币 6,000 元
（全国音协理论丛书）

作者瞿希贤（1919—2008），女，作曲家。上海人，毕业于上海国立音专作曲系。曾就职于中央音乐学院音工团和中央乐团创作组。代表作品《听妈妈讲那过去的事情》《新的长征，新的战斗》《乌苏里船歌》。

J0143133
歌曲作法简明教程　瞿希贤著
上海 作家书屋 1952 年 5 版 79 页 19cm（小 32 开）
（全国音协理论丛书）

J0143134
和声学　（美）皮斯顿（W.Piston）撰；丰陈宝译；中央音乐学院上海分院教研室编辑
上海 新文艺出版社 1951 年 42 页 21cm（32 开）
定价：旧币 26,000 元
（中央音乐学院华东分院音乐理论·技术丛书）

本书着重介绍 18、19 世纪作曲家共同的和声处理手法。通过分析这一时期产生的具有代表性的作品，归纳出一套和声规律。书中对“和声的节奏”、“副属和弦”与“和弦外音”所做的论述较有特色。

J0143135
和声学　（美）辟斯顿（W.Piston）著；丰陈宝译
北京 人民音乐出版社 1978 年 2 版 修订本
357 页 20cm（32 开）统一书号：8026.3408
定价：CNY1.90

外文书名：Harmony. 作者丰陈宝（1920—2010），女，浙江崇德县人。丰子恺先生长女。毕业于重庆中央大学外文系。上海译文出版社编审、丰子恺研究会顾问。主要翻译出版的专著有辟斯顿《和声学》、雅谷《管弦乐法》和列夫·托尔斯泰《艺术论》等。

J0143136
怎样写二部歌曲　王震亚著
［上海］万叶出版社 1951年 36页 20cm(32开)
定价：CNY0.35

J0143137
怎样写二部歌曲　王震亚编著
北京 音乐出版社 1951年 36页 21cm(32开)
定价：旧币4,500元
(中央音乐学院通俗音乐丛书)

J0143138
怎样写二部歌曲　王震亚著
上海 万叶书店 1953年 3版 36页 20cm(32开)
定价：旧币4,000元
(中央音乐学院通俗音乐丛书)

J0143139
怎样写二部歌曲　王震亚编著
北京 音乐出版社 1959年 36页 有曲谱
21cm(32开)统一书号：8026.483
定价：CNY0.25
(中央音乐学院通俗音乐丛书)

J0143140
自修和声学　(日)原田彦,(日)守安省著；李凌译
上海 文光书店 1951年 201页 20cm(32开)
定价：旧币16,500元
(音乐和知识丛书)

J0143141
单对位法　丁善德编译
上海 上海音乐出版社 1952年 64页 21cm(32开)
定价：旧币6,000元

J0143142
复对位法大纲　丁善德著
上海 上海音乐出版社 1952年 定价：CNY0.40

J0143143
复对位法大纲　丁善德编撰
上海 新音乐出版社 1954年 47页 21cm(32开)
定价：旧币4,000元

复对位是指对位音乐的各声部的高低易位，通常在复调写作中运用。复对位按声部数量可分为二重对位、三重对位、四重对位等。作者丁善德(1911—1995)，江苏昆山人。1928年入上海国立音乐专科学校钢琴系，兼学作曲。历任天津女子师范学校，上海国立音专教师，上海音乐学院教授、作曲系主任、副院长，中国音协副主席。创作钢琴曲《中国民歌主题变奏曲》《序曲三首》，交响乐《长征》等。撰有《单对位法》《复对位法》《赋格写作纲要》等。

J0143144
管弦乐法原理　(俄)里姆斯基-考萨科夫原撰；(苏)斯坦贝尔格编；瞿希贤译；中央音乐学院研究部编辑
上海 万叶书店 1952年 2册 21cm(32开)
(中央音乐学院研究部资料丛刊)

作者瞿希贤(1919—2008)，女，作曲家。上海人，毕业于上海国立音专作曲系。曾就职于中央音乐学院音工团和中央乐团创作组。代表作品《听妈妈讲那过去的事情》《新的长征，新的战斗》《乌苏里船歌》。

J0143145
管弦乐法原理　(第一册)(俄)里姆斯基-科萨科夫(N.A.Rimsaky-Korsakoff)著；(俄)玛克西米里安·斯坦贝尔格编；瞿希贤译
北京 人民音乐出版社 1981年 151页
20cm(32开)统一书号：8026.3894
定价：CNY1.15

本书分"管弦乐各组总论""旋律""和声""管弦乐曲的构成法""人声与乐队的结合、台上乐器"，以及"人声"6章。并附有大量的乐曲举例和图表等。外文书名：Principles of Orchestration.

J0143146
管弦乐法原理　(第二册)(俄)里姆斯基-科萨科夫(N.A.Rimsaky-Korsakoff)著；(俄)玛克西米里安·斯坦贝尔格编；瞿希贤译
北京 人民音乐出版社 1981年 333页
19cm(小32开)统一书号：8026.3895
定价：CNY2.15

本书分"管弦乐各组总论""旋律""和声""管弦乐曲的构成法""人声与乐队的结合、台上乐器"，以及"人声"6章。并附有大量的乐曲举例和图表等。外文书名：Principles of

Orchestration.

J0143147
键盘和声学 George A.Wedge 著; 杨民望译
上海 上海音乐出版社 1952年 194页
20cm(32开) 定价: CNY1.60

J0143148
键盘和声学 (美)韦治(G.A.Wedge)著; 汪培元译
上海 万叶书店 1952年 196页 有图
20cm(32开) 定价: 旧币 13,000元

J0143149
论苏联群众歌曲 (苏)聂斯契也夫著; 安寿颐译
上海 万叶书店 1952年 26页 18cm(小32开)
定价: 旧币 2,000元

J0143150
普氏曲体学 (英)普劳特(E.Prout)撰; 朱建译; 沈敦行校订
上海 新文艺出版社 1952年 326页 21cm(32开)
定价: CNY1.91

J0143151
曲体学 (英)普劳特(E.Prout)撰; 朱建译; 中央音乐学院华东分院研究室编译组编辑
上海 中央音乐学院华东分院研究室编译组
1952年 326页 21cm(32开)
定价: 旧币 20,500元
(中央音乐学院华东分院音乐理论技术丛书)

J0143152
怎样创作歌曲 安波等著; 甄伯蔚辑
上海 文光书店 1952年 198页 19cm(32开)
定价: 旧币 9,000元
(音乐知识丛书)

作者安波(1915—1965),中国现代著名作曲家、民族音乐学家。生于山东牟平县宁海镇(今山东省烟台市牟平区)。曾任鲁迅艺术学院院长、东北人民中国音乐学院首任院长。作歌曲300余首及秧歌剧、歌剧等多部。代表作:《八路军开荒歌》《七月里在边区》《因为有了共产党》。

J0143153
作曲法 (美)加德纳(C.E.Gardner)撰; 顾连理译; 中央音乐学院上海分院研究室编辑
上海 新文艺出版社 1952年 211页 21cm(32开)
定价: 旧币 13,600元
(中央音乐学院上海分院音乐理论·技术丛书)

J0143154
作曲法 (美)卡尔·伽特纳(Carl E.Gardner)著; 顾连理译
北京 人民音乐出版社 1957年 202页
20cm(32开) 统一书号: 8026.482 定价: CNY1.15
外文书名: Music Composition.

J0143155
作曲法 (美)伽特纳(Gardner, C.E.)著; 顾连理译
北京 人民音乐出版社 1957年 202页
20cm(32开) 定价: CNY1.60
外文书名: Music Composition.

J0143156
作曲法 (美)迦特纳(Carl E.Gardner)著; 顾连理译
北京 音乐出版社 1957年 202页 21cm(32开)
统一书号: 8062.482 定价: CNY1.20
(上海音乐学院音乐理论·技术丛书)
外文书名: Music Composition.

J0143157
管乐编曲法 冷津编译
上海 万叶书店 1953年 106页 有图有乐谱
20cm(32开) 定价: 旧币 8,000元
(鲁艺音乐编译丛书)

J0143158
管弦乐法 (英)雅各(G.P.S.Jacob)撰; 丰陈宝译; 中央音乐学院华东分院研究室编译组编辑
上海 万叶书店 1953年 144页 21cm(32开)
定价: 旧币 9,500元
(中央音乐学院华东分院音乐理论·技术丛书)
外文书名: Orchestral Technique.

J0143159
和声处理法 (英)勃克(Buck, P.)著; 吴增荣译

北京 人民音乐出版社 1953 年 175 页
20cm（32 开）定价：CNY0.96
　　外文书名：Unfigured Harmony.

J0143160
和声处理法　（英）勃克（P.Buck）著；吴增荣译
上海 万叶书店 1953 年 175 页 21cm（32 开）
定价：旧币 11,000 元
（中央音乐学院华东分院音乐理论·技术丛书）

J0143161
和声处理法　（英）勃克（P.Buck）著；吴增荣译
北京 音乐出版社 1956 年 175 页 21cm（32 开）
统一书号：8026.146 定价：CNY1.06
（中央音乐学院华东分院音乐理论技术丛书）

J0143162
和声处理法　（英）勃克（P.Buck）著；吴增荣译
北京 人民音乐出版社 1978 年 重印 175 页
20cm（32 开）统一书号：8026.3410
定价：CNY0.96
　　外文书名：Unfigured Harmony.

J0143163
和声学大纲　（苏）阿伦斯基（Аренский，A.）著；陈登颐译
北京 人民音乐出版社 1953 年 92 页 20cm（32 开）
定价：CNY0.57

J0143164
和声学大纲　（俄）阿连斯基著；陈登颐译
［上海］万叶出版社 1953 年 定价：CNY0.16
　　作者陈登颐（1928—　），翻译家。江苏镇江人。少时就读上海民治新闻学校。曾任上海音乐出版社编辑。主要翻译作品有《达马莎》《世界小说一百篇》《舒曼论音乐与音乐家》等。

J0143165
和声学大纲　（苏）阿伦斯基（A.Аренский）撰；陈登颐译
上海 新音乐出版社 1953 年 92 页 21cm（32 开）
定价：旧币 6,800 元

J0143166
和声学大纲　（苏）阿伦斯基（A.Аренский）撰；陈登颐译
北京 音乐出版社 1955 年 92 页 21cm（32 开）

J0143167
和声学实用教程　（俄）里姆斯基－科萨科夫（H.A.Римский-Корсаков）撰；张洪岛译
上海 新音乐出版社 1953年 158页 20cm（32开）
定价：旧币 10,000 元

J0143168
和声学实用教程　（俄）里姆斯基－科萨科夫著；张洪岛译
北京 人民音乐出版社 1998 年 重印本 155 页
20cm（32 开）ISBN：7-103-00273-8
定价：CNY7.90
　　本书是经典性和声学教科书之一。共 5 章：一、绪论，概述各种基本和弦及其连接与进行法；二、同调和弦的和声法；三、转调；四、旋律的华彩；五、四分音法与突然转调法。每章节均配有相应的习题和例题。

J0143169
和声与对位　（英）T.H. 柏顿绍（T.H.Bertenshaw）著；陆华柏译
北京 人民音乐出版社 1953 年 225 页
20cm（32 开）统一书号：8026.4157
定价：CNY1.40
　　外文书名：Harmony and Counterpoint. 作者陆华柏（1914—1994），作曲家、音乐教育家。出生于湖北荆门，祖籍江苏武进。主要作品有《故乡》《勇士骨》《汨罗江边》等。

J0143170
和声与对位　（英）柏顿绍（T.H.Bertenshaw）撰；陆华柏编译
上海 新音乐出版社 1953年 225页 21cm（32开）
定价：旧币 14,000 元
（万叶音乐理论丛书）

J0143171
卡农曲作法　苏夏编著
上海 教育书店 1953 年 67 页 19cm（32 开）
定价：旧币 4,500 元
（音乐知识丛书 2）

J0143172
单对位法大纲　丁善德著
上海 上海音乐出版社 1954 年 定价：CNY0.60

J0143173
单对位法大纲　丁善德编著
北京 音乐出版社 1955 年 65 页 21cm（32 开）
定价：旧币 4,800 元

J0143174
和声分析　雷曼（F.J.Lehmann）著；顾连理译
上海 新音乐出版社 1954 年 159 页 21cm（32 开）
定价：旧币 11,000 元
（中央音乐学院华东分院音乐理论·技术丛书）

J0143175
曲式学大纲　（俄）阿连斯基著；陈登颐译
［上海］万叶出版社 1954 年 定价：CNY0.72

J0143176
曲式学大纲　（苏）阿伦斯基（А.Аренский）著；陈登颐译
上海 新音乐出版社 1954 年 油印本 122 页
21cm（32 开）定价：旧币 7,200 元

J0143177
曲式学大纲　（俄）阿伦斯基著；陈登颐译
北京 人民音乐出版社 1984 年 重印本 122 页
20cm（32 开）统一书号：8026.24 定价：CNY0.72

J0143178
复对位法与卡农　（英）普劳特（E.Prout）著；孟文涛译
北京 音乐出版社 1955 年 305 页 21cm（32 开）
定价：CNY1.82

J0143179
实用复调音乐初步教程　（苏）帕夫柳钦科（С.А.Павлюченко）著；朱世民译；中央音乐学院编译室编辑
北京 音乐出版社 1955 年 影印本 110 页
21cm（32 开）定价：CNY0.69
（中央音乐学院编译室丛书）

J0143180
实用和声学教程　（苏）斯克列勃科娃（О.Л.Скребкова），（苏）斯克列勃科夫（С.С.Скребков）著；孙静云译
北京 音乐出版社 1955 年 影印本 191 页
21cm（32 开）定价：CNY1.16
（东北音乐专科学校音乐编译丛书 5）

J0143181
部队创作歌曲　（1）中国人民解放军沈阳部队文艺编辑组编
沈阳 辽宁人民出版社 1956 年 36 页 19cm（32 开）
统一书号：T8090.30 定价：CNY0.11

J0143182
歌曲作法讲话　姚以让著；中国音乐家协会成都分会编
成都 四川人民出版社 1956 年 106 页
19cm（32 开）定价：CNY0.31

J0143183
格里爱尔的声乐协奏曲　（苏）贝尔查（И.Бэлза）著；曹洪译；中央音乐学院编译室编辑
北京 音乐出版社 1956 年 16 页 15cm（40 开）
统一书号：8026.318 定价：CNY0.07
（音乐欣赏丛书）

J0143184
辟斯顿和声学　（美）辟斯顿（W.Piston）撰；丰陈宝译
北京 音乐出版社 1956 年 359 页 21cm（32 开）
统一书号：8026.468 定价：CNY2.08
（中央音乐学院华东分院音乐理论技术丛书）

作者丰陈宝（1920—2010），女，浙江崇德县人。丰子恺先生长女。毕业于重庆中央大学外文系。上海译文出版社编审、丰子恺研究会顾问。主要翻译出版的专著有辟斯顿《和声学》、雅谷《管弦乐法》和列夫·托尔斯泰《艺术论》等。

J0143185
应用曲体学　（英）普劳特（E.Prout）著；中央音乐学院华东分院编译室编译
北京 音乐出版社 1956 年 349 页 21cm（32 开）
统一书号：8026.437 定价：CNY2.05
（中央音乐学院华东分院音乐理论技术丛书）

J0143186
粤曲写作入门 陈卓莹著
广州 广东人民出版社 1956年 101页
19cm(32开)统一书号:T8111.20 定价:CNY0.30

J0143187
复调音乐 (苏)斯克列勃科夫(С.С.Скребков)著;吴佩华,丰陈宝译
北京 音乐出版社 1957年 301页 有图
20cm(32开)统一书号:8026.751
定价:CNY1.70
本书论述衬腔式、对比式与模仿式3种复调音乐。模仿式复调音乐中论及了自由写作模仿的一般特征以及赋格曲。每章结尾均有习题,书末附《音乐术语俄汉对照表》。

J0143188
复调音乐 (苏)斯克列勃科夫(С.С.Скребков)著;吴佩华,丰陈宝译
北京 人民音乐出版社 1979年 301页
20cm(32开)统一书号:8026.751 定价:CNY1.20

J0143189
赋格写作技术纲要 丁善德编著
上海 上海音乐出版社 1957年 141页
20cm(32开)统一书号:127.054 定价:CNY0.95
作者丁善德(1911—1995),江苏昆山人。1928年入上海国立音乐专科学校钢琴系,兼学作曲。历任天津女子师范学校、上海国立音专教师,上海音乐学院教授、作曲系主任、副院长,中国音协副主席。创作钢琴曲《中国民歌主题变奏曲》《序曲三首》,交响乐《长征》等。撰有《单对位法》《复对位法》《赋格写作纲要》等。

J0143190
歌曲创作 北京市文联创作委员会编
北京 音乐出版社 1957年 29页 19cm(32开)
统一书号:8026.679 定价:CNY0.11

J0143191
歌曲创作 中华全国总工会工人歌舞团编
北京 中华全国总工会工人歌舞团 1957年 26页
26cm(16开)

J0143192
歌曲作法 曾理中著
武汉 长江文艺出版社 1957年 71页 20cm(32开)
统一书号:8107.40 定价:CNY0.28

J0143193
歌曲作法教程 丁鸣,竹风著
沈阳 辽宁人民出版社 1957年 188页
19cm(32开)统一书号:8090.38 定价:CNY0.55

J0143194
歌曲作法教程 丁鸣,竹风编著
沈阳 春风文艺出版社 1959年 新1版 修订本
271页 有曲谱 19cm(32开)统一书号:8158.11
定价:CNY0.75

J0143195
和声分析习题 (苏)斯克列勃科娃(О.Л.Скребкова),(苏)斯克列勃科夫(С.С.Скребков)著;孙静云译
北京 音乐出版社 1957年 影印本 259页
20cm(32开)统一书号:8026.646
定价:CNY1.60

J0143196
和声学教程 (上册)(苏)杜波夫斯基(И.Дубовский)等著;朱世民译
北京 音乐出版社 1957年 172页 20cm(32开)
统一书号:8026.558 定价:CNY1.00

J0143197
和声学教程 (下册)(苏)杜波夫斯基(И.Дубовский)等著;朱世民译
北京 音乐出版社 1957年 242页 21cm(32开)
统一书号:8026.607 定价:CNY1.40

J0143198
和声学教程 (上册)(苏)杜波夫斯基(И.Дубовекий)等著;朱世民译
北京 人民音乐出版社 1979年 重印 172页
20cm(32开)统一书号:8026.558
定价:CNY0.73

J0143199
和声学教程 (下册)(苏)杜波夫斯基(И.Ду-

бовский）等著；朱世民译
北京 人民音乐出版社 1979年 重印 237页
20cm（32开）统一书号：8026.607
定价：CNY0.97

J0143200
和声学教程 （苏）杜波夫斯基（Дубовский, И.）等著；陈敏译
北京 人民音乐出版社 1991年 增订重译本
570页 20cm（32开）ISBN：7-103-00738-1
定价：CNY9.10

本书讲述了大三和弦与小三和弦、四部和声，正三和弦的功能体系，原位三和弦的连接，用正三和弦为旋律配和声等内容。作者陈敏（1957— ），教师。浙江人民警察学校语文教研室主任，浙江省硬笔书法家协会副主席兼秘书长，中国书法家协会理事兼《中国硬笔书法家协会通讯》主席等。

J0143201
曲式学 （上册）（苏）斯波索宾（И.В.Способин）著；张洪模译
上海 上海音乐出版社 1957年 190页
20cm（32开）统一书号：8127.072 定价：CNY1.30
（中央音乐学院编译室译丛）

J0143202
曲式学 （下册）（苏）斯波索宾（И.В.Способин）著；张洪模译
上海 上海音乐出版社 1957年 227页
20cm（32开）统一书号：8127.120 定价：CNY1.50
（中央音乐学院编译室译丛）

J0143203
曲式学 （苏）斯波索宾著；张洪模译
上海 上海文艺出版社 1986年 新2版 424页
20cm（32开）统一书号：8078.3526
定价：CNY2.80

J0143204
什么是奏鸣曲 （苏）波波娃（Т.Попова）著；杨民望译
北京 音乐出版社 1957年 37页 15cm（40开）
统一书号：8026.521 定价：CNY0.13
（音乐欣赏丛书）

J0143205
什么是组曲 （苏）波波娃（Т.Попова）著；方行重译
北京 音乐出版社 1957年 22页 15cm（40开）
统一书号：8026.576 定价：CNY0.09
（音乐欣赏丛书）

J0143206
宋姜白石创作歌曲研究 杨荫浏，阴法鲁合著
北京 音乐出版社 1957年 93页 有肖像
26cm（16开）统一书号：8026.566
定价：CNY0.90

全书共8章。1章全面介绍姜白石及其作品外；2章至6章为译谱的详尽考释与校勘、词调十七曲的译谱及歌词注释等，7章至8章为琴曲侧高调《古怨》的考释及译谱、《越九歌》10曲的译谱等。作者杨荫浏（1899—1984），音乐教育家。字亮卿，号二壮，又号清如。出生于江苏无锡，曾就读于上海圣约翰大学文学系、光华大学经济系（今华东师范大学）。曾在重庆、南京任国立音乐学院教授兼国乐组主任、国立礼乐馆编纂和乐曲组主任、金陵女子大学音乐系教授。代表作品有《中国音乐史纲》《中国古代音乐史稿》。作者阴法鲁（1915—2002），古典文献专家、音乐史、舞蹈史专家。出生于山东肥城市。北京大学中文系教授。代表作品《古文观止译注》《中国古代文化史》等。

J0143207
宋姜白石创作歌曲研究 杨荫浏，阴法鲁著
北京 人民音乐出版社 1970年 重印本 82页
26cm（16开）统一书号：8026.566
定价：CNY0.90

J0143208
苏联歌曲创作问题 （苏）诺维科夫等著；吴钧燮等译
北京 音乐出版社 1957年 100页 19cm（32开）
统一书号：8026.592 定价：CNY0.46

J0143209
怎样创作歌曲 北京群众艺术馆编
北京 北京出版社 1957年 54页 18cm（小32开）
统一书号：R8071.28 定价：CNY0.18

J0143210
怎样为歌曲配奏简易和音 李先锐编著
重庆 重庆人民出版社 1957年 62页
18cm(小32开) 统一书号: 8114.43
定价: CNY0.20

J0143211
儿童歌曲作法 彭一叶编著
上海 上海音乐出版社 1958年 76页 20cm(32开)
统一书号: 8127.140 定价: CNY0.40

J0143212
和声常识 孙振兴编著
沈阳 辽宁人民出版社 1958年 56页 19cm(32开)
统一书号: T8090.63 定价: CNY0.18

J0143213
和声的结构功能 (奥)玄堡(A.Schoenberg)著; 茅于润译
上海 上海音乐出版社 1958年 205页
20cm(32开) 统一书号: 8127.191 定价: CNY1.20

J0143214
和声的结构功能 (奥)勋柏格著; 茅于润译
上海 上海文艺出版社 1981年 233页
19cm(32开) 统一书号: 8078.3275
定价: CNY1.05

J0143215
论旋律 (苏)玛采尔(Л.Мазель)著; 孙静云译
北京 音乐出版社 1958年 308页 20cm(32开)
统一书号: 8026.1072 定价: CNY1.80

J0143216
让新的音乐生活活跃起来 (批判黄色歌曲讲座提纲)李凌编著
北京 音乐出版社 1958年 66页 19cm(32开)
统一书号: 8026.881 定价: CNY0.22

J0143217
现代乐器学 (上册)(法)维多尔(C.M.Widor)著; 金文达译
北京 音乐出版社 1958年 257页 20cm(32开)
统一书号: 8026.876 定价: CNY1.60
(中央音乐学院编译室译丛)

本书共2册，论述了乐器的历史、构造、发音原理、性能、演奏法及记谱法。上册分论木管乐器、铜管乐器、拨弦乐器，下册分论打击乐器、键盘乐器、弓弦乐器。

J0143218
现代乐器学 (下册)(法)维多尔(C.M.Widor)著; 金文达译
北京 人民音乐出版社 1988年 重印本 286页
20cm(32开) ISBN: 7-103-00192-8
定价: CNY2.85

J0143219
怎样写歌曲的钢琴伴奏 陈洪编著
北京 音乐出版社 1958年 83页 19cm(32开)
统一书号: 8026.872 定价: CNY0.50

J0143220
怎样写歌曲的钢琴伴奏 陈洪编著
北京 人民音乐出版社 1985年 2版 修订本
89页 20cm(32开) 统一书号: 8026.872
定价: CNY0.56

J0143221
常用曲调 方行编
南京 江苏文艺出版社 1959年 62页 19cm(32开)
统一书号: T8141.688 定价: CNY0.15

J0143222
常用曲调歌本 上海文化出版社编
上海 上海文艺出版社 1959年 32页
18cm(小32开) 统一书号: 8078.354
定价: CNY0.09

J0143223
歌曲创作 (三)福州军区政治部文工团编
福州 福州军区政治部文工团 1959年 31页
19cm(32开)

J0143224
论现代和声 (论文集)《音乐译文》编辑部编
北京 音乐出版社 1959年 86页 19cm(32开)
统一书号: 8026.1171 定价: CNY0.39

J0143225
曲式学 （上册）（苏）И.В.斯波索宾著；张洪模译
上海 上海文艺出版社 1959年 新1版 190页 有图表 21cm（32开）统一书号：8078.0741 定价：CNY1.10
（中央音乐学院编译室译丛）

本书为苏联音乐学院和音乐专科学校作品分析课教材，内容涵盖关于曲式的所有重要知识。全书分绪论、第一篇、第二篇和附录4部分。绪论阐述曲式的基本知识和规律；第一篇阐述乐段、单二部曲式、单三部曲式、复三部曲式、变奏曲式、回旋曲、奏鸣曲式、套曲曲式和声乐曲式；第二篇阐述复调音乐的一般基础、复对位、模仿与卡农、赋格曲和其他复调音乐曲式。最后的附录部分还提供了若干曲式的作品范例。

J0143226
曲式学 （下册）（苏）И.В.斯波索宾著；张洪模译
上海 上海文艺出版社 1959年 新1版 227页 有图表 21cm（32开）统一书号：8078.0742 定价：CNY1.30
（中央音乐学院编译室译丛）

J0143227
谈谈歌曲创造 上海文艺出版社编
上海 上海文艺出版社 1959年 67页 有曲谱 19cm（32开）统一书号：8078.0836 定价：CNY0.17

J0143228
谈谈歌曲创作 上海文艺出版社编辑
上海 上海文艺出版社 1959年 67页 19cm（32开）统一书号：8078.0836 定价：CNY0.17

J0143229
谈谈歌曲创作 上海文艺出版社编辑
上海 上海文艺出版社 1961年 重印本 67页 19cm（32开）统一书号：8078.0836 定价：CNY0.17

J0143230
怎样学习作曲 李焕之著
北京 音乐出版社 1959年 92页 19cm（32开）统一书号：8026.1252 定价：CNY0.32

J0143231
怎样作曲 铁军编著
太原 山西人民出版社 1959年 76页 19cm（32开）统一书号：7088.172 定价：CNY0.26

J0143232
歌词写作知识 云南省群众艺术馆编
昆明 云南省群众艺术馆 1961年 34页 19cm（32开）

J0143233
业务学习资料 （歌词写作知识）云南省群众艺术馆编
昆明 云南省群众艺术馆 1961年 34页 19cm（32开）

J0143234
赋格曲 （美）希格斯（J.Higgs）著；唐其竟译
北京 人民音乐出版社 1962年 134页 20cm（32开）统一书号：8026.3409 定价：CNY0.76
外文书名：Fugue.

J0143235
赋格曲 （美）J.希格斯（Fugue，J.）著；唐斯竟译
北京 音乐出版社 1962年 134页 有曲谱 21cm（32开）统一书号：8026.1569 定价：CNY0.79
外文书名：Fugue.

J0143236
赋格曲 （美）希格斯（J.Higgs）著；唐其竟译
北京 音乐出版社 1962年 134页 20cm（32开）统一书号：8026.2569 定价：CNY0.79
外文书名：Fugue.

J0143237
赋格曲 （美）希格斯（J.Higgs）著；唐其竟译
北京 人民音乐出版社 1978年 134页 20cm（32开）ISBN：978-7-1030-0042-7 定价：CNY2.70
外文书名：Fugue.

J0143238
交响配器法 (第一卷)(苏)C.H.瓦西连科著;金文达译
北京 音乐出版社 1962年 451页 有图及曲谱 21cm(32开) 统一书号:8026.1540
定价:CNY2.50
本书介绍了交响曲的管弦乐知识,作者运用简明易懂的文字,详细阐述了变型乐器、管乐器与弦乐器的同度结合、配器中的支持与强调等内容。

J0143239
交响配器法 (第二卷)(苏)瓦西连科,C.H.著;金文达译
北京 音乐出版社 1963年 2册(741页) 有图及曲谱 21cm(32开) 统一书号:8026.1713
定价:CNY4.10
本书介绍了交响曲的管弦乐知识,作者运用简明易懂的文字,详细阐述了变型乐器、管乐器与弦乐器的同度结合、配器中的支持与强调等内容。

J0143240
配器法 (美)W.辟斯顿(Piston, W.)著;敦行译
上海 上海文艺出版社 1962年 106页 21cm(32开) 统一书号:8078.1915
定价:CNY0.64
外文书名:Orchestration.

J0143241
曲式与作品分析 吴祖强编著
北京 音乐出版社 1962年 417页 20cm(32开) 统一书号:K8026.1687 定价:CNY2.25
作者吴祖强(1927—),作曲家。出生于北京,原籍江苏武进,毕业于中央音乐学院。作品有弦乐合奏《二泉映月》《春江花月夜》等。

J0143242
曲式与作品分析 吴祖强编著
北京 人民音乐出版社 1982年 重印本 417页 20cm(32开) 统一书号:8026.1687
定价:CNY2.25

J0143243
曲式与作品分析 吴祖强编著
台北 世界文物出版社 1994年 400页 23cm ISBN:957-8996-44-6 定价:TWD380.00

J0143244
谈交响乐的创作 音乐出版社编辑部编
北京 音乐出版社 1963年 240页 20cm(32开) 统一书号:8026.1848 定价:CNY1.35
本书是音乐评论文集。收录1959年至1963年发表的文章计23篇。有的综览中华人民共和国成立以来在交响乐创作上的成就;有的提出某些作品中的一些成功的、值得重视的经验;还有的对一般交响乐作品中存在的问题,例如民族化、群众化的问题,题材处理和艺术表现问题,运用歌曲主题和塑造形象问题以及如何处理矛盾冲突和运用形式体裁的问题等,提出了各自的见解。

J0143245
民族曲式与作品分析 (民歌、器乐部分)军驰,李西安编
北京 音乐出版社 1964年 84页 19cm(32开) 统一书号:K8026.2089 定价:CNY0.42
本书系高等学校音乐作品分析教材专著,中央音乐学院试用教材。

J0143246
万里长征第一桥 中国音乐家协会理论创作委员会,《歌曲》编辑部编
[北京] 音乐出版社 1964年 19cm(小32开)
定价:CNY0.23
(歌词丛刊 第1辑)

J0143247
祖国万里好江山 中国音乐家协会理论创作委员会,《歌曲》编辑部编
[北京] 音乐出版社 1964年 19cm(小32开)
定价:CNY0.15
(歌词丛刊 第2辑)

J0143248
革命歌曲解说 (《大海航行靠舵手》等十八首)音乐出版社编辑部编
北京 音乐出版社 1965年 86页 有图 19cm(32开) 统一书号:8026.2402
定价:CNY0.25

J0143249
怎样为歌曲配风琴伴奏　陈凤祥编著
上海 上海文化出版社 1965年 74页
18cm(小32开)统一书号:8077.282
定价:CNY0.26

J0143250
怎样为歌曲配风琴伴奏　陈凤祥编著
上海 上海文艺出版社 1980年 83页 19cm(32开)
统一书号:8078.3178 定价:CNY0.24

J0143251
怎样为歌曲配风琴伴奏　陈凤祥编著
上海 上海文艺出版社 1980年 新1版 83页
19cm(32开)统一书号:8078.3178
定价:CNY0.24

J0143252
论声乐创作　音乐出版社编辑部编
北京 音乐出版社 1966年 339页 19cm(32开)
统一书号:8026.N8 定价:CNY1.75

本书是音乐论文选集。共选论文31篇。其中有总述音乐创作道路、谈声乐创作倾向性问题和评价《红军根据地大合唱》《幸福大合唱》等声乐作品的论文。撰稿人有吕骥、赵沨等音乐界著名人士及部分作曲家。

J0143253
实用对位法　肖而化著
台北 开明书店 1971年 258页 21cm(32开)
定价:TWD2.00

J0143254
对位法　刘志明编著
台北 天同出版社 1972年 105页 19cm(32开)

J0143255
歌曲创作浅谈　张善,金虎著
呼和浩特 内蒙古人民出版社 1973年 143页
19cm(32开)统一书号:8089.11 定价:CNY0.28

J0143256
歌曲创作浅谈　张善,金虎著
呼和浩特 内蒙古人民出版社 1975年 2版
176页 19cm(32开)统一书号:8089.26
定价:CNY0.36

J0143257
创作辅导　(歌曲创作学习资料)广东省佛山市文化馆编
佛山 广东省佛山市文化馆 1974年 77页
19cm(32开)

J0143258
歌曲作法浅谈　潘永暲编著
广州 广东人民出版社 1974年 80页 19cm(32开)
统一书号:8111.1226 定价:CNY0.19

J0143259
简易和声学　刘枫编著
台北 进修出版社 1974年 4版 71页
20cm(32开)
(音乐小丛书)

J0143260
基础对位法　萧而化著
台北 开明书店 1975年 297页
19cm(小32开)定价:TWD6.07

J0143261
对位法　(法)鄂克朗著;许常惠译
台北 全音乐谱出版社 1976年 148页
21cm(32开)

J0143262
对位法　(美)皮斯顿原著;康美凤译
台北 全音乐谱出版社 1979年 230页
(世界音乐名著译丛)

J0143263
对位法　郭克郎著;许常惠译
台北 全音乐谱出版社 1980年 5版 148页
20cm(32开)

J0143264
和声学　(上册 基本和声篇)肖而化著
台北 开明书店 1976年 7版 278页
21cm(32开)定价:TWD1.00

J0143265
和声学（下册 转变和声篇）肖而化著
台北 开明书店 1978年 6版 291页
21cm（32开）定价：TWD2.00

J0143266
谈歌曲创作　济哲，杨人翊编著
哈尔滨 黑龙江人民出版社 1976年 305页
19cm（32开）统一书号：8093.329 定价：CNY0.62

J0143267
谈歌曲创作　济哲，杨人翊编
哈尔滨 黑龙江人民出版社 1978年 2版
248页 19cm（32开）统一书号：8093.516
定价：CNY0.63

J0143268
谈革命歌曲创作　毕庶勤著
上海 上海人民出版社 1976年 151页
19cm（32开）统一书号：8171.1396
定价：CNY0.31

J0143269
文艺学习资料（谈歌词创作）云南省群众艺术馆编辑
昆明 云南省群众艺术馆 1976年 49页
19cm（32开）

J0143270
二部歌曲写作基础　杨鸿年著
上海 上海人民出版社 1977年 206页
19cm（32开）统一书号：8171.1790
定价：CNY0.43

J0143271
歌曲写作问答　湖艺《歌曲写作问答》编写组编
武汉 湖北人民出版社 1977年 176页
19cm（32开）统一书号：8106.1864
定价：CNY0.36

J0143272
谈歌曲创作　竹风著
北京 人民音乐出版社 1977年 104页
19cm（32开）统一书号：8026.3318
定价：CNY0.26

J0143273
作曲浅谈　秦西炫著
北京 人民音乐出版社 1977年 100页
19cm（32开）统一书号：8026.3225
定价：CNY0.26

J0143274
歌词写作常识　李忠勇，何福琼著
北京 人民音乐出版社 1978年 99页 19cm（32开）
统一书号：8026.3352 定价：CNY0.25

J0143275
歌曲创作讲座　李焕之著
北京 人民音乐出版社 1978年 90页 19cm（32开）
统一书号：8026.3365 定价：CNY0.23
（音乐知识丛书）

作者李焕之（1919—2000），作曲家、指挥家、音乐理论家。出生于香港，原籍福建晋江市，毕业于延安鲁迅艺术学院。历任中央音乐学院音乐团团长，中央歌舞团艺术指导，中央民族乐团团长。代表作品有《民主建国进行曲》《新中国青年进行曲》《春节组曲》等。

J0143276
歌曲创作讲座　李焕之著
北京 人民出版社 1982年 2版 修订本 89页
19cm（32开）统一书号：8026.3365
定价：CNY0.30
（音乐知识丛书）

J0143277
歌曲钢琴伴奏的写作　于苏贤编著
北京 人民音乐出版社 1978年 142页
20cm（32开）统一书号：8026.3439
定价：CNY0.46

J0143278
歌曲钢琴伴奏的写作　于苏贤编著
北京 人民音乐出版社 1985年 2版 增订本
285页 20cm（32开）统一书号：8026.3439
定价：CNY1.95

本书内容包括：钢琴伴奏的艺术创作、织体写法；伴奏中对主旋律的处理；钢琴特点与伴奏写法有关的几个问题；钢琴伴奏的整体布局。

J0143279
合唱曲作法 李永刚著
台北 全音乐谱出版社 1978年 2版 193页
21cm(32开) 定价: TWD80.00

J0143280
和声写作基本知识 黄虎威著
北京 人民音乐出版社 1978年 215页
19cm(32开) 统一书号: 8026.3362
定价: CNY0.56

本书为普及性和声教材。以简谱为谱例，讲解和声写作的基本知识，包括：和弦，和弦的连接，和弦外音和持续音，和声低音的写法，为旋律配和声的步骤，和声的转调，各种终止式，伴奏音型的样式等。每章均有习题，书后附有习题解答。

J0143281
和声写作基本知识 黄虎威著
北京 人民音乐出版社 1979年 2版 增订本
306页 20cm(32开) 统一书号: 8026.3362
定价: CNY0.92

J0143282
配器法 (上卷)(法)柏辽兹(H.Berlioz)原著；(德)施特劳斯(R.Strauss)补充并修订；姚关荣等译
北京 人民音乐出版社 1978年 245页
26cm(16开) 统一书号: 8026.3428
定价: CNY2.00

本书除对管弦乐配器理论和技法问题作系统论述外，详尽介绍从拉弦乐器、拨弦乐器、键盘乐器到管乐器共20余种乐器的演奏技巧及其在不同音区的音色。R.施特劳斯的补充，是根据乐器结构和性能的发展，从技术角度就一切新的配器成果增入新的曲例。他为本书所做的“原序”，对配器艺术有独到而精辟的见解。

J0143283
配器法 (下卷)(法)柏辽兹(Berlioz, Hector)著；(德)施特劳斯(Strauss, Richard)补充修订；姚关荣等译
北京 人民音乐出版社 1992年 457页
26cm(16开) ISBN: 7-103-01074-9
定价: CNY9.50

J0143284
谈二部歌曲写作 潘永璋编
广州 广东人民出版社 1978年 155页
19cm(32开) 统一书号: 8111.1914
定价: CNY0.34

J0143285
当前声乐创作问题 中国音乐家协会编
北京 人民音乐出版社 1979年 155页
19cm(32开) 统一书号: 8026.3551
定价: CNY0.44

J0143286
歌曲创作漫谈 艾南著
南昌 江西人民出版社 1979年 173页
19cm(32开) 统一书号: 8110.312 定价: CNY0.47

J0143287
歌曲写作 苏夏著
北京 人民音乐出版社 1979年 414页
19cm(32开) 统一书号: 8026.3565
定价: CNY1.05

J0143288
和声学 (美)皮斯顿著；康讴译
台北 全音乐谱出版社 1979年 3版 369页
20cm(32开)

J0143289
和声学 (美)皮斯顿(Piston, W.)著；康讴编译
台北 全音乐谱出版社 1983年 4版 369页
21cm(32开) 精装 定价: TWD200.00
(世界音乐名著译丛)

J0143290
和声学学术报告会论文汇编 湖北艺术学院和声学学术报告会办公室编辑
武汉 湖北艺术学院和声学学术报告会办公室
1979年 452页 26cm(16开) 定价: CNY4.30

J0143291
民族管弦乐总谱写法 李民雄著
上海 上海文艺出版社 1979年 151页
19cm(32开) 统一书号: 8078.3086
定价: CNY0.50

J0143292
实用歌曲作法　李永刚著
台北 全音乐谱出版社 1979年 240页
20cm(32开)

J0143293
传统和声学简明教程　(上卷)(德)欣德米特(Hindemith, P.)著;罗忠镕译
北京 人民音乐出版社 1980年 140页
20cm(32开)定价:CNY1.10
作者保罗·欣德米特(Hindemith.paul, 1895—1963),德国作曲家。20世纪重要的德国作曲教师,曾任教于柏林国立音乐学院、耶鲁大学、哈佛大学。创办安卡拉音乐学校。代表作品有歌剧《画家马蒂斯》《葬礼音乐》。著有《作曲家的世界》。作者罗忠镕(1924—),作曲家、理论家、教授。生于四川省三台县,就读于成都四川省立艺术专科学校和国立上海音乐专科学校。代表作品《罗忠镕后期现代风格的音乐创作研究》《山那边哟好地方》《庆祝十三陵水库落成典礼序曲》等。

J0143294
传统和声学简明教程　(下卷)(德)欣德米特(Hindemith, P.)著;罗忠镕译
北京 人民音乐出版社 1983年 83页 20cm(32开)
定价:CNY0.53

J0143295
传统和声学简明教程　(上卷 高级和声练习)(德)保罗·兴德米特(Paul Hindemith)著;罗忠镕译
北京 人民音乐出版社 1997年 140页
20cm(32开)ISBN:7-103-01504-X
定价:CNY8.40

J0143296
传统和声学简明教程　(下卷)(德)保罗·兴德米特(Paul Hindemith)著;罗忠镕译
北京 人民音乐出版社 1997年 83页 20cm(32开)
ISBN:7-103-01505-8 定价:CNY6.20

J0143297
对位与赋格教程　(上)(法)泰奥多尔·杜布瓦(T.Dubois)著;廖宝生译
北京 人民音乐出版社 1980年 138页
26cm(16开)统一书号:8026.3682
定价:CNY1.20
对位是复调音乐的写作技法;赋格曲是复调乐曲的一种形式。本册为对位部分,内容包括:单对位、二声部对位、三声部对位、四声部对位、六声部对位、模仿、多于二声部的模仿等。外文书名:Traite de Contrepoint et de Fugue.

J0143298
对位与赋格教程　(下)(法)泰奥多尔·杜布瓦(T.Dubois)著;廖宝生译
北京 人民音乐出版社 1980年 201页
26cm(16开)统一书号:8026.3683
定价:CNY2.20

J0143299
二十世纪和声　(音乐创作的理论与实践 上册)(美)佩尔西凯蒂著;刘烈武译
武汉 湖北艺术学院作曲系 1980年 油印本
172页 有乐谱 27cm(大16开)

J0143300
二十世纪和声　(音乐创作的理论与实践 下册)(美)佩尔西凯蒂著;刘烈武译
武汉 湖北艺术学院作曲系 1980年 油印本
144页 有乐谱 27cm(大16开)

J0143301
二十世纪和声　(音乐创作的理论和实践)(美)佩尔西凯蒂(V.Persichetti)著;刘烈武译
北京 人民音乐出版社 1989年 284页
20cm(32开)ISBN:7-103-00271-1
定价:CNY4.00
外文书名:Twentieth Century Harmony.

J0143302
赋格曲写作　(音乐理论与技术)陈铭志著
上海 上海文艺出版社 1980年 205页
21cm(32开)统一书号:8078.3115
定价:CNY0.66
作者陈铭志(1925—2009),河南西平人。毕业于上海音乐学院,并留校任教,历任讲师、副教授、教授、作曲指挥系主任,中国音协第四届理事。主要作品有《赋格曲写作》《复调音乐写作基础教程》等。

J0143303
赋格曲写作　陈铭志著
上海 上海音乐出版社 1997年 205页
20cm(32开) ISBN: 7-80553-702-X
定价: CNY10.00
("作曲技术理论"丛书)

J0143304
歌词创作简论　余铨著
上海 上海文艺出版社 1980年 193页
19cm(32开) 统一书号: 8078.3137
定价: CNY0.50

J0143305
歌词创作学习资料　福建省文化局音乐工作室，中国音乐家协会福建分会，福建省群众艺术馆编
[福州][福建省文化局音乐工作室][1980年]
204页 19cm(32开)

J0143306
歌曲创作　方士奇编著
台北 金手指出版社[1980—1989年] 214页
21cm(32开) 定价: TWD120.00

J0143307
歌曲创作漫谈　唐诃著
上海 上海文艺出版社 1980年 170页
19cm(32开) 统一书号: 8078.3230
定价: CNY0.46

J0143308
歌曲创作知识　杨放著
昆明 云南人民出版社 1980年 173页
19cm(32开) 统一书号: 8116.882 定价: CNY0.43

J0143309
歌曲写作知识　甄伯蔚著
南宁 广西人民出版社 1980年 220页
19cm(32开) 统一书号: 8113.618 定价: CNY0.57

J0143310
管弦乐法　(美)皮斯顿著; 张邦彦, 樊慰慈译
台北 全音乐谱出版社[1980—1989年] 478页
23cm(27开) 精装 定价: TWD300.00
(世界音乐名著译丛)

J0143311
和声学　张锦鸿著
台北 全音乐谱出版社 1980年 7版 168页
20cm(32开)

J0143312
和声学专题六讲　桑桐著
北京 人民音乐出版社 1980年 356页
20cm(32开) 统一书号: 8026.3760
定价: CNY2.15

本书内容是对音乐创作实践中常遇到的和声运用问题，从理论上进行分析，目的在于缩小和声基础课程与创作实践间的距离，帮助已掌握基本和声理论与写作技术的读者开阔眼界、进一步掌握和声在实际创作中的一些具体运用与处理方法。作者桑桐(1923—2011)，音乐教育家，作曲家，音乐理论家。原名朱镜清，生于中国上海，毕业于国立音乐专科学校作曲系。历任上海音乐学院作曲系和声教研室主任、教授、副院长、院长。中国音乐家协会常务理事，上海音乐家协会副主席。代表作品有《内蒙古民歌主题钢琴小曲七首》《和声学教程》。

J0143313
和声与写作　胡耀华编著
南昌 江西师范学院艺术系 1980年 2册(339页)
19cm(32开)

J0143314
唱词韵辙　上海文艺出版社编
上海 上海文艺出版社 1981年 255页
19cm(小32开) 统一书号: 8078.3182
定价: CNY0.79

J0143315
和声理论与实习　(1)岛冈让著; 张邦彦译
台北 全音乐谱出版社 1981年 5版 139页
26cm(16开)

J0143316
简明和声学理论教程　(苏)尤丘林著; 刘弗译
广州 音乐院学报编辑部 1981年 137页
25cm(小16开) 定价: CNY1.00

J0143317
浅谈歌曲创作　靳卯君著
杭州 浙江人民出版社 1981年 86页 19cm(32开)
统一书号：8103.514 定价：CNY0.22
(群众文艺辅导丛书)

J0143318
新编和声学入门　马文编著
香港 艺美图书公司 1981年 再版 183页
19cm(32开)定价：HKD9.00
(音乐入门丛书)

J0143319
应用键盘和声学　(上)康讴编著
台北 全音乐谱出版社 1981年 2版 114页
20cm(32开)

J0143320
应用曲式学　(英)浦劳特著；康讴，李孝贤译
台北 全音乐谱出版社 1981年 293页
20cm(32开)精装 定价：TWD200.00
(世界音乐名著译丛)

作者李孝贤(1923—　)，摄影艺术家。生于上海，中国摄影家协会《国际摄影》杂志编委，中国翻译工作者协会会员，中国摄影家协会会员。合译《弱光摄影》。

J0143321
用民间音调写歌　王杰，冯国林编
石家庄 河北人民出版社 1981年 146页
19cm(32开)统一书号：8086.1472
定价：CNY0.38
(群众文艺辅导丛书)

作者王杰(1933—　)，河北省群艺馆研究馆员，中国音乐家协会会员，河北音协常务理事，中国社会音乐研究会理事。

J0143322
大型曲式学　(美)柏西·该丘斯(P.Goetschius)著；许勇三译
北京 人民音乐出版社 1982年 263页
21cm(32开)统一书号：8026.3923
定价：CNY1.45
(该丘斯音乐理论丛书 1)

本书分4篇：前奏曲式、回旋曲式、奏鸣曲一快板曲式、复合曲式。书中对各种大型曲式作了详细讲解，还选用了时节注明音乐家的作品为谱例进行分析说明。外文书名：The Larger Forms of Musical Composition.

J0143323
二部歌曲写作基本技巧　曾理中，童忠良著
北京 人民音乐出版社 1982年 234页
21cm(32开)统一书号：8026.3906
定价：CNY1.30

本书分上、下篇：上篇用简谱着重介绍了一些二部歌曲写作的基础知识，也涉及某些有关的基本技巧；下篇对卡农与复对位手法作了一些通俗的介绍。

J0143324
歌曲创作基础知识　张彬编著
郑州 河南人民出版社 1982年 209页
19cm(32开)统一书号：8105.1106
定价：CNY0.57

本书介绍歌曲的基本结构、曲调主题的发展手法、体裁选择与高潮的发展处理、如何运用民间音调进行改编与创新等内容。

J0143325
给歌词插上翅膀　(歌曲创作经验谈)陕西省群众艺术馆编
上海 上海文艺出版社 1982年 73页 19cm(32开)
统一书号：8078.3297 定价：CNY0.22

本书收编我国部分老、中、青歌曲作家的创作体会共10篇，对歌曲的思想内容、音乐形象、创作技巧乃至艺术风格均作了简明扼要、具体生动的阐述。

J0143326
和声的理论与应用　(上)桑桐著
上海 上海文艺出版社 1982年 376页 有乐谱
20cm(32开)统一书号：8078.3384
定价：CNY1.60

本书以大量音乐作品实例和范例题详尽讲解了单一调性内自然音体系的各级和弦及旋律、华彩手法等内容。

J0143327
和声的理论与应用　(下)桑桐著

上海 上海音乐出版社 1988 年 566 页
20cm(32 开) ISBN: 7-80553-072-6
定价: CNY4.70

作者桑桐(1923—2011), 音乐教育家, 作曲家, 音乐理论家。原名朱镜清, 生于中国上海, 毕业于国立音乐专科学校作曲系。历任上海音乐学院作曲系和声教研室主任、教授、副院长、院长。中国音乐家协会常务理事, 上海音乐家协会副主席。代表作品有《内蒙古民歌主题钢琴小曲七首》《和声学教程》。

J0143328
近现代和声思维发展概论 汪成用著
上海 音乐艺术编辑部 1982 年 21cm(32 开)
定价: CNY0.90

J0143329
一边弹吉它一边学习和声学 (日)小船幸次郎著; 林胜仪译
台北 全音乐谱出版社 1982 年 122 页
30cm(10 开)

J0143330
怎样鉴别黄色歌曲 《人民音乐》编辑部编
北京 人民音乐出版社 1982 年 60 页 19cm(32 开)
统一书号: 8026.4045 定价: CNY0.22

J0143331
当代和声 (20 世纪和声研究)(英)莫·卡纳(M.Carner)著; 冯覃燕, 孟文涛译
北京 人民音乐出版社 1983 年 111 页
21cm(32 开) 统一书号: 8026.4080
定价: CNY0.66

本书根据音乐在历史上的技巧和美学的变化, 阐明了现代和声的演变过程中的一些主要问题。外文书名: A Study of Twentieth-century Harmony.

J0143332
歌曲创作札记 唐诃著
北京 解放军文艺出版社 1983 年 192 页
19cm(32 开) 统一书号: 8137.1 定价: CNY0.52
(音乐知识丛书 1)

本书系作曲家唐诃的歌曲创作理论专著。作者结合自己多年来从事音乐创作、理论探讨的切身体会, 分析、研究了大量民歌和歌曲佳作, 论述了歌曲创作中的一些关键性问题。

J0143333
曲调作法 (美)P. 该丘斯(Goetschius P.)著; 缪天瑞编译
北京 音乐出版社 1983 年 138 页 有图
20cm(32 开) 定价: CNY0.79
(该氏音乐理论丛书 2)

外文书名: Exercises in Melody-Writing.

J0143334
旋律史 (匈)萨波奇·本采(Szabolesi, B.)著; 司徒幼文译
北京 人民音乐出版社 1983 年 322 页
21cm(32 开) 统一书号: 8026.4110
定价: CNY1.80

本书试图用比较学方法研究从原始、早期文明开始, 直到现代的各类旋律及其相互间的关系。该书侧重探讨欧洲旋律的渊源、古典旋律和浪漫主义旋律的交替。

J0143335
转调法 黄虎威著
北京 人民音乐出版社 1983 年 179 页
21cm(32 开) 统一书号: 8026.4121
定价: CNY1.00

本书比较全面地介绍了音乐中各种常用的转调手法。书中还总结了我国民族民间音乐中常见的一些转调手法。作者黄虎威(1932—2019), 作曲家、教授。四川内江人。毕业于西南音乐专科学校作曲系, 后入中央音乐学院师从苏联作曲专家鲍里斯·阿拉波夫教授进修。历任四川音乐学院教授、作曲系主任, 中国音乐家协会创作委员会委员, 中国音乐著作权协会理事, 四川省音乐家协会理论创作委员会副主任。

J0143336
作曲技法 (第一卷 理论篇)(德)保罗·兴德米特(P.Hindemith)著; 罗忠镕译
北京 人民音乐出版社 1983 年 222 页
21cm(32 开) 统一书号: 8026.4085
定价: CNY1.20

外文书名: The Craft of Musical Composition. 作者保罗·欣德米特(Hindemith.paul, 1895—

1963），德国作曲家。20世纪重要的德国作曲教师，曾任教于柏林国立音乐学院、耶鲁大学、哈佛大学。创办安卡拉音乐学校。代表作品有歌剧《画家马蒂斯》《葬礼音乐》。著有《作曲家的世界》。

J0143337
作曲技法 （第二卷 两部写作练习）（德）保罗·兴德米特著；罗忠熔译
北京 人民音乐出版社 1987年 179页
20cm（32开）统一书号：8026.4470
定价：CNY1.55
本书以作者提出的新的理论与方法，指导学生理解和运用音的各种现象并论述了2部写作的理论要点和方法技巧。

J0143338
对位法 （美）辟斯顿（W.Piston）著；唐其竟译
北京 人民音乐出版社 1984年 226页
21cm（32开）统一书号：8026.4203
定价：CNY1.25
本书较详细地阐述了18、19世纪的作曲家在对位方面的共同写作方法，并提供了著名作曲家的有关谱例。外文书名：Counterpoint.

J0143339
歌诗之路 （歌词写作技巧及其作品）张藜著
北京 文化艺术出版社 1984年 295页
20cm（32开）统一书号：8228.072 定价：CNY1.25

J0143340
和声的技巧 苏夏著
上海 上海文艺出版社 1984年 319页
21cm（32开）统一书号：8078.3424
定价：CNY1.40
本书分析了我国民间多声部音乐创作的状况；介绍了我国近代及国外在探索和声民族化方面的有益经验；概述了有调性的现代和声的一些表现手法；并结合创作中所要表达的思想内容，对如何构思、运用、处理和声手法等提出了新的见解。

J0143341
和声学教程 （理论与应用 上）吴式锴著
北京 人民音乐出版社 1984年 263页
21cm（32开）统一书号：8026.4241
定价：CNY1.50
（作曲技术理论丛书）

J0143342
和声学教程 （理论与应用 下）吴英锴著
北京 人民音乐出版社 1984年 265-603页
20cm（32开）统一书号：8026.4291
定价：CNY2.15
（作曲技术理论丛书）

J0143343
近现代和声的功能网 童忠良著
北京 人民音乐出版社 1984年 134页
21cm（32开）统一书号：8026.4210
定价：CNY0.77
本书据著者早年研究近现代和声的论文修订而成。书中提出了现代广义的调性思维，即调性扩张、功能延伸等一系列新的概念，并做了充分论证，从而构成一整套和声的功能网理论。外文书名：The Function-Net in Modern Harmony.

J0143344
器乐曲式学 （匈）魏纳·莱奥著；张瑞译
北京 人民音乐出版社 1984年 295页
19cm（32开）统一书号：8026.4104
定价：CNY1.65

J0143345
塞上江南，我可爱的家乡 （词作与歌词汇编）《宁夏歌声》编辑部编辑
银川 1984年 88页 19cm（32开）
定价：CNY0.30

J0143346
现代对位及其和声 （美）罗伯特·米德尔顿著；郑英烈译
上海 上海文艺出版社 1984年 158页
21cm（32开）统一书号：8078.3502
定价：CNY1.05
本书介绍了20世纪以半音化为风格特征的复调音乐写作的新规律，包括了材料的来源和组织，调性的概念和建立，和声骨架构成的原则等问题。

J0143347
旋律学 (奥)托赫(E.Toch)著;顾耀明译
北京 人民音乐出版社 1984年 180页
21cm(32开)统一书号:8026.4179
定价:CNY1.55
本书运用大量曲例对旋律的线条、结构及特点进行分析,并从音乐如何表现情感方面作了阐述。

J0143348
作曲基本原理 (奥)阿诺德·勋柏格著;吴佩华译
上海 上海文艺出版社 1984年 262页
21cm(32开)统一书号:8078.3494
定价:CNY1.65
本书详尽地论述了有关作曲方面的基本理论、原则和技术,并深入探讨了如何处理实际写作中碰到的许多技巧问题。

J0143349
歌曲作法 傅天满编著
贵阳 贵州人民出版社 1985年 393页
20cm(32开)统一书号:8115.946 定价:CNY2.20

J0143350
歌曲作法 傅天满编著
贵阳 贵州人民出版社 1993年 466页
20cm(32开)ISBN:7-221-02645-9
定价:CNY7.00

J0143351
合唱写作技巧 谢功成,曾理中著
北京 人民音乐出版社 1985年 273页
20cm(32开)统一书号:8026.4362
定价:CNY2.85
本书介绍了二、三、四部合唱歌曲以及无伴奏合唱歌曲写作的基本技巧,其中包括声部的组合、旋律以及各种织体的写法等。并选用了大量古今中外的合唱曲片段作为谱例。

J0143352
论作曲的艺术 李焕之著
上海 上海文艺出版社 1985年 235页
20cm(32开)统一书号:8078.3537
定价:CNY1.45
本书是作者自选的专论作曲艺术的文集。

J0143353
怎样即兴创作钢琴伴奏 (英)托宾(Togin, J.R.)著;克纹译
北京 人民音乐出版社 1985年 118页
19cm(32开)统一书号:8026.4392
定价:CNY0.84
本书是专为提高即兴编配钢琴伴奏的能力而编写的一本简明教程。外文书名:How to Improvise Piano Accompaniments.

J0143354
独唱歌曲写作浅谈 曹俊生著
南宁 广西人民出版社 1986年 228页
19cm(32开)统一书号:8113.1183
定价:CNY1.15

J0143355
对位法概要 (法)柯克兰(Koechlin, C.)著;萧淑娴译
北京 人民音乐出版社 1986年 186页
20cm(32开)统一书号:8026.4466
定价:CNY1.80
外文书名:Precis Des Reglesdu Contrepoint. 作者萧淑娴(1905—1991),女,教授、作曲家。广东香山县(今中山市)人,毕业于北京女子师范大学音乐科。任教于上海国立音乐学院、中央音乐学院。代表作品《怀念祖国》等。

J0143356
复调音乐写作基础教程 陈铭志著
北京 人民音乐出版社 1986年 219页
20cm(32开)统一书号:8026.4467
定价:CNY2.90
作者陈铭志(1925—2009),河南西平人。毕业于上海音乐学院,并留校任教,历任讲师、副教授、教授、作曲指挥系主任,中国音协第四届理事。主要作品有《赋格曲写作》《复调音乐写作基础教程》等。

J0143357
歌词创作杂谈 洪源,苏伟光著
北京 文化艺术出版社 1986年 271页
19cm(32开)统一书号:8228.093 定价:CNY1.90

J0143358
歌词审美小札　瞿琮著
北京 人民音乐出版社 1986年 124页
19cm(32开)统一书号:8026.4479
定价:CNY0.83

J0143359
歌曲写作初阶　杨士菊编著
长春 东北师范大学出版社 1986年 220页
20cm(32开)定价:CNY1.90
作者杨士菊(1947—　),教师。吉林省吉林市人,毕业于吉林艺术学院音乐系理论作曲专业。东北师大音乐系任教。著有《歌曲写作初阶》。

J0143360
歌曲写作问答　曹俊山著
广州 花城出版社 1986年 327页 19cm(32开)
统一书号:8261.92 定价:CNY1.85

J0143361
合唱作曲技巧　(美)达维逊(Davison, A.T.)著;秦西炫,杨儒怀译
北京 人民音乐出版社 1986年 181页
20cm(32开)统一书号:8026.4503
定价:CNY2.05
外文书名:The Technique of Choral Composition.

J0143362
和声学自学速成指导　沈幼潜著
南京 江苏文艺出版社 1986年 146页
19cm(32开)定价:CNY1.30

J0143363
戏曲唱词浅谈　顾乐真著
北京 中国戏剧出版社 1986年 167页
20cm(32开)统一书号:806.799 定价:CNY0.95
(戏剧知识丛书)

J0143364
摇篮曲选编　汪玲,丁明健编
北京 教育科学出版社 1986年 83页 26cm(16开)
统一书号:7232.290 定价:CNY1.10

J0143365
应用对位法　(上卷 创意曲)(美)该丘斯(Goetschius, P.)著;陆华柏编译
北京 人民音乐出版社 1986年 117页
20cm(32开)统一书号:8026.4502
定价:CNY1.25
(该丘斯音乐理论丛书)
外文书名:Counterpoint Applied.

J0143366
儿童歌曲作法　龚耀年编著
武汉 长江文艺出版社 1987年 314页
19cm(32开)统一书号:8107.700 定价:CNY2.20
ISBN:7-5354-0026-4
作者龚耀年,上海人。《音乐创作》常务副主编,中国儿童音乐学会副会长。

J0143367
复调音乐　(上册)段平泰编著
北京 人民音乐出版社 1987年 286页
26cm(16开)统一书号:8026.4585
定价:CNY4.95
作者段平泰,中央音乐学院作曲系任教。

J0143368
复调音乐　(下册)段平泰编著
北京 人民音乐出版社 1987年 139页
26cm(16开)统一书号:8026.4611
定价:CNY2.60

J0143369
歌曲创作讲座　唐诃著
北京 解放军文艺出版社 1987年 192页
19cm(32开)ISBN:7-5033-0013-2
定价:CNY1.35
(音乐知识丛书 1)
本书结合作者理论探讨的切身体会,介绍了歌曲创作的技巧、方法和经验。

J0143370
歌曲分析与写作　姚以让著
成都 成都科技大学出版社 1987年 213页
19cm(32开)统一书号:8475.2
ISBN:7-5616-0026-7 定价:CNY1.50

J0143371
歌曲作法教程 赵金虎，张彬主编
开封 河南大学出版社 1987 年 428 页
20cm（32 开）统一书号：8435.007
ISBN：7-81018-059-2 定价：CNY2.40

J0143372
管弦乐队乐器法 施咏康编著
北京 人民音乐出版社 1987 年 269 页
26cm（16 开）统一书号：8026.4443
定价：CNY4.35
（作曲技术理论丛书）
本书按照西洋管弦乐队的组成，分弓弦乐器与弓弦乐器组、木管乐器与木管乐器组、铜管乐器与铜管乐器组、装饰性色彩乐器与打击乐器组5个部分。书末附录有移调木管乐器表、移调铜管乐器表和管弦乐队乐器音域总表等3种。

J0143373
管弦乐队乐器法 施咏康著
北京 人民音乐出版社 1987 年 269 页
26cm（16 开）ISBN：7-103-00514-1
定价：CNY20.20
（作曲技术理论丛书）

J0143374
汉语歌词规律初探 何绍申著
广州 广东高等教育出版社 1987 年 226 页
19cm（32 开）统一书号：8343.5 定价：CNY1.80

J0143375
论西方的三种和声体系 （苏）霍洛波夫（Холопов，Ю.Н.）著；罗秉康译
北京 人民音乐出版社 1987 年 125 页
19cm（32 开）统一书号：8026.4576
定价：CNY1.05

J0143376
作曲法 张锦鸿著
台北 天同出版社［1987 年］影印本 137 页
26cm（16 开）
（大学音乐丛书 6）

J0143377
歌词创作概论 盾生著
北京 人民音乐出版社 1988 年 172 页
20cm（32 开）ISBN：7-103-00102-2
定价：CNY1.50

J0143378
歌词的背后 卢国沾著
香港 坤林出版社 1988 年 252 页 17cm（40 开）
ISBN：962-319-003-4 定价：HKD30.00
（歌林系列）

J0143379
歌曲作法教程 严华生编著
广州 广东高等教育出版社 1988 年 218 页
26cm（16 开）ISBN：7-5361-0007-8
定价：CNY2.50

J0143380
和声学初步 鲁兆璋主编
上海 上海教育出版社 1988 年 288 页
26cm（16 开）ISBN：7-5320-0579-8
定价：CNY4.20

J0143381
幼儿歌（乐）曲简易伴奏编配法 （全一册）
人民教育出版社幼儿教育室编
北京 人民教育出版社 1988 年 69 页 26cm（16 开）
ISBN：7-107-09113-1 定价：CNY0.75
本书共8章。重点讲述为幼儿歌（乐）曲配写简易钢（风）琴伴奏的基础知识。书后附有便携式电子琴简介。

J0143382
幼儿歌曲创编 （全一册）人民教育出版社幼儿教育室编
北京 人民教育出版社 1988 年 51 页 26cm（16 开）
ISBN：7-107-09109-3 定价：CNY0.60
本书共7章。内容包括：幼儿歌曲的一般特点；幼儿歌曲的题材、体裁和演唱形式；音乐的表现要素与音乐形象；音乐主题的写作；音乐主题的展开手法；幼儿歌曲的曲式结构；前奏、间奏和尾声的写作。

J0143383
中国民歌的结构与旋法 沙汉昆著
上海 上海音乐出版社 1988 年 85 页 20cm（32 开）

ISBN: 7-80553-041-6 定价: CNY1.25

外文书名: The Structure and Melody of Chinese Folksongs.

J0143384

和声学初步习题解答 鲁兆璋主编

南京 南京大学出版社 1989年 210页

26cm(16开) ISBN: 7-305-00402-2

定价: CNY5.15

J0143385

话说填词 卢国沾,黄志华著

香港 坤林出版社 1989年 169页 17cm(40开)

ISBN: 962-319-013-1 定价: HKD22.00

(歌林系列)

J0143386

基础和声学 刘烈武著

北京 人民音乐出版社 1989年 406页

20cm(32开) ISBN: 7-103-00046-8

定价: CNY5.60

本书讲解了西方传统和声的基本原理及实际应用中的一般方法与规则,介绍了中国民族民间音乐中大量存在的五声性调式及其旋律特征,以及20世纪以来中国专业音乐创作在和声民族风格方面的探索与实际应用的一般方法和规律。

J0143387

梅西安作曲技法初探 杨立青著

福州 福建教育出版社 1989年 276页

18cm(30开) ISBN: 7-5334-0572-2

定价: CNY4.00

本书包括梅西安其人与其乐、梅西安的有限移位模式、梅西安的旋律手法、梅西安的和声手法等7部分。

J0143388

蒙古族民歌的音乐曲线和音差数据 周国栋等编

西安 西北大学出版社 1989年 233页

26cm(16开) ISBN: 7-5604-0151-1

定价: CNY20.00

(中国民间歌曲集成电脑音乐丛书 第1卷)

本书是中国第一部用电脑研究民间歌曲的音乐科研著作,受到了联合国教科文组织的资助。中国民族民间音乐蕴藏极其丰富,各民族之间不仅语言文字差别极大,音乐的音调色彩、形式结构也多种多样,民间音乐的科研任务极其繁重。电脑音乐分析进入民族民间音乐研究领域,明显地使研究工作获得可靠的科学数据,大大减轻了科研人员的计算工作量,缩短了计算时间,可以省出更多时间和精力进行深层的思考和探索。本书运用电脑分析了150首蒙古族民歌的音乐曲线和音差数据。外文书名: The Musical Curves and Tone Difference Data of the Mongolian Folksongs.

J0143389

民族化复调写作 刘福安著

上海 上海音乐出版社 1989年 446页

20cm(32开) ISBN: 7-80553-114-5

定价: CNY7.20

本书共14章,讲授了复调音乐写作的基本知识和技巧,还列举了大量中外民族化音乐作品的范例,以引导和启发学生写出具有民族化风格的复调音乐作品。

J0143390

现代和声与中国作品研究 王安国著

北京 中国文联出版公司 1989年 348页

21cm(32开) 定价: CNY3.85

J0143391

晓星词曲论集 晓星著;魏嵬编

北京 中国国际广播出版社 1989年 382页+[1]叶图版 有图 19cm(32开)

ISBN: 7-80035-352-4 定价: CNY4.80

J0143392

新潮 (现代通俗歌曲)林枢等著

沈阳 辽宁人民出版社 1989年 329页

19cm(32开) ISBN: 7-205-01047-0

定价: CNY4.50

(视听文化丛书)

作者林枢,辽宁电视台文艺部导演与音乐编辑。

J0143393

新和声教程 戴树屏著

杭州 浙江人民出版社 1989年 399页

20cm(32开) ISBN: 7-213-00347-X
定价: CNY5.70

J0143394
序列音乐写作基础 郑英烈编著
上海 上海音乐出版社 1989年 258页
20cm(32开) ISBN: 7-80553-142-0
定价: CNY3.95

J0143395
儿童歌曲写作概论 樊祖荫著
北京 人民音乐出版社 1990年 333页
20cm(32开) ISBN: 7-103-00557-5
定价: CNY6.45

本书分别探讨儿童歌曲的一般性特征；构思、写作儿童歌曲时应注意的问题和塑造音乐形象的基本手法；儿童歌曲常用的曲式结构；前奏、间奏、后奏的应用和写法；词与曲的关系；童声二部合唱写作方法。共7章。

J0143396
歌词创作艺术 李争光著
长春 吉林大学出版社 1990年 210页
19cm(小32开) 定价: CNY2.65

J0143397
歌曲创作90题 杨瑞庆著
太原 北岳文艺出版社 1990年 432页
20cm(32开) ISBN: 7-5378-0143-6
定价: CNY4.00

J0143398
和声学基础与键盘实践 杨通八编著
北京 高等教育出版社 1990年 160页
26cm(16开) ISBN: 7-04-003105-1
定价: CNY2.55

J0143399
键盘即兴作曲教程 (美)罗伊德著; 廖宝生译; 谢玫瑗译
上海 上海音乐出版社 1990年 377页
20cm(32开) ISBN: 7-80553-157-9
定价: CNY5.30

J0143400
曲式与作曲技法 夏中汤编著
沈阳 辽宁教育出版社 1990年 325页
19cm(小32开) ISBN: 7-5382-1045-8
定价: CNY3.70

J0143401
新歌曲创作教程 勒卯君编著
杭州 浙江文艺出版社 1990年 92页 19cm(32开)
ISBN: 7-5339-0347-1 定价: CNY1.20

J0143402
作曲技法探索 丁善德著
上海 上海音乐出版社 1990年 154页
20cm(32开) ISBN: 7-80553-246-X
定价: CNY3.85

J0143403
作曲技巧浅谈 秦西炫著
北京 人民音乐出版社 1990年 274页
20cm(32开) ISBN: 7-103-00478-1
定价: CNY4.10

本书所谈内容以歌曲创作的技巧问题为主，并结合具体作品总结了一些中外作曲家的宝贵创作经验。

J0143404
复调音乐基础教程 孙云鹰编著
北京 高等教育出版社 1991年 118页
26cm(16开) ISBN: 7-04-003330-5
定价: CNY2.30

J0143405
管弦乐法基础教程 (实用作曲理论基础) 王宁编
北京 高等教育出版社 1991年 271页
26cm(16开) ISBN: 7-04-003331-3
定价: CNY5.45

J0143406
和声听觉训练 尤家铮, 蒋维民著
上海 上海音乐出版社 1991年 280页
26cm(16开) ISBN: 7-80553-251-6
定价: CNY7.55

本书从音乐表演、音乐创作、音乐理论、音

乐教育方面系统地介绍了和声听觉训练方法，阐明了训练的进度必须由浅入深，循序渐进。

J0143407
键盘和声学教程 （古典音乐和声体系的理论）（匈）凯斯特莱尔·略林茨（Kesztler Lorinc）著；张瑞等译
北京 人民音乐出版社 1991年 591页
20cm（32开）ISBN：7-103-00677-6
定价：CNY9.90

本书分3篇28节。概述古典音乐和声体系的全部理论，每节都有书写及键盘练习。书后附参考答案。外文书名：A Klasszikus Zene Osszhang Renjenek Elmelete.

J0143408
曲式分析基础教程 高为杰，陈丹布编著
北京 高等教育出版社 1991年 266页
26cm（16开）ISBN：7-04-003328-3
定价：CNY4.80

本书分绪论、一段曲式、二段曲式、三段曲式、三部曲式、变奏曲式、回旋曲式、奏鸣曲式、回旋奏鸣曲式及其他等章。

J0143409
十二音序列 王震亚著
北京 人民音乐出版社 1991年 106页
20cm（32开）ISBN：7-103-00739-X
定价：CNY2.05

本书作者系统地论述了十二音序列（包括非十二音序列）的构成、变化及运用等问题，并附有分析具体作品的例子。

J0143410
写歌技法十讲 刘家基著
福州 海峡文艺出版社 1991年 143页
20cm（32开）ISBN：7-80534-320-9
定价：CNY2.90

J0143411
音乐与诗词漫笔 李凌著
北京 人民音乐出版社 1991年 200页
20cm（32开）ISBN：7-103-00675-X
定价：CNY3.50

J0143412
作曲基础教程 杨青编著
北京 高等教育出版社 1991年 102页
26cm（16开）ISBN：7-04-003329-1
定价：CNY2.05

J0143413
二十世纪的音乐语言 （美）马逵斯著；蔡松琦译
北京 人民音乐出版社 1992年 184页
20cm（32开）ISBN：7-103-01108-7
定价：CNY5.55

本书是一本论述音乐和声学及对位法的著作，介绍如何“逃离”调性或传统的音乐语言，进而转向无调性或现代音乐语言的知识。

J0143414
歌曲创作十六讲 汪定奎编著
南京 南京出版社 1992年 315页 19cm（小32开）
ISBN：7-80560-680-3 定价：CNY5.50

本书的16讲包括：歌曲的体裁、表现形式、组成单位、音乐主题、歌曲高潮的处理与音乐形象的构思等。

J0143415
歌曲写作教程 陈国权著
北京 人民音乐出版社 1992年 265页
20cm（32开）ISBN：7-103-00976-7
定价：CNY6.85
（音乐自学丛书 作曲卷）

J0143416
和声学 （上册）杜鹤鸣著
开封 河南大学出版社 1992年 352页
26cm（16开）ISBN：7-81018-744-9
定价：CNY5.95

本书介绍了和声的基本知识及和声的功能、力度、色彩及其他。

J0143417
和声学基础教程 （上册）谢功成等著
北京 人民音乐出版社 1992年 269页
20cm（32开）ISBN：7-103-00851-5
定价：CNY6.10
（音乐自学丛书 作曲卷）

本书介绍了作曲的基本理论知识。包括和

弦、正三和弦、属七和弦、模进、和声分析等23章，并附乐曲实例及习题答案。作者谢功成，作曲家、教授。湖南永兴人，毕业于南京音乐院作曲系。历任华南文艺学院音乐部副主任，中南音乐专科学校作曲系主任，湖北艺术学院作曲系主任、教授、副院长，武汉音乐学院教授。著有《贝多芬》《合唱写作技巧》。

J0143418
和声学基础教程 （下册）谢功成等著
北京 人民音乐出版社 1994年 316页
20cm（32开）ISBN：7-103-01071-4
定价：CNY9.70
（音乐自学丛书 作曲卷）

J0143419
瞿希贤音乐创作浅论 杨士菊编
长春 吉林大学出版社 1992年 177页
19cm（小32开）ISBN：7-5601-1217-X
定价：CNY2.90
作者杨士菊（1947— ），教师。吉林省吉林市人，毕业于吉林艺术学院音乐系理论作曲专业。东北师大音乐系任教。著有《歌曲写作初阶》。

J0143420
调性对位 （18世纪风格）［美］先尼克著；段平泰译
杭州 浙江美术学院出版社 1992年 63页
19cm（小32开）ISBN：7-81019-176-4
定价：CNY4.00
本书以18世纪欧洲复调音乐特点为主线，阐明了乐章、节奏、节拍、曲调构思、和声背景、音程关系、不谐和音的用法及模拟法、卡农法等手法的运用。作者段平泰，中央音乐学院作曲系任教。

J0143421
中国音乐中复调思维的形成与发展 朱世瑞著
北京 人民音乐出版社 1992年 333页
20cm（32开）ISBN：7-103-00859-0
定价：CNY6.60
本书论述了中国民族民间传统音乐及专业音乐创作中的复调形态及创作技法、体裁、风格演化与理论译介研究的发展。

J0143422
作曲技法的演进 （日）属启成著；陈文甲译
北京 人民音乐出版社 1992年 355页
20cm（32开）ISBN：7-103-01103-6
定价：CNY9.30
作者属启成（1902—1994），日本音乐理论家。毕业于东京高等音乐学院。曾任东京高等音乐学院教授。著作有《作曲技法》《贝多芬的作品》《名曲事典》等。

J0143423
词，与歌同行 （和新词友谈歌词写作）钱建隆著
南宁 广西民族出版社 1993年 102页 有照片
19cm（小32开）ISBN：7-5363-1869-3
定价：CNY3.60
（中国词海论丛）
本书共5讲，其中有《歌词应该是美的》《词曲合作》《歌词的表演功能》等。作者钱建隆（1944— ），词作家。祖籍杭州，中国音乐文学学会理事，二级编剧。

J0143424
词海小语 包以璐著
南宁 广西民族出版社 1993年 194页 有照片
19cm（小32开）ISBN：7-5363-1869-3
定价：CNY5.50
（中国词海论丛）
作者包以璐（1938— ），诗人、词作家。字青天，天津人。天津市音乐文学学会秘书长，中国音乐文学学会会员等。专著有歌词专集《相思花》；词论集《词海小语》；歌曲《我回来了，祖国亲娘》；民歌《天津城外杨柳青》。

J0143425
词苑履痕录 晨枫著
南宁 广西民族出版社 1993年 144页 有照片
19cm（小32开）ISBN：7-5363-1869-3
定价：CNY4.00
（中国词海论丛）
作者晨枫（1939— ），编剧。陕西蒲城人，毕业于兰州大学。历任二炮文工团创作室主任、一级编剧，《词刊》杂志编委，中国音乐文学学会常务理事、副秘书长等。代表作品有《火箭兵的梦》《祖国象妈妈一样》《草原勒勒车》。出版有《盗天火的诗人——柯仲平评传》，歌词评论集

《词苑履痕录》,散文选集《昨夜星辰昨夜风》等。

J0143426
词苑漫笔 刘钦明著
南宁 广西民族出版社 1993年 122页 有照片
19cm(小32开) ISBN: 7-5363-1869-3
定价: CNY3.60
(中国词海论丛)
作者刘钦明,中国音乐家协会《词刊》副主编、编审,中国音乐家协会会员等。

J0143427
儿童歌曲创作与伴奏 费承铿,颜宗德主编
南京 江苏教育出版社 1993年 194页
26cm(16开) ISBN: 7-5343-1724-X
定价: CNY3.40

J0143428
歌词创作与音乐 陈奎及著
南宁 广西民族出版社 1993年 126页 有照片
19cm(小32开) ISBN: 7-5363-1869-3
定价: CNY3.60
(中国词海论丛)
作者陈奎及(1942—),编剧。山东烟台人,毕业于原山东艺专(现山东艺术学院)音乐系理论作曲专业。历任海军军乐队教员、济南军区前卫歌舞团创作员、解放军文艺出版社副编审、总政歌剧团团长,中国音乐家协会会员。出版歌词集《月亮总是圆的》,论文集《歌词创作与音乐》。

J0143429
歌词的审美与技巧 得雨著
南宁 广西民族出版社 1993年 264页 有照片
19cm(小32开) ISBN: 7-5363-1869-3
定价: CNY7.50
(中国词海论丛)
作者得雨(1935—),教授。原名蔡德予,江西龙南人,中国音协会员,江西师范大学音乐系副教授,中国音乐文学学会会员。

J0143430
歌词的抒情艺术 张俊著
南宁 广西民族出版社 1993年 230页 有照片
19cm(小32开) ISBN: 7-5363-1869-3
定价: CNY7.20
(中国词海论丛)
作者张俊(1937—),教师。天津人。曾任天津音乐学院音乐文学专业副教授,《歌词月报》副主编,中国音乐文学学会会员。

J0143431
歌词例话 魏德泮著
南宁 广西民族出版社 1993年 200页 有照片
19cm(小32开) ISBN: 7-5363-1869-3
定价: CNY6.80
(中国词海论丛)
作者魏德泮(1947—),词作家。笔名伍宜,福建建瓯市人。历任福建市建瓯市文联副主席,四川音乐学院特聘教授、硕士生导师,厦门大学艺术学院特聘教授,中国音乐文学学会常务理事,中国儿童音乐学会常务理事等。歌词作品有《读唐诗》《海峡之梦》《海峡月光曲》等。

J0143432
歌词美学风韵 何以著
南宁 广西民族出版社 1993年 224页 有照片
19cm(小32开) ISBN: 7-5363-1869-3
定价: CNY6.80
(中国词海论丛)
作者何以,中国音乐文学学会会员,副教授。

J0143433
歌曲分析与处理 元炯子,李人亮编著
哈尔滨 黑龙江教育出版社 1993年 180页
19cm(小32开) ISBN: 7-5316-1882-6
定价: CNY3.60

J0143434
歌曲写作与结构分析 邓祖纯编著
成都 四川民族出版社 1993年 230页
19cm(小32开) ISBN: 7-5409-1188-3
定价: CNY6.80
作者邓祖纯,作曲家。贵州师范大学艺术系老师。

J0143435
键盘和声与歌曲伴奏 戴树屏,温黎亚编著
杭州 浙江教育出版社 1993年 170页

28cm(大 16 开) ISBN: 7-5338-1214-X
定价: CNY4.00

J0143436
论曲式与音乐作品分析　人民音乐出版社编辑部编
北京 人民音乐出版社 1993 年 302 页
20cm(32 开) ISBN: 7-103-01127-3
定价: CNY8.30
本书收《探求更有机和完整的作品分析教学体系》《论边缘曲式》《论印象结构》等 12 篇论文。

J0143437
论音乐文学创作　佟文西著
南宁 广西民族出版社 1993 年 108 页 有照片
19cm(小 32 开) ISBN: 7-5363-1869-3
定价: CNY3.60
(中国词海论丛)
本书就音乐文学的基本理论和主要创作手法及实践等问题, 进行了探讨和论述。作者佟文西(1945—), 满族, 音乐家。历任《长虹》词刊主编,《长江音乐》杂志责任编辑, 中国音协会员, 中国音乐舞蹈艺术家协会副主席。创作歌曲《喜事多》《山路十八弯》等。

J0143438
实用基础和声学　刘已明著
长沙 湖南教育出版社 1993 年 215 页
20cm(32 开) ISBN: 7-5355-1698-X
定价: CNY5.80
作者刘已明(1905—1996), 教授。湖南耒阳人, 毕业于上海国立音乐专修学校。著有《基础和声学》。

J0143439
通俗歌曲创作十讲　王冠群编
长春 长春出版社 1993 年 165 页 19cm(32 开)
ISBN: 7-80573-853-X 定价: CNY6.50
作者王冠群(1934—), 安阳师专艺术系副教授, 中国音乐家协会会员。

J0143440
言外集　吴善翎著
南宁 广西民族出版社 1993 年 156 页 有照片
19cm(小 32 开) ISBN: 7-5363-1869-3
定价: CNY4.50
(中国词海论丛)
本书收作者的歌词理论及艺术评论文章 30 篇。作者吴善翎, 又名吴非, 浙江宁波人, 辽宁歌舞团国家一级编剧。

J0143441
月下词话　石祥著
南宁 广西民族出版社 1993 年 116 页 有照片
19cm(小 32 开) ISBN: 7-5363-1869-3
定价: CNY3.60
(中国词海论丛)
本书讲述歌词姓什么、歌词的结尾、歌词与时代等问题。作者石祥(1939—), 军旅诗人、歌词作家。历任中国音乐文学学会副主席, 中国老年作家协会会长, 北京军区政治部文艺创作室主任等职。创作歌词有《毛主席是各族人民心中的红太阳》《祖国一片新面貌》《十五的月亮》《望星空》《中国人民解放军驻香港部队军歌》等。

J0143442
中国词海论丛　曾宪瑞主编
南宁 广西民族出版社 1993 年 8 册 有照片
19cm(小 32 开) ISBN: 7-5363-1869-3
定价: CNY64.30
作者曾宪瑞(1936—), 编辑, 作家。江西吉安人。任《南方文艺》杂志社主编、社长、编审。歌诗集有《心中的歌》《美丽的白莲》《山水情》, 主编《2005 年中国歌词精选》。

J0143443
TURBO C 音乐编程指南　李雯, 王真华编写
北京 学苑出版社 1994 年 319 页 26cm(16 开)
ISBN: 7-5077-0821-7 定价: CNY19.00
(计算机知识普及系列丛书)

J0143444
初级和声教程　杨通八编著
北京 高等教育出版社 1994 年 237 页
26cm(16 开) ISBN: 7-04-004645-8
定价: CNY6.65

J0143445
复调写作及复调音乐分析 王安国著
北京 当代中国出版社 1994 年 247 页
20cm(32 开) ISBN: 7-80092-333-9
定价: CNY7.20

本书内容分:单对位基础训练、二声部复对位、复调音乐分析等 8 个单元。

J0143446
复调音乐教程 林华著
北京 中国美术学院出版社 1994 年 142 页
26cm(16 开) ISBN: 7-81019-292-2
定价: CNY15.50

作者林华(1942—),作曲家、音乐理论家。毕业于上海音乐学院作曲系。历任上海歌剧院创作员,上海音乐学院教授。著有《复调音乐教程》《音乐审美心理学教程》。

J0143447
歌曲钢琴伴奏的写作方法 姚继业编著
贵阳 贵州教育出版社 1994 年 101 页
26cm(16 开) ISBN: 7-80583-590-X
定价: CNY2.98

J0143448
七彩人生 (歌曲创作访谈录) 屈干臣编
广州 广东旅游出版社 1994 年 153 页
19cm(小 32 开) ISBN: 7-80521-538-3
定价: CNY5.00

作者屈干臣(1949—),作家、诗人、教授、研究员。河南新密人。历任广东省企业歌曲艺术研究会会长、音乐协会理事。

J0143449
青少年学作曲 龚耀年著
厦门 鹭江出版社 1994年 157页 19cm(小32开)
ISBN: 7-80533-552-3 定价: CNY4.10

J0143450
青少年学作曲 龚耀年编著
上海 上海音乐出版社 1994 年 157 页
18cm(32 开) ISBN: 7-80553-552-3
定价: CNY4.10

本书讲述了音乐主题的写作、旋律的发展、歌曲的结构形式、高潮的安排,以及声部的划分等内容。作者龚耀年,上海人。《音乐创作》常务副主编,中国儿童音乐学会副会长。

J0143451
青少年学作曲 龚耀年著
北京 中国少年儿童出版社 1996 年 157 页
19cm(32 开) ISBN: 7-5007-3008-X
定价: 非卖品
(希望书库 4-54 总 273)

本书由中国少年儿童出版社和中国青年出版社联合出版。

J0143452
曲式及其演进 (英)麦克菲逊(Stewart Macpherson)著; 陈洪等译
北京 人民音乐出版社 1994 年 352 页
20cm(32 开) ISBN: 7-103-01174-5
定价: CNY11.30

本书在论述曲式的同时,也谈到各种曲式的起源和演变。外文书名: Form in music. 作者陈洪,南京师范大学音乐系任教。

J0143453
台北市立国乐团第七届中国作曲研讨会论文集 潘皇龙等[著]
台北 台北市立国乐团 1994 年 137 页
30cm(10 开) ISBN: 957-00-4664-3
定价: TWD200.00

J0143454
通俗歌曲创作漫谈 杨瑞庆著
北京 世界图书出版公司 1994 年 268 页
有乐谱 19cm(小 32 开) ISBN: 7-5062-1954-9
定价: CNY8.50

作者杨瑞庆(1948—),研究馆员。江苏昆山人,昆山市文化馆副研究馆员,中国社会音乐研究会理事等。

J0143455
音乐织体学纲要 (乐曲声部写作技术) 徐源著
杭州 中国美术学院出版社 1994 年 91 页
19cm(小 32 开) ISBN: 7-81019-312-0
定价: CNY4.60

本书系统论述多声部音乐的声部组合规律及写作技术,还讲述了钢琴音乐的写作技术。

J0143456
电脑音乐半月通 （美）Erik Holsinger 著；钟道隆译
北京 电子工业出版社 1995 年 118 页
26cm（16 开）ISBN：7-5053-2886-7
定价：CNY15.00

J0143457
和声应用教程 （《和声学基础教程》续编）谢功成等著
北京 人民音乐出版社 1995 年 255 页
20cm（32 开）ISBN：7-103-01247-7
定价：CNY9.90
（音乐自学丛书 作曲卷）

J0143458
键盘和声与即兴弹奏实用教程 戴定澄著
合肥 安徽文艺出版社 1995 年 重印 368 页
19cm（32 开）ISBN：7-5396-0824-2
定价：CNY9.40

J0143459
中国五声性调式和声及风格手法 刘学严著
长春 时代文艺出版社 1995 年 241 页
26cm（16 开）ISBN：7-5387-0928-2
定价：CNY20.95
作者刘学严（1935— ），教授。山东济宁人。沈阳音乐学院任教。著有《中国五声性调式和声及风格手法》《钢琴即兴伴奏教程》。

J0143460
歌曲创作漫谈 龚耀年著
长沙 湖南文艺出版社 1996 年 218 页
20cm（32 开）ISBN：7-5404-1500-2
定价：CNY9.80
作者龚耀年，上海人。《音乐创作》常务副主编，中国儿童音乐学会副会长。

J0143461
歌曲分析与旋律写作 游泳源编著
武汉 武汉工业大学出版社 1996 年 163 页
26cm（16 开）ISBN：7-5629-1114-2
定价：CNY12.00

J0143462
歌曲写作教程 马辉著
北京 华乐出版社 1996 年 180 页 20cm（32 开）
ISBN：7-80129-010-0 定价：CNY10.00

J0143463
歌曲写作与小乐队配器 王好亮编著
北京 高等教育出版社 1996 年 535 页
26cm（16 开）ISBN：7-04-005680-1
定价：CNY32.00

J0143464
和声的民族风格与现代技法 （论文集）人民音乐出版社编辑部编
北京 人民音乐出版社 1996 年 711 页
20cm（32 开）ISBN：7-103-01373-X
定价：CNY30.50

J0143465
和声学基础应用教程 陈勇编著
昆明 云南美术出版社 1996 年 159 页
26cm（16 开）ISBN：7-80586-284-2
定价：CNY17.50
作者陈勇（1955— ），作曲家，教授。毕业于云南艺术学院理论作曲专业。云南艺术学院音乐教育系主任、副教授，中国音乐家协会、中国少数民族音乐学会会员。创作艺术歌曲有《火把节的火把》《月光恋》《布依人家》，交响组曲《铜鼓魂》。

J0143466
基础和声学 李毅波，陈振昆编著
哈尔滨 黑龙江教育出版社 1996 年 276 页
26cm（16 开）ISBN：7-5316-2952-6
定价：CNY21.60

J0143467
简易键盘和声 王小玲著
广州 华南理工大学出版社 1996 年 120 页
26cm（16 开）ISBN：7-5623-0977-9
定价：CNY15.00
本书内容在传统和声初级范围之内，采用由浅入深的方法，使学习者可以快速掌握和声的配置。书中还介绍了一些和声性的织体形式练习。

J0143468
青少年作曲入门　刘德增，刘昭编著
北京　中国青年出版社　1996年　143页
26cm(16开) ISBN: 7-5006-1884-0
定价: CNY16.00

作者刘德增(1936—　)，作曲家、小提琴演奏家。曾进修于天津中央音乐学院。任职于山西省歌舞剧院，国家一级作曲，中国音乐家协会会员，电视艺术家协会会员。著有《电声乐队配器法》《中国小提琴典集》《作曲入门》《中国恋情民歌》《钢琴即兴泛演教程》等。作者刘昭，山西大学音乐系任教。

J0143469
旋律发展的理论与应用　沙汉昆著
上海　上海音乐出版社　1996年　143页
19cm(小32开) ISBN: 7-80553-331-8
定价: CNY10.00

J0143470
电脑作曲　于春，张新莲编著
北京　电子工业出版社　1997年　227页
19cm(小32开) ISBN: 7-5053-3531-6
定价: CNY10.00
(电脑学习机上机指导系列丛书 7)

J0143471
复调音乐基础教程　赵德义，刘永平著
北京　人民音乐出版社　1997年　415页
20cm(32开) ISBN: 7-103-01553-8
定价: CNY19.70
(音乐自学丛书 作曲卷)

J0143472
歌曲分析与写作　徐希茅著
南昌　江西高校出版社　1997年　482页
20cm(32开) ISBN: 7-81033-677-0
定价: CNY22.80

J0143473
和声艺术发展史　(多声史前——1899年末谱例集)吴式锴著
[中央音乐学院] 1997年　160页　26cm(16开)

J0143474
简明和声理论与应用　陈培信著
贵阳　贵州人民出版社　1997年　184页　有肖像
20cm(32开) ISBN: 7-221-04438-4
定价: CNY14.50

J0143475
理论与实践和声学教程　(法)泰奥多尔·杜布瓦(Theodore Dubois)著；廖宝生译
北京　人民音乐出版社　1997年
2册(267；109页) 26cm(16开)
ISBN: 7-103-01464-7　定价: CNY41.20

J0143476
流行音乐和声技法　蔡松琦著
上海　上海音乐出版社　1997年　452页
20cm(32开) ISBN: 7-80553-525-6
定价: CNY20.00

J0143477
流行音乐与爵士乐和声学　任达敏著
北京　人民音乐出版社　1997年　273页
20cm(32开) ISBN: 7-103-01562-7
定价: CNY14.00

J0143478
情感的实践　(香港流行歌词研究)陈清侨编
香港　牛津大学出版社　1997年　150页
21cm(32开) ISBN: 0-19-590064-2
(香港文化研究丛书)

外文书名: The Practice of Affect: Studies in Hong Kong Popular Song Lyrics.

J0143479
松花江的歌　(歌曲写作分析范例)朱季贤著
哈尔滨　东北林业大学出版社　1997年　202页
26cm(16开) ISBN: 7-81008-836-X
定价: CNY23.00

J0143480
往事歌谣　(岁月怀旧歌曲赏析)郭丰润编著
天津　天津人民出版社　1997年　262页
20cm(32开) ISBN: 7-201-02670-4
定价: CNY10.00
(世界经典音乐宝库)

J0143481
音乐结构与作品曲式分析　(为了更好的音乐教学和自学)张肖虎著
北京　人民教育出版社　1997 年　484 页
26cm(16 开) ISBN: 7-107-11210-4
定价: CNY26.90

J0143482
音乐织体学概论　李汉杰著
昆明　云南美术出版社　1997 年　15+423 页
19cm(小 32 开) ISBN: 7-80586-420-9
定价: CNY18.00

J0143483
自由作曲　(奥)申克(Heinrich　Schenker)著; 陈世宾译
北京　人民音乐出版社　1997 年　305 页　有照片
26cm(16 开) ISBN: 7-103-01431-0
定价: CNY31.90

J0143484
歌曲作法教程　刘金荣编著
昆明　云南美术出版社　1998 年　145 页
26cm(16 开) ISBN: 7-80586-524-8
定价: CNY18.00

J0143485
歌曲作法十二讲　李遇秋著
北京　华乐出版社　1998 年　135 页　21cm (32 开)

本书作者在总结多年音乐创作经验的基础上, 以通俗易懂的语言, 由浅入深地分析、介绍了歌曲创作中的基本规律及方法, 为初学歌曲创作的音乐爱好者提供了一本歌曲创作的入门教材。

J0143486
和声分析　刘春荣著
广州　广东高等教育出版社　1998 年　278 页
20cm(32 开) ISBN: 7-5361-2240-3
定价: CNY20.00

J0143487
和声通用教程　(高等师范院校　第一卷)祁光路主编; 鲁兆璋, 黄明分主编
上海　上海音乐出版社　1998 年　321 页
26cm(16 开) ISBN: 7-80553-722-4
定价: CNY18.00

J0143488
和声学　(多种和声法的诠释与分析)康讴著
台北　商务印书馆　1998 年　469 页
21cm(32 开) ISBN: 957-05-1486-8
定价: TWD360.00
(大学丛书)

J0143489
和声学学习新法　(乐曲写作与分析指导)张肖虎著
北京　中国文联出版公司　1998 年　371 页
有彩照　20cm(32 开) ISBN: 7-5059-2518-0
定价: CNY20.60

J0143490
曲式学基础教程　谢功成著
北京　人民音乐出版社　1998 年　357 页
20cm(32 开) ISBN: 7-103-01612-7
定价: CNY17.60
(音乐自学丛书　作曲卷)

作者谢功成, 作曲家、教授。湖南永兴人, 毕业于南京音乐院作曲系。历任华南文艺学院音乐部副主任, 中南音乐专科学校作曲系主任, 湖北艺术学院作曲系主任、教授、副院长, 武汉音乐学院教授。著有《贝多芬》《合唱写作技巧》。

J0143491
实用军乐配器法　梁广程, 祁卫东著
北京　人民音乐出版社　1998 年　156 页
26cm(16 开) ISBN: 7-103-01602-X
定价: CNY17.80

本书具体介绍常规乐队、轻音乐队和大型军乐队的编制和各种进行曲、轻音乐曲和大型军乐曲的配器方法。

J0143492
四声部和声听觉训练　许敬行编著
北京　人民音乐出版社　1998 年　10+375 页
20cm(32 开) ISBN: 7-103-01617-8
定价: CNY19.00

J0143493
香港流行歌词研究 （70年代中期至90年代中期）朱耀伟著
香港 三联书店（香港）公司 1998年 459页
26cm（16开）ISBN：962-04-1482-9
定价：HKD120.00

J0143494
音乐句法结构分析 谷成志著
北京 华乐出版社 1998年 301页 20cm（32开）
ISBN：7-80129-019-4 定价：CNY17.00

J0143495
中国歌曲创作实用教程 吴华，郑莉编著
北京 中国青年出版社 1998年 294页
26cm（16开）ISBN：7-5006-2714-9
定价：CNY28.00

J0143496
伴奏音型样式 黄虎威著
北京华乐出版社 1999年 53页 26cm（16开）
ISBN：7-80129-020-8 定价：CNY11.00
作者黄虎威（1932—2019），作曲家、教授。四川内江人。毕业于西南音乐专科学校作曲系，后入中央音乐学院师从苏联作曲专家鲍里斯·阿拉波夫教授进修。历任四川音乐学院教授、作曲系主任，中国音乐家协会创作委员会委员，中国音乐著作权协会理事，四川省音乐家协会理论创作委员会副主任。

J0143497
传统大小调 五声性调式和声写作教程
樊祖荫编著
北京 中国人民大学出版社 1999年 613页
26cm（16开）ISBN：7-300-02865-9
定价：CNY55.00
（音乐技能训练丛书）
作者樊祖荫（1940— ），教授。出生于浙江余姚县（今浙江省余姚市），毕业于中国音乐学院。先后任中国音乐学院音乐研究所副所长、教务处处长、副院长、院长等职。出版《儿童歌曲写作概论》《中国多声部民歌概论》《和声写作教程》等。

J0143498
管弦乐队配器法 牟洪著
北京 人民音乐出版社 1999年 412页
26cm（16开）ISBN：7-103-01527-9
定价：CNY43.90
本书内容包括：弦乐器概述、弦乐器配器法、木管乐器配器法、铜管乐器配概述、协奏曲和京剧唱腔伴奏的写法等。

J0143499
和声基础、简易伴奏 （上）教育部体育卫生与艺术教育司组编
上海 上海教育出版社 1999年 182页
26cm（16开）ISBN：7-5320-6683-5
定价：CNY15.90

J0143500
和声实用基础教程 冯鄂生等编著
重庆 西南师范大学出版社 1999年 299页
26cm（16开）ISBN：7-5621-1875-2
定价：CNY25.00
（21世纪音乐系列丛书 高师音乐教材）

J0143501
和声学基础教程 （上）李志伟，张准主编
济南 山东大学出版社 1999年 203页
26cm（16开）ISBN：7-5607-2051-X
定价：CNY22.00

J0143502
和声学新编 沈一鸣著
上海 上海音乐出版社 1999年 315页
20cm（32开）ISBN：7-80553-713-5
定价：CNY14.50
（"作曲技术理论"丛书）

J0143503
简明十二音作曲法 （美）查尔斯·伍奥里南（Charles Wuorinen）著；任达敏译
北京 人民音乐出版社 1999年 131页
26cm（16开）ISBN：7-103-01766-2
定价：CNY15.20
本书包括：十二音体系的基本特性、表层写作、结构、曲式共4篇，概括了作曲的程序和手法。

J0143504
简易乐队配器指南 黄英森著
上海 上海音乐出版社 1999年 88页 26cm(16开)
ISBN: 7-80553-548-5 定价: CNY10.00

J0143505
雷斯必基艺术歌曲之研究 任蓉著
台北 乐韵出版社 1999年 326页 有照片
21cm(32开) 精装 ISBN: 957-9222-87-8
定价: TWD480.00

J0143506
迷人的迷笛 (电脑作曲与编曲) 方志宁编著
北京 北京体育大学出版社 1999年 357页
28cm(大16开) ISBN: 7-81051-251-X
定价: CNY39.80

J0143507
飘逸的乐思 (歌曲美学论稿) 彭根发著
北京 中国文联出版社 1999年 183页 有照片
20cm(32开) ISBN: 7-5059-3392-2
定价: CNY148.00 (全套)
(中国当代音乐家丛书)

本书主要内容有: 论新时期我国作曲家的歌曲旋律; 施光南歌曲美学观初探; 从接受美学的角度谈音乐和听众等。作者彭根发(1944—), 祖籍浙江杭州, 生于江苏苏州, 长于上海。时任甘肃省音乐家协会会员、甘肃省音乐家协会理事等。多篇文章被收入《当代中国音乐评论》《中国音乐电视》等书。

J0143508
器乐作曲基础教程 赵行道著
北京 人民音乐出版社 1999年 368页
20cm(32开) ISBN: 7-103-01933-9
定价: CNY18.20

本书讲述了节奏的构思、旋律的构思、乐思的发展功能和发展手法、多声织体的写作、和声的表现作用、曲式的结构构思等内容。

J0143509
曲式分析与作曲 陈启成著
台北 乐韵出版社 1999年 215页 26cm(16开)
ISBN: 957-9222-92-4 定价: TWD300.00

J0143510
实用和声学简明教程 郭锳等编著
南京 南京师范大学出版社 1999年 322页
26cm(16开) ISBN: 7-81047-408-1
定价: CNY30.00

J0143511
图解 Cakewalk8.0 李文超编著
北京 北京大学出版社 1999年 345页
26cm(16开) ISBN: 7-301-04352-X
定价: CNY33.00

J0143512
旋律写作基础 徐晓林编著
北京 中国铁道出版社 1999年 133页
20cm(32开) ISBN: 7-113-03336-9
定价: CNY11.50

J0143513
学用 Cakewalk6.0 命令与实例 任沁琦主编
西安 西安电子科技大学出版社 1999年 386页
26cm(16开) ISBN: 7-5606-0752-7
定价: CNY33.00
(学用多媒体软件实例丛书)

指挥

J0143514
合唱指挥法 赵梅伯著
上海 商务印书馆 1946年 203页 有照片
27cm(16开) 定价: 国币八元

本书分: 合唱指挥之艺术与技术、重要的声乐作家之作风及个性、著名的指挥家之个性等3编, 有对"弥赛亚"的简单分析。书末附: 击拍的图形、总谱的形式、关于指挥的参考书。

J0143515
合唱指挥法 赵梅伯著
上海 商务印书馆 1947年 再版 203页
26cm(16开) 定价: 国币八元

J0143516
合唱指挥法 赵梅伯著

上海 商务印书馆 1950年 4版 203页 有照片 26cm(16开) 定价:旧币16元

外文书名:Technique and Art of Chorus Conducting.

J0143517
唱歌指挥法 周沛然著
上海 万叶书店 1950年 [16cm](26开) 定价:CNY0.45

J0143518
唱歌指挥法 周沛然著
上海 万叶书店 1951年 2版 59页 19cm(32开) 定价:CNY0.50

J0143519
唱歌指挥法 周沛然著
上海 万叶书店 1953年 7版 修订版 76页 20cm(32开) 定价:CNY0.45

J0143520
歌咏指挥 洛辛编
华东军区第三野战军政治部 1951年 60页 有图 19cm(32开)

J0143521
乐队指挥法 谌亚选编译
上海 万叶书店 1951年 影印本 98页 19cm(32开) 定价:旧币9,000元
(北京人民艺术剧院音乐丛书)

J0143522
指挥法 马剑华编著
上海 劳动出版社 1951年 85页 有图 19cm(32开) 定价:旧币3,900元
(工人文艺辅导丛书)

J0143523
指挥棍使用法 许密德(Adolf Schmid)著;朱健译
上海 文光书店 1951年 131页 21cm(32开) 定价:旧币10,000元
(音乐丛刊)

外文书名:The Language of the Baton.

J0143524
歌咏指挥法 林毅著
上海 陆开记书店 1953年 3版 61页 18cm(小32开) 定价:旧币3,000元

J0143525
简易教唱指挥法 马剑华编著
上海 北新书局 1953年 54页 18cm(小32开) 定价:旧币2,300元

J0143526
音乐指挥法 李凌编著
上海 教育书店 1953年 151页 有图 21cm(32开) 定价:旧币10,000元
(音乐知识丛书)

J0143527
指挥法 李凌著
上海 新音乐出版社 1953年 新一版 定价:CNY1.00

本书原名《音乐指挥法》。

J0143528
指挥法 李凌著
北京 音乐出版社 1955年 138页 21cm(32开) 定价:CNY0.70

J0143529
歌队指挥法 孙从音著
北京 音乐出版社 1955年 158页 21cm(32开) 定价:旧币8,100元

作者孙从音(1921—),音乐学家、音乐教育家。浙江宁波人,天津音乐学院教授、硕士生导师,中国音乐家协会师范基本乐科教育分会名誉会长。

J0143530
简明独唱指挥 (苏)库罗契金著;高海珊译;解放军歌曲选集编辑部编
北京 中国青年出版社 1955年 76页 19cm(32开) 定价:CNY0.28

J0143531
简易指挥教唱法 马剑华编著
上海 上海文化出版社 1955年 新1版 58页

19cm(32开)定价:CNY0.21

J0143532
怎样指挥和教唱 吴岫明编著;吴俊发绘图
南京 江苏人民出版社 1956年 32页 有插图
19cm(32开)统一书号:10100.348
定价:CNY0.12

作者吴俊发(1927—),生于江西广丰。中国版画家协会副主席,江苏省美术家协会顾问。作品有《吴俊发水墨画集》等。

J0143533
合唱知识与合唱指挥法 (初级本)(苏)德密特列夫斯基(Г.А.Дмитревский)著;马思琚译
北京 音乐出版社 1957年 100页 20cm(32开)
统一书号:8026.709 定价:CNY0.65

J0143534
业余合唱团指导员手册 (苏)波诺马里科夫(И.Пономарьков)著;汉保译
北京 音乐出版社 1957年 76页 20cm(32开)
统一书号:8026.725 定价:CNY0.48

J0143535
怎样指挥唱歌 任策著
北京 音乐出版社 1957年 76页 19cm(32开)
统一书号:8026.669 定价:CNY0.38

J0143536
怎样指挥 叶林编著
北京 音乐出版社 1958年 34页 19cm(32开)
(音乐知识 第一辑)

J0143537
怎样指挥 叶林编著
北京 音乐出版社 1958年 34页 有图
19cm(32开)
(农村通俗文库 音乐知识 第一辑)

J0143538
怎样指挥唱歌 一非编著
太原 山西人民出版社 1958年 59页 19cm(32开)
统一书号:10088.172 定价:CNY0.19

J0143539
合唱指挥常识 施明新著
广州 广东人民出版社 1959年 33页
19cm(32开)定价:CNY0.12

J0143540
怎样指挥 童云波编著
西安 东风文艺出版社 1959年 12页
19cm(32开)统一书号:8147.7 定价:CNY0.07
(农村音乐活动小丛书 6)

J0143541
怎样组织与排练小合唱 刘孝扬编著
北京 音乐出版社 1959年 84页 17cm(35开)
统一书号:8026.952 定价:CNY0.17
(职工业余自学音乐小丛书)

J0143542
合唱指挥知识 秋里著
北京 北京出版社 1960年 46页 有图
20cm(32开)统一书号:8071.102
定价:CNY0.15

J0143543
歌咏指挥基础知识 张民权编著
上海 上海文艺出版社 1961年 105页
19cm(小32开)统一书号:8078.1728
定价:CNY0.36

J0143544
歌咏指挥基础知识 张民权编著
上海 上海文艺出版社 1980年 重印本 114页
19cm(32开)统一书号:8078.1728
定价:CNY0.31

J0143545
论指挥 (论文集)音乐出版社编辑部编
北京 音乐出版社 1961年 160页 有图
21cm(32开)统一书号:8026.1488
定价:CNY1.05

本书选辑世界各国著名指挥家有关指挥艺术的论文14篇。

J0143546
论指挥 (音乐译文集)人民音乐出版社编辑部编

北京 人民音乐出版社 1979 年 重印本 145 页
20cm（32 开）统一书号：8026.1488
定价：CNY0.61

J0143547
合唱指挥知识 陈良编著
北京 人民音乐出版社 1978 年 113 页
19cm（32 开）统一书号：8026.3399
定价：CNY0.32

J0143548
教歌与指挥 王杰编著
石家庄 河北人民出版社 1981 年 32 页
19cm（32 开）统一书号：8086.1471
定价：CNY0.12
（群众文艺辅导丛书）

作者王杰（1933— ），河北省群艺馆研究馆员，中国音乐家协会会员，河北音协常务理事，中国社会音乐研究会理事。

J0143549
教歌与指挥 王杰等编著
石家庄 花山文艺出版社 1984 年 新 1 版 32 页
19cm（32 开）统一书号：8286.18 定价：CNY0.12
（群众文艺辅导丛书）

J0143550
乐队指挥法 朴东生著
北京 人民音乐出版社 1981 年 163 页
21cm（32 开）统一书号：8026.3875
定价：CNY0.94

J0143551
乐队指挥法 朴东生著
北京 人民音乐出版社 1997 年 223 页
20cm（32 开）ISBN：7-103-01599-6
定价：CNY13.40

J0143552
指挥学 王沛纶著
台北 全音乐谱出版社 1981 年 159 页
20cm（32 开）

作者王沛纶（1909—1972），江苏吴县（今江苏省苏州市吴中区）人，毕业于七海音乐专科学校。曾担任过音乐教师，台湾地区交响乐团特约指挥。著有《歌剧辞典》《乐人字典》《音乐字典》等。

J0143553
管弦乐指挥研究 廖年赋著
台北 全音乐谱出版社 1982 年 216 页
21cm（32 开）精装 定价：TWD250.00

J0143554
亨利·伍德论指挥 （英）伍德著；章彦译
北京 人民音乐出版社 1984 年 65 页 19cm（32 开）
统一书号：8026.4200 定价：CNY0.34

J0143555
合唱指挥法 周沛然著
北京 人民音乐出版社 1985 年 149 页
20cm（32 开）统一书号：8026.4352
定价：CNY1.25

本书包括 8 章：基本姿势和基本节拍击拍法；起唱、结束与休止、延长的指挥法；复杂拍子；重音及其他的指挥法；指挥动作；作品研究；合唱曲的指挥；合唱队的组织与训练；合唱的排练与演出。

J0143556
指挥家的境界 （灵感形成规程 与弗·拉日尼科夫的谈话）（苏）康德拉申（Кондращин, К.П.）著；刁蓓华译
北京 人民音乐出版社 1987 年 189 页
20cm（32 开）统一书号：8026.4583
定价：CNY1.65

本书以对话方式记录苏联指挥学派的代表人物之一康德拉申的音乐观点。内容涉及指挥艺术的各个方面，包括指挥的专业特征、艺术构思、心理特点、对音乐作品的艺术处理、指挥风格及理论，以及指挥的管理职能、管理方法、与演奏员之间的关系等。

J0143557
合唱指挥法 刘大冬著
西安 陕西师范大学出版社 1990 年 134 页
18cm（32 开）

本书包括指挥的任务、意义、指挥方法，对指挥者的要求，指挥的基本理论和原则，指挥的基本图式，起唱、收尾、段落、乐句的起止、拍子

的各种变化打法，指挥专业问题等。

J0143558
指挥基础 （合唱指挥与合唱训练）秋里编著
北京 高等教育出版社 1991年 154页
26cm（16开）ISBN：7-04-003524-3
定价：CNY3.30
本书阐述了指挥的训练方法和手段，就合唱艺术的特点、规律、功能和形式，进行了全面总结。对科学的排练方法，歌曲的处理与表现，表演艺术的对比手段，进行了深入分析。

J0143559
指挥与合唱实用教程 徐定中主编
上海 上海音乐出版社 1991年 226页
26cm（16开）ISBN：7-80553-267-2
定价：CNY5.20
本教程分指挥篇、合唱篇和实践篇3篇，较系统地归纳了指挥与合唱的有关理论和知识。

J0143560
合唱指挥实用手册 陈佳南著
昆明 云南民族出版社 1993年 18页
19cm（小32开）ISBN：7-5367-0691-X
定价：CNY2.00
作者陈佳南，江苏苏州人，解放军南京军区前线歌舞团合唱指挥，中国音乐家协会会员，中国合唱学会理事。

J0143561
古典大师 （指挥谈指挥）王立德著
台北 世界文物出版社 1994年 183页 有照片
21cm（32开）ISBN：957-8996-29-2
定价：TWD200.00

J0143562
合唱·管弦乐指挥法教程 杨镇编著
厦门 厦门大学出版社 1994年 216页
26cm（16开）ISBN：7-5615-0980-4
定价：CNY12.00

J0143563
合唱指挥艺术 游泳源编著
武汉 武汉工业大学出版社 1994年 188页
26cm（16开）ISBN：7-5629-0875-3
定价：CNY8.00

J0143564
指挥法教程 （日）斋藤秀雄著；王少军，刘大冬译
北京 文化艺术出版社 1995年 224页 有照片
20cm（32开）ISBN：7-5039-1354-1
定价：CNY18.00
本书分为两部分，基础篇包括指挥者的必要性、现代指挥家的性格、技术和乐感、关于教学体系问题、指挥法的分类、直接运动；应用篇包括练习题8个。附练习题曲集1册。

J0143565
不朽的指挥家 ［斯廷凯利］Enrico Stinchelli著；田青等译
台北 世界文物出版社 1996年 407页 有照片
24cm（26开）精装 ISBN：957-9551-33-2
定价：TWD480.00
外文书名：I Grandi Direttori D'Orcbestra.

J0143566
合唱与指挥教程 周正松编著
广州 华南理工大学出版社 1996年 292页
有照片 26cm（16开）ISBN：7-5623-1025-4
定价：CNY28.00

J0143567
合唱、指挥知识及中外合唱作品精选 （简谱本）文思隆编注
重庆 西南师范大学出版社 1997年 244页
26cm（16开）ISBN：7-5621-1740-3
定价：CNY24.00
（音乐教育丛书 声乐类）

J0143568
合唱的训练与指挥 韩德森著
南京 江苏文艺出版社 1997年 305页
20cm（32开）ISBN：7-5399-1141-7
定价：CNY18.00

J0143569
指挥法 杨嘉仁遗著；杨大经整理
上海 上海音乐出版社 1997年 164页 有照片
26cm（16开）ISBN：7-80553-513-2

定价：CNY15.30

J0143570
指挥家的光芒 （日）杉山尚次等编；俞人豪，孙英译
台北 世界文物出版社 1997年 290页 有照片 21cm（32开）ISBN：957-9551-85-5
定价：TWD320.00

J0143571
指挥入门 朴东生著
北京 中国文联出版社 1998年 125页 有照片 20cm（32开）

本书对指挥应具备的条件和应起的作用，指挥的姿势、动作、表情，以及对音乐的各种情况的具体处理等均作了详尽的讲解。

声乐理论

J0143572
绘图蒙学唱歌实在易 （不分卷）（清）吴丹初撰
上海 彪蒙书室 清光绪三十二年［1906］石印本

J0143573
唱歌教材研究 张秀山编
北平 国立北平师范大学 民国 线装

J0143574
新年小调·民歌·民谣
［民国］［36］页 19cm（32开）

本书包括新年小调、民歌、民谣三部分，共收35首。

J0143575
师范讲习科用唱歌教本 （第一集）刘质平编
上海 泰东图书局 1923年 19cm（32开）
定价：大洋二角

J0143576
模范唱歌教科书样本 柯政和编
北平 中华乐社［1932年］22cm（30开）

作者柯政和（1890—1973），音乐教育家。台湾嘉义人，原籍福建安溪。原名丁丑，字安士。留学日本东京音乐学校师范科、东京音乐学校研究科、上智大学文科。曾任北京师范大学教授。著有《音乐通论》《何利马里音阶练习书》《简易钢琴曲集》《音乐史》《拜耳钢琴教科书》等。

J0143577
声乐研究法 高中立编
上海 商务印书馆 1936年 305页 21cm（32开）
定价：国币一元五角

本书分23章，包括声乐家的必要条件、艺术的唱歌是什么、呼吸法、发声法等。

J0143578
音乐基础 （第3册）万卓志，赵春庄编著
上海 广学会 1941年 3版 15页 20cm（32开）

本书为唱诗班教材，共12课，包括：简单音乐教法、字句清晰、诗中意思和换气、声音好听、唱得整齐、唱诗的姿势等。

J0143579
唱歌法 马国霖著
桂林 新大地社 1943年 91+16页 18cm（15开）
定价：国币十四元

J0143580
我教你唱歌 夏白著
重庆 文风书局 1943年 52页 17cm（32开）
定价：国币十二元
（新少年文库 第1集）

本书内容包括好听的声音、认读乐曲、音乐的指挥等内容。

J0143581
唱歌教材集 金路得编
上海 中华乐学社 1948年 32页 20cm（32开）

J0143582
歌咏工作讲话 谭林撰
上海 新音乐出版社 1949年 再版 78页 19cm（32开）定价：旧币一元四角

J0143583
歌咏工作讲话 林苗著
香港 中国音乐出版公司 1949年 78页

17cm（40开）定价：HKD1.40

J0143584
怎样唱歌　王澌仁编
［上海］商务印书馆 1949年 定价：CNY0.15

J0143585
怎样练习歌唱　沈秉廉编著
［上海］商务印书馆 1949年 定价：CNY0.20

J0143586
唱歌　中华全国民主妇女联合会儿童福利部编
北京 中华全国民主妇女联合会 1950年 84页 19cm（32开）定价：3.40
（学龄前儿童教育参考丛书）

J0143587
儿童唱歌法　约翰孙（C.E.Johnson）撰；王云阶译
上海 万叶书店 1950年 88页 19cm（32开）定价：8.00
（音乐技术丛书）

J0143588
教唱法　马剑华编撰
上海 劳动出版社 1950年 64页 18cm（小32开）定价：3.40
（工人文艺辅导丛书）

本书内容浅显易懂，介绍了唱歌中的呼吸、定音、节拍以及声音的处理方法。

J0143589
实用歌唱法　汤雪耕著；新音乐社辑
上海 文光书店 1950年 168页 18cm（32开）
（音乐知识丛书）

J0143590
苏军红旗歌舞团劳特，尤瑟夫同志讲授声乐　李书年整理
随红旗歌舞团学习队声乐组［1950—1959年］22页 18cm（32开）

J0143591
歌咏常识　秦西炫著
上海 泥土社 1951年 41页 18cm（15开）
定价：旧币2,500元

J0143592
歌咏常识　秦西炫著
上海 天下书报社 1953年 41页 17cm（40开）
定价：旧币2,000元

J0143593
歌咏工作经验　甄伯蔚辑
北京 十月书店 1951年 69页 19cm（32开）
定价：旧币三元六角

J0143594
声乐知识　CARUSO著；李凌译
上海 作家书屋 1951年 4版 40页 18cm（32开）
定价：CNY2.50
（新音乐丛书 2）

J0143595
西洋唱歌法译丛　中央音乐学院研究部主编；黎章民等译
上海 万叶书店 1951年 147页 20cm（32开）
定价：旧币12,000元
（中央音乐学院研究部资料丛刊）

J0143596
小学教唱材料　（第一辑）易扬，老朋编
［长沙］湖南通俗读物出版社 1953年 32页 19cm（小32开）定价：CNY0.12

J0143597
小学教唱材料　（第二辑）易扬，老朋编
［长沙］湖南人民出版社 1954年 定价：CNY0.12

J0143598
怎样教会唱歌　（如何迅速掌握基本唱歌能力）沈晓撰
上海 启明书局 1953年 89页 19cm（32开）
定价：旧币4,500元

J0143599
唱歌课的教育工作　（苏）格罗津斯卡娅（Н.Л. Гродзенская）著；丰子恺，丰一吟译
北京 人民教育出版社 1954年 161页 21cm（32开）定价：旧币6,300元

作者丰一吟（1929—　），画家、翻译学家。浙江崇德县（今桐乡市石门镇）人。其父是著名

画家丰子恺。毕业于中苏友协俄文学校。上海市文史研究馆馆员，丰子恺研究会顾问，上海翻译家协会会员。主要著作有《潇洒风神——我的父亲丰子恺》《丰子恺漫画全集》《爸爸的画》等。

J0143600
西洋唱歌法译丛 黎章民等译
上海 新音乐出版社 1954年 新1版 147页
有图 20cm（32开）定价：旧币 9,500

J0143601
唱歌教师辅导手册 苏联列宁格勒市立教师进修学院音乐组编；汪启璋译
北京 音乐出版社 1955年 91页 21cm（32开）
定价：旧币 4,800元

J0143602
简明独唱指导 （苏）维·依·库罗契金著；高海珊译；解放军歌曲选集编辑部编
北京 中国青年出版社 1955年 76页 19cm（32开）
定价：CNY0.28

J0143603
教唱、指挥和歌咏团的组织、训练 叶林著；许天开绘图
北京 艺术出版社 1955年 91页 18cm（15开）
定价：CNY0.30
（通俗艺术小丛书）

J0143604
论俄罗斯民间合唱 （苏）库拉科夫斯基（Л.Кулаковский）著；孙静云译
北京 音乐出版社 1955年 91页 20cm（32开）
定价：旧币 6,400元

J0143605
中小学唱歌教学法 （苏）鲁美尔主编；陈登颐译
［北京］音乐出版社 1955年 定价：CNY1.78

J0143606
发展儿童嗓音的初步方法 （苏）巴卡杜洛夫（В.А.Багадуров）等著；邱质樸译
北京 音乐出版社 1956年 39页 有图
21cm（32开）统一书号：8026.439
定价：CNY0.32

J0143607
群众歌曲教法讲话 石根著
西安 陕西人民出版社 1956年 80页 19cm（32开）
统一书号：T8094.31 定价：CNY0.24

J0143608
小学唱歌教材 （低年级）杭州市教育局编
浙江 浙江人民出版社 1956年 1张
定价：CNY0.06

J0143609
小学唱歌教材 （高年级）杭州市教育局编
浙江 浙江人民出版社 1956年 1张
定价：CNY0.07

J0143610
小学唱歌教材 （高年级 正谱）杭州市教育局编
浙江 浙江人民出版社 1956年 1张
定价：CNY0.09

J0143611
小学唱歌教材 （中年级）杭州市教育局编
浙江 浙江人民出版社 1956年 1张
定价：CNY0.06

J0143612
小学唱歌教材 （中年级 正谱）杭州市教育局编
浙江 浙江人民出版社 1956年 1张
定价：CNY0.07

J0143613
怎样保护嗓子 舒模，萧晴著；中国戏曲研究院编辑
北京 通俗文艺出版社 1956年 23页 18cm（15开）
定价：CNY0.08
（戏曲演员学习小丛书）

J0143614
歌唱发音的机能状态 林俊卿著
北京 音乐出版社 1957年 131页 有插图
21cm（32开）统一书号：8026.569
定价：CNY0.80

本书包括：发声的机能状态、声带发音的机能状态、论声音的颤动、调节共鸣的机能状态。附：歌唱的卫生。

J0143615
声乐研究　吕白克著
北京 音乐出版社 1957年 106页 有插图
20cm(32开) 统一书号: 8026.675
定价: CNY0.65
作者吕白克(1912—1988),声乐教育家。原名树德,江苏宜兴人。就读于杭州艺术专科学校。历任上海美术专科学校音乐系副教授,沈阳音乐学院教授等。

J0143616
现代声乐论著选　全国声乐教学会议编
全国声乐教学会议 1957年 213页 19cm(32开)

J0143617
怎样练嗓　舒模,肖晴著
上海 上海文化出版社 1957年 44页 19cm(32开)
统一书号: 10077.613 定价: CNY0.15
(戏曲演员学习小丛书)

J0143618
怎样练习歌唱　汤雪耕编著
北京 音乐出版社 1957年 86页 19cm(32开)
统一书号: 8026.568 定价: CNY0.26

J0143619
怎样练习歌唱　汤雪耕编著
北京 音乐出版社 1962年 2版 修订版 92页
19cm(32开) 统一书号: 8026.568
定价: CNY0.28
本书讲解了歌唱学习方面的具体原则与方法、歌唱者应遵守的生活制度、练唱时的姿势、歌唱器官和发声的简单原理、呼吸、基本的歌唱技术练习、歌唱的表现方法和歌曲的处理等。

J0143620
怎样练习歌唱　汤雪耕编著
北京 人民文学出版社 1974年 129页
19cm(32开) 统一书号: 10019.2194
定价: CNY0.31

J0143621
怎样练习歌唱　汤雪耕编著
北京 人民音乐出版社 1984年 4版(修订本)
121页 19cm(32开) 统一书号: 8026.3191
定价: CNY0.39
(音乐知识丛书)
本书介绍了学习歌唱的方法(发声法),包括歌唱的发音、吐字以及对歌曲的处理等。

J0143622
怎样练习歌唱　汤雪耕编著
北京 人民音乐出版社 1997年 2版(修订版)
124页 19cm(小32开) ISBN: 7-103-01419-1
定价: CNY4.60
(音乐知识丛书)

J0143623
大家都来学唱歌　钟雯编著
北京 音乐出版社 1958年 35页 15cm(40开)
统一书号: 8026.844 定价: CNY0.09
(农村俱乐部音乐小丛书)

J0143624
歌唱家的卫生　(苏)叶戈罗夫著; 杨和钧译
北京 音乐出版社 1958年 136页 19cm(32开)
统一书号: 8026.823 定价: CNY0.65

J0143625
歌咏团的组织和训练　叶林编著
北京 音乐出版社 [1958年] 44页 19cm(32开)
(农村通俗文库 音乐知识 第一辑)

J0143626
歌咏团的组织和训练　叶林编著
北京 音乐出版社 1959年 44页 19cm(32开)
定价: CNY0.13
(农村通俗文库 音乐知识 第一辑)

J0143627
农村教歌员手册　忆平等编
沈阳 辽宁人民出版社 1958年 37页 13cm(60开)
统一书号: T8090.67 定价: CNY0.08

J0143628
声乐的鉴赏　(日)伊庭孝著; 凌崇孟译
北京 音乐出版社 1958年 28页 19cm(32开)
统一书号: 8026.773 定价: CNY0.17

J0143629
声乐教材 （第一集 创作歌曲选）上海音乐学院声乐系编
上海 上海音乐出版社 1958年 28页 29cm(15开)
定价: CNY0.55

J0143630
声乐教材 （西洋歌剧选曲 男低音用）中央音乐学院声乐系编
北京 音乐出版社 1958年 29页 29cm(13开)
统一书号: 8026.1031 定价: CNY0.48

J0143631
声乐教材 （西洋歌剧选曲 男高音用）中央音乐学院声乐系编辑
北京 音乐出版社 1958年 24页 26cm(16开)
统一书号: 8026.977 定价: CNY0.44

J0143632
声乐教材 （西洋歌剧选曲 男高音用）上海音乐学院声乐系编
北京 音乐出版社 1958年 28页 29cm(15开)
定价: CNY0.44

J0143633
声乐教材 （西洋歌剧选曲 男中音用）上海音乐学院声乐系编
北京 音乐出版社 1958年 28页 29cm(15开)
定价: CNY0.48

J0143634
声乐教材 （西洋歌剧选曲 男中音用）中央音乐学院声乐系编
北京 音乐出版社 1958年 28页 29cm(15开)
统一书号: 8026.1000 定价: CNY0.48

J0143635
声乐教材 （西洋歌剧选曲 女高音用）中央音乐学院声乐系编
北京 音乐出版社 1958年 70页 26cm(16开)
统一书号: 8026.920 定价: CNY0.95

J0143636
声乐教材 （西洋歌剧选曲 女中音用）中央音乐学院声乐系编
北京 音乐出版社 1958年 30页 29cm(15开)
统一书号: 8026.1081 定价: CNY0.48

J0143637
声乐教材 （中国歌曲）中央音乐学院声乐系编
北京 音乐出版社 1958年 92页 29cm(15开)
统一书号: 8026.976 定价: CNY1.30

J0143638
声乐教材 （创作歌曲选 第二册）上海音乐学院声乐系编
上海 上海文艺出版社 1959年 48页 有曲谱 28cm(16开) 统一书号: 8078.0386
定价: CNY0.60

J0143639
声乐教材 （创作歌曲选 第三册）上海音乐学院声乐系编
上海 上海文艺出版社 1959年 56页 有曲谱 28cm(16开) 统一书号: 8078.0784
定价: CNY0.68

J0143640
声乐教材 （西洋歌剧选曲 男高音用）中央音乐学院声乐系编
北京 音乐出版社 1959年 24页 26cm(16开)
统一书号: 8026.977 定价: CNY0.44

J0143641
声乐教材 （中国歌曲 第二集）中央音乐学院声乐系编
北京 音乐出版社 1960年 43页 28cm(16开)
统一书号: 8026.1235 定价: CNY0.68

J0143642
青年声乐教师须知 （苏)戈鲁别夫著; 汪启璋译
上海 上海文艺出版社 1959年 68页 21cm(32开)
统一书号: 8078.1072 定价: CNY0.44

J0143643
声乐发声练习法 （苏)И.库克琳娜著; 梁再宏译
北京 音乐出版社 1959年 21页 19cm(32开)
统一书号: 8026.1106 定价: CNY0.17
(中央音乐学院专家讲稿译丛)

J0143644
声乐教材 （中国民歌选 第1集）上海音乐学院声乐系编
上海 上海文艺出版社 1959年 29cm（15开）
定价：CNY0.70

J0143645
声乐教材 （中国民歌选 第2集）上海音乐学院声乐系编
上海 上海文艺出版社 1959年 29cm（15开）
定价：CNY0.64

J0143646
声乐教材 （中国民歌选 第一册）上海音乐学院声乐系编
上海 上海文艺出版社 1959年 54页 28cm（16开）
统一书号：8078.0950 定价：CNY0.70

J0143647
声乐教材 （中国民歌选 第二册）上海音乐学院声乐系编
上海 上海文艺出版社 1959年 49页 28cm（16开）
统一书号：8078.0967 定价：CNY0.64

J0143648
声乐论文集 《人民音乐》编辑部编
北京 音乐出版社 1959年 179页 有曲谱
19cm（32开）统一书号：8026.1187
定价：CNY0.80

J0143649
怎样唱歌 王焱著
西安 东风文艺出版社 1959年 15页 19cm（32开）
统一书号：8147.6 定价：CNY0.08
（农村音乐活动小丛书 5）

J0143650
怎样唱歌 殷刚，大行编写
南昌 江西人民出版社 1959年 23页 18cm（15开）
统一书号：T7110.192 定价：CNY0.07
（工农实用歌舞知识丛书）

J0143651
怎样教群众唱歌 山东省群众艺术馆编著
济南 山东人民出版社 1959年 44页 有曲谱及图
15cm（40开）统一书号：T8099.337
定价：CNY0.10

J0143652
怎样开展农村歌咏活动 童云波编著
西安 东风文艺出版社 1959年 10页
19cm（32开）统一书号：8147.5 定价：CNY0.07
（农村音乐活动小丛书 4）

J0143653
歌唱发音不正确的原因及纠正方法 林俊卿著
北京 音乐出版社 1960年 174页 有曲谱及图表
20cm（32开）统一书号：8026.1200
定价：CNY1.00

J0143654
歌唱发音不正确的原因及纠正方法 林俊卿著
北京 人民音乐出版社 1989年 174页
20cm（32开）ISBN：7-103-00355-6
定价：CNY1.95

J0143655
歌唱发音的科学基础 林俊卿著
上海 上海文艺出版社 1962年 修订本 235页
有图表 21cm（32开）统一书号：8078.2058
定价：CNY1.35

本书分引言、发音的机能状态、表音的机能状态、嗓音在艺术上的应用、意大利美声唱法的发音特点5部分。

J0143656
民族音乐简谱视唱教材 吴歌编
上海 上海文艺出版社 1962年 266页
19cm（32开）统一书号：8078.2015
定价：CNY0.96

J0143657
声乐教学曲选 （1 法国艺术歌曲钢琴伴奏谱）中央音乐声学系编
北京 音乐出版社 1962年 152页 26cm（16开）
ISBN：7-103-01002-1 定价：CNY9.25

J0143658
中央音乐学院声乐教学曲选 （第三集 中国歌曲）中央音乐学院声乐系编选

北京 音乐出版社 1962年 正谱本 68页
26cm(16开) 统一书号: K8026.1675
定价: CNY0.64

J0143659
中央音乐学院声乐教学曲选 (第四集 中国歌曲) 中央音乐学院声乐系编选
北京 音乐出版社 1962年 正谱本 80页
26cm(16开) 统一书号: K8026.1676
定价: CNY0.79

J0143660
中央音乐学院声乐教学曲选 (法国艺术歌曲) 中央音乐学院声乐系编选
北京 音乐出版社 1962年 152页 有图
26cm(16开) 统一书号: K8026.1678
定价: CNY1.55

J0143661
中央音乐学院声乐教学曲选 (拉丁美洲歌曲) 中央音乐学院声乐系编选
北京 音乐出版社 1962年 正谱本 58页
26cm(16开) 统一书号: K8026.1677
定价: CNY0.57

J0143662
中央音乐学院声乐教学曲选 (第一集 毛主席诗词歌曲) 中央音乐学院声乐系编选
北京 音乐出版社 1962年 正谱本 27页
26cm(16开) 统一书号: K8026.1674
定价: CNY0.31

J0143663
合唱学 马革顺著
上海 上海文艺出版社 1963年 180页 有图表
21cm(32开) 统一书号: 8078.2174
定价: CNY0.69

J0143664
合唱学 马革顺著
上海 上海文艺出版社 1980年 修订本 214页
21cm(32开) 统一书号: 8078.2174
定价: CNY0.69

J0143665
引路旗 中国音乐家协会江苏分会编
南京 江苏人民出版社 1963年 36页 17cm(32开)
统一书号: 10100.1175 定价: CNY0.11

J0143666
表演唱 中国人民解放军总政治部文化部编
上海 上海文化出版社 1964年 简谱本 94页
19cm(32开) 统一书号: 8077.218
定价: CNY0.26

J0143667
我的祖国在非洲 (男高音领唱、混声合唱) 袁鹰词; 王震亚曲
北京 音乐出版社 1964年 [6]页 26cm(16开)
统一书号: 8026.2279 定价: CNY0.10

J0143668
怎样教唱歌 河北群众艺术馆编著
北京 音乐出版社 1966年 74页 有图表
26cm(16开) 统一书号: 8026.2409
定价: CNY0.21
(农村音乐小丛书)

J0143669
声乐研究法 高中立著
台北 商务印书馆 1969年 305页 18cm(32开)
(人人文库 989—990)

J0143670
声乐研究法 高中立著
台北 商务印书馆 1980年 3版 305页
17cm(32开) 定价: TWD0.60
(人人文库 989-990)

J0143671
唱好两首革命歌曲 (国际歌·三大纪律八项注意)
[南宁] 广西人民出版社 1971年 19cm(小32开)
定价: CNY0.06

J0143672
唱好两首革命歌曲
哈尔滨 黑龙江人民出版社 1971年 12页
19cm(32开) 统一书号: 8093.115
定价: CNY0.05

J0143673
唱好两首革命歌曲　黑龙江人民出版社编
[哈尔滨]黑龙江人民出版社 1971年
19cm(小32开)定价: CNY0.05

J0143674
唱好两首革命歌曲　(国际歌·三大纪律八项注意)
[沈阳]辽宁人民出版社 1971年 19cm(小32开)
定价: CNY0.06

J0143675
唱好两首革命歌曲
[西宁]宁夏人民出版社 1971年 19cm(小32开)
定价: CNY0.03

J0143676
唱好两首革命歌曲
济南 山东人民出版社 1971年 23页 13cm(60开)
统一书号: 10099.024 定价: CNY0.04

J0143677
唱好两首革命歌曲
[济南]山东人民出版社 1971年 13cm(64开)
定价: CNY0.04

J0143678
唱好两首革命歌曲　(国际歌·三大纪律八项注意)四川人民出版社编辑
[成都]四川人民出版社 1971年 19cm(小32开)
定价: CNY0.04

J0143679
唱好两首革命歌曲——《国际歌》《三大纪律八项注意》
南宁 广西人民出版社 1971年 22页 19cm(32开)
统一书号: 8113.44 定价: CNY0.06

J0143680
唱好两首革命歌曲——《国际歌》《三大纪律八项注意》
沈阳 辽宁省新华书店 1971年 20页 19cm(32开)
统一书号: 8090.150 定价: CNY0.06

J0143681
声乐教材　(歌曲选 第一集)广东人民艺术学院音乐声乐教研组编
广州 广东人民艺术学院音乐声乐教研组 1973年
115页 26cm(16开)

J0143682
声乐教材　(第二集)广东艺术学院音乐声乐教研组编
广州 广东艺术学院音乐声乐教研组 1973年
67页 26cm(16开)

J0143683
声乐教材　(第三集)广东艺术学院音乐声乐教研组编
广州 广东艺术学院音乐声乐教研组 1973年
79页 26cm(16开)

J0143684
唱好两首革命歌曲
济南 山东人民出版社 1974年 2版 24页
13cm(60开)统一书号: 10099.024
定价: CNY0.04
　　本书包含《国际歌》《三大纪律八项注意》两首作品。

J0143685
名歌唱家论歌唱艺术　(声乐论文集)(美)库克(J.F.Cooke)编; 章枚译
上海 上海文艺出版社 1979年 88页 19cm(32开)
统一书号: 8078.3153 定价: CNY0.30
(外国音乐理论与技术 1)

J0143686
怎样教唱革命歌曲　夏禹生等编
南京 江苏人民出版社 1979年 72页 19cm(32开)
统一书号: 8100.020 定价: CNY0.17
　　革命歌曲歌唱法。

J0143687
歌唱的理论与实际　杨兆祯著
台北 全音乐谱出版社 1980年 130页
19cm(小32开)

J0143688
歌唱发音的科学基础　叶雅歌编著
台北 天同出版社[1980—1989年]235页

有插图 20cm(32开) 定价: TWD250.00
(大学音乐丛书 4)

J0143689
歌唱艺术漫谈 李凌著
上海 上海文艺出版社 1980年 294页
21cm(32开) 统一书号: 8078.3167
定价: CNY0.91

全书分3部分。第一部分为歌唱艺术的风格问题，主要论述关于艺术的风格；第二部分为杂论，主要谈歌唱与政治、生活、技巧问题；第三部分为听唱随笔，着重介绍马玉涛等10位歌唱家的艺术特点和表演风格。

J0143690
论声乐训练 管林著
北京 人民音乐出版社 1980年 88页 19cm(32开)
统一书号: 8026.3763 定价: CNY0.31

J0143691
声乐表演艺术文献 喻宜萱主编
北京 中央音乐学院图书馆 1980年 208页
19cm(32开) 定价: CNY0.90

J0143692
声乐表演艺术文选 喻宜萱主编
北京 中央音乐学院图书馆 1980年 208页
19cm(32开)

J0143693
歌唱医学基础 冯葆富编著
上海 上海科学技术出版社 1981年 262页
19cm(32开) 统一书号: 14119.1453
定价: CNY0.80

J0143694
歌唱医学基础 冯葆富等编著
上海 上海科学技术出版社 1987年 2版 280页
19cm(32开) ISBN: 7-5323-0062-5
定价: CNY2.05

J0143695
歌唱医学基础 冯葆富等编著
上海 上海科学技术出版社 1987年 280页
19cm(32开) ISBN: 7-5323-0062-5
定价: CNY2.05

J0143696
歌唱艺术 (苏)那查连科(И.К.Назаренко)编著; 汪启璋译
北京 人民音乐出版社 1981年 231页
21cm(32开) 统一书号: 8026.3800
定价: CNY1.25

本书介绍了歌唱艺术的起源、形成及发展过程，以及历代声乐名家们的演唱技巧和方法。书末附有数首声乐大师们所采用的发声练习曲(加尔西亚的嗓音练习、卡鲁索的发声练习等)。

J0143697
歌唱艺术手册 马南(L.Manen)著; 汪启璋译
北京 人民音乐出版社 1981年 57页 19cm(32开)
统一书号: 8026.3826 定价: CNY0.31

J0143698
声乐表演艺术文选 中央音乐学院学报编辑部选编
北京 中央音乐学院学报社 1981年 230页
19cm(32开) 定价: CNY0.90
(《中央音乐学院学报》资料丛刊)

J0143699
以字行腔 应尚能著
北京 人民音乐出版社 1981年 126页+[1]叶图版 有肖像 21cm(32开)
统一书号: 8026.3900 定价: CNY0.53

本书是声乐研究论文集。收有《以字行腔》和《我的声乐经验》。前者着重探讨西洋唱法与中国唱词咬字的结合问题，提出"唱歌时'咬字'的关键是'字腹与字声的结合'及'咽腔正字'"的理论，并据此提出一套比较完整的训练方法。后者主要介绍作者本人的声乐教学经验。

J0143700
再见吧！妈妈 (男高音独唱) 陈克正词; 张乃诚曲; 李延伴奏
北京 人民音乐出版社 1981年 正谱本 6页
25cm(小16开) 统一书号: 8026.7359
定价: CNY0.14

J0143701
儿童歌唱训练漫谈　上海文艺出版社编
上海　上海文艺出版社 1982 年 117 页
19cm(32 开) 统一书号: 8078.3335
定价: CNY0.34

本书选编了八篇关于儿童歌唱训练方面的问答与经验文章,其中有《儿童歌唱问答》《教学班合唱训练探讨》等。这些文章是由多年从事儿童合唱队训练和音乐教学有经验的同志写成,其中涉及童声的练声、嗓音保护及儿童歌唱中常见病纠正方法的问题解答及理论阐述和经验交流。

J0143702
声乐曲选　(独唱)中央音乐学院声乐系编
北京　人民音乐出版社 1982 年 65 页 25cm(16 开)
统一书号: 8026.3954 定价: CNY0.82

J0143703
歌唱的方法　薛良著
北京　中国文艺联合出版公司 1983 年 343 页
19cm(32 开) 统一书号: 8313.78 定价: CNY1.20
(中国音乐丛书)

本书根据古今中外大量著名声乐文献,对歌唱艺术进行了广泛、深入、具体的解说、介绍和分析。

J0143704
歌唱的方法　薛良著
北京　中国文联出版公司 1985 年 343 页
19cm(32 开) 统一书号: 8355.313 定价: CNY1.55
(中国音乐丛书)

J0143705
歌唱的方法　薛良著
北京　中国文联出版公司 1997 年 2 版 431 页
19cm(小 32 开) ISBN: 7-5059-2508-3
定价: CNY16.80

J0143706
声乐讲座　沈思岩著
北京　人民音乐出版社 1983 年 159 页
19cm(32 开) 统一书号: 8026.4036
定价: CNY0.73

本书对西洋唱法的一般歌唱发声方法作了较为详细的阐述;对发声器官的生理结构、歌唱与语言的关系、歌曲的艺术表现等,以及各种声乐技术、技巧与各种装饰唱法都做了介绍。

J0143707
声乐讲座　沈思岩著
北京　人民音乐出版社 1987 年 2 版 修订本
168 页 19cm(32 开) 统一书号: 8026.4036
定价: CNY1.15

J0143708
合唱与指挥　秋里著
上海　上海文艺出版社 1984 年 98 页 21cm(32 开)
统一书号: 8078.3456 定价: CNY0.36

本书介绍了合唱与指挥的知识,作者针对专业与业余指挥在实际工作中经常遇到的困难,提出了解决方法与手段,同时对如何提高指挥与合唱的演唱水平等问题也作了通俗的阐述。

J0143709
卡鲁索的发声方法　(嗓音的科学培育)(意)
P.M. 马腊费奥迪著; 郎毓秀译
北京　人民音乐出版社 1984 年 172 页
21cm(32 开) 统一书号: 8026.4211
定价: CNY1.20

本书共 24 章,分别阐述根据自然规律确定的发声机理上的新原则;人声和科学的关系,通过说话声音进行声乐训练的根本改革,嗓音和音乐的关系,意大利语音中元音、辅音结合的吐字法,正确歌唱的实用法则,正确发声的原则,有关声乐训练根本改革的建议,喉科医生对歌唱家的劝告等。还专章介绍这位被奉为空前的自然歌唱的大师卡鲁索其人及他所讲述的歌唱方法。他在书中提出要探求如何来恢复衰亡了的歌唱艺术,并强调声乐教育的改革与复兴必须建立在科学规律之上。外文书名: Caruso's Method of Voice Production: The Scientific Culture of the Voice.

J0143710
全国少数民族声乐教学会议资料汇编　文化部民族文化司[编]
[1984 年] 175 页 26cm(16 开)

J0143711
声乐艺术的民族风格　(论文集)管林编著
北京　文化艺术出版社　1984 年　348 页
19cm(32 开)统一书号：8228.057　定价：CNY1.10
本文集包括：民族声乐发展建设、民族声乐教学成果、民族声乐艺术实践的经验体会，以及对民族声乐表演艺术的评论等内容。

J0143712
西贝尔 36 首初步练声曲，作品 970　(男低音用)西贝尔作曲
北京　人民音乐出版社　1984 年　18 页　25cm(16 开)
统一书号：8026.104　定价：CNY0.34

J0143713
语言与歌唱　许讲真著
上海　上海文艺出版社　1984 年　142 页
21cm(32 开)统一书号：8078.3519
定价：CNY0.65
本书共分沿革简介、说与唱的区别、歌唱中咬字发音的一般规律、字正与腔圆、咬字发音的色调及线条、歌唱的气息运动 6 章。作者许讲真(1944—　)，女，中国音乐家协会会员，北京军区战友歌舞团合唱及声乐教员，女低音声部部长。

J0143714
"咽音"练声的八个步骤　林俊卿著
上海　上海文艺出版社　1985 年　180 页　有照片
20cm(32 开)统一书号：8078.3529
定价：CNY1.30
本书是作者在研究"咽音"过程中获得的最新成果。它共分"用'咽音'练声的八个步骤"和"'咽音'问题的解答"两大部分。读者从中可学到怎样在最短时间内提高发音能力、使嗓音永葆青春、使死嗓复活的有效方法。

J0143715
美声的金钥匙　罗荣钜著
广州　广东人民出版社　1985 年　188 页
19cm(32 开)统一书号：8111.2549
定价：CNY0.92
(风采丛书)
本书收入"咽音"这种科学练声方法的创始者林俊卿大夫译述的《从一种被人忽略了的发音方法》及 20 多位歌唱家、记者等介绍文章 29 篇。

J0143716
声乐创作知识　毕庶勤编著
广州　花城出版社　1985 年　233 页　26cm(16 开)
统一书号：8261.144　定价：CNY2.55
本书对如何学习音乐语言、塑造音乐形象、表现和发展各种曲调的手法，分析曲体结构及音乐伴奏的作用和写法等问题，都进行了生动、通俗的讲解和探讨。

J0143717
世界著名歌唱家　(自歌剧的黎明至今)(美)亨利·普莱桑茨著；沈瑞奉译
北京　中国文联出版公司　1985 年　336 页
20cm(32 开)定价：CNY1.80
本书把西洋声乐艺术的发展过程分为两大历史阶段，即美声唱法时代和大歌剧时代。全书通过对 71 位具有时代代表性人物的评价，从一个角度生动地描述了西洋声乐文化史的发展概貌。

J0143718
我怎样唱　(歌唱家保留曲目的演唱经验　第一集)人民音乐出版社编辑部编
北京　人民音乐出版社　1985 年　65 页　19cm(32 开)
统一书号：8026.4343　定价：CNY0.42

J0143719
艺术嗓音保健之友　杨和钧主编
北京　文化艺术出版社　1985 年　108 页
19cm(32 开)统一书号：8228.095　定价：CNY0.65
本书内容包括以下几部分：嗓音医学简介、有关嗓音的基本常识、歌唱方法与嗓音问题、嗓音常见疾病和治疗、演员嗓音保健问题、与嗓音有关的其他问题。

J0143720
豫剧各种调门唱法介绍　王豫生编著
郑州　黄河文艺出版社　1985 年　821 页
19cm(32 开)统一书号：8385.1　定价：CNY3.95

J0143721
歌唱的艺术　薛良著
北京　中国文联出版公司　1986 年　225 页

19cm(32开)统一书号:8355.308 定价:CNY1.20

J0143722
歌唱的艺术 薛良著
北京 中国文联出版公司 1988年 225页
19cm(32开)ISBN:7-5059-0451-5
定价:CNY1.35

J0143723
歌唱的艺术 薛良著
北京 中国文联出版公司 1997年 2版 377页
19cm(小32开)ISBN:7-5059-0451-5
定价:CNY14.80

J0143724
歌唱技巧与表现 郑兴丽著
福州 海峡文艺出版社 1986年 142页
20cm(32开)统一书号:10368.171
定价:CNY0.95

J0143725
歌唱学习手册 (英)瓦伦著;郎毓秀译
北京 人民音乐出版社 1986年 25页 19cm(32开)
统一书号:8026.4451 定价:CNY0.26

J0143726
江苏民间歌曲简论 武俊达著
1986年 47页 有乐谱 26cm(16开)

J0143727
乐声的奥秘 梁广程编著
北京 人民音乐出版社 1986年 169页
19cm(32开)统一书号:8026.4410
定价:CNY1.15

本书是音乐声学通俗读物。全书共10章,从物理学、音响学的角度介绍乐音的物理属性、听觉功能、电声转换、立体声效应,以及弦鸣、气鸣、体鸣、膜鸣、电声等乐器的结构和发音原理诸方面音乐声学知识。

J0143728
嗓音与保健 赵一鹏,戴中芳编著
天津 天津科学技术出版社 1986年 110页
19cm(32开)统一书号:14212.188
定价:CNY0.65

J0143729
声乐教学笔记 王福增著
北京 人民音乐出版社 1986年 93页 20cm(32开)
统一书号:8026.4508 定价:CNY0.77

J0143730
声乐曲选集 (外国作品 五线谱本 一)罗宪君,李滨荪,徐朗主编
北京 人民音乐出版社 1986年 256页
26cm(16开)统一书号:8026.4514
定价:CNY2.60

J0143731
声乐曲选集 (外国作品 五线谱本 二)罗宪君,李滨荪,徐朗主编
北京 人民音乐出版社 1986年 264页
26cm(16开)统一书号:8026.4515
定价:CNY2.65

J0143732
声乐曲选集 (外国作品 钢琴伴奏谱 一)罗宪君,李滨荪,徐朗主编
北京 人民音乐出版社 1986年 256页
26cm(16开)统一书号:8026.4514
定价:CNY2.60

本套书共6册,中国作品、外国作品各3册。中国作品共收歌曲153首,外国作品共收歌曲178首。是在补充了部分新曲目,纳入部分能为中等师范院校试用的歌曲后,编成的高等师范院校试用教材。本集收入《在我的心里》《假如你爱我》《啊!我的太阳》《重归苏莲托》《西班牙女郎》《摇篮曲》等音乐作品。

J0143733
声乐曲选集 (外国作品 钢琴伴奏谱 二)罗宪君,李滨荪,徐朗主编
北京 人民音乐出版社 1986年 264页
26cm(16开)统一书号:8026.4515
定价:CNY2.65

J0143734
声乐曲选集 (外国作品 钢琴伴奏谱 三)罗宪君,李滨荪,徐朗主编
北京 人民音乐出版社 1988年 159页
26cm(16开)ISBN:7-103-00088-3

定价: CNY3.55

J0143735
声乐曲选集 （中国作品 钢琴伴奏谱 一）罗宪君，李滨荪，徐朗主编
北京 人民音乐出版社 1986年 144页
26cm（16开）统一书号: 8026.4458
定价: CNY1.45

J0143736
声乐曲选集 （中国作品 钢琴伴奏谱 二）罗宪君，李滨荪，徐朗主编
北京 人民音乐出版社 1986年 181页
26cm（16开）

J0143737
声乐曲选集 （中国作品 钢琴伴奏谱 三）罗宪君，李滨荪，徐朗主编
北京 人民音乐出版社 1986年 158页
26cm（16开）统一书号: 8026.4461
定价: CNY1.70

J0143738
声乐问答百例 法恩训著
上海 上海文艺出版社 1986年 152页
19cm（32开）统一书号: 8078.3566
定价: CNY0.99

J0143739
声乐艺术知识 管林著
北京 中国文联出版公司 1986年 246页
19cm（32开）统一书号: 8355.588 定价: CNY1.50

J0143740
艺术嗓音的训练和保健 焦克编选
北京 北京出版社 1986年 344页 19cm（32开）
统一书号: 14071.73 定价: CNY1.70

J0143741
意大利歌曲演唱读音指南 沈萼梅编著
北京 人民音乐出版社 1986年 90页
附磁带1盒 10cm（64开）定价: CNY6.10

J0143742
中国近代军歌初探 石磊著
北京 解放军文艺出版社 1986年 223页
有照片 19cm（32开）统一书号: 8137.6
定价: CNY1.25
（音乐知识丛书）

J0143743
歌唱基础与练习 于金凤编著
沈阳 春风文艺出版社 1987年 315页 有照片
19cm（32开）统一书号: 10158.1168
ISBN: 7-5313-0075-3 定价: CNY2.00
　　于金凤（1938—　），辽宁教育学院艺术系教师

J0143744
科学的唱法 （如何唱高音）田鸣恩著
北京 人民音乐出版社 1987年 30页 19cm（32开）
统一书号: 8026.4607 定价: CNY0.33

J0143745
声乐语言艺术 余笃刚著
长沙 湖南大学出版社 1987年 345页
20cm（32开）ISBN: 7-314-00119-7
定价: CNY2.75

J0143746
西北花儿精选 雪犁，柯杨编选
西宁 青海人民出版社 1987年 2版 13+197页
24cm（16开）

J0143747
幼儿师范学校课本 （唱歌 全一册）人民教育出版社幼儿教育室编
北京 人民教育出版社 1987年 26cm（16开）

J0143748
怎样保护嗓子 胡逸仁，金至纯编写
上海 知识出版社 1987年 83页 有图
19cm（32开）ISBN: 7-5015-5331-9
定价: CNY0.60

J0143749
唱歌 （全一册）人民教育出版社幼儿教育室编
北京 人民教育出版社 1988年 221页
26cm（16开）ISBN: 7-107-09134-4
定价: CNY2.20

本书内容包括3大部分。第一部分概述了歌唱发声、合唱及指挥的基础知识；第二部分讲述如何训练和掌握正确发声方法；第三部分介绍大量不同题材、体裁、形式、风格、类型的歌曲。

J0143750
从小保护嗓音 杨和钧，刘小粟著
北京 北京少年儿童出版社 1988年 97页
19cm（32开）ISBN：7-5301-0037-8
定价：CNY0.78

J0143751
湖南民歌的分类原则与民间小戏声腔的音乐构成 贾古著
湖南省戏曲研究所 1988年 油印本 28页
26cm（16开）

J0143752
咽音技法与艺术歌唱 王宝璋著
北京 人民音乐出版社 1988年 132页 有肖像及图
20cm（32开）ISBN：7-103-00163-4
定价：CNY1.15
本书共13章。第一章介绍什么是咽音、咽音的来源等问题；第二章咽音是科学的发音方法；第三章至第九章介绍练习咽音唱法的8个步骤，以及咽音训练的各种技法；第十章至十二章讲述咽音如何用于艺术歌唱；第十三章总结咽音用于歌唱艺术的重要意义。

J0143753
怎样把歌儿唱好 朱宝勇著
北京 中国文联出版公司 1988年 88页
19cm（32开）ISBN：7-5059-0149-4
定价：CNY0.68

J0143754
中小学生唱歌入门 郭春东著
长春 吉林人民出版社 1988年 103页
19cm（32开）ISBN：7-206-00198-X
定价：CNY1.30

J0143755
歌唱咬字训练与十三辙 宋承宪编著
北京 中央民族学院出版社 1989年 139页
20cm（32开）ISBN：7-81001-133-2
定价：CNY1.75

J0143756
歌唱咬字训练与十三辙 宋承宪编著
北京 中央民族学院出版社
1998年［2］版（修订本）157页 19cm（小32开）
ISBN：7-81001-133-2 定价：CNY8.80

J0143757
金嗓子之路 （歌唱艺术拾零）杨咚鸣著
福州 海峡文艺出版社 1989年 202页
19cm（32开）ISBN：7-80534-103-6
定价：CNY1.90

J0143758
卡拉OK入门 上海青年报社读物编辑室编
北京 中国卓越出版公司 1989年 28页
26cm（16开）ISBN：7-80071-041-6
定价：CNY1.20
（企业文化丛书）

J0143759
论歌唱艺术 黄友葵著
长沙 湖南文艺出版社 1989年 137页 有肖像及照片 20cm（32开）ISBN：7-5404-0447-7
定价：CNY2.50

J0143760
声乐 （一年级）北方四省区职业教育教材编审组编
沈阳 辽宁科学技术出版社 1989年 72页
26cm（16开）ISBN：7-5381-0699-5
定价：CNY1.95

J0143761
声乐 （二年级）北方四省区职业教育教材编审组编
沈阳 辽宁科学技术出版社 1989年 84页
26cm（16开）ISBN：7-5381-0697-9
定价：CNY2.10

J0143762
声乐 （三年级）北方四省区职业教育教材编审组编

沈阳 辽宁科学技术出版社 1989 年 91 页
26cm(16 开) ISBN: 7-5381-0698-7
定价: CNY2.00

J0143763
中国民歌欣赏 冯步岭编著
开封 河南大学出版社 1989 年 416 页
19cm(32 开) ISBN: 7-81018-209-9
定价: CNY2.60

作者冯步岭, 河南大学音乐二系任教。

J0143764
自学演唱流行歌曲问答 105 例 斯琴毕利格著
北京 教育科学出版社 1989 年 130 页
19cm(小 32 开) ISBN: 7-5041-0272-5
定价: CNY2.20

J0143765
儿童歌唱发声 (怎样训练美好的童声)(日)品川三郎著; 吕水深, 缪裴言译
上海 上海音乐出版社 1990 年 105 页
19cm(32 开) ISBN: 7-80553-212-5
定价: CNY1.35

本书从普通学校的音乐教学实际出发, 进行儿童歌唱发声训练的探索, 有扎实的科学依据和可操作的训练方法。中文译者在书中增写了"中国语言发音特征"一节。

J0143766
歌 杜云, 陈运祐主编; 林红编著
南宁 广西民族出版社 1990 年 178 页
19cm(32 开) ISBN: 7-5363-1004-8
定价: CNY2.20
(当代青年文化娱乐丛书 第一辑 7)

本书系世界歌曲音乐欣赏, 主要内容为歌唱法基本知识。

J0143767
歌唱与欣赏 兰守德等编著
石家庄 花山文艺出版社 1990 年 418 页
20cm(32 开) ISBN: 7-80505-301-4
定价: CNY6.00

本书内容包括: 歌唱知识、嗓音保护和民歌、民族器乐曲、中外声乐曲、管弦乐曲的介绍与欣赏等。

J0143768
歌唱语音练习曲 鄞子玲编著
北京 北京师范学院出版社 1990 年 103 页
19cm(32 开) ISBN: 7-81014-378-6
定价: CNY1.10

J0143769
民族声乐独唱歌曲选 上海音乐学院声乐系编
上海 上海音乐出版社 1990 年 120 页
26cm(16 开) ISBN: 7-80553-172-2
定价: CNY4.45

J0143770
声乐训练操 刘依群著
济南 济南出版社 1990 年 168 页 有图
19cm(32 开) ISBN: 7-80572-332-X
定价: CNY2.50

J0143771
通向歌星之路 (怎样演唱流行歌曲) 姚峰, 晓义著
长沙 湖南文艺出版社 1990 年 186 页
19cm(32 开) ISBN: 7-5404-0532-5
定价: CNY2.05

J0143772
童声合唱的训练与指挥 钟维国著
北京 人民音乐出版社 1990 年 289 页
19cm(32 开) ISBN: 7-103-00664-4
定价: CNY4.70

本书论述童声合唱团(队)的组建、合唱曲的选用与改编、童声训练、案头准备、合唱排练及指挥等。

J0143773
新疆名曲 (声乐教材) 赵震民编著
乌鲁木齐 新疆教育出版社 1990 年 154 页
26cm(16 开) ISBN: 7-5370-1291-0
定价: CNY7.00

外文书名: Popular Songs of Xinjiang. 作者赵震民(1940—), 声乐教育家。新疆师范大学音乐系声乐教研室主任、教授。著有《声乐理论与教学》。

J0143774
怎样使嗓音更甜美　常淑贤编著
北京 海潮出版社 1990年 138页 有插图
19cm(32开) ISBN: 7-80054-092-8
定价: CNY2.45
本书介绍了发声生理过程，简单的发声方法和嗓音常见疾病、保健等知识。

J0143775
怎样使嗓音更甜美　常淑贤编著
北京 海潮出版社 1990年 138页 19cm(32开)
ISBN: 7-80054-092-8 定价: CNY2.45

J0143776
自学演唱通俗歌曲辅导　斯琴毕利格编著
石家庄 花山文艺出版社 1990年 173页
19cm(32开) ISBN: 7-80505-269-7
定价: CNY2.00

J0143777
歌唱艺术知识　顾雪珍编著
南京 江苏文艺出版社 1991年 199页 有照片
20cm(32开) ISBN: 7-5399-0263-9
定价: CNY3.35

J0143778
歌唱与发声　解际宸编著
大连 大连出版社 1991年 189页 19cm(小32开)
ISBN: 7-80555-415-3 定价: CNY3.80

J0143779
卡拉OK演唱技巧·设备维修　谢旋等编著
长沙 湖南科学技术出版社 1991年 84页
有彩照 26cm(16开) ISBN: 7-5357-0959-1
定价: CNY3.60
本书包括: 卡拉OK演唱技巧，金曲演绎讲解，流行歌曲诞生过程，卡拉OK设备维修等部分。

J0143780
民族声乐教程　武秀之等编著
开封 河南大学出版社 1991年 279页
26cm(16开) ISBN: 7-81018-763-5
定价: CNY4.90
本教材包括: 歌唱发声原理、歌唱语音训练、歌唱发声练习、"三结合"曲目精选等6部分。

J0143781
声乐心理研究　徐行效著
成都 四川人民出版社 1991年 171页
18cm(小32开) ISBN: 7-220-01337-X
定价: CNY3.00
本书阐述了声乐心理学、声乐学习心理、声乐教学心理、声乐的演出与比赛心理的理论依据以及怎样利用理论指导实践，进行自我修养、心理建设及心理恢复训练，消除紧张情绪。

J0143782
送你一副金嗓子　(谈正确发声方法的世界性)
王芃，邱玉璞著
北京 华艺出版社 1991年 264页 20cm(32开)
ISBN: 7-80039-379-8 定价: CNY3.80

J0143783
通俗歌曲卡拉OK演唱技法　李罡著
长春 时代文艺出版社 1991年 253页
19cm(小32开) ISBN: 7-5387-0311-X
定价: CNY3.80

J0143784
童声保护和训练　彭其畹著
北京 北京教育出版社 1991年 176页
19cm(小32开) ISBN: 7-5303-0219-1
定价: CNY3.45
(北京教育丛书)
本书介绍了歌唱发声的基础知识，分析了童声的特点，阐明了对童声的保护和训练的方法。并提供一些练习曲，介绍一些著名音乐家的生动故事。

J0143785
歌唱方法百花苑　鲁特著
沈阳 春风文艺出版社 1992年 232页 有彩照
19cm(小32开) ISBN: 7-5313-0706-5
定价: CNY3.70
本书包括: 简明实用歌唱方法100例，声乐论文两部分。作者鲁特(1921—　)，历任中国人民解放军第六纵队宣传队副队长，辽宁省文工团团长，辽宁人民艺术剧院歌舞团副团长，中国音乐家协会会员，中国聂耳、冼星海学会会员。

J0143786
歌唱训练 常俊高编
北京 北京师范大学出版社 1992年 123页
26cm（16开）ISBN：7-303-01640-6
定价：CNY7.00

本书内容包括歌唱的有关理论和知识，并附部分教材发声练习。

J0143787
歌唱语言艺术 许讲真著
大连 大连出版社 1992年 341页 19cm（小32开）
ISBN：7-80555-456-0 定价：CNY6.90

本书在语言学科学研究的基础上，分析了汉字的结构、特点、发音规律，探求了歌唱艺术发声技巧的真谛，总结了艺术形象的产生、手法及其规律。作者许讲真（1944— ），女，中国音乐家协会会员，北京军区战友歌舞团合唱及声乐教员，女低音声部部长。

J0143788
卡拉OK神通手册 阿乐编著
海口 海南摄影美术出版社 1992年 254页
19cm（小32开）ISBN：7-80571-349-9
定价：CNY4.98

本书分4章，讲解了卡拉OK的基本知识和方法，汇编了香港当时流行上榜的卡拉OK金曲118首。

J0143789
气功与声乐呼吸 宋茂生著
台北 大吕出版社 1992年 再版 190页
21cm（32开）定价：TWD200.00

J0143790
让你的歌声更美妙 （歌唱的具体方法与训练）
吴天球著
北京 人民音乐出版社 1992年 87页 有肖像
19cm（小32开）ISBN：7-103-00988-0
定价：CNY1.55

J0143791
让你的歌声更美妙 （歌唱的具体方法与训练）
吴天球著
北京 人民音乐出版社 1999年 修订版 207页
有肖像 19cm（小32开）ISBN：7-103-01856-1
定价：CNY10.20

J0143792
声乐基础 周小燕著
北京 高等教育出版社 1992年 重印本 207页
26cm（16开）ISBN：7-04-003353-4
定价：CNY2.80

本书是中学教师师资培训的卫星电视教育音乐教材。

J0143793
声乐入门 孔令华著
太原 山西教育出版社 1992年 205页
19cm（小32开）ISBN：7-80578-803-0
定价：CNY3.20

本书阐述了声乐的演变，介绍了西欧发声方法的产生与发展，中国声乐艺术的发展和历史，以及各个历史时期的代表人物。作者孔令华（1937— ），教师。上海人，中国音乐家协会会员，辽宁师范大学音乐系副教授。

J0143794
戏剧性歌声训练教程 吕白克著
南京 江苏教育出版社 1992年 130页 有肖像
19cm（小32开）ISBN：7-5343-1628-6
定价：CNY1.40

作者吕白克（1912—1988），声乐教育家。原名树德，江苏宜兴人。就读于杭州艺术专科学校。历任上海美术专科学校音乐系副教授，沈阳音乐学院教授等。

J0143795
怎样唱好"卡拉OK" 顾青，锡瑞编著
延吉 东北朝鲜民族教育出版社 1992年 195页
26cm（16开）ISBN：7-5437-1264-4
定价：CNY5.90

J0143796
禅、气功与声乐 宋茂生著
台北 大吕出版社 1993年 168页 21cm（32开）
ISBN：957-9358-21-4 定价：TWD200.00
（大吕音乐丛刊 31）

J0143797
歌唱基础知识 孙蘸白，董文建编
郑州 河南人民出版社 1993年 170页
19cm(小32开) ISBN: 7-215-02311-7
定价: CNY4.00
作者孙蘸白，声乐教育家、歌唱家。原为总政歌舞团演员，先后在解放军艺术学院和河南大学音乐系任教。

J0143798
歌唱理论与鉴赏 王英眉主编
大连 大连海运学院出版社 1993年 272页
19cm(小32开) ISBN: 7-5632-0700-7
定价: CNY8.50
本书介绍了歌唱姿势、共鸣、呼吸、声带保护、声乐教法等；讲述了民族唱法、美声唱法、通俗唱法的特点及运用。收入声乐名曲30余首。作者王英眉(1938—)，女，声乐教育家、歌唱家。辽宁大连人。历任东北师范大学和辽宁师范大学音乐系声乐教研室主任、副教授，中国音乐家协会会员等。

J0143799
歌唱心理学 邹长海著
广州 广东高等教育出版社 1993年 240页
19cm(小32开) ISBN: 7-5361-1063-4
定价: CNY6.50
作者邹长海(1943—)，教授。辽宁复县人，毕业于沈阳音乐学院声乐系。历任沈阳部队前进歌舞团独唱演员，广东省华南师范大学音乐系副教授，中国音乐家协会会员，中国声乐学会理事等。专著有《歌唱心理学》。

J0143800
歌星成功之路 付林著
北京 海潮出版社 1993年 358页 19cm(小32开)
ISBN: 7-80054-404-4 定价: CNY7.50
作者付林(1946—)，艺术指导。生于黑龙江富锦，毕业于解放军艺术学院音乐系。曾任海政歌舞团演奏员、副团长、艺术指导等职，兼任中国音乐家协会理事、音协发展委员会副主任、中国轻音乐学会副主席等职。

J0143801
卡拉OK歌唱技巧 姜明柱，亦戈编著
北京 北京体育学院出版社 1993年 199页
19cm(小32开) ISBN: 7-81003-704-8
定价: CNY3.90

J0143802
卡拉OK跟我唱 李罡编著
北京 北京师范大学出版社 1993年 499页
有彩照 20cm(32开) ISBN: 7-303-02270-8
定价: CNY14.80
本书从演唱的节奏、呼吸、气声、吐字、装饰音、表情、动作等方面介绍了卡拉OK演唱的方法、技巧。

J0143803
卡拉OK技巧 锡忠，隋文玲编著
北京 朝花出版社 1993年 168页 19cm(32开)
ISBN: 7-5054-0202-1 定价: CNY4.50

J0143804
卡拉OK演唱入门 方之光著
南京 江苏文艺出版社 1993年 285页
19cm(小32开) ISBN: 7-5399-0480-1
定价: CNY5.30
本书包括：常识篇、学唱篇、演唱篇、修养篇、示范篇5部分。作者方之光，作曲家。上海人，毕业于解放军艺术学院和南京艺术学院。历任江苏省音协社会音乐活动委员会副主任，中国音乐家协会会员。创作歌曲有《生命永不言败》《平凡的好人》《无名英雄》等。

J0143805
声乐基础训练教材 于世华编著
乌鲁木齐 新疆科技卫生出版社 1993年 285页
19cm(小32开) ISBN: 7-5372-0553-1
定价: CNY6.20
本书介绍了声乐训练的基本知识，并收入美声、民族、通俗唱法的中外典型曲目和儿童歌曲曲目100首。作者于世华，新疆师范大学音乐系任教。

J0143806
声乐教学曲选 (1 中国作品 钢琴伴奏谱) 颜惠先，徐朗主编
北京 人民音乐出版社 1993年 168页
26cm(16开) ISBN: 7-103-01002-1

定价：CNY9.25

J0143807
声乐教学曲选　（二　外国作品）徐朗，颜惠先主编
北京　人民音乐出版社 1997年 228页
26cm（16开）ISBN：7-103-01535-X
定价：CNY21.90

J0143808
声乐艺术美学　余笃刚著
北京　高等教育出版社 1993年 357页
20cm（32开）ISBN：7-04-004133-2
定价：CNY4.80
　　本书从哲学、艺术心理学、艺术形态学、艺术社会学等角度阐述了声乐艺术美的总体构成及其表现特征。作者余笃刚，某师范大学音乐教师。

J0143809
声乐与歌唱艺术　欧阳如萍著
台北　乐韵出版社 1993年 164页 有图
21cm（32开）定价：TWD200.00

J0143810
声乐知识手册　琚清林编著
郑州　河南人民出版社 1993年 228页
19cm（小32开）ISBN：7-215-02704-X
定价：CNY4.90
　　本书包括歌唱方法与训练、嗓音保健与变声、古代唱论与文献、歌唱心理与美学、民歌戏曲与曲艺、理论研究等6部分，共287个条目。作者琚清林（1938—　），演员、声乐教员。河南济源人，毕业于武汉音乐学院声乐系。历任海军南海舰队文工团演员，河南大学传统音乐研究室主任，中国音乐家协会会员，中国少数民族声乐学会副秘书长。

J0143811
实用合唱与指挥基础教程　郭徽编著
开封　河南大学出版社 1993年 321页
20cm（32开）ISBN：7-81018-942-5
定价：CNY5.30
　　作者郭徽，河南大学音乐系任教。

J0143812
送你一副金嗓子　（歌唱基本知识问答）韩勋国编著
武汉　湖北人民出版社 1993年 207页
20cm（32开）ISBN：7-216-01266-6
定价：CNY6.80
　　本书以问答的形式介绍了歌唱的原理、基本的训练方法及如何在歌唱中体现自我的风格等。

J0143813
听歌、唱歌、写歌　杨瑞庆著
太原　北岳文艺出版社 1993年 252页
19cm（32开）ISBN：7-5378-1188-1
定价：CNY4.80
　　本书包括欣赏讲座、演唱辅导和作曲教程3部分。作者杨瑞庆（1948—　），研究馆员。江苏昆山人，昆山市文化馆副研究馆员，中国社会音乐研究会理事等。

J0143814
现代通俗歌曲观念与技法　曾遂今著
成都　四川教育出版社 1993年 329页
20cm（32开）精装 ISBN：7-5408-2001-2
定价：CNY10.00
　　本书论述了歌曲艺术的美学问题和现代演唱技法等。

J0143815
歌唱知识与技能训练　张永杰，张平主编
开封　河南大学出版社 1994年 266页
20cm（32开）ISBN：7-81041-105-5
定价：CNY5.10
　　本书分：歌唱器官与发声原理、歌唱发声技能训练、歌唱心理的若干问题等11部分。

J0143816
卡拉OK演唱技法　（歌迷必读）乔书田著
长春　吉林教育出版社 1994年 212页
19cm（小32开）ISBN：7-5383-2174-8
定价：CNY5.10
（图书角丛书 生活空间系列）
　　本书介绍了学唱新歌的秘诀、怎样选曲、演唱中的呼吸、话筒的运用等卡拉OK演唱技法。

J0143817
流行歌曲演唱入门　李维平，李保英著
郑州 中原农民出版社 1994年 215页
19cm(小32开) ISBN: 7-80538-598-X
定价: CNY5.00

J0143818
神奇的咽音　罗荣钜编著
广州 广东高等教育出版社 1994年 209页
有彩照 19cm(小32开) ISBN: 7-5361-1529-6
定价: CNY6.00

作者罗荣钜(1918—1991)，男高音歌唱家。广东开平县(今广东省开平市)人。独唱节目有《老黑奴》《母与子》《伏尔加船夫曲》《老大徒悲伤》《我的太阳》等。

J0143819
声乐教程　徐青茹编著
济南 山东文艺出版社 1994年 440页 有照片
26cm(16开)

全书内容涵盖歌唱的生理、歌唱的姿势、歌唱的呼吸、歌唱与语言、音韵与收声、声音与共鸣、声音的性质与分类、歌唱与发声练习、歌唱处理和表现以及谱例部分10部分。

J0143820
声乐曲选集　戴莉蓉，冉光彪编
重庆 西南师范大学出版社 1994年 重印本
230页 26cm(16开) ISBN: 7-5621-0693-2
定价: CNY9.50

作者戴莉蓉(1945—)，记者，编舞师。笔名董黛、李蓉，云南昆明人，毕业于云南艺术学院。历任云南省舞蹈家协会会员、昆明铁路分局文联会员、《西南旅行报》社记者部主任。创作舞蹈作品有《铁道彩灯》《小站乐》《欢乐的彝乡》等。作者冉光彪(1951—)，教授。土家族，重庆黔江区人。西南师范大学音乐系任教。曾担任西南师范大学音乐学院工会主席、音乐学院成教中心主任、音乐学院分党委书记、音乐学院副院长。出版《意大利古典歌曲唱法浅析》《外国抒情歌曲集》《意大利语拼音简介》等。

J0143821
声乐曲选集　(外国部分)戴莉蓉，冉光彪编
重庆 西南师范大学出版社 1998年 194页
26cm(16开) ISBN: 7-5621-1680-6
定价: CNY17.00
(音乐教育丛书)

J0143822
声乐曲选集　戴莉蓉，冉光彪编
重庆 西南师范大学出版社 1998年 203页
26cm(16开) ISBN: 7-5621-0693-2
定价: CNY17.00
(音乐教育丛书)

J0143823
声乐实用指导　潘乃宪著
上海 上海音乐出版社 1994年 135页 有插图
18cm(小32开) ISBN: 7-80553-485-3
定价: CNY5.00

J0143824
声乐艺术理论　胡建军主编
南昌 江西高校出版社 1994年 306页
19cm(小32开) ISBN: 7-81033-414-X
定价: CNY9.50

本书包括：发声器官的解剖与生理、声乐教学法、中外歌曲简介等16章。作者胡建军，江西师范大学艺术学院音乐系声乐教研室任教。

J0143825
声音的诱惑　(席慕德谈歌艺)席慕德著
台北 世界文物出版社 1994年 214页
21cm(32开) ISBN: 957-8996-42-X
定价: TWD200.00

J0143826
怎样学唱好卡拉OK　黄成坤著
成都 成都科技大学出版社 1994年 185页
19cm(小32开) ISBN: 7-5616-2641-X
定价: CNY3.60

J0143827
赵履珠的声乐艺术　巴山编
昆明 云南美术出版社 1994年 91页 有照片
19cm(小32开) ISBN: 7-80586-037-8
定价: CNY2.60

本书汇集了专家学者对赵履珠声乐艺术的

探讨和评价，选录了赵履珠本人艺术实践的总结体会及演唱成名的31首歌曲。

J0143828
OK 大王　赵小敏，谭勇军编著
成都 四川少年儿童出版社 1995年 127页
有插图 19cm（小32开）ISBN：7-5365-1534-0
定价：CNY4.00
（中学校园文化活动实用丛书）

J0143829
卡拉OK演唱一点通　白红编著
西安 世界图书出版西安公司 1995年 138页
19cm（小32开）ISBN：7-5062-2607-3
定价：CNY4.98

J0143830
卡拉OK与歌唱　张玉梅，张建兴编著
广州 广州出版社 1995年 335页 有乐谱
19cm（小32开）ISBN：7-80592-298-5
定价：CNY12.00
（百事OK系列）

作者张玉梅，广州师范学校音乐系声乐讲师。作者张建兴，广州市少年宫中级音乐教师、文艺培训部副部长。

J0143831
让歌声更动人　（中外声乐名曲练唱指导 第1辑）孔令华著
太原 山西人民出版社 1995年 319页
19cm（小32开）ISBN：7-203-03317-1
定价：CNY8.50

作者孔令华（1937—　），教师。上海人，中国音乐家协会会员，辽宁师范大学音乐系副教授。

J0143832
少儿合唱队练声曲选萃　上海音乐出版社青少年读物编辑室选编
上海 上海音乐出版社 1995年 138页 有插图
19cm（小32开）ISBN：7-80553-521-3
定价：CNY5.50

J0143833
少年儿童歌唱训练　李抗非著
沈阳 春风文艺出版社 1995年 207页
19cm（小32开）ISBN：7-5313-1506-8
定价：CNY8.90

作者李抗非（1956—　），沈阳和平少年宫声乐教师，中国少数民族声乐协会会员，中国儿童歌舞学会会员。

J0143834
声乐教程　汪明洁等编著
北京 人民音乐出版社 1995年 205页
20cm（32开）ISBN：7-103-01235-0
定价：CNY7.60

J0143835
声乐教育手册　刘朗主编
北京 北京师范大学出版社 1995年 21+717页
20cm（32开）ISBN：7-303-03399-8
定价：CNY21.80

作者刘朗（1952—　），吉林长春人。中国音乐家协会、音乐教育委员会、中国声乐教育学会常务副秘书长。

J0143836
声乐曲选新编300首　杨定抒主编
重庆 西南师范大学出版社 1995年 309页
26cm（16开）ISBN：7-5621-1153-7
定价：CNY14.50

作者杨定抒，西南师范大学音乐系任教。

J0143837
声乐与教学　程淑安编著
南京 南京大学出版社 1995年 247页
20cm（32开）ISBN：7-305-02803-7
定价：CNY9.00

作者程淑安（1932—2015），教师。安徽人。毕业于南京师范大学，南京师范大学音乐系声乐教师、教研室主任。

J0143838
通俗歌曲演唱与伴奏　钱建明著
南京 江苏文艺出版社 1995年 284页
20cm（32开）ISBN：7-5399-0926-9
定价：CNY11.40

作者钱建明（1957—　），教授。毕业于南京艺术学院。历任南京艺术学院管弦乐队指挥、音

乐系讲师，江苏省室内乐学会秘书长。担任指挥作品有“1991年纪念莫扎特逝世200周年交响音乐会”“1998年第十一届‘克里奥尔’艺术节（客座指挥）”“2000年第六届中国艺术节江苏联合交响乐团交响音乐会（指挥）”。著作有《通俗歌曲演唱与伴奏》《西方弦乐艺术》。

J0143839
童声合唱实用手册　夏康等编著
重庆 重庆出版社 1995年 106页 21×19cm
ISBN：7-5366-1576-0 定价：CNY6.50

J0143840
不出家门成歌星　姜明柱编著
北京 北京体育大学出版社 1996年 215页
有插图 19cm（小32开）ISBN：7-81003-886-9
定价：CNY9.50

J0143841
唱歌的技巧　韩璐西编著
北京 军事科学出版社 1996年 114页
20cm（32开）ISBN：7-80021-951-8
定价：CNY6.00
（周末文化生活丛书）
　　作者韩璐西（1966—　），女，北京军区战友歌舞团演员。

J0143842
大歌唱家谈精湛的演唱技巧　（美）杰罗姆·汉涅斯（Jerome Hines）著；黄伯春译
北京 中国青年出版社 1996年 363页
20cm（32开）ISBN：7-5006-2040-3
定价：CNY18.00
　　外文书名：Great Singers on Great Singing.

J0143843
歌唱百日速成　张德富著
北京 教育科学出版社 1996年 111页 有彩照
26cm（16开）ISBN：7-5041-1615-7
定价：CNY20.00
　　作者张德富（1954—　），中国广播艺术团歌唱家，中国音乐家协会会员，香港（海外）文学艺术家协会会员。

J0143844
歌唱百日速成练习曲　张德富编著
北京 教育科学出版社 1996年 112页
26cm（16开）ISBN：7-5041-1627-0
定价：CNY20.00

J0143845
歌唱艺术欣赏　莫纪纲著
太原 山西教育出版社 1996年 189页 有彩照
19cm（小32开）ISBN：7-5440-0796-0
定价：CNY6.30
（美育丛书 音乐舞蹈系列）
　　作者莫纪纲（1943—　），女，广东南海人，国家一级演员，上海歌剧院歌剧团团长。

J0143846
歌唱语音训练　鄷子玲编著
北京 人民音乐出版社 1996年 302页
20cm（32开）ISBN：7-103-01417-5
定价：CNY15.30

J0143847
跟我学唱歌　（合唱指挥卷）彭幼卿著
长沙 湖南文艺出版社 1996年 287页
30cm（10开）ISBN：7-5404-1576-2
定价：CNY26.60

J0143848
跟我学唱歌　（美声唱法卷）王如湘编著
长沙 湖南文艺出版社 1996年 160页
30cm（10开）ISBN：7-5404-1575-4
定价：CNY16.20

J0143849
跟我学唱歌　（民族唱法卷）李萍编著
长沙 湖南文艺出版社 1996年 154页
30cm（10开）ISBN：7-5404-1570-3
定价：CNY15.40

J0143850
跟我学唱歌　（通俗唱法卷）徐竟成编著
长沙 湖南文艺出版社 1996年 150页
30cm（10开）ISBN：7-5404-1595-9
定价：CNY15.30

J0143851
跟我学唱歌 （童声卷）潘丹宁编著
长沙 湖南文艺出版社 1996年 162页
30cm（10开）ISBN：7-5404-1597-5
定价：CNY16.30

J0143852
基层卡拉OK指南 尚新楠编著
北京 长城出版社 1996年 201页 20cm（32开）
ISBN：7-80017-318-6 定价：CNY11.50
（军营“双休日”活动丛书）

J0143853
卡拉OK演唱技法 冯康编著
东营 石油大学出版社 1996年 249页
18cm（小32开）ISBN：7-5636-0685-8
定价：CNY8.50

J0143854
卡拉OK演唱技巧与代表曲目 尤永根，余亦文编著
广州 广东科技出版社 1996年 402页
19cm（小32开）ISBN：7-5359-1583-3
定价：CNY23.00

J0143855
民族歌唱方法研究 白秉权著
西安 陕西人民出版社 1996年 15+184页
有照片 20cm（32开）ISBN：7-224-04087-8
定价：CNY16.80

J0143856
声乐分级教学 张晓农著
西安 陕西师范大学出版社 1996年 315页
26cm（16开）ISBN：7-5613-1500-7
定价：CNY18.80

J0143857
声乐家谈歌唱奥秘 ［杰罗姆·海因斯］Jerome Hines 著；连理译
台北 世界文物出版社 1996年 325页
24cm（26开）ISBN：957-9551-06-5
定价：TWD350.00
外文书名：Great Singers on Great Singing.

J0143858
声乐教学法 石惟正著
天津 百花文艺出版社 1996年 279页 有照片
20cm（32开）ISBN：7-5306-2229-3
定价：CNY16.00
作者石惟正（1940— ），歌唱家，教授。天津人。毕业于天津音乐学院。历任天津音乐学院院长、声乐教授，男中音歌唱家。曾演唱过《星星索》《梭罗河》《哎哟妈妈》等。

J0143859
声乐演唱与教学 徐小懿等编著
上海 上海音乐出版社 1996年 144页 20cm（32开）
本书旨在从高等师范院校的学生实际和培养目标出发介绍声乐理论知识，讲述了声乐各方面的问题，并阐述我国民族声乐在各个时期的发展情况。

J0143860
声乐之路 （歌唱教学40年）薛明著
西安 陕西人民出版社 1996年 203页 有照片
20cm（32开）ISBN：7-224-04234-X
定价：CNY13.00

J0143861
中国民族声乐教材 （一 钢琴伴奏谱）金铁霖主编；中国音乐学院声乐系编
北京 人民音乐出版社 1996年 164页
26cm（16开）ISBN：7-103-01376-4
定价：CNY17.50

J0143862
唱歌的艺术 赵梅伯著
上海 上海音乐出版社 1997年 289页
20cm（32开）ISBN：7-80553-666-X
定价：CNY13.30

J0143863
冯葆富艺术嗓音医学论文集
北京 中央音乐学院学报社 1997年 133页
有照片 20cm（32开）

J0143864
歌唱理论与技巧 刘文昌，付鸿敏著
开封 河南大学出版社 1997年 351页

20cm(32开) ISBN: 7-81041-387-2
定价: CNY15.00

J0143865
歌唱一点通　(歌星成功之路) 张智斌, 高丽达编著
西安 陕西人民出版社 1997年 重印本 235页
26cm(16开) ISBN: 7-224-03314-6
定价: CNY18.00

J0143866
歌声嘹亮　(小歌咏队) 邓九明, 邓晓红编著
济南 明天出版社 1997年 177页 有插图
20cm(32开) ISBN: 7-5332-2643-7
定价: CNY96.00 (全套)
(课外活动丛书)

J0143867
卡拉OK 200问　刘征宇编
重庆 重庆出版社 1997年 100页 19cm(小32开)
ISBN: 7-5366-3841-8 定价: CNY6.50

J0143868
嗓音卫生与保健　郭玉德主编; 方才启等编著
北京 人民军医出版社 1997年 176页
19cm(小32开) ISBN: 7-80020-741-2
定价: CNY8.50

J0143869
声乐教与学　戴克明著
哈尔滨 哈尔滨出版社 1997年 275页
20cm(32开) ISBN: 7-80639-032-4
定价: CNY15.80

J0143870
声乐实用基础教程　胡钟刚, 张友刚编注
重庆 西南师范大学出版社 1997年 297页
26cm(16开) ISBN: 7-5621-1739-X
定价: CNY28.00
(音乐教育丛书 声乐类)

J0143871
声乐演唱与伴奏　(中国声乐教学曲目精选) 曹汝森等主编
南昌 江西高校出版社 1997年 326页
26cm(16开) ISBN: 7-81033-693-2
定价: CNY22.50

J0143872
通俗歌曲与演唱技法　黄滔编著
武汉 中国地质大学出版社 1997年 293页
20cm(32开) ISBN: 7-5625-1130-6
定价: CNY15.00

J0143873
童声合唱训练　孟大鹏编著
北京 高等教育出版社 1997年 114页
26cm(16开) ISBN: 7-04-006049-3
定价: CNY9.00

J0143874
意大利语语音歌唱教程　陈言放, 詹士华编著
厦门 厦门大学出版社 1997年 193页
20cm(32开) ISBN: 7-5615-1292-9
定价: CNY13.80

J0143875
中国民族声乐论　顾旭光著
北京 光明日报出版社 1997年 297页
20cm(32开) 精装 ISBN: 7-80091-997-8
定价: CNY26.00
(东方文丛)

J0143876
唱歌　(第一册) 人民教育出版社音乐室编著
北京 人民教育出版社 1998年 54页
26cm(16开) ISBN: 7-107-12773-X
定价: CNY4.20

J0143877
唱歌的诀窍　(回答爱唱歌的朋友) 韩璐西, 韩玮著
北京 军事科学出版社 1998年 126页
20cm(32开) ISBN: 7-80137-166-6
定价: CNY6.50
(周末文化生活丛书)

作者韩璐西(1966—), 女, 北京军区战友歌舞团演员。

J0143878
歌唱技法训练问答 王保安编著
北京 中国青年出版社 1998年 99页 26cm(16开)
ISBN: 7-5006-2717-3 定价: CNY12.00

J0143879
歌唱修养与技能培育 张兆南著
长沙 湖南师范大学出版社 1998年 253页
20cm(32开) ISBN: 7-81031-613-3
定价: CNY12.00

J0143880
合唱与指挥 吴一帆,邓伟民编著
南昌 江西高校出版社 1998年 260页
26cm(16开) ISBN: 7-81033-864-1
定价: CNY18.50

J0143881
合唱与指挥 教育部体育卫生与艺术教育司组编
上海 上海教育出版社 1998年 220页
31cm(10开) ISBN: 7-5320-5926-X
定价: CNY26.00
本书主要内容包括: 合唱的组织、合唱的训练、童声合唱教学、学校合唱活动、指挥姿势与击拍基本原理、各种拍子的击拍图式、指挥的基本技法、合唱歌曲的指挥等。

J0143882
教你识谱学唱歌 徐东编著
北京 中国少年儿童出版社 1998年 138页
19cm(小32开) ISBN: 7-5007-4277-0
定价: CNY5.60
(教你学·教你做小学生实用丛书)

J0143883
沈湘声乐教学艺术 沈湘著
上海 上海音乐出版社 1998年 323页
20cm(32开) ISBN: 7-80553-741-0
定价: CNY14.00

J0143884
声乐 (一)教育部体育卫生与艺术教育司组编
上海 上海教育出版社 1998年 133页
26cm(16开) ISBN: 7-5320-5418-7
定价: CNY12.00

J0143885
声乐 (二)教育部体育卫生与艺术教育司组编
上海 上海教育出版社 1999年 133页
26cm(16开) ISBN: 7-5320-6598-7
定价: CNY12.00

J0143886
声乐基础与教学曲选 袁华,肖海珠主编
徐州 中国矿业大学出版社 1998年 337页
26cm(16开) ISBN: 7-81040-873-9
定价: CNY28.80

J0143887
声乐基础知识与训练 乔新建,冯建志主编
重庆 西南师范大学出版社 1998年 309页
20cm(32开) ISBN: 7-5621-1586-9
定价: CNY13.80

J0143888
小歌唱家 杨春华编著
北京 农村读物出版社 1998年 243页
19cm(小32开) ISBN: 7-5048-2805-X
定价: CNY9.50
(少儿技艺丛书)

J0143889
小歌星入门 姜明柱著
合肥 安徽文艺出版社 1998年 96页 20cm(32开)
ISBN: 7-5396-1729-2 定价: CNY5.20

J0143890
心儿的歌唱 (第六届全国民族声乐研讨会论文集)陈发仁主编
合肥 安徽人民出版社 1998年 245页
20cm(32开) ISBN: 7-212-01567-9
定价: CNY13.80

J0143891
怎样练唱歌 宇慧主编
沈阳 沈阳出版社 1998年 126页 19cm(小32开)
ISBN: 7-5441-0987-9 定价: CNY98.00(全套)
(审美素质培养丛书 4)

J0143892
中国古代歌曲概论 管谨义著

天津 百花文艺出版社 1998 年 220 页
20cm(32 开) ISBN: 7-5306-2674-4
定价: CNY14.00, CNY19.00 (精装)

J0143893
中国民族声乐史 管林著
北京 中国文联出版公司 1998 年 735 页
20cm(32 开) ISBN: 7-5059-2763-9
定价: CNY36.80

J0143894
中国声乐研讨会论文集 刘靖之, 费明仪主编
香港 香港大学亚洲研究中心 1998 年 504 页
有图有照片 21cm(32 开) ISBN: 962-8269-12-7
定价: HKD150.00
(民族音乐研究 7)

J0143895
唱歌方法·戏曲唱法·交谊舞 《中华闲趣》编委会编
北京 中国经济出版社 1999 年 600 页
19cm(小 32 开) ISBN: 7-5017-4793-8
定价: CNY2280.00 (全套)
(中华闲趣)

J0143896
发声常识与嗓音保健 彭莉佳著
广州 广东高等教育出版社 1999 年 289 页
20cm(32 开) ISBN: 7-5361-2374-4
定价: CNY15.00

J0143897
反璞归真 (谢怡配教授声乐论文集) 谢怡配著
香港 科华图书出版公司 1999 年 76 页
有照片 21cm(32 开) ISBN: 962-16-0076-6
定价: HKD38.00

J0143898
歌唱的钥匙 张蕾著
北京 中国青年出版社 1999 年 113 页
20cm(32 开) ISBN: 7-5006-3590-7
定价: CNY6.00

作者张蕾(1953—), 女, 从事专业声乐工作。编有《音乐小辞海》, 著有《歌唱的钥匙》。

J0143899
歌唱教程 韩勋国编著
武汉 武汉测绘科技大学出版社 1999 年 299 页
20cm(32 开) ISBN: 7-81030-627-8
定价: CNY14.80
(音乐素质教育丛书)

J0143900
合唱艺术的审美价值与社会功能 刘国臻主编
哈尔滨 黑龙江人民出版社 1999 年 297 页
有彩照 20cm(32 开) ISBN: 7-207-04366-X
定价: CNY20.00

J0143901
简明歌唱训练手册 曹汝森, 姜丽军著
南昌 百花洲文艺出版社 1999 年 242 页
20cm(32 开) ISBN: 7-80647-015-8
定价: CNY12.00

J0143902
流行歌曲演唱的探讨与研究 潘乃宪著
上海 上海世界图书出版公司 1999 年 103 页
20cm(32 开) ISBN: 7-5062-4061-0
定价: CNY6.00

J0143903
美化我们的声音 (声乐训练操的理论与应用) 刘依群著
济南 山东文艺出版社 1999 年 229 页 有照片
20cm(32 开) ISBN: 7-5329-1757-6
定价: CNY15.00

J0143904
民族声乐独唱曲选 徐小懿编著
上海 上海音乐出版社 1999 年 158 页
26cm(16 开) ISBN: 7-80553-522-1
定价: CNY14.00

J0143905
欧洲声乐史 刘新丛, 刘正夫著
北京 中国青年出版社 1999 年 480 页
20cm(32 开) ISBN: 7-5006-3487-0
定价: CNY30.00, CNY35.00 (精装)

J0143906
少年合唱训练 胡翎主编
北京 中国林业出版社 1999年 95页 26cm(16开)
ISBN: 7-5038-2473-5 定价: CNY19.00

J0143907
声乐艺术指导 周友华等主编
南昌 江西高校出版社 1999年 296页
26cm(16开) ISBN: 7-81075-106-9
定价: CNY26.00
本书分为两部分:第一部分以问答的形式,从发声的观念到手法,以及歌唱有关的许多问题,作了比较详细的阐述;第二部分收入一至四年级练习曲目160多首。作者周友华(1939—),湖南人。毕业于江西师范大学艺术系,留校任声乐教师。

J0143908
声情并茂的歌唱艺术 李广汉编著
南宁 接力出版社 1999年 224页 18cm(小32开)
ISBN: 7-80631-510-1 定价: CNY13.00
(中小学艺术教育丛书)

J0143909
声音可以改变你的人生 (日)米山文明著;江小薇译
台北 国际村文库书店 1999年 237页 有插图
19cm(小32开) ISBN: 957-754-459-2
定价: TWD200.00
(心理DIY 14)

J0143910
声韵 (谈歌唱技巧与艺术实践)王玉美著
济南 黄河出版社 1999年 278页 26cm(16开)
ISBN: 7-80152-122-6 定价: CNY26.00

J0143911
师范院校声乐教学常用曲目 (第1辑 附教学提示)张淑珍,张富生编著
天津 天津人民出版社 1999年 191页
26cm(16开) ISBN: 7-201-03415-4
定价: CNY16.00

J0143912
西洋声乐发展概略 李维渤编著
西安 世界图书出版公司西安公司 1999年
228页 有图 20cm(32开) ISBN: 7-5062-1815-1
定价: CNY12.00
本书是中央音乐学院系列辅助教材。作者李维渤(1924—2007),音乐教育家、歌唱家。毕业于美国伊斯曼音乐学院和燕京大学。曾在上海音乐学院、中央音乐学院声乐任教授。代表作品《心的歌声》《歌唱——机理与技巧》《歌唱比较教学法概论》等。

J0143913
小歌唱家技巧与训练 黄长安编著
长沙 湖南师范大学出版社 1999年 166页
19cm(小32开) ISBN: 7-81031-791-1
定价: CNY5.00
(家有明星丛书)

J0143914
有心如歌 (席慕德谈歌艺)席慕德著
上海 文汇出版社 1999年 244页 有插图
20cm(32开) ISBN: 7-80531-695-3
定价: CNY15.00
(大艺术书房丛书)
本书分4卷:卷一,给喜欢音乐的人;卷二,给爱唱歌的人;卷三,巨星素描;卷四,歌曲与歌艺。

J0143915
展望21世纪亚洲歌坛论文集 (1999上海亚洲音乐节)方全林主编
上海 上海音乐出版社 1999年 125页 有肖像及图
29cm(16开) 精装 ISBN: 7-80553-835-2
定价: CNY46.00

J0143916
中外声乐曲选集 胡郁青主编
重庆 西南师范大学出版社 1999年 10+416页
26cm(16开) ISBN: 7-5621-2043-9
定价: CNY29.00
(音乐教育丛书)

戏剧、舞蹈音乐理论

J0143917
北曲谱 (十二卷)(明)朱权撰
明末 刻本
(范氏博山堂三种曲)
清初芥子园印本,九行二十字白口四周单边。收于《范氏博山堂三种曲》十八卷中。作者朱权(1378—1448),明太祖朱元璋第十七子,封宁王,号臞仙,又号涵虚子、丹丘先生。

J0143918
白雪斋选订乐府吴骚合编 (四卷)(明)张楚叔,(明)张旭初辑
张师龄 明崇祯十年[1627]刻本 有图
本书由《曲律一卷》(明)魏良辅撰,《白雪斋选订乐府吴骚合编四卷》(明)张楚叔、(明)张旭初辑合订。

J0143919
曲律 (一卷)(明)魏良辅撰
张师龄 明崇祯十年[1627]刻本 有图
本书由《曲律一卷》(明)魏良辅撰,《白雪斋选订乐府吴骚合编四卷》(明)张楚叔、(明)张旭初辑合订。九行二十字白口四周单边。

J0143920
弋侉腔杂戏场面题纲
民国初 抄本 线装

J0143921
谭调指南 唐舞编著
中华石印局[1926年]石印本 13页 26cm(16开)
本书着重研究京剧名演员谭鑫培唱腔,兼论京剧音韵与诗词韵的不同。

J0143922
二黄寻声谱 郑剑西编
上海 大东书局 1930年 再版 150页 有图像
19cm(32开)定价:大洋六角
本书为京剧乐谱,前半部分收入《二黄浅说》《十三辙》《工尺》《板眼》《胡琴过门》等8篇,介绍二黄的曲调;后半部分收入《卖马》《洪羊洞》《一捧雪》等32出戏曲唱段的工尺谱。

J0143923
二黄寻声谱 郑剑西编
上海 大东书局 1937年 5版 150页 有图像
18cm(15开)定价:三角五分

J0143924
二黄寻声谱 郑剑西编
上海 大东书局 1937年 150页 有图像
19cm(小32开)

J0143925
二黄寻声谱续集 郑剑西编
上海 大东书局 1930年 178页 19cm(32开)
定价:大洋七角

J0143926
二黄寻声谱续集 郑剑西著
上海 大东书局 1933年 3版 178页 19cm(32开)
定价:大洋七角

J0143927
二黄寻声谱续集 郑剑西编
上海 大东书局 1940年 178页 19cm(小32开)

J0143928
程砚秋赴欧考察戏曲音乐报告书 程砚秋著
北平 世界编译馆北平分馆 1933年 80页
22cm(30开)定价:国币八角
本书分上、下两章。上章为活动经过概述;下章列举考察所得,并附建议。作者程砚秋(1904—1958),满族,京剧表演艺术家。原名承麟,初名程菊侬,后改艳秋,字玉霜,更名砚秋,改字御霜。著名京剧旦角,四大名旦之一,程派艺术的创始人。代表作品有《程砚秋文集》《锁麟囊》《荒山泪》等。

J0143929
皮黄谭声 唐舞编辑
北平 中华石印局 1934年 73页 有图像
14cm(64开)定价:大洋四角
本书研究皮黄声韵,内容包括:字声之音、字的声、考查声韵之名称、皮黄歌声浅说、皮黄

谭声总论、北平字声标式、传习歌声艺术之心得等七部分。

J0143930
国剧韵典 张笑侠编
北平 戏曲研究社[发行者]民国二十四年
[1935][34]+525页 19cm(32开)
定价:二元,三元(精装)
(戏曲研究社丛书 3)
本书收录戏曲常用字八千余个,以部首及笔画为序。每字之下均注出切音字义、五声阴阳、五声二变、清浊尖团上口、入辙等。

J0143931
国剧场面图解 张笑侠著
[北平][戏曲研究社][1936年]16页 有图
19cm(32开)
本书介绍了京剧演出用的乐器,如大锣、胡琴、月琴、云锣、笙等,共31种。

J0143932
腔调考原 王芷章著
北平 中华印书局 1936年 64页 19cm(32开)
定价:国币二角
本书为京剧唱腔研究,考据西皮、黄腔、二黄、秦腔、勾腔、弋腔、昆腔等唱腔源流。

J0143933
陂黄音原详注剧本 尊闻社编;赵用之审音;曾致果释读;冯心如标符;马复苏传词
北平 直隶书局 1937年 石印本 51页
18cm(15开)定价:旧币五角
本书研究京剧音韵,以若干符号代表声韵的团、尖、阴、阳等。编者以《探母回令》的剧本为例,用上述符号加以标注。

J0143934
陂黄音原详注剧本 尊闻社编;赵用之审音;曾致果释读;冯心如标符;马复苏传词
北平 直隶书局 1937年 石印本 178页
[19cm](32开)

J0143935
京剧锣鼓入门 陈作元编著
上海 戏学书局[1941—1949年]26页
19cm(32开)
(戏学丛书 第一集)
本书介绍了京剧锣鼓打击法。内容包括说场面、场面位置图、平剧武场乐器、释代音字等。

J0143936
释滚调 (明代南戏腔调新考)傅芸子著
1942年[24]页 26cm(16开)
本书为中国明代南戏研究专著,内分:序说、青阳调的流行、滚调的勃兴、滚调的余势、结论等五部分。

J0143937
乐府传声 (清)徐大椿著
上海 有正书局[1946年]43页 22cm(10开)
定价:大洋一角五分
本书内分源流、出声口诀、五音、牧声、宫调、曲情等35节,讲述元曲的产生、南北曲的关系以及昆曲的腔调等。

J0143938
校订乐府传声 (清)徐大椿著
上海 群学会[1946—1949年]22页
22cm(20开)

J0143939
歌剧音乐研究 吴毅撰
中国人民解放军第二野战军政治部 1949年
23页 13cm(60开)
(文艺工作丛书 2)
本书论述了部队歌剧的音乐风格,歌剧作曲的调性、制谱、形式、高潮与主题、打击乐器等。

J0143940
电影音乐与管弦乐配器法 王云阶撰
上海 上海教育书店 1950年 393页 21cm(32开)
定价:二十五元

J0143941
戏剧音乐工作常识 东北文协文工团辑
沈阳 东北新华书店 1950年 36页 18cm(32开)
定价:旧币110元

J0143942
戏剧音乐工作常识 东北文艺工作团编

沈阳 东北人民出版社 1951 年 2 版 36 页
18cm(32 开)定价: CNY1.50

J0143943
戏曲音乐 上海市参加第一届全国音乐周代表团编
上海 上海市参加第一届全国音乐周代表团
[1950—1959 年] 油印本 1 册 26cm(16 开)
环筒页装

J0143944
郿鄠的音乐 萧寒编撰
上海 商务印书馆 1951 年 106 页 有图
19cm(32 开)定价: 旧币 5,300 元
(秧歌音乐研究 1)

J0143945
戏剧音乐论文集 马可等撰; 中央戏剧学院教务处编辑
北京 中央戏剧学院 1951 年 116 页 19cm(32 开)
(中央戏剧学院教材汇编 2)

J0143946
粤曲写唱常识 陈卓莹编著
广州 南方通俗出版社 1952 年 定价: CNY0.80

J0143947
粤曲写唱常识 (续集)陈卓莹编著
广州 南方通俗出版社 1953 年 292 页
18cm(15 开)定价: 11000.00

J0143948
粤曲写唱常识 陈卓莹编著
广州 广东人民出版社 1958 年 212 页
18cm(15 开)统一书号: 10111.213
定价: CNY0.55

J0143949
粤曲写唱常识 (上)陈卓莹编
广州 花城出版社 1984 年 增订本 19cm(32 开)
统一书号: 8261.66 定价: CNY1.25

本书详细介绍了粤曲的沿革、组成及编写唱词的知识,粤曲各种唱腔及音乐。

J0143950
粤曲写唱常识 (下)陈卓莹编
广州 花城出版社 1984 年 增订本 19cm(32 开)
统一书号: 8261.67 定价: CNY1.85

J0143951
粤曲写唱常识 (下册)陈卓莹编著
广州 花城出版社 1985 年 修订本 425 页
19cm(32 开)统一书号: 8261.67 定价: CNY1.95

本书是供初学粤曲写作及演唱的入门书。书中详细介绍了粤曲的沿革、粤曲的组成及编写唱词的知识,并详细介绍了粤曲各种唱腔及音乐。附有传统的粤曲唱腔。

J0143952
川剧音乐 (初集)郑隐飞整理; 四川省人民政府文化事业管理局音乐工作组编
成都 四川省人民政府文化事业管理局音乐工作组
1953 年 82 页 26cm(16 开)

J0143953
关于穆拉杰里的歌剧"伟大的友谊" (联共布中央一九四八年二月十日的决议)中华全国音乐工作者协会辑
上海 新音乐出版社 1953 年 38 页 21cm(32 开)
定价: 旧币 3,000 元

J0143954
第一届全国戏曲观摩演出大会戏曲音乐调查研究队访问报告 (第一集)中央音乐学院民族音乐研究所整理
北京 中央音乐学院民族音乐研究所 1954 年 油印本 46 页 26cm(16 开)定价: 旧币 1,800 元
(中央音乐学院民族音乐研究所油印资料 36)

J0143955
第一届全国戏曲观摩演出大会戏曲音乐调查研究队访问报告 (第二集)中央音乐学院民族音乐研究所整理
北京 中央音乐学院民族音乐研究所 1954 年 油印本 70 页 26cm(16 开)定价: 旧币 2,800 元
(中央音乐学院民族音乐研究所油印资料 37)

J0143956
第一届全国戏曲观摩演出大会戏曲音乐调

查研究队访问报告　（第三集）中央音乐学院民族音乐研究所整理
北京　中央音乐学院民族音乐研究所　1954 年　油印本　48 页　26cm（16 开）定价：旧币 2,400 元
（中央音乐学院民族音乐研究所油印资料　38）

J0143957
第一届全国戏曲观摩演出大会戏曲音乐调查研究队访问报告　（第四集）中央音乐学院民族音乐研究所整理
北京　中央音乐学院民族音乐研究所　1955 年　油印本　81 页　26cm（16 开）定价：旧币 3,500 元

J0143958
第一届全国戏曲观摩演出大会戏曲音乐调查研究队访问报告　（第五集）中央音乐学院民族音乐研究所整理
北京　中央音乐学院民族音乐研究所　1955 年　油印本　71 页　26cm（16 开）定价：旧币 3,000 元

J0143959
第一届全国戏曲观摩演出大会戏曲音乐调查研究队访问报告　（附集）中央音乐学院民族音乐研究所整理
北京　中央音乐学院民族音乐研究所　1955 年　油印本　92 页　26cm（16 开）定价：旧币 3,500 元

J0143960
扬剧曲调介绍　宋词，武俊达编；陈大陵等记谱
南京　江苏人民出版社　1954 年　136 页　19cm（32 开）定价：旧币 4,000 元
　　本书包括《扬剧介绍》一文及 70 多首扬剧曲调。“扬剧介绍”叙述了扬剧的起源、形成和发展，介绍它在音乐、语言方面的特点，在花鼓戏时期、维扬文戏时期、中华人民共和国成立以后剧目的上演情况和变化。扬剧具有优美、朴实的特点和浓厚的地方色彩；曲调丰富，共 100 多种。收入的梳妆台、剪剪花、补缸、探亲、大陆板、银纽丝、芦江怨等 70 个曲调，是扬剧音乐中常用的。多数曲调附有说明，介绍曲调的性质、特色及适用场合。

J0143961
金殿装疯　陈伯华等剧本整理
上海　上海人民美术出版社　1955 年　有照片　39×26cm　统一书号：8069.207　定价：CNY0.75
　　本书共收《金殿装疯》的舞台剧照 92 幅，并配文字说明。作者陈伯华是汉剧《金殿装疯》的主要演员，具有丰富的舞台经验，其表演充分展现了陈派的风格特色。

J0143962
蒲剧音乐　段连海等整理；山西人民歌剧团附设山西省音乐工作组编
太原　山西人民出版社　1955 年　566 页　21cm（32 开）定价：旧币 30,000 元
　　本书概述了山西地方戏蒲剧的起源、发展沿革及当今蒲剧的现状。

J0143963
柴科夫斯基的罗密欧与朱丽叶　（苏）索洛甫磋夫（А.Соловцов）著；曹洪译
北京　音乐出版社　1956 年　34 页
（音乐欣赏丛书）
　　著者通译：A. 索洛甫佐夫。

J0143964
唱腔改革中的几个问题　马可著
北京　通俗文艺出版社　1956 年　定价：CNY0.08
（戏曲演员学习小丛书）
　　作者马可（1918—1976），作曲家、音乐教育家。江苏徐州人，就读于河南大学化学系。创作歌曲有《南泥湾》《咱们工人有力量》《吕梁山大合唱》，秧歌剧《夫妻识字》，歌剧《周子山》《白毛女》《小二黑结婚》等，著有《中国民间音乐讲话》《时代歌声漫议》《冼星海传》等。

J0143965
川剧高腔曲牌　（第一集）四川省川剧院研究室音乐组整理
成都　四川人民出版社　1956 年　301 页　21cm（32 开）统一书号：8118.110　定价：CNY1.10

J0143966
川剧高腔曲牌　（第二集）四川省川剧院研究室音乐组编
成都　四川人民出版社　1959 年　281 页　21cm（32 开）统一书号：8118.150　定价：CNY1.00

J0143967
川剧高腔曲牌　彭文元口述；四川省川剧艺术研究所编
四川省川剧艺术研究所 1979年 383页 26cm（16开）

J0143968
格里爱尔的青铜骑士　（苏）柯列夫（Ю.Корев）著；毛宇宽译
北京 音乐出版社 1956年 71页 15cm（40开）
统一书号：7026.403 定价：CNY0.22
（音乐欣赏丛书）

J0143969
评剧唱腔辅导　杨予野著
沈阳 辽宁人民出版社 1956年 138页 18cm（15开）统一书号：8090.5 定价：CNY0.37

J0143970
评戏音乐入门　成桂声编
保定 河北人民出版社 1956年 128页 19cm（32开）定价：CNY0.40

J0143971
普罗科菲耶夫的保卫和平与冬日的篝火
（苏）伊·普罗霍罗娃著；谌亚选译
北京 音乐出版社 1956年 50页 13cm（48开）
统一书号：8026.404 定价：CNY0.17
（音乐欣赏丛书）

J0143972
苏联歌剧创作问题　（苏）格林贝尔克，波利亚科娃著；吴钧燮等译
北京 音乐出版社 1956年 1张 定价：CNY1.45

J0143973
古典戏曲声乐论著丛编　傅惜华编
北京 音乐出版社 1957年 323页 21cm（32开）
统一书号：8026.674 定价：CNY1.80
　　本书选辑元、明、清三代具有代表性的古典戏曲声乐理论专著共9种，所选辑校录的专著都依据现存最完善的原刻本，并根据不同时代的各种不同版本进行校勘加以断句标点，并逐篇写成校勘记附在各篇之末。书末附编者文章《古典戏曲声乐论著解题》。

J0143974
桂剧常用唱腔曲牌介绍　刘维新记谱整理
南宁 广西人民出版社 1957年 91页 19cm（32开）
统一书号：8113.22 定价：CNY0.28
　　本书包括唱腔和曲牌2部分。唱腔部分介绍南北路唱腔及旦角（女）和生角（男）的唱法。桂剧每一种唱腔和过门都有不同的变化，这里只介绍一般通用的。曲牌部分介绍丝弦乐器伴奏和曲牌，重点介绍舞台常用的北路曲牌、南路曲牌、阴皮曲牌。

J0143975
淮海剧曲调介绍　阮立林编
南京 江苏人民出版社 1957年 69页 19cm（32开）
统一书号：10100.419 定价：CNY0.22
　　本书包括淮海剧和曲调介绍两部分。淮海剧介绍部分，叙述了淮海剧的起源、演变和它在抗日战争、解放战争中的贡献，并对它在唱腔、曲调、唱词句式、韵律等方面的特点及各个时期上演剧目的情况作了介绍。曲调介绍部分，收入喜调、悲调、八句子等淮海剧曲调50余首，多数为常用曲调。主要曲调后面附有说明，介绍曲调的性质、特色及适用场合。

J0143976
京剧旦角唱念浅说　陈小田著
上海 上海文化出版社 1957年 48页 18cm（15开）
统一书号：10077.675 定价：CNY0.16

J0143977
京剧旦角的唱念浅说　陈小田著
上海 上海文化出版社 1957年 定价：CNY0.16

J0143978
京剧曲调　倪秋平编著
上海 上海文化出版社 1957年 134页 19cm（32开）统一书号：T8077.76 定价：CNY0.38

J0143979
评剧唱腔结构研究　杨予野编
北京 音乐出版社 1957年 233页 21cm（32开）
统一书号：8026.747 定价：CNY1.30

J0143980
群众业余剧团配曲常识　黄国强编

南昌 江西人民出版社 1957年 19页 19cm(32开)
统一书号: T8110.66 定价: CNY0.08

J0143981
苏联电影中的音乐 (苏)哈恰都梁等著; 周傅基等译
北京 中国电影出版社 1957年 106页
21cm(32开) 统一书号: 8061.63 定价: CNY0.38

J0143982
谈戏曲唱腔的创作与发展 何为著
上海 上海文化出版社 1957年 70页 19cm(32开)
统一书号: 10077.601
(戏曲演员学习小丛书)

J0143983
戏曲乐队发展中的几个问题 屠楚材著; 中国戏曲研究院编
上海 上海文化出版社 1957年 42页 18cm(32开)
统一书号: 10077.617 定价: CNY0.14
(戏曲演员学习小丛书)

J0143984
越剧新基调的试作 周大风等著
杭州 东海文艺出版社 1957年 36页 18cm(15开)
统一书号: 8125.26 定价: CNY0.13

J0143985
粤剧曲牌锣鼓 李雁编著
广州 广东省群众艺术馆 1957年 75页
26cm(16开) 定价: CNY0.60

作者李雁, 广西南宁市人。历任广西书画院副院长, 广西艺术创作中心副主任, 广西书协副主席。作品集有《李雁书法选》《李雁狂墨》《李雁行草千字文》《李雁金琵琶书法集》等。

J0143986
阿萨菲耶夫的舞剧"巴黎的火焰"和"喷泉" (苏)雷勃尼科娃(М.Рыбникова)著; 丰陈宝等译
北京 音乐出版社 1958年 30页 15cm(40开)
统一书号: 8026.912 定价: CNY0.10
(音乐欣赏丛书)

J0143987
鲍罗丁的伊戈尔王 (苏)戈洛文斯基(Г.Головинский)著; 陈绵, 靳参译
北京 音乐出版社 1958年 74页 19cm(32开)
统一书号: 8026.780 定价: CNY0.36

J0143988
哈恰图良的舞剧《斯巴达克》 (苏)日托米尔斯基(Д.Житомирский)著; 陈复君译
北京 音乐出版社 1958年 19页 15cm(40开)
统一书号: 8026.915 定价: CNY0.08
(音乐欣赏丛书)

J0143989
京剧曲调 倪秋平编著
上海 上海文艺出版社 1958年 新1版 134页
19cm(32开) 统一书号: 8078.0303
定价: CNY0.38

J0143990
卡巴列夫斯基的歌剧"塔拉斯一家" (苏)凯尔第什(Ю.Келдыш)著; 吴玉莲译
北京 音乐出版社 1958年 26页 15cm(40开)
统一书号: 8026.914 定价: CNY0.09
(音乐欣赏丛书)

J0143991
昆曲入门 钱一羽著
上海 上海文化出版社 1958年 74页 19cm(32开)
统一书号: 10077.711 定价: CNY0.24

J0143992
论川剧高腔音乐 沙梅著
上海 上海音乐出版社 1958年 156页
21cm(32开) 统一书号: 8127.123 定价: CNY0.90

作者沙梅(1909—1993), 作曲家。原名郑志, 又名郑导乐。四川广安人, 毕业于北平大学音乐系。历任上海艺专、国立女子师院、国立湖北师院等校音乐教授及上海剧专歌剧系主任, 上海戏剧专科学校歌舞团名誉团长、上海歌剧院顾问。创作歌曲有《打柴歌》《打回东北去》《五卅纪念歌》《祖国之恋》《打起锣鼓遍街唱》《嘉陵江船夫曲》《沙梅歌曲集》等, 著有《论川剧高腔音乐》。

J0143993
评剧器乐入门 张福堂, 孙伟编著

天津 天津人民出版社 1958年 141页
19cm(32开) 统一书号: 8072.33 定价: CNY0.42

J0143994
普罗科菲耶夫的"阿历山大·涅夫斯基" (苏)涅斯齐耶夫(И.Нествев)著; 曹国荣译
北京 音乐出版社 1958年 20页 15cm(40开)
统一书号: 8026.913 定价: CNY0.08
(音乐欣赏丛书)

J0143995
普罗科菲耶夫的歌剧"战争与和平" (苏)萨比尼娜(М.Сабинина)著; 刘强译
北京 北京音乐出版社 1958年 27页 15cm(40开)
统一书号: 8026.1029 定价: CNY0.10
(音乐欣赏丛书)

J0143996
思凡 (川剧高腔)廖静秋唱腔; 四川省川剧院研究室, 成都市川剧团艺术室整理
成都 四川人民出版社 1958年 39页 17cm(40开)
定价: CNY0.10

J0143997
戏曲音乐论文选 中国戏曲研究院编辑
上海 上海文化出版社 1958年 168页
19cm(32开) 统一书号: 8077.156 定价: CNY0.48
(戏曲演员学习小丛书)

J0143998
有声影片中的音乐 (苏)切列姆兴(М.Черемухин)著; 钟宁译
北京 中国电影出版社 1958年 192页
21cm(32开) 统一书号: 8061.201 定价: CNY0.65

J0143999
摘红梅 (川剧高腔)四川省川剧院研究室编
成都 四川人民出版社 1958年 40页 13cm(64开)
定价: CNY0.10

J0144000
长沙花鼓戏音乐 (湖南地方戏音乐)湖南省文化局戏曲工作室编
长沙 湖南人民出版社 1958年 184页
21cm(32开) 统一书号: 8109.160 定价: CNY0.70

全书阐述了长沙花鼓戏的流行、发展、曲牌分类、曲调源流等内容。包括川调、打锣腔、专用调、民歌小调和吸收、改编等5类曲调, 共153个。每类曲调均有"概说", 介绍其概貌、特性和小类; 部分曲调有关于命名、结构、演唱、变革以及流行情况的简介。

J0144001
德国民歌的音调 (民主德国)(E.H.)梅耶尔(Meyer, E.H.)著; 廖尚果译
北京 音乐出版社 1959年 62页 有曲谱
20cm(32开) 统一书号: 8026.1155
定价: CNY0.38

外文书名: Die Intonation Im Deutschen Voikliedz.

J0144002
广西彩调常用唱腔 广西壮族自治区群众艺术馆编
南宁 广西壮族自治区人民出版社 1959年 48页
19cm(32开) 统一书号: 8113.37 定价: CNY0.17

J0144003
贵州民间艺术概况 胡显信编
北京 中华全国总工会工人歌舞团 1959年
油印本 47页 26cm(16开)

J0144004
京剧字韵 徐慕云, 黄家衡编著
上海 上海文艺出版社 1959年 158页
20cm(32开) 统一书号: 10078.0255
定价: CNY0.58

本书详细论述了京剧咬字必须区别阴阳平仄, 分清五音四呼, 辨明尖团清浊, 研究出音收音。分两部分, 第一部分为概论及图表, 列十三章, 对十三辙、上口字、中州韵、湖广音的来历都有解说。第二部分是京剧字汇, 依十三辙排列, 用注音符号与拼音字母注音, 可供戏曲编剧撰词选字, 演员审音辨韵参考。

J0144005
京剧字韵 徐慕云, 黄家衡编著
上海 上海文艺出版社 1963年 2版 修订本
220页 有图表 19cm(32开)
统一书号: 10078.0255 定价: CNY0.64

J0144006
京剧字韵 徐慕云，黄家衡编著
上海 上海文艺出版社 1980 年 5 版 238 页 19cm（32 开）统一书号：8078.3175 定价：CNY0.76

本书第一部分论述了京剧唱念对阴阳平仄、五音四呼、韵辙规律等方面的掌握和运用；第二部分为京剧字汇表，依十三辙排列京剧常用字，并用注音符号和汉语拼音注音。

J0144007
京剧字韵 徐慕云，黄家衡编著
上海 上海文艺出版社 1980 年 3 版 238 页 19cm（32 开）统一书号：8078.3175 定价：CNY0.76

J0144008
评剧音乐常识 李光全编
沈阳 春风文艺出版社 1959 年 130 页 有曲谱 19cm（32 开）统一书号：T8158.1 定价：CNY0.36

J0144009
戏曲音乐工作讨论集 中国戏曲研究院编
北京 音乐出版社 1959 年 320 页 有曲谱 20cm（32 开）统一书号：8026.1071 定价：CNY1.80

J0144010
戏曲音乐研究 夏野编著
上海 上海文艺出版社 1959 年 148 页 有曲谱 21cm（32 开）统一书号：8078.1073 定价：CNY0.88

作者夏野（1924—1995），音乐家。四川广安人，毕业于重庆北碚国立复旦大学法律系。历任上海音乐学院音乐学系副主任，中国律学学会顾问，中国音乐史学会副会长，东方音乐学会副会长，《中国民族音乐大系》主编等职。著作有《戏曲音乐研究》《中国古代音乐史简编》等。

J0144011
戏曲音乐研究 夏野编著
上海 上海文艺出版社 1962 年 重印本 148 页 有曲谱 21cm（32 开）统一书号：8078.1073 定价：CNY0.88

J0144012
豫剧文场曲牌音乐 张景松编
北京 音乐出版社 1959 年 134 页 19cm（32 开）统一书号：8026.856 定价：CNY0.62

J0144013
京剧曲牌简编 张宇慈，吴春礼整理
北京 中国戏剧出版社 1960 年 131 页 19cm（32 开）统一书号：10069.468 定价：CNY0.38
（戏曲基本知识小丛书）

作者张宇慈（1913—1981），张伯英三子，供职于中国戏曲研究院。作者吴春礼（1927— ），京剧音乐研究家。北京人，毕业于北京文法学院。曾在北京同德戏剧研习社学京剧。参加过国剧学会。他对京剧器乐的兴趣浓厚。在中国戏曲研究院，从事戏曲音乐的整理、研究工作。后入中国艺术研究院戏研所。出版了京剧《雁荡山总谱及舞蹈说明》《杨宝忠京胡演奏经验谈》《京剧唱腔》《鼓点板声话节奏》，合著《京剧曲牌简编》《京剧锣鼓》《京剧著名唱腔选》。主编《余叔岩艺术评论集》。

J0144014
京剧曲牌简编 吴春礼，张宇慈编著
北京 中国戏剧出版社 1983 年 增订本 140 页 19cm（32 开）统一书号：8069.306 定价：CNY0.50
（戏曲知识丛书）

本书讲述了笛子、唢呐、胡琴三种乐器用于京剧伴奏中的演奏方法；介绍了 60 多支常用的曲牌（曲谱），对于每支曲牌在什么情况下应用也有简要的说明。

J0144015
京剧音乐介绍 刘吉典编著
北京 音乐出版社 1960 年 311 页 有曲谱 21cm（32 开）统一书号：8026.1290 定价：CNY1.50

J0144016
曲艺音乐研究 白凤岩等集体讨论；章辉执笔
北京 作家出版社 1960 年 121 页 有曲谱 19cm（32 开）统一书号：10020.1406 定价：CNY0.37

（曲艺研究丛书）

J0144017
现代戏曲音乐创作浅谈 马龙文著
上海 上海文艺出版社 1960年 77页 19cm（32开）
统一书号：8078.1372 定价：CNY0.38

J0144018
怎样给二人转配曲 靳蕾著
哈尔滨 北方文艺出版社 1960年 60页
19cm（32开）统一书号：8.3 定价：CNY0.28

J0144019
怎样给二人转配曲 靳蕾编著
哈尔滨 北方文艺出版社 1964年 2版
83页 19cm（32开）统一书号：8.15
定价：CNY0.26

J0144020
越剧唱法研究 周大风著
上海 上海文艺出版社 1961年 重印本 102页
有曲谱 21cm（32开）统一书号：8078.1593
定价：CNY0.60
　　作者周大风（1923—2015），音乐理论家、作曲家。浙江宁波人。曾任职于浙江省文工团、浙江省歌剧团、浙江省越剧团、浙江省艺术研究所等。作品有《采茶舞曲》等，著有《越剧唱法研究》《小学音乐欣赏》等。

J0144021
侗剧音乐资料
昆明 1962年 90页 19cm（32开）

J0144022
湖南地区花鼓戏音乐 湖南省戏曲工作室编
长沙 湖南人民出版社 1962年 337页
21cm（32开）统一书号：8109.566 定价：CNY2.20

J0144023
淮剧锣鼓研究 张铨著
南京 江苏人民出版社 1962年 98页
19cm（32开）统一书号：8100.979
定价：CNY0.30
　　本书探讨淮剧锣鼓的来源及其演变过程，研究了它的组成要素、结构特征，及其与淮剧相辅相成的作用，阐述了淮剧锣鼓的风格、继承及发展。

J0144024
吕剧音乐研究 张斌著
济南 山东人民出版社 1962年 202页
19cm（32开）统一书号：8099.440 定价：CNY0.60
　　本书对吕剧音乐的演变、各种唱腔结构、表现方法及表现能力，从基本规律到发展变化进行了较为系统的分析研究，并用较多的实例对腔弯、板眼、字句、分段等进行了简要的论述。

J0144025
黔剧音乐 （文琴戏音乐）中国音乐家协会贵阳分会筹委会编
贵阳 贵州人民出版社 1962年 236页
27cm（16开）统一书号：8115.184
定价：CNY1.50，CNY2.10（精装）

J0144026
说唱音乐曲种介绍 中央音乐学院中国音乐研究所民族音乐研究班编
北京 中央音乐学院中国音乐研究所民族音乐研究班 1962年 359页 20cm（32开）
定价：CNY2.90
（《民族音乐》参考资料 之八）

J0144027
戏曲乐队工作经验和问题 中国戏曲学院研究所编
北京 音乐出版社 1962年 111页 19cm（32开）
统一书号：8026.1521 定价：CNY0.44

J0144028
戏曲音乐 中央音乐学院中国音乐研究所民族音乐研究班编辑
北京 中央音乐学院中国音乐研究所民族音乐研究班 1962年 260页 有曲谱 21cm（32开）
定价：CNY2.50
（《民族音乐》参考资料 之九）

J0144029
柴科夫斯基的舞剧 （苏）瑞托米尔斯基，Д.著；高士彦，刘梦耋译

北京 音乐出版社 1963年 127页 有图
20cm(32开) 统一书号: 8026.1840
定价: CNY0.76

J0144030
曲韵易通 项远村著
北京 中华书局 1963年 123页 有表
21cm(32开) 统一书号: 10018.363
定价: CNY0.60

本书系京剧音韵学专著。内容为对清代沈乘麐《韵学骊珠》的四声阴阳、五音清浊、四呼收音、南北异音等的详细阐述。文中将《韵学骊珠》各字(僻字不录)用注音字母注音分韵列表排列。原书名《曲韵探骊》,后改名《曲韵易通》。

J0144031
说唱音乐 中央音乐学院中国音乐研究所民族音乐研究班编辑
北京 中央音乐学院中国音乐研究所民族音乐研究班 1963年 589页 20cm(32开)
定价: CNY4.70
(《民族音乐》参考资料 之七)

J0144032
谈歌剧的创作 (音乐评论文集) 音乐出版社编辑部编
北京 音乐出版社 1963年 196页 20cm(32开)
统一书号: 8026.1793 定价: CNY1.10

J0144033
中州剧韵
[江西省赣剧院艺术室] 1963年 160页
18cm(15开) 定价: CNY1.05

J0144034
小曲唱腔改革分析 中国曲艺工作者协会武汉分会编
武汉 中国曲艺工作者协会武汉分会 1964年
96页 19cm(32开)
(曲艺学习资料 第七辑)

J0144035
十三辙 (京剧)
[江西省文化局戏剧创作研究室] 1965年 66页
19cm(32开)

J0144036
豫剧锣鼓经 河南省戏曲学校音乐教研组编写; 王予生执笔
郑州 河南人民出版社 1965年 94页 19cm(32开)
统一书号: 8105.478 定价: CNY0.25

J0144037
革命现代京剧唱腔选集 中国戏曲学校编
北京 音乐出版社 1967年 170页 19cm(32开)
统一书号: 8026.2622 定价: CNY0.37

J0144038
《红灯记》主要唱段学习札记
南昌 江西省新华书店 1970年 13cm(60开)
定价: CNY0.08

J0144039
文艺革命通讯 (2 1971.5) 天津市文化局"革委会"《文艺革命》编辑部编辑
天津 天津市文化局"革委会"文艺革命编辑部
1971年 90页 19cm(32开)

本辑内容为革命现代京剧常识简介,包括唱腔的曲调和板式、音乐伴奏、唱腔的记谱与识谱,附表为《智取威虎山》《红灯记》《沙家浜》中容易唱错、念错的字。

J0144040
革命京剧音乐常识 冯光钰著
成都 四川人民出版社 1974年 101页
19cm(32开) 统一书号: 8118.39 定价: CNY0.23

J0144041
桂剧　壮剧　彩调剧移植革命样板戏唱段选辑 广西人民出版社编辑
南宁 广西人民出版社 1975年 83页 19cm(32开)
统一书号: 8113.209 定价: CNY0.17

J0144042
辙与韵的运用 《江西文艺》编辑部[编]
1975年 23页 18cm(15开)

J0144043
革命现代京剧音乐学习札记 许国华著
石家庄 河北人民出版社 1976年 132页
19cm(32开) 统一书号: 8086.599 定价: CNY0.27

J0144044
花鼓戏音乐革命实践 （移植革命现代京剧《沙家浜》体会）湖南省花鼓戏剧团编
上海 上海人民出版社 1976年 135页
19cm（32开）统一书号：8171.1404
定价：CNY0.25

J0144045
戏曲音韵 常州市文化馆［编］
1977年 77页 13cm（60开）

J0144046
粤剧唱腔基本板式 广州市戏曲工作室编
广州 广东人民出版社 1978年 125页
19cm（32开）统一书号：10111.1122
定价：CNY0.29
（农村文化室文艺辅导丛书）

J0144047
北曲谱法 （音调与字调）曾达聪著
台北 文史哲出版社 1979年 367页 21cm（32开）
ISBN：978-957-547-236-8 定价：TWD500.00
（文史哲学集成 29）

J0144048
弹词音乐初探 连波编著
上海 上海文艺出版社 1979年 509页
19cm（32开）统一书号：8078.3122
定价：CNY1.55

J0144049
弹词音乐初探 连波编著
上海 上海文艺出版社 1981年 2版 385页
19cm（32开）统一书号：8078.3122
定价：CNY1.15

J0144050
二人转音乐 那炳晨编著
长春 吉林人民出版社 1979年 478页
19cm（32开）统一书号：8091.961 定价：CNY1.20

J0144051
河北音乐通讯 （2 戏曲音乐专辑 1979）
1979年 94页 19cm（32开）

J0144052
京剧音韵字汇 徐慕云编
［武汉］［《长江文艺》编辑部］1979年 48页
19cm（32开）

本书分为两部分，前一部分简单地介绍了京剧音韵的一些基本知识如五音、四呼、尖团、十三辙、四声等；后一部分为字汇表，收取了一部分常用字，按十三辙及京剧四声分栏加以排列。

J0144053
戏曲韵编 湖北省戏剧工作室编
［湖北］［湖北省戏剧工作室］1979年 93页
19cm（32开）

J0144054
刘艳霞评剧表演艺术唱腔集 刘艳霞口述；杨露记录整理；吉林市戏剧创作室编
长春 吉林市戏剧创作室 1980年 265页
19cm（32开）

J0144055
秦腔音乐唱腔浅释 肖炳著
西安 陕西人民出版社 1980年 388页
19cm（32开）统一书号：8094.664 定价：CNY1.45
（陕西地方音乐丛书）

J0144056
孝义碗碗腔音乐 何守法，朱景义著；山西省吕梁地区文化馆编
［吕梁］山西省吕梁地区文化馆［1980—1989年］
190页 19cm（32开）

J0144057
宜黄腔源流考 流沙著
［南昌］江西省宜黄戏剧团［1980—1989年］
1册 26cm（16开）

J0144058
豫剧唱腔音乐概论 王基笑著
北京 人民音乐出版社 1980年 607页
19cm（32开）统一书号：8026.3665
定价：CNY2.40
（戏曲音乐研究丛书）

本书介绍豫剧的历史、流派、唱腔的继承与

发展等情况，对豫剧音乐的慢板、流水板、二八板、散板等各类板式作全面、系统、详尽的解析，并附以各流派著名演员 30 余段精彩唱腔作各类板式的谱例。收入“戏曲音乐研究丛书”。

J0144059
豫剧唱腔音乐概论 王基笑著
北京 人民音乐出版社 1993 年 607 页 有乐谱
20cm（32 开）精装 ISBN：7-103-01055-2
定价：CNY19.80
（戏曲音乐研究丛书）

本书介绍了豫剧的音乐、唱腔、板式，并列举了各类板式综合谱例。作者王基笑（1930—2006），豫剧作曲家。出生于辽宁丹东市，祖籍山东青岛市。历任中国音乐家协会常务理事，中国戏曲音乐学会副会长，中国戏曲学院客座教授，河南省音乐家协会名誉主席。著有《豫剧唱腔音乐概论》《朝阳沟》等。

J0144060
云南戏曲音韵 亢宏编著
昆明 云南人民出版社 1980 年 修订本 387 页
19cm（32 开）统一书号：8116.920
定价：CNY1.05

J0144061
长沙花鼓戏音乐 湘潭行政公署文化局著
长沙 湘潭行政公署文化局 1980 年 2 册
26cm（16 开）定价：CNY9.60

J0144062
彩调传统唱腔一百曲 张光雄等编
广西 1981 年 167 页 19cm（小 32 开）
定价：CNY0.57

J0144063
汉剧操琴艺术 （介绍著名琴师刘志雄）汤冬泉编
武汉 长江文艺出版社 1981 年 174 页
19cm（32 开）统一书号：10107.216
定价：CNY0.69

J0144064
河北梆子音乐 邵锡铭著
河北省戏曲研究室［1981 年］572 页 19cm（32 开）

J0144065
湖南花鼓戏音乐研究 贾古著
北京 人民音乐出版社 1981 年 531 页
21cm（32 开）统一书号：8026.3591
定价：CNY3.15
（戏曲音乐研究丛书）

J0144066
晋剧呼胡演奏法 董文润编著
太原 山西人民出版社 1981 年 391 页
19cm（32 开）统一书号：7088.925 定价：CNY1.35

本书分两大部分。第一部分介绍呼胡的构造与保护、弓法与指法等基本技巧的训练；第二部分介绍呼胡对各类唱腔的伴奏。每部分均附有练习曲和伴奏唱例。

J0144067
京剧音乐概论 刘吉典编著
北京 人民音乐出版社 1981 年 581 页
21cm（32 开）统一书号：8026.3854
定价：CNY3.00
（戏曲音乐研究丛书）

本书分两大部分。第一部分为京剧的乐队及其乐器，介绍京剧乐队中的“文武场”、京剧的打击乐及京剧的曲牌音乐；第二部分为京剧的唱腔，介绍京剧各行当的演唱特点，字韵对唱腔的作用，唱念中的尖团字和上口字及十三辙等，并对京剧各种板式的唱腔的上下句结构作了较详细的分析。书中除选有传统剧目的著名唱段外，还收入新编历史戏和现代戏的代表唱段。书后附《京剧现代戏唱腔的新发展》一文。

J0144068
京剧音乐概论 刘吉典编著
北京 人民音乐出版社 1993 年 581 页
20cm（32 开）精装 ISBN：7-103-01054-4
定价：CNY19.80
（戏曲音乐研究丛书）

本书介绍了京剧的乐队，及器乐和唱腔，并论述了京剧现代戏唱腔的新发展。

J0144069
秦腔音乐唱板浅释 肖炳著
西安 陕西人民出版社 1981 年 388 页
19cm（32 开）定价：CNY1.45

（陕西地方音乐丛书）

J0144070
五音戏音乐研究　信惠忠编著
济南 山东人民出版社 1981 年 152 页
25cm（16 开）统一书号：8099.2263
定价：CNY0.71
本书从调式、板式、结构和发展情况等方面对五音戏传统板腔的基本规律和特点进行了研究。书中附有五音戏传统优秀唱段 25 段。

J0144071
湘剧高腔音乐研究　张九，石生潮著
北京 人民音乐出版社 1981 年 391 页
21cm（32 开）统一书号：8026.3759
定价：CNY2.80
（戏曲音乐研究丛书）

J0144072
豫剧表演艺术家常香玉唱腔选介　常静之著
郑州 河南人民出版社 1981 年 178 页
19cm（32 开）统一书号：8105.1103
定价：CNY0.51
本书分析评述了《拷红》《白蛇传》《花木兰》三出戏中的主要片段。总结常香玉的唱腔经验，推广她的唱腔艺术。作者常静之（1940—　），戏曲音乐家。

J0144073
豫剧表演艺术家常香玉唱腔选介　常静之著
［郑州］河南人民出版社 1981 年 178 页
20cm（32 开）统一书号：8105.1103
定价：CNY0.51
本书附《拷红》《白蛇传》《花木兰》唱腔曲谱。

J0144074
中国传统戏曲音乐　邱坤良主编
台北 远流出版事业公司 1981 年 311 页
有照片 26cm（16 开）精装 定价：TWD900.00

J0144075
彩调音乐　沈桂芳编写
南宁 广西人民出版社 1982 年 215 页
21cm（32 开）统一书号：8143.771 定价：CNY0.73
彩调音乐包括唱腔、曲牌、锣鼓牌几个部分。本书从音乐设计、创作角度，以彩调传统唱腔和改编的唱腔作为分析、研究的主要对象，着重介绍了彩调音乐的特点。

J0144076
陈伯华唱腔艺术　彩麟著
北京 中国戏剧出版社 1982 年 168 页 有照片
21cm（32 开）统一书号：8069.207
定价：CNY0.75
本书介绍汉剧陈派唱腔的风格特色和艺术经验。

J0144077
河北戏曲音乐文集　（1982）中国戏剧家协会河北分会，中国音乐家协会河北分会，河北省戏曲研究室［编］
1982 年 174 页 19cm（32 开）

J0144078
河北戏曲音乐文集　（1984）中国戏剧家协会河北分会，中国音乐家协会河北分会，河北省文化厅艺术处［编］
1984 年 142 页 19cm（32 开）

J0144079
河南、山东地方民间戏曲　（二夹弦概论）江一舟编
郑州 中国民族音乐集成河南省编辑办公室戏曲组 1982 年 2 册（785 页）26cm（16 开）

J0144080
湖北大鼓　何远志编著
武汉 长江文艺出版社 1982 年 452 页 有照片
19cm（32 开）统一书号：10107.257
定价：CNY1.45
（长江曲艺丛书）
本书细致地阐述了湖北大鼓的源流及其发展过程，特别是对其唱腔音乐和各种流派的艺术特点，作了比较详尽的介绍。

J0144081
蝴蝶夫人　（音乐分析·脚本·选曲）人民音乐出版社编辑部编
北京 人民音乐出版社 1982 年 127 页＋［2］页

图版 有图 19cm(32开)统一书号:8026.3886
定价:CNY0.51
(外国歌剧小丛书 音乐分析·脚本·选曲)
《蝴蝶夫人》是意大利著名歌剧作曲家普契尼的代表作。

J0144082
京剧音乐初探 安禄兴编著
济南 山东人民出版社 1982年 409页
25cm(小16开)统一书号:8099.2266
定价:CNY2.40
本书内容包括:京剧唱腔基本结构;“基本调”的衍展方法;西皮腔板式派生规律;二黄腔板式派生规律;京剧其他腔调;京剧唱腔的曲体结构;京剧乐队与伴奏;京剧音乐设计。

J0144083
昆曲格律 王守泰著
南京 江苏人民出版社 1982年 450页
19cm(32开)统一书号:8100.039 定价:CNY1.86
本书分字音、曲牌套数、昆曲格律的应用和发展等五章,从音律学、方言学、音乐原理、汉语音乐等角度,用近代比较成熟的学科理论,研究了昆曲格律。

J0144084
乔清秀坠子唱腔集 乔清秀,乔元利唱;章沛霖记谱;河南省戏曲工作室编
1982年 251页 有图 21cm(32开)
(河南曲艺丛书)

J0144085
师公戏音乐 区文化局戏剧研究室编
南宁 南宁市兴宁区第二印刷厂 1982年 316页
19cm(32开)

J0144086
戏曲音乐论文选 周如松编
1982年 油印本 15页 有乐谱 19cm(小32开)

J0144087
长沙湘剧高腔变化初探 徐绍清著
长沙 湖南人民出版社 1982年 351页
19cm(32开)统一书号:8109.1335
定价:CNY1.35
本书收湘剧高腔曲牌105支,谱例212首。分三部分:一、介绍高腔的基本形式和组成规律;二、介绍高腔的套曲和犯腔犯调的变化;三、介绍近年来作者对高腔改革工作的体会和经验。

J0144088
二夹弦唱腔音乐初探 尼树仁编著
济南 山东人民出版社 1983年 521页
25cm(15开)统一书号:8099.2468
定价:CNY3.30
(《山东地方戏曲音乐丛书》2)
本书为弦子戏戏曲音乐研究。作者尼树仁(1934—),音乐学家。河南上蔡人,毕业于开封艺术学校,后在中央音乐学院作曲系及中国音乐学院音乐学系深造。曾任开封群众艺术馆副研究馆员,河南大学兼职教授及硕士研究生导师。出版学术专著《二夹弦唱腔音乐初探》《中州佛教音乐研究》等。

J0144089
国剧音韵及唱念法研究 余滨生著
台北 中华书局 1983年 2版 395页
有图 22cm(32开)精装 定价:TWD5.00
本书系作者以治学的方法,分析国剧音韵和唱念问题的专题研究报告。

J0144090
京剧音乐研究 (提纲及曲例)武俊达著
[天津市戏曲音乐干部进修班]1983年[油印本]
118页 26cm(16开)

J0144091
论戏曲音乐 中国音乐家协会上海分会,中国戏剧家协会上海分会编
北京 中国戏剧出版社 1983年 207页
21cm(32开)统一书号:8069.382 定价:CNY0.74

J0144092
蒲剧音乐 张烽,康希圣整理
太原 山西人民出版社 1983年 776页
21cm(32开)统一书号:10088.763
定价:CNY3.20
本书搜集整理了蒲剧传统的音乐唱腔、唢呐曲牌、丝弦曲牌、打击乐点以及各种唱例,并以主旋律形式记谱,着重介绍了《明月珠》《辕门斩

子》两折蒲剧传剧剧目。

J0144093
陕西戏曲音乐论文选 中国音乐家协会陕西分会编
1983年 205页 21cm(32开)

J0144094
戏剧音乐论集 武汉市文化局戏剧工作室[编]
1983年 337页 18cm(32开)

J0144095
语言和音乐 杨荫浏著
北京 人民音乐出版社 1983年 144页
21cm(32开) 定价: CNY0.82
(戏曲音乐研究丛书)

J0144096
语言与音乐 杨荫浏著
北京 人民音乐出版社 1983年 144页
21cm(32开) 统一书号: 8026.4037
定价: CNY0.82
(戏曲音乐研究丛书)

本书的主要内容为研究我国汉语的语音特点和音乐旋律间相互关系。

J0144097
豫剧锣鼓经 胥东升, 李献民著
郑州 河南人民出版社 1983年 97页 19cm(32开)
统一书号: 8105.1112 定价: CNY0.34

本书为城乡业余豫剧团参考用书, 介绍了舞台上常用的锣鼓点子。

J0144098
越剧主胡和越剧伴奏 何占永编写
杭州 浙江人民出版社 1983年 143页
19cm(32开) 统一书号: 8103.528 定价: CNY0.32
(农村文库·农村文化活动小丛书)

J0144099
怎样设计花灯音乐 陈源等著
昆明 云南人民出版社 1983年 176页
19cm(32开) 统一书号: 10116.964
定价: CNY0.57

J0144100
赣剧字韵 (信河派) 文浩丽著; 江西上饶地区文化局剧目工作室编
[江西上饶地区文化局剧目工作室] 1984年
68页 19cm(32开) 定价: CNY0.60

J0144101
高腔学术讨论文集 中国艺术研究院戏曲研究所, 湖南省戏曲研究所编
北京 文化艺术出版社 1984年 732页 有照片
20cm(32开) 统一书号: 8228.065

本书编入1982年6月在长沙举行的"高腔学术讨论会"上的交流论文40篇。

J0144102
湖南花鼓戏唢呐演奏法 方章祥编著
长沙 湖南人民出版社 1984年 119页
19cm(32开) 统一书号: 8109.1370
定价: CNY0.36

J0144103
京剧音韵概说 陈小田著
上海 学林出版社 1984年 78页 19cm(32开)
统一书号: 8259.004 定价: CNY0.31

本书共分三章: 什么是京剧音韵; 为什么要研究京剧音韵; 怎样研究京剧音韵。

J0144104
论电影音乐 王云阶著
北京 中国电影出版社 1984年 240页 有肖像
21cm(32开) 统一书号: 8061.2120
定价: CNY0.95

本书是由我国著名的作曲家王云阶撰写的新中国成立以来所写的电影音乐论文的汇集, 其中有个人创作经验的总结, 有对电影美学问题的探讨, 有对中外电影音乐的评论。

J0144105
戏曲音乐论文选 (江西省第一届戏曲音乐学术讨论会论文选编) 江西省文化厅, 中国音乐家协会江西分会, 中国戏剧家协会江西分会编
南昌 江西省文化厅 1984年 590页 有图
18cm(32开)

J0144106
粤剧唱腔音乐概论　广东省戏剧研究室主编;《粤剧唱腔音乐概论》编写组编写
北京 人民音乐出版社 1984年 517页
20cm(32开)统一书号:8026.4135
定价:CNY3.75
(戏曲音乐研究丛书)
本书为广东粤剧唱腔音乐的业务参考书,共六个部分。

J0144107
粤剧唱腔音乐概论　广东省戏剧研究室主编;《粤剧唱腔音乐概论》编写组编
北京 人民音乐出版社 1999年[2]版(增订本)
534页 20cm(32开)精装 ISBN:7-103-01740-9
定价:CNY38.90
(戏曲音乐研究丛书)

J0144108
广西戏曲音乐简论　钟泽骐等著
南宁 广西民族出版社 1985年 377页
20cm(32开)定价:CNY1.70
本书阐述了彩调、壮剧、桂剧等戏曲音乐的来源、形成及其发展规律,系统地总结了这些艺术瑰宝的特点。

J0144109
桂南采茶音乐　广西艺术研究所编
南宁 广西人民出版社 1985年 304页
20cm(32开)统一书号:8113.1053
定价:CNY1.50
本书介绍了桂南采茶音乐的源流及艺术形式。内容包括玉林采茶唱腔的布局及其形成,桂南采茶词、曲结构特点及民间艺人的创腔方法,钦州采茶音乐,桂南采茶的衬词、衬句及其运用。同时,总结了采茶音乐的一般特点及民间艺人的唱腔方法,还搜集了流行于桂南各地的采茶音乐,分为茶腔(茶祖)、茶插(小词)、曲牌、锣鼓4类。

J0144110
河北梆子音乐概解　马龙文编著
石家庄 花山文艺出版社 1985年 548页
20cm(32开)统一书号:8286.20 定价:CNY2.30
本书系统地介绍了河北梆子传统音乐程式。包括河北梆子历史发展状况概述;各种唱腔板式的构成及传统规范;常用的每个曲牌、锣鼓点子的功能和使用方法。

J0144111
论川剧音乐改革　(成都市首届川剧音乐研讨会论文选)成都市文化局创作研究室编
成都 成都市文化局创作研究室 1985年 210页
26cm(16开)

J0144112
梅兰芳平剧唱腔研究　林珀姬著
台北 学生书局 1985年 341页 有剧照
22cm(30开)精装 定价:TWD280.00
(民俗研究丛刊)

J0144113
戏曲传统声乐艺术　傅雪漪著
北京 人民音乐出版社 1985年 240页
20cm(32开)统一书号:8026.4288
定价:CNY1.85
本书总结了戏曲唱念艺术的规律,分别从发音、吐字、用气、风格、韵味、唱念和表演的统一等各个方面,结合谱例加以介绍。

J0144114
戏曲音乐论文选编　(第一辑)《中国戏曲音乐集成·河北卷》编辑部[编]
1985年 567页 有图 21cm(32开)

J0144115
戏曲音乐研究　何为著
北京 中国戏剧出版社 1985年 507页
20cm(32开)统一书号:8069.346 定价:CNY3.20
本书汇集了作者自20世纪50年代中期至今发表的有关戏曲音乐特征、规律、创作技巧、发展源流等各方面的论文和学术报告10篇。

J0144116
费加罗的婚姻　(外国歌剧 音乐分析、脚本、选曲)人民音乐出版社编辑部编
北京 人民音乐出版社 1986年 185页 有剧照
19cm(32开)统一书号:8026.4496
定价:CNY1.30

J0144117
湖南湘剧、花鼓戏锣鼓经 黎建明编著
长沙 湖南文艺出版社 1986年 185页
19cm(32开) 统一书号: 8456.22 定价: CNY1.20

J0144118
戏曲音乐散论 何为著
北京 人民音乐出版社 1986年 196页
20cm(32开) 统一书号: 8026.4493
定价: CNY1.50
本书是作者自选戏曲音乐论文集。辑有《论戏曲音乐》《音乐性与戏剧性》《从唐诗、宋词到元曲的演奏》《梆子声腔与板式变化体》等论文共8篇。论述了中国戏曲音乐的特性、发展变化及艺术成就等理论问题。

J0144119
汉剧音乐漫谈 李金钊编著
上海 上海音乐出版社 1987年 675页
19cm(32开) ISBN: 7-80553-089-4
定价: CNY4.75

J0144120
湖南戏曲乐论 湖南省戏曲研究所, 湖南省戏曲音乐学会编
长沙 湖南文艺出版社 1987年 425页
19cm(32开) 统一书号: 8456.30
ISBN: 7-5404-0082-X 定价: CNY2.30

J0144121
淮剧音乐及其唱腔流派 薄森海编著
上海 上海音乐出版社 1987年 541页
19cm(32开) ISBN: 7-80553-045-9
定价: CNY3.45

J0144122
昆曲唱腔研究 武俊达著
北京 人民音乐出版社 1987年 398页
20cm(32开) 统一书号: 8026.4397
定价: CNY4.05
(戏曲音乐研究丛书)

J0144123
昆曲唱腔研究 武俊达著
北京 人民音乐出版社 1993年 398页 有乐谱
20cm(32开) 精装 ISBN: 7-103-01056-0
定价: CNY16.20
(戏曲音乐研究丛书)
本书内容包括: 曲牌、板式、调式、腔格、曲调、节奏、曲式、套式, 并附录谱例。

J0144124
昆曲曲牌及套数范例集 (第一集 南套) 王守泰主编
南京 中国戏曲音乐集成江苏卷编辑部 1987年
手书影印本 269页 27cm(大16开)

J0144125
昆曲曲牌及套数范例集 (第二集 南套) 王守泰主编
南京 中国戏曲音乐集成江苏卷编辑部 1987年
手书影印本 233页 27cm(16开)

J0144126
昆曲曲牌及套数范例集 (第三集 南套) 王守泰主编
南京 中国戏曲音乐集成江苏卷编辑部 1987年
手书影印本 211页 27cm(大16开)

J0144127
昆曲曲牌及套数范例集 (第四集 南套) 王守泰主编
南京 中国戏曲音乐集成江苏卷编辑部 1987年
手书影印本 301页 27cm(大16开)

J0144128
昆曲曲牌及套数范例集 (第五集 南套) 王守泰主编
南京 中国戏曲音乐集成江苏卷编辑部 1987年
手书影印本 259页 27cm(大16开)

J0144129
昆曲曲牌及套数范例集 (第六集 南套) 王守泰主编
南京 中国戏曲音乐集成江苏卷编辑部 1987年
手书影印本 208页 27cm(16开)

J0144130
昆曲曲牌及套数范例集 (第七集 南套) 王守泰主编

南京 中国戏曲音乐集成江苏卷编辑部 1987 年 手书影印本 247 页 27cm(16 开)

J0144131
昆曲曲牌及套数范例集 (第八集 南套)王守泰主编
南京 中国戏曲音乐集成江苏卷编辑部 1987 年 手书影印本 270 页 27cm(16 开)

J0144132
昆曲曲牌及套数范例集 (南套)王守泰主编
上海 上海文艺出版社 1994 年 手书影印本 2 册(1721 页)26cm(16 开)精装
ISBN: 7-5321-1205-5 定价: CNY93.80

J0144133
昆曲曲牌及套数范例集 (北套)王守泰主编;昆曲曲牌及套数范例集(北套)编写组编著
上海 学林出版社 1997 年 2 册(1376 页) 26cm(16 开)精装 ISBN: 7-80616-309-3
定价: CNY150.00

J0144134
吕剧音乐研究 安禄兴著
济南[济南陆军学校印刷厂]1987 年 156 页 26cm(16 开)

J0144135
马可戏曲音乐文集 中国艺术研究院戏曲研究所编
北京 人民音乐出版社 1987 年 315 页 有照片 20cm(32 开)统一书号: 8026.4622
定价: CNY3.30
本书选编了关于戏曲音乐的文章 38 篇,分三大类:一、专题性的学术论文;二、评论性文章,包括对某些具体作品的评论分析;三、随笔、杂谈之类的短文。所收文章对涉及戏曲音乐的诸多理论问题作了论述。

J0144136
曲艺音乐改革纵横谈 罗扬等著
北京 中国曲艺出版社 1987 年 289 页 20cm(32 开)ISBN: 7-80008-007-2
定价: CNY1.95
本书是 1986 年 10 月在四川成都举行的全国首次曲艺音乐学术讨论会论文集,选收论文 20 篇。内容包括对曲艺音乐的历史、现状及发展趋势的反思与探索,对曲艺音乐基本理论建设的研究和讨论,老一辈曲艺音乐家、教育家对曲艺音乐改革创新的历史总结,年轻的曲艺音乐工作者大胆实践和创新的经验。

J0144137
生活与旋律 黄准著
北京 中国电影出版社 1987 年 272 页 18cm(小 32 开)统一书号: 8061.3101
定价: CNY2.10
本书分 3 组:关于电影音乐的地方色彩和民族化的探索、对电影塑造鲜明音乐形象的理解、关于电影音乐创作的总结和对某些影片中音乐的评论。书后附录有作者创作的影视歌曲 10 首。

J0144138
川剧高腔曲牌词格 谢伯淳编著;合川县戏剧协会编
[合川县戏剧协会]1988 年 2 册(193;216 页) 19cm(32 开)

J0144139
电视音乐音响 高廷智等著
北京 北京广播学院出版社 1988 年 224 页 19cm(32 开)ISBN: 7-81004-064-2
定价: CNY2.30
(电视节目制作丛书)

J0144140
沪剧音乐简述 朱介生,徐音萍编著
上海 上海音乐出版社 1988 年 599 页 19cm(32 开)ISBN: 7-80553-021-1
定价: CNY4.65

J0144141
京剧音韵探究 (日)稻叶志郎著
上海 学林出版社 1988 年 118 页 19cm(32 开)
ISBN: 7-80510-083-7 定价: CNY1.80

J0144142
元散曲的音乐 (上册)孙玄龄[著]
北京 文化艺术出版社 1988 年 384 页 21cm(32 开)统一书号: 8228.190

ISBN: 7-5039-0067-9 定价: CNY9.35

本书为元散曲的音乐研究。分绪论、乐谱材料来源和曲集的介绍、现存元散曲乐谱音乐历史年代初探、关于元散曲音乐的若干问题和元曲宫调问题初探4章。

J0144143
元散曲的音乐 (下册) 孙玄龄著
北京 文化艺术出版社 1988年 564页
20cm(32开) 统一书号: 8228.190
ISBN: 7-5039-0067-9 定价: CNY9.35

本书以正、简两种谱式译谱, 整理记录了现存全部元散曲乐谱(并词令)。这是一部关于元散曲音乐研究、资料总汇译制总成之作。

J0144144
怎样演唱黄梅戏 祁明聪, 齐克斌编著
合肥 安徽文艺出版社 1988年 276页
19cm(32开) ISBN: 7-5396-0090-X
定价: CNY2.20

J0144145
浙江戏曲音乐论文集 (第二辑) 中国戏剧家协会浙江分会, 浙江省艺术研究所, 浙江戏曲音乐学会编
1988年 236页 19cm(32开)

J0144146
浙江戏曲音乐论文集 (第五集) 中国戏剧家协会浙江分会, 浙江省艺术研究所, 浙江省戏曲音乐学会编
[杭州] [中国戏剧家协会浙江分会] 1992年 245页 19cm(小32开)

J0144147
川剧高腔音乐散论 钟善祥著
成都 四川人民出版社 1989年 187页
20cm(32开) ISBN: 7-220-00916-X
定价: CNY2.65
(四川音乐学院科研丛书)

J0144148
黄梅戏音乐概论 时白林著
北京 人民音乐出版社 1989年 533页
20cm(32开) ISBN: 7-103-00103-0
定价: CNY5.90
(戏曲音乐研究丛书)

本书共4章, 分别从历史沿革、分类与构成、腔体联用、声腔运动规律4个方面, 对黄梅戏音乐作了全方位论述。

J0144149
黄梅戏音乐概论 时白林著
北京 人民音乐出版社 1993年 533页
21cm(32开) 精装 ISBN: 7-103-00103-0
定价: CNY18.90
(戏曲音乐研究丛书)

J0144150
秦剧名家声腔选析 王正强著
兰州 甘肃人民出版社 1989年 436页 有剧照
20cm(32开) ISBN: 7-226-00274-4
定价: CNY4.90

J0144151
西皮二黄音乐概论 刘国杰著
上海 上海音乐出版社 1989年 528页
20cm(32开) ISBN: 7-80553-165-X
定价: CNY7.55

J0144152
戏曲作曲 连波著
上海 上海音乐出版社 1989年 332页
20cm(32开) ISBN: 7-80553-091-2
定价: CNY5.50

本书涉及的剧种包括京、越、豫、湘、沪、赣等10余种。分别从唱腔的设计、腔词的结合、乐队的编配、全剧的音乐布局等方面阐述戏曲音乐创作的有关问题。

J0144153
简明戏曲音乐词典 何为, 王琴编
北京 中国戏剧出版社 1990年 664页
18cm(15开) 精装 ISBN: 7-104-00071-2
定价: CNY7.10

本书简明扼要地介绍了800多个戏曲音乐名词的含义, 并附谱例。

J0144154
如是我云 倪秋平著

北京 人民音乐出版社 1990年 104页
19cm(32开) ISBN: 7-103-00703-9
定价: CNY1.90

本书记述了作者学琴、从艺的经历，并详尽介绍了京剧胡琴各流派的代表人物。

J0144155
戏曲声腔剧种研究 余从著
北京 人民音乐出版社 1990年 424页
20cm(32开) ISBN: 7-103-00575-3
定价: CNY5.80

本书汇编了关于戏曲的起源与形成、戏曲声腔、戏曲剧种、戏曲改良与改革的专题研究文章共15篇。

J0144156
京剧打击乐浅谈 鲁华著
北京 人民音乐出版社 1991年 172页
20cm(32开) ISBN: 7-103-00797-7
定价: CNY3.10

本书概括地介绍了打击乐的起源、现代戏曲乐队的体制、打击乐器的形成及打击乐的指挥法和演奏法，并例析了京剧常用锣鼓点及唱腔过门中的板鼓套子。

J0144157
京剧音韵知识 杨振淇著
北京 中国戏剧出版社 1991年 322页
19cm(小32开) ISBN: 7-104-00096-8
定价: CNY4.75

J0144158
京剧音韵知识 杨振淇著
北京 中国戏剧出版社 1992年 重印本 322页
19cm(32开) ISBN: 7-104-00096-8
定价: CNY4.75

J0144159
昆曲清唱研究 朱昆槐著
台北 大安出版社 1991年 312页 21cm(32开)
(学术论丛 18)

J0144160
乐亭影戏音乐概论 刘荣德，石玉琢编著
北京 人民音乐出版社 1991年 414页 有彩图
20cm(32开) ISBN: 7-103-00740-3
定价: CNY8.40
(戏曲音乐研究丛书)

本书对其乐亭影戏作了简单的概括介绍，乐亭影戏始创于河北省东部渤海之滨的乐亭县。

J0144161
论梆子腔 常静之著
北京 人民音乐出版社 1991年 195页
20cm(32开) ISBN: 7-103-00688-1
定价: CNY3.90

本书内容包括：梆子腔及其剧种，梆子腔与吹腔关系的探索，梆子腔的音乐结构形成，梆子腔流传、衍变的规律，梆子腔剧种音乐之比较等5章。作者常静之(1940—　)，戏曲音乐家。

J0144162
评剧音乐概论 何为主编；张士魁等著
北京 人民音乐出版社 1991年 478页
20cm(32开) ISBN: 7-103-00785-3
定价: CNY8.10
(戏曲音乐研究丛书)

本书对评剧音乐的形成、唱腔基本结构、伴奏手法等作了详尽的介绍和分析。并附录著名评剧演员小白玉霜、新凤霞、韩少云、花淑兰、筱俊亭、鲜灵霞等二十段精彩唱腔。

J0144163
戏曲声乐教学谈 卢文勤编著
太原 北岳文艺出版社 1991年 192页 有彩照
19cm(小32开) ISBN: 7-5378-0614-4
定价: CNY3.50

本书汇辑了作者从事戏曲声乐教学的部分文章，共计25篇，其中有《歌唱心理的生理基础》《气功载声亦能歌声》等。作者卢文勤(1928—2000)，戏曲声乐专家。江苏泰州人。历任上海市戏剧学校教授，中国戏曲学院客座教授，中国音乐家协会戏曲声乐研究会会长等职。著有《戏曲声乐教学谈》《京剧声乐研究》《中国戏曲声乐美学》等。

J0144164
戏曲音乐简谱视唱教程 王健编
北京 人民音乐出版社 1991年 283页
19cm(小32开) ISBN: 7-103-00681-0

定价：CNY3.90

J0144165
京剧传统戏皮黄唱腔结构分析　张正治编著
北京 人民音乐出版社 1992年 950页
20cm（32开）ISBN：7-103-00808-6
定价：CNY16.90
本书分析论述了京剧传统戏中皮黄声腔各种唱腔板式的结构形态。

J0144166
爵士乐演奏教程　（美）克诺维茨著；王锋译
武汉 长江文艺出版社 1992年 32页 30×23cm
ISBN：7-5354-0582-7 定价：CNY7.00

J0144167
徐玉兰唱腔集成　顾振遐编著
上海 上海文艺出版社 1992年 428页 有彩照
20cm（32开）ISBN：7-5321-0834-1
定价：CNY8.05
本书是越剧表演艺术家的唱腔鉴赏。徐玉兰（1921—2017），女，越剧表演艺术家。祖籍浙江新登。就职于中央军委总政治部文工团越剧队，上海越剧院。代表作有《北地王》《西厢记》《春香传》《红楼梦》《追鱼》《西园记》等。

J0144168
曲艺音乐概论　于林青著
北京 人民音乐出版社 1993年 355页
19cm（小32开）ISBN：7-103-1044-0
定价：CNY7.15
本书论述了曲艺音乐的艺术特征、曲艺唱腔的创作规律和方法等。作者于林青，国家一级作曲家、音乐理论家。出生于河南遂平，毕业于中央音乐学院作曲系。代表作品有《常香玉的演唱艺术》《音乐散论》《曲艺音乐概论》等。

J0144169
四股弦音乐　宋锋编著
石家庄 花山文艺出版社 1993年 492页
19cm（小32开）ISBN：7-80611-061-5
定价：CNY10.00
（燕赵艺术系列）
本书较全面地记录了河北地方戏四股弦的唱腔、曲牌、伴奏等方面的情况。

J0144170
外国歌剧欣赏　刘诗嵘著
北京 国际文化出版公司 1993年 2册（214页）
19cm（小32开）ISBN：7-80049-428-4
定价：CNY6.40
（中小学音乐知识文库）

J0144171
戏曲唱法漫谈　袁支亮编著
北京 人民音乐出版社 1993年 143页
19cm（小32开）ISBN：7-103-01124-9
定价：CNY3.40
本书着重介绍了戏曲演唱的训练方法、演唱技巧、演唱器官的卫生护理等方面的知识。

J0144172
宜黄诸腔源流探　（清代戏曲声腔研究）流沙著
北京 人民音乐出版社 1993年 262页
20cm（32开）ISBN：7-103-01129-X
定价：CNY8.15
本书收入《徽班进京及徽调在南方的流变》《宜黄腔与二黄探源》《越调、襄阳腔及西皮调》等10篇戏剧腔调研究论文。

J0144173
中国戏曲音乐概论　张泽伦著
郑州 河南人民出版社 1993年 457页 有照片
20cm（32开）ISBN：7-215-02318-4
定价：CNY10.00
本书论述了我国戏曲音乐的源流、特征、功能、构成、结构、创作、流派、发展趋势等问题。

J0144174
梆子腔唱腔结构研究　罗映辉著
北京 人民音乐出版社 1994年 177页
20cm（32开）ISBN：7-103-01192-3
定价：CNY6.20
本书分概述、板式、结构3章。作者罗映辉，女，中央音乐学院任教。

J0144175
楚剧音乐　周淑莲著
北京 中国戏剧出版社 1994年 581页
20cm（32开）ISBN：7-104-00538-2
定价：CNY17.60

J0144176
京剧唱腔音乐研究　庄永平，潘方圣著
北京 中国戏剧出版社 1994年 587页
20cm(32开) ISBN: 7-104-00514-5
定价: CNY17.75
本书结合实例，阐述了京剧唱腔的节奏、旋法和各种流派所唱的流行唱段。

J0144177
秦腔唱法研究　张伦著
西安 三秦出版社 1994年 88页 20cm(32开)
ISBN: 7-80546-772-2 定价: CNY3.50
(陕西振兴秦腔艺术丛书)
本书内容包括：人体发声的简单原理、行当声型与共鸣调节、秦腔花脸唱法存在的问题等10个部分。作者张伦，陕西省戏曲研究院任职。

J0144178
秦腔音乐欣赏漫谈　王正强著
北京 人民音乐出版社 1994年 266页
19cm(小32开) ISBN: 7-103-01117-6
定价: CNY5.70
(戏曲音乐欣赏丛书)
本书内容包括：概述、唱腔音乐、曲牌音乐、武场击乐、念白艺术、革新与发展、唱段赏析。

J0144179
司鼓伴奏　(京剧唱腔技巧)杨晓辉著
北京 中国戏剧出版社 1994年 247页 有照片
19cm(小32开) ISBN: 7-104-00413-0
定价: CNY7.80
本书介绍京剧乐队中司鼓伴奏唱腔及唱腔过门的各方面知识与技巧，把唱腔过门中千变万化的鼓套子分成3种基本结构进行分析研究。

J0144180
萧若兰唱腔艺术　冀福记主编；西安易俗社编
西安 三秦出版社 1994年 138页 有彩照
19cm(小32开) ISBN: 7-80546-669-6
定价: CNY8.00
(陕西振兴秦腔艺术丛书)

J0144181
中国民间舞蹈音乐概论　裘柳钦著
北京 中国戏剧出版社 1994年 291页
20cm(32开) ISBN: 7-104-00664-8
定价: CNY11.20
(舞学丛书)
作者裘柳钦，北京舞蹈学院任教。

J0144182
柴科夫斯基　芭蕾音乐　(英)[沃拉克]John Warrack著；苦僧译
台北 世界文物出版社 1995年 136页
19cm(小32开) ISBN: 957-8996-66-7
定价: TWD180.00
(BBC音乐导读 36)
外文书名: Tchaikovsky-Ballet Music.

J0144183
词乐曲唱　洛地著
北京 人民音乐出版社 1995年 374页 有折图
20cm(32开) ISBN: 7-103-01263-6
定价: CNY18.20
本书系统、全面地论述了我国民族文化发展中形成并至今尚存在于昆剧的"唱"中的"曲唱"。共上、下两编。《上编》论述了"昆"中的"曲唱"的状况和构成；《下编》探索并分析了"词乐"与"曲唱"的演化及其构成。

J0144184
京剧唱腔研究　武俊达著
北京 人民音乐出版社 1995年 284页
20cm(32开) 精装 ISBN: 7-103-01225-3
定价: CNY19.90
(戏曲音乐研究丛书)

J0144185
柳子戏音乐研究　高鼎铸著
济南 山东文艺出版社 1995年 815页
20cm(32开) 精装 ISBN: 7-5329-1240-X
定价: CNY38.00

J0144186
秦腔音乐概论　王正强著
北京 人民音乐出版社 1995年 509页
21cm(32开) 精装 ISBN: 7-103-01221-0
定价: CNY26.50
(戏曲音乐研究丛书)

J0144187
曲韵　（广西文场音乐研究）何红玉著；桂林市文化研究中心编
桂林　漓江出版社　1995 年　300 页　有照片
19cm（小 32 开）ISBN：7-5407-1962-1
定价：CNY11.50

J0144188
越剧音乐概论　周大风著
北京　人民音乐出版社　1995 年　403 页
20cm（32 开）精装　ISBN：7-103-01227-X
定价：CNY23.50
（戏曲音乐研究丛书）

J0144189
张斌与吕剧音乐　臧美倩编著
济南　山东文艺出版社　1995 年　449 页　有肖像
20cm（32 开）ISBN：7-5329-1222-1
定价：CNY15.70
作者臧美倩，女，山东省戏曲学校任教。

J0144190
中国电影音乐寻踪　王文和编著
北京　中国广播电视出版社　1995 年　11+393 页
20cm（32 开）ISBN：7-5043-2787-5
定价：CNY19.00
作者王文和，中国电影艺术研究中心中国电影周报编辑、记者。

J0144191
中国音乐电视　（MTV　1995）杨伟光主编；中央电视台研究室，中央电视台文艺中心，中国广播电视学会电视音乐研究委员会编
广州　岭南美术出版社　1995 年　389 页　有照片
21cm（32 开）精装　ISBN：7-5362-1308-5
定价：CNY108.00
本书内容包括：专家谈，报刊评述，词曲作者谈，导演谈，演员谈，分镜头脚本，1993、1994 中国音乐电视（MTV）作品大赛获奖名单，1993、1994 中国音乐电视（MTV）作品大赛部分获奖节目歌曲。

J0144192
当电影爱上古典乐　桑慧芬著
台北　万象图书公司　1996 年　169 页　有图
21cm（32 开）ISBN：957-669-836-7
定价：TWD150.00
（艺书房　231）

J0144193
河北梆子音乐概论　吕亦非等著
北京　人民音乐出版社　1996 年　352 页
20cm（32 开）精装　ISBN：7-103-01304-7
定价：CNY30.70
（戏曲音乐研究丛书）

J0144194
晋北道情音乐研究　武兆鹏著
北京　人民音乐出版社　1996 年　263 页
20cm（32 开）精装　ISBN：7-103-01315-2
定价：CNY27.30
（戏曲音乐研究丛书）

J0144195
昆曲音乐欣赏漫谈　傅雪漪著
北京　人民音乐出版社　1996 年　254 页
20cm（32 开）ISBN：7-103-01338-1
定价：CNY10.80
作者傅雪漪（1922—　），满族，音乐教师、教授。原名傅鼎梅、雪簃，北京人。毕业于国立北平艺术专科学校。历任中国艺术研究院研究员，中国戏曲学院客座教授，中国戏曲学会理事，中国音乐家协会民族音乐委员会委员。出版有《中国传统戏曲声乐艺术》《九宫大成南北词宫谱选择》《昆曲音乐欣赏漫谈》等。

J0144196
李刚京剧音乐作品集　李刚著
沈阳　白山出版社　1996 年　142 页　有彩照
26cm（16 开）ISBN：7-80566-514-1
定价：CNY23.50

J0144197
南曲谱法　（音调与字调）曾达聪著
台北　文史哲出版社　1996 年　128 页　21cm（32 开）
ISBN：957-549-039-8　定价：TWD180.00
（文史哲学集成　373）

J0144198
谭门五代老生唱腔赏析　万如泉等编著

北京 人民音乐出版社 1996年 451页 有照片
20cm(32开) ISBN:7-103-01325-X
定价:CNY26.00

J0144199
现代京剧音乐创作经验介绍 军驰编著
1996年 2册(272;276页) 26cm(16开)

J0144200
湘西地方戏音乐 唐方科编著
贵阳 贵州民族出版社 1996年 276页
20cm(32开) ISBN:7-5412-0701-2
定价:CNY16.90

J0144201
中国电视音乐 洪民生,刘文敏主编
北京 中国三峡出版社 1996年 309页 有彩照
20cm(32开) ISBN:7-80099-207-1
定价:CNY35.00
(中国电视音乐系列丛书)

作者洪民生(1932—),书法家、电视艺术家、编辑。浙江宁波人,历任中央电视台副台长兼总编辑,联合国教科文组织中国委员,中国书法家协会会员。代表作品有《全国电视书法大赛》。作者刘文敏,中国三峡出版社社长,曾任人民画报社主任记者、中国画报出版社常务副社长,中国摄影家协会会员,中国新闻摄影协会理事。

J0144202
电视音乐音响 郝俊兰著
北京 中国广播电视出版社 1997年 282页
20cm(32开) ISBN:7-5043-3100-7
定价:CNY19.00

J0144203
电影最好听 (150张最好听的电影音乐选购秘笈)滚石杂志编著
台北 滚石文化公司 1997年 175页 有剧照
光盘1张 26cm(16开) ISBN:957-9613-53-2
定价:TWD399.00
(滚石音阅书)

J0144204
京剧唱腔鼓套子 刘越编著
北京 人民音乐出版社 1997年 154页
26cm(16开) ISBN:7-103-01472-8
定价:CNY13.90

J0144205
评剧音乐史 陈钧著
北京 中国戏剧出版社 1997年 10+773页
20cm(32开) ISBN:7-104-00871-3
定价:CNY38.00

本书内容包括:评剧音乐源头、萌芽、形成、丰富、发展、成熟、创新及评剧唱腔的前奏、间奏音乐、评剧唱腔的语音特点等。

J0144206
秦腔音乐概论 吕自强著
西安 太白文艺出版社 1997年 778页
20cm(32开) ISBN:7-80605-458-8
定价:CNY33.00

J0144207
曲谱研究 周维培著
南京 江苏古籍出版社 1997年 421页
20cm(32开) ISBN:7-80519-935-3
定价:CNY22.00
(中国传统文化研究丛书)

J0144208
曲谱研究 周维培著
南京 江苏古籍出版社 1997年 421页
20cm(32开) ISBN:7-80519-942-6
定价:CNY22.00
(文学遗产丛书)

J0144209
戏曲乐谭 宋运超著
贵阳 贵州民族出版社 1997年 14+529页
20cm(32开) ISBN:7-5412-0622-9
定价:CNY24.50

作者宋运超,教授。湘西花垣人,贵州艺术高等专科学校副教授。

J0144210
银幕旋律 (经典影视插曲赏析)天津人民出版社编
天津 天津人民出版社 1997年 274页

20cm（32 开）ISBN：7-201-02683-6
定价：CNY10.00
（世界经典音乐宝库）

J0144211
赵季平电影音乐作品研讨会文集　贺艺主编
西安 陕西人民教育出版社 1997 年 149 页
有彩照 20cm（32 开）ISBN：7-5419-7002-6
定价：CNY17.00

J0144212
中国戏曲音乐创作浅谈　田大文著
重庆 西南师范大学出版社 1997 年 196 页
20cm（32 开）ISBN：7-5621-1743-8
定价：CNY16.00

J0144213
半拍斋音乐文札　胡士平著
北京 海潮出版社 1998 年 247 页 20cm（32 开）
ISBN：7-80151-042-9 定价：CNY16.00

J0144214
冲击视觉的音波　（影视剧音乐美学探索）曾田力著
北京 北京工业大学出版社 1998 年 200 页
19cm（小 32 开）ISBN：7-5639-0695-9
定价：CNY12.00
作者曾田力（1946—　），教授。祖籍江西。毕业于中央音乐学院音乐学系。历任北京广播学院（现为中国传媒大学）文艺编导系副教授、音乐教研室主任，中国音乐家协会会员。专著有《音乐——生命的沉醉》《音乐小辞海》《旋律钢琴曲》。

J0144215
电影音乐地图　朱中恺著
台北 商智文化事业公司 1998 年 219 页
21cm（32 开）ISBN：957-667-160-4
定价：TWD220.00
（Style 8）

J0144216
电影与音乐的对话　（2 天地一沙鸥）蒋国男著
台北 磐实企划出版社 1998 年 123 页 有照片
含光盘 17cm（40 开）精装
ISBN：957-98324-7-1 定价：TWD220.00
（The Cinema Fair 2）

J0144217
电影与音乐的对话　（3 花逢月满永不残）蒋国男著
台北 磐实企划出版社 1998 年 123 页 有照片
含光盘 17cm（40 开）精装
ISBN：957-98324-8-X 定价：TWD220.00
（The Cinema Fair 3）

J0144218
电影与音乐的对话　（4 西雅图夜未眠）蒋国男著
台北 磐实企划出版社 1998 年 123 页 有照片
含光盘 17cm（40 开）精装
ISBN：957-98324-9-8 定价：TWD220.00
（The Cinema Fair 4）
外文书名：Sleepless in Seattle.

J0144219
何为戏曲音乐论　何为著
北京 文化艺术出版社 1998 年 613 页
20cm（32 开）ISBN：7-5039-1405-X
定价：CNY26.00

J0144220
京剧音乐论　傅彦滨著
哈尔滨 黑龙江人民出版社 1998 年 226 页
20cm（32 开）ISBN：7-207-04023-7
定价：CNY19.80

J0144221
戏乐剧韵　（重庆当代戏剧音乐研究）田大文，张永安主编；重庆市艺术研究所编
重庆 西南师范大学出版社 1998 年 379 页
20cm（32 开）ISBN：7-5621-2059-5
定价：CNY20.00

J0144222
中国曲艺与曲艺音乐　栾桂娟著
北京 人民音乐出版社 1998 年 569 页
20cm（32 开）ISBN：7-103-01530-9
定价：CNY25.30
（音乐自学丛书 音乐学卷）

J0144223
中国戏曲音乐基本理论　安禄兴著
乌鲁木齐 新疆人民出版社 1998 年 11+619 页
20cm（32 开）ISBN：7-228-04833-4
定价：CNY46.80

J0144224
中国越剧音乐研究　周来达著
台北 洪叶文化事业公司 1998 年 464 页
23cm（20 开）ISBN：957-8424-38-8
定价：TWD480.00
（当代美学 14）

J0144225
柴科夫斯基　芭蕾音乐　（英）[沃拉克]John Warrack 著；苦僧译
石家庄 花山文艺出版社 1999 年 136 页
19cm（小 32 开）ISBN：7-80611-674-5
定价：CNY8.50
（BBC 音乐导读 36）

J0144226
朝阳沟好地方　（豫剧唱腔 116 首解析）王基笑编著
北京 人民音乐出版社 1999 年 661 页
21cm（32 开）ISBN：7-103-01799-9
定价：CNY31.80

本书从具有一定代表性的 38 部豫剧剧目中筛选了《万里海洋明月亮》《三年相处情意重》《大雪满地风满天》等 116 个唱段，并在每一唱段后作了必要的文字解释和介绍。作者王基笑（1930—2006），豫剧作曲家。出生于辽宁丹东市，祖籍山东青岛市。历任中国音乐家协会常务理事，中国戏曲音乐学会副会长，中国戏曲学院客座教授，河南省音乐家协会名誉主席。著有《豫剧唱腔音乐概论》《朝阳沟》等。

J0144227
华格纳　（1813—1883）音乐之友社编；林胜仪译
台北 美乐出版社 1999 年 205 页 有图
21cm（32 开）精装 ISBN：957-8442-36-X
定价：TWD350.00
（作曲家别 名曲解说珍藏版 2）

外文书名：Richard Wagner.

J0144228
京剧样板戏音乐论纲　汪人元著
北京 人民音乐出版社 1999 年 229 页
19cm（小 32 开）ISBN：7-103-01686-0
定价：CNY11.10

J0144229
跨入新世纪的思考　（第四届中国戏曲音乐学会·上海年会暨学术研讨会论文集）上海戏曲音乐协会编
北京 中国戏剧出版社 1999 年 297 页 有照片
20cm（32 开）ISBN：7-104-01069-6
定价：CNY20.00

J0144230
陇剧音乐研究　王正强著
北京 人民音乐出版社 1999 年 570 页
20cm（32 开）精装 ISBN：7-103-01603-8
定价：CNY41.70
（戏曲音乐研究丛书）

J0144231
明代南戏声腔源流考辨　流沙著
台北 财团法人施合郑民俗文化基金会 1999 年 534 页 21cm（32 开）精装 ISBN：957-8384-34-3
定价：TWD650.00
（民俗曲艺丛书）

J0144232
沈阳市戏曲音乐集成　沈阳市戏曲音乐集成编委会编
北京 中国工人出版社 1999 年 15+988 页
20cm（32 开）精装 ISBN：7-5008-2009-7
定价：CNY105.00

J0144233
王官福司鼓艺术　成都市文化局编
成都 四川人民出版社 1999 年 353 页 有照片
20cm（32 开）ISBN：7-220-04065-2
定价：CNY28.00
（成都戏剧丛书）

J0144234
戏曲音乐概论　杨鑫铭，韩佩贞编著
南昌 百花洲文艺出版社 1999 年 13+299 页

20cm(32开) ISBN: 7-80647-095-6
定价: CNY15.00

J0144235
戏曲音乐概论　武俊达著
北京 文化艺术出版社 1999年 392页
20cm(32开) ISBN: 7-5039-1825-X
定价: CNY26.00
(戏曲史论丛书)

J0144236
细曲集成　吕锤宽辑注
台北 传统艺术中心筹备处 1999年
262页 26cm(16开) ISBN: 957-02-3187-4
定价: [TWD400.00]
(传统音乐辑录 北管卷)

J0144237
湘剧音乐概论　黎建明著
北京 人民音乐出版社 1999年 387页
20cm(32开) 精装 ISBN: 7-103-01688-7
定价: CNY33.50
(戏曲音乐研究丛书)

本书共分为四章，分别介绍了湘剧的高腔、低牌子唱腔音乐、湘剧弹腔以及湘剧场面等。

J0144238
中国电视音乐文集　洪民生，王录主编
北京 北京广播学院出版社 1999年 303页
20cm(32开) ISBN: 7-81004-844-9
定价: CNY18.00

本书分学术天地、编导创作谈、拍摄随想三部分，收录了《电视诗文的文学意蕴》《电视诗文三要素批评》《民间文化与电视艺术》等54篇文章。

实用音乐理论、音乐工艺学

J0144239
录音音响学　李万海著
北京 中国电影出版社 1984年 344页
21cm(32开) 统一书号: 15061.191
定价: CNY1.80

J0144240
音乐录音　(德)J. 耶克林著；熊国新译
北京 中国广播电视出版社 1984年 204页
19cm(32开) 统一书号: 15236.004
定价: CNY0.73

J0144241
APPLE Ⅱ的音乐世界　古鸿炎著
台北 波前电脑管理图书公司 1986年 321页
21cm(32开) 定价: TWD180.00

J0144242
快乐音乐家　邓文渊，王绪溢著；王荣桥改编
北京 学苑出版社 1994年 153页 有图
26cm(16开) ISBN: 7-5077-0821-7
定价: CNY19.00
(计算机知识普及系列丛书)

J0144243
电脑音乐的制作与技巧　张戈，张旭编著
北京 清华大学出版社 1996年 322页
光盘1片 26cm(16开) ISBN: 7-302-02289-5
定价: CNY73.00

作者张戈，北京赛百威信息有限公司总经理。作者张旭，中国公路车辆机械总公司工程师。

J0144244
歌舞厅音响　李鸿宾编著
北京 电子工业出版社 1996年 390页
26cm(16开) ISBN: 7-5053-3748-3
定价: CNY28.00

J0144245
电脑音乐　尹莉，罗晓宁编著
沈阳 辽宁科学技术出版社 1997年 196页
19cm(小32开) ISBN: 7-5381-2465-9
定价: CNY10.00
(小神童趣味电脑系列)

J0144246
电脑音乐 de 演奏与制作　张悦海编著
广州 中山大学出版社 1997年 119页
26cm(16开) ISBN: 7-306-01293-2
定价: CNY16.50

J0144247
MP3 豪放 Winamp 《软件村》编写组编
北京 化学工业出版社 1998 年 29 页
19cm(小 32 开) ISBN: 7-5025-2193-3
定价: CNY3.00
(软件村 多媒体开发和工具)

J0144248
电脑音乐 李洁主编
北京 中国水利水电出版社 1998 年 386 页
26cm(16 开) ISBN: 7-80124-545-8
定价: CNY34.00
(电脑十大功能丛书)

J0144249
图解录音技法入门 (日)若林骏介著; 何希才等译
北京 科学出版社 1998 年 211 页 26cm(16 开)
ISBN: 7-03-006311-2 定价: CNY28.00
(OHM 科学丛书)
本书由科学出版社和 OHM 社联合出版。

J0144250
MP3 : 上网找歌、听歌、录歌 (网路是我的音乐城) 陈姵妤著
香港 万里书店 1999 年 160 页 有图
19cm(小 32 开) ISBN: 962-14-1682-5
(Tips 2000 BH011)

J0144251
电脑圆你音乐家梦 (Cakewalk 6.0 及网上音乐实例详解) 阎义洲主编; 门槛创作室编著
北京 电子工业出版社 1999 年 352 页
26cm(16 开) ISBN: 7-5053-5230-X
定价: CNY32.00
(电脑圆梦丛书)

J0144252
多媒体音乐制作宝典 赵景东, 曲一梅编著
北京 人民邮电出版社 1999 年 178 页
附光盘 1 片 24cm(26 开) ISBN: 7-115-07756-8
定价: CNY32.00

J0144253
音响技术 岑美君, 俞承芳编著
上海 复旦大学出版社 1999 年 2 版 284 页
20cm(32 开) ISBN: 7-309-02293-9
定价: CNY14.00
(电视系列丛书)

西洋器乐理论与演奏法

J0144254
西洋乐器提要 王光祈著
上海 中华书局 1928 年 150 页 有图
21cm(32 开) 定价: 银九角
(音乐丛刊)
本书内分 3 编，介绍西洋乐器的类别及其略史，形式及其内容、应用等。内附各种乐器图 50 余幅。作者王光祈(1892—1936)，音乐学家、社会活动家。字润玙，笔名若愚，四川温江人。毕业于柏林大学，获波恩大学博士。代表作《东方民族之音乐》《欧洲音乐进化论》《论中国古典歌剧》等。

J0144255
西洋乐器提要 王光祈著
上海 中华书局 1936 年 再版 150 页 有图
19cm(32 开) 定价: 国币三角二分
(初中学生文库)

J0144256
弦乐器定音计述略 杨荫浏编著
青木关 教育部音乐教育委员会 1942 年
18 页 24cm(16 开) 环筒页装
(研究丛书)
本书为弦乐器音调校验装置研究专著，分柱位合律之必需、初步计算之动机与实验、定柱何以必须用定音计、定音计推算及绘制原理、定义计应用方法、有柱乐器尚待校正之点等 6 节。

J0144257
弦乐器定音计述略 (一卷) 杨荫浏撰
教育部音乐教育委员会 民国三十一年[1942]
有图 线装

J0144258
管弦乐手册 赖昂著; 张文纲译
上海 文光书店 1949 年 59 页 有乐谱
17cm(40 开) 定价: 三元
(音乐知识丛书)

J0144259
管弦乐手册 赖昂著; 张文纲译
上海 文光书店 1950 年 2 版 26cm(16 开)
定价: CNY3.00
(音乐知识丛书)

J0144260
现代派管弦乐曲解说 吕维梅编
上海 上海音乐出版社 1949 年 118 页
18cm(32 开)
(世界著名管弦乐丛书)

J0144261
考涅特 特朗排特教科书 新中国乐器工厂译编
北京 新中国乐器工厂 1950 年 影印本 48 页
26cm(16 开)

J0144262
管乐器及打击乐器演奏法 (日)春日嘉藤治著; 丰子恺译
上海 万叶书店 1952 年 104 页 有图有乐谱
18cm(15 开) 定价: 旧币 7,600 元

J0144263
管弦乐法教程 (英)普劳特(E.Prout)著; 孟文涛译
北京 音乐出版社 1955 年 2 册 21cm(32 开)
定价: CNY3.77

J0144264
西洋乐器图说 (日)菅原明朗, 近卫秀麿著; 罗传开译
上海 上海音乐出版社 1955 年 225 页 有插图
21cm(32 开) 定价: CNY1.31

J0144265
乐器改良参考资料汇刊 (第二集) 中央音乐学院民族音乐研究所编
北京 中央音乐学院民族音乐研究所 1956 年
41 页 26cm(16 开) 定价: CNY0.31

J0144266
乐器法 (苏)楚拉基著; 金文达译
北京 音乐出版社 1957 年 204 页 有插图
21cm(32 开) 统一书号: 8026.517
定价: CNY1.20
(中央音乐学院编译室译丛)

本书介绍现代交响乐队中经常使用的各种乐器的简史、构造、发音原理、性能、演奏法, 以及各种乐器在音响学、演奏技术和艺术表现力上的特点。

J0144267
民族乐器改良文集 (第一集) 中央音乐学院中国音乐研究所编
北京 音乐出版社 1961 年 143 页 21cm(大 32 开)
统一书号: 8026.1512 定价: CNY1.05

本书收入 20 世纪 50 年代有关民族乐器改良的文章 25 篇。

J0144268
并肩前进 陈亚丁词; (越)阮辉瑜曲
北京 音乐出版社 1965 年 正谱本 3 页
26cm(16 开) 统一书号: 8026.1990
定价: CNY0.09

J0144269
歌曲伴奏基础 上海市师范学校教材编写组音乐组编
上海 上海商务印刷厂 1976 年 89 页 有乐谱
26cm(16 开)

J0144270
巴尔托克: 小宇宙分析及弹奏法 董学渝著
台北 全音乐谱出版社 1981 年 154 页
20cm(32 开)

J0144271
巴赫复格曲的研究 姚世泽著
台北 全音乐谱出版社 1981 年 2 版 149 页
20cm(32 开)

J0144272
管弦乐浅释 （上、中、下册）邵义强编著
台北 全音乐谱出版社 1981年 258页
[19cm]（小32开）定价：新台币3.60
作者邵义强，教授。台湾成功大学音乐系教授。历任音乐美术教师，台南神学院音乐系讲师，台南市亚洲唱片公司、台北市声美唱片公司、高雄市松竹唱片公司等顾问与解说作者。出版有《乐林啄木鸟》《璀璨的音乐世界》等。

J0144273
管弦乐浅释
台北 全音乐谱出版社 1981年 5版3册
20cm（32开）定价：新台币5.40
（全音文库）

J0144274
管弦乐浅释 （中册）邵义强编著
台北 全音乐谱出版社 1983年 6版 232页
19cm（32开）定价：新台币40.00
（全音文库 8）

J0144275
乐器法手册 梁广程，潘永璋编
北京 人民音乐出版社 1982年 267页
21cm（32开）统一书号：8026.3930
定价：CNY1.60
本书分上、下两篇：上篇介绍我国民族乐器75件；下篇介绍西洋乐器45件，共120件。

J0144276
乐器法手册 梁广程，潘永璋编著
台北 世界文物出版社 1994年 335页 有照片
21cm（32开）ISBN：957-8996-26-8
定价：TWD350.00
外文书名：The Musical Instruments Handbook.

J0144277
乐器法手册 梁广程，潘永璋编著
北京 人民音乐出版社 1996年 2版（增订本）
301页 有图 20cm（32开）ISBN：7-103-01393-4
定价：CNY17.40

J0144278
器乐欣赏基本知识 洪波著
合肥 安徽人民出版社 1983年 177页
19cm（32开）定价：CNY0.55
本书主要对器乐曲的内容、体裁和曲式结构，乐器类别和各种组合形式及外国著名作曲家简况等方面作了较全面的介绍，并结合必要的曲例介绍了名曲主题。

J0144279
器乐欣赏基本知识 洪波著
合肥 安徽人民出版社 1984年 171页
19cm（32开）统一书号：8102.1344
定价：CNY0.55

J0144280
奇妙的乐器王国 曹雷著
上海 上海文艺出版社 1986年 132页
19cm（小32开）定价：CNY0.60
（音乐小世界丛书）

J0144281
外国器乐小品欣赏 罗传开编著
上海 同济大学出版社 1986年 261页
19cm（32开）统一书号：8335.003 定价：CNY1.50
（大学生文化修养丛书）
作者罗传开（1932— ），教授、研究员。生于广东省高明县（今广东省佛山市高明区），毕业于上海音乐学院理论作曲系。历任上海音乐学院教授、华东师范大学兼职教授。著有《外国通俗名曲欣赏词典》《世界著名圆舞曲欣赏》《圆舞曲之王：约翰·施特劳斯和他的主要作品》，主要译作《西洋乐器图说》《战后日本文学史·年表》。

J0144282
音乐演奏术语辞典 左宜有，左宜德编
台北 名上出版社 1986年 286页 19cm（32开）
精装 定价：TWD260.00
外文书名：The Dictionary of Music & Performance.

J0144283
乐思录 （世界著名演奏家的艺术）陈国修著
台北 大吕出版社 1990年 202页 21cm（32开）

ISBN: 9579358052 定价: TWD200.00
(大吕音乐丛刊)

J0144284
音乐世界 (2)(英)阿德里著; 李捷译
北京 北京体育学院出版社 1992年 64页
有彩图 26cm(16开) ISBN: 7-81003-557-6
定价: CNY13.00
(博览世界丛书)
本书探究了3类乐器: 管乐器、弦乐器、打击乐器, 并介绍了这些乐器的演奏方法, 以及它们的发音方式。

J0144285
器乐知识 (乐器与乐队)王九丁, 杨马转著
北京 国际文化出版公司 1993年 132页
19cm(小32开) ISBN: 7-80049-428-4
定价: CNY3.20
(中小学音乐知识文库)

J0144286
学生常用乐器知识与演奏技巧 辽宁少年儿童出版社编
沈阳 辽宁少年儿童出版社 1993年 227页
19cm(小32开) ISBN: 7-5315-1497-4
定价: CNY2.10
(小学新书系 文体娱乐系列)
本书介绍了二胡、琵琶、笛、口琴、吉他、电子琴等乐器的发展简史、构造原理、演奏技法等。

J0144287
少儿器乐入门 景兆林等编著
北京 首都师范大学出版社 1994年 105页
有插图 19cm(小32开) ISBN: 7-81039-121-6
定价: CNY3.90
(少儿文化技能丛书)
作者景兆林, 二胡演奏家。中央歌舞团原乐队队长。

J0144288
校园器乐 李亚丽主编
沈阳 辽宁少年儿童出版社 1994年 124页
26cm(16开) ISBN: 7-5315-2506-2
定价: CNY3.80
(中小学兴趣活动教育丛书)

J0144289
无愧的伴奏家 (英)[杰拉尔德·穆尔]Gerald Moore著; 郑世文译
台北 世界文物出版社 1995年 96页 21cm(32开)
ISBN: 957-8996-59-4 定价: TWD150.00
外文书名: The Unashamed Accompanist.

J0144290
教小朋友学演奏 张弓等编著
南宁 广西民族出版社 1996年 346页 有插图
19cm(小32开) ISBN: 7-5363-3164-9
定价: CNY6.00
(小天才培育丛书)

J0144291
青少年器乐考级指南 张锡康主编
成都 四川科学技术出版社 1996年 321页
26cm(16开) ISBN: 7-5364-3199-6
定价: CNY18.00

J0144292
艾尔加 (管弦乐)Michael Kennedy著; 刘红柱译
台北 世界文物出版社 1997年 111页
19cm(小32开) ISBN: 957-9551-22-7
定价: TWD180.00
(BBC音乐导读 14)
外文书名: Elgar Orchestral Music.

J0144293
乐林漫步 (经典器乐名曲赏析)天津人民出版社编
天津 天津人民出版社 1997年 268页
20cm(32开) ISBN: 7-201-02682-8
定价: CNY10.00
(世界经典音乐宝库)

J0144294
乐器 [娜塔利·德蔻](Nathalie Decorde)著; 孟筱敏译
台北 三民书局 1997年 96页 有图 21cm(32开)
精装 ISBN: 957-14-2619-9 定价: TWD250.00
(人类文明小百科)

J0144295
舒曼 管弦乐 ［英］［H. 盖尔］Hans Gal 著；晓兰译
台北 世界文物出版社 1997 年 116 页
19cm（小 32 开）ISBN：957-9551-29-4
定价：TWD180.00
（BBC 音乐导读 31）
外文书名：Schumann Orchestral Music.

J0144296
现代乐队乐器演奏技法教学大全 范祖平编著
北京 中国青年出版社 1997 年 324 页
28cm（大 16 开）ISBN：7-5006-2285-6
定价：CNY40.00

J0144297
中西乐器大观园 王永德主编
福州 福建人民出版社 1998 年 190 页 有彩照
29cm（16 开）ISBN：7-211-03152-2
定价：CNY10.00

J0144298
简谱歌曲配弹与训练 江静蓉编著
重庆 西南师范大学出版社 1999 年 133 页
26cm（16 开）ISBN：7-5621-1877-9
定价：CNY14.00
（音乐教育丛书）
作者江静蓉，西南师范大学音乐系任教。

J0144299
跨世纪乐器入门丛书
北京 蓝天出版社 1999 年［6］册 26cm（16 开）
本丛书收录《实用简谱与五线谱入门》《古典吉他自学教程》《口琴入门基础教程》《手风琴入门基础教程》《电子琴入门基础教程》《笛子入门基础教程》《二胡入门基础教程》。

J0144300
西方的乐器 ［法］纳塔利·德高尔德著；孟筱敏译
杭州 浙江教育出版社 1999 年 95 页 20cm（32 开）
ISBN：7-5338-3230-2 定价：CNY10.00
（知道得更多些）

西洋管乐理论和演奏法

J0144301
军笛鼓号演奏法 王童志著
北京 中国图书杂志公司 1950 年 56 页
17cm（40 开）定价：3.00

J0144302
军笛鼓号演奏法 王童志编撰
上海 中国图书杂志公司 1953 年 6 版
增订版 72 页 有图 17cm（40 开）
定价：旧币 3,300 元

J0144303
木管乐器研究 谌亚选编
上海 万叶书店 1950 年 112 页 有图
（北京人民艺术剧院音乐丛书）

J0144304
木管乐器研究 谌亚选编著
上海 万叶书店 1952 年 112 页 有乐谱
18cm（15 开）定价：旧币 8,500 元
（北京人民艺术剧院音乐丛书）

J0144305
管乐性能及其应用 孟文涛编译；新音乐社编辑
上海 文光书店 1951 年 69 页 有乐谱
20cm（32 开）定价：旧币 8,000 元
（音乐知识丛书）

J0144306
双簧管练习法 开雷著
上海 上海音乐出版社 1951 年 定价：CNY1.30

J0144307
双簧管基本练习法 卡雷（M.E.Carey）著；王允功译
上海 上海音乐出版社 1952 年 影印本 48 页
有乐谱 30cm（15 开）定价：旧币 18,000 元

J0144308
小号教程 刘光亚，金文达编著

上海 新音乐出版社 1953年 影印本 65页
有图有乐谱 30cm(15开) 定价:旧币12,000元
(音乐技术学习丛刊)

J0144309
音阶练习曲 波爱斯(G.Pares)著;霍斯特(S.Whistler)改编
北京 中央人民政府人民革命军事委员会总参谋部军乐团 1954年 48页 26cm(16开)

J0144310
小号教本 (第一册)中国人民解放军军乐编辑室编
北京 中国人民解放军军乐编辑室 1955年
影印本 86页 有图有乐谱 30cm(15开)
(军乐教材 之九)

J0144311
单簧管演奏教程 (钢琴伴奏 上册)(苏)罗查诺夫(C.B.Розанов)著;赵恕译
北京 音乐出版社 1957年 影印本 194页
有图有乐谱 30cm(12开) 统一书号:8026.718
定价:CNY5.90(全2册)

J0144312
单簧管演奏教程 (钢琴伴奏 下册)(苏)罗查诺夫(C.B.Розанов)著;赵恕译
北京 音乐出版社 1957年 影印本 162页
有图有乐谱 30cm(12开) 统一书号:8026.718
定价:CNY5.90(全2册)

J0144313
单簧管演奏教程 (上册)(苏)罗查诺夫(Розанов, C.B.)编著;赵恕译
北京 人民音乐出版社 1991年 影印本 194页
29cm(12开) ISBN:7-103-00266-5
定价:CNY9.00

本书主要分两个部分:一、概述单簧管的历史、基本演奏法及教学注意事项;二、练习曲及大量名曲。作者罗查诺夫(1871—1937),19世纪末、20世纪上半叶杰出的俄罗斯音乐家。

J0144314
单簧管演奏教程 (下册)(苏)罗查诺夫(Розанов, C.B.)编著;赵恕译
北京 人民音乐出版社 1991年 影印本 162页
29cm(12开) ISBN:7-103-00266-5
定价:CNY9.00

J0144315
小号-短号教程 (法)阿尔班编著;朱起东译
上海 上海音乐出版社 1957年 287页
有图有乐谱 30cm(15开) 统一书号:127.039
定价:CNY4.50

作者朱起东(1913—1991),音乐教育家、小号演奏家。浙江鄞县(今浙江省宁波市鄞州区)人。小号独奏曲有《山丹丹开花红艳艳》《阿拉木汗》《秋收》《送我一枝玫瑰花》,著有《小号表演艺术》《音乐声学基础》等。

J0144316
小号-短号教程 (短号教程)(法)阿尔班编著;朱起东译注
北京 人民音乐出版社 1984年 正谱本 287页
37cm(8开) 统一书号:8026.4190
定价:CNY9.20

本书内容有:初步练习、连音及音阶练习、各种装饰音及音程练习、分解和弦及吐音练习,共500多条。此外,还有一些具有一定艺术性及不同难度的乐曲。

J0144317
管乐器吹奏呼吸法 (苏)吉科夫(Б.А.Диков)著;柴培湘译
北京 人民音乐出版社 1958年 102页
19cm(32开) 统一书号:8026.783 定价:CNY0.65

J0144318
管乐器吹奏呼吸法 (苏)吉科夫(Диков, Б.А.)著;柴培湘译
北京 人民音乐出版社 1992年 重印本 102页
20cm(32开) ISBN:7-103-00008-5
定价:CNY2.45

J0144319
怎样吹单簧管 马熙福编著
北京 音乐出版社 1959年 56页 有乐谱
15cm(40开) 统一书号:8026.958
定价:CNY0.13
(业余自修音乐小丛书)

J0144320
怎样吹萨克管 林淳，陈开浩编著
北京 音乐出版社 1959 年 46 页 有乐谱
18cm（15 开）统一书号：8026.960
定价：CNY0.11
（业余自修音乐小丛书）

J0144321
怎样吹小号 勤克，王亲生编著
北京 音乐出版社 1959 年 63 页 有乐谱
15cm（40 开）统一书号：8026.959
定价：CNY0.14
（业余自修音乐小丛书）

J0144322
单簧管演奏法 马熙福编著
北京 人民文学出版社 1973 年 49 页 有乐谱
26cm（16 开）统一书号：10019.2102
定价：CNY0.36

J0144323
单簧管演奏法 马熙福编著
北京 人民音乐出版社 1988 年 2 版 修订本
75 页 26cm（16 开）ISBN：7-103-00134-0
定价：CNY1.20

J0144324
大管吹奏入门 关英贤编著
上海 上海音乐出版社 1978 年 107 页
26cm（16 开）ISBN：7-80553-689-9
定价：CNY11.50
（管乐吹奏入门丛书）

J0144325
大管吹奏入门 关英贤编著
上海 上海音乐出版社 1999 年 108 页
26cm（16 开）ISBN：7-80553-689-9
定价：CNY11.50
（管乐吹奏入门丛书）

J0144326
小号吹奏法 夏之秋编著
北京 人民音乐出版社 1978 年 46 页 26cm（16 开）
统一书号：8026.3519 定价：CNY0.28

本书从小号的发音、吹奏姿势、气流控制等方面讲起，重点介绍小号的各种吹奏方法。

J0144327
长号吹奏法 李复著
北京 人民音乐出版社 1982 年 122 页
19cm（32 开）统一书号：8026.4011
定价：CNY0.97

本书共分七部分：长号概况；铜管乐器的发音原理；吹奏长号的基本方法及其应用；吹号发音的练习内容；如何练基本功；长号经常使用的几种演奏技巧；掌握长号吹奏技术所应当注意的几个问题。

J0144328
双簧管演奏法 祝盾编著
北京 人民音乐出版社 1984 年 74 页 25cm（16 开）
统一书号：8026.4246 定价：CNY0.77

J0144329
小号教程 阿本编
［上海］光华出版社［1984 年］247 页 28cm（16 开）

J0144330
铜管乐器演奏艺术 （美）法卡斯（Farkas，P.）著；姚文华译
北京 中国文联出版公司 1985 年 117 页
有照片 19cm（32 开）统一书号：8355.205
定价：CNY1.40

外文书名：The Art of Brass Playing.

J0144331
圆号创新教学法 （美）伯夫著；夏之秋译
北京 人民音乐出版社 1987 年 80 页 30cm（10 开）
统一书号：8026.4518 定价：CNY3.20

J0144332
圆号演奏教程 赫踪，李立章著
北京 人民音乐出版社 1987 年 81 页
26cm（16 开）ISBN：7-103-00234-7
定价：CNY2.15

J0144333
儿童竖笛启蒙教材 许国屏编著
上海 上海音乐出版社 1990 年 20 页
19cm（小 32 开）定价：CNY0.60

J0144334
管乐入门　孙有光编著
沈阳 春风文艺出版社 1990年 93页 20cm(32开)
ISBN：7-5313-0314-0 定价：CNY2.80
本书阐述了各种乐器的性能、奏法、基本功练习及各种指法表。

J0144335
竖笛吹奏与五线谱常识　杨永德，熊寄语编著
西安 华岳文艺出版社 1990年 153页
19cm(32开) ISBN：7-80549-265-4
定价：CNY1.80
本书包括竖笛和五线谱的基本知识，学习竖笛吹奏和五线谱基本乐理。

J0144336
萨克管实用教程　梁广程编著
北京 人民音乐出版社 1991年 68页 有折图
26cm(16开) ISBN：7-103-00800-0
定价：CNY3.35
本书介绍了萨克管的起源、构造、种类、基本的吹奏法，并附有练习与乐曲。

J0144337
萨克管演奏实用教程　杜银蛟，高明道编著
北京 中国青年出版社 1991年 108页
26cm(16开) ISBN：7-5006-0994-9
定价：CNY6.40
本教程为初学者编写了口型、呼吸、吐音、指法等一系列正确演奏法。

J0144338
萨克管演奏实用教程　杜银蛟，高明道编著
北京 中国青年出版社 1993年 重印本 108页
26cm(16开) ISBN：7-5006-0994-9
定价：CNY7.20

J0144339
萨克管演奏实用教程　杜银蛟，高明道编著
北京 中国青年出版社 1998年 重印本 120页
26cm(16开) ISBN：7-5006-0994-9
定价：CNY12.00

J0144340
萨克管演奏艺术　(美)蒂尔(Teal, L.)著；董克，崔如峰译
北京 新世界出版社 1991年 104页 有图
27×21cm ISBN：7-80005-147-1 定价：CNY7.60
本书结合大量的图、谱，深入浅出、由易到难、详尽系统地介绍了萨克管的知识，阐述了萨克管演奏艺术的规律，解答了演奏和教学等方面的问题。书后附《萨克管实用练习手册》。外文书名：The Art of Saxophone Playing.

J0144341
单簧管基础教程　(德)德姆尼兹编
北京 人民音乐出版社 1992年 44页 30cm(10开)
ISBN：7-103-01049-8 定价：CNY3.60

J0144342
单簧管基础教程　尤德义编著
北京 人民音乐出版社 1997年 154页
30cm(10开) ISBN：7-103-01446-9
定价：CNY28.50

J0144343
单簧管教程　(每日练习)(德)贝尔曼(Barmanns, Carl)著；(德)克里斯托弗逊修正补充
北京 人民音乐出版社 1992年 147页
32cm(10开) ISBN：7-103-00983-X
定价：CNY10.95
作者卡尔·贝尔曼(Carl Barmanns, 1855—1876)，著名德国单簧管演奏家。

J0144344
单簧管演奏实用教程　王展旗编著
北京 中国青年出版社 1992年 116页
26cm(16开) ISBN：7-5006-1132-3
定价：CNY6.40

J0144345
单簧管演奏实用教程　王展旗编著
北京 中国青年出版社 1993年 重印本 116页
26cm(16开) ISBN：7-5006-1132-3
定价：CNY7.20

J0144346
萨克斯管教程　吴雍禄，李梅云编著
上海 上海教育出版社 1992年 340页
26cm(16开) ISBN：7-5320-2512-8

定价: CNY10.50

作者吴雍禄，上海交响乐团首席黑管兼萨克斯管一级演奏员。作者李梅云(1943—)，女，萨克斯管演奏员、副研究员。生于上海，祖籍江苏吴县(今江苏省苏州市吴中区)。上海管乐团学习，毕业后留团任萨克斯管演奏员。出版有《袁雪芬唱腔选集》《越剧艺术》《萨克斯管教程》等。

J0144347
竖笛吹奏教程 徐乐著
合肥 安徽文艺出版社 1992年 147页
26cm(16开) ISBN: 7-5396-0718-1
定价: CNY4.90

作者徐乐，江苏省苏州中学教师。

J0144348
小号表演艺术 朱起东编著
上海 上海音乐出版社 1992年 138页
19cm(小32开) ISBN: 7-80553-341-5
定价: CNY2.40

作者朱起东(1913—1991)，音乐教育家、小号演奏家。浙江鄞县(今浙江省宁波市鄞州区)人。小号独奏曲有《山丹丹开花红艳艳》《阿拉木汗》《秋收》《送我一枝玫瑰花》，著有《小号表演艺术》《音乐声学基础》等。

J0144349
小号短号演奏实用教程 朱尧洲编著
北京 中国青年出版社 1992年 130页
26cm(16开) ISBN: 7-5006-1202-8
定价: CNY7.60

J0144350
小号短号演奏实用教程 朱尧洲编著
北京 中国青年出版社 1994年 重印本 130页
26cm(16开) ISBN: 7-5006-1202-8
定价: CNY10.00

J0144351
伊兹新萨克斯管教程 杨谊编译
北京 人民音乐出版社 1992年 69页 26cm(16开)
ISBN: 7-103-00923-6 定价: CNY3.25

J0144352
长号演奏实用教程 张建编著
北京 中国青年出版社 1992年 112页 有照片
26cm(16开) ISBN: 7-5006-1129-3
定价: CNY6.40

J0144353
木管乐器演奏法 (木管乐器合奏法)(美)韦斯特法尔著; 董克译编
北京 中国青年出版社 1993年 195页 有插图
26cm(16开) ISBN: 7-5006-1437-3
定价: CNY12.80
(管乐系列丛书)

J0144354
少儿竖笛教程 许国屏编著
上海 上海教育出版社 1993年 152页
26cm(16开) ISBN: 7-5320-3502-6
定价: CNY8.65

J0144355
小号基础教程 郭日新编著
北京 人民音乐出版社 1993年 165页
29cm(16开) ISBN: 7-103-01112-5
定价: CNY11.90

J0144356
小号教程 徐瑞础编著
上海 上海教育出版社 1993年 2册(391页)
有乐谱 26cm(16开) ISBN: 7-5320-3202-7
定价: CNY27.80
(器乐教学丛书)

J0144357
怎样吹竖笛 唐昌松著
乌鲁木齐 新疆人民出版社 1993年 24页
19cm(小32开) ISBN: 7-228-02420-8
定价: CNY0.80

J0144358
长笛演奏实用教程 邵伟民编著
北京 中国青年出版社 1993年 132页
26cm(16开) ISBN: 7-5006-1376-8
定价: CNY8.80
(管乐系列丛书)

本书采用五线谱记谱，从基本功训练入手，讲授长笛吹奏的要领方法；根据由浅入深的原则，设计进阶练习曲目，同时提供长笛进修的中外名曲。录制教学录音盒式磁带两盘。

J0144359
长笛演奏实用教程　邵伟民编著
北京 中国青年出版社 1994年 重印本 132页
26cm(16开) ISBN: 7-5006-1376-8
定价: CNY8.80
(管乐系列丛书)

J0144360
长号吹奏技巧　(英)维克(Wick, Denis)著; 李国桢译
北京 人民音乐出版社 1993年 104页
19cm(小32开) ISBN: 7-103-01038-2
定价: CNY2.80
外文书名: Trombone Technique.

J0144361
八孔竖笛教程　(高音、次中音竖笛用)孙恒枢编著
北京 人民教育出版社 1994年 168页
30cm(10开) ISBN: 7-107-11072-1
定价: CNY8.30
本书论述了八孔竖笛的演奏方法、技巧训练，并附有独奏曲与重奏曲。

J0144362
次中音号　上低音号演奏实用教程　毕长安编著
北京 中国青年出版社 1994年 113页
26cm(16开) ISBN: 7-5006-1627-9
定价: CNY10.00
(管乐系列丛书)

J0144363
金钟小号教程　(第一册 音阶练习)金钟浩编
牡丹江 黑龙江朝鲜民族出版社 1994年
114页 30cm(10开) ISBN: 7-5389-0564-2
定价: CNY12.00

J0144364
金钟小号教程　(第二册 练习曲 独奏曲)金钟浩编
牡丹江 黑龙江朝鲜民族出版社 1997年
146页 30cm(10开) ISBN: 7-5389-0720-3
定价: CNY32.00

J0144365
快乐长笛教程　(中外名曲60首)张云杰编著
北京 北京体育学院出版社 1994年 83页
26cm(16开) ISBN: 7-81003-662-9
定价: CNY6.00
作者张云杰，中国人民解放军军乐团一队首席长笛。

J0144366
双簧管演奏艺术　(汉朝文对照)朴天长著
北京 民族出版社 1994年 116页 26cm(16开)
ISBN: 7-105-02303-1 定价: CNY16.00

J0144367
长笛演奏与练习　辛春生编著
天津 南开大学出版社 1994年 98页 30cm(10开)
ISBN: 7-310-00770-0 定价: CNY14.00
外文书名: Flute Performance and Etude. 作者辛春生，济南山东艺术学院任教。

J0144368
萨克斯管自修教程　尹志发编著
北京 中国青年出版社 1995年 4册 38cm(6开)
ISBN: 7-5006-1861-1 定价: CNY80.00 (全4册)
本教材包括初级本、中级本、高级本共三部分内容。详细阐述了萨克斯管的选择与保养，正确的演奏姿势与呼吸，吐音、滑音、颤音的演奏方法等内容。

J0144369
萨克斯管超高音演奏教程　尹志发编著
北京 中国青年出版社 1996年 170页
28cm(16开) ISBN: 7-5006-2217-1
定价: CNY18.00

J0144370
萨克斯管爵士风格演奏教程　尹志发编著
北京 中国青年出版社 1996年 202页
28cm(16开) ISBN: 7-5006-2290-2
定价: CNY20.00

J0144371
少年管乐团B小号教程 李瀛寰编著
北京 中国青年出版社 1996年 133页
26cm(16开) ISBN: 7-5006-2035-7
定价: CNY16.00

J0144372
学竖笛 识简谱 徐国屏著
上海 上海音乐出版社 1996年 59页 26cm(16开)
ISBN: 7-80553-609-0 定价: CNY4.50

J0144373
圆号基础教程 张振武编著
北京 人民音乐出版社 1996年 167页
30cm(10开) ISBN: 7-103-01384-5
定价: CNY31.20

J0144374
圆号演奏实用教程 孙大方编著
北京 中国青年出版社 1996年 225页 有照片
26cm(16开) ISBN: 7-5006-2036-5
定价: CNY24.00
(管乐系列丛书)

J0144375
长笛练习100课 何声奇编著
北京 人民音乐出版社 1996年 124页 有插图
26cm(16开) ISBN: 7-103-01334-9
定价: CNY14.80

J0144376
大管演奏法 刘奇编著
北京 人民音乐出版社 1997年 109页
26cm(16开) ISBN: 7-103-01450-7
定价: CNY12.70

J0144377
大号演奏实用教程 黄德山编著
北京 中国青年出版社 1997年 116页 有插图
26cm(16开) ISBN: 7-5006-2292-9
定价: CNY16.00
(管乐系列丛书)

J0144378
全国萨克斯管演奏(业余)考试教程 中国音乐家协会全国乐器演奏(业余)考级委员会萨克斯管专家委员会编
北京 新华出版社 1997年 2册 31cm(10开)
ISBN: 7-5011-3623-8 定价: CNY68.00

J0144379
竖笛演奏教程 曲正言, 赵瑞平编
广州 广东教育出版社 1997年 151页
26cm(16开) ISBN: 7-5406-3663-7
定价: CNY8.80

J0144380
双簧管演奏教程 朴长天编著
北京 中国青年出版社 1997年 163页
26cm(16开) ISBN: 7-5006-2295-3
定价: CNY20.00

J0144381
小号初级教程 (上册) 霍存慧编著
北京 人民音乐出版社 1997年 49页 30cm(10开)
ISBN: 7-103-01462-0 定价: CNY12.50

J0144382
小号初级教程 (下册) 霍存慧编著
北京 人民音乐出版社 1997年 60页 30cm(10开)
ISBN: 7-103-01463-9 定价: CNY13.60

J0144383
跟我学萨克斯管 饶世伟, 彭幼卿编著
长沙 湖南文艺出版社 1998年 252页
30cm(10开) ISBN: 7-5404-1925-3
定价: CNY23.50
("跟我学"系列丛书)

J0144384
跟我学小号 王毓建编著
长沙 湖南文艺出版社 1998年 237页
29cm(16开) ISBN: 7-5404-1882-6
定价: CNY23.00
("跟我学"系列丛书 第四辑)

J0144385
爵士萨克斯即兴演奏教程 陆廷荃著
北京 北京体育大学出版社 1998年 150页
有照片 28cm(大16开) ISBN: 7-81051-336-2

定价: CNY23.60
(最新爵士摇滚系列丛书)

J0144386
萨克斯管演奏教程 尹志发编著
北京 人民音乐出版社 1998年
2册(267;281页)有图 31cm(10开)
ISBN: 7-103-01526-0 定价: CNY87.80

J0144387
铜管乐器演奏入门 孙大方主编; 娄润良, 孔祥永编著
北京 中国青年出版社 1998年 128页 有照片
26cm(16开) ISBN: 7-5006-2512-X
定价: CNY16.00

J0144388
长笛初级音阶练习 徐瑾编著
北京 中国青年出版社 1998年 202页
29cm(16开) ISBN: 7-5006-2919-2
定价: CNY24.00

作者徐瑾(1957—), 长笛演奏家、国家二级演员。辽宁丹东人。历任中国音乐家协会会员, 中国人民解放军军乐团首席长笛演奏家。出版有《长笛基础音阶练习》《长笛初级音阶练习》等。

J0144389
中央音乐学院海内外单簧管(业余)考级教程 张梧主编; 中央音乐学院考级委员会编
北京 人民音乐出版社 1998年 2册(343页)
31cm(12开) ISBN: 7-103-01744-1
定价: CNY78.00
(中央音乐学院校外音乐水平考级丛书)

本书由人民音乐出版社和华乐出版社联合出版。

J0144390
中央音乐学院海内外圆号(业余)考级教程 (第一级~第九级 国内版) 陈根明主编; 中央音乐学院考级委员会编
北京 人民音乐出版社 1998年 274页
30cm(12开) ISBN: 7-103-01769-7
定价: CNY62.00
(中央音乐学院校外音乐水平考级丛书)

本书由人民音乐出版社和华乐出版社联合出版。

J0144391
八孔竖笛教程 孙巍巍编著
徐州 中国矿业大学出版社 1999年 75页
26cm(16开) ISBN: 7-81040-971-9
定价: CNY8.70

J0144392
单簧管·萨克管双吐演奏教程 尹志发著
北京 北京体育大学出版社 1999年 190页
有肖像 29cm(16开) ISBN: 7-81051-418-0
定价: CNY22.50

J0144393
单簧管吹奏入门 郑仁德编著
上海 上海音乐出版社 1999年 114页
26cm(16开) ISBN: 7-80553-701-1
定价: CNY12.00
(管乐吹奏入门丛书)

J0144394
单簧管实用初级教程 卿烈军编著
北京 人民音乐出版社 1999年 91页 31cm(10开)
ISBN: 7-103-01719-0 定价: CNY19.00

外文书名: Primary Course of Clarinet.

J0144395
单簧管吐音演奏法 白铁编著
北京 中国青年出版社 1999年 77页 29cm(16开)
ISBN: 7-5006-3359-9 定价: CNY16.00

J0144396
跟我学圆号 宋飞编著
长沙 湖南文艺出版社 1999年 143页
30cm(10开) ISBN: 7-5404-2212-2
定价: CNY15.00
("跟我学"系列丛书 第六辑)

J0144397
跟我学长笛 饶世璜, 饶丹编著
长沙 湖南文艺出版社 1999年 135页
30cm(10开) ISBN: 7-5404-2222-X
定价: CNY14.50

(“跟我学”系列丛书 第六辑)

J0144398
管乐器手册　陈建华著
上海 上海音乐出版社 1999年 25+756页 有照片
20cm(32开) ISBN: 7-80553-844-1
定价: CNY34.00

本书内容涉及管乐器概述、管乐器声学原理、管乐吹奏呼吸法、木管乐器指键系统、簧管乐器哨片制作与调整等管乐器知识。作者陈建华，南京艺术学院任教。

J0144399
管乐器手册　陈建华著
上海 上海音乐出版社 1999年 25+756页
有照片及折图 20cm(32开) 精装
ISBN: 7-80553-845-X 定价: CNY40.00

本书内容包括管乐器概述、管乐器声学原理、管乐吹奏呼吸法、木管乐器指键系统、簧管乐器哨片制作与调整、管乐队的指挥等。

J0144400
莫扎特管乐与弦乐协奏曲　(英)Alec Hyatt King著; 国明译
石家庄 花山文艺出版社 1999年 132页
19cm(小32开) ISBN: 7-80611-664-8
定价: CNY8.40
(BBC音乐导读 26)

J0144401
萨克管爵士乐教程　(英)约翰·奥尼尔(John O'Neill)著; 董克译
北京 中国青年出版社 1999年 87页
附录1册 30cm(10开) ISBN: 7-5006-2916-8
定价: CNY24.00

本书以音乐化的方式描述了萨克斯管的基本演奏技巧，可供演奏者参考学习。

J0144402
萨克斯初级教程　周世斌编著
北京 中国广播电视出版社 1999年 168页
26cm(16开) ISBN: 7-5043-3421-9
定价: CNY16.80

J0144403
萨克斯管吹奏入门　张加力编著
上海 上海音乐出版社 1999年 74页
26cm(16开) ISBN: 7-80553-655-4
定价: CNY9.00
(管乐吹奏入门丛书)

J0144404
萨克斯管晋级教程　(一至十级)刘锦棠编著
北京 中国青年出版社 1999年
2册(141; 169页) 29cm(16开)
ISBN: 7-5006-3132-4 定价: CNY48.00

J0144405
萨克斯管演奏技术教程　(第一册 音阶练习)
(美)约瑟夫·维奥拉编著
北京 人民音乐出版社 1999年 168页
31cm(10开) ISBN: 7-103-01661-5
定价: CNY31.90

本教程的训练方向是流行音乐而非管弦乐队，引进这套教材的目的是为国内的萨克斯管演奏者提供系统训练材料。

J0144406
萨克斯管演奏技术教程　(第二册 和弦练习)
(美)约瑟夫·维奥拉编著
北京 人民音乐出版社 1999年 161页
31cm(10开) ISBN: 7-103-01662-3
定价: CNY30.60

J0144407
萨克斯管演奏技术教程　(第三册 节奏练习)
(美)约瑟夫·维奥拉编著
北京 人民音乐出版社 1999年 117页
31cm(10开) ISBN: 7-103-01663-1
定价: CNY23.00

J0144408
萨克斯基础教程　杨家祥编著
北京 中国广播电视出版社 1999年 187页
28cm(大16开) ISBN: 7-5043-3419-7
定价: CNY20.80
(流行乐器基础教程系列丛书)

J0144409
双簧管吹奏入门　朱同编著
上海　上海音乐出版社　1999 年　104 页
26cm（16 开）ISBN：7-80553-725-9
定价：CNY11.00
（管乐吹奏入门丛书）

J0144410
小号吹奏入门　黄建吾编著
上海　上海音乐出版社　1999 年　53 页　有照片
26cm（16 开）ISBN：7-80553-646-5
定价：CNY7.50
（管乐吹奏入门丛书）

J0144411
圆号吹奏入门　郑乃炘编著
上海　上海音乐出版社　1999 年　119 页
26cm（16 开）ISBN：7-80553-515-9
定价：CNY12.00
（管乐吹奏入门丛书）

J0144412
长笛吹奏入门　李国良编著
上海　上海音乐出版社　1999 年　136 页
26cm（16 开）ISBN：7-80553-659-7
定价：CNY13.00
（管乐吹奏入门丛书）

J0144413
长笛基础音阶练习　徐瑾编著
北京　海潮出版社　1999 年　115 页　30cm（10 开）
ISBN：7-80151-274-X　定价：CNY18.00

本书包含了 G 大调音阶练习、g 小调音阶练习、F 大调音阶练习、f 小调音阶练习等二十四个大小调和基础的音阶、节奏和吐音练习。作者徐瑾（1957—　），长笛演奏家、国家二级演员。辽宁丹东人。历任中国音乐家协会会员，中国人民解放军军乐团首席长笛演奏家。出版有《长笛基础音阶练习》《长笛初级音阶练习》等。

J0144414
长笛音阶教程　乐新编著
北京　中国青年出版社　1999 年　134 页
29cm（16 开）ISBN：7-5006-3525-7
定价：CNY18.00

J0144415
长号吹奏入门　赵坚编著
上海　上海音乐出版社　1999 年　122 页　有照片
26cm（16 开）ISBN：7-80553-687-2
定价：CNY12.00
（管乐吹奏入门丛书）

J0144416
中央音乐学院海内外长号（业余）考级教程　（国内版）胡炳余主编；中央音乐学院考级委员会编
北京　人民音乐出版社　1999 年
2 册（193+185 页）31cm（10 开）
ISBN：7-103-02052-3　定价：CNY88.60
（中央音乐学院校外音乐水平考级丛书）

长号（Trombon）是一种古老的外来乐器，相传它源于意大利，是从一种叫萨格布特号（Sackbut）的乐器演变过来的，距今已有 500 多年的历史。本书共 2 册，第一册：第一级～第七级；第二册：第八级～第九级（演奏文凭级）。

西洋弓弦乐理论和演奏法

J0144417
怀娥铃演奏法　裘梦痕，丰子恺编
上海　开明书店　1931 年　45 页　有图　26cm（16 开）
定价：大洋二角

本书前半部分讲述演奏小提琴的基本理论；后半部分为小提琴练习曲和演奏曲，五线谱，部分附钢琴伴奏谱。

J0144418
提琴演奏法　比多韦兹基著；张洪岛译
北平　中华乐社　1931 年　119 页　有图
19cm（32 开）定价：大洋六角
（河北女子师范学院丛书）

本书内分 12 章，讲述提琴演奏的基本姿势、指法、弓法、发音等。书末附“特种技巧所用的资料分类表”。

J0144419
工用锯拉奏法　高治平编
上海 开明书店 1936 年 13 页 有图有照片
19cm(32 开) 定价: 国币一角
本书作者首倡用工用锯奏乐。书中主要介绍了工用锯的拉奏方法, 包括所用的工用锯、拉奏时的姿势、持弓、拉奏等七部分。

J0144420
小提琴演奏术　普洛苛(D.Prokopchuk)著; 张家钧译
上海 商务印书馆 1937 年 90 页 有图
26cm(16 开) 定价: 国币一元五角
本书包括技术通论、小提琴演奏之科学性及其学习方法两编。外文书名: The Technique of Violin Playing.

J0144421
依最新指导法的少年筱崎小提琴教本　筱崎弘嗣著
台北 全音乐谱出版社 1944 年 4 册 26cm(16 开)

J0144422
法拉拉小提琴初步进阶练习法　法拉拉(B.Ferrara)撰; 王允功译注
上海 上海音乐出版社 1951 年 再版 3 册
29cm(15 开) 定价: 旧币 40,000 元(全三册)

J0144423
小提琴演奏法　俾托维斯基(L.Bytovetzski)著; 张洪岛译
上海 万叶书店 1951 年 99 页 20cm(32 开)
定价: 旧币 8,000 元
(中央音乐学院研究部资料丛刊 2)

J0144424
小提琴演奏法　俾托维斯基(L.Bytovetzski)著; 张洪岛译
上海 万叶书店 1952 年 7 版 99 页 21cm(32 开)
定价: 旧币 8,000 元
(中央音乐学院研究部资料丛刊 2)

J0144425
小提琴演奏法　俾托维斯基(L.Bytovetzski)著; 张洪岛译
北京 音乐出版社 1953 年 96 页 19cm(32 开)
统一书号: 8026.200 定价: CNY0.55
本书通过讲解左手各指的定位法, 逐步引导学习者掌握各调音阶在琴上的指法位置。

J0144426
小提琴演奏法　俾托维斯基著; 张洪岛译
上海 新音乐出版社 1954 年 新 4 版 99 页 有图
20cm(32 开) 定价: CNY0.70

J0144427
小提琴演奏法　俾托维斯基著; 张洪岛译
北京 音乐出版社 1955 年 99 页 21cm(32 开)
定价: CNY0.55

J0144428
小提琴演奏法　俾托维斯基(L.Bytovetzski)著; 张洪岛译
北京 音乐出版社 1964 年 2 版 重印本 96 页
19cm(32 开) 统一书号: 8026.200
定价: CNY0.49

J0144429
提琴类弦乐器演奏法　金文达编译; 中央音乐学院研究部编辑
上海 万叶书店 1952 年 116 页 20cm(32 开)
(中央音乐学院研究部资料丛刊)

J0144430
小提琴基本练习　(匈)夫列士(Carl Flesch)撰; 徐光汉编译
北京 新中国书店 1953 年 影印本 16 页
24cm(16 开) 定价: 旧币 4,000 元

J0144431
小提琴进程练习　(一)(意)斐拉拉(Ferrara)著
上海 新音乐出版社 1953 年 31cm(10 开)
定价: CNY0.80

J0144432
小提琴进程练习　(二)(意)斐拉拉(Ferrara)著
上海 新音乐出版社 1954 年 31cm(10 开)
定价: CNY1.10

J0144433
小提琴进程练习 （三）(意)斐拉拉(Ferrara)著
上海 新音乐出版社 1954年 31cm(10开)
定价: CNY1.10

J0144434
小提琴进程练习 （第二册）(意)斐拉拉(Ferrara)著; 钱仁康解说
上海 新音乐出版社 1954年 影印本 54页
31cm(10开) 定价: 旧币11,000元
(音乐技术学习丛刊)

J0144435
小提琴进程练习 （第一册）(意)斐拉拉(Ferrara)原编
北京 音乐出版社 1956年 影印本 41页 有图
31cm(10开) 统一书号: 8026.334
定价: CNY0.75
(音乐技术学习丛刊)

J0144436
小提琴入门 霍曼(Christian Heinrich Hohmann)编
上海 新音乐出版社 1953年 新1版 影印本
180页 30cm(10开) 定价: 旧币28,000元
外文书名: Violin Practical Method.

J0144437
业余小提琴速成演奏法 王鹏编撰
上海 新音乐出版社 1953年 33页 18cm(32开)
定价: 旧币1,600元

J0144438
小提琴基本教程 （德）霍曼(Christian Heinrich Hohmann)编; 王允功译
上海 新音乐出版社 1954年 180页 30cm(10开)
定价: 旧币28,000元
(音乐技术学习丛刊)
书文书名: Practical Violin Method.

J0144439
小提琴基本教程 （比）C.H.霍曼(C.H.Hohmann)编著
北京 音乐出版社 [1962年] 2版 180页
30cm(10开) 统一书号: 8026.152
定价: CNY3.00
外文书名: Practical Violin Method.

J0144440
小提琴基本教程 （比）霍曼编著
北京 人民音乐出版社 1979年 重印本 178页
38cm(6开) 统一书号: 8026.152 定价: CNY4.10

J0144441
小提琴音阶练习 （捷）赫利美利(J.Hrimaly)著; 王允功解说
上海 新音乐出版社 1954年 影印本 38页
30cm(10开) 定价: 旧币9,000元
(音乐技术学习丛刊)
外文书名: Scale Studies for Violin.

J0144442
小提琴初步教程 （苏）格里戈良(А.Г.Григорян)著; 金文达译; 中央音乐学院编译室编辑
北京 音乐出版社 1955年 影印本 120页
30cm(10开) 定价: CNY2.04
(中央音乐学院编译室译丛)

J0144443
小提琴初步教程 （苏）萨波日尼科夫(Сапожников, Р.Е.)著; 金文达译; 中央音乐学院编译室编辑
北京 音乐出版社 1956年 160页 31cm(10开)
统一书号: 8026.306 定价: CNY2.64
(中央音乐学院编译室译丛)

J0144444
大提琴初步教程 （苏）萨波日尼科夫(Р.Е.Сапожников)著; 金文达译; 中央音乐学院编译室编辑
北京 音乐出版社 1956年 影印本 160页
31cm(10开) 统一书号: 8026.306
定价: CNY2.64
(中央音乐学院编译室译丛)

J0144445
德瓦利奥那斯的小提琴协奏曲 （苏）柯列夫著; 曹洪译
北京 音乐出版社 1956年 22页 15cm(40开)
统一书号: 8026.319 定价: CNY0.09

J0144446
哈恰图良的小提琴协奏曲 （苏）万斯洛夫（Б.Ванслов）著；吴祖强译；中央音乐学院编译室编辑
北京 音乐出版社 1956年 11页 15cm（40开）
统一书号：8026.310 定价：CNY0.06
（音乐欣赏丛书）

J0144447
卡巴列夫斯基的小提琴协奏曲 斯·柯列夫著；金文达译
北京 音乐出版社 1956年 22页 15cm（40开）
统一书号：8026.313 定价：CNY0.09
（音乐欣赏丛书）

J0144448
拉科夫的小提琴协奏曲 （苏）柯列夫（С.Корев）著；曹洪译；中央音乐学院编译室编辑
北京 音乐出版社 1956年 20页 15cm（40开）
统一书号：8026.310 定价：CNY0.08
（音乐欣赏丛书）

J0144449
业余小提琴演奏法 王鹏编著
北京 音乐出版社 1956年 修订版 54页
18cm（32开）统一书号：8026.153
定价：CNY0.20

J0144450
业余小提琴演奏法 王鹏编著
北京 音乐出版社 1965年 3版 99页
19cm（32开）统一书号：8026.153
定价：CNY0.29

J0144451
业余小提琴演奏法 王鹏编著
北京 音乐出版社 1965年 3版 修订本 99页
19cm（32开）统一书号：8026.153
定价：CNY0.29

J0144452
实用小提琴音阶练习 （第一册）陈又新编
上海 上海音乐出版社 1957年 影印本 36页
31cm（15开）统一书号：127.049 定价：CNY1.20

作者陈又新（1913—1968），小提琴演奏家。浙江吴兴人。原名陈尚谦。毕业于上海国立音乐专科学校，后赴英国伦敦皇家音乐学院深造，获硕士学位。任上海音乐学院管弦系教授兼主任。擅长演奏古典作品，编著有《小提琴曲集》《实用小提琴音阶练习》《小提琴教学随笔》等。

J0144453
实用小提琴音阶练习 （第二册）陈又新编
上海 上海音乐出版社 1957年 影印本 24页
30cm（15开）统一书号：127.050 定价：CNY0.80

J0144454
实用小提琴音阶练习 （第三册）陈又新编著
上海 上海音乐出版社 1957年 影印本 44页
31cm（15开）统一书号：8127.063
定价：CNY1.40

J0144455
实用小提琴音阶练习 （第一集）陈又新编著
上海 上海文艺出版社 1962年 新1版 修订本
40页 31cm（15开）统一书号：8078.1941
定价：CNY0.68

J0144456
实用小提琴音阶练习 （第二集）陈又新编著
上海 上海文艺出版社 1962年 新1版 修订本
36页 31cm（15开）统一书号：8078.1942
定价：CNY0.62

J0144457
实用小提琴音阶练习 （第三集）陈又新编著
上海 上海文艺出版社 1962年 新1版 修订本
52页 31cm（15开）统一书号：8078.1943
定价：CNY0.86

J0144458
实用小提琴音阶练习 （第一册）陈又新编著
上海 上海文艺出版社 1979年 新1版 修订本
40页 26cm（16开）统一书号：8078.1941
定价：CNY0.98

J0144459
实用小提琴音阶练习 （第二册）陈又新编著
上海 上海文艺出版社 1979年 新1版 修订本
36页 26cm（16开）统一书号：8078.1942

定价：CNY0.82

J0144460
实用小提琴音阶练习　(第三册)陈又新编著
上海 上海文艺出版社 1979年 新1版 修订本
52页 26cm(16开) 统一书号：8078.1943
定价：CNY1.15

J0144461
实用小提琴音阶练习　(第二册)陈又新编著
上海 上海文艺出版社 1990年 新1版 修订本
36页 26cm(16开) 统一书号：8078.1942
定价：CNY2.90 ISBN：7-80553-278-8

J0144462
实用小提琴音阶练习　(第三册)陈又新编著
上海 上海文艺出版社 1990年 新1版 修订本
52页 26cm(16开) ISBN：7-80553-279-6
定价：CNY4.00

J0144463
小提琴　王汝珍作；蔡汝霖改编
上海 少年儿童出版社 1957年 27页 有插图
19cm(32开) 定价：CNY0.09

J0144464
小提琴　蔡汝霖改编；左宛君绘图
上海 少年儿童出版社 1957年 27页 有插图
19cm(小32开) 统一书号：R7024.126
定价：CNY0.09

J0144465
小提琴节奏训练　(苏)莫斯特拉斯(К.Г.Мострас)著；顾连理，吴熊元译
上海 上海音乐出版社 1957年 340页
20cm(32开) 统一书号：8127.089 定价：CNY2.10

J0144466
小提琴节奏训练　(苏)К.Г.莫斯特拉斯(К.Г.Мосграс)著；顾连理等译
上海 上海文艺出版社 1962年 新1版 340页
19cm(32开) 统一书号：8078.1956
定价：CNY1.40

J0144467
小提琴演奏艺术的力度　(苏)莫斯特拉斯(К.Г.Мострас)著；毛宇宽译
上海 上海音乐出版社 1957年 60页 21cm(32开)
统一书号：127.012 定价：CNY0.42

J0144468
小提琴音阶练习　(苏)阿列克塞耶夫(В.Алексеев)编
北京 音乐出版社 1957年 影印本 71页
31cm(10开) 统一书号：8026.686
定价：CNY1.10

J0144469
怎样学习开塞小提琴练习曲　祁尔士编著
北京 音乐出版社 1957年 30页 18cm(15开)
统一书号：8026.605 定价：CNY0.17

J0144470
巴赫的小提琴曲　(日)佐藤谦三著；杨博译
北京 音乐出版社 1958年 39页 15cm(40开)
统一书号：8026.902 定价：CNY0.12

J0144471
贝多芬的小提琴曲　(日)佐藤谦三著；杨博译
北京 音乐出版社 1958年 37页 15cm(40开)
统一书号：8026.903 定价：CNY0.11

J0144472
大提琴演奏法　纪汉文编著
北京 音乐出版社 1958年 50页 26cm(16开)
统一书号：8026.966 定价：CNY0.48

J0144473
米亚斯科夫斯基的第十三弦乐四重奏　(苏)尼科拉耶娃(Н.Николаева)著；马稚甫译
北京 音乐出版社 1958年 27页 15cm(40开)
统一书号：8026.916 定价：CNY0.10
(音乐欣赏丛书)

J0144474
萧斯塔科维奇的小提琴协奏曲　(巨大构思的体现)(苏)奥伊斯特拉赫(Д.Ойстах)著；毛宇宽译
北京 音乐出版社 1958年 18页 15cm(40开)

统一书号：8026.917 定价：CNY0.07
（音乐欣赏丛书）

J0144475
小提琴演奏的发音问题 （匈）卡尔（Carl Flesch）著；曹世雄等译
上海 上海音乐出版社 1958年 23页 30cm（10开）
统一书号：8127.218 定价：CNY0.44

J0144476
小提琴演奏的发音问题 （匈）卡尔著；曹世雄等译
上海 上海文艺出版社 1961年 新1版 23页 35cm（8开）统一书号：8078.1725
定价：CNY0.32

J0144477
小提琴指法概论 （苏）扬波尔斯基（И.Ямпольский）著；金文达译
北京 音乐出版社 1958年 200页 20cm（32开）
统一书号：8026.901 定价：CNY1.20
本书分析古典乐派小提琴演奏法中各种指法原则与苏联小提琴学派的成果；探讨与概括各种合理的运指手法，建立了新的合理的指法体系。

J0144478
怎样拉小提琴 刘振权编著
北京 音乐出版社 1958年 73页 14cm（64开）
统一书号：8026.957 定价：CNY0.22
（职工业余自学音乐小丛书）

J0144479
怎样拉小提琴 刘振权编著
北京 音乐出版社 1959年 定价：CNY0.16
（业余自修音乐小丛书）

J0144480
小提琴演奏艺术 （第一分册 一般技巧部分）
（匈）C.弗莱什（C.Flesch）著；姚念赓，冯明禁译
北京 音乐出版社 1960年 216页 有图 21cm（32开）统一书号：8026.1281
定价：CNY1.35
本书内容包括乐器的构造；持琴姿势；左手的基本动作及换弦动、弓位的分配和各种弓法；发音方面的毛病及克服方法、发音练习。外文书名：The Art of Violin Playing.

J0144481
小提琴演奏艺术 （第二分册 应用技巧部分）
（匈）C.弗莱什（C.Flesch）著；姚念赓译
北京 音乐出版社 1961年 184页 19cm（32开）
统一书号：8026.1517 定价：CNY1.05
本书内容包括练习方法概述，一般技巧的练习方法，应用技巧的练习方法，练习作为学习的手段，音乐记忆。书中含有大量谱例，书前有35幅演奏图片，书末附“谱例索引”。

J0144482
大提琴演奏教程 （俄）达维多夫，К.Ю.编著；（苏）科卓鲁波夫，С.М.，京兹堡，Л.С.编辑补充
北京 音乐出版社 1963年 86页 31cm（10开）
统一书号：8026.1915 定价：CNY1.45

J0144483
赫里美利小提琴音阶练习 （捷）赫里美利（J.Hrimaly）著
北京 音乐出版社 1963年 2版 38页 31cm（15开）统一书号：8026.188
定价：CNY0.70

J0144484
小提琴演奏法 王鹏编著
北京 人民文学出版社 1972年 3版 109页 19cm（32开）统一书号：10019.1916
定价：CNY0.27
（工农兵音乐知识小丛书）
本书通过讲解左手各指的定位法，逐步引导学习者掌握各调音阶在琴上的指法位置。

J0144485
小提琴演奏法 王鹏编著
北京 人民音乐出版社 1984年 增订本 104页 26cm（16开）定价：CNY0.79

J0144486
小提琴演奏初步教程 韩里编著
北京 人民文学出版社 1973年 63页 26cm（16开）
统一书号：10019.2012 定价：CNY0.41

J0144487
小提琴教材 （第二册 小提琴基础技术练习曲）广东省人民艺术学院音乐系管弦教研组编
广州 广东省人民艺术学院音乐系管弦教研组 1974年 62页 26cm（16开）

J0144488
小提琴演奏基础 盛中华编著
上海 上海人民出版社 1975年 86页 26cm（16开）统一书号：8171.1338 定价：CNY0.43

J0144489
小提琴初级教程 （试用本）中央“五七”艺术大学音乐学院管弦系编
北京 人民音乐出版社 1976年 113页 26cm（16开）统一书号：8026.3187 定价：CNY1.10

J0144490
小提琴基础教程 刘民衡编
天津 天津人民出版社 1976年 192页 35cm（8开）统一书号：8072.12 定价：CNY2.10

J0144491
小提琴音阶练习 （捷）赫利美利（J.Hrimaly）编著
北京 人民音乐出版社 1978年 2版 重印本 38页 26cm（16开）统一书号：8026.188 定价：CNY0.88

J0144492
怎样拉小提琴 刘敏编
香港 进修出版社 1978年 64页 20cm（32开）（音乐小丛书）

J0144493
实用弓法 （苏）斯切潘诺夫（Б.А.Степанов）著；唐健译
北京 人民音乐出版社 1979年 127页 20cm（32开）统一书号：8026.3563 定价：CNY0.55

J0144494
小提琴演奏艺术 （第一卷 第一分册 一般技巧部分）（匈）弗莱什（C.Flesch）著；姚念赓，冯明禁译
北京 人民音乐出版社 1979年 重印本 221页 有照片 20cm（32开）统一书号：8026.1281 定价：CNY1.35
外文书名：The Art of Violin Playing.

J0144495
小提琴演奏艺术 （第一卷 第二分册 应用技巧部分）（匈）弗莱什（C.Flesch）著；姚念赓，冯明禁译
北京 人民音乐出版社 1979年 重印本 191页 20cm（32开）统一书号：8026.1517 定价：CNY1.05

J0144496
小提琴演奏艺术 （第二卷 附录）（匈）弗莱什著；阎泰公译
北京 人民音乐出版社 1995年 62页 30cm（10开）

J0144497
小提琴演奏艺术 （第二卷 艺术演奏与教学）（匈）卡尔·弗莱什（Carl Flesch）著；姚念赓译
北京 人民音乐出版社 1996年 391页 20cm（32开）ISBN：7-103-01395-0 定价：CNY19.50
外文书名：The Art of Violin Playing.

J0144498
大提琴实用教程 司徒志文编著
北京 人民音乐出版社 1980年 146页 25cm（15开）统一书号：8026.3709 定价：CNY1.30
本书包括两部分：第一部分讲述大提琴演奏的基本方法；第二部分为教程10课，按不同练习目的分类编排，并附有说明文字，指出每种练习的目的、要求与方法。

J0144499
当代小提琴演奏技巧 （音阶和琶音练习 第一册）（美）加拉米安，纽曼著；张世祥译注
上海 上海文艺出版社 1980年 75页 附弓法与节奏1册 19cm（32开）统一书号：8078.3197 定价：CNY2.60
本书共2册。收乐谱156页。本书要求用各种不同的指法、弓法、速度和节奏练习同一音

阶和琶音，而不是用同一方法练习所有的音阶和琶音。作者张世祥(1934—)，小提琴教授。生于北京，毕业于上海音乐学院。在上海音乐学院任教。

J0144500
当代小提琴演奏技巧 (音阶、琶音的双音及和弦练习 第二册)(美)加拉米安,(美)纽曼著;张世祥译注
上海 上海文艺出版社 1980年 41页 19cm(32开)
统一书号:8078.3198 定价:CNY1.05

J0144501
低音提琴"横把位级进式"指法练习 牛珉编著
北京 人民音乐出版社 1980年 正谱本 60页
25cm(15开)统一书号:8026.3768
定价:CNY0.76

J0144502
我的小提琴演奏教学法 (匈)奥厄(L.Auer)著;司徒华城译
北京 人民音乐出版社 1980年 87页 19cm(32开)
统一书号:8026.3664 定价:CNY0.37
　　本书共14章。1至9章讲解持琴、发音、弓法、左手技术与双音、装饰音、泛音等演奏技法;10至12章论述演奏乐曲的色调变化、风格及演奏者的神经状态问题;最后两章介绍小提琴演奏的保留曲目和小提琴教学的实用曲目。

J0144503
小提琴教学 陈洪著
北京 人民音乐出版社 1980年 68页 19cm(32开)
统一书号:8026.3631 定价:CNY0.24

J0144504
小提琴演奏与教学法 (美)葛拉米安著;林维中,陈谦斌译
台北 全音乐谱出版社有限公司 1980年 108页
26cm(16开)

J0144505
小提琴演奏之系统理论 陈蓝谷著
台北 全音乐谱出版社[1980—1989年]影印本
161页 有图 21cm(32开)

J0144506
小提琴演奏和教学的原则 (美)加拉米安(Galamian.I.)著;张世祥译
北京 人民音乐出版社 1981年 143页
20cm(32开)统一书号:8026.3799
定价:CNY0.66
　　外文书名:Principles of Violin Playing and Teaching.

J0144507
怎样练习《克莱策》 (美)E.L.维恩著;焦魁一译
北京 人民音乐出版社 1981年 55页 21cm(32开)
统一书号:8026.3741 定价:CNY0.27

J0144508
霍曼小提琴基本教程 (比)C.H.霍曼编著
北京 人民音乐出版社 1982年 重印本 178页
30cm(8开)统一书号:8026.152 定价:CNY4.10
　　外文书名:Practical Violin Method.

J0144509
霍曼小提琴基本教程 (比)C.H.霍曼编著
北京 人民音乐出版社 1985年 重印本 178页
30cm(8开)统一书号:8026.152 定价:CNY5.60
　　外文书名:Practical Violin Method.

J0144510
霍曼小提琴基本教程 [(德)克里斯蒂安·海内里希·霍曼(Christian Heinrich Hohmann)著]
广州 花城出版社 1999年 178页 有图
28cm(16开)
(走进音乐世界系列)
　　本书内容包括"乐器、记号及演奏基本要求";"读谱小常识"以及"小提琴基本教程"三大部分。

J0144511
帕加尼尼的24首小提琴随想曲 (苏)莫斯特拉斯(К.Г.Мострас)著;陈敏译
北京 人民音乐出版社 1982年 185页
21cm(32开)统一书号:8026.3905
定价:CNY1.00
　　本书讲解了帕加尼尼小提琴随想曲的演奏技法问题,针对演奏中常见的错误,侧重于一些具有技术性特点的细节的讲解。

J0144512
世界著名弦乐艺术家谈演奏 (一)(美)阿普尔鲍姆(Applebaum, S.)等著; 张世祥译
上海 上海文艺出版社 1982年 309页 有照片 20cm(32开) 统一书号: 8078.3283
定价: CNY1.75
本册内容涉及弦乐演奏的拨法、句法、各种技巧以及表演作品分析、舞台经验、教学方法、乐器制作等各个方面。

J0144513
世界著名弦乐艺术家谈演奏 (二)(美)阿普尔鲍姆(S.Applebaum)著; 张世祥译
上海 上海文艺出版社 1983年 331页 有照片 20cm(32开) 统一书号: 8078.3393
定价: CNY1.85
本册以访问交谈的形式, 与二十五位世界上著名弦乐家谈论有关弦乐学习和演奏方面的问题。书中还对几位著名弦乐制作家的访问情况作了介绍。作者张世祥(1934—), 小提琴教授。生于北京, 毕业于上海音乐学院。在上海音乐学院任教。

J0144514
世界著名弦乐艺术家谈演奏 (三)(美)阿普尔鲍姆,(美)罗斯著; 张世祥译
上海 上海文艺出版社 1986年 339页 20cm(32开) 统一书号: 8078.3567
定价: CNY3.10

J0144515
乐队小提琴的弓法与指法 刘钟礼著
北京 人民音乐出版社 1983年 140页 21cm(32开) 统一书号: 8026.4152
定价: CNY0.80

J0144516
小提琴练习曲60首, 作品第45号 华尔法特作曲
光华出版社 1983年 影印本 51页 25cm(16开)
定价: CNY0.80

J0144517
小提琴演奏的新途径 (匈)卡托·哈瓦斯(K.Havas)著; 张世祥译
北京 人民音乐出版社 1983年 65页 21cm(32开) 统一书号: 8026.4142 定价: CNY0.41
本书以简洁生动的语言阐述了小提琴演奏者如何在心理上和生理上处于完全放松的状态下, 有意识地控制左手的指根动作, 并通过它详尽地传递自己对音乐的内心感受。外文书名: A New Approach to Violin Playing.

J0144518
儿童小提琴教程 赵薇编著
贵阳 贵州人民出版社 1985年 4册 26cm(16开) 统一书号: 10115.516 定价: CNY4.50

J0144519
我如何演奏如何教学 (法)托特里埃(Tortelier, P.)著; 全如瑊译
北京 人民音乐出版社 1985年 115页 31cm(15开) 统一书号: 8026.4393
定价: CNY4.85
本书主要介绍大提琴演奏法。作者全如瑊, 中央音乐学院任教。

J0144520
小提琴演奏技术入门 (英)罗伯约翰斯著; 章彦译
北京 人民音乐出版社 1985年 51页 20cm(32开) 统一书号: 8026.4416 定价: CNY0.52

J0144521
小提琴演奏与练习 盛中华编著
上海 上海文艺出版社 1985年 64页 26cm(16开) 统一书号: 8078.3510 定价: CNY2.45

J0144522
小提琴演奏与练习 盛中华编著
上海 上海音乐出版社 1997年 90页 31cm(10开) ISBN: 7-80553-597-3 定价: CNY15.00

J0144523
窦立勋小提琴学术报告集 窦立勋著; 广州音专学报编
广州 广州音专学报 1986年 70页 26cm(16开)

J0144524
大提琴演奏艺术 (世界著名大提琴家与名曲)

宗柏等编译
上海 上海音乐出版社 1987年 343页 有照片
20cm(32开) 统一书号: 8127.3009
定价: CNY2.70

本书共5部分。包括:中华人民共和国成立以来中国讲学的大提琴家的讲学记录、世界大提琴名曲注释、世界著名大提琴家简介及国际大提琴比赛概况和比赛曲目等。插页11页。外文书名: The Art of Violoncello Playing

J0144525
儿童与小提琴 (写给孩子们的教师和家长)
赵薇著
北京 人民音乐出版社 1987年 78页 19cm(32开)
统一书号: 8026.4549 定价: CNY0.73

J0144526
铃木大提琴教材 (第1-6册) 司徒华城译
北京 人民音乐出版社 1987年 166页
34cm(10开) 定价: CNY6.90

J0144527
铃木小提琴教材 (第1-8册) (日) 铃木镇一编著; 司徒华城译
北京 人民音乐出版社 1987年 166页 有照片
31cm(10开) 统一书号: 8026.4615
定价: CNY6.90

J0144528
铃木小提琴教材 (钢琴伴奏谱 第1-8册)
北京 人民音乐出版社 1987年 263页
26cm(16开) 统一书号: 8026.4616
定价: CNY11.30

J0144529
如何演奏莫扎特小提琴作品 (波) 费林斯基(Felinski, Z.)著; 史大正译
北京 人民音乐出版社 1987年 78页 19cm(32开)
统一书号: 8026.4559 定价: CNY0.69

外文书名: Uwagi O Interpretacji Utworow Skrzypcowych W.A.Mozata.

J0144530
小提琴基础新教本 石志佗编著
福州 福建教育出版社 1987年 100页
26cm(16开) ISBN: 7-5334-0015-1
定价: CNY1.65

J0144531
小提琴演奏入门 滕茂隆编著
武汉 湖北教育出版社 1987年 92页 26cm(16开)
ISBN: 7-5351-0172-0 定价: CNY1.80

J0144532
世界著名小提琴曲欣赏 韩里编著
上海 上海音乐出版社 1988年 138页
19cm(32开) ISBN: 7-80553-106-4
定价: CNY1.55
(音乐爱好者丛书)

J0144533
小提琴基本教程 黄砚如编著
郑州 黄河文艺出版社 1988年 146页
31cm(10开) ISBN: 7-5400-0095-3
定价: CNY6.90

J0144534
小提琴速学新法 尹兴雅编著
北京 中国文联出版公司 1989年 82页
26cm(16开) ISBN: 7-5059-0563-5
定价: CNY3.10

J0144535
小提琴速学新法 (提高本) 尹兴雅著
北京 中国文联出版公司 1997年 92页
26cm(16开) ISBN: 7-5059-2583-0
定价: CNY14.80

J0144536
小提琴学习指南 曹伟编写
天津 渤海湾出版公司 1989年 69页 有照片
19cm(32开) ISBN: 7-80561-039-8
定价: CNY0.75

J0144537
小提琴演奏的科学 (美) 布朗斯坦(R.Bronstein)著; 张世祥译
北京 人民音乐出版社 1989年 264页
26cm(16开) ISBN: 7-103-00297-5
定价: CNY5.65

外文书名: The Science of Violin Playing.

J0144538
小提琴演奏者手册 (美)弗拉希特(Fracht, J.A.)著; 黄鹤, 李治齐译
北京 人民音乐出版社 1989年 210页 有照片
20cm(32开) ISBN: 7-103-00280-0
定价: CNY2.80
外文书名: The Violinist's Handbook.

J0144539
学琴之路 (小提琴综合教程 第一册)赵薇编著
北京 人民音乐出版社 1989年 69页 30cm(15开)
ISBN: 7-103-00375-0 定价: CNY4.80

J0144540
学琴之路 (小提琴综合教程 第二册)赵薇编著
北京 人民音乐出版社 1990年 72页 31cm(15开)
ISBN: 7-103-00596-6 定价: CNY5.25

J0144541
学琴之路 (小提琴综合教程 第三册)赵薇编著
北京 人民音乐出版社 1990年 72页 31cm(10开)
ISBN: 7-103-00596-6 定价: CNY5.10

J0144542
学琴之路 (小提琴综合教程 第四册)赵薇编著
北京 人民音乐出版社 1993年 111页
30cm(10开) ISBN: 7-103-01121-4
定价: CNY8.50
本书是小提琴演奏教材。本册为第27-34组, 包括短弓音质练习、连弓换弦练习、其他练习等。

J0144543
学琴之路 (小提琴综合教程 第五册)赵薇编著
北京 人民音乐出版社 1998年 86页 31cm(10开)
ISBN: 7-103-01613-5 定价: CNY17.00

J0144544
学琴之路 (小提琴综合教程 第六册)赵薇编著
北京 人民音乐出版社 1998年 113页
31cm(10开) ISBN: 7-103-01457-4
定价: CNY21.40

J0144545
大提琴教程 (练习曲分集 第一册)王连三, 宋涛编
北京 人民音乐出版社 1990年 146页
31cm(15开) ISBN: 7-103-00603-2

J0144546
大提琴教程 (乐曲分集 第一册)王连三, 宋涛编
北京 人民音乐出版社 1990年 139页
31cm(15开) ISBN: 7-103-00487-0
定价: CNY9.75
本册收入初级程度的乐曲53首。

J0144547
大提琴教程 (练习曲分集 第三册)宋涛编
北京 人民音乐出版社 1991年 120页
28cm(大16开) ISBN: 7-103-00789-6
定价: CNY7.50
作者宋涛, 中央音乐学院任教。

J0144548
大提琴教程 (音阶练习分集)宋涛编
北京 人民音乐出版社 1991年 72页 30cm(10开)
ISBN: 7-103-00788-8 定价: CNY5.05

J0144549
大提琴教程 (乐曲分集 第二册)宋涛编
北京 人民音乐出版社 1992年 139页
22cm(30开) ISBN: 7-103-00839-6
定价: CNY11.60

J0144550
大提琴教程 (练习曲分集 第二册)宋涛编
北京 人民音乐出版社 1992年 141页
28cm(大16开) ISBN: 7-103-00838-8
定价: CNY8.90

J0144551
大提琴教程 (乐曲分集 第三册)宋涛编
北京 人民音乐出版社 1993年 145页
22cm(30开) ISBN: 7-103-01063-3
定价: CNY16.05

J0144552
琴　蔡定国，钟泽骐编著
南宁 广西民族出版社 1990年 184页
19cm（32开）ISBN：7-5363-1009-9
定价：CNY2.20
（当代青年文化娱乐丛书 第一辑 1）
本书包括琴类族谱、琴法入门、琴曲欣赏、名人与琴、琴坛趣闻等内容。

J0144553
少年儿童小提琴基础教学　金仲平著
上海 上海音乐出版社 1990年 101页
26cm（16开）ISBN：7-80553-183-8
定价：CNY2.60

J0144554
小提琴基本功强化训练教材　丁芷诺编著
上海 上海音乐出版社 1990年 146页
30cm（10开）ISBN：7-80553-265-6
定价：CNY11.60
本书讲述了小提琴基本功训练的几个部分：手指训练与手型；换把；双音及右手法训练，包括不离弦方法；换弦方法；离弦弓法等。作者丁芷诺（1938— ），女，教授。江苏昆山人，生于上海。毕业于上海音乐学院，留校任教。著有《小提琴基本功强化训练教材》。

J0144555
小提琴经典作品的演奏解释　（匈）奥厄（Аузр，Л.）著；谌国璋译
北京 人民音乐出版社 1990年 176页
19cm（32开）ISBN：7-103-00667-9
定价：CNY3.15
本书共20章，作者分别对欧洲各个历史时期的主要作曲家的经典小提琴作品进行诠释和探讨。外文书名：Интерпретация произведений скрипичной классики.

J0144556
父（母）子（女）同步小提琴讲座　张元龙编著
沈阳 春风文艺出版社 1991年 113页 有插图
34cm（10开）ISBN：7-5313-0499-6
定价：CNY9.00

J0144557
小提琴的荣光　（奥）维克斯堡（Weahsberg，J.）著；徐朝龙译
成都 四川文艺出版社 1991年 355页
20cm（32开）ISBN：7-5411-0751-4
定价：CNY4.65
作者徐朝龙（1957— ），四川省成都市人，曾为日本京大交响乐团成员。

J0144558
小提琴音阶教程　赵惟俭编著
北京 人民音乐出版社 1991年 2册（61+116页）
31cm（10开）ISBN：7-103-00830-2
定价：CNY10.20
本书上册是单音练习，下册是双音练习。包括第一把位一个八度至第六把位三个八度的练习，以及与此相适应的双音练习。

J0144559
大提琴演奏艺术　（美）泡特（Potter，Louis）著；徐迓亭，黄师虞译
北京 人民音乐出版社 1992年 229页
30cm（10开）ISBN：7-103-01043-9
定价：CNY16.85
作者小路易·泡特（Louis Potter），美国密歇根州立大学大提琴及室内乐教授。

J0144560
大提琴音阶、琶音、音程　（苏）萨波日尼科夫著；盛明耀译
北京 人民音乐出版社 1992年 70页 30cm（10开）
ISBN：7-103-00850-7 定价：CNY4.80

J0144561
少年提琴手演奏动作的培育　（美）罗兰特，（美）默柴勒著；李武华，赵淑范译
西安 未来出版社 1992年 134页 有照片
26cm（16开）ISBN：7-5417-0428-8
定价：CNY4.75
作者保尔·罗兰特（?–1979），前美国弦乐教师协会主席，伊利诺斯大学音乐系教授。

J0144562
弦乐手体操手册　［雅各布森］Jacobsen，M.著；孙巧玲译

台北 大吕出版社 1992年 97页 有照片
21cm(32开) ISBN: 957-9358-14-1
定价: TWD150.00
(大吕音乐丛刊 27)

J0144563
现代大提琴演奏 (美)艾森伯格著; 全如瑊译
北京 人民音乐出版社 1992年 155页 有照片
30cm(10开) ISBN: 7-103-01131-1
定价: CNY12.25

作者莫里斯·艾森伯格，美国著名音乐艺术家，音乐教育家。纽约朱丽叶音乐学校大提琴教授、伦敦大提琴国际中心创办人和主任等。作者全如瑊，中央音乐学院任教。

J0144564
小提琴八大名家的演奏 (从伊萨依到梅纽因)(美)罗思著; 顾连理译
上海 上海音乐出版社 1992年 177页 有照片
20cm(32开) ISBN: 7-80553-312-1
定价: CNY5.00

外文书名: Great Violinists in Performance. 作者亨利·罗思，美国杰出小提琴家，在好莱坞电影和录音企业任职。

J0144565
怎样练琴 (匈)罗伯特·盖尔莱(Robert.Gerle)著; 张世祥译
北京 人民音乐出版社 1992年 85页 26cm(16开)
ISBN: 7-103-01014-5 定价: CNY4.10

外文书名: The Art of Practising the Violin.

J0144566
青少年小提琴中国曲集进阶教程 刘昭，刘德增编著
北京 中国青年出版社 1993年 72页 26cm(16开)
ISBN: 7-5006-1368-7 定价: CNY6.00

作者刘昭，山西大学音乐系任教。作者刘德增(1936—)，作曲家、小提琴演奏家。曾进修于天津中央音乐学院。任职于山西省歌舞剧院，国家一级作曲，中国音乐家协会会员，电视艺术家协会会员。著有《电声乐队配器法》《中国小提琴典集》《作曲入门》《中国恋情民歌》《钢琴即兴泛演教程》等。

J0144567
青少年小提琴中国曲集进阶教程 刘昭，刘德增编著
北京 中国青年出版社 1998年 2版 修订版
74页 28cm(16开)

本书以中国民歌以及人们所熟悉的中国歌曲、乐曲为内容，与《铃木小提琴教程》同步，弥补了铃木教程中多是世界名曲的不足。

J0144568
青少年小提琴中国曲集进阶教程 刘昭，刘德增编著
北京 中国青年出版社 1998年 2版 修订版
74页 29cm(16开)
(音乐漫步教程系列丛书)

J0144569
少年儿童小提琴教程 (第一册)李自立，贺懋中编著
上海 上海音乐出版社 1993年 225页
30cm(10开) 定价: CNY28.50

J0144570
少年儿童小提琴教程 (第二册)李自立，贺懋中编著
上海 上海音乐出版社 1996年 158页 31cm(10开)

本册为教程第九课，包括第一单元: G、D、A三条弦上的C大调练习及乐曲; 第二单元: G、D、A、E四条弦上的大调音阶练习曲、练习及乐曲; 第三单元: F大调D、A、E三条弦，F大调G、D、A、E四条弦，钢琴伴奏曲。

J0144571
大提琴演奏与教学文集 王凤岐等编
北京 中国美术学院出版社 1994年 304页
20cm(32开) ISBN: 7-81019-309-0
定价: CNY8.00

本书收有"首届全国音乐艺术院校大提琴学科教学研讨会"论文10篇，其中有《浅滩练琴》《大提琴的双音演奏》《论发音》等。

J0144572
小提琴考级教程 赵惟俭主编; 小提琴考级专家委员会编
海口 南海出版公司 1994年 2册(177; 235)页

31cm（10 开）ISBN：7-5442-0332-8
定价：CNY65.00

外文书名：Grade Testing Course for the Violin. 作者赵惟俭，教授。任中央音乐学院小提琴教授。出版有《小提琴教学法》。

J0144573
小提琴考级练习教材　张培萍编著
上海 上海音乐出版社 1994 年
3 册（78；104；115 页）32cm（10 开）
ISBN：7-80553-486-1 定价：CNY41.50

J0144574
儿童小提琴指导（家庭早期教学法）董德文著；秦明兰整理
北京 首都师范大学出版社 1995 年 459 页
有照片 19cm（小 32 开）ISBN：7-81039-095-3
定价：CNY13.50

作者董德文，河北师范大学任教。

J0144575
小提琴教学研究　赵惟俭著
北京 人民音乐出版社 1995 年 187 页
20cm（32 开）ISBN：7-103-01238-5
定价：CNY6.90

作者赵惟俭，教授。任中央音乐学院小提琴教授。出版有《小提琴教学法》。

J0144576
小提琴音准的概念及原则　刘德庸著
成都 四川人民出版社 1995 年 86 页 26cm（16 开）
精装 ISBN：7-220-02959-4 定价：CNY30.00

J0144577
小提琴指法艺术（匈）卡尔·弗莱什（Carl Flesch）著；蒋和璠译
北京 人民音乐出版社 1995 年 394 页
26cm（16 开）ISBN：7-103-01326-8
定价：CNY30.00

外文书名：Violin Fingering: Its Theory and Practice. 据美国纽约 DA CAPO 出版公司 1979 年版译出。作者卡尔·弗莱什（Carl Flesch，1873—1944），世界著名的匈牙利小提琴家，教育家。生于匈牙利的小城莫雄。先后于维也纳及巴黎音乐院习琴。出版著作有《小提琴演奏艺术》《小提琴演奏的发音问题》《基本练习》《音阶体系》等。

J0144578
跟我学小提琴　靳延平，黄健编著
长沙 湖南文艺出版社 1996 年 155 页 有照片
30cm（10 开）ISBN：7-5404-1473-1
定价：CNY16.60

作者靳延平（1927—　），教授。黑龙江绥化市人，毕业于哈尔滨大学戏剧音乐系。沈阳音乐学院教授，中国音乐家协会会员，中国音协辽宁分会名誉理事。作品有小提琴协奏曲《我的祖国》，管弦乐曲《愉快的劳动》；编著《小提琴基础教程》《小提琴随想典 12 首》《如何自学小提琴》等。

J0144579
小提琴高级音阶教程　王振山编著
北京 人民音乐出版社 1996 年 51 页 30cm（10 开）
ISBN：7-103-01316-0 定价：CNY9.10

J0144580
中提琴艺术史（苏）C. 波尼亚托夫斯基（С.Понятовский）著；吴育绅译
北京 人民音乐出版社 1996 年 307 页
20cm（32 开）ISBN：7-103-01416-7
定价：CNY17.90

J0144581
大提琴音阶练习（四个八度的音阶、琶音、音程、双音）林应荣编
上海 上海音乐出版社 1997 年 36 页 31cm（10 开）
ISBN：7-80553-638-4 定价：CNY8.50

J0144582
儿童学习小提琴智力开发卡片　丁芷诺编著
上海 上海音乐出版社 1997 年 1 套 19×26cm
ISBN：7-80553-494-2 定价：CNY13.60

作者丁芷诺（1938—　），女，教授。江苏昆山人，生于上海。毕业于上海音乐学院，留校任教。著有《小提琴基本功强化训练教材》。

J0144583
谈琴论乐　黄辅棠著
台北 大吕出版社 1997 年 142 页 有照片

21cm(32 开) ISBN: 957-9358-31-1
定价: TWD120.00
(大吕音乐丛刊 1)

J0144584
小提琴 覃嘉伦编著
成都 四川科学技术出版社 1997 年 重印本
86 页 有照片 21cm(32 开)
ISBN: 7-5364-1833-7 定价: CNY5.90
(少年儿童课余爱好丛书)

J0144585
小提琴基础教程 靳延平著
长春 时代文艺出版社 1997 年 2 册(420 页)
29cm(16 开) ISBN: 7-5387-1156-2
定价: CNY65.00
本书由时代文艺出版社和吉林音像出版社联合出版。作者靳延平(1927—),教授。黑龙江绥化市人,毕业于哈尔滨大学戏剧音乐系。沈阳音乐学院教授,中国音乐家协会会员,中国音协辽宁分会名誉理事。作品有小提琴协奏曲《我的祖国》,管弦乐曲《愉快的劳动》;编著《小提琴基础教程》《小提琴随想典 12 首》《如何自学小提琴》等。

J0144586
小提琴艺术史略 龚克,龚妮丽编著
贵阳 贵州教育出版社 1997 年 204 页
19cm(小 32 开) ISBN: 7-80583-831-3
定价: CNY6.00

J0144587
小提琴的演奏与欣赏 宇慧主编
沈阳 沈阳出版社 1998 年 125 页 19cm(小 32 开)
ISBN: 7-5441-0987-9 定价: CNY98.00 (全套)
(审美素质培养丛书 5)

J0144588
小提琴五声音阶练习体系 刘昭编著
北京 中国青年出版社 1998 年 214 页
28cm(大 16 开) ISBN: 7-5006-2715-7
定价: CNY24.00
作者刘昭,山西大学音乐系任教。

J0144589
小提琴演奏教程 (入门篇)张国柱编著
广州 广东教育出版社 1998 年 129 页 有彩照
28cm(大 16 开) ISBN: 7-5406-3817-6
定价: CNY25.00
(广东教育音乐丛书)

J0144590
贝多芬 弦乐四重奏 (英)[B. 拉姆]Basil Lam 著; 杨孝敏等译
石家庄 花山文艺出版社 1999 年 231 页
19cm(32 开) ISBN: 7-80611-642-7
定价: CNY13.00
(BBC 音乐导读 5)
外文书名: Beethoven String Quartets.

J0144591
儿童小提琴教程 (1)(德)埃贡·萨斯曼斯豪斯著; 周正安译
长沙 湖南文艺出版社 1999 年 64 页 有插图
30cm(10 开) ISBN: 7-5404-2193-2
定价: CNY9.00

J0144592
儿童小提琴教程 (2)(德)埃贡·萨斯曼斯豪斯著; 周正安译
长沙 湖南文艺出版社 1999 年 64 页 有插图
30cm(10 开) ISBN: 7-5404-2194-0
定价: CNY9.00

J0144593
儿童小提琴教程 (3)(德)埃贡·萨斯曼斯豪斯著; 周正安译
长沙 湖南文艺出版社 1999 年 71 页 30cm(10 开)
ISBN: 7-5404-2195-9 定价: CNY10.00

J0144594
儿童小提琴教程 (4)(德)埃贡·萨斯曼斯豪斯著; 周正安译
长沙 湖南文艺出版社 1999 年 72 页 30cm(10 开)
ISBN: 7-5404-2196-7 定价: CNY10.00

J0144595
跟我学大提琴 尹恒编著
长沙 湖南文艺出版社 1999 年 139 页

30cm(10开) ISBN: 7-5404-2215-7
定价: CNY15.00

J0144596
黑龙江大提琴史话　姜云龙, 刘学清主编
哈尔滨 黑龙江教育出版社 1999年 29+196页
有照片 20cm(32开) ISBN: 7-5316-3671-9
定价: CNY16.80

本书通过调查、采访, 以撰写访谈、回忆录等方式, 把几十年围绕哈尔滨的大提琴活动情况勾画出了一个轮廓。

J0144597
梅纽因论小提琴　(辅助练习6课)(美)耶胡迪·梅纽因(Yehudi Menuhin)著; 曹伟, 张静译
北京 人民音乐出版社 1999年 112页
25cm(小16开) ISBN: 7-103-01618-6
定价: CNY12.00

J0144598
少儿小提琴集体课教程　邵光禄编著
上海 上海音乐出版社 1999年 135页
31cm(10开) ISBN: 7-80553-809-3
定价: CNY27.00

J0144599
实用小提琴演奏法　刘民衡, 刘建军著
北京 人民音乐出版社 1999年 290页
19cm(小32开) ISBN: 7-103-01794-8
定价: CNY11.50

本书是刘民衡父子二人合作而成的。总结和讲述了刘民衡数十年来从事演奏和教学实践所积累的经验, 以及所学到的世界各派演奏方法, 同时总结了刘建军多年练琴、演奏及教学实践中所记载积累的心得体会等。

西洋弹拨乐理论和演奏法

J0144600
六弦琴弹奏法　林建国编著
北京 音乐出版社 1958年 影印本 102页
26cm(16开) 统一书号: 8026.784
定价: CNY1.10

J0144601
吉他和弦的构成与应用　(吉它和弦系统记忆法)张初雄编译
台北 天同出版社 1970年 127页 26cm(16开)

J0144602
吉他和弦的构成与应用　张初雄编译
台北 天同出版社 1980年 127面 有图
27cm(大16开)

J0144603
吉他奏法解析手册　(图示说明《静止及分解动作》)林肇荣编译
台北 天同出版社 1970年 96页 26cm(16开)

J0144604
摇滚吉他奏法与金曲　马乐天著
台北 文源书局 1978年 393页 有图
21cm(32开) 定价: TWD80.00

J0144605
古典吉他弹奏法　魏金坤编
台北 天同出版社 [1980—1989年] 影印本
173页 29cm(12开)

J0144606
古典吉他新教本　林肇华编
台北 天同出版社 [1980—1989年] 影印本
184页 29cm(12开)

J0144607
吉他弹奏技巧　陈信宗编
台北 天同出版社 1980年 2版 163页
26cm(16开)

J0144608
民谣　(1 吉他 录音课程)郭清界编著
台北 金手指出版社 [1980—1989年] 154页
有图 21cm(32开) 定价: TWD80.00

作者郭清界, 台湾地区吉他演奏家。金手指乐器有限公司干事。

J0144609
夏威夷吉他奏法　薛兆宸编著
济南 山东人民出版社 1980年 简谱本 153页

25cm（小 16 开）统一书号：8099.2062
定价：CNY0.80

本书介绍了夏威夷吉他的各种指法、技巧、夏威夷吉他的大音阶奏法和小音阶奏法，以及夏威夷电吉他奏法。各节中都附有插曲和例曲。

J0144610
夏威夷吉他奏法 薛兆宸编著
济南 山东文艺出版社 1986 年 新 1 版 增订本
184 页 26cm（16 开）统一书号：8331.16
定价：CNY2.05

J0144611
夏威夷吉他奏法 薛兆宸编著
济南 山东文艺出版社 1995 年 新 1 版 增订本
184 页 26cm（16 开）ISBN：7-5329-0063-0
定价：CNY8.00

J0144612
弦韵古典吉他大教本 魏金坤编著
台北 金手指出版社［1980—1989 年］288 页
26cm（16 开）

J0144613
最容易教，又最容易学的卡尔卡西吉他教本 （日）沟渊浩五郎编著
台北 美乐出版社［1980—1989 年］改订版
影印本 166 页 29cm（12 开）

J0144614
吉他音乐史 林胜仪著
台北 全音乐谱出版社 1981 年 204 页 有照片
21cm（32 开）精装 定价：TWD150.00

J0144615
西班牙吉他演奏法 （一）N. 马诺洛夫著；叶维亮译
上海 上海文艺出版社 1981 年 1 册 38cm（6 开）
统一书号：8078.3246 定价：CNY1.40

J0144616
夏威夷吉他演奏法 庄少陵编著
北京 人民音乐出版社 1981 年 72 页 25cm（16 开）
统一书号：8026.3855 定价：CNY0.52

本书介绍了夏威夷吉他的构造、基本演奏方法以及滑音、顿音、琶音、泛音等技巧奏法。作者庄少陵（1934— ），吉他音乐家、演奏家。广东善宁人。中国音乐家协会吉他研究会副理事长，中国音乐家协会表演艺术委员会吉他研究会副理事长，天津大学吉他爱好者协会顾问。

J0144617
吉他基础讲座 （1 全盘的演奏技巧）（日）大沢一仁等著；林胜仪译
台北 全音乐谱出版社 1982 年 178 页
26cm（16 开）定价：TWD200.00

J0144618
吉他基础讲座 （2 理论与和声）（日）伊藤翁介等著；林胜仪译
台北 全音乐谱出版社 1982 年 221 页
26cm（16 开）定价：TWD200.00

J0144619
吉他基础讲座 （3 音乐的历史）（日）大沢一仁等著；林胜仪译
台北 全音乐谱出版社 1982 年 189 页
26cm（16 开）定价：TWD200.00

J0144620
吉他基础讲座 （4 名曲与解释）（日）大桥敏成著；林胜仪译
台北 全音乐谱出版社 1982 年 204 页
26cm（16 开）定价：TWD200.00

J0144621
实用电贝士吉他 张志亚编
台北 天同出版社 1982 年 146 页 26cm（16 开）
（《奔放的旋律》吉他系丛书 2）

J0144622
西班牙吉他演奏初步 鲍元恺编著
北京 人民音乐出版社 1982 年 41 页 25cm（16 开）
统一书号：8026.3899 定价：CNY0.36

本书简要地介绍了西班牙吉他的基本演奏方法和常用技巧。

J0144623
西班牙吉他奏法 薛兆宸编著
济南 山东人民出版社 1983 年 184 页

26cm(16开)统一书号: 8099.2497
定价: CNY1.50

本书分上下两编: 上编介绍西班牙吉他的一般知识和伴奏法; 下编介绍西班牙吉他独奏法。

J0144624
西班牙吉他奏法 薛兆宸编著
济南 山东文艺出版社 1984年 新1版 184页
26cm(16开)统一书号: 8331.7 定价: CNY1.50

J0144625
西班牙吉他奏法 薛兆宸编著
济南 山东文艺出版社 1986年 重印本 184页
26cm(16开)统一书号: 8331.730
定价: CNY2.05

J0144626
吉他 (伴奏、伴唱有声教材 一)刘天礼编著
长沙 湖南人民出版社 1985年 20页 26cm(16开)
统一书号: 8109.1376 定价: CNY0.34

本书是为广大音乐爱好者自学吉他而编写的教材。书中收有一些群众喜爱的流行歌曲。作者刘天礼, 演奏家、作曲家。毕业于中国音乐学院理论作曲系。北京青年吉他协会会长、中法青年友好协会会员、中国民盟北京市代表、中央电视台、北京电视台吉他讲座主讲人、中国传媒大学教授。创作校歌《校园里有一排年轻的白杨》。著有《吉他弹唱研究》《民谣吉他经典1、2、3》《通俗唱法歌唱要领》等。

J0144627
吉他 (伴奏伴唱有声教材 一)刘天礼编著
长沙 湖南文艺出版社 1986年 26页 26cm(16开)
定价: CNY0.40

J0144628
吉他 (伴奏伴唱有声教材 二)刘天礼编著
长沙 湖南文艺出版社 1986年 26页 26cm(16开)
统一书号: 8456.4 定价: CNY0.46

J0144629
吉他 (伴奏伴唱有声教材 三)刘天礼编著
长沙 湖南文艺出版社 1986年 26页 26cm(16开)
定价: CNY0.56

J0144630
吉他 (伴奏伴唱有声教材 七)刘天礼编著
长沙 湖南文艺出版社 1992年 46页 26cm(16开)
ISBN: 7-5404-1004-3 定价: CNY2.00

J0144631
吉他进阶 陈志编写
兰州 甘肃人民出版社 1985年 155页
26cm(16开)统一书号: 8096.1081
定价: CNY1.35

本书介绍了一些有关吉他的基本常识和资料, 还选了一系列循序渐进的练习曲。

J0144632
爵士吉他百科全书 读谱出版社编
高雄 读谱出版社 1985年 3册 26cm(16开)
定价: TWD900.00

J0144633
民谣吉他基础演奏法 张丁酉编著
北京 中国文联出版公司 1985年 44页
26cm(16开)统一书号: 8355.216
定价: CNY0.99

本书讲解了民谣吉他的演奏方法和记谱方法, 重点介绍吉他在歌唱伴奏时, 所应用的一些技巧。

J0144634
西班牙吉他演奏法 李松增编著
武汉 湖北科学技术出版社 1985年 90页
19cm(32开)统一书号: 17304.87
定价: CNY0.75

J0144635
吉他伴奏伴唱有声教材 (3)刘天礼编著
长沙 湖南文艺出版社 1986年 26页 26×19cm
统一书号: 8456.18 定价: CNY0.56

作者刘天礼, 演奏家、作曲家。毕业于中国音乐学院理论作曲系。北京青年吉他协会会长、中法青年友好协会会员、中国民盟北京市代表、中央电视台、北京电视台吉他讲座主讲人、中国传媒大学教授。创作校歌《校园里有一排年轻的白杨》。著有《吉他弹唱研究》《民谣吉他经典1、2、3》《通俗唱法歌唱要领》等。

J0144636
吉他伴奏伴唱有声教材 （4）刘天礼编著
长沙 湖南文艺出版社 1987年 21页 26cm（16开）
ISBN：7-5404-0034-X 定价：CNY0.50

J0144637
吉他伴奏伴唱有声教材 （5）刘天礼编著
长沙 湖南文艺出版社 1987年 29页 26cm（16开）
ISBN：7-5404-0121-4 定价：CNY0.60

J0144638
吉他伴奏伴唱有声教材 （6）刘天礼编著
长沙 湖南文艺出版社 1988年 24页 26cm（16开）
定价：CNY0.86

J0144639
吉他伴奏伴唱有声教材 （1-5合订本）刘天礼编著
长沙 湖南文艺出版社 1988年 114页
26cm（16开）ISBN：7-5404-0223-7
定价：CNY2.00

本书收集了国内外电影、电视的流行歌曲和广大青年最喜爱的歌曲。书中有简谱、六线谱。附各种演奏技巧图示和标记说明。

J0144640
吉他广播讲座 陈志，贺锡德编
哈尔滨 黑龙江人民出版社 1986年 211页
26cm（16开）定价：CNY3.86

作者陈志，中国广播青年吉他乐团任职。

J0144641
吉他讲座 （吉他通俗演奏法）吴子彪编著
北京 中国广播电视出版社 1986年 100页
26cm（16开）定价：CNY1.20

J0144642
吉他讲座 （吉他通俗演奏法）吴子彪编著
北京 中国广播电视出版社 1992年 重印本
100页 有照片 26cm（16开）
ISBN：7-5043-0085-3 定价：CNY2.50

J0144643
吉他演奏速成 广州华美音乐服务社编
广州 广东高等教育出版社 1986年 简谱本
92页 26cm（16开）统一书号：8343.4
定价：CNY2.39

J0144644
吉他演奏速成 广州华美音乐服务社编
广州 广东高等教育出版社 1987年 2版
简谱本 92页 26cm（16开）定价：CNY2.50

J0144645
吉他演奏问答 黄东井著
杭州 浙江人民出版社 1986年 154页
10cm（64开）统一书号：8103.574 定价：CNY2.50

J0144646
吉他演奏问答 黄东井著
杭州 浙江人民出版社 1990年 重印本 186页
26cm（16开）ISBN：7-213-00039-X
定价：CNY4.80

J0144647
卡尔卡西 （古典吉他教程）人民音乐出版社编辑部编
北京 人民音乐出版社 1986年 170页
10cm（64开）统一书号：8026.4411
定价：CNY6.50

J0144648
卡尔卡西古典吉他教程 人民音乐出版社编
北京 人民音乐出版社 1986年 170页
38cm（6开）定价：CNY6.50

J0144649
民谣摇滚吉他实用与突破 郭清界编著
北京 农村读物出版社 1986年 185+146页
有图 19cm（32开）ISBN：7-5048-0316-2
定价：CNY2.60

作者郭清界，台湾地区吉他演奏家。金手指乐器有限公司干事。

J0144650
民谣摇滚吉他实用与突破 郭清界编著
北京 农村读物出版社 1990年 重印本
182+146页 有图 19cm（32开）
ISBN：7-5048-0316-2 定价：CNY3.90

J0144651
青少年吉他弹唱速成 巫洪宝编著
牡丹江 黑龙江朝鲜民族出版社 1986年 188页
20cm(32开) 定价: CNY1.20

J0144652
青少年学吉他 何震东著
上海 上海文艺出版社 1986年 73页 19cm(32开)
统一书号: 8078.3620 定价: CNY0.40

J0144653
青少年学吉他 何震东编著
北京 中国少年儿童出版社 1996年 73页
有插图 19cm(小32开) ISBN: 7-5007-3008-X
定价: 非卖品
(希望书库 4-58 总277)
本书由中国少年儿童出版社和中国青年出版社联合出版。

J0144654
西班牙吉他演奏及伴奏编配法 阎恩辉编著
乌鲁木齐 新疆人民出版社 1986年 121页
26cm(16开) 统一书号: 8098.225
定价: CNY1.25

J0144655
最新吉他演奏技法 庄少陵, 尹之编著
长春 吉林教育出版社 1986年 99页 26cm(16开)
统一书号: 8375.6 定价: CNY1.20

J0144656
吉他弹唱教程 王廷海, 孟繁榛著
沈阳 春风文艺出版社 1987年 158页
26cm(16开) 统一书号: 8158.1237
ISBN: 7-5313-0045-1 定价: CNY1.80

J0144657
吉他弹唱教程 王廷海, 孟繁榛著
沈阳 春风文艺出版社 1991年 重印本 158页
26cm(16开) ISBN: 7-5313-0045-1
定价: CNY4.20

J0144658
卡尔卡西吉他教本 (改订版)(日)沟渊浩五郎著
台北 美乐出版社 1987年 166页 38cm(6开)
(林胜仪编译吉他音乐丛书)

J0144659
吉他大师赛戈维亚选定右手指法练习120条 王云, 蒋晓苏编
济南 山东文艺出版社 1988年 40页 26cm(16开)
ISBN: 7-5329-0138-6 定价: CNY2.60
(吉他系列丛书)

J0144660
吉他大师谈演奏 (美)沙罗德(Shrerod, R.)著; 田宗忠, 王煊译
北京 团结出版社 1988年 46页 有照片
26cm(16开) ISBN: 7-80061-059-4
定价: CNY2.50

J0144661
吉他弹唱技法 (六线谱、简谱)邓锟编著
桂林 广西师范大学出版社 1988年 136页
26cm(16开) ISBN: 7-5633-0274-3
定价: CNY3.00

J0144662
吉他和弦图解 方贤编著
上海 上海翻译出版公司 1988年 177页
19cm(32开) ISBN: 7-80514-075-8
定价: CNY1.65

J0144663
吉他进步法 萧复兴编译
台北 益群书店 1988年 255页 有图
21cm(32开) 定价: TWD140.00
(才艺生活广场 1)

J0144664
吉他乐理 清新音乐社编辑部编著
香港 清新音乐社 1988年 影印本 255页
有插图 21cm(32开)
本书附名曲介绍和弦、六线谱、歌曲注解。

J0144665
吉他三月通 (现代吉他弹奏法)魏克, 叶莱编著
北京 北京体育学院出版社 1988年 152页
19cm(32开) ISBN: 7-81003-113-9

定价：CNY1.80

作者叶莱，主要编著的作品有《浪漫的吉他》《吉他三月通》《电子琴曲谱》等。

J0144666
吉他三月通 （现代吉他弹奏法）魏克，叶莱编著
北京 北京体育大学出版社 1995年
2版（修订本）重印本 200页 19cm（32开）
ISBN：7-81003-113-9 定价：CNY4.50

J0144667
吉他三月通 （现代吉他弹奏法）魏克，叶莱编著
北京 北京体育大学出版社 1995年 2版
修订本 200页 19cm（32开）
ISBN：7-81003-113-9 定价：CNY4.50

J0144668
吉他三月通 （现代吉他弹奏法）魏克，叶莱编著
北京 北京体育大学出版社 1996年
2版（修订本）重印本 200页 19cm（32开）
ISBN：7-81003-113-9 定价：CNY6.80

J0144669
吉他三月通 （现代吉他弹奏法）魏克，叶莱编著
北京 北京体育大学出版社 1999年
3版（修订本）248页 有图 19cm（小32开）
ISBN：7-81003-113-9 定价：CNY10.00

J0144670
吉他手册 上海音乐出版社编
上海 上海音乐出版社 1988年 493页
20cm（32开）ISBN：7-80553-098-X
定价：CNY5.25，CNY9.70（精装）

本书汇集了吉他的各方面知识。讲述了吉他的历史和现状，西班牙吉他与夏威夷吉他的演奏法；分析了近300首世界著名古典吉他创作曲和改编曲的产生背景、结构特征、音乐风格等；介绍了与古典音乐关系密切的100多名音乐家。

J0144671
吉他手册 上海音乐出版社编
上海 上海音乐出版社 1997年 2版 修订本
10+670页 20cm（32开）

本书内容包括：吉他的历史与现状、西班牙古典吉他演奏法、夏威夷吉他演奏法、古典吉他名曲解说和吉他音乐家等。

J0144672
吉他之友 （创刊号）上海音乐出版社编辑
上海 上海音乐出版社 1988年 88页 26cm（16开）
ISBN：7-80553-131-5 定价：CNY1.80

J0144673
吉他之友 （1988—1998精选本 1 古典·民谣卷）上海音乐出版社编
上海 上海音乐出版社 1999年 168页
26cm（16开）ISBN：7-80553-762-3
定价：CNY17.00

J0144674
吉他之友 （1988—1998精选本 2 中国风格作品卷）上海音乐出版社编
上海 上海音乐出版社 1999年 129页
26cm（16开）ISBN：7-80553-755-0
定价：CNY14.00

J0144675
吉他之友 （总第25集 95春季号）陈学娅主编
上海 上海音乐出版社 1995年 80页 26cm（16开）
ISBN：7-80553-563-9 定价：CNY4.80

作者陈学娅，女，福建福州人。毕业于上海音乐学院作曲系。曾任上海吉他艺术协会会长、上海音协成员、音乐教育委员会副主任。发表《中国民歌讲座26讲》《中国十大名曲》等。

J0144676
吉他之友 （总第26集 95夏季号）陈学娅主编
上海 上海音乐出版社 1995年 80页 26cm（16开）
ISBN：7-80553-572-8 定价：CNY4.80

J0144677
吉他之友 （总第27集 95秋季号）陈学娅主编
上海 上海音乐出版社 1995年 80页 26cm（16开）
ISBN：7-80553-594-9 定价：CNY4.80

J0144678
吉他之友 （总第28集 95冬季号）陈学娅主编
上海 上海音乐出版社 1995年 80页 26cm（16开）
ISBN：7-80553-611-2 定价：CNY4.80

J0144679
吉他之友 （总第29集 96春季号）陈学娅主编
上海 上海音乐出版社 1996年 80页 26cm（16开）
ISBN：7-80553-633-3 定价：CNY6.00

J0144680
吉他之友 （总第30集 96夏季号）陈学娅主编
上海 上海音乐出版社 1996年 80页 26cm（16开）
ISBN：7-80553-639-2 定价：CNY6.00

J0144681
吉他之友 （总第31集 96秋季号）陈学娅主编
上海 上海音乐出版社 1996年 80页 26cm（16开）
ISBN：7-80553-648-1 定价：CNY6.00

J0144682
吉他之友 （总第32集 96冬季号）陈学娅主编
上海 上海音乐出版社 1996年 80页 26cm（16开）
ISBN：7-80553-654-6 定价：CNY6.00

J0144683
吉他之友 （总第33集 97春季号）陈学娅主编
上海 上海音乐出版社 1997年 80页 有插图
26cm（16开）ISBN：7-80553-663-5
定价：CNY6.00

J0144684
吉他之友 （总第34集 97夏季号）陈学娅主编
上海 上海音乐出版社 1997年 80页 有插图
26cm（16开）ISBN：7-80553-674-0
定价：CNY6.00
外文书名：Guitarists' Companion.

J0144685
吉他之友 （总第35集 97秋季号）陈学娅主编
上海 上海音乐出版社 1997年 80页 有插图
26cm（16开）ISBN：7-80553-688-0
定价：CNY6.00
外文书名：Guitarists' Companion.

J0144686
吉他之友 （总第36集 97冬季号）陈学娅主编
上海 上海音乐出版社 1997年 80页 有照片
26cm（16开）ISBN：7-80553-678-3
定价：CNY6.00
外文书名：Guitarists' Companion.

J0144687
吉他之友 （总第37集 98春季号）陈学娅主编
上海 上海音乐出版社 1998年 80页 有照片
26cm（16开）ISBN：7-80553-715-1
定价：CNY6.00

J0144688
吉他之友 （总第39集 98秋季号）陈学娅主编
上海 上海音乐出版社 1998年 80页 26cm（16开）
ISBN：7-80553-742-9 定价：CNY6.00

J0144689
吉他之友 （总第40集 98冬季号）陈学娅主编
上海 上海音乐出版社 1998年 80页 26cm（16开）
ISBN：7-80553-753-4 定价：CNY6.00

J0144690
吉他之友 （总第42集 99夏季号）陈学娅主编
上海 上海音乐出版社 1999年 80页 有插图
26cm（16开）ISBN：7-80553-796-8

J0144691
吉他之友 （总第43集 99秋季号）陈学娅主编
上海 上海音乐出版社 1999年 80页 有插图
26cm（16开）ISBN：7-80553-824-7

J0144692
吉它伴奏伴唱有声教材 （1-5合订本）刘天礼编著
长沙 湖南文艺出版社 1988年 113页
26cm（16开）ISBN：7-5404-0223-7
定价：CNY2.00
作者刘天礼，演奏家、作曲家。毕业于中国音乐学院理论作曲系。北京青年吉他协会会长、中法青年友好协会会员、中国民盟北京市代表、中央电视台、北京电视台吉他讲座主讲人、中国传媒大学教授。创作校歌《校园里有一排年轻的白杨》。著有《吉他弹唱研究》《民谣吉他经典1、2、3》《通俗唱法歌唱要领》等。

J0144693
吉它速成 余佳佳编著
北京 农村读物出版社 1988年 68页 26cm（16开）

ISBN: 7-5048-0033-3 定价: CNY1.30

J0144694
简易吉他伴奏法　(理论与实际) 林二著
台北 正中书局 1988 年 211 页 有图
26cm(16 开) 定价: TWD150.00

J0144695
爵士吉他奏法　(匈) 蒂鲍尔著; 王云等编译
济南 山东文艺出版社 1988 年 126 页
26cm(16 开) ISBN: 7-5329-0153-X
定价: CNY2.55
(吉他系列丛书)

J0144696
民谣吉他讲座　刘天礼, 王喜明编著
北京 中国广播电视出版社 1988 年 86 页
26cm(16 开) ISBN: 7-5043-0096-9
定价: CNY1.70

J0144697
古典吉他技巧入门　(美) 希勒(Shearer, A.)著; 王云编译
南昌 江西人民出版社 1989 年 175 页
26cm(16 开) ISBN: 7-210-00325-8
定价: CNY3.80
本书讲述了国外吉他演奏技巧的入门方法, 强调基本功训练, 并引用许多古典吉他大师的作品, 穿插于各调、各种技巧中练习, 指明每首曲子的难度、注意事项、练习方法等。

J0144698
古典吉他技巧入门　(美) 谢利尔(Shearer, A.)著; 王云编译
南昌 百花洲文艺出版社 1991 年 新 1 版 175 页
26cm(16 开) ISBN: 7-80579-159-7
定价: CNY4.90

J0144699
吉他之友(A)　上海音乐出版社编
上海 上海音乐出版社 [1989 年] 88 页
26cm(16 开) 定价: CNY1.80

J0144700
吉他之友(B)　陈学娅主编
上海 上海音乐出版社 [1989 年] 88 页
26cm(16 开) 定价: CNY1.80

J0144701
吉他之友(C)　上海音乐出版社编
上海 上海音乐出版社 [1989 年] 88 页
26cm(16 开) 定价: CNY1.80

J0144702
吉他之友丛书　(D 吉他入门与提高) 陈学娅主编
上海 上海音乐出版社 1989 年 80 页
26cm(16 开) ISBN: 7-80553-210-9
定价: CNY1.80

J0144703
吉他之友丛书　(第二辑 E 集 春之歌) 陈学娅主编
上海 上海音乐出版社 1990 年 88 页
27cm(大 16 开) 定价: CNY2.25

J0144704
吉他之友丛书　(第二辑 F 集 夏日的玫瑰) 陈学娅主编
上海 上海音乐出版社 1990 年 88 页
27cm(大 16 开) 定价: CNY2.25

J0144705
吉他之友丛书　(第二辑 G 集 秋日的喁语) 陈学娅主编
上海 上海音乐出版社 1990 年 88 页
27cm(大 16 开) 定价: CNY2.25

J0144706
吉他之友丛书　(第二辑 H 集 冬之旅) 陈学娅主编;《吉他之友》丛书编委会编
上海 上海音乐出版社 1990 年 88 页 有彩照
26cm(16 开) ISBN: 7-80553-288-5
定价: CNY2.25
外文书名: Guitarists' Companion.

J0144707
吉他之友丛书　(第三辑 I 集 春天来了) 陈学娅主编;《吉他之友》丛书编委会编
上海 上海音乐出版社 1991 年 88 页 有插图

26cm(16开) ISBN: 7-80553-326-1
定价: CNY2.25
外文书名: Guitarists' Companion.

J0144708
吉他之友丛书 (第三辑J集 夏天的回忆)陈学娅主编
上海 上海音乐出版社 1991年 88页
27cm(大16开) ISBN: 7-80553-336-9
定价: CNY2.25

J0144709
吉他之友丛书 (第三辑K集 秋叶)陈学娅主编
上海 上海音乐出版社 1991年 88页
27cm(大16开) ISBN: 7-80553-340-7
定价: CNY2.25

J0144710
吉他之友丛书 (第三辑L集 冬日的篝火)陈学娅主编
上海 上海音乐出版社 1991年 80页
27cm(大16开) ISBN: 7-80553-356-3
定价: CNY2.25

J0144711
吉他之友丛书 (第四辑M集 春潮)陈学娅主编
上海 上海音乐出版社 1992年 80页 26cm(16开)
ISBN: 7-80553-369-5 定价: CNY2.25

J0144712
吉他之友丛书 (第四辑N集 夏艳)陈学娅主编;《吉他之友》丛书编委会编
上海 上海音乐出版社 1992年 80页 有彩照
26cm(16开) ISBN: 7-80553-356-3
定价: CNY2.25
外文书名: Guitarists' Companion.

J0144713
吉他之友丛书 (第四辑P集 冬季)陈学娅主编
上海 上海音乐出版社 1992年 80页 26cm(16开)
ISBN: 7-80553-428-4 定价: CNY3.00

J0144714
吉他之友丛书 (第四辑O集 秋蝉)陈学娅主编
上海 上海音乐出版社 1992年 80页 26cm(16开)
ISBN: 7-80553-407-1 定价: CNY2.25

J0144715
吉他之友丛书 (第五辑T集 冬夜再来)陈学娅主编;《吉他之友》丛书编委会编
上海 上海音乐出版社 1993年 80页 26cm(16开)
ISBN: 7-80553-487-X 定价: CNY3.00

J0144716
吉他之友丛书 (第五辑Q集 春天)陈学娅主编;《吉他之友》丛书编委会编
上海 上海音乐出版社 1993年 80页 有彩图
26cm(16开) ISBN: 7-80553-430-6
定价: CNY3.00

J0144717
吉他之友丛书 (第五辑R集 夏夜)陈学娅主编;《吉他之友》丛书编委会编
上海 上海音乐出版社 1993年 80页 有彩照
26cm(16开) ISBN: 7-80553-455-1
定价: CNY3.00

J0144718
吉他之友丛书 (第五辑S集 秋月)陈学娅主编; 上海音乐出版社编辑
上海 上海音乐出版社 1993年 80页
26cm(16开) ISBN: 7-80553-473-X
定价: CNY3.00

J0144719
吉他之友丛书 (1994春 U集 总第21辑)陈学娅主编
上海 上海音乐出版社 1994年 80页
26cm(16开) ISBN: 7-80553-527-2
定价: CNY4.00

J0144720
吉他之友丛书 (1994夏 V集 总第22辑)陈学娅主编
上海 上海音乐出版社 1994年 88页
27cm(大16开) 定价: CNY4.00

J0144721
吉他之友丛书 (1994秋 W集 总第23集)陈学娅主编

上海 上海音乐出版社 1994年 80页 26cm(16开)
ISBN: 7-80553-547-7 定价: CNY4.00

J0144722
吉他之友丛书 (1994冬 X集 总第24集)陈学娅主编
上海 上海音乐出版社 1994年 79页 26cm(16开)
ISBN: 7-80553-556-6 定价: CNY4.00

J0144723
刘天礼民谣吉它讲座 (第二集)刘天礼编著
太原 书海出版社 1989年 67页 26cm(16开)
ISBN: 7-80550-067-3 定价: CNY2.80

J0144724
民谣吉他教程 张文忠编著
北京 北京师范学院出版社 1989年 304页
26cm(16开) ISBN: 7-81014-335-2
定价: CNY9.00

外文书名: Folk Guitar Course. 作者张文忠(1962—), 中国矿业大学北京研究生院任教, 北京吉他学会会员, 北京水淼艺术职业学校吉他教师。

J0144725
匹克吉他讲座 王良标编著
武汉 湖北教育出版社 [1989年] 104页
26cm(16开) ISBN: 7-5351-0533-5
定价: CNY3.20

J0144726
速成吉他演奏法 虞勇编著
北京 人民音乐出版社 1989年 简谱本 92页
26cm(16开) ISBN: 7-103-00080-8
定价: CNY2.35

J0144727
西班牙吉他匹克演奏法 (1 初级)赵长赋, 赵长贵著
南京 江苏文艺出版社 1989年 60页 26cm(16开)
ISBN: 7-5399-0137-3 定价: CNY2.10

J0144728
佛拉门哥吉它演奏曲集 张杰, 黄文清编
北京 北京体育学院出版社 1990年
2册(156页) 26cm(16开) ISBN: 7-81003-376-X
定价: CNY6.90

J0144729
古典吉它演奏教程 张路春, 黄文清编
北京 北京体育学院出版社 1990年
2册(202页) 26cm(16开) ISBN: 7-81003-377-8
定价: CNY7.90

J0144730
吉他伴唱进阶 (现代流行吉他伴唱有声教材)白克编著
北京 北京师范大学出版社 1990年 100页
26cm(16开) ISBN: 7-303-01060-2
定价: CNY2.60

本书为中级教程, 主要对相关乐理知识、伴奏技巧及有关歌曲进行讲解, 附有近50首国内外最新流行歌曲供练习参考。

J0144731
吉他演奏百手图集 吴子彪编著; 叶为青摄制
北京 中国广播电视出版社 1990年 77页
有彩照 26cm(16开) ISBN: 7-5043-0590-1
定价: CNY4.20

J0144732
吉他一点通 叶松编著
大连 大连出版社 1990年 146页 19cm(32开)
ISBN: 7-80555-340-8 定价: CNY2.70

J0144733
吉他之友 (吉他与摇滚乐)陈学娅主编
上海 上海音乐出版社 [1990—1999年]
88页 26cm(16开) ISBN: 7-80553-198-6
定价: CNY1.80

作者陈学娅, 女, 福建福州人。毕业于上海音乐学院作曲系。曾任上海吉他艺术协会会长、上海音协成员、音乐教育委员会副主任。发表《中国民歌讲座26讲》《中国十大名曲》等。

J0144734
匹克吉他 刘天礼编著
太原 北岳文艺出版社 1990年 93页 26cm(16开)
ISBN: 7-5378-0457-5 定价: CNY3.50
(电视讲座教材)

J0144735
情调吉他讲座 陈强等编著
石家庄 河北少年儿童出版社 1990 年 102 页
26cm(16 开) ISBN: 7-5376-0554-8
定价: CNY3.75

J0144736
西班牙吉他基础及进阶 毛拯民编著
西安 西安交通大学出版社 1990 年 120 页
26cm(16 开) ISBN: 7-5605-0311-X
定价: CNY4.50

J0144737
夏威夷吉他入门 黄东启编著
上海 上海音乐出版社 1990 年 95 页 26cm(16 开)
ISBN: 7-80553-247-8 定价: CNY2.65

J0144738
现代民谣吉他演唱入门 (上) 周小虎等编
北京 中国卓越出版公司 1990 年 68 页
28cm(10 开) ISBN: 7-80071-184-6
定价: CNY5.90

J0144739
现代摇滚电吉它演奏技巧 郭忠民等编
北京 北京体育学院出版社 1990 年
2 册(156 页) 26cm(16 开) ISBN: 7-81003-375-1
定价: CNY6.90
本书对电吉他各种演奏技巧和特殊演奏技术及同乐队的配合演奏做了详细说明, 介绍了电吉他使用的效果器、音箱及名牌乐器和世界著名摇滚明星。

J0144740
现代摇滚电吉它演奏教程 王奎江, 黄文清编
北京 北京体育学院出版社 1990 年
2 册(156 页) 26cm(16 开) ISBN: 7-81003-374-3
定价: CNY6.90
本书详细说明电吉他各种演奏技巧及各种风格流派, 还包括电吉他使用效果器、音箱及各种名牌乐器演奏指南等内容。

J0144741
摇滚电倍司吉他演奏法 郭少斌编著
上海 上海音乐出版社 1990 年 52 页 26cm(16 开)
ISBN: 7-80553-261-3 定价: CNY3.70
本书提供了大量的摇滚乐节奏音型作技巧练习, 并编配了 10 首中外流行歌曲和乐曲作范例。

J0144742
吉他识谱速成 陆晔编
上海 上海音乐出版社 1991 年 52 页
19cm(小 32 开) ISBN: 7-80553-302-4
定价: CNY0.90

J0144743
民谣吉他之旅 郭清界著
台北 幼狮文化事业公司 1991 年 155 页
27cm(大 16 开) ISBN: 957-530-167-6
定价: TWD3.55

J0144744
民谣吉他之旅 郭清界著
上海 上海音乐出版社 1993 年 155 页
26cm(16 开) ISBN: 7-80553-469-1
定价: CNY20.00
本书包括: 吉他的认识、单音与手指的弹奏、和弦的认识与解析、自弹自唱的入门、吉他技巧的应用等 12 部分。作者郭清界, 台湾地区吉他演奏家。金手指乐器有限公司干事。

J0144745
民族吉他弹唱金曲及技巧 (六线谱本) 安家碧编著
昆明 云南民族出版社 1991 年 84 页 26cm(16 开)
ISBN: 7-5367-0455-0 定价: CNY3.98
本书共分四部分, 内容包括: 和弦理论, 六线谱使用范例, 各调和弦表和歌曲弹唱六线谱。

J0144746
匹克吉他与弹唱 (吉他弹唱教程续集) 王廷海著
沈阳 春风文艺出版社 1991 年 175 页
26cm(16 开) ISBN: 7-5313-0451-1
定价: CNY5.10
本书介绍了匹克吉他奏法与吉他弹唱的编配, 对吉他弹唱的民族化问题做了探讨。

J0144747
古典吉他速成 郑云有等编
长沙 湖南师范大学出版社 1992年 146页
26cm(16开) ISBN: 7-81031-185-9
定价: CNY5.00
本书内容包括: 吉他知识、乐谱知识、演奏技巧和名曲精选4部分。

J0144748
吉他半月通 杨林等编
哈尔滨 哈尔滨船舶工程学院出版社 1992年 168页 19cm(小32开) ISBN: 7-81007-171-8
定价: CNY2.90
本书共15讲，对于吉他的构造、乐理知识、记谱方法、左右手练习、如何配置和弦，以及吉他的选购与保养都做了初步的介绍。

J0144749
吉他弹唱入门与提高 谭晓鹂著
南宁 广西民族出版社 1992年 150页
26cm(16开) ISBN: 7-5363-1259-8
定价: CNY3.50

J0144750
吉他弹奏速成及最新金曲 (六线谱本) 许晓光等编著
北京 民族出版社 1992年 84页 26cm(16开)
ISBN: 7-105-01690-6 定价: CNY3.98

J0144751
吉他歌手 (吉他速成演奏法) 赵小毅编
成都 四川科学技术出版社 1992年 168页
26cm(16开) ISBN: 7-5364-2418-3
定价: CNY9.60
本书内容包括: 初级吉他入门、中级吉他演奏、高级吉他弹唱及五线谱入门等。

J0144752
吉他即兴伴奏入门 区元浩编著
上海 上海音乐出版社 1992年 43页
19cm(小32开) ISBN: 7-80553-348-2
定价: CNY0.87
作者区元浩(1933—)，著名吉他演奏家、作曲家和教育家。澳门尊尼吉他学会会长。

J0144753
吉他速通 苍松编著
大连 大连出版社 1992年 152页 19cm(小32开)
ISBN: 7-80555-523-0 定价: CNY2.95

J0144754
吉他演奏速成 (简谱本) 丁华等编著
广州 广东高等教育出版社 1992年 91页
有照片及图 26cm(16开) ISBN: 7-5361-0449-9
定价: CNY3.80

J0144755
吉他演奏速成 (简谱本) 丁华等编著
广州 广东高等教育出版社 1993年 新版本
91页 26cm(16开) ISBN: 7-5361-0449-9
定价: CNY3.90

J0144756
吉他演奏与练习 李荣声，张文娟编著
济南 山东文艺出版社 1992年 181页
26cm(16开) ISBN: 7-5329-0770-8
定价: CNY5.80

J0144757
卡米基夏威夷吉他演奏法 曾春田译
北京 人民音乐出版社 1992年 63页 有照片
26cm(16开) ISBN: 7-103-01120-6
定价: CNY4.30

J0144758
民谣吉他经典教程 张文忠编著
徐州 中国矿业大学出版社 1992年 422页
26cm(16开) ISBN: 7-81021-653-8
定价: CNY14.80
本书分初级班、中级班和高级班3部分，按教学内容分12个篇章，共51课，同时全部采用六线谱，标明了左右手的指法与技巧。精选了120首流行歌曲。作者张文忠(1962—)，中国矿业大学北京研究生院任教，北京吉他学会会员，北京水森艺术职业学校吉他教师。

J0144759
让吉他陪伴你 (古典吉他ABC) 宋晓燕编著
北京 群言出版社 1992年 121页 有图
26cm(16开) ISBN: 7-80080-014-8

定价: CNY7.00

本书是一本古典吉他教材, 除教授演奏方法外还选编了部分著名的歌曲和重奏曲, 并配了简单的和弦, 可弹可唱。

J0144760

西班牙吉他自学演奏法　(美)诺德著; 陈学东, 徐华英译

北京 人民音乐出版社 1992年 122页

26cm(16开) ISBN: 7-103-00920-1

定价: CNY4.30

全书共分16章, 解释了吉他演奏的各种理论和技术问题。共收练习曲50余首, 书中还附有30余幅插图。外文书名: Playing the Guitar.

J0144761

摇滚电吉他演奏实用教程　褚建华编著

北京 中国青年出版社 1992年 104页

26cm(16开) ISBN: 7-5006-1130-7

定价: CNY6.40

本书共4部分, 阐述了有关电吉他演奏的关键问题、电吉他的演奏技巧、电吉他Solo技巧练习, 并选编了国外重金吉他名曲5首。

J0144762

摇滚电吉他演奏实用教程　褚建华编著

北京 中国青年出版社 1994年 重印本 104页

26cm(16开) ISBN: 7-5006-1130-7

定价: CNY8.00

J0144763

摇滚吉他教程　(德)安德列斯·施因虚特(Andreas Scheinhutte)著

北京 人民音乐出版社 1992年 2册(95;94页)

有照片 磁带2盒 31cm(10开)

ISBN: 7-103-01003-X 定价: CNY31.60

本书为六弦琴演奏法教材, 所附教学伴奏带由作者亲自演奏。作者安德列斯·施因虚特(Andreas Scheinhutte, 1956—), 德国摇滚吉他演奏家。音乐学校吉他和流行音乐的专业主任教师。

J0144764

庄氏吉他系列丛书

北京 中国广播电视出版社 [1992年] 135页

26cm(16开)

J0144765

最新吉他弹唱流行金曲特殊技巧　(六线谱珍藏本)安家碧编著

北京 地质出版社 1992年 84页 26cm(16开)

ISBN: 7-116-01220-6 定价: CNY4.20

J0144766

古典吉他高级教程　王云, 封峥编译

南昌 百花洲文艺出版社 1993年 246页

26cm(16开) ISBN: 7-80579-450-2

定价: CNY10.50

本书共20课, 分别介绍了吉他的各种基本训练方法、演奏技巧等。

J0144767

古典吉他中级教程　赵健勇, 赵雷编著

济南 山东文艺出版社 1993年 194页

26cm(16开) ISBN: 7-5329-0884-4

定价: CNY7.25

J0144768

吉他弹唱实例精解　(电吉他Solo谱)佳宾编著

昆明 云南大学出版社 1993年 84页 26cm(16开)

ISBN: 7-81025-295-X 定价: CNY4.85

本书分为怎样练好弹与唱、怎样为歌曲伴奏、和弦指法表、歌曲弹唱六线谱4部分。

J0144769

吉他弹唱一月通　罗剑平编著

长沙 中南工业大学出版社 1993年 127页

26cm(16开) ISBN: 7-81020-553-6

定价: CNY4.80

本书讲授了吉他的基本知识、弹奏方法、伴奏形式、基本技巧及和弦的应用等。

J0144770

吉他乐理与弹唱　(最新流行金曲 六线谱本)朱传迪, 定正煌编著

武汉 湖北美术 1993年 82页 26cm(16开)

ISBN: 7-5394-0430-2 定价: CNY4.98

J0144771

吉他入门必读　心草著

西安 陕西旅游出版社 1993年 91页 26cm(16开)
ISBN: 7-5418-0743-5 定价: CNY5.80

本书内容分为：基础乐理、基本演奏法、音程与和弦、调试与吉他和弦功能等8章。作者心草，中国著名音乐指挥。

J0144772
吉他自学200问　上海音乐出版社编
上海 上海音乐出版社 1993年 210页
20cm(32开) ISBN: 7-80553-393-8
定价: CNY5.00

J0144773
卡拉OK金曲吉它弹唱技法　梁晨主编；何瑞棉，李会政编写
桂林 漓江出版社 1993年 146页 26cm(16开)
ISBN: 7-5407-1151-5 定价: CNY4.90

J0144774
无师自通吉他谱　(自学吉他五线谱、六线谱、和弦谱)叶莱，郑云编著
北京 北京体育学院出版社 1993年 320页
20cm(32开) ISBN: 7-81003-696-3
定价: CNY6.90

J0144775
无师自通吉他谱　(自学吉他五线谱、六线谱、和弦谱)叶莱，郑云编著
北京 北京体育学院出版社 1995年 重印本
320页 20cm(32开) ISBN: 7-81003-696-3
定价: CNY9.90

J0144776
新编吉它一点通　李苍松编
哈尔滨 哈尔滨船舶工程学院出版社 1993年
150页 19cm(小32开) ISBN: 7-81007-267-6
定价: CNY2.90

J0144777
重金属吉他演奏教程　赵震等编著
北京 石油工业出版社 1993年 149页
26cm(16开) ISBN: 7-5021-1136-0
定价: CNY12.00

本书分：重金属吉他入门、重金属吉他和弦与节奏、重金属吉他演奏示范曲谱等5章。

J0144778
最新吉他弹唱金曲　陈飞编著
贵阳 贵州教育出版社 1993年 104页
26cm(16开) ISBN: 7-80583-415-6
定价: CNY4.88

J0144779
吉他弹唱即兴伴奏　谢崇抒著
昆明 云南民族出版社 1994年 153页
19cm(小32开) ISBN: 7-5367-0878-5
定价: CNY5.00

作者谢崇抒，教授、作曲家、指挥家、音乐理论家。云南民族学院任教。

J0144780
吉它弹奏速成　(六线谱本)宋世文编著
海口 海南出版社 1994年 ISBN: 7-80590-898-2
定价: CNY4.98

J0144781
简明吉他教程　徐炎，闵元禔编著
上海 上海音乐出版社 1994年 196页
26cm(16开) ISBN: 7-80553-297-4
定价: CNY8.20

作者闵元禔(1953—　)，古典吉他演奏家、教育家。上海市吉他艺术协会常务副会长、上海音乐家协会会员。代表作品《简明吉他教程》《西班牙吉他教程》《吉他演奏外国古典名曲》。

J0144782
流行金曲吉它弹唱　(电视吉它讲座辅导教材)刘天礼编著
北京 北京出版社 1994年 91页 19cm(小32开)
ISBN: 7-200-02544-5 定价: CNY6.50

J0144783
吉他弹唱初级教程　(1 乐理知识必备手册)李荣忠编著
北京 北京体育大学出版社 1995年 343页
20cm(32开) ISBN: 7-81003-963-6
定价: CNY12.80

J0144784
吉他弹唱初级教程　(2 旋律演奏一举多得)李荣忠编著

北京 北京体育大学出版社 1995 年 339 页
20cm(32 开) ISBN: 7-81003-964-4
定价: CNY12.50

J0144785
吉他弹唱初级教程 (3 歌曲伴唱举一反三)
李荣忠编著
北京 北京体育大学出版社 1995 年 376 页
有乐谱 20cm(32 开) ISBN: 7-81003-965-2
定价: CNY13.00

J0144786
吉他弹唱法 (最新流行歌曲精选) 加义编著
成都 四川科学技术出版社 1995 年 94 页
有插图 26cm(16 开) ISBN: 7-5364-3026-4
定价: CNY5.80

J0144787
吉他弹唱名歌金曲 刘传编著
北京 知识出版社 1995 年 重印本 96 页 有照片
26cm(16 开) ISBN: 7-5015-1198-5
定价: CNY6.80

作者刘传,吉他演奏家、教育家。北京风华艺校校长兼吉他教员,青年吉他协会理事。

J0144788
吉他弹奏速成 李晓君编著
呼和浩特 内蒙古人民出版社 1995 年 124 页
有插图 26cm(16 开) ISBN: 7-204-02788-4
定价: CNY6.80

J0144789
吉他独奏小品 精彩弹唱 (简谱、六线谱、和弦图对照) 刘传编著
北京 中国电影出版社 1995 年 112 页 有插图
26cm(16 开) ISBN: 7-106-01100-2
定价: CNY8.80

J0144790
吉他独奏小品精彩弹唱 (简谱、六线谱、和弦图对照) 刘传编著
北京 蓝天出版社 1998 年 112 页 有照片
26cm(16 开) ISBN: 7-80081-843-8
定价: CNY9.80

J0144791
吉他和弦百科 潘尚文著
台北 麦书出版社 1995 年 107 页 27cm(大 16 开)
ISBN: 957-99983-5-3 定价: TWD150.00
(吉他手册系列 乐理篇)

J0144792
吉它弹唱精彩指法 高军锋编著
北京 中国农业出版社 1995 年 90 页 26cm(16 开)
ISBN: 7-109-03819-X 定价: CNY8.00

J0144793
吉它弹唱精彩指法 高军锋编著
北京 中国农业出版社 1996 年 90 页 26cm(16 开)
ISBN: 7-109-03819-X 定价: CNY8.00

J0144794
吉它弹奏自学通 高杰编
成都 四川科学技术出版社 1995 年 104 页
26cm(16 开) ISBN: 7-5364-1182-0
定价: CNY6.20

J0144795
简易吉他教室 周茹萍编译
台南 信宏出版社 1995 年 159 页 有图
21cm(32 开) ISBN: 957-538-445-8
定价: TWD130.00
(音乐 17)

J0144796
劲歌吉他 高杰编
成都 成都出版社 1995 年 98 页 26cm(16 开)
ISBN: 7-80575-802-6 定价: CNY6.80

J0144797
低音吉他演奏法 李世英编著
北京 人民音乐出版社 1996 年 59 页 26cm(16 开)
ISBN: 7-103-01322-5 定价: CNY7.40

J0144798
电吉他奏法解说 (日)浦山秀彦著;白健宁编译
台北 麦书出版社 1996 年 156 页 26cm(16 开)
ISBN: 957-99983-7-X 定价: TWD250.00
(吉他手册系列)

J0144799
古典吉他演奏教程　周伟编著
北京 国际文化出版公司 1996年 335页
有照片 28cm(大16开) ISBN: 7-80105-471-7
定价: CNY68.00
外文书名: Classical Guitar Method. 作者周伟，吉他艺术家、教育家，中国音乐家协会吉他研究会常务理事。

J0144800
吉他弹唱技法　陈强编著
西安 陕西人民出版社 1996年 107页
26cm(16开) ISBN: 7-224-04142-4
定价: CNY8.80

J0144801
吉他弹唱速成　易弦编著
西安 陕西人民出版社 1996年 108页
26cm(16开) ISBN: 7-224-04143-2
定价: CNY8.80

J0144802
吉他弹唱中级教程　(1 吉他与流行音乐潮)李荣忠编著
北京 北京体育大学出版社 1996年 329页
有照片 20cm(32开) ISBN: 7-81051-080-0
定价: CNY15.90

J0144803
吉他弹唱中级教程　(2 吉他和弦进阶突破)李荣忠编著
北京 北京体育大学出版社 1996年 310页
20cm(32开) ISBN: 7-81051-081-9
定价: CNY15.60

J0144804
吉它弹唱技法　斯廷编
北京 北京燕山出版社 1996年 111页
26cm(16开) ISBN: 7-5402-0656-X
定价: CNY8.80

J0144805
吉它弹唱技法　易弦编
乌鲁木齐 新疆青少年出版社 1996年 108页
26cm(16开) ISBN: 7-5371-2502-3
定价: CNY8.80

J0144806
吉它弹唱自修进阶教程　李荣忠，杨洋编著
北京 中国青年出版社 1996年 145页
26cm(16开) ISBN: 7-5006-2220-1
定价: CNY16.00

J0144807
吉它弹奏跟我学　(最新弹唱、独奏曲集)刘传编著
海口 南海出版公司 1996年 144页 26cm(16开)
ISBN: 7-5442-0422-7 定价: CNY10.00

J0144808
吉它速成讲座　赵红伟编著
呼和浩特 远方出版社 1996年 97页
19cm(32开) ISBN: 7-80595-294-9
定价: CNY5.80

J0144809
美国重金属吉它演奏有声教程　(美)乔恩·查普尔(J.Chappell)，(美)迈克尔·沃尔夫森(M.Wolfsohn)著；刘传译
北京 知识出版社 1996年 145页 有照片
30cm(10开) ISBN: 7-5015-1441-0
定价: CNY58.00
外文书名: Heavy Metal Guitar Method.

J0144810
民谣吉他原版弹唱　(简谱、六线谱、和弦图对照 5)刘传编著
北京 华艺出版社 1996年 104页 有照片
26cm(16开) ISBN: 7-80039-224-4
定价: CNY8.80

J0144811
民谣吉他原版弹唱　(简谱、六线谱和弦图对照)刘传编著
北京 蓝天出版社 1998年 112页 有图
26cm(16开) ISBN: 7-80081-849-7
定价: CNY9.60

J0144812
西班牙吉他自学教程　张士光编著

北京 人民音乐出版社 1996 年 191 页
26cm（16 开）ISBN：7-103-01386-1
定价：CNY18.60

J0144813
新吉它金曲 （最新版）昌言编
成都 四川文艺出版社 1996 年 124 页 有插图
26cm（16 开）ISBN：7-5411-1563-0
定价：CNY9.80

J0144814
新琴点拨 简汇杰编著
台北 典弦音乐文化出版社 1996 年 333 页
21cm（32 开）ISBN：957-99135-0-1
定价：TWD280.00
（造音工场系列丛书）
作者简汇杰，又名简义雄。

J0144815
最新吉他速成法 谭晓鹏著
南宁 广西美术出版社 1996 年 143 页 有照片
26cm（16 开）ISBN：7-80582-993-4
定价：CNY13.80

J0144816
最新吉它流行金曲弹唱 刘传新编
延吉 延边人民出版社 1996 年 129 页
26cm（16 开）ISBN：7-80599-566-4
定价：CNY9.50

J0144817
低音吉他拍击演奏法 胡晓海著
北京 人民音乐出版社 1997 年 38 页 26cm（16 开）
ISBN：7-103-01448-5 定价：CNY6.10

J0144818
跟我学吉他 丁力耘编著
长沙 湖南文艺出版社 1997 年 223 页
30cm（10 开）ISBN：7-5404-1738-2
定价：CNY20.40

J0144819
吉他弹唱实用技法 王鹰，马鸿编著
成都 四川科学技术出版社 1997 年 重印本
2 册（94+88 页）26cm（16 开）
ISBN：7-5364-3037-X 定价：CNY13.50
（器乐自学入门丛书）

J0144820
吉他弹唱突破技法 王鹰，马鸿编著
成都 四川科学技术出版社 1997 年 85 页
26cm（16 开）ISBN：7-5364-3426-X
定价：CNY6.60
（器乐自学入门丛书）

J0144821
吉他弹奏进阶与突破 （实用弹奏技法）刘传编著
海口 南海出版公司 1997 年 160 页 有图
26cm（16 开）ISBN：7-5442-0628-9
定价：CNY12.80

J0144822
吉他基础教程 杜松，一鸣编著
海口 海南出版社 1997 年 152 页 26cm（16 开）
ISBN：7-80617-743-4 定价：CNY17.80

J0144823
吉他艺术 （第一辑）陈志主编；北京吉他学会编
北京 人民音乐出版社 1997 年 79 页 有照片
28cm（大 16 开）ISBN：7-103-01566-X
定价：CNY14.20
作者陈志，中国广播青年吉他乐团任职。

J0144824
吉他艺术 （第二辑）陈志主编；北京吉他学会编
北京 人民音乐出版社 1998 年 79 页 有照片
28cm（大 16 开）ISBN：7-103-01694-1
定价：CNY14.20

J0144825
吉它弹唱自学通 高杰编著
成都 四川科学技术出版社 1997 年 2 版 137 页
26cm（16 开）ISBN：7-5364-1182-0
定价：CNY8.50
（器乐自学入门丛书）

J0144826
即兴弹唱辉煌技法 李荣忠编著
北京 北京体育大学出版社 1997 年 319 页

20cm(32开) ISBN: 7-81051-149-1
定价: CNY16.80

J0144827
跨越97吉他弹奏金曲 王鹰,马鸿编著
北京 华艺出版社 1997年 103页 有照片
26cm(16开) ISBN: 7-80039-419-0
定价: CNY8.80

J0144828
流行吉他 于本善编著
南京 江苏人民出版社 1997年 127页
26cm(16开) ISBN: 7-214-01809-8
定价: CNY14.00

J0144829
民谣吉他基础教程 庄少陵编著
北京 首都师范大学出版社 1997年 340页
26cm(16开) ISBN: 7-81039-694-3
定价: CNY24.40
作者庄少陵(1934—),吉他音乐家、演奏家。广东善宁人。中国音乐家协会吉他研究会副理事长,中国音乐家协会表演艺术委员会吉他研究会副理事长,天津大学吉他爱好者协会顾问。

J0144830
摇滚电吉他实用大教本 (摇滚电吉他演奏实用教程 修订本)褚建华编著
北京 中国青年出版社 1997年 新1版 113页
26cm(16开) ISBN: 7-5006-1130-7
定价: CNY16.00

J0144831
怎样识吉他六线谱 杜光,家菊编著
长沙 湖南文艺出版社 1997年 138页
20cm(32开) ISBN: 7-5404-1719-6
定价: CNY6.60

J0144832
最新民谣吉他精彩弹唱 (吉他弹奏系列有声教材 第三集)刘传编著
北京 华艺出版社 1997年 2版 100页 有照片
26cm(16开) ISBN: 7-80039-642-8
定价: CNY7.95

J0144833
古典吉他经典弹奏 成海,文杰编
重庆 西南师范大学出版社 1998年 115页
26cm(16开) ISBN: 7-5621-1880-9
定价: CNY10.80
(音乐教育丛书)
本书由西南师范大学出版社和西南财经大学出版社联合出版。

J0144834
古典吉他考级曲集详析 上海音乐出版社编
上海 上海音乐出版社 1998年 45页 26cm(16开)
ISBN: 7-80553-746-1 定价: CNY3.50

J0144835
古典吉他新教程 赵孝宁编著
西安 世界图书出版西安公司 1998年 390页
有图 28cm(大16开) ISBN: 7-5062-3503-X
定价: CNY39.80

J0144836
吉他 吴志浩,朱学工著
太原 希望出版社 1998年 96页 有图
26cm(16开) ISBN: 7-5379-1909-7
定价: CNY10.00
(艺术入门丛书)

J0144837
吉他弹唱快速成功 王鹰,马鸿编著
西安 世界图书出版西安公司 1998年 149页
26cm(16开) ISBN: 7-5062-3611-7
定价: CNY13.80

J0144838
吉他弹奏速通 易弦编著
西安 世界图书出版西安公司 1998年 154页
有插图 26cm(16开) ISBN: 7-5062-3941-8
定价: CNY13.80

J0144839
吉他的演奏与欣赏 宇慧主编
沈阳 沈阳出版社 1998年 98页 有插图
19cm(小32开) ISBN: 7-5441-0987-9
定价: CNY98.00(全套)
(审美素质培养丛书 6)

J0144840
吉他自学入门与提高 （简谱、六线谱、和弦图对照）刘传编著
北京 蓝天出版社 1998年 重印本 224页
有照片 26cm（16开）ISBN：7-80081-688-5
定价：CNY19.80
作者刘传，吉他演奏家、教育家。北京风华艺校校长兼吉他教员，青年吉他协会理事。

J0144841
吉它弹奏入门技法 易弦编著
北京 同心出版社 1998年 145页 26cm（16开）
ISBN：7-80593-300-6 定价：CNY13.80

J0144842
流行金曲吉他精彩弹唱 （1）谢友编著
北京 同心出版社 1998年 133页 26cm（16开）
ISBN：7-80593-298-0 定价：CNY12.80

J0144843
民谣吉他弹唱教程 王鹰，马鸿编著
成都 四川人民出版社 1998年 153页 有照片
26cm（16开）ISBN：7-220-04292-2
定价：CNY14.50

J0144844
民谣吉他弹唱自修（演奏）教程 褚建华编著
北京 中国青年出版社 1998年 117页 有照片
26cm（16开）ISBN：7-5006-2719-X
定价：CNY15.00

J0144845
民谣吉他经典 （2）刘天礼等编著
北京 同心出版社 1998年 154页 26cm（16开）
ISBN：7-80593-299-9 定价：CNY13.80

J0144846
民谣吉他经典弹唱 （简谱、六线谱、和弦图对照）刘传编著
呼和浩特 内蒙古人民出版社 1998年 160页
有图 26cm（16开）ISBN：7-204-04297-2
定价：CNY13.80

J0144847
轻轻松松学吉他 （吉他系列有声教材第六集简谱、六线谱、和弦图对照）刘传编著
北京 蓝天出版社 1998年 112页 有照片
26cm（16开）ISBN：7-80081-815-2
定价：CNY10.00

J0144848
天音民谣吉他教室 （民谣吉他电视教程）白克编著
北京 中国青年出版社 1998年 161页
26cm（16开）ISBN：7-5006-2920-6
定价：CNY14.00

J0144849
摇滚电吉他实用技巧演奏集成 褚建华编著
北京 北京体育大学出版社 1998年 184页
28cm（大16开）ISBN：7-81051-338-9
定价：CNY27.90
（最新爵士摇滚系列丛书）

J0144850
摇滚电吉他演奏法 余清平，王鸣编译
上海 上海音乐出版社 1998年 71页
31cm（10开）
本书内容包括：基础Ⅰ、Ⅱ，匹克上拨与下拨、摇滚音阶讲座、推弦后放弦、揉弦颤音等，介绍了摇滚电吉他演奏的基本方法。

J0144851
摇滚和布鲁斯吉它Riffs （德）B.施特罗姆著；俞人豪译
北京 世界图书出版公司北京公司 1998年
151页 有插图 光盘1片 27cm（大16开）
ISBN：7-5062-3298-7 定价：CNY36.00

J0144852
电吉他自学教程 徐明远编著
上海 上海音乐出版社 1999年 148页 有照片
26cm（16开）ISBN：7-80553-707-0
定价：CNY15.00

J0144853
弗拉门科吉他演奏法 殷飚编著
上海 上海音乐出版社 1999年 123页
31cm（10开）ISBN：7-80553-721-6
定价：CNY24.00

J0144854
跟我学吉他弹唱　王迪平编著
长沙 湖南文艺出版社 1999 年 134 页 有照片
30cm（10 开）ISBN：7-5404-2000-6
定价：CNY14.00
（"跟我学"系列丛书 第五辑）

J0144855
古典吉他实用教程　曾臻编
重庆 西南师范大学出版社 1999 年 223 页
26cm（16 开）ISBN：7-5621-2167-2
定价：CNY18.00
（21 世纪音乐系列丛书 音乐教育丛书）

J0144856
古典吉他自学教程　（49 首渐进练习曲集）刘传，张文亮编著
北京 蓝天出版社 1999 年 212 页 有照片
26cm（16 开）ISBN：7-80081-989-2
定价：CNY18.80，CNY38.00（带 CD 盘）
（跨世纪乐器入门丛书）

J0144857
吉他爱好者　（吉他系列有声丛书 第一集）刘传主编
北京 蓝天出版社 1999 年 96 页 有图
26cm（16 开）ISBN：7-80081-936-1
定价：CNY8.80
　　作者刘传，吉他演奏家、教育家。北京风华艺校校长兼吉他教员，青年吉他协会理事。

J0144858
吉他弹奏入门教程　（民谣吉他自学入门）易弦编著
西安 世界图书出版公司西安公司 1999 年
154 页 26cm（16 开）ISBN：7-5062-4028-9
定价：CNY15.80

J0144859
吉他精彩弹唱　（2）谢友编著
西安 世界图书出版西安公司 1999 年 157 页
26cm（16 开）ISBN：7-5062-4027-0
定价：CNY14.80

J0144860
吉他考级教程　邵春良编著
成都 四川人民出版社 1999 年 278 页
26cm（16 开）ISBN：7-220-04758-4
定价：CNY25.00
（跨世纪乐器自学丛书）

J0144861
吉他六线谱本　湖南文艺出版社编
长沙 湖南文艺出版社 1999 年 30cm（10 开）
ISBN：7-5404-2022-7 定价：CNY6.00

J0144862
吉他入门教程　汪纪军编著
成都 四川人民出版社 1999 年 170 页
26cm（16 开）ISBN：7-220-04723-1
定价：CNY16.80
（跨世纪乐器自学丛书）

J0144863
吉他玩家　周重凯编著
台北 麦书出版社 1999 年 281 页 26cm（16 开）
ISBN：957-98727-8-3 定价：TWD350.00
（吉他手册系列 民谣吉他系列）

J0144864
吉它弹唱入门技法　（民谣吉他自学必备）易弦编著
北京 蓝天出版社 1999 年 154 页 26cm（16 开）
ISBN：7-80081-900-0 定价：CNY15.80

J0144865
即兴之路　（蓝摇吉他入门到精通）张学民著
北京 新华出版社 1999 年 208 页 附光盘 1 片
26cm（16 开）ISBN：7-5011-4522-9
定价：CNY40.00

J0144866
民谣吉他初级教程　东方，卓越编著
西安 世界图书出版西安公司 1999 年 251 页
有图 26cm（16 开）ISBN：7-5062-4026-2
定价：CNY25.80

J0144867
民谣吉他大教本　王鹰，马鸿编著

北京 中国广播电视出版社 1999年 337页 有照片 28cm(大16开) ISBN: 7-5043-3422-7 定价: CNY35.00

J0144868
民谣吉他轻松弹唱 白雪松编著
西安 世界图书出版西安公司 1999年 134页 26cm(16开) ISBN: 7-5062-4029-7 定价: CNY12.80

J0144869
实用指弹吉他教程 孙启民,马伟民著
上海 生活·读书·新知三联书店上海分店 1999年 104页 26cm(16开) ISBN: 7-5426-1202-6 定价: CNY16.00

J0144870
西班牙吉他弹唱法 薛兆宸,陈靖编著
济南 山东文艺出版社 1999年 114页 有照片 26cm(16开) ISBN: 7-5329-1694-4 定价: CNY9.80

J0144871
新编卡尔卡西吉他教程 马志敏编著
上海 上海世界图书出版公司 1999年 46页 有照片 30cm(10开) ISBN: 7-5062-4063-7 定价: CNY32.50

作者马志敏,吉他演奏家。

J0144872
幼儿吉他启蒙教程 朱伟编著
上海 上海音乐出版社 1999年 92页 26cm(16开) ISBN: 7-80553-783-6 定价: CNY10.00

西洋键盘、簧乐理论和演奏法

J0144873
钢琴演奏法 国立北京师范大学编
新新印刷局 [民国] 57叶 24cm(26开)

本书内分33节,论述钢琴演奏技巧。

J0144874
钢琴演奏法 佚名撰
民国 稿本 线装

J0144875
心弦口琴社面授部讲义 王图南编
广州 心弦口琴乐谱出版社 [民国] 14页 26cm(16开)

本书讲述了17种演奏法,并附练习曲多首。

J0144876
手风琴唱歌 叶中泠编
上海 商务印书馆 1913年 9版 65页 有图有乐谱 13×20cm 定价: 大洋二角

本书包括: 手风琴坐演姿势图、手风琴图、手风琴各部释名、手风琴之优点、手风琴之制作及价值、演奏法等十二部分,并附练习曲、各国国歌、军歌等。

J0144877
手风琴唱歌 叶中泠编
上海 商务印书馆 1914年 10版 65页 有图有乐谱 13×19cm 定价: 大洋二角

J0144878
风琴教科书 索树白编辑
上海 商务印书馆 1919年 83页 16×24cm 定价: 大洋四角

J0144879
风琴教科书 索树白编辑
上海 商务印书馆 1923年 4版 83页 有乐谱 16×24cm 定价: 大洋四角

J0144880
风琴教科书 索树白编辑
商务印书馆 1939年 国难后5版 85页 16×23cm 定价: 国币五角

J0144881
钢琴教科书 萧友梅编纂
上海 商务印书馆 1926年 104页 有乐谱 38cm(6开) 定价: 大洋三元

J0144882
口琴如何吹奏 柯政和编译
北平 中华乐社 1928年 80页 有乐谱

18cm（15开）定价：大洋三角

本书共17章，包括口琴的种类及其构造、口琴的音节、口琴的调、乐谱的读法、单音奏法、伴奏奏法等内容。

J0144883

钢琴基本弹奏法　（美）雷文（J.Lhevinne）著；缪天瑞译

上海 三民公司 1929年 70页 有图 18cm（15开）

本书内分6章，论述钢琴演奏技巧。外文书名：Basic Principles in Pianoforte Playing.

J0144884

钢琴基本弹奏法　李树化著

上海 三民图书公司 1941年 56页 17cm（40开）

本书分：给青年音乐家、弹奏姿势、各种符号的练习、音乐上的表现、记忆力、演奏诸名作应注意之点、音乐须知等10章，其中部分章节是译文。

J0144885

钢琴基本弹奏法　雷文著；缪天瑞译

上海 三民图书公司 1951年 2版 64页 有照片 17cm（40开）定价：旧币4,500

J0144886

口琴吹奏法　（日）川口章吾著；黄涵秋译

上海 开明书店 1929年 18+76页 有图有乐谱 18cm（15开）定价：大洋八角

J0144887

洋琴弹奏法　裘梦痕，丰子恺编

上海 开明书店 1929年 21+35页 有图 26cm（16开）定价：大洋一元二角

本书为钢琴弹奏法，附练习曲87段。

J0144888

改订拜耳钢琴教科书　柯政和编译

北平 中华乐社 1931年 92页 有图 31cm（10开）定价：一元八角

作者柯政和（1890—1973），音乐教育家。台湾嘉义人，原籍福建安溪。原名丁丑，字安士。留学日本东京音乐学校师范科、东京音乐学校研究科、上智大学文科。曾任北京师范大学教授。著有《音乐通论》《何利马里音阶练习书》《简易钢琴曲集》《音乐史》《拜耳钢琴教科书》等。

J0144889

口琴练习法　郁郁星编

上海 中华书局 1932年 182页 有乐谱 15×22cm 定价：银九角

（初中学生文库）

本书分上、下编。上编为口琴吹奏法，分12章论述；下编收练习曲36首。

J0144890

口琴练习法　郁郁星编

上海 中华书局 1947年 182页 19cm（32开）定价：国币三元六角

（中华文库 初中第1集）

J0144891

钢琴学　（第一集）张玉珍，项馥梅编

上海 商务印书馆 1933年 83页 有图有乐谱 30cm（16开）定价：大洋二元

本书为钢琴奏法专著，含五线谱。书前有琴键、乐谱符号及指法图等；书末附乐曲用语对照表。

J0144892

口琴吹奏法　潘金声著

上海 北新书局 1933年 148页 有图有乐谱 20cm（32开）定价：五角

本书附练习曲60余首。

J0144893

实用口琴吹奏法　朱雨湘［著］

上海 中西书局 民国二十二年［1933］ 26cm（16开）

J0144894

风琴弹奏法　吴梦非编

上海 开明书店 1934年 35页 19cm（32开）定价：大洋二角

本书介绍了风琴演奏技巧，附练习曲40首。

J0144895

拜耳钢琴教科书　柯政和释编

北平 中华乐社 1935年 3版 改订本 88页

有照片 31cm(10开)定价:大洋一元八角

J0144896
拜耳钢琴教科书 (美)拜耳(F.Beyer)著;柯政和译
北京 新音乐书店 1951年 6版 影印本 88页 有照片 26cm(16开)定价:旧币十五元

J0144897
最新口琴吹奏法 王庆勋著
上海 商务印书馆 1935年 国难后5版 209页 有乐谱 18cm(15开)定价:大洋一元二角

本书介绍口琴的构造、种类、选购方法以及吹奏法等,附练习曲100首。

J0144898
最新口琴吹奏法 王庆勋著
长沙 商务印书馆 1939年 国难后11版 12+209页 19cm(32开)定价:国币一元五角

J0144899
高级口琴练习法 郁郁星编
上海 中华书局 1936年 136页 有乐谱 18cm(15开)定价:国币三角

本书分8章,论述口琴吹奏技巧,附演奏曲21首。

J0144900
口琴吹奏法 (大众音乐)萧剑青编著
上海 国光书店 1936年[136]页 19cm(32开)

本书分8节,介绍口琴的历史和价值、口琴的剖解和种类、口琴的音阶和调子、乐识、吹奏法等基本知识,并收有练习曲20余首、演奏曲50首。

J0144901
口琴吹奏法 刘仲光著
南京 正中书局 1936年 93页 有图像 18cm(15开)定价:国币四角

本书内分23章。书前有石人望序及著者自序。

J0144902
口琴吹奏法 萧剑青编著
上海 世界书局 1939年 95页 19cm(32开)

J0144903
口琴吹奏法 刘仲光著
[上海]正中书局 1942年 3版 93页 17cm(40开)定价:国币九角

J0144904
口琴吹奏法 刘仲光著
重庆 正中书局 民国三十二年[1943]6版 93页 有图乐谱 18cm(15开) 定价:国币一元二角

J0144905
口琴吹奏法 萧剑青编著
上海 世界书局 1944年 95页 19cm(32开)

J0144906
口琴吹奏法 刘仲光著
南京 正中书局 1946年 沪1版 93页 有图有乐谱 18cm(15开)定价:国币一元七角

J0144907
口琴的吹法 张簧,黎锦晖编
上海 大众书局 1936年 2版 120页 有乐谱 18cm(15开)

本书包括续说、口琴的乐识、口琴吹奏法、口琴演奏法、口琴曲选集等5章。作者黎锦晖(1891—1967),儿童歌舞音乐作家,中国流行音乐的奠基人。生于湖南湘潭,毕业于长沙高等师范学校。代表作品《麻雀与小孩》《葡萄仙子》《小小画家》等。

J0144908
正式口琴吹奏法 鲍明珊编著
上海 中国口琴乐谱出版社 1936年 138页 19cm(32开)

本书分上、下编,上编介绍口琴的构造、种类、音阶、拿法、演奏姿势及各种吹奏法;下编收口琴名曲27首。书后附最新口琴名曲集。作者鲍明珊,著名口琴艺术家。长期从事和研究口琴演奏、教学、制作。著有《标准口琴学》《口琴速成》《世界口琴名曲集》《高级颤音奏法》《演奏中各种气息调节法》等。

J0144909
口琴吹奏法初步 萧而化,丰子恺编著

汉口 大路书店 1938 年 72 页
[13×19cm]([方 36 开])

本书介绍口琴的种类、演奏姿势、谱乐、音阶，以及单音、重音的吹奏法等，兼收 50 首演奏曲。书后附口琴抗战曲集。

J0144910
标准口琴吹奏法 石人望编
上海 上海大众口琴会出版部 民国二十八年[1939] 57 页 有照片 27cm(16 开)

作者石人望(1906—1985)，口琴家、作曲家。生于浙江瑾县。历任上海市文联委员、中国音乐家协会会员、中国音乐家协会上海分会理事及上海多家群众文艺团体口琴艺术指导、北京等地口琴会顾问。演奏代表作《杜鹃圆舞曲》《天鹅舞选曲》《凤阳花鼓》，著作有《口琴吹奏法》《口琴圆舞曲》《口琴名曲选》等。

J0144911
口琴吹奏法 李敬祥著
上海 启明书局 1939 年 177 页 20cm(32 开)

本书包括乐器的认识、乐理的解释、吹奏的方法、吹奏家十大信条等 4 节。附中、西名歌 100 首。

J0144912
口琴吹奏法 李敬祥著
上海 启明书局 1943 年 再版 177 页 20cm(32 开)

J0144913
标准口琴学大全 鲍明珊著
上海 国光书店 1940 年 240 页 有图 20cm(32 开)

本书包括各种吹奏法、最新口琴名曲集两部分，前部分共 17 章，后部分收名曲 80 余首。

J0144914
口琴入门 黄涵秋，曹冠群编
上海 开明书店 1940 年 263 页 横 13cm(60 开)

本书包括初阶部、进阶部两大部分，并收中外歌曲 200 余首，附伴奏记号。

J0144915
口琴入门 黄涵秋，曹冠群编
上海 开明书店 1941 年 桂 1 版 263 页 横 13cm(60 开)

J0144916
口琴修理法 陈剑晨著
上海 上海口琴会出版部 1940 年 44 页
[13×19cm]

本书分：口琴的种类、口琴的构造、口琴的保护法、用具的置办及自制法、口琴修理法、几点修理上的经验等 6 章。书末附吹奏曲 7 首。作者陈剑晨(1911－？)，口琴演奏家。浙江嵊县(今浙江省嵊州市)人。创办上海口琴会，曾任会长。编著有《口琴吹奏法》《口琴曲集》等。

J0144917
简易自学口琴入门 陈剑晨著
上海 国光书店 民国三十年[1941] 130 页 有照片 21cm(32 开)

J0144918
口琴入门 陈剑晨著
上海 国光书店 1946 年 再版 130 页 有像 20cm(32 开)

本书为简易自学口琴教材，分 23 章，论述口琴基本知识。

J0144919
最新袖珍口琴吹奏法 鲍明珊编著
南京 光明口琴会出版部 1948 年[100]页
[18cm](48 开)

作者鲍明珊，著名口琴艺术家。长期从事和研究口琴演奏、教学、制作。著有《标准口琴学》《口琴速成》《世界口琴名曲集》《高级颤音奏法》《演奏中各种气息调节法》等。

J0144920
钢琴的艺术 (英)泰勒(Franklin Taylor)著；吴一立译
广州 艺术科学出版社 1950 年 有乐谱 20cm(32 开) 定价：二十二元

J0144921
口琴吹奏及名曲 黄涵秋编
上海 万叶书店 1950 年 210 页 有乐谱 20cm(32 开) 定价：十二元
(万叶乐谱丛刊)

J0144922
培轮斯钢琴左手练习法 培轮斯(H.Berens)作曲
上海 音乐出版社 [1950—1959年] 31页 有乐谱 35cm(15开)
外文书名: Hermann Berens Training of the Left Hand.

J0144923
袖珍口琴吹奏法 不著编者名氏
北京 北京书店 1950年 130页 有图有乐谱 14cm(64开) 定价: 三元五角

J0144924
口琴吹奏法 倪泰山校订
上海 国光书店 1951年 86页

J0144925
口琴吹奏法 倪泰山校订
上海 新音乐出版社 1953年 修订本 96页 有乐谱 20cm(32开) 定价: 旧币5,500元

J0144926
手风琴练习法 西拉里(Sillarl)编著
上海 上海音乐出版社 1951年 影印本 79页 35cm(15开) 定价: 旧币18,000元
外文书名: Piano Accordion Method.

J0144927
贝尔钢琴入门 (美)贝尔(F.Beyer)著
上海 上海音乐出版社 1952年 71页 有图有乐谱 26cm(16开) 定价: 旧币1,200元

J0144928
钢琴弹奏法 (二卷) 严文蔚辑译; 中央音乐学院华东分院教学研究室编译组编辑
上海 中央音乐学院华东分院 1952年 145页 有图有乐谱 20cm(32开) 定价: 旧币10,000元 (中央音乐学院华东分院音乐理论、技术丛书)

J0144929
钢琴演奏法 (英)西德尼·凡丁著; 周庆宁译
上海 万叶书店 1952年 定价: CNY0.65

J0144930
钢琴演奏法 (意)凡丁(S.Vantyn)著; 周庆宁译
上海 万叶书店 1953年 3版 94页 21cm(32开) 定价: 旧币七千五百圆

J0144931
手风琴演奏法 云海编撰
上海 万叶书店 1952年 45页 有乐谱 26cm(16开) 定价: 旧币6,000元

J0144932
翁氏钢琴弹奏法 翁修德著; 严文蔚译; 张隽伟校订
上海 新文艺出版社 1952年 定价: CNY1.00

J0144933
拜厄钢琴基本教程 (德)拜厄(F.Beyer)原著
北京 音乐出版社 1953年 71页 31cm(12开) 统一书号: 8026.206 定价: CNY1.20

J0144934
拜厄钢琴基本教程 (德)拜厄著
北京 人民音乐出版社 1979年 2版 86页 38cm(6开) 统一书号: 8026.206 定价: CNY1.70
本教材是德国作曲家、钢琴家、钢琴教育家拜厄(1803—1863)专为初学钢琴者编写的一本浅易钢琴教材。内容具有由浅入深、循序渐进的特点，可使习琴者具有初级识谱能力与最基本的手指独立弹奏能力，为进一步正规学习钢琴打下良好的基础。

J0144935
拜厄钢琴基本教程 柯央，徐厚雄编著
武汉 湖北科学技术出版社 1985年 64页 35cm(12开) 定价: CNY2.20
本书为钢琴初学者提供的专门学习钢琴演奏艺术的简易入门书，阅读对象是儿童，包括学龄前儿童，教程的安排基本上做到了浅显易懂，循序渐进。

J0144936
拜厄钢琴基本教程 (德)拜厄曲
北京 人民音乐出版社 1993年 2版 86页 29cm(20开) ISBN: 7-103-00350-5 定价: CNY5.85

外文书名：Beyer Vorschule im Klavierspiel opus 101–piano–book.

J0144937
拜厄钢琴基本教程　（德）拜厄（F.Beyer）编著
长沙　湖南文艺出版社　1997 年　98 页　30cm（12 开）
精装　ISBN：7–5404–1666–1　定价：CNY17.80

J0144938
拜厄钢琴基本教程　（少儿教学版）（德）拜厄（F.Beyer）著；蒋远翠编
呼和浩特　内蒙古人民出版社　1997 年　118 页
29cm（20 开）ISBN：7–204–03746–4
定价：CNY19.80

J0144939
拜厄钢琴基本教程　（德）拜厄（Beyer）著；（德）阿道夫·鲁特哈特编订
北京　人民音乐出版社　1997 年　86 页　31cm（12 开）
ISBN：7–103–01479–5　定价：CNY15.80

J0144940
拜厄钢琴基本教程　（少儿教学版）（德）拜厄［著］；吕德玉等编著
重庆　西南师范大学出版社　1997 年　2 版
2 册（125+111 页）29cm（12 开）
（21 世纪音乐系列丛书　钢琴教学丛书）
本书是儿童学习钢琴的专门教学用教材，具有极强的针对性。主要针对儿童在学习钢琴过程中，只重练琴，不重乐理的情况，以浅显易懂的语言，强调了掌握必需的乐理知识的重要性。并附相关乐理知识、习题及节奏练习题。

J0144941
拜厄钢琴基本教程　（德）拜厄（F.Beyer）编著
长沙　湖南文艺出版社　1998 年　98 页　29cm（20 开）
ISBN：7–5404–1893–1　定价：CNY10.70
（钢琴家之旅丛书）

J0144942
拜厄钢琴基本教程　（少儿教学版）［德］拜厄编写；李长明，顾晓玉编
沈阳　辽宁民族出版社　1998 年　2 册（233 页）
29cm（20 开）ISBN：7–80527–815–6
定价：CNY29.80

J0144943
拜厄钢琴基本教程　［德］拜厄著
长春　时代文艺出版社　1998 年　86 页　31cm（12 开）
ISBN：7–5387–1251–8　定价：CNY17.00
（外国钢琴教学曲库）

J0144944
拜厄钢琴基本教程　［德］拜厄［编著］；林青注释
广州　花城出版社　1999 年　84 页　29cm（20 开）
ISBN：7–5360–2964–0　定价：CNY10.80
（走进音乐世界系列）

J0144945
风琴演奏法　钱仁康编曲
上海　新音乐出版社　1953 年　2 版　58 页
有乐谱　26cm（16 开）定价：旧币 8,500 元
作者钱仁康（1914—2013），音乐学家，音乐理论家。生于江苏无锡，毕业于国立音乐专科学校理论作曲组。历任北平师范学院、苏州国立社教学院、江苏师范学院（苏州大学前身）、苏南文教学院、华东师范大学音乐系教授，上海音乐学院音乐学系系主任、博导。著有《外国音乐欣赏》等，并译有《莫扎特书信选》等。

J0144946
风琴演奏法　钱仁康编
上海　新音乐出版社　1953 年　58 页　有乐谱
26cm（16 开）定价：旧币 8,500 元

J0144947
风琴演奏法　钱仁康编
北京　音乐出版社　1955 年　58 页　有乐谱
26cm（16 开）定价：CNY0.54

J0144948
钢琴基本教程　（德）拜厄（F.Beyer）编著；钱仁康译
上海　新音乐出版社　1953 年　影印本　71 页
有乐谱　30cm（15 开）定价：旧币 12,000 元
（音乐技术学习丛刊）
外文书名：Elementary Method for the Pianoforte.

J0144949
钢琴基本教程 (德)拜厄(F.Beyer)撰;钱仁康译
上海 新音乐出版社 1955年 影印本 71页
有乐谱 30cm(15开) 定价:CNY1.22
(音乐技术学习丛刊)
外文书名:Elementary Method for the Pianoforte.

J0144950
钢琴基本教程 (德)拜厄(F.Beyer)撰;钱仁康译
上海 新音乐出版社 1958年 71页 有乐谱
30cm(10开)
(音乐技术学习丛刊)
外文书名:Elementary Method for the Pianoforte.

J0144951
钢琴练指法 哈农(C.L.Hanon)编;钱仁康译注
上海 新音乐出版社 1953年 影印本 117页
有乐谱 30cm(15开) 定价:旧币16,000元
(音乐技术学习丛刊)

J0144952
钢琴练指法 (法)哈农编著;钱仁康译
上海 新音乐出版社 1958年 117页
(音乐技术学习丛刊)

J0144953
钢琴练指法 (法)哈农编著;钱仁康译
北京 人民音乐出版社 1981年 117页
38cm(6开) 统一书号:8026.324 定价:CNY2.80

J0144954
哈农钢琴练指法 (法)哈农(C.L.Hanon)著
北京 音乐出版社 1953年 影印本 117页
有乐谱 35cm(18开) 统一书号:8026.324
定价:CNY1.90
外文书名:Hanon the Virtuoso Pianist in Sixty Exercises for the Piano.

J0144955
哈农钢琴练指法 哈农著
长沙 湖南文艺出版社 1996年 117页
30cm(10开) 精装 ISBN:7-5404-1540-1
定价:CNY20.70

J0144956
哈农钢琴练指法 (法)哈农(Hanon)著;[德]魏因赖希(Otto Weinreich)编;金经言译
北京 人民音乐出版社 1997年 104页
30cm(10开) ISBN:7-103-01500-7
定价:CNY18.90

J0144957
哈农钢琴练指法 (法)哈农著;小立译
长沙 湖南文艺出版社 1998年 117页
29cm(16开) ISBN:7-5404-1894-X
定价:CNY12.40
(钢琴家之旅丛书)

J0144958
哈农钢琴练指法 (法)哈农编著;林青译说明词
广州 花城出版社 1998年 114页 29cm(16开)
ISBN:7-5360-2763-X 定价:CNY19.80
(走进音乐世界系列)

J0144959
哈农钢琴练指法 (法)哈农(Charles Louis Hanon)著
长春 时代文艺出版社 1998年 123页
31cm(10开) ISBN:7-5387-1230-5
定价:CNY22.00
(外国钢琴教学曲库)

J0144960
哈农钢琴练指法 (法)哈农著
重庆 西南师范大学出版社 1998年 134页
29cm(16开) ISBN:7-5621-1596-6
定价:CNY16.00
(钢琴教学丛书)

J0144961
口琴吹奏法 风仁,晨光编著
北京 新中国书店 1953年 68页 有图有乐谱
18cm(15开) 定价:旧币3,500元

J0144962
口琴入门 黄涵秋编
上海 万叶书店 1953年 99页 有乐谱
20cm(32开) 定价:旧币6,800元

J0144963
口琴入门 黄涵秋著
上海 新音乐出版社 1953 年 定价：CNY0.68

J0144964
口琴入门 黄涵秋编著
北京 音乐出版社 1956 年 122 页 有乐谱
19cm（32 开）统一书号：T8026.445
定价：CNY0.37

J0144965
口琴入门 黄涵秋编著
北京 音乐出版社 1956 年 122 页 有乐谱
19cm（32 开）统一书号：T8026.445
定价：CNY0.37

J0144966
口琴学习手册 鲍明珊编著
上海 国光书店 1953 年 198 页 有乐谱
18cm（15 开）定价：旧币 9,000 元
作者鲍明珊，著名口琴艺术家。长期从事和研究口琴演奏、教学、制作。著有《标准口琴学》《口琴速成》《世界口琴名曲集》《高级颤音奏法》《演奏中各种气息调节法》等。

J0144967
手风琴简易自修读本 （苏）德士凯维奇著；金石译
上海 新音乐出版社 1953 年 定价：CNY0.50

J0144968
手风琴简易自修读本 （键盘式）德士凯维奇著；金石译
北京 音乐出版社 1955 年 32 页 有乐谱
26cm（16 开）定价：CNY0.44

J0144969
钢琴和声教程 （二册）（苏）玛克西莫夫著；静云译
上海 新音乐出版社 1954 年 2 册
定价：CNY2.20

J0144970
钢琴和声学教程 （第一册）（苏）马克西莫夫（С.Е.Максимов）著；孙静云译
上海 新音乐出版社 1954 年 162 页 有乐谱
21cm（32 开）

J0144971
钢琴和声学教程 （第二册）（苏）马克西莫夫（С.Е.Максимов）著；孙静云译
上海 新音乐出版社 1954 年 219 页 有乐谱
21cm（32 开）

J0144972
钢琴和声学教程 （第三册）（苏）马克西莫夫（С.Е.Максимов）著；孙静云译
北京 音乐出版社 1956 年 150 页 有乐谱
21cm（32 开）统一书号：8026.446
定价：CNY0.92
（东北音乐专科学校音乐编译丛书 四）

J0144973
钢琴教学论集 （第一辑）（苏）尼古拉耶夫（Д.А.Николаев）辑；中央音乐学院华东分院编译室译
上海 新音乐出版社 1954 年 272 页 有乐谱
20cm（32 开）定价：旧币 15,000 元
（中央音乐学院华东分院音乐理论·技术丛书）

J0144974
口琴吹奏法 严振超编
上海 天下书报社 1954 年 96 页 有图有乐谱
14cm（64 开）定价：旧币 3,000 元

J0144975
手风琴教材 《解放军歌曲选集》编辑部编
北京 中央人民政府人民革命军事委员会总政治部文化部［1954 年］124 页 26cm（16 开）
（部队业务学习资料 6）

J0144976
键盘式手风琴简易自修读本 （苏）德士凯维奇（Г.Тышкевич）著；金石译
北京 音乐出版社 1955 年 影印本 32 页 有乐谱
26cm（16 开）定价：旧币 4,400 元

J0144977
键盘式手风琴简易自修读本 （苏）德士凯维奇（Г.Тышкевич）著；金石译

北京 音乐出版社 1957年 重印版 32页
26cm(16开) 统一书号: 8026.168
定价: CNY0.36

J0144978
怎样吹口琴 石人望编著; 张之凡, 郑国英绘图
上海 儿童读物出版社 1955年 58页 有图有乐谱
18cm(15开) 定价: CNY0.22

J0144979
怎样吹口琴 石人望著; 张之凡, 郑国英绘图
上海 少年儿童出版社 1956年 58页 有图有乐谱
18cm(15开) 统一书号: R7024.34
定价: CNY0.15

J0144980
钢琴初步教程 (苏) 基谢尔(З.Кисель)等编著; 陈慧甦译; 中央音乐学院编译室编辑
北京 音乐出版社 1956年 影印本 174页
有乐谱 30cm(15开) 定价: CNY3.00
(中央音乐学院编译室译丛)

J0144981
怎样学习手风琴 (键盘式简谱本) 翁仲三编著
上海 上海文化出版社 1956年 34页 有乐谱
26cm(16开) 定价: CNY0.28

J0144982
战士说唱集 辽宁人民出版社编
沈阳 辽宁人民出版社 1956年 1张
定价: CNY0.11

J0144983
柴科夫斯基的"四季" (苏) 波里亚科娃(Л. Полякова)著; 陈绵译
北京 音乐出版社 1957年 29页 有乐谱
15cm(40开) 统一书号: 8026.656
定价: CNY0.11
(音乐欣赏丛书)

J0144984
湖北民歌合唱曲集 陆华柏编曲
武汉 长江文艺出版社 1957年 164页
20cm(32开) 统一书号: 8107.153 定价: CNY0.75

作者陆华柏(1914—1994), 作曲家、音乐教育家。出生于湖北荆门, 祖籍江苏武进。主要作品有《故乡》《勇士骨》《汨罗江边》等。

J0144985
键盘式手风琴初步练习法 尹志超编著
长春 吉林人民出版社 1957年 48页 有乐谱
18cm(15开) 统一书号: 8091.14 定价: CNY0.17

J0144986
键盘式手风琴简谱演奏法 尹志超编著
北京 音乐出版社 1957年 64页

J0144987
键盘式手风琴简易演奏法 尹志超编著
北京 音乐出版社 1957年 64页 26cm(16开)
统一书号: 8026.632 定价: CNY0.55

J0144988
键盘式手风琴演奏法 (正、简谱版) 绿克, 程就父编著
北京 音乐出版社 1957年 影印本 86页
有乐谱 26cm(16开) 统一书号: 8026.570
定价: CNY0.80

J0144989
口琴吹奏法 石人望编著
北京 音乐出版社 1957年 136页 有乐谱
18cm(15开) 统一书号: 8026.554
定价: CNY0.40

本书介绍了20多种口琴吹奏的方法, 并配有图解和练习曲。作者石人望(1906—1985), 口琴家、作曲家。生于浙江瑾县。历任上海市文联委员、中国音乐家协会会员、中国音乐家协会上海分会理事及上海多家群众文艺团体口琴艺术指导、北京等地口琴会顾问。演奏代表作《杜鹃圆舞曲》《天鹅舞选曲》《凤阳花鼓》, 著作有《口琴吹奏法》《口琴圆舞曲》《口琴名曲选》等。

J0144990
口琴吹奏法 石人望编著
北京 音乐出版社 1962年 2版 修订本 104页
有乐谱 18cm(32开) 统一书号: 8026.554
定价: CNY0.31

J0144991
口琴吹奏法　石人望编著
北京 音乐出版社 1964年 2版 修订本 105页
有图有乐谱 19cm(32开) 统一书号: 8026.554
定价: CNY0.31

J0144992
口琴吹奏法　石人望编著
北京 人民音乐出版社 1979年 3版 142页
19cm(32开) 统一书号: 8026.554
定价: CNY0.34
(音乐知识丛书)

J0144993
口琴吹奏法　石人望编著
北京 人民音乐出版社 1979年 142页
19cm(小32开) 统一书号: 8026.554
定价: CNY0.34
(音乐知识丛书)

J0144994
口琴吹奏法　石人望编著
北京 人民音乐出版社 1981年 4版 172页
19cm(32开) 统一书号: 8026.554
定价: CNY0.54
(音乐知识丛书)

J0144995
口琴吹奏法　石人望编著
北京 人民音乐出版社 1984年 4版 增订本
142页 有乐谱 18cm(32开) 统一书号: 8026.554
定价: CNY0.54
(音乐知识丛书)

J0144996
口琴广播教材　石人望编著
上海 上海音乐出版社 1957年 67页 有乐谱
18cm(15开) 统一书号: 127.047 定价: CNY0.20

J0144997
手风琴简谱演奏法　任克明编著
北京 音乐出版社 1957年 42页 有乐谱
26cm(16开) 统一书号: 8026.590
定价: CNY0.36

J0144998
手风琴简易演奏法　(键盘式)尹志超编著
北京 音乐出版社 1957年 64页 有乐谱
26cm(16开) 统一书号: 8026.632
定价: CNY0.55

J0144999
手风琴自修教程　(苏)库德里亚夫采夫(А.Кудрявцев),(苏)波鲁亚诺夫(П.Полуянов)著; 鲁男译
北京 音乐出版社 1957年 影印本 57页
有乐谱 26cm(16开) 统一书号: 8026.533
定价: CNY0.60

J0145000
成年人钢琴初步教程　中央音乐学院钢琴系钢琴共同课教研组编
北京 中央音乐学院红色学院印刷厂 [1958年]
155页 有乐谱 30cm(10开)
(中央音乐学院教材丛书)

J0145001
成年人钢琴初步教程　中央音乐学院钢琴系钢琴共同课教研组编
北京 音乐出版社 1960年 正谱本 125页
有乐谱 29cm(16开) 统一书号: 8026.1422
定价: CNY1.70
(中央音乐学院教材丛刊)

J0145002
儿童钢琴初步　尤端编著
北京 音乐出版社 1958年 影印本 103页
有图有乐谱 14×20cm 统一书号: 8026.791
定价: CNY0.75

J0145003
风琴简易伴奏法　罗芃编著
沈阳 辽宁人民出版社 1958年 47页 有图有乐谱
19cm(32开) 统一书号: T8090.52
定价: CNY0.16

J0145004
风琴课本　吉林省教师进修学院编
长春 吉林人民出版社 1958年 56页 有图有乐谱
19cm(32开) 统一书号: 8091.46 定价: CNY0.15

J0145005
古典钢琴乐曲装饰音 (德)柯列(L.Klee)著;徐国弼译
北京 音乐出版社 1958年 影印本 49页
有乐谱 26cm(16开)统一书号:8026.820
定价:CNY0.60
外文书名:Die Ornamentik Der Klassischen Klavier-Musik.

J0145006
简谱初级手风琴教材 韦骏编著
上海 上海音乐出版社 1958年 53页 有乐谱
26cm(16开)统一书号:8127.148
定价:CNY0.44

J0145007
群众业余钢琴教材 (第一集)上海音乐学院钢琴系星海小组编
上海 上海文艺出版社 1958年 影印本 38页
有乐谱 35cm(8开)统一书号:8078.234
定价:CNY0.55

J0145008
群众业余钢琴教材 上海音乐学院钢琴系星海小组编
上海 上海文艺出版社 1961年 2版 57页
有乐谱 29cm(15开)统一书号:8078.234
定价:CNY0.62

J0145009
手风琴技术练习 余约章编
上海 上海文化出版社 1958年 简谱本 72页
有乐谱 26cm(16开)统一书号:8077.120
定价:CNY0.44

J0145010
怎样吹口琴 李百和编著
北京 音乐出版社 1958年 75页 有乐谱
15cm(40开)统一书号:8026.882
定价:CNY0.16
(农村俱乐部音乐小丛书)

J0145011
怎样吹口琴 李百和编著
北京 音乐出版社 1958年 51页 18cm(15开)
(农村通俗文库 音乐知识 第一辑)

J0145012
怎样吹口琴 李百和编著
北京 音乐出版社 1959年 55页 有乐谱
18cm(15开)统一书号:8026.882
定价:CNY0.16
(通俗音乐小丛书)

J0145013
怎样吹口琴 李百和编著
北京 音乐出版社 1963年 52页 有图有乐谱
19cm(32开)统一书号:8026.1859
定价:CNY0.17
(农村音乐小丛书)

J0145014
儿童钢琴初步教程 上海音乐学院附属儿童音乐学校钢琴教研组编
上海 上海文艺出版社 1959年 125页 有照片
有乐谱 26cm(16开)统一书号:8078.1253
定价:CNY1.10

J0145015
儿童钢琴初步教程 (正谱本)上海音乐学院附属儿童音乐学校钢琴教研组编
上海 上海文艺出版社 1962年 2版 修订本 151页
有图有乐谱 19cm(32开)统一书号:8078.1253
定价:CNY1.30

J0145016
风琴钢琴教材 福建人民教育出版社编辑
福州 福建人民出版社 1959年 影印本 95页
有乐谱 26cm(16开)统一书号:7159.48
定价:CNY0.67

J0145017
风琴基本教程 福建人民教育出版社编辑
福州 福建人民出版社 1959年 影印本 61页
有乐谱 26cm(16开)统一书号:7159.47
定价:CNY0.44

J0145018
口琴编曲法 石人望编著
上海 上海文艺出版社 1959年 51页 有乐谱

19cm（32开）统一书号：8078.1223
定价：CNY0.19

作者石人望（1906—1985），口琴家、作曲家。生于浙江瑾县。历任上海市文联委员、中国音乐家协会会员、中国音乐家协会上海分会理事及上海多家群众文艺团体口琴艺术指导、北京等地口琴会顾问。演奏代表作《杜鹃圆舞曲》《天鹅舞选曲》《凤阳花鼓》，著作有《口琴吹奏法》《口琴圆舞曲》《口琴名曲选》等。

J0145019
口琴的吹奏和编配 于海灵编著
沈阳 辽宁人民出版社 1959年 66页 有乐谱
19cm（32开）统一书号：8090.69 定价：CNY0.20

J0145020
你想学风琴吗 忆平编著
[郑州]河南出版社 1959年 定价：CNY0.07

J0145021
手风琴演奏常识 （键盘式简谱本）朱涵编著
广州 广州文化出版社 1959年 66页 有图有乐谱
26cm（16开）定价：CNY0.41

J0145022
怎样拉手风琴 李敏编著
北京 音乐出版社 1959年 102页 有图有乐谱
15cm（40开）统一书号：8026.956
定价：CNY0.21
（业余自修音乐小丛书）

J0145023
中学钢琴初级教程 上海音乐学院附属中等音乐学校编
上海 上海文艺出版社 1959年 185页
30cm（10开）统一书号：8078.1236
定价：CNY1.95

J0145024
少年儿童钢琴初步 北京艺术学院音乐系钢琴教研组编
北京 音乐出版社 1961年 正谱本 121页
有图有乐谱 19cm（32开）统一书号：8026.1421
定价：CNY0.95
（北京艺术学院音乐丛书）

J0145025
湖北民歌20首 湖北人民出版社编辑
武汉 湖北人民出版社 1962年 简谱本 26页
19cm（32开）统一书号：T8106.580
定价：CNY0.13

J0145026
手风琴伴奏编配法 杨鸿年著
北京 音乐出版社 1962年 144页 有图有乐谱
26cm（16开）统一书号：8026.1573
定价：CNY1.10

J0145027
论钢琴表演艺术 （一个教师的随笔）（苏）Г.Г.涅高兹（Г.Г.Нейгауз）著；汪启玮，吴佩华译
北京 音乐出版社 1963年 334页 有图
20cm（32开）统一书号：8026.1701
定价：CNY1.95

本书以随笔的笔触，对钢琴表演艺术进行论述，阐述了音乐作品的艺术形象、节奏、技术训练、指法，以及教师与学生的关系，音乐会活动等内容。

J0145028
怎样吹好口琴 王庆隆编著
上海 上海文化出版社 1965年 74页
19cm（32开）统一书号：8077.267
定价：CNY0.18

本书收乐谱59页。

J0145029
怎样吹好口琴 王庆隆编著
上海 上海文艺出版社 1979年 新1版 重印本
78页 19cm（32开）统一书号：8078.3066
定价：CNY0.23

J0145030
巴赫平均律钢琴曲研究 蔡中文著
台北 全音乐谱出版社 1966年 274页
20cm（32开）

J0145031
巴赫平均律钢琴曲研究 蔡中文著
台北 全音乐谱出版社 1981年 2版 增订本
274页 有图 21cm（32开）

J0145032
五声音调钢琴指法练习 黎英海著
上海 上海文化出版社 1966 年 85 页 有乐谱
26cm(16 开) 统一书号: 8077.296
定价: CNY0.82

J0145033
人民战争的斗争颂歌 (赞钢琴协奏曲《黄河》) 浙江人民出版社编辑
杭州 浙江人民出版社 1970 年 60 页 19cm(32 开)
定价: CNY0.12

J0145034
人民战争的壮丽颂歌 (赞钢琴协奏曲《黄河》) 浙江人民出版社编辑
杭州 浙江人民出版社 1970 年 60 页 19cm(32 开)
定价: CNY0.12

J0145035
赞钢琴协奏曲《黄河》 上海市出版"革命组"编辑
上海 上海市出版"革命组" 1970 年 19cm(32 开)
定价: CNY0.17

J0145036
赞钢琴协奏曲黄河 天津人民出版社编辑
天津 天津人民出版社 1970 年 71 页 19cm(32 开)
统一书号: 10072.310 定价: CNY0.15

J0145037
手风琴演奏法 张自强编著
[北京] 人民文学出版社 1972 年 26cm(16 开)
定价: CNY0.44

J0145038
手风琴演奏法 张自强著
北京 人民音乐出版社 1972 年 90 页 有乐谱
26cm(16 开) 统一书号: 10019.1918
定价: CNY0.44

本书介绍手风琴的演奏方法，谱例均用简谱，适合初学者自学用。

J0145039
手风琴演奏法 张自强编著
北京 人民音乐出版社 1972 年 119 页
26cm(16 开) 统一书号: 8026.3042
定价: CNY0.92

J0145040
手风琴演奏法 张自强编著
北京 人民音乐出版社 1984 年 2 版 修订本
119 页 26cm(16 开) 统一书号: 8026.3042
定价: CNY0.92

J0145041
手风琴演奏法 张自强编著
北京 人民音乐出版社 1991 年 2 版 修订本
119 页 26cm(16 开) 统一书号: 8026.3042
ISBN: 7-103-00341-6 定价: CNY2.80

J0145042
赞钢琴协奏曲 (黄河)
北京 人民出版社 1972 年 49 页 19cm(32 开)
统一书号: 10.15 定价: CNY0.11

J0145043
手风琴普及教程 刘克纪等编
哈尔滨 黑龙江人民出版社 1973 年 86 页
有乐谱 26cm(16 开) 统一书号: 8093.131
定价: CNY0.58

J0145044
手风琴演奏法 安徽省教育局中小学教材编写组编
合肥 安徽人民出版社 1973 年 58 页 有乐谱
26cm(16 开) 统一书号: K7102.523
定价: CNY0.26

J0145045
钢琴初级教材 (第一册) 中央"五七"艺术大学音乐学院钢琴系编
北京 人民音乐出版社 1976 年 83 页 26cm(16 开)
统一书号: 8026.3179 定价: CNY0.67

J0145046
钢琴初级教材 (第二册) 中央"五七"艺术大学音乐学院钢琴系编
北京 人民音乐出版社 1977 年 97 页 26cm(16 开)
统一书号: 8026.3287 定价: CNY0.72

J0145047
毛主席的光辉把炉台照亮 （钢琴伴奏谱）上海冶金工业局歌曲创作学习班词曲；陈钢配伴奏
上海 上海人民出版社 1976年 5页 26cm（16开）
统一书号：8171.1598 定价：CNY0.10
作者陈钢（1935— ），作曲家。上海人。上海音乐学院毕业后留校任教。中国音协理事。代表作有小提琴协奏曲《梁山伯与祝英台》（与何占豪合作），小提琴曲《苗岭的早晨》《我爱祖国的台湾》等。

J0145048
风琴弹奏法 北京师范学院文艺系编
北京 人民音乐出版社 1977年 52页 26cm（16开）
统一书号：8026.3335 定价：CNY0.30

J0145049
风琴弹奏法 艾碧珈等编著
北京 人民音乐出版社 1977年 56页 26cm（16开）
统一书号：8026.3335 定价：CNY0.91
本书介绍了风琴弹奏的基本方法。练习曲分简、线谱对照练习及五线谱练习两种。

J0145050
风琴弹奏法 艾碧珈等编著
北京 人民音乐出版社 1987年 2版 56页
26cm（16开）统一书号：8026.3335
定价：CNY0.91

J0145051
钢琴基本教程 拜厄著
北京 人民音乐出版社 1979年 2版 83页
38cm（6开）定价：CNY1.70

J0145052
口琴吹奏法 刘敏编
香港 进修出版社 1979年 47页 20cm（32开）
（音乐小丛书）

J0145053
口琴演奏法 顾泉发编著
西安 陕西人民出版社 1979年 64页 19cm（32开）
统一书号：10094.195 定价：CNY0.19

J0145054
弹奏钢琴的技巧 井口基成著；邵义强译
台北 全音乐谱出版社［1980—1989年］250页
21cm（32开）

J0145055
教好钢琴的要诀 （美）巴斯蒂恩（Bastien, J.W.）著；彭圣锦主译，陈美珠译
台北 全音乐谱出版社 1980年 442页
23cm（10开）

J0145056
口琴广播教材 石人望编著
上海 上海文艺出版社 1980年 新1版 重印本
99页 26cm（16开）统一书号：8078.1055
定价：CNY0.25

J0145057
流行钢琴大教本 林肇华编译
台北 天同出版社［1980—1989年］247页
30cm（10开）定价：TWD300.00

J0145058
论钢琴表演艺术 （苏）涅高兹著
香港 宏图出版社［1980—1999年］334页
有肖像 21cm（32开）定价：HKD20.00

J0145059
琴法 上海市中等师范学校教材编写组编
上海 上海文艺出版社 1980年 136页
25cm（16开）统一书号：8078.3185
定价：CNY0.65

J0145060
琴法 （1）中等师范学校教材编写组编
上海 上海文艺出版社 1981—1983年
25cm（16开）统一书号：8078.3286（1）
定价：CNY0.17

J0145061
琴法 （2）中等师范学校教材编写组编
上海 上海文艺出版社 1981—1983年
25cm（16开）统一书号：8078.3344（2）
定价：CNY0.40

J0145062
琴法 （3）中等师范学校教材编写组编
上海 上海文艺出版社 1981—1983 年
25cm（16 开）统一书号：8078.3416
定价：CNY0.74

J0145063
琴法 （第一册）中等师范学校教材编写组编
上海 上海文艺出版社 1981 年 21 页 25cm（16 开）
定价：CNY0.17

J0145064
琴法 （试用本 第二册）中等师范学校教材编写组编
上海 上海文艺出版社 1982 年 65 页 25cm（16 开）
定价：CNY0.40

J0145065
琴法 （试用本 第三、四册）中等师范学校教材编写组编
上海 上海文艺出版社 1983 年 138 页
25cm（16 开）定价：CNY0.73

J0145066
琴法 中等师范音乐教材编写组编
上海 上海音乐出版社 1992 年 56 页 26cm（16 开）
ISBN：7-80553-422-5 定价：CNY1.90

J0145067
琴法 中等师范音乐教材编写组编
上海 上海音乐出版社 1994 年 2 版 56 页
26cm（16 开）ISBN：7-80553-422-5
定价：CNY4.10

J0145068
琴法 （选修课本）中等师范音乐教材编委会编
上海 上海音乐出版社 1995 年 181 页
26cm（16 开）ISBN：7-80553-555-8
定价：CNY13.70

J0145069
现代爵士钢琴 赖顺龙编著
台北 天同出版社 1980 年 177 页 30cm（15 开）
定价：TWD250.00

J0145070
学习钢琴应知的演奏常识 黄献群编
［1980—1989 年］影印本 132 页 23cm（10 开）

J0145071
怎样为歌曲配钢琴伴奏 陈白华编
上海 上海文艺出版社 1980 年 182 页
21cm（32 开）统一书号：8078.3139
定价：CNY0.59

J0145072
弹好钢琴的秘诀 天池真佐雄著；邵义强译
台北 全音乐谱出版社 1981 年 198 页
20cm（32 开）

J0145073
钢琴弹奏的基本法则 （俄）约·列文著；缪天瑞译
北京 人民音乐出版社 1981 年 53 页 有照片
19cm（32 开）统一书号：8026.3729
定价：CNY0.30

J0145074
钢琴学习实例指导 宋孟君编著
台北 天同出版社 1981 年 239 页 21cm（32 开）

J0145075
钢琴音乐研究 张大胜著
台北 全音乐谱出版社 1981 年 392 页
20cm（32 开）精装

J0145076
钢琴音乐研究 （钢琴技巧·钢琴作品）张大胜著
台北 全音乐谱出版社 1984 年 7 版 392 页
有图 21cm（32 开）精装 定价：TWD350.00

J0145077
拉威尔钢琴作品之研究 陈郁秀著
台北 全音乐谱出版社 1981 年 218 页
21cm（32 开）精装 定价：TWD200.00

J0145078
按照键盘的视奏练习 近藤圭等译
台北 全音乐谱出版社 1982 年 243 页
26cm（16 开）

J0145079
钢琴的调律及维修 张琨著
北京 人民音乐出版社 1982年 82页 19cm(32开)
统一书号:8026.3913 定价:CNY0.38
本书介绍了钢琴的基本结构;维修的材料、工具;钢琴调律;钢琴的修理;钢琴的保护等内容。

J0145080
钢琴的调律及维修 张琨著
北京 人民音乐出版社 1986年 2版 增订本
95页 21cm(32开)

J0145081
钢琴技巧练习 (法)玛格丽特·朗著;顾连理,邝美球译
上海 上海文艺出版社 1982年 115页
25cm(15开)统一书号:8078.3320
定价:CNY2.60
本书是一本钢琴练习手册。书中包括勃拉姆斯、布索尼、李斯特、陶西希、迪梅尔、飞利浦、贝里奥、哈农、库拉克、车尔尼等人的练习范例。

J0145082
美国著名钢琴家班努维茨教授讲学译稿 (专业教学资料 3)赵碧珊,广州音乐学院钢琴系,广州音乐学院学报编辑部译
广州 广州音乐学院 1982年 33页 26cm(16开)
定价:CNY1.00

J0145083
琴法进修教程 (初级)费承铿编著
南京 江苏人民出版社 1982年 71页 26cm(16开)
定价:CNY0.42

J0145084
实用键盘和声学 陈澄雄编著
台北 众文图书公司 1982年 再版 65页
21cm(32开)定价:TWD90.00

J0145085
弹钢琴的艺术 彭圣锦著
台北 全音乐谱出版社 1983年 450页
21cm(32开)精装 定价:TWD300.00

J0145086
钢琴基础教程 (第1册)韩林申等编
上海 上海文艺出版社 1983年 115页
26cm(16开)统一书号:8078.3447
定价:CNY2.70

J0145087
钢琴基础教程 (第1册)韩林申等编
上海 上海音乐出版社 1989年 重印本 215页
31cm(12开)ISBN:7-80553-057-2
定价:CNY4.95
本书对一些作品的体裁特点;作者的生平与创作特征;弹奏方面的教学要求等作了简明扼要的注释;在练习曲方面,选用了拜厄、车尔尼,以及其他钢琴教育家所写的练习曲等。高等师范院校试用教材。另配录音带5盒。

J0145088
钢琴基础教程 (第2册)韩林申等编
上海 上海文艺出版社 1984年 153页
26cm(16开)统一书号:8078.3499
定价:CNY3.20

J0145089
钢琴基础教程 (第2册)韩林申等编
上海 上海音乐出版社 1998年 重印本 153页
31cm(12开)ISBN:7-80553-058-0
定价:CNY19.40

J0145090
钢琴基础教程 (第3册)韩林申等编
上海 上海文艺出版社 1985年 133页
26cm(16开)统一书号:8078.3555
定价:CNY4.00

J0145091
钢琴基础教程 (第3册)韩林申等编
上海 上海音乐出版社 1999年 重印本 133页
31cm(12开)ISBN:7-80553-059-9
定价:CNY17.10

J0145092
钢琴基础教程 (第4册)韩林申等编
上海 上海文艺出版社 1985年 151页
26cm(16开)统一书号:8078.3556

定价: CNY4.45

J0145093
钢琴基础教程 (第4册)韩林申等编
上海 上海音乐出版社 1996年 重印本 151页
31cm(12开) ISBN: 7-80553-060-2
定价: CNY19.00

J0145094
钢琴演奏技巧 (匈)约瑟夫·迦特著; 刁绍华, 姜长斌译
北京 人民音乐出版社 1983年 213页
25cm(15开) 统一书号: 8026.4050
定价: CNY3.05

J0145095
手风琴技术训练与伴奏编配 李未明, 朱晞微编
福州 福建人民出版社 1983年 200页
25cm(16开) 统一书号: 10173.426
定价: CNY1.38

本书从手风琴的结构、选择、维护到演奏姿势以及各种训练方法, 都做了系统的论述, 并于各章附上有代表性的谱例。书中对手风琴伴奏的编配做了较为详尽的介绍。

J0145096
现代钢琴教程 (一)(美)汤普森著; 费思写歌词; 曼宁绘插图; 叶琼芳译
北京 人民音乐出版社 1983年 79页 38cm(6开)
统一书号: 8026.4167 定价: CNY2.10

本书是为一年级小学生设计的钢琴教材。本册每一课都有新的内容, 它为学钢琴奠定明确、正确、完整的基础。作者约翰·汤普森(John Thompson), 钢琴教育家。出生于美国宾夕法尼亚。在美国费城学习音乐。曾任教于费城和印第安纳波利斯, 堪萨斯市立音乐学院(现为密苏里大学堪萨斯分校音乐和舞蹈学院)。代表作品为约翰·汤普森钢琴教程系列, 其中《约翰·汤普森钢琴简易教程》是世界公认的初学钢琴者的权威性教材。还出版有《幼儿钢琴入门指导》《现代钢琴教程》《成人预备课程》等。

J0145097
现代钢琴教程 (二)(美)汤普森著; 埃勒特写故事与传略; 多丽丝, 霍曼绘插图; 叶琼芳译
北京 人民音乐出版社 1983年 90页 38cm(6开)
统一书号: 8026.4168 定价: CNY2.35

本册在第一册建立的音乐基础上继续循序渐进。

J0145098
现代钢琴教程 (三)(美)汤普森著; 叶琼芳译
北京 人民音乐出版社 1983年 90页 38cm(6开)
统一书号: 8026.4169 定价: CNY2.35

本册在解释形式、情绪和风格的基础上, 继续发展第二册所培养的音乐才能。

J0145099
现代钢琴教程 (四)(美)汤普森著; 叶琼芳译
北京 人民音乐出版社 1983年 76页 38cm(6开)
统一书号: 8026.4170 定价: CNY2.10

本册从第三册结尾所达到的进度继续全面提高, 并特别强调风格。

J0145100
现代钢琴教程 (五)(美)汤普森著; 叶琼芳译
北京 人民音乐出版社 1983年 113页
38cm(6开) 统一书号: 8026.4171
定价: CNY2.80

本册内容和第三、四册同样地考虑到风格和结构的多样化以及构思的角度。成功地完成本书课程的学生, 可以达到"小艺术家"的地位。

J0145101
萧邦廿四首前奏曲之研究, 作品第廿八号 王颖著
台北 全音乐谱出版社 1983年 163页
21cm(32开) 定价: TWD100.00

作者王颖(1928—), 中国音乐家协会会员, 中国音乐家协会河南分会常务理事。

J0145102
幼儿钢琴教程 李斐岚, 董刚锐编著
北京 人民音乐出版社 1983年 正谱本 137页
教具7张 39cm(4开) 统一书号: 8026.4111
定价: CNY5.10

全书共119首乐曲, 分4个教学阶段。第一阶段(1-51首), 断奏(非连音和跳音); 第二阶段(52-73首), 二至五个音的连奏; 第三阶

段（74–88 首）五指位置的弹奏；第四阶段（89–119 首），带有大指移位的弹奏。作者李斐岚（1947—　），教授。江苏人，中央音乐学院副教授，北京音乐家协会会员。出版有《儿童钢琴手指练习》、《钢琴教程》（第三册·上）、《钢琴教程》（第三册·下）。

J0145103
幼儿钢琴教程　（含教具卡片）李斐岚，董刚锐编著
北京 人民音乐出版社 1999 年 修订本
2 册（130；114 页）31cm（10 开）袋装
ISBN：7-103-01512-0 定价：CNY75.00

J0145104
贝多芬全部钢琴作品的正确奏法　彻尔尼著；张淑懿译
台北 全音乐谱出版社 1984 年 216 页
21cm（32 开）定价：TWD120.00

J0145105
儿童钢琴初步教程　（第一册）盛建颐等编
上海 上海文艺出版社 1984 年 109 页
26cm（16 开）统一书号：8078.3518
定价：CNY3.00

本书共选 104 首中外练习曲和小曲，强调从最简易的单手单音到两手交替、两手轮流弹奏逐步过渡到两手同时弹奏。

J0145106
儿童钢琴初步教程　（第二册）盛建颐等编
上海 上海音乐出版社 1988 年 117 页
26cm（16 开）定价：CNY6.00

本册选中外民歌和世界名曲选段共 110 首。内容涉及让儿童正确掌握起句和收句的正确弹奏动作，进行跳音、双音、同音换指、八度跳进等训练，并接触有复调因素的乐曲，训练两手的独立性等。

J0145107
儿童钢琴初步教程　（第三册）盛建颐等编
上海 上海音乐出版社 1988 年 103 页
26cm（16 开）定价：CNY5.35

本书共选中外儿童乐曲、民歌及四手联弹曲 82 首。技巧训练有音阶练习、固定音型的手指练习，和弦训练、六度训练、弱指训练等。

J0145108
钢琴技巧的一切　鲍锦鸿编
台北 全音乐谱出版社 1984 年 246 页
21cm（32 开）定价：TWD135.00
（最新钢琴讲座 6）

J0145109
钢琴讲座　（1 钢琴与钢琴音乐）邵义强译
台北 全音乐谱出版社有限公司 1984 年 274 页
19cm（小 32 开）

作者邵义强，教授。台湾成功大学音乐系教授。历任音乐美术教师，台南神学院音乐系讲师，台南市亚洲唱片公司、台北市声美唱片公司、高雄市松竹唱片公司等顾问与解说作者。出版有《乐林啄木鸟》《璀璨的音乐世界》等。

J0145110
钢琴讲座　（2 世界的钢琴教育与钢琴教本）邵义强译
台北 全音乐谱出版社有限公司 1984 年 260 页
19cm（小 32 开）

J0145111
钢琴讲座　（3 钢琴初步指导的指引）邵义强译
台北 全音乐谱出版社有限公司 1984 年 260 页
20cm（32 开）

J0145112
钢琴讲座　（4 钢琴初步指导的指引）邵义强译
台北 全音乐谱出版社有限公司 1984 年 277 页
19cm（小 32 开）

J0145113
钢琴讲座　（5 钢琴技巧指导法）邵义强译
台北 全音乐谱出版社有限公司 1984 年 282 页
19cm（小 32 开）

J0145114
钢琴讲座　（6 钢琴技巧的一切）邵义强译
台北 全音乐谱出版社有限公司 1984 年 246 页
19cm（小 32 开）

J0145115
钢琴讲座 （8 钢琴名曲的演奏诠译）邵义强译
台北 全音乐谱出版社有限公司 1984年 246页
19cm（小32开）

J0145116
钢琴名曲的演奏诠释 邵义强译
台北 全音乐谱出版社有限公司 1984年 267页
19cm（小32开）

J0145117
歌曲手风琴伴奏的编配 龚镇雄著
北京 人民音乐出版社 1984年 137页
19cm（32开）统一书号：8026.4181
定价：CNY0.64
本书附录：伴奏的节奏音型。作者龚镇雄（1934— ），教授。上海人，毕业于北京大学物理系。历任北京大学物理系教授，中央音乐学院客座教授、中国音乐家协会会员。《物理实验》杂志副主编。著有《音乐中的物理》《音乐声学——音响、乐器、计算机音乐、MIDI、音乐厅声学的原理及应用》等。

J0145118
论钢琴演奏 （附问题解答）（波兰）霍夫曼（J.Hofmann）著；李素心译
北京 人民音乐出版社 1984年 148页
21cm（32开）统一书号：8026.4187
定价：CNY0.92
本书收有《钢琴及其演奏者》《一般法则》《正确的触键与技巧》《踏板的运用》《按乐曲的风格演奏》《鲁宾什坦怎样教我弹钢琴》《钢琴成就的必备条件》等7篇文章。书末附有《钢琴问题解答》。

J0145119
莫札特钢琴奏鸣曲之研究 张美惠著
台北 全音乐谱出版社 1984年 431页
21cm（32开）精装 定价：TWD250.00

J0145120
手风琴演奏教程 肖顺康编
广州 广东人民广播电台文艺部 1984年 228页
25cm（16开）定价：CNY2.80

J0145121
德彪西的钢琴音乐 （美）道斯（Dawes, F.）著；克纹译
北京 人民音乐出版社 1985年 89页 19cm（32开）
统一书号：8026.4314 定价：CNY0.62
本书分析了德彪西各个时期的钢琴曲，叙述其钢琴音乐风格形成的过程，以及这种风格又如何体现出作曲家的音乐本质。外文书名：Debussy Piano Music.

J0145122
风琴·手风琴伴奏基础知识 马鲁生编
济南 山东教育出版社 1985年 106页
26cm（16开）统一书号：8275.3 定价：CNY1.30
本书由浅入深，从最简单易学的八度伴奏法入手并加以适当的变化，然后根据当前音乐教学的不断发展和需要，用较大的篇幅对和弦伴奏法作了详细的介绍。

J0145123
钢琴初级教材 冯慧航编
广州 广东高等教育出版社 1985年 114页
26cm（16开）统一书号：8343.1 定价：CNY2.80
本书以钢琴基本弹奏方法为内容，并结合乐理常识进行选材。书中所收的乐曲，音乐性较强、音乐形象较鲜明，是供幼儿音乐律动、音乐游戏、音乐欣赏用的资料。

J0145124
钢琴技巧指导法 鲍锦鸿编
台北 全音乐谱出版社［1985年］282页
21cm（32开）定价：TWD135.00
（最新钢琴讲座 5）

J0145125
钢琴技术的合理原则 （法）科尔托（Cortot, A.）著；洪士銈译
北京 人民音乐出版社 1985年 108页
37cm（8开）统一书号：8026.4245
定价：CNY4.40
外文书名：Principes Rationels de Latech-nigue Pianistque.

J0145126
钢琴艺术之路 李琏亮作；俞小勇编辑

上海 上海有声读物公司 1985年 16页
附磁带2盘 20cm(32开) 定价: CNY0.75
(钢琴教材 之一)

J0145127
口琴吹奏法　陈剑晨编著
合肥 安徽文艺出版社 1985年 86页 19cm(32开)
统一书号: 8378.6 定价: CNY0.68

本书共分三篇: 上篇, 口琴的基本知识; 中篇, 口琴吹奏法; 下篇, 口琴曲选。作者陈剑晨(1911-?), 口琴演奏家。浙江嵊县(今浙江省嵊州市)人。创办上海口琴会, 曾任会长。编著有《口琴吹奏法》《口琴曲集》等。

J0145128
口琴吹奏教程　陈剑晨, 徐立编
上海 上海教育出版社 1985年 153页
19cm(32开) 统一书号: 7150.3488
定价: CNY0.76
(中小学音乐教学丛书)

本书分口琴的一般知识、单音吹奏练习、各种吹奏法的练习、各种口琴的认识与介绍、口琴的合奏与重奏以及口琴曲选六个部分。

J0145129
马格南特手风琴演奏法　(1)(美)马格南特(Magnante, C.)编; 颜丽莉译
北京 人民音乐出版社 1985年 80页 31cm(10开)
统一书号: 8026.4338 定价: CNY3.15

本书分两册, 共84课。采用分阶段的教学方法, 对学习进程作了细致的划分, 对左右手的一些基本技巧以及左右手配合及风箱应用等, 都有明确的教学要求和指导。外文书名: Charles Magnante Accordion Method.

J0145130
马格南特手风琴演奏法　(2)(美)马格南特(Magnante, C.)编; 颜丽莉译
北京 人民音乐出版社 1985年 128页
31cm(10开) 统一书号: 8026.4341
定价: CNY4.65

外文书名: Charles Magnante Accordion Method.

J0145131
莫扎特的钢琴协奏曲　(英)拉德克利夫(Radcliffe, P.)著; 裘耀章译
北京 人民音乐出版社 1985年 94页 19cm(32开)
统一书号: 8026.4351 定价: CNY0.46

本书对莫扎特各个时期的钢琴协奏曲逐个加以分析, 对其音乐风格、创作手法都做了较详细的论述。外文书名: Mozart Piano Concertos.

J0145132
手风琴简易记谱法　尹志超编著
北京 工人出版社 1985年 71页 26cm(16开)
统一书号: 8007.35 定价: CNY1.10

本书是作者结合我国手风琴教育实际所创造的手风琴简易记谱法。这种方法方便易学, 为手风琴爱好者提供了一个良好的学习方法。

J0145133
手风琴简易记谱法演奏教程　尹志超著
长春 吉林人民出版社 1985年 403页
26cm(16开) 统一书号: 10389.55 定价: CNY4.20

本书共分三编: 上编从介绍手风琴的构造及各部位的名称开始, 通过练习曲与简单的中外歌曲掌握C、G、F三个调子的单旋律演奏能力; 中编主要练习右手旋律部多声部曲调、左手伴奏部低音曲调, 同时掌握D、bB、bA、bE等调子的演奏能力, 下编为伴奏编配法, 结合手风琴特点, 从音程开始叙述了和声基础知识及其功能规律。

J0145134
手风琴简易记谱法演奏教程　尹志超著
长春 时代文艺出版社 1986年 403页
26cm(16开) 统一书号: 10389.55 定价: CNY4.20

J0145135
手风琴入门　王晓明编写
兰州 甘肃人民出版社 1985年 167页
26cm(16开) 统一书号: 8096.1133
定价: CNY1.75

本书是以手风琴的综合性基础知识为基本内容的, 除在许多章节附有讲解例题和相应的练习曲外, 书后附有近代国内外手风琴名曲几十首。

J0145136
手风琴演奏法 （一）（美国）查尔斯·马格南特编；颜丽莉译
北京 人民音乐出版社 1985年 80页 38cm（6开）
定价：CNY3.15
本书据纽约罗宾斯音乐公司1937年版译出。

J0145137
手风琴演奏法 （二）（美国）查尔斯·马格南特编；颜丽莉译
北京 人民音乐出版社 1985年 128页
38cm（6开）定价：CNY4.65
本书据纽约罗宾斯音乐公司1940年版译出。

J0145138
调式和调的探索 （钢琴短曲五十首）（美）玛克（G.Mack）著；文英译
北京 中国文联出版公司 1985年 32页
26cm（16开）统一书号：8355.170
定价：CNY0.63
本书介绍了各种重要的音体系和音调风格。这些乐曲是用教会调式、五声音阶、大调、小调、半音音阶等所写成。此外附有序列和十二音音乐的例子。

J0145139
现代爵士钢琴奏法 （梅哈根）Mehegan原著；马乐天编译
台北 文化图书公司 1985年 120页 26cm（16开）
精装 定价：TWD200.00
外文书名：Contemporary Styles for the Jass Pianist.

J0145140
现代手风琴技巧 （美）加维安尼（F.Gaviani）编；俞人悦译
北京 人民音乐出版社 1985年 134页
38cm（6开）统一书号：8026.4335
定价：CNY4.40
本书分右手练习、左手练习、手腕练习、抖风箱、滑奏5部分，其中“左手练习”是本书重点。

J0145141
成年人应用钢琴教程 （上册）李菊红，黄佩莹主编
北京 人民音乐出版社 1986年 171页
38cm（6开）统一书号：8026.4428
定价：CNY6.10
本书分两册，共20课。包括钢琴弹奏的基本技能、技巧、手段及钢琴应用两大部分，含古今中外的简易钢琴曲和歌曲伴奏300余首。

J0145142
成年人应用钢琴教程 （下册）李菊红，黄佩莹主编
北京 人民音乐出版社 1986年 139页
38cm（6开）统一书号：8026.4429
定价：CNY5.15

J0145143
世界著名通俗钢琴曲欣赏 孙维权，巢志珏编
上海 上海文艺出版社 1986年 329页
19cm（32开）统一书号：8078.3530
定价：CNY2.05
（音乐爱好者丛书）
本书从欣赏的角度介绍了著名作曲家巴赫、贝多芬、莫扎特、肖邦、舒曼、李斯特、勃拉姆斯、柴可夫斯基等创作的58首著名通俗钢琴曲。

J0145144
世界著名通俗钢琴曲欣赏 孙维权，巢志珏编著
上海 上海音乐出版社 1999年 重印本 329页
有插图肖像 19cm（32开）ISBN：7-80553-009-2
定价：CNY14.00
（音乐爱好者丛书 钢琴音乐篇）

J0145145
手风琴教程 刘明亮等主编
开封 河南大学出版社 1986年 221页
26cm（16开）统一书号：CN8435.003
定价：CNY4.90

J0145146
手风琴教程 刘明亮等主编
开封 河南大学出版社 1986年 221页
26cm（大16开）统一书号：8435.003
定价：CNY4.90

J0145147
手风琴演奏法 肖顺康编著
郑州 黄河文艺出版社 1986年 140页
26cm(16开)统一书号:8385.12 定价:CNY1.45

J0145148
幼儿钢琴教学问答 李斐岚著
北京 人民音乐出版社 1986年 66页 20cm(32开)
定价:CNY0.53

J0145149
约翰·汤普森浅易钢琴教程 (第一册)(美)汤普森(Thompson, J.)编;王鼎藩等译
北京 人民音乐出版社 1986年 40页 有五线谱及插图 38cm(6开)统一书号:8026.4436
定价:CNY1.55

作者约翰·汤普森(John Thompson),钢琴教育家。出生于美国宾夕法尼亚。在美国费城学习音乐。曾任教于费城和印第安纳波利斯,堪萨斯市立音乐学院(现为密苏里大学堪萨斯分校音乐和舞蹈学院)。代表作品为约翰·汤普森钢琴教程系列,其中《约翰·汤普森钢琴简易教程》是世界公认的初学钢琴者的权威性教材。还出版有《幼儿钢琴入门指导》《现代钢琴教程》《成人预备课程》等。

J0145150
约翰·汤普森浅易钢琴教程 (第二册)(美)汤普森(Thompson, J.)编;王鼎藩等译
北京 人民音乐出版社 1986年 48页 34cm(10开)
统一书号:8026.4437 定价:CNY1.80

J0145151
约翰·汤普森浅易钢琴教程 (第三册)(美)汤普森(S.J.Thompson)编;芃林译
北京 人民音乐出版社 1986年 44页 38cm(6开)
统一书号:8026.4438 定价:CNY1.65

J0145152
约翰·汤普森浅易钢琴教程 (第3册)(美)汤普森(Thompson, J.)编;芃林译
北京 人民音乐出版社 1986年 46页 34cm(12开)
统一书号:8026.4439 ISBN:7-103-00072-7
定价:CNY2.55

J0145153
约翰·汤普森浅易钢琴教程 (第4册)(美)汤普森(Thompson, J.)编;芃林译
北京 人民音乐出版社 1986年 46页 34cm(12开)
统一书号:8026.4439 ISBN:7-103-00073-5
定价:CNY2.55

J0145154
约翰·汤普森浅易钢琴教程 (第5册)(美)汤普森(Thompson, J.)编;芃林译
北京 人民音乐出版社 1986年 46页 34cm(10开)
统一书号:8026.4440 定价:CNY1.65

J0145155
约翰·汤普森浅易钢琴教程 (第一册)(美)汤普森(Thompson, J.)编;王鼎藩译
北京 人民音乐出版社 1986年 39页 35cm(15开)
统一书号:8026.4439 定价:CNY1.80

J0145156
约翰·汤普森浅易钢琴教程 (第四册)(美)汤普森(Thompson, J.)编;芃林译
北京 人民音乐出版社 1986年 46页 38cm(6开)
统一书号:8026.4439 定价:CNY1.65

J0145157
约翰·汤普森浅易钢琴教程 (第五册)(美)汤普森(S.J.Thompson)编;芃林译
北京 人民音乐出版社 1986年 46页 38cm(6开)
统一书号:8026.4440 定价:CNY1.65

J0145158
约翰·汤普森现代钢琴教程 (1)(美)汤普森著;叶芳琼译
北京 人民音乐出版社 1983年 正谱本
37cm(8开)统一书号:8026.4167
定价:CNY2.10

本册为现代钢琴的初学入门。

J0145159
约翰·汤普森现代钢琴教程 (2)(美)汤普森著;叶芳琼译
北京 人民音乐出版社 1983年 正谱本
37cm(8开)统一书号:8026.4168
定价:CNY2.35

本册按循序渐进原则，加入手指穿越及手指伸展练习。

J0145160
约翰·汤普森现代钢琴教程　（3）（美）汤普森著；叶芳琼译
北京　人民音乐出版社　1983年　正谱本
37cm（8开）统一书号：8026.4169
定价：CNY2.35

本册要求学生掌握全部24个大小调并能熟练弹奏。

J0145161
约翰·汤普森现代钢琴教程　（4）（美）汤普森著；叶芳琼译
北京　人民音乐出版社　1983年　正谱本
37cm（8开）统一书号：8026.4170
定价：CNY2.10

本册着眼于使学生从音乐和钢琴技巧两方面继续提高，选材趋于多样化，引导学生注意演奏风格的形成。

J0145162
约翰·汤普森现代钢琴教程　（5）（美）汤普森著；叶芳琼译
北京　人民音乐出版社　1983年　正谱本
37cm（8开）统一书号：8026.4171
定价：CNY2.80

本册旨在提高学生的钢琴技巧和音乐才能，最终在钢琴演奏技艺上达到一定程度。书后还附有与其配套使用的参考曲目。

J0145163
儿童钢琴手指练习　李斐岚编著
北京　人民音乐出版社　1987年　132页
31cm（10开）统一书号：8026.4605
定价：CNY5.25

作者李斐岚（1947—　），教授。江苏人，中央音乐学院副教授，北京音乐家协会会员。出版有《儿童钢琴手指练习》《钢琴教程》《钢琴教程》。

J0145164
风琴、钢琴弹奏法　木同洽等编著
成都　四川教育出版社　1987年　236页
26cm（16开）ISBN：7-5408-0022-4
定价：CNY2.79
（中小学音乐教师业务进修丛书）

本书包括3部分：风琴、钢琴弹奏基本知识；风琴钢琴常见技术的弹奏方法及练习内容；歌曲伴奏谱。对风琴、钢琴10种常见技术的弹奏方法作了较详细的讲述，并编有基本练习、练习曲、乐曲及歌曲伴奏作配合练习。

J0145165
钢（风）琴　（第一册）人民教育出版社幼儿教育室编
北京　人民教育出版社　1987年　79页　19cm（32开）
ISBN：7-107-09038-0　定价：CNY0.72

本书共三册，本册包括钢（风）琴弹奏的基本知识和弹奏技能训练两部分。

J0145166
钢（风）琴　（第二册）人民教育出版社幼儿教育室编
北京　人民教育出版社　1988年　99页　26cm（16开）
ISBN：7-107-09116-6　定价：CNY1.15

本套书共三册，本册为第二册。内容包括弹奏四升四降以内的大、小调（和声小调）的音阶、琶音（二组）、和弦连接、踏板练习、五指练习等基本内容的练习，以及弹奏有关的一些钢（风）琴练习曲、乐曲和配有简易伴奏的边弹边唱的幼儿歌曲等。

J0145167
钢（风）琴　（第三册）人民教育出版社幼儿教育室编
北京　人民教育出版社　1988年　158页
26cm（16开）ISBN：7-107-09129-8
定价：CNY1.60

本书共三册，本册为第三册。内容包括在前两册的基础上增加双手平行三、六、十度的音阶练习。

J0145168
钢琴初级教材　麦丁编
北京　中国建设出版社　1987年　26cm（16开）
统一书号：7514.3　定价：CNY6.50

J0145169
钢琴初级教材　（中英对照）麦丁编

北京 中国建设出版社 1987年 82页 37cm(8开)
ISBN: 7-5072-0036-1 定价: CNY6.50

J0145170
钢琴中级教材 （中英对照）麦丁编
北京 中国建设出版社 1987年 36cm(6开)
统一书号: 7514.4 ISBN: 7-5072-0037-1
定价: CNY5.90
外文书名: Intermediate Piano Teaching Material.

J0145171
键盘即兴伴奏入门 周微我，朱鸿谊编著
济南 山东大学出版社 1987年 133页
26cm(16开) ISBN: 7-5607-0030-6
定价: CNY2.50

J0145172
铃木钢琴教学法 （美）道勒斯·科培尔门著；周荷君译
合肥 安徽文艺出版社 1987年 76页 19cm(32开)
统一书号: 8378.20 定价: CNY0.70
本书主张学习音乐要从听力开始训练，并提出了在钢琴练习、钢琴教学、钢琴技术、读谱、演出等方面应该注意的问题，避免孩子从小在钢琴学习上走弯路。

J0145173
少年儿童手风琴速学教程 姚志明编著
北京 人民音乐出版社 1987年 110页
26cm(16开) 统一书号: 8026.4561
定价: CNY1.65

J0145174
手风琴初级教材 （下册）韩泳编著
杭州 浙江文艺出版社 1987年 96页 26cm(16开)
统一书号: 10317.360 定价: CNY1.65

J0145175
手风琴电子琴演奏基础 李世明编著
银川 宁夏人民出版社 1987年 184页
26cm(16开) ISBN: 7-227-00016-8
定价: CNY1.95

J0145176
手风琴是我的好朋友 （1）上海手风琴教学中心等编
上海 上海文艺出版社 1987年 40页 15×17cm
统一书号: 8078.3643 定价: CNY0.50

J0145177
手风琴是我的好朋友 （2）上海手风琴教学中心等编
上海 上海文艺出版社 1987年 40页 15×17cm
统一书号: 8078.3644 定价: CNY0.50

J0145178
手风琴手指练习 郝丕喜编
北京 人民音乐出版社 1987年 104页
31cm(15开) 统一书号: 8026.4584
定价: CNY4.20

J0145179
手风琴手指练习 郝丕喜编著
北京 人民音乐出版社 1999年 重印本 104页
31cm(15开) ISBN: 7-103-00697-0
定价: CNY21.40

J0145180
新编口琴教程 顾泉发编著
西安 陕西人民出版社 1987年 246页
19cm(32开) 统一书号: 8094.739 定价: CNY1.30

J0145181
新编口琴教程 顾泉发编著
西安 陕西人民出版社 1992年 重印 246页
19cm(32开) ISBN: 7-224-02499-6
定价: CNY3.60

J0145182
幼儿的拜尔教本 （上）（德）拜尔著；（日）武田邦夫编著
台北 美乐出版社 1987年 155页 28cm(16开)

J0145183
幼儿的拜尔教本 （上）（德）拜尔著；（日）武田邦夫编著
台北 全音乐谱出版社 [1987年] 155页
26cm(16开)

J0145184
幼儿的拜尔教本 （下）（德）拜尔著；（日）武田邦夫编著
台北 全音乐谱出版社［1987年］136页
26cm（16开）

J0145185
怎样弹奏风琴与编配伴奏 梁德铭编著
北京 人民音乐出版社 1987年 简谱本 101页
26cm（16开）统一书号：8026.4582
定价：CNY1.55

J0145186
怎样使孩子钢琴弹的更好 陈佳佳编译
台北 暖流出版社 1987年 223页 有图
19cm（32开）定价：TWD100.00
（生活百科入门 26）

J0145187
弹琴手形与打键方法 阎学智编译
开封 河南大学出版社 1988年 89页 19cm（32开）
ISBN：7-81018-181-5 定价：CNY0.80

本书内容包括钢琴制造、演奏的历史，现代特征和弹琴手形及打键方法等。

J0145188
儿童初级手风琴教程 王域平，朱径白编著
天津 新蕾出版社 1988年 75页 19×26cm
ISBN：7-5307-0183-5 定价：CNY1.30

J0145189
儿童钢琴电子琴入门 葛德月编著
北京 中国和平出版社 1988年 144页 19×26cm
ISBN：7-80037-143-3 定价：CNY4.40

J0145190
儿童手风琴教程 （8贝司）赵家恕编著
北京 人民音乐出版社 1988年 93页 26cm（16开）
ISBN：7-103-00291-6 定价：CNY3.00

J0145191
儿童手风琴入门 （第一册）马行乾编著
北京 人民音乐出版社 1988年 44页
30cm（15开）ISBN：7-103-00078-6
定价：CNY2.50

本套书内容由浅入深、循序渐进，它由基本练习曲、儿童熟悉的民歌、儿童歌曲以及中外名曲、古典大师的作品组成，并插入图片、照片和通俗的音乐知识等。

J0145192
儿童手风琴入门 （第二册）马行乾编著
北京 人民音乐出版社 1989年 54页
30cm（10开）ISBN：7-103-00293-2
定价：CNY3.30

J0145193
儿童手风琴入门 （第三册）马行乾编著
北京 人民音乐出版社 1989年 51页 31cm（10开）
ISBN：7-103-00445-5 定价：CNY3.45

J0145194
儿童手风琴入门 （第四册）马行乾编著
北京 人民音乐出版社 1990年 56页 31cm（10开）
ISBN：7-103-00536-0 定价：CNY4.50

J0145195
儿童手风琴入门 （第五册）马行乾编著
北京 人民音乐出版社 1991年 57页 有插图
31cm（10开）ISBN：7-103-00755-1
定价：CNY4.40

J0145196
儿童手风琴入门 （第六册）马行乾编著
北京 人民音乐出版社 1992年 75页 有照片
31cm（10开）ISBN：7-103-00852-3
定价：CNY4.90

J0145197
儿童手风琴入门 （第七册）马行乾编著
北京 人民音乐出版社 1994年 82页 有乐谱
30cm（10开）ISBN：7-103-01162-1
定价：CNY7.65

J0145198
儿童手风琴入门 （第八册 补充练习曲及“每日练”）马行乾编著
北京 人民音乐出版社 1994年 81页 30cm（10开）
ISBN：7-103-01167-2 定价：CNY7.65

J0145199
风琴实用教程　高维聪编著
成都 四川文艺出版社 1988 年 127 页
26cm(16 开) 定价: CNY2.50

J0145200
钢(风)琴　郭蕙英主编
上海 上海教育出版社 1988 年 243 页
26cm(16 开) ISBN: 7-5320-0591-7
定价: CNY3.65

J0145201
钢(风)琴　(第一册) 人民教育出版社音乐室编著
北京 人民教育出版社 1998 年 118 页 有插图
29cm(12 开) ISBN: 7-107-12771-3
定价: CNY9.30

J0145202
钢(风)琴　(第二册) 人民教育出版社音乐室编著
北京 人民教育出版社 1999 年 163 页
29cm(16 开) ISBN: 7-107-13284-9
定价: CNY14.90
　　本书是国家教育部规划的幼儿师范学校教科书，分钢琴、风琴与手风琴两部分 15 个单元，共 33 课时的教学内容。

J0145203
钢琴初级自学教程　(上册) 方百里编著
上海 上海翻译出版公司 1988 年 118 页
26cm(16 开) ISBN: 7-80514-380-3
定价: CNY4.40
(音乐函授视听丛书)

J0145204
钢琴初级自学教程　(下册) 方百里编写
上海 上海翻译出版公司 1989 年 130 页
26cm(16 开) ISBN: 7-80514-422-2
定价: CNY5.65
(音乐函授视听丛书)

J0145205
钢琴即兴伴奏　(五十课教程) 刘学严, 张宏君著
沈阳 辽宁教育出版社 1988 年 164 页
31cm(10 开) ISBN: 7-5382-0548-9
定价: CNY3.95
　　作者刘学严(1935—　), 教授。山东济宁人。沈阳音乐学院任教。著有《中国五声性调式和声及风格手法》《钢琴即兴伴奏教程》。

J0145206
高等师范院校手风琴教程　(第一册 手风琴演奏的基础训练) 全国高等师范院校手风琴学会编; 李聪等执笔
北京 人民音乐出版社 1988 年 187 页
31cm(15 开) ISBN: 7-103-00230-4
定价: CNY7.10
　　本书简单介绍了手风琴的结构、演奏的基本知识、记谱法。编排了手风琴各种技巧的练习曲和与之相配合的乐曲。

J0145207
高等师范院校手风琴教程　(第二册 手风琴中外名曲 91 首) 全国高等师范院校手风琴学会编; 孙德伦等执笔
北京 人民音乐出版社 1988 年 352 页
30cm(15 开) ISBN: 7-103-00231-2
定价: CNY12.70
　　本书选有中外名曲，既有独奏曲，也有重奏曲，可供教学、演奏使用。

J0145208
高等师范院校手风琴教程　(第三册 手风琴伴奏的编配) 全国高等师范院校手风琴学会编; 李未明等执笔
北京 人民音乐出版社 1988 年 157 页
30cm(15 开) ISBN: 7-103-00232-0
定价: CNY6.15
　　本书简述了手风琴伴奏的编配，并以实例进行分析。

J0145209
口琴讲座　(初级班) 杨家祥编著
北京 中国广播电视出版社 1988 年 132 页
19cm(32 开) ISBN: 7-5043-0075-6
定价: CNY1.30

J0145210
世界名曲 35 首　(日) 保田正编; 李钟庆, 李惕

乾译
武汉 长江文艺出版社 1988年 55页 32cm(10开)
ISBN: 7-5354-0120-1

J0145211
手风琴 (全一册)人民教育出版社幼儿教育室编
北京 人民教育出版社 1988年 174页
26cm(16开)ISBN: 7-107-09132-8
定价: CNY1.90
本书内容包括: 手风琴的构造和性能; 演奏手风琴的常识; 基本教材, 为幼儿歌(乐)曲配简易伴奏; 补充教材5章。

J0145212
手风琴电视教程 (五线谱、简谱对照版)任士荣编著
北京 中国新闻出版社 1988年 309页 有照片
26cm(16开)ISBN: 7-80041-102-8
定价: CNY9.50
作者任士荣(1935—), 国家一级演奏员。江苏扬州人, 肄业于沈阳音乐学院。历任解放军空政文工团艺术研究组组长, 中国手风琴学会副会长。

J0145213
手风琴电子琴速成训练 谢志戎编著
西安 华岳文艺出版社 1988年 105页
26cm(16开)ISBN: 7-80549-046-5
定价: CNY2.35

J0145214
手风琴电子琴速成训练 谢志戎编著
西安 陕西人民出版社 1995年 重印本 105页
26cm(16开)ISBN: 7-224-01787-6
定价: CNY4.80

J0145215
手风琴简明教本 罗启芳, 陈开祺编著
福州 福建教育出版社 1988年 116页
26cm(16开)ISBN: 7-5334-0394-0
定价: CNY3.00

J0145216
手风琴教程 (第一册 手风琴演奏的基础训练)全国高等师范院校手风琴学会编
北京 人民音乐出版社 1988年 187页
38cm(6开)定价: CNY7.10

J0145217
手风琴演奏教程 宋立权编著
哈尔滨 黑龙江教育出版社 1988年 90页
26cm(16开)ISBN: 7-5316-0417-5
定价: CNY3.00
作者宋立权(1961—), 教授。历任中国音协手风琴学会常务理事, 黑龙江青联委员, 哈尔滨师范大学艺术学院附中校长、副教授。著有《手风琴爵士乐》。

J0145218
手风琴演奏入门 王小平著
北京 中国青年出版社 1988年 243页
26cm(16开)ISBN: 7-5006-0228-6
定价: CNY6.05
(青年文化娱乐丛书)

J0145219
小宇宙钢琴教程 (1)(匈)巴托克(Bartok)编; 储军译文
北京 人民音乐出版社 1988年 28页 31cm(10开)
ISBN: 7-103-00328-9 定价: CNY1.55
外文书名: Mikrokosmos.

J0145220
小宇宙钢琴教程 (2)(匈)巴托克(Bartok)编; 储军译文
北京 人民音乐出版社 1988年 38页 31cm(10开)
ISBN: 7-103-00329-7 定价: CNY2.05
外文书名: Mikrokosmos.

J0145221
小宇宙钢琴教程 (3)(匈)巴托克(Bartok)编; 储军译文
北京 人民音乐出版社 1988年 51页 31cm(10开)
ISBN: 7-103-00330-0 定价: CNY2.60
外文书名: Mikrokosmos.

J0145222
小宇宙钢琴教程 (4)(匈)巴托克(Bartok)编; 储军译文
北京 人民音乐出版社 1988年 51页 31cm(10开)

ISBN: 7-103-00331-9 定价: CNY2.60

外文书名: Mikrokosmos.

J0145223

小宇宙钢琴教程 (5)(匈)巴托克(Bartok)编; 储军译文

北京 人民音乐出版社 1988年 43页 31cm(10开)

ISBN: 7-103-00332-7 定价: CNY2.60

外文书名: Mikrokosmos.

J0145224

小宇宙钢琴教程 (6)(匈)巴托克(Bartok)编; 储军译文

北京 人民音乐出版社 1988年 54页 31cm(10开)

ISBN: 7-103-00333-5 定价: CNY2.90

外文书名: Mikrokosmos.

J0145225

幼儿手风琴教程 蔡福华编

上海 上海教育出版社 1988年 124页

26cm(16开) ISBN: 7-5320-0946-7

定价: CNY2.70

J0145226

约翰·塞巴斯蒂安·巴赫 (音乐大师和他的作品)(德)古尔利特(Gurlitt, W.)著; 胡君亶译

北京 人民音乐出版社 1988年 78页

20cm(32开) ISBN: 7-103-00298-3

定价: CNY0.95

约翰·塞巴斯蒂安·巴赫(Johann Sebastian Bach, 1685—1750), 德国作曲家, 管风琴、小提琴、大键琴演奏家。外文书名: Johann Sebastian Bach.

J0145227

中等师范学校课本《琴法》一、二册(试用本)弹奏指南 肖明德等著

重庆 西南师范大学出版社 1988年 99页

26cm(16开) ISBN: 7-5621-0009-8

定价: CNY1.61

J0145228

中国儿童钢琴新教程 (第一册)韩乐春著

广州 科学普及出版社广州分社 1988年 67页

27cm(16开) ISBN: 7-110-00652-2

定价: CNY5.83

J0145229

中国儿童钢琴新教程 (第二册)韩乐春著

广州 科学普及出版社广州分社 [1989年] 98页 有图 26cm(16开) ISBN: 7-110-00653-0

定价: CNY7.61

J0145230

中国儿童钢琴新教程 (第四册)韩乐春著

广州 科学普及出版社广州分社 1988年 123页

27cm(16开) ISBN: 7-110-00652-2

定价: CNY9.40

J0145231

儿童手风琴入门 冯杰豪编

广州 科学普及出版社广州分社 1989年 73页

26cm(16开) ISBN: 7-110-01177-1

定价: CNY2.55

J0145232

钢琴的购置、保养和维修手册 贺庆晓著

上海 同济大学出版社 1989年 134页

19cm(小32开) ISBN: 7-5608-0435-7

定价: CNY1.95

J0145233

钢琴电子琴两用教材 麦丁, 赵行达编

北京 中国广播电视出版社 1989年 63页

26cm(16开) ISBN: 7-5043-0122-1

定价: CNY2.00

J0145234

钢琴演奏教学法 (苏)阿列克赛耶夫(A.Алексеев)著; 谌国璋, 程白珊译

上海 上海音乐出版社 1989年 328页

20cm(32开) ISBN: 7-80553-080-7

定价: CNY4.90

J0145235

家庭钢琴电子琴自学指导 (上册)张桐柱著

长春 时代文艺出版社 1989年 134页

26cm(16开) 定价: CNY4.20

J0145236
键盘 （风琴分册）北方四省区职业教育教材编审组编
沈阳 辽宁科学技术出版社 1989 年 102 页
26cm（16 开）ISBN：7-5381-0783-5
定价：CNY2.45

J0145237
键盘 （钢琴分册）北方四省区职业教育教材编审组编
沈阳 辽宁科学技术出版社 1989 年 119 页
26cm（16 开）ISBN：7-5381-0775-4
定价：CNY2.80

J0145238
键盘 （手风琴分册）北方四省区职业教育教材编审组编
沈阳 辽宁科学技术出版社 1989 年 124 页
26cm（16 开）ISBN：7-5381-0784-3
定价：CNY2.80

J0145239
姜杰手风琴中高级教程 （乐谱部分）姜杰著
北京 高等教育出版社 1989 年 106 页
26cm（16 开）ISBN：7-04-002966-9
定价：CNY5.00

J0145240
爵士钢琴速成 马天乐编著
台北 文化图书公司 1989 年 再版 430 页
27cm（16 开）精装 定价：TWD500.00
外文书名：Jazz Piano Quick Completed in Full Course.

J0145241
论析贝多芬钢琴奏鸣曲 （苏）克里姆辽夫著；丁逢辰译
上海 上海音乐出版社 1989 年 226 页
20cm（32 开）ISBN：7-80553-092-0
定价：CNY3.15

J0145242
少儿手风琴教程 蔡福华编
上海 上海教育出版社 1989 年 288 页
26cm（16 开）ISBN：7-5320-1460-6
定价：CNY6.00

J0145243
世界手风琴名曲演奏技法 何鸿文，张罗培编
上海 上海翻译出版公司 1989 年 87 页
26cm（16 开）ISBN：7-80514-225-4
定价：CNY2.65

J0145244
手风琴实用教材 韩泳编著
上海 上海交通大学出版社 1989 年
2 册（76；76 页）26cm（16 开）
ISBN：7-313-00537-7 定价：CNY4.30

J0145245
手风琴速学教材 李佐廷著
北京 中国文联出版公司 1989 年 100 页
26cm（16 开）定价：CNY3.00
作者李佐廷，北京少年儿童手风琴乐团任职。

J0145246
手风琴速学教程 李佐廷著
北京 中国文联出版公司 1989 年 100 页
26cm（16 开）ISBN：7-5059-1049-3
定价：CNY3.00

J0145247
手风琴演奏自学辅导 李贵宝编写
太原 山西人民出版社 1989 年 79 页 26cm（16 开）
ISBN：7-203-00703-0 定价：CNY1.90

J0145248
手风琴自学基础 杨兆丰编著
石家庄 河北教育出版社 1989 年 269 页
26cm（16 开）ISBN：7-5434-0213-0
定价：CNY4.95

J0145249
幼儿钢琴入门速成指导 罗海燕编著
南宁 广西民族出版社 1989 年 100 页
26cm（16 开）ISBN：7-5363-0455-2
定价：CNY4.20

J0145250
幼儿手风琴启蒙　郝丕喜著
上海 上海音乐出版社 1989 年 152 页 19×26cm
ISBN：7-80553-184-6 定价：CNY7.85

J0145251
中等师范学校手风琴教程　（第一册 手风琴演奏的基础训练）全国高等师范院校手风琴学会编
北京 人民音乐出版社 1989 年 141 页
31cm（10 开）ISBN：7-103-00413-7
定价：CNY7.75
　　本书简单介绍了手风琴的结构、演奏的基本知识、记谱法，并由浅入深地编排手风琴的各种技巧练习曲和与之相配合的乐曲。

J0145252
中等师范学校手风琴教程　（第二册 手风琴演奏的基础训练）全国高等师范院校手风琴学会编
北京 人民音乐出版社 1989 年 190 页
31cm（10 开）ISBN：7-103-00414-5
定价：CNY9.85
　　本书为乐曲集，包括独奏曲、重奏曲。

J0145253
中等师范学校手风琴教程　（第三册 手风琴伴奏的编配）全国高等师范院校手风琴学会编
北京 人民音乐出版社 1989 年 98 页 31cm（10 开）
ISBN：7-103-00415-3 定价：CNY5.50
　　本书阐述了手风琴伴奏的编配，并用实例予以分析说明。

J0145254
中国儿童钢琴新教程　（第三册）韩乐春著
广州 科学普及出版社广州分社［1989 年］90 页
有图 26cm（16 开）ISBN：7-110-00654-9
定价：CNY7.16

J0145255
朱工一钢琴教学论　葛德月编著
北京 人民音乐出版社 1989 年 121 页 有肖像
20cm（32 开）ISBN：7-103-00451-X
定价：CNY2.40
　　本书记录钢琴教育家朱工一多年课堂教学的心得体会，总结他教学的基本方法及理论，并收有他教授著名钢琴作品的“授课实录”。

J0145256
500 首钢琴初级教材集成　但昭义，郭幼容编
成都 四川人民出版社 1990 年 214 页
31cm（10 开）ISBN：7-220-00817-1
定价：CNY19.50
　　本书为钢琴教材，按技术课题，循序渐进地进行编排，是国内外同行公认的比较科学的教材。

J0145257
500 首钢琴初级教材集成　但昭义，郭幼容编
成都 四川文艺出版社 1996 年 214 页
31cm（12 开）ISBN：7-5411-1519-3
定价：CNY35.00

J0145258
500 首钢琴初级教材集成　但昭义，郭幼容编
成都 四川人民出版社 1997 年 214 页
29cm（12 开）ISBN：7-220-03554-3
定价：CNY35.00

J0145259
儿童钢琴、电子琴演奏入门　（上册）郭春东，郭莉萍编
长春 吉林教育出版社 1990 年 90 页 35cm（18 开）
ISBN：7-5383-0987-X 定价：CNY6.50

J0145260
儿童钢琴·电子琴演奏入门　郭春东等编著
北京 中国青年出版社 1998 年
3 册（96；98；96 页）有图 28cm（大 16 开）
ISBN：7-5006-2507-3 定价：CNY42.00

J0145261
儿童手风琴教材　梁祐成编著
南宁 广西教育出版社 1990 年 58 页 26cm（16 开）
ISBN：7-5435-1061-8 定价：CNY1.60

J0145262
儿童手风琴教程　郝丕喜编著
上海 上海音乐出版社 1990 年 154 页 19×26cm
ISBN：7-80553-250-8 定价：CNY9.10
　　本书与作者所编的《幼儿手风琴启蒙》可配套使用。适合六岁以上儿童学习。

J0145263
风琴手风琴简易伴奏教程　齐小风编
合肥 安徽文艺出版社 1990年 96页 26cm(16开)
ISBN: 7-5396-0298-8 定价: CNY3.20

J0145264
钢琴初步教程新编　(苏)尼科拉耶夫主编; 陈慧甦译
北京 人民音乐出版社 1990年 190页
31cm(15开) ISBN: 7-103-00642-3
定价: CNY10.25
本书是人民音乐出版社1956年出版的《钢琴初步教程》的新编本。新编本注重多种技术的训练，增加了一些较难的乐曲以及一定数量优秀的现代作品。

J0145265
钢琴即兴伴奏实用教程　徐慧林，林棣华著
北京 人民音乐出版社 1990年 169页
20cm(32开) ISBN: 7-103-00671-7
定价: CNY2.80

J0145266
钢琴教学法　应诗真著
北京 人民音乐出版社 1990年 155页
20cm(32开) ISBN: 7-103-00565-6
定价: CNY2.95
本书共8章，分3大部分，第一部分提出对钢琴教师的基本要求；第二部分讲述钢琴教学的主要课题；第三部分讲述保证教学有效进行的一些原则和措施。作者应诗真(1937—　)，女，钢琴家。浙江鄞县(今浙江省宁波市鄞州区)人，毕业于中央音乐学院钢琴系，留校任教。著有《钢琴教学法》。

J0145267
钢琴演奏基础训练　周广仁编著
北京 高等教育出版社 1990年 245页
26cm(16开) ISBN: 7-04-003278-3
定价: CNY3.25

J0145268
钢琴演奏基础训练　周广仁编著
北京 高等教育出版社 1991年 245页
26cm(16开) ISBN: 7-04-003278-3
定价: CNY4.50

J0145269
钢琴与风琴即兴伴奏法　卢冠华编著
武汉 湖北教育出版社 1990年 70页 26cm(16开)
ISBN: 7-5351-0445-2 定价: CNY3.00

J0145270
孩子们的拜厄钢琴初级教程　(上册)传开译注
上海 上海音乐出版社 1990年 127页
30cm(10开) ISBN: 7-80553-253-2
定价: CNY8.40

J0145271
孩子们的拜厄钢琴初级教程　(下册)传开译注
上海 上海音乐出版社 1991年 127页
30cm(10开) ISBN: 7-80553-266-4
定价: CNY8.40

J0145272
少儿实用手风琴伴奏指导　蔡福华著
上海 三联书店上海分店 1990年 66页
19cm(32开) ISBN: 7-5426-0290-X
定价: CNY2.00

J0145273
手风琴电子琴即兴伴奏法　(上册)覃式著
桂林 漓江出版社 1990年 116页 26cm(16开)
ISBN: 7-5407-0578-7 定价: CNY3.50
本书论述了即兴伴奏知识，并提出了"教"与"学"的新方法。

J0145274
手风琴电子琴即兴伴奏法　(下册)覃式著
桂林 漓江出版社 1993年 92页 28cm(大16开)
ISBN: 7-5407-1313-5 定价: CNY4.50
本册介绍了手风琴、电子琴即兴伴奏的技术训练和即兴伴奏的运用。作者覃式，教授。毕业于广西艺术学院，历任广西艺术学院教授、研究生导师，中国音协手风琴学会常务理事，广西手风琴学会会长，广西电子琴学会副会长。出版《手风琴、电子琴即兴伴奏法》。

J0145275
手风琴基础教程与简易伴奏法　邬明主编

昆明 云南人民出版社 1990 年 287 页
26cm（16 开）ISBN：7-222-00564-1
定价：CNY6.70

J0145276
手风琴指法训练和检修　陈成达著
上海 上海科学技术出版社 1990 年 221 页
19cm（32 开）ISBN：7-5323-0750-6
定价：CNY3.05

J0145277
学习钢琴的途径　吴元编
北京 文化艺术出版社 1990 年 162 页
20cm（32 开）ISBN：7-5039-0411-9
定价：CNY2.30

J0145278
约翰·汤普森幼童钢琴入门教程　汤普森著
合肥 安徽文艺出版社 1990 年 40 页 19×26cm
ISBN：7-5396-0376-3 定价：CNY2.50

作者约翰·汤普森(John Thompson)，钢琴教育家。出生于美国宾夕法尼亚。在美国费城学习音乐。曾任教于费城和印第安纳波利斯，堪萨斯市立音乐学院(现为密苏里大学堪萨斯分校音乐和舞蹈学院)。代表作品为约翰·汤普森钢琴教程系列，其中《约翰·汤普森钢琴简易教程》是世界公认的初学钢琴者的权威性教材。还出版有《幼儿钢琴入门指导》《现代钢琴教程》《成人预备课程》等。

J0145279
怎样为少儿歌曲编配手风琴伴奏　赵钢著
北京 中国广播电视出版社 1990 年 101 页
20cm（32 开）ISBN：7-5043-0221-X
定价：CNY1.85

本书的内容包括：分析歌曲的调试、选用适当的伴奏音型、其他特殊伴奏手法的运用等。另附十五首少儿歌曲手风琴伴奏曲谱。

J0145280
自修钢琴教程　萧子上编著
上海 上海交通大学出版社 1990 年 122 页
26cm（16 开）ISBN：7-313-00263-7
定价：CNY1.65

J0145281
拜厄幼儿钢琴教程　（日）武田邦夫编著；王怡译
北京 人民音乐出版社 1991 年 2 册（155；136 页）38cm（6 开）ISBN：7-103-00813-2
定价：CNY16.90

J0145282
儿童钢琴入门　（基本练习）范元绩编著
沈阳 辽宁教育出版社 1991 年 56 页 31cm（10 开）
ISBN：7-5382-1304-X 定价：CNY4.70

作者范元绩，沈阳音乐学院钢琴系教研室主任。

J0145283
儿童钢琴入门　（外国乐曲）范元绩编著
沈阳 辽宁教育出版社 1991 年 45 页 31cm（10 开）
ISBN：7-5382-1302-3 定价：CNY3.40

J0145284
儿童钢琴入门　（中国乐曲）范元绩编著
沈阳 辽宁教育出版社 1991 年 47 页 31cm（10 开）
ISBN：7-5382-1303-1 定价：CNY3.60

J0145285
儿童钢琴入门　（作业与游戏）范元绩编著
沈阳 辽宁教育出版社 1991 年 32 页 31cm（10 开）
ISBN：7-5382-1301-5 定价：CNY2.80

J0145286
钢琴教程　黄任歌编著
开封 河南大学出版社 1991 年 176 页
26cm（16 开）ISBN：7-81018-723-6
定价：CNY9.00

J0145287
钢琴演奏之道　赵晓生著
长沙 湖南教育出版社 1991 年 325 页
20cm（32 开）ISBN：7-5355-1346-8
定价：CNY5.30

本书分琴法篇、琴艺篇、琴韵篇三大部分。论述了从视谱到表演的每一个环节和钢琴学习上的技巧旨要。

J0145288
钢琴演奏之道　赵晓生著

上海 上海世界图书出版公司 1999 年
[2 版](修订本)411 页 20cm(32 开)
ISBN: 7-5062-4062-9 定价: CNY27.00

J0145289
琴法与伴奏 上海市幼儿师范专科学校音乐教研室编著
上海 上海音乐出版社 1991 年 179 页
26cm(16 开) ISBN: 7-80553-286-9
定价: CNY4.95

J0145290
全国手风琴教学论文集 陈一鸣, 史汝霞编
青岛 青岛海洋大学出版社 1991 年 231 页
20cm(32 开) ISBN: 7-81026-163-0
定价: CNY3.20

本书汇集了我国老一代演奏家、教育家以及青年演奏家的论文, 内容包括手风琴曲创作理论的宝贵经验, 关于演奏风格的探索, 以及手风琴教育方面的论述等。作者陈一鸣,《手风琴园地》编委。

J0145291
少儿手风琴教程 庄音豪编著
沈阳 辽宁少年儿童出版社 1991 年 141 页
26cm(16 开) ISBN: 7-5315-0689-X
定价: CNY2.70

J0145292
少儿手风琴学习实用问答 100 例 李佐廷著
北京 中国文联出版公司 1991 年 127 页
26cm(16 开) ISBN: 7-5059-1458-8
定价: CNY5.95

作者李佐廷, 北京少年儿童手风琴乐团任职。

J0145293
手风琴入门 魏启元编
武汉 湖北少年儿童出版社 1991 年 145 页
26cm(16 开) ISBN: 7-5353-0896-1
定价: CNY3.25

J0145294
幼儿钢琴初步 闫文英编
石家庄 河北少年儿童出版社 1991 年 48 页
26cm(16 开) ISBN: 7-5376-0720-6
定价: CNY1.30

J0145295
指尖下的音乐 (美)史兰倩丝卡(Slenczynska, R.)著; 王润婷译
台北 大吕出版社 1991 年 204 页 有图
21cm(32 开) ISBN: 957-9358-08-7
定价: TWD200.00
(大吕音乐丛刊 22)

外文书名: Music At Your Fingertips.

J0145296
钢琴弹奏技巧 (美)桑多尔(Sandor, Gyorgy)著; 李志曙, 全如珑译
北京 解放军出版社 1992 年 196 页 有图
26cm(16 开) ISBN: 7-5065-1862-7
定价: CNY7.50

本书阐述了钢琴弹奏的观念, 介绍并说明了组合技巧的诸因素, 以及在演奏中怎样使用这些因素。外文书名: On Piano Playing Motion, Sound and Expression. 作者乔治·桑多尔(Gyorgy Sandor, 1912—), 美籍匈牙利人, 世界知名的钢琴演奏家。作者李志曙(1916—1994), 壮族, 歌唱家、音乐教育家、教授。广西贵港人, 毕业于广西大学社会学系。历任上海军管大中华唱片厂文艺组副组长(今中国唱片公司), 上海音专教授, 先后任教于上海音乐学院、广西艺术学院、中国音乐学院。

J0145297
钢琴家论演奏 (近现代外国著名钢琴家采访记)(美)艾尔德(Elder, Dean)著; 叶俊松译
北京 人民音乐出版社 1992 年 340 页 有照片
20cm(32 开) ISBN: 7-103-00975-9
定价: CNY8.75

本书系采访记。内容涉及钢琴家们在艺术上的成长过程、对乐曲处理的独到见解、练琴方法、弹琴技巧等。外文书名: Pianists at Play: Interviews, Master Lessons, and Technical Regimes. 作者迪安·艾尔德(Dean Elder), 美国著名钢琴家、教师。

J0145298
钢琴普及教程 邓季芳编著

沈阳 春风文艺出版社 1992年 136页
38cm(6开) ISBN: 7-5313-0810-X
定价: CNY17.00

J0145299
钢琴实用教程　徐雅琴编著
南京 江苏教育出版社 1992年 591页
26cm(16开) ISBN: 7-5343-1654-5
定价: CNY11.75

本书内容包括：手指练习、音型练习、音阶和琶音练习、练习曲、乐曲、歌曲伴奏、即兴伴奏及有关的和声基础知识。

J0145300
钢琴踏板的使用及标记法　(苏)格尔曼(Гельман, З.)著; 张玉明译
北京 人民音乐出版社 1992年 127页
20cm(32开) ISBN: 7-103-00926-0
定价: CNY2.45

本书介绍了钢琴踏板的功能、分类，多种踏板标记法，阐述了踏板的使用原则及初学踏板的方法。

J0145301
钢琴踏板法指导　(美)班诺维茨著; 朱雅芬译
上海 上海音乐出版社 1992年 328页
20cm(32开) ISBN: 7-80553-335-0
定价: CNY6.95

本书介绍了钢琴踏板的简要历史，讲述了现代钢琴中踏板的结构、操作以及不同时期、不同风格的钢琴作品中踏板的用法。作者约瑟夫·班诺维茨，国际公认的音乐会钢琴家、录音艺术家和钢琴教师，美国北德克萨斯大学的钢琴演奏教授。

J0145302
钢琴调律与有关技术　(美)怀特(White, William Braid)著; 王可茂译
北京 人民音乐出版社 1992年 218页
20cm(32开) ISBN: 7-103-00931-7
定价: CNY5.75

外文书名: Piano Tuning and Allied Arts.

J0145303
钢琴知识问答　马伟编著
北京 中国文联出版社 1992年 15+381页 有图
18cm(小32开) ISBN: 7-5059-1657-2
定价: CNY6.25

J0145304
歌曲即兴伴奏初级教程　桑叶湘, 桑叶舟编著
贵阳 贵州教育出版社 1992年 118页
19cm(小32开) ISBN: 7-80583-273-0
定价: CNY2.50

作者桑叶湘(1937—　)，国家一级作曲家。浙江上虞人，毕业于沈阳音乐学院，贵州省钢琴协会首任秘书长。先后在贵州师范大学，贵州艺术专科学校，贵州师范专科学校，贵州老年电视大学，贵州老年大学等20多所大专院校教授作曲、钢琴等课程。创作有歌舞《乌江啊乌江》，舞剧《赤水红花》等。作者桑叶舟(1928—　)，钢琴教育家。浙江上虞人，毕业于中央音乐学院钢琴系。曾任杭州市文联委员、中国函授音乐学院副院长兼教务长、杭州钢琴学会会长。著有《钢琴简易维修法》，与四弟作曲家桑叶湘合著《歌曲即兴伴奏》、《钢琴曲〈二泉映月〉的演奏艺术》等。

J0145305
歌曲即兴伴奏初级教程　桑叶湘, 桑叶舟编著
贵阳 贵州教育出版社 1993年 83页 26cm(16开)
ISBN: 7-80583-447-4 定价: CNY4.00

J0145306
即兴伴奏实用教程　泰尔编著
北京 高等教育出版社 1992年 重印本 143页
26cm(16开) ISBN: 7-04-003294-5
定价: CNY2.20

J0145307
教儿童学手风琴　张海, 张立群编著
北京 教育科学出版社 1992年 重印本 100页
26cm(16开) ISBN: 7-5041-0268-7
定价: CNY4.00

J0145308
爵士钢琴和弦　(170)周惠萍译
台南 信宏出版社 1992年 175页 21cm(32开)
ISBN: 957-538-301-X 定价: TWD110.00
(音乐 11)

J0145309
爵士钢琴和弦结构　周惠萍译
台南 信宏出版社 1992年 125页 21cm(32开)
ISBN: 957-538-302-8 定价: TWD100.00
(音乐 12)

J0145310
口琴吹奏技法　杨翠琴编著
台南 信宏出版社 1992年 163页 21cm(32开)
ISBN: 957-538-113-0 定价: TWD100.0
(音乐 13)

J0145311
迷你钢琴　(我有一双小小手)尤生编; 金诚画
上海 上海教育出版社 1992年 17cm(40开)
精装 ISBN: 7-5320-2874-7 定价: CNY9.50

J0145312
迷你钢琴　(祝你生日快乐)尤生编; 金诚画
上海 上海教育出版社 1992年 17cm(40开)
精装 ISBN: 7-5320-2873-9 定价: CNY9.50

J0145313
少儿钢琴学习辅导: 致学琴小朋友的家长们　童道锦, 孙明珠著
北京 人民音乐出版社 1992年 78页
19cm(小32开) ISBN: 7-103-00829-9
定价: CNY1.65

J0145314
少儿歌曲手风琴伴奏编配法　高岳峰编著
武汉 湖北教育出版社 1992年 187页
26cm(16开) ISBN: 7-5351-0866-0
定价: CNY4.85

作者高岳峰(1967—　), 高级经济师。毕业于武汉大学马克思主义学院, 历任无锡市现代新农村投资发展有限公司董事长, 江苏省政协委员, 无锡市工商联副主席, 无锡星苗艺术学校校长。

J0145315
手风琴　吴守智编著
成都 四川科学技术出版社 1992年 重印本
190页 有照片 21cm(32开)
ISBN: 7-5364-1832-9 定价: CNY7.45
(少年儿童课余爱好丛书)

J0145316
手风琴　吴守智编著
成都 四川科学技术出版社 1996年 重印本
190页 有照片 21cm(32开)
ISBN: 7-5364-1832-9 定价: CNY11.90
(少年儿童课余爱好丛书)

J0145317
手风琴学习新法　陈一鸣著
北京 中国文联出版公司 1992年 91页
26cm(16开) ISBN: 7-5059-1591-6
定价: CNY3.50

本书分为手风琴基本知识、手风琴基本练习、各种技巧训练三大部分。

J0145318
音阶与琶音　陈庆峰编
上海 上海教育出版社 1992年 108页
33cm (12开) ISBN: 7-5320-2734-1
定价: CNY7.80
(钢琴基础教材)

J0145319
初级钢琴音阶　和弦　琶音　熊道儿等编著
上海 上海音乐出版社 1993年 52页 30cm(10开)
ISBN: 7-80553-398-9 定价: CNY6.20

作者熊道儿, 广州星海音乐学院钢琴系任教。

J0145320
钢琴表演艺术　李嘉禄著
北京 人民音乐出版社 1993年 138页
20cm(32开) ISBN: 7-103-01069-2
定价: CNY3.60

本书介绍了钢琴的演奏技法和怎样更好地表现作品的方法。作者李嘉禄(1918—1982), 钢琴家、音乐教育家。曾任上海音乐学院钢琴系副主任、院学术委员会委员, 中国音乐家协会上海分会理事, 上海徐汇区政协常委, 中国民主同盟盟员等。

J0145321
钢琴电子琴集体课综合教材　刘达编著

武汉 湖北科学技术出版社 1993年 92页
28×20cm ISBN: 7-5352-1048-1 定价: CNY9.80

J0145322
钢琴即兴伴奏教程 韩冬，刘聪编著
沈阳 春风文艺出版社 1993年 307页 有乐谱
26cm(16开) ISBN: 7-5313-1243-3
定价: CNY18.00
作者韩冬，沈阳音乐学院任教。作者刘聪，沈阳音乐学院任教。

J0145323
钢琴即兴伴奏教程 韩冬，刘聪编著
沈阳 春风文艺出版社 1997年 重印本 307页
26cm(16开) ISBN: 7-5313-1714-1
定价: CNY28.00

J0145324
钢琴学习指南 (答钢琴学习358问)魏廷格著
北京 北京出版社 1993年 261页 20cm(32开)
ISBN: 7-200-02210-1 定价: CNY8.50
作者魏廷格(1942—)，钢琴教师。中国艺术研究院音乐研究所音乐理论研究室主任、副研究员。出版有《钢琴音乐欣赏》《钢琴学习指南——答钢琴学习388问》《魏廷格音乐文选》等。

J0145325
钢琴学习指南 (答钢琴学习388问)魏廷格著
北京 人民音乐出版社 1997年 22+326页
20cm(32开) ISBN: 7-103-01418-3
定价: CNY17.10

J0145326
钢琴音乐欣赏 魏廷格著
北京 国际文化出版公司 1993年 2册(202页)
19cm(小32开) ISBN: 7-80049-428-4
定价: CNY6.40
(中小学音乐知识文库)

J0145327
钢琴指导法及琴童心理分析 (日)大野桂著；栾秉奇，栾麓译
太原 希望出版社 1993年 135页 有照片
19cm(小32开) ISBN: 7-5379-1226-2
定价: CNY3.65

J0145328
海内外音乐考级标准教程 (业余钢琴)中央音乐学院钢琴考级专家委员会编
北京 华文出版社 1993年 重印本 4册
30cm(10开) ISBN: 7-5075-0163-9
定价: CNY40.00(全套)
外文书名: Standard Grade Testing Course of Piano.

J0145329
键盘即兴伴奏法 江静蓉编著
重庆 西南师范大学出版社 1993年 101页
26cm(16开) ISBN: 7-5621-0751-3
定价: CNY2.52
本书介绍简谱歌曲配弹伴奏的方法、步骤和技巧，适用于钢琴和风琴等。作者江静蓉，西南师范大学音乐系任教。

J0145330
教你弹钢琴 孙奇良编著
石家庄 河北教育出版社 1993年 88页
26cm(16开) ISBN: 7-5434-1952-1
定价: CNY4.70
(小博士文库)

J0145331
器乐 (钢琴、风琴 第一册)人民教育出版社音乐室编著
北京 人民教育出版社 1993年 121页
26cm(16开) ISBN: 7-107-08132-2
定价: CNY3.10

J0145332
器乐 (钢琴、风琴 第一册)人民教育出版社音乐室编
北京 人民教育出版社 1998年 96页 有插图
26cm(16开) ISBN: 7-107-12732-2
定价: CNY7.90

J0145333
器乐 (钢琴、风琴 第一册)人民教育出版社音乐室编
北京 人民教育出版社 1999年 重印本 158页

26cm（16 开）ISBN：7-107-12782-9
定价：CNY10.90

J0145334
青少年口琴竖笛吹奏法　刘智勇编著
太原 北岳文艺出版社 1993 年 90 页 26cm（16 开）
ISBN：7-5378-1061-3 定价：CNY3.20
　　作者刘智勇，太原市某校音乐教员。

J0145335
青少年学口琴　陈宜男编著
上海 上海音乐出版社 1993 年 179 页
19cm（小 32 开）ISBN：7-80553-379-2
定价：CNY2.40

J0145336
青少年学口琴　陈宜男编著
北京 中国少年儿童出版社 1996 年 179 页
有插图 19cm（小 32 开）ISBN：7-5007-3008-X
定价：非卖品
（希望书库 4-56 总 275）
　　本书由中国少年儿童出版社和中国青年出版社联合出版。

J0145337
少儿钢琴学习指南　魏小凡等著
北京 中国广播电视出版社 1993 年 295 页
19cm（小 32 开）ISBN：7-5043-2225-3
定价：CNY7.50
　　作者魏小凡（1963—　），钢琴演奏家、教师。中央音乐学院研究生毕业，后在中央音乐学院钢琴系任教。著有《少儿钢琴学习指南》和《少儿钢琴学习之路》。

J0145338
少儿口琴教程　徐立编著
上海 上海教育出版社 1993 年 130 页
26cm（16 开）ISBN：7-5320-3503-4
定价：CNY7.55

J0145339
实用钢琴即兴伴奏编配法　（伴奏音型 50 例）
高天康编著
北京 人民音乐出版社 1993 年 127 页 有乐谱
26cm（16 开）ISBN：7-103-01048-X
定价：CNY5.50
（中小学音乐教师丛书）
　　作者高天康，西北师范大学任教。

J0145340
实用哈农钢琴练指法　方百里注释
上海 百家出版社 1993 年 71 页 28cm（大 16 开）
ISBN：7-80576-415-8 定价：CNY5.80

J0145341
手风琴初级教程　苏宝龙编著
广州 中山大学出版社 1993 年 124 页
26cm（16 开）ISBN：7-306-00815-3
定价：CNY12.00
　　作者苏宝龙（1936—　），广东罗定人，罗定市文化局副局长，广东省手风琴学会理事等职。

J0145342
幼儿钢琴启蒙教程　（上）谢耿编著
北京 人民音乐出版社 1993 年 147 页 22×30cm
ISBN：7-103-00816-7 定价：CNY13.85
　　作者谢耿，沈阳音乐学院任教。

J0145343
幼儿钢琴启蒙教程　（下）谢耿编著
北京 人民音乐出版社［1993 年］164 页
22×30cm ISBN：7-103-01168-0
定价：CNY14.70

J0145344
贝多芬钢琴奏鸣曲研究　郑兴三编著
厦门 厦门大学出版社 1994 年 518 页
20cm（32 开）ISBN：7-5615-0982-0
定价：CNY15.80

J0145345
儿童钢琴学习指南　（北京音乐台“儿童钢琴学习 ABC”讲座）李民等编著
北京 高等教育出版社 1994 年 171 页
20cm（32 开）ISBN：7-04-004869-8
定价：CNY5.00

J0145346
儿童手风琴初级教程　吴群编著
北京 北京师范大学出版社 1994 年 130 页

26cm（16开）ISBN：7-303-03743-8
定价：CNY13.50

作者吴群，中国国际文化传播中心艺术培训学校副校长，中国音乐家协会表演艺术委员会手风琴学会理事，北京音乐家协会手风琴学会副会长。

J0145347
儿童手风琴入门 王晓燕编著
北京 北京科学技术出版社 1994年 92页
26cm（16开）ISBN：7-5304-1491-7
定价：CNY7.50
（儿童学本领丛书）

J0145348
钢琴分级实用教材 （预备册）吴乐懿主编；上海音乐家协会钢琴专业委员会《钢琴分级实用教程》编委会编
上海 上海远东出版社 1994年 86页 31cm（10开）
ISBN：7-80514-905-4 定价：CNY16.00
（聂耳钢琴文库）

J0145349
钢琴分级实用教程 （乐曲卷 第一级第二级）吴乐懿主编；上海音乐家协会钢琴专业委员会《钢琴分级实用教程》编委会编
上海 上海远东出版社 1995年 73页 30cm（10开）
ISBN：7-80613-076-4 定价：CNY15.00

J0145350
钢琴分级实用教程 （复调音乐卷 第一级第二级）吴乐懿主编；上海音乐家协会钢琴专业委员会《钢琴分级实用教程》编委会编
上海 上海远东出版社 1996年 56页 31cm（10开）
ISBN：7-80613-317-8 定价：CNY15.00

J0145351
钢琴分级实用教程 （练习曲卷 第一级第二级）吴乐懿主编；上海音乐家协会钢琴专业委员会《钢琴分级实用教程》编委会编
上海 上海远东出版社 1996年 107页
31cm（10开）ISBN：7-80613-165-5
定价：CNY23.00

J0145352
钢琴分级实用教程 （乐曲卷 第三级第四级）吴乐懿主编；上海音乐家协会钢琴专业委员会《钢琴分级实用教程》编委会编
上海 上海远东出版社 1995年 125页
30cm（10开）ISBN：7-80613-079-9
定价：CNY21.00

J0145353
钢琴分级实用教程 （复调音乐卷 第三级第四级）吴乐懿主编；上海音乐家协会钢琴专业委员会《钢琴分级实用教程》编委会编
上海 上海远东出版社 1996年 94页 31cm（10开）
ISBN：7-80613-318-6 定价：CNY21.00

J0145354
钢琴分级实用教程 （练习曲卷 第三级第四级）吴乐懿主编；上海音乐家协会钢琴专业委员会《钢琴分级实用教程》编委会编
上海 上海远东出版社 1996年 135页
31cm（10开）ISBN：7-80613-166-3
定价：CNY26.00

J0145355
钢琴分级实用教程 （乐曲卷 第五级第六级）吴乐懿主编；上海音乐家协会钢琴专业委员会《钢琴分级实用教程》编委会编
上海 上海远东出版社 1995年 154页
30cm（10开）ISBN：7-80613-120-5
定价：CNY25.00

J0145356
钢琴分级实用教程 （复调音乐卷 第五级第六级）吴乐懿主编；上海音乐家协会钢琴专业委员会《钢琴分级实用教程》编委会编
上海 上海远东出版社 1996年 129页
31cm（10开）ISBN：7-80613-319-4
定价：CNY28.00

J0145357
钢琴分级实用教程 （练习曲卷 第五级第六级）吴乐懿主编；上海音乐家协会钢琴专业委员会《钢琴分级实用教程》编委会编
上海 上海远东出版社 1996年 123页
30cm（10开）ISBN：7-80613-167-1

定价：CNY25.00

J0145358
钢琴基础教程 黄瑂莹著
北京 京华出版社 1994年 238页 26cm（16开）
ISBN：7-80600-034-8 定价：CNY15.00

作者黄瑂莹（1939— ），女，钢琴教育家。江苏江阴人。首都师范大学音乐系教授，全国师范院校钢琴学会副会长等。专著有《钢琴基础教程》。

J0145359
钢琴基础教程 黄瑂莹著
北京 京华出版社 1994年 238页 26cm（16开）
ISBN：7-80600-034-8 定价：CNY15.00

J0145360
钢琴即兴伴奏教程 冯国林编著
天津 百花文艺出版社 1994年 198页
26cm（16开）ISBN：7-5306-1681-1
定价：CNY10.00

J0145361
钢琴即兴伴奏教程 张利君，陆志成主编
开封 河南大学出版社 1997年 150页
26cm（16开）ISBN：7-81041-452-6
定价：CNY12.00

J0145362
钢琴即兴配奏技能 郭幼容著
成都 四川人民出版社 1994年 126页
19cm（小32开）ISBN：7-220-02451-7
定价：CNY4.50
（四川音乐学院科研丛书）

本书分伴奏的作用、即兴配奏的步骤、为不同体裁的歌曲即兴配奏等7章。

J0145363
钢琴考级与钢琴教学 周铭孙著
济南 山东画报出版社 1994年 93页 有照片
20cm（32开）ISBN：7-80603-011-5
定价：CNY4.70

作者周铭孙（1940— ），钢琴家、钢琴教育家。生于上海。历任北京师范大学艺术系钢琴教研室主任，全国钢琴考级专家委员会委员，中国音乐家协会社会音乐委员会副主任。专著有《钢琴考级与钢琴教学》等。

J0145364
钢琴考级与钢琴教学 周铭孙著
济南 山东画报出版社 1998年 2版（修订本）
144页 有照片 20cm（32开）
ISBN：7-80603-011-5 定价：CNY9.70

J0145365
钢琴快速演奏训练法 张爱兰著
沈阳 辽宁教育出版社 1994年 62页
28cm（大16开）ISBN：7-5382-2764-4
定价：CNY15.00

外文书名：Basic Piano Training and Method of Fast Practising.

J0145366
钢琴是怎样奏出乐曲的 王霞梅译
上海 少年儿童出版社 1994年 26页 有彩图
22cm（30开）ISBN：7-5324-2532-0
定价：CNY4.00
（米奇的奇妙世界）

J0145367
钢琴学习使用指南 张致和等著
沈阳 辽宁教育出版社 1994年 173页
19cm（小32开）ISBN：7-5382-2640-0
定价：CNY6.50

J0145368
钢琴演奏的科学训练 武增文编著
重庆 西南师范大学出版社 1994年 136页
20cm（32开）ISBN：7-5621-1180-4
定价：CNY6.80

J0145369
歌曲伴奏的编配与弹奏 唐重庆编著
北京 首都师范大学出版社 1994年 152页
26cm（16开）ISBN：7-81039-089-9
定价：CNY13.00

J0145370
键盘即兴弹奏指南 孙维权，巢志珏编著
上海 上海音乐出版社 1994年 409页

26cm(16开) ISBN: 7-80553-427-6
定价: CNY24.00

本书分初学篇、和声篇、织体篇、发展篇四部分十六章。内容包括即兴弹奏的学习方法与基本弹奏技术等。

J0145371
爵士钢琴技巧 （上）曹赐麟编著
台北 麦书出版社 1994年 73页 26cm(16开)
ISBN: 957-99983-1-0 定价: TWD150.00
（钢琴手册系列 爵士钢琴篇）

J0145372
课堂教学钢琴即兴伴奏 孙维权编著
上海 上海教育出版社 1994年 130页
26cm(16开) ISBN: 7-5320-3925-0
定价: CNY12.00
（中学教师继续教育丛书）

J0145373
口琴 王英奎主编
沈阳 辽宁少年儿童出版社 1994年 69页
26cm(16开) ISBN: 7-5315-2510-0
定价: CNY2.50
（中小学兴趣活动教育丛书）

J0145374
全国少年手风琴考级实用指导 王晓明编著
石家庄 河北人民出版社 1994年 253页
26cm(16开) ISBN: 7-202-01543-9
定价: CNY15.60

作者王晓明，部队青年音乐家。

J0145375
实用钢琴训练技巧 李英杰，张华编著
哈尔滨 东北林业大学出版社 1994年 115页
26cm(16开) ISBN: 7-81008-475-5
定价: CNY10.80

本书内容分：钢琴演奏的姿势、装饰音的奏法、莫扎特的音乐风格及演奏要点等9章。作者李英杰(1979—　)，黑龙江省艺术学校副教授。作者张华，黑龙江省艺术学校讲师。

J0145376
实用手风琴训练技巧 徐建民，孙晓丽编
哈尔滨 东北林业大学出版社 1994年 159页
26cm(16开) ISBN: 7-81008-488-7
定价: CNY9.80

J0145377
实用手风琴训练技巧 徐建民，孙晓丽编
哈尔滨 东北林业大学出版社 1994年 重印本
159页 26cm(16开) ISBN: 7-81008-488-7
定价: CNY12.80

J0145378
实用手风琴训练技巧 徐建民，孙晓丽编
哈尔滨 东北林业大学出版社 1994年 159页
26cm(16开) ISBN: 7-81008-488-7
定价: CNY9.80

J0145379
现代钢琴艺术与钢琴教学论 李汉杰著
昆明 云南美术出版社 1994年 176页
19cm(小32开) ISBN: 7-80586-080-7
定价: CNY6.00

J0145380
音乐考级教程 （业余手风琴 3 七至九级）中央音乐学院手风琴考级专家委员会编
海口 南海出版公司 1994年 296页 磁带4盒
27cm(16开) ISBN: 7-80570-741-3
定价: CNY30.00

J0145381
中外钢琴名曲 （乐曲解说及弹奏指引 1）金石等编写
沈阳 辽宁人民出版社 1994年 30页 37cm(8开)
ISBN: 7-205-02771-3 定价: CNY8.00
（钢琴名曲曲库 1）

本书收录《四小天鹅舞曲》《献给爱丽斯》《童年的回忆》《牧童短笛》等中外钢琴名曲的曲谱，并对其演奏技法进行了解说，同时附有作者简介。

J0145382
中外钢琴名曲 （乐曲解说及弹奏指引 2）金石等编写
沈阳 辽宁人民出版社 1994年 30页 37cm(8开)
ISBN: 7-205-02772-1 定价: CNY8.00

（钢琴名曲曲库 2）

本书收录《少女的祈祷》《诙谐曲》《映山红》等中外钢琴名曲的曲谱，并对其演奏技法进行了解说，同时附有作者简介。

J0145383
中外钢琴名曲 （乐曲解说及弹奏指引 3）金石等编写
沈阳 辽宁人民出版社 1994年 46页 37cm（8开）
ISBN：7-205-02773-X 定价：CNY10.00
（钢琴名曲曲库 3）

本书收录《土耳其进行曲》《船歌》《彩云追月》等中外钢琴名曲的曲谱，并对其演奏技法进行了解说，同时附有作者简介。

J0145384
中外钢琴名曲 （乐曲解说及弹奏指引 4）金石等编写
沈阳 辽宁人民出版社 1994年 58页 37cm（8开）
ISBN：7-205-02779-9 定价：CNY11.00
（钢琴名曲曲库 4）

本书收录《洪湖水，浪打浪》《摇篮曲》《军队波兰舞曲》等中外钢琴名曲的曲谱，并对其演奏技法进行了解说，同时附有作者简介。

J0145385
中外钢琴名曲 （乐曲解说及弹奏指引 5）金石等编写
沈阳 辽宁人民出版社 1994年 66页 37cm（8开）
ISBN：7-205-02780-2 定价：CNY16.00
（钢琴名曲曲库 5）

本书收录《快乐的女战士》《花鼓》《随想回旋曲》等中外钢琴名曲的曲谱，并对其演奏技法进行了解说，同时附有作者简介。

J0145386
中外钢琴名曲 （乐曲解说及弹奏指引 6）尹德本等编写
沈阳 辽宁人民出版社 1996年 64页 37cm（8开）
ISBN：7-205-03472-8 定价：CNY18.00
（钢琴名曲曲库 6）

J0145387
中外钢琴名曲 （乐曲解说及弹奏指引 7）尹德本等编写
沈阳 辽宁人民出版社 1996年 57页 37cm（8开）
ISBN：7-205-03491-4 定价：CNY18.00
（钢琴名曲曲库 7）

作者尹德本，编写的主要作品有《中外钢琴名曲》。

J0145388
中外钢琴名曲 （乐曲解说及弹奏指引 8）尹德本等编写
沈阳 辽宁人民出版社 1996年 69页 37cm（8开）
ISBN：7-205-03488-4 定价：CNY18.00
（钢琴名曲曲库 8）

J0145389
中外钢琴名曲 （乐曲解说及弹奏指引 9）尹德本等编写
沈阳 辽宁人民出版社 1996年 58页 37cm（8开）
ISBN：7-205-03489-2 定价：CNY18.00
（钢琴名曲曲库 9）

J0145390
中外钢琴名曲 （乐曲解说及弹奏指引 10）尹德本等编写
沈阳 辽宁人民出版社 1996年 64页 37cm（8开）
ISBN：7-205-03490-6 定价：CNY18.00
（钢琴名曲曲库 10）

J0145391
中外钢琴名曲 （乐曲解说及弹奏指引 11）尹德本等编写
沈阳 辽宁人民出版社 1998年 61页 37cm（8开）
ISBN：7-205-04336-0 定价：CNY18.00
（钢琴名曲曲库 11）

J0145392
中外钢琴名曲 （乐曲解说及弹奏指引 12）尹德本等编写
沈阳 辽宁人民出版社 1998年 67页 37cm（8开）
ISBN：7-205-04337-9 定价：CNY18.00
（钢琴名曲曲库 12）

J0145393
中外钢琴名曲 （乐曲解说及弹奏指引 13）尹德本等编写
沈阳 辽宁人民出版社 1998年 66页 37cm（8开）

ISBN：7-205-04338-7 定价：CNY18.00
（钢琴名曲曲库 13）

J0145394
中外钢琴名曲 （乐曲解说及弹奏指引 14）尹德本等编写
沈阳 辽宁人民出版社 1998年 61页 37cm（8开）
ISBN：7-205-04339-5 定价：CNY18.00
（钢琴名曲曲库 14）

J0145395
中外钢琴名曲 （乐曲解说及弹奏指引 15）尹德本等编写
沈阳 辽宁人民出版社 1998年 69页 37cm（8开）
ISBN：7-205-04340-9 定价：CNY18.00
（钢琴名曲曲库 15）

J0145396
中外钢琴名曲 （乐曲解说及弹奏指引 16）尹德本等编写
沈阳 辽宁人民出版社 1999年 55页 37cm（8开）
ISBN：7-205-04621-1 定价：CNY18.00
（钢琴名曲曲库 16）

J0145397
中外钢琴名曲 （乐曲解说及弹奏指引 17）尹德本等编写
沈阳 辽宁人民出版社 1999年 51页 37cm（8开）
ISBN：7-205-04622-X 定价：CNY18.00
（钢琴名曲曲库 17）

J0145398
中外钢琴名曲 （乐曲解说及弹奏指引 18）尹德本等编写
沈阳 辽宁人民出版社 1999年 56页 37cm（8开）
ISBN：7-205-04623-8 定价：CNY18.00
（钢琴名曲曲库 18）

J0145399
中外钢琴名曲 （乐曲解说及弹奏指引 19）尹德本等编写
沈阳 辽宁人民出版社 1999年 58页 37cm（8开）
ISBN：7-205-04624-6 定价：CNY18.00
（钢琴名曲曲库 19）

J0145400
中外钢琴名曲 （乐曲解说及弹奏指引 20）尹德本等编写
沈阳 辽宁人民出版社 1999年 61页 37cm（8开）
ISBN：7-205-04625-4 定价：CNY18.00
（钢琴名曲曲库 20）

J0145401
钢琴 唐重庆主编
北京 高等教育出版社 1995年 441页 26cm（16开）ISBN：7-04-005309-8 定价：CNY19.30
（键盘与和声系列教程 卫星电视教育音乐教材）

J0145402
钢琴必修教程 （1）咏北等主编
长沙 湖南文艺出版社 1995年 186页 30cm（10开）ISBN：7-5404-1452-9 定价：CNY16.50

J0145403
钢琴必修教程 （2）咏北等主编
长沙 湖南文艺出版社 1996年 205页 30cm（10开）ISBN：7-5404-1577-0 定价：CNY19.70

J0145404
钢琴即兴伴奏 王永振编著
东营 石油大学出版社 1995年 239页 20cm（32开）ISBN：7-5636-0558-4 定价：CNY8.80

J0145405
钢琴考级 （乐理·视唱·练耳教程）汝洁主编
上海 上海教育出版社 1995年 184页 26cm（16开）ISBN：7-5320-4791-1 定价：CNY19.00

作者汝洁，上海音乐学院附属中等音乐专科学校任教。

J0145406
钢琴文化300年 辛丰年著
北京 三联书店 1995年 169页 18×11cm
ISBN：7-108-00678-2 定价：CNY6.80

J0145407
钢琴文化三百年　辛丰年著
台北 扬智文化事业公司 1999年 177页
21cm(32开) ISBN: 957-818-043-8
定价: TWD180.00
(扬智音乐厅 7)

J0145408
钢琴演奏中的触键与表情　(美)克拉伦斯·格·汉密尔顿(Clarence G.Hamilton)著; 周薇译
北京 人民音乐出版社 1995年 69页
19cm(小32开) ISBN: 7-103-01251-2
定价: CNY2.70
外文书名: Touch and Expression in Piano Playing.

J0145409
口琴培训教材　元景兰编著
北京 人民音乐出版社 1995年 155页 有插图
26cm(16开) ISBN: 7-103-01252-0
定价: CNY10.60
(中小学音乐教师丛书)
作者元景兰, 天津音协(海贝)音专任教。

J0145410
口琴十二课　刘曾源编著
上海 上海音乐出版社 1995年 84页
19cm(小32开) ISBN: 7-80553-606-6
定价: CNY3.00

J0145411
全国钢琴(业余)考级曲目辅导　(第一、二套一至十级全部作品)付占文, 韩曼琳主编
北京 中国青年出版社 1995年 295页
26cm(16开) ISBN: 7-5006-2184-1
定价: CNY28.00

J0145412
全国手风琴演奏(业余)考级基本练习合集(第一级~第八级)李遇秋, 杨屹主编; 中国音乐家协会全国乐器演奏(业余)考级委员会手风琴专家委员会编
北京 文化艺术出版社 1995年 重印本 40页
30cm(13开) ISBN: 7-5039-1201-4
定价: CNY7.00

J0145413
少儿钢琴学习之路　魏小凡等著
哈尔滨 哈尔滨工程大学出版社 1995年
10+299页 19cm(小32开) ISBN: 7-81007-636-1
定价: CNY13.50

J0145414
手风琴——我们的好伙伴　蔡福华编著
上海 复旦大学出版社 1995年 185页
26cm(16开) ISBN: 7-309-01595-9
定价: CNY14.00
(ETV家庭教师辅导丛书)

J0145415
汤姆生儿童钢琴教程精选　汤姆生作; 方百里选编
上海 百家出版社 1995年 2册(79; 87页)
有插图 20×28cm ISBN: 7-80576-528-6
定价: CNY15.50

J0145416
新编口琴演奏法　(初学篇)白燕生等著
北京 清华大学出版社 1995年 43页 有插图
28cm(大16开) ISBN: 7-302-01869-3
定价: CNY6.00
作者白燕生, 口琴演奏家。北京市公安局退休警官。有50年的口琴演奏经历, 在"白氏三兄弟口琴演奏团"担任半音阶口琴首席。

J0145417
幼儿钢琴启蒙　(家庭辅导指南)邵智贤编著
贵阳 贵州人民出版社 1995年 71页
19cm(小32开) ISBN: 7-221-03820
定价: CNY2.00

J0145418
幼儿钢琴入门指导　(美)汤普森著
上海 上海音乐出版社 1995年 39页 22×31cm
ISBN: 7-80553-616-3 定价: CNY9.50

J0145419
约翰·汤普森简易钢琴教程　(1)(美)约翰·汤普森(John Thompson)著
上海 上海音乐出版社 1995年 39页 有插图
22×30cm ISBN: 7-80553-598-1 定价: CNY9.00

外文书名：John Thompson's Easiest Piano Course.

J0145420
约翰·汤普森简易钢琴教程 （2）（美）约翰·汤普森（John Thompson）著
上海 上海音乐出版社 1995年 47页 有插图 22×30cm ISBN：7-80553-599-X
定价：CNY10.50
外文书名：John Thompson's Easiest Piano Course.

J0145421
约翰·汤普森简易钢琴教程 （3）（美）约翰·汤普森（John Thompson）著
上海 上海音乐出版社 1995年 45页 有插图 30cm（12开）ISBN：7-80553-600-7
定价：CNY11.50
外文书名：John Thompson's Easiest Piano Course.

J0145422
约翰·汤普森简易钢琴教程 （4）（美）约翰·汤普森（John Thompson）著
上海 上海音乐出版社 1995年 46页 31cm（12开）ISBN：7-80553-603-1 定价：CNY11.50
外文书名：John Thompson's Easiest Piano Course.

J0145423
约翰·汤普森简易钢琴教程 （5）（美）约翰·汤普森（John Thompson）著
上海 上海音乐出版社 1995年 47页 30cm（12开）ISBN：7-80553-604-X
定价：CNY11.50
外文书名：John Thompson's Easiest Piano Course.

J0145424
约翰·汤普森现代钢琴教程 （1）（美）约翰·汤普森（John Thompson）著
上海 上海音乐出版社 1995年 79页 31cm（10开）
本书为一年级小学生设计。目的在于为钢琴学习打下一个正确、完整的基础，使学生在对音乐理解的基础上感受、思考和弹奏。

J0145425
约翰·汤普森现代钢琴教程 （1）（美）约翰·汤普森（John Thompson）著
上海 上海音乐出版社 1996年 重印本 79页 有图 30cm（12开）ISBN：7-80553-617-1
定价：CNY13.50
外文书名：John Thompson's Modern Course for the Piano.

J0145426
约翰·汤普森现代钢琴教程 （2）（美）约翰·汤普森（John Thompson）著
上海 上海音乐出版社 1996年 重印本 47页 有插图 30cm（12开）ISBN：7-80553-612-0
定价：CNY10.50
外文书名：John Thompson's Modern Course for the Piano.

J0145427
约翰·汤普森现代钢琴教程 （3）（美）约翰·汤普森（John Thompson）著
上海 上海音乐出版社 1996年 重印本 90页 有乐谱及照片 30cm（12开）
ISBN：7-80553-615-5 定价：CNY15.50
外文书名：John Thompson's Modern Course for the Piano.

J0145428
中专键盘伴奏实践 李松梅等主编
天津 天津人民出版社 1995年 214页 26cm（16开）ISBN：7-201-02291-1
定价：CNY9.80
作者李松梅，中师音乐讲师。

J0145429
巴哈 （管风琴音乐）Peter Williams著；师维译
台北 世界文物出版社 1996年 145页 19cm（小32开）ISBN：957-8996-82-9
定价：TWD200.00
（BBC音乐导读 1）
巴哈，现通译为约翰·塞巴斯蒂安·巴赫（Johann Sebastian Bach，1685—1750），巴洛克时期的德国作曲家，杰出的管风琴、小提琴、大键琴演奏家，被世人尊称为“西方近代音乐之父”。其代表作品有《勃兰登堡协奏曲》《马太受难曲》

《b小调弥撒曲》《平均律钢琴曲集》等。外文书名：Bach Organ Music.

J0145430
贝多芬钢琴奏鸣曲 (英)[D.马修斯]Denis Matthews著；杨孝敏译
石家庄 花山文艺出版社 1999年 98页
19cm(小32开) ISBN：7-80611-641-9
定价：CNY6.80
(BBC音乐导读 4)

J0145431
贝多芬钢琴奏鸣曲 Denis Matthews著；杨孝敏译
台北 世界文物出版社 1996年 98页 19cm(32开)
ISBN：957-9551-32-4 定价：TWD150.00
(BBC音乐导读 4)
路德维希·凡·贝多芬(Ludwig Van Beethoven, 1770—1827)，德国最伟大的音乐家、钢琴家，维也纳古典乐派代表人物之一，与海顿、莫扎特一起被后人称为"维也纳三杰"。本书为其创作的钢琴奏鸣曲的欣赏著作。外文书名：Beethoven Piano Sonatas.

J0145432
儿童钢琴训练指南 丁诚之编著
上海 华东师范大学出版社 1996年 92页
17×18cm ISBN：7-5617-1473-4 定价：CNY6.00
(当代少儿课外活动丛书)

J0145433
钢琴伴奏艺术纵横 (怎样弹好钢琴伴奏)李斐岚著
北京 人民音乐出版社 1996年 150页
20cm(32开) ISBN：7-103-01357-8
定价：CNY10.30
作者李斐岚(1947—)，江苏人，中央音乐学院副教授，北京音乐家协会会员。

J0145434
钢琴初级综合教程 华敏编写
太原 山西教育出版社 1996年 145页
28cm(大16开) ISBN：7-5440-0874-6
定价：CNY13.80
(少儿音乐特长培养与训练系列)

J0145435
钢琴家教指南 叶惠芳，郑怀杰编著
南京 江苏科学技术出版社 1996年 189页
有插图 19cm(小32开) ISBN：7-5345-2069-X
定价：CNY8.80
作者叶惠芳，钢琴教授。

J0145436
钢琴考级作品练习指南 张静蔚著
北京 人民音乐出版社 1996年 234页
26cm(16开) ISBN：7-103-01327-6
定价：CNY19.10
作者张静蔚(1938—)，教授。硕士毕业于中国艺术研究院音乐研究所。中国音乐学院教授、博士生导师。

J0145437
钢琴维修及弹奏 周大风著
杭州 浙江科学技术出版社 1996年 78页
26cm(16开) ISBN：7-5341-0744-X
定价：CNY9.00

J0145438
跟我学钢琴 杨扬，王晓萍编著
长沙 湖南文艺出版社 1996年 148页
30cm(10开) ISBN：7-5404-1474-X
定价：CNY14.60

J0145439
海顿钢琴奏鸣曲 (英)John McCabe著；王恩冕译
台北 世界文物出版社 1996年 163页
19cm(小32开) ISBN：957-8996-88-8
定价：TWD200.00
(BBC音乐导读 18)
外文书名：Haydn Piano Sonatas.

J0145440
海顿钢琴奏鸣曲 (英)John McCabe著；王恩冕译
石家庄 花山文艺出版社 1999年 162页
19cm(小32开) ISBN：7-80611-656-7
定价：CNY9.70
(BBC音乐导读 18)
海顿(Franz Joseph Haydn, 1732—1809)，奥

地利作曲家，维也纳古典乐派代表人物之一。代表作品有《惊愕交响曲》《告别交响曲》《小夜曲》《吉普赛回旋曲》。本书是其创作的钢琴奏鸣曲的音乐欣赏著作。

J0145441
键盘乐器演奏基础　周微我主编；部分省市职业高中幼儿教育专业课程结构总体改革实验教材编写委员会编
北京 高等教育出版社 1996年 258页
31cm(10开) ISBN：7-04-005577-5
定价：CNY50.00

J0145442
口琴音乐知识与入门　黄毓千编著
上海 上海音乐出版社 1996年 231页
19cm(小32开) ISBN：7-80553-621-X
定价：CNY9.10

J0145443
少儿歌曲弹唱技法　李抗非，李抒菲著
沈阳 春风文艺出版社 1996年 2册(189；193)页
26cm(16开) ISBN：7-5313-1636-6
定价：CNY36.00

作者李抗非(1956—　)，沈阳和平少年宫声乐教师，中国少数民族声乐协会会员，中国儿童歌舞学会会员。

J0145444
手风琴入门　陈一鸣著
北京 中国文联出版公司 1996年 102页
26cm(16开) ISBN：7-5059-2353-6
定价：CNY10.80

J0145445
现代手风琴演奏教程　王峰编
北京 中国青年出版社 1996年 236页 有照片
28cm(大16开) ISBN：7-5006-2187-6
定价：CNY28.00

J0145446
中国钢琴文化之形成与发展　卞萌著；卞善艺译
北京 华乐出版社 1996年 181页 20cm(32开)
ISBN：7-80129-006-2 定价：CNY12.00

作者卞萌(1966—　)，女，教授。浙江人，毕业于上海音乐学院，后获得圣·彼得堡音乐学院音乐艺术(钢琴)博士学位。中央音乐学院钢琴系教授，研究生导师。个人演奏作品《中国钢琴音乐精选》《钢琴名家教名曲——卞萌专辑》。著有《中国钢琴文化之形成与发展》《钢琴全面训练基础教程》等。

J0145447
巴斯蒂安钢琴基础教程　(1)(美)简·S.巴斯蒂安，(美)詹姆斯·巴斯蒂安著；张雄等译
上海 上海远东出版社 1997年 有彩图
31cm(10开) ISBN：7-80613-458-1
定价：CNY60.00

J0145448
巴斯蒂安钢琴基础教程　(2)(美)简·S.巴斯蒂安，(美)詹姆斯·巴斯蒂安著；张雄等译
上海 上海远东出版社 1997年 有彩图
31cm(10开) ISBN：7-80613-459-X
定价：CNY60.00

J0145449
巴斯蒂安钢琴基础教程　(3)(美)简·S.巴斯蒂安，(美)詹姆斯·巴斯蒂安著；张雄等译
上海 上海远东出版社 1997年 有彩图
31cm(10开) ISBN：7-80613-460-3
定价：CNY60.00

J0145450
巴斯蒂安钢琴基础教程　(4)(美)简·S.巴斯蒂安，(美)詹姆斯·巴斯蒂安著；张雄等译
上海 上海远东出版社 1997年 有彩图
31cm(10开) ISBN：7-80613-461-1
定价：CNY60.00

J0145451
巴斯蒂安钢琴基础教程　(5)(美)简·S.巴斯蒂安，(美)詹姆斯·巴斯蒂安著；张雄等译
上海 上海远东出版社 1997年 有彩图
31cm(10开) ISBN：7-80613-462-X
定价：CNY48.00

J0145452
布拉姆斯　(钢琴音乐) Denis Matthews著；于

少蔚译
台北 世界文物出版社 1997年 140页
19cm(小32开) ISBN: 957-9551-20-0
定价: TWD180.00
(BBC音乐导读 9)
外文书名: Brahms Piano Music.

J0145453
钢琴 毛青南,蔡莺编著
成都 四川科学技术出版社 1997年 163页
有照片 21×19cm ISBN: 7-5364-3682-3
定价: CNY9.00
(少年儿童课余爱好丛书)
本书专为钢琴初学者编写,配有最基本的演奏姿势图示。

J0145454
钢琴基础教程 王雁波等编著
海口 海南出版社 1997年 153页 29cm(12开)
ISBN: 7-80617-741-8 定价: CNY19.80

J0145455
钢琴基础教程 孙梅主编
北京 中国书籍出版社 1997年 2册(299页)
26cm(16开) ISBN: 7-5068-0704-1
定价: CNY43.00

J0145456
钢琴技巧基本教程 (音阶 和弦 琶音)熊道儿,李素心编著
广州 世界图书出版公司广州分公司 1997年
176页 29cm(16开) ISBN: 7-5062-3218-9
定价: CNY38.00

J0145457
钢琴考级跟我学 (上)方百里编著
上海 上海音乐出版社 1997年 119页
31cm(10开) ISBN: 7-80553-514-0
定价: CNY22.00

J0145458
钢琴考级跟我学 (下)方百里编著
上海 上海音乐出版社 1998年 211页
30cm(10开) ISBN: 7-80553-718-6
定价: CNY35.00

J0145459
钢琴配弹教程 刘之编著
长沙 湖南文艺出版社 1997年 115页
26cm(16开) ISBN: 7-5404-1684-X
定价: CNY10.80

J0145460
钢琴娃娃 (儿童趣味钢琴教程 1)(德)霍伊(Heumann, H.G)编著; 姜丹译
上海 上海教育出版社 1997年 64页 23×30cm
ISBN: 7-5320-5271-0 定价: CNY20.00

J0145461
钢琴娃娃 (儿童趣味钢琴教程练习册 1)(德)霍伊(Heumann, H.G)编著; 姜丹译
上海 上海教育出版社 1997年 47页 附五线谱练习册1本 23×30cm ISBN: 7-5320-5272-9
定价: CNY19.50

J0145462
钢琴娃娃 (儿童趣味钢琴教程 2)(德)霍伊(Heumann, H.G)编著; 姜丹译
上海 上海教育出版社 1997年 64页 30cm(10开)
ISBN: 7-5320-5273-7 定价: CNY20.00

J0145463
钢琴娃娃 (儿童趣味钢琴教程练习册 2)(德)霍伊(Heumann, H.G)编著; 姜丹译
上海 上海教育出版社 1997年 39页 30cm(10开)
ISBN: 7-5320-5274-5 定价: CNY14.00

J0145464
钢琴艺术博览 吴国翥等编著
北京 奥林匹克出版社 1997年 36+854页
24cm(26开) 精装 ISBN: 7-80067-341-3
定价: CNY150.00

J0145465
高级钢琴音阶 和弦 琶音 熊道儿等[编]
上海 上海音乐出版社 1997年 58页 30cm(10开)
ISBN: 7-80553-432-2 定价: CNY14.00

J0145466
跟我学口琴 斯泊尔,周张跃编著
长沙 湖南文艺出版社 1997年 168页

30cm(10开)ISBN:7-5404-1734-X
定价:CNY17.00

J0145467
跟我学手风琴　夏雄军,孟刘翔编著
长沙 湖南文艺出版社 1997年 203页
30cm(10开)ISBN:7-5404-1700-5
定价:CNY19.40

J0145468
孩子们的哈农　(乐谱)榕树编
上海 上海音乐出版社 1997年 89页 31cm(10开)
ISBN:7-80553-649-X 定价:CNY18.00

J0145469
简明钢琴教学法　吴铁英,孙明珠著
北京 华乐出版社 1997年 136页 20cm(32开)
本书立足于教学实践,根据钢琴教学的规律,提供了一套解决学生在弹奏中常出现的弹奏方法和读谱问题的教学法。

J0145470
莫札特　(钢琴协奏曲)Philip Radcliffe著;老耀译
台北 世界文物出版社 1997年 128页
19cm(小32开)ISBN:957-9551-15-4
定价:TWD180.00
(BBC音乐导读 25)
本书是对近代奥地利作曲家莫扎特创作的钢琴协奏曲的赏析著作。外文书名:Mozart Piano Concertos.

J0145471
青少年手风琴初级教程　吴群编
北京 北京师范大学出版社 1997年 2版 118页
26cm(16开)ISBN:7-303-03743-8
定价:CNY15.00
作者吴群,中国国际文化传播中心艺术培训学校副校长,中国音乐家协会表演艺术委员会手风琴学会理事,北京音乐家协会手风琴学会副会长。

J0145472
手风琴基础教程　黄源芳等编著
海口 海南出版社 1997年 153页 30cm(10开)
ISBN:7-80617-744-2 定价:CNY19.80

J0145473
手风琴技巧训练　杨文涛著
北京 人民音乐出版社 1997年 2版(修订本)
236页 有插图 30cm(16开)
ISBN:7-103-01487-6 定价:CNY43.00

J0145474
手风琴考级教程　(上 业余1～7级)王树生主编;天津音乐学院手风琴考级专家委员会编
天津 南开大学出版社 1997年 236页
31cm(10开)ISBN:7-310-01000-0
定价:CNY39.00
外文书名:Grade Testing Course for Accordion.

J0145475
手风琴考级教程　(下 业余8～10级)王树生主编;天津音乐学院手风琴考级专家委员会编
天津 南开大学出版社 1997年 218页
31cm(10开)ISBN:7-310-01001-9
定价:CNY36.00
外文书名:Grade Testing Course for Accordion.

J0145476
手风琴演奏基础　中等师范音乐教材编委会编
上海 上海音乐出版社 1997年 107页
26cm(16开)ISBN:7-80553-628-7
定价:CNY9.80

J0145477
小小演奏家　(少儿手风琴教程)潘琍,徐天思编著
上海 华东师范大学出版社 1997年 133页
17×19cm ISBN:7-5617-1692-3
定价:CNY10.50
(当代少儿课外活动丛书)

J0145478
新编少儿口琴入门　陈宜男著
上海 上海音乐出版社 1997年 100页
19cm(小32开)ISBN:7-80553-630-9
定价:CNY3.90

J0145479
中小学生学口琴 何秀峰编著
杭州 浙江少年儿童出版社 1997年 272页
19cm(小32开) ISBN: 7-5342-1307-X
定价: CNY9.80

J0145480
车尔尼钢琴初步教程家长辅导手册, 作品599 罗艺刚著
长沙 湖南文艺出版社 1998年 156页
20cm(32开) ISBN: 7-5404-1834-6
定价: CNY9.80

J0145481
钢琴 (一)全国中等艺术师范学校教材编写组编
上海 上海教育出版社 1998年 185页
31cm(10开) ISBN: 7-5320-6022-5
定价: CNY118.00

J0145482
钢琴 金声著
太原 希望出版社 1998年 125页 有图
26cm(16开) ISBN: 7-5379-1907-0
定价: CNY13.00
(艺术入门丛书)

J0145483
钢琴基本技术练习 李嘉禄编著
北京 人民音乐出版社 1998年 116页
30cm(10开) ISBN: 7-103-01460-4
定价: CNY23.70

作者李嘉禄(1918—1982), 钢琴家、音乐教育家。曾任上海音乐学院钢琴系副主任、院学术委员会委员, 中国音乐家协会上海分会理事, 上海徐汇区政协常委, 中国民主同盟盟员等。

J0145484
钢琴即兴伴奏基础 孙维权编著
广州 广东教育出版社 1998年 244页
28cm(大16开) ISBN: 7-5406-3867-2
定价: CNY28.00

J0145485
钢琴教学法 代百生著
武汉 湖北科学技术出版社 1998年 187页
20cm(32开) ISBN: 7-5352-2091-6
定价: CNY9.80

J0145486
钢琴十步训练法 留钕铜著
北京 国际文化出版公司 1998年 284页
26cm(16开) ISBN: 7-80105-673-6
定价: CNY24.00

J0145487
钢琴手册 (调律、维修、养护、选购)刘宝利编著
北京 中国青年出版社 1998年 重印本 58页
有图 26cm(16开) ISBN: 7-5006-2038-1
定价: CNY6.00

J0145488
钢琴艺术三百年 (从巴赫至现代的钢琴艺术史)(美)Patricia Fallows-Hammond 编注; 冯丹等译
重庆 西南师范大学出版社 1998年 303页
26cm(16开) ISBN: 7-5621-1911-2
定价: CNY28.00

J0145489
跟我学爵士钢琴 刘建辉, 朱莉编著
长沙 湖南文艺出版社 1998年 243页
30cm(10开) ISBN: 7-5404-1880-X
定价: CNY23.70
("跟我学"系列丛书 第四辑)

J0145490
家庭钢琴教育 黄任歌, 黄任玉[编著]
武汉 华中理工大学出版社 1998年 220页
20cm(32开) ISBN: 7-5609-1823-9
定价: CNY8.50
(家庭育才小百科)

J0145491
教你弹好钢琴 王效恭编著
北京 中国少年儿童出版社 1998年 116页
19cm(小32开) ISBN: 7-5007-4278-9
定价: CNY4.70
(教你学·教你做小学生实用丛书)

J0145492
爵士钢琴演奏法　(演奏·和弦·伴奏)[德]克劳斯·依格纳切克(Klaus Ignatzek)著;俞人豪译
北京 世界图书出版公司北京公司 1998年
171页 有图 光盘1片 28cm(大16开)
ISBN: 7-5062-3295-2 定价: CNY38.00

J0145493
口琴基本教程　李蓝编著
广州 花城出版社 1998年 184页 20cm(32开)
ISBN: 7-5360-2806-7 定价: CNY10.80

J0145494
欧洲钢琴教程　(第1册)(德)埃蒙茨编著;周薇译
上海 上海教育出版社 1998年 85页 31cm(10开)
ISBN: 7-5320-5572-8 定价: CNY26.00
(钢琴系列丛书)
本书由上海教育出版社和朔特音乐出版社联合出版。

J0145495
欧洲钢琴教程　(第2册)(德)埃蒙茨编著;周薇译
上海 上海教育出版社 1998年 96页 31cm(10开)
ISBN: 7-5320-5582-5 定价: CNY28.00
(钢琴系列丛书)
本书由上海教育出版社和朔特音乐出版社联合出版。

J0145496
欧洲钢琴教程　(第3册)(德)埃蒙茨编著;周薇译
上海 上海教育出版社 1998年 112页
31cm(10开) ISBN: 7-5320-5583-3
定价: CNY27.00
(钢琴系列丛书)
本书由上海教育出版社和朔特音乐出版社联合出版。

J0145497
手风琴　李聪著
太原 希望出版社 1998年 79页 有彩图
26cm(16开) ISBN: 7-5379-1908-9
定价: CNY8.00
(艺术入门丛书)

J0145498
手风琴初级综合教程　谢一军编写
太原 山西教育出版社 1998年 178页
29cm(16开) ISBN: 7-5440-1435-5
定价: CNY14.90
(少儿音乐特长培养与训练系列)

J0145499
手风琴考级作品名家指导　任士荣,闪源昌主编
北京 文化艺术出版社 1998年 310页
26cm(16开) ISBN: 7-5039-1790-3
定价: CNY32.80
作者任士荣(1935—　),国家一级演奏员。江苏扬州人,肄业于沈阳音乐学院。历任解放军空政文工团艺术研究组组长,中国手风琴学会副会长。

J0145500
怎样吹口琴　宇慧主编
沈阳 沈阳出版社 1998年 89页 有插图
19cm(小32开) ISBN: 7-5441-0987-9
定价: CNY98.00 (全套)
(审美素质培养丛书 7)

J0145501
中央音乐学院海内外手风琴(业余)考级教程　(第一级~第五级)姜杰执行主编;中央音乐学院手风琴考级专家委员会编
海口 南海出版公司 1998年 174页 28cm(10开)
ISBN: 7-80570-741-3 定价: CNY40.00
(中央音乐学院校外音乐水平考级丛书)

J0145502
巴赫管风琴音乐　(英)Peter Williams著;师维译
石家庄 花山文艺出版社 1999年 145页
19cm(小32开) ISBN: 7-80611-638-9
定价: CNY9.00
(BBC音乐导读 1)

J0145503
勃拉姆斯　钢琴音乐　(英)[D.马修斯]Denis Matthews著;于少蔚译

石家庄 花山文艺出版社 1999 年 140 页
19cm(小 32 开) ISBN: 7-80611-646-X
定价: CNY9.00
(BBC 音乐导读 9)

J0145504
辅导你弹琴的孩子 何少英著
北京 东方出版社 1999 年 247 页 有图
20cm(32 开) ISBN: 7-5060-1174-3
定价: CNY16.50

J0145505
钢琴 (二)教育部体育卫生与艺术教育司组编
上海 上海教育出版社 1999 年 216 页
31cm(10 开)
本书共八个单元,每单元包括基本技术训练、练习曲、乐曲、即兴键盘弹奏等内容。

J0145506
钢琴(业余)考级指南 赵德义等主编
武汉 武汉水利电力大学出版社 1999 年 280 页
26cm(16 开) ISBN: 7-81063-042-3
定价: CNY34.00
(钢琴、小提琴、电子琴·业余 考级指南丛书)

J0145507
钢琴弹奏艺术 张大胜著
台北 五南图书出版公司 1999 年 516 页
有照片 26cm(16 开) ISBN: 957-11-1961-X
定价: 旧台币 12.00

J0145508
钢琴电子琴速成教程 王泽编著
长春 长春出版社 1999 年 122 页 30cm(10 开)
ISBN: 7-80604-826-X 定价: CNY22.00

J0145509
钢琴分级教程 (上卷 钢琴分级作品集)蔡松琦编
广州 华南理工大学出版社 1999 年 178 页
29cm(16 开) ISBN: 7-5623-1419-5
定价: CNY55.00

J0145510
钢琴及其调律 廖志坚著
北京 中国文联出版公司 1999 年 236 页
有照片 19cm(小 32 开) ISBN: 7-5059-3069-9
定价: CNY16.00

J0145511
钢琴即兴伴奏教程新编 刘聪,韩冬著
北京 人民音乐出版社 1999 年 378 页
26cm(16 开)
本教材由浅入深、循序渐进,既注重理论的条理性与系统性,又注重实例的多样性与实用性,各章节后都附有相关练习题。

J0145512
钢琴即兴伴奏与键盘和声 徐玺宝编著
兰州 甘肃人民出版社 1999 年 142 页
26cm(16 开) ISBN: 7-226-02117-X
定价: CNY16.00
本书内容包括:绪论、钢琴弹奏的基本法则、和声的逻辑与终止式、和弦外音及处理方法、钢琴即兴伴奏的基本手法、各种类型歌曲的伴奏等。

J0145513
钢琴集体课教程 李原等编著
哈尔滨 黑龙江人民出版社 1999 年 306 页
29cm(16 开) ISBN: 7-207-04514-X
定价: CNY56.00

J0145514
钢琴教程 (奥)海因茨·瓦尔特(Heinz Walter)[著];梁静译
北京 人民音乐出版社 1999 年
3 册(41;61;82 页) 31cm(10 开)
ISBN: 7-103-01904-5 定价: CNY37.80
本套教程共分三册,内容除作者自己编写的练习及乐曲外,还包括大量的民歌和民间舞曲,以及踏板的使用方法。

J0145515
钢琴教学法 司徒璧春,陈朗秋编著
重庆 西南师范大学出版社 1999 年 143 页
26cm(16 开) ISBN: 7-5621-2240-7
定价: CNY16.00
(21 世纪音乐系列丛书 钢琴教学丛书)

J0145516
钢琴考级曲目演奏指南　吴元,常桦著
北京 中国青年出版社 1999年 197页
26cm(16开) ISBN: 7-5006-3360-2
定价: CNY24.00

J0145517
钢琴普及实用教程　万宝柱编著
北京 北京体育大学出版社 1999年 209页
26cm(16开) ISBN: 7-81051-395-8
定价: CNY22.00

J0145518
钢琴入门　华敏,赵晓生编著
北京 中国社会出版社 1999年 169页
26cm(16开) ISBN: 7-80088-945-9
定价: CNY15.00
(音乐基础系列丛书 第一辑)

J0145519
钢琴天天练练　(1 入门册)(美)E-M. 伯纳姆(Edna-Mae Burnam)[著]
上海 上海音乐出版社 1999年 24页 31cm(10开)
ISBN: 7-80553-784-4 定价: CNY8.00

J0145520
钢琴天天练练　(2 预备册)(美)E-M. 伯纳姆(Edna-Mae Burnam)[著]
上海 上海音乐出版社 1999年 31页 31cm(10开)
ISBN: 7-80553-785-2 定价: CNY9.00

J0145521
钢琴天天练练　(3)(美)E-M. 伯纳姆(Edna-Mae Burnam)[著]
上海 上海音乐出版社 1999年 28页 31cm(10开)
ISBN: 7-80553-786-0 定价: CNY9.00

J0145522
钢琴天天练练　(4)(美)E-M. 伯纳姆(Edna-Mae Burnam)[著]
上海 上海音乐出版社 1999年 34页 31cm(10开)
ISBN: 7-80553-787-9 定价: CNY10.00

J0145523
钢琴天天练练　(5)(美)E-M. 伯纳姆(Edna-Mae Burnam)[著]
上海 上海音乐出版社 1999年 48页 31cm(10开)
ISBN: 7-80553-788-7 定价: CNY11.00

J0145524
钢琴天天练练　(6)(美)E-M. 伯纳姆(Edna-Mae Burnam)[著]
上海 上海音乐出版社 1999年 63页 31cm(10开)
ISBN: 7-80553-789-5 定价: CNY13.00

J0145525
钢琴天天练练　(7 技术练习册)(美)E-M. 伯纳姆(Edna-Mae Burnam)[著]
上海 上海音乐出版社 1999年 34页 31cm(10开)
ISBN: 7-80553-790-9 定价: CNY10.00

J0145526
钢琴艺术史　马清著
台北 扬智文化事业公司 1999年 237页
21cm(32开) ISBN: 957-8637-72-1
定价: TWD230.00
(扬智音乐厅 6)
外文书名: A History of Piano in Art.

J0145527
钢琴音乐教程　吴晓娜,王健编著
武汉 武汉测绘科技大学出版社 1999年 272页
20cm(32开) ISBN: 7-81030-628-6
定价: CNY13.50
(音乐素质教育丛书)

J0145528
钢琴音乐文选　郑兴三著
厦门 厦门大学出版社 1999年 236页
20cm(32开) ISBN: 7-5615-1500-6
定价: CNY18.00

J0145529
钢琴综合教程　(三)王铠,李苹菁编选
广州 花城出版社 1999年 139页 28cm(大16开)
ISBN: 7-5360-3035-5 定价: CNY15.00

J0145530
高师钢琴伴奏实用教程　刘庆刚主编
哈尔滨 东北林业大学出版社 1999年 168页

26cm(16开) ISBN: 7-81008-933-1
定价: CNY25.00

J0145531
歌曲伴奏教程 李成编著
杭州 浙江文艺出版社 1999年 103页
29cm(16开) ISBN: 7-5339-1221-7
定价: CNY11.00

J0145532
歌曲钢琴即兴伴奏 冯德钢编著
重庆 西南师范大学出版社 1999年 184页
26cm(16开) ISBN: 7-5621-2219-9
定价: CNY16.00

J0145533
跟我学钢琴弹唱 张云华编著
长沙 湖南文艺出版社 1999年 255页
30cm(10开) ISBN: 7-5404-2055-3
定价: CNY25.00

J0145534
跟我学手风琴弹唱 胡俊编著
长沙 湖南文艺出版社 1999年 252页
30cm(10开) ISBN: 7-5404-2143-6
定价: CNY23.00

J0145535
孩子们的拜尔 陈福美编
上海 上海音乐出版社 1999年 2册(113;129页)有图 31cm(10开) ISBN: 7-80553-730-5
定价: CNY48.00

J0145536
简明口风琴教程 程晓明编著
上海 上海音乐出版社 1999年 49页
26cm(16开) ISBN: 7-80553-767-4
定价: CNY6.00

J0145537
口琴入门基础教程 雯雯编著
北京 蓝天出版社 1999年 154页 26cm(16开)
ISBN: 7-80081-897-7 定价: CNY15.00
(跨世纪乐器入门丛书)

J0145538
莫扎特钢琴协奏曲 (英)Philip Radcliffe著; 老耀译
石家庄 花山文艺出版社 1999年 130页
19cm(小32开) ISBN: 7-80611-663-X
定价: CNY8.20
(BBC音乐导读 25)

J0145539
欧洲钢琴艺术史概论 付占文著
北京 首都师范大学出版社 1999年 102页
26cm(16开) ISBN: 7-81039-915-2
定价: CNY10.00

J0145540
器乐 (钢琴 风琴 手风琴 第二册)人民教育出版社音乐室编著
北京 人民教育出版社 1999年 102页
29cm(16开) ISBN: 7-107-13263-6
定价: CNY9.80

J0145541
器乐·钢(风)琴 (第一册)中等师范学校音乐器材编委会编
上海 上海音乐出版社 1999年 65页 26cm(16开)
ISBN: 7-80553-799-2 定价: CNY3.70

J0145542
青少年学手风琴 杨克勤,杲晟编著
上海 上海音乐出版社 1999年 重印本 240页
19cm(小32开) ISBN: 7-80553-629-5
定价: CNY7.80
("青少年学音乐"系列丛书)

本书注重从教学实践中取材,介绍了手风琴各种演奏法及基本知识,手风琴简易编配法及几种常用伴奏编配法。

J0145543
少儿钢琴教学与辅导 但昭义著
北京 华乐出版社 1999年 198页 有照片
20cm(32开) ISBN: 7-80129-032-1
定价: CNY12.00

本书是作者在三十多年钢琴教学积累的基础上,以儿童钢琴学习基础阶段的训练为依据,以家长及从事钢琴教学辅导工作的角度为出发

点，讲述了钢琴的演奏法。

J0145544
手风琴即兴伴奏法　黄立凡著
北京 文化艺术出版社 1999年 255页 有照片
28cm(大16开) ISBN: 7-5039-1879-9
定价: CNY28.00

J0145545
手风琴教程　李丽主编
郑州 河南文艺出版社 1999年 259页
26cm(16开) ISBN: 7-80623-175-7
定价: CNY38.00

J0145546
手风琴教学与演奏　王树生著
天津 南开大学出版社 1999年 114页
26cm(16开) ISBN: 7-310-01167-8
定价: CNY19.00

J0145547
手风琴考级作品演奏辅导　刘文林等编著
天津 南开大学出版社 1999年 158页
26cm(16开) ISBN: 7-310-01168-6
定价: CNY24.00
　　作者刘文林，天津音乐学院任教。

J0145548
手风琴入门　张竞，陈剑一编著
北京 中国社会出版社 1999年 170页
26cm(16开) ISBN: 7-80146-082-0
定价: CNY12.00
(音乐基础系列丛书)

J0145549
手风琴入门基础教程　陈宸编著
北京 蓝天出版社 1999年 156页 26cm(16开)
ISBN: 7-80081-925-6 定价: CNY15.80
(跨世纪乐器入门丛书)

J0145550
舒曼　钢琴音乐　[英][J.奇塞尔]Joan Chissell著；苦僧译
石家庄 花山文艺出版社 1999年 135页
19cm(小32开) ISBN: 7-80611-670-2
定价: CNY8.50
(BBC音乐导读 32)

J0145551
外国钢琴音乐及演奏　侯康为，王永振编著
东营 石油大学出版社 1999年 238页
20cm(32开) ISBN: 7-5636-1200-9
定价: CNY16.00

J0145552
怎样教孩子学好钢琴　(日)太田惠子著；张湘南译
郑州 河南文艺出版社 1999年 170页 有照片
20cm(32开) 精装 ISBN: 7-80623-140-4
定价: CNY26.60

西洋打击乐理论和演奏法

J0145553
琴学新编　(粤调)丘鹤俦著
香港 时昌洋华铺 [1920—1923年] 石印本 2册 有图
　　本书为木琴奏法教材。

J0145554
鼓号教程　刘学书著
热河省师范学校 [1931年] 石印本 220页 有图
13×19cm
　　本书分4章，介绍鼓号吹奏法。

J0145555
爵士鼓教程　齐景全编著
北京 人民音乐出版社 1989年 146页
26cm(16开) ISBN: 7-103-00498-6
定价: CNY13.00
　　本书博采美法日苏等国的爵士鼓(架子鼓)教程的长处，并结合中国演奏者的实际情况编写。

J0145556
西洋鼓号队　(蒙汉文对照)邢野编
呼和浩特 内蒙古教育出版社 1989年 239页
21cm(32开) 定价: CNY1.60

J0145557
爵士鼓演奏法　张荣弟编著
北京 人民音乐出版社 1990 年 133 页
26cm(16 开) ISBN: 7-103-00484-6
定价: CNY4.50

J0145558
爵士鼓演奏高级实用技巧　(小军鼓演奏实用教程) 郑建国编著
北京 中国青年出版社 1990 年 117 页 有照片
26cm(16 开) ISBN: 7-5006-0737-7
定价: CNY7.20

作者郑建国(1954—　), 著名打击乐演奏家、教育家、国家一级演奏员。山东莱州人。历任中国音乐家协会会员、中国打击乐协会理事。著有《爵士鼓演奏实用教程》《小军鼓演奏教程》《管乐队中的打击乐训练教程》《爵士鼓演奏集成: 演奏基础篇》等。

J0145559
爵士鼓演奏高级实用技巧　(小军鼓演奏实用教程) 郑建国编著
北京 中国青年出版社 1994 年 重印本 117 页
有照片 26cm(16 开) ISBN: 7-5006-0737-7
定价: CNY7.20

J0145560
爵士鼓现代风格演奏教程　刘展编著
北京 人民音乐出版社 1991 年 214 页
26cm(16 开) ISBN: 7-103-00766-7
定价: CNY8.45

J0145561
爵士鼓演奏法　李卫, 周良增编著
上海 上海音乐出版社 1991 年 96 页 26cm(16 开)

本书包括了鼓槌法与练习前的准备, 爵士鼓的奏法, 各种效果的处理, 爵士鼓的调音及保养, 八首乐曲的练习等八章内容。

J0145562
现代爵士鼓教程　黄文清, 周晓编
北京 中国广播电视出版社 1991 年 176 页
有插图 26cm(16 开) ISBN: 7-5043-0874-9
定价: CNY8.50

J0145563
爵士套鼓演奏艺术　仲冬和编著
济南 山东文艺出版社 1993 年 97 页 26cm(16 开)
ISBN: 7-5329-0938-7 定价: CNY7.80

本书包括套鼓概述及其演奏基础知识、基础与技巧训练两部分。作者仲冬和(1939—2012), 教授。毕业于天津音乐学院器乐系。山东艺术学院音乐系教授, 中国音乐家协会会员, 中国民族管弦乐学会会员。出版有《唢呐练习曲选》《爵士套鼓演奏艺术》《仲冬和唢呐论文集》《仲冬和唢呐与演奏曲集》《多种乐器演奏技法》等。

J0145564
最新幼儿打击乐教学集　许卓娅, 薛瑜编
上海 上海教育出版社 1993 年 106 页
26cm(16 开) ISBN: 7-5320-3011-3
定价: CNY6.55

J0145565
爵士鼓伴奏处理法及电子琴鼓机弹奏法
宋立功著
太原 山西高校联合出版社 1994 年 348 页
26cm(16 开) ISBN: 7-81032-499-3
定价: CNY25.00

J0145566
中国打击乐实用教程　李真贵编著
台北 摇篮文化事业公司 1994 年 2 册
26cm(16 开) 定价: TWD700.00

J0145567
爵士鼓演奏实用教程　郑建国编著
北京 中国青年出版社 1997 年 重印本 83 页
26cm(16 开) ISBN: 7-5006-0506-4
定价: CNY10.00

本书采用五线谱记谱。分基础练习、实用练习、技巧练习三部分, 提供练习曲百余首, 配教学录音带两盒。作者郑建国(1954—　), 著名打击乐演奏家、教育家、国家一级演奏员。山东莱州人。历任中国音乐家协会会员、中国打击乐协会理事。著有《爵士鼓演奏实用教程》《小军鼓演奏教程》《管乐队中的打击乐训练教程》《爵士鼓演奏集成: 演奏基础篇》等。

J0145568
跟我学爵士鼓　刘建辉编著
长沙 湖南文艺出版社 1998年 237页
30cm(10开) ISBN: 7-5404-1881-8
定价: CNY23.00
("跟我学"系列丛书 第四辑)

J0145569
现代爵士鼓流行技法　(在大型和小型乐队中)(德)斯珀瑞·卡尔斯(Sperie Karas)[编著]; 黄义彤译
北京 中国青年出版社 1998年 94页
30cm(10开) ISBN: 7-5006-2914-1
定价: CNY24.00

J0145570
打击乐初级教程　(小军鼓)冯树中编著
北京 中国青年出版社 1999年 52页
26cm(16开) ISBN: 7-5006-3529-X
定价: CNY12.00
作者冯树中,演奏员。历任总政军乐团一队打击乐首席,中国音协打击乐学会理事、广播交响乐团演奏员。编著有《打击乐初级教程》。

J0145571
节奏乐器训练与演奏　(中外打击乐器教学集)张荣弟编著
天津 南开大学出版社 1999年 170页
26cm(16开) ISBN: 7-310-01248-8
定价: CNY21.00
(音乐教育学习指导丛书)
本书介绍了适合儿童学习的打击乐器及其演奏方法。内容包括常用符号与简要乐理,无固定音律的打击乐器,有音律的打击乐器等。

J0145572
爵士鼓演奏集成　(上册 演奏基础篇)郑建国编著
北京 北京体育大学出版社 1999年 98页
有照片 26cm(16开) ISBN: 7-81051-244-7
定价: CNY59.60(全套)
(最新爵士摇滚系列丛书)
作者郑建国(1954—),著名打击乐演奏家、教育家、国家一级演奏员。山东莱州人。历任中国音乐家协会会员、中国打击乐协会理事。著有《爵士鼓演奏实用教程》《小军鼓演奏教程》《管乐队中的打击乐训练教程》《爵士鼓演奏集成:演奏基础篇》等。

J0145573
爵士鼓演奏集成　(中册 摇滚技巧篇)赵明义,(日)末吉编著
北京 北京体育大学出版社 1999年 93页
有照片 26cm(16开) ISBN: 7-81051-244-7
定价: CNY59.60(全套)
(最新爵士摇滚系列丛书)
作者赵明义,黑豹乐队著名鼓手。毕业于中国人民解放军艺术学院军乐系。合著有《爵士鼓演奏集成:摇滚技巧篇》。作者末吉(Funky,1959—),全名末吉觉,别名Sueyoshi Satoru。日本暴风乐队著名鼓手。出生于日本四国香川县。代表作品《亚洲鼓魂》《力量》。合著有《爵士鼓演奏集成:摇滚技巧篇》。

J0145574
爵士鼓演奏集成　(下册 爵士技巧篇)刘效松编著
北京 北京体育大学出版社 1999年 109页
有照片 26cm(16开) ISBN: 7-81051-244-7
定价: CNY59.60(全套)
(最新爵士摇滚系列丛书)
作者刘效松(1962—),打击乐手、鼓手。吉林人,毕业于中国戏曲学院,曾赴西班牙系统学习西方打击乐。主要作品有《一无所有》《一天到晚游泳的鱼》等,著有《爵士鼓演奏集成:爵士技巧篇》等。

J0145575
木琴演奏教程　伍明实编著
成都 四川文艺出版社 1999年 184页
29cm(16开) ISBN: 7-5411-1775-7
定价: CNY39.80

器乐合奏理论和演奏法

J0145576
国立礼乐馆乐典组资料剪贴礼乐论文
国立礼乐馆 1947年 26×33cm

J0145577
古典派管弦乐曲解说　吕维梅编
上海 上海音乐出版社 1950年 122页 18cm(15开) 定价: 9.00
(世界著名管弦乐丛书)

J0145578
贝多芬九大交响乐解说　(美)沃康恩(C.O' Connell)撰; 杨民望译
上海 万叶书店 1951年 87页 21cm(32开)
定价: 旧币6,000元

J0145579
贝多芬九大交响乐解说　(美)沃康恩(C.O' Connell)撰; 杨民望译
上海 万叶书店 1951年 2版 67页 21cm(32开)
定价: 旧币5,000元

J0145580
鲍罗丁的第二交响曲　(勇士交响曲)(苏)伊·贝尔查著; 吴祖强译
北京 音乐出版社 1956年 22页 15cm(40开)
统一书号: 8026.311 定价: CNY0.09
(音乐欣赏丛书)

J0145581
柴科夫斯基的第六交响曲　(苏)勃·雅鲁斯托夫斯基著; 马璟舒译
北京 音乐出版社 1956年 9页 15cm(40开)
统一书号: 8026.315 定价: CNY0.06
(音乐欣赏丛书)

J0145582
柴科夫斯基的第四交响曲　(苏)勃·雅鲁斯托夫斯基著; 罗秉康译
北京 音乐出版社 1956年 10页 15cm(40开)
统一书号: 8026.317 定价: CNY0.06
(音乐欣赏丛书)

J0145583
柴科夫斯基的第五交响曲　(苏)勃·雅鲁斯托夫斯基著; 金文达译
北京 音乐出版社 1956年 8页 15cm(40开)
统一书号: 8026.314 定价: CNY0.05
(音乐欣赏丛书)

J0145584
李姆斯基–柯萨科夫的交响组曲舍赫拉查达　(苏)拜尔扎(И.Белза)著; 毛宇宽译; 中央音乐学院编译室编辑
北京 音乐出版社 1956年 25页 15cm(40开)
统一书号: 8026.316 定价: CNY0.10
(音乐欣赏丛书)

J0145585
贝多芬的九首交响曲　(法)柏辽兹(Hector, Behlioz)著; 陈洪译
上海 上海音乐出版社 1957年 55页 20cm(32开)
统一书号: 8127.067 定价: CNY0.34

J0145586
贝多芬交响乐讲座　《广播爱好者》编辑部编
北京 音乐出版社 1957年 112页 18cm(15开)
统一书号: 8026.645 定价: CNY0.55
(广播爱好者丛书)

J0145587
李姆斯基　(柯萨科夫的交响乐作品)(苏)索洛甫磋夫(A.Соловцов)著; 曾大伟译
北京 音乐出版社 1957年 168页 20cm(32开)
统一书号: 8026.563 定价: CNY1.00
本书分析了里姆斯基—科萨科夫的一些交响乐名作，其中包括音画《萨德科》等5首标题交响曲，《金鸡》《五月之夜》等歌剧中的序曲，以及无标题交响乐作品、组曲、协奏曲等。

J0145588
什么是交响乐　(苏)波波娃(T.Попова)著; 方行重译
北京 音乐出版社 1957年 28页 15cm(40开)
统一书号: 8026.601 定价: CNY0.11
(音乐欣赏丛书)

J0145589
贝多芬的第九交响曲　(苏)万斯洛夫(B.Ванслов)著; 杨洸译
北京 音乐出版社 1958年 18页 15cm(40开)
统一书号: 8026.778 定价: CNY0.08
(音乐欣赏丛书)

J0145590
贝多芬的第三交响曲　(苏)史里夫什坦因著;顾术林译
北京　音乐出版社　1956年　定价:CNY0.08
(音乐欣赏丛书)

J0145591
贝多芬的第五交响曲　(苏)施里弗什捷因(С.Щлифштеин)著;杨光译
北京　音乐出版社　1958年　13页　15cm(40开)
统一书号:8026.777　定价:CNY0.07
(音乐欣赏丛书)

J0145592
贝多芬的第一第二交响曲　(苏)拉宾诺维奇(А.С.Рабинович)著;沈秋骅译
北京　音乐出版社　1958年　49页　15cm(40开)
统一书号:8026.821　定价:CNY0.17
(音乐欣赏丛书)

J0145593
贝多芬第三交响曲　(苏)史里夫什坦因(С.Шлифштейн)著;顾求林译
北京　音乐出版社　1956年　15页　15cm(40开)
统一书号:8026.557　定价:CNY0.08
(音乐欣赏丛书)

J0145594
柴科夫斯基的《1812年》序曲　(苏)库什纳辽娃(Л.Кушнарева)著;姚乃兴译
北京　音乐出版社　1958年　17页　15cm(40开)
统一书号:8026.779　定价:CNY0.08
(音乐欣赏丛书)
　　作者通译为库什纳列娃。

J0145595
柴科夫斯基的交响曲　(苏)克列姆辽夫(Ю.Кремлев)著;曾大伟译
北京　音乐出版社　1958年　321页　20cm(32开)
统一书号:8026.911　定价:CNY1.90
　　本书详细分析了著名俄国作曲家柴科夫斯基的第一至第六交响曲,重点阐释每部交响曲的形象内容,并作必要的技术分析。对柴科夫斯基的创作风格、交响乐思维的形成过程及创作背景也有较详细的论述。著者通译为Ю.克列姆列夫。

J0145596
交响音乐的欣赏　(第一辑)杨民望编译
上海　上海文艺出版社　1958年　211页
20cm(32开)统一书号:8078.0159
定价:CNY0.90

J0145597
苏联的交响乐　(苏)达尼列维奇(Л.Данилевич)著;冯光鑫译
北京　音乐出版社　1958年　43页　15cm(40开)
统一书号:8026.846　定价:CNY0.13

J0145598
萧斯塔科维奇的第十一交响曲　(苏)多尔然斯基(А.Должанский)著;汪启璋等译
北京　北京音乐出版社　1958年　22页　15cm(40开)
统一书号:8026.1030　定价:CNY0.08
(音乐欣赏丛书)

J0145599
轻音乐讲座　霍存慧,秦咏诚著
沈阳　春风文艺出版社　1959年　59页　有曲谱
19cm(32开)统一书号:8158.19　定价:CNY0.19

J0145600
怎样组织业余乐队　黎国荃编著
北京　音乐出版社　1959年　68页　15cm(40开)
统一书号:8026.953　定价:CNY0.15
(业余自修音乐小丛书)

J0145601
四重奏演奏问题　(苏)拉本,Л.Н.著;金文达,毛宇宽译
北京　音乐出版社　1962年　120页　20cm(32开)
统一书号:8026.1699　定价:CNY0.71
　　本书阐述有关锻炼重奏的基本技能、较复杂的重奏技巧及四重奏的组织工作等问题。外文书名:Вопросы квартетного исполнительства。

J0145602
交响乐名曲欣赏　蔡竹煌编著
台南　正言出版社　1975年　346页　21cm(32开)
精装

J0145603
小型乐队编配　湖北应城盐矿业余宣传队，湖北艺术学院短训班编著
北京 人民音乐出版社 1979年 157页
26cm(16开) 统一书号：8026.3568
定价：CNY0.86
本书介绍了小型乐队的编制、记谱与乐器等。

J0145604
管弦乐队讲话　(苏)德·罗加尔·列维茨基(Д.Р.Левицкий)著；杨民望译
北京 人民音乐出版社 1980年 506页
21cm(32开) 统一书号：8026.3678
定价：CNY2.00
本书是一部介绍有关管弦乐队基本知识的通俗读物。对管弦乐队和管弦乐队常用乐器的历史及其性能、演奏和音响等各方面的特点作了介绍。

J0145605
管弦乐欣赏　(美)Sigmund Spaeth著；刘训泽编译
台北 天同出版社 [1980—1999年] 有照片
20cm(32开)
(名曲欣赏全集)

J0145606
管弦乐欣赏　Saeth, S.著；刘训泽编译
台北 中华音乐出版社 [1980—1989年] 403页
有照片 21cm(32开) 精装 定价：TWD300.00
(中华音乐出版社丛书·名曲欣赏全集)
外文书名：A Guide to Great Orchestral Music.

J0145607
交响音乐欣赏知识　冯斗南编著
成都 四川人民出版社 1981年 158页
21cm(32开) 统一书号：10118.417
定价：CNY0.50

J0145608
乐队训练学　杨鸿年著
上海 上海文艺出版社 1981年 409页
21cm(32开) 统一书号：8078.3172
定价：CNY1.70

J0145609
协奏曲欣赏　(上) 邵义强编著
台北 全音乐谱出版社 1981年 2版 246页
20cm(32开) 定价：TWD40.00
作者邵义强，教授。台湾成功大学音乐系教授。历任音乐美术教师，台南神学院音乐系讲师，台南市亚洲唱片公司、台北市声美唱片公司、高雄市松竹唱片公司等顾问与解说作者。出版有《乐林啄木鸟》《璀璨的音乐世界》等。

J0145610
协奏曲欣赏　(下) 邵义强编著
台北 全音乐谱出版社 1981年 2版 233页
20cm(32开) 定价：TWD40.00

J0145611
柏辽兹的《幻想交响曲》　(外国音乐名作分析)(苏)列维克著；张洪岛译
北京 人民音乐出版社 1982年 40页 14cm(64开)
统一书号：8026.3957 定价：CNY0.12
本书是对法国近代音乐家柏辽兹(Berlioz, Hector, 1803—1869)作品的分析与欣赏。作者张洪岛(1931—　)，教授，沙河人，毕业于朝阳大学法律系。历任河北女子师范学院副教授，重庆音乐院、北平师范大学教授，中央音乐学院音乐学系主任、教授。译有《小提琴演奏法》《实用和声学》《西洋音乐史》《欧洲音乐史》等。

J0145612
管弦乐队指南　(为青年而作 浦塞尔主题变奏与赋格曲 管弦乐部谱作品34)(英)布里顿曲；克罗泽写解说词
北京 人民音乐出版社 1982年 69页 21cm(32开)
统一书号：8026.3992 定价：CNY0.66

J0145613
贝多芬的九首交响曲　寒华编写
北京 人民音乐出版社 1983年 109页
19cm(32开) 统一书号：8026.4087
定价：CNY0.42
(外国音乐欣赏小丛书)
本书是对德国作曲家贝多芬(Beethoven, Ludwig Van, 1770—1827)交响曲的音乐欣赏。

J0145614
莫扎特的C大调交响曲——朱庇特 (外国音乐名作分析)(法)乔·德森富瓦著;李国桢译
北京 人民音乐出版社 1983年 58页 13cm(60开)
统一书号:8026.4120 定价:CNY0.16
本书是奥地利作曲家莫扎特创作的交响曲的音乐赏析著作。

J0145615
交响音乐分析 (第二卷)(英)托维(Tovey, D.F.)著;陈登颐译
北京 人民音乐出版社 1984年 292页
21cm(32开)统一书号:8026.4238
定价:CNY1.65
本书是英国交响曲,根据牛津大学出版社伦敦1972年版译出。作者陈登颐(1928—),翻译家。江苏镇江人。少时就读上海民治新闻学校。曾任上海音乐出版社编辑。主要翻译作品有《达马莎》《世界小说一百篇》《舒曼论音乐与音乐家》等

J0145616
交响音乐与交响乐队 (上册)王耀华编著
上海 上海文艺出版社 1984年 276页
21cm(32开)统一书号:8078.3438
定价:CNY1.25(上)
本书分上下两册,共七章。主要介绍交响音乐艺术的历史发展、作家、作品、交响乐队及其乐器等概况。作者王耀华(1942—),教授。福建长汀人,毕业于福建师范大学。历任福建师大教授、副校长,国际传统音乐学会执委会委员、亚太地区民族音乐学会会长、中国音乐家协会理事、福建省音协主席等。出版有《琉球中国音乐比较研究》《三弦艺术论》《福建传统音乐》《客家艺能文化》《福建南音初探》等。

J0145617
交响音乐与交响乐队 (下册)王耀华编著
上海 上海文艺出版社 1988年 366页
20cm(32开)ISBN:7-5321-0231-9
定价:CNY3.20

J0145618
世界名曲欣赏 (1 德·奥部分)杨民望编写
上海 上海文艺出版社 1984年 430页
20cm(32开)统一书号:8078.3470
定价:CNY2.00
本套书共4册。收集了近两个世纪欧美82位作曲家的常被演奏的351部重要乐曲作品。其形式包括协奏曲、歌剧舞剧序曲、管弦乐小品、交响诗、交响组曲和交响曲。作者杨民望(1922—1986),编辑、翻译。又名杨尔瞻,福建厦门人。中国音乐家协会会员,就职于上海交响乐团资料室。翻译作品有《贝多芬九大交响乐解说》《贝多芬》《音乐欣赏教程》等。

J0145619
世界名曲欣赏 (2 俄罗斯部分)杨民望著
上海 上海文艺出版社 1986年 445页
20cm(32开)统一书号:8078.3560
定价:CNY3.65

J0145620
世界名曲欣赏 (3 法·东欧部分)杨民望著
上海 上海音乐出版社 1987年 434页
20cm(32开)统一书号:8127.3025
ISBN:7-80553-024-6 定价:CNY4.05

J0145621
世界名曲欣赏 (4 美国、北欧和西欧部分)杨民望等编著
上海 上海音乐出版社 1989年 387页
20cm(32开)ISBN:7-80553-170-6
定价:CNY5.05

J0145622
世界名曲欣赏 (上 德俄部分)杨民望著
上海 上海音乐出版社 1991年 459页
20cm(32开)精装 ISBN:7-80553-274-5
定价:CNY20.10
作者杨民望(1922—1986),编辑、翻译。又名杨尔瞻,福建厦门人。中国音乐家协会会员,就职于上海交响乐团资料室。翻译作品有《贝多芬九大交响乐解说》《贝多芬》《音乐欣赏教程》等。

J0145623
世界名曲欣赏 (下 欧美部分)杨民望著
上海 上海音乐出版社 1991年 444页
20cm(32开)精装 ISBN:7-80553-275-3

定价：CNY19.90

J0145624
世界名曲欣赏　（德俄部分 上）杨民望著
上海 上海音乐出版社 1999 年 872 页
20cm（32 开）精装 ISBN：7-80553-274-5
定价：CNY34.00

J0145625
世界名曲欣赏　（欧美部分 下）杨民望著
上海 上海音乐出版社 1999 年 862 页
20cm（32 开）精装 ISBN：7-80553-275-3
定价：CNY33.60

J0145626
现代管弦乐队　（第一卷 第一分册）（苏）德·罗加尔·列维茨基著；瞿维等译
北京 人民音乐出版社 1984 年 223 页
25cm（16 开）统一书号：8026.4130
定价：CNY2.25

本书是研究西方管弦乐队所用乐器的乐器学及管弦乐配器法的一部多卷集的作曲理论专著。作者瞿维（1917—2002），中国现代作曲家。生于江苏常州，毕业于上海新华艺专师范系。曾任中国音乐家协会常务理事、副主席，音协上海分会副主席，上海交通大学音乐研究室主任，中国高等学校音乐教育学学会会长等职。代表作钢琴曲《花鼓》《蒙古夜曲》，歌剧《白女》等。

J0145627
德彪西的管弦乐曲　（英）考克斯（Cox，D.）著；廖叔同译
北京 人民音乐出版社 1987 年 97 页 19cm（32 开）
统一书号：8026.4543 定价：CNY0.71

外文书名：Debussy Orchestral Music.

J0145628
世界著名圆舞曲欣赏　罗传开编著
上海 上海音乐出版社 1987 年 重印本 294 页
有图 19cm（32 开）统一书号：8127.3012
ISBN：7-80553-010-6 定价：CNY2.15
（音乐爱好者丛书）

本书介绍了韦伯、兰纳、施特劳斯、格林卡等十几位世界著名作曲家的圆舞曲：《幻想圆舞曲》《爱之歌圆舞曲》《蓝色的多瑙河圆舞曲》等50 多首。

J0145629
西洋交响音乐入门　（民主德国）兰克（Rank，M.），泽格（Seeger，H.）著；金经言译
北京 中国文联出版公司 1987 年 86 页
19cm（32 开）ISBN：7-5059-0372-1
定价：CNY1.05

J0145630
管弦乐名曲解说　（上册）（美）唐斯（Downes，E.）著；上海音乐学院音乐研究所译
北京 人民音乐出版社 1988 年 556 页
20cm（32 开）ISBN：7-103-00110-3
定价：CNY5.00

本套书取材于纽约爱乐乐团音乐会节目解说，介绍了西方古典、浪漫主义时期以及近代、当代百余位著名作曲家的管弦乐作品 1000 余首，每篇解说分背景介绍和音乐分析两部分，附有线、简谱对照曲例。外文书名：Everyman's Guide to Orchestral Music.

J0145631
管弦乐名曲解说　（中册）（美）唐斯（Downes，Edward）著；上海音乐学院音乐研究所译
北京 人民音乐出版社 1992 年 599 页
20cm（32 开）ISBN：7-103-00499-4
定价：CNY10.95

外文书名：Everyman's Guide to Orchestral Music.

J0145632
管弦乐名曲解说　（下册）（美）唐斯（Downes，Edward）著；上海音乐学院音乐研究所译
北京 人民音乐出版社 1992 年 599 页
20cm（32 开）ISBN：7-103-00500-1
定价：CNY11.00

外文书名：Everyman's Guide to Orchestral Music.

J0145633
交响乐世界　（Ⅱ）薛金炎编著
长沙 湖南教育出版社 1988 年 51 页 26cm（16 开）
定价：CNY1.20

J0145634
交响乐世界 （Ⅲ）薛金炎编著
长沙 湖南教育出版社 1988年 60页
附磁带4盘 26cm（16开）

J0145635
交响乐世界 （Ⅳ）薛金炎编著
长沙 湖南教育出版社 1988年 69页
附磁带4盘 26cm（16开）

J0145636
人生不能没有交响乐 张友珊著
南昌 江西少年儿童出版社 1988年 153页
19cm（32开）ISBN：7-5391-0149-0
定价：CNY1.50
（密友丛书 第一辑）
本书包括交响乐，辉煌的圣殿；圣殿上，无数永恒的雕塑；灵光在圣殿中闪烁；圣殿将举行新的洗礼4部分。

J0145637
世界交响名曲欣赏 李近朱著
银川 宁夏人民出版社 1988年 593页
20cm（32开）ISBN：7-227-00008-7
定价：CNY5.00
本书按年代顺序系统地介绍和分析了18世纪以来，在音乐发展史上占重要地位的60余位外国作曲家如维瓦尔弟、莫扎特、贝多芬、肖邦、李斯特、勃拉姆斯、柴可夫斯基等人的百余部交响音乐作品。对每位作曲家的生平及创作生涯作了简单的介绍说明，对交响音乐作品的创作背景、基本内容、风格特点以及篇章结构给予评析。并附有400多条原著的音乐主题例目（简谱）。

J0145638
世界交响名曲欣赏 李近朱著
银川 宁夏人民出版社 1996年 593页
21cm（32开）ISBN：7-227-01669-2
定价：CNY18.00
本书向读者比较系统、详尽地介绍和赏析了自18世纪至20世纪以来，在音乐发展史上占主要地位的六十余位外国作曲家的百篇交响音乐名作。

J0145639
协奏曲 林胜仪编译
台北 天同出版社 1988年 2册 有照片
21cm（32开）定价：TWD400.00
（名曲指南系列 3-4）

J0145640
管弦乐总谱读法 熊冀华，邱正桂编著
北京 人民音乐出版社 1989年 388页
26cm（16开）ISBN：7-103-00292-4
定价：CNY14.90
本书讲解了阅读管弦乐总谱时，作为工具使用的四种基本谱号和两种小谱号、移调读法的原理，八度移位记谱的乐器和各种移调乐器声部的各种移位或移调的读法。书末附《各种移调乐器声部的移调读法一览表》等索引。

J0145641
交响乐世界 薛金炎著
北京 人民音乐出版社 1989年 144页
20cm（32开）ISBN：7-103-00373-4
定价：CNY2.05
本书讲解了交响乐结构形式，介绍了交响乐队组成情况，对理解欣赏交响乐指出了具体的方法和步骤。

J0145642
交响乐世界 薛金炎编著
长春 吉林音像出版社 1998年 280页 录音带16盘 26cm（16开）定价：CNY28.00

J0145643
交响音乐通俗讲座 薛金炎，李近朱编著
上海 上海音乐出版社 1989年 331页
19cm（32开）ISBN：7-80553-089-0
定价：CNY4.40
本书由18讲和一个附录构成。前5讲侧重讲解交响音乐的5大体裁（即交响曲、协奏曲、组曲、序曲和交响诗）、交响音乐的形象塑造、表现手段、曲式结构和交响乐队的各种乐器；第六至十八讲对15首不同风格、题材的世界著名交响音乐作品（如交响组曲《天方夜谭》、交响诗《塔索》等）进行赏析。附录部分有国内著名音乐理论家、作曲家、指挥家关于解答读者有关怎样欣赏交响音乐、指挥艺术等问题的撰稿。

J0145644
春之歌 （德国作曲家门德尔逊及其作品）罗小平编著
北京 人民音乐出版社 1990 年 73 页 有照片
19cm（32 开）ISBN：7-103-00586-9
定价：CNY1.15
（外国音乐欣赏小丛书）
本书介绍了音乐家中的幸运儿——门德尔松的一生及其主要作品，特别介绍了他的佳作《春之歌》《仲夏夜之梦》配乐及交响乐作品。

J0145645
业余吹奏乐队的组织与训练 欧阳枫等著
北京 人民音乐出版社 1990 年 169 页
26cm（16 开）ISBN：7-103-00585-0
定价：CNY5.10
本书介绍了各种吹奏乐队的编制、乐器配备、组织管理、基本训练、指挥与吹奏乐曲编配等方面的常识。

J0145646
最新爵士乐和声编曲演奏法 青井洋原编；马乐天重译
[1990—1999 年] 影印本 273 页 21cm（32 开）

J0145647
西方交响音乐发展纲要 许勇三著
北京 人民音乐出版社 1992 年 338 页
26cm（16 开）ISBN：7-103-01133-8
定价：CNY13.25
本书分为：组曲、协奏曲、交响音乐发展的主流——德奥的交响乐、20 世纪的交响乐等 6 部分。附：（美）穆尔，黑格著；周小静选译的《交响乐与交响诗的分析图表》。作者许勇三，教授。江苏海门人。就读于燕京大学音乐系和美国密歇根大学音乐学院。历任中央音乐学院副教授，天津音乐学院作曲系主任、教授，中国音协天津分会副主席。著有《民间音乐在巴托克创作中的应用》《巴托克为民歌配置多声手法问题初探》，译有《大型曲式学》等。

J0145648
交响音乐欣赏 李应华著
北京 国际文化出版公司 1993 年 146 页
19cm（小 32 开）ISBN：7-80049-428-4
定价：CNY3.20
（中小学音乐知识文库）

J0145649
协奏曲欣赏 曹炳范著
北京 国际文化出版公司 1993 年 2 册（209 页）
19cm（小 32 开）ISBN：7-80049-428-4
定价：CNY6.40
（中小学音乐知识文库）

J0145650
音乐神殿漫游 朱黎明著
上海 少年儿童出版社 1993 年 192 页 有彩图
19cm（小 32 开）ISBN：7-5324-1726-3
定价：CNY4.15
（橄榄树丛书）
本书介绍了莫扎特、贝多芬、肖邦和柴可夫斯基等著名音乐家，并对众多交响乐名作进行深入浅出的赏析。

J0145651
电声摇滚乐队基本训练法 王保安编著
北京 中国青年出版社 1994 年 140 页
26cm（16 开）ISBN：7-5006-1703-8
定价：CNY14.00

J0145652
管乐队实用手册 康健民编著
兰州 敦煌文艺出版社 1994 年 176 页
26cm（16 开）ISBN：7-80587-292-9
定价：CNY9.80
本书介绍了管乐队的组建、管乐器演奏法、初学管乐器注意的基本问题及管乐队的演奏、指挥等。

J0145653
交响曲 （法）R. 雅各布（Remi Jacobs）著；管震湖译
北京 商务印书馆 1995年 188页 18cm（小32开）
ISBN：7-100-01925-7 定价：CNY7.50
（我知道什么？百科知识丛书 第一批 19）
外文书名：La Symphonie.

J0145654
军乐基础知识 王小平，齐景全著

北京 解放军文艺出版社 1995年 114页
有照片 26cm(16开) ISBN: 7-5033-0423-5
定价: CNY19.00

J0145655
巴尔托克 (室内乐)[斯蒂芬·沃尔什]Stephen Walsh 著; 郑朔译
台北 世界文物出版社 1996年 162页
19cm(小32开) ISBN: 957-8996-83-7
定价: TWD200.00
(BBC音乐导读 2)
外文书名: Bartok Chamber Music.

J0145656
贝多芬 (交响曲) Robert Simpson 著; 杨孝敏译
台北 世界文物出版社 1996年 105页
19cm(32开) ISBN: 957-9551-30-8
定价: TWD150.00
(BBC音乐导读 6)
外文书名: Beethoven Symphonies.

J0145657
贝多芬弦乐四重奏 Basil Lam 著; 杨孝敏, 杨红译
台北 世界文物出版社 1996年 231页
19cm(32开) ISBN: 957-9551-31-6
定价: TWD250.00
(BBC音乐导读 5)
路德维希·凡·贝多芬(Ludwig van Beethoven, 1770—1827), 德国最伟大的音乐家、钢琴家, 维也纳古典乐派代表人物之一, 与海顿、莫扎特一起被后人成为"维也纳三杰"。附贝多芬弦乐四重奏一览表。外文书名: Beethoven String Quartets.

J0145658
布鲁克纳 (交响曲) Philip Barford 著; 蒲实译
台北 世界文物出版社 1996年 115页
19cm(小32开) ISBN: 957-8996-84-5
定价: TWD180.00
(BBC音乐导读 10)
外文书名: Bruckner Symphonies.

J0145659
德布西 (管弦乐) David Cox 著; 孟庚译
台北 世界文物出版社 1996年 118页
19cm(小32开) ISBN: 957-8996-86-1
定价: TWD180.00
(BBC音乐导读 12)
外文书名: Debussy Orchestral Music.

J0145660
莫札特室内乐 Alec Hyatt King 著; 吴梅译
台北 世界文物出版社 1996年 120页
19cm(小32开) ISBN: 957-8996-90-X
定价: TWD180.00
(BBC音乐导读 22)
外文书名: Mozart Chamber Music.

J0145661
实用小乐队编配法 龚耀年著
上海 上海音乐出版社 1996年 139页 有插图
20cm(32开) ISBN: 7-80553-496-9
定价: CNY6.80

J0145662
布拉姆斯 (室内乐) Ivor Keys 著; 杨韫, 晓兰译
台北 世界文物出版社 1997年 121页
19cm(小32开) ISBN: 957-9551-19-7
定价: TWD180.00
(BBC音乐导读 8)
外文书名: Brahms Chamber Music.

J0145663
海顿交响曲 H.C.Robbins Landon 著; 晓秋等译
台北 世界文物出版社 1997年 120页
19cm(小32开) ISBN: 957-9551-11-1
定价: TWD180.00
(BBC音乐导读 19)
外文书名: Haydn Symphonies.

J0145664
海顿交响曲 (英)H.C.Robbins Landon 著; 晓秋等译
石家庄 花山文艺出版社 1999年 120页
19cm(小32开) ISBN: 7-80611-657-5
定价: CNY8.00
(BBC音乐导读 19)
海顿(Franz Joseph Haydn, 1732—1809), 奥地利作曲家, 维也纳古典乐派代表人物之一。代

表作品有《惊愕交响曲》《告别交响曲》《小夜曲》《吉普赛回旋曲》。本书是其创作的交响曲的音乐欣赏著作。

J0145665
交响音乐艺术欣赏 屠冶九著
太原 山西教育出版社 1997年 260页
19cm(小32开) ISBN: 7-5440-0604-2
定价: CNY8.50
(美育丛书 音乐舞蹈系列)

J0145666
金色音乐厅 (世界著名交响乐团与歌剧院) 周游著
北京 文化艺术出版社 1997年 252页
20cm(32开) ISBN: 7-5039-1640-0
定价: CNY13.80
(爱乐人丛书)

J0145667
拉威尔 (管弦乐) Laurence Davies 著; 温宏译
台北 世界文物出版社 1997年 111页
19cm(小32开) ISBN: 957-9551-17-0
定价: TWD180.00
(BBC音乐导读 29)
外文书名: Ravel Orchestral Music.

J0145668
莫札特管乐与弦乐协奏曲 Alec Hyatt King 著; 国明译
台北 世界文物出版社 1997年 132页
19cm(小32开) ISBN: 957-9551-16-2
定价: TWD180.00
(BBC音乐导读 26)
外文书名: Mozart Wind & String Concertos.

J0145669
莫札特交响曲 Stanley Sadie 著; 国明译
台北 世界文物出版社 1997年 179页
19cm(小32开) ISBN: 957-9551-14-6
定价: TWD220.00
(BBC音乐导读 24)
本书是对近代奥地利作曲家莫扎特创作的交响曲的赏析著作。外文书名: Mozart Symphonies.

J0145670
舒伯特 (室内乐) J.A.Westrup 著; 黄家宁, 许怀楠译
台北 世界文物出版社 1997年 104页
19cm(小32开) ISBN: 957-9551-18-9
定价: TWD150.00
(BBC音乐导读 30)
外文书名: Schubert Chamber Music.

J0145671
音乐的世界 黄牧著
香港 明窗出版社 1997年 3版 262页
17cm(40开) ISBN: 962-357-261-1
定价: HKD49.00
(明报周刊丛书 19)
本书介绍了乐坛大师荷洛维兹、卡拉扬等世界著名音乐家的生平, 以及他们为世界音乐做出的巨大贡献; 同时还介绍了十三个世界一流管弦乐团的历史与现状, 另附音乐会乐评等。

J0145672
佛汉·威廉士 (交响曲) Hugh Ottaway 著; 老耀译
台北 世界文物出版社 1998年 122页
19cm(小32开) ISBN: 957-9551-25-1
定价: TWD180.00
(BBC音乐导读 37)
外文书名: Vaughan Williams Symphonies.

J0145673
交响乐名曲欣赏 李近朱著
银川 宁夏人民出版社 1998年 389页
20cm(32开) ISBN: 7-227-01875-X
定价: CNY19.00
(交响音乐欣赏丛书)

J0145674
交响音乐史话 李近朱著
银川 宁夏人民出版社 1998年 392页
20cm(32开) ISBN: 7-227-01876-8
定价: CNY19.00
(交响音乐欣赏丛书)
作者李近朱, 毕业于中国音乐学院音乐理

论系。历任中央电视台高级编辑，中国音乐家协会会员。出版音乐著作《交响音乐欣赏丛书》《乐对贝多芬》《德奥古典音乐大师中的“最后一人”》等。

J0145675
拉威尔　(杰出的管弦乐色彩大师) 沈旋著
北京 人民音乐出版社 1998 年 76 页 有照片
18cm(小 32 开) ISBN: 7-103-01781-6
定价: CNY5.90
(外国音乐欣赏丛书)

J0145676
三重奏鸣曲　Christopher Hogwood 著; 吴梅译
台北 世界文物出版社 1998 年 201 页
19cm(小 32 开) ISBN: 957-9551-23-5
定价: TWD220.00
(BBC 音乐导读 40)
外文书名: The Trio Sonata.

J0145677
三重奏鸣曲　[英] [C. 霍格伍德] Christopher Hogwood 著; 吴梅译
石家庄 花山文艺出版社 1999 年 203 页
19cm(小 32 开) ISBN: 7-80611-678-8
定价: CNY11.50
(BBC 音乐导读 40)

J0145678
走进交响乐的圣殿　马春莲编著
郑州 河南文艺出版社 1998 年 259 页
20cm(32 开) ISBN: 7-80623-110-2
定价: CNY15.00

J0145679
走进交响世界　李近朱著
银川 宁夏人民出版社 1998 年 300 页
20cm(32 开) ISBN: 7-227-01885-7
定价: CNY18.00
(交响音乐欣赏丛书)

J0145680
埃尔加　管弦乐　(英) [M. 肯尼迪] Michael Kennedy 著; 刘红柱译
石家庄 花山文艺出版社 1999 年 111 页
19cm(小 32 开) ISBN: 7-80611-651-6
定价: CNY7.70
(BBC 音乐导读 14)

J0145681
巴托克　室内乐　(英) [S. 沃尔什] Stephen Walsh 著; 郑朔译
石家庄 花山文艺出版社 1999 年 162 页
19cm(小 32 开) ISBN: 7-80611-639-7
定价: CNY9.70
(BBC 音乐导读 2)

J0145682
柏辽兹　管弦乐　(英) [H. 麦克唐纳] Hugh Macdonald 著; 孟庚译
石家庄 花山文艺出版社 1999 年 107 页
19cm(32 开) ISBN: 7-80611-644-3
定价: CNY7.50
(BBC 音乐导读 7)

J0145683
贝多芬　交响曲　(英) [R. 辛普森] Robert Simpson 著; 杨孝敏等译
石家庄 花山文艺出版社 1999 年 105 页
19cm(小 32 开) ISBN: 7-80611-643-5
定价: CNY7.00
(BBC 音乐导读 6)

J0145684
贝多芬　协奏曲与序曲　(英) [R. 菲斯克] Roger Fiske 著; 龙治芳译
石家庄 花山文艺出版社 1999 年 118 页
19cm(32 开) ISBN: 7-80611-640-0
定价: CNY7.80
(BBC 音乐导读 3)
外文书名: Beethoven Concertos & Overtures.

J0145685
勃拉姆斯　室内乐　(英) [I. 基斯] Ivor Keys 著; 杨韫等译
石家庄 花山文艺出版社 1999 年 121 页
19cm(小 32 开) ISBN: 7-80611-645-1
定价: CNY8.00
(BBC 音乐导读 8)

J0145686
布鲁克纳 （1824—1896）音乐之友社编；林胜仪译
台北 美乐出版社 1999年 206页 有图
21cm（32开）精装 ISBN：957-8442-39-4
定价：TWD350.00
（作曲家别 名曲解说珍藏版 5）
外文书名：Anton Bruckner.

J0145687
布鲁克纳　交响曲 （英）［P.巴福德］Philip Barford著；蒲实译
石家庄 花山文艺出版社 1999年 115页
19cm（小32开）ISBN：7-80611-647-8
定价：CNY7.80
（BBC音乐导读 10）

J0145688
大学生交响音乐欣赏 罗仕艺编著
北京 中国青年出版社 1999年 201页
26cm（16开）ISBN：7-5006-3389-0
定价：CNY20.00

J0145689
德彪西　管弦乐 （英）［D.考克斯］David Cox著；孟庚译
石家庄 花山文艺出版社 1999年 118页
19cm（小32开）ISBN：7-80611-649-4
定价：CNY7.80
（BBC音乐导读 12）

J0145690
拉赫玛尼诺夫　管弦乐 ［英］［P.皮戈特］Patrick Piggott著；王次炤，常罡译
石家庄 花山文艺出版社 1999年 103页
19cm（小32开）ISBN：7-80611-666-4
定价：CNY7.00
（BBC音乐导读 28）

J0145691
拉威尔　管弦乐 ［英］［L.戴维斯］Laurence Davies著；温宏译
石家庄 花山文艺出版社 1999年 111页
19cm（小32开）ISBN：7-80611-667-2
定价：CNY7.50
（BBC音乐导读 29）

J0145692
马勒 （1860—1911）音乐之友社编；林胜仪译
台北 美乐出版社 1999年 156页 有照片图
21cm（32开）精装 ISBN：957-8442-35-1
定价：TWD280.00
（作曲家别 名曲解说珍藏版 1）
外文书名：Gustav Mahler.

J0145693
莫扎特交响曲 Stanley Sadie著；国明译
石家庄 花山文艺出版社 1999年 181页
19cm（小32开）ISBN：7-80611-662-1
定价：CNY10.00
（BBC音乐导读 24）

J0145694
莫扎特室内乐 （英）Alec Hyatt King著；吴梅译
石家庄 花山文艺出版社 1999年 120页
19cm（小32开）ISBN：7-80611-660-5
定价：CNY8.00
（BBC音乐导读 22）
外文书名：Mozart Chamber Music.

J0145695
施特劳斯　音诗 ［英］［M.肯尼迪］Michael Kennedy著；黄家宁译
石家庄 花山文艺出版社 1999年 136页
19cm（小32开）ISBN：7-80611-672-9
定价：CNY8.50
（BBC音乐导读 34）

J0145696
世界著名交响曲欣赏 杨朝婴，杨子耘编著
上海 上海音乐出版社 1999年 356页 有照片
19cm（小32开）ISBN：7-80553-749-6
定价：CNY14.50
（音乐爱好者丛书 交响乐篇）

J0145697
世界著名序曲欣赏 王毓麟，王亚平编著
上海 上海音乐出版社 1999年 249页 有照片
19cm（小32开）ISBN：7-80553-738-0
定价：CNY12.00

（音乐爱好者丛书 交响乐篇）

J0145698
世界著名组曲欣赏 王晡等编著
上海 上海音乐出版社 1999年 274页
19cm（小32开）ISBN：7-80553-778-X
定价：CNY12.50
（音乐爱好者丛书 交响乐篇）

J0145699
舒伯特 室内乐 （英）[J.A.韦斯特拉普]
J.A.Westrup著；黄家宁等译
石家庄 花山文艺出版社 1999年 104页
19cm（小32开）ISBN：7-80611-668-0
定价：CNY7.00
（BBC音乐导读 30）

J0145700
舒曼 管弦乐 [英][H.盖尔]Hans Gal著；晓兰译
石家庄 花山文艺出版社 1999年 116页
19cm（小32开）ISBN：7-80611-669-9
定价：CNY7.80
（BBC音乐导读 31）

J0145701
沃恩·威廉斯 交响曲 [英][H.奥特韦]
Hugh Ottaway著；老耀译
石家庄 花山文艺出版社 1999年 122页
19cm（小32开）ISBN：7-80611-675-3
定价：CNY8.00
（BBC音乐导读 37）

J0145702
音乐圣殿探密 （交响音乐漫话）马达主编
北京 科学出版社 1999年 312页 20cm（32开）
ISBN：7-03-007627-3 定价：CNY15.00
（文化素质修养丛书）

电子乐器器乐理论和演奏法

J0145703
电子乐器 北京邮电学院无线电系401班编著
北京 人民邮电出版社 1958年 58页
19cm（32开）统一书号：15045.总929-无246
定价：CNY0.26

J0145704
《东方红》半导体演奏器
上海 上海人民出版社 1971年 28页
19cm（小32开）定价：CNY0.09

J0145705
电子乐器 张镜清译
台北 徐氏基金会 1976年 153页 有图
21cm（32开）定价：旧台币1.60

J0145706
电子琴演奏法
台北 文源书局［1980—1989年］影印本
3册 30cm（12开）

J0145707
电子乐器 （日）小泽恭至编；程一中译
北京 轻工业出版社 1981年 180页 19cm（32开）
统一书号：15042.1580 定价：CNY0.61

J0145708
电子音乐技术 刘启文，刘启武编著
北京 新时代出版社 1984年 394页 21cm（32开）
定价：CNY1.75

J0145709
电子琴入门 张友瑜编
武汉 湖北少年儿童出版社 1986年 76页
26cm（16开）统一书号：8305.175
定价：CNY1.50

本书分两部分。第一部分是基础知识，对常用的几种电子琴的结构、功能作了介绍，还讲述了电子琴的弹奏姿势、指法原则及乐理知识；第二部分收录了20首中外优秀乐曲。

J0145710
电子琴入门 张友瑜编
武汉 湖北少年儿童出版社 1992年 76页
26cm（16开）ISBN：7-5353-0036-7
定价：CNY1.90

J0145711
电子琴入门 张友瑜编
武汉 湖北少年儿童出版社 1999 年 76 页
有插图 26cm（16 开）ISBN：7-5353-2057-0
定价：CNY6.00

J0145712
电子琴是我的好朋友 （第一册）沈祖望等编写；上海业余电子琴培训中心编
上海 上海文艺出版社 1986 年 38 页 20cm（32 开）
统一书号：8078.3606 定价：CNY0.50

J0145713
电子琴是我的好朋友 （第二册）吴春华等编写
上海 上海文艺出版社 1987 年 38 页 15×17cm
统一书号：8078.3624 ISBN：7-5321-0051-0
定价：CNY0.50

J0145714
电子琴是我的好朋友 （第二册）吴春华等编写
上海 上海音乐出版社 1998 年 2 版 38 页
17×19cm ISBN：7-80553-019-X 定价：CNY3.00

J0145715
奇妙的电子乐器 寿庚如著
上海 上海少年儿童出版社 1986 年 142 页
20cm（32 开）定价：CNY0.40
（少年现代科学技术丛书）
本书是少年儿童了解电子乐器的器乐常识和初步音乐理论的读物。

J0145716
小型电子琴的性能与演奏 虞勇编著
北京 人民音乐出版社 1986 年 66 页 26cm（16 开）
统一书号：8026.4431 定价：CNY1.50
本书介绍了各种小型电子琴演奏装置的性能、特点及演奏方法。另附据世界名曲和中外电影音乐改编的 15 首演奏曲及“视谱演奏指南”。

J0145717
Do Re Mi 儿童电子琴电视教材 黄惠华等编著
上海 华东师范大学出版社 1987 年 43 页
26cm（16 开）定价：CNY0.60

J0145718
初级电子琴演奏法 沈晓明编著
沈阳 辽宁教育出版社 1987 年 74 页
26cm（16 开）统一书号：8371.11
ISBN：7-5382-0025-8 定价：CNY2.00
（青少年课外兴趣丛书）
本书分两部分。第一部分介绍电子琴的各项功能和记谱法、演奏要领及电子琴的维护保养。第二部分是根据中外乐曲、儿童歌曲及民歌改编成的电子琴乐曲。作者沈晓明（1955— ），辽宁沈阳人。沈阳音乐学院电子系主任、电子琴专业教授、硕士生导师。

J0145719
电子乐器及其电路原理 朱福渠，周瑾编著
北京 科学普及出版社 1987 年 164 页
26cm（16 开）定价：CNY2.30

J0145720
电子琴初级教材 刘祖培编著
成都 四川文艺出版社 1987 年 51 页 26cm（16 开）
ISBN：7-5411-0180-X 定价：CNY0.80

J0145721
电子琴弹奏法入门 超正，超北著
西安 陕西人民出版社 1987 年 58 页 19cm（32 开）
统一书号：7094.571 定价：CNY0.36
（文化与生活丛书）

J0145722
电子琴基础训练 黎晓阳，张起云编著
长沙 湖南少年儿童出版社 1987 年 99 页
28cm（16 开）ISBN：7-5358-0070-X
定价：CNY2.00
（少年课外活动丛书）

J0145723
电子琴教材 刘达编著
深圳 海天出版社 1987 年 100 页 35cm（18 开）
统一书号：8382.014 定价：CNY6.40

J0145724
电子琴教程 张弓编著
南宁 广西人民出版社 1987 年 126 页
26cm（16 开）定价：CNY3.40

J0145725
电子琴教程 张弓编著
南宁 接力出版社 1990年 126页 19×26cm
ISBN: 7-80581-097-4 定价: CNY4.00
本书介绍了卡西欧、雅马哈和松下电子琴的单指演奏，采用大谱表记谱，教学内容完全适用于所有带自动伴奏功能的电子琴。

J0145726
电子琴入门 陈志平编著
北京 中国文联出版公司 1987年 47页
26cm(16开) 统一书号: 8355.871
定价: CNY1.70

J0145727
电子琴入门 陈志平编著
北京 中国文联出版公司 1994年 47页
26cm(16开) 统一书号: 8355.871
ISBN: 7-5059-0405-1 定价: CNY4.90

J0145728
电子琴速成 萧立，萧文编著
长春 吉林科学技术出版社 1987年 117页
13×18cm ISBN: 7-5384-0059-1 定价: CNY1.20

J0145729
电子琴通俗演奏法 辛子俊编
武汉 华中工学院出版社 1987年 73页
有照片及图 26cm(16开) ISBN: 7-5609-0079-8
定价: CNY1.50

J0145730
电子琴演奏技法与练习 蒋晓苏等编著
济南 山东文艺出版社 1987年 114页
26cm(16开) 统一书号: 8331.46
ISBN: 7-5329-0053-3 定价: CNY1.70

J0145731
电子琴与演奏 梁广程，马秀华编著
北京 人民音乐出版社 1987年 90页 26cm(16开)
统一书号: 8026.4602 定价: CNY2.20

J0145732
儿童电子琴实用教程 王辉，王思新编
哈尔滨 黑龙江人民出版社 1987年 60页
26cm(16开) 统一书号: 8093.1033
ISBN: 7-207-00135-5 定价: CNY1.15

J0145733
儿童电子琴演奏入门 陈述刘编著
南昌 江西少年儿童出版社 1987年 96页
26cm(16开) 统一书号: 8426.19
ISBN: 7-5391-0030-3 定价: CNY1.30
本书包括音乐基本理论、伴奏的和声编配常识、指法训练、如何弹奏分解和弦以及弦节奏的弹奏法。含练习曲、演奏曲、中外名曲、流行歌曲以及中小学课本内的歌曲等50首。

J0145734
三用儿童电子琴初级教材 周智立，陈祝芬编
南京 江苏少年儿童出版社 1987年 54页
19cm(32开) ISBN: 7-5346-0115-0
定价: CNY0.80

J0145735
少年儿童电子琴初级教程 万宝柱编著
北京 北京体育学院出版社 1987年 43页
26cm(16开) ISBN: 7-81003-043-4
定价: CNY1.45

J0145736
少年儿童电子琴初级教程 万宝柱编著
北京 北京体育大学出版社 1995年 44页
26cm(16开) ISBN: 7-81003-043-4
定价: CNY4.00

J0145737
少年儿童电子琴初级教程 万宝柱编著
北京 北京体育大学出版社 1999年 3版
修订本 85页 26cm(16开)
ISBN: 7-81003-043-4 定价: CNY10.00
本书内容包括：电子琴简介、五线谱知识简介、基本乐理简介、电子琴演奏方法、教程曲目、中外名曲30首(五线谱、简谱)。

J0145738
少年儿童电子琴高级教程 (中外通俗名曲四十首) 万宝柱，万晓乐编著
北京 北京体育学院出版社 1990年 128页
26cm(16开) ISBN: 7-81003-167-8

定价：CNY4.90

J0145739
少年儿童电子琴中级教程　万宝柱编著
北京 北京体育学院出版社 1989 年 96 页
26cm（16 开）ISBN：7-81003-178-3
定价：CNY3.30

J0145740
少年儿童电子琴中级教程　万宝柱编著
北京 北京体育大学出版社 1997 年 2 版
重印本 96 页 26cm（16 开）
ISBN：7-81003-178-3 定价：CNY6.00

J0145741
小型电子琴演奏法　石刚，罗浩编
长沙 湖南大学出版社 1987 年 99 页 26cm（16 开）
ISBN：7-314-00176-6 定价：CNY2.50

J0145742
怎样弹电子琴　洪山编著
长沙 湖南文艺出版社 1987 年 91 页 19cm（32 开）
统一书号：8466.29 ISBN：7-5404-0081-1
定价：CNY0.62

J0145743
自学电子琴演奏法（便携式）冯太中编著
沈阳 辽宁人民出版社 1987 年 67 页 26cm（16 开）
ISBN：7-205-00112-9 定价：CNY1.10

J0145744
《Do Re Mi》标准键电子琴电视教材　黄慧华编辑
上海 学林出版社 1988 年 89 页 26cm（16 开）
ISBN：7-80510-113-2 定价：CNY2.00

J0145745
便携式电子琴自学入门　木下子编著
太原 北岳文艺出版社 1988 年 42 页 19×26cm
ISBN：7-5378-0077-4 定价：CNY1.40

J0145746
电子乐器（译文集）人民音乐出版社编辑部编
北京 人民音乐出版社 1988 年 94 页 19cm（32 开）
ISBN：7-103-00162-6 定价：CNY1.10

J0145747
电子琴和声编配　赵德义，晏成佺编著
武汉 中国地质大学出版社 1988 年 66 页
26cm（16 开）ISBN：7-5625-0135-1
定价：CNY2.45

J0145748
电子琴基本教程　肖顺康编著
郑州 黄河文艺出版社 1988 年 89 页 26cm（16 开）
ISBN：7-5400-0071-6 定价：CNY1.66

J0145749
电子琴基本教程　肖顺康编著
郑州 河南人民出版社 1991 年 增订版 109 页
27cm（大 16 开）ISBN：7-215-01669-2
定价：CNY3.65

本书第一部分介绍了电子琴的基本结构、操作方法、和声知识等基本学习入门的知识和技能；第二部分主要是各个调的练习曲。

J0145750
电子琴简明教材　韩泳编著
北京 中国国际广播出版社 1988 年 77 页
26cm（16 开）ISBN：7-80035-192-0
定价：CNY1.95

J0145751
电子琴入门　李其人编译
北京 解放军出版社 1988 年 82 页 26cm（16 开）
ISBN：7-5065-0109-0 定价：CNY0.89

J0145752
电子琴入门　陈平编著
北京 人民音乐出版社 1988 年 46 页 26cm（16 开）
ISBN：7-103-00278-9 定价：CNY1.30

本书介绍了便携式电子琴的多种功能，并着重对电子琴自动伴奏系统（单弦和弦、指控和弦）的灵活运用进行了详细说明。

J0145753
电子琴入门　陈平编著
北京 人民音乐出版社 1989 年 46 页 26cm（16 开）
定价：CNY1.30

J0145754
电子琴使用保养及演奏技法　黄进之，黄致音编
杭州 浙江科学技术出版社 1988年 76页
26cm（16开）ISBN：7-5341-0078-X
定价：CNY1.50

J0145755
电子琴系统训练教程　（初级）卢光，周立编著
北京 中央民族学院出版社 1988年 128页
26cm（16开）ISBN：7-81001-051-4
定价：CNY3.25
本书是中央人民广播电台少儿电子琴辅导教学用书。

J0145756
电子琴学习初步　肖乐编著
北京 电子工业出版社 1988年 35页 26cm（16开）
ISBN：7-5053-0204-3 定价：CNY1.40

J0145757
电子琴学习指南　吴嘉平，吴春楚编著
上海 文汇出版社 1988年 85页 30×20cm
ISBN：7-80531-042-4 定价：CNY5.20

J0145758
电子琴演奏法　高天康编著
兰州 甘肃人民出版社 1988年 109页
26cm（16开）ISBN：7-226-00105-5
定价：CNY1.55
本书叙述了电子琴的原理、结构、品种、类型、特点演奏、维护与编配电子琴乐曲等方面的知识，内编各种电子琴键钮的中外名称对照表，各类电子琴的技术规格，电子琴3大自动系统的使用方法，还附有中外电子琴名曲30首。

J0145759
电子琴演奏法　浦琦璋编著
上海 上海音乐出版社 1988年 159页
30cm（10开）ISBN：7-80553-076-9
定价：CNY7.10

J0145760
电子琴演奏及伴奏编配　（210首）李亚军编著
乌鲁木齐 新疆大学出版社 1988年 172页
26cm（16开）ISBN：7-5631-0026-1
定价：CNY6.00

J0145761
电子琴演奏入门　钟瑶君编著
杭州 浙江人民出版社 1988年 108页 有彩照及图 19cm（32开）统一书号：7103.1379
ISBN：7-213-00204-X 定价：CNY1.10

J0145762
电子琴原理·使用·维修　汪学礼，汤为杰编著
上海 上海科学普及出版社 1988年 87页
26cm（16开）定价：CNY2.40
（青年自学技术丛书）

J0145763
电子琴自学辅导　岩轩等编著
郑州 海燕出版社 1988年 90页 有照片
26cm（16开）ISBN：7-5350-0116-5
定价：CNY2.30

J0145764
儿童电子琴　王行等编
北京 北京师范学院出版社 1988年 94页
26cm（16开）ISBN：7-81014-206-2
定价：CNY2.50

J0145765
儿童电子琴初级教本　丁明健编著
北京 教育科学出版社 1988年 79页
19×26cm ISBN：7-5041-0044-7 定价：CNY3.10

J0145766
儿童电子琴弹唱入门　张友瑜编
武汉 中国地质大学出版社 1988年 52页
26cm（16开）ISBN：7-5625-0081-9
定价：CNY1.95
（《电子琴入门》系列丛书 2）

J0145767
儿童电子琴教程　（初级）上海少年报非非艺术学校主编
昆明 云南少年儿童出版社 1988年 57页
26cm（16开）ISBN：7-5414-0309-1
定价：CNY1.25

J0145768
儿童电子琴教程 （初级读）上海少年报非非艺术学校主编
昆明 云南少年儿童出版社 1989年 51页
26cm(16开) ISBN: 7-5414-0439-X
定价: CNY1.65

J0145769
儿童电子琴速成 （第一集）王建平，张成田编
北京 人民音乐出版社 1988年 50页 18×26cm
ISBN: 7-103-00096-4 定价: CNY1.35

J0145770
儿童电子琴速成 （第一集）王建平，张成田编
北京 人民音乐出版社 1992年 50页
18×26cm ISBN: 7-103-00096-4
定价: CNY2.30

J0145771
卡西欧电子琴教程 （一）俞人悦编著
北京 人民音乐出版社 1988年 61页 31cm(10开)
ISBN: 7-103-00143-X 定价: CNY2.55

J0145772
普及型电子琴原理·维修·演奏法手册 王朝忠主编
成都 四川辞书出版社 1988年 127页 有插图
19cm(32开) ISBN: 7-80543-046-2
定价: CNY1.60

J0145773
通俗电子琴教程 虞勇编著
北京 文化艺术出版社 1988年 41页
26cm(16开) ISBN: 7-5039-0229-9
定价: CNY1.25

J0145774
通俗电子琴入门 肖乐编著
北京 中国戏剧出版社 1988年 95页 26cm(16开)
ISBN: 7-80030-015-3 定价: CNY1.50
(文化生活丛书)

J0145775
怎样弹简易电子琴 张玉林编著
沈阳 春风文艺出版社 1988年 245页
26cm(16开) ISBN: 7-5313-0107-5
定价: CNY2.60

J0145776
怎样教孩子们电子琴 李其人编译
哈尔滨 黑龙江科学技术出版社 1988年 95页
19cm(32开) ISBN: 7-5388-0190-1
定价: CNY1.10

J0145777
电子琴技法教程 常文海编著
兰州 甘肃人民出版社 1989年 160页
26cm(16开) ISBN: 7-226-00511-5
定价: CNY3.90

J0145778
电子琴技法教程 常文海编
兰州 甘肃人民出版社 1993年 2版(修订本)
175页 有乐谱 26cm(16开)
ISBN: 7-226-00511-5 定价: CNY6.30

J0145779
电子琴与钢琴 （一）夏世亮，贺其辉编著
武汉 武汉工业大学出版社 1989年 114页
26cm(16开) ISBN: 7-5629-0181-3
定价: CNY3.40

J0145780
父母之友 （少儿电子琴自学辅导教程）刘茂荣，魏曙光编
北京 电子工业出版社 1989年 133页
26cm(16开) ISBN: 7-5053-0451-8
定价: CNY3.50

J0145781
实用电子琴进阶教程 李炫春编著
沈阳 辽宁教育出版社 1989年 97页 26cm(16开)
ISBN: 7-5382-0708-2 定价: CNY2.20
(青少年课外兴趣丛书)

李炫春(1947—)，中国音乐家协会辽宁分会、延边分会会员。

J0145782
通用电子琴教程 赵永江编著
北京 学苑出版社 1989年 90页 26cm(16开)

ISBN：7-80060-586-8 定价：CNY3.00

J0145783
通用电子琴教程 赵永江编著
延吉 东北朝鲜民族教育出版社 1992年 90页 26cm（16开）ISBN：7-5437-1186-9
定价：CNY3.50
作者赵永江，沈阳音乐学院讲师。

J0145784
娃娃学琴 （学前儿童电子琴入门）陈时玉编著；张维志绘
北京 北京体育学院出版社 1989年 44页 有彩图 19×26cm ISBN：7-81003-177-5
定价：CNY4.00

J0145785
姚志明快速教学法 姚志明编著
北京 文化艺术出版社 1989年 99页 26cm（16开）
ISBN：7-5039-0530-1 定价：CNY3.98

J0145786
幼儿电子琴浅易教程 刘红编著
南京 江苏教育出版社 1989年 79页 26cm（16开）
定价：CNY1.55

J0145787
电子琴实用教程 麦丁编著
北京 人民音乐出版社 1990年 61页 26cm（16开）
ISBN：7-103-00589-3 定价：CNY2.15

J0145788
电子琴速成教程 朱作英编
大连 大连出版社 1990年 160页 26cm（16开）
ISBN：7-80555-285-1 定价：CNY4.15

J0145789
电子琴速成教程 朱作英编
大连 大连出版社 1999年 3版 180页 26cm（16开）ISBN：7-80555-285-1 定价：CNY12.00

J0145790
电子琴提高级讲座 陈祖馨编著
北京 中国青年出版社 1990年 181页 26cm（16开）ISBN：7-5006-0700-8
定价：CNY8.80

J0145791
电子琴演奏法 李其人，李月编著
北京 解放军出版社 1990年 78页 19cm（32开）
ISBN：7-5065-1381-1 定价：CNY1.90
（文娱体育丛书）

J0145792
电子琴自学速成 谢志戎编著
西安 华岳文艺出版社 1990年 109页 19×26cm
ISBN：7-80549-320-0 定价：CNY3.20

J0145793
儿童电子琴演奏辅导 李贵宝编
太原 山西教育出版社 1990年 69页 26cm（16开）
ISBN：7-80578-220-2 定价：CNY1.55

J0145794
现代摇滚电贝士演奏教程 张龙等编
北京 北京体育学院出版社 1990年 2册（156页）26cm（16开）ISBN：7-81003-378-6
定价：CNY6.90
本书包括电贝士入门、音阶调性练习、电贝士演奏常用音形一百例、摇滚乐模式与技巧速度练习四部分内容。

J0145795
新迷人的电子琴 （1-3 初步电子琴）道志郎编
台北 美乐出版社［1990—1999年］3册
31cm（10开）定价：TWD450.00

J0145796
新迷人的电子琴 （5-6 节奏的魅力 2-3）道志郎编
台北 美乐出版社［1990—1999年］2册
31cm（10开）定价：TWD300.00

J0145797
新迷人的电子琴 （7-9 旋律的魅力）道志郎编
台北 美乐出版社［1990—1999年］3册
31cm（10开）定价：TWD450.00

J0145798
电声乐队配器 赵国英著

哈尔滨 北方文艺出版社 1991 年 128 页
19cm(小 32 开) ISBN: 7-5317-0504-4
定价: CNY2.65

本书叙述了电声乐器与乐队及它的编制形式、乐件的特征和运用与其他不同的创作意识、写作的基本要点和程序等。

J0145799
电子琴小演奏家 (电子琴初级中级教程) 永海编著
北京 中国华侨出版公司 1991 年 138 页
26cm(16 开) ISBN: 7-80074-425-6
定价: CNY5.50

J0145800
电子琴演奏大全 (1) 黎晓阳编著
长沙 湖南科学技术出版社 1991 年 159 页
26cm(16 开) ISBN: 7-5357-0849-8
定价: CNY9.85 (2 册)

J0145801
电子琴演奏大全 (2) 黎晓阳编著
长沙 湖南科学技术出版社 1991 年
[168]页 26cm(16 开) ISBN: 7-5357-0849-8
定价: CNY9.85 (2 册)

J0145802
电子琴演奏大全 (1) 黎晓阳编著
长沙 湖南科学技术出版社 1994 年 2 版
修订本 159 页 26cm(16 开)
ISBN: 7-5357-0849-8 定价: CNY19.80 (全 2 册)

J0145803
电子琴演奏大全 (2) 黎晓阳编著
长沙 湖南科学技术出版社 1994 年 2 版
修订本 352 页 26cm(16 开)
ISBN: 7-5357-0849-8 定价: CNY19.80 (全 2 册)

J0145804
电子琴演奏大全 (1) 黎晓阳编著
长沙 湖南科学技术出版社 1999 年 2 版
修订本 159 页 26cm(16 开)
ISBN: 7-5357-0849-8 定价: CNY25.00 (全 2 册)

J0145805
电子琴演奏大全 (2) 黎晓阳编著
长沙 湖南科学技术出版社 1999 年 2 版
修订本 352 页 26cm(16 开)
ISBN: 7-5357-0849-8 定价: CNY25.00 (全 2 册)

J0145806
简谱电子琴自学教程 卞善艺, 胡震编著
合肥 安徽文艺出版社 1991 年 163 页
27cm(大 16 开) ISBN: 7-5396-0435-2
定价: CNY5.95

J0145807
立体声电声乐队配器法 梁广程编著
北京 人民音乐出版社 1991 年 117 页
26cm(16 开) ISBN: 7-103-00754-3
定价: CNY3.90

本书介绍了立体声技术基本原理、立体声录音制式、立体声技术在音乐艺术的应用等问题, 并讲述了电子(电声)乐器演奏法及电声乐队实用配器法。

J0145808
少儿电子琴教程 王利忠编著
沈阳 辽宁教育出版社 1991 年 93 页 31cm(10 开)
ISBN: 7-5382-1504-2 定价: CNY6.20

作者王利忠(1955—), 辽宁沈阳少年宫电子琴、手风琴教师。

J0145809
中级电子琴教程 李小平编著
北京 人民音乐出版社 1991 年 114 页
31cm(10 开) ISBN: 7-103-00818-3
定价: CNY7.10

J0145810
速成电声乐队配器法 刘德增著
北京 中国青年出版社 1992 年 63 页 26cm(16 开)
ISBN: 7-5006-0995-7 定价: CNY2.80

作者刘德增(1936—), 作曲家、小提琴演奏家。曾进修于天津中央音乐学院。任职于山西省歌舞剧院, 国家一级作曲, 中国音乐家协会会员, 电视艺术家协会会员。著有《电声乐队配器法》《中国小提琴典集》《作曲入门》《中国恋情民歌》《钢琴即兴泛演教程》等。

J0145811
新编电子琴教程　麦紫婴，钱磊编著
上海 上海教育出版社 1992年 重印本 269页
26cm（16开）ISBN：7-5320-2069-X
定价：CNY7.60
本书将电子琴演奏技法与乐理知识融合在一起进行介绍，并收入了古今中外名曲100余首，包括西洋古典乐曲和中国各民族不同风格的民歌和乐曲。

J0145812
新编儿童电子琴速成　陈世秀编写
北京 中国经济出版社 1992年 60页 26cm（16开）
ISBN：7-5017-1356-1 定价：CNY2.80
本书精选儿童喜爱和熟悉、又适合电子琴演奏的中外乐曲三十余首，融弹奏知识和技能训练于一体。

J0145813
音乐考级教程　（业余电子琴 一至六级）中央音乐学院电子琴考级专家委员会编
北京 华文出版社 1992年 2册（43；42页）
28cm（大16开）ISBN：7-5075-0148-5
定价：CNY12.00

J0145814
音乐考级教程　（业余电子琴 五至六级 2）中央音乐学院电子琴考级专家委员会编
北京 华文出版社 1993年 2版 48页
28cm（16开）ISBN：7-5075-0148-5
定价：CNY15.00（2册）

J0145815
音乐考级教程　（业余电子琴 一至六级）中央音乐学院电子琴考级专家委员会编
北京 华文出版社 1995年 2版 2册（59；48页）
28cm（16开）ISBN：7-5075-0148-5
定价：CNY16.00

J0145816
英汉电子琴键钮用法小词典　马行乾编著
北京 北京体育学院出版社 1992年 215页
18cm（32开）ISBN：7-81003-547-9
定价：CNY3.80
该词典共收词目1063条。包括电子琴、合成器、电子钢琴的各种键钮、附件的译名及其用法解释。

J0145817
英汉电子琴键钮用法小词典　马行乾编著
北京 北京体育大学出版社 1996年 2版
重印本 223页 有图 18cm（小32开）
ISBN：7-81003-547-9 定价：CNY7.80

J0145818
电子琴渐进教程　（初、中级）诸航编著
沈阳 辽宁人民出版社 1993年 138页 有彩照
26cm（16开）ISBN：7-205-02275-4
定价：CNY5.90
作者诸航，上海人，中国音乐家协会手风琴协会会员。

J0145819
电子琴考级系统教程　（1-9级）姚来彬编著
成都 四川文艺出版社 1993年
3册（160；181；122页）26cm（16开）
ISBN：7-5411-1012-4 定价：CNY26.00

J0145820
电子琴手册　上海音乐出版社编
上海 上海音乐出版社 1993年 214页 有照片
20cm（32开）ISBN：7-80553-314-8
定价：CNY5.70

J0145821
电子琴系列教程　贺其辉，夏世亮编著
武汉 湖北少年儿童出版社 1993年 180页
26cm（16开）ISBN：7-5353-1136-9
定价：CNY8.50

J0145822
电子琴演奏基础训练　（上）王梅贞编著
北京 教育科学出版社 1993年 112页
26cm（16开）ISBN：7-5041-1110-4
定价：CNY12.00
作者王梅贞，电子琴乐曲作者。

J0145823
儿童电子琴大教本　虞勇编著
北京 国际文化出版公司 1993年

2 册(84 ; 96 页) 32cm(10 开)
ISBN: 7-80049-880-8 定价: CNY13.50

外文书名: Children's Big Textbook of Electronic Keyboard.

J0145824
教你弹电子琴 黄坚编著
石家庄 河北教育出版社 1993 年 116 页
26cm(16 开) ISBN: 7-5434-1953-X
定价: CNY5.50
(小博士文库)

J0145825
青少年儿童电子琴通用教程 张建兴, 张玉梅编著
南宁 广西民族出版社 1993 年
2 册(132 ; 134 页) 26cm(16 开)
ISBN: 7-5363-2049-3 定价: CNY11.80

作者张建兴, 广州市少年宫中级音乐教师、文艺培训部副部长。作者张玉梅, 广州师范学校音乐系声乐讲师。

J0145826
少儿电子琴初级教程 星星编
成都 成都科技大学出版社 1993 年 80 页
26cm(16 开) ISBN: 7-5616-2799-8
定价: CNY6.90

J0145827
希望之声 (电子琴综合音乐教程 1-3) 赵易山编著
北京 海豚出版社 1993 年
3 册(103 ; 104 ; 115 页) 18 × 26cm
ISBN: 7-80051-971-6
定价: CNY30.40 (3 册, 总定价)

作者赵易山(1966—), 教授。毕业于中央音乐学院。历任中央音乐学院作曲系教师, 北京音乐家协会会员, 中国音乐家协会数字化音乐教育学会理事。出版有《希望之声电子琴综合音乐教程》《新希望之声电子琴综合音乐教程》。

J0145828
新编电子琴通用演奏法 李倩胜, 杨远昌编著
沈阳 沈阳出版社 1993 年 135 页 34cm(10 开)
ISBN: 7-5441-0031-6 定价: CNY12.50

外文书名: New Edited Current Playing Methods of Electronic Organ. 作者李倩胜(1945—), 女, 国家一级演奏员。中国音乐家协会会员, 辽宁歌剧院院长兼独奏演员。作者杨远昌(1943—), 上海市人, 钢琴、电子琴演奏家, 辽宁歌舞团独奏演员。

J0145829
摇滚电贝司演奏实用教程 褚建华, 蔡继东编著
北京 中国青年出版社 1993 年 91 页 26cm(16 开)
ISBN: 7-5006-1377-6 定价: CNY6.40
(电声乐队系列丛书)

J0145830
MIDI 爱好者手册 (音乐设备数字接口) 林志杰著; 高升改编
北京 学苑出版社 1994 年 221 页 26cm(16 开)
ISBN: 7-5077-0777-6 定价: CNY25.00
(计算机实用技术系列丛书 3)

J0145831
电子琴弹奏入门 海鸥编著
北京 金盾出版社 1994 年 67 页 有彩照
26cm(16 开) ISBN: 7-80022-772-3
定价: CNY4.10

J0145832
电子琴分级实用教程 (第七级 ~ 第八级) 浦琦璋主编; 上海音乐家协会电子琴专业委员会编
上海 上海远东出版社 1994 年 132 页
31cm(10 开) ISBN: 7-80514-694-2
定价: CNY21.00

J0145833
电子琴分级实用教程 (第五级 ~ 第六级) 浦琦璋主编; 上海音乐家协会电子琴专业委员会编
上海 上海远东出版社 1994 年 104 页
30cm(10 开) ISBN: 7-80514-693-4
定价: CNY16.40

J0145834
电子琴分级实用教程 (第一级 ~ 第四级) 浦琦璋主编; 上海音乐家协会电子琴专业委员会编
上海 上海远东出版社 1994 年 115 页

30cm（10开）ISBN：7-80514-981-X
定价：CNY18.00

J0145835
电子琴教程　杨才裕编著
杭州 浙江文艺出版社 1994年 148页
26cm（16开）ISBN：7-5339-0742-6
定价：CNY7.50
作者杨才裕，浙江省高级音乐教师。

J0145836
电子琴教程　杨才裕编著
杭州 浙江文艺出版社 1996年 重印本 148页
26cm（16开）ISBN：7-5339-0742-6
定价：CNY10.00

J0145837
电子音乐　（理论与实作）高惠宗著
台北 世界文物出版社 1994年 192页
23cm（20开）ISBN：957-8996-45-4
定价：TWD250.00

J0145838
儿童电子琴速成　冯芸编著
长春 吉林大学出版社 1994年 67页
19cm（小32开）ISBN：7-5601-1616-7
定价：CNY2.00
（速成丛书）

J0145839
电子琴弹奏基础　上海中小学课程教材改革委员会编
上海 上海音乐出版社 1995年 重印本 59页
有插图 26cm（16开）ISBN：7-80553-415-2
定价：CNY3.00

J0145840
电子琴考级预备教程　杨钟宇，杨丹萍编著
北京 气象出版社 1995年 82页 29cm（16开）
ISBN：7-5029-1908-2 定价：CNY13.80

J0145841
全国电子琴演奏（业余）考级基本练习合集　（第一级～第八级）李未明主编；中国音乐家协会全国乐器演奏（业余）考级委员会电子琴专家委员会编
北京 文化艺术出版社 1995年 重印本 31页
30cm（13开）ISBN：7-5039-1218-9
定价：CNY6.00

J0145842
全国电子琴演奏（业余）考级作品集　（第一级～第六级）李未明执行主编；中国音乐家协会全国乐器演奏（业余）考级委员会电子琴专家委员会编
北京 文化艺术出版社 1996年 81页 30cm（10开）
ISBN：7-5039-1228-6 定价：CNY14.50

J0145843
全国电子琴演奏（业余）考级作品集　（第七级～第八级）李未明执行主编；中国音乐家协会全国乐器演奏（业余）考级委员会电子琴专家委员会编
北京 文化艺术出版社 1995年 重印本 105页
30cm（10开）ISBN：7-5039-1238-3
定价：CNY17.50

J0145844
实用电声小乐队编配　龚耀年编著
北京 人民教育出版社 1995年 97页 26cm（16开）
ISBN：7-107-11303-8 定价：CNY7.50

J0145845
西湖电子琴原理及演奏技法　朱建通，黄进之编著
北京 电子工业出版社 1995年 123页 有折图
26cm（16开）ISBN：7-5053-2520-5
定价：CNY9.80

J0145846
电子琴　罗灿煦编著
成都 四川科学技术出版社 1996年 重印本
181页 有照片 21×19cm ISBN：7-5364-1713-6
定价：CNY11.50
（少年儿童课余爱好丛书）

J0145847
电子琴趣味教程　赵林，安智盛编
北京 中国青年出版社 1996年 122页 有插图
26cm（16开）ISBN：7-5006-1860-3

定价: CNY16.00

J0145848
跟我学电子琴 周张跃编著
长沙 湖南文艺出版社 1996 年 161 页
29cm(16 开) ISBN: 7-5404-1475-8
定价: CNY16.80
作者周张跃，音乐教育工作者。

J0145849
全国电子琴演奏(业余)考级作品弹奏指南 (第一级～第八级) 孙伟主编
重庆 西南师范大学出版社 1996 年 221 页
29cm(16 开) ISBN: 7-5621-1594-X
定价: CNY32.00

J0145850
英汉电子琴电脑音乐词典 马行乾编著
北京 学苑出版社 1996 年 78+612 页
18cm(小 32 开) 精装 ISBN: 7-5077-1236-2
定价: CNY42.00
外文书名: English-Chinese Dictionary of Ele.Keyboard and Computer Music.

J0145851
电声乐队配器基础教程 李云涛编著
北京 中国青年出版社 1997 年 157 页
26cm(16 开) ISBN: 7-5006-2291-0
定价: CNY18.00

J0145852
电子琴 12 课 安智盛编
北京 农村读物出版社 1997 年 120 页 有插图
26cm(16 开) ISBN: 7-5048-0672-2
定价: CNY10.80

J0145853
电子琴基础教程 黄驰等编著
海口 海南出版社 1997 年 154 页 29cm(16 开)
ISBN: 7-80617-742-6 定价: CNY19.80

J0145854
跟我学电贝司 刘建辉编著
长沙 湖南文艺出版社 1997 年 150 页
30cm(15 开) ISBN: 7-5404-1721-8
定价: CNY15.00

J0145855
教你学电子琴 王冰雯编
广州 新世纪出版社 1997 年 95 页
28cm(大 16 开) ISBN: 7-5405-1239-3
定价: CNY10.00

J0145856
现代电子琴教程 黄波编著
厦门 鹭江出版社 1997 年 201 页 26cm(16 开)
ISBN: 7-80610-354-6 定价: CNY14.10

J0145857
中外名曲电子琴演奏 (乐曲解说及弹奏指引 1) 尹德本, 王德新编写
沈阳 辽宁人民出版社 1997 年 63 页 30cm(16 开)
ISBN: 7-205-03712-3 定价: CNY18.00
(电子琴曲曲库)

J0145858
中外名曲电子琴演奏 (乐曲解说及弹奏指引 2) 尹德本, 王德新编写
沈阳 辽宁人民出版社 1997 年 66 页 30cm(16 开)
ISBN: 7-205-03713-1 定价: CNY18.00
(电子琴曲曲库)

J0145859
电子琴分级教程 (1、2、3 级) 广东省电子琴教育考试定级委员会编
广州 花城出版社 1998 年 89 页 29cm(15 开)
ISBN: 7-5360-2849-0 定价: CNY20.00
(走进音乐世界系列)

J0145860
电子琴分级教程 (音阶、和弦、琶音) 广东省电子琴教育考试定级委员会编
广州 花城出版社 1999 年 112 页 29cm(15 开)
ISBN: 7-5360-2861-X 定价: CNY20.00
(走进音乐世界系列)

J0145861
电子琴演奏技巧 辛迪, 余丹红编著
广州 广东教育出版社 1998 年 130 页
28cm(大 16 开) ISBN: 7-5406-4022-7

定价：CNY20.00

J0145862
教你弹好电子琴 石莉莉编著
北京 中国少年儿童出版社 1998年 127页
19cm（小32开）ISBN：7-5007-4275-4
定价：CNY5.10
（教你学·教你做小学生实用丛书）

J0145863
现代电子琴综合教程 （上册）陈膺政编著
北京 科学普及出版社 1998年 121页
31cm（10开）ISBN：7-110-04317-7
定价：CNY19.00

J0145864
现代电子琴综合教程 （下册）陈膺政编著
北京 科学普及出版社 1998年 190页
31cm（10开）ISBN：7-110-04318-5
定价：CNY28.00

J0145865
新编电子琴基础教程 马晓歌编著
南京 江苏教育出版社 1998年 202页 有插图
29cm（16开）ISBN：7-5343-3230-3
定价：CNY14.70

J0145866
新编电子琴教程 张弓编著
南宁 接力出版社 1998年 230页 30cm（10开）
ISBN：7-80631-271-4 定价：CNY18.00

J0145867
新编电子琴系列教程 夏世亮，贺其辉编著
武汉 湖北科学技术出版社 1998年 2册（264页）
26cm（16开）ISBN：7-5352-2172-6
定价：CNY22.00

J0145868
摇滚电贝司实用技巧演奏集成 褚建华编著
北京 北京体育大学出版社 1998年 174页
28cm（大16开）ISBN：7-81051-337-0
定价：CNY26.90
（最新爵士摇滚系列丛书）

J0145869
怎样弹电子琴 宇慧主编
沈阳 沈阳出版社 1998年 126页 19cm（小32开）
ISBN：7-5441-0987-9 定价：CNY98.00（全套）
（审美素质培养丛书 9）

J0145870
2001 电音世代 （电子舞曲圣经 1 抢先速读版）林强等著
台北 商业周刊出版公司 1999年 127页
有照片 26cm（16开）ISBN：957-667-282-1
定价：TWD260.00
（Sounds Caps 1）

J0145871
2001 电音世代 （电子舞曲圣经 2 终极攻略版）林强等著
台北 商业周刊出版公司 1999年 279页
有照片 附VCD 26cm（16开）
ISBN：957-667-347-X 定价：TWD450.00
（Sounds Caps 2）

J0145872
电脑 MIDI 系统与多媒体音乐制作 谷勇编著
北京 中国人民大学出版社 1999年 145页
26cm（16开）ISBN：7-300-03199-4
定价：CNY18.00

J0145873
电子琴即兴演奏法 沈晓明著
沈阳 辽海出版社 1999年 108页 28cm（大16开）
ISBN：7-80638-864-8 定价：CNY18.00
作者沈晓明（1955— ），辽宁沈阳人。沈阳音乐学院电子系主任、电子琴专业教授、硕士生导师。

J0145874
电子琴考级辅导手册 周张跃编著
长沙 湖南文艺出版社 1999年 250页
20cm（32开）ISBN：7-5404-2043-X
定价：CNY14.50

J0145875
电子琴入门基础教程 邵春良编著
北京 蓝天出版社 1999年 154页 26cm（16开）

ISBN：7-80081-888-8 定价：CNY15.00
（跨世纪乐器入门丛书）

J0145876
电子琴演奏与应用 曾立毅编著
福州 海峡文艺出版社 1999年 179页
28cm（大16开）ISBN：7-80640-281-0
定价：CNY18.00
（福建文化丛书）

J0145877
电子琴自学指导教程 马西平编著
西安 西安交通大学出版社 1999年 113页
30cm（10开）ISBN：7-5605-1050-7
定价：CNY10.00

J0145878
全国电子琴演奏(业余)考级作品集 （第三套 第八级～第九级）王梅贞执行主编；中国音乐家协会音乐考级委员会编
北京 新华出版社 1999年 184页 31cm（10开）
ISBN：7-5011-4411-7 定价：CNY36.00

本套书注意从电子琴教材建设的宏观角度考虑，尽可能地将近年来各种考级教材中深受教师、考生喜爱的作品(其中包括上海市的部分考级曲目)及一些全国少儿电子琴比赛的规定曲目和部分优秀新作品吸收进来，此外，还含有一些中外名曲、我国的优秀民歌改编曲及用以规范键盘技术的练习曲等。

J0145879
全国电子琴演奏(业余)考级作品集 （第三套 第五级～第七级）王梅贞执行主编；中国音乐家协会音乐考级委员会编
北京 新华出版社 1999年 193页 31cm（10开）
ISBN：7-5011-4410-9 定价：CNY38.00

J0145880
全国电子琴演奏(业余)考级作品集 （第三套 第一级～第四级）王梅贞执行主编；中国音乐家协会音乐考级委员会编
北京 新华出版社 1999年 122页 31cm（10开）
ISBN：7-5011-4325-0 定价：CNY26.00

民族器乐理论和演奏法

中国民族器乐理论和演奏法

J0145881
乐器三事能言 （不分卷）（清）程瑶田撰
通艺堂 清嘉庆 刻本

作者程瑶田（1725—1814），安徽歙县人。字易田，一字易畴，号让堂，茸荷。清乾隆三十五年（1770）中举，授太仓州学政。晚年写成《琴音记》。撰述统名《通艺录》。

J0145882
乐器三事能言 （一卷 补编一卷）（清）程瑶田撰
清嘉庆 刻本
（通艺录）

J0145883
乐器三事能言 （一卷 补编一卷）（清）程瑶田撰
民国 影印
（安徽丛书）

J0145884
民间乐器练习法 国防部新闻局编
国防部新闻局［民国］98页 21cm（32开）
（军中康乐丛书）

本书了介绍笛、箫、胡琴的练习法。附练习曲和笛、箫、胡琴的独奏曲。

J0145885
中国音乐指南 沈寄人撰
上海 世界书局 民国十四年［1925］石印本
有图表 线装

J0145886
中国器乐常识 刘诚甫编著
上海 中华书局 1929年 94页 有图 20cm（32开）
定价：银五角

本书介绍了三弦、笙、铜丝琴、箫、胡琴、月琴、笛、琵琶、京胡、四弦、爱国琴、古琴、鼓板、瑟、管、拉琴、社鼓、筝、口琴、海笛、排箫等乐器，内容包括图考、音位、指法、奏法等。共23章。

J0145887
中乐秘笈 （第一集 胡琴指南）孙维中著
北平 中华印书局 1933年 132页 15×26cm
定价：大洋六角
本集为胡琴指南，介绍乐器的构造及演奏法，兼收曲谱多首。

J0145888
中乐秘笈 （第二集 雅乐指南）孙维中著
北平 中华印书局 1934年 162页 有图
15×26cm 定价：大洋八角
本集为雅乐指南，介绍乐曲的构造及演奏法，兼收曲谱多首。

J0145889
中乐秘笈 （第三集 皮簧昆曲）孙唯中著
北平 中华印书局 1935年 再版 128页 有图
15×26cm 定价：大洋六角
本集为皮簧昆曲，介绍乐器的构造及演奏法，兼收曲谱多首。

J0145890
中乐秘笈 （第五集 皮簧新腔胡琴指南）孙维中著
北平 中华印书局 1936年 157页 15×26cm
定价：大洋六角
本集介绍乐器的构造及演奏法，兼收曲谱多首。

J0145891
国乐指南 沈寄人编
上海 世界书局 1934年 134页 19cm（32开）
定价：大洋四角
本书内分3编，上编为各乐曲的音位及练习法；中编为各种工尺谱及练习法；下编为自编乐谱及曲谱的捷径。

J0145892
故都市乐图考 齐如山著
北平 北平国剧学会 1935年 40页 有图
25cm（15开）定价：银洋二元
本书收集北京小贩叫卖时所使用的不同乐器，如：贯铎、锣、钲、铁拍板、串铃、口琴、簧、三弦、笛、鼓、小铜角等，共40种，每种乐器均附说明。作者齐如山（1875—1962），戏曲理论家、作家。河北高阳人。名宗康（一说：宗廉），字如山。早年留学欧洲，曾任京师大学堂、北平女子文理学院教授，并致力于戏曲研究。曾与梅兰芳共同从事戏曲艺术的改进工作。编写剧本著名者有时装戏《一缕麻》，古装戏《黛玉葬花》《嫦娥奔月》等。出版有《齐如山全集》。

J0145893
民间乐器简易制造法 刘乐夫著
［济南］山东新华出版社 1950年 16cm（26开）
定价：CNY0.10

J0145894
中国乐器演奏法 （第一集 二胡·笛·箫·笙）陆修棠编撰
上海 音乐出版社 1952年 40页 有图
26cm（16开）定价：旧币6,000元

J0145895
中国历代乐器说明 杨荫浏编；蒋咏荷整理
北京 中央音乐学院民族音乐研究所 1954年
油印本 有图 线装

J0145896
民族器乐讲座 中央人民广播电台音乐广播编辑部编辑
北京 音乐出版社 1957年 76页 19cm（32开）
统一书号：8026.602 定价：CNY0.24
（中央人民广播电台音乐广播丛刊）

J0145897
少数民族音乐资料索引 （第一辑）中央音乐学院民族音乐研究所编辑
北京 中央音乐学院民族音乐研究所 1957年
油印本 38页 26cm（16开）

J0145898
组织民族乐队的初步知识 王兆宇，赵奎英编著
沈阳 春风文艺出版社 1959年 73页
有曲谱及图 19cm（32开）统一书号：8158.12
定价：CNY0.24

J0145899
中国乐器图片 （第一辑）中国音乐研究所编
北京 音乐出版社 1960年 12幅(套)
15cm(40开) 统一书号: 8026.1242
定价: CNY0.33

J0145900
中国乐器图片 （第二辑）中国音乐研究所编
北京 音乐出版社 1960年 12幅(套)
15cm(40开) 统一书号: 8026.1243
定价: CNY0.33

J0145901
中国乐器图片 （第三辑）中国音乐研究所编
北京 音乐出版社 1960年 12幅(套)
15cm(40开) 统一书号: 8026.1244
定价: CNY0.33

J0145902
中国乐器图片 （第四辑）中国音乐研究所编
北京 音乐出版社 1960年 12幅(套)
15cm(40开) 统一书号: 8026.1245
定价: CNY0.33

J0145903
中国乐器图片 （第五辑）中国音乐研究所编
北京 音乐出版社 1960年 12幅(套)
15cm(40开) 统一书号: 8026.1246
定价: CNY0.33

J0145904
中国乐器图片 （第六辑）中国音乐研究所编
北京 音乐出版社 1960年 12幅(套)
15cm(40开) 统一书号: 8026.1247
定价: CNY0.33

J0145905
民族器乐 中央音乐学院中国音乐研究所民族音乐研究班编辑
北京 中央音乐学院中央音乐研究所民族音乐研究班 1962年 132页 20cm(32开)
定价: CNY1.20
(《民族音乐》参考资料 之十)

J0145906
民族乐队乐器法 中央音乐学院编
北京 音乐出版社 1963年 119页 有图表
21cm(32开) 统一书号: K8026.1808
定价: CNY0.71

本书介绍了中国(主要为汉族)民族管弦乐队常用乐器的基本知识。包括拉弦乐器(6种)、弹拨乐器(7种)、吹管乐器(9种)、打击乐器(5种)4个部分。

J0145907
民族乐队乐器法 中国音乐学院编
北京 人民音乐出版社 1980年 重印本 127页
21cm(32开) 统一书号: 8026.1808
定价: CNY0.73

J0145908
内部资料介绍 （中国民族音乐专题目录 3）
中央音乐学院中国音乐研究所[编]
北京 中央音乐学院中国音乐研究所 1963年
油印本 16页 13×18cm

J0145909
维吾尔民族乐器演奏法 （维吾尔文）帕他尔江阿不都拉著
乌鲁木齐 新疆人民出版社 1976年 75页
19cm(小32开) 统一书号: M8098.149
定价: CNY0.16

J0145910
维吾尔族乐器演奏法 （热瓦甫、弹拨尔、独塔尔、达甫）帕塔尔江·阿布都拉著; 王素甫·那吉提译; 周宗汉整理
乌鲁木齐 新疆人民出版社 1977年 102页
19cm(32开) 统一书号: 8098.73 定价: CNY0.23

J0145911
中国乐器介绍 文化部文学艺术研究所音乐舞蹈研究室编
北京 人民音乐出版社 1978年 90页 20cm(32开)
统一书号: 8026.3353 定价: CNY0.58

本书选收较常用的民族乐器77种，分为吹奏、拉弦、弹弦、打击四类，简要地介绍了其历史沿革、形制、性能等。

J0145912
中国乐器介绍　中国艺术研究院音乐研究所编
北京 人民音乐出版社 1985年 2版 修订本
90页 20cm(32开) 统一书号: 8026.3353
定价: CNY0.58

J0145913
鲁西南鼓吹乐初探　袁静芳著
[北京] 中央音乐学院音乐学系 1980年 油印本
73页 26cm(16开)

J0145914
中国乐器　(鼓教材 Ⅰ－Ⅷ级) 香港政府音乐事务统筹处编
香港 香港政府音乐事务统筹处 [1980—1989年]
94页 30cm(12开) 定价: HKD26.00

J0145915
中国乐器　(三弦教材) 香港政府音乐事务统筹处编
香港 香港政府印务局 [1980—1989年] 3册
30cm(12开) 定价: HKD79.00

J0145916
中国乐器　(二胡教材 第一册 Ⅰ－Ⅲ级) 香港政府音乐事务统筹处编
香港 香港政府印务局 [1980—1989年] 72页
21cm(32开) 定价: HKD35.00

J0145917
中国乐器　(琵琶教材 第一册 Ⅰ－Ⅲ级) 香港政府音乐事务统筹处编
香港 香港政府音乐事务统筹处编
[1980—1989年] 86页 30cm(12开)
定价: HKD37.00

J0145918
中国乐器　(笛子教材 第二册 Ⅳ－Ⅴ级) 香港政府音乐事务统筹处编
香港 香港政府印务局 [1980—1989年] 89页
21cm(32开) 定价: HKD40.00

J0145919
中国乐器　(二胡教材 第二册 Ⅳ－Ⅵ级) 香港政府音乐事务统筹处编
香港 香港政府印务局 1988年 196页
30cm(12开) 定价: HKD65.00

J0145920
中国乐器　(琵琶教材 第二册 Ⅳ－Ⅵ级) 香港政府音乐事务统筹处编
香港 香港政府音乐事务统筹处编 1991年
181页 30cm(12开) 定价: HKD130.00

J0145921
中国乐器　(笛子教材 第三册 Ⅵ－Ⅷ级) 香港政府音乐事务统筹处编
香港 香港政府印务局 [1980—1989年] 90页
30cm(12开) 定价: HKD40.00

J0145922
中国乐器　(二胡教材 第三册 Ⅶ－Ⅷ级) 香港政府音乐事务统筹处编
香港 香港政府印务局 1988年 196页
30cm(12开) 定价: HKD70.00

J0145923
中国乐器　(中阮教材) 香港音乐事务统筹处编
香港 香港政府印务局 1991年 3册 30cm(12开)
定价: HKD77.00

J0145924
民族器乐概论　高厚永著
南京 江苏人民出版社 1981年 326页
21cm(32开) 统一书号: 8100.032 定价: CNY1.06
本书从民乐的起源沿革着笔，论述吹打、丝竹乐器的性能、特点。

J0145925
民族器乐广播讲座　中央人民广播电台文艺音乐组著
北京 人民音乐出版社 1981年 77页 19cm(32开)
统一书号: 8026.3874 定价: CNY0.30

J0145926
民族器乐的体裁与形式　叶栋著
上海 上海文艺出版社 1983年 296页
19cm(32开) 统一书号: 8078.3336
定价: CNY1.65
本书分吹打合奏曲、丝竹合奏曲、独奏曲三

大编，共十九章。对我国各种民族器乐曲的体裁与形式阐述甚详。

J0145927
民族器乐的体裁与形式 叶栋编著
上海 上海音乐出版社 1997 年 重印本 296 页
20cm（32 开）ISBN：7-80553-700-3
定价：CNY12.00
（“民族音乐理论”丛书）

J0145928
永乐琴书集成 （明）明成祖敕撰
台北 新文丰出版公司 1983 年 影印本
4 册（1936 页）21cm（32 开）精装
定价：旧台币 55.60

J0145929
布依族民间乐器笔管的调查和改革 黄庭辉，熊作华［著］
［贵阳］［贵州省歌舞团］1984 年［油印本］18 页
26cm（16 开）

J0145930
名曲欣赏与演奏 张锐等著
北京 解放军文艺出版社 1984 年 60 页
25cm（小 16 开）统一书号：8137.002
定价：CNY0.55
（音乐知识丛书 2）

作者张锐（1920—2016），二胡演奏家、作曲家。生于云南昆明，刘天华先生再传弟子。中国音乐家协会理事，江苏音乐家协会表演艺术委员会主任委员。代表作有歌剧音乐《红霞》，二胡曲《大河涨水沙浪沙》《苍山十八涧山歌》《沂蒙山》《山林中》等，出版《雨花拾谱》《张锐二胡练习曲集》《琴弦雨丝》。

J0145931
全国民族音乐学第三届年会论文内容提要 （少数民族音乐专题）全国民族音乐学第三届年会筹委会编
贵阳 全国民族音乐学第三届年会筹委会
1984 年 84 页 26cm（16 开）

J0145932
中国古代的乐人和乐器 华仲锡编译
台北 常春树书坊 1984 年 170 页 有图
19cm（32 开）定价：TWD60.00

J0145933
民族器乐概论 李民雄著
上海 上海音乐学院民族音乐理论教研组
1985 年 油印本 2 册 有乐谱 27cm（16 开）

J0145934
民族器乐概论 李民雄著
上海 上海音乐出版社 1997 年 393 页
20cm（32 开）ISBN：7-80553-419-5
定价：CNY16.80
（“民族音乐理论”丛书）

J0145935
直吹笛十八课 许国屏著
上海 上海教育出版社 1985 年 176 页
19cm（32 开）统一书号：7150.3458
定价：CNY0.87
（中小学音乐教学丛书）

本书包括直吹笛图解、直吹笛演奏法、直吹笛十八课、怎样组织直吹笛小乐队、合奏基础训练、直吹笛合奏曲选等内容，并附直吹笛十八课教学提示、直吹笛常用符号和吹奏技术表等。

J0145936
民族器乐欣赏手册 （乐种、乐器、人物、乐谱）袁静芳编
北京 中国文联出版公司 1986 年 198 页
19cm（32 开）统一书号：8355.455 定价：CNY1.20

J0145937
维吾尔族乐器 万桐书编著
乌鲁木齐 新疆人民出版社 1986 年 202 页
20cm（32 开）统一书号：8098.220
定价：CNY1.20

J0145938
中国乐器 乐声编著
北京 轻工业出版社 1986年 267页 19cm（32开）
统一书号：13042.047 定价：CNY1.60

J0145939
中国乐器 （板胡教学大纲 Ⅰ－Ⅷ）香港政府

音乐事务统筹处编
香港 香港政府音乐事务统筹处 1986年 9页
21cm(32开)

J0145940
中国乐器 (大革胡及大拉琴教学大纲 Ⅰ－Ⅷ)香港政府音乐事务统筹处编
香港 香港政府音乐事务统筹处 1986年 9页
21cm(32开)

J0145941
中国乐器 (低革胡及低音大拉琴教学大纲 Ⅰ－Ⅷ)香港政府音乐事务统筹处编
香港 香港政府音乐事务统筹处 1986年 9页
21cm(32开)

J0145942
中国乐器 (笛子教学大纲 Ⅰ－Ⅷ)香港政府音乐事务统筹处编
香港 香港政府音乐事务统筹处 1986年 9页
21cm(32开)

J0145943
中国乐器 (洞箫教学大纲 Ⅰ－Ⅷ)香港政府音乐事务统筹处编
香港 香港政府音乐事务统筹处 1986年 9页
21cm(32开)

J0145944
中国乐器 (二胡教学大纲 Ⅰ－Ⅷ)香港政府音乐事务统筹处编
香港 香港政府音乐事务统筹处 1986年 9页
21cm(32开)

J0145945
中国乐器 (高胡教学大纲 Ⅰ－Ⅷ)香港政府音乐事务统筹处编
香港 香港政府音乐事务统筹处 1986年 11页
21cm(32开)

J0145946
中国乐器 (古筝教学大纲 Ⅰ－Ⅷ)香港政府音乐事务统筹处编
香港 香港政府音乐事务统筹处 1986年 16页
21cm(32开)

J0145947
中国乐器 (管子教学大纲 Ⅰ－Ⅷ)香港政府音乐事务统筹处编
香港 香港政府音乐事务统筹处 1986年 9页
21cm(32开)

J0145948
中国乐器 (柳琴教学大纲 Ⅰ－Ⅷ)香港政府音乐事务统筹处编
香港 香港政府音乐事务统筹处 1986年 9页
21cm(32开)

J0145949
中国乐器 (琵琶教学大纲 Ⅰ－Ⅷ)香港政府音乐事务统筹处编
香港 香港政府音乐事务统筹处 1986年 13页
21cm(32开)

J0145950
中国乐器 (敲击乐教学大纲 Ⅰ－Ⅷ)香港政府音乐事务统筹处编
香港 香港政府音乐事务统筹处 1986年 10页
21cm(32开)

J0145951
中国乐器 (三弦教学大纲 Ⅰ－Ⅷ)香港政府音乐事务统筹处编
香港 香港政府音乐事务统筹处 1986年 17页
21cm(32开)

J0145952
中国乐器 (笙教学大纲 Ⅰ－Ⅷ)香港政府音乐事务统筹处编
香港 香港政府音乐事务统筹处 1986年 9页
21cm(32开)

J0145953
中国乐器 (唢呐教学大纲 Ⅰ－Ⅷ)香港政府音乐事务统筹处编
香港 香港政府音乐事务统筹处 1986年 9页
21cm(32开)

J0145954
中国乐器 (扬琴教学大纲 Ⅰ－Ⅷ)香港政府音乐事务统筹处编

香港 香港政府音乐事务统筹处 1986 年 9 页
21cm(32 开)

J0145955
中国乐器 (中胡教学大纲 Ⅰ-Ⅷ)香港政府音乐事务统筹处编
香港 香港政府音乐事务统筹处 1986 年 10 页
21cm(32 开)

J0145956
中国乐器 (中阮教学大纲 Ⅰ-Ⅷ)香港政府音乐事务统筹处编
香港 香港政府音乐事务统筹处 1986 年 17 页
21cm(32 开)

J0145957
中国少数民族乐器志 中央民族学院少数民族文学艺术研究所编
北京 新世界出版社 1986年 401页 10cm(64开)
精装 统一书号:8223.193 定价:CNY34.80

本书介绍了中国少数民族使用和保存的 507 种乐器,介绍乐器的族属、民族语名称、汉语音译名称、乐器类属、历史沿革、形制、音色、使用场合等。配有民乐名称和拼音索引。

J0145958
民族器乐 袁静芳编著
北京 人民音乐出版社 1987 年 572 页
20cm(32 开)统一书号:8026.4526
定价:CNY5.15

本书介绍了具有代表性的传统、民间优秀曲目,兼及 1949 年中华人民共和国成立后有较大影响的创作曲目。在分析重点音乐作品的同时,对相关乐器的历史沿革、性能、演奏技法、流派代表人物及重要乐曲等,均做了介绍。

J0145959
民族器乐知识广播讲座 李民雄著
北京 人民音乐出版社 1987 年 144 页
20cm(32 开)统一书号:8026.4571
定价:CNY1.20

J0145960
中国少数民族乐器大观 吴言韪,陈川编著
成都 四川人民出版社 1990 年 306 页
19cm(32 开)ISBN:7-220-01108-3
定价:CNY4.85

作者陈川(1945—),作曲家。毕业于中央音乐学院。历任四川文艺出版社副社长,四川电子音像出版社总编辑,四川通俗音乐协会会长,中国音乐家协会会员。创作歌曲有《峨眉山》《九寨沟·黄龙》《青城山·都江堰》《稻城亚丁·香格里拉》等。音乐专著有《琴弦上的梦》《中国少数民族乐器大观》《藏族人民庆丰收》等。

J0145961
实用民族乐器法 何化均,张式业编著
济南 山东文艺出版社 1991 年 274 页
26cm(16 开)ISBN:7-5329-0092-4
定价:CNY8.50

本书主要阐述了中国汉族的民族乐器及少数民族地区乐器和改良乐器的历史沿革、构造特点、音域音色、演奏技法等方面的知识。分拉弦乐器、弹拨乐器、吹管乐器、击打乐器 4 大类,涉及各类乐器百余种。

J0145962
中国乐器 赵沨主编
北京 现代出版社 1991 年 169 页 26cm(16 开)
ISBN:7-80028-118-3 定价:CNY70.00

作者赵沨(1916—2001),音乐教育家。曾用名吴福田、赵天民等,出生于河南开封,原籍河南项城。历任国家教育部艺术教育委员会主任,中国音乐家协会顾问、《人民音乐》主编,原中央音乐学院党委书记、院长、名誉院长,国务院学位委员会艺术学科评议组召集人,译配苏联歌曲有《喀秋莎》《人不犯我,我不犯人》《夜莺曲》《假如明天战争》等。

J0145963
中国乐器巡礼 韩国鐄著
台北 文化建设委员会 1991 年 63 页 有图
21cm(32 开)ISBN:957-8515-22-7
定价:TWD75.00
(文化资产丛书 48)

J0145964
中国民族民间乐器小百科 李德真等编著
北京 知识出版社 1991年 365页 19cm(小32开)

ISBN: 7-5015-0391-5 定价: CNY5.50

本书介绍了我国300余种民族民间乐器的历史沿革、构造特点、性能和用途。

J0145965

中国古曲赏析 （汉英对照）夏丽萍主编

广州 广东高等教育出版社 1993年 86页

26cm（16开）ISBN: 7-5361-1098-7

定价: CNY9.80

外文书名: Appreciation of Chinese Classical Music.

J0145966

民族乐器 赵仲普编著

青岛 青岛海洋大学出版社 1994年 254页

26cm（16开）ISBN: 7-81026-686-1

定价: CNY12.80

J0145967

钟鼓管弦 （中国民乐文化）丁如明著

上海 上海古籍出版社 1994年 204页 有彩照

18cm（小32开）ISBN: 7-5325-1682-2

定价: CNY7.00

（中国古代生活文化丛书 第二辑）

J0145968

贵州少数民族乐器100种 柯琳编著

北京 中国文联出版公司 1995年 265页

有表格 19cm（小32开）ISBN: 7-5059-2093-6

定价: CNY7.60

（中华民族音乐文化丛书）

作者柯琳（1941— ），女，一级演奏员。四川松既人，毕业于湖北艺术学院音乐系。曾在武汉市楚剧团、湖北省楚剧院、山东省梆子剧团、湖北省歌剧团乐队工作，湖北省艺术学校视唱练耳及大提琴课教师，乐队首席大提琴。

J0145969

中国古代乐器百图 金家翔编绘

合肥 安身美术出版社 1995年 重印 100页

26cm（16开）ISBN: 7-5398-0288-X

定价: CNY6.80

（美术资料丛书）

本书选编了奴隶社会、封建社会两个阶段的近百种较为流行的乐器资料，这些乐器大都有文献记载，并有实物或形象留传下来。

J0145970

中国乐器图鉴 刘东升主编；中国艺术研究院音乐研究所编

济南 山东教育出版社 1995年 重印本 331页

38cm（8开）精装 ISBN: 7-5328-1100-X

定价: CNY600.00

本书共收图片743幅，介绍中国乐器330余种，包括古代乐器和现代乐器。还介绍了全国著名的民族乐团、民族乐器厂和乐器制作工艺师。作者刘东升，中国艺术研究院音乐研究所任职。

J0145971

中国琴学源流论疏 葛瀚聪著

台北 文化大学出版部 1995年 150页

21cm（32开）ISBN: 957-8979-31-2

定价: TWD300.00

J0145972

中国十大古典名曲 金建民编著

南昌 百花洲文艺出版社 1995年 168页

20cm（32开）精装 ISBN: 7-80579-688-2

定价: CNY11.00

J0145973

中国乐器介绍 中国艺术研究院音乐研究所［编］

北京 中国少年儿童出版社 1996年

2版（修订版）90页 有插图 19cm（小32开）

ISBN: 7-5007-3009-8

（希望书库 5-41 总345）

本书由中国少年儿童出版社和中国青年出版社联合出版。

J0145974

刘天华的创作和贡献 陈振铎著

北京 中国文联出版公司 1997年 147页

有照片 20cm（32开）ISBN: 7-5059-2709-4

定价: CNY9.80

本书是中国民族器乐曲与艺术评论集。

J0145975

中国民族乐器图卷 应有勤著

上海 上海音乐出版社 1997年 19cm（小32开）

活页封套装 ISBN：7-80553-394-6
定价：CNY37.60

外文书名：The Diagram Book of Chinese National Instrument.

J0145976
满族萨满乐器研究 刘桂腾著
沈阳 辽宁民族出版社 1999 年 10+222 页
有插图 20cm（32 开）ISBN：7-80644-317-7
定价：CNY20.00

本书不但对满族萨满乐器进行了科学分类，详细地描述了每种乐器的形制，并分析了它们的象征意义和配置特点，而且对这些乐器所产生的民俗环境以及它们在满族文化中的地位和社会功能作了细致的阐述。作者刘桂腾（1955— ），教师。祖籍山东牟平。沈阳音乐学院硕士研究生导师，中国传统音乐学会副会长，中国少数民族音乐学会常务理事，中国满族音乐研究会常务副会长等。著有《满族萨满乐器研究》《单鼓音乐研究》《满族音乐研究》等。

J0145977
中国民族器乐概论 林亚雄编著
长沙 湖南人民出版社 1999 年 210 页
20cm（32 开）ISBN：7-5438-2008-0
定价：CNY13.50

J0145978
中国少数民族乐器 乐声编著
北京 民族出版社 1999 年 14+445 页 有插图
26cm（16 开）ISBN：7-105-03302-9
定价：CNY56.00

中国民族器乐吹奏乐理论和演奏法

J0145979
荀勖笛律图注 （一卷）（清）徐养原撰
清 抄本
（徐饴庵先生遗书）

十行二十四字小字双行同无格。收于《徐饴庵先生遗书》八种十卷中。

J0145980
荀勖笛律图注 （一卷）（清）徐养原撰
崇文书局 清光绪 刻本
（正觉楼丛刻）

J0145981
荀勖笛律图注 （一卷）（清）徐养原撰
德化李氏木犀轩 清光绪 刻本
（木犀轩丛书）

J0145982
荀勖笛律图注 （一卷）（清）徐养原撰
上海 神州国光社 民国元年［1912］
（美术丛书）

J0145983
晋泰始笛律匡谬 （一卷）（清）凌廷堪撰
清嘉庆至道光 刻本
（校礼堂全集）

J0145984
晋泰始笛律匡谬 （一卷）（清）凌廷堪撰
贵池刘氏 清光绪 刻本
（聚学轩丛书）

J0145985
晋泰始笛律匡谬 （一卷）（清）凌廷堪撰
民国 影印本
（安徽丛书）

J0145986
箫笛新谱 郑觐文编
上海 文明书局 1924 年［74］页 19cm（32 开）

本书内分上、下卷。上卷为箫笛的原理及练习方法；下卷收笛谱 34 首。

J0145987
箫笛新谱 郑觐文编
上海 文明书局 1925 年 再版［74］页 19cm（32 开）

J0145988
摩笛述义 方问溪著
北平 中华印书局 1933 年 44 页 有图有乐谱
18cm（15 开）定价：大洋四角

本书分笛之孔位、笛之选择、笛之芦膜、笛之吹法等 12 章，介绍笛的吹奏法。后附《小开门》《朝天子》《万年欢》等 12 首练习曲，工尺谱。附

《秉忠公遗笛记》。

J0145989
海南黎人口琴之研究　刘咸编
中国科学社 1938年 12页 有图 26cm(16开)
本书包括：西洋民族学者关于口琴的研究、海南黎人口琴的描述、口琴的用法及其功用、黎人口琴与东方其他口琴的联系等6节。

J0145990
箫笛吹奏法　(大众音乐)萧剑青编著
上海 国光书店 1939年 2版 [123]页 有乐谱 18cm(32开) 定价：一元二角
本书前半部分为箫笛吹奏法，共11节；后半部分收《朝天子》《东流水》《汉东山》《水龙吟》《大开门》《孔雀屏》等99首练习曲。

J0145991
横笛演奏讲义　艺训班编
北京 艺训班 [1950—1959年] 油印本 有图有乐谱 26cm(16开)

J0145992
笛曲讲座　中央音乐学院民族音乐研究所编
北京 中央音乐民族音乐研究所 1954年 油印本 16页 有乐谱 26cm(16开)

J0145993
笛子教材　蒋咏荷编
北京 音乐出版社 1956年 85页 有乐谱 26cm(16开) 统一书号：8026.422
定价：CNY0.54
(中央音乐学院民族研究所丛刊)

J0145994
怎样吹笛子　张开编著
上海 上海文化出版社 1956年 37页 有图有乐谱 18cm(15开) 定价：CNY0.14

J0145995
笙的吹奏法　杨大明编著
北京 音乐出版社 1957年 64页 有图有乐谱 18cm(32开) 统一书号：8026.657
定价：CNY0.30

J0145996
笙的演奏法　阎海登等编著
北京 人民音乐出版社 1974年 76页 26cm(16开)
定价：CNY0.40

J0145997
笙的演奏法　阎海登等编著
北京 人民音乐出版社 1975年 76页 26cm(16开)
统一书号：8026.3055 定价：CNY0.40

J0145998
笙的演奏法　阎海登等编著
北京 人民音乐出版社 1987年 2版 修订本 87页 26cm(16开) 统一书号：8026.305
定价：CNY1.30

J0145999
唢呐吹奏法　李品荣编著
北京 音乐出版社 1957年 56页 有图有乐谱 26cm(16开) 统一书号：8026.593
定价：CNY0.48

J0146000
怎样吹竹笛　杨立中编著
保定 河北人民出版社 1957年 55页 有图有乐谱 18cm(15开) 统一书号：T8086.9 定价：CNY0.18

J0146001
怎样学吹笛子　郑隐飞编著
成都 四川人民出版社 1957年 38页 有图有乐谱 18cm(15开) 统一书号：8118.161
定价：CNY0.13

J0146002
赵松庭的笛子　赵松庭著
杭州 东海文艺出版社 1957年 40页 有乐谱 26cm(16开) 统一书号：8125.10 定价：CNY0.30
赵松庭对横笛有独特的吹奏技巧和运气方法。本书是作者演奏的笛子曲调的汇辑。

J0146003
怎样吹笛子　向群编著
北京 音乐出版社 1958年 58页 有乐谱 18cm(15开)
(音乐知识 第一辑)

J0146004
怎样吹笛子　向群编著
北京 音乐出版社 1960年 63页 有乐谱
18cm(15开) 统一书号: 8026.1023
定价: CNY0.18
(通俗音乐小丛书)

J0146005
怎样吹笛子　向群编著
北京 音乐出版社 1960年 58页 18cm(15开)
(农村通俗文库 音乐知识 第1辑)

J0146006
怎样吹笛子　向群编著
北京 音乐出版社 1963年 2版 修订本 60页
有图表有乐谱 19cm(32开) 统一书号: 8026.1023
定价: CNY0.21
(农村音乐小丛书)

J0146007
笛子基本演奏法　(工具书) 艾世编
西安 长安书店 1959年 42页 有图有乐谱
18cm(15开) 统一书号: T10095.558
定价: CNY0.15

J0146008
苗族芦笙　中国音乐研究所编; 何芸等执笔
北京 音乐出版社 1959年 定价: CNY0.80
(中国音乐研究所丛刊)

J0146009
苗族芦笙　中国音乐研究所编
北京 音乐出版社 1959年 103页 有图有乐谱
21cm(32开) 统一书号: 8026.1175
定价: CNY0.80
(中国音乐研究所丛刊)

本书介绍了贵州东部苗族地区的黄平县、丹寨县的芦笙。包括乐器构造、乐队的组织、吹奏场合与舞蹈形式、乐曲内容与形式, 以及主要的芦笙等。

J0146010
怎样吹笛子　夏敬书, 钟建文编写
南昌 江西人民出版社 1959年 14页 有乐谱
18cm(15开) 统一书号: T7110.188
定价: CNY0.05
(工农实用歌舞知识丛书)

J0146011
怎样吹玉箫　何世雄, 奔放整理
铜仁 铜仁专区人民出版社 1960年 46页
有乐谱 19cm(32开) 定价: CNY0.27

J0146012
怎样学吹笛箫　甘涛编著
南京 江苏文艺出版社 1960年 82页 有乐谱
19cm(小32开) 统一书号: T8141.679
定价: CNY0.20

本书是作者根据多年的教学经验, 编写的吹笛箫的基本知识。附练习曲70余首。

J0146013
洞箫吹奏法　孙裕德编著
上海 上海文艺出版社 1962年 简谱本 72页
有图及乐谱 26cm(16开) 统一书号: 8078.2077
定价: CNY0.56

J0146014
洞箫吹奏法　孙裕德编著
上海 上海文艺出版社 1980年 重印本 66页
有图 26cm(16开) 统一书号: 8078.2077
定价: CNY0.43

J0146015
笛子吹奏法　胡结续编著
北京 音乐出版社 1965年 95页 有图表及乐谱
19cm(32开) 统一书号: 8026.2234
定价: CNY0.29
(部队音乐小丛书)

本书介绍了笛子的起源、构造、种类、修理、制作及吹奏笛子的一般知识、技巧的练习与应用等。

J0146016
笛子吹奏法　胡结续编著
北京 人民文学出版社 1972年 2版 135页
有乐谱 19cm(32开) 统一书号: 10019.1901
定价: CNY0.31
(工农兵音乐知识小丛书)

J0146017
笛子吹奏法 胡结续编著
北京 人民音乐出版社 1984年 3版 135页
19cm(32开) 定价:CNY0.52
(音乐知识小丛书)

J0146018
唢呐演奏法 苏愚编著
沈阳 春风文艺出版社 1965年 59页 有乐谱
19cm(32开) 统一书号:T8158.80
定价:CNY0.19

J0146019
唢呐演奏法 苏愚编著
沈阳 春风文艺出版社 1980年 2版 修订本
188页 19cm(32开) 统一书号:10158.531
定价:CNY0.48

J0146020
怎样吹好笛子 吴逸群编著
上海 上海文化出版社 1966年 103页
有图及乐谱 19cm(32开) 统一书号:8077.306
定价:CNY0.22

J0146021
怎样吹好笛子 吴逸群著
上海 上海文艺出版社 1981年 新1版 修订本
155页 19cm(32开) 统一书号:7078.3229
定价:CNY0.37

J0146022
笛子与新竹笛演奏法 蔡敬民编写
南京 江苏人民出版社 1974年 128页 有乐谱
19cm(32开) 统一书号:10100.078
定价:CNY0.28

J0146023
新竹笛笛子及演奏 蔡敬民著
南京 江苏人民出版社 1977年 288页
26cm(16开) 统一书号:8100.015 定价:CNY1.31

J0146024
怎样吹唢呐 陈云兴编著
北京 人民音乐出版社 1977年 50页 26cm(16开)
统一书号:8026.3226 定价:CNY0.30

本书包括乐器简介、一般吹奏方法、常用吹奏技巧等内容。

J0146025
怎样吹唢呐 陈云兴编著
北京 人民音乐出版社 1984年 2版 修订本
95页 26cm(16开) 统一书号:8026.3226
定价:CNY0.89

J0146026
笛子自修教程 陆金山编著
北京 人民音乐出版社 1978年 103页
26cm(16开) 统一书号:8026.3406
定价:CNY0.53

本书内容包括:笛子半音阶指法、基本吹奏方法、常用技巧介绍、转调、练习曲和乐曲等。

J0146027
笛子自修教程 陆金山编著
北京 人民音乐出版社 1984年 2版 修订本
155页 26cm(16开) 统一书号:8026.3406
定价:CNY1.15

J0146028
洞箫与笛子 林竞编
[香港]慈恩书局[1980—1989年] 199页 有照片
19cm(32开) 定价:TWD95.00, HKD9.00

J0146029
横笛研习理论与技巧 施庆海编著
台北 施庆海[自刊] 1980年 326页
26cm(16开) 精装

J0146030
唢呐吹奏法 仲冬和著
济南 山东人民出版社 1980年 75页 25cm(16开)
统一书号:8099.2071 定价:CNY0.46

作者仲冬和(1939—2012),教授。毕业于天津音乐学院器乐系。山东艺术学院音乐系教授,中国音乐家协会会员,中国民族管弦乐学会会员。出版有《唢呐练习曲选》《爵士套鼓演奏艺术》《仲冬和唢呐论文集》《仲冬和唢呐与演奏曲集》《多种乐器演奏技法》等。

J0146031
笛子演奏技巧广播讲座　赵松庭编著
北京 广播出版社 1983年 196页 19cm(32开)
统一书号:8236.027 定价:CNY0.47
(广播文艺队丛书)

J0146032
笛子基本功练习　胡结续编著
昆明 云南人民出版社 1984年 142页
25cm(15开)统一书号:8116.1318
定价:CNY1.10

J0146033
笙的演奏方法　高沛编著
郑州 河南人民出版社 1984年 143页
19cm(32开)统一书号:8105.1113
定价:CNY0.45

J0146034
笛艺春秋　赵松庭著
杭州 浙江人民出版社 1985年 246页
20cm(32开)统一书号:8103.533 定价:CNY1.40
本书共3部分。包括:"笛艺知识"、"笛子演奏技巧"和"笛子独奏曲"。

J0146035
笙练习曲选　牟善平等编著
北京 人民音乐出版社 1989年 296页
26cm(16开)ISBN:7-103-00391-2
定价:CNY6.25

J0146036
笛子基础教程　詹永明著
北京 中国广播电视出版社 1991年 130页
26cm(16开)ISBN:7-5043-0824-2
定价:CNY5.45
本书内容包括:笛子入门知识,笛子入门练习,气息基础训练,吐音、历音、滑音、垛音、打音训练等。作者詹永明(1957—),中央音乐学院客席笛子教师、一级演奏员,中华全国总工会文工团歌舞团副团长,中国音乐家协会会员。

J0146037
唢呐咔腔演奏技法　张来阳著
石家庄 花山文艺出版社 1991年 289页
有照片 20cm(32开)ISBN:7-80505-583-1
定价:CNY5.00
(乐坛百花丛书)
本书介绍了吹奏唢呐的基本知识、常见技巧的练习与运用及双海笛儿、咔腔、吹腔、口琴的演奏方法。

J0146038
苗族芦笙　吴承德,贾晔主编
南宁 广西民族出版社 1992年 209页
19cm(32开)ISBN:7-5363-1725-5
定价:CNY3.00
(中国少数民族文化丛书)
本书探讨了苗族芦笙的起源,揭示芦笙在苗族社会中的特殊功能。作者吴承德(1950—),苗族,广西融水县县长。作者贾晔(1965—),苗族,广西民族研究所任职。

J0146039
唢呐演奏法　郝玉岐编
郑州 河南人民出版社 1994年 152页 有插图
26cm(16开)ISBN:7-215-03387-2
定价:CNY10.50
作者郝玉岐(1941—),唢呐表演艺术家。河南安阳人,一级演奏员。河南省政协委员、河南省音乐家协会副主席。

J0146040
唢呐演奏艺术　胡海泉,曹建国编著
北京 人民音乐出版社 1994年 160页 有乐谱
26cm(16开)ISBN:7-103-01135-4
定价:CNY6.65

J0146041
芦笙选集　杨昌树著
贵阳 贵州民族出版社 1995年 199页
26cm(16开)ISBN:7-5412-0607-5
定价:CNY11.00
作者杨昌树(1945—),贵州黄平人,苗族,芦笙演奏家,中国少数民族音乐研究会会员,贵州音乐家协会理事。

J0146042
青少年学竹笛　许国屏编著
上海 上海音乐出版社 1995年 246页

19cm(32开) ISBN: 7-80553-495-0
定价: CNY6.00

J0146043
青少年学竹笛　许国屏编著
北京 中国少年儿童出版社 1996年 246页
有插图 19cm(小32开) ISBN: 7-5007-3008-X
定价: 非卖品
(希望书库 4-55 总274)
本书由中国少年儿童出版社和中国青年出版社联合出版。

J0146044
箫吹奏法　张维良著
北京 人民音乐出版社 1995年 96页
26cm(16开) ISBN: 7-103-01213-X
定价: CNY6.20

J0146045
荀勖笛律研究　王子初著
北京 人民音乐出版社 1995年 296页
20cm(32开) ISBN: 7-103-01293-8
定价: CNY15.00
(中国传统文化研究丛书 第一辑)
作者王子初(1948—　), 研究员。出生于江苏无锡, 毕业于南京师范学院音乐系。中国艺术研究院音乐研究所研究员, 博士生导师, 中国音乐史学会会长。代表作品有《荀勖笛律研究》《中国乐律学百年论著综录》(合著)等。

J0146046
笛子演奏艺术原理　张学庆著
石家庄 花山文艺出版社 1996年 192页
19cm(小32开) ISBN: 7-80611-312-6
定价: CNY11.00

J0146047
论管子演奏　胡志厚著
北京 人民音乐出版社 1996年 65页 26cm(16开)
ISBN: 7-103-01365-9 定价: CNY7.30

J0146048
箫演奏实用教程　彦平, 吴华编著
北京 中国青年出版社 1996年 136页 有照片
26cm(16开) ISBN: 7-5006-1885-9
定价: CNY28.00

J0146049
埙的演奏技巧与练习　刘凤山著
北京 人民音乐出版社 1996年 124页
26cm(16开) ISBN: 7-103-01337-3
定价: CNY11.20

J0146050
笛子入门教材　蒋国基, 董雪华编
北京华乐出版社 1997年 105页 有图
26cm(16开) ISBN: 7-80129-014-3
定价: CNY10.00
作者蒋国基(1950—　), 国家一级演奏员、作曲家。生于上海, 祖籍杭州。浙江歌舞团独奏演员, 中国音乐家协会会员、中国民族管弦乐学会理事。代表作有《水乡船歌》《采桑曲》《雁荡秋色》《忆江南》《西子湖畔采茶忙》, 著有《蒋国基笛曲选》《笛子入门教材》。

J0146051
跟我学笛子　杨明编著
长沙 湖南文艺出版社 1997年 140页
30cm(10开) ISBN: 7-5404-1718-8
定价: CNY13.80

J0146052
竹笛吹奏入门　王铁锤编著
北京 金盾出版社 1997年 123页 有照片
26cm(16开) ISBN: 7-5082-0464-6
定价: CNY9.00

J0146053
笛子基本教程　李小逸编著
广州 花城出版社 1998年 147页 26cm(16开)
ISBN: 7-5360-2805-9 定价: CNY20.00

J0146054
笛子演奏实用教程　吴华, 彦平编著
北京 中国青年出版社 1998年 179页
26cm(16开) ISBN: 7-5006-2716-5
定价: CNY24.00

J0146055
跟我学唢呐　张云华编著

长沙 湖南文艺出版社 1998年 113页
29cm(16开) ISBN: 7-5404-1918-0
定价: CNY11.50
("跟我学"系列丛书 第四辑)

J0146056
笛子入门基础教程 良友, 乐人编著
北京 蓝天出版社 1999年 154页 26cm(16开)
ISBN: 7-80081-891-8 定价: CNY15.00
(跨世纪乐器入门丛书)

J0146057
海南唢呐吹奏法 郭艺南编
海口 南海出版公司 1999年 107页 20cm(32开)
ISBN: 7-5442-0927-X 定价: CNY9.80
(海南戏剧家丛书 4)

J0146058
唢呐演奏实用教程 胡波, 胡慧声编著
北京 中国青年出版社 1999年 重印本 165页
26cm(16开) ISBN: 7-5006-2724-6
定价: CNY20.00
本书包括唢呐的基本知识、唢呐的基本吹奏方法、唢呐的调名、定调和转调、鼓乐概况、唢呐吹奏基础练习、曲谱等内容。

J0146059
竹笛演奏技法 易加义编著
北京 蓝天出版社 1999年 154页 有图
26cm(16开) ISBN: 7-80081-901-9
定价: CNY15.80
(自学与提高丛书)

中国民族器乐弓弦乐理论和演奏法

J0146060
京调胡琴秘诀 陈星垣编
上海 中西书局 1933年 56页 19cm(32开)
定价: 大洋四角
本书分上、下篇。上篇为胡琴的演奏法, 包括入手之准备、练习点板、审音、实习之要点等; 下篇包括二黄、反二黄详谱、西皮详谱等。工尺谱。

J0146061
惜余轩琴话 汪若其编
上海 大文书店 1934年 41页 有图 19cm(32开)
定价: 大洋三角
本书内分20节, 叙述胡琴的起源、琴师、新旧派胡琴的得失、执琴、读谱等。

J0146062
胡琴研究 方问溪著
北平 方问溪[自刊] 1938年 [119]页 有像
20cm(32开) 环筒页装 定价: 一元
本书为民国时期的胡琴研究专著, 内分胡琴概论、胡琴奏法、拍琴乐谱3编。

J0146063
胡琴正宗 商人俱乐部同人编辑; 嗜菊轩主校正
北平 东亚印书局 1938年 22页 18cm(15开)
定价: 六角
本书内分概论、二黄类、西皮类、唱词集锦四部分, 介绍胡琴基本演奏法, 各种板、眼、过门等的拉法。唱词集锦类收《六月雪》《梅龙镇》《玉堂春》等7段京剧曲谱。

J0146064
胡琴正规 惕身馆主编著
北平 中华印书局 1939年 10版 58页 有图
18cm(15开) 定价: 大洋四角
本书内分西皮、二黄、唱词3类, 介绍胡琴基本练习法和各种调门、过门的拉法。唱词类收《斩窦娥》《玉堂春》《托兆碰碑》《鱼肠剑》4段京剧曲谱。

J0146065
怎样练习二胡 陈振铎编著
[重庆] 陈振铎[自刊] 1945年 油印本 45页
26cm(16开)

J0146066
怎样习奏二胡 陈振铎编著
重庆 国立音乐学院 1945年 油印本 41页
26cm(16开)
本书内附乐曲63首。

J0146067
怎样习奏二胡 陈振铎编著

重庆 国立音乐学院 1947 年 再版 石印本 41 页 26cm(16 开)定价:国币二元

本书内附二胡练习曲及二胡演奏曲 60 余首。

J0146068
二胡演奏法 陈振铎编撰
上海 万叶书店 1951 年 44 页 26cm(16 开)
定价:旧币 7,000 元
(万叶乐谱丛刊)

J0146069
二胡基础教程 田光等编撰;中央音乐学院编辑
上海 万叶书店 1953 年 影印本 58 页
26cm(16 开)定价:旧币 8,000 元
(中央音乐学院通俗音乐丛书)

作者田光(1925—2009),作曲家。原名田银山。解放军文艺出版社副社长兼《解放军歌曲》主编。代表作品《美好的赞歌》《献给你的旋律》。

J0146070
二胡基础教程 田光,娄生茂,徐易编著
上海 新音乐出版社 1953 年 新 2 版 55 页
26cm(16 开)定价:旧币 7500 元
(中央音乐学院民族音乐研究所丛刊)

J0146071
二胡基础教程 田光等编著
北京 音乐出版社 1957 年 67 页 26cm(16 开)
统一书号:8026.288 定价:CNY0.40
(中央音乐学院民族音乐研究丛刊)

J0146072
二胡基础教程 田光等编著
北京 音乐出版社 1962 年 3 版 修订本 62 页
26cm(16 开)统一书号:8026.288
定价:CNY0.37
(中央音乐学院中国音乐研究丛刊)

J0146073
二胡学习手册 卞宝第编撰
上海 国光书店 1953 年 65 页 19cm(32 开)
定价:旧币 3,000 元

J0146074
二胡学习手册 卞宝第著
香港 一元书屋 1960 年 63 页 19cm(32 开)
定价:HKD0.70

J0146075
京胡初学法 叶仁山,季学文撰
上海 汇文书店 1953 年 2 版 47 页 17cm(40 开)
定价:旧币 2,500 元

J0146076
京胡学习手册 浦梦古编著
上海 国光书店 1953 年 114 页 18cm(15 开)
定价:旧币 4,500 元

J0146077
京胡学习手册 浦梦古编
香港 一元书屋 1961 年 99 页 有插图
19cm(32 开)定价:HKD1.00

J0146078
时调与曲谱 (二胡学习法)屠志成,胡国梁编撰
上海 倡明书局 1953 年 39 页 15cm(40 开)
定价:旧币 1,500 元

J0146079
学胡琴新编 王则武编
北京 宝文堂书店 1953 年 2 版 76 页
17cm(32 开)定价:旧币 2,000 元

J0146080
学胡琴新编 王则武编
北京 宝文堂书店 1954 年 90 页 17cm(32 开)
定价:旧币 2,700 元

戏剧工具书。

J0146081
怎样学胡琴 张笑侠编撰
北京 文达书局 1953 年 75 页 18cm(15 开)
定价:旧币 3,000 元

J0146082
怎样学胡琴 张笑侠编著
北京 文达书局 1953 年 2 版 75 页 18cm(15 开)
定价:旧币 3000

本书共分六编十六章,包括胡琴概论、胡琴拉法、读谱方法、胡琴过门、胡琴牌子、歌谱。

J0146083
怎样学习京戏胡琴？ 王沾编
北京 自强书局 1953年 114页 17cm(40开)
定价：旧币2,800元

J0146084
板胡演奏法 王瑞檀，张长城著
西安 陕西人民出版社 1954年 95页 21cm(32开)
定价：CNY0.40

J0146085
二胡入门 何彬编撰
上海 新音乐出版社 1954年 58页 26cm(16开)
定价：旧币9,000元

J0146086
二胡入门 何彬编著
北京 人民音乐出版社 1956年 影印本 59页
26cm(16开) 统一书号：8026.162
定价：CNY0.56

J0146087
京胡拉奏法 (第一集) 朱婴编撰
上海 自立书店 1954年

J0146088
二胡教材 杨其铮，闵季骞编著
北京 音乐出版社 1956年 50页 26cm(16开)
统一书号：T8026.510 定价：CNY0.36

作者闵季骞(1923—)，南京师范大学音乐系教授。生于江苏宜兴。作品有《少年儿童琵琶教程》等。

J0146089
二胡入门 黄锦培编著
广州 广东人民出版社 1956年 36页 19cm(32开)
统一书号：T8111.18 定价：CNY0.11
(农村俱乐部小丛书)

J0146090
京胡演奏法 晏诵周编著
北京 音乐出版社 1956年 184页 19cm(32开)
统一书号：8026.473 定价：CNY0.53

J0146091
京胡演奏法 朱紫云编著
北京 音乐出版社 1956年 184页 19cm(32开)
定价：CNY0.53

J0146092
京胡演奏法 庄永平，顾永湘编著
北京 人民音乐出版社 1974年 127页
26cm(16开) 统一书号：8026.3003
定价：CNY0.62

J0146093
京胡演奏法 (增订本) 晏诵周编著
北京 人民音乐出版社 1999年 293页
26cm(16开) ISBN：7-103-01601-1
定价：CNY26.40

J0146094
京剧胡琴入门 张笑侠编著
上海 上海文化出版社 1956年 67页 18cm(15开)
定价：CNY0.21

J0146095
怎样拉二胡 慕寅编著
上海 少年儿童出版社 1956年 57页 19cm(32开)
统一书号：R7024.83 定价：CNY0.15

J0146096
怎样拉二胡 慕寅编著
上海 少年儿童出版社 1960年 57页
19cm(32开) 统一书号：R10024.83
定价：CNY0.14

J0146097
二胡教材 (1956—1957学年交流教材) 杨朴轩，沈汶志编著
江西师范学院 1957年 油印本 72页 26cm(16开)

J0146098
二胡练习法 胡江非著
南京 江苏人民出版社 1957年 109页
21cm(32开) 统一书号：8100.170 定价：CNY0.44

J0146099
二胡演奏技术简要练习曲 易原符编著

北京 音乐出版社 1957年 32页 26cm（16开）
统一书号：8026.691 定价：CNY0.24

J0146100
京胡演奏基础 厉不害编著
北京 音乐出版社 1957年 139页 26cm（16开）
统一书号：8026.631 定价：CNY0.80

J0146101
京剧胡琴研究 倪秋平著
上海 上海文化出版社 1957年 106页 有插图
19cm（32开）统一书号：T8077.80
定价：CNY0.22

J0146102
越剧二胡托腔入门 孔庆宗编著
北京 音乐出版社 1957年 81页 19cm（32开）
统一书号：8026.712 定价：CNY0.38

J0146103
自修二胡基础教程 姚汉光编著
汉口 长江文艺出版社 1957年 影印本 62页
26cm（16开）统一书号：8107.89 定价：CNY0.38

J0146104
京剧胡琴演奏法例解 倪秋平编著
上海 上海音乐出版社 1958年 定价：CNY0.55

J0146105
京剧胡琴奏法例解 倪秋平编著
上海 上海音乐出版社 1958年 142页
21cm（32开）统一书号：8127.141 定价：CNY0.55

J0146106
怎样拉二胡 朱郁之，唐毓斌编著
北京 音乐出版社 1958年 57页 19cm（32开）
（音乐知识 第一辑）

J0146107
怎样拉二胡 朱郁之，唐毓斌编著
北京 音乐出版社 1960年 62页 18cm（小32开）
统一书号：8026.1022 定价：CNY0.18
（通俗音乐小丛书）

J0146108
怎样拉二胡 朱郁之，唐毓斌编著
北京 音乐出版社 1961年 2版 64页
18cm（小32开）统一书号：8026.1022
定价：CNY0.18
（通俗音乐小丛书）

J0146109
板胡自修入门 乔治国著
太原 山西人民出版社 1959年 42页
19cm（32开）统一书号：7088.41 定价：CNY0.15
本书总结了自修板胡入门方法，在演奏方法上作了深入浅出的解说。

J0146110
二胡常识 杨雨森著
沈阳 春风文艺出版社 1959年 62页
19cm（32开）统一书号：8158.15 定价：CNY0.19

J0146111
二胡常识 杨雨森著
沈阳 春风文艺出版社 1964年 2版 增订本
151页 有图 19cm（32开）统一书号：8158.15
定价：CNY0.44

J0146112
二胡广播讲座 张韶编著
上海 上海文艺出版社 1959年 94页 26cm（16开）
统一书号：8078.0608 定价：CNY0.70
本书讲述了民族弦乐起源、二胡的基本知识和演奏技巧，同时还介绍了一些二胡练习曲及二胡演奏古典名曲。

J0146113
粤胡演奏法 黎松寿编著
上海 上海文艺出版社 1959年 36页 26cm（16开）
统一书号：8078.326 定价：CNY0.30

J0146114
怎样拉板胡 孙尔敏著
西安 东风文艺出版社 1959年 24页 有图表
19cm（32开）统一书号：8147.3 定价：CNY0.10
（农村音乐小丛书 3）

J0146115
怎样拉板胡　孙尔敏著
西安 长安书店 1963年 24页 19cm(32开)
统一书号: T10095.860 定价: CNY0.10

J0146116
怎样拉二胡　张法参编著
南昌 江西人民出版社 1959年 20页
17cm(40开) 统一书号: T7110.216
定价: CNY0.06
(工农实用戏剧歌舞知识丛书)

J0146117
怎样学习二胡　黎松寿编著
南京 江苏文艺出版社 1959年 63页
19cm(32开) 统一书号: T8100.700
定价: CNY0.15

J0146118
豫剧板胡演奏法　刘盘亭, 赵抱衡编著
郑州 河南人民出版社 1960年 158页 有曲谱
21cm(32开) 统一书号: 8105.264
定价: CNY0.75

J0146119
豫剧板胡演奏法　刘盘亭, 赵抱衡编著
郑州 黄河文艺出版社 1986年 2版 263页
26cm(16开) 统一书号: 8385.6 定价: CNY2.75

J0146120
板胡入门　阎绍一编著; 王瑞檀编著
北京 音乐出版社 1962年 59页 有图
19cm(32开) 统一书号: 8026.1557
定价: CNY0.19

J0146121
杨宝忠京胡演奏经验谈　杨宝忠著; 中国戏曲学院戏曲研究所编
北京 音乐出版社 1963年 140页 有图表
19cm(32开) 统一书号: 8026.1722
定价: CNY0.53

本书介绍了著名京剧琴师杨宝忠的演奏经验，详述了京胡演奏技术的基本知识，列举了各种唱腔伴奏实例，并对老生唱腔的几种常用曲牌作了专门介绍。

J0146122
二胡讲座　张韶编著
上海 上海文化出版社 1965年 121页
26cm(16开) 统一书号: 8077.288
定价: CNY0.92

J0146123
怎样拉好二胡　陆修棠编著
上海 上海文化出版社 1965年 102页
18cm(15开) 统一书号: 8077.240
定价: CNY0.24

J0146124
怎样拉好二胡　陆修棠原著
上海 上海音乐出版社 1987年 179页
19cm(32开) 统一书号: 8127.3046
ISBN: 7-80553-048-3 定价: CNY1.15

J0146125
怎样学习京胡伴奏　普及样板戏小丛书编写组编
上海 上海人民出版社 1972年 92页 19cm(32开)
统一书号: 8171.547 定价: CNY0.17

J0146126
板胡演奏法　阎绍一编著
北京 人民文学出版社 1973年 140页
19cm(32开) 统一书号: 10019.1986
定价: CNY0.34
(工农兵音乐知识小丛书)

J0146127
板胡演奏法　阎绍一编著
北京 人民音乐出版社 1975年 140页
19cm(32开) 统一书号: 8026.3040
定价: CNY0.34
(工农兵音乐知识小丛书)

J0146128
板胡演奏法　阎绍一编著
北京 人民音乐出版社 1984年 2版 修订本
90页 25cm(18开) 统一书号: 8026.3040
定价: CNY0.68
(音乐知识丛书)

J0146129
二胡演奏法　张韶，汤良德编著
北京 人民文学出版社 1973年 148页
19cm（32开）统一书号：10019.1978
定价：CNY0.36
（工农兵音乐知识小丛书）

J0146130
京胡伴奏　马铁汉编
哈尔滨 黑龙江人民出版社 1973年 418页
19cm（32开）统一书号：8093.139 定价：CNY1.00
作者马铁汉（1936— ），回族，字古燕，号秀夫，北京人。毕业于南开大学历史系和中国戏曲研究院研究生班。历任中国农工民主党宣武区工委副主委，北京市宣武区政协第九届副主席。著有《戏中邮》，编撰《中老年案头之友》《中国京剧艺术邮册》等。

J0146131
马头琴演奏知识　齐·宝力高著
呼和浩特 内蒙古人民出版社 1974年 70页
26cm（16开）统一书号：8089.14 定价：CNY0.45

J0146132
学二胡　谢朝良编著
北京 人民音乐出版社 1976年 84页 19cm（32开）
统一书号：8026.3165 定价：CNY0.21

J0146133
学二胡　谢朝良著
北京 人民音乐出版社 1986年 2版 修订本
221页 19cm（32开）统一书号：8026.3165
定价：CNY1.55

J0146134
学二胡　谢朝良著
北京 中国少年儿童出版社 1996年 修订本
221页 有插图 19cm（小32开）
ISBN：7-5007-3008-X 定价：非卖品
（希望书库 4-59 总278）
本书由中国少年儿童出版社和中国青年出版社联合出版。

J0146135
豫剧板胡演奏教材　河南省戏曲学校音乐教学组编；左清义执笔
郑州 河南人民出版社 1976年 77页 26cm（16开）
统一书号：7105.60 定价：CNY0.34

J0146136
二胡基础训练　赵砚臣编著
北京 人民音乐出版社 1977年 112页
26cm（16开）统一书号：8026.3342
定价：CNY0.56

J0146137
自学二胡　舒昭编著
成都 四川人民出版社 1977年 89页 26cm（16开）
统一书号：8118.417 定价：CNY0.41

J0146138
二胡奏法教程　何家全编著
香港 万里书店 1978年 2册 26cm（16开）
定价：HKD12.80

J0146139
怎样演奏二胡　赵砚臣编著
石家庄 河北人民出版社 1978年 86页
26cm（16开）统一书号：8086.988
定价：CNY0.50

J0146140
二胡基础教程　王寿庭编著
郑州 河南人民出版社 1979年 3版 76页
26cm（16开）统一书号：7105.93 定价：CNY0.37

J0146141
花鼓戏大筒演奏法　卜再庭，杨天福编著
长沙 湖南人民出版社 1979年 70页 26cm（16开）
统一书号：10109.1217 定价：CNY0.33

J0146142
秦腔板胡简明教材　杨天基，王兴武著；杨天基执笔
西安 陕西人民出版社 1980年 250页
19cm（32开）统一书号：8094.673 定价：CNY0.67

J0146143
秦腔板胡简明教材　杨天基[执笔]；王兴武著
西安 陕西人民出版社 1981年 250页

19cm(小32开) 定价: CNY0.67

J0146144
二胡自学基础 傅特祥编
武汉 湖北群众艺术馆 1981年 104页
26cm(16开)

J0146145
二胡演奏艺术 宋国生著
天津 百花文艺出版社 1982年 219页
25cm(15开) 统一书号: 8151.71 定价: CNY1.40
本书深入浅出地阐明了如何充分发挥人的生理机能去有效地掌握二胡的性能，以及如何运用各种技术、技巧达到较完美的演奏效果。

J0146146
高胡技法 (广东音乐) 甘尚时，赵砚臣编著
北京 人民音乐出版社 1982年 109页
25cm(15开) 统一书号: 8026.3929
定价: CNY0.77
本书把演奏广东音乐所必须掌握的指法、弓法、分句等演奏技法，用文字和符号进行了细致的说明和注释。

J0146147
马头琴教程 巴依尔编著
[呼伦贝尔盟] 呼伦贝尔盟文联音协 1983年
138页 26cm(16开)

J0146148
马头琴演奏法 白·达瓦著
呼和浩特 内蒙古人民出版社 1983年 109页
25cm(小16开) 统一书号: 8089.110
定价: CNY0.85

J0146149
坠琴演奏基础 高赴亮编著
济南 山东人民出版社 1983年 252页
25cm(小16开) 统一书号: 8099.2448
定价: CNY1.30
本书讲解了坠琴演奏的一些基本知识，各种弹奏方法、指法和伴奏吕剧中的各种技法。书中附有40多段吕剧传统戏曲和现代戏的著名唱段和牌子曲，每一段都标明弹奏指法和弹奏技法。

J0146150
蒙古族四胡演奏家孙良 阿拉坦巴根编著；甘珠尔扎布译
呼和浩特 内蒙古人民出版社 1985年 95页
26cm(16开) 统一书号: 8089.210
定价: CNY1.20
本书内容包括四胡演奏家孙良的小传，中国现代四胡奏法，以及孙良改编的四胡乐曲德利伶、千里驹等。

J0146151
二胡演奏基础 朱道忠编著
广州 花城出版社 1986年 207页 10cm(64开)
统一书号: 8261.75 定价: CNY1.45

J0146152
二胡演奏技法与练习 刘建勋编著
济南 山东文艺出版社 1986年 285页
10cm(64开) 统一书号: 8331.24 定价: CNY3.10

J0146153
二胡广播教学讲座 张韶编著
上海 上海音乐出版社 1989年 316页
26cm(16开) ISBN: 7-80553-153-6
定价: CNY7.40

J0146154
蒋风之二胡演奏艺术 蒋风之，蒋青著
北京 人民音乐出版社 1989年 123页
26cm(16开) ISBN: 7-103-00283-5
定价: CNY2.20
本书分3个部分。第一部分：二胡演奏法。着重讲述正确的二胡演奏方法，同时对一些训练方法也进行了分析说明；第二部分：演奏艺术。首先通过概述作者在演奏时，是怎样选择表现手法的，然后再通过对17首乐曲演奏手法的剖析，进行具体解释；第三部分：蒋风之演奏谱20首。

J0146155
板胡演奏艺术 李恒著
北京 人民音乐出版社 1990年 97页 26cm(16开)
ISBN: 7-103-00568-0 定价: CNY3.00
本书总结了板胡表演艺术的成就，在演奏方法上作了规范化论述。

J0146156
二胡教程　丰芳编著
西安 陕西人民教育出版社 1990年 213页
27cm（大16开）定价：CNY6.20
（青少年中国乐器学习丛书）

J0146157
少年儿童二胡教程　刘逸安，赵寒阳编著
上海 上海音乐出版社 1990年 246页
27cm（26开）定价：CNY6.50

本书分绪论和训练两大部分，绪论部分简要介绍二胡的构造、正确的演奏姿势、学习掌握基本技巧的要领和方法，并附照片图解，训练部分包括练习曲和乐曲计400余首。作者赵寒阳（1954—　），生于江苏常州。中央音乐学院民乐系毕业。任中国二胡学会副会长，中央音乐学院民乐系教授，中国音乐家协会会员，全国二胡考级专家委员会委员。从事二胡的演奏及教学工作。出版有《二胡中级教程》《二胡经典名曲50首详解》《二胡速成演奏法》《全国二胡考级作品示范与讲解》《二胡弓法技巧训练》等。

J0146158
儿童学二胡入门　赵寒阳，刘逸安著
北京 中国广播电视出版社 1991年 172页
26cm（16开）ISBN：7-5043-0960-5
定价：CNY5.00

本书共52课，每课讲解一个技术项目的演奏方法。

J0146159
课余学二胡　马鲁生编
济南 山东文艺出版社 1991年 89页
19cm（小32开）ISBN：7-5329-0679-5
定价：CNY1.50

本书介绍了有关二胡的基本知识和演奏方法及演奏二胡的技法。

J0146160
二胡演奏艺术　张泽伦著
郑州 河南人民出版社 1992年 238页
20cm（32开）ISBN：7-215-01713-3
定价：CNY4.15

本书论述了二胡演奏中的技巧与表演等问题，阐明了如何正确运用技巧，克服学习中的障碍，从而达到完美的演奏效果。

J0146161
琴弦雨丝　张锐著
芒市 德宏民族出版社 1992年 144页 有彩照
19cm（小32开）ISBN：7-80525-142-8
定价：CNY3.80

本书收集了音乐家张锐创作的部分诗、文，概述了二胡演奏的基本技术原理，探索了演奏艺术的规律，抒写了音乐创作的心得。作者张锐（1920—2016），二胡演奏家、作曲家。生于云南昆明，刘天华先生再传弟子。中国音乐家协会理事，江苏音乐家协会表演艺术委员会主任委员。代表作有歌剧音乐《红霞》，二胡曲《大河涨水沙浪沙》《苍山十八涧山歌》《沂蒙山》《山林中》等，出版《雨花拾谱》《张锐二胡练习曲集》《琴弦雨丝》。

J0146162
二胡初级教程　刘志渊编著
重庆 西南师范大学出版社 1993年 138页
26cm（16开）ISBN：7-5621-1042-5
定价：CNY7.80

作者刘志渊（1934—　），教授。四川南溪人，毕业于西南师范学院音乐系。历任西南师范大学音乐系二胡副教授、器乐教研室主任，中国音乐家协会会员，中国音协重庆分会理事，重庆老教授协会会员。出版有《二胡乐曲教材》《二胡初级教程》等。

J0146163
京胡伴奏研究　张民著
北京 文化艺术出版社 1993年 167页
19cm（小32开）ISBN：7-5039-1072-0
定价：CNY4.00

本书介绍了京胡伴奏的基本规律。内容包括：京胡伴奏原理、弓法、指法、伴奏手法及其应用、伴奏实例分析5部分。

J0146164
儿童学二胡电视教程　赵寒阳，刘逸安编著
北京 人民音乐出版社 1994年 修订本 159页
有图 26cm（16开）ISBN：7-103-01207-5
定价：CNY7.90

作者赵寒阳（1954—　），生于江苏常州。中

央音乐学院民乐系毕业。任中国二胡学会副会长，中央音乐学院民乐系教授，中国音乐家协会会员，全国二胡考级专家委员会委员。从事二胡的演奏及教学工作。出版有《二胡中级教程》《二胡经典名曲50首详解》《二胡速成演奏法》《全国二胡考级作品示范与讲解》《二胡弓法技巧训练》等。

J0146165
儿童学二胡入门 刘长福编著
北京 人民音乐出版社 1995年 130页
26cm(16开) ISBN: 7-103-01255-5
定价: CNY9.70
作者刘长福，二胡演奏家。历任中央音乐学院教授，中国音协二胡学会副会长、中国民族管弦乐学会理事、北京民族乐器厂技术顾问。

J0146166
二胡初级教程 薛首中编著
太原 山西人民出版社 1995年 223页 有插图
26cm(16开) ISBN: 7-203-03375-9
定价: CNY6.60

J0146167
二胡音阶 琶音练习 王永德编著
上海 上海音乐出版社 1995年 67页 26cm(16开)
ISBN: 7-80553-505-1 定价: CNY3.70

J0146168
青少年学二胡 王永德著
上海 上海音乐出版社 1995年 164页
19cm(32开) ISBN: 7-80553-499-3
定价: CNY4.20

J0146169
板胡演奏基础教程 李恒著
北京 中国青年出版社 1996年 193页
26cm(16开) ISBN: 7-5006-2218-X
定价: CNY24.00

J0146170
二胡音程与琶音练习 赵寒阳编著
北京 人民音乐出版社 1996年 144页
26cm(16开) ISBN: 7-103-01323-3
定价: CNY11.30
作者赵寒阳，中央音乐学院任教。作者赵寒阳(1954—)，生于江苏常州。中央音乐学院民乐系毕业。任中国二胡学会副会长，中央音乐学院民乐系教授，中国音乐家协会会员，全国二胡考级专家委员会委员。从事二胡的演奏及教学工作。出版有《二胡中级教程》《二胡经典名曲50首详解》《二胡速成演奏法》《全国二胡考级作品示范与讲解》《二胡弓法技巧训练》等。

J0146171
广东潮州弦诗乐 蔡余文，郑诗敏著
北京 中国文联出版公司 1996年 142页
19cm(小32开) ISBN: 7-5059-2279-3
定价: CNY7.80

J0146172
京胡学习与欣赏 刘正辉编著
北京 中国书籍出版社 1996年 165页 有照片
19cm(小32开) ISBN: 7-5068-0429-8
定价: CNY12.00
作者刘正辉，京胡琴师。

J0146173
全国二胡(业余)考级作品集诠释 张慧元著
北京 航空工业出版社 1996年 369页
20cm(32开) ISBN: 7-80134-022-1
定价: CNY22.00

J0146174
二胡演奏教程 李秀清编著
郑州 大象出版社 1997年 75页 26cm(16开)
ISBN: 7-5347-2018-4 定价: CNY8.00

J0146175
跟我学二胡 杨长安著
长沙 湖南文艺出版社 1997年 166页
30cm(10开) ISBN: 7-5404-1715-3
定价: CNY16.00

J0146176
少儿二胡启蒙 曹德维编著
天津 百花文艺出版社 1997年 173页
26cm(16开) ISBN: 7-5306-2559-4
定价: CNY28.00

J0146177
板胡基本功训练 李明源，李恒编著
北京 人民音乐出版社 1998年 211页
26cm（16开）ISBN：7-103-01262-8
定价：CNY15.50
本书力求做到技术训练和培养学生的艺术表现能力相结合，着重选用了一些有代表性的地方音乐，培养学生掌握各种风格及其独特的演奏技巧。

J0146178
二胡、竹笛自修 王永德，许国屏著
上海 上海音乐出版社 1998年 179页
19cm（小32开）ISBN：7-80553-720-8
定价：CNY6.10
（海螺·绿叶文库 艺苑自修）

J0146179
二胡基本教程 吴跃跃编著
广州 花城出版社 1998年 178页 有图
26cm（16开）ISBN：7-5360-2807-5
定价：CNY19.80

J0146180
二胡基础教程 岳峰，李乐编著
南京 南京师范大学出版社 1998年 165页
26cm（16开）ISBN：7-81047-163-5
定价：CNY19.60

J0146181
二胡教程 林俊卿编著
福州 福建教育出版社 1998年 237页
26cm（16开）ISBN：7-5334-2474-3
定价：CNY24.00

J0146182
二胡入门 段晋中，王捷平编著
北京 中国社会出版社 1998年 171页
26cm（16开）ISBN：7-80088-944-0
定价：CNY13.00
（音乐基础系列丛书）

J0146183
京胡音乐演奏教程 吴华，张素英编著
北京 中国青年出版社 1998年 122页
26cm（16开）ISBN：7-5006-2917-6
定价：CNY20.00

J0146184
怎样拉二胡 宇慧主编
沈阳 沈阳出版社 1998年 107页 19cm（小32开）
ISBN：7-5441-0987-9 定价：CNY98.00（全套）
（审美素质培养丛书 8）
作者宇慧，主编的作品有《音乐美与欣赏》《怎样拉二胡》《怎样吹口哨》等。

J0146185
怎样拉好二胡 钱志和著
南京 江苏文艺出版社 1998年 119页 有照片
29cm（16开）ISBN：7-5399-1348-7
定价：CNY13.80
本书内容包括：入门四要点、姿势、技巧、演奏中的音准、演奏中的音色美、演奏中的力度与音量、中国二胡的特色等。作者钱志和（1946— ），江苏常州市人，南京艺术学院音乐系中国乐器演奏教研室主任，编著有《二胡演奏与教学》等。

J0146186
板胡入门 卫世诚，卫凌编著
北京 中国社会出版社 1999年 299页
26cm（16开）ISBN：7-80088-966-1
定价：CNY29.00
（音乐基础系列丛书）

J0146187
二胡必修教程 朱逸安，赵寒阳编著
北京 蓝天出版社 1999年 14+266页 有图
26cm（16开）ISBN：7-80081-902-7
定价：CNY22.80
（自学与提高丛书）
作者赵寒阳（1954— ），生于江苏常州。中央音乐学院民乐系毕业。任中国二胡学会副会长，中央音乐学院民乐系教授，中国音乐家协会会员，全国二胡考级专家委员会委员。从事二胡的演奏及教学工作。出版有《二胡中级教程》《二胡经典名曲50首详解》《二胡速成演奏法》《全国二胡考级作品示范与讲解》《二胡弓法技巧训练》等。

J0146188
二胡基础演奏法 （线谱、简谱对照）陈御麟编著
北京 金盾出版社 1999 年 308 页 有彩照
26cm（16 开）ISBN：7-5082-0325-9
定价：CNY24.00

J0146189
二胡技法与名曲演奏提示 赵寒阳著
北京 华乐出版社 1999 年 307 页 有图
26cm（16 开）ISBN：7-80129-045-3
定价：CNY28.00
本书共分三章，对二胡演奏的基础技法、乐感、乐曲的教学提示等方面作了详尽的论述，另有 42 首二胡名曲的演奏提示。

J0146190
二胡曲选及演奏技法 林光璇编著
济南 山东文艺出版社 1999 年 189 页
26cm（16 开）ISBN：7-5329-1699-5
定价：CNY15.60

J0146191
二胡入门基础教程 萧前勇编著
北京 蓝天出版社 1999 年 193 页 有照片
26cm（16 开）ISBN：7-80081-892-6
定价：CNY18.80
（跨世纪乐器入门丛书）

J0146192
二胡演奏法 邵锋编著
上海 上海音乐出版社 1999 年 99 页 26cm（16 开）
ISBN：7-80553-752-6 定价：CNY10.50

J0146193
少儿二胡教程 王永德，孙敏编著
上海 上海教育出版社 1999 年 150 页
26cm（16 开）ISBN：7-5320-6558-8
定价：CNY15.00

J0146194
循序渐进学拉二胡 谢青编著
杭州 浙江文艺出版社 1999 年 78 页 29cm（16 开）
ISBN：7-5339-1223-3 定价：CNY10.00
本书循序渐进地介绍了学拉二胡的方法，包括空弦练习、弓法练习、揉弦练习、音阶练习、换把练习、两手配合练习、风格练习、综合练习和二胡独奏曲。

J0146195
中国弓弦乐器史 项阳著
北京 国际文化出版公司 1999 年 353 页
有图版 20cm（32 开）ISBN：7-80105-776-7
定价：CNY19.80
外文书名：The History of Chinese Bowed String Instruments. 作者项阳（1956— ），生于山东淄博市，祖籍湖北宜昌。中国艺术研究院研究生部音乐学系副主任，中央音乐学院音乐学系博士，中国音乐家协会会员，中国传统音乐学会会员，中国音乐史学会会员。著有《中国弓弦乐器史》等。

中国民族器乐弹拨乐理论和演奏法

J0146196
洞天琴录 （一卷）（宋）赵希鹄撰
明 刻本
（唐宋丛书）

J0146197
琴史 （六卷）（宋）朱长文撰
明 抄本
作者朱长文（1039—1098），北宋书学理论家。字伯原，号乐圃、潜溪隐夫，苏州吴县（今江苏省苏州市吴中区）人。

J0146198
琴史 （六卷）（宋）朱长文撰
明 抄本
分二册。十一行十七字无格。

J0146199
琴史 （六卷）（宋）朱长文撰
明 抄本
分四册。有清吴焯校并跋。十一行十七字无格。

J0146200
琴史 （六卷）（宋）朱长文撰
清 抄本

J0146201
琴史　(六卷)(宋)朱长文撰
清 抄本
分二册。九行二十字无格。

J0146202
琴史　(六卷)(宋)朱长文撰
扬州 曹寅楝亭扬州使院 清康熙四十五年[1706]刻本 线装
(楝亭藏书十二种)
本书为中国现存最早的琴史专著，七弦琴史专著。全书共6卷，前5卷为历代琴家的述评，从先秦到北宋计156人，末卷为专题评论。作者首次将历代散见的有关材料汇集整理，按一定体例编辑成书，并提出颇具价值的见解，是研究琴史的主要著作。分二册。十一行二十一字白口左右双边双鱼尾。

J0146203
琴史　(六卷)(宋)朱长文撰
曹寅扬州使院 清康熙四十五年[1706]刻本
(楝亭藏书十二种)
分五册。有傅增湘校并跋。十一行二十一字白口左右双边。

J0146204
琴史　(六卷)(宋)朱长文撰
曹寅杨州诗局 清康熙四十五年[1706]刻本

J0146205
琴史　(六卷)(宋)朱长文撰
扬州诗局 清康熙四十五年[1706]刻本
(楝亭十二种)

J0146206
琴史　(六卷)(宋)朱长文撰
内府 清乾隆 写本
(四库全书)

J0146207
琴史　(六卷)(宋)朱长文撰
海虞瞿氏铁琴铜剑楼 民国 抄本 乌丝栏 线装
分二册。

J0146208
琴史　(六卷)(宋)朱长文撰
上海 古书流通处 1921年 影印本
(楝亭藏书十二种)
据清康熙四十五年扬州诗局刻本影印。十一行二十一字小字双行三十余字白口左右双边。收于《楝亭藏书十二种》六十九卷中。

J0146209
琴史　(六卷)(宋)朱长文撰
北京 中国音乐研究所 1959年 油印本 线装

J0146210
琴史　(六卷)(宋)朱长文撰
台北 商务印书馆 1983年 影印本
(景印文渊阁四库全书 子部 一四五 第839册)
本书由《琴史六卷》(宋)朱长文撰、《松弦馆琴谱》(明)严澂撰合订。本书为中国现存最早的琴史专著，七弦琴史专著。全书共6卷，前5卷为历代琴家的述评，从先秦到北宋计156人，末卷为专题评论。作者将历代散见的有关材料首次做出汇集和整理，按一定体例编辑成书，并提出不少有价值的见解，是研究琴史的主要著作。

J0146211
琴史　(外十种)(宋)朱长文撰
上海 上海古籍出版社 1991年 影印本
44+1011页 19cm(小32开) 精装
ISBN: 7-5325-1047-6 定价: CNY26.40
(四库艺术丛书)
本书为中国现存最早的琴史专著，七弦琴史专著。全书共6卷，前5卷为历代琴家的述评，从先秦到北宋计156人，末卷为专题评论。作者首次将历代散见的有关材料汇集整理，按一定体例编辑成书，并提出颇具价值的见解，是研究琴史的主要著作。

J0146212
琴书　(类集一卷)(宋)释居月撰
钮氏世学楼 明 抄本
(说郛)

J0146213
琴书　(一卷)(唐)赵惟陈撰;(清)马国翰辑

济南 皇华馆 清同治十年[1871]刻本
(玉函山房辑佚书)

作者马国翰(1794—1857),清代文献学家、藏书家。山东济南人。字词溪,号竹吾。进士。志于古书辑佚,所购之书达5.7万余卷。编著《玉函山房辑佚书》,全书分经、史、诸子3编,700多卷。传世作品还有《竹如意》《玉函山房文集》《玉函山房诗集》等。

J0146214
琴书 (一卷)(唐)赵惟陈撰;(清)马国翰辑
长沙 娜嬛馆 清光绪九年[1883]刻本
(玉函山房辑佚书)

J0146215
琴书 (一卷)(唐)赵惟陈撰;(清)马国翰辑
楚南湘远堂 清光绪十年[1884]刻本
(玉函山房辑佚书)

J0146216
琴书 (一卷)(唐)赵惟陈撰;(清)马国翰辑
章邱李氏 清光绪十年[1884]刻本 重印
(玉函山房辑佚书)

据马氏刻本重印。

J0146217
琴书类集 (一卷)(宋)释居月撰
钮氏世学楼 明 抄本
(说郛)

J0146218
琴书类集 (一卷)(宋)释居月撰
明 抄本
(说郛)

J0146219
琴书类集 (一卷)(宋)释居月撰
清 抄本
(惜寸阴斋丛钞)

J0146220
琴书类集 (宋释)居月撰
北平 国立北平图书馆 民国 抄本 毛装
(说郛)

收于《说郛》卷三十七中。

J0146221
琴书类集 (宋释)居月撰
上海 商务印书馆 民国十六年[1927]线装
(说郛)

收于《说郛》卷三十七中。

J0146222
琴书类集 (宋释)居月撰
上海 商务印书馆 民国十九年[1930]线装
(说郛)

收于《说郛》卷三十七中。

J0146223
琴统 (一卷 外篇一卷)(宋)徐理撰
明 抄本

十一行十七字无格。

J0146224
琴苑 (二卷)(明)夏树芳编
明 刻本 线装

七行十六字白口四周单边单鱼尾。

J0146225
琴苑 (二卷)(明)夏树芳撰
明万历 刻本

J0146226
琴苑要录 (不分卷)□□辑
明 抄本

J0146227
琴苑要录 (不分卷)
明 抄本

十行二十字无格。

J0146228
太音大全集 (五卷)□□辑
明 刻本

J0146229
太音大全集 (五卷)
明 刻本 有图

分三册。

J0146230
琴 （明）屠隆撰
绣水沈氏 明万历至泰昌 刻本 线装
（宝颜堂秘笈）
八行十八字白口四周单边。收于《宝颜堂秘笈》之《考槃馀事》中。作者屠隆（1542—1605），明代文学家、戏曲家。浙江鄞县（今浙江省宁波市鄞州区）人，字长卿，号赤水，晚称鸿苞居士。万历五年进士。做过青浦知县、礼部郎中。校订成《新刊合评王实甫西厢记》4种；撰有传奇《昙花记》《彩毫记》《修文记》，合称《凤仪阁三种》传于世；诗文集有《由拳》《白榆》《栖真馆集》等。

J0146231
琴书大全 （二十二卷）（明）蒋克谦辑
明万历 刻本

J0146232
琴书大全 （二十二卷）（明）蒋克谦辑
明万历十八年［1589］刻本

J0146233
指法要论 （一卷）（明）崇昭王妃钟氏辑
明万历四十八年［1620］刻本

J0146234
冷仙琴声十六法 （一卷）（明）冷谦撰
汲古阁 明末 刻本
（山居小玩）

J0146235
琴笺 （一卷）（明）屠隆撰
明末 刻本
（八公游戏丛谈）
作者屠隆（1542—1605），明代文学家、戏曲家。浙江鄞县（今浙江省宁波市鄞州区）人，字长卿，号赤水，晚称鸿苞居士。万历五年进士。做过青浦知县、礼部郎中。校订成《新刊合评王实甫西厢记》4种；撰有传奇《昙花记》《彩毫记》《修文记》，合称《凤仪阁三种》传于世；诗文集有《由拳》《白榆》《栖真馆集》等。

J0146236
琴笺 （一卷）（明）屠隆撰
明末 刻本
（广百川学海）

J0146237
琴笺 （一卷）（明）屠隆撰
竹屿 明崇祯 刻本
（雪堂韵史）

J0146238
琴笺 （明）屠隆撰
世德堂 清 刻本 线装
（龙威秘书）
九行二十字小字双行同黑口左右四周双边不一。收于《龙威秘书》五集《古今丛说拾遗》之《考槃馀事》中。

J0146239
琴笺 （一卷）（明）屠隆撰
石门马氏大酉山房 清乾隆五十九年［1794］刻本
（龙威秘书）

J0146240
琴笺 （一卷）（明）屠隆撰
山阴宋氏 清光绪元年至十三年［1875—1887］刻本
（忏花盦丛书）
清光绪十三年汇印本。

J0146241
琴笺 （一卷）（明）屠隆撰
山阴宋泽元忏花盦 清光绪十三年［1887］刻本重印 线装
（忏华盦丛书）
十行二十一字小字双行同白口左右双边单鱼尾。收于《忏华盦丛书》之《考槃馀事》中。

J0146242
琴笺图式 （明）陶宗仪撰
明末 刻本
（居家必备）
作者陶宗仪（1329－约1412），元末明初文学家、史学家。字九成，号南村，浙江黄岩（清陶乡）人。工诗文，善书画。汇编《辍耕录》（或称《南村辍耕录》）。作品还有《南村诗集》《国风尊经》《沧浪棹歌》等。

J0146243
琴笺图式　(明)陶宗仪撰
李际期宛委山堂 清初 刻本 续刻
(说郛)
明末刻清初李际期宛委山堂续刻汇印本。

J0146244
琴笺图式　(一卷)(明)陶宗仪撰
李际期宛委山堂 清初 刻本 重修 有图 线装
(说郛)
明末刻清初李际期宛委山堂重修汇印本。收于《说郛》卷第一百中。

J0146245
琴笺图式　(一卷)(明)陶宗仪撰
清顺治 刻本 有图 线装
(说郛)
收于《说郛》卷第一百中。

J0146246
琴笺图式　(一卷)(明)陶宗仪撰
清 刻本 重修 有图 线装
(说郛)
九行二十字白口左右双边单鱼尾。收于《说郛》卷第一百中。

J0146247
琴旨　(一卷)(清)卫泳辑
明末 刻本
(枕中秘)

J0146248
琴旨　(二卷)(清)王坦撰
素堂 清乾隆十一年[1746]刻本

J0146249
操缦安弦法　(一卷)(清)萧立礼辑
[清]抄本

J0146250
操缦录　(十卷)(清)胡世安撰
清初 刻本

J0146251
操缦录　(十卷)(清)胡世安撰
清顺治 刻本
(秀岩集)

J0146252
诚一堂琴谈　(二卷)(清)程允基纂;(清)程允培校
新安程氏诚一堂 清 刻本 线装
分二册。十二行二十二字白口四周双边单鱼尾。

J0146253
诚一堂琴谈　(二卷)(清)程允基辑
清康熙 刻本

J0146254
诚一堂琴谈　(二卷)(清)程允基辑
程允基诚一堂 清康熙四十四年[1705]刻本 聚锦堂印
本书由《诚一堂琴谱六卷》《诚一堂琴谈二卷》(清)程允基辑合订。

J0146255
诚一堂琴谈　(二卷)(清)程允基辑
程允基诚一堂 清康熙四十四年[1705]刻本
本书由《诚一堂琴谱六卷》《诚一堂琴谈二卷》(清)程允基辑合订。

J0146256
尺木楼琴谱指法摘录　(不分卷)□□辑
[清]抄本

J0146257
鄂公祠说琴　(一卷)(清)朱启连辑
[清]抄本

J0146258
古琴疏　(一卷)(宋)虞汝明撰
李际期宛委山堂 清初 刻本 重修 线装
(说郛)
明末刻清初李际期宛委山堂重修汇印本。收于《说郛》卷第一百中。

J0146259
古琴疏　(一卷)(宋)虞汝明撰
李际期宛委山堂 清初 刻本 续刻

（说郛）

明末刻清初李际期宛委山堂续刻汇印本。

J0146260
古琴疏　（一卷）（宋）虞汝明撰
清顺治 刻本 线装
（说郛）

收于《说郛》卷第一百中。

J0146261
古琴疏　（一卷）（宋）虞汝明撰
清 刻本 重修 线装
（说郛）

九行二十字白口左右双边单鱼尾。收于《说郛》卷第一百中。

J0146262
古琴疏　（一卷）（宋）虞汝明撰
清 抄本
（清怀丛书）

J0146263
集古琴考　（不分卷）（清）孙衍恩辑
清 抄本

J0146264
乐统博稽　（六卷）□□辑
清顺治 刻本
（秀岩集）

J0146265
琴操　（二卷）（汉）蔡邕撰
［清］稿本
（宛委别藏）

作者蔡邕（132–192），东汉辞赋家、散文家、书法家。字伯喈，陈留围（今河南杞县）人。著有《蔡中郎文集》等。

J0146266
琴操　（二卷 补遗一卷）（汉）蔡邕撰
清 抄本

J0146267
琴操　（佚文一卷）（汉）蔡邕撰；（清）王仁俊辑
［清］稿本
（经籍佚文）

J0146268
琴操　（二卷）（汉）蔡邕撰
兰陵孙氏 清嘉庆 刻本
（平津馆丛书）

J0146269
琴操　（二卷 补遗一卷）（汉）蔡邕撰；（清）孙星衍辑补遗
兰陵孙氏 清嘉庆 刻本 线装
（平津馆丛书）

十一行二十字小字双行同白口左右双边单鱼尾。收于《平津馆丛书》第一集中。

J0146270
琴操　（一卷）（汉）蔡邕撰；（清）王谟辑
金溪王氏 清嘉庆三年［1798］刻本
（汉魏遗书钞）

J0146271
琴操　（二卷）（汉）蔡邕撰
桐川顾氏 清嘉庆四年［1799］刻本
（读书斋丛书）

J0146272
琴操　（二卷 补一卷）（汉）蔡邕撰
桐川顾氏 清嘉庆四年［1799］刻本 线装
（读画斋丛书）

九行二十一字小字双行同黑口左右双边。收于《读画斋丛书》己集中。

J0146273
琴操　（二卷）（汉）蔡邕撰；（清）孙星衍校
清嘉庆十年［1805］刻本 线装

J0146274
琴操　（二卷，卷首一卷，补一卷）（汉）蔡邕撰
邵武徐氏 清光绪 刻本 线装
（邵武徐氏丛书）

九行二十二字小字双行同黑口左右双边单鱼尾。

J0146275
琴操　（补一卷）（汉）蔡邕撰

徐氏 清光绪 刻本
(邵武徐氏丛书)

J0146276
琴操 (二卷)(汉)蔡邕撰
徐氏 清光绪 刻本
(邵武徐氏丛书)

J0146277
琴操 (一卷)(汉)蔡邕撰;(清)王谟辑
清光绪 印本
(汉学堂丛书)
据清道光间甘泉黄氏刻本印。

J0146278
琴操 (二卷)(汉)蔡邕撰
吴县 朱氏愧庐家塾 清光绪十一年[1885]刻本
(平津馆丛书)

J0146279
琴操 (二卷)(汉)蔡邕撰
上海 商务印书馆 民国二十四年[1935]影印本
(选印宛委别藏)

J0146280
琴操
台北 商务印书馆 1981年 影印本 54页
21cm(32开)精装

J0146281
琴操 (两种)吉联抗辑
北京 人民音乐出版社 1990年 63页 19cm(32开)
ISBN: 7-103-00578-8 定价: CNY1.95
(中国古代音乐文献丛刊)
《琴操》相传为汉蔡邕所撰。今传本一为清王谟《汉魏遗书钞》所辑,一为孙星衍校勘的《平津馆丛书》本。

J0146282
琴操佚文 (一卷)(汉)蔡邕撰;(清)王仁俊辑
[清]稿本
(玉函山房辑佚书续编)

J0146283
琴论 (一卷)(清)孙汇偶撰
[清]抄本

J0146284
琴律细草 (一卷)(清)邹安鬯撰
清 刻本

J0146285
琴谱二十首 (清)庄臻凤撰
清 抄本
本书由《琴声十六法一卷》《琴谱二十首》(清)庄臻凤撰合订。

J0146286
琴谱指法 (不分卷)(清)徐常遇辑
清 抄本

J0146287
琴谱指法 (二卷)(清)徐常遇辑
清康熙 刻本
本书由《澄鉴堂琴谱二卷》《琴谱指法二卷》(清)徐常遇辑合订。

J0146288
琴谱指法 (二卷)(清)徐常遇辑
响山堂 清康熙四十一年[1702]刻本

J0146289
琴谱指法 (二卷)(清)徐常遇辑
徐氏澄鉴堂 清康熙五十七年[1718]刻本
本书由《澄鉴堂琴谱不分卷》《琴谱指法二卷》(清)徐常遇辑合订。

J0146290
琴谱指法 (二卷)(清)徐常遇辑
徐依采 清乾隆五十二年[1787]刻本
本书由《澄鉴堂琴谱不分卷》《琴谱指法二卷》(清)徐常遇辑合订。

J0146291
琴谱指法 (二卷)(清)徐常遇编
上海 广益书局 民国三年[1914]石印本 线装

J0146292
琴谱指法秘诠 (一卷)(清)华文柏辑
[清]手稿本

J0146293
琴声经纬　(宋)陈旸撰
李际期宛委山堂 清初 刻本 续刻
(说郛)
明末刻清初李际期宛委山堂续刻汇印本。作者陈旸，宋代音乐理论家。福建福州人。

J0146294
琴声经纬　(一卷)(宋)陈旸撰
李际期宛委山堂 清初 刻本 重修 线装
(说郛)
明末刻清初李际期宛委山堂重修汇印本。收于《说郛》卷第一百中。

J0146295
琴声经纬　(一卷)(宋)陈旸撰
清顺治 刻本 线装
(说郛)
收于《说郛》卷第一百中。

J0146296
琴声经纬　(一卷)(宋)陈旸撰
清 刻本 重修 线装
(说郛)
九行二十字白口左右双边单鱼尾。收于《说郛》卷第一百中。

J0146297
琴声十六法　(一卷)(清)庄臻凤撰
清 刻本 重修 线装
(檀几丛书)
收于《檀几丛书》第三帙图中。

J0146298
琴声十六法　(一卷)(清)庄臻凤撰
清 抄本
本书由《琴声十六法一卷》《琴谱二十首》(清)庄臻凤撰合订。

J0146299
琴声十六法　(一卷)(清)庄臻凤撰
武林王晫天都张潮 清康熙三十四年[1695]刻本 线装
(檀几丛书)
九行二十字白口四周单边。收于《檀几丛书》第三帙图中。

J0146300
琴声十六法　(一卷)(清)庄臻凤撰
张潮 清康熙三十四年[1695]刻本
(檀几丛书)

J0146301
琴声十六法　(一卷)(明)冷谦撰
六安晁氏 清道光十一年[1831]木活字印本
(学海类编)

J0146302
琴声十六法　(一卷)(明)冷谦撰
上海 涵芬楼 民国九年[1920]影印本
(学海类编)
据清道光十一年六安晁氏木活字印本影印。

J0146303
琴问　(二卷)(清)孙尔周撰
清 稿本

J0146304
琴学　(一卷)(清)王鹏高辑
清 抄本
本书由《青箱斋琴谱四卷》《琴学一卷》(清)王鹏高辑合订。

J0146305
琴学　(清)曹庭栋撰
清乾隆 刻本
本书内篇一卷，外篇一卷。

J0146306
琴学　(内篇二十二卷，外篇四卷)(清)曹庭栋撰
清乾隆 刻本 有图 线装
分六册。十行二十字白口左右双边单鱼尾。

J0146307
琴学　(内篇二十二卷，外篇四卷)(清)曹庭栋撰
清乾隆 刻本 有图 线装
分二册。十行二十字白口左右双边单鱼尾。

J0146308
琴学　(不分卷)(清)余作恭辑

清咸丰九年［1859］抄本

J0146309
琴学 （内篇一卷，外篇一卷）（清）曹庭栋撰
民国初 油印本 有图及表 线装
分二册。

J0146310
琴学 （内篇一卷，外篇一卷）（清）曹庭栋撰
临清杨祖德 民国七年［1918］有图及表 线装
分二册。

J0146311
琴学八则 （一卷）（清）程雄撰
清 刻本 重修 线装
（檀几丛书）
收于《檀几丛书》二集第五帙林中。作者程雄，清代音乐家。字云松。精通音律，著有《松风阁琴谱》。

J0146312
琴学八则 （一卷）（清）程雄撰
张潮 清康熙三十四年［1695］刻本
（檀几丛书）

J0146313
琴学八则 （一卷）（清）程雄撰
羊城冯氏 清光绪 刻本 线装
（翠琅玕馆丛书）
九行二十一字小字双行同黑口左右双边。收于《翠琅玕馆丛书》第一集中。

J0146314
琴学八则 （一卷）（清）程雄撰
羊城冯氏 清光绪 刻本
（翠琅玕馆丛书）

J0146315
琴学初津 （十卷）（清）陈世骥撰
［清］稿本

J0146316
琴学汇成 （一卷）（清）何斌襄撰
招鉴芬［清］抄本

J0146317
琴学入门 （一卷）□□辑
清 抄本

J0146318
琴学入门 （二卷）（清）张鹤辑
张鹤 清同治六年［1867］刻本

J0146319
琴学入门 （二卷）（清）张鹤撰
清同治六年［1867］刻本 有图 线装
分四册。十行二十一字小字双行同白口半页四周单边。

J0146320
琴学入门 （二卷）（清）张鹤辑
心响往斋 清同治十三年［1874］刻本

J0146321
琴学入门 （二卷）（清）张鹤辑
清光绪七年［1881］刻本

J0146322
琴学入门 （清）张鹤辑
北京 中国书店 1998年 影印本 3册
25cm（小16开）线装 ISBN：7-80568-865-6
定价：CNY110.00

J0146323
琴学图考 （一卷）（清）孙真湛撰
清 抄本

J0146324
青溪琴况摘录 （不分卷）肃斋辑
清 抄本

J0146325
瑞谷新谣 （不分卷）（明）张鲵渊辑
清 刻本

J0146326
丝系衍纪 （二卷）（清）胡世安撰
清顺治 刻本
（秀岩集）

J0146327
松风阁指法　（一卷）（清）庄臻凤撰；（清）程雄订正
三槐堂 清 刻本
作者程雄，清代音乐家。字云松。精通音律，著有《松风阁琴谱》。

J0146328
松风阁指法　（一卷）（清）庄臻凤撰；（清）程雄订正
程氏松风阁 清康熙 刻本

J0146329
松风阁指法　（二卷）（清）庄臻凤撰；（清）程雄订正
清康熙十六年［1677］刻本

J0146330
万峰阁指法　（不分卷）（清）徐褀辑
清 抄本
本书由《万峰阁指法不分卷》《琴谱不分卷》（清）徐褀辑合订。徐褀，琴人。太仓人。原名上瀛，别号青山，编著有《大还阁琴谱》，创作琴论《溪山琴况》。

J0146331
万峰阁指法闷笺　（一卷）（清）徐褀撰
［清］稿本

J0146332
万峰阁指法闷笺　（一卷）（清）徐褀撰
徐氏大还阁 清康熙 刻本

J0146333
万峰阁指法闷笺　（一卷）（清）徐褀撰
清康熙 刻本
本书由《大还阁琴谱六卷》《万峰阁指法閟笺一卷》《溪山琴况一卷》《学琴说一卷》（清）徐褀撰合订。

J0146334
万峰阁指法闷笺　（清）徐褀撰
清康熙十二年［1673］刻本
本书由《万峰阁指法秘笺》《青山琴谱六卷》《溪山琴况一卷》合订。六行字不等。

J0146335
万峰阁指法閟笺　（一卷）（清）徐褀撰
清康熙十二年［1673］刻本

J0146336
文与可琴学　（一卷）（宋）文同撰；（清）潘力田录
［清］抄本

J0146337
弦歌古乐谱　（一卷）（清）任兆麟撰
清 刻本

J0146338
弦歌古乐谱　（一卷）（清）任兆麟撰
忠敏家塾 清乾隆五十至五十三年［1785—1788］刻本
本书由《弦歌古乐谱一卷》《心斋诗稿一卷》（清）任兆麟撰合订。

J0146339
雅琴名录　（南朝宋）谢庄撰
李际期宛委山堂 清初 刻本 续刻
（说郛）
明末刻清初李际期宛委山堂续刻汇印本。

J0146340
遗音缀笔　（一卷）（清）胡世安辑
清顺治 刻本
（秀岩集）

J0146341
虞山李氏指法　（一卷）（清）李世则辑
李云桂 清 抄本

J0146342
与古斋琴谱　（四卷）（清）祝凤喈辑
清 抄本

J0146343
与古斋琴谱　（四卷）（清）祝凤喈辑
浦城祝氏 清咸丰五年［1855］刻本

J0146344
杂书琴事　（宋）苏轼撰
李际期宛委山堂 清初 刻本 续刻

（说郛）

明末刻清初李际期宛委山堂续刻汇印本。作者苏轼（1037—1101），北宋文学家、书画家。字子瞻、和仲，号铁冠道人、东坡居士，世称苏东坡。在诗、词、散文、书、画等方面取得很高成就，擅长文人画，尤擅墨竹、怪石、枯木等。作品有《东坡七集》《东坡易传》《东坡乐府》《潇湘竹石图卷》《古木怪石图卷》等。

J0146345
杂书琴事　（一卷）（宋）苏轼撰
李际期宛委山堂 清初 刻本 重修 线装
（说郛）
明末刻清初李际期宛委山堂重修汇印本。收于《说郛》卷第一百中。

J0146346
杂书琴事　（一卷）（宋）苏轼撰
清顺治 刻本 线装
（说郛）
收于《说郛》卷第一百中。

J0146347
杂书琴事　（一卷）（宋）苏轼撰
清 刻本 重修 线装
（说郛）
九行二十字白口左右双边单鱼尾。收于《说郛》卷第一百中。

J0146348
指法琴说　（一卷）（清）曹尚䌹等撰
清 刻本
本书由《琴谱新声六卷》《指法琴说一卷》（清）曹尚䌹等撰合订。

J0146349
指法琴说　（一卷）（清）曹尚䌹等撰
清乾隆九年［1744］刻本

J0146350
指法琴说　（一卷）（清）曹尚䌹等撰
清同治五年［1865］刻本
本书由《琴谱新声六卷》《指法琴说一卷》（清）曹尚䌹等撰合订。

J0146351
指法图　（一卷）（清）徐祺撰
清 汇印本
（徐青山琴学）

J0146352
琴学正声　（六卷）（清）沈琯辑撰；（清）吴弘谟较订
文锦堂 清康熙至宣统 刻本 重印 有图 线装
分四册。九行二十字小字双行同白口左右双边单鱼尾。

J0146353
琴学正声　（六卷）（清）沈琯辑撰；（清）吴弘谟较订
上元沈琯香度楼 清康熙 刻本 有图 线装
分四册。九行二十字小字双行同白口左右双边单鱼尾。

J0146354
琴学正声　（六卷）（清）沈琯撰
香度楼 清康熙 刻本

J0146355
琴学正声　（六卷）（清）沈琯辑
清末 抄本 线装
分六册。

J0146356
琴谱指法省文　（一卷）（清）孙廷铨撰
师俭堂 清康熙 刻本
（孙文定公全集）

J0146357
听云阁雷琴篇　（十卷）（清）张衡辑
清康熙 刻本

J0146358
听云阁雷琴篇　（十卷）（清）张衡辑
景州李氏 清光绪二十年［1894］刻本

J0146359
溪山琴况　（一卷）（清）徐祺撰
徐氏大还阁 清康熙 刻本

J0146360
溪山琴况 （一卷）（清）徐祺撰
清康熙 刻本
本书由《大还阁琴谱六卷》《万峰阁指法秘笺一卷》《溪山琴况一卷》《学琴说一卷》（清）徐祺撰合订。

J0146361
溪山琴况 （一卷）（清）徐祺撰
蔡毓荣 清康熙十二年［1673］刻本

J0146362
溪山琴况 （一卷）（清）徐祺撰
清康熙十二年［1673］刻本
本书由《溪山琴况一卷》《青山琴谱六卷》《万峰阁指法秘笺》（清）徐祺撰合订。六行字不等。

J0146363
学琴说 （一卷）（清）徐祺撰
清康熙 刻本

J0146364
学琴说 （一卷）（清）徐祺撰
清康熙 刻本
本书由《大还阁琴谱六卷》《万峰阁指法閟笺一卷》《溪山琴况一卷》《学琴说一卷》（清）徐祺撰合订。

J0146365
指法 （二卷）（清）马兆辰撰
马兆辰 清康熙元年［1662］刻本
本书由《卧云楼琴谱八卷》《指法二卷》（清）马兆辰撰合订。

J0146366
指法 （二卷）（清）鲁鼐撰
清康熙三十一年［1692］刻本

J0146367
琴苑心传全编 （二十卷）（清）孔兴诱辑
清康熙九年［1670］刻本

J0146368
广陵真趣 （不分卷）（清）江安侯录
清康熙三十七年［1698］抄本

J0146369
琴律考 （一卷）（清）范尔梅撰
濠上存古堂 清雍正七年［1729］刻本
（读书小记）

J0146370
操缦卮言 （一卷）（清）梅毅成撰
清乾隆 刻本
（梅氏丛书辑要）

J0146371
操缦卮言 （一卷）（清）梅毅成撰
清同治 刻本
（梅氏丛书辑要）

J0146372
操缦卮言 （一卷）（清）梅毅成撰
清光绪 石印本
（梅氏丛书辑要）

J0146373
大乐元音 （七卷）（清）潘士权撰
清乾隆 刻本 有图 线装
分六册。白口四周双边单鱼尾。

J0146374
大乐元音 （七卷 图一卷）（清）潘士权撰
清乾隆 刻本
（潘龙庵全书）

J0146375
大乐元音 （七卷，图一卷）（清）潘士权撰
中和堂 清乾隆十年［1745］刻本

J0146376
大乐元音 （七卷）（清）潘士权撰
清同治十三年［1874］刻本 补刻
（潘龙庵全书）
清乾隆初刻同治十三年补刻。

J0146377
琴学内篇 （一卷 外篇一卷）（清）曹庭栋撰
清乾隆 刻本

十行二十字白口左右双边。

J0146378
琴音记　（二卷）（清）程瑶田撰
清乾隆 刻本
作者程瑶田（1725—1814），安徽歙县人。字易田，一字易畴，号让堂，茸荷。清乾隆三十五年（1770）中举，授太仓州学政。晚年写成《琴音记》。撰述统名《通艺录》。

J0146379
琴音记　（二卷）（清）程瑶田撰
清乾隆 刻本
清嘉庆十三年印本

J0146380
单行本琴音记　（一卷 下篇 原纪琴音之数）（清）程瑶田撰
清嘉庆 刻本
（通艺录）

J0146381
单行本琴音记　（一卷 下篇 原纪琴音之数）（清）程瑶田撰
民国 影印本
（安徽丛书）

J0146382
琴操补　（一卷）（汉）蔡邕撰
桐川顾氏 清嘉庆 刻本
（读书斋丛书）
作者蔡邕（132-192），东汉辞赋家、散文家、书法家。字伯喈，陈留圉（今河南杞县）人。著有《蔡中郎文集》等。

J0146383
琴操补遗　（一卷）（清）孙星衍辑
兰陵孙氏 清嘉庆 刻本
（平津馆丛书）

J0146384
琴操补遗　（一卷）（清）孙星衍辑
吴县 朱氏愧庐家塾 清光绪十一年［1885］刻本
（平津馆丛书）

J0146385
琴音标准　（四卷）（清）戴大昌撰
婺源戴氏 清嘉庆至道光 刻本
（补余堂集）

J0146386
琴旨补正　（一卷）（清）孙长源撰
清嘉庆 刻本

J0146387
谢琴诗文钞　（十卷）（清）吴景潮辑
松风草堂 清嘉庆 刻本
本书包括《文钞一卷》《诗钞八卷》《诗钞联吟一卷》。

J0146388
琴音记续编　（一卷）（清）程瑶田撰
清嘉庆十三年［1808］刻本

J0146389
琴操题解　（一卷）（清）姚配中撰
清道光 木活字印本
（一经庐丛书）

J0146390
琴学琐言　（一卷）（清）朱棠辑
三韩王鼎宜 清道光 抄本

J0146391
一经庐琴学　（二卷）（清）姚配中撰
清道光 木活字印本
（一经庐丛书）

J0146392
琴况　（一卷）（清）孙长源撰
存素堂 清道光二年［1822］刻本

J0146393
琴学考正　（不分卷）（清）祁春浦辑
清道光九年［1829］抄本

J0146394
琴录　（一卷）（明）项元汴撰
六安晁氏 清道光十一年［1831］木活字印本
（学海类编）

作者项元汴(1525—1590)，明代鉴赏家、收藏家。浙江嘉兴人。字子京，号墨林、墨林山人、退密斋主人、香严居士、鸳鸯湖长、漆园傲吏等。收藏法书名画甲于江南，极一时之盛，以“天籁阁”“项墨林”等印记识之。精于鉴赏，辨别真赝，当时无人可比。工绘画兼擅书法。山水学元代黄公望、倪瓒，书法出入唐智永、元赵孟頫。著有《蕉窗九录》，刊有《天籁阁帖》。代表作品《墨林山人诗集》《蕉窗九录》等。

J0146395
琴录 (一卷)(明)项元汴撰
上海 涵芬楼 民国九年[1920]影印本
(学海类编)
据清道光十一年六安晁氏木活字印本影印。

J0146396
琴言十则 (一卷)(元)吴澄撰
六安晁氏 清道光十一年[1831]木活字印本
(学海类编)

J0146397
琴言十则 (一卷)(元)吴澄撰
六安晁氏 清道光十一年[1831]木活字印本
(学海类编)
本书由《琴言十则一卷》《指法谱一卷》(元)吴澄撰合订。收于《学海类编》四百三十二种八百三卷集余六艺能中。

J0146398
琴言十则 (一卷)(元)吴澄撰
上海 涵芬楼 民国九年[1920]影印本
(学海类编)
据清道光十一年六安晁氏木活字印本影印。本书由《琴言十则一卷》《指法谱一卷》(元)吴澄撰合订。收于《学海类编》四百三十三种八百六卷中。

J0146399
琴言十则 (元)吴澄著
长沙 商务印书馆 1937年 18+6+55页
18cm(15开)
(丛书集成初编 1661)
本书为中国古代音乐学专著，由《琴言十则》(元)吴澄著、《乐律举要》(明)韩邦奇辑、《竞山乐录》(清)毛奇龄稿合订。其中，琴言十则二卷，附指法补，据学海类编本影印；乐律举要一卷，据学海类编本排印；竞山乐录四卷，据龙威秘书本排印。

J0146400
琴言十则 (附指法谱)(元)吴澄著
北京 中华书局 1985年 新1版 影印本
18+6+55页 18cm(15开)统一书号：17018.151
(丛书集成初编)
本书由《琴言十则》(元)吴澄著、《乐律举要》(明)韩邦奇辑、《竞山乐录》(清)毛奇龄稿合订。

J0146401
指法谱 (一卷)(元)吴澄撰
晁氏 清道光十一年[1831]活字印本
本书由《琴言十则一卷》《指法谱一卷》(元)吴澄撰合订。

J0146402
指法谱 (一卷)(元)吴澄撰
六安晁氏 清道光十一年[1831]木活字印本
(学海类编)

J0146403
指法谱 (一卷)(元)吴澄撰
上海 涵芬楼 民国九年[1920]影印本
(学海类编)
据清道光十一年六安晁氏木活字印本影印。

J0146404
指法谱 (一卷)(元)吴澄撰
上海 涵芬楼 民国九年[1920]影印本
(学海类编)
据清道光十一年六安晁氏木活字印本影印。本书由《指法谱一卷》《琴言十则一卷》(元)吴澄撰合订。

J0146405
响山堂指法 (二卷)(清)徐常遇辑
梅花庵 清道光十三年[1833]刻本
(二香琴谱)

J0146406
与古斋琴谱补义 （一卷）（清）祝凤喈辑
清末 刻本

J0146407
知音共赏 （一卷）（清）□□辑
清末 抄本

J0146408
琴学尊闻 （不分卷）（清）郭柏撰
五梅居 清同治三年［1864］刻本

J0146409
琴历 （一卷）□□辑
济南 皇华馆 清同治十年［1871］刻本
（玉函山房辑佚书）

J0146410
琴历 （一卷）□□辑
长沙 娜嬛馆 清光绪九年［1883］刻本
（玉函山房辑佚书）

J0146411
琴历 （一卷）□□辑
楚南湘远堂 清光绪十年［1884］刻本
（玉函山房辑佚书）

J0146412
琴历 （一卷）□□辑
章邱李氏 清光绪十年［1884］刻本 重印
（玉函山房辑佚书）
　　据马氏刻本重印。

J0146413
琴清英 （一卷）（汉）扬雄撰;（清）马国翰辑
济南 皇华馆 清同治十年［1871］刻本
（玉函山房辑佚书）

J0146414
琴清英 （一卷）（汉）扬雄撰
济南 皇华馆书局 清同治十年［1871］刻本
补刻 线装
（玉函山房辑佚书）
　　九行二十字小字双行同白口四周双边单鱼尾。收于《玉函山房辑佚书》经编乐类中。

J0146415
琴清英 （一卷）（汉）扬雄撰
济南 皇华馆书局 清同治十年［1871］刻本
重印 线装
（玉函山房辑佚书）
　　九行二十字小字双行同白口四周双边单鱼尾。收于《玉函山房辑佚书》经编乐类中。

J0146416
琴清英 （一卷）（汉）扬雄撰;（清）马国翰辑
长沙 娜嬛馆 清光绪九年［1883］刻本
（玉函山房辑佚书）

J0146417
琴清英 （一卷）（汉）扬雄撰;（清）马国翰辑
楚南湘远堂 清光绪十年［1884］刻本
（玉函山房辑佚书）

J0146418
琴清英 （一卷）（汉）扬雄撰;（清）马国翰辑
章邱李氏 清光绪十年［1884］刻本 重印
（玉函山房辑佚书）
　　据马氏刻本重印。

J0146419
琴律揭要 （一卷）（清）娄启衍撰
清光绪 刻本

J0146420
操缦易知 （一卷）（清）沈道宽撰
大兴沈敦兰润州榷廨 清光绪三年［1877］刻本
线装
（话山草堂遗集）
　　九行二十一字小字双行同黑口四周双边双鱼尾。收于《话山草堂遗集》之《话山草堂杂著》中。

J0146421
操缦易知 （一卷）（清）沈道宽撰
润州 榷署 清光绪三年［1877］刻本
（话山草堂遗集）

J0146422
希韶阁琴学津梁 （初集二卷，续集二卷，首一卷）（清）黄晓珊辑

古敦州 蝶栩山房 清光绪五年[1879]刻本

J0146423
山门新语 (不分卷)(清)周赟撰
六琴草堂 清光绪十九年[1893]刻本

J0146424
琴学秘诀 (不分卷)□□辑
延祐堂 清光绪二十年[1894]抄本

J0146425
唐落霞琴题咏 (不分卷)(清)张涛辑
清光绪二十年[1894]刻本

J0146426
琴律一得 (二卷)(清)刘沃森撰
清光绪二十三年[1897]刻本

J0146427
琴律指掌 (一卷)(清)娄启衍撰
山阴娄氏听虚馆 清光绪二十四年[1898]刻本

J0146428
琴义问答 (一卷)(清)韩绂答;(清)崔芸琳问
清光绪三十年[1904]刻本

J0146429
琴谱序 (一卷)(清)王锦撰
清宣统至民国初
(香艳丛书)

J0146430
琴谱序 (一卷)(清)王锦撰
上海 国学扶轮社 清宣统二年至民国三年[1910—1914]铅印本 线装
(香艳丛书)

十三行三十字黑口四周双边单鱼尾。收于《香艳丛书》第六集卷二中。

J0146431
古琴学 王宾鲁撰
民国 油印本 有图 线装

J0146432
会琴实纪 (六卷,卷首一卷)叶希明编
民国 有图 线装

J0146433
会琴实纪 (六卷,卷首图画一卷)叶希明编
民国九年[1920]有照片 线装

J0146434
琴操补释 (一卷)刘师培撰
宁武南氏 民国 线装
(刘申叔文存)

J0146435
琴操补释 刘师培撰
民国 毛装

J0146436
琴粹 (四卷 首一卷)(清)杨宗稷辑
风鹤琴斋 清宣统三年[1911]刻本

J0146437
琴粹 (六卷,卷首一卷)杨宗稷撰
民国元年[1912]刻本 线装

J0146438
琴学丛书 杨宗稷辑
杨氏 清宣统三年至民国十四年[1911—1925]刻本

J0146439
琴学丛书 (六种二十四卷)杨宗稷撰辑
北京 甯远杨宗稷舞胎仙馆 清宣统三年至民国八年[1911—1919]刻本 有图及表 线装

分八册。

J0146440
琴学丛书 (十种三十二卷 1)杨宗稷撰辑
北京 甯远杨宗稷舞胎仙馆 民国十四年[1925]刻本 汇印 有图及表 线装

分十一册。

J0146441
琴学丛书 (十种三十二卷 2)杨宗稷撰辑
北京 甯远杨宗稷舞胎仙馆 民国十四年[1925]刻本 汇印 有图及表 线装

分十一册。

J0146442
琴学丛书　（十五种四十三卷 1）杨宗稷撰辑
北京 中国书店［1950—1959年］刻本
后印 有图及表 线装

本书包括：第一部分《琴粹四卷卷首一卷》杨宗稷辑；其中含（1）《琴操二卷附补遗》（汉）蔡邕撰，（清）孙星衍校并辑补遗；（2）《碣石调幽兰一卷》（隋）丘公明撰；（3）《古琴考一卷》杨宗稷辑。第二部分《琴话四卷》杨宗稷撰。第三部分《琴谱三卷》杨宗稷校订；其中含（1）《幽兰减字谱一卷 附幽兰古指法解新指法解》杨宗稷校订并撰指法解；（2）《幽兰双行谱一卷》杨宗稷辑；（3）《流水简明谱一卷》杨宗稷辑。第四部分《琴学随笔二卷》杨宗稷撰。第五部分《琴馀漫录二卷》杨宗稷撰。第六部分《琴镜九卷卷首一卷》杨宗稷辑注。第七部分《琴镜补三卷》杨宗稷撰。第八部分《琴瑟合谱三卷》杨宗稷撰。第九部分《琴学问答一卷》杨宗稷撰。第十部分《藏琴录一卷》杨宗稷撰。据清宣统三年至民国间甯远杨宗稷舞胎仙馆刻版重印。分十四册。

J0146443
琴学丛书　（十五种 四十三卷 2）杨宗稷撰辑
北京 中国书店［1950—1959年］刻本
后印 有图及表 线装

本书包括：第十一部分《琴瑟新谱四卷》杨宗稷撰。第十二部分《琴镜续四卷》杨宗稷辑注。第十三部分《琴镜释疑一卷》虞和钦撰。第十四《幽兰和声一卷》李济撰。第十五部分《声律通考详节一卷》陈澧撰；杨宗稷详节。据清宣统三年至民国间甯远杨宗稷舞胎仙馆刻版后印。分十四册。

J0146444
琴学丛书　杨宗稷编
北京 中国书店 1959年 线装本 14册
定价：CNY20.00

J0146445
琴学丛书　（43卷）杨宗稷编辑
北京 中国书店［1985年］影印本
2函14册 30cm（5开）线装 定价：CNY135.00

本书共43卷，包括《琴粹》5卷；《琴话》4卷；《琴谱》3卷；《琴学随笔》2卷；《琴余漫路》2卷；《琴镜》9卷；《琴镜补》3卷；《琴瑟新谱》4卷；《琴镜续》4卷；《琴镜释疑》1卷；《幽兰和声》1卷；《声律通考详节》1卷。

J0146446
琴学丛书　杨崇稷纂辑
北京 中国书店 1998年 2函（14册）
29cm（16开）线装 ISBN：7-80568-552-5
定价：CNY420.00

J0146447
琴学捷径　（一卷）（清）张汇滨授
民国 抄本 线装

本书由《琴学捷径一卷》（清）张汇滨授、《二十四琴品一卷》（清）可垣撰合订。分二册。

J0146448
琴学捷径　（一卷）（清）张汇滨授
民国 抄本

J0146449
双忽雷本事　（一卷）（清）刘世珩辑
贵池刘氏双忽雷阁 清宣统三年［1911］石印本

J0146450
太古正音补亡篇　（明）冷谦辑
顾坤一［民国］抄本

J0146451
琴史补　（二卷，琴史续八卷）周庆云纂
乌程周庆云梦坡室 民国八年［1919］刻本 线装

分四册。

J0146452
续刻琴学丛书　（四种）杨宗稷撰辑
北京 甯远杨宗稷舞胎仙馆 民国十二至十四年［1923—1925］刻本 有图及表 线装

分三册。

J0146453
中国丝竹指南　祝湘石编
上海 大东书局 1924年 手写石印 132页
20cm（32开）环筒页装 定价：大洋四角

本书包括乐律、乐器、乐曲、乐余四部分，介绍各种民族乐器的基本演奏法。“乐余”为对各种乐制的考证。

J0146454
丝竹指南 佟人冬编纂
奉天 太古山房(印) 1925年 76页 23cm(10开)
定价:小洋一元
本书内分两编。第1编介绍笙、管、笛、箫等10种乐器音位及演奏法;第2编列举《老八板》《梅花三弄》《万年花》《朝天子》《落江船》等89首曲谱。

J0146455
故宫辨琴记 (一卷)郭葆昌撰;(美)福开森(Ferguson John C.)译
民国十八年[1929]石印暨铅印本 有图 线装
本书英汉对照。外文书名:A Ceramic Lute of the Sung Dynasty.

J0146456
故宫辨琴记 (一卷)郭葆昌撰
民国十八年[1929]石印本 有图 线装
外文书名:A Ceramic Lute of the Sung Dynasty.

J0146457
翻译琴谱之研究 王光祈著
上海 中华书局 1931年 68页 20cm(大32开)
定价:银三角
(音乐丛刊)
本书为古琴谱研究。内分定弦、徽位,左、右手指诀,附用符号,琴书举要等8章。作者王光祈(1892—1936),音乐学家、社会活动家。字润玙,笔名若愚,四川温江人。毕业于柏林大学,获波恩大学博士。代表作《东方民族之音乐》《欧洲音乐进化论》《论中国古典歌剧》等。

J0146458
今虞琴刊 今虞琴社编
[苏州]今虞琴社 1937年 337页 有照片 26cm(16开)
本书为中国古琴研究专著。

J0146459
琴余 (一卷)裴铁侠撰
沙堰山庄 民国三十七年[1948]刻本 4册 线装
本书由《沙堰琴编一卷》《琴余一卷》裴铁侠撰合订。

J0146460
琴余 (一卷)裴铁侠撰
沙堰山庄 民国三十七年[1948]刻本 线装
分四册。

J0146461
沙堰琴编 (一卷)裴铁侠撰
沙堰山庄 民国三十七年[1948]刻本 线装
本书由《沙堰琴编一卷》《琴余一卷》裴铁侠撰合订。分四册。八行十六字小字双行同白口半页四周单边双鱼尾。

J0146462
编年考存琴书简表 汪孟舒编
北京 1953年 油印本 线装

J0146463
七弦琴讲座提纲 中央音乐学院民族音乐研究所编
北京 中央音乐学院民族音乐研究所 1954年 油印本 26cm(16开)

J0146464
幽兰研究实录 (第一辑)查阜西撰
北京 查阜西[自刊] 1954年 油印本 线装
作者查阜西(1895—1976),古琴演奏家、音乐理论家和音乐教育家。别名镇湖,又名夷平。江西修水人。代表作《存见古琴曲谱缉览》《琴曲集成》。

J0146465
敦煌琵琶谱的解读研究 (日)林谦三著;潘怀素译
上海 上海音乐出版社 1957年 74页 21cm(32开)
统一书号:8127.092 定价:CNY0.50
作者林谦三(1899—1976),日本音乐学家、雕塑家。出生于日本大阪,毕业于动静美术学校雕刻系。曾任奈良学艺大学教授,东洋音乐学会副会长。论著有《隋唐燕乐调研究》《敦煌琵琶谱的解读研究》《明乐八调研究》《东亚乐器考》《正仓院乐器研究》《雅乐(古乐谱的解读)》等。

J0146466
古筝演奏法 蒋萍编
北京 音乐出版社 1957年 19页 有图

26cm（16开）统一书号：8026.611
定价：CNY0.22

J0146467
三弦演奏法 朱长安编著
北京 音乐出版社 1957年 30页 有图
26cm（16开）统一书号：8026.680
定价：CNY0.28

J0146468
时薰室琵琶指径 （卷一）曹安和著
北京 中央音乐学院民族音乐研究所 1957年
油印本 31页 26cm（16开）

作者曹安和（1905—2004），女，音乐理论家。江苏无锡人。毕业于北平国立大学女子文理学院音乐系。曾任中国艺术研究院音乐研究所研究员。著有《时薰室琵琶指径》；合著《文板十二曲琵琶谱》《弦索十三套》《阿炳曲集》。

J0146469
乌丝栏指法释 汪孟舒校释
北京 中央音乐学院民族音乐研究所 1957年
油印本 有图 线装

J0146470
古筝弹奏法 曹正著
北京 音乐出版社 1958年 54页 有图
19cm（32开）统一书号：8026.818
定价：CNY0.28

本书介绍了筝的简史、定弦法、音域、指法、拴弦法、弹筝姿势、乐器保护法等，编有练习曲和附录乐曲。

J0146471
古筝弹奏法 曹正著
北京 音乐出版社 1963年 2版 修订本 56页
19cm（32开）统一书号：8026.818
定价：CNY0.24

J0146472
广陵散研究 徐立孙著
北京 民族音乐研究所 1958年
油印本 26页 26cm（16开）
（古琴参考资料 1）

本书由民族音乐研究所和北京古琴研究会联合出版。

J0146473
怎样弹琵琶 凌飞熊，周润华编著
北京 音乐出版社 1958年 影印本 136页
26cm（16开）统一书号：8026.866
定价：CNY1.10

J0146474
怎样弹三弦 柴珏编著
北京 音乐出版社 1958年 62页 19cm（32开）
（农村通俗文库 音乐知识 第1辑）

J0146475
怎样弹三弦 柴珏编
北京 音乐出版社 1960年 67页 17cm（40开）
统一书号：8026.1024 定价：CNY0.19
（通俗音乐小丛书）

J0146476
乐圃琴史校 （宋）朱长文撰；汪孟舒校补
北京 中国音乐研究所 1959年 油印本
22cm（32开）线装 定价：CNY0.90
（参考资料 98号）

作者朱长文（1039—1098），北宋书学理论家。字伯原，号乐圃、潜溪隐夫，苏州吴县（今江苏省苏州市吴中区）人。

J0146477
琵琶曲谱 林石城编
北京 音乐出版社 1959年 65页 26cm（16开）
统一书号：8026.1162 定价：CNY0.70

本书是《琵琶演奏法》辅助材料。

J0146478
琵琶演奏法 林石城编著
北京 音乐出版社 1959年 113页 26cm（16开）
统一书号：8026.1154 定价：CNY1.05

作者林石城（1922—2005），琵琶演奏家、教授。江苏南汇（今属上海）人。中央音乐学院资深教授，中国音乐家协会表演艺术委员会委员，民族音乐委员会委员，琵琶研究会会长。编著有《琵琶演奏法》《琵琶曲谱》《工尺谱常识》等。

J0146479
三弦弹奏法 闵季骞编著
上海 上海文艺出版社 1959年 54页 27cm(16开)
统一书号: 8078.0821 定价: CNY0.42
作者闵季骞(1923—),南京师范大学音乐系教授。生于江苏宜兴。作品有《少年儿童琵琶教程》等。

J0146480
怎样弹三弦 张祖迪,李园编著
南昌 江西人民出版社 1959年 14页
18cm(15开) 统一书号: T7110.213
定价: CNY0.05
(工农实用戏剧歌舞知识丛书)

J0146481
古琴初阶 沈草农编著
北京 音乐出版社 1961年 73页 有图
19cm(32开) 统一书号: 8026.1489
定价: CNY0.31

J0146482
琴曲集成 (第一辑 上) 中央音乐学院中国音乐研究所,北京古琴研究会编
北京 中华书局 1963年 影印本 1406页 有图
27cm(16开) 精装 统一书号: 8018.4
定价: CNY33.00

J0146483
琴曲集成 (第一册) 文化部文学艺术研究院音乐研究所,北京古琴研究会编
北京 中华书局 1981年 影印本 精装
统一书号: 10018.495
本套书是中国现代古琴奏法与乐谱选集,收集了100多种关于古琴的琴书和琴曲谱3000多首。

J0146484
琴曲集成 (第二册) 文化部文学艺术研究院音乐研究所,北京古琴研究会编
北京 中华书局 1981年 影印本 468页
26cm(16开) 精装

J0146485
琴曲集成 (第三册) 文化部文学艺术研究院音乐研究所,北京古琴研究会编
北京 中华书局 1982年 影印本 451页
26cm(16开) 精装 统一书号: 10018.511
本书收录《麓堂琴统》《步虚仙琴谱》《杏庄太音补遗》《杏庄太音续谱》。

J0146486
琴曲集成 (第四册) 文化部文学艺术研究院音乐研究所,北京古琴研究会编
北京 中华书局 1982年 影印本 508页
26cm(16开) 精装 统一书号: 10018.504
本书收录《太音传习》《五音琴谱》《重修真传琴谱》。

J0146487
琴曲集成 (第五册) 文化部文学艺术研究院音乐研究所,北京古琴研究会编
北京 中华书局 1980年 影印本 532页
26cm(16开) 精装

J0146488
琴曲集成 (第六册) 文化部文学艺术研究院音乐研究所,北京古琴研究会编
北京 中华书局 1987年 影印本 466页 有图
26cm(16开) 精装 ISBN: 7-101-00241-2

J0146489
琴曲集成 (第七册) 文化部文学艺术研究院音乐研究所,北京古琴研究会编
北京 中华书局 1981年 影印本 468页
26cm(16开) 精装 统一书号: 10018.480

J0146490
琴曲集成 (第八册) 文化部文学艺术研究院音乐研究所,北京古琴研究会编
北京 中华书局 1989年 影印本 447页
27cm(16开) 精装 ISBN: 7-101-00510-1

J0146491
琴曲集成 (第九册) 文化部文学艺术研究院音乐研究所,北京古琴研究会编
北京 中华书局 1982年 影印本 464页
26cm(16开) 精装 统一书号: 10018.526
本书收录《思齐堂琴谱》《太音琴谱》《古音正宗》《中州草堂遗集》(节录)《义轩琴经》和

《陶氏琴谱》。

J0146492
琴曲集成 (第十册)文化部文学艺术研究院音乐研究所,北京古琴研究会编
北京 中华书局 1982年 影印本 464页
26cm(16开)精装 统一书号:10018.510
本书收录《徽言秘旨》《徽言秘旨订》(节录)和《大还阁琴谱》。

J0146493
琴曲集成 (第十三册)文化部文学艺术研究院音乐研究所,北京古琴研究会编
北京 中华书局 1989年 影印本 518页
27cm(16开)精装 ISBN:7-101-00509-8

J0146494
琴曲集成 (第十四册)文化部文学艺术研究院音乐研究所,北京古琴研究会编
北京 中华书局 1989年 影印本 580页
27cm(16开)精装 ISBN:7-101-00688-4

J0146495
三弦弹奏法 方兢编著
北京 音乐出版社 1965年 93页 有图表
19cm(32开)统一书号:8026.2374
定价:CNY0.28
(部队音乐小丛书)

J0146496
琵琶弹奏法 庄永平编
北京 人民文学出版社 1973年 103页
19cm(32开)统一书号:10019.2003
定价:CNY0.26
(工农兵音乐知识小丛书)

J0146497
月琴弹奏法 顾永湘编著
北京 人民文学出版社 1973年 94页
19cm(32开)统一书号:10019.2004
定价:CNY0.25
(工农兵音乐知识小丛书)

J0146498
月琴弹奏法 顾永湘编著
北京 人民音乐出版社 1973年 94页
19cm(32开)统一书号:8026.3174
定价:CNY0.24

J0146499
如何弹三弦 刘敏编
香港 进修出版社 1974年 4版 65页 20cm(32开)
(音乐小丛书)

J0146500
琵琶弹奏法 王俊生编著
济南 山东人民出版社 1975年 90页 26cm(16开)
统一书号:8099.361 定价:CNY0.41
(音乐知识丛书)

J0146501
三弦弹奏法 王文凤编著
济南 山东人民出版社 1975年 54页 26cm(16开)
统一书号:8099.360 定价:CNY0.27
(音乐知识丛书)

J0146502
从两首古曲看儒法斗争 中央"五七"艺术大学音乐学院作曲理论系,民乐系理论小组著
北京 人民音乐出版社 1976年 24页 20cm(32开)
统一书号:8026.3167 定价:CNY0.13
本书是有关中国古代两首琵琶器乐曲《十面埋伏》和《霸王卸甲》的艺术评论。

J0146503
月琴演奏法 冯少先编著
哈尔滨 黑龙江人民出版社 1976年 63页
26cm(16开)统一书号:8093.263
定价:CNY0.38

J0146504
柳琴演奏法 王惠然编著
北京 人民音乐出版社 1977年 86页 26cm(16开)
统一书号:8026.3227 定价:CNY0.44

J0146505
柳琴演奏法 王惠然编著
北京 人民音乐出版社 1977年 修订本 131页
26cm(16开)统一书号:8026.3227
定价:CNY1.25

J0146506
怎样弹琵琶 周静梅编
南京 江苏人民出版社 1980 年 114 页
25cm(小 16 开) 统一书号: 8100.023
定价: CNY0.65

J0146507
琴曲集成 (第十六册) 文化部文学艺术研究院音乐研究所, 北京古琴研究会编
北京 中华书局 1991 年 影印本 522 页
26cm(16 开) 精装 ISBN: 7-101-00911-5
定价: CNY44.00

J0146508
琴曲集成 (第十七册) 中国艺术研究院音乐研究所, 北京古琴研究会编
北京 中华书局 1991 年 影印本 560 页
26cm(16 开) 精装 ISBN: 7-101-00919-0
本书内容包括琴香堂琴谱、自远堂琴谱两部分。

J0146509
琴曲集成 (第十一册) 文化部文学艺术研究院音乐研究所, 北京古琴研究会编
北京 中华书局 1992 年 影印本 519 页
26cm(16 开) 精装 ISBN: 7-101-01063-6

J0146510
琴曲集成 (第十二册) 文化部文学艺术研究院音乐研究所, 北京古琴研究会编
北京 中华书局 1994 年 影印本 10+583 页
26cm(16 开) 精装 ISBN: 7-101-01390-2
定价: CNY82.00

J0146511
琵琶三十课 林石城编著
北京 人民音乐出版社 1982 年 137 页
25cm(小 16 开) 统一书号: 8026.3909
定价: CNY1.10
本书包括两大部分: 一是文字和练习曲; 二是乐曲 10 首。

J0146512
琴史初编 许健编
北京 人民音乐出版社 1982 年 196 页
21cm(32 开) 统一书号: 8026.3964
定价: CNY1.25
本书是我国七弦琴艺术的专史。按照历代琴人、琴曲、琴论等方面排列。

J0146513
三弦演奏法 李凤山, 张棣华编著
西安 陕西人民出版社 1983 年 231 页
21cm(32 开) 统一书号: 8094.697 定价: CNY0.70

J0146514
古琴弦音 卓芳玲著
台北 希代书版公司 1984 年 296 页 有图
19cm(32 开) 定价: TWD100.00

J0146515
琴 李春林
长沙 湖南教育出版社 1984 年 247 页
19cm(32 开) 统一书号: 7284.405
定价: CNY0.72
(中学生课外读物)
本书从琴的知音谈起, 漫谈古琴及其他弦乐器的带有趣味性又不乏知识性的各种传说和故事。

J0146516
泉州历史文化中心工作通讯 (1984.1 南音研究专辑) 泉州历史文化中心办公室编
[泉州] [泉州历史文化中心办公室] 1984 年
50 页 有图 26cm(16 开)

J0146517
泉州历史文化中心工作通讯 (1983.1) 泉州历史文化中心办公室编
[泉州] [泉州历史文化中心办公室] 1985 年
55 页 27cm(16 开)

J0146518
泉州历史文化中心工作通讯 (1983.2) 泉州历史文化中心办公室编
[泉州] [泉州历史文化中心办公室] 1985 年
55 页 27cm(16 开)

J0146519
泉州历史文化中心工作通讯 (1983.3) 泉州

历史文化中心办公室编
[泉州][泉州历史文化中心办公室] 1985年
55页 27cm(16开)

J0146520
泉州历史文化中心工作通讯 (1984.2)泉州历史文化中心办公室编
[泉州][泉州历史文化中心办公室] 1985年
50页 有图 26cm(16开)

J0146521
泉州历史文化中心工作通讯 (1985.1)泉州历史文化中心办公室编
[泉州][泉州历史文化中心办公室] 1985年
55页 27cm(16开)

J0146522
泉州历史文化中心工作通讯 (1985.2)泉州历史文化中心办公室编
[泉州][泉州历史文化中心办公室] 1985年
55页 27cm(16开)

J0146523
泉州历史文化中心工作通讯 (1985.3)泉州历史文化中心办公室编
[泉州][泉州历史文化中心办公室] 1985年
55页 27cm(16开)

J0146524
泉州历史文化中心工作通讯 (1986.1 总第九期)泉州历史文化中心办公室编
[泉州][泉州历史文化中心办公室] 1986年
38页 有照片 26cm(16开)

J0146525
三弦基础知识 周润明,王志伟编著
北京 中国广播电视出版社 1984年 160页
25cm(16开) 统一书号:8236.105
定价:CNY1.15
(广播文艺丛书)
本书介绍了三弦的历史、构造、技法和表现性能等,并附独奏曲十首。

J0146526
南音学术讨论会简报 大会秘书处编
1985年 27cm(16开)

J0146527
中国琵琶史稿 韩淑德,张之年著
成都 四川人民出版社 1985年 213页
20cm(32开) 统一书号:8118.2092
定价:CNY1.70
本书分为《秦琵琶》《曲项琵琶》《曲项多柱琵琶》3篇,对于各式琵琶的产生、流传、形制、曲谱以及演奏技巧等,进行了探讨。同时,对于各代琵琶演奏家也分别作了介绍。

J0146528
中国琵琶史稿 韩淑德,张之年著
台北 丹青图书公司 1987年 189页 有图
21cm(32开) 定价:TWD160.00
(丹青艺术丛书 41)

J0146529
中国筝艺大全 (上册)苏振波编著
香港 香港富韵艺术中心 1985年 152页
有照片 26cm(16开)

J0146530
琵琶演奏与练习 梁世侃著
太原 山西人民出版社 1986年 113页
26cm(16开) 统一书号:8088.2128
定价:CNY1.40

J0146531
阮演奏法 王种丙,宁勇编著
北京 人民音乐出版社 1986年 93页 26cm(16开)
统一书号:8026.4419 定价:CNY1.30

J0146532
三弦练习曲选 王振先编著
北京 人民音乐出版社 1987年 338页
26cm(16开) 统一书号:CN8026.4587
定价:CNY4.45

J0146533
筝演奏法 焦金海编著
北京 人民音乐出版社 1987年 134页
26cm(16开) 统一书号:8026.4538
定价:CNY1.65

本书介绍了筝(古筝)的演奏法，包括左、右手的技法，双手配合练习等。

J0146534
冬不拉与冬不拉音乐　毛继增编著
北京 中国文联出版公司 1988 年 72 页
有照片 26cm(16 开) ISBN: 7-5059-0272-5
定价: CNY2.15

J0146535
琵琶演奏艺术　侯桂芝编著
沈阳 春风文艺出版社 1988 年 242 页
26cm(16 开) ISBN: 7-5313-0141-5
定价: CNY3.60

J0146536
古筝弹奏指南　张弓编著
南京 江苏文艺出版社 1989 年 266 页
26cm(16 开) 定价: CNY9.50

J0146537
琵琶教学法　林石城著
上海 上海音乐出版社 1989 年 237 页
26cm(16 开) ISBN: 7-80553-147-1
定价: CNY5.40
作者林石城(1922—2005)，琵琶演奏家、教授。江苏南汇(今属上海)人。中央音乐学院资深教授，中国音乐家协会表演艺术委员会委员，民族音乐委员会委员，琵琶研究会会长。编著有《琵琶演奏法》《琵琶曲谱》《工尺谱常识》等。

J0146538
三弦演奏艺术　谈龙建著
北京 人民音乐出版社 1989 年 133 页
26cm(16 开) ISBN: 7-103-00287-8
定价: CNY3.15
本书介绍了三弦技法，包括定弦、姿势及左右手练习。对三弦演奏要领作了较深入的分析说明。

J0146539
南音教材　陈日升，陈伯禹主编
[泉州] 泉州市教育局 1990 年 14 页
19cm(32 开) 定价: CNY0.30
本书由泉州市教育局和泉州市文化局联合出版。

J0146540
南音教材　陈日升，陈伯禹主编；泉州市教育局，泉州市文化局编
泉州 泉州市教育局 1990 年 11 页 19cm(32 开)
定价: CNY0.30
本书由泉州市教育局和泉州市文化局联合出版。

J0146541
初级古筝教程　杨娜妮编著
沈阳 辽宁人民出版社 1991 年 162 页
26cm(16 开) ISBN: 7-205-01930-3
定价: CNY4.90
作者杨娜妮(1954—　)，辽宁本溪市人，沈阳音乐学院民乐系古筝讲师。

J0146542
初级古筝教程　杨娜妮编著
沈阳 辽宁人民出版社 1994 年 2 版 180 页
26cm(16 开) ISBN: 7-205-01930-3
定价: CNY8.00

J0146543
古琴音乐艺术　叶明媚著
香港 商务印书馆(香港)公司 1991 年 223 页
有图 21cm(32 开) ISBN: 962-07-4144-7
定价: HKD46.00

J0146544
三弦艺术论　(上卷 中国三弦及其音乐) 王耀华著
福州 海峡文艺出版社 1991 年 305 页
20cm(32 开) 精装 ISBN: 7-80534-422-1
定价: CNY9.80
本书介绍中国三弦的源流，中国三弦形制考，中国三弦的乐谱和记谱法及传统系谱。作者王耀华(1942—　)，教授。福建长汀人，毕业于福建师范大学。历任福建师大教授、副校长，国际传统音乐学会执委会委员、亚太地区民族音乐学会会长、中国音乐家协会理事、福建省音协主席等。出版有《琉球中国音乐比较研究》《三弦艺术论》《福建传统音乐》《客家艺能文化》《福建南音初探》等。

J0146545
三弦艺术论 （中卷 日本冲绳三线及其音乐）王耀华著
福州 海峡文艺出版社 1991 年 268 页
20cm（32 开）精装 ISBN：7-80534-423-X
定价：CNY8.60
本书论述了日本冲绳三线音乐的源流，冲绳三线的制作与形制，冲绳三线音乐的系谱、形态特征等。

J0146546
三弦艺术论 （下卷 中国三弦音乐与日本冲绳三线音乐之比较研究）王耀华著
福州 海峡文艺出版社 1991 年 270 页
20cm（32 开）精装 ISBN：7-80534-426-8
定价：CNY8.70
本书对中国三弦和日本三线音乐的历史源流、音乐形态、特色等作了比较研究。

J0146547
古筝教程 阎俐编著
沈阳 辽宁教育出版社 1992 年 470 页 有插图
26cm（16 开）ISBN：7-5382-1593-X
定价：CNY16.00
本书介绍了古筝的起源、沿革、构造、种类及使用知识，选编 179 首练习曲、乐曲，32 首传统与现代筝曲。作者阎俐（1936— ），女，沈阳音乐学院副教授，中国音乐家协会会员，北京古筝研究会会员，中国民族乐器学会学术委员会委员。

J0146548
琴韵 唐中六主编
成都 成都出版社 1993 年 253 页 有图
26cm（16 开）ISBN：7-80575-398-9
定价：CNY28.00，CNY35.00（精装）
1990 年在四川成都举行了中国古琴艺术国际交流会，本书收这次会议的论文及会议文件等共 50 余篇。

J0146549
张老五小三弦艺术 夏鼎编著
北京 人民音乐出版社 1993 年 182 页 有乐谱
26cm（16 开）ISBN：7-103-01068-4
定价：CNY6.85
本书包括拉祜族小三弦详述，张老五小三弦艺术，乐曲 50 首，以及 1985 年记录曲目一览等 3 个附录。

J0146550
筝艺新探 （线谱古筝教程）阎爱华编著
南京 江苏文艺出版社 1993 年 132 页
26cm（16 开）ISBN：7-5399-0570-0
定价：CNY9.50
本书共 12 讲，选编了古筝独奏曲 10 余首，并介绍了五线谱乐理知识和古筝教学与演奏的基本规律。作者阎爱华（1953— ），女，教授。毕业于南京艺术学院音乐系，并留校任教。南艺音乐学院教授、硕士生导师，江苏省音协古筝学会会长，中国音协会员。著有《筝艺新探——线谱古筝教程》《边弹边唱——古筝演奏抒情曲集》《古筝现代演奏技法训练》。

J0146551
古琴艺术与中国文化 叶明媚著
香港 中华书局（香港）公司 1994 年 256 页
21cm（32 开）ISBN：962-231-176-8
定价：HKD78.00

J0146552
青少年学琵琶 庄永平编著
上海 上海音乐出版社 1994 年 359 页
19cm（小 32 开）ISBN：7-80553-500-0
定价：CNY8.30
（青少年学乐器系列丛书 1）

J0146553
青少年学琵琶 庄永平编著
北京 中国少年儿童出版社 1996 年 359 页
有插图 19cm（小 32 开）ISBN：7-5007-3008-X
定价：非卖品
（希望书库 4-57 总 276）
本书由中国少年儿童出版社和中国青年出版社联合出版。

J0146554
少年儿童古筝教程 （一）孙文妍，何宝泉编著
上海 上海音乐出版社 1994 年 146 页
26cm（16 开）ISBN：7-80553-482-9
定价：CNY10.00

J0146555
怎样弹古琴　许光毅编著
北京 人民音乐出版社 1994年 94页 26cm(16开)
ISBN: 7-103-01191-5 定价: CNY5.30

J0146556
怎样弹古琴　许光毅编著
北京 人民音乐出版社 1996年 重印本 94页
26cm(16开) ISBN: 7-103-01191-5
定价: CNY6.70

J0146557
查阜西琴学文萃　黄旭东等编
杭州 中国美术学院出版社 1995年 18+815页
有肖像及照片 20cm(32开) 精装
ISBN: 7-81019-483-6 定价: CNY42.50
作者黄旭东，中央音乐学院学报副主编。

J0146558
古筝入门　童宜风，李远榕编著
北京 人民音乐出版社 1995年 173页
26cm(16开) ISBN: 7-103-01302-0
定价: CNY13.40
作者童宜风(1923—　)，音乐家。浙江武义人。中国音乐家协会、中国曲艺家协会、北京古筝研究会等会员。中央音乐学院古筝兼课教师，中央人民广播电台民族管弦乐团副团长。有古筝独奏唱片《渔舟唱晚》《高山流水》《苏武牧羊》《阳关三叠》《织网歌》等。

J0146559
琵琶演奏技法　邝宇忠著
北京 人民音乐出版社 1995年 118页
26cm(16开) ISBN: 7-103-01245-3
定价: CNY8.20

J0146560
青少年学古筝　郭雪君编著
上海 上海音乐出版社 1995年 223页
19cm(小32开) ISBN: 7-80553-510-8
定价: CNY5.50

J0146561
少年儿童琵琶教程　闵季骞编著
上海 上海音乐出版社 1995年 209页
26cm(16开) ISBN: 7-80553-507-8
定价: CNY9.00
作者闵季骞(1923—　)，南京师范大学音乐系教授。生于江苏宜兴。作品有《少年儿童琵琶教程》等。

J0146562
四库全书存目丛书　(子75 艺术类) 四库全书存目丛书编纂委员会编
济南 齐鲁书社 1995年 影印本 819页
26cm(16开) 精装 ISBN: 7-5333-0478-0
定价: CNY78300.00 (子部)
本丛书包括:《琴学心声谐谱》《听琴诗》《诚一堂琴谈》《琴学内篇》《宣和集古印史》《古今印史》《集古印谱》《印史》《印存初集》《印存玄览》。

J0146563
潮州古筝音乐入门　吴兆明编著
潮州 吴兆明[自刊] 1996年 油印本 105页
26cm(16开)
本书内容分为: 上编，潮州古筝音乐概述；中编，潮州古筝演奏；下编，潮州古筝练习曲。

J0146564
高哲睿潮筝遗稿　高哲睿著；高百坚编
沈阳 辽宁民族出版社 1996年 123页 有肖像及图 26cm(16开) ISBN: 7-80527-758-3
定价: CNY14.80
作者高哲睿(1920—1980)，演奏家、中医师、古筝演奏研究者。字衍恩，出生于广东澄海县(今广东省汕头市澄海区)。代表作品《潮筝杂淡》《潮筝演奏法》《活五柳青娘，二四谱读法》等。作者高百坚(1956—　)，中医师、古筝研究者。出版《高哲睿潮筝遗稿》。

J0146565
跟我学古筝　宋泽荣编著
长沙 湖南文艺出版社 1996年 141页
30cm(10开) ISBN: 7-5404-1477-4
定价: CNY15.20
作者宋泽荣(1948—　)，教授，扬琴、古筝教师。历任湖南师范大学音乐系教授，湖南省古筝专业委员会会长，湖南涉外经济学院音乐系古筝专业教授。古筝作品《湘西情》，著有《跟我学古筝》《湖南风格古筝曲集》。

J0146566
跟我学琵琶　刘镇钰，赖耀伟编著
长沙 湖南文艺出版社 1996年 210页
30cm（10开）ISBN：7-5404-1478-2
定价：CNY20.70

J0146567
古筝教学法　王天一，王居野著
北京 当代中国出版社 1996年 2册（42+1254页）
有彩照 20cm（32开）ISBN：7-80092-430-0
定价：CNY68.00

作者王天一（1926—　），古筝理论家、教育家。甘肃画院副院长、中国美术家协会会员、一级美术家。

J0146568
箜篌天地　崔君芝编著
北京 中国电影出版社 1996年 112页 有照片
26cm（16开）ISBN：7-106-01148-7
定价：CNY26.00

外文书名：Konghou World. 作者崔君芝，女，箜篌演奏家。毕业于中央音乐学院。历任中央民族乐团国家一级演奏员，中国音乐学院、中央音乐学院客席教授和中国国际箜篌演奏团的艺术总监等。代表作品有《湘妃竹》《清明上河图》《思凡》等。

J0146569
琵琶基础技法演奏　董九儒著
北京 蓝天出版社 1996年 109页 20cm（32开）
ISBN：7-80081-585-4 定价：CNY12.50

作者董九儒，琵琶演奏家、教育家。天津音乐学院任教。改编琵琶曲《花儿为什么这样红》《瑶族舞曲》《小天鹅舞曲》，著有《琵琶弹奏法》。

J0146570
琵琶教程　李昆丽编著
厦门 厦门大学出版社 1996年 195页 有插图
26cm（16开）ISBN：7-5615-1193-0
定价：CNY23.00

作者李昆丽（1960—　），女，琵琶演奏家。云南昆明人。历任厦门大学音乐系副教授、民族器乐教研室主任，中国琵琶研究会长江联席会副主席，厦门市音乐家协会民族器乐专业委员会主任，厦门市少儿琵琶乐团团长。代表作品《琵琶教程》等。

J0146571
琴学练要　（五卷）（清）王善辑
北京 中国书店 1996年 影印本 有图 线装
ISBN：7-80568-779-X 定价：CNY180.00

分五册。据乾隆间刻本影印。

J0146572
儿童琵琶演奏法　周国华编著
上海 百家出版社 1997年 103页 26cm（16开）
ISBN：7-80576-608-8 定价：CNY18.00

J0146573
中国古筝考级教材　黄成元编著
南昌 江西高校出版社 1997年 15+251页 有照片
26cm（16开）ISBN：7-81033-678-9
定价：CNY30.00

J0146574
跟我学月琴　江南编著
长沙 湖南文艺出版社 1998年 82页 30×21cm
ISBN：7-5404-1935-0 定价：CNY9.50
（"跟我学" 系列丛书 第四辑）

J0146575
琵琶教材　林石城编著
北京 中国文联出版公司 1998年 268页
28cm（大16开）ISBN：7-5059-3090-7
定价：CNY38.00

J0146576
琵琶教学与演奏　顾凤宾编著
上海 上海音乐出版社 1998年 370页 有照片
26cm（16开）ISBN：7-80553-667-8
定价：CNY27.80

J0146577
七弦琴音乐艺术　（第一辑）张铜霞主编
北京 中国古琴艺术联谊中心 1998年 58页
有照片 29cm（16开）

J0146578
少儿古筝教室 龙德君著
成都 四川文艺出版社 1998 年 119 页
26cm(16 开) ISBN: 7-5411-1720-X
定价: CNY20.00

J0146579
雅趣四书 陈文新译注
武汉 湖北辞书出版社 1998 年 408 页
20cm(32 开) ISBN: 7-5403-0245-3
定价: CNY16.80
(古籍今读精华 第二辑)
本书包括:《琴操》(汉)蔡邕著、《棋经》(宋)张拟著、《书法离钩》(明)潘之淙著、《六如画谱》(明)唐寅辑。

J0146580
拨弹乐器演奏指南 刘慧编著
天津 南开大学出版社 1999 年 219 页
26cm(16 开) ISBN: 7-310-01274-7
定价: CNY24.00
(音乐教育学习指导丛书)
本书讲述了琵琶、三弦、阮、柳琴几种拨弹乐器的基本训练方法和演奏方法。从最初级的有关拨弹乐器的基础知识开始,循序渐进讲到较高难度的演奏技法。

J0146581
跟我学琵琶弹唱 邹树亮著
长沙 湖南文艺出版社 1999 年 266 页
30cm(10 开) ISBN: 7-5404-2065-0
定价: CNY26.00

J0146582
古琴演奏法 龚一著
上海 上海教育出版社 1999 年 314 页
28cm(大 16 开) ISBN: 7-5320-6621-5
定价: CNY38.00

J0146583
少儿古筝教材 龙德君编著
北京 蓝天出版社 1999 年 119 页 有照片
26cm(16 开) ISBN: 7-80081-926-4
定价: CNY12.80

J0146584
王天一筝曲选讲 孙宇琨著
北京 大众文艺出版社 1999 年 300 页 有彩照
26cm(16 开) ISBN: 7-80094-727-0
定价: CNY38.00

J0146585
新编古筝教程 (上册)沙里晶等编
广州 广东科技出版社 1999 年 243 页 有照片
29cm(16 开) ISBN: 7-5359-2188-4
定价: CNY30.00

J0146586
新编古筝教程 (下册)沙里晶等编
广州 广东科技出版社 1999 年 245-459 页
29cm(16 开) ISBN: 7-5359-2228-7
定价: CNY25.00

J0146587
循序渐进学弹琵琶 骆介礼编著
杭州 浙江文艺出版社 1999 年 117 页
29cm(16 开) ISBN: 7-5339-1224-1
定价: CNY15.00
本书由浅入深、循序渐进地介绍了弹奏琵琶的方法,内容包括练习曲 96 篇、乐曲 12 篇、越剧过门、唱段 5 篇以及常用符号说明。

J0146588
杨娜妮古筝教程 杨娜妮编著
沈阳 春风文艺出版社 1999 年 10+545 页
26cm(16 开) ISBN: 7-5313-2068-1
定价: CNY49.00

J0146589
中国古筝考级教程 《中国古筝考级教程》编写组编
北京 当代中国出版社 1999 年 309 页
26cm(16 开) ISBN: 7-80092-836-5
定价: CNY50.00

中国民族器乐打击乐理论和演奏法

J0146590
宝颜堂订正羯鼓录 (一卷)(唐)南卓撰

明 刻本 线装

七行十八字白口四周单边单鱼尾。

J0146591

宝颜堂订正羯鼓录 (一卷)(唐)南卓撰

沈氏亦政堂 明万历 刻本

(亦政堂镌陈眉公家藏广秘籍)

八行十八字白口四周单边。收于《亦政堂镌陈眉公家藏广秘籍》五十二种一百一卷中。

J0146592

羯鼓录 (一卷)(唐)南卓撰

钮氏世学楼 明 抄本

(说郛)

J0146593

羯鼓录 (一卷)(唐)南卓撰;(明)陶宗仪辑

明 刻本 线装

(百川学海)

九行二十字小字双行同白口左右双边单鱼尾。

J0146594

羯鼓录 (一卷)(唐)南卓撰

明 刻本

(续百川学海)

J0146595

羯鼓录 (一卷)(唐)南卓撰

明 抄本

(说郛)

J0146596

羯鼓录 (唐)南卓撰

明末 刻本 线装

(正续太平广记)

收于《正续太平广记》之《唐人百家小说》中。

J0146597

羯鼓录 (一卷)(唐)南卓撰

李际期宛委山堂 清初 刻本 续刻

(说郛)

明末刻清初李际期宛委山堂续刻汇印本。

J0146598

羯鼓录 (唐)南卓撰

清 刻本 线装

(唐代丛书)

九行二十一字白口四周双边单鱼尾。收于《唐代丛书》卷十一中。

J0146599

羯鼓录 (一卷)(唐)南卓撰

清顺治 刻本 线装

(说郛)

收于《说郛》卷第一百二中。

J0146600

羯鼓录 (一卷)(唐)南卓撰

清 刻本 重修 线装

(说郛)

九行二十字白口左右双边单鱼尾。收于《说郛》卷第一百二中。

J0146601

羯鼓录 (一卷)(唐)南卓撰

清 刻本 补刻 线装

(说郛)

九行二十字白口左右双边单鱼尾。

J0146602

羯鼓录 (一卷)(唐)南卓撰

清 抄本

(冠悔堂丛书)

J0146603

羯鼓录 (一卷)(唐)南卓撰

内府 清乾隆 写本

(四库全书)

J0146604

羯鼓录 (唐)南卓撰

清乾隆五十八年[1793]刻本 线装

(唐人说荟)

九行二十一字白口左右双边单鱼尾。收于《唐人说荟》四集中。

J0146605

羯鼓录 (一卷)(唐)南卓撰

清乾隆五十八年[1793]刻本 线装
(唐人说荟)
　　九行二十一字小字双行同白口四周双边单鱼尾。

J0146606
羯鼓录 (唐)南卓撰
清嘉庆 刻本 线装
(唐代丛书)
　　九行二十一字白口左右双边单鱼尾。收于《唐代丛书》四集中。

J0146607
羯鼓录 (一卷)(唐)南卓撰
海虞张海鹏 清嘉庆十四年[1808]刻本 线装
(墨海金壶)
　　收于《墨海金壶》子部中。

J0146608
羯鼓录 (一卷)(唐)南卓撰
海虞张海鹏 清嘉庆十三至十六年[1808—1811]刻本
(墨海金壶)
　　清嘉庆十三至十六年海虞张海鹏刻二十二年汇印本。

J0146609
羯鼓录 (一卷)(唐)南卓撰
海虞张海鹏 清嘉庆十三至十六年[1808—1811]刻本
(墨海金壶)
　　收于《墨海金壶》一百十四种七百十三卷中。

J0146610
羯鼓录 (一卷)(唐)南卓撰
金山钱氏 清道光 刻本 线装
(守山阁丛书)
　　十一行二十三字小字双行同黑口左右双边。收于《守山阁丛书》子部中。

J0146611
羯鼓录 (唐)南卓撰
金山钱氏 清道光二十四年[1844]刻本 毛装
(守山阁丛书)
　　收于《守山阁丛书》子部中。

J0146612
羯鼓录 (一卷)(唐)南卓撰
金山钱氏 清道光二十四年[1844]刻本 重编增刻
(守山阁丛书)
　　据清嘉庆十三至十六年海虞张海鹏刻墨海金壶本重编增刻。

J0146613
羯鼓录 (一卷)(唐)南卓撰
清同治三年[1864]刻本 线装
(唐人说荟)
　　九行二十一字白口左右双边单鱼尾。收于《唐人说荟》卷十一中。

J0146614
羯鼓录 (唐)南卓撰
右文堂 清同治八年[1869]刻本 线装
(唐人说荟)
　　九行二十一字小字双行同白口左右双边单鱼尾。收于《唐人说荟》四集中。

J0146615
羯鼓录 (唐)南卓撰
陈其钰 清光绪 刻本 线装
(唐人说荟)
　　收于《唐人说荟》四集中。

J0146616
羯鼓录 (一卷)(唐)南卓撰
上海 鸿文书局 清光绪十五年[1889]影印本
(守山阁丛书)
　　据清金山钱氏重编增刻墨海金壶本影印。

J0146617
羯鼓录 (一卷)(唐)南卓撰
上海[天宝书局]清宣统三年[1911]石印本 线装
(唐代丛书)
　　二十行四十二字黑口四周单边单鱼尾。收于《唐代丛书》第七集第七十四帙中。

J0146618
羯鼓录 (唐)韩卓撰
北平 国立北平图书馆 民国 抄本 毛装
(说郛)
　　收于《说郛》卷六十五中。

J0146619
羯鼓录 (一卷)[(唐)南卓]撰
上海 锦章图书局 民国 石印本 线装
(唐代丛书)
收于《唐代丛书》第七集第七十四帙中。

J0146620
羯鼓录 (一卷)(唐)南卓撰
扫叶山房 清宣统三年[1911]石印本 线装
(唐人说荟)
十五行三十二字白口四周双边单鱼尾。收于《唐人说荟》第九集中。

J0146621
羯鼓录 (一卷)(唐)南卓撰
扫叶山房 民国二年[1913]石印本 线装
(唐人说荟)
收于《唐人说荟》第九集中。

J0146622
羯鼓录 (唐)南卓撰
上海 商务印书馆 民国四年[1915]平装
(旧小说)
收于《旧小说》乙集唐中。

J0146623
羯鼓录 (一卷)(唐)南卓撰
上海 博古斋 民国十年[1921]影印本
(墨海金壶)
据清嘉庆十三至十六年海虞张氏刻本影印。

J0146624
羯鼓录 (一卷)(唐)南卓撰
上海 博古斋 民国十一年[1922]影印本
(守山阁丛书)
据清金山钱氏重编增刻墨海金壶本影印。

J0146625
羯鼓录 (唐)南卓撰
上海 上海博古斋 民国十一年[1922]影印本 线装
(守山阁丛书)
收于《守山阁丛书》子部中。

J0146626
羯鼓录 (唐)南卓撰
上海 商务印书馆 民国十六年[1927]线装
(说郛)
收于《说郛》卷六十五中。

J0146627
羯鼓录 (唐)南卓撰
上海 扫叶山房 民国十九年[1930]石印本 线装
(唐人说荟)
黄纸本。收于《唐人说荟》第九集中。

J0146628
羯鼓录 (唐)南卓撰
上海 商务印书馆 民国十九年[1930]线装
(说郛)
收于《说郛》卷六十五中。

J0146629
羯鼓录 (一卷)(唐)南卓撰
六艺书局 民国二十一年[1932]平装
(曲苑)
收于《曲苑》全集中。

J0146630
羯鼓录 (一卷)(唐)南卓撰
文学古籍刊行社 1956年 影印本 线装
(类说)
据明天启间刻本影印。收于《类说》第卷之十三中。

J0146631
羯鼓录 (唐)南卓著
上海 古典文学出版社 1957年 94页 19cm(32开)
统一书号:10080.85 定价:CNY0.28
(中国文学参考资料小丛书 第一辑 6)
本书由《羯鼓录》(唐)南卓著、《乐府杂录》段安节著、《碧溪漫志》王灼著合订。

J0146632
羯鼓录 (唐)南卓著
北京 中华书局 1958年 94页 19cm(32开)
统一书号:10018.60 定价:CNY0.28
(中国文学参考资料丛书)
本书由《羯鼓录》(唐)南卓著、《乐府杂录》

段安节著、《碧溪漫志》王灼著合订。

J0146633
羯鼓录　(唐)南卓撰
台北 商务印书馆 1983年 影印本
(景印文渊阁四库全书 子部 一四五 第839册)
本书分前、后二录。前录成于唐大中二年(848年);后录成于唐大中四年。此书记羯鼓之源流、述羯鼓之形状、论羯鼓之音乐特性及情调,记载唐朝乐苑趣事。书后附录了羯鼓诸宫曲名,共收131首,是研究唐乐和当时少数民族音乐的珍贵资料。

J0146634
羯鼓录　(唐)南卓撰
上海 上海古籍出版社 1988年 94页 19cm(32开)
ISBN: 7-5325-0352-6 定价: CNY0.97
本书为中国古代音乐、戏曲史料。由《羯鼓录》(唐)南卓撰、《乐府杂录》(唐)段安节撰、《碧鸡漫志》(宋)王灼撰合订。

J0146635
秧歌打击乐器　张知音,张飞虹著
兰州 甘肃人民出版社 1951年 46页
有图及乐谱 18cm(32开) 统一书号: 0121
定价: 旧币3,000元
本书介绍了秧歌打击乐器的基本知识和技术,同时也介绍了一些打击乐常用的实例。

J0146636
中国打乐器教程　刘恒之编
上海 万叶书店 1952年 40页 有图及乐谱
26cm(16开) 定价: 旧币7,000元
(中央音乐学院研究部资料丛刊)

J0146637
扬琴演奏法　陈德钜编著
上海 国光书店 1955年 100页 18cm(32开)
定价: CNY0.47

J0146638
扬琴演奏法　陈德钜编著
上海 上海文化出版社 1957年 100页

J0146639
扬琴演奏法　陈德钜编著
上海 上海文化出版社 1958年 新1版 100页

J0146640
秧歌锣鼓点　张正治编
北京 音乐出版社 1956年 23页 有乐谱
18cm(32开) 统一书号: T8026.427
定价: CNY0.10

J0146641
扬琴入门　黄锦培编著
广州 广东人民出版社 1956年 31页 21cm(32开)
统一书号: T7111.11 定价: CNY0.12
(农村俱乐部小丛书)

J0146642
怎样学习扬琴　杨竞明编著
北京 音乐出版社 1957年 36页 有图及乐谱
18cm(15开) 统一书号: 8026.589
定价: CNY0.22

J0146643
扬琴演奏入门　吴世德编著
上海 上海文艺出版社 1958年 40页 有乐谱
26cm(16开) 统一书号: 8078.167
定价: CNY0.28

J0146644
扬琴竹法入门　陈俊英编著
上海 上海文艺出版社 1958年 44页 有乐谱
17cm(32开) 统一书号: 8078.0239
定价: CNY0.11

J0146645
京剧锣鼓　吴春礼等编著
北京 中国戏剧出版社 1960年 123页
有图及乐谱 19cm(32开) 统一书号: 10069.469
定价: CNY0.39
(戏曲基本知识小丛书)

J0146646
京剧锣鼓　吴春礼等编著
北京 中国戏剧出版社 1982年 2版 修订本
128页 19cm(32开) 统一书号: 8069.145

定价: CNY0.50
(戏剧知识丛书)

作者吴春礼(1927—),京剧音乐研究家。北京人,毕业于北京文法学院。曾在北京同德戏剧研习社学京剧。参加过国剧学会。他对京剧器乐的兴趣浓厚。在中国戏曲研究院从事戏曲音乐的整理、研究工作。后入中国艺术研究院戏研所。出版了京剧《雁荡山总谱及舞蹈说明》《杨宝忠京胡演奏经验谈》《京剧唱腔》《鼓点板声话节奏》,合著《京剧曲牌简编》《京剧锣鼓》《京剧著名唱腔选》。主编《余叔岩艺术评论集》。

J0146647
京剧锣鼓 吴春礼,何为,张宇慈编著
北京 中国戏剧出版社 1982年 2版 增订本
128页+[7]页图版 有图 19cm(32开)
统一书号: 8069.145 定价: CNY0.50
(戏曲知识丛书)

J0146648
京剧锣鼓 中国戏剧研究院编;吴春礼等编著
北京 中国戏剧出版社 1983年 2版 128页
19cm(32开) 定价: CNY0.50
(戏曲知识丛书)

J0146649
变音扬琴演奏法 杨竞明编著
北京 音乐出版社 1965年 86页 有图
26cm(16开) 统一书号: 8026.2320
定价: CNY0.68

J0146650
扬琴演奏法 宿英编著
沈阳 春风文艺出版社 1965年 71页 19cm(32开)
统一书号: T8158.79 定价: CNY0.22

作者宿英(1929—1991),扬琴演奏家、教育家、作曲家。出生于辽宁营口市,祖籍山东。出版有《扬琴演奏法》《宿英扬琴独奏曲选》《儿童扬琴入门》。

J0146651
怎样打锣鼓 李民雄编著
上海 上海文化出版社 1965年 63页 有图及乐谱
19cm(32开) 统一书号: 8077.241
定价: CNY0.16

J0146652
怎样打锣鼓 《怎样打锣鼓》编写组编
上海 上海人民出版社 1977年 78页 19cm(32开)
统一书号: 8171.2059 定价: CNY0.19

J0146653
怎样打锣鼓 《怎样打锣鼓》编写组编
上海 上海文艺出版社 1982年 77页 19cm(32开)
统一书号: 8078.3312 定价: CNY0.23

本书介绍了我国民间锣鼓队的组合形式,四件主要乐器的演奏方法,常用的锣鼓记谱法等基本知识,并选编一些常用锣鼓点及新编锣鼓谱。

J0146654
怎样打锣鼓 《怎样打锣鼓》编写组编
上海 上海文艺出版社 1982年 新1版 77页
19cm(小32开) 统一书号: 8078.3312
定价: CNY0.23

J0146655
锣鼓敲击法 田德忠编著;《解放军歌曲》编辑部编
北京 音乐出版社 1966年 73页 有图表及乐谱
19cm(32开) 统一书号: 8026.2400
定价: CNY0.23
(部队音乐小丛书)

J0146656
扬琴演奏法 张正周,魏铁柱编著
北京 人民音乐出版社 1976年 77页 26cm(16开)
统一书号: 8026.3207 定价: CNY0.41

J0146657
扬琴演奏法 桂习礼编著
郑州 河南人民出版社 1977年 86页 26cm(16开)
统一书号: 8105.677 定价: CNY0.39

J0146658
扬琴演奏法 刘琪勤,刘绍勤编
成都 四川人民出版社 1979年 161页
26cm(16开) 统一书号: 8118.447 定价: CNY0.69

J0146659
扬琴演奏基础　张晓峰编著
上海 上海文艺出版社 1979年 120页
26cm（16开）统一书号：8078.3123
定价：CNY0.80

J0146660
扬琴八大技巧浅述　王自强编著
西安 陕西人民出版社 1980年 73页 19cm（32开）
统一书号：10094.205 定价：CNY0.27

J0146661
扬琴演奏法　钱方平著
南京 江苏人民出版社 1980年 107页
25cm（16开）统一书号：8100.026 定价：CNY0.62
本书论述了扬琴的一般知识、怎样掌握扬琴的基本演奏方法、扬琴伴奏常识。附有练习曲和乐曲。

J0146662
怎样谱写四川扬琴　冯光钰编
成都 四川人民出版社 1980年 147页
19cm（32开）统一书号：8118.851 定价：CNY0.40
作者冯光钰（1935—2011），教授。重庆市人。毕业于四川音乐学院，留校任教。历任中国音协书记处书记，中国民族器乐学会会长。代表作品有《中国曲牌考》《中国同宗民歌》。

J0146663
戏曲打击乐基础训练　李卓群著
北京《北京说唱》丛刊 1981年 56页
20cm（32开）

J0146664
民间锣鼓乐结构探微（对《十番锣鼓》中锣鼓乐的分析研究）袁静芳著
［北京］中央音乐学院教材科 1982年 油印本
48页 26cm（16开）

J0146665
简明扬琴演奏法　梁多平编著
广州 花城出版社 1985年 112页 26cm（16开）
统一书号：8261.76 定价：CNY1.20

J0146666
扬琴新技法及曲选　郑宝恒编著
北京 人民音乐出版社 1985年 40页 26cm（16开）
统一书号：8026.4274 定价：CNY0.72
本书介绍了扬琴演奏滑抹音的工具制作及演奏方法。作者郑宝恒（1924—　），扬琴演奏家、教授。山西太原人，毕业于天津音乐学院。历任天津音乐学院教授，中国民族管弦乐学会名誉理事，广东扬琴学会名誉会长。出版扬琴曲有《翠湖春晓》《春天淮河》《英雄壮志建山区》等，著有《扬琴新技法及曲选》《扬琴演奏艺术》《扬琴艺术研究》等。

J0146667
河北锣鼓乐　刘京德著
唐山 河北省唐山市群众艺术馆 1988年 油印本
18页 有图 26cm（16开）

J0146668
京剧锣鼓演奏法　王燮元口述；范石人，许锦文整理
上海 上海文艺出版社 1988年 438页
20cm（32开）ISBN：7-5321-0005-7
定价：CNY5.15
本书讲述板与鼓的独奏与合奏，结合开唱及和唱有关的锣鼓，配合念白、动作表情的锣鼓，配合武打动作为主的锣鼓，以及干牌子和套头锣鼓。并附供初学者练习用的常用锣鼓点的演奏及用法。作者范石人（1913—2012），上海人。上海市文史馆原馆员，当代著名京剧余派艺术研究家、教育家。

J0146669
铜鼓艺术研究　蒋廷瑜著
南宁 广西人民出版社 1988年 312页
21cm（32开）定价：CNY3.85
（广西各族民间文艺研究丛书）

J0146670
扬琴演奏技法与练习　张镇田编著
北京 人民音乐出版社 1988年 131页
26cm（16开）ISBN：7-103-00270-3
定价：CNY2.30
本书概述了扬琴演奏方法、音位排列及练习时应注意的问题，并循序渐进地编排练习曲练习

各种技法。

J0146671
单鼓音乐研究　刘桂腾著
沈阳 春风文艺出版社 1991年 267页 有肖像
20cm(32开) ISBN: 7-5313-0479-1
定价: CNY4.60

本书分为概述、唱腔、鼓点、曲牌选介4个部分。书后附有单鼓音乐研究文献和资料索引。作者刘桂腾(1955—)，教师。祖籍山东牟平。沈阳音乐学院硕士研究生导师，中国传统音乐学会副会长，中国少数民族音乐学会常务理事，中国满族音乐研究会常务副会长。著有《满族萨满乐器研究》《单鼓音乐研究》《满族音乐研究》等。

J0146672
华丽的击弦乐器　(扬琴探奥) 江菊松著
台北 学艺出版社 1991年 18+289页 有照片图
21cm(32开) ISBN: 957-9560-03-X
定价: TWD350.00

J0146673
威风锣鼓　王振湖, 宋庆云编著; 郎锡硅翻译
太原 北岳文艺出版社 1993年 2版 86+170页
有图 21cm(32开) ISBN: 7-5378-0678-0
定价: CNY16.00

本书介绍了威风锣鼓始源与发展、表演形式、表演方法与特色，音乐，造型、服饰、道具，动作说明，场记等内容。外文书名: The Powerful Gongs and Drums.

J0146674
扬琴艺术论要与演奏技法　谢晓滨著
南昌 百花洲文艺出版社 1994年 109页
26cm(16开) ISBN: 7-80579-534-7
定价: CNY10.00

J0146675
儿童扬琴入门　宿英编著
北京 人民音乐出版社 1995年 64页 26cm(16开)
ISBN: 7-103-01246-6 定价: CNY4.70

作者宿英(1929—1991)，扬琴演奏家、教育家、作曲家。出生于辽宁营口市，祖籍山东。出版有《扬琴演奏法》《宿英扬琴独奏曲选》《儿童扬琴入门》。

J0146676
扬琴演奏艺术　郑宝恒编著
北京 中国物资出版社 1995年 491页
26cm(16开) ISBN: 7-5047-1109-8
定价: CNY60.00

作者郑宝恒(1924—)，扬琴演奏家、教授。山西太原人，毕业于天津音乐学院。历任天津音乐学院教授，中国民族管弦乐学会名誉理事，广东扬琴学会名誉会长。出版扬琴曲有《翠湖春晓》《春天淮河》《英雄壮志建山区》等，著有《扬琴新技法及曲选》《扬琴演奏艺术》《扬琴艺术研究》等。

J0146677
淄博民间锣鼓　阎水村编著
济南 山东友谊出版社 1995年 275页 有彩照
19cm(小32开) ISBN: 7-80551-740-1
定价: CNY16.80

作者阎水村，淄博某中学执教音乐。

J0146678
跟我学扬琴　胡运籍编著
长沙 湖南文艺出版社 1996年 180页
29cm(16开) ISBN: 7-5404-1476-6
定价: CNY18.20

作者胡运籍，中央民族歌舞团演奏家，中国音乐家协会会员、北京扬琴研究会理事。

J0146679
扬琴教程　宋泽荣编著
长沙 湖南师范大学出版社 1996年 288页
26cm(16开) ISBN: 7-81031-484-X
定价: CNY24.00

作者宋泽荣(1948—)，教授，扬琴、古筝教师。历任湖南师范大学音乐系教授，湖南省古筝专业委员会会长，湖南涉外经济学院音乐系古筝专业教授。古筝作品《湘西情》，著有《跟我学古筝》《湖南风格古筝曲集》。

J0146680
中国打击乐　李民雄编著
北京 人民音乐出版社 1996年 473页 有照片
26cm(16开) ISBN: 7-103-01354-3
定价: CNY46.60

J0146681
中国扬琴演奏教程　张荣弟编著
天津 天津教育出版社 1996年 133页
26cm(16开) ISBN: 7-5309-2491-5
定价: CNY12.00
作者张荣弟，天津音乐学院附中扬琴教师。

J0146682
扬琴弹奏基础教程　刘月宁编著
北京 中国青年出版社 1997年 152页 有照片
26cm(16开) ISBN: 7-5006-2288-0
定价: CNY18.00

J0146683
少年儿童扬琴教程　洪圣茂，郭敏清编著
上海 上海音乐出版社 1998年 196页
26cm(16开) ISBN: 7-80553-644-9
定价: CNY13.00

J0146684
跟我学扬琴弹唱　王维编著
长沙 湖南文艺出版社 1999年 174页
29cm(16开) ISBN: 7-5404-2125-8
定价: CNY17.00

J0146685
青少年学扬琴　丁言仪编著
上海 上海音乐出版社 1999年 253页
19cm(小32开) ISBN: 7-80553-740-2
定价: CNY8.00
(青少年学音乐系列丛书)

J0146686
扬琴八大技法教程及乐曲　王沂甫著；王丽懿，王成懿整理
北京 人民音乐出版社 1999年 131页 有照片
26cm(16开) ISBN: 7-103-01743-3
定价: CNY12.80

J0146687
扬琴入门　邱怀生编著
北京 中国社会出版社 1999年 118页
26cm(16开) ISBN: 7-80088-967-X
定价: CNY12.00
(音乐基础系列丛书 第一辑)

J0146688
扬琴演奏艺术　刘达章编著
北京 人民音乐出版社 1999年 222页
26cm(16开) ISBN: 7-103-01728-X
定价: CNY17.30

中国民族器乐合奏乐理论和演奏法

J0146689
陕西的鼓乐社与铜器社　(五卷)杨荫浏等辑
北京 中央音乐学院民族音乐研究所 1954年
油印本 有图 线装
杨荫浏[自刊]

J0146690
苏南吹打讲座提纲　中央音乐学院民族音乐研究所编辑
北京 中央音乐学院民族音乐研究所 1954年
油印本 52页 有乐谱 26cm(16开)
(油印资料 34)

J0146691
戏曲乐队的改革问题　何为著；中国戏曲研究院编辑
北京 通俗文艺出版社 1956年 22页 19cm(32开)
定价: CNY0.07
(戏曲演员学习小丛书)

J0146692
广东乐曲的构成　陈德钜著
广州 广东人民出版社 1957年 75页 26cm(16开)
统一书号: 8111.50 定价: CNY0.48
本书以大量具体的实例，阐释了广东乐曲的许多特点，并对曲调、音阶、乐语、乐逗、乐句、乐段等，作了系统的研究和详细的说明。

J0146693
评剧器乐入门　张福堂，孙伟编著
北京 百花文艺出版社 1959年 定价: CNY0.42

J0146694
少年民乐队　慕寅编著
上海 上海文艺出版社 1959年 91页
19cm(32开) 统一书号: 8078.531

定价: CNY0.28

J0146695
高山族的音乐 吕炳川, 郎樱著
北京 中国艺术研究院音乐研究所 1982年 64页
19cm(32开) 定价: CNY0.60

J0146696
民族管弦乐法 胡登跳著
上海 上海文艺出版社 1982年 611页
21cm(32开) 统一书号: 8078.3310
定价: CNY2.50
本书作者详细阐述了我国民族管弦乐队的编制、乐器性能, 以及打击乐、吹打乐、弹拨乐、丝竹乐等各种配器法。

J0146697
民族管弦乐法 胡登跳著
上海 上海音乐出版社 1997年 611页
20cm(32开) ISBN: 7-80553-699-6
定价: CNY22.50
("作曲技术理论"丛书)

J0146698
民族乐队配器常识 原野等编著; 张式业执笔
济南 山东人民出版社 1982年 286页
19cm(32开) 统一书号: 8099.2291
定价: CNY0.70
(群众文艺辅导丛书)

J0146699
福建南音及其指谱 陈冰机编著
北京 中国文联出版公司 1985年 170页
19cm(32开) 统一书号: 8355.246 定价: CNY1.15
本书对南音渊源、曲目、指套、名谱等作了简要介绍。

J0146700
土家族挤钹牌子 彭秀槊搜集整理
成都 四川民族出版社 1987年 645页 有照片
19cm(32开) 统一书号: 8140.120
定价: CNY3.65
本书共3章。搜集流传于湘、鄂、川、黔4省交界的土家族聚居区古老的打击乐器曲牌——挤钹乐谱, 并做了审订。

J0146701
儿童民族乐队实用手册 许国屏编著
上海 上海音乐出版社 1989年 267页
19cm(32开) ISBN: 7-80553-117-X
定价: CNY3.00

J0146702
广西少数民族乐器考 杨秀昭等著
桂林 漓江出版社 1989年 328页 有彩照
20cm(32开) 精装 ISBN: 7-5407-0442-X
定价: CNY12.80, CNY9.80 (平装)
本书介绍的少数民族乐器有96件, 包括体鸣乐器30种、膜鸣乐器13种、气鸣乐器34种、弦鸣乐器21种。

J0146703
民族乐队配器常识 张式业等编著
济南 山东文艺出版社 1991年 新1版 286页
19cm(32开) ISBN: 7-5329-0617-5
定价: CNY3.50
本书讲述各类民族乐队的构成、各类民族乐器的特点及在乐队中的地位、民族乐队的各种配器手法, 以及民族乐队总谱、缩谱的写法。

J0146704
民族乐队编配简说 叔新等编
天津 天津人民出版社 1993年 144页
19cm(小32开) ISBN: 7-201-01051-4
定价: CNY3.50
本书论述了民族乐队的编配知识, 包括民族音乐概述、民族乐队的构成、民族乐队的声部编配等。附录9篇, 介绍了各种民族乐器及其他民族音乐方面的知识。

J0146705
广东音乐国际研讨会文集 广州市文联编
广州 广州市文联 1994年 430页 19cm(小32开)

J0146706
辽宁鼓吹乐论文集 辽宁省群众艺术馆编
沈阳 春风文艺出版社 1996年 333页
20cm(32开) ISBN: 7-5313-1555-6
定价: CNY16.00

J0146707
粤韵论丛 卢庆文著
广州 广东高等教育出版社 1997 年 168 页
有照片 20cm(32 开) ISBN: 7-5361-2058-3
定价: CNY20.00

J0146708
山东鼓吹乐 孔繁明著
济南 山东文艺出版社 1998 年 275 页 有乐谱
20cm(32 开) ISBN: 7-5329-1662-6
定价: CNY15.00

J0146709
粤乐艺境 余其伟著
广州 花城出版社 1998 年 355 页 有照片
20cm(32 开)
(珠江华彩系列)
本书主要收录了关于广东音乐的散文作品,包括广东音乐文化历程,高胡的创制及其他,从阿炳与广东音乐的关系诱发的驰想等。

J0146710
民间鼓吹乐研究 (首届中国民间鼓吹乐学术研讨会论文集)乔建中,薛艺兵主编
济南 山东友谊出版社 1999 年 503 页
20cm(32 开) ISBN: 7-80642-038-X
定价: CNY26.00

J0146711
弦谱集成 吕锤宽辑注
台北 传统艺术中心筹备处 1999 年
330 页 26cm(16 开) ISBN: 957-02-3189-0
定价: [TWD400.00]
(传统音乐辑录 北管卷)

各国民族器乐

J0146712
东亚乐器考 (日)林谦三著
北京 音乐出版社 1962 年 508 页 有图表
21cm(32 开) 精装 统一书号: 8026.1537
定价: CNY7.20
本书收作者研究中国、印度、朝鲜、缅甸、柬埔寨、日本等国古乐器(特别是在中国发源、成长的乐器)的著述 41 篇,附论 4 篇。用世界乐器分类新法,论述体鸣乐器、皮乐器、弦乐器、气乐器 4 大纲目,并对各类乐器的起源、沿革、乐律以及乐器名称的渊源等问题进行论证。作者林谦三(1899—1976),日本人。研究日本传统音乐和东方音乐的专家。

J0146713
印度乐器 香港博物馆编辑
香港 香港市政局 1979 年 94 页 有照片 有地图
23cm(10 开) 定价: HKD14.00
外文书名: Musical Instruments of India.

J0146714
即兴的聆感 (爵士印象 1)傅庆堂著
台北 世界文物出版社 1994 年 177 页
21cm(32 开) ISBN: 957-8996-43-8
定价: TWD200.00

中国音乐作品

中国音乐作品综合集

J0146715
文庙乐编 (二卷,附录一卷)(明)潘峦编次
明万历十三年[1585]刻本

J0146716
花信风 (一卷)
清 抄本

J0146717
[乐谱]
清道光二十年[1840]抄本 线装

J0146718
聂耳全集 聂耳作;音乐书店编
上海 音乐书店 1949 年 58 页 有像 19cm(32 开)
(大众歌曲集丛)

本书内收39首歌曲。附录有《聂耳挽歌》《写在聂耳逝世十四周年(代序)》《略论聂耳的群众歌曲》《想起了聂耳》等文章。作者聂耳(1912—1935),音乐家、作曲家。云南玉溪人,出生于昆明。原名守信,字子义,亦作子仪,号紫艺,一名紫观,笔名黑天使、王达平,人称孽子(也叫耳朵先生,不久改名聂耳)。就读于云南省立第一师范学校高级部外国语组。积极参加左翼音乐、电影、戏剧等工作。中华人民共和国代国歌作曲者。作品有《义勇军进行曲》《前进歌》《矿工歌》《风云儿女》等。

J0146719
聂耳全集　聂耳作;马剑华辑
上海 万象书店 1951年 新1版 58页 有图
18cm(15开)定价:旧币3,600元
(大众音乐丛书 1)

J0146720
聂耳全集　聂耳全集编辑委员会编
北京 文化艺术出版社 1985年 2册(815页)
26cm(16开)精装 定价:CNY36.00

本书包括目前所能找到的聂耳的各种音乐作品和文学著作,聂耳本人以及在他人指导下演唱的聂耳所做歌曲、乐曲的录音。同时选刊了259余幅有关聂耳的图片。本书与人民音乐出版社合作出版。

J0146721
人民音乐半月刊选集　中华全国音乐工作者协会杭州分会编辑出版部辑
上海 新华书店华东总分店 1950年 107页
18cm(15开)定价:CNY4.50

J0146722
参加第一届全国音乐周广东省作品补充资料　第一届全国音乐周广东代表团编
[广州]第一届全国音乐周广东代表团 1956年
油印本 20页 25cm(15开)环筒页装

J0146723
第一届全国音乐周会刊　第一届全国音乐周办公室编辑
北京 第一届全国音乐周办公室[发行] 1956年
26cm(16开)

J0146724
上海市参加第一届全国音乐周演出作品选集　(二 乐曲及歌曲)上海市代表团编
上海[上海市代表团] 1956年 油印本
26cm(16开)环筒页装

J0146725
音乐作品选集　河北群众艺术馆辑
保定 河北人民出版社 1956年 50页 19cm(32开)
统一书号:8086.5 定价:CNY0.16

J0146726
中国音乐书谱目录　袁同礼原著;梁在平增订
台北 国乐会 1956年 19cm(32开)

J0146727
音乐作品　(1)中国音乐家协会上海分会,音乐作品编辑委员会编辑
上海 上海音乐出版社 1957年 影印本 48页
26cm(16开)统一书号:8127.118
定价:CNY0.95

J0146728
音乐作品　(2)中国音乐家协会上海分会,音乐作品编辑委员会编辑
上海 上海音乐出版社 1958年 影印本 52页
26cm(16开)统一书号:8127.173
定价:CNY1.00

J0146729
音乐作品　(3)中国音乐家协会上海分会,音乐作品编辑委员会编辑
上海 上海音乐出版社 1958年 影印本 49页
26cm(16开)统一书号:8127.214
定价:CNY0.50

J0146730
音乐作品　(4)中国音乐家协会上海分会,音乐作品编辑委员会编
上海 上海文艺出版社 1959年 47页 26cm(16开)
统一书号:8078.459 定价:CNY0.50